GOTTFRIED WILHELM LEIBNIZ

Der Briefwechsel mit den Jesuiten in China (1689–1714)

Herausgegeben und mit einer Einleitung versehen von

RITA WIDMAIER

Textherstellung und Übersetzung von

MALTE-LUDOLF BABIN

Französisch / lateinisch – deutsch

FELIX MEINER VERLAG
HAMBURG

PHILOSOPHISCHE BIBLIOTHEK BAND 548

Im Digitaldruck »on demand« hergestelltes, inhaltlich mit der ursprünglichen Ausgabe identisches Exemplar. Wir bitten um Verständnis für unvermeidliche Abweichungen in der Ausstattung, die der Einzelfertigung geschuldet sind.

Bibliographische Information der Deutschen Nationalbibliothek

Die Deutsche Nationalbibliothek verzeichnet diese Publikation in der Deutschen Nationalbibliographie; detaillierte bibliographische Daten sind im Internet abrufbar über ‹http://portal.dnb.de›.

ISBN 978-3-7873-1623-6

ISBN eBook: 978-3-7873-2075-2

www.meiner.de

 Gesamtherstellung: BoD, Norderstedt. Gedruckt auf alterungsbeständigem Werkdruckpapier, hergestellt aus 100% chlorfrei gebleichtem Zellstoff. Printed in Germany.

INHALT

GOTTFRIED WILHELM LEIBNIZ

Der Briefwechsel mit den Jesuiten in China (1689–1714)

VORWORT

Die 1990 erschienene erste Auflage der Leibnizschen China-Briefe ist inzwischen vergriffen. Während es sich damals vor allem darum handelte, der Leibniz-Forschung die größtenteils noch unveröffentlichte Korrespondenz als Arbeitsgrundlage zur Verfügung zu stellen, geht es heute darum, diese wichtigen Dokumente eines frühneuzeitlichen Kulturaustausches einer Forschungsgemeinschaft von Lehrenden und Lernenden vorzulegen, die an interdisziplinären wie interkulturellen Problemen gleichermaßen interessiert ist. Zu diesem Zweck wurden die Briefe vollkommen neu bearbeitet und kommentiert, ins Deutsche übersetzt und mit einer Einführung versehen. Während die Neuausgabe seit langem von vielen Seiten gefordert und nachdrücklich von Prof. Hans Poser (Berlin) angeregt und unterstützt wurde, verdankte sich das Erscheinen der Erstausgabe wesentlich dem Einsatz Prof. Dr. Albert Heinekamps, des 1991 verstorbenen ersten Leiters des Leibniz-Archivs. Ihm soll dieser Band in Dankbarkeit gewidmet sein.

Mein Dank gebührt zunächst Herrn Vittorio E. Klostermann, der freundlicherweise sofort bereit war, mir die Verlagsrechte für eine zweisprachige Neuausgabe zurückzugeben.

Für Auskünfte bei der Kommentierung, die ich mit Malte-Ludolf Babin gemeinsam erarbeitet habe, gilt unser Dank in ganz besonderem Maße Prof. Dr. Martin Gimm, Köln, der uns jederzeit generös aus dem reichen Schatz seines sinologischen und manjuristischen Wissens mitteilte, um anstehende Lücken zu schließen. Für die freundliche Bereitschaft, uns bei der Beantwortung von Einzelfragen zu helfen, danken wir ebenfalls Prof. Dr. Ana Agud, Salamaca; PD Dr. Wenchao Li, Berlin; Prof. Dr. Roman Malek S.V.D., Sankt Augustin; Dr. Julius Oswald S.J., München; den D^res^ Hartmut Rudolph und Stephan Waldhoff, Leibniz-Edition, Potsdam; Prof. Dr. Stephan J. Seidlmayer, München; Prof. Dr. Heinrich Simon, Berlin, und Prof. Dr. László Szilas S.J., Rom.

Unter den Kollegen in Hannover, die unsere Arbeit mit Rat und Tat unterstützt haben, danken wir vor allem Dr. Heinz-Jürgen Heß, dem langjährigen Leiter der mathematisch-naturwissenschaftlichen Reihe am Leibniz Archiv, und Anke Hölzer aus der Handschriftenabteilung für das freundschaftliche Engagement und die Hilfsbereitschaft. Herzlichen Dank schulden wir auch Marianne Barreau, Straßburg, die bei ihren Besuchen in der Bibliothèque Nationale Paris Fotokopien besorgt sowie Handschriften und Drucke für uns eingesehen hat.

Für die Erlaubnis zur Reproduktion der abgedruckten Texte und Bildmaterialien danken wir der Gottfried Wilhelm Leibniz Bibliothek – Niedersächsische Landesbibliothek Hannover. Die technischen Arbeiten wurden mit gewohnter Sorgfalt und Präzision von Jutta Wollenberg und Birgit Zimny ausgeführt.

Für Auskünfte und die Übermittlung von Materialien sind wir ferner zu Dank verpflichtet der Staatsbibliothek zu Berlin – Preußischer Kulturbesitz, der Bibliothèque Nationale in Paris und dem Service des Archives der Missions Etrangères de Paris.

Wieviel Dank ich dem ruhigen Mondblick aus den Augen meiner Kater Sylvester und Rufus schulde, die mir all die Jahre in himmlischer Geduld und Zuversicht leuchteten, wird nur ermessen, wer ebenso wie ich solch schnurrende Gesellschaft als unverdientes Glück empfindet.

Essen-Werden, im Sommer 2005 Rita Widmaier

LEIBNIZ UND CHINA

I. Einleitung

1. Leibniz' Konsens mit den Jesuitenmissionaren – Leibniz' Briefwechsel mit den Jesuitenpatres in Peking zählt in der Geschichte der alten Chinamission (1582–1773)[1] zweifellos zu den interessantesten, wenn nicht bedeutendsten Zeugnissen des Versuchs, China als älteste Kulturnation der Erde durch die Vermittlung westlicher Philosophie und Wissenschaft auf die Annahme des Christentums vorzubereiten. Tatsächlich liest sich diese Korrespondenz heute nicht weniger spannend als vor dreihundert Jahren für Leibniz und seine Briefpartner. Was gegenwärtig allerdings Spannung beim Lesen erzeugt, sind weniger die Ereignisse selbst als die historische ›Wahrheit‹ in den Briefen von einst im Licht des 21. Jahrhunderts. Neben einer älteren Philosophietradition nämlich, die Leibniz erst zu Beginn des 20. Jahrhunderts als größten Sinophilen seiner Zeit wiederentdeckt hatte und in welcher vor allem der hohe Stellenwert Chinas in seinem Denken und dessen Gleichklang mit der chinesischen Philosophie als »geniales Einfühlungsvermögen« hervorgehoben wird,[2] entstand und entwickelt sich seit den 70er Jahren bis

[1] Der angegebene Zeitraum umfaßt die Zeit von der Ankunft Matteo Riccis in China bis zur Aufhebung des Ordens durch Clemens XIV.

[2] Jean Baruzi: *Leibniz et l'organisation religieuse de la Terre, d'après des documents inédits,* Paris 1907; Ders.: *Leibniz,* Paris 1909, S. 4 u. S. 143f.: »[…] à ceux qui se rendirent à Hanovre en ces dernières années, un Leibniz nouveau apparut. […] Leibniz ne se contenta pas de s'intéresser à un monde nouvellement exploré. Il fit de ce monde l'›idée directrice‹ de tous ses espoirs. L'Extrême-Orient fut vraiment saisi par lui.« Franz Rudolf Merkel: *G. W. Leibniz und die China-Mission. Eine Untersuchung über die Anfänge der protestantischen Missionsbewegung,* Leipzig 1920; Ders.: *Leibniz und China,* Berlin 1952, Zit. S. 25 (in: *Leibniz. Zu seinem 300. Geburts-*

heute ein neues, kritischeres Verständnis in der Leibnizforschung, das der Frage nach Leibniz' Quellen, der Adäquatheit seiner Chinainterpretation und der wirklichen Rolle Chinas in seinem Denken Rechnung zu tragen sucht.[3] Dabei sind für das Chinaverständnis von Leibniz und seinen Zeitgenossen das Altertum und die Geschichte Chinas von zentraler Bedeutung. Nach Leibniz' eigenem Geschichtsverständnis kann keine historische Erkenntnis – will sie als wahr gelten – den Tatsachenwahrheiten widersprechen, die Gott in seinem Plan der universalen Menschheitsgeschichte vorhergesehen hat. Die Überzeugung, daß in der Vorhersehung die menschliche Urgeschichte mit der Offenbarung der *Genesis* in Einklang

tag, 1646–1946), 8. Lieferung). Daß Leibniz' Denken von der chinesischen Philosophie beeinflußt worden wäre, glaubten Ernst Richard Hughes: *The Great Learning and the Mean-in-Action*, New York, 1943, S. 12–22, besonders S. 20; Joseph Needham: *Science and Civilisation in China*, vol. 2, Cambridge 1956, S. 496–505, u. Artur Zempliner: *Gedanken über die erste deutsche Übersetzung von Leibniz' Abhandlung über die chinesische Philosophie*, in: *Studia Leibnitiana*, 2, 1970, S. 223–231, hier S. 229.

[3] Vgl. Olivier Roy: *Leibniz et la Chine*, Paris 1972, besonders S. 151, 158, 159–162, 164, 166–170. Die These von Leibniz' Abhängigkeit von der chinesischen Philosophie (s. Anm. 2) widerlegten zuerst David E. Mungello: *Leibniz and Confucianism. The Search for Accord*, Honolulu 1977, S. 13–17; Daniel J. Cook and H. Rosemont Jr.: *The Pre-Established Harmony between Leibniz and Chinese Thought*, in: *Journal of the History of Ideas*, 42, 1981, S. 253–267; Knud Lundbæk: *Notes sur l'image du néo-confucianisme dans la littérature européenne du XVIIe à la fin du XIXe siècle*, in: *Actes*, 1983, S. 131–176, hier 144–147, u. Jong-Su Ahn: *Leibniz' Philosophie und die chinesische Philosophie* (phil. Diss., Konstanz), Konstanz 1990, Kap. 5 u. 6. Zu Leibniz' Quellen in Europa vgl. ebenfalls Mungello: *Die Quellen für das Chinabild Leibnizens*, in: *Studia Leibnitiana*, 14, 1982, S. 233–243; Ders.: *Curious Land: Jesuit Accommodation and the Origins of Sinology* (*Studia Leibnitiana Supplementa*, XXV), Stuttgart 1985. Zur Kritik an der Interpretation chinesischer Philosophie durch europäische Gelehrte (darunter Leibniz) auf der Grundlage chinesischer Quellen s. Wenchao Li: *Die christliche China-Mission im 17. Jahrhundert. Verständnis, Unverständnis, Missverständnis. Eine geistesgeschichtliche Studie zum Christentum, Buddhismus und Konfuzianismus*, Stuttgart 2000, u. die Aufsatzsammlung Li/Poser: *Das Neueste über China*, 2000.

stehe, wurde von den meisten seiner Zeitgenossen nicht bezweifelt. Vor diesem Hintergrund gewannen außerbiblische Überlieferungen antiker Völker, insbesondere Chinas, erst im Vergleich mit dem biblischen Bericht, in der Entsprechung im Typischen, Bedeutung und historische Glaubwürdigkeit. Wie abhängig war Leibniz von diesen philosophisch-theologischen Vorgaben einerseits und den methodologischen Errungenschaften der damals entstehenden kritischen Geschichtsforschung andererseits, wenn er versuchte, das Altertum Chinas zu ergründen? Für eine Neubewertung seiner Chinainterpretation werden diese Fragen entscheidend sein. – Im Vordergrund der Briefe steht allerdings anderes.

In dem Zeitraum von 1689 bis 1714 bildete sich – unabhängig vom Schisma der beiden Kirchen und der eifernden Rechtgläubigkeit in Europa, das heißt dem orthodoxen Protestantismus einerseits und dem Jansenismus andererseits – zwischen dem Lutheraner Leibniz und einer kleinen Gruppe von Priestern der Gesellschaft Jesu eine Art Allianz. Das von Leibniz öffentlich propagierte Ziel dieses Brückenschlags zwischen Europa und China klingt verblüffend modern: An Stelle des gewöhnlichen Fernhandels mit Waren aller Art sollte zwischen dem Westen und dem Osten des eurasischen Kontinents ein Wissensaustausch ohne Beispiel erstehen, ein Handel mit vorwiegend theoretischen Erkenntnissen aus Europa gegen vorzugsweise technik- und praxisbetontes Wissen aus China (vgl. Nr. 7). Hierin erkannte Leibniz den Schlüssel für einen sprunghaften Fortschritt der Wissenschaften zum Wohl der Menschheit, dem er sich selbst, wie er nicht müde wird zu betonen, mit seiner Philosophie und Wissenschaft, seinen Ideen und Erfindungen verschrieben hatte, denn die Wissenschaft war seine »marotte«.[4]

2. *Matteo Ricci und die katholische Kirche* – Für die Jesuitenmission lag diese ›Leibniz-Idee‹ in der Luft, ja sie berührte ihren Le-

[4] Vgl. Leibniz' Briefe an M. J. von der Schulenburg vom 19. Februar 1707 (vgl. LBr. 840 Bl. 134) und an Thomas Wentworth Raby vom 18. Mai 1707, in: Klopp: *Werke*, 10, 1877, S. 412, sowie an René J. Tournemine vom 30. Juni 1715 (vgl. LBr. 937 Bl. 9r°).

bensnerv. Seit der Ankunft P. Matteo Riccis in China 1582 war man der Aufgeschlossenheit der chinesischen Gelehrten gegenüber westlichem Wissen innegeworden und hatte sie für die Glaubensverbreitung und -bekehrung in der Hoffnung genutzt, durch den Austausch von Wissen gegen Glauben einmal ganz China zum Christentum bekehren zu können.[5] Leibniz' Akzentverschiebung zugunsten eines zweiseitigen Wissenstransfers empfanden seine eigentlichen Briefpartner, die königlichen Mathematiker Ludwigs XIV., nicht als problematische Entfremdung ihrer Missionsarbeit; vielmehr stand sie in Einklang mit der *curiositas* Europas und den machtpolitischen Zielen des Königs von Frankreich, der sie als korrespondierende Mitglieder der Pariser *Académie des Sciences* ausgesandt hatte (vgl. Nrn. 15 u. 40, Erl.). Strebten also Leibniz und die französischen Jesuitenmissionare ein reines Zweckbündnis an, in dem sich beide Seiten selbst nur als Mittler für bzw. durch die Wissenschaften im großen Bekehrungswerk betrachteten?

Es war weit mehr. Das zeigt bereits ein kurzer Blick auf die gleichartigen Motive und Entwürfe dieser so ungleichen Partner. Sieht man einmal ab von ihrem unterschiedlichen Stand – Leibniz' Dienstherr war der Kurfürst von Hannover[6] – und der sie tren-

[5] Wie Leibniz in seinem Brief an Landgraf Ernst von Hessen-Rheinfels von Mitte 1692 schreibt, sind die Chinesen geneigt zu glauben, »que ceux qui excellent le plus dans les sciences ont la meilleure Religion […]«. Vgl. *A* I, 8 N. 108, S. 187.

[6] Leibniz verbrachte rund 40 Jahre im Dienst des Welfenhauses in Hannover: zuerst unter Herzog Johann Friedrich als Bibliothekar und Hofrat; dann auch als (inoffizieller) Historiograph des Welfenhauses unter dem Kurfürsten Ernst August, der ihn wegen seiner Verdienste um die Erlangung der Kurwürde 1696 zum Geheimen Justizrat ernannte; zuletzt in gleicher Funktion unter dem Kurfürsten Georg Ludwig, seit 1714 auch als Georg I. König von England, welcher ihm wenig gewogen war, nichtsdestoweniger seine Eskapaden aber mit erstaunlicher Langmut hinnahm. Den Titel eines Geheimen Justizrats verliehen ihm auch der brandenburgische Kurfürst Friedrich III. und Zar Peter I. (1700 bzw. 1712), und Kaiser Karl VI. berief ihn in den Reichshofrat (1713). Leibniz wurde außerdem erster Präsident oder Direktor der von ihm organisierten Sozietäten oder

nenden Gehorsamspflicht der Jesuiten gegenüber dem Papst: Auch Leibniz empfand seine Philosophie und Wissenschaft als Mission, für die er weltweite Wirkung erstrebte. Ganz ähnlich wie die Gesellschaft suchte er zeitlebens die Nähe und das Ohr der Mächtigen seiner Zeit, um sie zu beraten und zu lenken, d.h. im Sinne seiner Philosophie die Menschen von ›oben‹ nach ›unten‹ zu überzeugen. Und nicht anders als der große Schul- und Missionsorden erblickte er in der weltweiten Errichtung von Akademien das beste Mittel zur Sammlung und Ausbreitung jenes Wissens, das im Rahmen einer christlichen Philosophie den Wahrheiten der Bibel nicht widersprechen würde.

Wesentlicher als diese mehr äußerlichen Ähnlichkeiten zwischen Leibniz und dem Orden waren jedoch ihre geistigen Gemeinsamkeiten, die ihre Wurzeln in der Antike haben und in der Renaissance zu neuer Blüte gelangt waren: Neben einer »natürlichen Theologie« waren das die Philosophie der »Alten Theologen« (auch *philosophia perennis*) und eine vergleichende Methode der Forschung und Schriftauslegung. Deren Ausgangspunkt lag in der Annahme eines gemeinsamen Ursprungs des Menschengeschlechts, einer entsprechenden Universalgeschichte der Menschheit und einer Anthropologie, in der die Annahme einer allgemeinen Menschennatur eine selbstverständliche Voraussetzung bildete. Dieser positiven Einstellung gegenüber fremden Völkern und Kulturen trat eine Weltoffenheit und Toleranz zur Seite, die aufklärerische Züge trug. Zumindest schien sie aber undogmatisch, da sie der Tradition der lateinischen Kirche ein antiaugustinisches Menschenbild entgegenhielt: Allen Völkern wurde darin eine von Gott verliehene allgemeine Vernunft zuerkannt, insbesondere aber ein freier Wille zum Guten, und so konsequenterweise niemand vom Heilsplan Gottes und seiner Gnade ausgeschlossen, auch wenn er als Heide vor der Zeit Christi gelebt oder ohne Kenntnis seiner Lehre (wie die

Akademien: in Berlin (1700), Dresden (1704) und Wien (1713). Vgl. Heinrich Schepers, Art. *Leibniz, Gottfried Wilhelm*, in: *Neue Deutsche Biographie*, 14, Berlin 1985, S. 121–131, hier S. 122f.

kleinen Kinder) gestorben war. Schon bei der Bekehrung der Griechen und Römer waren die frühen Kirchenväter dieser Philosophie gefolgt. Indem sie methodisch die Schriften heidnischer Philosophen, vornehmlich diejenigen Platons, typologisch-vergleichend auslegten, hatten sie mit dieser intellektuell einnehmenden Exegese abendländische Wirkung erzielt: Platon und seine Philosophie werden darin als Typos und geradezu als Vorläufer Christi und seiner Lehre betrachtet.

Als in der Neuzeit Matteo Ricci im Geist der alten Kirchenväter den weltverändernden Vorgang der Christianisierung des Abendlandes mit der Bekehrung Chinas zu wiederholen suchte, hatten sich die Bedingungen der Kirche, ihrer Organisation und Lehre grundlegend gewandelt: Seit Jahrhunderten war ihre lateinische Tradition von den Dogmen des Kirchenvaters Augustinus bestimmt worden, und die großen, im 13. Jahrhundert entstandenen Reformorden der Franziskaner und Dominikaner verstanden sich als Hüter des reinen Christentums; vollends war zu Beginn der Neuzeit die Einheit der katholischen Kirche endgültig an der durch Luther herbeigeführten Reformation zerbrochen. Auf dem Boden der römischen Kirche entbrannte im Namen des Augustinismus am Ende des 16. Jahrhunderts ein Kampf der alten Orden gegen den neuen Orden der Jesuiten im sogenannten Gnadenstreit[7], der im folgenden Jahrhundert im chinesischen Ritenstreit vornehmlich von den Jansenisten gegen die Gesellschaft fortgesetzt und dann von beiden Seiten mit äußerster Härte durchgefochten wurde.[8] Ihre Gegner bezichtigten die Jesuiten des Pelagianismus und aufgrund des für sie charakteristischen probabilistischen Moralsystems als Kasuisten einer laxen Moral. Im Hinblick auf die Chinamission warf man den Jesuiten jedoch vor, ein konfuzianisches Christentum

[7] Zum Problem des Gnadenstreits (1597–1607) s. Leo Scheffczyk, Art. *Gnadenstreit*, in: *LThK*, 4, 1995, Sp. 797–798.

[8] Vgl. Reinhold Seeberg: *Lehrbuch der Dogmengeschichte*, Bd. IV, 2, 2. u. 3., durchweg neu ausgearbeitete Auflage, Erlangen etc. 1920, § 101 (Darmstadt 1959, S. 834–870).

oder einen christlichen Konfuzianismus, also kein reines Christentum, zu verkünden.[9]

Lag es nur an Papst Clemens XI. und seinen Beratern, daß dieser zweite, neuzeitliche Versuch, eine alte Kulturnation zu christianisieren, nicht glückte? In Wirklichkeit ist der allzu komplexe Hintergrund der Ereignisse noch längst nicht vollständig aufgeklärt, und erst die Offenlegung aller Quellen sowie deren Erschließung dürfte dieses Ziel in erreichbare Nähe rücken.[10] Jedenfalls ist das Bewußtsein der Fragwürdigkeit des Experiments und die Einsicht, daß diese »erste Begegnung und ihr Scheitern«[11] unlösbar miteinander verbunden sind, eine unabhängig davon erwachsene Erkenntnis, die erst im letzten Drittel des 20. Jahrhunderts gedanklich an Boden gewonnen hat.[12]

[9] Vgl. die in ihrer Wirkung gar nicht zu überschätzenden anonym veröffentlichten Briefe Blaise Pascals *Les Provinciales ou les lettres écrites par Louis Montalte à un Provincial de ses amis, et aux RR. PP. Iesuites: Avec La Theologie Morale desdits Peres et Nouveaux Casuistes*, 1667, hier besonders den 5. Brief, S. 52f.

[10] Nur eine internationale, interdisziplinär arbeitende Forschungsgemeinschaft wäre in der Lage, einer Lösung dieser Probleme näherzukommen; vgl. Paul Rule: *Towards a History of the Chinese Rites Controversy*, in: Mungello: *Rites Controversy*, 1994, S. 249–266, u. Bruno Neveu: *Nouvelles archives mises à jour sur les rites chinois*, in: Actes, 1976, S. 137–140. Grundsätzlich stellt sich jedoch bezüglich der Missionsstrategie Riccis die Frage, »wieweit diese Strategie entweder überhaupt utopisch war, oder ob sie nicht in einem bestimmten vorübergehenden Moment einen begrenzten Erfolg erzielen konnte, nämlich in der ausgehenden Ming-Zeit, aber in der Mandschu-Zeit von 1644 an, als die neo-konfuzianische Oberschicht sich wieder stärker gegen Außen-Einflüsse abschloß, keine Chance mehr hatte«. Vgl. Klaus Schatz: *Kulturelle Optionen der Jesuiten in China*, in: Li/Poser: *Das Neueste über China*, 2000, S. 69–78, hier S. 78.

[11] So der Untertitel der deutschen Übersetzung von Jacques Gernet: *Chine et Christianisme. Action et réaction*, Paris 1982; dt. von Christine Mäder Virágh, München 1984.

[12] Vgl. dazu den Überblick von Nicolas Standaert: *New Trends in the Historiography of Christianity in China*, in: *The Catholic Historical Review*, 83, 1997, S. 573–613. Eine Ausnahme bildet hier jedoch m. E. Virgile

3. Kritik und Fragen aus heutiger Sicht – Als bahnbrechend für diese Entwicklung erwiesen sich sowohl die Umkehr der historischen Blickrichtung durch Jacques Gernet, der sich die chinesische Perspektive zu eigen machte, als auch die selbstreflektive Wende in der Rezeptionsforschung durch Edward Said.[13] Aus der Einsicht, daß für eine angestrebte Weltgesellschaft der interkulturelle Dialog eine wesentliche Voraussetzung sein wird, sind unter philosophischem, politischem und kulturwissenschaftlichem Aspekt inzwischen zahlreiche Studien zur sogenannten Ethnozentrismus-Problematik veröffentlicht worden.[14] Fraglich geworden sind auch solch kosmopolitisch und universalistisch denkende Philosophen wie Leibniz: Geprüft wird, ob deren weltanschauliche Toleranz und als allgemeingültig verstandenes Menschenbild nicht doch bloß Ausdruck westlicher Interessen und Wertvorstellungen sind. Da der in diesem Zusammenhang generell gegen die abendländische Philosophie »von Aristoteles über die Scholastiker bis Leibniz« erhobene Imperialismus-Vorwurf auch Leibniz' Korrespondenz mit China betrifft, werden wir uns zu fragen haben, was darunter zu verstehen ist: Gemeint ist die »Reduktion des Anderen auf das Selbe«[15] sowie die »Behauptung der strikten logischen, rationalen oder semantischen Undenkbarkeit des ›ganz Anderen‹« und die implizite Folgerung, daß dann »die Begegnung mit dem ›radikal Fremden‹, dem schlechthin Unverständlichen und Unvergleichlichen, das

Pinot: *La Chine*, 1932, der diese Entwicklung um ein halbes Jahrhundert vorausnahm.

13 Edward Said: *Orientalisme,* New York 1978. Diesem Forschungstrend folgt z.B. Adrian Hsia: *Deutsche Denker über China,* Frankfurt a.M. 1985, u. Ders.: *Chinesia. The European Construction of China in the Literature of the 17th and 18th Centuries,* Tübingen 1998.

14 Vgl. Manfred Brocker u. Heino H. Nau: *Ethnozentrismus. Möglichkeiten und Grenzen des interkulturellen Dialogs,* Darmstadt 1997, u. die Bibliographie bei Standaert: *Handbook,* 2001, S. 903f.: *China in European Literature.*

15 Vgl. Emmanuel Lévinas: *Die Spur des Anderen,* Freiburg, München ²1987, S. 186 u. 211.

keinen Rückgriff auf irgendeine ›Wahrheit‹, einen angestammten ›Sinn‹ oder ›Grund‹ erlaubte, das nirgends auf eine Präsenz des ›Einen‹ stieße oder Assoziationen an Vertrautes weckte, ganz einfach nur unmöglich« wäre.[16]

In der Leibniz-Forschung ist die neue, kritische Sichtweise auf die im Westen ›konstruierten‹ China-Bilder daran erkennbar, daß Leibniz' offenbare Fehlinterpretationen und Irrtümer nun richtiggestellt und offen diskutiert werden.[17] Auch wurde jetzt das in der chinesischen Leibniz-Forschung erstaunlicherweise noch immer existierende Mißverständnis wohl ausgeräumt, wonach Leibniz sein binäres Zahlensystem erst entdeckt hätte, nachdem ihm Joachim Bouvet die Hexagramme in der Fuxi-Ordnung zugeschickt hatte; tatsächlich geschah dies davon unabhängig viel früher (s. Nr. 42 mit Anm. 26). Ebenso ist nun klar, daß beide Systeme, trotz dem äußeren Schein der Ähnlichkeit, sehr verschiedene Denkwege manifestieren, denen kein innerer Gehalt entspricht.[18] Daß Leibniz die in der Abhandlung des Jesuitenmissionars Longobardi dargestellte Philosophie des Song-Konfuzianismus unter dem Begriffsraster seiner eigenen Philosophie interpretiert hat, ist zwar keine ganz neue Erkenntnis,[19] doch daß er dies methodisch bewußt tat, wird nun in zwei Studien überzeugend dargelegt.[20] Tatsächlich wird damit auch der »chinesischen Religiosität« Rechnung getragen. Dieser ist die Vorstellung »eines Gottes außerhalb der Welt und der Natur,

[16] Vgl. Dieter Mersch: *Vom Anderen reden. Das Paradox der Alterität,* in: Brocker u. Nau (wie Anm. 14), S. 27–45, hier S. 29.

[17] S. dazu die Aufsatzsammlung Li/Poser: *Das Neueste über China,* 2000.

[18] Vgl. Shi Zhonglian: *Leibniz's Binary System and Shao Yong's Xiantiantu,* in: Li/Poser: *Das Neueste über China,* 2000, S. 165–169, u. Xiaoli Sun: *A Wrong Statement about Leibniz and His Interpretation of Chinese I Ching Figure,* in: *Historia scientiarum,* 8,3, 1999, S. 239–247.

[19] Vgl. Lundbæk: *Notes* (wie Anm. 3), S. 147.

[20] Vgl. Jacques Gernet: *Leibniz on a seminal Chinese concept versus the missionary Longobardo,* in: Li/Poser: *Das Neueste über China,* 2000, S. 203–209, u. Karin Yamaguchi: *Die Aktualität der Leibnizschen Interpretation des Neokonfuzianismus, ebd.,* S. 224–238.

der das Universum erschuf und kontrolliert und die Verehrung der Menschen fordert«, ebenso fremd wie »der Begriff der ›Seele‹ als eines rein geistigen Wesens, das zum Körper im Gegensatz stünde«. Aus diesem Grund entwickelte sich keine »typisch westliche Form der Religion«.[21] Ausgehend von früheren Behauptungen, Leibniz' Philosophie sei wesentlich durch das chinesische Denken beeinflußt worden,[22] über die viel vorsichtigere Frage, ob dieser Einfluß auf das Leibnizsche Denken wesentlich oder nur bestätigend wirkte, stellt sich gegenwärtig die Frage, welche Bedeutung Leibniz' lebenslange Beschäftigung mit chinesischer Philosophie und Religion für seine eigene Philosophie hatte.[23] Mehr noch: Um zu erkennen, wie ernsthaft seine Auseinandersetzung mit der chinesischen Philosophie eigentlich war, wird im Zusammenhang mit dem Figurismus Bouvets nun erstmals gefragt, welche Funktion die »Alte Theologie« zur Begründung des christlichen Weltbildes in Leibniz' Denken tatsächlich besaß.[24] Andererseits ist jedoch auch die These nicht neu, daß Leibniz den Figurismus Bouvets stimuliert, bestärkt oder sogar beeinflußt habe, eine Annahme, die eine weitgehende Übereinstimmung zwischen beiden Korrespondenzpartern vorauszusetzen scheint.[25]

21 Vgl. Roman Malek: *Das Tao des Himmels. Die religiöse Tradition Chinas,* Freiburg 1996, S. 43 u. 48; dazu auch Li: *Die christliche China-Mission,* 2000 (wie S. XIV, Anm. 3), Kap. II u. III.

22 Zu den Hauptvertretern dieser These vgl. den historischen Überblick bei David E. Mungello: *How Central to Leibniz's Philosophy was China?*, in: Li/Poser: *Das Neueste über China,* 2000, S. 57–67, hier S. 62f.

23 »[…] we need to explain in what way Leibniz's works on Chinese philosophy and religion are important to his philosophy«; so Mungello (wie Anm. 22), S. 66.

24 Vgl. Daniel J. Cook and Henry Rosemont Jr.: *Leibniz, Bouvet, the Doctrine of Ancient Theology, and the Yijing,* in: Li/Poser: *Das Neueste über China,* 2000, S. 125–136, hier S. 125, 136.

25 Vgl. Claudia von Collani: *Gottfried Wilhelm Leibniz and the China Mission of the Jesuits,* in: Li/Poser: *Das Neueste über China,* 2000, S. 89–103, hier S. 102; Dies.: *Figurism,* in: Standaert: *Handbook,* 2001, S. 675; Paul Rule: *K'ung-tze or Confucius? The Jesuit Interpretation of Confucianism,* Sydney/London 1986, S. 161f.

In den Texten seiner Korrespondenz mit den Jesuitenpatres begegnet uns Leibniz als »der berühmte Herr Leibniz«. Für jeden, »der auch nur den geringsten Sinn für die Wissenschaften hat«, so der Pater Le Gobien, wäre es »ein Vergnügen, Umgang mit ihm zu haben« (Nr. 22, S. 179). Zweifellos wirkte Leibniz mit seinen zahlreichen Fragen anregend auf seine Briefpartner; doch mit seinen Vorschlägen, wie die Patres zugunsten eines Handels mit Wissensgütern, dessen Wechselseitigkeit er immer wieder einfordert, das Desinteresse und die geistige Selbstgenügsamkeit Chinas sprengen könnten, mag er sie manchmal auch befremdet haben. Immer aufs neue warnt Leibniz seine Korrespondenten vor dem Ausverkauf westlicher Ideen, wenn er auch nach außen den erstrebten Wissensaustausch als »commerce de lumiere« und die Chinamission als die »plus grande affaire de nos temps« verherrlicht (Nr. 17, S. 127).[26] In Europa ergreift er damit ganz bewußt Partei für die Jesuitenmission und bezieht so Stellung zu den besonderen Vorgaben des Ordens im Ritenstreit, zu dessen Sichtweisen und Strategien bei der Verbreitung des Christentums in China. Der Briefwechsel – insbesondere die Korrespondenz mit dem Figuristen Joachim Bouvet – zeigt nicht nur, wie tief sich Leibniz in diese Problematik eingelassen hat, sondern neben der gleich starken visionären Kraft auch die ganz unterschiedlich motivierten Entwürfe der Briefpartner. Mehr als in den anderen Korrespondenzen treten im Briefwechsel mit Bouvet die Grenzen einer ganzen Epoche ins Blickfeld, wird hier als spezieller Teil der *Querelle des anciens et des modernes* die »Krise des europäischen Bewußtseins« greifbar.[27]

In den folgenden vier Kapiteln sollen zuerst der historische Hintergrund und die Problematik der alten Chinamission skizziert wer-

[26] Vgl. auch das Vorwort zu den *Novissima Sinica*, 1697 (Nesselrath/Reinbothe, 1979, S. 30, § 22).

[27] Zur These, daß der europäische Geist diese Krise in der Zeit zwischen 1680 bis 1715 durchlebte, vgl. Paul Hazard: *La crise de la conscience Européenne 1680–1715*, Paris 1935, *Préface* (dt. von Harriet Wegener, Hamburg [5]1939, S. 22 f.).

den, dann der Verlauf des Ritenstreits; das vierte Kapitel gibt einen allgemeinen Einblick in Leibniz' Korrespondenz mit Paris und Peking; das fünfte Kapitel schließlich behandelt die besondere Thematik des Briefwechsels mit dem Figuristen Joachim Bouvet. Das Schlußkapitel wird Leibniz als Historiker der Alten Geschichte und des chinesischen Altertum gewidmet sein und der Frage, welchen Stellenwert China und die chinesische Philosophie und Religion in seinem Denken wirklich einnehmen.

II. Die alte Chinamission

1. Durch die Tür des anderen hineingehen und durch die eigene Tür herauskommen[28]*: Matteo Ricci und der Beginn des Ritenstreits in China* – Mit seiner berühmten These, »wir hätten es nötig, daß die Chinesen uns ihrerseits Missionare schickten, um uns die natürliche Religion zu lehren, die wir beinahe vergessen haben«, durch die Leibniz sein europäisches Publikum zum Nachdenken aufrütteln wollte, schien er die Existenz einer »natürlichen Religion« in China

[28] Das Bild ist Ignatius von Loyolas Brief an die Patres Paschasius Broëtus und Alphonsus Salmeron vom Anfang September 1541 entlehnt (*Del modo de negociar y conversar in Domino*): »En todas conuersaciones que queremos ganar, para meter en red en maior seruicio de Dios N. S., tengamos con otros la mesma orden que el enemigo tiene con una buena ánima todo ad malum, nosotros todo ad bonum, es á saber: el enemigo entra con el otro y sale consigo; entra con el otro no le contradiziendo sus costumbres, mas alabándoselas; toma familiaridad con el ánima, trayéndola á buenos y sanctos pensamientos, apazibles á la buena ánima; después poco á poco procura salir consigo, trayéndole sub specie boni á algún inconueniente de herror ó ilusión, semper ad malum; ansí nosotros podemos ad bonum alabar ó conformar con uno cerca alguna cosa particular buena, disimulando en las otras cosas que malas tiene, y ganando su amor hacemos nuestras cosas mejor; y assí, entrando con él, salimos con nosotros.« Vgl. *Monumenta Ignatiana, Series prima*: Epistolae et instructiones, T. 1, Matriti 1903, S. 180.

vorauszusetzen.[29] Tatsächlich bekräftigten seine Worte aber lediglich jenes Grundprinzip Matteo Riccis, mit dem der Schöpfer und Gestalter der Jesuitenmission in China nicht nur deren »Goldenes Zeitalter« eingeleitet hatte, sondern das zugleich auch zur Ursache des chinesischen Ritenstreits werden sollte.[30]

Riccis These, daß bereits die alten Chinesen in ihren kanonischen Büchern den wahren Gott (der Christenheit) unter den Namen *tian, shangdi* und *tianzhu* erkannt und verehrt hätten, war nicht nur eine Reaktion auf die Unnahbarkeit und das Desinteresse einer alten, sich überlegen dünkenden Kultur, die an nichts glauben mochte, was nicht in ihren eigenen Büchern stand; sie entsprach auch jener Paulinischen Glaubenstradition, die bei den Heiden kraft des »ins Herz geschriebenen Gesetzes« (*Röm* 2,14–15) die Erkenntnisse einer natürlichen Theologie voraussetzte: das Wissen von Gott, einer unsterblichen Seele und einem natürlichen Sittengesetz.

Daß Ricci allerdings den Konfuzianismus, die Staatsideologie der geistigen Elite Chinas, zum Ausgangspunkt der Glaubensanbindung wählte, trug noch einem anderen Grundprinzip des Ordens Rechnung, nämlich um des Glaubens willen bei den jeweils Mächtigen eines Reiches Zutritt und Einfluß zu suchen. In China, so hatte ihn die Erfahrung gelehrt, bestand diese Chance allein durch Anpassung der Missionare an die Gepflogenheiten und Sitten dieser Elite. So traten die Patres im Seidengewand der einheimischen Literaten als ›Gelehrte aus dem Westen‹ auf. Wenn Ricci jedoch behauptete, daß Gott den alten Chinesen kein Unbekannter gewesen sei, daß vielmehr dessen Lehre – vergessen im Lauf der Jahrtausende,

[29] So auch in einem Brief an die Kurfürstin Sophie vom 10. (20.) September 1697, in: *A* I, 14 N. 37, S. 71–73, hier S. 72, u. *Novissima Sinica* (Nesselrath / Reinbothe, 1979, S. 16–19, § 10). Vgl. dazu Wenchao Li: *Zur Frage der natürlichen Theologie – Leibniz und Christian Wolff*, in: Li / Poser: *Das Neueste über China*, 2000, S. 320–331.

[30] Aus der umfangreichen Literatur zu Ricci sei verwiesen auf Johannes Bettray: *Die Akkommodationsmethode des P. Matteo Ricci S. J. in China*, Roma 1955, u. im folgenden Schatz (wie Anm. 10), S. 69–78 mit Anm. 8 (mit der wichtigsten neueren Bibliographie zu Ricci).

verfälscht durch daoistisch-buddhistische Einflüsse – tatsächlich in China nichts Neues bedeute, distanzierte er sich zugleich vom Song-Konfuzianismus der zeitgenössischen Gelehrten und verurteilte darüber hinaus Daoismus und Buddhismus als Götzendienst und Aberglauben.

Mit diesem von Ricci eingeschlagenen Weg, der sogenannten Akkommodationsmethode, war allerdings die zukünftige Entwicklung der alten Chinamission vorgezeichnet. Um den freundschaftlichen Umgang mit der geistigen Elite Chinas zu bewahren und zu pflegen, war es zum einen notwendig, den Konvertiten die Ausübung der staatlich vorgeschriebenen Riten, vornehmlich des Konfuzius- und Ahnenkults, zu erlauben; nicht weniger wichtig war es zum anderen, auch die Ordensbrüder von der nur staatspolitischen Funktion dieser Ritenpraxis und deren rein philosophisch-moralischer Bedeutung zu überzeugen. Um aber zugleich das intellektuelle Interesse der chinesischen Literaten immer aufs neue anzuregen und wachzuhalten, wurde die Vermittlung westlicher Wissenschaft und Technik zum Gebot der Stunde: So kam es, daß die Jesuitenmissionare in China als Mathematiker und Astronomen, als Hersteller von Kanonen und Musikinstrumenten, als Uhrmacher und vor allem als Kartographen geschätzt[31] und für ihre Loyalität im Jahre 1692 mit den Toleranzedikt des Kangxi-Kaisers belohnt, in Europa dagegen getadelt wurden – denn daß sie auch die erfolgreichsten Botschafter und Vermittler westlicher Kultur gewesen waren, wurde dort erst viel später erkannt.

Für die in China und ebenfalls in Japan wirkenden Jesuitenpatres trat schon bald nach dem Tode Matteo Riccis (1610) die von Europa geprägte Kehrseite dieser Medaille in Erscheinung.[32] Entsprach der

[31] Vgl. dazu die Aufsatzsammlung Malek: *Western Learning*, 1998, u. zu den einzelnen Wissenschaften die Beiträge in: Standaert: *Handbook*, 2001, S. 689–878 (*Science and Technology*). Zu den Patres, die (als Präsidenten des Astronomischen Amtes) in China zu hohen Ämtern und Ehren gelangten, vgl. Dehergne: *Répertoire*, 1973, S. 307f. u. S. 313.

[32] Aus der überaus umfangreichen Literatur zum Ritenstreit sei hier

chinesische Name für Gott tatsächlich seiner christlichen Bedeutung? Waren die Riten zur Verehrung des Konfuzius und der Ahnen nicht reiner Götzendienst und Aberglaube, deren Ausübung chinesischen Christen nicht erlaubt werden durfte (s. Nr. 35)? Im Kreis der Missionare wurden diese Fragen unter Riccis Nachfolger Niccolò Longobardi sofort und intensiv diskutiert und von diesem selbst in seiner später berühmt gewordenen Abhandlung aus dem Jahre 1623 (vgl. ebd., Anm. 1 u. 9)[33] in Riccis Auffassung entgegengesetztem Sinn beantwortet (s. ebd., Anm. 5 u. 9). Allerdings waren auch die Missionare der anderen Orden: Dominikaner, Franziskaner und Augustiner, die seit 1633 von den Philippinen aus nach China kamen, angesichts der Akkomodationspraxis der Jesuiten in höchstem Grade alarmiert, erkannten doch auch sie in den Riten nur Götzendienst und Aberglauben. Nach seiner Vertreibung aus China (1638) suchte deshalb der Dominikaner Juan Bautista Morales (1597–1664) mit einer siebzehn Punkte umfassenden Erklärung erstmals in dieser Angelegenheit die Entscheidung in Rom. Diese fiel mit dem Dekret vom 12. September 1645 gegen die Auffassung Matteo Riccis aus. Doch als sechs Jahre später der Jesuitenpater Martino Martini aus China in der Ewigen Stadt eintraf, gelang es ihm, die Inquisitoren umzustimmen und von der religiös harmlosen, rein säkularen Natur der Riten zu überzeugen. Dem Dekret vom 23. März 1656, das die Ausübung der Riten gestattete, wenn sie ohne schweren Nachteil für die Mission nicht unterlassen werden könnten, folgte drei Jahre

nur verwiesen auf Joseph Brucker, Art. *Chinois (Rites)*, in: *Dictionnaire de théologie catholique*, T. 2, 2, 1905, Sp. 2364–2391; Antonio Sisto Rosso: *Apostolic Legations to China of the eighteenth century*, 1948; Francis A. Rouleau, Art. *Chinese Rites Controversy*, in: *New Catholic Encyclopedia*, Vol. 3, 1967, S. 611 a–617 b; George Minamiki: *The Chinese Rites Controversy*, Chicago 1985, u. die Aufsatzsammlung Mungello: *Rites Controversy*, 1994.

[33] Über die Vorgänge und die beteiligten Missionare berichtet Longobardi selbst im *Avant-Propos* seines *Traité sur quelques points de la Religion des Chinois* (französische Übersetzung von Louis Cicé MEP, 1701), in: G.W. Leibniz: *Discours sur la theologie naturelle des Chinois*, 2002, S. 115–117.

später sogar die ausdrückliche Instruktion an die Missionare, sich möglichst flexibel den heimischen Riten anzupassen.[34] Setzte das jüngere Dekret das ältere außer Kraft? Diese Frage der Ritengegner beantwortete das Heilige Offizium am 13. November 1669 mit dem Beschluß, daß die Wirkung beider Dekrete erhalten bleiben und die fällige Entscheidung jeweils dem Gewissen der Missionare überlassen werden solle.[35] Doch diese scheinbare Freiheit hob Clemens IX. dadurch wieder auf, daß er – bewogen durch ein gemeinsames Memorandum der Ritengegner – bestimmte, »daß die in einem apostolischen Vikariat wirkenden Ordensleute dem zuständigen Vikarbischof Gehorsam zu leisten« hätten.[36]

Da die von Rom beschlossene Einrichtung von Vikariaten im Fernen Osten, die dem Papst direkt unterstanden, sofort den erbitterten Einspruch der alten Patronatsmacht Portugal hervorrief, andererseits jedoch sowohl die neuen Apostolischen Vikare als auch Lissabon die Jesuitenmissionare Ludwigs XIV. aus unterschiedlichen Gründen als Rivalen betrachteten, müssen wir uns zum Verständnis des folgenden zunächst diesen beiden im Ritenstreit maßgeblichen Kräften zuwenden.

2. *Der Ferne Osten: Die Patronatsmacht Portugal* – Im Vertrag von Tordesillas (1494) hatte Alexander VI. die Rivalität der beiden Seemächte Portugal und Spanien dadurch beigelegt, daß die überseeischen Gebiete mit Hilfe des 370 Meilen westlich von den Azoren und Cap Verde verlaufenden Meridians zwischen ihnen auf-

[34] Vgl. das Dekret vom 12. September 1645 in: *Collectanea S. Congregationis de Propaganda Fide seu decreta, instructiones rescripta pro apostolicis missionibus ex tabulario eiusdem Sacrae Congregationis deprompta*, Romae 1893, Nr. 1698, u. die engl. Übersetzung in: Noll: *100 Roman Documents*, 1992, Nr. 1, S. 1–5; das Dekret vom 23. März 1656 vgl. *ebd.*, Nr. 1699, u. die engl. Übers. *a.a.O.*, Nr. 2, S. 5–6; vgl. die Instruktion der Propaganda von 1659 *Collectanea*, Vol. 1, 1907, Nr. 135, u. die engl. Übers. *a.a.O.*, Nr. 3, S. 6–7.

[35] Vgl. *Collectanea* (wie Anm. 34) Vol. 1, 1907, Nr. 189 (engl. Übers. wie Anm. 34, Nr. 4, S. 7).

[36] Vgl. Jann: *Die katholischen Missionen*, 1915, S. 399.

geteilt wurden: Portugal erhielt als unverletzliches Kroneigentum alle bis dahin noch nicht entdeckten und besetzten Gebiete der östlichen Hemisphäre zugesprochen und in diesen das Handelsmonopol.[37]

Nachdem Portugal zu Beginn des 16. Jahrhunderts zur ersten Seemacht mit Lissabon als erster Handelsstadt Europas aufgestiegen war,[38] verlor es diese Weltmachtsstellung spätestens seit seiner Personalunion mit Spanien (1580–1640) zuerst an Holland,[39] dann an England und Frankreich. Bereits vor der Mitte des 17. Jahrhunderts zeigte sich immer deutlicher, daß Portugal personell und finanziell nicht mehr in der Lage war, seine mit den Eroberungsprivilegien verbundenen Patronatspflichten gegenüber der katholischen Kirche zu erfüllen, d.h. für die Evangelisierung in seinen überseeischen Gebieten zu sorgen, indem es Bistümer einrichtete und Kirchen baute, Missionare ausbildete und für deren Lebensunterhalt aufkam. Diesen Pflichten stand das Patronatsrecht gegenüber, das Missions-

37 Vgl. den Druck des Vertrages bei Karl Strupp: *Urkunden zur Geschichte des Völkerrechts*, Bd 1, Gotha 1911, Nr. V. Die Grenzlinie wurde 1529 für die südliche Hemisphäre neu festgelegt. S. dazu Jann: *Die katholischen Missionen*, 1915, S. 55–63; Claudia von Collani: *Die Chinamission von 1520–1630*, in: *Die Zeit der Konfessionen 1530–1620/30*, hrsg. von Marc Venard, Freiburg, Basel, Wien 1992, S. 933–955; Wolfgang Reinhard: *Geschichte der europäischen Expansion*, Bd 1, Stuttgart, Berlin 1983, S. 50–67.

38 Nachdem Bartholomeo Diaz 1488 Afrika umsegelt und Vasco da Gama zehn Jahre später den Seeweg nach Ostindien entdeckt hatte, sicherte sich Portugal mit der Eroberung von Ormuz und Diu (1515) die Herrschaft über den Indischen Ozean; mit der Eroberung von Goa (1510) und Malakka (1511), der Festsetzung auf Ceylon (1517) und den Molukken (1529) lag der gesamte Handel im ostindischen Raum in seiner Hand. Durch die portugiesische Niederlassung in Macao 1557 entstand die erste europäische Siedlung auf chinesischem Boden. Vgl. Reinhard: *Geschichte der europäischen Expansion*, 1983, S. 50–67.

39 Die Holländer eroberten 1605 die Molukken, 1638 Ceylon, 1641 Malakka (heute Melaka) und 1669 die Gebiete der Malabarenküste; die Besetzung der Straße von Malakka bedeutete das Ende der portugiesischen Handelsprivilegien und des freien Zugangs nach China.

personal auszuwählen, die Bischöfe vorzuschlagen und den Zehnten zu erheben.[40]

Aufgrund des in den Missionsgebieten eingetretenen Priestermangels schränkte Clemens VIII. im Jahre 1600 das den Jesuiten von Gregor XIII. 1585 ausdrücklich verliehene Evangelisierungsprivileg dadurch ein, daß er auch den Mendikantenorden unterschiedlicher Nationaliät (Dominikanern, Augustinern, Franziskanern u.a.) erlaubte, in China und auf den benachbarten Inseln zu missionieren.[41] Portugal, welches das Eindringen fremder Handelsmächte in China und Japan entweder ganz zu verhindern oder doch wirksam zu kontrollieren suchte, erhielt dafür das Recht, das Einhalten folgender Vorschriften zu verlangen: Alle nichtportugiesischen Missionare hatten 1. für die Reise in den Fernen Osten bei der königlichen Kanzlei in Lissabon ein Visum zu beantragen und sich registrieren zu lassen; 2. von dort aus die Fahrt auf einem portugiesischen Schiff anzutreten; 3. die Reiseroute über Goa und Macao zu nehmen.[42] Diesem Reisemonopol Portugals suchte zwar der Heilige Stuhl schon 1608, 1633, dann 1673 gegenzusteuern,[43] indem er zuerst den Mendikanten, dann den Angehörigen regularer Orden und zuletzt den Weltpriestern die freie Wahl des Reisewegs in alle nicht unter portugiesischem Zepter stehenden Länder (z.B. die südostasiatischen Königreiche) zusicherte, doch bildeten die genann-

[40] Vgl. die Bulle Nicolaus' V. für Alfons V. vom 8. Januar 1455, in: *Bullarum collectio*, 1707, §§ 16–24, S. 16–24. Träger des portugiesischen Patronats war der Christusorden, dessen Großmeisterwürde seit 1443 mit dem Königshaus verbunden war. Gleichzeitig gestattete Eugen IV. dem Orden, geschenktes Eigentum auch in den Kolonien zu besitzen, wodurch nicht nur das Patronatsrecht dieser Kirchen auf den Orden überging, sondern auch die Kron- und Ordensrechte in einer Hand vereinigt wurden. Vgl. Johannes Meier, Art. *Patronat in den Missionen*, in: *LThK*, 7, 1998, Sp. 1484–1486, u. Jann: *Die katholischen Missionen*, 1915, S. 33f.

[41] Zu Gregors XIII. Breve *Ex pastorali officio* vom 28. Januar 1585 sowie zu Clemens' VIII. Konstitution *Onerosa* vom 12. Dezember 1600 vgl. Jann: *Die katholischen Missionen*, 1915, S. 182 mit Anm. 1 u. 2.

[42] Vgl. Jann, *ebd.*, S. 182f. u. 185f.

[43] Vgl. *ebd.*, S. 191–192.

ten Vorschriften ein schwerwiegendes Problem, das sich in unserer Korrespondenz vornehmlich durch das Bestreben bemerkbar macht, Rußland zur Freigabe des Landwegs nach China über Sibirien zu bewegen.

Mit der Gründung der *Congregatio de Propaganda Fide* (kurz: Propaganda) im Jahre 1622 hatte Gregor XV. ein Instrument geschaffen, die Mission im Fernen Osten zugunsten einer von den Eingriffen Portugals freien Evangelisierung neu zu ordnen. Konflikte zwischen Portugal und Rom entstanden aber in dem Augenblick, als die Propaganda Missionare in Länder wie Cochinchina, Tonking, Siam, Kambodscha und China sandte, die Lissabon im Gegensatz zu Rom als portugiesische Patronatsgebiete betrachtete.[44] Die neuen ›römischen‹ Bischöfe und Missionare wurden dort von Anfang an als ›Propagandisten‹ und Feinde des portugiesischen Patronatsrechts angesehen.[45]

3. *Die Einrichtung Apostolischer Vikariate und die Gründung der MEP* – Zum Verständnis der Animositäten zwischen den verschiedenen Parteien ist neben den neugeschaffenen Vikariaten auch die Nationalität der Missionare zu berücksichtigen. Schon 1649, als der

[44] Goa war 1534 Bischofssitz geworden und 1558 von Paul IV. zum Metropolitansitz aller jenseits des Kaps der Guten Hoffnung gelegenen Missionen erhoben worden; dadurch erhielt es die Oberhoheit über alle Kirchen Indiens. Die Erzbischöfe von Goa wurden allerdings durch einen Gehorsamseid sowohl dem König als auch dem Papst gegenüber verpflichtet, was bei Konflikten zur Folge hatte, daß diese fast immer die Partei der portugiesischen Krone ergriffen (vgl. Jann: *Die katholischen Missionen*, 1915, S. 81f., 110–112). Die 1558 gegründeten Bistümer Cochin (Malabarenküste bis Cannanore) und Malakka wurden Goa unterstellt, das nun gebietsmäßig die ostafrikanischen und persischen Besitzungen Portugals, dazu die Westküste Indiens umfaßte. Cochin wurden der Süden und die Ostküste Indiens sowie Ceylon zugeschlagen. Malakka erhielt Hinterindien, China und Japan (vgl. *ebd.*, S. 118). China und Japan wurden allerdings schon 1576 dem neugegründeten Bischofsitz Macao unterstellt, das China im Jahre 1557 gegen einen Tribut an Portugal abgetreten hatte (vgl. *ebd.*, S. 123).

[45] Vgl. *ebd.*, S. 195–205, u. Witek: *Controversial Ideas*, 1982, S. 15–17.

französische Jesuitenmissionar Alexandre Rhodes[46] aus Cochinchina in Rom eintraf, hatte dieser dem Papst und der Propaganda dringend zwei Maßnahmen empfohlen: erstens die Ausbildung eines einheimischen Klerus, und zweitens die Einrichtung vom portugiesischen Patronat unabhängiger Apostolischer Vikariate. Damals konnte Rhodes für seine Ideen nur in Paris Begeisterung erwecken: eine Vereinigung junger Weltpriester schrieb sich seine Vorschläge auf ihre Fahnen (s. Nr. 35, Anm. 11) und gründete am 9. September 1659 die Gesellschaft der *Missions Étrangères de Paris* (MEP). An diesem Tag wurde in Rom der Beschluß gefaßt, im Fernen Osten drei Apostolische Vikariate einzurichten: Cochinchina, Tonking und Nanking,[47] und die ersten Vikarbischöfe aus der MEP zu wählen.[48] Es handelt sich (in dieser Reihenfolge) um Pierre Lam-

46 Der aus Avignon stammende Jesuit Alexandre Rhodes (1593–1660) traf 1623 in Goa ein und wirkte dann mehrere Jahre als Missionar in Cochinchina, Tonking (wo er das lateinische Alphabet einführte) und Macao. Während einer Christenverfolgung wurde er gefangengenommen, zum Tode verurteilt und schließlich nach Macao ausgewiesen. Von dort reiste er im Dezember 1645 nach Rom, wo er sich für die Errichtung Apostolischer Vikariate einsetzte, doch für seine Person die Ernennung zum Apostolischen Präfekten in Tonking und Cochinchina ablehnte. Er starb unterwegs in Ispahan; vgl. Dehergne: *Répertoire*, 1973, u. Koch: *Jesuiten-Lexikon*, 2, 1934, Sp. 1532–1534.

47 Gebiets- und verwaltungsmäßig wurde China unter den drei Vikariaten aufgeteilt: Zu Cochinchina (südöstlicher Teil der siamesischen Halbinsel) sollten die südlichsten Provinzen Chinas: Kiangsi (Jiangxi), Kwangtong (Guangdong), Fukien (Fujian), Tschekiang (Zhejiang) und die Insel Hainan, gehören; zu Tonking (nordöstliche Gebiete der siamesischen Halbinsel) die Reiche Tonking und Laos sowie die mittleren Provinzen Chinas: Jünnan (Yunnan), Kweitscheu (Guizhou), Hukwang (Huguang), Setschuen (Sichuan) und Kwangsi (Guangxi). Das Vikariat Nanking (Nanjing) umfaßte die Provinzen Kiangnan (Jiangnan), Peking (Petscheli), Schansi (Shanxi), Schantung (Shandong), Schensi (Shaanxi) und Honan (Henan), sowie Korea, Liautung (Liaodong) und die Mongolei. Dem portugiesischen Bistum Malakka (vgl. Anm. 44) verblieben nur noch Siam, Kambodscha und Ciampa. Vgl. Jann: *Die katholischen Missionen*, 1915, S. 217.

48 Vgl. Launay: *Mémorial*, 1916, 2e partie, S. 486.

bert de la Motte (1624–1679), Titularbischof von Beirut, François Pallu (1626–1684), Titularbischof von Heliopolis, und Ignatio Cotolendi (1630–1662), Titularbischof von Metellopolis, der schon auf der Reise in den Fernen Osten starb.[49]

Einer von ihnen, François Pallu, dessen Nachfolger als Vikarbischof in der chinesischen Provinz Fukien rund 20 Jahre später Charles Maigrot (MEP) werden sollte (s. u. Kap. III u. Nr. 39, Anm. 2 u. 7),[50] spielte im folgenden in den Plänen der Propaganda und den Entscheidungen des Hl. Stuhls eine wesentliche Rolle. Vor allem seinem Einfluß in Rom und seiner Tätigkeit im Fernen Osten ist es zuzuschreiben, daß sich nicht nur die Beziehungen zwischen dem Papst[51] und Lissabon, Portugal und Frankreich, den portugiesischen und französischen Jesuiten zunehmend verschlechterten, sondern auch jene zwischen Paris und Rom, den Jesuitenmissionaren Ludwigs XIV. und dem Heiligen Stuhl – ganz zu schweigen vom Aufbrechen des offenkundigen Gegensatzes zwischen den Mitgliedern der MEP und den Patres der Gesellschaft Jesu. Infolge der Neuordnung der Missionsgebiete und des alarmierenden Machtzuwachses der Vikarbischöfe kraft der Bullen und Breven Roms, die deutlich die Handschrift Pallus tragen, verschlechterten sich alle missionspolitischen Verhältnisse nachhaltig.

Tatsächlich nahmen weder Pallu noch Lambert de la Motte die Arbeit in ihren Vikariaten auf. Beide hatten – unter Umgehung der von Portugal verlangten Vorschriften – versucht, auf der persischen Reiseroute[52] in den Fernen Osten zu gelangen, waren aber

49 Vgl. zu diesen *ebd.*, S. 350–354 bzw. S. 485–491 bzw. S. 154f.

50 Vgl. Claudia von Collani: *Charles Maigrot's Role in the Chinese Rites Controversy*, in: Mungello: *Rites Controversy*, 1994, S. 149–183.

51 Innozenz XI. (1676–1689); vgl. dazu Pastor: *Geschichte der Päpste*, 14,2, 1930, S. 995–100.

52 Um den Beamten der geistlichen und zivilen Behörden Portugals aus dem Weg zu gehen, waren damals drei Landwege von Europa nach Goa in den Fernen Osten möglich (der Weg über Rußland durch Sibirien sollte sich erst durch den Bau der Transsibirischen Eisenbahn 1894–1904 öffnen): Der erste Weg führte durchs Rote Meer; beim zweiten handelte es

nur bis nach Ayutthaya, der Hauptstadt des Königreiches Siam, gekommen. Pallu war dort am 27. Januar 1664 eingetroffen, trat aber schon ein Jahr später die Rückreise nach Europa an, um seine in dieser Zeit gewonnenen Erkenntnisse in Rom und Paris vorzutragen. Erst nach fünf Jahren (1670/71) kehrte er, wohl in Begleitung von Claude Gayme MEP (s.u.), wieder für ein Jahr nach Siam zurück. In dieser Zeit erhob er Louis Laneau MEP zum Vikarbischof von Nanking und Siam (1673), führte Religionsgespräche mit König Phra Naraï, dem er Briefe des Papstes und Ludwigs XIV. übergab und im Gegenzug die Erlaubnis erhielt, das Evangelium frei zu verkünden, und beschloß mit seinen Mitstreitern Lambert de la Motte und Laneau die Einrichtung einer Prokuratur für China, Tonking, Cochinchina und Siam.

Ganz unfreiwillig wurde Pallu zum Weltumsegler, als er auf dem Weg nach China, 1674 vom Sturm an die Küste Manilas verschlagen, den spanischen Behörden in die Hände fiel und – ohne Visum von Sevilla – geradewegs über Mexiko nach Madrid zurückbefördert wurde und von dort aus 1677 nach Rom weiterreiste.[53] Seine Klage über das Patronat Portugals, sein Ärger über die Jesuiten und sein Wunsch nach Generaladministratoren für die Missionen sollten dort wie bei seinem ersten Aufenthalt nicht ohne Wirkung bleiben. Nachdem Pallu im November 1679 von seinem Amt als Vikar-

sich um die Euphrat-Route; beim dritten um die große Karawanenstraße von Izmir über Aleppo nach Tabriz und weiter nach Isphahan und von dort nach Hormuz. Vgl. Joseph Sebes: *Jesuit Attempts to Establish an Overland Route to China*, in: *A Journal of Mongolian Studies*, 5, 1, 1979, S. 51–67, hier S. 51. – Pallu war mit neun weiteren Missionaren, darunter Louis Laneau MEP (1637–1696), dem Nachfolger Cotolendis, von Marseille nach Alexandrette (heute Iskenderum) gesegelt, hatte sich dann nach Ispahan, von dort nach Bender-Abassi (am Golf von Oman) gewandt und war von dort aus per Schiff nach Surat und anschließend durch Indien nach Masulipatam gereist. Von dort nahm er ein Schiff nach Merguilin (Mergui), von wo aus er im Januar 1664 in Juthia (Ayutthaya) eintraf. Vgl. Launay: *Mémorial*, 1916, 2e partie, S. 486f.

53 Vgl. Jann: *Die katholischen Missionen*, 1915, S. 245f.; Launay: *Mémorial*, 1916, 2e partie, S. 488 b.

bischof von Tonking entbunden und 1680 zum Generaladministrator der chinesischen Missionen sowie zum Apostolischen Vikar von Fukien ernannt worden war, kehrte er im selben Jahr nach Siam zurück. Dort war inzwischen Charles Maigrot eingetroffen, der ihn 1683 nach China begleitete.

4. *François Pallu MEP und sein Einfluß auf die Missionspolitik* – Die antiportugiesische Missionspolitik Pallus ist an folgenden Dekreten Roms ablesbar: In dem Breve vom 4. Juli 1669[54] wird die Jurisdiktion des Apostolischen Vikariats von Nanking auf das von Malakka nun losgelöste Siam ausgedehnt. In den Dekreten vom 10. November und 23. Dezember 1673[55] wird die Befreiung der Apostolischen Vikare von der Jurisdiktion des Erzbischofs und der Inquisition Goas beschlossen und schließlich in dem Dekret vom 23. Dezember 1673[56] die Exkommunikation all jener ausgesprochen, welche die Reise der Missionare in den Fernen Osten hindern und den Weg der Religiosen vorschreiben. Wie reagierten die portugiesischen Behörden im Fernen Osten? Ohne weiteres erklärten Goa und Macao die päpstlichen Verfügungen für erschwindelt und erschlichen; der Erzbischof ließ Pallu und Lambert de la Motte exkommunizieren und versuchte, beide gewaltsam nach Goa zu schaffen, und Lissabon war weit davon entfernt, die Eingriffe Roms in seine Patronatsrechte hinzunehmen.[57]

[54] *Cum (sicut accepimus) civitas*, in: *Jus Pontificium*, Pars 1, 1, 1888, Nr. VI, S. 390.

[55] *Cum per litteras* und *Sollicitudo pastoralis*, *ebd.*, Nr. XVI, S. 421, u. Nr. XVIII, S. 423f.

[56] *Injuncti nobis*, *ebd.*, Nr. XIX, S. 424–426.

[57] Vgl. Jann: *Die katholischen Missionen*, 1915, S. 233f. Erst Alexander VIII. zeigte sich den dringenden Bitten Pedros II. gegenüber zugänglich. Am 1. April 1690 erließ er zwei Bullen. China wurde darin aus dem Apostolischen Vikariatsgebiet herausgenommen, in die zwei Patronatsbistümer Peking und Nanking unterteilt und neben Macao der Verwaltung des Erzbistums Goa unterstellt. Anders als Rom betrachtete die portugiesische Krone die drei Apostolischen Vikariate Tonking, Nanking und Cochinchina damit als aufgehoben, d.h. als reduziert auf ihren hinterindischen Besitz. Vgl. *ebd.*, S. 253–258.

Am empfindlichsten wurden jedoch die kommerziellen Interessen Portugals durch die Aktivitäten Pallus zugunsten Frankreichs getroffen. Dort hatte dessen Ernennung zum Vikarbischof von Tonking gleich anfangs beim König und seinen Ministern höchste Hoffnungen auf ein Aufblühen des französischen Handels im Fernen Osten erweckt. Als Franzose und Untertan Ludwigs XIV. gab Pallu sich alle Mühe, die in ihn gesetzten Erwartungen nicht zu enttäuschen. Bald schlug er Colbert die Einrichtung einer Faktorei in Tonking vor und – nach dem Beispiel der Holländer und Engländer – die Gründung von Handelskompanien.[58] Nach seiner Vorstellung sollte jede neu errichtete Faktorei einen Kaplan erhalten, der materiell nur von den MEP, geistlich aber von den französischen Bischöfen abhängig sein sollte.[59] In Siam allerdings, wo Pallu darauf hinwirkte, die englischen und holländischen zugunsten französischer Kaufleute zu verdrängen, rannte er bei Konstantin Phaulkon (vgl. Nr. 30 mit Anm. 1),[60] dem Vertrauten des Königs und inoffiziell ersten Minister des Reiches, offene Türen ein. Phaulkon suchte seit langem nach Verbündeten und erkannte die Chance, das katholische Frankreich gegen die im Land verhaßten protestantischen Holländer und Engländer auszuspielen, um angeblich ganz Siam zu bekehren und nach westlichem Muster einzurichten. Was lag näher, als eine siamesische Gesandtschaft nach Frankreich zu schicken? Ausgerüstet mit den Ratschlägen Pallus, begleitete Claude Gayme MEP (1642–1681) die erste siamesische Gesandtschaft auf den Weg nach Frankreich.[61] Doch erst die zweite Gesandtschaft, diesmal von Bénigne Vachet MEP (1641–1720) begleitet, sollte 1684 Frankreich erreichen und Ludwig XIV. dazu bestimmen, nach einigem Zö-

[58] Vgl. *Lettres de Mgr Pallu*, T. 1, S. 216, zit. nach Pinot: *La Chine*, 1932, S. 30 f., u. Witek: *Controversial Ideas*, 1982, S. 23.

[59] Vgl. Pinot: *La Chine*, 1932, S. 30–31.

[60] Zu Phaulkon vgl. Dirk van der Cruysse: *Louis XIV et le Siam*, Paris 1991, Chap. XI.

[61] Diese Gesandtschaft erlitt 1681 Schiffbruch am Kap der Guten Hoffnung; vgl. Launay: *Mémorial*, 1916, 2e partie, S. 260 f.

gern im Jahre 1685 eine Gegengesandtschaft in den Fernen Osten zu entsenden, zu deren Mitreisenden sechs ausgewählte Jesuitenpatres zählten, darunter Guy Tachard.[62]

Portugal und Spanien (und zuletzt auch Rom) verfolgten diese Vorgänge mit wachsendem Mißtrauen. Pedro II. sah in den neuen Missionaren nichts anderes als Pioniere der französischen Kolonialpolitik und dachte gar nicht daran, sein Handelsmonopol zu teilen. Er verlangte von Rom, das Eindringen der Franzosen nach Ostasien ohne portugiesisches Visum zu unterbinden, und erklärte sich zur Anerkennung der Apostolischen Vikare nur unter der Bedingung bereit, daß diese keine Franzosen wären. Tatsächlich erfuhren von Anfang an ›die römischen Bischöfe‹ von allen Seiten so viele Anfeindungen, daß Lambert de la Motte 1663 dem Papst sogar seine Demission anbot.[63]

Als unerträglich empfanden aber Portugal ebenso wie Frankreich und vor allem die alten Missionare – die Regularen, insbesondere die Jesuiten und Religiosen – die ständige Machtausweitung der Apostolischen Vikare durch Rom. Folgende Dekrete des Papstes in diesem Sinne gehen auf die Initiative Pallus zurück: Im Jahre 1669 erließ Clemens IX. zwei Bullen,[64] wonach jeder Ordensmissionar seinen Patentbrief dem für ihn zuständigen Vikarbischof zur Bestätigung vorlegen und sich verpflichten mußte, im Falle des Fehlens von Weltpriestern verwaiste Pfarreien zu übernehmen. Da dies in

62 Tachard, bei dem Konstantin Phaulkon offene Ohren für seine Pläne gefunden hatte, spielte in den folgenden Ereignissen eine wichtige Rolle. Vgl. Nr. 4, Anm. 25, sowie Pinot: *La Chine*, 1932, S. 49–69, und Van der Cruysse: *Louis XIV*, 1991, S. 411–438. Über die Reise berichten Bouvet, Choisy und Tachard (s. jeweils das SV). Vgl. auch den Bericht über den Papstbesuch Tachards nach dessen 2. Siamreise *Sr. Heiligk. Babst Innocentii XI. Audientz, so dem P. Tachard, und andern Gesandten des Königs in Siam den 23. Dezembr. 1688 verstattet worden*, 1689.

63 Vgl. Pinot: *La Chine*, 1932, S. 33 f., u. Launay: *Mémorial*, 1916, 2e partie, S. 351 b.

64 *Speculatores domus Israel* und *In Excelsa*, beide vom 13. September 1669, in: *Jus Pontificium*, Pars 1,1, 1888, Nr. X, S. 399–401, u. Nr. XI, S. 402–403.

der Praxis für die Patres nichts anderes hieß, als zwei Herren zugleich zu dienen: dem Missionsprokurator ihres Ordens und dem Vikarbischof des Papstes, waren Konflikte vorhersehbar. – Vier Jahre später befreite Clemens X. die Apostolischen Vikare von der Jurisdiktion und Inquisition Goas und von der Verpflichtung, für die Reise in den Fernen Osten Lissabon zu passieren.[65] Den Schlußstein in diesem Prozeß setzte Innozenz XI. mit der Approbation des Dekrets der Propaganda vom 29. Januar 1680.[66] Es verpflichtete nicht nur alle Missionare, vor dem für sie zuständigen Vikarbischof den Gehorsamseid zu schwören, es legte außerdem die Visitatoren der verschiedenen Orden darauf fest, von ihren Untergebenen diesen Eid zu verlangen. Ausgeschlossen wurde jede Diskussion über bestehende oder künftig zu erlassende apostolische Dekrete und Beschlüsse der Propaganda, gefordert wurde die Anerkennung der absoluten und uneingeschränkten Macht des Papstes »auf dem gesamten Erdkreis«.[67]

65 Vgl. das Breve vom 10. November 1673, in: *Jus Pontificium*, Pars 1,1, 1888, Nr. XV, S. 420f., und die Konstitution *Decet Romanum* vom 23. Dezember 1673, *ebd.* Nr. XXIV, S. 433–442; dazu Pinot: *La Chine*, 1932, S. 35f.

66 Vgl. das *Decretum pro stabilienda dependentia omnium missionariorum, tam saecularium quam regularium a Vicariis Apostolicis*, in: *Bullarium patronatus Portugalliae regum*, 2, 1870, S. 185–186 (auch in: *Cartas de China. Documentos inéditos sobre misiones franciscanas del siglo XVII.* Publicalos por primera vez el P. Otto Maas, O.F.M., Sevilla 1917, S. 147–151).

67 Der Beginn der Schwurformel lautet: »Da der Papst vermöge seiner geistlichen Herrschaft über die Seelen die höchste und unabhängige Autorität auf dem gesamten Erdkreis besitzt und niemandes Erlaubnis oder Zustimmung bedarf, – mag dieser gläubig sein oder ungläubig, und unabhängig von dessen Stellung, Rang, Stand oder Würde, sollte es sich auch um einen König handeln – um Arbeiter [im Weinberg des Herrn] anzunehmen, welche die christliche Religion und den Katholischen Glauben bei den Heiden predigen, verkündigen, kräftigen und fördern, und zwar im chinesischen, tonkinesischen, kambodjanischen, siamesischen und anderen benachbarten Reichen: Werde ich […] getreulich meiner Pflicht obliegen […]« (»Cum Summus Pontifex supremam et independentem pro spirituali animarum regimine in universo terrarum orbe habeat

Frankreich konnte diesen absoluten und universalen Machtanspruch des Papstes noch weniger hinnehmen als Portugal und Spanien. Entsprach dieser doch, wie die Theologen der gallikanischen Kirche alsbald feststellten, einem Unfehlbarkeitsanspruch des Hl. Stuhls gegenüber dem ökumenischen Konzil! Was aber in den Augen Ludwigs XIV. wohl noch mehr gegen den Eid sprach, war die Tatsache, daß die Vikarbischöfe nicht nur spirituell, sondern auch materiell von Rom abhingen. Es lag also nahe, daß der Papst die Entwicklung im Fernen Osten ganz unabhängig von den kommerziellen Interessen nationaler Regierungen gestalten konnte und Ludwig XIV. »riskierte, nur für den Papst zu arbeiten«.[68]

Als Pallu 1680 nach Frankreich zurückkehrte, waren seine Beziehungen zum Hof abgekühlt; zu hart hatte er nicht nur das Vertrauen des Königs, sondern wohl mehr noch die Geduld der Jesuitenpatres in Paris auf die Probe gestellt. Ganz zu schweigen von dem theologischen Gegensatz, aus dem heraus der Bischof von Heliopolis und die Weltgeistlichen der MEP von Anfang an die Partei der Jesuitengegner verstärkten. Wenn nun Ludwig XIV. im Jahre 1685 daran dachte, mit der Entsendung der »königlichen Mathematiker« in den Fernen Osten eine von Portugal und Rom unabhängige französische Mission in China zu begründen, mußte allerdings ein solcher Plan seine Nagelprobe erst noch bestehen: Die von Rom materiell unabhängig gewordenen Patres in China hatten sich dort auch spirituell von Rom zu lösen – was voraussetzte, daß der Jesuitengeneral in Rom seinen Gehorsamseid gegenüber dem Papst brechen würde.

auctoritatem, nec ad admittendos operarios, qui religionem christianam fidemque catholicam apud infideles, et nominatim in Sinarum, Tunchini, Cambojae, Siami aliisque vicinis regnis et provinciis praedicent, annuntient, roborent et promoveant, ullius fidelis vel infedelis cujusvis status, gradus, conditionis aut dignitatis, etiam regiae, existat, licentia vel consensu indigeat: Ego N. fideliter incumbam officio meo«), vgl. *Bullarium* (wie Anm. 66), S. 186; dazu im einzelnen Jann: *Die katholischen Missionen*, 1915, S. 248–250.

68 Vgl. Pinot: *La Chine*, 1932, S. 35–36, hier S. 35.

III. Der Verlauf des Ritenstreits in der Zeit von 1693–1715

1. Das Dekret Charles Maigrots MEP von Fukien 1693 – Vor diesem Hintergrund erließ Charles Maigrot (1652–1730) MEP, Doktor der Sorbonne und Vikarbischof von Fukien, am 26. März 1693 ein sieben Punkte umfassendes Dekret, worin er für seine Provinz als allein erlaubten Gottesnamen *tianzhu* vorschrieb, den Konfuzius- und Ahnenkult verbot und die Beschäftigung mit den kanonischen Büchern Chinas, insbesondere mit dem *Yijing* untersagte (vgl. Nr. 39, Anm. 2 u. 20).[69] Zur Durchsetzung dieses Dekrets in ganz China entsandte er Nicolas Charmot MEP (1655–1714) nach Rom, wo die Jesuiten ebenfalls ihr Heil in dieser Sache suchten, so daß Innozenz XII. eine Kommission von Kardinälen und Theologen einrichtete, die über diese schwerwiegenden Fragen entscheiden sollte. Während diese Kommission noch beriet, bereitete Charmot von Rom aus die Verurteilung der chinesischen Riten in Paris mit solchem Erfolg vor, daß die Doktoren der theologischen Fakultät der Sorbonne – in spektakulärem Vorgriff auf die endgültige Entscheidung des Papstes – am 18. Oktober 1700 in öffentlicher Abstimmung die Riten verurteilten (s. Nr. 41, Anm. 3).[70] Doch die abschließende

[69] Vgl. den Abdruck des Dekrets in: Clemens XI.: *Opera omnia*, 1729, *IV. Bullarium*, Sp. 1069–1073; Collani: *Maigrot's Role* (wie Anm. 50), S. 152–154 (engl. Übersetzung).

[70] Soweit die Zeitgenossen damals nicht selbst Partei ergriffen, wurden sie von dem in Paris ausgefochtenen Streit über die chinesischen Riten oft nur abgestoßen. In einem Brief an Johann Georg Eckhart schrieb Antoine Lancelot am 9. Dezember 1701 aus Paris: »Sie würden vielleicht keinen Gefallen daran finden, wenn ich Ihnen diese Kontroverse in ganzer Länge mitteilte [...]. Die ganze Sache zeugt von allzu großer Kleinlichkeit, ja sie ist christlicher Theologen unwürdig.« Anlaß war L. E. Du Pins *Défense de la censure*, 1701, und die kleine, anonym erschienene Schrift von P. Coulau: *Judicium*, 1701, die Partei für die Jesuiten ergriff. »Sie war kaum ans Licht getreten«, berichtet Lancelot, »da wurde sie auch schon verboten, weil sie für die Jesuiten Partei ergriffe; im Namen des [Pariser] Magistrats wurden die [gedruckten] Exemplare beschlagnahmt, die es vertrei-

Entscheidung fand Innozenz XII. bereits nicht mehr unter den Lebenden. Obwohl inzwischen die Erklärung des Kangxi-Kaisers vom 30. November 1700 in Rom eingetroffen war – sie bestätigte die Bedeutung der Riten im Sinne Riccis (Nr. 46, Anm. 3–4)[71] –, schlug der neue Papst, Clemens XI., zur Lösung des Ritenproblems einen ganz anderen Weg ein: Am 5. Dezember 1701 ernannte er Charles Thomas Maillard de Tournon zum Titularpatriarchen von Antiochien und apostolischen Visitator von Ostindien und China. Seine Aufgabe würde sein, in Indien und China den Streit über die Riten nach eigener Anschauung und aufgrund persönlicher Erkundung autoritativ zu entscheiden und durch den Erlaß eines apostolischen Dekrets zu beenden.

2. *Charles Th. Maillard de Tournon, Legat Clemens' XI. für den Fernen Osten* – Die Entscheidung Clemens' XI., einen apostolischen Visitator in den Fernen Osten zu entsenden, erweist sich vor dem Hintergrund der kirchenrechtlichen und handelspolitischen Interessen Portugals und Frankreichs aus heutiger Sicht als der vielleicht folgenschwerste Schritt in der Geschichte des Ritenstreits. Wohl war der neuernannte Patriarch auf seine schwere Aufgabe nur höchst unzureichend vorbereitet: der 33jährige sprach nur Französisch

benden Buchhändler eingesperrt und mit Geldstrafen belegt. Der Autor selbst aber wurde gezwungen, vor der Pariser [theologischen] Fakultät durch Verleugnen seines Werkes sich von seiner Schuld zu reinigen, und die notarielle Urkunde über diese Erklärung [P. Coulau: *Declaratio*, (1701)] wurde gedruckt.« Vgl. das lat. Orig. in Gotha *Forschungs- und Landesbibl.* B 670 Nr. 43; Druck in *A* I, 20.

[71] In einem Brief an die Kurfürstin Sophie vom 3. Januar 1702 berichtet Leibniz »que les Jesuites voyant quelles chicanes on leur suscitoit en Europe au sujet des ceremonies et expressions chinoises, ont trouvé bon de s'adresser à l'Empereur même de la Chine, et luy proposer la question agitée en Europe, pour decider si leur sens n'est pas le veritable. Et il a repondu qu'ouy«. Vgl. Klopp: *Werke*, 8, 1873, S. 322, u. Pastor: *Geschichte der Päpste*, 15, 1930, S. 207. Zur Vorgehensweise der Jesuiten in Peking und zu den wichtigsten Dokumenten (Abdruck ihrer Denkschrift an den Kaiser und dessen Dekret) vgl. die englische Übersetzung bei Rosso: *Apostolic Legations*, 1948, S. 136–146.

und Italienisch und war ohne praktische Erfahrung im kirchlichen Dienst; von kränklicher Konstitution und undiplomatisch veranlagt, entbehrte er überdies als Gegner der Jesuiten jeder effektiven Vorbereitung durch erfahrene und sachlich kompetente Ratgeber. Dabei entsprach die Maßnahme aber dem Gebot der Stunde: Mit der Entsendung Tournons wurde für die zwölf Vikariate im Fernen Osten[72] eine ständige apostolische Vertretung ins Auge gefaßt. Im Unterschied zu den portugiesischen Patronatsbistümern, deren Leitung dem Metropoliten von Goa oblag, besaßen jene nämlich in Rom noch kein sie vertretendes Oberhaupt. Clemens XI. stattete seinen Gesandten deshalb mit beinahe unbeschränkten Vollmachten aus.[73] Tournon ging in der Gewißheit auf die Reise, er selbst werde mit dem Verbot der Riten den langwierigen Streit darüber endlich zum Verstummen bringen. Daß der Patriarch Anfang Mai 1703 auf französischen Schiffen in den Osten segelte, bedarf allerdings der Erläuterung, denn gerade hier scheint der Ausgangspunkt aller zukünftigen Probleme zu liegen.

Für die Schiffsreise Tournons und seiner Begleitung kam von den katholischen Seemächten nur die alte Patronatsmacht Portugal in Frage. Aber gerade Portugal, dessen Kabinett ohnehin gereizt war, weil Rom Gebiete, die einst zu Goa gehörten, seit dem Niedergang der portugiesischen Seemacht provisorisch verwaltete und in apostolische Vikarbistümer umgewandelt hatte, mußte über den Sinn und Zweck der Reise, insbesondere über die dem päpstlichen Gesandten übertragene Autorität alarmiert sein. Die Generalvisitation durch Tournon war ohne Rücksprache mit den portugiesischen Behörden angeordnet worden, obwohl dem König als Patronatsherrn der dortigen Bischofsstühle die Ernennung oder doch die Genehmigung der Entsendung eines Legaten nach Indien und China zugestanden hätte. Indem Tournon überdies an Bord französischer Schiffe reiste und eine Reiseroute wählte, die nicht über Lissabon und Goa führte, entzog er sich in den Augen Portugals bewußt der

72 Vgl. zu diesen Jann: *Die katholischen Missionen*, 1915, S. 394.
73 Vgl. *ebd.*, S. 400–402.

Kontrolle des Auswärtigen Amtes in Lissabon. Die Ereignisse der Folgezeit zeigen, daß Pedro II. diese Maßnahme nicht hinnahm, vielmehr wie kein anderer Herrscher zuvor an dem Plazet festhielt, das seit Pedro I. (1357–1367) zum Kronrecht der portugiesischen Könige gehörte.[74]

Die Reise Tournons unter französischer Flagge wurde durch eine ›konzertierte‹ Aktion von Paris und Rom ins Werk gesetzt. Dies zeigt der Briefwechsel zwischen Jacques-Charles Brisacier (1642–1736), Superior der Missions Etrangères in Paris (MEP), und Nicolas Charmot MEP, dem Abgesandten von Charles Maigrot in Rom, aus dem hervorgeht, daß unter anderen auch der Dominikanergeneral Antoine Cloche (1628–1720) in Rom und der Kardinal Louis Antoine de Noailles (1651–1729), Erzbischof von Paris, bei dem Unternehmen mitwirkten.[75] Alle Beteiligten waren sowohl als vehemente Gegner der Gesellschaft Jesu als auch für ihre unnachgiebige Haltung im chinesischen Ritenstreit bekannt. Bei den zwei Letztgenannten handelte es sich überdies um die engsten Vertrauten der diplomatisch ebenso talentierten wie gegen die Gesellschaft eingenommenen Madame de Maintenon, der 2. Gemahlin Ludwigs XIV.[76] Wenn allerdings der französische König für die Si-

[74] Vgl. Jann: *Die katholischen Missionen*, 1915, S. 408.

[75] Vgl. dazu die aufschlußreiche Abhandlung von Fernand Combaluzier C. M.: *Giovanni Borghesi († Canton, 1 mai 1714) médecin du cardinal Charles-Thomas Maillard de Tournon (1701–1710)*, in: *Neue Zeitschrift für Missionswissenschaft*, 7, 1952, S. 204–219, hier S. 207, Anm. 10. Dort heißt es in einem Brief Brisaciers an Charmot vom 2. Januar 1701: »Elle [sc. Noailles] trouve que vous avez fort bien répondu au Pape sur la vue qu'il a de faire partir son Légat sur les vaisseaux de France plutôt que sur ceux d'Angleterre et surtout sur ceux de Portugal. Vous avez fait sagement de ne vous engager à rien. Nous saurons si Sa Sainteté a ordonné par cet Ordinaire à son Nonce d'agir à la Cour [de France] pour cela. […] Ainsi nous n'avons qu'à laisser agir M. le Nonce, sans nous mesler de rien ny à Rome, ny en France […]«.

[76] Françoise d'Aubigny, Marquise de Maintenon (1635–1719), seit 1683 die geheime Ehefrau des Königs von Frankreich, war mit Noailles verwandtschaftlich verbunden. Durch ihre Protektion erlangte er 1695 das

cherheit des päpstlichen Gesandten bürgte und die Reisekosten für ihn und seine Begleitung auf sich nahm,[77] so bedeutete das keinesfalls, daß er auch den Sinn und Zweck der Reise kannte, geschweige denn sie gebilligt haben würde. Er war vielmehr – nicht anders als der König von Portugal – darauf bedacht, politisch seine kirchenrechtlichen Prärogativen gegenüber dem Papst zu wahren, wenn nicht zu mehren. Überdies war ihm ebenfalls alles an einer günstigen Entscheidung des Papstes im Sinne der Jesuitenmission gelegen. In den Augen beider Vertreter eines absoluten Königtums waren nämlich die Missionare der Gesellschaft Jesu – als Kenner des Landes und der Sprache, als Dolmetscher und Berater, als Unterhändler europäischer Handelskaufleute, die in China auf Grund ihrer akkommodativen Haltung gelitten waren – sogar die besten Garanten für ein einvernehmliches Verhältnis mit dem Kangxi-Kaiser und damit der Handelsinteressen ihrer Länder.

3. Der Legat und der Kangxi-Kaiser: die Dekrete vom 17. Dezember 1706 und vom 7. Februar 1717 – Tournon brach am 4. Juli von Rom auf.[78] Seine 23 Monate dauernde Reise war insgesamt ein Lei-

Erzbischofsamt in Paris und 1700 die Kardinalswürde. (Vgl. Saint-Simon: *Mémoires* (1691–1701), I, 1983, S. 258–260, 726). Brisacier war einer ihrer wichtigsten Berater bei der Einrichtung von Saint-Cyr und wurde im Jahr 1709 auch ihr Beichtvater. (Vgl. Launay: *Mémorial*, 2e partie, 1916, s.v. *Brisacier*, S. 95–98, hier S. 96). Charmot, welcher der Gesellschaft ein Dorn im Auge war, weil er sich in Rom für die Durchsetzung des chinesischen Ritenverbots engagierte, konnte durch die Vermittlung von Madame de Maintenon bleiben, obwohl die Patres wegen seiner Entfernung beim König interveniert hatten. (Vgl. Launay, *a.a.O.*, s.v. *Charmot*, S. 122–123, hier S. 123. Zu ihrer Beziehung zum Beichtvater des Königs vgl. Georges Guitton: *Le Père de la Chaize. Confesseur de Louis XIV*, Paris 1959, P. 2, chap. XXIII, S. 141–209).

77 Vgl. Combaluzier (wie Anm. 75), S. 209, Anm. 12.

78 Auf dem Weg von Genua nach Cadix durch die Meerenge von Gibraltar mußte die Legation wegen der Belagerung der Stadt durch die Engländer und Holländer umkehren und sich nach Sevilla zurückziehen, wo sie überwinterte. Erst am 5. Februar konnten Tournon und seine Begleitung in den Hafen von Cadiz einlaufen; 4 Tage später wurden die Segel

densweg, gepflastert mit Appellen, Edikten und Exkommunikationen, aber auch Protesten und Revolten.[79] Er sollte mit dem Tod des Legaten enden; Tournon starb in portugiesischer Gefangenschaft in Macao am 8. Juni 1710. Auf Befehl des Kangxi-Kaisers nach Macao ausgewiesen, hatte der Legat solange dort warten sollen, bis die Gesandten des Kaisers, António de Barros S.J. und Antoine de Beauvollier S.J. (s. Nr. 33, Anm. 1), aus Rom zurückgekehrt wären, während der Bischof João de Cazal, einer Instruktion aus Lissabon gemäß, ihn dort solange in Gefangenschaft halten würde, bis er die Anerkennung des päpstlichen Akkreditivs durch Lissabon vorgelegt hätte.

Am 4. Dezember 1705 war Tournon in der chinesischen Hauptstadt eingetroffen,[80] war mit ungewöhnlich hohen Ehren empfangen worden und hatte seine Residenz bei den Jesuiten des Hofes aufgeschlagen. Schon in den Vorgesprächen waren diese Patres und zwei kaiserliche Beamte[81] äußerst begierig zu erfahren, wie der Papst die Erklärung des Kangxi-Kaisers vom 30. November 1700[82]

nach Santa Cruz auf Teneriffa gesetzt, wo die Legation 8 Tage später eintraf. Dort bestiegen Tournon und seine elfköpfige Begleitung die zwei von Ludwig XIV. bereitgestellten Schiffe, die *Maurepas*, auf welcher der Patriarch reiste, und die *Pondychery*. Vgl. Combaluzier (wie Anm. 75), S. 208–11.

79 Auf dem Weg nach China verurteilte Tournon am 23. Juni 1704 in Pondicherry die Malabarischen Riten (vgl. É. Amann, Art. *Malabares (Rites)*, in: *Dictionnaire de théologie catholique*, T. 9,2, 1927, 1704–1745, hier Sp. 1720f.), wodurch er den heftigsten Widerstand des Erzbischofs von Goa hervorrufen sollte. Vgl. Jann: *Die katholischen Missionen*, 1915, S. 409–422, hier S. 413.

80 S. dazu Francis A. Rouleau: *Maillard de Tournon, Papal Legate at the Court of Peking. The First Imperial Audience (31 December 1705)*, in: *Archivum Historicum Societatis Jesu*, 31, 1962, S. 264–332, u. Edward Malatesta: *A Fatal Clash of Will*, in: Mungello: *Rites Controversy*, 1994, S. 211–233.

81 Es waren dies der manjurische Beamte Henkama (vgl. zu ihm Nr. 37 mit Anm. 14) und Chang Ch'ang-chu (Zhang Changzhu), manj. *Charki*, vgl. Rosso: *Apostolic Legations*, 1948, S. 161, Anm. 31.

82 Vgl. Joseph Dehergne: *L'exposé des Jésuites de Pékin sur le culte des ancêtres présenté à l'empereur K'ang hi en novembre 1700*, in: Actes, 1980, S. 185–228.

aufgenommen hätte. Da der chinesische Monarch die Riten seines Landes darin ganz im Sinne Riccis interpretiert hatte (vgl. Nr. 43 mit Anm. 1; Nr. 46, Anm. 3), hegten die Gastgeber kaum noch Zweifel an einem für sie günstigen Ausgang im Ritenstreit. In dieser Situation fehlte dem päpstlichen Legaten schlicht der Mut, den wahren Grund seines Besuchs – die Dekretierung des Ritenverbots[83] – auch nur anzudeuten. Doch bereits seine erste Audienz beim Kaiser zum Jahresende (am 31. Dezember 1705) ließ den Mißerfolg seiner Mission erahnen: Erneut dazu aufgefordert, das eigentliche Motiv seiner Reise offenzulegen, nannte Tournon die Visitation der Missionare sowie die Einrichtung einer ständigen Vertretung Roms durch einen Generaloberen. In beiden Punkten wurde er vom Kaiser abschlägig beschieden. Dieser wollte die Jesuiten von jeder Visitation ausgenommen wissen und, wenn überhaupt, nur einen der ihren als General-Oberen aller Missionare zulassen. Zwei Ereignisse sollten indessen für den Ausgang der Legation bestimmend werden.

Da sich Tournon auch zu Beginn des Jahres 1706 noch nicht zur Ritenerklärung des Kaisers äußern wollte, vielmehr zu einer offiziellen Stellungnahme die Anwesenheit des Vikarbischofs von Fukien verlangte, mußte (entgegen dem Rat der Patres) Charles Maigrot nach Peking geladen werden. Ein weiteres Problem kündigte sich an: Nach dem Willen des Kangxi-Kaisers sollten Geschenke für Clemens XI. sowie ein Bericht Tournons über seinen Empfang in Peking nach Rom gebracht werden. Hier zeigte sich aber bald, daß zwischen den beiden Gesandten, dem Beauftragten des Kaisers, Joachim Bouvet, und dem Beichtvater des Legaten, Sabino Mariani, noch in China ein heftiger Streit über die Kompetenz entbrannt

83 Schon bei seiner Abreise aus Rom war Tournon der Inhalt des Ritenverbots bekannt, das der Papst gut zwei Jahre später mit der Konstitution *Cum Deus optimus* vom 20. November 1704 erlassen sollte, ohne daß die Öffentlichkeit davon erfuhr. – Leibniz wußte spätestens darüber Bescheid, nachdem er von Des Bosses den Brief mit Beilagen vom 18. Mai 1709 erhalten hatte (LBr. 95 Bl. 82–83).

war, wer von ihnen die Geschenke überbringen dürfe.[84] Der Kaiser ließ beide am 29. September 1706 zurückrufen. Sein Sinneswandel wurde darin erkennbar, daß er erklären ließ, Tournon habe seine Beglaubigungsschreiben nicht vorgelegt; man wisse deshalb nicht, ob seine Legation rechtmäßig sei. Bereits zwei Tage später (am 1. Oktober 1706) entsandte der Kaiser António de Barros und Antoine de Beauvollier mit allen Dokumenten nach Rom, und nochmals ein gutes Jahr später (am 27. Oktober 1707) die Jesuitenpatres José Ramón Arjó (1663–1711) und Antonio Francesco Giuseppe Provana (1662–1720) mit dessen Schüler Louis Fan (1682–1753).[85] – Doch zurück zu Tournon.

Als der Legat am 29./30. Juni 1706 seine zweite (und letzte) Audienz beim Kaiser erhielt und sich bei dieser Gelegenheit auf Maigrot als Experten der klassischen Bücher Chinas berief, als einen Mann von großen Fähigkeiten, der die Unterschiede zwischen dem Konfuzianismus und dem Christentum dem Kaiser zu erkären wissen würde, war dieser gerade in Peking eingetroffen. In der Rückschau erweist sich das Erscheinen Maigrots in Peking als für den Sinneswandel des Kaisers im Ritenstreit entscheidende Ursache. Als er dem Kangxi-Kaiser Rede und Antwort stehen mußte, zeigte Maigrot sich dieser Aufgabe in keiner Weise gewachsen, denn nicht mit seinem Wissen, mit seiner Unkenntnis glänzte er in den Augen der Chinesen: »Er ist unfähig, verständlich zu sprechen. Er benötigt einen Dolmetscher. Er versteht nicht nur die Bedeutung der Bücher nicht, sondern er erkennt noch nicht einmal die Schrift-

[84] Vgl. dazu Claudia von Collani: *Une légation à Rome manquée – Joachim Bouvet et Sabino Mariani*, in: Actes, 1995, S. 277–301.

[85] Leibniz erfuhr von Provanas Ankunft in Rom durch einen Brief Des Bosses' vom 22. April 1709, worin es heißt, daß der Papst, nachdem er den über die chinesischen Angelegenheiten berichtenden Pater Provana angehört hatte, sich nichtsdestoweniger für das Dekret Tournons (s. S. XLVIII) ausgesprochen habe. Vgl. Gerhardt: *Philosophische Schriften*, 2, 1879, S. 369. Zu Arjó, Fan u. Provana s. Dehergne: *Répertoire*, 1973, Nr. 50, 282 u. 665; zu Fan auch Pfister, Nr. 310, u. Malatesta (wie Anm. 80), S. 229 f.

zeichen«, heißt es in dem Mandat des Kaisers an Tournon vom 3. August 1706.[86]

Während Maigrot zunächst in Peking unter Hausarrest gestellt wurde (später, nach der Auslieferung an die Beamten Portugals in Macao, sollte er China am 8. März 1707 in Richtung Europa verlassen dürfen) und Tournon nach eigenem Wunsch am 28. August 1706 aus Peking abreiste, ließ der Kaiser in der Ritenangelegenheit weiter ermitteln. Am 17. Dezember desselben Jahres ließ er jenes Dekret veröffentlichen, das neben der Ausweisung Maigrots und seiner Begleiter als unerwünschte Personen folgende, alles bisherige verändernde Bestimmung enthält: Alle Missionare, die in China bleiben oder dorthin einreisen wollen, sind von Stund an verpflichtet, eine Aufenthaltsgenehmigung (das sogenannte *piao*) zu erbitten. Um diese zu erhalten, sind sie gebunden, wie bisher im Sinne Riccis zu missionieren und für immer in China zu bleiben.[87]

Bereits am 7. Februar 1707 ›antwortete‹ Tournon mit dem Dekret von Nanking: Im Sinne der am 20. November 1704 von Clemens XI. erlassenen Konstitution *Cum Deus optimus*[88] schrieb er den Missionaren darin vor, wie sie auf die Fragen zur Erlangung des *piao* zu antworten hätten. Verboten waren alle Opferriten für Konfuzius und die Ahnen, ferner der Gebrauch der Ahnentafeln sowie der Namen *tian* und *shangti* für Gott. Diesem Dekret hatten sich alle Missionare bei Strafe automatischer (*ipso facto*) Exkommunikation zu unterwerfen.[89]

4. Die Wirkungen der Dekrete in China und Europa – Von nun an befanden sich die Verkünder des Christentums in China in einem

86 Vgl. Collani: *Maigrot's Role* (wie Anm. 50), S. 168.

87 Malatesta (wie Anm. 80), S. 217–219, u. *Appendix 1* (Brief Gerbillons an Tournon vom 22. Dezember 1706), *ebd.*, S. 234–239; Rosso: *Apostolic Legations*, 1948, S. 171f., u. Thomas: *Histoire*, 1, 1923, S. 196–197 (das Datum des Dekrets ist hier fälschlich mit dem 21. Dezember angegeben).

88 Vgl. Clemens XI.: *Opera omnia*, 1729, *IV. Bullarium*, Sp. 1090.

89 S. die engl. Übersetzung bei Malatesta (wie Anm. 80), S. 221–224, u. *Appendix 2* (Brief Antoine Thomas' an de Tournon vom 9. März 1707), *ebd.*, S. 240f.

Dilemma: Wie sie sich auch entschieden, ob für den Papst oder den Kaiser, Europa oder China – sie wurden in ihrer persönlichen Existenz aufgerieben. Die Zahl der Neubekehrten verringerte sich allmählich, denn das Christentum war über Nacht zum Fremdkörper in China geworden, auch wenn das Toleranzedikt von 1692 unter dem Kangxi-Kaiser noch ein volles Jahrzehnt für die Verbreitung des Evangeliums in Geltung blieb.[90] Erst am 24. Mai 1717 sollte der Kaiser ein Dekret unterschreiben, in dem das alte, gegen die christliche Mission gerichtete Verbot in den Provinzen erneuert wurde.[91] Doch sein Nachfolger, der Yongzheng-Kaiser (reg. 1722–1735), wird bereits ein Jahr nach seinem Regierungsantritt, am 12. Januar 1724, ein Dekret über die Ausweisung aller Missionare nach Macao unterschreiben, das im Dezember desselben Jahres allerdings für Wissenschaftler und andere für China nützliche Personen aus dem Westen abgemildert wird.[92]

In Europa erfuhr die Öffentlichkeit von dem entscheidenden Dekret im Ritenstreit: *Cum Deus optimus* vom 20. November 1704, ebenso wie von dem Dekret von Nanking (1707) und der dadurch veränderten Situation in China erst im Jahre 1709.[93] Auch Clemens XI. erfuhr von der Gefangensetzung seines Kardinal-Legaten in Macao – er hatte Tournon Anfang August 1707 in den Kardinalsstand erhoben – erst am 3. März 1709 und von dessen Tod im Juni 1710 erst ein volles Jahr später.[94]

Clemens XI. zögerte nicht, am 25. September 1710 ein Dekret zu erlassen, in dem er die Geltung und Beobachtung der beiden genannten Dekrete »ab omnibus et singulis« verlangt und ausdrücklich verbietet, ohne die besondere Erlaubnis des Heiligen Stuhls von nun an

90 Vgl. Jann: *Die katholischen Missionen*, 1915, S. 434.

91 Vgl. Fu: *Documentary Chronicle*, 1966, S. 124, u. Rule: *K'ung tzu*, 1986 (wie S. XXII Anm. 25), S. 148 mit Anm. 135.

92 Vgl. Fu: *Documentary Chronicle*, 1966, S. 138 u. S. 139 f.

93 Vgl. oben, Anm. 83, u. Streit: *Bibliotheca Missionum*, 7, S. 134, Nr. 2539, bzw. S. 135, Nr. 2542 u. ö.

94 Vgl. Jann: *Die katholischen Missionen*, 1915, S. 457 u. 467.

über die Ritenfragen etwas zu veröffentlichen.[95] In einem Brief vom 11. Oktober 1710 wandte sich der Assessor des Heiligen Offiziums Antonio Banchieri an die Generäle der Orden, um sie zur Stellungnahme aufzufordern.[96] In dem Schreiben, mit dem der General der Jesuiten, Michelangelo Tamburini, noch am selben Tag antwortete, versicherte das Ordensoberhaupt, daß er die Befehle des Hl. Vaters mit der schuldigen Ehrfurcht aufgenommen habe; er werde sich ihnen »anpassen«, sie ausführen und dafür Sorge tragen, daß sie von allen Mitgliedern der Gesellschaft mit gleicher Pünktlichkeit befolgt würden.[97] Rund ein Jahr später versprach Tamburini »unwandelbarste Ergebenheit« und »blinden Gehorsam bei der Annahme und Ausführung aller durch den Heiligen Stuhl erlassenen Dekrete und Befehle, namentlich derjenigen, die in Sachen der chinesischen Riten am 20. November 1704 und am 25. September 1710 herausgegeben worden sind«.[98] Mit der Bulle *Ex illa die* vom 19. März 1715 bestätigte dann der Papst noch zu Leibniz' Lebzeiten aufs nachdrücklichste alle vorangehenden Dekrete (Nr. 46, Anm. 4).[99]

Leibniz, der durch seinen europaweiten Briefwechsel sehr schnell von den Entscheidungen in Rom, aber auch den Ereignissen in China erfuhr, verfolgte die Entwicklung mit großer Sorge. Wenn er ständig auf den Wissensaustausch mit China pochte und die Patres in Peking zur Eile drängte (s. Nr. 68f.: »iterumque iterumque mo-

[95] Vgl. den Abdruck des Dekrets in: Clemens XI.: *Opera omnia*, 1729: *IV. Bullarium*, Sp. 1095–1098.

[96] Vgl. *ebd.*, Sp. 1097.

[97] Vgl. *ebd.*, Sp. 1098: »Ricevo con la dovuta venerazione i sentimenti, e i comandi di Sua Santità, espostimi da V.S. Illustrissima in questa sua delli 11. stante; e la prego ad assigurar la Santità Sua, che mi conformerò ad essi, e gl'eseguirò colla maggior attenzione, et farò tutto il possibile, perche con egual puntualità sieno eseguiti anche da gl'altri tutti [di] detta Compagnia [...]«.

[98] Vgl. Tamburinis *Declaratio* vom 20. November 1711, *ebd.*, Sp. 1103–1106, u. Streit: *Bibliotheca Missionum*, 7, S. 175, Nr. 2716 u.ö. Dazu auch Jann: *Die katholischen Missionen*, 1915, S. 453f.

[99] Vgl. Clemens XI. (wie Anm. 95), Sp. 427–436.

nebo«) oder eine protestantische Chinamission ins Auge faßte, so deshalb, weil er mehr wußte, als er schreiben durfte.[100]

IV. *Leibniz' Korrespondenz mit Paris und Peking*

1. *Leibniz und die Orden* – Sein Leben lang suchte Leibniz die Freundschaft gelehrter Ordensmänner und machte kein Hehl daraus, daß er »die religiosen Orden liebte« und ihm viel an deren gu-

[100] Vgl. dazu beispielsweise die Korrespondenz mit dem Oratorianer Jacques Lelong. Von ihm erfährt Leibniz in einem Brief vom 22. Juni 1709, daß drei Bischöfe [der Apostolische Vikar u. Bischof von Ascalon Alvaro de Benavente, vgl. Streit: *Bibliotheca Missionum*, 7, S. 111, Nr. 2415; der Bischof von Macao João de Cazal, vgl. *ebd.*, S. 113, Nr. 2427; der Bischof von Peking Bernardino della Chiesa, vgl. *ebd.*, S. 112, Nr. 2420] einen Appell an den Papst gegen das Dekret Tournons gerichtet hätten (vgl. LBr. 549 Bl. 60 r°). Am 4. Dezember 1710 informiert Lelong seinen Briefpartner: »L'affaire de la Chine est autrement terminée que vous ne croirés, le Pape a publié un second bref du dernier septembre [Dekret vom 25. September 1710] par lequel il declare que son premier bref [vom 20. November 1704] et le mandement de Mr de Tournon [Dekret von Nanking vom 7. Februar 1707] n'est que la meme chose, et ensuite il defend aux parties de ne plus ecrire sur cette matiere« (ebd. Bl. 68 v°). Derselbe Korrespondent berichtet am 27. März 1711: »[...] depuis que le Pape a imposé silence aux patres il n'est plus fait mention des affaires de la Chine« (ebd. Bl. 69). In seinem Brief vom 19. Januar 1712 informiert er Leibniz: »Les J[esuites] se sont soumis à la constitution du Pape touchant les affaires de la Chine, et le Pape a publié depuis peu un nouveau decret par lequel il declare que le precedent est absolument nonconditionel« (ebd. Bl. 73 r°). Auf die päpstlichen Dekrete Bezug nehmend, warnt Leibniz in seinem Brief vom 5. Februar 1712: »Si la Cour de Rome n'a quelque faux fuyant en poche, pour donner une interpretation à son decret qui puisse contenter le Monarque de la Chine la mission y sera renversée entierement. Ce Prince faisant déjà sortir de ses etats tous les missionaires qui ne se soumettent point à son decret; et j'ay vu dans une lettre venue de la Chine une grande liste des Missionnaire deja chassés« (ebd. Bl. 74 v°–75 r°). Lelong antwortet am 29. Februar 1712: »On ne parle plus icy des affaires de la Chine, il faut bien qu'ils aient eté convaincus à Rome de l'inutilité des moyens dont quelques missionaires se servoient pour conserver la religion en ces pays là puis qu'ils ont condamné leurs pratiques et leurs usages« (*ebd.* Bl. 76 v°).

ter Erhaltung und Verwendung lag.[101] Daß er die wichtigsten philosophischen Korrespondenzen mit katholischen Priestern führte – dem Jansenisten Antoine Arnauld und dem Jesuiten Barthélemy Des Bosses –, ist also nur ein sichtbares Zeichen dieser besonderen Wertschätzung. Doch welch Gegensatz gerade zwischen diesen Briefpartnern! Was faszinierte Leibniz an den Ordensleuten? Er selbst bezeichnet sich manchmal als Theophil. Vielleicht trifft seine Vermutung, daß es sich im Kampf zwischen Jansenisten und Jesuiten in erster Linie um die Frage der wahren »Gottesliebe oder der ernsten Reue, unabhängig von Furcht und Hoffnung« handelt, das Geheimnis dieser Faszination. Tatsächlich war Leibniz in mancher Hinsicht anderer Auffassung als Arnauld. Zwar gab er ihm darin recht, sich als Feind einer *morale relachée* zu erklären, tadelte ihn aber als Verteidiger des *peché philosophique,*[102] war Leibniz doch überzeugt, daß es besonders »unsere Eitelkeit ist, die uns dazu disponiert, die anderen zu verdammen«. Mit den Jesuiten, welche die Konsequenzen dieser Haltung erkannten, war er sich in dieser Frage hingegen einig.[103] Doch auch im Vergleich mit ihnen war Leibniz anders gestimmt. Wem er als Lutheraner mehr zuneigte, müßte man raten, nicht dagegen, worin er die sinnvolle Verwendung der Orden erblickte, »si j'etois Pape«.[104]

[101] Vgl. Leibniz: *Examen religionis christianae* (*Systema theologicum*) [April bis Oktober 1686 ?], in: *A* VI, 4, Teil C, N. 420, S. 2380f., u. Leibniz' Brief an den Landgrafen Ernst von Hessen-Rheinfels vom 14. Juli 1690, in: *A* I, 5 N. 360, S. 617.

[102] Mit dem Dekret vom 24. August 1690 verdammte Alexander VIII. die von den Jesuiten in Dijon getroffene Unterscheidung zwischen »philosophischer« und »theologischer« Sünde, gegen die Arnauld 1689 zu Felde gezogen war und wonach die philosophische Sünde »n'est point offense de Dieu, ni un péché mortel détruisant l'amitié de Dieu, ni (une faute) digne de la peine éternelle«. Vgl. Thomas Deman, Art. *Péché*, in: *Dictionnaire de théologie catholique*, T. 12, 1, 1933, Sp. 140–276, hier Sp. 256.

[103] *A* I, 5 N. 360, S. 616f.

[104] Vgl. Leibniz' Brief an Landgraf Ernst von Hessen-Rheinfels vom 23. März 1690, in: *A* I, 5 N. 317, S. 555–559, hier S. 557.

Die »Mönche« waren in Leibniz' Augen eine Art *milice religieuse,* deren Berufung es entweder war, durch wissenschaftliche Forschung (*recherches de la verité*) zum Ruhme Gottes oder durch tätige Nächstenliebe zum Heil der Menschen zu wirken. So sollten die von der Propaganda abhängigen Patres sich um die Sprachen, vor allem um die orientalischen, kümmern; auch die Erforschung der Geographie und die Erkundung der Heilpflanzen sollten zu ihren Aufgaben gehören, während sie *en échange* ihrerseits das Licht des Glaubens und der Wissenschaft verbreiten sollten.[105] Erst in einem späteren Brief an Grimaldi legt Leibniz den genauen Zusammenhang zwischen der Gottesliebe (der Missionare), den Wissenschaften und der Heidenbekehrung dar: Danach verhält sich die Liebe zu Gott direkt proportional zur wissenschaftlichen Erkenntnis seiner Werke, so daß ein vollkommen erleuchteter Missionar auch »einen großen Beitrag zum Glauben leisten« wird (vgl. Nr. 13, S. 75).[106]

Doch schon auf der Rückreise von Italien – wie später in fast allen seinen Briefen – pochte Leibniz auf *circumspection*: »Ist es gut, mächtigen Leuten, die noch nicht Christen sind und es nicht so schnell sein werden, alle unsere Geheimnisse in der Mathematik und der Militärkunst mitzuteilen?« Neben all den schönen Erfindungen scheint es ihm ebenfalls höchst fragwürdig, selbst Waffen nach China zu transportieren – ob das wohl »mit den Bullen und Gesetzen übereinstimmt«?[107] Da Leibniz in den Gesprächen

105 In diesem auf der Rückreise von Italien geschriebenen Brief richten sich Leibniz' Überlegungen ganz allgemein auf die Verwendung der Mönche, je nach dem Charakter ihres Ordens. So betrachtet er die Benediktiner, Zisterzienser und vergleichbare Orden als für die Naturforschung (Tiere, Pflanzen, Mineralien) am geeignetsten; die Franziskaner und Kapuziner für die Medizin, Chirurgie und Krankenversorgung; die Dominikaner, Jesuiten, Karmeliten und Augustiner sollen Prediger und Lehrer für die Kirche und die Welt bleiben, während sich die Kartäuser und Anachoreten den abstrakten Wissenschaften (Mathematik, Metaphysik und Theologie) widmen sollen. Vgl. *ebd.* S. 557 f.

106 Zum Vergleich mit Aurelius Augustinus s. Nr. 13 mit Anm. 6.

107 Vgl. *A* I, 5 N. 317, S. 557–558.

mit Grimaldi, wie er betont, derlei Bedenken nicht verschwiegen hatte, ist nicht auszuschließen, daß diesem an einer Korrespondenz nicht weiter gelegen war, zumal er auch von Dritten erfahren haben könnte, daß sich Leibniz über ihn beklagte: Grimaldi habe keine zufriedenstellenden Auskünfte gegeben; anstatt sich in China über die für Europäer interessanten Dinge informiert zu haben, trachtete er nur danach, zugunsten Chinas Europa auszuplündern.[108]

Tatsächlich war Leibniz von Anfang an in seiner inneren Haltung nicht eindeutig und entschieden. Wenn er die Jesuiten dafür lobte, daß sie sich der Mathematik bedienten, um in China wohl aufgenommen zu werden; wenn er von ihren mathematisch-naturwissenschaftlichen Forschungen, die »sogar geeignet sind, sie Seelen gewinnen zu lassen«, sehr angetan ist, weil man in China das Vorurteil hege, die Besten in den Wissenschaften hätten auch die beste Religion, dann sprechen der Theologe und der Mann der Wissenschaften gleichzeitig. Andererseits glaubte Leibniz genau zu wissen, daß die Kirche davon gar nicht profitieren werde, solange sie nicht bereit sei, die Polygamie zu akzeptieren. Nicht von ungefähr stellt sich die Frage, ob es eher die Sorge des Theologen ist, daß man sich Illusionen über China machen könnte, oder vielmehr der Alptraum des Wissenschaftlers, daß man demnächst mit leeren Händen aus China fortgejagt werden möchte (vgl. Nr. 56 u. 63).[109]

2. *Antoine Verjus: Ein Apostel Chinas* – Leibniz' Interesse an Chinesischem ist von seinen ersten bis zu seinen letzten Briefen bezeugt, doch ihre Intensität hat diese Beziehung während seines Aufenthalts in Rom gewonnen. Dort wirkten die Erzählungen Grimaldis wie ein Stromstoß auf alle Dimensionen des Leibnizschen Denkens. Schlagartig war ihm die immense Bedeutung Chinas und die Rolle der Missionare für die wissenschaftliche Durchdringung des eura-

[108] Vgl. beispielsweise Leibniz' Brief an Melchisedech Thévenot vom 24. August (3. September) 1691, in: *A* I, 7 N. 173, S. 357.

[109] Vgl. Leibniz' Brief an Landgraf Ernst von Hessen-Rheinfels vom 14. März 1690, in: *A* I, 5 N. 360, S. 617, u. Leibniz' Brief an denselben von Mitte November 1692, in: *A* I, 8 N. 108, S. 187.

sischen Kontinents klar geworden: Auf den Austausch von Wissen, Erkenntnis und Erfahrung zwischen Europa und China, die »wie Welten so weit auseinanderliegen« (Nr. 5), hinzuwirken – war Grimaldi sich dieser Aufgabe bewußt, war er der Mann dafür?

Seit der Begegnung in Rom erkundigte sich Leibniz immer wieder nach dem weiteren Schicksal Grimaldis. Doch die Beförderung der Post war unsicher und schwierig. Grimaldi reagierte nur auf einen seiner Briefe (Nr. 7) von Goa aus (Nr. 8). Dieser Brief sollte allerdings die erste Verbindung zu Antoine Verjus herstellen; denn als Leibniz erfahren hatte, daß Verjus »le compagnon du Père de la Chaise confesseur du Roy de France« war, schickte er seine Post nach Paris, wo sie ganz zwanglos in die Hände dieses Paters gelangte, der den Brief las, ihn nach Persien weiterleitete[110] und Leibniz als Zeichen seiner Wertschätzung die *Observations Physiques* der Jesuitenmissionare in Siam und China zusenden ließ.[111]

[110] Die Nachricht über Verjus stammte aus einem Brief von Carlo Maurizio Vota SJ, dem Beichtvater des polnischen Königs, an Kochański; darin wurde auch über Grimaldis Reiseweg »per la Persia, per gli Usbeki e i Gran Tartari« berichtet und von dessen Absicht, auf Bitten des Paters Verjus einen Brief Johanns III. Sobieski an Suleyman Schah (reg. 1666–1694), den König von Persien, zu schicken, damit dieser die Patres »in quella nuova, e mai pratticata Strada« unterstützen sollte (vgl. die Zitate in Kochańskis Brief an Leibniz vom 9. Februar 1692, in: *A* I, 7 N. 317, S. 563). Leibniz fertigte daraufhin seinen Brief an Grimaldi zweifach ab und schickte ein Exemplar an Kochański (vgl. *A* I, 7 N. 347, S. 16), das andere an Paul Pellisson-Fontanier nach Paris, in der festen Überzeugung »que vos Peres en France en sçavent le moyen mieux que d'autres« und mit dem Hinweis, daß ihm Verjus kein Unbekannter sei (vgl. *ebd.* N. 145, S. 291 f. Leibniz hatte in seiner Pariser Zeit (1672–1676) neben dem Profeßhaus der Jesuiten in der Rue Saint-Antoine (heute Nr. 101) gewohnt. Vgl. Brosseaus Brief an Leibniz vom 16. November 1705, in: LBr. 119 Bl. 416 v°). Am 10. April 1692 antwortete Pellisson-Fontanier, Verjus werde sich um den Brief ganz bestimmt kümmern. »Le Pere est tout à fait de mes amis il y a long temps« (vgl. *ebd.* N. 149, S. 304).

[111] Vgl. Leibniz' Brief an Landgraf Ernst von Hessen-Rheinfels von Mitte 1692, in: *A* I, 8 N. 108, S. 187.

In der Folge ruhte dieser Kontakt allerdings noch drei Jahre, auch wenn Leibniz sich bei Verjus durch das Gegengeschenk seines *Codex* in Erinnerung brachte,[112] wofür sich dann der Pater umgehend mit der Übersendung eines zweiten Exemplars der erwähnten *Observations* bedankte.[113] Dann aber brachte ein Zufall Leben und Dauer in diese Bekanntschaft: Leibniz erhielt Nachricht, daß zwei Briefe des Chinamissionars Jean-François Gerbillon an die Patres de la Chaize und Verjus in Rußland abgefangen worden waren (vgl. Nr. 11, Anm. 3). Über den hannoverschen Residenten in Paris, Christophe Brosseau, gelangte diese Hiobsbotschaft umgehend an die beiden Adressaten.[114] Daß es Leibniz gelang, Kopien dieser Briefe zu beschaffen und Verjus zur Verfügung zu stellen (vgl. die Nrn. 10 u. 12), schuf nicht nur Dankbarkeit, sondern eben erst jenes Vertrauen, das ihm den unmittelbaren Kontakt mit den Missionaren in Peking ermöglichen sollte. Denn die Kenntnis des Inhalts dieser Briefe hatte auch Leibniz über die tatsächliche Situation der königlichen Mathematiker in Peking die Augen geöffnet, welche nach dem Willen der Jesuiten weder in Europa noch in China bekannt werden sollte.

Verjus dankte Leibniz, indem er ihm die Briefpartner in Peking vermittelte sowie die Korrespondenz – darunter sogar an ihn selbst gerichtete Leibniz-Briefe (vgl. Nr. 61) – weiterleitete und damit auf der Basis einer weitgehenden Übereinstimmung die Verbreitung Leibnizscher Ideen und Vorschläge in der Chinamission unterstützte. Andererseits teilte Leibniz diesem »Apostel Chinas« (Nr. 38, S. 273)[115] des Pariser Profeßhauses freimütig seine Ansichten zum Konfuzius-Kult mit (vgl. Nr. 35) sowie seine ehrgeizigen Pläne im

[112] Vgl. *A* I, 10 N. 298, S. 448 mit Erl.

[113] Vgl. *A* I, 11 N. 265, S. 383.

[114] Vgl. Leibniz' Brief an Brosseau vom 8. (18.) März 1695 und Brosseaus Brief an Leibniz vom 28. März 1695, in: *A* I, 11 N. 224, S. 326f., bzw. N. 244, S. 351.

[115] Vgl. auch Le Gobiens *Epistre*, in: *Lettres edifiantes et curieuses*, VIII. Recueil, 1708, S. 3–132, hier S. 4 u. 96ff.

Hinblick auf eine »solide Philosophie« und eine »Kunst der Künste« für China (Nr. 17). Überdies regte er in China durch die Vermittlung von Verjus und Le Gobien die Forschung nach den Juden und ihren Heiligen Schriften wieder an, die seit den Tagen Matteo Riccis ins Stocken geraten war (vgl. Nr. 67). Wir werden im folgenden auf alle Punkte zurückkommen. Was hatte nun Leibniz aus den Briefen Gerbillons erfahren?

3. *Ein Hilferuf: Gerbillons Briefe nach Paris* – Von Daniel Papebroch wußte Leibniz bereits, daß die Franzosen aus Siam vertrieben worden waren (vgl. auch Nr. 30, Anm. 1), daß die Portugiesen sich dort aber auf die Beteuerung hin, außer der Religion nichts mit diesen gemein zu haben, hatten halten können. Nur mit großer Mühe, so Papebroch, wäre es den Portugiesen gelungen, den französischen Bischof [Louis Laneau MEP; vgl. S. XXXIV] und seine Gefährten aus der Gefangenschaft zu befreien. Diese müßten allerdings ihren Evangelisierungseifer bezähmen, bis sich der gegenwärtige Sturm ausgetobt habe.[116]

Daß die 1685 von Ludwig XIV. in den Fernen Osten entsandten Mathematiker in China eingetroffen waren, konnte Leibniz den *Observations physiques* nur mittelbar entnehmen. Von den *Mathematiciens du Roy* werden dort nur Fontaney und Gerbillon erwähnt.[117]

[116] Vgl. Daniel Papebrochs Brief an Leibniz vom Dezember 1690, in: *A* I, 6 N. 168, S. 329. Daß der gegenwärtige König von Siam [Phra Petratcha] jetzt derselbe sei, den der vormalige König [Phra Naraï] mit dem Pater Tachard nach Paris und Rom gesandt hatte, berichtete Kochański gut ein Jahr später: Nachdem der Tyrann [Konstantin Phaulkon] verjagt und das Reich wieder von dem rechtmäßigen Herrscher in Besitz genommen sei, wären die (wie es heißt, auf Betreiben der Holländer hinausgeworfenen) Franzosen und auch die in der Mathematik bewanderten Jesuiten wieder auf ihre alten Posten zurückgerufen worden. Vgl. Kochańskis Brief an Leibniz vom 8. (18.) Januar 1692, in: *A* I, 7 N. 295, S. 533. Kochański vermutet in seinem Brief, daß Leibniz durch La Loubère über die Vorgänge in Siam Bescheid wisse. Dieser hatte allerdings Siam vor dem Ausbruch der Revolution am 3. Januar 1688 wieder verlassen (vgl. La Loubère: *Du Royaume de Siam*, 1, 1691, S. 2).

[117] Vgl. Observations *physiques*, 1692, S. 53 bzw. S. 69 u. S. 71.

Wie die fünf Patres: Bouvet, Visdelou, Fontaney, Le Comte und Gerbillon, in China empfangen und behandelt wurden, nachdem sie ohne Erlaubnis ihres Generals und der Propaganda (d.h. ohne den vom Papst dekretierten Schwur; vgl. S. XXXVIII) und ohne portugiesischen Reisepaß am 27. Juni 1687 in Ningbo an Land gegangen waren,[118] erfuhr Leibniz erst aus Gerbillons Briefen von 1689.

Leibniz hielt nur den 7. und letzten Teil des langen Briefes an Verjus in Händen; diesem hatte Gerbillon in den fehlenden Teilen sein Herz ausgeschüttet, d.h. die Gründe der »incertitude où nous sommes« in allen Einzelheiten dargelegt.[119] Aus einer anderen Perspek-

[118] Zu den Bemühungen in Paris, in Rom – der damalige General war Charles de Noyelle (1682–1686) – sowie in Lissabon und der ursprünglichen Erwartung, in Rom mit größeren Schwierigkeiten als in Lissabon rechnen zu müssen, vgl. Witek: *Controversial Ideas*, 1982, S. 26f. u. S. 34–39.

[119] Den Leibniz bekannten Teil des Briefes zitiere ich im folgenden nach dem Druck des Briefes im *Magazin für die neue Historie und Geographie*, 14. Theil, 1780, S. 387–408, ab S. 405 bis 408 (»Au reste …«), hier S. 406. Was Leibniz u.a. nicht erfuhr, ist in wenigen Worten zusammengefaßt folgendes: Die Portugiesen in Macao hatten Himmel und Hölle in Bewegung gesetzt, um die Ankunft der fünf Franzosen in China zu verhindern. Sie beabsichtigten, die *Oiseau* zu konfiszieren und die Insassen als Gefangene über Goa nach Europa zurückzuschicken; sie verwarnten im Namen des portugiesischen Königs Verbiest und denunzierten bei den Gouverneuren der maritimen Provinzen Chinas die Ankömmlinge als Spione: Ausgesandt von einem kriegs- und eroberungslüsternen König, seien diese Franzosen darauf aus, den Zustand und die Stärke Chinas auszukundschaften und sich dort festzusetzen (S. 387f.). – Thomas Pereira, der portugiesische Ordensbruder am Jesuitenkolleg in Peking, war von Anfang an gegen die königlichen Mathematiker aus Paris eingestellt. Erst eine Depesche des Kangxi-Kaisers, den Verbiest über die Ankunft seiner Ordensbrüder hatte informieren lassen, hieß die fünf in Peking willkommen (S. 389). Dort waren sie den Schikanen Pereiras ausgesetzt, der nach dem Tod Verbiests (1688) zum Rektor des Kollegs ernannt worden war. Obwohl der Kaiser gerne alle Patres am Hof behalten hätte, konnte Pereira es durchsetzen, daß nur Gerbillon und Bouvet in Peking blieben, während Fontaney nach Nanking, Visdelou nach Jiangzhou (Kiamcheu) und Le Comte nach Xi'an (Sygamfou), der Hauptstadt

tive äußerte er sich dazu in dem nur ein Drittel so umfangreichen Brief an den P. de la Chaize (vgl. Nr. 11, Anm. 3).

Genaueres erfuhr Leibniz dagegen über die Reaktion der portugiesischen Behörden und der von der Propaganda entsandten Missionare auf die Ankunft der Franzosen. Gerbillon hatte gelesen, daß Maigrot nicht nur wie Jean Pin[120] zum Bischof und Apostolischen Vikar, sondern auch zum *Administrateur Général de la Chine* ernannt worden war. Mit den übrigen Weltpriestern der MEP (*Messieurs les Ecclesiastiques François*) hatte er zwar noch keine eigenen Erfahrungen gesammelt, doch war ihm deren widersprüchliche Haltung gegenüber den Patres der Gesellschaft Jesu zu Ohren gekommen. So brüsteten sich diese Priester beispielsweise vor Simão Martins,[121] dem von Goa in seine Residenz nach Macao entsandten Visitator, »disant, qu'ils sont nos freres et nos Parens«,[122] um im voraus von dem Ansehen der Jesuiten beim Kaiser zu profitieren; doch wäre das Verhältnis zwischen den französischen Missionaren, dem Visitator und den Portugiesen denkbar schlecht. Andererseits verurteilten dieselben Leute scharf die Bischöfe von Argolis und Basilea wegen

von Shaanxi (Xensi), abgeschoben wurden (vgl. S. 406). Der portugiesische Visitator Simão Martins (s. Anm. 121) bezichtigte sie überdies offen, gekommen zu sein »dans le dessein, d'usurper ces missions sur les Portugais« (S. 389 f.).

[120] Jean Pin MEP (1643–1692), Doktor der Sorbonne, reiste 1681 in den Fernen Osten, wo er zunächst als »professeur de théologie au Collège général« in Siam blieb, bevor er 1684 nach China in die Provinz Fujian (Fukien) ging. »Sans caractère épiscopal« wurde er am 5. Februar 1687 zum Apostolischen Vikar von Jiangxi (Kiang-si) und Zhejiang (Tsche-kiang) ernannt. Vgl. Launay: *Mémorial*, 2e partie, 1916, S. 518 a.

[121] Simão Martins starb am 2. Januar 1688; sein Amtsnachfolger wurde der Jesuit Francesco Saverio Filippucci. Beide Visitatoren standen auf Seiten Portugals und verhielten sich, wie Gerbillon beklagt, den Missionaren der Propaganda und Ludwigs XIV. gegenüber äußerst feindselig (vgl. *Magazin*, wie Anm. 119, S. 391–396, u. Witek: *Controversial Ideas*, 1982, S. 46; vgl. den Bericht über die Ankunft der französischen Jesuiten in Peking *ebd.*, S. 42–58).

[122] Vgl. *Magazin* (wie Anm. 119), S. 406.

des freundlichen Umgangs mit den Jesuiten,[123] vor allem den fünf Neuankömmlingen, hätte es doch an der Entscheidung des Letztgenannten gelegen, daß Gerbillon und seine Ordensbrüder ihre priesterlichen Funktionen und Befugnisse ausüben konnten, ohne den obligaten Schwur zu leisten. Tatsächlich hatte Gerbillon in allererster Linie von den Weltpriestern und Vikarbischöfen in China die größten Schwierigkeiten befürchtet, von den Portugiesen dagegen sogar am ehesten Hilfe und Unterstützung erwartet. Daß es sich genau umgekehrt verhielt, erschien ihm als Ausdruck der göttlichen *Providence,* uns die Grenzen unseres Wissens vor Augen zu führen.[124]

Den künftigen Postweg der Briefe nach China betreffend war Gerbillon voller Optimismus: Ohne die Hilfe der beiden Jesuiten hätten sich die Vertreter Chinas und Rußlands kaum einigen können, »leur coutumes etant infiniment differents«,[125] stellt er selbstbewußt fest und hofft, daß der Gesandtschaftsbericht beim Kangxi-Kaiser »fera le meilleur effect du monde pour la Religion«.[126] Eine entsprechende Anerkennung in Moskau voraussetzend, schlägt er deshalb vor zu riskieren, die Briefe aus Paris nach Peking in Zukunft über Polen (d.h. über den französischen Botschafter oder die Kollegs in Krakau bzw. Warschau) und Moskau (über die Adresse der Jesuiten) laufen zu lassen.[127]

123 Der Bischof von Basilea, Gregorio Lopez (chines. Lo) O.P. (1611–1690), war 1650 in den Dominikanerorden eingetreten, wurde 1654 zum Priester geweiht und war 1674 zum Apostolischen Vikar von Nanking erhoben worden. Er war der erste einheimische Bischof Chinas. Vgl. zu ihm Streit: *Bibliotheca Missionum*, 5, S. 879, u. Jann: *Die katholischen Missionen*, 1915, S. 222. Der Bischof von Argolis, Bernardino della Chiesa O.F.M. (1644–1721), war 1680 in Rom zum Bischof erhoben und zum Koadjutor von Peking ernannt worden; 1684 bestimmte ihn Pallu zusammen mit Maigrot zu seinem Nachfolger (zur Unterstützung der Neuankömmlinge durch die beiden Bischöfe im einzelnen s. *Magazin,* wie Anm. 119, S. 390, 393, 397). Vgl. Streit, *a.a.O.*, S. 882, u. Collani: *Akademie*, 1989, S. 116, Anm. 135.

124 Vgl. *Magazin* (wie Anm. 119), S. 407.

125 Vgl. *ebd.*, S. 405.

126 Vgl. *ebd.*, S. 406.

127 Vgl., ebd., S. 405.

Gerbillons Brief an den P. de la Chaize, den einflußreichen Beichtvater Ludwigs XIV. und Protektor der königlichen Mathematiker, ist zweifellos ein Hilferuf. Er beginnt mit einem kurzen Bericht zur Vorgeschichte der Grenzverhandlungen zwischen China und Rußland; spricht von seiner Aufgabe, Thomas Pereira, der als einziger am Hof das Chinesische gut beherrsche, als Gehilfe bei den Gesprächen zu unterstützen; berichtet von der öffentlichen Erklärung des Kangxi-Kaisers zur Verwendung der Patres als »des gens sures et fidelles aux quels on devoit se fier«;[128] deutet die Strapazen der viermonatigen Reise durch »ces deserts de la Tartarie« an und stellt zuletzt eine Relation über alle Einzelheiten der Verhandlungen und über »cette partie de la Tartarie, que j'ai parcourru« in Aussicht, die er sofort nach seiner Rückkehr nach Peking auf dem sichersten Weg nach Paris schicken werde.[129] Sein Hauptanliegen kommt aber erst im folgenden zur Sprache.

Aus Sorge um den totalen Ruin der Mission, verursacht durch einen »esprit de nationalité et une étrange antipathie contre le nom François«[130] unter den Ordensbrüdern der Gesellschaft Jesu, bittet Gerbillon La Chaize ohne Umschweife, all seinen Einfluß beim General in Rom[131] geltend zu machen, damit den Schikanen einiger portugiesischer Patres, besonders in Macao, Grenzen gesetzt würden. Von der Warte der katholischen Kirche findet Gerbillon es äußerst befremdend, daß die Spaltung zwischen den portugiesischen und den französischen Jesuiten zu einer Zeit eintritt, wo der Kaiser dem Orden seine Wohlgesonnenheit öffentlich bezeuge, wo er ihm und anderen Fremden alle Türen seines Reiches zu öffnen scheine. Statt sich über den Zuwachs an fähigen Missionaren zu freuen,[132] verlange der Visitator auf dringendes Ersuchen Portugals den Gehorsamseid und hindere die Ordensbrüder, China zu betreten und

128 Vgl. *Magazin* (wie Anm. 119), 16. Theil, 1782, S. 539–546, hier S. 540.
129 Vgl. *ebd.*, S. 541.
130 Vgl. *ebd.*
131 Das war zu jener Zeit Tirso González (1687–1705).
132 Vgl. *Magazin* (wie Anm. 128), S. 543.

dort zu arbeiten.[133] Alles wäre erträglicher, wenn die Portugiesen die Chinamission wenigstens mit guten Missionaren versorgten! Die wenigen, schlecht ausgebildeten Leute aus Portugal, die »n'ont pas le fond nécessaire, pour traiter des matières de religion avec les lettrés«, seien nicht geeignet, den hohen Ruf der Gesellschaft Jesu in China zu verteidigen, klagt Gerbillon.[134] Als Beispiel dient ihm Thomas Pereira. Dieser stehe als Oberer des Kollegs in Peking gegenwärtig an der Spitze der Chinamission, sei zweimal auf Veranlassung des Ordens zum Vizevisitator gemacht worden und habe überdies den P. Grimaldi während seiner Abwesenheit als Präsident des Mathematischen Amtes vertreten – »mais ce pauvre Père n'a pas même les premieres teintures des mathematiques«! Er habe die »sciences chinoises« nicht studiert, kenne nur wenig die chinesischen Schriftzeichen und wisse seinen Gesprächspartnern in theologischen Diskussionen kaum etwas entgegenzusetzen.[135]

Zweifellos sieht Gerbillon die Hauptgefahr für den Bestand der Mission in der national-egoistischen Politik der Portugiesen und in der Parteilichkeit einiger portugiesischer Ordensbrüder. Die Sorge, daß die Propaganda in Rom den Ruin der Mission herbeiführen könnte, scheint ihm durch das Verhalten der Bischöfe von Argolis und Basilea überflüssig geworden zu sein. Viel eher verursacht ihm einen »chagrin mortel« die Tatsache, daß sich fremde Brüder für die Jesuiten gegen deren eigene Leute einsetzen.[136] Doch auch in der Einschätzung, die Russen würden ihre Dankbarkeit durch Einrichtung eines sicheren Postweges erweisen, irrte er sich; er konnte nicht wissen, daß schon im Jahre 1689 die Niederlassung der Jesuiten in Moskau aufgelöst worden war.[137] In bezug auf China täuschte sich der Pater allerdings nicht: In dem Toleranzedikt des Kangxi-Kaisers 1692 wurde ausdrücklich die Loyalität der Patres bei den Verhand-

133 Vgl. *ebd.*, S. 541.
134 Vgl. *ebd.*, S. 542.
135 Vgl. *ebd.*
136 Vgl. *ebd.*, S. 343.
137 Vgl. Sebes (wie Anm. 52), S. 64.

lungen mit Moskau erwähnt.[138] – Leibniz war also über die inneren Probleme der Chinamission im Bilde. Wie reagierte er darauf?

4. Leibniz: eine »solide Philosophie« für China – »Das Licht Jesu Christi in ferne Länder zu tragen«, schreibt Leibniz 1695 an Verjus, »ist ein so schönes Vorhaben, daß ich nicht mehr unterscheide, was uns unterscheidet« (Nr. 10). Nicht nur um unterschiedslose Teilhabe an den Nachrichten aus China, trotz konfessioneller Unterschiede, geht es Leibniz, sondern auch um den Entwurf einer neuen Philosophie für China, die, wenn Gott ihm Lebenszeit und Freiheit dafür gebe, »die Gewißheit der Mathematik haben« werde (*ebd.* S. 67).

Schon in seinem folgenden Brief (Nr. 17) kommt Leibniz ausführlicher auf seinen Plan zurück. Er möchte zu dem, was er für die »wichtigste Angelegenheit der Zeit« hält und als »frommes und edles Vorhaben« betrachtet, mit seinen eigenen Arbeiten beitragen. Hinsichtlich des Fortschritts in den Wissenschaften und Künsten wäre dies im Austausch mit China die »Förderung einer Erfindungskunst (der Kunst der Künste)«; hinsichtlich der Evangelisierung Chinas aber die »Begründung einer soliden Philosophie, in deren Rahmen Frömmigkeit und Wahrheit gleichermaßen berücksichtigt« würden (*ebd.*, S. 129).

Den Pater Verjus mit nur wenigen Hinweisen von den gefährlichen Konsequenzen der kartesianischen Philosophie zu überzeugen und diesen für sein eigenes System der prästabilierten Harmonie der Substanzen zu gewinnen, das war Leibniz' philosophisches Anliegen. Warum betrachtete er die Philosophie Descartes' als gefährlich für die Religion und zweifelte niemals an der Ausführbarkeit seiner eigenen geplanten »Kunst«? Zur Beantwortung dieser Fragen haben wir zunächst einen Blick auf Leibniz' Einwände gegen Descartes zu werfen und anschließend den Charakter seiner eigenen Philosophie zu betrachten, die ihrer Natur nach theologisch und hinsichtlich der Methode vergleichend ist.

[138] Vgl. Charles Le Gobien: *Histoire de l'edit de l'empereur de la Chine*, 1698, S. 183–185, hier S. 184.

Auch abgesehen davon, daß Leibniz' Kritik an der Zweisubstanzenlehre Descartes' in erster Linie theologisch motiviert ist,[139] liegen deren Probleme auf der Hand: 1. die Unmöglichkeit, eine Wechselwirkung zwischen Geist und Materie, Denken und Ausdehnung, rational verständlich zu erklären; 2. die Unmöglichkeit, das Prinzip des Lebens und der Seele in einer mechanistisch aufgefaßten, toten Natur zu erfassen; 3. die Unmöglichkeit, den Lauf der Welt durch Gottes Vorhersicht zu begründen, wenn (nach Descartes) finale Ursachen in der Natur- und Menschheitsgeschichte ausgeschlossen werden müssen; 4. die Unmöglichkeit, Gott zu verstehen, wenn (nach Descartes) die Gesetze der Moral und Logik nicht ewig und für den Verstand und Willen Gottes und der Menschen verschieden sein sollen.

Leibniz glaubte, das erstgenannte Problem durch seine Hypothese der prästabilierten Harmonie gelöst zu haben,[140] lag doch für ihn der Beweis der Wahrheit eines (materiellen) Phänomens in dem Konsens der perzipierenden Geist-Monaden.[141] Leibniz war zweitens überzeugt, durch die Einführung des Begriffs der Kraft als des vitalen Prinzips der Monade die kartesianische Auffassung einer toten Natur widerlegt zu haben.[142] Glaubte er doch in der

139 Vgl. H.W. Barber: *Leibniz in France. From Arnauld to Voltaire*, New York, London 1985, S. 10–43.

140 Vgl. den *Extrait d'une Lettre de M.D.L. sur son Hypothese de philosophie*, 1696 (Gerhardt: *Philosophische Schriften*, 4, 1880, S. 500–503): »Après cela je ne crois pas que j'ay besoin de rien prouver, si ce n'est qu'on veuille que je prouve, que Dieu a tout ce qu'il faut pour se pouvoir servir de cet artifice [...]« (S. 501).

141 »[...] in mutuo enim percipientium consensu consistit phaenomeni veritas«, heißt es in Leibniz' Brief an Des Bosses vom 29. Mai 1716, in: Gerhardt: *Philosophische Schriften*, 2, 1879, S. 521.

142 Im einzelnen wandte sich Leibniz schon früh gezielt und öffentlich gegen den kartesianischen Begriff der Materie, deren Wesen als reine Ausdehnung definiert wird, und eine Naturauffassung, die finale Ursachen in der Physik ausschloß. Vom physikalischen Standpunkt der Dynamik konnte er beweisen, daß die Lehre Descartes' von der Erhaltung der absoluten Bewegungsmenge im Universum nicht haltbar und nur unter Vor-

Entdeckung der ›Samentierchen‹ durch Leeuwenhoek und andere Mikroskopisten nicht nur den Beweis einer lebendigen Natur, sondern auch die Bestätigung des aus der Bibel abgeleiteten Glaubenssatzes gefunden zu haben, wonach bereits im Samen Adams die ganze zukünftige Menschheit präformiert enthalten war.[143] Was

aussetzung der Annahme einer ›bewegenden Kraft‹ mit den Tatsachen zu vereinbaren war (vgl. *Brevis demonstratio erroris memorabilis Cartesii*, in: *Acta erud.*, März 1686, S. 161–163). Leibniz sah darin die Bestätigung, »qu'il y faut joindre quelque notion supérieure ou métaphysique, savoir celle de la substance, action et force [...]«, und war zugleich überzeugt, daß die ersten Gesetze der Mechanik einen erhabeneren Ursprung besitzen als die rein mathematischen und daß die modernen Philosophen lieber die Erkenntnis der Natur mit der ihres Schöpfers verbinden würden (vgl. Gerhardt: *Philosophische Schriften*, 4, 1880, S. 465 u. S. 466). – Doch auch die katholische Lehre von der Gegenwart des Leibes Christi beim Abendmahl war mit dem kartesianischen Begriff der Materie unvereinbar – wie konnte z. B. eine als reine Ausdehnung definierte Substanz die physische Gestalt und die Eigenschaft einer anderen Substanz annehmen und zugleich ihre Identität bewahren? »Nam qui credit essentiam corporis consistere in extensione, credetne unquam corpus alienam extensionem subire posse, servata substantia sua?« (*A* II, 1, S. 171). »A l'egard des dogmes la principale difficulté à mon avis, consiste dans la Transsubstantiation. Et cette transsubstantiation implique contradiction, si la philosophie des Modernes [der Gassendisten und Kartesianer] est veritable, qui soûtient que l'essence du corps est d'estre estendu et de remplir un certain espace« (*A* I, 1 N. 229, S. 272 f.). Dazu auch Christiane Frémont: *L'Être et la relation*, Paris 1981, S. 43–66.

143 Vgl. *Théodicee*, § 91 (Gerhardt: *Philosophische Schriften*, 6, 1885, S. 91): »Ainsi je croirois, que les ames, qui seront un jour ames humaines, comme celles des autres especes, ont été dans les semences, et dans les ancetres jusqu'à Adam, et ont existé par consequent depuis le commencement des choses, tousjours dans une maniere de corps organisé : en quoy il semble que M. Swammerdam, le R. P. Mallebranche, M. Bayle, M. Pitcarne, M. Hartsoeker, et quantité d'autres personnes tres habiles, soyent de mon sentiment. Et cette doctrine est assés confirmée par les observations Microscopiques de M. Leewenhoeck et d'autres bons observateurs.« Bei Aurelius Augustinus: *De Civitate Dei*, 13, 14, heißt es: »Omnes enim fuimus in illo uno, quando omnes fuimus ille unus.« Vgl. dazu auch Marie-Noëlle Dumas: *La Pensée de la vie chez Leibniz*, Paris 1976; R. Widmaier: *Leibniz und Eva? Leibniz' Naturphilosophie unter wissenschaftstheoretischem As-*

aber das dritte Problem betrifft, so wies Leibniz auf die metaphysische Einheit der Erklärungsprinzipien hin: Er warnte davor, die *causae finales* abzuschaffen und über dem Studium der Mathematik und Physik die schöne Literatur, die Moral und Metaphysik ganz zu vernachlässigen, wären doch die *causae efficientes* selbst metaphysischer Natur.[144] Die erkenntnistheoretische Lösung des vierten Problems lag für Leibniz in der Ähnlichkeit des menschlichen mit dem göttlichen Geist.[145] Danach wäre der geschaffene Geist nicht nur fähig, die in den Werken herrschende Logik Gottes, sondern auch Seine in der Geschichte waltenden Absichten zu erkennen: Der Leibnizschen Begriffslogik entsprechend wäre nämlich in dem »vollständigen Begriff einer individuellen Substanz« nicht nur deren eigene Biographie lückenlos enthalten,[146] sondern auch die ihrer Kinder und Kindeskinder, d.h. prinzipiell die historische Entwicklung der zukünftigen Menschheit. Dabei erkannte Leibniz in dem Konsens *cum tota serie vitae,*[147] sowohl die Wahr-

pekt, in: *Die Zukunft des Wissens. XVIII. Deutscher Kongreß für Philosophie*, Konstanz 1999, S. 833–840.

144 Vgl. *Contemplatio de historia literaria statuque praesenti eruditionis*, in: *A* VI, 4 Teil A N. 114_2, S. 460.

145 Vgl. *Discours de Metaphysique*, § 36: »[...] les seuls esprits sont faits à son image, et quasi de sa race ou comme enfans de la maison, puisqu'eux seuls le peuvent servir librement et agir avec connoissance à l'imitation de la nature divine.« (*A* VI, 4 Teil B N. 306, S. 1586 f.)

146 Vgl. *Discours de metaphysique*, § 8 : »Ainsi il faut que le terme du sujet enferme tousjours celuy du predicat, en sorte que celuy qui entendroit parfaitement la notion du sujet, jugeroit aussi que le predicat luy appartient. Cela estant, nous pouvons dire que la nature d'une substance individuelle, ou d'un Estre complet, est d'avoir une notion si accomplie, qu'elle soit suffisante, à comprendre et à en faire deduire tous les predicats du sujet à qui cette notion est attribuée.« (wie Anm. 145, S. 1540). Zur geschichtsrelevanten Dimension der Begriffslogik vgl. auch Ursula Goldenbaum: *From Adam to Alexander and Caesar: Leibniz's shift from logic and metaphysics to a theory of history*, in: Daskal/Yakira: *Leibniz and Adam*, 1993, S. 365–376.

147 Vgl. Leibniz: *De modo distinguendi phaenomena realia ab imaginariis*, in: *A* VI, 4 Teil B N. 299, S. 1501.

heit der *res gestae* als auch das wirkende Prinzip einer allgemeinen Harmonie.[148]

Durch die Erfindung der Infinitesimalrechnung glaubte Leibniz, die Mauer zwischen Mathematik und Physik durchbrechen[149] und sein metaphysisches System auf ein Prinzip zurückführen zu können, d.i. Gott. Mit der Ausarbeitung einer neuartigen Charakteristik hoffte er überdies, neben den Hauptbegriffen seines philosophisches Systems – dem Begriff der Monade, »à laquelle il appartienne d'etre répétée ou continuée«,[150] und dem Begriff eines Universums als *continuata creatio … ex nihilo*[151] – auch einen neuen Gottesbeweis darbieten zu können, vorausgesetzt, der von ihm postulierte Gottesbegriff wäre möglich.[152]

148 Vgl. *Théodicée*, § 62: »Ainsi étant d'ailleurs persuadé du principe de l'Harmonie en general, et par consequent de la preformation et de l'Harmonie préetablie de toutes choses entre elles, entre la nature et la grace, entre les decrets de Dieu et nos actions prevues, entre toutes les parties de la matiere, et même entre l'avenir et le passé, le tout conformement à la souveraine sagesse de Dieu, dont les ouvrages sont les plus harmoniques qu'il soit possible de concevoir.« (Gerhardt: *Philosophische Schriften*, 6, 1885, S. 136 f.). – Für das Prinzip des Besten oder der Vollkommenheit in der Natur bezieht sich Leibniz immer wieder auf seinen Aufsatz *Unicum opticae, catoptricae et dioptricae principium* (in: *Acta erud.*, Juni 1682, S. 185–190); vgl. dazu Louis Couturat: *Über Leibniz' Metaphysik*, in: Albert Heinekamp / Franz Schupp (Hrsgg.): *Leibniz' Logik und Metaphysik*, Darmstadt 1988, S. 57–80, hier S. 70 f.

149 Vgl. Nr. 13, S. 92: »[…] hoc calculi genere perfringi quodammodo parietem qui Physicam separat a Mathesi.«

150 Vgl. Gerhardt: *Philosophische Schriften*, 4, 1880, S. 467: »Outre l'étendue il faut avoir un sujet, qui soit étendu, c'est-à-dire une substance à laquelle il appartienne d'estre repetée ou continuée.«

151 Vgl. *Rationale fidei catholicae*, in: A VI, 4 Teil C N. 409_2, S. 2319.

152 Gerhardt: *Philosophische Schriften*, 4, 1880, S. 296: »Mais à present il me suffit de remarquer, que ce qui est le fondement de ma characteristique l'est aussi de la demonstration de l'existence de Dieu. Car les pensées simples sont les elemens de la characteristique et les formes simples sont la source des choses. Or je soutiens que toutes les formes simples sont compatibles entre elles. C'est une proposition dont je ne sçaurois bien donner la demonstration sans expliquer au long les fondemens de la characteris-

5. *Die »Kunst der Künste«* – Bei der »Kunst der Künste« oder *nouvelle characteristique,* der wir uns jetzt zuwenden, handelt es sich demgegenüber um ein Zentralthema der Leibnizschen Metaphysik und Logik. Das biblische Wort, nach dem der Mensch als Abbild Gottes geschaffen (*Gen* 1, 27) und damit im Denken, Handeln und Wollen Gott ähnlich ist, bildet als Hypothese für die Realisierbarkeit dieses Leibniz-Projekts eine entscheidende Voraussetzung.[153]

Doch weil zwischen Schöpfer und Geschöpf nur Ähnlichkeit, nicht Gleichheit herrschen kann,[154] ist Gott nach Leibniz auch das ganz Andere: körperlose, absolute Realität, zeitlose Gegenwart und reines Bewußtsein. Als denkend schaffendes Bewußtsein kennt es keinen Unterschied zwischen den ewigen Wahrheiten des Verstandes und den Tatsachenwahrheiten der Welt und Geschichte; und da sein Erkennen intuitiv und adäquat ist, sein Gedächtnis unfehlbar, bedarf es zum Denken keiner Zeichen. Vergangenheit und Zukunft eines jeden Dinges liegen vielmehr offen vor ihm. – Einem solchen Erkennen entspricht ein absoluter ›Standpunkt‹ und demgemäß ein aperspektivischer ›Gesichtspunkt‹ der Erkenntnis.

Die Geschöpfe hingegen – von der schlafenden über die vegetative und animalische Seele bis hin zum selbstbewußten Geist (*mens*) der Menschen und Engel – sind nach Leibniz niemals ohne Körper. Als Teil der Welt ist gerade ihr Körper die Bedingung der Möglichkeit, die Welt als Phänomen vorzustellen und zu erkennen. Leibniz bezeichnet die Übereinstimmung (*consensus*) zwischen dem Geist und seinem Körper, zwischen diesem und allen anderen Körpern, als prästabilierte Harmonie und versteht darunter jene Ausdrucks-

tique. Mais si elle est accordée, il s'ensuit que la nature de Dieu qui enferme toutes les formes simples absolument prises, est possible.«

153 *Monadologie*, § 46: »Cependant il ne faut point s'imaginer avec quelques uns, que les verités éternelles étant dependantes de Dieu, sont arbitraires et dependent de sa volonté, comme Des-Cartes paroist l'avoir pris […]«. (Gerhardt: *Philosophische Schriften*, 6, 1885, S. 614).

154 Vgl. *A* VI, 4 Teil B N. 275, S. 1461: »In Deo solo est intelligere velle posse. In nobis est intellectus et voluntas, sed potentia nulla.«

relation, durch die erst in der vorstellenden Tätigkeit des Geistes sein Relatum, der Körper, in Erscheinung treten kann: die Welt als Vorstellung (*petites perceptions*) aus einer bestimmten Perspektive, die von der Lage des Körpers und dessen Beziehung zu allen übrigen abhängig ist. Damit ist der Geist temporär gleichsam ein »Spiegel der ganzen Welt« oder Ausdruck eines Gedächtnisinhaltes, der erst durch die reflektierende Tätigkeit der *mens* erinnert und erkannt zu werden vermag. Doch im Unterschied zu Gott bleibt der Gedächtnisinhalt einer *mens* ihr zum größten Teil unbewußt; überdies ist ihr Erinnerungsvermögen (*memoria*) schwach und fehlerhaft, und ihr Erkennen symbolisch: sie bedarf der Zeichen.[155] – Einem Erkennen dieser Art entspricht ein relativer Standpunkt und dementsprechend ein perspektivischer Gesichtspunkt der Erkenntnis.

Offensichtlich glaubte Leibniz, die Leistung des menschlichen Bewußtseins mit dem Instrument einer universalen Zeichenkunst unendlich steigern zu können. Galt es doch nicht allein, mit Hilfe nur weniger, einfach zu merkender Grundzeichen und leicht verständlicher Verknüpfungsregeln der Schwäche des Gedächtnisses entgegenzuwirken, sondern überdies auch dessen Beherrschung zu verbessern.[156] »Die Kunst, sich dessen, was man weiß, bei Bedarf bewußt zu werden«, erschien Leibniz als eine der wichtigsten. Dabei stellte er in Abrede, »daß man bis heute auch nur daran gedacht

155 Vgl. *Meditationes de Cognitione, Veritate et Ideis*, in: *A* VI, 4 Teil A N. 141, S. 587.

156 Vgl. *A* VI, 4 Teil C N. 387_3, S. 2153: »Non est in potestate nostra nunc meninisse alicujus rei praeteritae, aut non meminisse.« *Théodicée*, § 192: »[…] il n'y en a que de [idees]distinctes en Dieu : outre que d'abord l'objet n'existe nulle part, et quand il existera, il sera formé sur cette idée […] l'entendement divin n'a point besoin de temps pour voir la liaison des choses. Tous les raisonnemens sont eminemment en Dieu, et ils gardent un ordre entre eux dans son entendement, aussi bien que dans le nostre: mais chez luy ce n'est qu'un ordre et une priorité de nature, au lieu que chez nous il y a une priorité de temps.« (Wie Anm. 148, S. 230 f.). Vgl. auch Robert MacRae: *Is Adam in his cognitive nature made in the image of God?*, in: Daskal / Yakira: *Leibniz and Adam*, 1993, S. 79–84.

hätte, ihre Elemente festzustellen, denn die Gedächtniskunst, über die soviel geschrieben worden ist, ist ganz etwas anderes«.[157]

Die »wahre *characteristica universalis* oder *lingua rationalis*«, so Leibniz, »braucht kein Gedächtnis, außer dem für die einfachsten (Begriffe), und kein Wörterbuch, sondern jeder beliebige (Mensch) kann Wörter nach Gutdünken bilden und wird nichtsdestoweniger verstanden werden«.[158] Es handelte sich demnach um »eine Kunst, die Charaktere so zu bilden und anzuordnen, daß sie die Gedanken (*cogitationes*) wiedergeben oder daß sie dieselbe Beziehung unter sich haben, wie sie die Gedanken unter sich haben«; darin hatte »ein Aggregat von Charakteren, welche die Sache repräsentieren, die ausgedrückt wird«, dem Gesetz des Ausdrucks zu entsprechen.[159] Als Ergebnis einer langen Kette von Folgerungen müßten solche Zeichen überdies, wie Leibniz an anderer Stelle erklärt, die »Erinnerung an die frühere Beweisführung in sich schließen, welche man nicht mehr deutlich vor Augen hat, wenn man bei der Schlußfolgerung angelangt ist; sonst würde man eben diese Beweise immer aufs neue führen müssen«.[160]

Daß angesichts seines Projekts einer *ars characteristica universalis* die chinesische Schrift Leibniz' Interesse auf höchste erregen mußte, liegt auf der Hand. Wie wünschenswert eine derartige Erfindung war, hatte nicht zuletzt die Erfahrung der Handelsleute, Rei-

157 *Nouveaux essais*, II, 21, § 67 (*A* VI, 6, S. 206): »L'art de s'aviser au besoin de ce qu'on sait, seroit un des plus importans, s'il estoit inventé; mais je ne voy pas que les hommes ayent encore pensé jusqu'icy à en former les élemens: car l'art de la memoire, dont tant d'auteurs ont écrit, est tout autre chose.«

158 Vgl. *A* VI, 4 Teil A N. 10_5, S. 41: »Verus character univers[al]is aut Lingua rationalis nulla indiget memoria nisi simplicissimorum, nec dictionario, sed quivis verba pro arbitrio formare potest, et nihilominus intelligetur.«

159 »So wie die Idee der auszudrückenden Sache zusammengesetzt ist aus den Ideen bestimmter Dinge, so soll aus den Charakteren eben dieser Dinge der Ausdruck zusammengesetzt werden.« Vgl. den Text in *A* VI, 4 Teil A N. 190, S. 916.

160 Vgl. *Nouveaux essais*, Préface (*A* VI, 6, S. 54).

senden und Missionare gezeigt, die mit ihren jeweiligen Muttersprachen und sogar ihrem Latein in China buchstäblich am Ende waren. Sie waren belehrt worden, daß dort eine Schriftsprache existierte, die wie die Zahlen von allen Völkern des Ostens verstanden, aber in der jeweils eigenen Sprache gelesen wurde – eine Tatsache, die um so mehr die lateinische Buchstabenschrift in den Schatten stellte, als es sich um eine universale, d.h. allen Menschen verständliche Begriffsschrift zu handeln schien. Kein Wunder also, daß sich an dieser ›chinesischen Charakteristik‹ die Phantasie von Bacon über Dalgarno und Wilkins bis hin zu Leibniz entzündete.[161] Mehr als alles andere faszinierte Leibniz jedoch die Vermutung von Jacob Golius (1596–1667), daß man es hier mit einer künstlichen Sprache zu tun hätte, und die Behauptung Andreas Müllers (Nr. 6, Anm. 4), daß er den Schlüssel entdeckt habe, nach dem sich diese komplexen Zeichen zusammensetzten. Diese Gerüchte steigerten Leibniz' Erwartungen nicht wenig, zumal man glaubte, daß in der chinesischen Schrift dank ihrer begrifflichen Natur von alters her ein Wissensschatz angehäuft und überliefert sein sollte, den zu entschlüsseln nun möglich schien.

Konnte die chinesische Zeichenschrift ein Modell für Leibniz' Plan einer *ars characteristica* sein? Auf diese Frage wird noch zurückzukommen sein (s. Kap. V, § 4). In seinen Briefen nach China bestimmten offensichtlich die Probleme der eigenen Zeichenkunst seine gezielten Fragen nach der Art der chinesischen Schriftzeichen, ihrer Konstruktion und Zusammensetzung.[162]

[161] Vgl. R. Widmaier: *Die Rolle der chinesischen Schrift in Leibniz' Zeichentheorie*, in: *Studia Leibnitiana*, XIII, 1981, S. 278–298.

[162] Leibniz hätte allzu gern gewußt, ob nicht diese ungeheure Masse von chinesischen Schriftzeichen auf eine bestimmte Anzahl von Wurzel- oder Elementarzeichen zurückgeführt werden könne; von deren Kenntnis versprach er sich die Möglichkeit, die Gesetze der Umformung oder Analogie aus den zusammengesetzten Zeichen zu erschließen. Vgl. Leibniz' Brief an Christian Mentzel vom 15. Oktober 1698, in: *A* I, 16 N. 131, S. 221: Leibniz will nicht nur wissen, w a s die Chinesen gemacht haben, sondern w a r u m sie es so gemacht haben: »non tantum quid fecerunt Sinenses sed

6. »*Keine fromme Täuschung kann unschuldiger sein*« – Auch über ein anderes, brisantes Thema hat sich Leibniz in seinem Briefwechsel mit Verjus unmißverständlich ausgesprochen: seine Auffassung von der Interpretation der chinesischen Riten und des Namens für Gott in den kanonischen Büchern Chinas. Noch vor der Verurteilung der Riten durch die Theologische Fakultät der Sorbonne (vgl. S. XL) vertraute Leibniz zu Beginn des Jahres 1700 dem Pater seine Meinung in dieser Angelegenheit an (Nr. 35): Zu Unrecht würden die chinesischen Christen von den Gegnern der Jesuitenmissionare als Götzendiener verurteilt; die Praxis und die Lehre der Chinesen müßten nach dem Beispiel des Apostels Paulus vielmehr zum Guten ausgelegt werden (*Apg* 17, 23 f.). Dieser habe den »der unbekannten Gottheit dargebrachten Altar eher so aufgefaßt … wie die Athener sollten, als wie sie es tatsächlich zu tun pflegten«.

Keinen Unterschied erkenne er zwischen der Konfuzius- und Ahnenverehrung in China und dem Heiligenkult in Europa, vielmehr sehe er Elemente, die auch bei den meisten anderen Völkern als religiös gelten, doch wegen ihrer gleichzeitigen politischen Funktion oft zweideutig seien. Wie in der Frage des Gottesnamens so auch in jener der Riten hält Leibniz ohne genaues, kritisches Studium der chinesischen Literatur die ganze Angelegenheit noch für unentschieden und eine Verurteilung des Kaisers und seiner Gelehrten für »leichtfertig« und ungerecht.

Die Riten seien »an sich unschädlich«! Man müsse sie nur, wie es Matteo Ricci nach dem Beispiel der Kirchenväter vorgeführt habe, so wie Platon und andere heidnische Philosophen christlich auslegen, um »das von den Schlacken der Irrtümer gereinigte Gold ihrer Lehren [zu] bewahren«. »Mögen sie auch wiederholt geirrt haben«! Auf Leibniz' feste Überzeugung, daß, »wenn wir Konfuzius zuweilen eine Lehre zuschreiben, die nicht die seine ist«, doch »offenbar

et cur fecerunt, quò melius et facilius rationibus utcunque intellectis disci queat Scriptura, alioqui (si filum in labyrintho absit) valde futura perplexa […]«. Vgl. auch Leibniz' Brief an Mentzels Sohn Johann Christian vom 21. Januar 1699, *ebd.* N. 320, S. 529 f.

keine fromme Täuschung unschuldiger sein (könne), da die Gefahr den Irrenden ferngehalten wird und ihre Lehrer sich des Betruges enthalten«, werden wir noch zurückkommen (s. Kap. VI, § 4). Sein unmittelbar darauf folgender Vergleich mit der hebräischen Literatur, »Wer wüßte nicht, daß die christlichen Gelehrten heute weit besser als die Juden selbst die ältesten Bücher der Hebräer auszulegen verstehen[?]«, berührt dagegen ein Thema, das damals vielleicht mehr noch als der Ritenstreit die Gelehrten Europas bewegte: das Alter der Welt, die in der *Genesis* bezeugte universale Geltung der Menschheitsgeschichte und das chinesische Altertum.

7. Das Problem der Alten Geschichte: das Altertum Chinas – Die Tatsache des hohen Altertums Chinas verlangte nach Antworten auf mindestens vier Fragen, die im Rahmen des jüdisch-christlichen Weltverständnisses an der Wende zum 18. Jahrhundert virulent und unaufschiebbar geworden waren und auch in unserer Korrespondenz immer wieder thematisiert werden: 1. Wie alt war die Welt tatsächlich? 2. Welche Zeitrechnung mußte zugrunde gelegt werden: die der *Vulgata* oder jene der *Septuaginta*? 3. Wie war es in diesen Übersetzungen des hebräischen Bibeltextes zu den unterschiedlichen Chronologien überhaupt gekommen? 4. Wie sollte man das in der *Genesis* dargestellte Geschehen vom Weltanfang bis zur Sintflut auffassen: als von Gott inspirierten Text oder als *historia rerum gestarum*? Die letzte Frage berührte das Problem der Glaubwürdigkeit der Geschichte, an dem sich in der *grande querelle des anciens et des modernes* die Parteien der »Alten« und »Neueren«[163] schieden. In Leibniz' China-Korrespondenz klingt das komplexe Thema mehrfach an, so etwa in seinem Brief an Verjus (Nr. 34) mit der scheinbar fernerliegenden Frage, ob es möglicherweise bei den Juden in China alte hebräische Codices gebe, von denen man wenigstens »den Anfang der *Genesis*« mit dem hebräischen Text in Europa vergleichen

[163] Vgl. Winfried Schröder, Art. *Querelle des Anciens et des Modernes*, in: *Europäische Enzyklopädie zu Philosophie und Wissenschaften*, Bd 3, Hamburg 1990, S. 983–995.

könnte, »um zu sehen, ob ihre Genealogie der Patriarchen vielleicht mit jener der *Septuaginta* übereinstimmt [...]«.[164]

Der Schock, den das Bekanntwerden der chinesischen Annalen durch Martino Martinis *Sinicae historiae decas prima,* 1658, für das historische Weltbild der europäischen Gelehrtenwelt bedeutete, kann mit dem Umsturz des astronomischen Weltbildes im Jahrhundert zuvor verglichen werden. Während die Neueren nicht mehr bereit waren, die neugewonnenen Entdeckungen und Erkenntnisse der Gegenwart in die biblische Urgeschichte einzuordnen, und wie Francis Bacon[165] auch die zeitliche Richtung des Erkenntnisfortschritts deshalb umkehrten, versuchten die Alten nach dem Beispiel von Jacques-Bénigne Bossuet (1627–1704) noch einmal, alles neu gewonnene Wissen von fremden Erdteilen und Völkern, unbekannten Sprachen und heidnischen ›Geschichten‹ mit der Chronologie der biblischen Universalgeschichte in Einklang zu bringen. Seit dem

164 Leibniz scheint tatsächlich die seit Ricci ins Stocken geratene Forschung nach den Juden in China wieder angeregt zu haben. Im Jahre 1699 hatte er sich auf Bitten Jablonskis in dieser Angelegenheit an Le Gobien gewandt und ein Jahr später noch einmal erinnernd an Verjus (vgl. Nrn 34 u. 38). In der Antwort Le Gobiens aus dem Jahre 1701 heißt es dazu, die Patres in China hätten sich umgehört, aber bisher in dieser Sache noch nichts entdecken können, sie würden sich aber weiterhin darum bemühen (vgl. Nr. 38). Der Brief über die Juden in China des Jesuitenpaters Giampaolo Gozani an José Soares vom 5. November 1704 erschien in den *Lettres édifiantes et curieuses*, VII. Recueil, 1707, S. 1–21. In seinem Vorwort bemerkt Le Gobien, man habe die Juden »in der letzten Zeit fast vergessen« (vgl. *ebd.* Bl. ã ij v°) und erläutert, Gozani habe seinen Besuch in Kaifeng auf Bitten eines seiner Freunde unternommen (vgl. *ebd.* Bl a iij r°). Dieser Freund aber war Soares, seit 1688 in Peking und zeitweise Rektor des Jesuitenkollegs, dessen Bericht über das Toleranzedikt des Kangxi-Kaisers Leibniz in den *Novissima Sinica* veröffentlicht hatte (vgl. Nr. 18, Anm. 2). Der Schluß liegt nahe, daß die Bitte aus Hannover über Paris zu Soares und dann an Gozani gelangt war.

165 In seinem Dictum »Antiquitas saeculi juventus mundi« begründet Bacon das Alter der eigenen Zeit mit dem Erkenntniszuwachs seit der ›jungen‹ Antike; vgl. *The Tvvoo Bookes of the proficience and aduancement of Learning, diuine and humane,* 1605, 1, 5, 1 (ed. by Michael Kierman, Oxford 2000, S. 29).

Konzil von Trient war dafür der Text der *Vulgata* verbindlich geworden. Nach dieser Chronologie war die Welt im Jahre Null oder im Jahre 4004 vor Christi Geburt geschaffen worden; und die Wasser der Sintflut kamen im Jahre 1656 nach der Schöpfung oder 2348 Jahre vor Christus.[166] Nur Noach und seine drei Söhne Ham, Sem und Jafet überlebten diese Flut mit ihren Frauen in der Arche; von ihnen mußte ausnahmslos die ganze zukünftige Menschheit (und damit auch die Chinesen) abstammen,[167] von ihnen auch das anfänglich den Menschen von Gott offenbarte Wissen bewahrt und überliefert worden sein. Schwerlich war damit die Regierungszeit Fuxis, des ersten chinesischen Kaisers, zu vereinbaren, welcher – beglaubigt durch die lückenlos bis in die Gegenwart führenden Annalen Chinas – als erster der »Fünf legendären Herrscher« (vgl. Nr. 6, Anm. 7) seine Herrschaft im Jahre 2952 v. Chr. angetreten hatte, gefolgt von den »Drei Dynastien« *Xia, Shang* und *Zhou*. Da die Zeitrechnung der *Septuaginta* der Urgeschichte der Menschheit ein viel höheres Altertum zumaß, kam für die Einordnung der ersten chinesischen Kaiser eigentlich nur diese in Frage. Jetzt erst wurde das Problem virulent, wie es zu den eklatanten Unterschieden zwischen den Zeitrechnungen der *Vulgata* und der *Septuaginta* gekommen war. Trotz gleichzeitiger kritisch-historischer und kritisch-philologischer Forschungen im Sinne moderner Anforderungen[168] schlug

166 Vgl. Bossuet: *Discours sur l'histoire universelle à Monseigneur le Dauphin*, 1681, Premiere Partie, S. 6 ff.; s. auch Zopf: *Grundlegung der Universal-Historie bis aufs Jahr 1755*, 1755, S. 19 ff. Zu den unterschiedlichen Zeiträumen von der Schöpfung bis zur Geburt Christi vgl. auch das Werk des Leibniz-Korrespondenten Alphonse Des Vignoles: *Chronologie de l'histoire sainte*, 1738, wo der Autor auf zweihundert ihm bekannte Weltären hinweist (vgl. die *Preface* Bl. [b 4] r°).

167 Vgl. die sog. Völkertafel, d. h. die Sippenverbände der Söhne Noachs und die Geschlechterfolge in ihren Völkern, aus denen nach der Sintflut alle Völker hervorgingen (*Gen* 10), sowie die Verschiedenheit der Sprachen und die Verbreitung der Menschen über die Erde nach dem Turmbau zu Babel (*Gen* 11).

168 Von den Autoren, die den Anforderungen einer historisch-kritischen Forschung entsprachen, schätzte Leibniz Richard Simon: *Histoire*

nun die Stunde der ›Chronologen‹,[169] kam es zu gewagten, den Horizont der Epoche übersteigenden Hypothesen, doch auch zu alten, jetzt erneut erhobenen antijüdischen Verdächtigungen.

Die Behauptung Isaac de La Peyrères (1594–1676), daß es bereits vor der Erschaffung Adams Menschen gegeben hätte, war eine solch gewagte Hypothese. Seine Präadamiten-These war im Jahre 1655 anonym und ohne Angabe des Druckortes in Amsterdam veröffentlicht worden.[170] Wie hoch vom ersten Moment an der Wahrscheinlichkeitsgrad seiner Theorie und für wie virulent die Gefahr des Umsturzes für das jüdisch-christliche Geschichtsbild von den Zeitgenossen eingestuft worden war, zeigt sich an der durch La Peyrère ausgelösten Diskussion, die bis weit ins 18. Jahrhundert hinein dauern sollte.[171] Indem der Autor erklärte, daß Adam nicht der er-

critique du vieux Testament, 1685, Mabillon und die Bollandisten (vgl. zu den letztgenannten auch Anm. 201).

169 Vgl. Hazard: *La crise*, (wie Anm. 27), 1935, chap. 3–4.

170 La Peyrère vertrat seine Auffassung in zwei kleinen Schriften, die schon im ersten Druck zusammen erschienen, unter den Titeln: *Praeadamitae, ... quibus inducuntur primi homines ante Adamum conditi*, 1655 (im folgenden abgekürzt *Praeadamitae*), und *Systema theologicum ex praeadamitarum hypothesi* (im folgenden abgekürzt *Syst. theol.*). Noch im selben Jahr erschien eine »bescheidene« 2. Auflage der Ausgabe; 1661 erschien ebenfalls anonym eine holländische Übersetzung mit Widerlegung, vgl. Lebram: *Ein Streit um die hebräische Bibel*, 1975, S. 55, Anm. 10.

171 Das Werk (von dem Spinoza ein Exemplar besaß, das er großzügig für seinen *Tractatus theologico-politicus*, 1670, benutzt hat) zählt zur frühen Bibelkritik und den Rationalisierungsversuchen der biblischen Universalgeschichte der Neuzeit. Es wurde sofort verboten und überall verbrannt, der Autor eingekerkert. Zum persönlichen Widerruf bei Alexander VII. gezwungen, trat La Peyrère zum Katholizismus über und wurde später Laienbruder bei den Oratorianern. Daß der Autor keineswegs die Besonderheit der Juden als auserwähltes Volk in Frage stellen wollte, vielmehr einen jüdisch-christlichen Chiliasmus vertrat (vgl. dazu sein Werk *Du Rappel des Juifs*, 1643), wurde in Verbindung mit seiner Präadamiten-Hypothese von seinen Zeitgenossen wenig – vielleicht nur von Pascal, *Pensées*, § 651 (ed. Léon Brunschvicg, 1904, T. 3, S. 90f.) – beachtet. Vgl. zu ihm Richard H. Popkin: *Leibniz and Vico on the Pre-Adamite Theory*,

ste Mensch war, sondern lediglich der Stammvater der Juden; daß die Geschichte der *Genesis* keine universale, sondern nur eine partikulare des jüdischen Volkes sei;[172] daß es sich bei der Sintflut, dem Turmbau und der Zerstreuung der Völker um keine globalen, sondern bloß regionale Ereignisse im Heiligen Lande gehandelt habe[173] – schockierte er zwar, bot aber zugleich eine einleuchtende Theorie für das Nebeneinander von biblischer und außerbiblischer Geschichte.[174] Indem er den Text der *Genesis* nicht als offenbarte, sondern als historische Darstellung befragte und prüfte, schien La Peyrère sich und die Zeitgenossen mit einem Schlag von drei drängenden Problemen befreien zu können: erstens von der Frage nach dem Heil der Heiden; zweitens von der Schwierigkeit, bestimmte Textstellen der Bibel vernunftgemäß zu deuten; drittens von der Notwendigkeit, antike Völker von den Nachkommen Noachs ableiten zu müssen.

La Peyrère ›löste‹ das erste, besonders die Chinamission bewegende Problem, indem er nachwies, daß Paulus (*Röm* 5, 12–14) den Präadamiten die Sünde und Strafe Adams rückwirkend, also zu Unrecht angerechnet habe und daß in Wahrheit die Passion Christi das Heil aller Menschen einschließe, auch das der Heiden und Präadamiten.[175] Das zweite, von gewissen Stellen des biblischen Textes aufgeworfene Problem schien La Peyrères Vermutung, daß schon vor den Juden ältere, nichtjüdische Völker das Heilige Land bewohnt hätten, geradezu herauszufordern. So etwa die Frage, wen Kain fürchtete, als er nach dem Brudermord vor den Anklägern dieses Verbrechens nach Osten floh, und woher er seine Frau nahm, da doch außer seinen Eltern noch kein anderer Mensch exi-

in: Dascal/Yakira: *Leibniz and Adam*, 1993, S. 377–386, u. Hans-Joachim Schoeps: *Philosemitismus im Barock. Religions- und geistesgeschichtliche Untersuchungen*, Tübingen 1952, S. 3–18.

172 Vgl. *Syst. theol.*, II, 1–11.

173 Vgl. *ebd.*, IV, 3–7.

174 Vgl. dazu Pinot: *La Chine*, 1932, S. 195–200.

175 Vgl. *Praeadamitae*, I, XVII–XXI, u. *Syst. theol.*, V, 3–4, 7–9.

stierte.[176] Woher konnte Adam, wie vollkommen ihn auch immer Gott erschaffen hatte, gleich zu Beginn Kenntnisse in der Astronomie und Astrologie besitzen, ohne daß es diese Wissenschaften schon gab?[177] Nun erzählt aber die Bibel nicht nur selbst von außerjüdischen Völkern,[178] sie berichtet auch von einer ersten und zweiten Schöpfung (*Gen* 1, 26–27, u. *Gen.* 2, 7–25): zuerst – so La Peyrère – von jener der »Präadamiten« und dann von der Erschaffung Adams und Evas. Was nun das dritte Problem betrifft, so stellte La Peyrère das Altertum der Chinesen, der Chaldäer und Ägypter ebensowenig in Frage wie deren Kenntnisse in der Astronomie und Astrologie, Theologie und Magie.[179] Von ihnen lernten die Juden, und deshalb handelte es sich seiner Ansicht nach bei den meisten der jüdischen heiligen Schriften nicht um »Autographen«, sondern Apographen.[180] Daß nämlich die ersten Menschen viel älter waren als die Juden, beweise schon Solon, dem ein alter ägyptischer Priester gesagt hatte, die Griechen seien bezüglich der Kenntnis ihrer Geschichte wie Kinder (*pueri*).[181] Sollte »Solon«, fragte sich La

176 Vgl. *Syst. theol.*, III, 4.
177 Vgl. *ebd.*, IV, 1.
178 Vgl. *ebd.*, II, 6–11.
179 Vgl. *ebd.*, III, 6–11.
180 Vgl. *ebd.*, IV, 1.
181 Vgl. Platon: *Timaios*, 21 d–26 b (*Sämtliche Dialoge*. Übersetzt v. Otto Apelt, Hamburg 1988, Bd 6, S. 34–44). Nach dem Bericht des Kritias – dieser erinnert sich an die Erzählung seines Großvaters Kritias, der sie seinerseits von Dropides, dessen Vater Ohrenzeuge der von Solon vorgetragenen Geschichte gewesen war, kannte – waren die Griechen tausend Jahre älter als die Ägypter. Tatsächlich sei schon manchesmal die Menschheit durch Feuer und Wasser vernichtet worden, eine Vernichtung, die nach dem Ablauf langer Zeiten auf die Abweichung der Gestirne zurückzuführen sei. Während Generationen von schriftlosen Griechen dahingegangen waren, so daß ihr Volk sich nur noch an die letzte große Flut erinnerte, sei im Tempel von Sais stets alles aufgeschrieben worden. Doch lange vor dieser Zeit hätten die Griechen der gewaltigsten Macht der Erde, der Königsherrschaft von Atlantis, ein Ende bereitet. Kurz danach wäre aber sowohl die griechische Streitmacht als auch die Insel Atlantis im Meer versun-

Peyrère, »der als Weisester und Gelehrtester seiner Zeit galt«, als er »dem ägyptischen Priester die Geschichte von mehreren tausend Jahren vortrug, nichts vom Anfang der Welt gewußt haben, wenn er von Adam abgestammt hätte, von dem bis zu Solon noch nicht einmal 3000 Jahre vergangen waren? Hätte er nicht mit diesem unüberwindlichsten Argument die Fabeln der Ägypter widerlegt, die über die in der Erinnerung Solons ältesten Zeiten um 10.000 Jahre hinausreichten?« Für La Peyrère gab es keinen Zweifel, daß sich all jene irrten, »welche die Ursprünge aller Menschen von den Nachkommen Noachs ableiteten«.[182]

Isaac Vossius beschritt in seiner *Dissertatio de vera aetate mundi*, 1659,[183] einen anderen Erklärungsweg, indem er die Zeitrechnung der *Vulgata* zugunsten des für die *Septuaginta* erschlossenen größeren Zeitraumes zu widerlegen suchte und sich dafür auf den Konsens der alten Kirche berief.[184] Da nach seinen Berechnungen die Welt wenigstens 1440 Jahre älter war als angenommen, diese also ungefähr 5500 v. Chr. entstanden sein mußte, entfielen nun gleichfalls – so mit deutlicher Anspielung auf La Peyrère – alle Schwierig-

ken. – Kritias nennt seinen Zuhörern (Sokrates, Timaios und Hermokrates) nun auch die Absicht und den Grund seiner Erzählung: Die Zeitgenossen und Bürger der Stadt Athen sollen glauben, daß ihre wirklichen Vorfahren eben jene sind, von denen der alte ägyptische Priester erzählt hat. (26 b-c; *a.a.O.*, S. 43).

182 La Peyrère: *Praeadamitae*, 1655, S. 145–149, hier S. 148: »Solon ille, sapientum sui temporis sapientissimus et doctissimus habitus; cujus aetas media fere interciderat à nobis ad Adamum, quamque à nostris temporibus non usque adeo dissitam numeramus: qui historias plurium recitabat; ignoravisset ne principium mundi, si fuisset, ab Adamo; à quo usque ad Solonem, tria nondum exacta erant annorum millia? Nonne refutavisset argumento illo invictissimo, Aegyptiorum nugas et fabulas, quae tempora memoriae Solonis vetustissima, decem retro mille annis transcendebant?« Vgl. auch *ebd.*, S. 235.

183 Zu Vossius vgl. Lebram (wie Anm. 170), S. 21a–28a.

184 Vgl. Vossius: *Dissertatio de vera aetate mundi, Quâ ostenditur In tempore quod à mundi creatione usque ad Abrahami Patriarchae natalem elapsum fuit, annos minimum 1440 desiderari*, 1659, Bl. [a 4] v°.

keiten, die Überlieferungen der Babylonier, Ägypter und Chinesen in das wahre Weltalter einzuordnen. In seinen Argumenten für die Richtigkeit der *Septuaginta*-Chronologie zeigte sich Vossius durchaus rationalistisch: die Sintflut könne nicht die ganze Erde bedeckt haben; außerbiblische Traditionen stünden nicht in Widerspruch zur biblischen Geschichte; die Überlieferungen der Chinesen müßten berücksichtigt werden. Doch mehr noch als um die Erkenntnis des wahren Weltalters ging es ihm darum, die Autorität und den Consensus der alten Kirche zu stärken:[185] Die Erkenntnis der Wahrheit sei »iucunda«, so Vossius, aber »iucundior« sei die »utilitas«, daß nun auch La Peyrère zugeben müsse, daß die nichtjüdischen Angaben über das Alter der Babylonier und Ägypter der biblischen Überlieferung nicht widersprächen.[186]

Doch nicht nur der größere Zeitraum war ein Vorzug der *Septuaginta* gegenüber der *Vulgata*; nach Vossius beruhte die *Septuaginta* auch auf einer besseren, d.h. noch unverfälschten hebräischen Vorlage. Den Gedankengang, daß die hebräische Vorlage der *Vulgata* verfälscht worden wäre, entwickelte er allerdings erst zwei Jahre später.[187] Danach hätten die Juden nach der Zerstörung des Jerusalemer Tempels den hebräischen Text böswillig verändert, um die im 6. Jahrtausend von ihnen erwartete Ankunft des Messias hinauszuschieben. In der Absicht, die Behauptung der Christen, der Messias

185 Vgl. Lebram (wie Anm. 170), S. 23 a–b.

186 Vgl. Vossius: *Dissertatio de vera aetate mundi*, Cap. XII, S. 280: »Quamvis autem ipsa veritatis cognitio semper sit jucunda, multo tamen illa est jucundior, quando cum insigni aliqua conjuncta est utilitate: Quis vero aut non videat, aut negare audeat, ad obtundendam eorum impudentiam qui ex profanarum gentium antiquitate sacrarum literarum fidem impugnant, efficacissimum et unum pene esse remedium, ex ipsis gentium annalibus veritatem divinae historiae ostendisse?« Vgl. auch Lebram (wie Anm. 170), S. 23 a.

187 Isaak Vossius: *De Septuaginta interpretibus eorumque tralatione et chronologia dissertationes*, 1661; vgl. dazu Lebram (wie Anm. 170), S. 24b–26a.

sei gekommen, zu widerlegen, hätten sie kurzerhand die biblische Chronologie um 1400 Jahre verkürzt.[188]

Diese Argumentation wurde von dem Zisterzienser Paul Pezron im Jahre 1688 wiederaufgenommen: »Les Juifs ont ôté prés de quinze siècles aux premiers Patriarches. La raison pour laquelle ils l'ont fait n'a été, que pour monstrer, que le tems du Messie n'étoit point encore arrivé«[189] Wenn auch der Verfälschungsverdacht zur Erklärung der chronologischen Differenz zwischen der *Vulgata* und der *Septuaginta* das Hauptargument bildete, so stützte sich Pezron doch ebenso wie Vossius zum Beweis für die Richtigkeit der *Septuaginta*-Berechnungen auf die Kirchenväter und die alten Hebräer.[190] Diese nämlich besaßen Vorteile, wie es heißt, die man nicht hoch genug schätzen könne, »pour defendre l'autorité des Livres sacrez contre les Pre-Adamites, les Libertins, et autres semblables: et pour etablir la Religion chez les Chinois et les peuples voisins«.[191]

Im Zentrum stand also bei Pezron wie auch bei Vossius die Sorge um die Wahrung des allgemeinen *consensus* und der *unica sancta* der ersten nachchristlichen Jahrhunderte. Nicht weniger drängte demgegenüber das historische Problem, wie die *historia sacra* mit der profanen Geschichte heidnischer Völker in Einklang zu bringen sei, auf seine Lösung. Gelinge dies nicht, sorgte sich Pezron, werde man »die Zeiten der heiligen Geschichte nur verstümmeln (*mutiler*) und die [Zeiten] der profanen [Geschichte] nur in Unordnung bringen (*confondre*) ..., ohne daß man sie je miteinander versöh-

188 Vgl. Vossius: *De Septuaginta Interpretibus*, Cap. IX–X. Dieser Gedankengang war indessen nicht neu. Er erscheint zum ersten Mal bei dem syrischen Kirchengeschichtsschreiber Johannes von Ephesos (507–586) und wurde in der lateinischen Fassung der Pilatusakten tradiert; vgl. P. Bruns, Art. *Johannes von Ephesus*, in: *Lexikon der antiken christlichen Literatur*, 1999, u. Lebram (wie Anm. 170), S. 57, Anm. 68.

189 Vgl Pezron: *L'Antiquité des tems rétablie et défendue contre les Juifs et les Nouveaux Chronologistes*, 1688, Chap. IV, S. 52 ff.

190 Vgl. *ebd.*, Bl. [ã ij] v°.

191 *Ebd.*, Bl. ã iiij r°-v°.

nen (*concilier*) könnte«.[192] Keine Lösung erblickte er in dem »Fehler« der Chronologen, die Dynastien der Ägypter als Erdichtung und Phantasie zu bezeichnen, um die gefährliche »Extremité des Praedamites« zu vermeiden. Statt dessen schlug er für das nichtjüdische Altertum eine Geschichtskonstruktion vor, in welcher der Beginn als märchenhaft zu betrachten sei, dem weiteren Verlauf aber auch »de la bonne foy et de la verité« zugebilligt werden könne: »Streicht aus ihren Chroniken die Regierungszeiten der Götter und Halbgötter, und es wird nichts mehr geben, was nicht vielleicht ebenso wahr ist wie alles, was es in der Geschichte anderer Nationen gibt«.[193]

Diese Empfehlung für den Umgang mit der außerjüdischen Tradition setzte sich offensichtlich durch, ja sie wurde im Unterricht für die Jugend gelehrt und verallgemeinert. Noch in der 1787 erschienenen 7. Auflage des *Abregé chronologique de l'histoire universelle* von Maturin Veyssière de la Croze,[194] einem Freund von Leibniz, wird der geschichtliche Lernstoff im Frage-und-Antwort-Spiel vermittelt und der üblichen Dreiteilung der sakralen Geschichte – nach den Perioden unter dem Gesetz der Natur (von Adam bis Moses), unter dem Gesetz von Moses (von Moses bis Jesus Christus) und unter dem Gesetz der Gnade (von Christus an) – eine entsprechende Dreiteilung der profanen Geschichte gegenübergestellt: die dunkle und unsichere Periode (von der Schöpfung bis zum Ursprung der

192 Vgl. *ebd.*, S. 413 f.

193 Vgl. *ebd.*, S. 236: »Il faut éviter l'extrémité des Pré-adamites, car elle est dangereuse; mais en même tems il ne faut pas se jetter dans celle de plusieurs de nos *Chronologistes*, qui traitent les Dynasties des Egyptiens de fictions et de rêveries. Il y a de la fable dans le commencement de leur Histoire, on n'en peut pas disconvenir; mais du reste il y a aussi de la bonne foy et de la verité. Otez de leurs Chroniques les regnes des Dieux et des Demy-Dieux, et il n'y aura rien ensuite qui ne soit peut-être aussi véritable, que tout ce qu'il y a dans l'Histoire des autres Nations«.

194 Von diesem »livre classique et élémentaire« für den Schulunterricht der Jugend war bibliographisch erst eine Auflage Gotha 1755 nachweisbar.

griechischen Mythen[195]), die erdichtete (*fabuleux*) (von der Sintflut bis zur Einrichtung der Olympischen Spiele) und die historische (vom Beginn der Olympischen Spiele an). Auf China wird nur kurz in der zweiten, erdichteten Periode Bezug genommen. Hier heißt es: »Die Chinesen geben vor, viel höher und bis in die Zeiten zurückzugehen, die nicht nur vor der Sintflut, sondern sogar vor der Schöpfung liegen. Vor Fuxi sind ihre Annalen indessen nicht sicher«.[196]

Die Frage, wie sich Leibniz zu diesem seine Epoche bewegenden Thema der *fides historica* stellte, muß an dieser Stelle noch zurückgestellt werden (s. Kap. VI, §§ 2–3), nicht jedoch, was er von dem Fälschungsverdacht gegen die nachchristlichen Juden hielt. Als Leibniz sich mit der oben erwähnten Frage nach alten hebräischen Codices bei den Juden in China an den Pater Verjus wandte, nahm er diesen Verdacht mit den Worten auf, die Juden Europas hätten vielleicht »en haine des Chrestiens« Bücher oder Stellen (des hebräischen Textes der Bibel) verändert (Nr. 34, S. 247). Er beherrschte allerdings nicht genügend das Hebräische, um selbst daran zu denken, textkritische Forschungen anzustellen; vielmehr entsprach er mit seiner Nachfrage der Bitte des reformierten Theologen Daniel Ernst Jablonski, der eine eigene hebräische Druckerei unterhielt und soeben das *Alte Testament* in hebräischer Sprache veröffentlicht hatte.[197] Daß Leibniz dessen Wunsch in traditionelle Worte

195 Hierzu heißt es weiter: »ou jusqu'au Déluge qui arriva en Grece du temps Ogyges, Roi d'Athenes: L'Histoire nous laisse dans une trop grande ignorance de ce qui s'est passé dans ces temps plus reculés«. Vgl. Veyssière de La Croze: *Abregé*, 1787, S. 2.

196 *Ebd.*, S. 7f., Anm. 6: »Les Chinois prétendent remonter beaucoup plus haut et à des temps qui seroient antérieurs non seulement au Déluge, mais même à la Création. Leurs Annales cependant n'ont rien de certain avant Fohi.« In Johann Heinrich Zopfs *Grundlegung der Universalgeschichte* (1729 erstmals, 1755 bereits in der 8. Auflage erschienen), die große Ähnlichkeit mit dem *Abrégé* von La Croze aufweist, fehlt bereits jeglicher Hinweis auf China, vgl. darin die *IV. Periode*, S. 53–80.

197 D. E. Jablonski (1660–1741) – gelehrter Enkel des berühmten Johann Amos Comenius (1592–1670), Leibniz' Mitstreiter für eine innerprotestantische Kirchenunion und später sein Nachfolger als Präsident der

kleidete, ohne sich mit ihnen zu identifizieren, geht aus einer Briefstelle hervor, die sich direkt auf die Hauptthese Pezrons bezieht: »Ich gehöre nicht zu denen, die glauben, daß die Juden den hebräischen Text boshafterweise und mit dem Plan, die Christen zu widerlegen, verdorben haben. Er kann indessen durch andere Gründe verändert worden sein. Und selbst wenn es nur die chinesische Geschichte gäbe, ich glaube, man ist verpflichtet, auf die Berechnung [der *Septuaginta*] zurückzugehen, welche die Sintflut zurückverlegt«.[198]

V. Leibniz' Briefwechsel mit dem Figuristen Joachim Bouvet

1. Traditionslinien im Wandel – Wie verhielt sich nun Leibniz diesen komplexen Problemen kirchen- und missionspolitischer, wissenschaftlicher und religiöser Natur gegenüber? Welche Partei ergriff er im religiös-geschichtsphilosophischen Streit der Alten und Neueren? Entscheidend für diese Fragen wird Leibniz' Einstellung

Sozietät der Wissenschaften in Berlin – hatte von der Existenz der Juden in Kaifeng erfahren. Da diese auch alte hebräische Handschriften besitzen sollten, war er erpicht darauf, solch einen Codex zu erwerben (vgl. Nr. 67 mit Erl.). Daß er und Leibniz mit diesem Wunsch wahrscheinlich bei den Jesuitenpatres in China eine Wiederaufnahme der Forschungen nach den Juden in China anregten (vgl. Anm. 164), erfuhren sie allerdings nicht. Als 1707 der Bericht Gozanis in den *Lettres édifiantes et curieuses* erschien, war Leibniz' Verbindung mit Paris schon abgerissen. In Europa wurden seit dieser Zeit die Juden in China allerdings nicht mehr vergessen. Vgl. zum Forschungsstand den von Roman Malek hrsg. Sammelband *Jews in China*, 2000; s. dort auch die Fragenliste Jablonskis, S. 581–585.

198 Vgl. Leibniz' Brief an Daniel Larroque vom 19. (29.) Juni 1693, in: *A* I, 9 N. 321, S. 487: »On nous dit encor, que *l'antiquité des Temps retablie* du P. Pezron trouve bien des censeurs. Je ne suis pas de ceux qui croyent que les Juifs ont corrompu le Texte Hebreu par malice et par un dessein de contre carrer les Chrestiens. Cependant il peut avoir esté alteré par d'autres raisons. Et quand il n'y auroit que l'Histoire de la Chine, je crois qu'on est obligé de recourir à un calcul qui recule le deluge.«

zur alten Geschichte sein: Wie bewertete er die biblische Ursprungsgeschichte der Welt und des Menschen im Hinblick auf die antike Geschichte anderer, nichtjüdischer Völker? Kein anderer Briefwechsel ist für eine solche Untersuchung geeigneter und aufschlußreicher als Leibniz' Korrespondenz mit Joachim Bouvet. Wie im folgenden zu zeigen sein wird, zeichnet sich dieser während des geistigen Umbruchs im letzten Viertel des 17. und zu Beginn des 18. Jahrhunderts geführte Briefwechsel durch seine Thematik und besondere Intensität vor den anderen Korrespondenzen mit Peking aus.

Wie in einem Informationsbüro trafen seit 1697 bei Leibniz von überall her China betreffende Fragen ein, offenbar ohne Plan und systematische Absicht in bunter Reihenfolge;[199] diese fast grenzenlos erscheinende *curiositas* war nicht nur charakteristisch für Leibniz und seine Briefpartner, sondern typisches Merkmal einer ganzen Epoche. Schon 1685, als der französische Kriegsminister François Michel Le Tellier de Louvois (1639–1691) für Couplet eine Fragenliste von der *Académie des Sciences* zusammenstellen ließ,[200] ganz ähnlich jener, die Leibniz nur wenige Jahre später an Grimaldi schicken sollte (Nr. 3), ist allerdings eine Wandlung des geistigen Klimas spürbar: In dem Interesse an neuem Wissen aus und über China wird nun an Stelle der religiösen *utilitas* (zugunsten der Bekehrung Chinas) eine praktische, an Europa orientierte *utilitas* vorherrschend (chinesische Technik, Manufaktur und Lebensverbesse-

199 Vgl. Nrn 16, 65 u. Jablonskis Fragenliste (Anm. 197) sowie die zwei Fragen Mentzels (Nr. 19 mit Anm. 4) und die Fragen Lillieblads (Nr. 22, Anm. 12); andere, noch unveröffentlichte, schwer zuzuordnende Listen befinden sich in Leibniz' Nachlaß; s. auch Leibniz' Selbstbezeichnung als »bureau d'adresse pour la Chine« in seinem Brief an die Kurfürstin Sophie Charlotte vom 14./24. Dezember 1697, in: *A* I, 14 N. 489, S. 869. Im Frühjahr 1697 waren die *Novissima Sinica* erschienen, durch die sich Leibniz gewissermaßen als Fachmann für Chinafragen ausgewiesen hatte; vgl. R. Widmaier: *Leibniz' verborgene Botschaft in den Novissima Sinica*, in: Li / Poser: *Das Neueste über China*, 2000, S. 29–56, hier 29 f.

200 Vgl. Virgile Pinot: *Documents inédits relatifs à la connaissance de la Chine en France de 1685 à 1740*, Paris 1932, S. 7–9.

rung) und damit zugleich eine neue wissenschaftliche Einstellung, die »ohne Rücksicht auf die verschiedenen Auffassungen der Europäer in wissenschaftlichen und religiösen Fragen« die Dinge wissen will, »wie sie sind« (Nr. 65, S. 555).

Für die Berichterstattung der Jesuitenmissionare in China war dieser geistige Wandel im Umbruch vom 17. zum 18. Jahrhundert nicht unproblematisch, hatten sie doch nicht nur (im Sinne Matteo Riccis) eine bestimmte Informations- und Wissenstradition geschaffen und zu verantworten, sondern auch und gerade bei der gebildeten Leserschaft in Europa ein gewisses Monopol darin erworben und jetzt zu vertreten. Beispiele boten um die Jahrhundertwende neben den populärwissenschaftlichen Publikationen von Le Comte, Bouvet und Le Gobien in erster Linie die *Lettres édifiantes et curieuses,* die ab 1702 in regelmäßiger Folge in Paris erschienen. Während aber Ricci und seine Nachfolger bis Verbiest noch ihre naturwissenschaftlichen und historischen Erkenntnisse mit Sorgfalt und Umsicht der katholischen Dogmatik und der biblischen Universalgeschichte unter- bzw. eingeordnet hatten, sahen sich nun die königlichen Jesuiten-Mathematiker Frankreichs den säkularen Ansprüchen der *Académie des sciences* sowie einer – wenigstens zum Teil – vom Geist der *critique* erfüllten Leserschaft gegenüber: den Chronologen und Philologen, den Freigeistern und Atheisten, die nach dem Beispiel Mabillons und der Bollandisten das historische Wissen über China entweder anhand methodischer Quellenkritik überprüft sehen wollten[201] oder es generell in Frage stellten.

201 Maßstäbe gesetzt für den historisch-kritischen Umgang mit der Tradition hatten Jean Mabillon mit seinem Werk *De re diplomatica*, 1681, und die Bollandisten in Rotterdam (unter denen, von Godefried Henschen abgesehen, Daniel Papebroch und Conrad Janninck Korrespondenten von Leibniz waren) als Editoren der *Acta sanctorum*. Damals wurde das methodische ›Werkzeug des Historikers‹ für die Beschäftigung mit der Geschichte in Form der heutigen historischen Hilfswissenschaften entwickelt, wie: Urkundenlehre und Paleographie, Heraldik und Numismatik, Chronologie und Genealogie. Vgl. dazu Karl Georg Faber: *Theorie der Geschichtswissenschaft*, München 1982, S. 30.

Wie sollten die Jesuiten in Paris und China darauf reagieren? Wollten sie allein wissenschaftlichen Ansprüchen und Methoden genügen, so liefen sie Gefahr, die Traditionslinie Matteo Riccis zu verletzen; respektierten sie allzusehr die theologischen Grenzen ihrer Mission, so entsprachen sie weder den Erwartungen ihrer wissenschaftlichen Auftraggeber noch ihrem Ruf hoher Gelehrsamkeit. In der großen *Querelle des anciens et des modernes* reagierten die Pariser Jesuiten zu Beginn der Frühaufklärung damit, daß von den zahlreichen wissenschaftlichen Beobachtungen und historischen Berichten der Jesuitenmissionare in China viele nicht veröffentlicht und ›auf Eis‹ gelegt wurden.[202] So blieben möglicherweise auch einige Antworten auf Leibniz' Fragen unter Verschluß – ganz abgesehen von manchen Briefen, die wegen ihrer Brisanz im Ritenstreit unterdrückt werden mußten.

Leibniz' Korrespondenz mit den Jesuiten in Peking kennt in der Briefliteratur des 17. Jahrhunderts kaum Vergleichbares. Dennoch ist sein beziehungsreiches Interesse an China erst zu Beginn des 20. Jahrhunderts wiederentdeckt und Leibniz als »der erste große europäische Sinophile« erkannt worden.[203] Am Anfang des 21. Jahrhunderts stellt sich jedoch die schon eingangs betonte Frage, wie wesentlich China selbst, seine Geschichte und Sprache, seine Wissenschaft und sein Schriftsystem für Leibniz eigentlich waren und welches Interesse an China den Vorrang vor allen anderen hatte. Ein kurzer Blick auf Leibniz' Korrespondenzpartner in Peking und die Frage, wer unter diesen ihn am meisten angesprochen zu haben scheint, ist hierfür recht aufschlußreich.

202 Zur Unterdrückung wissenschaftlicher Beobachtungen und historischer Untersuchungen in Paris vgl. Joseph Brucker: *Correspondance scientifique d'un missionnaire français à Péking aux dix-huitième siècle. Le P. Antoine Gaubil*, d'après des documents inédits, in: *Revue du monde catholique*, 76, 1883, S. 5–26, u. Pinot: *La Chine*, 1932, S. 141ff.

203 Vgl. Arnold H. Rowbotham: *Missionary and Mandarin*, Berkeley and Los Angeles 1942, S. 253.

Von den fünf im Jahre 1688 in Peking eingetroffenen Jesuitenmathematikern Ludwigs XIV. (vgl. Nrn. 1, 15, 40 u. 58) kehrten zwei endgültig nach Europa zurück: Louis-Daniel Le Comte und Jean de Fontaney. Der Erstgenannte, der China bereits Ende des Jahres 1691 wieder verlassen hatte, war im Pariser Ritenstreit neun Jahre später von der Theologischen Fakultät der Sorbonne verurteilt worden, weil er den Frevel begangen hatte, den Chinesen wesentliche Privilegien des auserwählten Volkes zuzusprechen. Er hatte überdies nach Ansicht seiner Gegner klar bewiesen, daß das religiöse System Chinas dem Deismus, Sozianismus und Pelagianismus verwandt sei.[204] Hieraus mag sich erklären, daß Leibniz nicht versucht hat, mit dem Pater in Kontakt zu treten, zumal er dessen Bücher besaß.[205] Fontaney, der im Jahre 1704 für immer nach Europa zurückgekehrt und zweifellos der bedeutendste Wissenschaftler unter den *Mathematiciens du Roi* war, wechselte von Paris aus noch vier weitere Briefe mit Leibniz. Im Vergleich mit den Briefen an Bouvet sind Leibniz' Briefe an Fontaney, die sich inhaltlich neben den Sprachen in China und dessen Nachbarländern vorwiegend auf geographische Fragen und Probleme der Reisewege beschränken, jedoch eher kurz und nüchtern. Wie sehr Fontaney den Wissenschaftsaustausch mit Leibniz und dessen Briefe nach China schätzte, gab er mehrfach, besonders noch in seinem letzten Schreiben (Nr. 60), zu verstehen. Hinsichtlich der von Bouvet behaupteten Identität zwischen den Hexagrammen und der binären Arithmetik hielt er mit seiner Skepsis allerdings nicht hinter dem Berg: Nachdrücklich empfahl er Claude Visdelou als einzigen, der fähig sei, Leibniz in Bezug auf die chinesische Geschichte zufriedenzustellen. Die Mitteilung, daß der Sekretär der Royal Society in London, Hans Sloane, beabsichtige, eine Korrespondenz mit Visdelou aufzunehmen, war in dieser Hinsicht ein deutlicher Wink (vgl. Nr. 51, S. 451). In seinem Antwort-

204 Vgl. Nr. 36 mit Anm. 3 u. *Histoire des ouvrages des Sçavans*, Juni 1700, S. 270f.; in Deutschland berichtete darüber der *Monatliche Staatsspiegel*, Januar 1700, S. 37–42.

205 Vgl. Nr. 38 u. *A* I, 13 N. 234.

schreiben hielt Leibniz nicht nur entschieden an der Version einer vollkommenen Entsprechung zwischen den Hexagrammen und seiner binären Arithmetik fest (Nr. 52, S. 453); er erklärte auch nachdrücklich deren Funktion und Bedeutung: Indem sie die Verdienste der »alten Philosophen Chinas« hervorhebe, bestätige sie zugleich die Meinung jener, »die glauben, daß sie auch über eine gute Moral und eine gute natürliche Theologie verfügten, etwa wie Hiob (vgl. Nr. 56, Anm. 4) und andere, die vor der Gesetzgebung des Moses lebten oder von dieser nichts wußten« (Nr. 54, S. 467). Als sein letzter Brief (Nr. 62) an Fontaney unbeantwortet blieb, hörte auch von Leibniz' Seite diese Korrespondenz auf. Warum unternahm Leibniz offensichtlich nichts, um den Briefwechsel mit diesem erfahrenen Chinamissionar fortzuführen? Warum wandte er sich erst im Jahre 1705 an Visdelou und nicht schon viel früher, obwohl auch Bouvet diesen Ordensbruder wiederholt als besten Kenner der chinesischen Literatur und Sprache gerühmt hatte (vgl. Nrn 21, 32 u. 44)? Warum kam er schließlich in seinem ersten Brief (Nr. 58) ebenso wenig auf die chinesische Schrift und Sprache zu sprechen wie auf das Altertum und die Chronologie Chinas? (Statt dieser beiden Zentralthemen ging es ihm um die Identifizierung des Reiseweges, dem einst Wilhelm von Rubruk über Sibirien nach China gefolgt war). Warum zögerte Leibniz so lange und kam nicht zur Sache? Pierre Jartoux gehörte nicht zur ersten Gruppe der französischen Missionare in China und war der einzige der dort später eintreffenden Patres, der von sich aus den Kontakt zu Leibniz suchte (Nr. 50). Neben seiner mitgeschickten Abhandlung über die Sonnenflecken sprach aber für die Ernsthaftigkeit seines Interesses an einem Wissenschaftsaustausch mit Leibniz (und/oder einem Mitglied der Berliner Sozietät der Wissenschaften) zum einen sein Anerbieten, sowohl selbst wie auch mit Hilfe seiner Ordensbrüder »einen Beitrag zur Vervollkommnung der Wissenschaften und Künste zu liefern«, zum andern seine Bitte, ihm genauere und ausführlichere Erklärungen zur Infinitesimalrechnung und anderen Problemen zukommen zu lassen. Als Leibniz nach knapp zwei Jahren antwortete und Jartoux auf diesen Brief nicht reagierte, deutet auch in diesem Fall nichts darauf hin, daß er sich um eine Fortsetzung dieses wissenschaftlich erstrebten *commerce de lumières* bemüht hätte. Daß Leibniz dagegen wenigstens zeitweise den Briefwechsel mit Jean-François Gerbillon gesucht hat, steht außer Frage.

Ganz anders verlief die durch Verjus initiierte briefliche Begegnung mit Joachim Bouvet. Leibniz und Bouvet waren im selben Jahr mit einflußreichen Publikationen an die Öffentlichkeit getreten, aus denen verwandte Motive und Absichten sprachen; und sie scheinen sich unmittelbar ›verstanden‹ zu haben, so daß beide später bedauerten, sich nicht persönlich in Europa begegnet zu sein (vgl. Nr. 32, S. 239 u. Nr. 42, S. 319). Nachdem Leibniz 1702 den letzten Brief Bouvets erhalten hatte (Nr. 49), erkundigte er sich immer wieder nach dem Pater[206] und schrieb ihm jedes Jahr, von 1703 bis 1707, nach Peking in der Hoffnung, schließlich doch noch eine Antwort zu erhalten. Vorgreifend ist aber zu sagen, daß er gerade von diesem Korrespondenten einen Austausch wissenschaftsrelevanter Informationen am wenigsten erwarten durfte – und in erster Linie wohl auch nicht erwartete. Was aber erwartete er von Joachim Bouvet?

2. *Figurismus und Methode* – Noch bevor Bouvet chinesischen Boden betreten hatte, scheint bei ihm die Entscheidung für ein bestimmtes Missionskonzept gefallen zu sein:[207] Er beabsichtigte, die Chinesen unter der impliziten Voraussetzung zu bekehren, daß in ihren eigenen kanonischen Schriften, wenn auch in symbolhaft ver-

206 So erkundigte sich Leibniz nach Bouvet bei den Jesuitenpatres Ferdinand Orban, Giovanni B. Tolomei, René J. Tournemine und Bartélemy Des Bosses; vgl. auch seinen Brief an den hannoverschen Geschäftsagenten in Paris Martiné vom 13. Dezember 1707 (LBr. 549 Bl. 42), zu dem Nr. 69 Beilage war und worin Leibniz den Adressaten bittet, »de faire parler avec le R. P. Gobien jesuite, qui a soin des missions Chinoises à fin qu'on sache si ce Pere peut envoyer au R. P. Bouvet missionnaire dans ce pays eloigné, et avec qui je suis en commerce ce que je luy destine.«

207 Vgl. Gatty: *Voyage de Siam*, 1963, S. LII–LXXXVIII, hier S. LX mit Anm. 1; zum Figurismus und zur Methode Bouvets vgl. vor allem Collani: *Bouvet*, 1985, Kap. 3.

schlüsselter Form, die jüdisch-christliche Botschaft bereits enthalten war. Aus der Sicht des *Neuen Testaments* galt es zu ›entdecken‹ und zu ›enthüllen‹, daß es sich in Wahrheit bei bestimmten Gestalten und Ereignissen der alten chinesischen Geschichte um aus dem *Alten Testament* bekannte Personen und Ereignisse handelte, die in ihrer figürlich-typologischen Vorprägung ihre authentische Bedeutung erst im Christentum erhalten hätten.

Während Bouvet sein methodisches Rüstzeug in der Typologie und Allegorese fand, deren sich schon Philon von Alexandria (15 v.Chr.–50 n.Chr.) zur Auslegung heidnischer Philosophie[208] und ebenso die frühen Kirchenväter zur Exegese des *Alten Testaments* bedient hatten,[209] bot ihm die Lehre von den »Alten Theolo-

[208] Vgl. Emile Bréhier: *Les idées philosophiques et religieuses de Philon*, Paris ³1950.

[209] Das lat. Wort *figura* ist die zuerst von Tertullian: *Adversus Marcionem* 5, 7, verwendete Übersetzung für das im *Neuen Testament* auftretende griech. Wort *typos* (allgm. Abdruck, Form, Gestalt; dann auch Bild, Abbild-Urbild, Vorbild-Nachbild). Mit Cicero: *De natura Deorum*, 1, 2, 47, beginnt die Übertragung des Ausdrucks auf die Redekunst. Eine »Figur« ist die uneigentliche, ungewöhnliche, eben »figurative« oder »figürliche« Redeweise. Tertullian benutzt dann die *figura* im Sinne der Realprophetie als exegetische Lehre vom Typos (Typologese). Danach ist das *Alte Testament* Vorverkündigung für das, was sich im *Neuen Testament* erfüllt: so sind beispielsweise Adam und Moses (Vor-)Figuren für Jesus. Schon bei Origenes setzte sich eine mehr allegorisch-moralische Deutungsweise durch, so daß sich »figurale« Bedeutung und Typologese oft nicht mehr vom *sensus allegoricus* (christliche Allegorese) unterscheiden lassen. Tatsächlich ist in der patristischen Exegese die Figuralbedeutung und Typologese spätestens seit dem 4. Jahrhundert fest verankert und wird unter dem modernen Begriff »Typologese« im Rahmen geschichtshermeneutischer Fragestellungen in der Theologie- und Literaturgeschichte bis heute diskutiert. (Vgl. dazu Ulrich Dierse, Art. *Figur*, in: *Historisches Wörterbuch der Philosophie*, 2, 1972, Sp. 948f., u. Britta Strenge, Art. *Typos*; *Typologie*, *ebd*, 10, 1988, Sp. 1587–1594). – Der sogen. »Figurismus« kann als übertriebene, wenn nicht mißbräuchliche Form der Typologese bezeichnet werden. Neben dem buchstäblichen Sinn gründete sich die Exegese des Figurismus auf eine geheime Mehrdeutigkeit der Heiligen Schrift, die sukzessive auf die ganze Kirche und ihre verschiedenen Epochen angewendet wurde. So

gen« (*prisci theologi*)[210] die theoretische Grundlage dafür dar. Unter gnostischem Einfluß war diese Theorie in den ersten nachchristlichen Jahrhunderten von christlichen Theologen entwickelt worden, hatte im Neuplatonismus der Renaissance eine neue Blüte erlebt und war trotz ihres Niedergangs im 17. Jahrhundert, bis zu ihrem Verbot im Pariser Ritenstreiturteil, in der katholischen Theologie und besonders bei den Jesuiten weit verbreitet.[211] Im Zentrum stand neben der Kabbala (s. Nr. 39, Anm. 17)[212] das geheime theologische,

mißbrauchte der Figurismus nicht nur den figurativen, sondern auch den figuralen Sinn biblischer Worte oder Symbole. (Vgl. E. Mangenot, Art. *Figurisme*, in: *Dictionnaire de théologie catholique*, 5, 1939, Sp. 2299–2304, hier Sp. 2300.) Danach kann das Verhältnis zwischen Figurismus, Typologese (typologie) und Allegorese (allégorisme) darin gesehen werden, daß es sich bei der Typologese um eine »sehr maßvolle, sehr vorsichtige« Allegorese handelt, während ein Mangel an Vorsicht, nämlich nichts zu beweisen, was nicht bewiesen werden kann, zum Figurismus führt. (Vgl. E. Amann, Art. *Type*, *ebd.*, 15, 2, 1950, Sp. 1935–1945, hier Sp. 1944.)

210 Vgl. Nr. 39, Anm. 7, u. Walker: *The Ancient Theology*, 1972, chap. 6.

211 So behauptete Paul Beurrier: *Speculum christianae religionis*, T. 1, 1666, S. 323, »daß Moses nicht nur die Lehrer der Juden und die Rabbiner gelehrt habe, sondern daß auch die heidnischen Philosophen, nämlich Orpheus, Thales, Pythagoras, Platon u.a. die tiefe Kenntnis der göttlichen Geheimnisse und die wahre Moral aus seinen heiligen Büchern geschöpft haben«.

212 Der Terminus Kabbala (hebr. »Überlieferung«) bezeichnet seit dem 12. Jh. die theosophische Mystik und esoterische Tradition des Judentums, in die im 11. Jh. unter arabisch-islamischem Einfluß auch Elemente des Neuplatonismus und Hermetismus eingeflossen waren. In der Renaissance war Giovanni Pico della Mirandola (1463–1494) der erste, der in der Kabbala eine entscheidende Grundlage für seine universale Wissenschaft erkannte: eine Synthese von (griechischer) Philosophie, Naturforschung (Magie) und biblischer Theologie. Danach stellte das Vorwissen Adams, der in das geheime Wissen der Kabbala eingeweiht worden war, den Bezug zwischen dem *Alten* und *Neuen Testament* her. Das Hebräische galt Pico als Sprache der Schöpfung, die ihre strukturelle Prägung auf der Grundlage der Zahlen und Buchstaben des hebräischen Alphabets erhalten habe. Johannes Reuchlin (1455–1522) arbeitete noch deutlicher das Messiaszeugnis der Kabbala heraus. Das ursprünglich von Gott

auch die Wissenschaften betreffende Wissen heidnischer Philosophen wie Hermes Trismegistos, Zoroaster, Orpheus, Pythagoras und anderer, deren Schriften angeblich aus ältester Zeit überliefert waren. Schon für Beurrier stand »ganz fest, daß die Chinesen im Besitz derselben Wahrheiten waren, wie bereits die heiligen Patriarchen: über die Schöpfung der Welt, die Erschaffung des ersten Menschen, seinen Fall, über die Sintflut, die Dreieinigkeit, die Erlösung des Menschen, über Engel und Dämonen, das Fegefeuer, den ewigen Lohn der Gerechten und die Strafe der Gottlosen (*impiorum*)«.[213]

Offenbart hatte sich Gott aber nur dem auserwählten Volk Israel. Wie waren die Alten Theologen zu ihrem Wissen gekommen? Damals waren auf diese Frage vor allem drei Antworten möglich: Erstens, die Alten Theologen hatten dieses Wissen auf dem Wege der Tradition von den Nachkommen Noachs erhalten; zweitens, bei den Alten Theologen und den biblischen Patriarchen handelte es sich in Wahrheit um identische Personen und damit bei den von beiden überlieferten Traditionen auch um identische Wissensinhalte; drittens, die Alten Theologen waren zu ihrem Arkanwissen unter dem natürlichen Gesetz (von Adam bis Moses) auf natürliche Weise gelangt, nämlich durch die natürliche, von Gott verliehene Kraft der Vernunft.

Die erste Auffassung vertraten z.B. Athanasius Kircher, Paul Beurrier und Pierre-Daniel Huet;[214] für die zweite standen Georg Horn,[215]

enthüllte Geheimwissen der Kabbala ebenso wie das des Pythagoras bildeten die Grundlage seines philosophischen Denkens. (Vgl. Roland Goschel, Art. *Kabbala I*, in: *Theologische Realenzyklopädie*, 17, Berlin 1988, S. 487–500, u. Otto Betz, Art. *Kabbala II*, ebd. S. 501–509.)

213 Vgl. Beurrier (wie Anm. 211), S. 260.

214 Vgl. Nr. 39, Anm. 7.

215 Vgl. Georg Horn: *Arca Noae*, 1666, §§ VIII–XIV. Horn nahm die Konjunktion der Planeten, die sich vor der Sintflut zur Zeit des Kaisers Zhuanxu (2513–2435 v. Chr.) ereignet hatte (vgl. Nr. 42, Anm. 45), zum Anlaß zu vermuten (vgl. § VIII, S. 13), daß von vorsintflutlichen Ereignissen wie diesem erst nach der Flut berichtet worden sein könne. Wenn deshalb die Annalen Chinas davon erzählen, wären diese Berichte entweder er-

Christian Mentzel[216] und die Figuristen; die dritte wurde durch Ricci und einen großen Teil seines Ordens repräsentiert; doch auch Leibniz, nach dem »die Vernunft nichts anderes ist als eine natürliche Offenbarung, wodurch Gott den Menschen denjenigen Theil der Wahrheit, welchen er der Fähigkeit ihrer natürlichen Kräfte eingegossen, mittheilet«,[217] vertrat diesen Standpunkt. In allen drei Fällen ging es um die Wahrung der religiösen Einheit eines universalen Wissens, das entweder schon klar zutage lag oder sich doch immer mehr verdeutlicht hatte bzw. sich zunehmend verdeutlichen sollte (so Leibniz, wie noch zu zeigen sein wird; s. Kap. VI, § 5). Zweifellos waren aber mit den beiden ersten Positionen enorme Probleme verbunden: In der Auseinandersetzung mit chinesischen Gelehrten mußten die Vertreter der Traditions- und der Identitätshypothese ihre Behauptungen verifizieren, d.h. entweder das hohe Altertum Chinas glaubhaft machen oder als Erdichtung verwerfen. Die Figuristen waren zusätzlich gezwungen, die chinesischen Schriftzeichen unter den Augen der Gelehrten Chinas historisch, semiologisch und semantisch vollkommen neu als ägyptische Hieroglyphen zu interpretieren. Daß Bouvet, dem wir uns jetzt zuwenden, hierfür nach einem ›Kunstgriff‹ suchte, der es ›in sich‹ hatte, versteht sich von selbst.

Bouvet war der erste der sogenannten Figuristen in China,[218] der den chinesischen Weisen Fuxi in die Reihe der »Alten Theo-

dichtet oder sie bezögen sich auf Ereignisse, deren Erinnerung sich in der Arche bewahrt habe (vgl. § IX, S. 14). In diesem Fall sei davon auszugehen, daß Fuxi mit Adam, Shennong mit Kain, Huangdi mit Henoch und Yao mit Noach identisch waren (vgl. §§ IX–XIII, S. 14–17). Vgl. auch Pinot: *La Chine*, 1932, S. 205–209, u. Van Kley: *Europe's »Discovery« of China*, in: *American Historical Review*, 76, 2, 1971, S. 358–385, hier S. 364f.

216 Vgl. Mentzel: *Chronologie*, 1696, S. 18–19, wo Mentzel sich auf das Lexikon *Zihui* (*çu Guei*) stützt, um zu behaupten, daß die Schwester Fuxis mit Eva identisch, dieser selbst jedoch Adam gewesen sei. Vgl. auch Van Kley (wie Anm. 215), S. 367f.

217 Vgl. Gerhardt: *Philosophische Schriften*, 5, 1882, S. 31.

218 Zum Namen »figuriste« und zum System der Figuristen vgl. An-

logen« aufnahm und das universale Menschheitswissen durch die in der Fuxi-Ordnung dargestellte Geheimwissenschaft (des *Yijing*; s. Nr. 45) zu bereichern wähnte.[219] Seine Absicht, »nach und nach das Reich des Bösen zu zerstören, um an seiner Stelle das Reich Jesu Christi zu errichten« (Nr. 44, S. 363), läßt ein nicht geringes Maß an Selbstüberschätzung, ja Hybris erkennen und zugleich an Geringschätzung chinesischer Gelehrter. Glaubte er doch ebenso daran, daß sein Vaterland »in den höheren Wissenschaften China um soviel überlegen ist, wie China von Europa entfernt liegt« (vgl. ebd., S. 349), wie an den Erfolg »frommer Kunstgriffe«, die er wie Leibniz zu diesem Zweck für erlaubt und notwendig erachtete (Nr. 39, S. 287).

3. Bouvets Missionskonzept für China – Anders als Ricci und dessen Nachfolger und anders als die meisten seiner Ordensbrüder konzentrierte sich Bouvet vornehmlich auf das *Yijing*, das »älteste Werk Chinas, ja vielleicht der Welt«. Er wollte »Licht in die Geheimnisse des *Yijing*«, genauer in die von Fuxi hinterlassene Figur,[220] bringen, die er vorgeblich als »vielleicht vollkommener als

toine Gaubils Brief an Nicolas Fréret, den Erfinder dieses Namens, vom 28. Oktober 1733, in: Gaubil: *Correspondance*, 1970, S. 363: Zu den Hauptvertretern des Figurismus gehörten außer Bouvet (zu diesem Collani: *Bouvet*, 1985, besonders Kap. 3) Joseph Henri-Marie de Prémare (zu diesem Knud Lundbæk: *Joseph de Prémare, 1666–1736, S. J.: Chinese Philology and Figurism*, Aarhus 1991) und Jean-François Foucquet (zu diesem Witek: *Controversial Ideas*, 1982). Zum Figurismus s. Collani: *Die Figuristen*, 1981; Witek, *a. a. O.*, 1982, S. 201–209; Rule: *K'ung-tzu or Confucius?*, 1986, S. 150–182; Pinot: *La Chine*, 1932, S. 347–366.

219 Die Einführungen zu diesem in alle europäischen Sprachen übersetzten kanonischen Buch Chinas – bei dem es sich nach vorherrschender Ansicht um ein Wahrsagebuch handelt, in dem Konfuzianismus und Taoismus ihre gemeinsamen Wurzeln haben – sind so zahlreich, daß ich hier nur auf die Einführungen von Richard Wilhelm: *I Ging*, 1924; Alfred Forke: *Geschichte der alten chinesischen Philosophie*, Hamburg 1927, S. 9–38, und auf Knut Walf: *Westliche Taoismus-Bibliographie*, Essen 1997, S. 11–43, verweisen möchte.

220 Vgl. Nr. 45; zum eigentlichen Schöpfer der Fuxi-Ordnung, dem Songkonfuzianer Shao Yong (1011–1077), vgl. Nr. 44, Anm. 17 u. 18.

unsere heutige Philosophie« einschätzte, zugegebenermaßen aber für eine »durchweg abergläubische Art Wahrsagerei« hielt. Nichtsdestoweniger sollte das *Yijing* jedoch »Trümmer der ältesten und bedeutendsten Philosophie der ersten Patriarchen« enthalten. Unter Beiseitelassung der einheimischen Kommentarliteratur schien ihm die Fuxi-Ordnung ein universales Wissenschaftssystem darzustellen, das »ein außerordentliches Genie des Altertums, Mercurius Trismegistos, erfunden hätte«, und zwar in einer Ordnung, »die wir in den Werken des Schöpfers bewundern« und die mit den Zahlensystemen des Pythagoras, Platons und der alten Kabbala eine einzigartige Übereinstimmung aufweise (vgl. Nr. 39).

Bouvets Plan, der sich im Grundriß schon in den Briefen an Leibniz entwickelt findet, liegt genauer ausgearbeitet erst in seinem Brief von 1704 vor.[221] Warum laut Bouvet nicht Fuxi, der »China niemals betreten habe« (vgl. Nr. 44, S. 351 mit Anm. 31), vielmehr Henoch der wahre Autor des *Yijing* sei und warum darin nicht von den besonderen Wissenschaften und der Geschichte Chinas, sondern von dem allgemeinen Arkanwissen und der menschheitlichen Universalgeschichte der *Genesis* die Rede sein sollte, ist zunächst an diesem zeitlich späteren Brief zu verdeutlichen.

Vor dem Hintergrund der *Genesis* ergab sich der erste Beweisschritt wie von selbst: Alle Völker stammen von den Nachkommen Noachs ab; aus einer Quelle fließen deren Sprachen und Überlieferung (*Lettres*), Künste und Wissenschaften, Gesetze und Gebräuche, ebenso auch ihre Religion.[222] China, als eine der ältesten Nationen der Welt, habe diese Kulturgüter beinahe in dem Zustand bewahrt, wie sie ihm von den ersten Patriarchen übergeben worden waren.[223] Daraus folge nun aber, daß China und andere Völker sich nicht nur zu Unrecht rühmen, diese Wissenschaften erfunden zu haben – vor allem den »sommaire de la science universelle«, die Lehre des *Yi-*

221 Vgl. diesen auch für Leibniz bestimmten Brief an Jean-Paul Bignon vom 15. September 1704, in: Collani: *Akademie*, 1989, S. 32–85.

222 Vgl. Collani, *a.a.O.*, S. 39f.

223 Vgl. *ebd.*, S. 40–41.

jing –, sondern sich auch in der Person des Autors irren: Von den verschiedenen Nationen unter jeweils anderem Namen, als Hermes oder Mercurius Trismegistos der Ägypter und Griechen, als Edris oder Adris der Araber und als Henoch der Hebräer verehrt (vgl. Nr. 44, S. 351), handele es sich stets um dieselbe Persönlichkeit, nämlich um den von Gott mit allem natürlichen und übernatürlichen Wissen erleuchteten »maitre universel« der ganzen ihm folgenden Nachwelt vor und nach der Sintflut: Henoch.[224] Daß Fuxi, Hermes Trismegistos und Henoch identisch waren, ging für Bouvet nicht nur aus der graphischen und semantischen Analyse der Namen hervor (vgl. Nr. 44, S. 351 f.), sondern auch aus den Besonderheiten aller ihnen zugeschriebenen Kulturleistungen, wären sie doch alle die Erfinder der Zahlenwissenschaften und der religiösen Riten und Opfer;[225] hier müsse deshalb sowohl das Geheimnis der ägyptischen Hieroglyphen als auch die Ordnung der symbolischen Wissenschaften Chinas zu entdecken sein.[226]

Im zweiten Beweisschritt war das Problem zu klären, warum zwischen den chinesischen Schriftzeichen und den ägyptischen Hieroglyphen einerseits eine so große graphische Ähnlichkeit zu herrschen schien, andererseits zugleich auch wesentliche Bedeutungsunterschiede augenfällig waren; auf der Grundlage der *Genesis* findet auch diese Unstimmigkeit eine ›Lösung‹. Bouvet schließt sich der Überzeugung jener an, wonach die Chinesen von Noachs frommem Sohn Sem abstammten. Dieser erbte den Schatz der heiligen hieroglyphischen Bücher, den Noach von Methusalem, dem Enkel Henochs, erhalten und vor den Wassern der Sintflut gerettet hatte – darunter zweifellos »das *Yijing* und die anderen Heiligen Bücher Chinas«.[227] Die Ägypter stammten dagegen von Ham, dem wegen seiner Pietätlosigkeit verfluchten Sohn Noachs (*Gen* 9, 20–25), ab. Kein Wunder sei es deshalb, daß sie von ihm die »ab-

224 Vgl. *ebd.*, S. 42–43, 49.
225 Vgl. *ebd.*, S. 43–44.
226 Vgl. *ebd.*, S. 46.
227 Vgl. *ebd.*, S. 47.

scheuliche, grundschlechte Bedeutung der Hieroglyphen« und die »teuflischen Geheimnisse der Magie und gottlosen Riten der Idolatrie« empfangen hätten.[228]

Bei den Chinesen müßten deshalb die wahren Denkmäler der alten Hieroglyphenweisheit gesucht werden, die Henoch auf dem Wege göttlicher Eingebung erhalten hätte, um die Nachwelt zur Erkenntnis Gottes und des Erlösers zu führen. Doch anders als später Moses, der zur Weitergabe dieser Erkenntnisse die gewöhnliche Buchstabenschrift benutzte, hätte Henoch sich zur schriftlichen Niederlegung seines Systems auch symbolischer Zeichen und hieroglyphischer Buchstaben bedient[229] und darin zugleich die Prinzipien der Religion und Wissenschaft, der natürlichen und moralischen Ordnung aufbewahrt.[230]

Für den dritten Beweisschritt,[231] warum die Menschen »fast auf einen Schlag« alle ihre Kenntnisse und geheiligten Wahrheiten der Religion verloren hätten,[232] ist die Geschichte vom Turmbau zu Babel entscheidend, in der Gott die Menschen für ihren Größenwahn mit allgemeiner Zerstreuung und Sprachverwirrung bestrafte. Wie die Chronologen erklärt nun Bouvet, daß es sich bei den in allen Völkern entstandenen Vorstellungen der Religion, Theologie und selbst der historischen Berichte, die »der größte Teil [der Völker] ohne Unterschied mit dem Anfang seiner wahren Geschichte verband, um im voraus sein Altertum und den Adel seines Ursprungs durch Vergöttlichung zu erhöhen«, um Fabeln und Erdichtungen handele.[233]

Für Bouvet steht damit fest, daß die Geschichte Chinas vor der

228 Vgl. *ebd.*, S. 48.

229 Vgl. *ebd.*, S. 52.

230 Vgl. *ebd.*, S. 57.

231 Die weiteren Ausführungen Bouvets, wonach Henoch, dem Charakter und der Auffassungsgabe dreier Menschenklassen und dreier Weltalter entsprechend, drei Schriftarten erfunden hätte, können hier übergangen werden; vgl. *ebd.*, S. 60–68.

232 Vgl. *ebd*, S. 70–71.

233 Vgl. *ebd.*, S. 72.

Zeit des Konfuzius (550–479 v. Chr.), welcher lang dauernde Kämpfe (*Zeit der Streitenden Reiche,* 403–222 v. Chr.) und die berüchtigte Bücherverbrennung (213 v. Chr.) folgten, höchst unsicher war und daß die Chinesen wie die Ägypter, die Griechen und andere Nationen aus ihren »mythologischen Erdichtungen und ihren historischen Berichten eine zusammenhängende Chronik machten«.[234] Zwar stützten sich die modernen Historiker Chinas für ihre drei ersten Dynastien *Xia, Shang* und *Zhou* auf das *Shujing* (»Buch der Urkunden«) und das *Chunqiu* (»Frühling und Herbst Annalen«), doch unter Berufung auf seine Hieroglyphenwissenschaft erklärt Bouvet alle kanonischen Bücher Chinas für nichts weniger als historisch. Mit »Hilfe des Himmels« will er beweisen, daß es sich hier vielmehr um »fictions sacrées sagement inventées« handele, um die Menschen über die wesentlichsten und tiefsten Mysterien der wahren Religion zu unterrichten. Wolle man also wie in Europa historische Kritik an der chinesischen Geschichte üben, müsse man, so Bouvet, die drei ersten Dynastien von ihr abtrennen und sie mit den wahren historischen Berichten des Okzidents beginnen lassen.[235]

Selbst Bouvet zweifelte allerdings nicht, daß diese »nouveauté« Ärger bereiten könnte, doch war er ebenfalls fest davon überzeugt, daß »eine Wahrheit der anderen Wahrheit nicht widersprechen könne und daß die Religion, um sich durchzusetzen, weder Falschheit noch Lüge nötig habe [...]«.[236]

4. Leibniz und Bouvet – ein Mißverständnis? – Bouvets Ausführungen in seinem figuristischen Plan von 1704 lassen im Vergleich zu den Darlegungen im vorangegangenen Briefwechsel mit Leibniz keine ideelle oder konzeptionelle Entwicklung erkennen. Erstaunlicherweise fehlt in ihnen aber auch jede Spur, die als Hinweis auf einen Einfluß von Leibniz zu deuten wäre – insbesondere fehlt der Hinweis auf Bouvets eigene ›Entdeckung‹, nämlich die Identität der 64 Hexagramme der Fuxi-Ordnung mit der binären Arithmetik

[234] Vgl. *ebd.*, S. 72.
[235] Vgl. *ebd.*, S. 74.
[236] Vgl. *ebd.*, S. 75, sowie auch Nr. 18 mit Anm. 22.

(Dyadik) von Leibniz. Erstaunlich deshalb, weil in Bouvets Augen die Bedeutung dieser ›Identität‹ gar nicht hoch genug einzuschätzen gewesen war: erklärte doch Leibniz' Dyadik nicht weniger als ein uraltes chinesisches Rätsel, dessen Lösung dieser zwar gefunden oder vielmehr wiederentdeckt hätte, das Fuxi aber zum ursprünglichen Entdecker der Dyadik machte (vgl. Nr. 44, S. 337 f.).[237] Leibniz hat andererseits die ›Entdeckung‹ Bouvets überaus ernst und für seine Auffassung von der wahren Philosophie oder natürlichen Theologie später immer wieder in Anspruch genommen;[238] sieht man jedoch hiervon ab, so fehlt auch bei ihm jede Spur eines figuristischen Einflusses. Handelt es sich also eher um ein Mißverständnis als um die große Harmonie beider Briefpartner?

Wenn auch im Ziel – der Bekehrung Chinas – die Übereinstimmung in dieser Korrespondenz sehr groß erscheinen mag, so waren doch die Wege dorthin unverkennbar verschieden. Um das in der Fuxi-Ordnung verborgene universale System der alten göttlichen Magie zu entschlüsseln, mußte Bouvet – neben der Neuinterpretation aller kanonischen Bücher Chinas (!) – ein der ›Hieroglyphenwissenschaft‹ entsprechendes neues Wörterbuch der Schriftzeichen verfassen, um mit diesem Instrumentarium am Ende »den rechten Begriff von dem natürlichen Gesetz und der Einrichtung der Religion« zur Zeit der ältesten Patriarchen zu konstruieren (vgl. Nr. 47). Daß Leibniz jedoch im Rahmen seiner eigenen Philosophie und seiner geplanten *ars characteristica* von der Verwendung der Fuxi-Ordnung, der Konstruktion der chinesischen Schriftzeichen, der

237 Der Jesuitenpater Dominique Parrenin wird später diese Identifikation für »purement arbitraire« erklären, vgl. seinen Brief an Dortous de Mairan vom 20. September 1740, in: *Lettres édifiantes et curieuses*, XXVI Recueil, 1743, S. 1–85, hier S. 63.

238 Vgl. z. B. Leibniz' Briefe an die Jesuitenpatres Tolomei vom 15. Oktober 1703 (LBr. 934 Bl. 5–6), Vota vom 27. August 1705 (in: Georg A. Will: *Bemerkungen über einige Gegenden des katholischen Teutschlands*, Nürnberg 1778, S. 57–65), Des Bosses vom 12. August 1709 (in: Gerhardt: *Philosophische Schriften*, 2,1879, S. 380–384), an den Papst (s. unten Anm. 285) und an Remond von 1716 (s. Leibniz, *Discours*, SV).

Existenz eines universalen Menschheitswissens und nicht zuletzt von den Methoden kritischer Forschung ganz andere Vorstellungen als Bouvet hatte, soll im folgenden an diesen »Hilfsmitteln« des großen Bekehrungswerks in China verdeutlicht werden:

– Während Bouvet die Übereinstimmung zwischen der Leibnizschen Dyadik und der Fuxi-Ordnung »in wissenschaftlicher Hinsicht mehr als alles in der Welt schätzte« (Nr. 44, S. 339) – hatte ihm doch Leibniz mit dieser Darstellung »eine neue Wissenschaft, an die bisher noch niemand gedacht hat«, »darin eine ganz neue Arithmetik verborgen, von einem wunderbaren Reichtum an Lehrsätzen,« in Aussicht gestellt (Nr. 42, S. 307f.) –, war es das »Hauptziel« von Leibniz gewesen, mit der Darstellung aller Zahlen aus 0 und 1 seinem Briefpartner »eine neue Bestätigung für das Christentum im Hinblick auf den erhabenen Glaubensartikel der Schöpfung zu liefern« (Nr. 42, S. 311). Leibniz, so scheint es, zweifelte keinen Augenblick daran, daß mit Hilfe dieser Analogie die Gelehrten und der Kaiser Chinas, »ein Liebhaber und Kenner der Wissenschaft der Zahlen«, von der Identität des metaphysischen Gehalts der Fuxi-Ordnung mit der christlichen Schöpfungslehre überzeugt werden könnten. Als Erfinder der Dyadik hegte er überdies die größten Hoffnungen, dem Kaiser namentlich bekannt zu werden und im Austausch dafür »interessante chinesische Erkenntnisse«, so etwa das Geheimnis der Papierherstellung, zu erhalten; in Aussicht stellte er seinerseits als Präsident der neu gegründeten Sozietät der Wissenschaften den in China so beliebten Bernstein Preußens, dessen König ja sein Schirmherr war (Nr. 42, S. 313f.).

Diese Erwartungen erhielten einen herben Dämpfer, als Bouvet ihm antwortete, man müsse wegen des nachlassenden Interesses des Kaisers noch eine günstige Gelegenheit abwarten, um ihm »von Ihrer schönen Zahlenentdeckung und dem Beweis für den Glaubenssatz der Schöpfung, den Sie daraus ziehen, zu berichten« (Nr. 44, S. 363f.). Doch erst Bouvets unmittelbar folgende Bemerkung: »Im übrigen muß man auf alle Fragen gefaßt sein, die er möglicherweise stellen wird, wenn man ihm von etwas berichtet, und Sie haben mich bislang noch nicht der Mitteilung all dessen gewürdigt, was man zu diesem Thema wissen sollte. So werde ich vielleicht genötigt sein, neue Erkenntnisse dazu abzuwarten«, wirft volles Licht auf das hier vorliegende, tiefgreifende Mißverständnis. Bouvet erwartete auf der vorgeblichen Grundlage der Fuxi-Ordung von Leibniz' neuer Arithmetik nichts Geringeres als wissenschaftliche Hilfe bei der Errichtung des »wahren Systems der Natur und aller Wissenschaften«! Vom ersten Kennenlernen an habe Leibniz' Dyadik »alle seine Erwartungen übertroffen«, so Bouvet, und in ihm »eine wahre Leidenschaft entfacht, von Ihnen selbst die ganze Einrichtung des Kalküls zu erfahren: nicht nur wegen der frommen Verwendung [...], sondern auch wegen der wunderbaren Beziehung, in der, wie ich finde, Ihre Prinzipien mit jenen stehen, auf denen meiner Vorstellung nach die Wissenschaft von den Zahlen der alten Chinesen ebenso beruhte wie die übrigen Wissenschaften, deren Kenntnis ihnen [d.h. den heutigen Chinesen] verloren gegangen ist« (Nr. 44, S. 333). Verständlicherweise war Bouvet wenig an der Symbolfunktion der Dyadik gelegen, stand er doch mit leeren Händen einer Aufgabe gegenüber, für deren Bewältigung er sich wissenschaftliche Einsicht von Leibniz' neuem numerischem Kalkül versprach, »und zwar wegen des einzigartigen Verhältnisses, in dem dieser mir zum alten System der kleinen Striche des Fuxi zu stehen scheint« (Nr. 47, S. 389).

– Begreiflicherweise setzte Bouvet aber nicht nur in Leibniz' neuen Kalkül phantastische Erwartungen; nicht weniger versprach er sich »beim Entschlüsseln der Geheimnisse der hieroglyphisch-symbolhaften Wissenschaften Chinas« wissenschaftliche Hilfe auch von Leibniz' neuer Charakteristik (Nr. 47, ebd.).[239] Bouvet konnte sich dafür auf dessen »ganz außerordentlichen Plan« berufen, nämlich die Entwicklung einer Gedankenschrift, von der Leibniz glaubte, »es ließen sich Mittel und Wege finden, dies mit den alten Schriftzeichen der Chinesen in Verbindung zu bringen« (Nr. 42, S. 317). Vielversprechend erschienen auch Leibniz' zukunftsweisende Spekulationen, nach denen diese »geheiligte Charakteristik« den Chinesen

[239] Vgl. dazu auch Nr. 13 mit Anm. 7 u. Nr. 17 mit Anm. 15.

einmal die wichtigsten Wahrheiten nahebringen, in China aber mit Berufung auf Fuxi akzeptabel sein, schließlich die Sprache der obersten Schicht werden und endlich sogar die Einrichtung eines eigenen Kollegs verdienen würde. Daß Leibniz selbst an dem Gelingen seiner universalen Charakteristik Zweifel hegte – »ob die Vorsehung sie nicht anderen Zeiten vorbehalten will« –, beunruhigte den Figuristen Bouvet wohl kaum, bedurfte es doch nur noch »eines Kunstgriffs, auf den so leicht nicht zu kommen ist, der aber seinen Beweis in sich trägt«, wie Leibniz zu verstehen gab (Nr. 49, S. 417).

Daß sich Bouvet und Leibniz auch in diesem Punkt gründlich mißverstanden haben, ist offenkundig. Bouvet bezweifelte nicht die Verwandtschaft der chinesischen mit den ägyptischen Hieroglyphen. Sie ergab sich vielmehr folgerichtig aus der Abstammung der Chinesen von dem Noach-Sohn Sem, der über Ägypten in Richtung Osten gewandert war (vgl. *Gen* 10, 21–31). Aus demselben Grunde war für ihn auch kein Zweifel an der Universalität der biblischen Menschheitsgeschichte zulässig. Leibniz meldete gegen diese Thesen nachdrücklich Bedenken an: »Ich weiß nicht, was ich zu den ägyptischen Hieroglyphen sagen soll, und ich kann kaum glauben, daß sie in irgendeiner Hinsicht mit denen der Chinesen übereinstimmen. [...] Ich weiß, daß etliche Gelehrte geglaubt haben, die Chinesen wären [Angehörige einer] Kolonie der Ägypter, wobei sie sich auf die angebliche Übereinstimmung der Schriftzeichen stützten, doch spricht dafür nichts« (Nr. 49, S. 423f.; Nr. 57, S. 487f.). Dementsprechend äußerte er zuletzt auch seine Bedenken an der assimilierenden Geschichtskonstruktion Bouvets: »Was mich unter anderem daran zweifeln läßt, daß es richtig ist, die alte chinesische Geschichte so ohne weiteres zu verwerfen, sind die astronomischen Beobachtungen und insbesondere jene einer weit zurückliegenden Konjunktion aller Planeten, die, etwas berichtigt, sich als ziemlich zutreffend herausgestellt hat« (Nr. 57, S. 491).

Allem Anschein nach kam es Leibniz darauf an, für sich brauchbare Erkenntnisse über die Konstruktion der Schriftzeichen zu erhalten (vgl. Nr. 18, S. 139f.), doch Bouvet konnte und wollte sich auf solche (in seinen Augen) nutzlose und Zeit verschwendende Forschungen nicht einlassen. Zwar sah er den Sinn und Vorteil eines Schlüssels zum Erlernen der Schriftzeichen durchaus ein (Nr. 44, S. 367f.), doch er selbst wollte sich nicht durch eine solche Analyse von seinen eigenen Studien ablenken lassen, die ihm für die Religion und sogar für die Wissenschaften wichtiger erschienen (Nr. 44, S. 363).

So hielt endlich Leibniz, wenn auch erst in seinen letzten Briefen, seine Meinung zu den Zeichen Fuxis und den chinesischen Schriftzeichen nicht mehr zurück: »Mir liegt nicht viel am metaphysischen Gebrauch der Zeichen des Fuxi und anderer dergleichen, denn ich habe eine ganz andere Vorstellung von der wahren Charakteristik, die gleichermaßen dazu dienen würde, die Gedanken auszudrükken, und so etwas wie eine lebendige Logik wäre« (Nr. 69, S. 603). Diese Erklärung am Ende der Korrespondenz kam nicht aus heiterem Himmel. Leibniz suchte ja nach bestimmten Eigenschaften der chinesischen Schriftzeichen nicht um ihrer selbst willen, sondern es ging ihm um ein mögliches Modell für seine *ars characteristica*. So war zwar sein spezifisches Interesse am Chinesischen unentwirrbar mit der Suche nach einem Schlüssel zu dieser Begriffssprache verknüpft, doch auch mit missionspolitischen Absichten: Ebenso einverstanden wie mit Bouvets spektakulärer ›Entdeckung‹ hätte sich Leibniz zweifellos gezeigt, wenn der Pater behauptet hätte, daß auch zwischen der *ars characteristica* und der chinesischen Zeichenschrift das Verhältnis einer vollkommenen Übereinstimmung klar auf der Hand liege. Missiologisch hätte dies, wenn auch nur äußerlich, der Tradition der Gesellschaft Jesu gut entsprochen: der *propagatio fidei per scientias*.

– Mehr als auf den Glanz westlicher ›Lösungen‹ chinesischer ›Probleme‹ (Kalkülisierung des Schriftsystems, Entschlüsselung der Fuxi-Ordnung) kam es Leibniz letztlich darauf an, in den kanonischen Büchern Chinas nachweislich und überzeugend »einen wesentlichen Zusammenhang zur wahren Philosophie« festzustellen, selbst wenn sich, wie er schreibt, »in den chinesischen Schriftzeichen »nichts nach Art der Hieroglyphen und nichts Heiliges verbergen sollte« (Nr. 57, S. 489). Aus vergleichender Perspektive versuchte

Leibniz diesen Zusammenhang der chinesischen mit der ›wahren‹ Philosophie letztmalig in seinem unvollendet gebliebenen Brief an Remond herzustellen (vgl. Nr. 35, Anm. 9).[240] Doch schon im Jahre 1704 stellte er Bouvet in Aussicht, mit Hilfe nur weniger Axiome und ganz neuer Definitionen sein »System der Monaden oder einfachen Substanzen zu beweisen«, denn dieses System bringe »eine sehr reichhaltige Philosophie hervor und eine natürliche Theologie, wie man sie sich nur wünschen kann« (Nr. 53, S. 457 f.).

Bouvet hätten solche Äußerungen befremden müssen; für ihn konnte die Entwicklung einer »natürlichen« Theologie nichts anderes bedeuten als die Erfüllung der Aufgabe, mit Hilfe seiner Hieroglyphenwissenschaft in den heiligen Büchern Chinas den wahren Text des *Alten* und *Neuen Testaments* zu entschlüsseln. Doch während er durch radikale Identifikation die »Reduktion des Anderen auf Dasselbe« erstrebte und dafür ohne weiteres das Altertum Chinas opferte, folgte Leibniz strategisch viel eher den Spuren Matteo Riccis und dem Beispiel der frühen Kirchenväter, wenn er den Pater aufforderte, »in den klassischen Büchern Chinas etwas zu finden, was Bezug zur christlichen Religion hat, so wie es eine Platonstelle gibt« (Nr. 57, S. 487). Leibniz versprach sich den allergrößten »Nutzen für die Religion« von dieser vergleichenden, nach Ähnlichkeiten suchenden Methode: nicht nur von seinem noch gar nicht verwirklichten »Kalkül der Vernunft«, der als Schlüssel der chinesischen Schriftzeichen glänzend (wie man sich denken kann) zum Ruhm des ›ursprünglichen Erfinders Fuxi‹ beigetragen hätte, sondern ganz besonders von der Analogie zwischen seiner Dyadik und der Fuxi-Ordnung »als Bestätigung für das Christentum im Hinblick auf den erhabenen Glaubensartikel der Schöpfung [*ex nihilo*]« (Nr. 42, S. 311).

240 Leibniz: *Discours sur la Theologie naturelle des Chinois*, s. SV.

VI. *Leibniz als Historiker der Alten Geschichte und des chinesischen Altertums*

1. Von der Notwendigkeit einer kritischen Prüfung der chinesischen Quellen – Doch auch Leibniz mußte zum Altertum Chinas und seiner Überlieferung Stellung nehmen und sich bestimmter zur Forschungsmethode der Alten Geschichte äußern. Versteht man ihn richtig, so erklärte er sich zu den fraglichen Punkten teils deutlich und entschieden, teils mit einer gewissen Zurückhaltung, ja sogar Zweideutigkeit. Von großer Bedeutung für die Schlichtung des Streits um das Alter der Welt wären nicht nur »sichere Nachrichten über die ersten Kaiser der Chinesen«, schrieb er an Grimaldi, sondern zum Zweck der kritischen Prüfung auch die Belege (Nr. 6, S. 31). Nach Leibniz' Urteil hat Couplet von der originalen chinesischen Geschichte nur einen »gewissen Vorgeschmack« gegeben. Hinsichtlich des Alters der Welt begünstige zwar die chinesische Geschichte die Chronologie der *Septuaginta*, doch setzten im Gegenzug die Anhänger der *Vulgata* die Glaubwürdigkeit der chinesischen Geschichte herab. Um hier Klarheit und Sicherheit zu gewinnen, komme alles auf eine kritische Untersuchung der Geschichte der chinesischen Wissenschaften an: Es gelte in Erfahrung zu bringen, »welches die ältesten Schriftsteller sind und aus welchen Quellen sie nach eigenen Angaben geschöpft haben«. In diesem Zusammenhang erinnert Leibniz daran, daß die allgemeine Bücherverbrennung im Jahre 213 v. Chr. in den Augen einiger die Glaubwürdigkeit der späteren Historiker beeinträchtige (Nr. 7, S. 39 f.).

Ebenfalls dem Ziel einer kritischen Überprüfung dient Leibniz' Anregung, den Brief Johann Schrecks an die Ingolstädter Mathematiker und dazu die Antwort Keplers zusammen mit dessen Fragen erneut zu lesen. Er teilt nämlich Keplers Vermutung nicht, daß es sich bei dem berühmten Kaiser Yao um 4000 vor seiner Zeit um Javan, einen Sohn Jafets, handelt, von dem die Mongolen abstammen sollen; denn seiner Ansicht nach sind Chinesen und Mongolen im Ursprung verschieden. Wie damals Kepler möchte nun auch Leibniz wissen, mit welchen Methoden vor der Reform durch Schreck die

Chinesen selbst den Kalender berechnet haben. Wenn er auf Keplers Befürchtung hinweist, daß es sich bei den Angaben Schrecks über die in China vor 4000 Jahren beobachtete [Winter-]Sonnenwende um eine »rückwärts extrapolierte Rechnung« handelt, dann teilt er offenkundig dessen Zweifel. Für besonders wichtig hält Leibniz überdies, die Behauptung Schrecks nachzuprüfen, wonach dieser fünfzehn geometrische Probleme gefunden hatte, die vor mehr als 3000 Jahren bearbeitet worden wären – darunter den Satz des Pythagoras. »Hätte Schreck nur auch die übrigen Sätze wiedergegeben und hinzugefügt, ob sich in den alten chinesischen Büchern auch Beweise finden!« (Nr. 7, S. 45).

Mindestens ebensoviel Aufschluß über das Altertum Chinas versprach sich Leibniz von der Erforschung der Geschichte der Erfindungen und Künste, des Rechts, der Religionen und anderer Institutionen, wozu er Bouvet und dessen Ordensbrüder schon in seinem ersten Brief anregen möchte (Nr. 18, S. 139 ff.). Um jedoch im Zusammenhang mit der chinesischen Geschichte und der Chronologie das »große Problem der Urzeit entscheiden zu können«, nämlich ob die Version der *Septuaginta* dem hebräischen Text vorzuziehen sei (wofür einiges spreche), »müßte man«, so Leibniz' Aufforderung, »mit der größtmöglichen Aufrichtigkeit vorgehen und nicht zu vertuschen suchen, was möglicherweise der bei uns gültigen Lehrmeinung zum Nachteil gereichen könnte«. So als wollte er seinen Briefpartner über das Verhältnis kritisch zu überprüfender Tatsachen in der chinesischen Tradition einerseits und im *Alten Testament* andererseits beruhigen, heißt es dann weiter, »man werde mit Sicherheit immer zu der Einsicht gelangen, daß eine Wahrheit sich zur anderen fügt und die *Heilige Schrift* niemals darüber Schaden nimmt« (Nr. 18, S. 143).

Insgesamt lassen Leibniz' Äußerungen erkennen, daß er sein Urteil über das Alter der Welt und das Altertum Chinas vorsichtig zurückhält, sich jedoch klar gegen die Noachidenlehre ausspricht, nach der die Chinesen von den Hebräern abstammen sollen. Unübersehbar allerdings sind seine Zweifel an der historischen Überlieferung, für die er nachdrücklich auf überprüfbaren Beweisen besteht. Daß

Leibniz damit unversehens in die Nachbarschaft von Georg Horn gerät, der als Vorläufer Bouvets bereits erwähnt worden ist (s. Kap. V, § 2), verleiht seiner Forderung einen Hauch von Zweideutigkeit. Horn nämlich, für den das hohe Alter Chinas gegen die Wahrheit der Heiligen Schrift spricht, verlangte ebenfalls nach sicheren Beweisen für die Historizität der ältesten Überlieferungen Chinas. Für wie wenig erfüllbar er diese Forderung allerdings hielt, zeigt seine Bemerkung, daß zu jener Zeit weder das Papier noch gar der Druck erfunden worden waren und daher nicht vermutet werden dürfe, daß bei den Chinesen die Voraussetzungen für eine authentische Geschichtsschreibung besser gewesen wären als bei den Ägyptern, Chaldäern, Assyrern und anderen.[241] Weniger zweideutig als vielmehr zwiespältig klingt dagegen Leibniz' Forderung nach historischer Treue einerseits und nach unbedingter Widerspruchsfreiheit der historischen und biblischen *res gestae* andererseits.

Im Folgenden wird zu fragen sein, auf welcher Seite in der großen *Querelle des anciens et des modernes* Leibniz stand: – Welche Haltung nahm er zum Problem des historischen Pyrrhonismus ein, und worin stimmte er mit den »Alten« überein? – Welche Funktion hatte für ihn die *ars critica* in bezug auf das biblische Offenbarungswissen und die historische Erkenntnis? – Wieweit stimmte er mit Joachim Bouvet überein, worin dachte er anders? – Was bedeutete für ihn das universale Wissen der Menschheit, und wo lagen die Grenzen seines wissenschaftlichen und philosophischen Interesses an China?

2. *Leibniz' Haltung zum historischen Pyrrhonismus und sein Konsens mit den ›Anciens‹* – War die Bibel als Offenbarungswissen von den Postulaten historischer Erkenntnis prinzipiell auszunehmen, oder war sie ein Geschichtsbuch, dessen Aussagen historisch und deshalb kritisch überprüfbar sein mußten? Konnte von geschichtlicher Erkenntnis überhaupt Sicherheit und Wahrheit oder nur ein ›ewiger Pyrrhonismus‹ erwartet werden? Vor dem Hintergrund dieser Alles-oder-Nichts-Fragen und einer fundamentalen Skepsis der

241 Vgl. Horn: *Arca Noae*, 1666, S. 19, § XIV.

Zeitgenossen hinsichtlich der geschichtlichen Überlieferung teilte der Leidener Historiker Jacob Perizonius die Menschen ein in solche, die alles glauben und jene, die nichts glauben.[242] Demgegenüber wird Leibniz' Standpunkt erkennbar erst im Vergleich mit den Ansichten von so bedeutenden Zeitgenossen wie Pascal, Bossuet, Du Pin und Lequien.

Gegen den Pyrrhonismus hatte schon Pascal eingewendet, daß diese Geisteshaltung in Widerspruch zu sich selbst stehe – müsse doch der Pyrrhonist, seiner eigenen Logik folgend, zweifelnd bezweifeln. Deshalb galt ihm diese skeptische Haltung hinsichtlich religiöser und historischer Erkenntnis nur für die vorchristliche Zeit als berechtigt, denn, so Pascal, »was ihr als Unwissende sucht, das verkündet euch die Religion«. Demzufolge hätten die Menschen auch erst in nachchristlicher Zeit die religiöse Wahrheit dieser Prinzipien in sich selbst gefühlt, wenngleich nicht außerhalb des Glaubens.[243] Doch auch Pascal mußte das Problem des hohen Altertums Chinas berücksichtigen. Auf seine Frage, »wer ist glaubwürdiger, Moses oder Konfuzius?«,[244] fand er in den *Pensées* die Antwort in den Autoren selbst und dem von ihnen Überlieferten: Wie immens erschien ihm da der Unterschied an Glaubwürdigkeit zwischen einem Buch zu sein, das von einem Volk ge-

242 Jacob Perizonius: *Oratio de fide historiarum*, 1702, S. 7f.: »Nulla tamen in re majus comperi sententiarum dissidium, adversis quasi frontibus concurrentium, quam in eo, quod multi tantum non omnia in Historiis temere credunt, alii ferme nihil. Sunt enimvero, qui sine discrimine aut dilectu ullo, quaequae legunt, fidem iis habent inconsultam, absurda sint licet, nec ullis idoneis rerum auctorumve aliorum testimoniis firmata.« Vgl. Hazard: *La crise* (wie Anm. 27), 1935, chap. 2 (Paris 1961, S. 31–47, hier S. 31).

243 Vgl. Pascal: *Pensées*, § 377 u. §§ 432–434 (wie Anm. 171, T. 2, S. 287 mit Anm. 4, bzw. S. 339–342).

244 Vgl. Pascal: *Pensées*, § 593 (wie Anm. 171, S. 34); s. dazu auch Pinot: *La Chine*, 1932, S. 347f. Daß Pascal an dieser Stelle ein gedanklicher Anreger und Vorläufer Bouvets und der Figuristen gewesen sei, vermuten Rule: *K'ung-tzu or Confucius?*, 1986, S. 150f., und Gatty: *Voyage de Siam*, 1963, S. LII mit Anm. 1.

billigt wurde, und einem Buch, das selbst ein Volk bildete, zwischen einem Buch, das ein Einzelner machte, und einem Buch, das ein Volk selbst macht![245] Überwältigend in ihrer Glaubwürdigkeit war für Pascal vor allem die mosaische Erzählung: ihre Beständigkeit, ihr Alter und ihre Authentizität![246] Ein Volk, eine Familie, ein Staat, welcher von den ersten bis zu den letzten Zeiten dauerte, während alle anderen Völker untergingen! Eine Geschichte, die allen anderen Geschichten vorausgeht und in ihrer Dauer alle anderen Geschichten enthält! Die Existenz eines Gesetzes, das als ältestes und vollkommenstes ununterbrochene Geltung besitzt,[247] eine Geschichte endlich, die auf den Berichten von Augenzeugen beruht und deshalb authentisch ist![248] Welch ein Unterschied zu den Büchern der Griechen, Ägypter und Chinesen, deren Geschichten erdichtet und verdächtig sind, da sie nicht zeitgleich mit dem sind, worüber sie berichten. Falsch wären deshalb auch die Bücher der Sibyllen, von Trismegistos und anderen – im Unterschied zu einem Buch, das ebenso alt ist wie das Volk.[249] Daß sich der Autor der *Lettres provinciales* deshalb ausdrücklich gegen die Probabilitätslehre der Jesuiten wendete, da sie das Fundament der Religion zerstöre,[250] ist so folgerichtig wie das Gebot der strikten Anwendung der figurativen Me-

245 Vgl. Pascal: *Pensées*, § 594 u. § 628 (wie Anm. 171, S. 34 bzw. S. 71): »Différence d'un livre reçu d'un peuple, ou qui forme un peuple.« »Il y a bien de la différence entre un livre que fait un particulier et qu'il jette dans le peuple, et un livre que fait lui-même un peuple.«

246 Vgl. *ebd.*, § 601, S. 40; § 613, S. 51 f.; § 617, S. 56 f.

247 Vgl. *ebd.*, § 620, S. 61–65.

248 Vgl. *ebd.*, §§ 621–624, S. 65 f. Pascal bezieht sich auf die Schöpfung, die Sintflut und die Geschlechterfolgen : »Sem, qui a vu Lamech, qui a vu Adam, a vu aussi Jacob, qui a vu ceux qui ont vu Moïse; donc le déluge et la création sont vrais. Cela conclut entre de certaines gens qui l'entendent bien« (§ 625, S. 67).

249 Vgl. *ebd.*, § 628, S. 69–71: »Toute histoire qui n'est pas contemporaine est suspecte; ainsi les livres de sibylles et de Trismégiste, et tant d'autres qui ont eu crédit au monde, sont faux et se trouvent faux à la suite des temps. Il n'en est pas ainsi des auteurs contemporains.«

250 Vgl. *ebd.*, §§ 844–844 bis, S. 280 f.

thode, welche das *Neue* im *Alten Testament* oder vielmehr die Eine Geschichte in allen anderen Geschichten finden wird. Denn »um die Heilige Schrift zu verstehen, muß man einen Sinn (*sens*) haben, in dem alle widersprechenden Stellen übereinstimmen«. »[…] Der Wahre Sinn ist also nicht jener der Juden, sondern in Jesus Christus sind alle Widersprüche in Harmonie«.[251]

In Leibniz' Augen allerdings hatte sich Pascal »nur um moralische Argumente bemüht (davon findet sich Hervorragendes in seinen postumen *Pensées*), der Metaphysik aber, deren sich doch Platon, Thomas von Aquin und andere Philosophen und Theologen bedient haben, um die Existenz Gottes und die Unsterblichkeit der Seelen nachzuweisen, hat er keinen großen Wert beigemessen. Ich kann ihm darin nicht folgen. Ich meine nämlich, daß Gott nicht nur in der Heils- und weltlichen Geschichte, ja sogar in der Naturgeschichte zu uns spricht, sondern auch im Innern, in unserem Geist, vermittels jener ewigen, von der Materie losgelösten Wahrheiten. Zwar muß ich einräumen, daß diese Argumente noch keine völlige Beweiskraft erlangt haben, doch scheinen sie mir schon gegenwärtig gerade soviel davon zu haben wie eben die moralischen Argumente, und ich glaube, daß der Mensch sie nach und nach vervollkommnen wird und sie eines Tages vielleicht in strikter Beweisführung zur Perfektion gebracht werden können«.[252] Tatsächlich bestand aber, abge-

[251] Vgl. zur figürlichen Auslegung der Bibel *ebd.* §§ 642–692, hier § 684 (S. 122).

[252] Vgl. Leibniz' Brief an Veit Ludwig von Seckendorff vom 1. (11.) Juni 1683, in: *A* I, 3 N. 513, hier S. 574: »Unum dicam, Pascalium moralibus solùm argumentis (qvalia sanè egregia extant in libello cogitationum posthumo) studuisse, Metaphysicis verò, qvibus Plato et D. Thomas, aliiqve Philosophi et Theologi ad divinam existentiam, animarumque immortalitatem comprobandam usi sunt, non multum tribuisse, in qvo ipsi non assentior. Puto enim, Deum non tantùm in historia sacra et civili aut etiam naturali nobis loqvi, sed et intus in Mente nostra, per abstractas illas à materia aeternasqve Veritates. Et licet fatear, argumenta illa nondum ad plenae demonstrationis vim perducta esse, tantam tamen jam tum mihi habere videntur, qvantam ipsa moralia, et credo paulatim ab hominibus perfici, ac fortè aliqvando rigorosa demonstratione absolvi posse.«

sehen von einer unterschiedlichen Metaphysik, zwischen Leibniz, Pascal und den nun folgenden Autoren ein weitreichender Konsens bezüglich ihrer Haltung zur Alten Geschichte.

Wie Pascal, so erblickten auch Bossuet (vgl. S. LXXIV f. mit Anm. 166) und die »modernen Chronologen«[253] das Fundament der Historie im *Alten Testament*; dabei pochten sie aber zugleich auf eine von der katholischen Kirche akzeptierte Chronologie. Moses gilt ihnen als »ältester Historiker, den wir haben«, und die von ihm befolgte Methode »als die natürlichste ... einfach und treu die Tatsachen zu erzählen«. Ebenso wenig wird die Wahrheit der biblischen Geschichte in Frage gestellt – »so alt wie die Welt, weil es den Menschen entspricht zu erzählen, was sie gesehen und erfahren haben«.[254] So sah es Louis Ellies Du Pin, Doktor der Sorbonne und Professor der Philosophie am *Collège royal,* der sich im übrigen für die Regeln der Historiographie auf Cicero (*De oratore,* 2, 15, 62) und für die Beurteilung der Fakten auf die antiken Historiker beruft. Danach soll das Altertum der Chaldäer auf 720 Jahre v. Chr. reduziert werden, die Sukzession der ägyptischen Könige darf nicht nacheinander, sondern als an verschiedenen Orten gleichzeitig existierend verstanden werden, und die Geschichte Chinas muß als unsicher gelten, denn »alles was wir von den Historikern besitzen und an Erinnerungen, die des Glaubens wert sind, ist (mit Ausnahme der Bücher des Moses) wenn überhaupt erst mehrere Jahre nach der Sintflut entstanden«.[255]

Auch der Historiker Michel Lequien O.P., der gegen Pezron (s. Kap. IV, § 7, S. LXXXI f.) die Zeitrechnung der *Vulgata* verteidigte, bezweifelte das hohe Altertum Chinas, wofür er sich auf eine Stelle im Vorwort des *Confucius Sinarum Philosophus* (1687, S. lxxiv) berief. Dort erklären die Herausgeber, »daß die Annalen der Chinesen uns nicht verpflichten, der *Septuaginta* zu folgen, und es keinen

253 So bezeichnet Pezron jene »Chronologen«, die seit 150 Jahren der *Vulgata*-Zeitrechnung folgten (vgl. *Antiquité des Tems,* 1688, Bl. [ã ij] v°).

254 Vgl. Du Pin: *L'Histoire profane,* T. 1, 1717, S. ii.

255 Vgl. *ebd.*, S. 2–3.

Nachteil für die chinesische Chronologie bedeutet, die ersten sechs Kaiser wegzulassen und mit dem siebenten, dem Kaiser Yao, zu beginnen, da die Geschichten der ihm vorangehenden Kaiser vollkommen mit Erdichtungen und anderen Phantasien erfüllt sind, so daß die Gelehrten des Landes sie für Apokryphen und einfache Überlieferungen eines unwissendes Volkes halten«.[256]

Die genannten Chronologen waren wie Pascal alles andere als Pyrrhonisten und weit davon entfernt, Zweifel an der *fides historica* der Bibel zu hegen. Im Hinblick auf China waren sie jedoch gezwungen, gewissermaßen zwischen Skylla und Charybdis zu wählen: entweder mußten sie als Verteidiger der *Vulgata* das hohe Altertum Chinas als unsicher oder als Erdichtung in Frage stellen oder sie mußten als Verteidiger der *Septuaginta* den Fälschungsverdacht gegen die Juden ins Feld führen. Aus dieser Konsequenz schien nur die Präadamiten-Hypothese La Peyrères einen Ausweg zu bieten. Doch La Peyrère wurde als Gefahr für den Glauben abgelehnt, wie Spinoza gemieden, ja verschwiegen, mit den Apokalyptikern auf eine Stufe gestellt[257] oder gar als Libertin und Ignorant zu den Atheisten gerechnet.[258]

256 Vgl. Lequien: *Defense du texte Hebreu et de la Version Vulgate servant de Reponse au Livre intitulé: l'Antiquité des Temps, etc.*, 1690, S. 394f. Über die veränderte und vorsichtiger gewordene Haltung der Jesuiten zur Frage der chinesischen Chronologie, wie sie im *Confucius Sinarum Philosophus* im Vergleich zu Martinis *Sinicae Historiae decas prima*, 1658, rund 30 Jahre früher zum Ausdruck kommt, vgl. auch Pinot: *La Chine*, 1939, S. 212f.

257 Vgl. Blaise Pascal: *Pensées*, § 651 (wie Anm. 171, S. 90).

258 Vgl. Johann Anton Trinius: *Freydenker-Lexicon*, Leipzig/Bernburg 1759, Bl. [4] v°: »Ich begreife aber unter dem Namen Freydenker, oder Freygeister, Atheisten, Naturalisten, Deisten, grobe Indifferentisten, Skeptiker und dergleichen Leute.« Aufgeführt werden (S. 391ff.) etwa dreißig sich mit La Peyrère beschäftigende Schriftsteller. Bei Eusèbe Renaudot: *Anciennes Relations des Indes et de la Chine*, 1718, S. xxxviij, heißt es: »Les Missionaires ont cru se pouvoir servir de l'autorité des Philosophes Chinois pour les disposer aux lumieres de l'Evangile, et leur dessein estoit loüable. Mais quelques autres, sur tout des libertins, ont estrangement

Wie wir noch sehen werden (vgl. unten §3), erblickte auch Leibniz die Grundlage der Alten Geschichte im *Alten Testament,* doch argumentierte er weder chronologisch noch stellte er das hohe Altertum Chinas in Frage. Weder sah er mit Pascal in der biblischen Tradition einen Augenzeugenbericht, noch verwarf er in Bausch und Bogen die nichtjüdische antike Überlieferung und die »Alten Theologen«. Nichtsdestoweniger teilte Leibniz die Abneigung seiner Zeitgenossen gegenüber den Libertins wie den Pyrrhonisten und beabsichtigte, ihnen auf zwei Wegen entgegenzutreten: Erstens mit den Argumenten seines eigenen philosophischen Systems, das offensichtlich jede Art von Skeptizismus ausschließt (wie Gott als Ursprung in der Metaphysik und Mathematik, wie als Urheber aller physikalischen Mechanismen in der Natur Gott vorauszusetzen ist, so müssen auch Sein »wirksamer Wille« und Seine »das Weltall lenkende Vorhersicht« in der das Heil umfassenden Menschheitsgeschichte erkennbar werden). Zweitens wollte er diese ›Feinde der Religion‹ mit den kritischen Methoden moderner zeitgenössischer Geschichtsforschung in die Schranken weisen. Dabei war Leibniz ebenso davon überzeugt, »daß aus der [Alten] Geschichte die Wahrheit der christlichen Religion erwiesen werden kann und muß«,[259] wie er nicht daran zweifelte, daß sich in dieser Hinsicht auch die Forschungen zum chinesischen Altertum – dessen Schrift und Sprache, Literatur und Wissenschaft – noch »als sehr wichtig erweisen. Sie bestätigen die Geschichte der Heiligen Schrift [...]«. (Vgl. Nr. 56, S. 477).

abusé des loüanges excessives qu'on a données aux antiquitez Chinoises, pour attaquer l'autorité de la sainte Escriture, et la Religion Chrestienne dont elles sont le fondement: pour combattre l'universalité du Deluge, et pour prouver que le monde estoit plus ancien qu'on ne croyoit. [...] Les ignorants, tel qu'estoit l'Auteur du systeme des Préadamites, croyent tout ce qui favorise leurs imaginations, principalement quand ils entendent debiter serieusement de pareilles histoires à des hommes sçavants [...].« (Sperrung R.W.).

[259] Vgl. Leibniz: *Contemplatio de Historia Literaria statuque praesenti eruditionis,* in: *A* VI, 4 Teil A N. 114_2, S. 451–490, hier S. 468 u. 473.

3. Die Funktion der ›ars critica‹ bezüglich der biblischen Universalgeschichte – Aus der selbst gestellten Aufgabe folgte für Leibniz die Notwendigkeit, eine neue, gar nicht zu überschätzende Arbeit in Angriff zu nehmen. Es galt, sich auf der Grundlage einer soliden Gelehrsamkeit, der *ars critica,* das Wissen der gesamten schriftlichen Überlieferung anzueignen. Indem die Altertumswissenschaften, insbesondere das Studium der antiken Sprachen, und alle übrigen Wissenschaften das methodische Rüstzeug zur Beweisführung an die Hand gäben, würden die Überreste des Altertums das Ausgangsmaterial der Arbeit liefern: Pergamentkodizes und Inschriften auf den verschiedensten Materialien würden zur Anfertigung von Verzeichnissen dieser Gegenstände und zur Abfassung einer Geschichte der Handschriften weiterführen. Leicht würde auf diese Weise, so Leibniz, nicht nur die griechische und römische, sondern auch die Geschichte des Christentums zu belegen sein. Ebenso wäre die Authentizität der Kirche zu erweisen, wenn die Schriften der Kirchenväter nach derselben Methodik erschlossen würden.[260]

260 Vgl. Leibniz: *Contemplatio* (wie Anm. 259), S. 473 f. Zur ars critica s. auch Leibniz' Brief an Pierre-Daniel Huet vom März 1679, in: *A* II, 1 N. 203, S. 464–467, hier S. 465 f.: »[...] ein Nutzen liegt aber in der Geschichte und der kritischen Methode, den wir nicht entbehren können: die Befestigung der Wahrheit unserer Religion. Davon nämlich bin ich überzeugt: Mit der kritischen Methode würden zugleich die menschlichen Beweismittel für den Glauben an Gott verloren gehen und nichts Handfestes bleiben, um irgendeinem Chinesen, Juden oder Mohammedaner unsere Religion zu beweisen. [...] angenommen schließlich, es kehrten jene nur aus der Mythologie bekannten Zeiten wieder wie in Griechenland vor Herodot: Dann wird es keinerlei historische Gewißheit mehr geben, geschweige denn, daß man erweisen könnte, daß die Bücher der *Heiligen Schrift* göttlichen Ursprungs oder auch nur echt sind.« (»Unus Historiae pariter ac Criticae artis usus necessarius est, ad stabiliendam religionis veritatem: nam illud pro certo habeo, arte Critica amissa, humana fidei divinae instrumenta simul interitura esse, neque quicquam solidi superfore, quo Sinensi alicui, aut Judaeo, aut Mahumetano, nostra Religio demonstrari possit [...] denique fac redire tempora illa tantùm mythologiis cognita, qualia ante Herodotum apud Graecos fuêre: sublata erit certitudo de rebus, tantumque aberit, ut ostendi possit Scripturae sacrae libros Divinos esse, ut ne quidem genuinos esse constare possit [...]«).

Mit den *Anciens* unter seinen Zeitgenossen war Leibniz sich also einig im Ziel, anhand der Bibel die Wahrheit des Christentums (in der Auseinandersetzung mit der Historie anderer antiker Völker) zu beweisen. Daß er aber auch wie diese La Peyrère als den gefährlichsten Gegner dieser Bestrebungen ablehnte, ist bisher weder in seinen Briefen noch in seinen Schriften nachweisbar. In einem seiner vielen (gegenwärtig noch unveröffentlichten) Bibliothekspläne findet sich jedoch an versteckter Stelle eine indirekte Stellungnahme zu La Peyrère: Unter der Buchrubrik »Theologia polemica seu controversiaria« notierte Leibniz in der weiteren Unterteilung: »es gibt Leute, die für die christliche Religion gegen die Philosophen streiten, besonders gegen die Praeadamiten«.[261] Zweifellos gilt seine Sympathie hier eher den »Leuten« als den »Philosophen«. Zwar hatte auch La Peyrère an dem Beispiel Solons und dessen Gesprächs mit dem alten Ägypter die immense Bedeutung der Alten Geschichte für die Religion erkannt (s. oben Kap. IV, § 7, S. LXXVII), doch im Unterschied zu Leibniz gewissermaßen mit umgekehrtem Vorzeichen: Während in seinen Augen die Geschichte der *Genesis* der historischen Vernunft nicht standhielt, hatte nach Leibniz geradezu die Alte Geschichte der Religion zu dienen, hatten ihre Erkenntnisse gleichsam die Glaubwürdigkeit, den Wert und die Würde der Religion zu garantieren. Anders formuliert: Während La Peyrère die Erzählung des ägyptischen Priesters als Argument verwendet, um die Universalität der jüdischen Menschheitsgeschichte in Frage zu stellen, dient sie Leibniz dagegen als Beispiel, um vor dem Authentizitätsverlust der biblischen Menschheitsgeschichte zu warnen: Diejenigen, welche die Alte Geschichte nicht kennen oder sich nicht Rechenschaft darüber ablegen, wie »die Mohammedaner, Heiden und selbst die Libertins«, sind in seinen Augen »toujours enfans, comme cet Egyptien qui parla à Solon jugea fort bien des Grecs«.[262]

261 Vgl. LH XL, 6 Bl. 142 v°: »Sunt qui pro religione Christiana contra philosophos certavere et speciatim contra praeadamitas«.

262 Vgl. Leibniz: *Nouvelles Ouvertures*, April bis Oktober 1686 (?), in: *A* VI, 4 Teil A N. 160, S. 688.

Was Leibniz von den *Anciens* seiner Zeitgenossen folglich unterscheidet, ist in erster Linie die Methodik des modernen Historikers. Er zweifelte, so scheint es, keinen Augenblick daran, daß dank der kritischen Methoden der Geschichtsforschung die in der Bibel offenbarten Wahrheiten Bestätigung finden würden. Anders als Pascal war er bestrebt, »alle Ressourcen der Gelehrsamkeit auf den Nachweis der [Historizität der] biblischen Geschichte als ihr vornehmstes Ziel zu richten«.[263] Nach seiner Überzeugung »dient nämlich die [Alte] Geschichte der Frömmigkeit, und aus ihr kann die Wahrheit unserer Religion erwiesen werden«.[264] Wenn Leibniz auch Werke wie die *Demonstratio Evangelica* Huets grundsätzlich billigte und deren Gelehrsamkeit anerkannte, so sah er doch letztlich nur eine Wiederholung dessen darin, was schon die Apostel geleistet hatten: zu zeigen, daß die Prophetien in Jesus Christus in Erfüllung gegangen sind.[265] Von einer kritischen Geschichtsforschung verlangte er dagegen nicht nur die Anwendung einer streng wissenschaftlichen Methodik, sondern auch Aktualität – »niemals«, so Leibniz, »wäre ich interessiert, einen Autor zu lesen, der heute den Blutkreislauf verwerfen würde«.[266]

Wie unklug, weil höchst bezweifel- und angreifbar, aber alle Versuche der Chronologen sein mußten, sich zeitlich festzulegen,

263 So Leibniz' Vorschlag in einem Brief an Huet vom 18. (28.) Oktober 1678, in: *A* II, 1 N. 199, S. 458 f. Nach Eduard Fueter war Leibniz der »erste, der in Deutschland die neue gelehrte Methode auf die Geschichte anzuwenden suchte«. (*Geschichte der neueren Historiographie*, 3. Aufl., München – Berlin 1936, S. 316). Zu Leibniz als Historiker vgl. jetzt *Gottfried Wilhelm Leibniz. Schriften und Briefe zur Geschichte*, hrsg. von M.-L. Babin u. G. van den Heuvel, Hannover 2004.

264 Vgl. Leibniz: *Contemplatio de historia literaria*, in: *A* VI, 4, Teil A N. 114_2, S. 468: »Historia enim servit ad pietatem, et ex ea veritas religionis nostrae demonstrari potest, quod hic nonnihil adumbratur.«

265 Vgl. Leibniz' Brief an Veit Ludwig von Seckendorff vom 1. (11.) Juni 1683, in: *A* I, 3 N. 513, S. 574.

266 Vgl. Leibniz' Brief an Burnett of Kemney vom 18. Juli 1701, in: Klopp: *Werke*, 8, 1873, S. 271 (Druck in *A* I, 20).

zeigte ihm gerade das Beispiel Huets: Zwar sei dieser bemüht, alle Wissenschaften von Moses abzuleiten, doch »vielleicht«, so Leibniz, »ist ja Hermes Trismegistos viel älter als Joseph und Moses [...]«.[267] Von dem Versuch Pezrons, mit Hilfe der keltischen Sprache und der verschiedensten Mythen die Kelten von Gomer, dem ältesten Sohne Jafets, abzuleiten,[268] hielt Leibniz ebenfalls nichts, auch wenn er mit ihm die Ansicht teilte, daß man den alten Autoren und Kirchenvätern folgen müsse, weil diese dem Ursprung und der Zeit näher wären und ihnen deshalb mehr Zeugnisse und Beweismittel zur Verfügung ständen:[269] Doch »wenn man die historische Wahrheit von den alten Mythologien ableiten könnte, wie dieser Franzose es verspricht,« so Leibniz, »ist das, wie wenn die wahre Ge-

[267] Vgl. Leibniz' Brief an Spanheim vom 27. April (7. Mai) 1697, in: *A* I, 14 N. 94, S. 160: »Peutestre que l'Hermes des Egyptiens est plus ancien que Joseph et que Moise; puisque ce grand legislateur estoit instruit dans les sciences des Egyptiens dont l'invention est attribuée à Mercure. Et si Joseph avoit esté l'inventeur de ces sciences, Moise et les autres auteurs Sacrés n'auroient point dissimulé cet avantage du peuple de Dieu, et il auroit esté plus à propos de dire que Moise a esté instruit dans les Sciences introduites par Joseph et les Israëlites, où il avoit plus de droit que les Egyptiens memes.«

[268] Vgl. Pezrons Brief an Claude Nicaise vom 23. Februar 1699 (in: *A* I, 16 N. 475, S. 781–789), den Nicaise abschriftlich an Leibniz weiterschickte, der ihn seinerseits an verschiedene Korrespondenten weiterverteilte.

[269] Vgl. Pezron: *Antiquité*, 1688, S. 3, u. Leibniz: *Annotatiunculae subitaneae ad librum de Christianismo Mysteriis carente* (von John Toland), in: Dutens: *Opera*, 1768, 5, S. 142–149, hier S. 148; dt. von M. Urban Gottlieb Thorschmidt: *Vollständige engländische Freydenker-Bibliothek*, 3. Theil, Cassel 1766, S. 170: »Im Vorbeigehen merke ich noch an, daß der Herr Verfasser im 39. Paragraph vorgiebt, die Alten hätten in der Kindheit der Welt gelebt, wir aber hätten das männliche Alter erreicht; und also verdiente das gegenwärtige vielmehr alt genennet zu werden. Es ist wahr, das Ansehen der Alten verliert etwas in solchen Dingen, die zur Wissenschaft und Erfahrung gehören: aber nicht in Ansehung der Geschichte und der Überlieferungen. Denn das kann man ja nicht in Abrede seyn, daß sowohl die mündlichen, als auch die schriftlichen Erzählungen, die weit von der Quelle entfernt sind, alle Tage immer unvollkommener werden.«

schichte verloren wäre und man wollte sie aus Romanen wiederherstellen«.[270] Überhaupt schien ihm der Versuch christlicher Autoren, die ganze heidnische Mythologie von der jüdischen Religion abzuleiten, dem Verfahren der Chymisten ähnlich, welche den Stein der Weisen ebenso in der *Heiligen Schrift* wie in den Metamorphosen des Ovid fänden, – »als ob die anderen Völker ihren Aberglauben nicht selbst erfunden haben könnten [!]«.[271] Bestätigung für die christlichen Glaubenswahrheiten versprach sich Leibniz viel eher von den Entdeckungen der neuen Wissenschaften. In einem Jahrhundert, in dem »das Licht der Philosophie entzündet worden« sei und die Mathematik größere Fortschritte als je zuvor gemacht habe, hoffte er, »daß die Menschen eine ganz neue Art der Herrschaft über die Natur erlangen werden, insbesondere wenn einmal dieses unser *Organon des Denkens* vollendet sein wird, das die Schärfe unseres Geistes mehr befördern wird als das Fernrohr die Schärfe unserer Augen«.[272] Leibniz' Erwartungen entsprangen seiner eigenen Metaphysik: Wir sind fähig, mit Hilfe der Wissenschaften Gottes Weisheit zu erkennen, »deren Zeichen sich in den Ideen finden, die Gott in unsere Seele gelegt hat, ebenso wie in der Struktur der Körper, die er zu unserem Gebrauch geschaffen hat«.[273]

Wie aber verhielt sich Leibniz selbst zu seiner kategorischen Aussage und Forderung, daß die Erkenntnisse von Wissenschaft und kritischer Geschichtsforschung zu keinem Widerspruch mit dem biblischen Bericht (etwa über die Entstehung des Universums) führen

[270] Vgl. Leibniz' Brief an Johan Gabriel Sparwenfeld vom 17. (27.) April 1699, in: *A* I, 16 N. 444, S. 724f.

[271] Vgl. Leibniz' Brief an Ezechiel Spanheim vom 27. April (7. Mai) 1697, in: *A* I, 14 N. 94, S. 160.

[272] Vgl. Leibniz: *Contemplatio de historia literaria*, in: *A* VI, 4 Teil A N. 114_2, S. 472.

[273] Vgl. Leibniz: *Nouvelles ouvertures* (wie Anm. 262), S. 688: »[…] je n'estime pas moins la voye des sciences pour connoistre les grandeurs de la Sagesse Divine, dont les marques se trouvent dans les idées que Dieu a mis[es] dans nostre ame, et dans la structure des corps, qu'il a fournis à nostre usage.«

werden? Hierzu heißt es in einem Brief an Burnett of Kemney: »Ich unternehme es nicht, die Geschichte der *Genesis* im einzelnen zu erklären. Ich wage es nicht zu entscheiden, ob die Tage des *Hexameron* Jahre sind oder viel größere Perioden. Ich würde mich auch nicht von der Meinung derer entfernen, die den Schöpfungsbericht ausschließlich auf die Erschaffung der Erdkugel beziehen und jene der Sterne lediglich von deren Auftauchen an unserem Horizont verstanden wissen wollen, wenn das möglich ist, ohne sich vom Wortlaut der Bibel zu entfernen. Aber das überlasse ich den Theologen, bis dahin begnüge ich mich damit, die Dinge gemäß der Vernunft zu erklären, und zwar auf eine Art, die nicht der Heiligen Schrift widerspricht. Denn *vero verum non dissonat*«.[274] Bereits fünf Jahre zuvor hatte Leibniz hierfür in den *Acta eruditorum* ein konkretes Beispiel mit seiner *Protogaea* geliefert: »Der Autor glaubt, daß die Erdkugel bei weitem größere Wandlungen erfahren hat, als man annehmen sollte. Und zwar wäre erstens der größte Teil ihrer Materie, seiner Vermutung nach, feuerglühend gewesen, vor allem bei jener allgemeinen Scheidung von Licht und Finsternis, von der die *Genesis* berichtet. Und in diesem Sinne wären auch die dunklen Körper oder

[274] Vgl. Leibniz' Brief vom 8. (18.) April 1698, in: *A* I, 15 N. 316, S. 489: »Mais je n'entreprends pas d'expliquer en detail l'Histoire de la Genese. Je n'ose point determiner si les jours du Hexameron sont des années ou des periodes bien plus grands. Je ne m'eloignerois point du sentiment de ceux qui ne rapportent la Genese qu'à la formation du globe de la terre, et entendent la production des Astres de leur apparition à nostre égard, si on pouvoit le faire sans s'eloigner de la proprieté des paroles. Mais c'est ce que je laisse decider aux Theologiens, et en attendant je me contente d'expliquer les choses suivant la raison, d'une maniere qui ne contredise point la Sainte Ecriture. Car *verum vero non dissonat.*« Zu demselben Dictum vgl. *ebd.*, N. 364, S. 560, und Nr. 18 mit Anm. 22. In der *Théodicée*, §§ 28 u. 29, begründet Leibniz die postulierte Widerspruchsfreiheit zwischen offenbarter und wissenschaftlicher Wahrheit mit der These, daß die christlichen Mysterien zwar nicht wahrscheinlich, doch auch nicht absurd seien; deshalb brauche man Beweise, um sie zurückzuweisen. Das Licht der Vernunft sei aber nicht weniger ein Geschenk Gottes als das der Offenbarung (vgl. Gerhardt: *Philosophische Schriften*, 6, 1885, S. 67).

Planeten zu erklären, zu denen, wie manche glauben, höchstwahrscheinlich auch unsere Erde gehört, welche [nämlich] aus Fix- oder Hellen Sternen gemacht, nach ihrer Verbrennung aber mit Flecken bedeckt worden sind, wie mit einer Kruste«.[275]

4. *Leibniz und Joachim Bouvet* – Fragen wir nach Leibniz' prinzipiellem Konsens mit seinem Briefpartner Bouvet, so betraf dieser in erster Linie das Ziel, China zum Christentum zu bekehren. Dabei galt dieses Interesse jedoch nicht China um seiner selbst willen, vielmehr diente China als Gegenstand der Akkommodation oder (im Fall Bouvets sogar) der vollständigen Assimilation seines Wissens, seiner Geschichte und Kultur an bzw. durch das Christentum. Während Leibniz' wissenschaftliches Interesse am chinesischen Altertum und seinem Schriftsystem im beschriebenen Sinn pragmatisch oder begrifflich von seinen eigenen Plänen geprägt war, schloß Bouvets Figurismus jedes wissenschaftlich zu nennende Erkenntnisinteresse aus. Insofern beide Korrespondenten allerdings das *Vero-verum-non-dissonat* betonen, läßt sich – überspitzt gesagt – formulieren: Leibniz wollte die Wahrheit der Bibel mit den Wissenschaften, Bouvet wollte sie gegen die Wissenschaften erweisen.

Leibniz hat im Ritenstreit stets für die Akkommodationsmethode Riccis Partei ergriffen. Er akzeptierte diese vergleichende Methode, entsprach sie doch seiner natürlichen Neigung zu zeigen, daß die Abweichungen nicht wesentlich, die Ähnlichkeiten dagegen zahlreich sind und beinahe einer Identität gleichkommen. Doch während Leibniz auf diese Weise vollkommen im Rahmen der Probabilitätslehre der Jesuiten blieb, hatte sich Bouvet aufgrund seines Figurismus' selbst davon entfernt. Der Unterschied, auch hier auf den Punkt gebracht, muß deshalb lauten: Wenn Leibniz dem legendären Fuxi-Kaiser fälschlich die Erfindung des binären Zahlensystems zuschrieb, sprach Bouvet diesem ältesten Weisen Chinas seine Identität überhaupt ab.

275 Vgl. G.G.L: *Protogaea*, in: Acta *erud.*, Januar 1693, S. 40–42.

Leibniz beklagt oft das Fehlen einer Wahrscheinlichkeitslogik,[276] die er als Methode zur Untersuchung von Meinungen nach den Graden ihrer Wahrscheinlichkeit von der aristotelischen Topik und dem Probabilismus der Theologen und Kasuisten unterschieden wissen wollte. Für beide gilt nach seiner Ansicht, daß sie sich nur auf die subjektive Meinung von Autoritäten berufen, nicht aber auf objektive innere Gründe, die ein Urteil wahrscheinlich oder billigenswert machen.[277] Da aber die gesamte von der Erfahrung abhängende historische Erkenntnis bestenfalls moralische Gewißheit erlange, müsse man die Autoritäten und Zeugnisse wägen, nicht zählen, wäre doch »die Meinung des Kopernikus, auch als er sie noch fast allein hegte, immerhin unvergleichlich wahrscheinlicher als die der gesamten übrigen Menschheit« gewesen.[278] Zweifellos sah Leibniz in Bouvets ›Entdeckung‹ von der Identität der Hexagramme mit den Binär-Zahlen – welche die Patres Fontaney und später Parrenin ablehnten[279] und die Bouvet in seinem Plan nicht unterzubringen wußte – einen Fall der Wahrscheinlichkeitslogik.

Einig waren sich Leibniz und Bouvet in ihrer kirchenpolitischen Haltung gegenüber bestimmten Theologen und den Libertins in Europa. Im Hinblick auf die e i n e Menschheit bekannten sich beide zu dem universellen Konsens der frühen Kirchenväter:

276 Vgl. auch Leibniz: *Nouvelles Ouvertures* (wie Anm. 262), S. 689 f.; Couturat: *Opuscules*, 1903, S. 210–214, hier S. 213, u. Jan Hacking: *Probability and Determinism*, 1650–1900, in: *Companion to the History of Modern Science*, hrsg. v. R.C. Olbry, G.N. Cantor, London and New York 1990, hier S. 690–694.

277 Vgl. Leibniz' Brief an Cornelius Dietrich Koch vom 2. November 1708, in: Gerhardt: *Philosophische Schriften*, 7, 1890, S. 477; *Nouveaux Essais*, II, 21, § 66; IV, 2, § 14 (*A* VI, 6, S. 205 f.; S. 372 f.).

278 *Nouveaux essais* (wie Anm. 277), S. 373. Leibniz definiert das Prinzip der moralischen Gewißheit folgendermaßen: »Alles, was durch viele Indizien bestätigt wird, die kaum anders als in der Wirklichkeit zutreffen können, ist moralisch gewiß oder unvergleichlich wahrscheinlicher (probabilius) als das Gegenteil«. Vgl. *A* VI, 4 Teil A N. 126, S. 530.

279 Vgl. Nr. 51, S. 449, u. Dominique Parrenins Brief an Dortous de Mairan vom 10. September 1740 (wie Anm. 237).

von einer Hand geschaffen und aus einer Wurzel ausgegangen, waren alle Menschen zum Heil bestimmt. Gegen die Libertins galt es zu beweisen, daß die hohe Moral und Sittenreinheit der Chinesen auf einer ursprünglichen Gotteserkenntnis beruhten, mißbrauchten diese doch das Beispiel China für ihre Behauptung, daß Moral und Sitte unabhängig von der Religion existieren könnten. Doch weder Leibniz noch Bouvet hatten das Gewicht der Meinung von Theologen wie dem Dominikaner Noël Alexandre genügend hoch eingeschätzt. Gegen die natürliche Gotteserkenntnis und Moral in China hatte Alexandre den schwerwiegenden Vorwurf des Deismus' und Sozianismus' erhoben, beides Systeme, die weder den Erlöser noch die Erbsünde anerkannten. Wenn es aber genügen sollte, einfach nur an Gott zu glauben, »besäße das Christentum nicht mehr allein das Privileg, die Pforte des Himmels zu öffnen«.[280]

Auch darüber, daß der Figurismus Bouvets eine Gefahr für die Chinamission nicht nur in China, sondern auch in Europa darstellen könnte, war sich Leibniz offensichtlich nicht im klaren gewesen. Hatten nämlich die Jesuiten die kanonischen Bücher als historische Schriften behandelt, betrachtete Bouvet sie nun als symbolische Bücher sakralen Inhalts, ohne Bezug zur Geschichte. Indem er die Authentizität der kanonischen Bücher leugnete und die Frühgeschichte Chinas für erdichtet erklärte, beging Bouvet, wie Antoine Gaubil aus Peking nach Paris berichtete, »ein todwürdiges Verbrechen, wenn man in China deswegen angeklagt würde«.[281] Stellte man andererseits in Europa die Authentizität der chinesischen Annalen in Frage, zerstörte man das Argument der Jesuitenmissionare von dem reinen Kult Chinas im Altertum und damit zugleich das Unterscheidungsmerkmal im Vergleich mit anderen heidnischen Völkern, die dem Götzendienst huldigten. Rein argumentativ be-

280 Vgl. die Rezension zu [Noël Alexandre]: *Lettre I (–VII) d'un docteur de l'ordre de S. Dominique sur les Cérémonies de la Chine*, 1700, in: *Histoire des ouvrages des Savans*, Juni 1700, S. 271.

281 Vgl. Gaubils Brief an Nicolas Fréret vom 28. Oktober 1733, in: Gaubil: *Correspondance*, 1970, S. 362–365, hier S. 364.

hauptete der Figurismus Bouvets weit mehr als die Akkommodationspraxis Matteo Riccis und lief Gefahr, daß sich die Missionare selbst überflüssig machten: Warum sollten sich die Chinesen noch bekehren lassen, wenn in ihren Schriften schon alle Glaubensartikel des Christentums enthalten waren?[282]

5. *Natürliche Theologie, universales Menschheitswissen und die Erkenntnis Fuxis* – In seinem letzten Brief über China hat Leibniz die Philosophie der Chinesen als »tout à fait conforme à la Théologie naturelle« bezeichnet.[283] Er war durch den Vergleich mit der modernsten Philosophie in Europa – seiner eigenen – zu diesem Urteil gelangt. Daß der Brief an jener Stelle abbricht, an der Leibniz das binäre Zahlensystem als den »eigentlich gemeinten Sinn der Charaktere des Reichsgründers Fuxi« beschwört und noch einmal sowohl den wissenschaftsgeschichtlichen Hintergrund der binären Arithmetik als auch den Hauptvorteil dieses Systems zu begründen versucht, hat nicht zuletzt seinen Grund in der Tatsache, daß Clemens XI. im März 1715 mit der Bulle *Ex illa die* nachdrücklich der Jesuitenmission in China ein Ende gesetzt hatte. Bemerkenswert ist, daß hier ein Hinweis auf die ›fromme‹ Funktion der Dyadik als Symbol der Schöpfung fehlt. Leibniz schien es allein um den logisch-mathematischen Wert der Erfindung und darum zu gehen, »die Lehren der alten Chinesen zu rechtfertigen und ihren Vorrang vor den modernen zu zeigen«.[284]

Welche Bedeutung Leibniz dem Thema China und darin der ›chinesischen Dyadik‹ beimaß, zeigt aber sein Brief an Clemens XI. vom 8. Mai 1704,[285] mag auch der Anlaß dazu die Bitte gewesen sein,

[282] Vgl. zur Problematik besonders Pinot: *La Chine*, 1932, S. 347–366; Witek: *Controversial Ideas*, 1982, S. 143–146; Rule: *K'ung-tzu*, 1986, S. 150–182.

[283] Leibniz: *Discours sur la Theologie naturelle des Chinois*, ed. Li/Poser, 2002, S. 63.

[284] Vgl. *ebd.*, S. 106.

[285] Leibniz' Brief vom 8. Mai 1704 zur Weitergabe an den Papst war Beilage zu einen Brief an de Nomis vom selben Datum (Konzept: LBr. 687 Bl. 7–8; Abfertigung: Rom *Arch. Vatic.* Instr. Miscell. 7281); gedr. : Angelo

Einsicht in die Vatikanische Bibliothek und die päpstlichen Archive nehmen zu dürfen, um die eigenen historischen Quellensammlungen zu bereichern.

Auch gegenüber dem Papst hebt Leibniz zunächst den Nutzen aller Wissenschaften und insbesondere der Geschichte für die Theologie hervor: Indem die »Geschichte die Memoria der alten Zeit sichert, bewahrt sie auch die Autorität der offenbarten Religion«. Er gibt seiner Hoffnung Ausdruck, seine *Novissima Sinica* möchten unter den Theologen Anklang gefunden haben und erinnert bei dieser Gelegenheit an die in seiner *Praefatio* ausgesprochenen Empfehlungen, »daß während unsere Wissenschaften nach China gebracht werden, wir in höchst gerechtem Austausch zurückerhalten möchten, was in diesem gänzlich von unserer Welt geschiedenen Land an Wissen für uns wissenswert ist«.[286] Indem er in diesem Zusammenhang seine stete Befürchtung, »unsere Leute [könnten] ausgewiesen werden« und die alte Warnung, man »werde vergebens der verlorenen Gelegenheit nachtrauern«, auch vor dem Papst wiederholt, kommt er unversehens auf die von ihm gefundene Lösung der rätselhaften Linienfiguren des ältesten Philosophen Chinas zu sprechen. Er nimmt an, daß seine »Lösung eines uralten Rätsels dieses Volkes den Chinesen nicht unlieb sein würde«,[287] erklärt mit Nachdruck, daß »an der Wahrheit ihrer Bedeutung und an der Absicht ihres Urhebers kein Zweifel mehr bestehen kann«: »in der Tat ist in ihnen etwas überaus Schönes verborgen [...]«, und ist überzeugt, daß »das, was die Einheimischen solange selbst gesucht hatten, nun aus Europa herbeigebracht wird, [...] wie ein Wunder erscheinen und Erhebliches dazu beitragen wird, die Lehren des Christentums zu empfehlen«.[288] Bemerkenswerterweise ist auch hier keine Rede

Mercati: *Dagli Instrumenta Miscellanea dell'Archivio Segreto Vaticano*, in: *Quellen und Forschungen aus italienischen Archiven und Bibliotheken*, 27, 1936–37, Nr. IV, S. 173–177, hier S. 176.

[286] Vgl. Mercati (wie Anm. 285), S. 174.

[287] Vgl. *ebd.*, S. 175.

[288] Vgl. *ebd.*, S. 176.

von der Verwendung der Dyadik als Symbol der Schöpfung. Hatte Leibniz diesen theologischen Sinn seines binären Zahlensystems, der ihm einst wert erschienen war, als Motiv einer Medaillenprägung zu dienen, und den er noch Grimaldi und Bouvet gegenüber nicht genügend hervorheben konnte, gänzlich vergessen? Im Jahre 1704 schien Leibniz den Wert seiner Erfindung jedenfalls eher darin zu sehen, daß sich China nun seinerseits durch Übermittlung seines Wissens nach Europa für diese Lösung des uralten Rätsels erkenntlich zeigen müsse.

Daß Leibniz jedoch den in der ›chinesischen Dyadik‹ verborgenen theologischen Gehalt des Wissens keinesfalls vergessen hatte, beweist sein Vortrag vom 1. Juli 1714 vor einer »gewissen Wiener Akademie«.[289] Auf den ersten Blick wirkt dieser wie ein Streifzug durch die Historie menschlicher Erkenntnis im Altertum; tatsächlich handelt es sich aber um eine Skizze der allmählichen Entstehung und Bewußtwerdung eines universalen, wissenschaftlichen und theologischen Menschheitswissens von den ›barbarischen‹ Anfängen bis zur griechischen Metaphysik. Zu dieser Entwicklung heißt es am Ende: »[…] den Barbaren verdanken wir größte Wahrheiten über das Göttliche, den Griechen aber eine heilige Philosophie, kraft welcher die Natur göttlicher und geistlicher Dinge mit deutlicheren und klareren Gründen erklärt wird«.[290] Nachdem Leibniz bei den einzelnen Völkern den Weg der Sprache zum Alphabet und zur Geometrie, zur Astronomie und Mathematik bis hin zur Geschichte – welche die Griechen aus dem Orient mitgebracht hätten, wo jener Priester dem Solon sagte, »die Griechen bleiben immer Kinder, weil sie das Altertum nicht kennen«[291] – nachge-

289 Vgl. LH XXXIX 19, Bl. 54–61 (Konzept seit 1945 Kriegsverlust); Bl. 58–61 (verbesserte Reinschrift); gedr. Patrick Riley: *An Unpublished Lecture by Leibniz on the Greeks as Founders of Rational Theology: Its Relation to His ›Universal Jurisprudence‹*, in: *Journal of the History of Philosophy*, 14, 1976, S. 205–216.

290 Vgl. Riley (wie Anm. 289), S. 216.

291 Vgl. *ebd.*, S. 214.

zeichnet hat, stellt er die Frage, wieviel die Griechen den Barbaren in der Theologie verdanken. Gemeint sei die »wahre Theologie«, nämlich die »Natürliche Theologie« einerseits, die wie in den Wissenschaften aus den Samenkörnern der Wahrheit erwachse, die Gott in den menschlichen Geist gelegt habe, und andererseits die offenbarte Theologie, die durch jene Völker überliefert sei, zu denen Gott in ein näheres Verhältnis getreten ist. Inhaltlich handele es sich bei dieser hauptsächlich den Weisen bekannten Lehre um das Wissen, daß Gott der Schöpfer und Lenker aller Dinge sei und daß die Menschen nicht sterben, sondern ihnen nach dem Leben Lohn oder Strafe zuteil werde. Die Einzigkeit Gottes als Hauptpunkt der natürlichen Theologie sei aber nicht nur dem Volk Israel, sondern auch schon den Chaldäern und Arabern bekannt gewesen und, »soweit wir vermuten«, fährt Leibniz fort, »billigten auch die ältesten chinesischen Weisen diese Lehre«. So habe »Fuxi, der vor mehr als 3000 Jahren bei diesen regierte und philosophierte, um zu zeigen daß alles von Gott aus dem Nichts hervorgegangen sei, alle Zahlen nur mit zwei Zeichen geschrieben, wobei die eine die Einheit, die andere das Nichts bedeutete«.[292]

Wie später bei Hegel liegt auch für Leibniz der Anfang der wahren Philosophie bei den Griechen.[293] Wenn nun Hegel den Endzweck der Weltgeschichte in dem sieht, »was Gott mit der Welt will«, nämlich in dem »Fortschritt im Bewußtsein der Freiheit«,[294] so erkennt Leibniz bei den Griechen diesen Willen darin, daß »Gott den Griechen den Eifer für die Wissenschaften einhauchte, damit die göttlichen Wahrheiten gegen alle Zweifel der Menschheit, die im Lauf der Jahrhunderte zu größerer Subtilität des Denkens fortschreite, durch sichere Beweise vermittelt würden«.[295]

292 Vgl. *ebd.*, S. 214.

293 Vgl. G. W. F. Hegel: *Vorlesungen über die Geschichte der Philosophie I* (*Werke* 18, Frankfurt am Main 1971), S. 117: »Die Philosophie beginnt in der griechischen Welt«.

294 Hegel: *Vorlesungen über die Philosophie der Geschichte* (*Werke* 12, a.a.O. 1973), S. 32.

295 Vgl. Riley (wie Anm. 289), S. 216.

6. Leibniz: »Ich beginne als Philosoph und endige als Theologe« – Indem Leibniz die Alte Geschichte in den Dienst der Religion stellt, erweist er sich im Streit der Alten und Neueren als Parteigänger der *Anciens*. Daß aber die Vertreter dieser Partei keinesfalls homogen in ihren Ansichten sind, zeigte sich schon an so unterschiedlichen Auffassungen, wie sie von Pascal über Bossuet bis Pezron vertreten wurden. Fragt man deshalb, welcher Fraktion Leibniz im engeren Sinne angehörte, so gibt er sich bestimmter erst in seinem geschichtsphilosophischen Abriß des universalen Menschheitswissens zu erkennen: Leibniz tritt hier in aller Deutlichkeit als Vertreter der Alten Theologie oder *prisca theologia* in Erscheinung. Für die Anhänger dieser Richtung ist die Synthese von Philosophie, christlicher Theologie und Geschichte ebenso charakteristisch wie die vorausgesetzte Einheit des Wissens, jenseits der Unterschiede von philosophischer, theologischer und historischer Erkenntnis. So ist die eine Wahrheit durch das Studium der Tradition beweisbar, da die wahre Philosophie zur Erkenntnis Gottes führt und die wahre Theologie nichts anderes ist als die der Menschheit von Beginn an offenbarte Wahrheit. Glaube und Vernunft widerstreiten sich nicht, und jede Art von Skeptizismus verbietet sich von selbst.[296]

Nun hat sich Leibniz sogar eindeutig selbst in diesem Sinn geäußert (s. auch Nr. 35, S. 253 f.), wenn er schreibt, »das wäre in der Tat eine *perennis quaedam philosophia*«, »Spuren der Wahrheit bei den Alten oder (allgemeiner gesprochen) bei den Vorgängern« zu entdecken, indem »man das Gold aus der Gosse oder den Diamanten aus dem Bergwerk und das Licht [der Erkenntnis] aus der

[296] Vgl. Charles B. Schmitt: *Perennial Philosophy: From Agostino Steuco to Leibniz*, in: *Journal of the History of Ideas*, 27, 1966, S. 505–532; Walker: *The Ancient Theology*, 1972, bes. chap. 6, u. Wilhelm Schmidt-Biggemann: *Philosophia perennis. Historical Outlines of Western Spirituality*, Dordrecht 2004, Preface. Mit diesem ausgesprochen apologetischen Ziel der Historiographie steht Leibniz auch in der Tradition der modernen, nachreformatorischen Kirchengeschichtsschreibung, in der die theologische Auffassung der Weltgeschichte wieder in vollem Umfang Geltung erhält. Vgl. dazu Fueter (wie Anm. 263), S. 246–307.

Finsternis [der Unwissenheit]« ziehe.[297] In diesem Zusammenhang scheint Leibniz Agostino Steuco, den Schöpfer des Ausdrucks »philosophia perennis«, dessen Werk *De perenni philosophia libri X* er kannte, allerdings zu kritisieren, wenn er moniert: Ihm (Steuco) sei viel mehr und hauptsächlich daran gelegen, die Alten mit dem Christentum zu akkommodieren als die Gedanken der Philosophie ans Licht zu stellen. Für die Art der Kritik aufschlußreich ist aber Leibniz' folgende Erklärung. Die Alten hätten, wie ihm scheine, nicht nur schon etwas von den Wirbeln und dem Beispiel der Lichtbrechung bei Descartes begriffen, sondern auch von einer gewissen geometrischen Analyse etwas verstanden, wie sie weder Descartes noch sonst irgend jemand bekannt sei.[298] Was Leibniz zweifellos an Steuco kritisiert, ist also die fehlende Integration moderner wissenschaftlicher Erkenntnisse in das universale Wissen einer *philosophia perennis*. Daß aber die Wissenschaften und ihre Geschichte mit diesem Ziel betrieben und studiert werden müssen, war für Leibniz keine Frage, erklärte er doch von sich selbst, die mathematischen Wissenschaften nicht um ihrer selbst willen studiert zu haben, sondern um davon eines Tages guten Gebrauch zu machen, sich Glauben zu verschaffen, um die Frömmigkeit zu fördern.[299] Zweifellos trifft diese Einstellung auch auf den Zweck und die Anwendung moderner Methodik in der Geschichtsforschung und den Wissenschaften zu, heißt es doch zu den ersteren: Da der allgemeine

[297] Vgl. Leibniz' Brief an Remond vom 26. August 1714, in: Gerhardt: *Philosophische Schriften*, 3, 1887, S. 624f.: »En faisant remarquer ces traces de la verité dans les anciens, ou (pour parler plus generalement) dans les anterieurs, on tireroit l'or de la boue, le diamant de sa mine, et la lumiere des tenebres; et ce seroit en effect perennis quaedam Philosophia.« Vgl. weitere Bezugnahmen auf Steuco bei Leibniz im Vorwort zur *Théodicée* (Gerhardt: *Philosophische Schriften*, 6, 1885, S. 67); *A* I, 13 N. 330, S. 552; *A* II, 1 N. 87 S. 176, u. *A* VI, 1 N. 17 S. 532.

[298] Vgl. Leibniz' Brief an Simon Foucher, 2. Hälfte 1687, in: Gerhardt: *Philosophische Schriften*, 1, 1875, S. 395.

[299] Vgl. Leibniz' Brief an Herzog Johann Friedrich, 1679, in: Klopp: *Werke*, 4, 1865, S. 444.

Beruf, nämlich die Tugend zu praktizieren, nicht dem besonderen Beruf, etwa Soldat, Maler oder Kaufmann zu sein, widerspreche, »dürfe man selbst diejenigen nicht tadeln, die sich bestimmten Studien hingeben, wie z. B. jenem der antiken Medaillen, der Sprachen, der Kritik etc.«, diene es doch dem einen Ziel, das man sich stellen müsse: »L'histoire (qui comprend les antiquités) est utile à la preuve de la religion [...]«.[300]

Wenn eingangs von einem neuen, kritischeren Leibnizverständnis vor dem Hintergrund einer älteren Tradition gesprochen wurde, so ist dies nun zu präzisieren. Es ist durchaus keine neue Erkenntnis, daß Leibniz, der im 20. Jahrhundert vornehmlich als »Vorläufer der modernen Logik und Mathematik« und als »brillanter Metaphysiker«[301] wiederentdeckt und gerühmt wurde, zugleich ein Anhänger der Alten Theologie oder *philosophia perennis* war. Neu ist eher, daß die Alte Theologie eine Rolle auch im Hinblick auf die alte Geschichte Chinas spielt, wo sich vor dem Hintergrund des barocken Zeitalters die Grenzen Leibnizischer Sinophilie ebenso deutlich abzeichnen wie die Grenzen seines wissenschaftlichen Interesses an chinesischer Kultur und Geschichte. Dies ist im Auge zu behalten, wenn sich Leibniz' Perspektivismus, seine Rationalität und Universalität gerade an der Wende zum 21. Jahrhundert großer Aktualität erfreuen.[302] Zu berücksichtigen ist dabei, daß sein metaphysisches System von einem absoluten Standpunkt aus entworfen ist, dessen Zentralperspektive doch eigentlich Gott vorbehalten ist. Gerade in der Begegnung mit China zeigen Leibniz' jüdisch-christliches Weltbild und seine methodisch vereinnahmende Geschichtsforschung erst die Gebundenheit und Relativität eines solchen Standpunkts

300 Vgl. Leibniz' Brief vom 23. Januar 1708 an einen Ungenannten, in: Bodemann: *Leibniz-Handschriften*, 1895, S. 25.

301 Vgl. Schmitt (wie Anm. 296), S. 530.

302 Vgl. Franklin Perkins: *Leibniz and China*, Cambridge, 2004, S. 201: »[...] I believe Leibniz offers not just a role model and some strong rhetoric but that his philosophical system has value in supporting and explaining cultural exchange«.

(vgl. Kap. IV, § 5):[303] Zwar hat niemand vor ihm klarer veranschaulicht, in welchem Grade die Individualität und die Einzigartigkeit der Monade von einem ihr vorgegebenen, die Perspektive ihres Weltbildes bestimmenden Standpunkt abhängig ist; andererseits hat Leibniz aber das monadische Individuum im historischen Kontext als bloßen Schnittpunkt seiner sozialen Beziehungen definiert und dessen besondere Geschichte nur als ein Steinchen, das sich in das Mosaik der Menschheitsgeschichte passend einfügt. Die heute im Streit um die Universalität der Menschenrechte aufgeworfene Frage, welche Rechte vorrangig oder höherwertig sind: die Rechte des Individuums (auf Leben und die Freiheit des Gewissens, Wollens und Handelns) oder die der Gesellschaft (auf das Allgemeinwohl: Solidarität und Toleranz, Respekt und Verantwortung),[304] beantwortet Leibniz mit seiner Hypothese der prästabilierten Harmonie oder dem Postulat des allgemeinen *consensus*. Theoretisch setzt er dabei voraus, daß die Individual- und Kollektivrechte sich nicht nur nicht widersprechen, sondern als Werte auch gleichrangig oder der Art nach komplementär sind; tatsächlich schreibt er diesen Konsens aber dem Wirken Gottes zu.

Immerhin ist es erstaunlich, daß Leibniz, der auf so vielen Gebieten der Wissenschaften bewandert war und in einigen von ihnen Außerordentliches geleistet hat, der Theologie den Vorrang vor den Wissenschaften gab. Anders als der von ihm geschätzte Richard Simon hielt Leibniz am Offenbarungscharakter der Bibel fest. Als einer der Begründer der Bibelkritik erklärte Simon in seiner *Histoire critique du Vieux Testament,* daß Moses nicht der einzige Autor des ganzen Pentateuch sei; daß man im Hebräischen

303 Zur Problematik des Standpunkts bezüglich einer relativen und absoluten Erkenntnis vgl. Werner Schneiders: *Leibniz' doppelter Standpunkt,* in: *Studia Leibnitiana*, 3, 1971, S. 161–184.

304 Vgl. Georg Evers: *Menschenrechte – ein mit chinesischer Kultur und Tradition unvereinbarer westlicher Import?*, in: *China Heute*, XXIII, 3 (133), 2004, S. 86–96, hier S. 86 a; dazu auch Marcelo Dascal: *One Adam and many cultures: The role of political pluralism in the best of possible worlds*, in: Dascal / Yakira: *Leibniz and Adam*, 1993, S. 387–409.

aus den Worten der *Genesis* nicht schließen könne, alle Dinge wären aus dem Nichts erschaffen worden, und daß Gott nicht am 7., sondern am 6. Tag geruht habe.[305] Demgegenüber schätzte Leibniz den *consensus* zwischen Religion und Alter Geschichte (prinzipiell aber auch allen anderen Wissenschaften) als sozialen Wert zweifellos höher ein als die Freiheit einer von der Religion unhängigen Forschung. Konnte er nicht anders, weil seine Vermittler, die gelehrten Jesuiten, als Botschafter Chinas die Wissenschaft nur als Mittel der Bekehrung betrachteten und weil sie, tief in den Ritenstreit verstrickt, wachsender Kritik in Europa ausgesetzt waren? War Leibniz auf seinem Standpunkt, von dem aus er (nicht anders als die Gelehrten Chinas) eine jahrtausendealte Tradition ins Auge faßte und verteidigte, entschlossen, wie Solon dem Rat des alten ägyptischen Priesters zu folgen? Aus historischer Perspektive betrachtet, konnte Leibniz – theologisch-metaphysischen wie auch kirchenpolitischen Gründen folgend – wohl gar nicht anders denken und handeln,[306] zumal in China das Interesse an westlicher Religion und

305 Vgl. Richard Simon: *Histoire critique du Vieux Testament*, 1685, liv. 1, chap. 5, S. 31, bzw. liv. 3, chap. 3, S. 364, bzw. liv. 1, chap. 11, S. 71. Leibniz hatte sich vergeblich darum bemüht, ein Exemplar des schon während des Drucks konfiszierten Werkes zu erhalten (vgl. *A* I, 2 N. 431, S. 445, u. N. 445, S. 459). In seinem »Entwurf einer Bibliotheca Universalis Selecta« führt er die Werke Simons an vorderster Stelle an (vgl. *A* I, 5 N. 247, S. 428). Zu Simon s. Jacques Le Brun: *Sens et portée du retour aux origines dans l'œuvre de Richard Simon*, in: *Antiquité chrétienne et antiquité paienne dans la culture française du XVII*^e^ *siècle*, N° 131, 1981, S. 185–198.

306 Leibniz hätte sich selbst in Frage stellen, hätte sein eigenes metaphysisches System mit den Augen eines chinesischen Gelehrten betrachten und relativieren können müssen. Doch diese Fähigkeit, den Standpunkt und damit die Perspektive zu wechseln, unterscheidet im allgemeinen das 17. vom 18. Jahrhundert. Vgl. dazu Paul Hazard: *La pensée européenne au XVIII*^e^ *siècle. De Montesquieu à Lessing*, Paris 1946, T. 1, P. 1, chap. 1, S. 3–16. – Anders auch als Leibniz wird 1721 Christian Wolff in seiner *Rede über die praktische Philosophie der Chinesen* für eine von der Theologie unabhängig existierende Ethik argumentieren: Da die Chinesen keine natürliche Theologie besäßen, könnten sie diese auch nicht praktizieren. Es wird ihm dabei um nicht weniger gehen, als einer theo-

Philosophie, oder gar an einem Wissensaustausch noch längst nicht vorhanden war. Es war sogar der erste notwendige Schritt, welcher in der Tradition Matteo Riccis bis heute, rund dreihundert Jahre später, von entscheidender Bedeutung geblieben ist. Erst von der so gewonnenen Position aus kann die historische, religiöse, philosophische und politische Unterschiedenheit des chinesischen vom europäischen Kulturkreis besser verstanden, akzeptiert und respektiert werden.

Leibniz sagt einmal, »Ich beginne als Philosoph und endige als Theologe«, und fährt dann fort: »Eines meiner großen Prinzipien ist dieses, daß nichts ohne Grund geschieht. Das ist ein Prinzip der Philosophie. Im Grunde ist dies aber nichts anderes als die Anerkennung der göttlichen Weisheit, obwohl ich davon nicht an erster Stelle spreche«.[307] Können wir heute Leibniz besser verstehen als er sich selbst? Zumindest eines läßt sich feststellen und deutlich hervorheben: Trotz seiner außerordentlichen Liebe zu den Wissenschaften hat Leibniz das theologische Wissen in das universale Wissen der Menschheit mit eingeschlossen, und er hat, indem er die Wissenschaften und die Theologie als Werte begriff, sogar der letzteren in seinem Wertesystem den Vorrang gegeben.

logisch begründeten Moral eine rational begründete ›philosophische Tugend‹ entgegenzusetzen. Vgl. Christian Wolff: *Oratio de Sinarum philosophia practica / Rede über die praktische Philosophie der Chinesen,* übersetzt, eingeleitet u. hrsg. von Michael Albrecht, Hamburg 1985, S. 26, S. 138 mit Anm. 51 u. S. 236 mit Anm. 165.

307 Bodemann: *Leibniz-Handschriften,* 1895, S. 58 (LH IV 1, Bl. 39): »Je commence en philosophe, mais je finis en théologien. Un de mes grands principes est que rien ne se fait sans raison. C'est un principe de philosophie. Cependant dans le fond ce n'est autre chose que l'aveu de la sagesse divine, quoy que je n'en parle pas d'abord.«

EDITORISCHE VORBEMERKUNG

Gegenüber der ersten, 1990 erschienenen Fassung der vorliegenden Edition sind Text und Anmerkungen gründlich revidiert worden, Übersetzung und differenzierte Register sind neu hinzugekommen. Im folgenden soll skizziert werden, von welchen Gesichtspunkten wir uns bei der Erarbeitung von Texten und erschließenden Beigaben unserer Ausgabe haben leiten lassen.

Zu Auswahl und Konstitution der Texte

Das Textcorpus von 1990 ist unverändert beibehalten worden, der damals gewonnene Kanon dürfte auch künftig Bestand haben. Dagegen haben sich bei der Neubearbeitung ebenso wie mit dem Fortschreiten der Leibniz-Akademieausgabe und der damit einhergehenden Erschließung parallel laufender Korrespondenzen mehrfach Präzisierungen (vgl. Nr. 31, 34) und Korrekturen (vgl. Nr. 33, 67) der seinerzeit angenommenen Datierungen ergeben, die in einem Fall zu Änderungen in der chronologischen Folge geführt haben. Um alle Unklarheiten zu vermeiden, die aus einer gegenüber der ersten Ausgabe veränderten Reihenfolge resultieren könnten, haben wir dennoch die ursprüngliche Numerierung beibehalten.

Alle Texte sind neu anhand der Autographen oder Abschriften von Leibniz und seinen Korrespondenten bzw., wo diese fehlen (Nr. 39, 46, 47, 70), auf Grund der Erstdrucke bzw. einer späteren Abschrift erarbeitet worden. Bei einigen Brieftexten beschränken wir uns wie in der ersten Ausgabe auf die Wiedergabe der die Chinamission betreffenden Abschnitte (Nr. 9, 12, 25–28, 61), hierauf beziehen sich die Angaben in den Stückköpfen. In zwei Fällen haben wir bislang fehlende Textabschnitte ergänzt (vgl. Nr. 4, 65).

Bei der Textkonstitution haben wir jegliche stillschweigenden Eingriffe in die Überlieferung vermieden. Abgesehen von der Scheidung von u/v bzw. i/j in den lateinischen und französischen Texten, der Großschreibung von Eigennamen und der Ergänzung fehlender Akzente in den betonten Schlußsilben französischer Wörter normalisieren wir nicht. Ergänzungen kennzeichnen wir durch [ ], unsichere Lesungen durch < >, Titel und Zitate werden durch *Kursivdruck,* Hervorhebungen aller Art in der Vorlage durch Sperrung ausgezeichnet. Da die »Philosophische Bibliothek« keinen kritischen Apparat vorsieht, ergänzen wir Korrekturen, wo Eingriffe in den überlieferten Text unabweisbar sind, in [ ] unmittelbar im Text. Um Papier zu sparen, verzichten Leibniz wie seine Korrespondenten vielfach bei Themenwechsel auf das Einrücken von Absätzen. Wo es aus inhaltlichen Gründen geboten schien und zur Wahrung der Parallelität von Text und Übersetzung haben wir daher Absätze eingefügt.

Zur Übersetzung

Die Erarbeitung der Übersetzung hat entscheidend zur Textkonstitution bzw. deren Verbesserung beigetragen. Umgekehrt erlaubt die Möglichkeit, die Übersetzung jederzeit an den Originalen zu überprüfen, sie als flüssig lesbaren, an der Zielsprache orientierten Text zu gestalten. So läßt sich die in vielen der Briefe zu beobachtende Neigung zur Hypotaxe ausgleichen; der exzessiven Neigung J. Bouvets zu parenthetischen Konstruktionen, wie sie am stärksten in Nr. 39 ausgeprägt erscheint, ist allerdings auch durch die Auflösung komplexer syntaktischer Strukturen – und damit gelegentlicher Anakoluthe – nur bedingt beizukommen.

Der Austausch von Komplimenten und die zahlreichen Höflichkeitsfloskeln der Korrespondenten stellen den Übersetzer vor besondere Probleme. Sie sind innerhalb der Brieftexte nur um den Preis der Verkürzung wiederzugeben; ihre Massierung in den Einleitungen einiger lateinischer Briefe und vor allem in den französischsprachigen Schlußkurialien und Aufschriften (Adressen) sind in modernem Deutsch nicht wiederzugeben und daher, da inhaltlich ohne Relevanz, mit Ausnahme einer Kostprobe in Nr. 8 unübersetzt geblieben.

Zur Erleichterung des Verständnisses und aus registertechnischen Gründen haben wir die uneinheitlichen, zuweilen auch fehlerhaften Wiedergaben von chinesischen Wörtern und Eigennamen in den Originalen nicht in die Übersetzung übernommen, sondern nach Pinyin transkribiert. Davon ausgenommen sind wenige eingebürgerte Ortsnamen wie »Peking« oder »Kanton«. Mutatis mutandis gilt das auch für die manjurischen Texte (vgl. Nr. 21). Anders sind wir lediglich in Nr. 58 vorgegangen, wo in der Übersetzung die Namensformen Wilhelms von Rubruk beibehalten und erst in den Erläuterungen – soweit möglich – aufgelöst werden.

Zu den Anmerkungen

Die Anmerkungen zu den einzelnen Texten setzen sich zusammen aus Überlieferung, Vorbemerkung und Einzelerläuterungen.

Die *Überlieferung* weist alle zeitgenössischen Handschriften und gedruckten Textzeugen nach, dazu die wesentlichen modernen Drucke und Übersetzungen – in letzterem Punkt haben wir keine Vollständigkeit angestrebt.

Die *Vorbemerkung* ordnet den betreffenden Text in die Korrespondenzstruktur ein, nennt Beilagen und begründet ggf. die Datierung. Beim jeweils ersten Stück eines Briefwechsels stellt sie darüber hinaus den Korrespondenzpartner vor. Das geschieht um so ausführlicher, je weniger die Forschung bislang zu Biographie und Leistung eines Missionars beigetragen hat. Das gilt insbesondere für C. de Visdelou S. J. (vgl. Nr. 58).

Die Einzelerläuterungen bemühen sich unter Heranziehung der zeitgenössischen Texte und paralleler Leibniz-Korrespondenzen ebenso wie der modernen Literatur, die seit Ende des 19. Jahrhunderts bis in die jüngste Vergangenheit erschienen ist, um die Klärung zahlloser Einzelfragen, vom Zitatnachweis bis zur botanischen Bestimmung in den Texten erwähnter Hölzer. Hier bleibt auf unabsehbare Zeit viel zu tun, und der Leser ist aufgefordert, mögliche Verbesserungen den Bearbeitern mitzuteilen. In vielen Fällen ergibt sich unser Textverständnis bereits aus der Übersetzung, die Unschärfen in der Formulierung und Gedankensprünge durch Zusätze in [ ] auszugleichen sucht.

Zu den Registern

Das *Personenverzeichnis* weist alle in Texten und Beigaben erwähnten Personen (auch fiktive Gestalten) bis zur Leibnizzeit nach, soweit zu ermitteln mit vollständigem Namen, ggf. Ordenszugehörigkeit, Geburts- und Todesdatum (bei Fürsten auch Regierungszeit). Die Einträge zu häufig erwähnten Personen werden mit Hilfe stichwortartiger Angaben gegliedert.

Das *Schriftenverzeichnis* weist in der Regel alle bis zu Leibniz' Tod erschienenen bzw. entstandenen Drucke und Handschriften nach, die in Einführung, Texten und Anmerkungen vorkommen, dazu erst später erschienene, doch vor 1716 konzipierte oder geplante Schriften. Für Drucke mit Lesespuren von Leibniz, pauschal als »Marginalien« bezeichnet, die sich in Hannover erhalten haben, wird die Signatur der Niedersächsischen Landesbibliothek, seit 1. Januar 2005 Gottfried Wilhelm Leibniz Bibliothek, zusätzlich angegeben.

Das *Sachverzeichnis* erschließt neben Text und Anmerkungen auch die Einführung und ist seiner Natur nach selektiv. So werden Ortsnamen nur verzeichnet, insofern ihre Erwähnung mit einer substantiellen Aussage verknüpft ist. Für unsere Texte zentrale Begriffe werden durch Sublemmata gegliedert.

Das *Verzeichnis der Siglen und Abkürzungen* bedarf keiner weiteren Erläuterung. In seinem Rahmen stellen wir die gängigen Leibnizeditionen und die abgekürzt zitierte, da mehrfach herangezogene moderne Forschungsliteratur zusammen. Nur vereinzelt zitiertes Schrifttum erscheint mit vollständigen bibliographischen Angaben in den zugehörigen Anmerkungen.

GOTTFRIED WILHELM LEIBNIZ

Der Briefwechsel mit den Jesuiten in China (1689–1714)

Französisch/lateinisch – deutsch

1. LEIBNIZ' UNTERREDUNG MIT CLAUDIO FILIPPO GRIMALDI S.J.

[Rom, 1. Hälfte Juli 1689]. [2.]

Locutus sum cum R. P. Grimaldi qui ex China advenit socius et successor destinatus P. Ferdinandi Verbiest in Mathematico Tribunali. Narravit mihi Sinenses jam recepisse nostrum calculandi modum calami ope, admissis characteribus vacuis zero significantibus. Nam ipsi habent progressionem denarii, centenarii, millenarii, etc. Antea Chinenses calculabant instrumentaliter. Idem pater dixit mihi esse circiter 200 Elementa Chinensium characterum ex quibus componantur caeteri, sed nimis laxè sumuntur, ex. g. character cordis significat omnis generis affectus. Character carnis significat crus, tumorem, nutrimentum. Characteres autem isti Elementales sumti forte initio ex picturis rerum: lacrymae, stilla[e], fluida, significantur tribus punctis, hoc olim in stillae modum. Quatuor puncta pro tribus faciunt flammam, erant olim pro punctis pictae stillae et flammae.

Voces in lingua Sinica omnes monosyllabae nec plures quam 364. Itaque non improbabat quod ego dicebam, quosdam conjecisse linguam esse artificialem.

Iter ex Moscovitis in Sinas ex Sibiria per Tungusiam (ubi non reges sed seniores gubernant[,] sunt homines boni sed pigri, diversi planè à Samojedis vicinis et crudelibus)[,] Regnum Solon, ubi incidit lingua Mangiò (Tartarica), et per …

Lingua Mangiò Tartarorum occidentalium, planè differt à lingua

1. LEIBNIZ' UNTERREDUNG MIT CLAUDIO FILIPPO GRIMALDI S.J.

[ROM, 1. HÄLFTE JULI 1689]. [2.]

Ich habe mit P. Grimaldi gesprochen, der aus China gekommen ist. Er ist ein Gefährte des P. Ferdinand Verbiest[2] und soll ihm am Astronomischen Amt nachfolgen. Wie er mir erzählte, haben die Chinesen bereits unsere Art des schriftlichen Rechnens übernommen, wobei sie unabhängige Schriftzeichen zur Bezeichnung der Null verwenden. Sie haben nämlich selbst die Zehner-, Hunderter-, Tausender- usw. -Progression. Früher rechneten die Chinesen mit Hilfe von Instrumenten.[3] Grimaldi sagte mir, es gebe etwa 200 Elemente[4] bei den chinesischen Schriftzeichen, aus denen die übrigen zusammengesetzt werden, doch werden sie überaus frei verwendet. So z.B. bezeichnet das Zeichen »Herz« alle Arten von Emotionen; das Zeichen »Fleisch« deutet auf »Bein«, »Geschwulst« und »Nahrung« hin. Diese elementaren Schriftzeichen sind ursprünglich aber vielleicht den Abbildungen der betreffenden Dinge entlehnt: Tränen, Tropfen und Flüssigkeiten werden durch drei Punkte bezeichnet, ehemals also entsprechend der Form eines Tropfens. Vier Punkte statt drei bedeuten »Flamme«. Die Punkte vertreten also ursprünglich gemalte Tropfen oder Flammen.

Alle Wörter sind im Chinesischen einsilbig, und es gibt insgesamt nur 364 [Wortsilben]. Grimaldi widersprach mir deshalb nicht, als ich auf die Theorie verwies, wonach es sich beim Chinesischen um eine künstliche [Schrift-]Sprache handeln soll.[5]

Der Weg aus Rußland nach China führt, wenn man von Sibirien kommt, durch das Land der Tungusen (statt Fürsten regieren dort Älteste; es sind gutmütige, aber träge Menschen und grundverschieden von den grausamen Samojeden, deren Nachbarn sie sind), durch das Stammesgebiet Solon,[6] wo die tatarische [manjurische] Sprache[7] begegnet, und durch …

Die manjurische Sprache der westlichen [vielmehr: östlichen] Tataren ist vollkommen verschieden von der Sprache der östlichen orientalium Tartarorum, Mango dicta, quam didicit P. Grimaldus, sunt enim Tartari Chinae.

Tartari illi Chinis vicini initio non habebant literas. Rex quidam eorum qui circa S. Ludovici tempora expeditiones fecerat in Syriam aut Armeniam Arabicas retulit sed deformatas et ad usum ipsorum accommodatas. Scribunt à sinistro dextrorsum sed simul sursum et deorsum, sic

cum Chinenses contra scribant hoc modo:

Sed notatum est veteres Tartaros, qui in China non fuere, solere invertere paginam ut quod verticale fuit fiat horizontale, ita enim prodit ordo noster à dextro versus sinistrum, et ita Arabum morem non servarunt qui a sinistro ad dextrum. Praeterea notandum est characteres habere pro vocalibus et syllabis, non pro consonantibus separatim: Et esse certum numerum syllabarum circiter 1200. Tartari occidentales et orientales linguis plane differunt, sed eosdem habent characteres punctis solum variatos.

Chinenses in suis characteribus servandis severissimi sunt. Nemo audet facere novos; si quis vel punctulo peccet, obstaculo est ad promotionem in gradibus accipiendis. Occidentalium Tartarorum lingua credo Mongò, orientalium Mangiò.

[vielmehr: westlichen] Tataren, dem Mongolischen, das P. Grimaldi erlernt hat, denn die [östlichen] Tataren gehören zu China.[8]

Diese den Chinesen benachbarten Tataren [Manjuren] hatten ursprünglich keine Schrift. Einer ihrer Herrscher,[9] der zur Zeit des Heiligen Ludwig[10] Feldzüge nach Syrien oder Armenien unternommen hatte, brachte von dort die arabische Schrift[11] mit, die heute aber verändert und dem Gebrauch der Mongolen angepaßt ist. Sie schreiben von links nach rechts, aber sowohl von unten nach oben als auch von oben nach unten,[12] nämlich so:

während die Chinesen folgendermaßen schreiben:

Man hat aber festgestellt, daß die alten Tataren [Manjuren], die nicht zu China gehörten, die Seite zu drehen pflegten, so daß die Vertikale zur Horizontalen wurde.[13] So ergibt sich nämlich unsere Schreibrichtung von rechts nach links [richtig: links nach rechts], und entsprechend haben sie die Regel der Araber nicht bewahrt, die von links nach rechts [richtig: rechts nach links] schreiben. Außerdem ist festzuhalten, daß sie Zeichen für Vokale und Silben haben, aber keine besonderen für Konsonanten,[14] und daß sie mit etwa 1200 eine feststehende Zahl von Silben haben.[15] Die westlichen und östlichen Tataren haben ganz verschiedene Sprachen, aber dieselben Schriftzeichen (Buchstaben), die nur durch Punkte [und Kreise] unterschieden werden.

Die Chinesen achten sehr streng auf die Erhaltung ihrer Schriftzeichen. Niemand wagt es, neue zu bilden, und wenn jemand sich auch nur in einem Pünktchen versündigt, behindert das seinen Aufstieg in der Beamtenlaufbahn. Die Sprache der westlichen Tataren heißt, glaube ich, »mongò« [d.i. mongγol], die der östlichen »mangiò« [d.i. »manju«, chinesisch: »manzhou«].

2. LEIBNIZ AN CLAUDIO FILIPPO GRIMALDI S.J.

Rom, 19. Juli 1689. [1. 3.]

ad R. P. Grimaldi

Tanti facio notitiam tuam, Reverendissime Pater, ut colloqui optarem quotidie, nisi vestrorum negotiorum respectu cupiditatem meam morari didicissem. Quid enim optabilius accidere potest homini curioso, quàm virum videre et audire, qui reconditos ultimi orientis thesauros, et abdita tot seculorum arcana nobis aperire potest. Commercia hactenus cum Indis habuimus aromatum, et variarum Specierum, nondum scientiarum. Haec vobis debebit Europa; vos Sinensium populos in scientiis Mathematicis nostris instruitis; per vos vicissim nobis Sinenses varia naturae arcana debent, quae illis longa observatione innotuerunt; physica enim magis experimentis, Mathematica rationibus nititur; in his nostra Europa excellit, sed experimentis Chinenses vincunt, quoniam in florente à tot annorum millibus imperio traditiones antiquorum conservatae sunt, quae in Europa gentium migrationibus magnam partem periêre. Itaque ne me ipsum aliquando neglectae occasionis accusem, et effusa benignitate vestra ignaviùs fruar[,] quaestiunculas aliquas in schedula adjecta signavi, quibus si vacat aliquid, prout commodum videbitur à te responderi optem. Caeterum nescio an videris Epistolam, quam olim insignis Mathematicus Europaeus scripsit de iis quae ex Sinensibus ad scientiarum nostrarum profectum inquiri vellet. Eam in Germania habeo, si nondum ei quisquam vestrum

2. LEIBNIZ AN CLAUDIO FILIPPO GRIMALDI S.J.

ROM, 19. JULI 1689. [1.3.]

An P. Grimaldi

Ich schätze Ihre Bekanntschaft so hoch, ehrwürdiger Vater, daß ich täglich das Gespräch mit Ihnen suchen würde, hätte mich der Respekt vor den Angelegenheiten Ihres Ordens nicht gelehrt, mein Verlangen hintanzustellen. Was könnte auch einem interessierten Menschen Wünschenswerteres begegnen, als einen Mann zu sehen und zu hören, der uns die verborgenen Schätze des fernsten Orients und die entlegenen Geheimnisse sovieler Jahrhunderte eröffnen kann? Mit Indien haben wir bisher mit Gewürzen und verschiedenen Spezereien gehandelt, aber noch nicht mit Wissenschaften. Das wird Europa Ihrem Orden zu danken haben: Ihr Orden unterweist die Völker Chinas in unseren mathematischen Wissenschaften; durch Ihren Orden sind umgekehrt die Chinesen uns [die Vermittlung] verschiedener Geheimnisse der Natur schuldig, die sie aus langer Beobachtung kennen. Die Physik beruht nämlich vorwiegend auf Experimenten, während die Mathematik sich auf Beweisgründe stützt; in Hinblick auf diese tut sich Europa hervor, doch bei den Experimenten sind [uns] die Chinesen überlegen, haben sich doch in einem seit soviel tausend Jahren in Blüte stehenden Reich Überlieferungen der Alten erhalten, die in Europa durch die Völkerwanderung zum großen Teil untergegangen sind. Um mir nicht selbst einmal vorwerfen zu müssen, eine gute Gelegenheit versäumt und allzu träge von der verschwenderischen Freigebigkeit Ihres Ordens Gebrauch gemacht zu haben, habe ich ein paar bescheidene Fragen auf beiliegendem Zettel notiert, auf die ich gern Antwort von Ihnen hätte, soweit es Ihre Zeit erlaubt und wie es Ihnen gelegen ist. Ich weiß übrigens nicht, ob Sie den Brief[1] kennen, den früher einmal ein bedeutender europäischer Mathematiker geschrieben hat [und worin er zusammenträgt], welche Nachforschungen bei den Chinesen zum Nutzen unserer Wissenschaften angestellt werden sollten. Ich habe diesen Brief in Deutschland, und wenn noch nierespondit, curabo ad Te mitti, ut vel nunc tandem inde fructus aliquis ad Europam perveniat.

Vale R[me] pater et fave Cultori obsequentissimo G. G. Leibnitio.

Romae 19 jul. 1689

mand von Ihrem Orden darauf geantwortet hat, werde ich Ihnen [eine Abschrift] schicken lassen, um ihn wenigstens jetzt endlich für Europa fruchtbar zu machen.

Leben Sie wohl […] Rom, den 19. Juli 1689.

3. LEIBNIZ' FRAGEN FÜR CLAUDIO FILIPPO GRIMALDI S.J.

Rom, 19. Juli 1689. [2. 4.]

(1) An verum Chinenses ignibus artificialibus excellere super Europaeos, et an ignem Viridem parare possint, quod nostris Vulcanis adhuc negatum

(2) An Radix Ginseng magnarum virtutum, ut vulgò praedicatur

(3) An non quaedam plantae egregiae in Europaeas vel saltem Christianas regiones transplantari posse videantur, et quae id prae aliis ob utilitatem mereantur

(4) An extet P. Boym *Flora Sinica*, et quaenam reliqua habeantur volumina nondum edita de rebus Sinicis

(5) De ligno duro instar ferri, et recto, tubis apto

(6) De Metallo quodam Anonymo ex orientali India allato, cujus usus pro potu decocti *Thee* praeparando; est instar laminae ferreae stanno obductae, sed tamen ex ferro non est, et flexilitatem habeat,

(7) An et quomodo Chinenses papyrum deauratum et secta intexant aliis filis, et quaenam habeant peculiaria in papyrificio

(8) Quomodo sericum bis in anno colligant

(9) Cujusnam naturae terra ex qua fit porcellana, an transparens per se et an non spes sit similem in Europa posse reperiri, et non vitreationem verae porcellanae calx stanni ingrediatur

(10) Quomodo praeparent coria quae postea inflantur ad lectulos vento plenos faciendos,

(11) An peculiaria quaedam habeant insignis utilitatis, vernicum

3. LEIBNIZ' FRAGEN FÜR CLAUDIO FILIPPO GRIMALDI S.J.

ROM, 19. JULI 1689. [2.4.]

1. Sind die Chinesen den Europäern tatsächlich in der Herstellung von Feuerwerk überlegen?[1] Können sie grünes Feuer[2] erzeugen (was unseren Feuerwerkern bislang versagt blieb)?

2. Hat die Wurzel Ginseng[3] so große Kräfte, wie gemeinhin gerühmt wird?

3. Könnten nicht einige besonders wichtige Pflanzen nach Europa oder wenigstens auf christliches Gebiet verpflanzt werden? Bei welchen Pflanzen würde sich das ihres Nutzens wegen eher als bei anderen lohnen?

4. Ist die *Flora Sinica* des P. Boym noch vorhanden?[4] Was gibt es sonst noch für unveröffentlichte Bücher über China?

5. Holz so hart wie Eisen[5] und geradegewachsen, geeignet zur Herstellung von Röhren.

6. Ein namenloses Metall[6] aus Ostindien, das für die Zubereitung eines Getränks aus abgekochtem Tee verwendet wird; es sieht aus wie mit Zinn überzogenes Eisenblech, besteht aber nicht aus Eisen und ist elastisch.

7. Trifft es zu, daß die Chinesen Goldpapier und [daraus gewonnene] Streifen in Gewebe aus anderem Material einweben? Wie geschieht das? Welche besonderen Verfahren haben sie bei der Papierherstellung?

8. Wie sammeln sie zweimal jährlich Seidenkokons?[7]

9. Wie ist die Erde beschaffen, aus der Porzellan hergestellt wird? Ist sie von Natur durchscheinend und besteht keine Hoffnung, dergleichen auch in Europa zu finden? Wird zur Glasierung echten Porzellans nicht Zinnkalk (gepulvertes Zinnoxyd) verwendet?[8]

10. Wie bearbeiten sie die Häute, die dann zu Polstern aufgeblasen werden?

11. Haben sie spezielle Arten von Firnis oder anderen künstlich

genera aliarumve materiarum artificialium aut artibus mechanicis servientium, item caementorum, quae aquae, ignive resistunt, et utilia etiam ad piscinas obducendas et aquam continendam

(12) Praeparatio Laminarum japonensium

(13) In quo differat praeparatio vitri chinensis ab Europaeo, cum chinense sit magis fragile, sed et magis fusile

(14) An nota sint quaedam Medicamenta probatae virtutis, quae et in Europa imitari aut ad nos transferre liceat, ut Moxam imitati sunt nostri. Et de operationibus Chinensium Chirurgicis

(15) An nulla in Chinensium antiquis monumentis vestigia Geometriae demonstrativae, et rerum Metaphysicarum. Et an nota jam illis fuerit propositio quae Pythagorae Hecatomben meruisse visa est

(16) De Vetustate observationum coelestium apud Sinenses, et an non haberi possint ad supplendam Historiam coelestem

(17) De coloraminibus quae lixivio resistunt

(18) De auri foliati impressione in sericum

(19) Quomodo fiant, *les Ouattes*, materia quaedam ex serico, quae tunicis, culcitris, aliisque infercitur

(20) An characteres imprimendos semper incidant ligno, an vero insculpant materiae cuidam molli sponte indurescenti ad compendium laboris

(21) Nihilne constet de freto inter Asiam et Americam septentrionales, et de extremitate terrae Jezzo trans Japoniam, et de correctione chartarum geographicarum illarum regionum

(22) De vertendis in latinum excerptis quibusdam utilioribus librorum Sinicorum historicorum maximè et naturalium.

(23) De Molendinis ventaneis Horizontalibus Chinensium, quae quovis vento moventur

(24) An peculiares quasdam Machinas habeant, quas in Europa

hergestellten Materialien, die besonders nützlich oder im technischen Bereich verwendbar sind? Haben sie besondere, wasser- und feuerfeste Mörtelsorten, die auch dazu geeignet sind, Fischteiche abzudichten und das Wasser zurückzuhalten?

12. Herstellung von japanischen Blechen.

13. Inwiefern unterscheidet sich die Glasherstellung in China und in Europa in Anbetracht der Tatsache, daß chinesisches Glas zerbrechlicher ist, aber auch dünnflüssiger?[9]

14. Sind erprobte Medikamente bekannt, die man in Europa nachahmen oder importieren könnte, so wie unsere Leute die Moxa[10] nachgeahmt haben? Wie die Chinesen operieren.

15. Gibt es in der alten Überlieferung der Chinesen nicht irgendwelche Spuren von beweisender Geometrie und von Metaphysik? Kennen sie den Satz, der Pythagoras eine Hekatombe wert gewesen sein soll?[11]

16. Seit wie langer Zeit stellen die Chinesen astronomische Beobachtungen an?[12] Wäre da nicht heranzukommen, um die Geschichte der Himmelskörper zu ergänzen?

17. Färbemittel, die der Lauge widerstehen [»farbecht«].

18. Auftragen von Blattgold auf Seide.

19. Wie wird »Watte« hergestellt, ein aus Seide gewonnenes Material, mit dem man Kleidung, Polster und anderes füttert?

20. Schneiden sie ihre Lettern immer in Holz oder gravieren sie diese in ein weiches, von selbst aushärtendes Material, um Arbeit zu sparen?

21. Weiß man irgend etwas über die Meerenge zwischen Asien und Nordamerika und das [nördliche] Ende des Landes Jezzo[13] jenseits von Japan? Berichtigung der geographischen Karten dieser Gegenden.

22. Übersetzung ins Lateinische von besonders nützlichen Auszügen aus den chinesischen Büchern, vor allem zur Geschichte und zur Naturkunde.

23. Die chinesischen Horizontalwindmühlen,[14] die von jedem Wind angetrieben werden.

24. Haben sie spezielle Maschinen, die es in Europa nachzubauen

imitari operae pretium foret et de modo maximos lapides portandi multorum hominum opera

(25) Quid de clavi characterum Sinicorum sperandum

(26) Quomodo spiritum ardentem distillent Sinenses ex oriza nostro non inferiorem, et qualis sit eorum chymia modusque metalla separandi[,] an usi semper cupella et aquis fortibus[,] an lavent aurum ex arenis, et an in eo aliquid peculiare

(27) De quibusdam Sinensium artificiis Oeconomicis agricultoribus, hortensibus etc. utilibus et notatu dignis

(28) De quibusdam vitae commoditatibus, quae Sinensium exemplo in Europam introduci mererentur

(29) De machinis eorum militaribus aliisque utilibus observationibus circa rem militarem et nauticam, et de velis plicatilibus quomodo fiant, et quibus utantur armaturis contra ictus

(30) De fodinis metallorum et mineralium sinensibus, et quomodo salem communem, nitrum, et alia talia parent.

lohnte? Über die Technik, unter Einsatz zahlreicher Menschen sehr große Steine zu transportieren.[15]

25. Was dürfen wir hoffen von einem Schlüssel zu den chinesischen Schriftzeichen?[16]

26. Wie destillieren die Chinesen aus Reis einen dem unseren gleichwertigen Alkohol? Welches ist ihre Chemie, und wie trennen sie verschiedene Metalle? Benutzen sie immer Kapelle und Scheidewasser? Waschen sie Gold aus dem Sand,[17] und gibt es dabei Besonderheiten?

27. Nützliche und bemerkenswerte chinesische Techniken in Wirtschaft, Acker- und Gartenbau.

28. Erleichterungen des täglichen Lebens, die es wert wäre, nach chinesischem Vorbild in Europa einzuführen.

29. Ihre militärische Technik und andere nützliche Beobachtungen zu Kriegswesen und Seefahrt. Wie werden zusammenfaltbare Segel hergestellt, und was für Vorrichtungen nutzen sie gegen [Wind-] Stöße?

30. Chinesische Bergwerke zur Gewinnung von Metallen und Mineralien. Wie stellen sie Kochsalz, Natron und anderes dergleichen her?

4. LEIBNIZ' AUFZEICHNUNG AUS DER UNTERREDUNG MIT CLAUDIO FILIPPO GRIMALDI S.J.

[ROM, SOMMER 1689].[3. 6.]

Ex colloquio R. P. Grimaldi S. J. ex China advecti
ad quaestiones à me factas

Ad (1) Negat circa ignes artificiales magnam esse Chinensium supra Europaeos scientiam. Viridem ignem apud eos non vidit. Ingentes sumtus et labores fiunt integris velut castellis oppidisque repraesentatis et accessis [*lies:* accensis?]. Pyroboli eorum nec magnum strepitum faciunt, nec alte assurgunt. Girandolas non habebant. Eas P. Grimaldus ipsis ostendit. Mirati sunt admodum rotas motas nunc in unam nunc in contrariam partem. Camphora frequenter utuntur, ad eum effectum quo et nostri. Cum aliquando bellum Sino-Tartaricum repraesentaretur ignibus artificialibus, exhibiti sunt sub finem characteres Sinici opera hominum in pegmatibus stantium, et faces tenentium; et hi deinde subito translatis hominibus mutabantur in alios characteres; quibus pax per universam Monarchiam repraesentabatur. Habent et hoc artificium singulare sed laboriosissimum, quod ex charta complicant aliquid quod exiguae cistulae includitur, vix semipedis altitudine, deinde aperta subito cistula, et fundo procidente, explicat se in machinam ingentem, supra altitudinem camerae; caballum aliamve figuram, quae deinde incenditur; ita et subitò ingentes lanternae prodeunt velut ex nihilo, eo camphoratum deinde ignem ostendunt.

(2) Radicis Ginseng in China ipsa libra 40 circiter scutatis venditur. Magnas vires habet pro senibus inprimis. Coquitur cum aqua et decoctum bibitur ut *Thee,* eo discrimine quod ipsi *Thee* infundi-

4. LEIBNIZ' AUFZEICHNUNG AUS DER UNTERREDUNG MIT CLAUDIO FILIPPO GRIMALDI S.J.

[ROM, SOMMER 1689]. [3. 6.]

Aus meiner Unterredung mit Pater Grimaldi S.J., der soeben aus China gekommen ist. [Antwort] auf meine Fragen

1. Er bestreitet, daß die Chinesen sich mit Feuerwerk wesentlich besser auskennen als die Europäer.[1] Grünes Feuer hat er bei ihnen nicht gesehen. Man wendet gewaltige Kosten und Mühen auf den Nachbau von ganzen Schlössern und Städten, die dann angezündet [?] werden. Ihre Raketen machen weder großen Lärm noch steigen sie [besonders] hoch. Feuerräder kannten sie nicht, P. Grimaldi erst hat sie ihnen vorgeführt. Sie haben sich ungemein verwundert über die Räder, die sich bald in die eine, bald in die entgegengesetzte Richtung bewegen. Kampfer wird häufig verwendet und zum selben Zweck wie bei uns. Als man einmal den chinesisch-tatarischen Krieg[2] mit Feuerwerk nachbildete, wurden am Ende chinesische Schriftzeichen durch Menschen dargestellt, die auf einer beweglichen Bühne [?] standen und Fackeln hielten; dann wurden die Menschen plötzlich versetzt und die Schriftzeichen verwandelten sich in andere: damit wurde »Friede im ganzen [chinesischen] Reich« ausgedrückt. Sie verfügen noch über eine andere, einzigartige, aber sehr mühsame Kunst: Aus Papier wird etwas gefaltet und in ein winziges Kästchen von kaum einem halben Fuß Höhe verschlossen; dann öffnet sich plötzlich das Kästchen, sein Boden springt heraus und das Etwas entfaltet sich zu einer riesigen Konstruktion, höher als ein Zimmer, etwa zu einem Pferd oder sonst einer Gestalt, die dann angezündet wird. So erscheinen auch plötzlich gewaltige Laternen wie aus dem Nichts, darin wird dann ein Feuer aus Kampfer[öl] gezeigt.

2. Ein Pfund von der Wurzel Ginseng kostet in China selbst ungefähr 40 Scudi.[3] Sie ist vor allem bei alten Leuten sehr wirksam. Sie wird mit Wasser gekocht und der Absud wie Tee getrunken, mit dem Unterschied, daß Tee mit kochendem Wasser aufgegos-

tur aqua fervens. Hic coquitur cum aqua. Insipidum est, nec qualitates notabiles ostendit. Grimaldus Florentiam nonnihil ejus attulit ad Magnum Ducem.

(3) Est genus quoddam lilii sylvestris[,] oleum ex bulbo instillatum parti ab arthritide calida[e do]lenti subito dolorem quasi miraculo tollit. Id quoque secum Florentiam attulit Grimaldus.

(4) P. Boym *Floram Sinicam* extare putabat Grimaldus, sed inquiret. Habent patres ingentia volumina rerum Chinae naturalium ex imperatoris Archivo quae paulatim communicabunt Europaeis; ne videatur ex Archivo descriptum. Metuendum enim est, ne ea re ad Sinenses per Hollandos delata, suspiciones oboriantur. Itaque ad modum literarum ex provinciis scriptarum dabunt. Ibi pleraque de plantis, animalibus et lapidibus regni.

(5) Verissimum est Chinenses imò et Indos habere lignum durum ad instar ferri, sed difficile satis est ex eo elaborare aliquid, quia facillimè dissilit. Ex hoc ligno portae aliquae in Ecclesia domus professae Romana, inprimis illa qua itur in sacristiam.

Dicitur *chie-mò* lignum ferreum; in India orientali dicitur *Angelin.*

(6) Duo sunt metalla Sinensibus, ignota nobis, tale est Stannum Chinense, quod est argento pulchritudine non inferius, et ejusdem fere pretii, deinde *L*[']*ot*[t]*one bianco (weiß meßing)*, ex eo *die theepötte* fuisse videntur.

(7) Charta Sinensium est ex membranis seu corticibus arundinum tusis. Maxima faciunt folia, et ejus tenuissime secta velut in fila

sen wird, während Ginseng mit Wasser gekocht wird. Ginseng ist ohne Geschmack und weist [äußerlich] keine besonderen Eigenschaften auf. Grimaldi hat etwas davon dem Großherzog nach Florenz mitgebracht.[4]

3. Es gibt eine Art des lilium silvestre,[5] wenn man das aus der Zwiebel gewonnene Öl auf eine von der Arthritis heiße und schmerzende Körperstelle träufelt, beseitigt es wie durch ein Wunder auf einen Schlag den Schmerz. Auch davon hat Grimaldi eine Probe nach Florenz mitgebracht.

4. Grimaldi glaubte, daß Boyms *Flora Sinica* noch vorhanden ist, er wird aber Nachforschungen anstellen. Die Jesuitenpatres besitzen gewaltige Bände zur Naturkunde Chinas aus dem Archiv des Kaisers, deren Inhalt sie nur nach und nach den Europäern mitteilen werden, um den Anschein zu vermeiden, daß es sich um [unerlaubte] Abschriften aus dem Archiv handele. Es ist nämlich zu befürchten, daß bei den Chinesen Argwohn aufkommt, wenn ihnen dieser Sachverhalt von den Holländern hinterbracht würde. Die Patres werden das Material daher nach Art der aus den chinesischen Provinzen [an die Ordensleitung] geschriebenen Briefe mitteilen. Dort ist vielfach von Flora, Fauna und Mineralien des [chinesischen] Reiches die Rede.

5. Es trifft sehr wohl zu, daß die Chinesen und auch die Inder über ein Holz von der Härte des Eisens verfügen, doch ist dieses überaus schwer zu bearbeiten, weil es sehr leicht reißt. Aus diesem Holz bestehen einige Türen in der Kirche des römischen Profeßhauses, insbesondere die am Zugang zur Sakristei.[6]

Auf chinesisch heißt das Eisenholz *chiè-mo* [*tiemu*], in Ostindien wird es als *Angelin* bezeichnet.[7]

6. Die Chinesen haben zwei uns unbekannte Metalle: das chinesische Zinn, von nicht geringerer Schönheit als Silber und von etwa demselben Wert; ferner das weiße Messing,[8] aus dem wohl die Teetöpfe hergestellt wurden.

7. Das Papier der Chinesen wird aus zerstampfter Bambusrinde hergestellt. Sie stellen sehr große Blätter her, die in Streifen so dünn wie Fäden zerschnitten und mit Seide verwoben werden. Dieses Pa-

intertexunt serico. Sed pluviae aut aëris injuriis non resistit. Ideò ipsi desiderant nostra fila ex auro, ipsis ignota.

(9) Terra porcellanae non est transparens per se. Tres porcellanae species, duae transparentes, flavior, et alba, altera non transparens [,] ea est nigra. Flavam ipsi maximi faciunt.

(11) Est genus olei in China, ex resina arboris; hoc vocant *Tumieu*. Ipso utuntur in omnibus ferè vernicibus et caementis. Indurescit ad instar petrae. Ideò coloraminibus non nimis admiscendum; ita enim desiliunt deinde quasi crusta contracta[.] Egregiè resistit aquae; et plurimos usus habet.

(13) Vitrum chinense est ex oriza, cui addunt aliquid plumbi ad firmitatem.

(16) Chinensium observationibus coelestibus non nimis fidi potest; est enim genus hominum mercenariorum quod panis causa invigilabat coelo, non propter gloriam aut veritatem. Nunc coguntur esse exactiores, sciunt enim domi observare patres. Patres diligentissimè observant Lunae appulsus ad planetas, et ea de re habent volumina collecta. Chinenses malignè agunt, cum vel minimum vident dissensum inter coelum et calculum subitò exclamant; Astronomia Europaeorum falsa est [,] redeamus ad nostram; festucam videntes in aliis, negligentes trabem suam. Ideò patribus cautione opus est, nec audent de jovialibus aliisque multum movere, ne his quoque praedicendis astringantur; atque ideò Eclipsibus sunt contenti.

pier hält allerdings Regen oder klimatischen Unbilden nicht stand. Deshalb möchten die Chinesen unsere ihnen unbekannten Goldfäden haben.[9]

9. Porzellanerde ist nicht an und für sich durchscheinend. Es gibt drei Arten Porzellan, zwei davon durchscheinend, gelblich und weiß, die dritte nicht durchscheinend und schwarz. Die Chinesen schätzen die gelbliche Sorte am höchsten.

11. Es gibt in China eine Art Öl, das aus Baumharz gewonnen wird. Sie nennen es *Tum-ieu* [*tongyou*].[10] Sie benutzen es für so ziemlich alle Arten von Lack und Bindemittel. Es wird so hart wie Stein und darf deshalb Farben nicht in zu starker Quantität beigemischt werden; die Farbschichten zerspringen nämlich sonst, wenn die Kruste sich zusammenzieht. Es weist Wasser sehr wirksam ab und ist vielfältig verwendbar.

13. Chinesisches Glas besteht aus Reis, dem zur Festigung etwas Blei beigemischt wird.[11]

16. Den chinesischen Himmelsbeobachtungen ist nicht allzuviel Vertrauen zu schenken; die Chinesen sind nämlich ein gewinnorientierter Menschenschlag, der [früher] den Himmel um des Broterwerbs willen beobachtete, nicht um des Ruhms oder der Wahrheit willen. Jetzt sind sie zu sorgfältigerer Arbeit gezwungen, weil sie wissen, daß die Jesuitenpatres an ihrer Seite Beobachtungen anstellen.[12] Diese beobachten mit besonderer Sorgfalt die Annäherungen des Mondes an die Planeten und haben darüber Bände von Aufzeichnungen gesammelt. Die Chinesen legen ein mißgünstiges Verhalten an den Tag, und sowie sie sehen, daß die Berechnungen [der Patres] auch nur im geringsten in Widerspruch stehen zum Befund am Himmel, rufen sie gleich: Die Astronomie der Europäer ist trügerisch, laßt uns zurückkehren zu unserer eigenen. Sie sehen den Splitter im Auge der anderen und kümmern sich nicht um den Balken im eigenen.[13] Deshalb müssen die Patres vorsichtig sein und wagen es nicht, näher auf Jovialia[14] und anderes einzugehen, um nicht gezwungen zu sein, auch diese vorherzusagen. Sie begnügen sich deshalb mit [der Vorhersage von] Sonnenfinsternissen. Ich glaube, Grimaldi hat seinerzeit Bücher mit astronomischen Be-

Puto patrem jam in Portugalliam attulisse secum, et ibi reliquisse libros coelestium observationum. Kepleri Epistolam non vidit.

(22) P. Grimaldus libros Sinenses secum allaturus erat, sed P. Fernandus in hoc genere timidissimus, noluit, veritus ne casu aliquo detecta re, inde missio detrimentum caperet, quanquam P. Grimaldi metum nimium putet. Attulit libellum quem vidi ad instar vocabularii, ubi characteribus appictae res, et superius adjecta sylva vocabulorum. P. Grimaldus in Europam mittet exemplar ubi coloribus illustratae figurae. Non potuit fere quicquam secum ferre, quia praecipitatum est iter, et ea die qua mandatum accepit, discessit.

Sexies per Chinam cucurrit imperatoriis usus equis, qui dispositi ubique ut post tertiam quamque leucam mutari possint. In Tartaria etiam fuit [;] occidentales Mongò, at orientales (unde Imperator) Mongiò. Ex occidentalibus ipsi parent hordae 48. *Kia-sack* dicuntur hordarum domini seu reguli. Ad 45 graduum elevationem populi occurrunt transito flumine Ula, qui a Chinensibus nomen habent, unus quod cervis utatur, alter quod canibus.

Nicolao Gabrielowiz Moscovitico legato multum usus est Grimaldus, eique interpres astitit. Latinè et Gallicè loquebatur.

Pater bonum chymicum itemque Anatomicum seu Chirurgum secum ad Chinas ducendum quaerit. Scientia pulsuum chinica observationibus quibusdam non contemnendis constat, sed rationes reddere non possunt neque quicquam norunt de partibus corporis internis. Imperator est 38 annorum[,] egregiè sentiens, sed multitudo foeminarum facit, ut nulla spes sit adducendi ad religionem Christianam.

obachtungen nach Portugal mitgebracht und dort zurückgelassen. Den Brief von Kepler[15] kennt er nicht.

22. P. Grimaldi wollte chinesische Bücher mit [nach Europa] bringen, aber P. Verbiest, der in derlei sehr furchtsam ist, wollte sich nicht dazu verstehen: Wenn das durch irgendeinen Zufall herauskäme, könnte die Mission Schaden nehmen. P. Grimaldi hält diese Befürchtungen aber für übertrieben. Er hat ein Büchlein[16] mitgebracht, das ich zu sehen bekommen habe, so etwas wie ein Wörterbuch, wo den Schriftzeichen Bilder der bezeichneten Sachen beigegeben sind und darüber ein Vorrat von Wörtern hinzugefügt ist. P. Grimaldi wird ein Exemplar mit kolorierten Abbildungen schikken. Er konnte so gut wie nichts persönlich mitbringen, weil seine Reise überstürzt stattfand und er noch am selben Tag, als er den Befehl dazu erhielt, aufbrach.

Er hat sechsmal China durchquert und sich dabei der kaiserlichen Pferde bedient. Diese sind allenthalben stationiert, um alle drei Meilen gewechselt werden zu können. Er war auch in der Tatarei;[17] die westlichen Tataren heißen *Mongò,* die östlichen, aus denen der Kaiser hervorgegangen ist, *Mongiò*.[18] Von den westlichen Tataren gehorchen dem Kaiser 48 Horden,[19] deren Herren oder Kleinkönige *Kia-sack*[20] heißen. Bis zu einer Breite von 45 Grad sind [diese beiden] Völker anzutreffen, wenn man den Fluß Ula[21] überquert; ihre Namen haben sie von den Chinesen, das eine, weil sie Hirsche, das andere, weil sie Hunde halten.

Grimaldi hatte viel Umgang mit Nicolai Gavrilovič Spatarij,[22] einem russischen Gesandten, und hat ihm als Dolmetscher gedient. Spatarij sprach Latein und Französisch.

Grimaldi sucht einen guten Chemiker und einen ebensolchen Anatomen oder Chirurgen, um sie mit nach China zu nehmen. Die Pulslehre der Chinesen beruht auf etlichen beachtlichen Beobachtungen, aber sie können [die ihnen zugrundeliegenden Erscheinungen] nicht erklären und wissen nichts von den inneren Organen des Leibes. Der Kaiser[23] ist 38 Jahre alt und verfügt über ein vorzügliches Urteil; er hat aber zahlreiche Frauen, es besteht daher keinerlei Hoffnung, ihn dem Christentum zuzuführen.

Quaedam Chinensia non mala inspersit P. Kircher suo *magnetico naturae regno.* Patres aliquot Galli in Sinas nuper transiere non sine periculo missionis, et intercessione efficaci patris Ferdinandi opus fuit. Sed ea res facit, ut imposterum Chinenses futuri sint severiores in admittendo, nec facilè aliis idem licebit.

Fiunt nunc canales novi in China, patrum ductu, ad 100 leucas.

[*Darunter in kleinerer Schrift nachträglich hinzugefügt:*]

Pecularia de Molendinis aqueis.

Pumpen an habeant nostro more; An nota jam ipsis cochlea Archimedis, an aliqua ipsis Architectura in aedificiis magnis[.]

In P. Kirchers *Magneticum naturae regnum* finden sich einige brauchbare Nachrichten über China eingestreut.[24] Einige französische Patres sind kürzlich nach China gesegelt und haben damit die Mission in Gefahr gebracht. Es bedurfte einer energischen Intervention des P. Verbiest.[25] Der Vorfall hat aber bewirkt, daß die Chinesen künftig restriktiver mit Ankömmlingen umgehen werden, und [was diese Patres getan haben,] wird kaum anderen gelingen.

Unter Anleitung der Patres werden jetzt in China neue Kanäle gebaut, bis zu 100 Meilen [Länge].

[*Darunter in kleinerer Schrift nachträglich hinzugefügt:*]

Einzelheiten über Wassermühlen.

Haben sie Pumpen so wie wir? Kennen sie die Schnecke des Archimedes[26] oder verfügen sie über eine [Wissenschaft von der] Architektur bei der Errichtung von großen Gebäuden?

5. LEIBNIZ AN GIOVANNI LAUREATI S.J.

ROM, 12. NOVEMBER 1689.

Admodum R. P. Laureato Soc. Jes. Romae 12 Novemb. 1689.
Gotfridus Guilielmus Leibnitius

Spero bene dedisse sese magni quod ingressus es itineris initia. Ego, qui et pietatis et reipublicae causa praeclara consilia vestra frequentibus votis prosequor, has ad te, dum adhuc in Europa es, pervenire velim indices lineas optimae voluntatis meae. Hortorque publico nomine, ac precor meo, ut memineris, magnum tibi negotium datum esse, commercia inter duos velut orbes latè divisos promovendi. Commercia inquam doctrinae et mutuae lucis. Aetate florenti et praeclaris studiis instructo facilè erit aliquid egregii praestare, si qua par est animi contentione in hanc cogitationem incumbas, quae et pia in patriam Europam erit, et gloriosa Tibi. Multa haud dubiè naturae artisque arcana apud Sinas nostris inexplorata latent, quae cum tot praeclaris studiis illuc à vobis delatis permutari fas jusque est; Et iniqui in Europam foretis si penes Sinas solos omne lucrum stare deberet. Itaque fac quaeso ut quamprimum fieri potest intelligamus aliquid apud Te preces nostras valuisse. Quod si me dignaberis aliquo nuntio felicis quem precor in illas oras adventus tui et fructum ejus aliquem ad nos pervenire patieris, exhilarabis me non mediocriter, et praeconem meritorum tuorum, et quicquid jubebis mandatorum diligentissimum curatorem habebis. Quod superest valetudinem tibi optimam, et reliqua omnia à Deo O.M. laeta ac secunda precor. Vale.

5. LEIBNIZ AN GIOVANNI LAUREATI S.J.

ROM, 12. NOVEMBER 1689.

Leibniz an P. Laureati S.J. Rom, 12. November 1689

Ich hoffe, daß die große Reise, die Sie angetreten haben, sich glücklich angelassen hat. Aus persönlicher Frömmigkeit wie um des Interesses der Allgemeinheit willen begleite ich die großen Pläne Ihres Ordens durch häufiges Gebet, und diese Zeilen sollen Sie als Zeichen meiner aufrichtigsten Zuneigung erreichen, solange Sie noch in Europa sind. Im Namen der Allgemeinheit ermahne ich Sie wie ich in meinem eigenen bitte: Seien Sie der großen Ihnen übertragenen Aufgabe eingedenk, den Austausch zwischen zwei Ländern zu befördern, die wie Welten so weit auseinanderliegen, den Austausch nämlich von Wissen und Erkenntnis. In einer prosperierenden, wissenschaftlich fruchtbaren Zeit wird es Ihnen ein leichtes sein, etwas Hervorragendes zu leisten, wenn Sie sich mit dem ihm zukommenden Eifer diesem Vorhaben widmen. Sie werden damit Ihre Pflicht dem heimatlichen Europa gegenüber erfüllen und zugleich persönlichen Ruhm erwerben. Ohne Zweifel liegen in China zahlreiche Geheimnisse von Natur und Kunst verborgen, von denen wir nichts wissen, und es ist nur recht und billig, daß wir sie im Austausch erhalten für das großartige Wissen, das Ihr Orden bereits nach China getragen hat. Er würde sich geradezu an Europa versündigen, wenn allein die Chinesen den ganzen Gewinn [aus dem Umgang mit Europa] davontragen sollten. Lassen Sie mich daher doch so bald wie möglich wissen, ob unsere Bitten bei Ihnen etwas vermocht haben. Sollten Sie mich einer Nachricht von Ihrer glücklichen Ankunft, für die ich bete, würdigen; sollten Sie uns etwas von den Früchten Ihrer Reise zukommen lassen, werden Sie mir eine große Freude bereiten, mich zum Herold Ihrer Verdienste und gewissenhaftesten Sachwalter aller Ihrer Weisungen gewinnen. Zuletzt wünsche ich Ihnen noch beste Gesundheit und bete zu Gott, er möge Ihnen auch in allem übrigen frohes Gelingen gewähren.

6. LEIBNIZ AN CLAUDIO FILIPPO GRIMALDI S.J.

Hannover, 31. Mai (10. Juni) 1691. [4. 7.]

Reverendissimo Patri Joh. Grimaldo S.J. Theologo Supremo apud Sinas rerum Mathematicarum praefecto Godefridus Guilielmus Leibnitius Consiliarius Brunsvicensis S.P.D.

Quantopere Te colam, Patres vestri testari possunt, Romae et Antverpiae ex quibus subinde de Tuis rebus quaesivi, nec mediocriter dolui nescio quo obtentu transitum apud Moschos negatum et ab uno extremo Europae ad aliud iter flectendum nunciari. Itaque Valetudini tuae metuere coepi, nec deponam solicitudinem, antequam Pekinensi Regiae incolumem redditum intellexero; quod ex animo precor non tua minus causa, quàm boni generalis cujus interesse judico inter tam dissitas gentes in utroque magni continentis termino positas, tuo potissimum ac sociorum beneficio aliquod ingenii ac scientiae commercium fundari, quod aliis longè praeferendum scimus. Vos quidem inventa nostra Mathematica ad Sinas fertis, sed spero referetis aliqua nobis, unde doctrina Europaeorum locupletetur, praesertim in cognitione rerum naturalium, quo in genere posse aliquid Sinenses, tot seculorum traditione adjutos, non dubito.

Sed et de linguae characterisque Sinici mysteriis nos aliqua edocebitis, ut sciamus tandem quid de Andreae Mulleri promissa an potius sperata clavi sit judicandum, quem virum scio esse doctrinae non vulgaris, sed morositate quadam non paucos à se alienasse.

6. LEIBNIZ AN CLAUDIO FILIPPO GRIMALDI S.J.

Hannover, 31. Mai (10. Juni) 1691. [4. 7.]

[…]

Wie sehr ich Sie ehre, können die Patres Ihres Ordens in Rom und Antwerpen bezeugen, bei denen ich mich immer wieder nach Ihrem Ergehen erkundigt habe.[1] Ich habe überaus bedauert zu hören, daß Ihnen unter einem beliebigen Vorwand der [Land-]Weg durch Rußland verwehrt worden ist und Sie einen Umweg von einem Ende Europas zum anderen in Kauf nehmen mußten.[2] Ich habe deshalb begonnen, um Ihre Gesundheit zu fürchten, und ich werde meine Besorgnis nicht eher ablegen, als bis ich höre, daß Sie heil ins kaiserliche Peking zurückgekehrt sind. Darum bete ich von ganzem Herzen, nicht minder um Ihretwillen als in Gedanken an das Allgemeinwohl. In dessen Interesse liegt es meines Erachtens, daß durch Sie vor allem und Ihre Gefährten zwischen so weit von einander, an den beiden äußersten Enden des großen [eurasischen] Kontinents lebenden Völkern ein Austausch von Ideen und Kenntnissen eingerichtet wird, ein Austausch wie er allen anderen Arten von Handel, wie wir wissen, bei weitem vorzuziehen ist. Ihr Orden trägt ja unsere mathematischen Entdeckungen nach China,[3] doch will ich hoffen, daß er uns im Austausch auch etwas von dort zurückbringen wird, das geeignet ist, das Wissen der Europäer zu bereichern, vor allem im Bereich der Naturwissenschaften; ich zweifle nicht daran, daß dank einer jahrhundertealten Tradition die Chinesen in diesem Bereich etwas leisten können.

Aber auch über die Geheimnisse der chinesischen Sprache und ihrer Zeichen wird Ihr Orden uns etwas lehren können, damit wir endlich erfahren, was von dem Schlüssel zu halten ist, den Andreas Müller uns versprochen hatte oder besser, den wir uns von ihm erhofft hatten. Ich weiß wohl, daß Müller ein Mann von ungewöhnlicher Gelehrsamkeit ist, er hat sich aber so manchem durch seinen Eigensinn entfremdet.[4]

Magni etiam momenti foret ad dijudicandam controversiam de Aetate mundi ex Septuaginta Interpretum et Hebraici textus (qualem hodie habemus) discrimine natam; de primis Sinensium regibus habere certi aliquid ad criticam obrussam prolatis probationibus. Sed et circa extremi orientis margines et Asiaticae Tartariae regiones per vos speramus quae Witsenii Amstelodamensis nuperam Tabulam firment perficiantve. Et cum omnes linguas per Europam Asiamque à Britannico Oceano usque ad Indum fluvium (quantum constat) ex uno fonte manasse appareat, operae pretium foret nancisci nos posse paucula aliqua (velut Orationem dominicam) conscripta in linguis plerorumque populorum Indiae orientalis et vicinae Scythiae; ut videamus quousque idem judicium porrigatur. Nam inter linguas dissitas saepe non apparet connexio, nisi transeatur per vicinas. Nec inutile foret accedere delineata Alphabeta eorum scilicet populorum qui habent. Ex linguis autem tutissimè de primis gentium originibus judicamus. Fortasse et alicubi extant antiquae inscriptiones, manuscripta, carmina, nummi, unde lumen vetustati.

Ad harum aliarumve rerum magnarum nostros adhuc latentium cognitionem Tu nobis unus omnium optimè viam sternere potes et novum aperire eruditionis orbem magno bono posteritatis aeternaque tua fama. Faventem habes Monarcham quem ego singulari Dei beneficio Eois illis nationibus datum judico, ut magis magisque illuminentur. Habet Europa Principes bene animatos ad res praeclaras; sed plerique mutuis bellis ad alias curas traducuntur. Vester ille

Das wäre von großer Bedeutung auch für die Schlichtung des Streits um das Alter der Welt,[5] der aus der Abweichung des Textes der *Septuaginta* von dem der hebräischen Bibel, wie wir ihn heute haben, erwachsen ist.[6] Wichtig wäre auch, an sichere Nachrichten über die ersten Könige der Chinesen[7] zu gelangen, wobei Belege zum Zweck einer kritischen Überprüfung beizubringen wären. Wir erhoffen uns aber von den Leuten Ihres Ordens auch Mitteilungen über die Grenzen des fernsten Ostens und die Gebiete der asiatischen Tatarei, die geeignet wären, die kürzlich veröffentlichte Karte des Amsterdamers Witsen[8] zu bestätigen oder zu vervollkommnen. Und da alle Sprachen Europas und Asiens von der Nordsee bis zum Indus (soweit bekannt ist) aus einer einzigen Quelle hervorgegangen zu sein scheinen, wäre es für uns wichtig, an einige schriftliche Proben (wie z.B. das *Vaterunser*)[9] der Sprachen der meisten Völker Ostindiens und des benachbarten »Skythiens« zu kommen; wir könnten dann sehen, wie weit die genannte Ansicht gültig ist. Zwischen in größerer Entfernung voneinander gesprochenen Sprachen läßt sich ja oft keine Verbindung erkennen, wenn man nicht den Weg über die jeweils benachbarten Sprachen geht. Es wäre auch nicht ohne Nutzen, wenn man an Aufzeichnungen der Alphabete jener Völker kommen könnte, die über solche verfügen. Anhand der Sprachen aber können wir uns ein überaus sicheres Urteil über die ältesten Ursprünge der Völker bilden. Vielleicht haben sich auch mancherorts alte Inschriften, Manuskripte, Lieder oder Münzen erhalten, die geeignet wären, ein Licht auf die alten Zeiten zu werfen.

Zur Erkenntnis dieser oder anderer großer Dinge, die uns noch verborgen sind, können Sie allein uns den Weg ebnen und der Wissenschaft eine neue Welt eröffnen. Sie würden damit der Nachwelt einen großen Dienst erweisen und sich selbst ewigen Ruhm erwerben. Sie haben einen Ihnen gewogenen Monarchen, den nach meinem Dafürhalten Gott in seiner einzigartigen Gnade jenen Völkern des Ostens gegeben hat, um sie mehr und mehr zu erleuchten. Wohl verfügt Europa über Fürsten, die gestimmt sind, große Taten zu vollbringen, doch lenken die Kriege, die sie gegeneinander

Rex Maximus ingratis solicitudinibus absolutus, et pulcherrimo illo quem ex Tuis sermonibus intellexi, ardore sciendi impulsus, opum verò magnitudine quantum ego judico, omnes mortales suae aetatis supergressus, quid non potest? Itaque id unum superest, ut praeclarae ejus voluntati materiam suppeditetis. Multos egregios habes adjutores ex quibus P. Laureatus quem Romae vidi non exiguam de se spem nobis excitavit.

Inventum recens magnoperè memorari dignum nunc non succurrit, nisi forte non spernis, quod à me novo quodam Analyseos genere detectum est, lineam funiculi aut Catenae pendentis, quam Galilaeus parabolam esse non recte suspicatus erat, nasci ex Logarithmis, et vicissim Logarithmos dare. Machinam quoque meam Arithmeticam quae pro maximis calculis numeros veros velut ludendo exhibere potest mirificum compendium contraxi. Cui ego non alium quam Te spectatorem malim, sed vereor ne inanibus votis. Cura ut valeas, et nos ama, et (si fas est hic adjici) patere non planè vivere ignaros Tui.

Dabam Hanoverae ultimo Maji, anno 1691

führen, die Sorge der meisten auf andere Dinge. Jener oberste König, mit dem Ihr Orden zu tun hat, ist frei von allen lästigen Sorgen, es treibt ihn, wie ich aus Ihren Berichten[10] entnommen habe, eine großartige Leidenschaft zum Wissenserwerb, dazu überragt er meines Erachtens durch seinen Reichtum alle Sterblichen seiner Zeit – was vermöchte er nicht? Ihr Orden hat also nur dieses eine zu tun: den herrlichen Bestrebungen dieses Mannes ein Ziel zu geben. Sie verfügen über zahlreiche hervorragende Mitarbeiter, unter denen P. Laureati,[11] den ich in Rom kennengelernt habe, große Hoffnungen in uns erweckt hat.

Ich habe im Augenblick keine neuere Erfindung zur Hand, die einer besonderen Hervorhebung wert wäre, außer vielleicht – wenn Ihnen das nicht zu geringfügig erscheint – die folgende. Durch eine neuartige Analyse habe ich entdeckt, daß die Linie, die ein hängendes Seil oder eine hängende Kette beschreibt und von der Galilei zu Unrecht annahm, es handele sich um eine Parabel,[12] aus logarithmischen [Linien] entsteht und ihrerseits logarithmische Zahlen liefert. Auch mit meiner Rechenmaschine,[13] die selbst bei den größten Rechnungen korrekte Zahlen gleichsam spielend liefert, habe ich den Rechenvorgang wunderbar verkürzt. Ich würde sie niemandem lieber vorführen als Ihnen, doch ich fürchte, das ist ein vergeblicher Wunsch. Erhalten Sie Ihre Gesundheit, seien Sie uns gut und (wenn es erlaubt ist, das hinzuzufügen) lassen Sie uns [künftig] nicht völlig in Unkenntnis über Ihr Ergehen.

Hannover, am letzten [Tag des Monats] Mai 1691

7. LEIBNIZ AN CLAUDIO FILIPPO GRIMALDI S.J.

[WOLFENBÜTTEL(?), 21. MÄRZ 1692]. [6. 8.]

Reverendissimo Patri Joh. Grimaldo, Societatis Jesu Theologo et à Monarcha Sinensi Tribunali rerum Mathematicarum praefecto Godefridus Guilielmus Leibnitius Aulae Hanoveranae ac Regiminis Consiliarius S. P. D.

Quanti Te pariter et praeclara consilia Tua faciam, unde et pietati et doctrinae magna in humano genere incrementa spero, vel vota pro successu itineris, testata amicis, spondere possunt, nec minus ex obstaculis intellectis natus dolor, faciet fidem. Interea ex quo Romae frui datum est alloquio Tuo vix sperare ausim Te mei magnopere meminisse, inter tot curas motusque. Suffecerit compositis rebus incolumem aliquando et in sede tua quietam recordationem aliquam tribuere quaesitis apud Te relictis, unde nonnullam mihi lucem pro summa Tua humanitate pollicebaris. Nunc quando mihi fortuna ita nostris ingratiis favit, ut credam has lineas Te adhuc deprehendere apud Persas posse, volui ut intelligeres, perennem animi mei cultum, et spem mihi atque aliis queis cum mihi commercium est, de magna virtute tua conceptam. Summa desiderii nostri huc redit, ut pro sapientia tua cogites, commissam Tibi à providentia rem magnam in generis humani beneficium, commercium scilicet novum lucis introducendum inter dissitas gentes. Alii invocati obtrusere se Sinensibus, Tibi et favor et mandatum Monarchae dat autoritatem. Fers illis nostras artes, nam in Te ac tot viris praeclaris, quos tecum ducis, velut compendium quoddam intueor sapientiae Europeae: aequum est

7. LEIBNIZ AN CLAUDIO FILIPPO GRIMALDI S.J.

[Wolfenbüttel (?), 21. März 1692]. [6. 8.]

[...]
In welchem Maße ich Sie persönlich ebenso schätze wie Ihre hervorragenden Vorhaben, von denen ich der Menschheit Gewinn im Glauben wie in der Wissenschaft erhoffe, dafür können meine guten Wünsche bürgen, daß Sie auf Ihrer Reise Erfolg haben mögen, wie ich sie Freunden gegenüber ausgesprochen habe.[1] Nicht weniger wird für mich der Kummer zeugen, den mir die Nachricht[2] von den Hindernissen verusacht hat, auf die Sie gestoßen sind. Doch wage ich kaum zu hoffen, daß Sie unter so zahlreichen Sorgen und Aufregungen noch viel an mich gedacht haben, seit ich in Rom mit Ihnen persönlich sprechen durfte. Ich wäre schon zufrieden, wenn Sie, sobald Sie Ihre Schwierigkeiten überwunden haben und an Ihrem Wohnsitz heil und gesund zur Ruhe gekommen sind, sich ein wenig der Fragen erinnern wollten, die ich bei Ihnen zurückgelassen habe und [durch deren Beantwortung] Sie mir in Ihrer großen Güte einige Einsicht zu vermitteln versprachen. Da es sich nun sehr wider unseren Willen so fügt, daß diese Zeilen Sie vielleicht noch in Persien erreichen werden, möchte ich Ihnen meine fortwährende Verehrung zum Ausdruck bringen und die Hoffnung, die ich selbst und andere, mit denen ich Umgang habe, auf Ihre großen Fähigkeiten setzen. Der Inbegriff unserer Wünsche zielt auf eines: daß Sie vermöge Ihrer Klugheit die große Aufgabe bedenken, die Ihnen die Vorsehung zum Besten der Menschheit übertragen hat, nämlich einen neuen Austausch von Erkenntnissen zwischen weit von einander entfernt lebenden Völkern in Gang zu bringen. Andere haben sich ungerufen den Chinesen aufgedrängt, Ihnen hingegen verleihen Gunst und Auftrag des Kaisers Autorität. Sie bringen den Chinesen unsere Wissenschaften, denn in Ihnen und so vielen bedeutenden Männern in Ihrer Begleitung[3] erblicke ich gleichsam eine Art Handbuch des Wissens Europas; da ist es nur recht und

ut vicissim ad nos perveniant physica inprimis Sinensium arcana, traditione florentis per tot secula gentis et imperii servata, et aucta. Haec una commutandi ratio justa est; illi observatis, nostri excogitatis praevalent; misceamus beneficia et lumen de lumine accendamus. Non tamen est cur moneam, des operam, ne prorsus nostri superioritatem suam amittant, vulgatis scientiis, et credo, vos pythagorico more quae affertis inter arcana nonnihil habituros, ne mox explorata spernantur, irrisique aliquando et non amplius necessarii foras explodantur Europaei. Ipsi Sinenses mysteria amant, et volunt rerum notitias intra paucos stare; eo vobis erit facilius tenere in publicando modum. Sed haec tute omnium optimè dijudicabis, atque illud inprimis curabis ut novum nobis quoque lumen affundas. Cum multa sint opificum genera, quorum opera saepe Mathematici indigent, horum processus non poterunt vos diu latere. Cum multa metalla fodiant Sinenses non dubito quin illic peculiaria habeant in fodinis suis quae nobis quoque prodesse possent. Chymiam aliquam norunt diversam utique à nostra, eoque magis nova suppeditaturam. Res Venatoria, Pecuaria, Agricultoria, Hortorum Cultura, immensis incrementis ex illorum observationibus locupletari haud dubiè possent. Praeclarum est fateor plantarum et animalium dissitorum exquisitas nancisci descriptiones; neque sane negligendum sed plerumque plus curiositati quam usui servit. Artes autem vitae utiles, quibus certa hominum genera se alunt, excutere praesentiorem habillig, daß wir im Austausch insbesondere die verborgenen naturwissenschaftlichen Einsichten der Chinesen erlangen, die dank der Überlieferung eines seit soviel hundert Jahren blühenden Volkes und Reiches bewahrt und vermehrt worden sind. Allein diese Art des Austausches ist gerecht; die Chinesen sind uns durch Beobachtungen, wir den Chinesen durch Erfindungen überlegen. Laßt uns unsere Verdienste zusammenwerfen, das Licht am Licht entzünden. Doch ich mahne Sie gewiß ohne Grund, darauf zu sehen, daß unsere Leute nicht gänzlich ihre Überlegenheit einbüßen durch die Verbreitung unserer Wissenschaften; ich glaube, Sie werden nach Art der Pythagoreer Ihren Beitrag als Geheimwissenschaft handhaben, damit nicht schon bald einmal Bekanntes der Verachtung anheimfällt und die nicht länger benötigten Europäer unter Spott und Hohn außer Landes getrieben werden. Die Chinesen selbst lieben ja Geheimnisse und wollen ihre Kenntnisse auf einen kleinen Kreis beschränken; um so leichter werden Sie bei der Verbreitung [Ihres Wissens] Zurückhaltung üben können. Doch hierüber werden Sie selbst gewiß am besten urteilen können und vor allem anderen darauf sehen, auch uns zu neuen Erkenntnissen zu verhelfen. Mathematiker bedürfen oft vieler verschiedener Handwerker, und so werden die Techniken der chinesischen Handwerker Ihnen nicht lange verborgen bleiben. Da die Chinesen viele verschiedene Metalle abbauen, zweifle ich nicht, daß sie in ihren Gruben über bestimmte Techniken verfügen, die auch uns von Nutzen sein können. Sie haben eine von der unseren vollkommen verschiedene Chemie, die uns um so eher neue Einsichten verschaffen wird. Jagd, Viehzucht, Ackerbau, Gartenbau könnten [bei uns] ohne Zweifel mit Hilfe der [durch lange Praxis gewonnenen] Beobachtungen der Chinesen bereichert werden. Zwar ist es ein sehr ehrenwertes Unterfangen, sorgfältige Beschreibungen der fremden Pflanzen und Tiere zu beschaffen, und man sollte diese Arbeit nicht vernachlässigen, doch befriedigt sie meist mehr die Wißbegierde, als daß sie einen bestimmten Nutzen hätte. Demgegenüber ist die genauere Erforschung von für das Leben nützlichen Techniken, von denen bestimmte Gruppen sich ernähren, von unmittelbarerem Nutzen. Hier füge ich auch die bet fructum, quibus medicinam et veteres Astronomorum observationes addo. Proximum deinde arbitror ut omnis generis libri, tum plantae et semina plantarum, instrumentorum formae ac moduli ac si qua alia transportari possunt, transmittantur in Europam; additisque etiam fortasse hominibus, qui et linguae nobis et rerum sint uberiores interpretes, quo lingua Sinensis non minus nobis tandem quàm Arabica notescat, liceatque thesauris librorum hactenus nequicquam possessis frui.

Nec dubito quin Congregatio de propaganda fide Christiana solicita hanc inprimis linguae Sinensis ad nos transplantationem magnopere ad se pertinere arbitretur. Quin et Rex Christianissimus, qui ut intelligo per La Chaisium summum virum, et succenturiatum illi Verjusium maximas doctrinae ac prudentiae laudes dudum adeptum, consiliis vestris pro sua animi magnitudine favet, hoc suae providentiae fructu gaudebit. Postremo nec πολιτικώτερά τε καὶ ἱστορικώτερα negligenda putem. Cepit nobis Coupletius vester, egregius sane vir, aliquem Historiae Sinensis genuinae gustum dare; sed magis irritavit quàm explevit sitim. Magna diu lis in Europa (ut scis) agitatur de annis patriarcharum, et LXX interpretes longius quàm alii removent origines rerum; ei sententiae Sinensis Historia favet. Ejus fidem dissentientes elevant, itaque criticen de ejus autoritate exerceri posse non parvi refert quod fiet, ubi nobis Historia gentis literaria exactius innotuerit; ut constet qui eorum antiquissimi scriptores, et unde sua hausisse profiteantur. Sunt enim qui incendia librorum a Monarcha quodam Hoste literarum jussa

Medizin an und die alten Beobachtungen der Astronomen. Sodann sollten meines Erachtens Bücher aller Art, Pflanzen und Pflanzensamen, Nachbildungen und Modelle von Gerätschaften und was sonst sich transportieren läßt nach Europa geschickt werden; außerdem vielleicht auch Menschen, die uns als kenntnisreiche Dolmetscher der Sprache und der Verhältnisse [in China] dienen könnten,[4] so daß uns das Chinesische nicht minder geläufig würde als das Arabische und wir aus den uns bislang gänzlich verschlossenen Bücherschätzen Nutzen ziehen könnten.

Zweifellos wird die [römische] Kongregation zur Ausbreitung des Christentums[5] besonders diese Verpflanzung des Chinesischen zu uns in hohem Maße als ihre Aufgabe betrachten. Ja, durch die Vermittlung des großen La Chaize[6] und des diesem zur Seite stehenden P. Verjus (der längst höchsten Ruhm für seine Gelehrsamkeit und seine Klugheit erworben hat) wird auch der Allerchristlichste König, der, wie ich höre, die Vorhaben Ihres Ordens mit der ihm eigenen Geistesgröße fördert, sich an dieser Frucht seiner Voraussicht freuen. Schließlich sollten meines Erachtens aber auch die politischen und historischen Belange nicht vernachlässigt werden. P. Couplet von Ihrem Orden, zweifellos ein hervorragender Mann, hat uns einen gewissen Vorgeschmack gegeben von der originalen chinesischen Geschichte,[7] doch hat er unseren Durst mehr angeregt als ihn zu stillen. Wie Sie wissen, wird in Europa seit langem heftig gestritten um die Jahre der Patriarchen; die *Septuaginta* rückt den Anfang der Dinge [die Schöpfung] weiter hinauf als andere, und diese Auffassung wird von der chinesischen Geschichte begünstigt.[8] Die Gegner dieser Lehrmeinung setzen hingegen die Glaubwürdigkeit der chinesischen Geschichtsschreibung herab;[9] deshalb ist es von großer Bedeutung, deren Gewicht kritisch untersuchen zu können. Das wird geschehen, sowie wir die Geschichte der chinesischen Wissenschaften[10] genauer kennen und wissen, welches ihre ältesten Schriftsteller sind und aus welchen Quellen diese eigenen Angaben nach ihren Stoff geschöpft haben. Manche meinen nämlich, daß die von einem der Wissenschaft feindlich gesonnenen Kaiser angeordnete Bücherverbrennung[11] die Glaubwürdigkeit der späteren [Hiintercedere posteriorum fidei putant. Legum ad minutissima quaeque descendentium praecepta, et officia unicuique homini atque magistratui praescripta in libris contineri credibile est cum quibus ad nos pervenient. Catalogos librorum gentis praestantiorum confici operae pretium erit, cum aliquantula notatione de unoquoque. Tum dictionarium, ornatum figuris rerum atque illustratum explicationibus ad morem Europaeum. Audio jam Sinensibus esse tale quiddam, atque librum inscribi: *mare Magnum,* qui augeri et nostris usibus accommodari posset.

Lalovera vir doctrina et judicio egregius nuperque Regis Christianissimi ad Siamensium Regem Legatus, cujus relatio autoris beneficio ad me pervenit, inde attulit Cyclum quendam Astronomico-Chronologicum illis usitatum, cujus nodos mirabiles felicissimè evolvit Cassinus, apparetque inventionem profectam olim à magno quodam viro supra praesentem captum gentis. Tanta rerum vicissitudo est. Nec dubito quin Te favente multo majora nostrae curiositatis alimenta praebeant Sinenses, Magistri utique et Siamensium, et caeterorum vicinorum. Idem descriptionem Instrumenti Arithmetici Siamensis attulit. Didici nuper simile quiddam habere et Moschos fortasse Sinensibus doctoribus. Prae caeteris autem magni momenti esse judico, populorum situs et linguas exactius nosse, ut genera eorum et origines melius discerni possint. Tibi igitur à Persis per Usbeccenses, et caeteros exteriores Tartariae Asiaticae populos ad Sinas ut audio tendenti, magna nascitur occasio novorum detegendorum. Ubi illud valde optandum judico, ut Oratio Dominica storiker] beeinträchtigt. Die Vorschriften der bis ins letzte Detail gehenden Gesetze und die jedem Einzelnen und jedem Beamten vorgeschriebenen Verpflichtungen dürften in Büchern aufgezeichnet sein und werden so mit diesen zu uns [nach Europa] gelangen. Es wird auch lohnen, einen Katalog der wichtigeren chinesischen Bücher zusammenzustellen, mit einer kleinen Erläuterung zu jedem; desgleichen ein Wörterbuch mit Illustrationen zu den [verzeichneten] Sachen und mit Definitionen nach europäischer Art. Wie ich höre, verfügen die Chinesen bereits über etwas derartiges, das Buch hieße »großes Meer«:[12] das könnte man vermehren und unseren Bedürfnissen anpassen.

La Loubère,[13] ein Mann von ausgezeichneter Gelehrsamkeit und Urteilsvermögen, war vor wenigen Jahren im Auftrag des Allerchristlichsten Königs als Gesandter beim König von Siam und hat mir die Beschreibung seiner Reise freundlicherweise zukommen lassen. Er hat von dort eine Art astronomisch-chronologischen Zyklus mitgebracht, der in Siam gebräuchlich ist und dessen erstaunliche Komplikationen Cassini sehr erfolgreich auseinandergelegt hat.[14] Es scheint sich dabei um eine Erfindung zu handeln, die vor Zeiten ein großer Mann gemacht hat und die über das Fassungsvermögen der heutigen Siamesen hinausgeht. So sind die Wechselfälle der Geschichte. Sicherlich könnten aber mit Ihrer Hilfe die Chinesen, in denen wir doch die Lehrmeister der Siamesen wie der übrigen benachbarten Völker zu sehen haben, unserer Wißbegierde noch weit ergiebigere Nahrung bieten. La Loubère hat auch die Beschreibung einer siamesischen Rechenmaschine[15] mitgebracht. Ich habe kürzlich gehört, auch die Russen hätten etwas Ähnliches (vielleicht von den Chinesen). Am wichtigsten wäre meines Erachtens aber eine gründlichere Kenntnis der [geographischen] Lage [der Siedlungsgebiete] der Völker und ihrer Sprachen, damit man die einzelnen Stämme und ihre Herkunft besser beurteilen könnte. Wenn Sie, wie ich höre, von Persien durch das Land der Usbeken und der übrigen am äußeren [westlichen] Rand der asiatischen Tatarei[16] siedelnden Völker nach China ziehen, eröffnet sich Ihnen eine großartige Gelegenheit zu Neuentdeckungen. Da wäre es sehr nobis procuretur, in omnibus quae haberi possunt linguis; tanquam communis quaedam norma ad quam inter se conferantur. Megiserus quod sciam primus non paucas collegit. Sed quis illi gentium tunc inaccessarum notitiam daret? Itaque haec gloria Tibi servatur. Nec tantum earum quas adis gentium, sed et aliarum quae ad Emporia et primarias urbes aulasve ubi transis aut haeres venient linguis versiones dominicae orationis per interpretes non difficulter nancisceris. Rogo ut his aliisque primitiis in ipso itinere nascituris, quam primum in Europam missis, alas spem nostram, atque ad majora erigas. Compendiaria videtur via per Moschos ad Polonos. Apud Magnum Sarmatiae Regem

(qui quod regnavit debuit ipse sibi)

est ex vestris Carolus Mauritius Votta eminentis doctrinae atque eloquentiae. Est celeberrimus Adamus Adamandus Kochanskius, qui me à multis annis suo favore dignatur, et jam olim juvenis suis inventis Schotti libros ornavit, magnosque porro ab eo tempore in artis et naturae arcanis progressus fecit. Quae isti accipient, mihi missa putabo. Quanquam nec Romae nec Lutetiae desint, per quos in partem beneficiorum tuorum venire possim.

Romae memorare memini Epistolam à P. Joh. Terrentio ex Changtsceu Sinarum missam ad Mathematicos Ingolstadienses, datam 1623, et responsionem Joh. Kepleri, cui anno 1627 communicaverat P. Albertus Curtius insignis Mathematicus. Sed cum tunc non esset ad manus, reversus in Germaniam, inspexi ipsam, nam edita est Sagani Silesiae 1630. Consilia praebet interroganti Terrenwünschenswert, das *Vaterunser* in allen erreichbaren Sprachen zu beschaffen, um eine Art allgemeinen Maßstab zu gewinnen, anhand dessen diese sich untereinander vergleichen ließen. Megiser hat meines Wissens als erster *Vaterunser*-Texte gesammelt und nicht wenige zusammengebracht.[17] Aber woher hätte er von diesen damals unzugänglichen Völkern wissen sollen? So bleibt diese Ehre Ihnen vorbehalten. Mit Hilfe von Dolmetschern werden Sie leicht in den Besitz von *Vaterunser*-Versionen in den Sprachen nicht nur der Völker, die Sie [direkt] aufsuchen, kommen, sondern auch jener, die Handelsplätze, Hauptstädte oder Höfe aufsuchen, die Sie auf Ihrer Reise passieren oder wo Sie sich [längere Zeit] aufhalten. Bitte schicken Sie doch diese und andere Erstlingsfrüchte [Ihrer Arbeit], die Sie noch auf der Reise gewinnen werden, so bald wie möglich nach Europa, nähren Sie so unsere Erwartung und richten Sie sie auf noch Höheres. Der kürzeste Weg dürfte über Rußland nach Polen führen. Beim Großkönig von Polen (der ganz aus eigener Kraft an die Regierung gekommen ist) lebt von den Leuten Ihres Ordens Carlo Maurizio Vota,[18] ein sehr gelehrter Mann von großer Beredsamkeit, ferner der hochberühmte Adam Adamandus Kochański, der mich seit vielen Jahren seiner Gewogenheit würdigt. Als junger Mann hat er einst Schotts Bücher mit seinen Entdeckungen bereichert[19] und seit jener Zeit in der Kenntnis der Geheimnisse von Natur und Kunst große Fortschritte gemacht. Was Vota und Kochański erhalten werden, das wird schon so gut wie auf dem Weg zu mir sein, obwohl ich in Rom wie in Paris genügend Leute kenne, die mir Ihre freundlichen Mitteilungen weitervermitteln würden.

Ich erinnere mich, [Ihnen gegenüber] in Rom einen Brief erwähnt zu haben, den P. Johannes Schreck 1623 aus dem chinesischen Hangzhou an die Mathematiker der [Universität] Ingolstadt geschickt hat, und die Antwort darauf von Johannes Kepler, dem der große Mathematiker Albert Kurz Schrecks Schreiben 1627 mitgeteilt hatte.[20] Ich hatte den Brief damals aber nicht zur Hand. Nach meiner Rückkehr nach Deutschland habe ich ihn nun nachgelesen, er ist nämlich 1630 im schlesischen Sagan gedruckt worden.[21] Kepler gibt Schreck auf dessen Frage Ratschläge für die Verbesserung des tio de emendatione Sinensis Calendarii: variosque modos ponit, sed vellet tamen nosse quanam Methodo jam tum uterentur Sinenses, ut ei accommodari posset Reformatio, an motuum tantum Tabulis, an Methodo quadam populari subinde intercalationibus corrigenda. Monet Terrentium, ut inquirat an forte indicia sint computum Turcarum secundum annos Hegirae, aut an Tabulas Persicas Jesdagirdis, ad Sinas penetrasse, de utrisque se agere in *Tabb. Rudolphinis*. Et quia solicitus erat Terrentius de diametris Luminarium, et distantiis Luminarium, remittit eum ad easdem *Rudolphinas*. Yao regem famosum à quo Sinenses Historias incipiunt et annos ferè 4000 numerant, suspicatur esse Javan Japeti filium, nisi quis velit Sinas à Semi filiis ducere, vel ab aliis Japeti filiis Magog, Mesech, Thubal, unde Tartari. Sed ego suspicor Sinensium et Tartarorum originem esse diversam. Cum scripsisset Terrentius esse Sinensibus Cyclos 60 annorum, notat Keplerus fuisse Chaldaeis Sarum annorum 3600, Nirum 600, Sosum 60. Miratur quod Terrentius scripserat Sinenses jam ante annos 4000 observasse Solstitium prope Cuspidem seu in extremitate Sagittarii sive principio Capricorni. Veretur ne sit non observatio, sed computatio retrò extensa. Illud autem mihi memorabile admodum videtur et dignum inquisitione quod ait Terrentius visa sibi problemata 15 Geometrica quae superent 3000 annos, et in iis penultimam primi Hecatomben Pythagorae meritam. Utinam caeteras propositiones expressisset; adjecissetque an et demonstrationes fuerint in Sinensium veteribus libris. Zodiachinesischen Kalenders und führt verschiedene [mögliche] Verfahren an. Dabei möchte er aber doch wissen, welcher Methode sich die Chinesen denn zum damaligen Zeitpunkt bedienten, um seine Reform dieser anpassen zu können: Verwendeten sie Tafelwerke oder gebrauchten sie eine volkstümliche Methode, so daß [der Kalender] durch Schalttage berichtigt werden müßte? Kepler fordert Schreck auf nachzuforschen, ob es Anzeichen dafür gäbe, daß der türkische Kalender nach den Jahren der Hedschra[22] oder die persische Zeitrechnung des Jezdegard[23] bis nach China vorgedrungen wären; auf beide ginge er in seinen *Tabulae Rudolphinae*[24] ein. Und weil Schreck sich Gedanken machte über die Durchmesser der Gestirne und ihre Distanzen [von der Erde], verweist er ihn auf eben diese *Tabulae*. Er vermutet, daß es sich bei dem berühmten König Yao,[25] den die Chinesen an den Anfang ihrer Geschichte stellen und [seither] ungefähr 4000 Jahre zählen, um Javan handelt, den Sohn des Jafet, es sei denn, man wollte die Chinesen von den Söhnen des Sem oder anderen Söhnen des Jafet ableiten: Magog, Mesech, Thubal,[26] von dem die Tataren abstammen.[27] Ich selbst vermute allerdings, daß Chinesen und Tataren verschiedenen Ursprungs sind. Weil Schreck geschrieben hatte, bei den Chinesen gäbe es Zyklen von 60 Jahren, erwähnt Kepler, die Chaldäer hätten [die Zyklen] Sarus von 3600, Nirus von 600 und Sosus von 60 Jahren gehabt.[28] Kepler wundert sich, daß Schreck geschrieben hatte, die Chinesen hätten schon vor 4000 Jahren die [Winter-]Sonnenwende beim Stern Al Nasir [»Spitze des Pfeils«] am äußersten Ende des Sternbilds Schütze oder im Anfang des Sternbilds Steinbock beobachtet. Er äußert die Befürchtung, daß es sich dabei nicht um eine Beobachtung handelt, sondern um eine rückwärts extrapolierte Rechnung. Besonders interessant und weiterer Nachforschung wert scheint mir aber, daß Schreck erklärt, er hätte 15 geometrische Probleme gesehen, die älter als 3000 Jahre wären, und darunter das vorletzte im ersten [Buch von Euklids *Elementen*], das Pythagoras eine Hekatombe wert gewesen ist.[29] Hätte Schreck nur [auch] die übrigen Sätze wiedergegeben und hinzugefügt, ob sich in den alten chinesischen Büchern auch die Beweise finden! Den Tierkreis sollen die Chinesen in cum dividere eos in 28 constellationes, stellam Ursae minoris vocare Regem, quia immota ferè. Addit alia nomina, suspicatur haec Keplerus ab Arabibus tracta. Olim stella à polo remotior et scripsit Pytheas Massiliensis poli arctici locum stellis vacare, et cum tribus astantibus quadrilaterum formare. Non ergo haec Sinensium adeò antiqua. Denique Changtscheu, ubi scripserat Terrentius, putat Keplerus esse Chanzoy Chrysococcae (scriptoris Graeci cujus πίναξ ἐπισημων πόλεων habetur) et Quinsai M. Pauli Veneti. Voto ejus et hanc Epistolam obsigno, ut non Astronomiae tantum leges, sed et jugum suave Christi vestro ministerio accipiant Sinenses. Quae de physicis motuum causis tentaverat Keplerus valde nunc promota sunt nova quadam circulatione harmonica cujus à me datae sunt demonstrationes, speciminibus quibusdam in *Acta Eruditorum* insertis. Machinae meae Arithmeticae exemplum novum confici curo; quod utinam aliquando ad vos pervenire posset.

R. P. Laureatum, quem unum ex itineris tui sociis novi saluto amantissimè, et tanquam juvenem, et magis vacuum negotiis ad praeclara tuis auspiciis et consiliis tentanda hortor. Deus Te tuosque servet ad amplificandam gloriam suam et augendum generis humani bonum. Vale.

P.S. [*Text fehlt*]

28 Sternbilder einteilen; der Stern im Kleinen Bären [der Polarstern] hieße bei ihnen »König«, weil er fast unbeweglich wäre.[30] Schreck fügt noch andere Namen hinzu, von denen Kepler vermutet, daß sie von den Arabern entlehnt sind. Ursprünglich war dieser Stern weiter vom Pol entfernt, und Pytheas von Massalia schreibt, daß die Stelle des Himmelspols von Sternen frei wäre und zusammen mit drei benachbarten Sternen ein Viereck bildete.[31] Diese Beobachtungen der Chinesen sind also nicht besonders alt. Schließlich glaubt Kepler,[32] das »Changtscheu«,[33] von wo Schreck geschrieben hatte, wäre das »Chanzoy« des Chrysokokkes (eines griechischen Autors, von dem wir eine Karte der berühmten Städte haben)[34] und das Quinsai des Marco Polo.[35] Ich beschließe auch meinen Brief mit Keplers Wunsch: Mögen mit Hilfe Ihres Ordens die Chinesen nicht nur die Gesetze der Astronomie annehmen, sondern auch das sanfte Joch des Christentums. Keplers Versuch über die physikalischen Gründe der Himmelsbewegungen[36] ist wesentlich weiterentwickelt worden durch die Entdeckung einer harmonischen Kreisbewegung, für die ich Beweise geliefert habe. Man vergleiche dazu die Beispiele, die ich in den *Acta eruditorum* veröffentlicht habe.[37] Ich lasse jetzt ein neues Exemplar meiner Rechenmaschine bauen; ich wünschte, ich könnte es Ihnen eines Tages schicken.[38]

Ich weiß, daß der P. Laureati zu Ihren Reisegefährten gehört; ich lasse ihn herzlich grüßen, und als einen jungen, von Geschäften noch weitgehend freien Mann möchte ich ihn ermuntern, unter Ihrer Anleitung und mit Hilfe Ihres Rates etwas Großes zu leisten. Möge Gott Sie und die Ihren behüten zur Mehrung seines Ruhmes und des Wohles der Menschheit. Leben Sie wohl.

8. CLAUDIO FILIPPO GRIMALDI S.J. AN LEIBNIZ

Goa, 6. Dezember 1693. [7. 13.]

Praenobili Magnifico et Clarissimo Viro Domino Godefrido Guilielmo Leibnitio Aulae Hanoveranae ac Regiminis consiliario Pater Claudius Philippus Grimaldi Soc^{tis} Jesu S. P. D.

Post longa difficillimorum itinerum fastidia me plurimum recreârunt literae tuae, quae una cum gratiosissima Serenissimi Poloniae Regis epistola per P^{m} Adamum Kochanski fideliter transmissae, mihi redditae sunt in portu Goano. Non est, Clarissime D^{ne}, quod suspiceris, me intercidentium negotiorum turbis et viarum aerumnis oppressum tui memoriam deposuisse, nam licet innumeris calamitatibus sim conflictatus, inter ipsos tamen gravissimos labores et peracerbas miserias me Dei O. M. et Amicorum Europaeorum dulcis recordatio solabatur, et eorum amicitiam tum maximè aestimare scivi, cum ab iisdem longissimè avulsus per inhospitas terras et in medio non unius nationis pravae peregrinabar. Ipsis Barbaris, per quos transivi, sim ego magis barbarus oportet, nisi tecum, et cum similibus tibi viris, suavissimum literarum commercium, animorum scil. intimam communicationem studeam conservare, id quod abunde praestabo, cum quietis aliquid Pekini nactus fuero. Caeterum quaestiones tuae sunt multae et graves, quibus omnibus, ut satisfiat, utar sociorum meorum operâ, qui per omnes Sinarum provincias dispersi suis quique in locis rariora et scitu digniora colligent, quae omnia citra invidiam eruditae Europae curiositati libens communicabo. Tu interim ne negligas comparare aliqua scientia-

8. CLAUDIO FILIPPO GRIMALDI S.J. AN LEIBNIZ

Goa, 6. Dezember 1693. [7. 13.]

Claudio Filippo Grimaldi von der Gesellschaft Jesu grüßt den Hochedlen, Hochsinnigen und Hochberühmten Herrn Gottfried Wilhelm Leibniz, Rat am Hof und bei der Regierung zu Hannover.

Nach der langwierigen Mühsal einer äußerst beschwerlichen Reise[1] hat mich Ihr Brief überaus erfrischt. Er ist zusammen mit einem sehr gnädigen Schreiben Seiner Majestät des Königs von Polen[2] von P. Adam Kochański getreulich übersandt und mir im Hafen von Goa ausgehändigt worden. Sie dürfen nicht meinen, geehrter Herr, daß ich Sie über der Masse der anfallenden Geschäfte und den Beschwernissen der Reise vergessen hätte. Zwar habe ich mich mit unzähligen Mißgeschicken herumzuschlagen gehabt; inmitten der ärgsten Mühsal und der bittersten Not tröstete mich das liebliche Gedenken an Gott und die Freunde in Europa. Diese Freunde habe ich am meisten zu schätzen gewußt, während ich in weiter Ferne, aus ihrer Mitte gerissen, durch unwirtliche Länder pilgerte, umgeben von mehr als einem mir übelgesinnten Volk. Ich müßte barbarischer sein als die Barbaren selbst, deren Länder ich durchquere, wollte ich mich nicht bemühen, meinen so überaus angenehmen Briefwechsel mit Ihnen und Ihresgleichen, das heißt die vertraute Mitteilung unseres beiderseitigen Fühlens und Denkens aufrechtzuerhalten. Sowie ich in Peking etwas zur Ruhe gekommen bin, werde ich das ausgiebig beweisen. Übrigens sind Ihre Fragen zahlreich und gewichtig; um sie alle befriedigend beantworten zu können, werde ich mich der Hilfe meiner Ordensgenossen bedienen. Sie leben über alle Provinzen Chinas verstreut und werden jeweils an ihrem Ort Ausgefallenes und besonders Wissenswertes zusammentragen. Dieses [Material] werde ich neidlos und mit Freuden der Wißbegierde des gelehrten Europas mitteilen. Versäumen Sie indessen Ihrerseits nicht, einige wissenschaftliche Perlen zu beschaffen, um sie uns in rum cymelia, quae nobis reciproco obsequio submittas. Deus tibi tuisque in omnibus benedicat, ut ita transeas per temporalia, ut non amittas aeterna.

Datum Goae 6 Decembris 1693

Praenobili Magnifico et clarissimo Domino D. Godefrido Guilielmo Leibnitio Aulae Hanoveranae et Regiminis Consiliario. Româ Hannoveram.

wechselseitiger Gefälligkeit zur Verfügung zu stellen. Gott segne Sie und die Ihren allerwegen. Mögen Sie so durch diese Zeitlichkeit gehen, daß Sie darüber nicht die Ewigkeit verlieren.

Goa, 6. Dezember 1693

[...]

9. ANTOINE VERJUS S.J. AN LEIBNIZ

Paris, 30. März 1695 [Auszug]. [10.]

Monsieur, A Paris le 30e mars 1695.

[...]

Nous n'avons receu, Monsieur, aucunes des diverses letres qui nous ont esté ècrites par la Moskovie depuis cinq ou six ans par les Peres que j'ay envoyez à la Chine, dont il y en a deux auprez du Souverain de ce grand Empire. Un des deux appellé le Pere Gerbillon, ayant fait deux voïages dans la grande Tartarie avec les Ambassadeurs de la Chine envoyez pour faire la paix et règler les limites avec ceux des Czars, eut le bonheur de contribuer beaucoup par ses soins et son aplication, à la conclusion d'un traité à la satisfaction des deux Nations: Les ambassadeurs de Moskovie luy en tèmoignerent une extreme reconnoissance, et la moindre de leurs promesses estoit de faire passer promptement et seurement leurs letres jusqu'à nous, par la grande Tartarie, la Siberie, la Moskovie et la Pologne. Car ils ne promettoient pas moins positivement, de donner une entiere liberté à nos missionnaires du passage à la Chine, par leurs Estats que j'ay fait tenter plusieurs fois, et que je jugeois si important pour estendre la foy de Jesus Christ dans toutes ces vastes contrées. Mais la mauvaise foy de cette Nation ne s'est point encore dementie à nostre egard, et ils en ont eu non seulement jusqu'à rendre inutiles toutes les dèpenses que j'ay faites deux fois sur leur parolle, pour envoyer des ouvriers Evangeliques par leur pays, mais encore jusqu'à retenir toutes les letres que ce Pere à qui ils reconnoissoient avoir d'extremes obligations leur avoit confiées. C'est par vous que j'aprends, Monsieur, qu'ils ont poussé cette infidelité encore plus loin, en ouvrant ces mesmes letres, en donnant des Copies, les rendant publiques, et violant en tant de manieres les loix du secret na-

9. ANTOINE VERJUS S.J. AN LEIBNIZ

PARIS, 30. MÄRZ 1695 [AUSZUG]. [10.]

Monsieur, Paris, den 30. März 1695

[...]

Von etlichen Briefen, die uns die von mir nach China entsandten Patres seit fünf oder sechs Jahren über Rußland geschickt haben, hat uns keiner erreicht. Zwei der Patres[2] halten sich beim Herrscher dieses großen Reiches auf, einer von ihnen ist der P. Gerbillon. Er hat zwei Reisen in die Große Tatarei gemacht,[3] in Begleitung der Gesandten Chinas,[4] die mit den Beauftragten der Zaren Frieden schließen und die Grenze zu Rußland festlegen sollten. Er hatte das Glück, durch seinen Eifer und seine Hingabe wesentlich zum Abschluß eines Vertrages[5] beizutragen, der beide beteiligten Staaten zufriedenstellt. Die russischen Gesandten[6] haben ihm ihre tiefe Dankbarkeit dafür ausgesprochen; daß die Briefe [unserer Ordensbrüder] rasch und sicher über die Große Tatarei, Sibirien, Rußland und Polen an uns gelangen sollten, war noch das geringste ihrer Versprechen. Sie versprachen nämlich mit nicht weniger Bestimmtheit, unsere Missionare vollkommen ungehindert durch ihr Land nach China reisen zu lassen. Ich habe mehrfach versucht, von dieser Erlaubnis Gebrauch machen zu lassen, die ich für so wesentlich hielt, um den Glauben an Jesus Christus in all diesen riesigen Gebieten verbreiten zu können. Aber die Perfidie dieses Volkes ist sich bisher gleichgeblieben, was uns betrifft, und sie hat nicht nur alle Aufwendungen, die ich auf das Wort der Russen hin zweimal gemacht habe, um Arbeiter des Evangeliums durch Rußland zu schicken, ins Leere laufen lassen,[7] sondern hat darüber hinaus dazu geführt, daß die Russen alle Briefe zurückgehalten haben, die der P. Gerbillon ihnen anvertraut hatte, dem sie doch zutiefst verpflichtet zu sein bekannt hatten. Durch Sie, Monsieur, erfahre ich nun,[8] daß sie die Treulosigkeit noch weiter getrieben und diese Briefe geöffnet und Abschriften davon verbreitet haben. Auf diese Weise haben sie die Regeln der üblichen Geheimhaltung und des ihnen entgegengebrachten Verturel et de la reconnoissance. Je prie Dieu qu'il leur pardonne, et qu'il nous fasse trouver plus de facilité à porter l'Evangile dans ces mesmes contrées, par d'autres ouvertures qui semblent se présenter, et où l'on ne manquera pas de trouver plus d'obstacles qu'on n'en prevoit, parce que Jesus Christ, est et sera toujours, *in signum cui contradicetur* et qu'il veut que son Royaume soit estably sur sa croix, et sur ses soufrances, et sur celles de ses Ministres. Ces Peres s'estoient si fort fiez aux promesses des Moskovites, qu'ils n'ont pas cru devoir nous envoyer des duplicata de ces letres et nommement de celle du 22. d'aoust 1689, qui nous manque, de sorte, Monsieur, que je vous seray tres obligé si vous pouvez m'en envoyer une copie, et beaucoup plus encore, si vous pouvez nous envoyer l'original mesme; parce qu'il est fort dificile qu'une copie n'ait pas beaucoup de fautes. Cela nous serviroit peutestre à rendre encore plus parfaites diverses relations fort curieuses et fort instructives, que nous avons de ces pays là, et de la Chine, dont le Pere le Comte se dispose à donner quelques unes au public avant que de retourner à sa chere mission de la Chine.

Les dernieres letres que j'ay du Pere Grimaldi sont de Goa du mois de janvier 1694. Le voiage qu'il a fait par la Mediterranée jusqu'à Constantinople, et ensuite par la Mer noire, par l'Armenie et la Perse jusqu'à Ormus ayant esté beaucoup plus long qu'il ne l'avoit esperé, et sa Navigation de là jusqu'à Goa ayant esté fort lente, et peu heureuse, cela luy a fait manquer une mousson, et l'a encore retardé d'une année; de sorte que je le croys à peine à l'heure qu'il est arrivé à Pekin, où il estoit attendu par l'Empereur de la Chine avec beaucoup d'impatience. Il avoit trouvé à la Cour de Perse toute la protection qu'il avoit pû desirer par la recommendation du Roy de Pologne, et par toutes celles du Roy, que je luy avois procurées. J'attendray jusqu'à l'année prochaine de ses nouvelles, et de celles du Pere Spinola, et des autres Peres qui doivent estre passés avec luy de Goà à Macao. Le Pere Couplet qui estoit parti de Lisbonne il y a deux ans avec le mesme Pere Spinola, et avec plusieurs autres Peres trauens vielfältig verletzt. Ich bete zu Gott, daß er ihnen verzeihen und uns eine gangbarere Möglichkeit eröffnen möge, das Evangelium in eben diese Länder zu tragen – durch andere Schlupflöcher, die sich zu bieten scheinen. Auch dort werden wir aber unter allen Umständen auf mehr Hindernisse stoßen, als wir voraussehen, denn Jesus Christus ist (und wird immer sein) »gesetzt zu einem Zeichen, dem widersprochen werden wird«:[9] er will, daß sein Reich auf seinem Kreuz begründet sei und auf seinen Leiden und denen seiner Diener. Diese Patres hatten sich so fest auf die Versprechen der Russen verlassen, daß sie es nicht für nötig hielten, uns Doppel von diesen Briefen zu schicken, insbesondere von dem Brief vom 22. August 1689, der uns fehlt. Ich werde Ihnen deshalb sehr verpflichtet sein, Monsieur, wenn Sie mir eine Kopie davon und viel mehr noch, wenn Sie uns das Original selbst[10] schicken könnten, denn eine Abschrift enthält nur zu zahlreiche Fehler. So könnten wir vielleicht etliche sehr bemerkenswerte und lehrreiche Berichte noch vervollkommnen, die wir aus diesen Ländern und aus China besitzen. Der P. Le Comte ist im Begriff, einige davon zu veröffentlichen, bevor er zu seiner geliebten Chinamission zurückkehrt.[11]

Die letzten Briefe, die ich von P. Grimaldi erhalten habe, datieren aus Goa vom Januar 1694. Seine Reise durchs Mittelmeer bis nach Konstantinopel und weiter durch das Schwarze Meer, Armenien und Persien bis nach Hormus hat sehr viel länger gedauert, als er erwartet hatte, und die Seereise von dort nach Goa ist sehr langsam und wenig glücklich vonstatten gegangen, so daß er einen Monsun verpaßt und damit noch ein Jahr verloren hat. In diesem Augenblick dürfte er also allenfalls gerade Peking erreicht haben, wo ihn der Kaiser von China sehr ungeduldig erwartete. Dank des Empfehlungsschreibens des Königs von Polen und all jener, die ich ihm vom König [Ludwig XIV.] verschafft hatte, hatte Grimaldi am persischen Hof alle Förderung erfahren, die er sich nur wünschen konnte. Ich werde bis nächstes Jahr auf Nachricht von ihm, P. Spinola[12] und den übrigen Patres, die mit ihm von Goa nach Macao gesegelt sein müssen, warten. Zusammen mit dem erwähnten P. Spinola und mehreren anderen Patres verschiedener Nationalität (darunter drei hochde diverses Nations, entre lesquels il y en avoit trois françois de grand merite que je leur avois joints, est mort dans cette longue et ennuyeuse navigation, avec la pluspart de ces hommes apostoliques, dont Dieu a ainsy abregé la course et les Travaux.

J'espere que nous aurons quelque chose de curieux et d'exact que nous promettent les Peres Gerbillon, Bouvet, et de Visdelou, des langues des Indes, et de celles de la grande Tartarie, et je craindrois de n'en pas parler assés correctement en voulant prévenir cet ouvrage qui est sans doute en chemin aussi bien que la traduction de l'herbier de l'Empereur de la Chine que nous a aporté le Pere Le Comte, où nous avons les figures de quatre à cinq cens plantes particulieres à la Chine. Nous ferons en attendant imprimer la suitte des observations d'Astronomie et de Physique de ces Peres que j'auray l'honneur de vous envoyer. Je crois avoir pour ce qui regarde la langue des Tartares establis à la Chine, qui est celle du pays des Lamas, et autant que je puis juger, la plus commune à tous les Tartares qui s'estendent jusqu'à la Chine et mesme jusqu'aux confins du Royaume de Corée; quelque chose en cette langue, en chinois et en latin que je vous envoiray si je puis le trouver dans le cahos de mes papiers.

Les deux Peres François qui sont à Pekin, et qui expliquent tous les jours la Philosophie à l'Empereur de la Chine, et au Prince Imperial, composent tout un cours de Philosophie pour la satisfaction et par l'ordre de ces Princes en Chinois et en Tartare, et le doivent donner au public. Ils en esperent beaucoup de fruit pour le bien de la Religion, par tout ce qu'ils y ont fait entrer de la Theologie naturelle, qui demontre la verité de quelques uns de nos Mysteres, et fait voir autant qu'on le peut les convenances des autres qu'on ne peut prouver, et qui sont au dessus de la raison humaine; attendant ceverdiente französische Missionare,[13] die ich mit ihnen geschickt hatte) war P. Couplet vor zwei Jahren aus Lissabon aufgebrochen. Er ist auf der langen und eintönigen Seereise mit der Mehrzahl dieser Nachfolger der Apostel gestorben; so hat Gott ihren Lebensgang und ihre Arbeiten verkürzt.[14]

Die Patres Gerbillon, Bouvet und de Visdelou versprechen uns interessante und präzise Nachrichten über die Sprachen Indiens und der Großen Tatarei, die wir hoffentlich bekommen werden. Ich müßte fürchten, nicht zutreffend darüber zu berichten, wenn ich dieses Werk vorwegnehmen wollte, das ohne Zweifel unterwegs ist. Das gilt auch für die Übersetzung des Kräuterbuches[15] des Kaisers von China, das der P. Le Comte uns mitgebracht hat. Es finden sich dort die Abbildungen von 400–500 nur in China heimischen Pflanzen. Vorerst werden wir die Fortsetzung der astronomischen und physikalischen Beobachtungen dieser Patres drucken lassen, von denen ich die Ehre haben werde, Ihnen ein Exemplar[16] zu schikken. Die Sprache der in China wohnenden Tataren [Manjuren] ist die des Landes der Lama[17] und, soweit ich das beurteilen kann, die am weitesten verbreitete unter allen Tataren, deren Siedlungsgebiete sich bis nach China und sogar bis an die Grenze des Königreichs Korea erstrecken; ich glaube, etwas in dieser Sprache mit chinesischer und lateinischer [Übersetzung] zu haben. Ich werde es Ihnen schicken, wenn ich es im Chaos meiner Unterlagen finden kann.

Die beiden französischen Patres, die sich in Peking aufhalten und täglich dem chinesischen Kaiser und dem Thronfolger die [abendländische] Philosophie auslegen, sind dabei, diesen Fürsten zu Gefallen und auf deren Befehl ein ganzes Lehrbuch der Philosophie[18] zu verfassen, in chinesischer und tatarischer [manjurischer] Sprache, und werden es dann veröffentlichen. Sie erhoffen sich davon großen Gewinn für die [christliche] Religion durch alle ihre dort eingebrachten Ausführungen zur natürlichen Theologie, welche die Wahrheit einiger unserer [Glaubens]mysterien beweist und, im Rahmen des Möglichen, zeigt, wie die übrigen, die sich nicht beweisen lassen und die menschliche Vernunft übersteigen, dazu stimmen. Dabei bauen sie aber ausschließlich auf den Segen, den pendant tout uniquement des benedictions qu'il plaira à Dieu de donner à leur zele, et à leur aplication.

Il ne tiendra point à mes soins, Monsieur, que vostre curiosité ne soit satisfaite sur tout ce que vous desirez savoir de ces belles et vastes contrées, et j'enverray avec soin par diverses voyes, toutes les questions qu'il vous plaira de m'envoyer, afin d'en avoir seurement reponse.

Le Pere Tachard s'est embarqué au Port Louis pour son quatriesme voiage des Indes, et conduit avec luy une troupe choisie de savans et zeléz Missionnaires. Le Pere Avril en est un; ce qui fait que je ne puis luy faire les questions que vous desiriez sur les langues des peuples de la Tartarie soumis à la domination des Moskovites.

On ne peut, Monsieur[,] donner plus d'aprobation qu'en ont donné plusieurs de nos Peres aux objections que vous avez faits aux Cartesiens, et je croy que le Pere Daniel, entre autres avoit dessein de vous le témoigner, comme je l'en presseray aussitost qu'il sera delivré d'un travail qui l'occupe presentement.

Je serois trop heureux, si je pouvois vous marquer par mes soins, avec quel respect et quelle reconnoissance je suis

Monsieur Vostre treshumble et tres obeissant serviteur

Verjus

P.S. On m'avoit envoyé une Carte, et une explication exacte du Royaume de Corée, de ses huit provinces, et des villes du 1^{r} 2^{d} 3me et 4me rang de chaque Province, de la langue, du gouvernement, des mœurs, mais comme je devois l'avoir receuë il y a deux ans, je la croy perduë et surprise et retenuë par les Hollandois.

es Gott gefallen wird, über ihrem Eifer und ihrer Hingabe walten zu lassen.

Es soll nicht an mir liegen, Monsieur, wenn Ihre Wißbegierde in Hinblick auf diese schönen und weiträumigen Länder nicht befriedigt wird; alle Fragen, die Sie mir etwa schicken wollen, werde ich sorgsam auf verschiedenen Wegen befördern, um mit Sicherheit Antwort zu bekommen.

P. Tachard hat sich in Port Louis zu seiner vierten Indienreise[19] eingeschifft. In seiner Begleitung ist eine ausgewählte Truppe von gelehrten und eifrigen Missionaren, darunter auch der P. Avril.[20] Ich kann ihm deshalb nicht Ihre Fragen über die Sprachen der unter russischer Oberhoheit lebenden Tatarenvölker stellen.

Niemand kann Ihren Einwänden gegen die Kartesianer stärker beipflichten als etliche unserer Patres. Ich glaube, daß unter anderen P. Daniel[21] Ihnen das bezeugen wollte, und sowie er von einer Arbeit, die ihn gegenwärtig beschäftigt, frei ist, werde ich ihn drängen, das zu tun.

Ich wäre überglücklich, wenn ich Ihnen durch meine Aufmerksamkeiten zeigen könnte, mit wieviel Respekt und welcher Dankbarkeit ich verbleibe [...]

P.S. Man hatte eine Karte und genaue Beschreibung des Königreichs Korea für mich auf den Weg gebracht, von seinen acht Provinzen und den Städten 1., 2., 3. und 4. Ranges in jeder Provinz, von der Sprache, der Regierung und den Gebräuchen.[22] Ich hätte diese Karte aber schon vor zwei Jahren erhalten haben müssen – sie ist wohl verlorengegangen, abgefangen und zurückgehalten von den Holländern.

10. LEIBNIZ AN ANTOINE VERJUS S.J.

[Wolfenbüttel], 15. (25.) April 1695
[Auszug]. [9. 11.]

Mon Tres Reverend Pere

Comme j'honnore fort les personnes d'un merite elevé, je recherche sur tout la faveur de celles qui en ont tiré l'avantage de pouvoir rendre des grands services au public. Car toute mon inclination n'allant qu'à cette fin, c'est par là que je puis esperer d'y contribuer, au defaut de mes propres forces. Vostre Reverence est de ce genre, et d'une maniere eminente; et ses connoissances et liaisons s'étendent au delà de ce qu'on en pourroit attendre. Or sans parler d'autres sujets, qui Vous occupent, celuy des Missions me revient le plus. Le dessein de porter la lumiere de Jesus Christ dans les pays eloignés, est si beau, que je n'y distingue point, ce qui nous distingue. Quand j'estois à Rome, j'étois ravi de la connoissance du R. P. Grimaldi. Il me fit esperer des notices. Mais depuis qu'il est sorti de l'Europe, je n'ay pas seulement eu de ses nouvelles. M. le Resident Brosseau m'a fait connoistre, que Vostre Reverence entroit dans ma curiosité à l'egard de ces pays éloignés, et particulierement touchant les langues de la grande Tartarie. Je luy ay mandé aussi ce que j'espere du pays de Brandebourg à l'egard des lettres interceptées par les Moscovites, datées prés de la grande Muraille, qui estoient adressées au Tres R. P. de la Chaise. J'ay appris aussi dépuis, qu'il y avoit quelque chose dans le paquet pour Vostre Reverence. Ce n'est pas que je ne croye, que vous aurés receu la duplicata ou la substance de la chose par d'autres voyes. Je ne laisseray pas de tacher de recouvrer, ce qu'on en peut obtenir; d'autant que ce sont des choses, qui n'interessent que la curiosité des sçavans. Et c'est par là que je marqueray au moins ma bonne

10. LEIBNIZ AN ANTOINE VERJUS S.J.

[Wolfenbüttel], 15. (25.) April 1695.
[Auszug]. [9. 11.]

Sehr ehrwürdiger Vater

Ich habe großen Respekt vor Leuten mit bedeutenden Vorzügen, und so suche ich vor allem, mich denen angenehm zu machen, die diese Veranlagung genutzt haben, um der Allgemeinheit große Dienste zu leisten. Denn all meine Neigung hat nur dieses Ziel, auf diese Weise kann ich auch in Ermangelung eigener Kraft hoffen, meinen Beitrag zu leisten. Euer Ehrwürden sind von diesem Schlag, und zwar im höchsten Maße, und Ihre Kenntnisse und Verbindungen gehen hinaus über alles, was man von Ihnen erwarten könnte. Von anderen Gegenständen, die Sie beschäftigen, abgesehen, spricht mich aber die Missionsarbeit am meisten an. Es ist ein so schönes Vorhaben, das Licht Jesu Christi in die fernen Länder zu tragen, daß ich da nicht unterscheiden mag, was uns unterscheidet.[1] Während meines Romaufenthalts war ich entzückt, die Bekanntschaft des P. Grimaldi zu machen. Er stellte mir in Aussicht, er würde mir [Reise-]Berichte schicken,[2] aber seit er Europa verlassen hat, habe ich nicht einmal ein Lebenszeichen von ihm erhalten.[3] M. Brosseau, unser Resident [in Paris], hat mich wissen lassen,[4] daß Euer Ehrwürden Verständnis haben für mein Interesse an diesen fernen Ländern und insbesondere den Sprachen der Großen Tatarei. Ich habe ihm auch mitgeteilt,[5] was ich mir aus dem Land Brandenburg erhoffe hinsichtlich der von den Russen abgefangenen Briefe,[6] die aus der Nähe der Großen Mauer datiert und für den P. La Chaize bestimmt waren. Inzwischen habe ich auch erfahren,[7] daß diese [Brief-]sendung etwas für Euer Ehrwürden enthielt. Ich halte es durchaus für möglich, daß Sie Doppel [dieser Briefe] oder doch den wesentlichen Inhalt auf anderen Wegen erhalten haben. Ich werde auf jeden Fall versuchen, alles davon aufzutreiben, was zu bekommen ist, um so mehr, als es sich hier um Dinge handelt, die nur für die Gelehrten von Interesse sind. Auf diese Weise werde volonté, pour meriter la grace que Vostre Reverence m'a faite de me faire tenir un exemplaire des importantes *observations* de vos Peres, dont j'espere que le public verra des suites.

[...]

Mais je passe les bornes d'une lettre, qui ne devoit estre que pour vous temoigner mes respects et obligations. Et il ne me reste que de marquer avec combien de zele je suis

Mon Tres Reverend Pere

Vostre tres humble
et tres obeissant Serviteur
Leibniz

Hanover ce 15 d'Avril 1695

P.S. J'ay bien du deplaisir que les bontés de Vostre Reverence ont prevenu les marques de mon respect. Cette lettre estoit déja ecrite, lorsque la vostre m'a esté rendue qui me comble de confusion.

[...]

On m'a promis positivement un Extrait assez ample des lettres de vos peres de la Chine, que les Moscovites ont retenues. Je ne sçay si on en a d'avantage. En cas qu'elles se trouvent entieres, je tacheray de les obtenir. Mais pour l'original je ne crois pas qu'il y ait lieu de l'esperer. Il sera resté sans doute en Moscovie. Puisque vous me donnés la permission de vous envoyer des demandes touchant ces pays eloignés, je prendray la liberté d'en adresser à V. R^{ce}. [...]

On m'a dit que le Prince Imperial de Chine apprend quelque chose des langues de l'Europe. Cela seroit d'une consequence bien grande. Nous avons perdu en Allemagne un excellent homme, nommé Mullerus, qui estoit admirable, pour les Langues Orientales et même pour la Chinoise. Il faisoit esperer *Clavem Sinicam*, croyant de voir quelque jour pour donner une Analyse de leur Caracteres. Je le fis connoistre au P. Grimaldi, et ils ont eu quelque commerce ensemble. Mais ce M. Mullerus estoit un peu capricieux. Cela faisoit tort à son merite, et a privé le public des fruits, qu'on en devoit attendre.

ich zumindest ein Zeichen meines guten Willens setzen, mir die Freundlichkeit von Euer Ehrwürden zu verdienen, die Sie mit der Übersendung eines Exemplars der wichtigen *Observations*[8] Ihrer Patres mir bewiesen haben. Ich hoffe, daß Sie Fortsetzungen davon veröffentlichen werden. [...]

Aber ich bin im Begriff, den Rahmen eines Briefes zu sprengen, mit dem ich Ihnen doch nur bezeugen wollte, wie sehr ich Sie hochachte und mich Ihnen verpflichtet weiß. [...]

Hannover, den 15. April 1695

P.S. Ich bedauere sehr, daß Euer Ehrwürden mit Ihrem freundlichen Brief dem Ausdruck meiner Hochachtung zuvorgekommen sind. Der vorstehende Brief war schon geschrieben, als ich Ihr Schreiben erhalten habe, das mich zutiefst beschämt.
[...]

Mir ist ein ziemlich umfangreicher Auszug aus den Briefen, die Ihre Patres aus China geschickt und die Russen zurückgehalten haben, fest zugesagt worden.[9] Ich weiß nicht, ob noch mehr vorhanden ist. Falls sich die Briefe vollständig anfinden, werde ich versuchen daranzukommen. Die Originale zu erhalten, besteht aber wohl keine Hoffnung, sie sind zweifelsohne in Rußland geblieben. Da Sie mir erlauben, Ihnen Fragen zu diesen fernen Ländern zu schicken,[10] werde ich so frei sein, einige an Euer Ehrwürden zu richten. [...]

Wie ich höre,[11] erwirbt der chinesische Thronfolger[12] einige Kenntnisse in den Sprachen Europas. Das wäre für die Zukunft von großer Bedeutung. Wir haben hier in Deutschland einen ausgezeichneten Mann, einen gewissen Müller, verloren,[13] einen bemerkenswerten Kenner der orientalischen Sprachen und sogar des Chinesischen. Er hatte eine *Clavis Sinica* in Aussicht gestellt; er hoffte nämlich, eines Tages so weit zu kommen, eine Analyse der chinesischen Zeichen zu veröffentlichen. Ich habe ihn mit dem P. Grimaldi bekanntgemacht, und beide haben einige Briefe gewechselt. Aber dieser Herr Müller war etwas launisch. Das warf einen Schatten auf seine Verdienste und hat die Öffentlichkeit um die Früchte gebracht, die man von seinen Arbeiten erwarten mußte.

Depuis que vos peres sont de l'Academie Royale des Sciences, et qu'un grand Roy les protege dans leur longs voyages, j'espere que le public profitera d'avantage de leur decouvertes. On imprima autres fois des lettres du Japon, que les Peres Missionnaires écrivoient de ce pays au Pere General. On me disoit à Rome qu'on n'avoit pas trouvé à propos de continuer. Les observations des Peres François pourront servir de supplement. Je m'imagine, qu'on en publiera la suite, et peutestre qu'il y a déja quelque chose de publié. Mais il ne nous vient quasi rien de Paris, et on ne voit quasi point les belles choses que l'Academie Royalle des Sciences fait imprimer, par la negligence de nos libraires. Ce qui me fache d'autant plus, que je puis dire, d'avoir l'honneur d'en estre pour ainsi dire à demy. C'est par hazard que j'ay vû depuis peu le Troisieme Tome de l'Histoire d'Angleterre du R. P. d'Orleans et ce livre m'a paru considerable.

Je m'emancipe à faire comme un *Postscriptum postscripti*, dans la confiance que vous aurés la bonté mon Reverend Pere de regarder plustost les choses que les façons. Je ne sçay si vous avés appris une nouvelle qu'on m'a écrite de Pologne l'année passée, que la guerre entre les Moscovites et les Tartares sousmis aux Chinois, s'estoit renouvellée, et que les Moscovites avoient esté chassés des grands pays, dont ils se sont emparés depuis quelque temps. En sorte que meme les peuples de la Siberie Orientale bransloient et panchoient du costé du vainqueur. Je doute que cette nouvelle soit bien fondée, parce que vostre lettre paroist marquer que vous n'en aviés rien sçu, outre que cela me paroist contraire à la politique des Chinois. Je suis bien aise d'apprendre, que le R. P. Grimaldi est arrivé enfin à Goa, et sera maintenant à Pekin, selon les apparences. Si Vostre Reverence luy écrivoit un jour, ou à d'autres personnes du pays, je la

Seit Ihre Patres der Académie royale des sciences angehören[14] und sie den Schutz eines großen Königs auf ihren langen Reisen genießen, hoffe ich, daß die Öffentlichkeit noch größeren Nutzen aus ihren Entdeckungen ziehen wird. Früher sind die japanischen Briefe[15] gedruckt worden, welche die in der Mission arbeitenden Patres aus diesem Land an ihren General schrieben. In Rom wurde mir gesagt, man hätte es nicht für ratsam gehalten, damit fortzufahren. Die *Observations* der französischen Patres wird man als Ergänzung dazu verwenden können. Ich stelle mir vor, daß man die Reihe fortsetzen wird,[16] ja vielleicht ist schon etwas erschienen. Aber wir bekommen fast nichts aus Paris, und durch die Nachlässigkeit unserer Buchhändler sehen wir so gut wie überhaupt nichts von den schönen Sachen, die die Académie royale des sciences drucken läßt. Das ärgert mich um so mehr, als ich sagen darf, daß ich die Ehre habe, der Akademie sozusagen zur Hälfte anzugehören.[17] Nur durch Zufall habe ich vor kurzem den dritten Band der *Histoire d'Angleterre* des Père d'Orléans[18] zu sehen bekommen, und das Buch scheint mir durchaus beachtlich.

Ich gestatte mir, meinem Postscriptum sozusagen noch ein Postscriptum anzufügen, im Vertrauen darauf, daß Sie, Ehrwürdiger Vater, die Güte haben werden, mehr auf die Sache zu sehen als auf die Form. Ich weiß nicht, ob Sie von einer Neuigkeit gehört haben, die ich im vergangenen Jahr brieflich aus Polen erfahren habe.[19] Danach wäre der Krieg zwischen Russen und den unter chinesischer Herrschaft lebenden Tataren wieder ausgebrochen, und die Russen wären aus den großen Ländern vertrieben worden, deren sie sich seit einiger Zeit bemächtigt hatten. Infolgedessen schwankten selbst die Völker des östlichen Sibirien und neigten dem Sieger zu. Ich bezweifle, daß diese Nachricht gut begründet ist, da aus Ihrem Brief hervorzugehen scheint, daß Sie davon nichts erfahren haben, und die Sache mir überdies mit der chinesischen Politik nicht vereinbar scheint. Ich freue mich zu hören, daß P. Grimaldi endlich Goa erreicht hat und gegenwärtig in Peking ist, wie es scheint. Wenn Euer Ehrwürden ihm oder jemand anderem in China einmal schreiben sollten, bäte ich darum, P. Grimaldi mitzuteilen, wie ich mich über supplierois de luy temoigner ma joye de son heureuse arrivée, et de le sommer de se souvenir des promesses, qu'il m'a faites. Comme il estoit extremement curieux d'apprendre des particularités de ma Machine Arithmetique, il sera peutestre ravi d'entendre, que [je] l'ay fait enfin executer en grand, en sorte qu'elle peut aller à des produits de 12 figures.

J'approuve fort le dessein de vos peres de faire part aux Chinois de la Philosophie. Si Dieu me donne assez de vie et de liberté, j'espere de projetter une maniere de philosophie, dont on n'aura encor rien vu de semblable, parce qu'elle aura la clarté et la certitude des Mathematiques, car elle contiendra quelque chose de semblable au calcul. Il est vray qu'elle ne servira pas encor à tout decider, mais les decisions qu'il y aura, seront incontestables. Puisque l'erreur, qu'il y auroit, ne pourroit estre qu'un *Error Calculi*, que chacun peut redresser aisement. Le chemin estant ouvert, la posterité ira plus loin. etc.

seine glückliche Ankunft freue, und ihn an die Versprechen zu erinnern, die er mir gegeben hat. Da er äußerst interessiert war an Details meiner Rechenmaschine, wird er sich vielleicht freuen zu hören, daß ich sie endlich in großer Ausführung habe fertigstellen lassen, so daß sie bis zu zwölfstellige Ergebnisse hervorbringen kann.[20]

Die Absicht Ihrer Patres, die Chinesen mit der abendländischen Philosophie bekanntzumachen, findet meine volle Billigung. Wenn Gott mir die Lebenszeit und Freiheit dazu gibt, hoffe ich, eine Philosophie zu entwerfen, derengleichen man noch nicht gesehen hat, weil sie die Klarheit und Gewißheit der Mathematik haben wird – tatsächlich wird sie etwas dem Rechnen Ähnliches enthalten.[21] Zwar wird man mit ihrer Hilfe noch nicht alle [Fragen] entscheiden können, aber die einmal erzielten Entscheidungen werden unumstößlich sein. Ein Irrtum, sollte es ihn geben, wäre nämlich nur ein Rechenfehler, den jeder leicht berichtigen kann. Ist der Weg einmal eröffnet, wird die Nachwelt weiter fortschreiten.[22]

11. LEIBNIZ AN ANTOINE VERJUS S.J.

[Hannover], 27. Mai / 6. Juni 1695
[Gekürzt um das P.S.]. [10. 12.]

Au R. P. Verjus

Mon tres Reverend Pere (27 May) 6 Juin 1695

J'espere que V. R^ce^ aura pris en bonne part les marques de zele, et respect, que j'ay taché de donner dans ma precedente. Maintenant ayant receu les Extraits des lettres de vos peres de la Chine retenues par les Moscovites, qu'on m'avoit fait esperer, je m'acquitte aussi de ma promesse[.] Il est vray que je ne sçaurois envoyer le tout à cette fois, parce qu'estant pressé de faire un petit voyage, et n'ayant pû faire copier à la haste, que ce qui estoit pour Vostre Reverence, qui est le plus court, je suis obligé de remettre à mon retour la copie de la lettre qui estoit destinée au tres R. Pere de la Chaise qui me paroist l'entiere, et non pas un simple extrait, comme ce qui est pour V. R^ce^ dont je ne sçaurois deviner la raison. Je ne laisseray pas de m'en informer, et si on a quelque chose de plus, j'espere de l'obtenir aussi.

Je puis asseurer V. R^ce^ que j'ay esté touché des sentimens charitables et chrestiens du R. P. Gerbillon, et de telles lettres peuvent servir d'Apologie pour vostre Compagnie, d'autant plus qu'elles n'ont pas esté faites à ce dessein et qu'on en a la connoissance malgré vous. Plût à Dieu qu'on fit plus d'efforts en Europe pour avancer cette grande mission de la Chine, dont vos peres ont jetté si heureusement les premieres semences, où la moisson est si grande, et les esperances d'une bonne raccolte sont si belles. Il est honteux à nos Europeans (qui se piquent tant d'avoir de l'esprit) qu'on s'occupe à des bagatelles, et qu'on neglige les plus grandes choses où la conscience, la gloire et l'utilité sont egalement interessées.

11. LEIBNIZ AN ANTOINE VERJUS S.J.

[Hannover], 27. Mai / 6. Juni 1695
[Gekürzt um das P.S.]. [10.12.]

An P. Verjus

Sehr ehrwürdiger Vater 27. Mai / 6. Juni 1695

Ich hoffe, daß Euer Ehrwürden die Bekundungen meines Eifers und meiner Hochachtung, die ich in meinem letzten Schreiben zum Ausdruck zu bringen versucht habe, gut aufgenommen haben. Nachdem ich jetzt die Auszüge aus den von den Russen zurückgehaltenen Briefen Ihrer Patres in China erhalten habe, die man mir in Aussicht gestellt hatte,[1] löse ich auch mein Versprechen ein. Zwar kann ich nicht dieses Mal alles mitschicken, da ich dringend eine kleine Reise[2] unternehmen muß und in der Eile nur den für Sie bestimmten Brief[3] habe abschreiben lassen können. Das ist der kürzeste Text. Die Abschrift des an P. de La Chaize gerichteten Briefes muß ich daher bis zu meiner Rückkehr aufschieben. Dieser scheint mir vollständig zu sein, im Gegensatz zu der für Euer Ehrwürden bestimmten Sendung. Ich habe keine Vorstellung davon, wie das zu erklären ist, werde mich aber auf jeden Fall erkundigen. Sollte noch mehr da sein, hoffe ich, es auch erhalten zu können.

Ich kann Euer Ehrwürden versichern, daß ich von der milden und christlichen Gesinnung des P. Gerbillon gerührt gewesen bin. Solche Briefe eignen sich, Ihre Gesellschaft in Schutz zu nehmen, um so mehr als sie nicht zu diesem Zweck geschrieben wurden, sondern gegen Ihren Willen bekannt geworden sind. Gebe Gott, daß man in Europa größere Anstrengungen unternimmt, um diese große Chinamission zu fördern, für die Ihre Patres so glücklich die erste Saat bestellt haben, wo der Ertrag so groß und die Hoffnungen auf eine gute Ernte so schön sind. Es ist eine Schande für unsere Europäer (die sich doch so viel auf ihr Urteil einbilden), daß sie sich mit Nichtigkeiten befassen und darüber die größten Dinge vernachlässigen, an denen das Gewissen, die Ehre und der Vorteil gleichermaßen Anteil haben.

Je me sers de la permission de V. R^ce^, en luy envoyant un petit memoire touchant les Langues. Je trouve que rien ne sert d'avantage à juger des connexions des peuples: par exemple la langue des Abyssins nous fait connoistre, qu'ils sont une colonie des Arabes. Et comme nos peuples Germaniques et apparemment aussi les Celtes sont venus de la Scythie; et que les Scythes ont inondé l'Europe et l'Asie plus d'une fois, je souhaiterois particulierement d'estre instruit des langues qui restent dans ces vastes pays du Septentrion oriental. Vos peres de Constantinople, d'Isphahan, si vous en avés, de la Chine, et d'autres endroits, y pourroient contribuer considerablement, le soin des langues estant un des plus importans pour les missions. Et l'Ambassadeur de France à la Porte pourroit obtenir aisement par le moyen des dragomans les echantillons des langues de l'Empire Ottoman.

Ce sera pour une autre fois que je formeray des demandes sur d'autres curiosités[,] particulierement à l'egard de la Chine, pour profiter des bontés de V. R^ce^. Au reste je me rapporte à ma precedente, et je suis avec beaucoup de zele […]

Ich bediene mich der Erlaubnis, die Euer Ehrwürden mir gegeben haben, und sende Ihnen eine kleine Denkschrift zum Thema Sprachen. Meiner Meinung nach ist nichts nützlicher [als die Sprachen], wenn man sich ein Urteil über die Verbindungen der Völker untereinander bilden will: Die Sprache der Abessinier zum Beispiel lehrt uns, daß dieses Volk eine Kolonie der Araber ist.[4] Und weil unsere germanischen Völker und anscheinend auch die Kelten aus »Skythien« gekommen sind und die »Skythen«[5] Europa und Asien mehr als einmal überschwemmt haben, wäre ich besonders an Informationen über die Sprachen interessiert, die in diesen weiten Ländern des Nordostens noch gesprochen werden. Ihre Patres in Konstantinopel, in Isfahan (falls es dort welche gibt),[6] in China und anderwärts könnten wesentliche Beiträge dazu leisten, zumal es zu den wichtigsten Aufgaben der Mission gehört, sich der [jeweiligen] Sprachen [der Einheimischen] anzunehmen. Der französische Botschafter bei der Pforte könnte leicht mit Hilfe der Dolmetscher Proben der Sprachen des Ottomanischen Reiches erhalten.

Ein andermal werde ich Fragen zu anderen Merkwürdigkeiten insbesondere Chinas formulieren, um mir die Zuvorkommenheit von Euer Ehrwürden zunutze zu machen. Ich berufe mich im übrigen auf meinen letzten Brief und bin [...]

12. LEIBNIZ AN ANTOINE VERJUS S.J.

[Hannover, 4. Oktober (?) 1695] [Auszug]. [11. 14.]

Au R. P. Verjus

Mon Tres Reverend Pere

Je demande pardon à Vostre reverence d'avoir tardé un peu à envoyer le reste de ce que j'ay pû obtenir jusqu'icy des lettres de R. P. Gerbillon données dans la Grande Tartarie. Voicy donc maintenant la copie de celle qui estoit destinée au Tres R. P. de la Chaise. Si V. R^ce^ juge à propos de luy en faire part, je la supplieray de rendre en même temps temoignage de ma veneration, que j'espere qu'il agreera de la part d'un inconnu. Car je me dois conter pour tel à son egard, quoyque j'aye eu un jour l'honneur de luy faire la reverence à Paris. Car c'est une chose qui s'entend d'elle meme, que ce grand homme n'a garde de se pouvoir souvenir d'une personne sans distinction qu'il n'a vu que quelques momens. [...]

12. LEIBNIZ AN ANTOINE VERJUS S.J.

[Hannover, 4. Oktober (?) 1695] [Auszug]. [11. 14.]

An P. Verjus

Sehr ehrwürdiger Vater

Ich bitte Euer Ehrwürden um Verzeihung, daß ich ein wenig in Verzug geraten bin mit der Übersendung dessen, was ich bisher von den aus der Großen Tatarei [Manjurei] datierten Briefen des P. Gerbillon habe bekommen können. Beiliegend also jetzt die Kopie des für P. de La Chaize bestimmten Briefes. Falls Euer Ehrwürden es für angebracht halten, dem Pater von dem Brief Mitteilung zu machen, möchte ich Sie bitten, ihm bei dieser Gelegenheit meine Verehrung auszudrücken, die er, wie ich hoffe, von seiten eines Unbekannten akzeptieren wird. Denn ich muß mich ihm gegenüber als einen solchen betrachten, auch wenn ich einmal die Ehre hatte, ihm in Paris meine Aufwartung zu machen.[1] Es versteht sich ja von selbst, daß dieser große Mann sich nicht eines einfachen Privatmannes erinnern wird, den er nur einige Augenblicke gesehen hat. […]

13. LEIBNIZ AN CLAUDIO FILIPPO GRIMALDI S.J.

[Hannover oder Wolfenbüttel,
Mitte Januar – Anfang Februar 1697] [8.]

Reverendissimo Patri, Claudio Philippo Grimaldo Soc. Jes. Theologo, et Praesidi Mathematici Tribunalis in Imperio Sinensi, Godefridus Guilielmus Leibnitius S. P. D.

Mirifice exhilaratus fueram Tuis literis, Goa 6 Decemb. 1693 datis, quae salvum illuc appulisse nunciabant, spe etiam facta memoriam mei meorumque quaesitorum Tibi commendatam fore. Ex eo tempore nunciatus etiam fuit Tuus ad Sinensem Metropolin adventus, sed valetudine affecta accersitoque ex itineris laboribus morbo, qui periculo non vacare dicebatur, quo non mediocriter sum perturbatus. Nam in Te periclitari judicavi inter duas cultissimas orbis partes commercia non opum sed animorum. Cum verò fama rerum adversarum nihil soleat esse velocius, itaque eo ipso quod nihil ultra intelleximus, in magnam spem erectus sum restitutae sanitatis Tuae, quod ratum esse Deus faxit.

Velim autem cogites, Vir egregie, quod etiam cogitare Te non dubito, Deum Tibi, quod paucissimis mortalium, dedisse, ut res maximas gerere possis, quibus gloria ejus amplificetur, et generis humani bona augeantur. Cumque sapientia et Virtus vera hominis bona sint, et quanto quisque admiranda Dei opera intelligit rectiùs, eo magis ad Virtutem colendam, Deumque ipsum amandum inflammetur; consequens est eum, qui magnum lumen afferre potest scientiis, multum etiam conferre posse ad pietatem. Sunt autem Sinae Vestri velut alius orbis, unde notitiis pulcherrimis locupletari noster possit, dum vicissim rerum coelestium divinarumque cognitio, qua nos Dei beneficio praestamus, illuc transplantatur. Porro quem-

13. LEIBNIZ AN CLAUDIO FILIPPO GRIMALDI S.J.

[HANNOVER ODER WOLFENBÜTTEL,
MITTE JANUAR – ANFANG FEBRUAR 1697] [8.]

[...]
Überaus erfreut hat mich seinerzeit Ihr Brief aus Goa vom 6. Dezember 1693, in dem Sie melden, Sie wären heil und gesund dort gelandet, und mir auch in Aussicht stellen, Sie würden es sich angelegen sein lassen, an mich und meine Fragen zu denken. Zu dieser Zeit wurde auch berichtet,[1] Sie wären in der chinesischen Hauptstadt eingetroffen, Ihre Gesundheit wäre aber geschwächt, und Sie hätten sich durch die Strapazen der Reise eine nicht ungefährliche Krankheit zugezogen, was mich überaus beunruhigt hat. Denn in Ihrer Person stand nach meinem Urteil nicht der Handel mit Reichtümern, sondern der geistige Austausch zwischen den beiden zivilisatorisch am weitesten fortgeschrittenen Teilen der Welt auf dem Spiel. Da aber nichts schneller zu reisen pflegt als Gerüchte von widrigen Begebenheiten, habe ich gerade daraus, daß wir keine weitere Nachricht erhielten, große Hoffnung geschöpft, Ihre Gesundheit möchte wiederhergestellt sein. Gebe Gott, daß sich diese Hoffnung erfüllt hat.
Bitte bedenken Sie aber, großer Mann – und ich zweifle nicht, daß Sie das tun –, daß Gott Ihnen wie den wenigsten unter den Sterblichen die Gabe verliehen hat, die größten Aufgaben zu bewältigen, um Seinen Ruhm zu erhöhen und das Wohl des Menschengeschlechts zu mehren. Die wahren Reichtümer des Menschen aber sind Weisheit und Sittlichkeit und je mehr ein jeder einen rechten Begriff davon bekommt, wie bewunderungswürdig die Werke Gottes sind, um so begeisterter wird er an seiner Sittlichkeit arbeiten, um so mehr in Liebe zu Gott selbst entbrennen. Deshalb kann, wer über die Wissenschaften helles Licht zu verbreiten vermag, auch einen großen Beitrag zum Glauben leisten. Ihr China nun ist wie eine andere Welt, aus der die unsere um die faszinierendsten Kenntnisse bereichert werden könnte, so wie umgekehrt das Wissen um die himmlischen und göttlichen Dinge, durch das wir uns durch Gottes Gnade aus-

admodum Caligula Imperator, homo pessimus, optabat, unam esse totius populi Romani cervicem, ut uno ictu abscindi posset, ita res est magna et optabilis unum esse ingentium regnorum Monarcham sapientem, in quo omnibus benefacias, si rerum praeclararum in ipso ardor excitetur, quoniam bona Principis in omnes diffunduntur. Intellexi autem ex sermonibus Tuis Romae habitis, aliorumque testimonio magnam esse Virtutem, magnum amorem sapientiae in Monarcha Sinarum, et qui ex illis regionibus postea venere, addunt filium haeredem destinatum tanto Imperio omnia paterna spondere. Tibi igitur apud Patrem summo favore agenti, nec minus ut credibile est filium facilem habenti, mirifica oblata est divinitus occasio benefaciendi utrique parti orbis. Scio per gradus eundum esse in animis hominum capiendis, neque facile esse, ea quae Deus humano generi per Christum revelavit iis per argumenta persuadere, quibus nostra Historia Sacra et Profana non satis est explorata demonstrataque, neque ille adminiculorum defectus nisi divina inspiratione subitò suppleri potest. Interea tamen tanta est Dei benignitas, ut his quoque, quibus revelata satis efficaciter nondum innotuerunt, alio gratiae nunquam deficientis genere succurrat, modo nihil ipsis ad bonam voluntatem desit. Excitati enim naturae contemplatione, intusque adjuti ex alto eum super omnia amare possunt, quem super omnia pulchrum perfectumque esse intelligunt; donec praeparata mente etiam fidei lumen ipsis infundatur. Itaque tantisper dum Deo nondum visum est praedicationi externae Evangelii totum pondus dare quod optamus, conandum est ut amor divinus interim excitezeichnen, nach China verpflanzt wird. Ja, und so wie Kaiser Caligula, ein grundschlechter Mensch, wünschte, das ganze römische Volk hätte nur einen Nacken, daß er ihn mit nur einem Schlag durchtrennen könnte,[2] so ist es eine große, willkommene Sache, wenn ein einziger weiser Monarch über gewaltige Reiche herrscht, dem wohlzutun bedeutet, allen wohlzutun, sofern es nur gelingt, in ihm die Begeisterung für große Taten zu wecken, denn das Wohl eines Fürsten überträgt sich auch auf seine Untertanen. Nun habe ich aus unseren Gesprächen in Rom[3] und auch dem Zeugnis anderer[4] entnommen, daß der Kaiser von China sich durch eine große persönliche Sittlichkeit und durch eine große Liebe zur Weisheit auszeichnet, und später aus China Zurückgekehrte fügen hinzu, daß sein Sohn, der zum Erben dieses Riesenreiches bestimmt ist, in allem in den väterlichen Fußstapfen wandelt.[5] So ist Ihnen, der Sie beim Vater in der höchsten Gunst stehen und, wie man annehmen darf, ein nicht minder gutes Verhältnis zum Sohn haben, vom Himmel die wunderbare Gelegenheit gegeben, zum Segen beider Teile der Welt zu wirken. Ich weiß wohl, daß schrittweise vorgehen muß, wer die Menschen für sich gewinnen will, und daß es nicht leicht ist, was Gott den Menschen durch Christus offenbart hat, durch Beweisgründe den Chinesen nahezubringen, die nur unzureichend unsere heilige wie unsere profane Geschichte kennen und als erwiesen anerkennen. Dieser Mangel an Hilfsmitteln ist aus dem Stand denn auch nur durch göttliche Eingebung auszugleichen. Doch so groß ist Gottes Güte, daß er auch denjenigen, die mit seiner Offenbarung noch nicht genügend vertraut sind, durch ein anderes Mittel seiner nie versiegenden Gnade zu Hilfe kommt, wenn sie es nur an gutem Willen nicht fehlen lassen. Denn angetrieben durch die Betrachtung der Natur und innerlich gefördert durch Beistand von oben, können sie den über alles lieben, von dem sie begreifen, daß seine Schönheit und Vollkommenheit alles übertrifft, bis in ihre so vorbereiteten Gemüter auch das Licht des Glaubens Eingang findet. Solange also Gott noch nicht für gut befindet, der Predigt des Evangeliums von außen das volle Gewicht zu geben, das wir uns wünschen, muß indessen versucht werden, die Liebe zu Gott [bei ihnen] zu entfachen, tur, quem maximè Christus ursit et ratio ipsa commendat. Certum autem est neminem amari posse cujus non est cognita pulchritudo, nec divinam sapientiam et potestatem (in quibus supremae intelligentiae speciositas consistit, quantum à nobis illa capi potest) melius nosci quam cognitione rerum quas fecit. Unde conficitur tria agi debere ad augendum in nobis naturale Dei lumen: nimirum ut primum colligatur notitia rerum egregiarum jam inventarum, deinde ut eruantur adhuc invenienda, denique ut omnia vel inventa vel invenienda referantur ad hymnos summo rerum autori canendos, et incrementum divini amoris cui caritas erga homines est innexa. Quodsi tanta esset mortalium felicitas, ut Magnus aliquando Monarcha, praesertim cui nec amor bellorum nec necessitas esset, qualem Vestrum esse scimus, tria ista tanquam rem suam agenda sumeret sibi, plus uno decennio ad gloriam divinam et beneficia humani generis, quam multis alias seculis proficeremus. Nec video nunc in orbe principem, cui extra aleam posito ista succedere melius possint, quam Sinensi; Neque est quisquam Te uno aptior apud ipsum efficaciorque ad persuadendum. Utinam mihi, qui nemini ardore boni publici procurandi concedo, per tanta terrarum spatia discluso, liceret sublevare ea in re vota laboresque Tuos! Nunc saltem apud nos conor afferre aliquid ad augmenta scientiarum, ut paulatim in rerum arcanis noscendis progrediamur.

Machinae Arithmeticae meae jam tertium exemplum elaboratur, cujus vellem quantum Tibi placuit descriptio, tantum Tibi ipsa inspectio posset satisfacere. Neque enim dubito magnae voluptati fore maximas multiplicationes divisionesque eodem pene cum minoribus tempore mirabili velocitate peractas, ita ut veri prodeant wie sie vor allen anderen Christus gefordert hat und die Vernunft selbst nahelegt. Freilich kann man nur lieben, wessen Schönheit man kennt,[6] und der göttlichen Weisheit und Macht (auf denen die Schönheit der höchsten Einsicht beruht, soweit diese für uns faßbar ist) kann man nicht besser innewerden als durch die Kenntnis ihrer Werke. Daraus folgt, daß wir dreierlei zu tun haben, um das uns angeborene göttliche Licht zu mehren: 1. gilt es die Kenntnis von allem bereits Entdeckten zusammenzutragen; 2. haben wir zu erforschen, was noch zu entdecken ist; 3. schließlich muß alles, Erfundenes wie noch zu Erfindendes, eingehen in Gesänge zu Ehren des höchsten Schöpfers und in die Mehrung der Liebe Gottes, der die Liebe zu den Menschen eng verbunden ist.[7] Wenn aber den Sterblichen ein so großes Glück zuteil würde, daß einmal ein großer König (zumal wenn er weder den Krieg liebte noch Kriege zu führen genötigt wäre – so wie wir wissen, daß es bei dem Ihren der Fall ist)[8] sich diese drei Dinge gleichsam zu eigen machte: Wir würden in einem Jahrzehnt mehr den Ruhm Gottes und das Wohl der Menschheit befördern als andernfalls in vielen Jahrhunderten. Ich sehe auch gegenwärtig keinen Fürsten in der Welt, der, frei von aller Gefährdung, hierin besseren Erfolg haben könnte als der chinesische, und es gibt keinen Mann in der Umgebung [des Kaisers], der geeigneter wäre oder besseren Erfolg verspräche, ihn [dazu] zu überreden, als Sie allein. Wäre es mir, der ich niemandem nachstehe im heißen Bemühen, das Gemeinwohl zu fördern, durch so weite Räume von Ihnen geschieden, doch vergönnt, Ihre Pläne und Arbeiten zu unterstützen! So aber versuche ich wenigstens, bei uns einen Beitrag zur Mehrung der Wissenschaften zu leisten, damit wir nach und nach Fortschritte machen in der Erkenntnis des uns Verborgenen.

[Gegenwärtig] ist bereits die dritte Version meiner Rechenmaschine[9] in Bau. So wie Sie an deren Beschreibung Gefallen gefunden haben, so wünschte ich, Sie könnten auch durch persönliche Anschauung [Ihrem Interesse] Genüge tun. Denn ich zweifle nicht, daß es Ihnen großes Vergnügen bereiten würde, die aufwendigsten Multiplikationen und Divisionen fast in derselben Zeit wie leichtere mit wunderbarer Geschwindigkeit durchgeführt zu sehen, mit dem producti, quotientes residuique et Numeri ad duodecim usque notas, atque ultra etiam si velis progrediantur. Neque in multiplicando ullis additionibus auxiliaribus est opus. Itaque jam propemodum levatum est hoc calculandi labore humanum genus, et fastidiosissimae computationes nunc à puerulo velut ludente effici possunt exigua animi attentione, et securitate summa. Quae quanta sint in hoc genere, nemo Te rectius perspicit. Neque ista quicquam cum Logarithmis vel cum Neperi baculis commune habent.

Est et aliud in Numeris à me detectum, quod magnam si quid aliud in tota Mathesi aut etiam Philosophia, ad excitandos pietatis sensus vim habere videtur, estque per se admiratione dignissimum. Neque quicquam temere occursurum in natura puto, quod pulchriorem et magis expressam praebeat imaginem creationis rerum omnium quas ex nihilo eduxit Deus. Et cum inter credenda quae proponit fides nostra, quidam hoc caput difficultate non postremum putent; tanto erit utilius hoc invento etiam Christianis dogmatibus novum et praeclarum testimonium ex indubitatissima scientiarum perhiberi, aliquam fortasse etiam apud vos ad augendum Veritatis lumen efficaciam habiturum. Dudum quidem habebam istud, ut alia multa, obruta inter schedas, cum forte accidit, ut apud Serenissimum Principem Rudolphum Augustum Brunsvicensium et Luneburgensium ex Guelfebytana linea Ducem, mentionem rei facerem tanquam jucundae et ad pias meditationes profuturae, quibus princeps egregius delectari solet. Mirabatur is primum, mox ubi accuratius intellexit, tantam inde cepit voluptatem ut etiam sigillis jusserit insculpi mysticum Φ velut Symbolum rerum omnium ex nihilo creatarum per unitatem. Sed rem ipsam exponere operae pretium puto.

Ergebnis korrekter Produkte, Quotienten und Reste sowie Zahlen von bis zu zwölf Stellen, wenn gewünscht aber auch noch darüber hinaus. Auch braucht man bei den Multiplikationen nicht die Addition [von Zwischenergebnissen] zu Hilfe zu nehmen. So ist die Menschheit von dieser Bürde des Rechnens nahezu befreit, und von nun an kann sogar ein kleines Kind wie im Spiel die lästigen Rechnungen bewältigen, mit dem geringsten Aufwand an Aufmerksamkeit und der größten Sicherheit.[10] Von welcher Bedeutung das alles auf diesem Gebiet ist, durchschaut niemand besser als Sie, und [meine Rechenmaschine] hat nichts gemein mit den Logarithmen bzw. Nepers Rechenstäben.[11]

Ich habe noch eine andere Entdeckung im Zahlenreich gemacht,[12] die mir eine so große Kraft, Frömmigkeit zu wecken, wie nur irgend etwas sonst im Bereich der gesamten Mathematik oder auch Philosophie zu haben scheint und auch an und für sich im höchsten Grade bewunderungswürdig ist. Nicht leicht dürfte einem in der Natur etwas begegnen, das ein schöneres und anschaulicheres Bild böte von der Schöpfung aller Dinge, die Gott aus dem Nichts geschaffen hat. Manche meinen, daß dieser Artikel unter den Glaubensinhalten, die unsere Religion uns vorgibt, mit die größten Schwierigkeiten bietet; es wird daher um so nützlicher sein, wenn die am wenigsten angefochtene unter den Wissenschaften mit dieser Entdeckung auch für die christlichen Dogmen ein neues, glänzendes Zeugnis beibringt, das vielleicht auch bei Ihnen einige Wirksamkeit entfalten wird, das Licht der Wahrheit zu mehren. Lange schon lag diese Sache wie so viele andere vergraben unter meinen Papieren, als ich sie zufällig gegenüber dem Erlauchten Fürsten Rudolf August von Braunschweig-Lüneburg, Herzog aus der wolfenbüttelschen Linie, erwähnte[13] als etwas Ansprechendes und frommen Betrachtungen, an denen sich der große Fürst zu erbauen pflegt, Förderliches. Zunächst war dieser erstaunt, doch sobald er verstand, worum es des näheren ging, begeisterte er sich so dafür, daß er sogar Befehl gab, das mystische Φ als Symbol aller aus dem Nichts durch die Einheit erschaffenen Dinge in Siegel einzugravieren.[14] Doch ich denke, es lohnt, die Sache selbst darzulegen.

Constat in arbitrio esse hominum, qua Numerorum progressione uti velint. Decadica nulla alia sua praerogativa quam quod digitis respondet, recepta videtur, et vel ideò retinetur merito; aliis tamen duodenariam utiliorem visam, quibusdam Pythagoricum Tetractyn placuisse constat. Mihi aliquando in mentem venit examinare quid tandem proditurum esset, si simplicissima omnium dyadica seu Binaria uteremur. Animo igitur huc verso statim vidi necesse esse, ut omnes Numeri scribi possint per has duas solas simplicissimas notas Unitatis et Nullitatis, 1 et 0. Nam ut in progressione decadica omnia scribi possunt per notas infra denarium, nempe per 0, 1, 2, 3, 4, 5, 6, 7, 8, 9. Et in tetradica per notas infra quaternarium nempe per 0, 1, 2, 3, ita necesse erat in dyadica omnia scribi posse per notas infra binarium, quae non sunt aliae quam 0 et 1. Quod cum reapse experiri placuisset, Tabula talis prodiit numerorum aliquousque productorum, qualem hic vides usque ad 32, una cum operationibus Additionis et Multiplicationis per exempla declaratis, non praxeos tamen, sed contemplationis causa.

numeri

0	0
1	1
10	2
11	3

additio

1	1
10	2
11	3

multiplicatio

11	3
11	3
11	
11	
1001	9

Bekanntlich liegt es im Belieben der Menschen, welche Zahlenprogression sie verwenden.[15] Die Zehnerprogression scheint allein auf Grund ihres Vorzuges, daß sie [der Zehnzahl] der Finger entspricht, aufgekommen zu sein, und wenigstens insofern hält man zu Recht an ihr fest. Hingegen weiß man, daß andere die Zwölferprogression für brauchbarer erachtet und manche am pythagoräischen Vierersystem Gefallen gefunden haben. Mir ist es einmal in den Sinn gekommen zu prüfen, was wohl dabei herauskommen würde, wenn wir die einfachste unter allen Progressionen verwendeten, die dyadische oder binäre. Als ich daher meine Aufmerksamkeit dieser Frage zuwandte, sah ich sofort die Notwendigkeit, alle Zahlen mit Hilfe nur dieser beiden ganz einfachen Zeichen der Einheit und des Nichts, 1 und 0, schreiben zu können. Denn so wie bei der Zehnerprogression alle Zahlen durch Ziffern unterhalb der Zahl zehn geschrieben werden können, nämlich durch 0, 1, 2, 3, 4, 5 6, 7, 8, 9, und in der Viererprogression durch Ziffern unterhalb der Zahl vier, nämlich 0, 1, 2, 3, so mußte in der dyadischen Progression alles durch die Zeichen unterhalb der Zahl zwei geschrieben werden können, und diese sind keine anderen als 0 und 1. Ich beschloß, wirklich den Versuch zu machen, und es kam dabei eine Tafel der bis zu einer bestimmten Größe fortgeführten Zahlen heraus, wie Sie sie hier bis 32 fortgeschrieben sehen, zusammen mit einer Darlegung der Rechenoperationen der Addition und Multiplikation, an Beispielen erläutert, nicht wegen eines praktischen Bezuges, sondern um der bloßen theoretischen Betrachtung willen.

Zahlen

0	0
1	1
10	2
11	3

Addition

1	1
10	2
11	3

Multiplikation

11	3
11	3
11	
11	
1001	9

numeri

100	4
101	5
110	6
111	7
1000	8
1001	9
1010	10
1011	11
1100	12
1101	13
1110	14
1111	15
10000	16
10001	17
10010	18
10011	19
10100	20
10101	21
10110	22
10111	23
11000	24
11001	25
11010	26
11011	27
11100	28
11101	29
11110	30
11111	31
10000[0]	32

additio

10	2
101	5
111	7

110	6
1001	9
1111	15

1001	9
1101	13
..	
10110	22

100	4
101	5
110	6
1111	15

111	7
1001	9
1011	1[1]
....	
11011	27

multiplicatio

101	5
11	3
101	.
101	.
1111	15

110	6
101	5
110	
1100	
11110	30

111	7
111	7
111	
111	
111	
110001	49

1001	9
111	7
1001	
1001	
1001	
111111	63

Zahlen

100	4
101	5
110	6
111	7

1000	8
1001	9
1010	10
1011	11
1100	12
1101	13
1110	14
1111	15

10000	16
10001	17
10010	18
10011	19
10100	20
10101	21
10110	22
10111	23
11000	24
11001	25
11010	26
11011	27
11100	28
11101	29
11110	30
11111	31

10000[0]	32

Addition

10	2
101	5
111	7

110	6
1001	9
1111	15

1001	9
1101	13
..	
10110	22

100	4
101	5
110	6
1111	15

111	7
1001	9
1011	1[1]
....	
11011	27

Multiplikation

101	5
11	3
101	.
101	.
1111	15

110	6
101	5
110	
1100	
11110	30

111	7
111	7
111	
111	
111	
110001	49

1001	9
111	7
1001	
1001	
1001	
111111	63

Ubi 1 in loco primo à dextris significat Unitatem, in secundo 2 seu latus, in tertio 4 seu quadratum lateris, in quarto 8 seu cubum, in quinto 16 seu biquadratum, in sexto 32 seu surdesolidum, et ita porro: Hinc sequentia patent[:]

Primum omnes numeros scribi posse per 1 et 0.

Secundo quemadmodum essentiae rerum sunt ut numeri, ita et creationem rerum à Deo ex nihilo factam repraesentari per expressionem numerorum ope solius Unitatis nullitati supervenientis.

Tertio hanc expressionem esse omnium simplicissimam et maxime naturalem. Est enim progressio reduplicativa omnium prima et facillima, quemadmodum et sectio in partes binas aequales.

Quarto in hac progressione nihil assumi sed omnia demonstrari. Exempli causa inter calculandum ab omnibus assumitur quod 1 et 2 sit 3, item quod ter tria sint novem, hic vero demonstratur ut in exemplis adjectis patet.

Quinto in hâc progressione non esse opus Tabula Pythagorica vel alio quovis subsidio. Nempe tantum sciri oportet ad multiplicandum vel dividendum 0 per 0 vel 0 per 1. vel 1 per 0 multiplicando fieri 0; et 1 per 1 multiplicando fieri 1.

Sexto in divisione secundum hanc progressionem non esse opus tentando quaerere quotientem.

Septimo in hac progressione omnia resolvi ad prima usque principia, 0 et 1. Unde fit etiam ut in ea faciliùs appareant demonstrationes; ex quo sequitur etiam –

Octavo hanc progressionem maximi esse usus ad invenienda Theoremata rationesque eorum reddendas. Cui adde

Nono Omnia in hac progressione procedere ordinatè. Cum enim nulla appareat connexio vulgari modo in exprimenda naturali numerorum serie 0.1.2.3.4. etc.: hic apparet statim regularitas summa. Nam in serie naturali numerorum hoc novo more expressa,

Hier bedeutet 1 an der ersten Stelle von rechts die Einheit, an der zweiten Stelle 2 oder die Seite, an der dritten 4 oder das Quadrat der Seite, an der vierten 8 oder den Kubus, an der fünften 16 oder das Biquadrat, an der sechsten 32 oder das Surdesolidum und so fort.[16] Daraus ergibt sich, was folgt:

1. Alle Zahlen können durch 1 und 0 ausgedrückt werden.

2. So wie das Wesen der Dinge Zahlen gleicht,[17] so wird auch die Erschaffung der Dinge durch Gott aus dem Nichts durch Zahlen ausgedrückt mit Hilfe der bloßen Einheit, die sich zum Nichts gesellt.

3. Diese Art der Zahlendarstellung ist unter allen die einfachste und natürlichste. Die auf der Verdopplung beruhende Progression ist nämlich unter allen die erste und am leichtesten zu handhabende, ebenso wie auch die Teilung in zwei gleiche Teile.

4. In dieser Progression beruht nichts auf Annahmen, es wird alles bewiesen. Beispielsweise wird beim Rechnen von jedermann angenommen, daß $1 + 2 = 3$, ebenso daß $3 \times 3 = 9$. Hier hingegen wird es bewiesen, wie aus den beigefügten Beispielen hervorgeht.

5. Bei dieser Progression bedarf es keiner Multiplikationstafel oder sonst irgendeines Hilfsmittels. Beim Multiplizieren oder Dividieren genügt es zu wissen, daß 0 und 0 oder 0 und 1 oder 1 und 0 multipliziert 0, und 1 multipliziert mit 1, 1 ergibt.

6. Beim Dividieren nach dieser Progression muß nicht durch Versuche nach dem Quotienten gesucht werden.

7. Bei dieser Progression wird alles bis zu den ersten Prinzipien, 0 und 1, aufgelöst. Deshalb sind in dieser Progression auch Beweise leichter durchzuführen, woraus ferner folgt, daß

8. diese Progression von größtem Nutzen ist, Beweissätze zu finden und zu rechtfertigen. Dazu kommt, daß

9. alles in dieser Progression nach einer bestimmten Ordnung vonstatten geht. Während nämlich keinerlei Verbindung in der natürlichen Folge der auf herkömmliche Weise ausgedrückten Zahlen 0, 1, 2, 3, 4, usw. erkennbar ist, wird hier sofort die größte Regelmäßigkeit sichtbar. Drückt man nämlich die natürliche Folge der Zahlen auf diese neue Weise aus, sind die [jeweils] letzten [Zahl-]zei-

ultimi characteres sunt 0.1.0.1 etc. penultimi 0.0. 1.1.0.0.1.1. etc.: antepenultimi sunt 0.0.0.0.1.1.1.1.0.0.0.0.1.1.1.1. etc. penantepenultimi sunt 0.0.0.0.0.0.0.0. 1.1.1.1.1.1.1.1.0.0.0.0.0.0.0.0.1.1.1.1.1.1.1.1. etc. semper duplicata periodi magnitudine.

Decimo Hinc uno mentis ictu rationem percipi memorabilis illius proprietatis, quae in progressione Geometrica dupla observata est dudum: quod scilicet quilibet numerus ex numeris progressionis Geometricae duplae non nisi semel positis adjuncta si opus unitate per additionem simplicem conflari potest. Exempli gr. 6 est 2 + 4, et 7 est 1 + 2 + 4, et 10 est 2 + 8, et 20 est 4 + 16, et 29 est 1 + 4 + 8 + 16. id autem statim patet ex nostra expressione. Nam quia 20 est 10100 et 1 in loco tertio a dextris est 4, et in loco quinto est 16: hinc 20 est 4 + 16. et quia 29 est 11101, et 1 in loco primo a dextris est 1. in tertio est 4, in quarto est 8, in quinto est 16. Hinc 29 est 1 + 4 + 8 + 16. Et ita in caeteris. Hujus proprietatis utilitate perspecta metallorum examinatores ponduscula sua in dupla progressione subdividunt, ita enim paucissimis ponderibus plurimas massas oblatas ponderandas aequare possunt. Unde etiam monetarum species simili progressione decrescere consultum usui publico foret.

Interim repeto quod jam dixi non esse hunc calculum ad vulgarem praxin adhibendum, in quo praestat potius multa supponere memoria jam comprehensa, quàm nihil supponendo omnia repetere ab ovo. Unde qui Tabulam Pythagoricam majorem memoria tenent, promtius calculare possunt quam qui vulgarem tantum seu minorem. Verus igitur hujus calculi usus est ad mysteria numerorum detegenda perficiendamque Analysin et fontes aperiendos. In quam rem multa habeo inexpectata quae aliquando producam.

chen 0,1,0,1, usw., die vorletzten 0,0,1,1,0,0,1,1, usw., die drittletzten 0,0,0,0,1,1,1,1,0,0,0,0,1,1,1,1, usw., die viertletzten 0,0,0,0,0,0,0,0,1,1, 1,1,1,1,1,1,0,0,0,0,0,0,0,0,1,1,1,1,1,1,1,1, usw., wobei die Länge der Periode immer verdoppelt wird.

10. Auf einem Schlag erkennt man daher, was jener bemerkenswerten Eigenschaft zugrundeliegt, die bei der geometrischen Zweierprogression schon seit langem festgestellt worden ist: daß nämlich jede beliebige Zahl aus den Zahlen der geometrischen Zweierprogression, die jeweils nur einmal gesetzt sein dürfen, durch einfache Addition zusammengefügt werden kann, wenn nötig unter Hinzufügung der Einheit. So 6 = 2 + 4, und 7 = 1 + 2 + 4, und 10 = 2 + 8, und 20 = 4 + 16, und 29 = 1 + 4 + 8 + 16. Der Grund dafür aber ergibt sich aus unserer Weise, die Zahlen zu notieren. Denn da 20 = 10100 und 1 an der dritten Stelle von rechts 4 ist und an der fünften Stelle 16, folgt, daß 20 = 4 + 16, und weil 29 = 11101 und 1 an der ersten Stelle von rechts 1 ist, an der dritten 4, an der vierten 8, an der fünften 16, folgt, daß 29 = 1 + 4 + 8 + 16. Und ebenso verhält es sich bei den anderen [Zahlen]. In Erkenntnis der Nützlichkeit dieser Eigenschaft unterteilen die Metallprüfer ihre Feingewichte in geometrischer Zweierprogression, denn so können sie mit der geringsten Zahl von Gewichten die größte Zahl von vorgelegten Metallmengen auswiegen. Es läge daher im öffentlichen Interesse, wenn auch die Münzen in einer entsprechenden absteigenden Progression geprägt würden.

Allerdings wiederhole ich, was ich bereits gesagt habe: Dieser Kalkül soll nicht in der alltäglichen Praxis Anwendung finden, bei der vielmehr vorzuziehen ist, vieles, was bereits im Gedächtnis haftet, vorauszusetzen, als gar nichts vorauszusetzen und alles vom ersten Anfang an zu wiederholen. Wer die größere Multiplikationstafel im Gedächtnis hat, kann rascher rechnen, als jemand, der nur über die gewöhnliche oder kleinere verfügt. Der wahre Nutzen dieses Kalküls liegt darin, daß er die Geheimnisse der Zahlen aufzudecken, zur Vervollkommnung der Analysis und zur Erschließung der Quellen dient. Dazu habe ich noch viele unerwartete [Einsichten], die ich später einmal vorführen werde.[18]

Sed missa Analysi Numerosa, dicam, ex quo Tu R^{me} Pater Europa excessisti Analysi[n] speciosam seu artem inveniendi Mathematicam mira augmenta accepisse; opera imprimis mea et aliquot amicorum, qui novam quandam à me propositam literaliter calculandi rationem in usum transtulerunt, qua ratione suppleta sunt ea quae Cartesius ipse fatebatur in sua Analysi deesse; et cum calculo suo complecti non posset, mechanica credi frustrà voluit.

Nam novam excogitavi formam in calculo exprimendi motuum progressus infinitè parvos et ipsa progressuum rudimenta quae sunt infinities infinite parva. Cum enim motus, quippe qui in tempore fit, sit ut linea ordinaria, oportet ut impetus, tanquam initium motus instantaneum, sit ut linea infinite parva seu infinitesima. At conatus (exempli gratia, gravitas aut vis recedendi a centro) cum infinitis demum repetitionibus constituat impetum, erit quantitas infinities infinite parva. Has notiones infiniti ubi traduxi in calculum Geometricum inventae sunt solutiones problematum physico-Mathematicorum, quae hactenus in potestate non esse videbantur, nunc autem paruêre facilius calculo infinitesimali, quia natura ubique aliquid infiniti involvit, ut vestigia ostendat autoris immensi. Galilaeus frustra quaesierat lineam Catenariam, quam scilicet catena summe flexilis et annulis quam minimis constans, ex duobus datis punctis suspensa format. Hanc ad amicorum exhortationem aggressus, solvi omnium primus, et quod mirum est, reperi pendere ex Logarithmis. Ita ut si nulla extaret Logarithmorum Tabula aut ductae ex iis instrumentorum divisiones, possent tamen ope talis catenulae affabre elaboratae Logarithmorum effectus, ea accuratione quam

Doch lassen wir die Analyse der Zahlen. Dafür möchte ich Sie, Ehrwürdiger Vater, darauf hinweisen, daß seit Ihrer Abreise aus Europa die Analysis speciosa oder mathematische Erfindungskunst[19] gewaltige Fortschritte gemacht hat, vor allem durch mich und einige Freunde,[20] die eine von mir vorgeschlagene Methode, mit Buchstaben zu rechnen,[21] in die Praxis umgesetzt haben. Damit wird ergänzt, was in Descartes' Analysis nach dessen eigenem Eingeständnis[22] mangelte und was er, da er es mit seiner Rechnung nicht erfassen konnte, vergebens als mechanischer Natur hinzustellen suchte.

Ich habe nämlich eine neue Form erdacht, um im Kalkül den unendlich kleinen Zuwachs der Bewegungen und sogar die Elemente des Zuwachses auszudrücken, die ihrerseits unendlich mal unendlich klein sind. Da nämlich die Bewegung, die ja in der Zeit stattfindet, einer gewöhnlichen Linie gleicht, muß der Impetus, sozusagen der in einem Augenblick stattfindende Beginn einer Bewegung, wie eine unendlich kleine oder infinitesimale Linie sein. Nun aber macht der Conatus (z.B. die Gravitation oder die Zentrifugalkraft) mit vollends unendlichen Wiederholungen den Impetus aus; daher wird seine Größe unendlich mal unendlich klein sein. Als ich die Begriffe des Unendlichen übertragen habe auf den geometrischen Kalkül, sind Lösungen für physikomathematische Probleme gefunden worden, die bisher außerhalb unserer Reichweite lagen, nun aber mit Hilfe der Infinitesimalrechnung sich um so leichter darstellten, als in der Natur überall das Unendliche vorkommt, um uns auf die Spuren des unendlichen Schöpfers hinzuweisen. Galilei hatte vergeblich nach der Kettenlinie gesucht,[23] das heißt nach der Linie, die eine sehr biegsame und aus kleinstmöglichen Gliedern bestehende, an zwei gegebenen Punkten aufgehängte Kette bildet. Auf die Aufforderung von Freunden hin[24] bin ich dieses Problem angegangen, habe es als erster von allen gelöst und – was das Erstaunliche daran ist – herausgefunden, daß die Kettenlinie von den Logarithmen abhängt.[25] Wenn es also keine Logarithmentafeln gäbe oder von den Logarithmentafeln abgeleitete Einteilungen von Instrumenten, wäre es dennoch möglich, mit Hilfe einer solchen, kunstgerecht gearbeiteten kleinen Kette die Logarithmen zu bestimmen, so genau, wie es catenae magnitudo dare potest, exhiberi; veritatem rei postea etiam alii comprobarunt. Hujus exemplo Mathematici ingeniosissimi meo calculo utentes determinavere figuras velorum et varia Optica ac Mechanica quaesita, quemadmodum et novum genus linearum excogitavi, quas tanquam tangentes arctioris naturae, voco osculantes, earumque insignem in praxi mechanica usum ostendo; quibus perspectis Hugenius (qui nuper obiit) nulli Mathematicorum nostri seculi secundus, fassus est publicè et privatim posse nos ope calculi à me propositi ea obtinere, ad quae alioqui vix dabatur aditus. Et Dn. Marchio Hospitalius, qui peculiarem librum de hac nova analysi infinitesimali nuper in Gallia edidit, agnoscit incepisse me ubi omnes alii desierant, et hoc calculi genere perfringi quodammodo parietem qui Physicam separat à Mathesi. Et jam ars inveniendi eo provecta est, ut appareat nihil invium nobis fore, ubi sufficientia sunt data modo homines sibi ipsis non desint. Coepi etiam condere novam quandam Dynamices scientiam et detectis Cartesii erroribus veras dedi leges motus demonstratas ducendo ad absurdum, quia scilicet iis non admissis violaretur aequalitas inter causam integram et totum effectum, adeoque posset motus perpetuus excitari, quem absurdum esse assumo. Mirificae autem hic quoque sese ostendunt Harmoniae, unde maximè apparet, Naturam esse opus sapientiae supremae, in quo uno agnoscendo et celebrando maximus consistit meditationum imo totius nostrae vitae fructus, in id enim conditi sumus, ut divinam sapientiam amemus et colamus.

die Länge der Kette zuläßt. Daß es sich in Wahrheit so verhält, haben später auch andere bestätigt.[26] Nach diesem Vorbild haben die scharfsinnigsten Mathematiker unter Verwendung meines Kalküls die Gestalt von Segeln bestimmt und verschiedene optische und mechanische Probleme gelöst.[27] So habe auch ich eine neue Art Kurven erdacht,[28] die ich als Berührungskurven bezeichne, da es sich um eine Art Tangenten von höherem Berührungsgrad handelt. Dabei zeige ich, welch bedeutenden Nutzen sie für die mechanische Praxis haben. Als der jüngst verstorbene Huygens, der keinem Mathematiker unseres Jahrhunderts nachstand, das erkannte, gestand er öffentlich wie privat ein, wir könnten nun mit Hilfe des von mir vorgelegten Kalküls Ergebnisse erlangen, die uns sonst kaum erreichbar gewesen wären.[29] Und der Herr Marquis de L'Hospital, der kürzlich in Frankreich ein besonderes Buch über diese neue Infinitesimalrechnung[30] herausgebracht hat, erkennt an, daß ich angefangen hätte, wo alle anderen aufgehört hatten. Durch diese Art des Kalküls würde gewissermaßen die Mauer durchbrochen, die Physik und Mathematik voneinander trennt. Und die Erfindungskunst ist nunmehr soweit fortgeschritten, daß deutlich ist, daß nichts für uns ungangbar sein wird, wo die Vorgaben ausreichend sind, solange nur der Mensch sich selbst treu bleibt. Ich habe auch begonnen, eine neue Wissenschaft von der Dynamik zu begründen.[31] Nach der Aufdeckung von Descartes' Irrtümern[32] habe ich die wahren Gesetze der Bewegung bestimmt durch ad absurdum-führen [des Gegenteils]: Nähme man nämlich diese Gesetze nicht [als wahr] an, würde die Gleichheit zwischen umfassender Ursache und vollständiger Wirkung verletzt, und es könnte eine immerwährende Bewegung verursacht werden, die anzunehmen meines Erachtens absurd ist. Auch hier erweist sich die Harmonie als bewundernswert, woraus sich aufs deutlichste ergibt, daß die Natur das Werk der höchsten Weisheit ist. In der Anerkennung und der Verehrung dieser einen Tatsache liegt die größte Frucht unseres Denkens, ja unseres ganzen Lebens, denn dazu sind wir erschaffen worden: die göttliche Weisheit zu lieben und zu verehren.

In Astronomia quoque magis magisque progressus fiunt. Viri docti magno labore incumbunt in motus lunares extricandos. Et sanè videntur aliquae inesse ei deviationes ex ipsa Actione corporum planetariorum inter se ortae: quales verisimile est inesse planetis omnibus, sed in Luna nobis proxima facilius notari. Interea hae ipsae deviationes si rite observentur, jugum aliquod admittunt in usum accuratius praedicendi, quam hactenus est factum. Hugenius posthumum opus reliquit, cui titulus: *Cosmotheoros*, in quo multa vulgo parum nota explicavit de rebus coelestibus. Reliquit etiam Machinam sidera repraesentantem ab ea diversam cujus Romeri cura fabricatae exemplum patres Gallos in Sinas pertulisse puto. Deprehendi ego posse explicari Mechanicè Ellipticum motum planetarum, si concipiamus corpora planetarum circa solem circulari harmonicè, id est ut celeritates circulandi sint in progressione harmonica, quando ejusdem planetae diversae distantiae à Sole sunt in progressione arithmetica.

Quod Optica attinet, inventa nunc ars est efficiendi Specula ex Vitro incredibiliter majora prioribus: Nam habentur jam quae sunt altitudinis pollicum pedis parisini octuaginta, id est, 6 [2]/3 pedum: quale quid ante paucos annos Veneti ipsi in Murano impossibile pronunciassent, de modo fabricandi nihil satis certi distinctique adhuc ad me relatum est, puto tamen artificium mox vulgatum iri.

Experimentum Cassellis in vicinia nostra sumtum est Navis subaquaticae, ipso spectante principe Hassiae Landgravio, nec malus fuit successus, ut adeò dubium nullum sit posse haec aliquando in usum quendam transferri, ubi familiariora opificibus facta fuerint. Autor rem ita instituerat, ut inclusus intra navim profunditatem demersionis ope Hydrargyri ut in Barometro, aestimare posset.

Auch in der Astronomie kommt es zu mehr und mehr Fortschritten. Große Mühe verwenden die Gelehrten auf die Erforschung der Umlaufbahn des Mondes:[33] In der Tat scheint diese Abweichungen aufzuweisen, die ihren Ursprung in der gegenseitigen Beeinflussung der Planeten haben. Diese Abweichungen dürfte es bei allen Planeten geben, doch sind sie leichter beim Mond festzustellen, der uns am nächsten ist. Indessen lassen sich eben diese Abweichungen bei gehöriger Beobachtung in den Dienst genauerer Vorhersagen stellen als bisher. Huygens hat ein postumes Werk hinterlassen mit dem Titel *Cosmotheoros,*[34] in dem er vieles im allgemeinen wenig Bekannte zur Himmelskunde dargelegt hat. Er hat auch ein Planetarium hinterlassen,[35] das nicht identisch ist mit demjenigen, das Rømer hat bauen lassen[36] und von dem die französischen Patres wohl ein Exemplar nach China gebracht haben.[37] Ich selbst habe entdeckt,[38] daß die Ekliptik der Planeten sich mechanisch erklären läßt, wenn wir uns vorstellen, daß die Planeten auf harmonische Weise um die Sonne kreisen, das heißt so, daß ihre jeweilige Geschwindigkeit durch die harmonische Progression bestimmt ist, da ja die verschiedenen Entfernungen ein und desselben Planeten von der Sonne durch arithmetische Progression bestimmt sind.[39]

Was die Optik angeht, hat man jetzt die Kunst erfunden, Spiegel aus Glas herzustellen, die unglaublich viel größer sind als die bisherigen.[40] Es gibt jetzt schon welche von 80 Zoll (nach dem Pariser Fuß), also 6 ⅔ Fuß Durchmesser. Etwas derartiges hätten noch vor wenigen Jahren selbst die Venezianer in Murano für unmöglich erklärt. Über die Herstellung habe ich bisher noch nicht genügend sichere und klare Nachricht erhalten; ich rechne aber damit, daß die [verwendete] Technik bald öffentlich werden wird.

In Kassel, in unserer Nachbarschaft, hat man in Gegenwart des Landgrafen von Hessen selbst einen Versuch mit einem Unterwasserboot angestellt, der recht gut abgelaufen ist, so gut, daß es keine Zweifel geben kann, daß derartiges einmal einer praktischen Verwendung zugeführt werden wird, sobald die Techniker damit vertrauter geworden sind. Der Erfinder hatte den Versuch so eingerichtet, daß er, in das Boot eingeschlossen, die Tauchtiefe mit Hilfe

Nuper Gothae in Thuringia effossa sunt ossa praegrandis animalis ex genere Elephantino. Mirantur curiosi unde illud in has oras; sed similia etiam in Brunsvicensi tractu, et Brabantia, et alibi passim deprehensa sunt. Non dubito etiam apud Sinenses interdum effodi, quae hodie illic supra terram non visuntur, quorum notitia prodesset Europaeis ad instituendam comparationem.

Ex quo durat bellum quod totam pene Europam involvit, pauca in scientiis fiunt, conversis hominibus ad artes nocendi. Nunc demum serio incipiunt de pace cogitare. Rex enim Sueciae conciliator nominatus est consensu utriusque partis, et jam de loco congressus tractatur, sed cum praeparamenta multum temporis absumant, vereor ut hac hyeme quicquam concludi possit, unde manet nos adhuc bellum acerrimum aestate proxima, quod utinam ne spes pacis conceptas novis casibus subvertat. Sanè tanta mole res utrinque geritur, ut mirum sit sufficere posse gentes in hanc sumtuum immensitatem. Ita fit ut maximi etiam principes egentibus similes videantur. Sed pace facta (si modo hanc peccata nostra sperare jam non vetant) credibile est, omnia in ordinem esse reditura.

Scis primos Germanos societatem iniisse naturae Curiosorum; ejus nunc protectionem in se suscepit ipse magnus Christianorum Imperator. Post hos Angli Societatem Regiam condiderant, in qua multi sunt fueruntque praeclari Viri, sed Regis fundatoris favorem eines Quecksilberinstruments, ähnlich einem Barometer, schätzen konnte.[41]

Vor kurzem sind im thüringischem Gotha die Knochen eines riesigen Tieres von der Gattung der Elefanten ausgegraben worden.[42] Die interessierte Öffentlichkeit fragt sich, woher ein solches Tier in unsere Gegenden verschlagen worden sein mag. Man hat aber Ähnliches auch im Braunschweigischen, in Brabant und sonst allenthalben im Umkreis angetroffen. Zweifellos wird auch in China zuweilen ausgegraben, was dort heutzutage über der Erde nicht zu sehen ist. Nachricht davon wäre für die Europäer von Nutzen, um Vergleiche anstellen zu können.

Seit der [Pfälzische] Krieg andauert, in den fast ganz Europa verwickelt ist, tut sich wenig in den Wissenschaften; jedermann wendet seine Aufmerksamkeit auf die Künste, [sich gegenseitig] Schaden zuzufügen. Erst jetzt beginnt man ernstlich, über einen Friedensschluß nachzudenken. Mit Zustimmung beider Seiten hat man nämlich den König von Schweden zum Vermittler ernannt, und es wird bereits darüber verhandelt, wo der Friedenskongreß stattfinden soll. Da die Vorbereitungen aber viel Zeit kosten, fürchte ich, daß man diesen Winter nichts mehr zum Abschluß bringen kann.[43] Uns stehen also im kommenden Sommer noch einmal erbitterte Feindseligkeiten bevor. Gebe Gott, daß sie nicht die eben gefaßte Hoffnung auf Frieden durch neue Kriegsgründe über den Haufen werfen. Es wird ja auf beiden Seiten mit solcher Heeresmacht gekämpft, daß man sich fragt, wie die beteiligten Völker die unermeßlichen Kosten dafür aufbringen können. So kommt es, daß auch die größten Fürsten wie arme Teufel aussehen. Es dürfte aber alles wieder in die Reihe kommen, ist erst einmal Frieden geschlossen (vorausgesetzt unsere Sünden erlauben uns, auf Frieden zu hoffen).

Wie Sie wissen, haben die Deutschen als erste eine Gesellschaft der Naturforscher errichtet; deren Schirmherrschaft hat jetzt der große Kaiser der Christen selbst übernommen.[44] Nach den Deutschen hatten die Engländer eine königliche Gesellschaft gegründet,[45] in der bedeutende Männer Mitglied sind und waren; die Gunst ihres königlichen Gründers hat sie aber in nur sehr gerinexiguum societas sensit. Erat enim Carolus maximi Princeps ingenii, sed minimae rerum seriarum curae, ut credam Guilielmum, qui nunc regnat, etsi minus istis delectetur, tamen magis fautorem fore, cum sciat rebus pretium ponere. Porro post Germanos et Anglos Galli auspicio Regis sui, hoc quoque nomine magni Academiam Scientiarum instituére, quae habet quod nulla caeterarum, ut scilicet à Rege sumtus in experimenta et in collegas stipendia suppeditentur. Haec bello turbata esse mirum non est; puto tamen non esse prorsus interrupta, et mox majore nisu resurrectura; Et spes est Imperatorem ipsum, et inter magnos Germaniae principes eminentem potentia Brandeburgicum Electorem, aliosque compositis rebus effecturos, ne quid in his etiam rebus Germania Galliae concedat. Tunc nobis uberior rerum novarum copia suppetet, cujus vos quoque participes faciam, si vitam mihi prorogabit Deus: idque eo facilius potero, quia Anglicanae societatis Collega sum ab annis plus quam viginti, et Gallica etiam Academia me propemodum numerabat inter suos. Nam etsi in aliis multis rebus male conveniat populis, communis tamen omnibus est belli societas in reluctantem nobis et subducentem se naturam, quam variis artibus per suas latebras venamur atque indies proficimus aliquid, lento quidem nunc passu sed concitatiore futuro, si Magni Principes rem sibi magis cordi esse ostendant. Quod si hoc ipsum Sinensium Monarchae à vobis persuaderetur, multo majora sibi polliceri posset genus humanum, sive ille gem Umfang erfahren. Karl II. war nämlich ein überaus begabter Fürst, ernsthafte Unternehmungen kümmerten ihn aber sehr wenig. Ich glaube deshalb, daß der gegenwärtig regierende König Wilhelm [III.] ein besserer Förderer sein wird, auch wenn er an diesen Dingen weniger Gefallen findet; er weiß aber die Dinge nach ihrem Wert zu schätzen. Dann haben, nach Deutschen und Engländern, die Franzosen unter der Schirmherrschaft und auch unter dem Namen ihres großen Königs eine Akademie der Wissenschaften errichtet,[46] die ein Privileg genießt, das keine der anderen Gesellschaften hat: Der König kommt für die Unkosten für Experimente und die Pensionen der Mitglieder auf. Daß diese Einrichtung durch den Krieg in Unordnung gekommen ist, verwundert nicht; ich glaube aber, daß die Unterbrechung [ihrer Tätigkeit] nicht das Ende der Akademie bedeutet und sie bald mit um so größerem Elan wiedererstehen wird. Es besteht auch Hoffnung, daß der Kaiser selbst und unter den großen deutschen Fürsten der durch seine Macht herausragende Kurfürst von Brandenburg [Friedrich III.] und andere nach Friedensschluß dafür sorgen werden, daß auch in diesen Dingen Deutschland Frankreich nicht nachsteht.[47] Dann werden uns [wissenschaftliche] Neuheiten in größerer Fülle zu Gebote stehen, an denen ich auch Sie und Ihre Leute teilhaben lassen werden, wenn Gott mir solange das Leben fristet, und ich werde das um so leichter tun können, als ich seit mehr als zwanzig Jahren Mitglied der englischen Gesellschaft bin und auch die französische Akademie mich praktisch als einen der ihren betrachtete. Denn wenn die Völker auch in vielen anderen Dingen schlecht zusammenfinden, ist ihnen allen doch gemein der Krieg gegen eine uns widerstrebende und sich uns zu entziehen trachtende Natur, auf die wir mit den verschiedensten Kniffen in ihren Schlupfwinkeln Jagd machen. Täglich erzielen wir dabei Fortschritte, nur langsam im Augenblick, doch um so schneller in Zukunft, wenn die großen Fürsten zu erkennen geben, daß ihnen die Sache [der Wissenschaft] mehr am Herzen liegt [als bisher]. Wenn aber der chinesische Kaiser von Ihren Leuten beredet werden könnte, im selben Sinn tätig zu werden, könnte die Menschheit sich noch viel Größeres davon versprechen:

colligi juberet infinitam messem notitiarum imperii sui, sive etiam in peregrinis conquirendis laborari vellet. Nihil enim in humana potestate est, quod talis Principis ardens voluntas consequi non possit, qui florentissimis populis per immensa terrarum spatia sine exceptione imperans in altissima pace, nihil praeter Deum quod timere debeat, habet. Hunc ergo (ut redeat eò unde coepit Epistola) si ad tantum divinae gloriae amorem excitaveritis (neque enim naturali lumine verius efficaciusque nosci potest Deus, quam per impressos rebus sapientiae potentiaeque characteres) majus aliquid, demta una fidei Christianae propagatione, facere non potestis.

Quod superest Vale diutissimè, et prosperis successibus ad annos longè adhuc positos pertinge, et me ama. Dabam Hannoverae 20 Decembris sub exitum anni 1696.

P. S. Occasione usus alias literas venia Tua adjungo hominis curiosi rerum vestrarum. Spero R. P. Laureatum et alios multos itineris comites feliciter ad Sinas penetrasse; ab his Tibi succenturiatis tuaque consilia et exempla secutis, multum nobis promitto. Quodsi Tibi non vacet prolixius nobiscum de Notitiis curiositate communi dignis agere; erit fortasse inter eos cui delegare hanc curam possis. Iterum vale. Ita precor qui supra

Godefridus Guilielmus Leibnitius.

P. S. Has literas scribo bona spe fretus fore ut ad Te perveniant inveniantque florentem et vigentem, quod si tamen aliquid abs Te intellexissem ex quo Pekinum attigisti, complura adjicerem fiducia majore. Interea venit in mentem, si nobis largiatur Deus porrò communicandi facultatem, posse nos cryptographemate quodam sei es, daß er die unendlich reiche Ernte von Kenntnissen seines Reiches einbringen, sei es auch, daß er an der Sammlung von Informationen über fremde Länder arbeiten ließe. Denn nichts steht in der Macht des Menschen, was das glühende Wollen eines solchen Fürsten nicht zu erlangen vermöchte. Herrscht er doch uneingeschränkt im tiefsten Frieden über blühende Völker und unermeßliche Länder und hat niemanden zu fürchten als Gott. Wenn Sie und Ihre Leute also, um zum Ausgangspunkt meines Briefes zurückzukehren, diesen Herrscher zu so großer Liebe des Ruhmes Gottes begeistern könnten (denn Gott kann in keinem natürlichen Licht mit größerer Wahrheit und Wirksamkeit erfahren werden als durch die Zeichen von Weisheit und Macht, die den Dingen eingeprägt sind), gäbe es für Sie nichts Größeres zu leisten, allein ausgenommen die Verbreitung des christlichen Glaubens.

Im übrigen leben Sie wohl, so lange wie möglich, und mögen glückliche Erfolge Sie auf Ihrem Weg zu noch weit voraufliegenden Jahren begleiten, und haben Sie mich lieb.

Hannover, den 20. Dezember, zu Ende des Jahres 1696.

P. S. Mit Ihrer Erlaubnis nutze ich die Gelegenheit, [meiner Sendung] einen weiteren Brief eines an Ihrer Arbeit interessierten Mannes[48] beizufügen. Ich hoffe, P. Laureati und viele andere Reisegefährten sind glücklich nach China gelangt. Von diesen Männern, die Ihre Mannschaft ergänzen und Ihrem Rat und Ihrem Beispiel folgen sollen, verspreche ich mir viel. Sollten Sie aber nicht die Zeit finden, ausführlicher mit uns über Nachrichten von allgemeinem Interesse zu korrespondieren, wird sich vielleicht unter jenen einer finden, dem Sie diese Obliegenheit übertragen könnten. [...]

P. S. Ich schreibe diesen Brief in der bloßen Hoffnung, daß er Sie erreichen und bei guter Gesundheit vorfinden wird; hätte ich aber von Ihnen Nachricht bekommen, seitdem Sie Peking erreicht haben, würde ich mit größerem Zutrauen schreiben und noch manches hinzufügen. Dabei fällt mir ein, daß, sollte Gott uns vergönnen, weiter miteinander in Verbindung zu bleiben, wir uns in manchen in nonnullis uti quale hic adjungo, quod ubi ad Te pervenisse intellexero, nihil amplius me poterit in scribendo morari. Quam multa alioqui literis obveniant, ipse expertus sum, et quod mireris, quas R.P. Gerbillon S.J. ad amicos Gallos dedit 22 August. et 2 Septembr. 1689 ex campo prope Nischou vel Nipchou, locum Tartariae Orientalis sub Meridiano Pekini, sed trecentis inde leucis Gallicis remotum, quorsum in Comitatu Legatorum Sinensium ad tractatus cum Moschis habendos accesserat: eae literae à Moschis interceptae per me demum licet serò, illuc sunt curatae, quo destinabantur. Iterum Vale.

[*Schlüssel*]

L	a	b	y	r	i	n	t	h	u	s	c	d	e	f	g	k	m	o	p	q	w	x	z
a	b	c	d	e	f	g	h	i	k	l	m	n	o	p	q	r	s	t	u	w	x	y	z

Itaque pro vocabulo, verb. gr.	Pekin
scriberetur	uorfg.

Sed sufficit hoc fieri in nonnullis vocibus, et quo minus facilè inveniatur clavis, possunt pleraeque vocales omitti, quippe quas lector clave instructus, facilè supplet. Sufficit etiam geminatas poni semel, et necesse non est distingui initia vocabulorum, cùm scribi possit, perinde ac si esset una vox.

Briefen einer Geheimschrift bedienen könnten, wie ich sie hier beifüge. Sobald ich höre, daß Sie diese erhalten haben, wird mich nichts weiter am Schreiben hindern können. Was andernfalls Briefen so alles begegnet, habe ich selbst erfahren, und zwar, was Sie wundern wird, im Zusammenhang mit den Briefen,[49] die P. Gerbillon am 22. August und 2. September 1689 aus dem Lager bei Nischou oder Nipchou,[50] einem Ort in der östlichen Tatarei auf demselben Meridian wie Peking, aber 300 französische Meilen von dort entfernt, an seine französischen Freunde geschrieben hat. Er war dorthin im Gefolge der chinesischen Gesandten auf dem Weg zu einem Vertragsabschluß mit den Russen gekommen. Die Russen hatten diese Briefe abgefangen, die dann erst durch mich, wenngleich spät, an ihre Adressaten gelangt sind. [...]

[*Schlüssel*]
L a b y r i n t h u s c d e f g k m o p q w x z
a b c d e f g h i k l m n o p q r s t u w x y z

So würde für ein Wort, z.B. *Pekin,* »uorfg« geschrieben.

Es genügt aber, [nur] einige Wörter zu verschlüsseln, und damit der Schlüssel um so weniger leicht aufgedeckt wird, können die meisten Vokale weggelassen werden, die ja der im Besitz des Schlüssels befindliche Leser leicht ergänzen kann. Es reicht auch, Doppel[konsonanz] einfach zu notieren, und die Wortanfänge brauchen nicht abgesetzt zu werden: Man kann [den Text] schreiben, als handele es sich um ein einziges Wort.

14. ANTOINE VERJUS S.J. AN LEIBNIZ

Fontainebleau, 18. Oktober 1697. [12. 17.]

Monsieur A Fontainebleau Du 18. oct. 1697

Je ne puis vous envoyer cette Letre que le cher P. Bouvet me remet ouverte pour vous la faire tenir avec un petit livre qu'il vient de presenter au Roy et de donner au public[,] sans profiter de cette ocasion pour me conserver dans l'honneur de vostre souvenir et de vos bonnes graces que je souhaite extremement de pouvoir meriter par mes tres humbles services. Ce Pere qui se dispose tant qu'il peut à retourner à la Chine peu[t] vous donner mieux que personne les notions que vous pouvez desirer sur les sciences de ce pays là aux quelles il est fort versé. Il a eu l'honneur durant trois ou quatre ans d'estudier et de travailler continuellement pour l'empereur de la Chine, qui l'a envoyé icy, et d'avoir avec luy des entretiens de 3. ou 4 heures chaque jour sur les sciences, dont ce Prince a voulu que ce que luy et le P. Gerbillon composoient pour luy fust composé et imprimé non seulement en Chinois, mais encore en Tartare, leur ayant exprez fait aprendre pour cela avec soin et aplication les deux langues. J'espere que nous aurons de ce pays là dorenavant, maintenant que le commerce des mers va estre libre[,] beaucoup de chose[s] dignes de vostre curiosité et qui edifieront le public. Je prends, Monsieur, une part tres particuliere aux témoignages que vous avez bien voulu rendre à nos bonnes intentions, et au zele pur et ardent de tant d'hommes apostoliques, que j'ay deja fait partir et que je ferai partir desormais en plus grand nombre chaque année pour aller travailler à la conversion de ce grand et florissant empire, où il y a lieu d'esperer qu'on comptera dans quelques années plus de veritables Chrestiens que dans toute l'Europe. Faites moy la justice d'estre persuadé qu'on ne peut honorer vostre merite plus que je l'honore, ny estre avec plus de respect et de reconnoissance que je suis

Monsieur Vostre tres humble et tres obéissant serviteur

A. Verjus J.

14. ANTOINE VERJUS S.J. AN LEIBNIZ

FONTAINEBLEAU, 18. OKTOBER 1697. [12.17.]

Monsieur Fontainebleau, 18. Oktober 1697

Der liebe P. Bouvet hat mir den beiliegenden Brief für Sie offen übergeben zusammen mit einem kleinen Buch,[1] das er eben dem König überreicht und veröffentlicht hat. Ich kann Ihnen beides nicht übersenden, ohne bei dieser Gelegenheit mich Ihrem Gedächtnis zu empfehlen und Ihrem Wohlwollen, das ich aufs äußerste wünschte, durch meine geringen Dienste erwerben zu können. P. Bouvet bereitet nach Kräften seine Rückkehr nach China vor.[2] Er kann Ihnen besser als sonst jemand über die Wissenschaften dieses Landes, in denen er sehr bewandert ist, jeglichen Aufschluß geben, den Sie nur wünschen können. Drei oder vier Jahre lang hatte er die Ehre, ununterbrochen im Dienst des chinesischen Kaisers, der ihn hierher gesandt hat, zu studieren und zu arbeiten und mit diesem drei bis vier Stunden täglich Gespräche über die Wissenschaften zu führen. [Die Lehrbücher], welche die Patres Bouvet und Gerbillon für den Kaiser verfaßt haben, sollten auf dessen Befehl hin nicht nur in chinesischer, sondern auch in tatarischer [manjurischer] Sprache geschrieben und gedruckt werden. Der Kaiser hat zu diesem Zweck dafür gesorgt, daß diese Patres beide Sprachen mit Sorgfalt und Hingabe erlernt haben.[3] Der Seehandel wird jetzt frei sein, und so hoffe ich, daß wir künftig aus China vielerlei bekommen werden, das Ihr Interesse verdient und geeignet ist, die Öffentlichkeit zu belehren. Mir liegt sehr viel an dem Zeugnis, das Sie, Monsieur, so freundlich waren, unseren guten Absichten auszustellen und dem reinen, brennenden Eifer so vieler Männer in der Nachfolge der Apostel, die ich bereits ausgesandt habe und künftig jedes Jahr in größerer Anzahl aussenden werde, um an der Belehrung dieses großen, florierenden Reiches zu arbeiten. Es besteht Grund zur Hoffnung, daß man in einigen Jahren mehr wahre Christen in China zählen wird als in ganz Europa. [...]

15. JOACHIM BOUVET S.J. AN LEIBNIZ

FONTAINEBLEAU, 18. OKTOBER 1697. [18.]

Mr Godefroy Guill. Leibnitz

Monsieur

Tout ce que j'ai oui dire au R. Pe Verjus et à quelques uns de nos Savans, touchant l'Erudition et le rare mérite de vostre Illustre personne, m'a fait naistre plusieurs fois la pensée depuis mon retour de la Chine, de me donner l'honneur de vous ecrire, pour vous faire part des heureuses nouvelles que j'ai apportées d'un païs, pour lequel je vois avec joye que vous vous interessez, comme vous faites. Mr Piques Docteur de Sorbonne, dont le nom, à ce que je crois, ne vous est pas inconnu, m'a fait la faveur de me communiquer les mémoires, que vous avez imprimés cete année sous ce titre[:] *Novissima Sinica historiam nostri Temporis illustratura* etc. Je les ai lus et relus, toujours avec un nouveau plaisir. Celui que vous vous faites de connoistre et de publier les progrés que l'Evangile fait aujourdhui à la Chine, avec les grandes Esperances, que la disposition favorable de l'Empereur nous donne de la conversion entiere de son Empire, m'a porté à vous prier d'agréer un Exemplaire d'un petit ouvrage que j'ai fait imprimer depuis peu touchant la personne de ce grand monarque, estant comme assuré que le titre et le sujet vous en plairont. Il sera Dieu aidant suivi dans quelques mois d'un autre qui ne vous agréra pas moins non pour la nouveauté, mais pour sa matiere. C'est une nouvelle Relation de ce qui s'est passé à l'occasion de cet Edit heureux par lequel l'Empereur de la Chine a approuvé si solennellement la Religion chretienne etc. Elle sera plus ample, plus exacte, et mieux circonstanciée, que celle, dont vous avez donné au public une si belle Traduction latine. Je tacherai d'y ajouster un petit précis des divers sujets qui sont traités dans les livres chinois que j'ai apportés

15. JOACHIM BOUVET S.J. AN LEIBNIZ

Fontainebleau, 18. Oktober 1697. [18.]

Mr Godefroy Guill. Leibnitz

Monsieur

Alles, was ich von P. Verjus und einigen unserer Gelehrten über Ihre Gelehrsamkeit und Ihre außerordentlichen Verdienste gehört habe, hat mich seit meiner Rückkehr aus China[1] mehrfach daran denken lassen, mir die Ehre zu geben und Ihnen zu schreiben, um Ihnen die guten Nachrichten mitzuteilen, die ich aus einen Land mitgebracht habe, für das ich Ihre Teilnahme mit Freuden sehe. M. Picques,[2] Doktor der Sorbonne, dessen Name Ihnen nicht unbekannt sein dürfte, war so freundlich, mir die Abhandlungen zukommen zu lassen, die Sie dieses Jahr unter dem Titel *Novissima Sinica historiam nostri Temporis illustratura* haben drucken lassen. Ich habe sie gelesen und wieder gelesen und jedesmal aufs neue mich daran gefreut. Sie finden Vergnügen daran, über die Fortschritte, die das Evangelium heute in China erzielt, und unsere durch die freundliche Haltung des Kaisers[3] geförderte große Hoffnung, sein ganzes Reich zu bekehren, sich zu unterrichten und Ihre Erkenntnisse zu veröffentlichen. Das veranlaßt mich, Sie zu bitten, ein Exemplar eines kleinen Buches[4] anzunehmen, das ich vor kurzem habe drukken lassen und das die Person diese großen Monarchen zum Gegenstand hat, bin ich mir doch so gut wie sicher, daß Titel wie Inhalt Sie ansprechen werden. Mit Gottes Hilfe wird in einigen Monaten ein weiteres Buch folgen, das Ihnen nicht weniger gefallen wird: nicht wegen seines Neuigkeitswertes, sondern um seines Gegenstandes willen. Es handelt sich um einen neuen Bericht von der Geschichte des gedeihlichen Edikts, durch das der Kaiser von China so feierlich das Christentum gebilligt hat.[5] Er wird umfangreicher, genauer und detaillierter sein als jener, von dem Sie eine so schöne lateinische Übersetzung veröffentlicht haben.[6] Ich werde nach Möglichkeit einen kleinen Abriß der Themen beisteuern,[7] die in den chineà la Bibliothéque du Roy, au nombre de plus de trois cent volumes, pour contenter Vostre Curiosité en attendant les traductions fideles qu'on espere faire incessamment de tous ces ouvrages, et de tous les autres qu'on jugera le mériter. Je voudrois estre apresent en estat de vous donner des marques plus particulieres de la parfaite estime et du veritable respect avec lequel je suis

Monsieur Vostre tres humble et tres obéïssant Serviteur
en N[e] Sr J. Bouvet J.

A Fontainebleau le 18. oct. 1697

sischen Büchern, die ich für die königliche Bibliothek mitgebracht habe, behandelt werden – insgesamt sind es über 300 Bände. So soll Ihre Wißbegierde befriedigt werden, bis die genauen Übersetzungen vorliegen, die unverzüglich von allen diesen Werken angefertigt werden sollen. Übersetzt werden sollen auch alle anderen Bücher, von denen man meinen wird, daß sie die Mühe lohnen. [...]

Fontainebleau, den 18. Oktober 1697

16. ADAM ADAMANDUS KOCHAŃSKI S.J. AN LEIBNIZ FÜR JOACHIM BOUVET S.J.

Europaei Curiosi Quaestiones de rebus Imperii Chinensis [Teplitz, 4. Dezember 1697]

Europaei Curiosi Quaestiones quaedam singulares de rebus Imperii Chinensis sibi incognitis, properante calamo huc conjectae ab A. A. Ko. SJ.

1. An aliquis Europaeus, Linguae Chinensis gnarus, cogitaverit unquam de condendo Vocabulario Characterum Sinensium, Japonibus quoque communium, quod ita sit comparatum, ut oblatus quilibet Character, in eo promptè inveniatur, cum adscripta sua voce, primum Sinica (tam Eruditorum, quam vulgi) tum Earum Significatione, Europaeo quopiam Idiomate expressa. Potissima hujus operis difficultas est, in ordinandis convenienter Characteribus, quod mihi videtur institui posse duplici methodo: Inprimis attend[end]o numeros tractuum in quolibet Charactere, quorum aliqui Lineae, eaeque vel rectae, vel inflexae, verticaliter, horizontaliter inclinatè jacentes: aliqui Tractus breviores ac Puncta, quae omnia numerari deberent, ac distribui in Classes suas, ad eos attendendo juxta Leges Combinatorias. Deinde spectari quoque posset in iisdem characteribus, Linearum ac Tractuum Longitudo [,] Crassities, parallelismus, situs dextimus, sinistimus, superior, inferior, collocatio tractuum, punctorum etc. de quibus ego nunc ob defectum inspectionis eorum Characterum, qui mihi desunt nunc plenè disserere non valeo; nec ea in re egebit manuductione Vir alioquin ingeniosus, et scripturae Chinensis apprimè peritus. Altera vocabularii Sinensis Pars, voces Characterum quae dicuntur esse non multae, sed accentibus aut Tonis multiplicatae, facilius Ordine Alphabethi Europaei

16. ADAM ADAMANDUS KOCHAŃSKI S.J. AN LEIBNIZ FÜR JOACHIM BOUVET S.J.

Europaei Curiosi Quaestiones de rebus Imperii Chinensis [Teplitz, 4. Dezember 1697]

Verstreute Fragen eines wißbegierigen Europäers zu den ihm unbekannten Verhältnissen des chinesischen Reiches, mit fliegender Feder im folgenden notiert von A. A. Ko., S. J.

1. Hat jemals ein des Chinesischen kundiger Europäer daran gedacht, ein Wörterbuch der chinesischen, Chinesen und Japanern gemeinsamen Zeichen zu bearbeiten, das folgendermaßen beschaffen wäre: Jedes vorkommende Zeichen müßte rasch zu finden sein; dabei müßte seine Aussprache notiert sein, an erster Stelle die chinesische, und zwar sowohl die gelehrte als auch die volkstümliche, ferner die Bedeutung, in einer beliebigen europäischen Sprache wiedergegeben. Die größte Schwierigkeit eines solchen Werkes liegt darin, für die Zeichen eine praktikable Anordnung zu finden. Das könnte m. E. auf zweifache Weise geschehen: (1) achtet man auf die Zahl der Striche in jedem Zeichen, von denen einige Linien sind, die ihrerseits gerade oder gekrümmt sind, vertikal, horizontal oder schräg verlaufen; andere sind kürzere Striche und Punkte, die alle gezählt und in ihre jeweiligen Abteilungen sortiert werden müßten unter Beachtung der Regeln der Kombinatorik. (2) könnte man bei den Zeichen auch Länge, Dicke, Parallelität der Linien und Striche sowie den jeweiligen Ort der Striche und Punkte – ganz rechts, ganz links, oben oder unten – berücksichtigen.[1] Ich habe diese Zeichen, die mir fehlen, nicht vor Augen und kann daher jetzt nicht ins einzelne gehen, auch wird ein sonst erfinderischer und in der chinesischen Schrift vorzüglich erfahrener Mann hierin einer [weiteren] Anleitung nicht bedürfen. Der zweite Teil eines chinesischen Wörterbuches: die [Bezeichnung der] Aussprache der einzelnen Zeichen, die [selbst] nicht zahlreich sein sollen, aber [durch Differenzierung mit Hilfe] von Akzenten oder Tönen vervielfacht werden, wird sich

poterit concinnari. Prior serviet ad Dati Characteris Enunciationem et Significationem inveniendam: Posterior ad Datae vocis Characterem exhibendum.

2. An Lingua Sinensis habeat Poësin aliquam, et an ea Syllabarum quantitatem vel Cadentias Rythmicas consideret.

3. In quo consistat Elegantia Styli, vel Scriptionis Chinensis, sensus animi aptissimis Characteribus exprimens.

4. Et an Characteres Chinensium capaces sint similis Compositionis, qualem voces Graecae, Latinae etc. admittunt, ut *dulcifluus, grandisonus, magnanimus* etc.

5. Historiam et chronologiam Chinensium exactam esse testantur authores: Ex ea Pater Dominicus Gabiani S. J. in sua Historia Ecclesiae Sinensis Viennae Austr. edita depromsit at succinctè tantùm testimonium de Eclipsi Solis tempore Christi Dn. patientis: Et addit, Hanc Solis obscurationem, retroacto computo Nobis usitato, incidere in Annum Christi 32. cùm tamen deberet cadere in 34. Aera itaque Dionysiana, quâ utimur biennio differt à vera: Oporteret itaque Textum illum Historiae Chinensis probè expendi ab ejus Linguae peritis, ac tum Annos Chinensium, cum Nostris è Legibus chronologiae conferri.

6. An Chinenses habeant Dies distributos in Hebdom[a]das, quemadmodum aliae nationes id observant in Oriente.

7. An Fulgor ille Triangularis Vespertinus, qui nobis in Europa incipit apparere extremo Januario, ac trimestri ferè spatio durat, Cuspide suâ porrectus versus Lucidam γ conspiciatur quoque in partibus Orientalibus Moschoviae primum tùm etiam remotioribus? Ego suspicor fulgorem hunc provenire ab Oceano occidentali, cujus Super-

leichter unter Zuhilfenahme der Anordnung des europäischen Alphabets einrichten lassen. Der erste Teil [des Wörterbuchs] wird demnach dazu dienen, Aussprache und Bedeutung eines gegebenen Zeichens aufzufinden, der zweite das Zeichen eines gegebenen [gesprochenen] Wortes nachweisen.

2. Kennt die chinesische Sprache eine Art Poesie? Spielen dort die Quantität der Silben oder rhythmische Kadenzen eine Rolle?

3. Worin besteht die Eleganz des chinesischen Stils oder schriftlichen Ausdrucks, die Empfindungen mit den passendsten Zeichen wiedergibt?

4. Lassen sich die chinesischen Zeichen zu Komposita zusammenfügen, wie sie sich in griechischen und lateinischen Wörtern finden, wie z.B. *dulci-fluus* (»süß-fließend«), *grandi-sonus* (»erhaben-klingend«), *magn-animus* (»groß-mütig«) usw.?

5. Von der Exaktheit der chinesischen Geschichtsschreibung und Chronologie zeugt die Literatur: P. Giandomenico Gabiani S.J. hat in seiner in Wien erschienenen Geschichte der chinesischen Kirche [der chinesischen Tradition] das Zeugnis von einer Sonnenfinsternis zur Zeit der Passion unseres Herrn Christus entnommen, auch wenn er es nur knapp zitiert, und er fügt hinzu: Wenn man die bei uns gebräuchliche Zeitrechnung zugrundelegte und zurückrechnete, fiele diese Sonnenfinsternis ins Jahr Christi 32, obwohl sie doch ins Jahr 34 fallen müßte.[2] Die von uns verwendete dionysische Ära[3] weicht demnach um zwei Jahre von der wahren ab. Es müßten also Kenner der Sprache diesen Text aus der chinesischen Geschichte sorgfältig prüfen und dann nach den Regeln der Chronologie die Jahres[zählung] der Chinesen mit unserer vergleichen.[4]

6. Teilen die Chinesen die Tage in Wochen ein, so wie es andere Völker im Orient zu tun pflegen?

7. Für uns in Europa beginnt Ende Januar ein dreieckiges Leuchten am Abendhimmel[5] zu erscheinen und dauert etwa drei Monate an. Seine Spitze weist in Richtung des leuchtenden γ.[6] Ist dieses Leuchten auch im östlichen Teil Rußlands bzw. noch weiter [östlich] sichtbar? Ich persönlich vermute, daß dieses Leuchten vom Atlantischen Ozean ausgeht, von dessen Oberfläche das einfallende Son-

ficiei illapsum Lumen Solare reflectitur, et illuminat Atmosphaeram nobis imminentem. Hinc in Imperio Sinensi similis fulgor observari deberet versùs Horizontem Ortivum, an non aliqua similis reflexio contingat à mari Pacifico.

8. Declinationes magneticas à Linea Meridiana, non modò in diversis Locis varias esse sed in eodem quoque loco, intrà certam Temporis Periodum variabiles, et nunc ortum, nunc occasum versùs inflecti, observatum est à Curiosis: Expediret id ipsum attentiùs observare in extremo illo Oriente, ac praesertim in observatorio Pekinensi; ut observationes illic habitae cum Europaeis conferri possint, ac videri num Variationis hujus Periodus iisdem terminis, ac in Europa, contineatur.

9. Expediret in rem Praxium Mechanicarum, curiosiùs observare in illo Imperio industrias ibi usitatas Opific[um], Ligna, metalla, Sericum, coria, pelles ac similia tractantium, quibusnam ad id instrumentis, ac procedendi ratione utantur: Sa[e]piùs enim exigua similium notitia, dat majores impetus, ac occasiones ad meliora excogitanda.

10. Huc spectat id quod referunt authores, rerum Sinensium Scriptores[,] solere ibi Pondus ingens, unius columnae Lapideae, vel alterius Lapidis ingentis, ita distribui in Bajulos eam molem portantes, ut singulis obtingat aequalis portio ponderis sustinenda ac ulterius promovenda. Rem hanc Noster P. Paulus Casatus in sua *Mechanica* sat apte explicat et expedit. Gratum tamen foret ipsammet Praxin à Sinensibus usurpari solitam, in Schemate propositam spectare.

11. Consideravi quondam in Aula Villanovana Ser^{mi} Poloniae Regis Joannis III. Mecaenatis mei, Peristromata è Serico Chinensi Candido, figuris acupictis, florum, ac animalium ut vocant *(de bas Relief.* Italis: *di basso Relievo)* exornata: Talium Iconum pars erat assuta Peristromati, pars asservata in Capsulis, bene clausis: Figurae illae

nenlicht reflektiert wird und die Atmosphäre über uns erleuchtet. Entsprechend müßte ein ähnliches Leuchten im chinesischen Reich am Morgenhimmel zu beobachten sein. Kann nicht eine ähnliche Reflexion vom Pazifik ausgehen?

8. Die magnetischen Abweichungen vom Meridian variieren nicht nur an verschiedenen Orten, sondern auch an ein und demselben Ort innerhalb einer bestimmten Zeitspanne, wobei sie bald nach Osten, bald nach Westen gerichtet sind. Das haben Forscher beobachtet.[7] Es wäre von Nutzen, dieses Phänomen mit besonderer Sorgfalt im Fernen Orient zu beobachten, insbesondere im Pekinger Observatorium, um die dortigen Ergebnisse mit den europäischen vergleichen zu können und zu sehen, ob die Zeitspanne dieser Abweichungen in China und Europa identisch ist.

9. Die Wissenschaft von den mechanischen Verfahren könnte aus der näheren Betrachtung der im chinesischen Reich gebräuchlichen handwerklichen Techniken Nutzen ziehen: Wie und mit welchen Werkzeugen werden Holz, Metall, Seide, Leder, Pelzwerk und ähnliches bearbeitet? Öfter liefert ja selbst die geringste Kenntnis von dergleichen bedeutende Anstöße und bietet die Gelegenheit, noch bessere [Techniken] zu ersinnen.

10. Hierher gehört auch ein Bericht aus der Chinaliteratur: Man verstünde sich dort darauf, ein gewaltiges Gewicht, [wie zum Beispiel] das einer steinernen Säule aus einem Stück oder das eines anderen gewaltigen Steins, so auf seine Träger zu verteilen, daß jeder einzelne einen gleichen Anteil des Gewichts zu halten und weiterzubefördern hat. Unser P. Paulo Casati berichtet und erklärt diesen Sachverhalt recht genau in seiner »Mechanik«.[8] Es wäre dennoch eine gute Sache, diese von den Chinesen verwendete Technik schematisch darzustellen.[9]

11. Ich habe einmal am Hof von Villanova beim König von Polen Johann III. Sobieski, meinem Gönner, Vorhänge aus weißer chinesischer Seide gesehen, die verziert waren mit gestickten Darstellungen von Pflanzen und Tieren in sogenanntem Basrelief (die Italiener sagen »di basso rilievo«). Ein Teil dieser Bilder war auf dem Vorhang aufgenäht, ein anderer wurde in gut verschlossenen Kästchen aufbe-

Sipariis assutae ab aëre circumstante plurimum spoliatae fuerant vivacitate Colorum, ita ut asseritur a Terra Nitrosa [quae cum] similibus effluviis praegnans esse [dicitur, ut] coloribus ibi prostantibus no[t]am similem adferat. Ceterum Colores nostri Europaei, qui Lixiviis ex Isatide, herba Kali, vel Soda, aliisque tinguntur, plus aeri nostro resistunt; ut et succis accidis, urinosis, etc.

12. Circa Vasa, ut vocant, Porcellana, multa possent interrogari, quae à Scriptoribus non attinguntur; Illud interim nosse juverit, An Invitriatio illis extrinsecè dari solita, fiat cum Calce Stanni, Plumbi, vel Lithargyrii, an cum arena qu[a]dam subtiliter calcinata, vi ignis in vitrum liquescente, vel alia mixtura vitrificabili.

13. Vasa ista fieri è Pasta quadam composita ex argilla, et Sabulo quodam testatur quidam author: Sabulum illud an differat ab arena nostra, et an facile in Igne fluat in vitrum, operae pretium esset explorare, videtur enim mixtura haec vitri et argillae id praestare, quod vasa inde facta, aquam bullientem magis tolerent, quam purè vitrea: quanquam interdum crepent.

14. Vidi vasa quaedam minora, Crateris in modum facta, quae Moschi dicebant esse ex Imperio Sinensi allata, Haec erant è Corio Suillo praeparato, et ad diaphaneitatem Succini Pruthenici perducto, facta: formam concavam accepisse videbantur à modulo, cui erant immissa, exterius ac interius illita erant gummi quodam, vel vernice diaphanâ, quae ipsi nitorem conciliabat: Interim, hinc inde sparsim apparentia. Inquirendum est in modum praeparandi hunc in modum corii: quod hac dote praeditum sit, ut cum Diaphaneitate Succino aemula, flexibilitatem retineat, nec dilapsum e manibus fragile sit.

wahrt. Die auf den Vorhängen aufgenähten Bilder waren durch die umgebende Luft weitgehend der Lebhaftigkeit ihrer Farben beraubt worden. So wird von salpetrischer Erde gesagt, daß sie vergleichbare Ausdünstungen habe, so daß sie mit ihr in Berührung kommenden Farben ähnliche Schäden zufüge. Im übrigen widerstehen unsere europäischen Farben, die mit Laugen aus Waid, Salzkraut, Soda und anderem hergestellt werden, besser sowohl unserer Luft als auch scharfen oder urinischen Säften usw.

12. Zum sogenannten Porzellan wären zahlreiche Fragen zu stellen, die von der Literatur nicht behandelt werden. Eines indessen wäre gut zu wissen: Wird der üblicherweise an der Außenseite der Porzellangefäße aufgebrachte Glasüberzug aus Zinn-, Blei- oder Bleiglätte-Pulver hergestellt oder mit besonders feingemahlenem Sand, der durch Erhitzen zu flüssigem Glas wird, oder durch eine andere Mischung, die zur Glasherstellung dienen kann?[10]

13. Nach dem Bericht eines Gewährsmannes werden diese Porzellangefäße aus einem Gemisch von weißem Ton und Kies hergestellt. Unterscheidet sich dieser Kies von unserem Sand? Es wäre wohl lohnend festzustellen, ob dieser Kies unter Hitzeeinwirkung leicht zu flüssigem Glas wird. Diese Mischung aus Glas und weißem Ton scheint nämlich zu bewirken, daß aus ihr hergestellte Gefäße besser kochendes Wasser vertragen als rein gläserne, auch wenn sie manchmal bersten.

14. Ich habe einige kleinere Gefäße in Form eines Mischkruges gesehen, von denen die Russen sagten, es handele sich um Importe aus dem chinesischen Reich. Sie waren aus Schweinsleder hergestellt und so durchscheinend gemacht wie preußischer Bernstein. Ihre bauchige Gestalt schienen sie von einer Form zu haben, in die sie gepreßt wurden, außen und innen waren sie mit einer Art Gummi oder durchscheinendem Lack bestrichen, der [ihre Oberfläche] glänzen ließ. [Diese Gefäße] tauchen von Zeit zu Zeit hier und dort auf. Es gilt nachzuforschen, wie Leder auf solche Weise verarbeitet werden kann, daß es durchscheinend wird wie Bernstein, dabei aber geschmeidig bleibt und sich auch nicht als zerbrechlich erweist, wenn man es fallen läßt.

15. Referunt Authores, parari à Sinensibus ex Oryza cocta speciem quandam vitri, usitato longè fragilioris. Ratio id praestandi, quod sciam, Europaeis nostris est incognita, eam tamen nosse, voluppe esset.

16. Ex eadem Oryza conficitur ibidem potus, Vini nostratis aemulus: Quaenam methodus in eo parando servetur à Sinensibus, gratum esset intelligere.

17. Cum potus è decocto *Cià*, *Chà*, vel *The*, paratus in Imperio illo sit usitatissimus; et nostri medici non conveniant in ejus qualitatibus describendis, Perutile esset hac de re sensum medicorum, vel aliorum virorum in Sinis praestantium intelligere; ac praesertim, num Potus hic Corpora humana disponat ad maciem aut siccitatem, an verò è contra, pinguiora reddat. Videmus enim potu isto frequentius utentes, jam macilentos jam crassiori abdomine turgentes.

18. Postremo loco sciscitabor nonnulla Res Naturales è triplici regno animali, vegitabili, ac minerali concernentes: Ac primo loco quidem, an in eo Climate inveniantur aviculae, nobis hic familiares Passeres domestici *(les moineaux*[.] Ital. *Passeri, o passerotti casali),* Et quidem ejusdem magnitudinis cum Nostratibus: Harum enim volucrum, si ubique Terrarum aequali staturâ proveniant pennas adhibere possemus tanquam Scalas quasdam subtiliter divisas, ad Mensuram Universalem Geometricam determinandam, longe felicius, quam veteres Geometr[a]e id fecerint è Granis Hordei transversis, quae non ubique eâdem mole proveniunt.

19. An ibi terrarum sponte proveniant ea, quae maledictioni Divinae, à Parentum primorum lapsu tribuuntur: Videlicet urticae[,] tribuli, cardui, spinae et his similia, quae usibus humanis inutilia censentur. Et quidem an ejusdem speciei cum nostris, vel nonnihil diversae.

15. In der Literatur wird berichtet, daß die Chinesen aus gekochtem Reis eine Art Glas herstellen,[11] das weit zerbrechlicher ist als herkömmliches Glas. Unseren Europäern ist meines Wissens die Art und Weise der Herstellung unbekannt; es wäre aber schön, sie zu kennen.

16. Aus Reis wird in China auch ein Getränk hergestellt, das etwa unserem Wein entspricht. Es wäre angenehm zu erfahren, auf welche Weise die Chinesen es zubereiten.

17. Da ein aus gekochtem *Cia'*, *Cha'* oder Tee[12] zubereitetes Getränk in China überaus gebräuchlich ist, unsere Ärzte aber uneinig sind in der Beschreibung seiner Eigenschaften, wäre es überaus nützlich, hierzu die Ansicht der Ärzte oder sonstigen hervorragenden Männer in China zu vernehmen; insbesondere [wäre von Interesse], ob dieses Getränk den menschlichen Körper zu Dürre oder Austrocknen disponiert oder, ganz im Gegenteil, die Fettleibigkeit fördert. Bei häufigem Teetrinken beobachten wir nämlich bald eine Neigung zum Abmagern, bald eine solche zur Dickbäuchigkeit.

18. Zuletzt werde ich noch einige naturkundliche Fragen stellen, aus den drei Reichen der Tiere, der Pflanzen und der Mineralien. Und an erster Stelle: Gibt es im dortigen Klima kleine Vögel, die uns als Haussperling bekannt sind (»les moineaux«, ital. »passeri o passerotti casali«), und sind sie von derselben Größe wie die bei uns einheimischen? Sollten nämlich diese Vögel in gleicher Größe überall auf der Erde vorkommen, könnten wir ihre Federn verwenden als eine Art fein unterteilte Skalen, um damit das universale Längenmaß zu bestimmen, und zwar mit bei weitem größerer Aussicht auf Erfolg als die alten Geometer, die umgekehrte Gerstenkörner verwendeten, die doch nicht überall in gleicher Größe vorkommen.

19. Gibt es in China natürliche Vorkommen jener Pflanzen, deren Existenz dem göttlichen Fluch nach dem Sündenfall von Adam und Eva[13] zugeschrieben wird: Brennessel, Bürzeldorn, Distel, Dornstrauch und dergleichen, die als für den Menschen untauglich gelten? [Falls ja,] handelt es sich um dieselben Arten wie bei uns oder gibt es gewisse Unterschiede?

20. Et quia per singulas vegetabilium Species procedere sciscitando prolixum nimis esset, Expediret ab Europaeo, quopiam, rerum hujusmodi perito, in ipsa illa Regione Sinarum contexere Indicem earum arborum, fruticum, et herbarum quae Climati illi cum Europa nostra communes sunt; Et quae regioni illi speciales, separatam considerationem deposcunt.

21. Non essent quoque silentio praetereunda, quae sub nomine Plantarum vel Herbarum contineri vulgo non censentur ut sunt Fungi[,] Tubera terrae *(les Tartoufles)*[,] Agaricum arboribus adnasci solitum, quemadmodum et muscus arboreus[,] Lichen, Viscus, quem *non sua* protulit *arbor*, ut poëta loquitur; ac nominatim observandum, utrum baccae visci, quae in Europa sunt candidae, perlarum instar, ibi reperiantur rubrae; prout alicubi, in orientali suo Itinerario, nonnemo sese vidisse commemorat, in visco arbori oleae adnato.

22. Ad Quaestiones Grammaticas, de quibus primo loco actum est, haec quoque pertinet, Quonam artificio utantur Chinenses in suo Vocabulario, quod suâ linguâ Mare Magnum vocant (si non erro, *Hai Pien*) ut tradant Lectoribus ejus Libri notitiam Vocis; quâ datus character est enuntiandus. Europaeis nostris id praestare difficile non est; At Sinensis cogetur recurrere ad alios Characteres rerum obviarum, simili voce pronuntiatorum, cum aliquâ tamen differentiâ Toni, vel Accentûs; quos Accentus an soleant notare per Signa quaedam Characteribus ipsis adscripta, operae pretium esset ea de re edoceri. Quaestio illa mea locum habet maxime in Characteribus nominum Propriorum, vel talibus, qui nulli alteri sunt similes, aut res peregrinas, et ignotas indicant.

23. Universim loquendo de Scriptura et Loquela Sinensium, oporteret Europaeis nostris dare plenam notitiam de Natura et constitu-

20. Es wäre zu weitläufig, wenn man alle Pflanzenarten durchgehen und dazu Fragen stellen wollte. Es wäre daher von Nutzen, wenn irgendein auf diesem Gebiet bewanderter Europäer an Ort und Stelle in China einen Katalog der Bäume, Sträucher und Kräuter zusammenstellen würde, die China und Europa gemein sind. Die nur in China vorkommenden Pflanzen erfordern eine gesonderte Betrachtung.

21. Nicht zu übergehen wäre auch, was gewöhnlich nicht den Pflanzen oder Kräutern zugerechnet wird, wie Pilze, Kartoffeln, der Lärchenschwamm, der sich auf Bäumen anzusiedeln pflegt, ebenso wie Baummoos, Flechte oder die Mistel, die »fremd ist dem Samen ihres Baumes«, wie der Dichter sagt;[14] namentlich wäre zu prüfen, ob die in Europa perlweißen Beeren der Mistel in China auch rot gefunden werden, wie es jemand irgendwo in seiner »Orientalischen Reise« erwähnt, gesehen zu haben, und zwar bei einer auf einem Ölbaum wachsenden Mistel.[15]

22. Zu den grammatischen Fragen, die hier an erster Stelle abgehandelt worden sind, gehört auch die folgende: Wie verfahren die Chinesen in ihrem Wörterbuch, das sie in ihrer Sprache »Das große Meer« (wenn ich nicht irre: *Haibian*)[16] nennen, um den Benutzern des Buches die Aussprache kenntlich zu machen, nach der ein bestimmtes Zeichen zu artikulieren ist? Wir Europäer können das leicht leisten, aber ein Chinese wird gezwungen sein, auf andere, Alltägliches bezeichnende Zeichen zurückzugreifen, die ähnlich, aber doch mit Unterschieden in Akzent oder Tonhöhe ausgesprochen werden. Es wäre auch der Mühe wert, sich darüber belehren zu lassen, ob diese Akzente in irgendeiner Form den Zeichen selbst beigeschrieben werden. Meine Frage bezieht sich vor allem auf die Zeichen, die für Eigennamen oder dergleichen stehen und mit anderen keinerlei Ähnlichkeit aufweisen, oder Zeichen für Fremdes und Unbekanntes.

23. Da wir von Schrift und Sprache der Chinesen sprechen: Insgesamt bedürften unsere Europäer einer umfassenden Kenntnis von Beschaffenheit und Aufbau beider, da die Chinaliteratur diese Fragen allenfalls streift.

tione utriusque; cum nonnisi obiter haec attingantur à Scriptoribus rerum Sinicarum.

24. Nactus nunc, dum haec scribo, quoddam Specimen Scripturae Sinicae, animadverto in iis quandam compositionem, ac veluti modificationem; de qua superius Num° 4. agebam, quid tamen ea praestet in Significatione sua, necdum liquet. Ad ea quae num° 1. proponebam de ordine statuendo in Vocabulario condendo, addendum id erit, ordinem hunc ad leges Geometriae institui debere[,] nimirum sumatur initium à Punctis ac Tractibus brevioribus in hanc vel illam positionem porrectis, eorumque numero; tum procedendum ad Lineas rectas, easque jacentes verticaliter, horizontaliter, oblique [ad] hanc vel illam directionem, tum easdem parallelas, pauciores, plures, tum procedendum ad incurvatas hanc vel illam in partem etc. Tum pergendum ad Angulos diversimodè jacentes, convexos concavos, ut ita loquar. Sequantur Triangula, Quadrilaterae figurae, Tum haec omnia combinata ordine convenienti ad memoriam ejus retinendam etc.

25. In vocibus Linguae Chinensis, per nostros Characteres Alphabehticos exprimendis, oportet praemonere Lectorem, quanam Dialecto sint exprimendae: Nam Exempli gratiâ, haec Syllaba *Cham* aliter pronuntiatur ab Hispano qui illam efferet eo sono, quo Italus Syllabam *Ciam*. Gallus eandem sonabit eo modo, quo Germanus *Scham*[,] Italus eandem efferet per *Kam* vel *Cam*, aut *Quam*. Eamobrem statuenda semel esset à Scriptore talium vocum, Declaratio quaedam in vestibulo operis, ut Lector sciat, quam pronuntiationem sequi debeat. Sic ipsa *China*, quae ab aliis scribitur *Sina*, puto quod Italicâ Dialecto scribi et pronuntiari debeat *Cina*: Quemadmodum Herba *Thè* à Moschis illam ex Imperio illo, ad suas regiones devehentibus, vocari solet Italicâ sono *Cia*: Quam pronuntiationem audiveram quoque à R. P. Phil. Grimaldi Varsaviae, dum ibi moraretur.

24. Während ich dieses hier schreibe, ist mir eine Probe der chinesischen Schrift in die Hände gefallen. [Bei den Zeichen] stelle ich eine Art Zusammensetzung und so etwas wie eine Modifizierung fest. Ich bin darauf oben unter Nr. 4 eingegangen; inwieweit sich allerdings diese Modifizierung [der Zeichen] in [deren] Bedeutung niederschlägt, ist mir noch nicht klar. Zu meinen Vorschlägen unter Nr. 1, nach welcher Ordnung ein Wörterbuch aufgebaut sein müßte, wird noch zu ergänzen sein, daß die einzuhaltende Ordnung den Regeln der Geometrie folgen muß. Es ist demnach auszugehen von Punkten und kürzeren Strichen, die in diese oder jene Richtung weisen, und von deren Anzahl; dann ist zu den geraden Linien überzugehen, die entweder vertikal oder horizontal verlaufen oder schräg in diese oder jene Richtung weisen, ferner zu wenigen bzw. mehreren parallelen Linien und dann zu den in diese oder jene Richtung gekrümmten Linien usw. Ferner geht es zu Winkeln in verschiedenen Lagen, sozusagen konvexen oder konkaven Winkeln. Dann hätten Dreiecke und Vierecke zu folgen, sodann Verbindungen von alledem in einer Reihenfolge, die sich leicht behalten läßt, usw.

25. Bei der Wiedergabe der gesprochenen chinesischen Wörter durch unser Alphabet ist der Leser darauf hinzuweisen, welche Sprache der Wiedergabe zugrunde liegen soll. So wird zum Beispiel die Silbe *cham* im Spanischen so artikuliert wie im Italienischen die Silbe *ciam*. Im Französischen wird sie gesprochen wie das deutsche *Scham*, während man sie im Italienischen *kam, cam* oder *quam* aussprechen wird. Wer also chinesische gesprochene Wörter transkribiert, müßte eingangs seines Werkes ein für allemal seinem Leser mitteilen, welcher Aussprache er zu folgen habe. Das Wort *China* selbst zum Beispiel, das andere *Sina* schreiben, müßte, meine ich, im Italienischen *Cina* geschrieben und gesprochen werden,[17] so wie auch die Teepflanze von den Russen, die sie aus China in ihr Land importieren, mit italienischer Aussprache *cia*[18] genannt wird. Diese Aussprache hatte ich auch von P. Filippo Grimaldi gehört, als dieser sich in Warschau aufhielt.[19]

26. Es wird behauptet, daß es im chinesischen Reich Alchimisten in sehr großer Zahl gebe, die versuchten, unedle Metalle in

26. Fama est in Imperio illo plurimos extare Alchymistas, qui metalla viliora in Argentum et aurum convertere conentur. Res haec videtur olim aliquibus è voto cessisse, hinc alii ad similes conatus provocantur, prout fit in Europa. At quia iidem vel alii in China quaerunt, et saepe magnatibus pollicentur Poculum Immortalitatis; quemadmodum Nostrates Europaei, Medicinam Long[a]evitatis; oporteret à Chinensibus quaerere, quibusnam motivis persuadeantur ad illam Stultitiam, Historiam enim facti hujus nullam producere possunt: alioquin ostendere deberent vel unicum hominem, talem immortalitatem consecutum. Nostrates autem citant Artephium, qui de se testatur, vixisse se mille annos, quod prudentes non credunt. Etsi concedant Raym. Lullium pervenisse ad 145. proximè.

Silber und Gold zu verwandeln. Vor Zeiten scheinen einige damit den gewünschten Erfolg gehabt zu haben, und so werden andere zu ähnlichen Versuchen gereizt, wie es auch in Europa geschieht. Weil nun diese oder andere Leute in China nach dem Trank suchen, der Unsterblichkeit verleihen soll (so wie unsere Europäer ein Medikament für Langlebigkeit), und häufig den Großen des Landes dergleichen versprechen, müßte man die Chinesen fragen, was sie veranlaßt, einer solchen Torheit Glauben zu schenken. Einen historischen Beleg können sie dafür nämlich nicht anführen; somit müßten sie wenigstens einen einzigen Menschen vorweisen, der so Unsterblichkeit erlangt hätte. Unsere Leute führen Artephius[20] an, der von sich sagt, er hätte tausend Jahre gelebt, was ihm die Verständigen nicht glauben, auch wenn sie einräumen, Raimundus Lullus hätte ein Alter von 145 Jahren erreicht.[21]

17. LEIBNIZ AN ANTOINE VERJUS S.J.

HANNOVER, 2. (12.) DEZEMBER 1697. [14. 25.]

Au R.P. Verjus à Paris.

Mon Tres Reverend Pere Hanover 2 Decembr. 1697

Les obligations que j'ay depuis long temps à Vostre Reverence ont esté redoublées par vostre derniere lettre, et par la bonté que vous avés eue de me donner la connoissance avantageuse du R.P. Bouvet, avec l'esperance d'apprendre par son moyen des choses de consequence touchant la Chine; où je prends tant de part, parce que je juge, que cette mission est la plus grande affaire de nos temps, tant pour la gloire de Dieu et la propagation de la religion Chrestienne, que pour le bien general des hommes et l'accroissement des sciences et arts chez nous aussi bien que chez les Chinois, car c'est un commerce de lumiere, qui nous peut donner tout d'un coup leur travaux de quelques milliers d'années, et leur rendre les nostres; et doubler pour ainsi dire nos veritables richesses de part et d'autre. Ce qui est quelque chose de plus grand qu'on ne pense.

Je supplie V. R. de faire rendre au R.P. Bouvet ma reponse qui est bien ample, mais j'espere qu'on le pardonnera à l'importance de la matiere. J'y souhaitte bien des choses, qui ne pourront estre obtenues sans doute parfaitement qu'avec le temps. Je ne doute point cependant, qu'on n'en aye déja beaucoup d'échantillons, et j'espere que V. R. qui en a la direction m'y fera donner autant de part, qu'on jugera convenable, vous pouvant asseurer, que je n'en abuseray pas. Je souhaitte quelques notices de ce qu'on a envoyé dans la Chine, et de ce qu'on en a receu, de la Geographie de ces pays et voisins, des langues de la Tartarie, et les *Pater* en autant de langues qu'on pourra, avec des versions mot pour mot; item des instructions plus distinc-

17. LEIBNIZ AN ANTOINE VERJUS S.J.

Hannover, 2. (12.) Dezember 1697. [14. 25.]

An P. Verjus in Paris.

Sehr ehrwürdiger Vater Hannover, den 2. Dezember 1697

Ich bin Euer Ehrwürden schon seit langem verpflichtet, und ich bin Ihnen noch einmal so sehr verbunden durch Ihren letzten Brief und Ihre gütige Vermittlung der Bekanntschaft des P. Bouvet, von der ich mir Vorteile verspreche. Durch seine Hilfe hoffe ich, wichtige Mitteilungen über China zu erlangen. Daran liegt mir so sehr, weil meines Erachtens die Chinamission das wichtigste Geschäft unserer Zeit ist: ebenso im Hinblick auf Gottes Ehre und die Ausbreitung des Christentums wie im Sinne des Gemeinwohls und der Zunahme von Wissenschaften und Künsten bei uns wie bei den Chinesen. Es geht ja um einen Handel mit Erkenntnis, der uns auf einen Schlag die Frucht ihrer Arbeit aus mehreren Jahrtausenden bringen kann und umgekehrt den Chinesen den Ertrag der unseren; so können wir beiderseits sozusagen unsere wahren Reichtümer verdoppeln, und das ist etwas Größeres als man glaubt.

Ich bitte Euer Ehren, meine Antwort dem P. Bouvet zukommen zu lassen. Sie ist recht umfangreich ausgefallen, doch wird man in Anbetracht der Wichtigkeit des Gegenstandes mir das hoffentlich nachsehen. Ich äußere darin zahlreiche Wünsche, die in vollem Umfang sicherlich nur nach und nach zu erfüllen sein werden. Zweifellos sind aber schon zahlreiche Materialien dazu vorhanden, und ich hoffe, daß Euer Ehrwürden als Leiter [der Mission] mich soweit daran teilhaben lassen werden, wie man es für angemessen halten wird. Ich versichere Ihnen, daß ich das [in mich gesetzte Vertrauen] nicht mißbrauchen werde. Ich hätte gern Nachricht davon, was man nach China geschickt und was man von dort empfangen hat;[1] von der Geographie Chinas und der benachbarten Länder, von den Sprachen der Tatarei und das *Vaterunser* in möglichst vielen Sprachen, mit wörtlichen Übersetzungen; ferner hätte ich gern präzisere tes qu'on n'a eu jusqu'icy touchant les caracteres Chinois; une Critique de leur ancienne Histoire et Chronologie, à fin qu'on sçache quel fonds on doit faire là dessus; mais sur tout ce que la Chine fournit de plus utile pour les arts et les sciences.

V. R. a trop d'affaires pour pouvoir songer à satisfaire à ma curiosité, et le R. P. Bouvet pensant à retourner bien tost dans ce grand Empire, ne doit gueres avoir de loisir. Mais j'espere que V. R. pourra charger quelque ami du soin de me donner les informations que je souhaitte, de ce qu'on a déja; comme j'espere qu'Elle continuera à encourager le R. P. Bouvet à me favoriser encor dans la suite.

Je souhaitterois, Mon Reverend Pere, de pouvoir contribuer à mon tour en quelque chose de particulier à vostre saint et beau dessein: mais je doute fort que je vous y puisse servir autrement que par mes travaux en general. Mettant à part l'Histoire, les affaires publiques et le droit des gens, qui ne sont point de ce lieu, et pour ne parler que de ce qui regarde le progrés des sciences et arts; je pense principalement en cela à deux choses qui sont en premier lieu l'avancement de l'art d'inventer (qui est l'art des arts), tant par des methodes nouvelles, que par des echantillons de quelque consequence; et en second lieu l'etablissement d'une philosophie solide, où la pieté et la verité trouvent egalement leur compte. J'ay touché ce point autresfois dans les journaux et ailleurs, et même j'en parle dans la lettre au R. P. Bouvet, par ce que j'apprends qu'on pense fort à repandre la philosophie dans la Chine, et que je crois que par le moyen de mes dynamiques, ou science de la force on pourra justifier la philosophie des anciens et rendre intelligible et utile, ce qu'on y a repris de nos jours comme vain, et inexplicable; et qu'ainsi on peut profiter des découvertes nouvelles, sans renverser la doctrine receue, où la Theologie a tant d'interest.

Informationen über die chinesischen Schriftzeichen, als wir bisher erhalten haben, eine kritische Untersuchung der alten Geschichte und der Chronologie Chinas, damit wir wissen, wieweit sich darauf bauen läßt; vor allem aber wünsche ich [Nachricht] von den nutzbringendsten Beiträgen Chinas zu den Künsten und den Wissenschaften.

Euer Ehrwürden sind zu beschäftigt, um auch nur daran denken zu können, meine Wißbegierde zu befriedigen, und P. Bouvet will bald in dieses große Reich zurückkehren[2] und dürfte so kaum Muße [dazu] haben. Ich hoffe aber, daß Euer Ehrwürden einen Freund damit beauftragen können, mir die gewünschten Informationen über das schon vorhandene [Material] zu geben, so wie Sie hoffentlich auch in Zukunft P. Bouvet ermuntern werden, mich weiterhin [mit seinen Briefen] zu beehren.

Ich wünschte, Ehrwürdiger Vater, ich vermöchte meinerseits etwas Besonderes zu Ihrem frommen, edlen Vorhaben beizutragen, doch werde ich das wohl nur ganz allgemein durch meine Arbeiten tun können. Ich sehe dabei von Geschichte, Politik und Völkerrecht ab, die nicht hierher gehören, und beziehe mich ausschließlich auf alles, was mit dem Fortschritt in Wissenschaften und Künsten zu tun hat, und zwar denke ich dabei hauptsächlich an zweierlei: erstens die Förderung der Kunst des Erfindens (die Kunst der Künste)[3] sowohl durch neue Methoden als auch durch Proben von einiger Bedeutung; zweitens die Begründung einer soliden Philosophie, in deren Rahmen Frömmigkeit und Wahrheit gleichermaßen zu ihrem Recht kommen. Ich bin auf diesen Punkt früher schon in Zeitschriftenbeiträgen[4] und sonst eingegangen, und ich komme sogar in dem Brief an P. Bouvet[5] darauf zu sprechen, da ich höre, daß man sehr geneigt ist, unsere Philosophie in China zu verbreiten. Dazu kommt, daß meines Erachtens mit Hilfe meiner Dynamik oder Wissenschaft von den Kräften[6] die antike Philosophie sich rechtfertigen läßt und das, was man in unserer Zeit als unnütz und unerklärlich getadelt hat, auf diese Weise verständlich und nutzbringend wird. So können wir von neuen Entdeckungen profitieren, ohne die herkömmliche Lehre umzustürzen, die für die Theologie so viel bedeutet.

Je diray à cette occasion à V. R. qu'ayant écrit une lettre à un ami, qui l'est aussi de M. l'Eveque d'Avranches, où je témoigne qu'il me semble bon et necessaire d'apporter des restrictions considerables à ce qui s'enseigne dans la philosophie Cartesienne; on a rendu cette lettre publique dans le *journal des Sçavans* de Paris et on l'y a refutée, en l'expliquant comme si j'avois attaqué la religion de feu M. des Cartes et des Cartesiens. Il est vray que j'avois remarqué chez cet auteur des propositions, dont les suites semblent faire du tort à la providence et mener à la doctrine de Spinosa[.] Mais j'avois déclaré en même temps, que je n'imputois pas ces suites ny à l'auteur ny à ses sectateurs, la charité m'obligeant de croire qu'ils n'ont point vu ces dangereuses consequences. Et comme mon Antagoniste Anonyme s'estoit inscrit en faux contre une proposition que je disois se trouver chez des-Cartes, qui est, que la matiere reçoit successivement toutes les formes possibles, d'où j'inferois, que tout possible arrivant, il n'y aura ny choix ny providence: je n'ay point manqué d'en marquer l'endroit dans le 47 article du 3me livre des *principes* de des-Cartes et de justifier ma remarque, au 32 et 33 *journal* de cette année. On y a repliqué dernierement au 37. *journal*, et sans s'arrester à ma declaration formelle on m'impute tousjours d'attaquer la religion de cet auteur; ce qui n'est point juste. Je dis ces choses à fin que V. R. voye mes bonnes intentions, aussi bien que ma moderation.

J'ay encor un Dessein, au quel je pense dépuis ma premiere jeunesse (comme j'ay fait connoistre publiquement dans un discours imprimé l'an 1666), et qui me paroist de la plus grande consequence, pour la propagation de la religion et les missions, et en meme temps pour l'invention et l'examen des plus importantes verités naturelles de meditation et de practique dans la vie commune et dans les arts et professions particulieres. Mais faute de loisir et de personnes pro-

Bei dieser Gelegenheit möchte ich Euer Ehrwürden noch folgendes berichten: Ich habe einen Brief an einen Freund[7] geschrieben, der auch ein Freund des Bischofs von Avranches[8] ist, und darin meine Ansicht zum Ausdruck gebracht, daß es gut und notwendig ist, die Lehren der kartesianischen Philosophie [in einigen Punkten] erheblich einzuschränken. Dieser Brief ist im Pariser *Journal des sçavans* öffentlich gemacht und widerlegt worden,[9] wobei man ihn so gedeutet hat, als hätte ich den Glauben des verstorbenen Herrn Descartes und der Kartesianer in Frage gestellt. Tatsächlich hatte ich bei Descartes Sätze bemerkt, aus denen folgt, was meines Erachtens der Vorsehung zuwiderläuft und zur Lehre Spinozas führt.[10] Ich hatte aber zugleich erklärt, daß ich diese Folgerungen weder Descartes selbst noch seinen Anhängern anlastete. Vielmehr nötigte mich die Nächstenliebe anzunehmen, daß sie diese gefährlichen Folgerungen gar nicht gesehen hätten. Mein anonymer Opponent hatte einen Satz für falsch erklärt, von dem ich gesagt hatte, daß er sich bei Descartes findet und wonach die Materie nacheinander alle möglichen Formen annimmt; ich schloß daraus, daß, wenn jede Möglichkeit eintritt, es weder Wahl noch Vorsehung gibt. Ich habe nicht verfehlt, die Fundstelle in Artikel 47 von Buch III von Descartes' *Principes* zu benennen und meinen Kommentar zu rechtfertigen (vgl. die Nr. 32 und 33 des *Journal des sçavans* dieses Jahres).[11] Kürzlich hat es darauf eine Replik in Nr. 37 des *Journal* gegeben:[12] Ohne sich weiter mit meiner ausdrücklichen Erklärung aufzuhalten, wirft man mir immer noch vor, Descartes' Glauben in Frage zu stellen, was keinesfalls zutrifft. Ich erwähne dies nur, um Euer Ehrwürden meine guten Absichten und meine Mäßigung zu erkennen zu geben.

Ich habe noch ein Vorhaben,[13] das mich seit meiner frühesten Jugend beschäftigt (wie ich in einer 1666 gedruckten Abhandlung zu erkennen gegeben habe)[14] und das mir von der größten Bedeutung scheint: sowohl für die Ausbreitung der [christlichen] Religion und die Mission wie für die Entdeckung und Überprüfung der wichtigsten natürlichen Wahrheiten in Theorie und Praxis, im Alltagsleben und in den einzelnen Künsten und Handwerken. Es fehlt mir aber pres à m'y assister de leur travail, je n'ay pas encor pû l'executer. C'est que je voy le moyen de trouver et d'establir des verités toutes differentes des mathematiques, par des demonstrations de calcul, qui les rendent aussi incontestables que pourroient estre celles des nombres et de l'Algebre. Et le Calcul philosophique nouveau de cette Specieuse universelle, estant independant de quelque langue que ce soit, seroit d'un merveilleux secours pour faire gouster meme aux peuples les plus eloignés dont les langues different tant des nostres comme sont les Chinois et semblables, les plus importantes et abstraites verités de la religion naturelle, sur les quelles la revelée est comme entée. [Ce dessein est bien different des projets de ceux qui ont voulu fabriquer des Langues ou écritures nouvelles, qu'ils appelloient universelles. Mais sans estre sujet à leur incommodités et empechemens il en contiendroit eminemment les avantages et d'autres infiniment plus considerables, puisqu'il serviroit non seulement à s'expliquer, ce qui se peut par des marques arbitraires, mais aussi à decouvrir la verité, jusqu'à pouvoir dire, comptons, pour vuider des disputes: ce que des marques arbitraires dont on s'est servi jusqu'icy ne sçauroient faire.] Ce Calcul auroit encor d'autres usages surprenans, qu'on ne sçauroit expliquer en peu de mots, et qu'il est difficile de faire croire avant l'experience. Je ne sçay si j'auray jamais l'occasion de mettre ma pensée en practicque, et ne voyant pas que d'autres se soyent avisés de quelque chose d'approchant, j'apprehende qu'elle ne se perde au grand prejudice des missions. Mais il faut se remettre en tout à la volonté de Dieu, qui fera naistre des circomstances favorables pour l'execution de cette idée, quand elle sera convenable aux desseins de sa souveraine sagesse.

an Muße, und ich habe niemanden, der mich mit seiner Arbeit unterstützen könnte, deshalb habe ich mein Projekt noch nicht verwirklichen können.[15] Ich sehe nämlich die Möglichkeit, von den mathematischen vollkommen verschiedene Wahrheiten ausfindig zu machen und festzustellen, und zwar mit Hilfe kalkülmäßiger Beweise, die sie so unbestreitbar machen, wie es die Aussagen über Zahlen und in der Algebra nur sein können. Der neue philosophische Kalkül dieser *spécieuse universelle* wäre in seiner Unabhängigkeit von jeglicher Sprache ein wunderbares Hilfsmittel, um selbst den fernsten Völkern (wie den Chinesen und ihresgleichen), deren Sprachen sich so stark von unseren [den europäischen] unterscheiden, die wichtigsten und abstraktesten Wahrheiten der natürlichen Religion nahezubringen. Auf diese Wahrheiten ist die offenbarte Religion [des Christentums] gleichsam aufgepfropft. [Dieses Vorhaben unterscheidet sich erheblich von den Projekten der Leute, die von ihnen als »universal« bezeichnete neue Sprachen oder Schriften fabrizieren wollten.[16] Es wäre frei von den Schwierigkeiten und Unbequemlichkeiten [dieser Kunstsprachen], würde sich aber im höchsten Grade durch deren Vorzüge und darüber hinaus durch weitere, unendlich bedeutsamere Vorteile auszeichnen. Man würde sich mit seiner Hilfe nämlich nicht nur verständigen (das ist auch mit Hilfe willkürlich gesetzter Zeichen möglich), sondern auch die Wahrheit entdecken können, ja man könnte sagen: Laßt uns rechnen, um so Kontroversen zu entscheiden. Das können die bisher verwendeten willkürlichen Zeichen nicht leisten.][17] Für diesen Kalkül gäbe es noch weitere, überraschende Anwendungsmöglichkeiten, die sich nicht in wenigen Worten erklären lassen und wenig glaubhaft sind, solange man nicht die Probe aufs Exempel gemacht hat. Ich weiß nicht, ob ich jemals Gelegenheit haben werden, meine Gedanken in die Praxis umzusetzen. Soweit ich sehe, ist niemand auf etwas Vergleichbares verfallen, und so fürchte ich, daß meine Idee zum großen Schaden der Mission verlorengehen wird. Doch wir müssen alles Gottes Willen anheimstellen. Er wird günstige Umstände für die Ausführung dieser Idee erstehen lassen, sobald diese sich in die Pläne seiner höchsten Weisheit schickt.

Je le prie de conserver Vostre Reverence pour le bien public, et pour la propagation de la foy de Jesus Christ, en quoy vous estes un si puissant instrument des glorieuses intentions de vostre Grand Monarque; et je suis, Mon Tres Reverend Pere avec respect et reconnoissance

De Vostre Reverence, le tres humble et tres obeissant serviteur

Leibniz.

P.S. N'at-on pas amené en Europe quelques Chinois qui puissent servir de Nomenclateurs vivans [?]

Ich bitte Gott, er möge Euer Ehrwürden im Interesse des Gemeinwohls und der Ausbreitung des Glaubens an Jesus Christus erhalten, worin Sie so ein machtvolles Werkzeug der ruhmreichen Pläne Ihres großen Königs sind. Ich bin [...]

P.S. Hat man nicht vielleicht ein paar Chinesen[18] nach Europa mitgebracht, die als lebendige Wörterbücher dienen könnten?

18. LEIBNIZ AN JOACHIM BOUVET S. J.

HANNOVER, 2. (12.) DEZEMBER 1697. [15. 19.]

Au R. P. Bouvet Jesuite à Paris

Mon Reverend Pere Hanover 2 decemb. 1697

Lors que je croyois Vostre Reverence au fonds de la Chine, entretenant de Philosophie et de Mathematique le Monarque de ce grand Empire, pour faciliter l'entrée de la religion Chrestienne dans son Esprit, et dans celuy des siens; j'ay esté agreablement surpris d'en recevoir une lettre, mais des plus obligeantes, et qui merite des grands remercimens. Car ce n'est pas à V. R. de me remercier de ce que j'ay publié des faits où la gloire de Dieu se fait connoistre, quoyque V. R. y ait part, avec quelques autres ouvriers Apostoliques, dont le zele me paroist tres louable, malgré tout ce que la passion peut dire à l'encontre. Je seray ravi d'apprendre par Vostre faveur, Mon Reverend Pere, quelque chose de plus que ce qui est contenu dans la relation de Pequin, et s'il y a des remarques à faire sur quelques endroits, comme il paroist par vostre lettre, et peutestre aussi sur ce qu'il y a dans ma preface et dans les autres additions, j'en seray obligé, car il se pourroit faire qu'on reimprimât cette petite piece fugitive des *Novissima Sinica*, et qu'on y adjoutât quelque chose. Rien n'y viendra plus à propos que ce que vous dites de la personne du Monarque des Chinois dans un ouvrage dejà publié que vous me faites esperer avec un autre qui y regardera ce qui appartient aux circonstances et suites de l'edit, qui a donné la liberté à la religion Chrestienne. Je vous ay beaucoup d'obligation du present que vous m'en faites et je souhaiterois de le meriter. Il seroit à souhaiter aussi que vos ouvrages fussent publiés non seulement en François, mais encor en Latin, à fin qu'ils soyent d'une utilité plus universelle.

18. LEIBNIZ AN JOACHIM BOUVET S.J.

Hannover, 2. (12.) Dezember 1697. [15. 19.]

An P. Bouvet S.J. in Paris

Ehrwürdiger Vater Hannover, den 2. Dezember 1697

Ich glaubte Euer Ehrwürden im tiefsten China, wo Sie sich mit dem Herrscher dieses großen Reiches über Philosophie und Mathematik unterhielten, um dem Christentum Zugang zu seinem Gemüt und dem seiner Untertanen zu verschaffen. So war ich angenehm überrascht, von Ihnen einen Brief zu empfangen, und zwar einen überaus liebenswürdigen und sehr dankenswerten Brief. Es ist ja nicht an Euer Ehrwürden, mir dafür zu danken, daß ich Tatsachen veröffentlicht habe, in denen sich Gottes Ruhm zu erkennen gibt, auch wenn Euer Ehrwürden und einige andere apostolische Arbeiter [im Weinberg des Herrn] ihren Anteil daran haben. Ihr Eifer scheint mir sehr lobenswert, was auch die Leidenschaft dagegen einwenden mag. Ich wäre entzückt, Ehrwürdiger Vater, durch Ihr Entgegenkommen zu erfahren, was über den Bericht aus Peking[1] hinausgeht, und wenn Sie, wie aus Ihrem Brief hervorgeht, zu einigen Stellen [im Text von Soares] etwas anzumerken haben und vielleicht auch zu meiner Vorrede und den übrigen Beigaben,[2] werde ich Ihnen dafür dankbar sein. Möglicherweise wird nämlich diese kleine Flugschrift *Novissima Sinica* nachgedruckt und ergänzt werden.[3] Nichts wird sich besser dazu schicken als Ihre Ausführungen zur Person des chinesischen Kaisers in einem bereits veröffentlichten Werk, das Sie mir in Aussicht gestellt haben,[4] ebenso wie ein anderes zu Umständen und Folgen des Edikts, das dem Christentum [in China] die Freiheit gebracht hat.[5] Ich bin Ihnen sehr dankbar für dieses Geschenk und wünschte, ich könnte es mir verdienen. Wünschenswert wäre auch, daß Ihre Werke nicht nur in französischer, sondern auch in lateinischer Sprache erschienen, um eine weiterreichende Wirksamkeit entfalten zu können.

Puisque le R. P. Verjus m'apprend que V. R. se prepare à retourner dans le beau champ de la Mission du Seigneur, où elle travaille d'une maniere si distinguée; et me fait entendre, que je pourray prendre la liberté de luy demander des Notices[,] j'en profiteray esperant que V. R. ne partira pas si tost. Je diray cependant que ce qu'on peut souhaitter avec le temps de la Chine regarderoit l'Histoire, la morale et politique, les mathematiques et la physique. Quant à l'Histoire je trouve qu'il faudroit avant toute chose une espece de Critique pour examiner fort distinctement, quel fonds on peut et doit faire sur les livres Historiques des Chinois. Or cet Examen ayant besoin de l'Histoire literaire Chinoise, il seroit important de nous en faire avoir une bien circomstantiée et bien verifiée. Et les verifications se deuvroient tousjours faire en rapportant les propres passages, autant que cela se peut, avec des traductions convenables.

L'Explication de la langue et Ecriture Chinoise est comme le fondement de l'Histoire literaire et donne en même temps la clef de toutes leur connoissances. Il y a plusieurs dictionaires manuscrits des caracteres Chinois, en Chinois, Portugais, Flamand, etc. Il me semble que le R. P. Grimaldi m'a dit, qu'il y en avoit dans la Chine où les figures de plusieurs choses sont jointes aux caracteres. Quoyqu'il en soit, je ne doute point que par le moyen de Vos Reverences, on ne nous fasse obtenir des dictionnaires Chinois aussi exacts qu'il est possible et qu'on nous en aura déja apporté quelques uns des meilleurs avec des especes de Grammaires; et on en jugera si l'esperance de feu Mons. Mullerus tres habile homme dans les Langues d'Orient, estoit bien fondée, qui nous promettoit une clef des caracteres Chinois, sur quoy je souhaiterois particulierement le sentiment de Vostre Reve[re]nce. Il seroit sur tout necessaire pour etudier leur caractere à fonds qu'on fit imprimer quelques livres Chinois non seulement avec des versions interlineaires,

P. Verjus teilt mir mit,[6] daß Euer Ehrwürden sich darauf vorbereiten, in die schönen Gefilde der Mission des Herrn zurückzukehren, wo Sie so hervorragende Arbeit leisten. Er gibt mir zu verstehen, daß ich so frei sein darf, Sie um Nachrichten [über China] zu bitten. In der Hoffnung, daß Sie so bald nicht abreisen werden, werde ich mir diese Erlaubnis zunutze machen. Vorerst sei gesagt, daß die Informationen, die wir mit der Zeit aus China zu erhalten wünschten, die Geschichte beträfen, Moral und Politik, Mathematik und Physik. Was die Geschichte angeht, brauchten wir meines Erachtens vor allem eine Art kritische Untersuchung, um im einzelnen zu prüfen, wie weit man auf die historischen Bücher der Chinesen bauen kann und soll. Diese Untersuchung setzt aber [die Kenntnis] der Geschichte der chinesischen Wissenschaften[7] voraus; es wäre daher wichtig, davon eine ausführliche und gut dokumentierte Darstellung zu beschaffen. Dabei müßte diese Dokumentation im Zitieren der Textstellen selbst bestehen, soweit dies möglich ist, mitsamt einer angemessenen Übersetzung.

Die Erschließung der chinesischen Sprache und Schrift ist gewissermaßen das Fundament der Wissenschaftsgeschichte und der Schlüssel zu sämtlichen Kenntnissen der Chinesen. Es gibt mehrere handschriftliche Lexika der chinesischen Schriftzeichen, [mit Definitionen bzw. Übersetzungen] in chinesischer, portugiesischer, flämischer und anderen Sprachen.[8] Ich glaube, von P. Grimaldi gehört zu haben, daß es in China Lexika gibt, wo Abbildungen verschiedener Sachen den Schriftzeichen beigegeben sind.[9] Wie auch immer – ich bin sicher, daß mit Hilfe Ihrer Patres wir nach Möglichkeit exakte chinesische Wörterbücher bekommen werden, ja daß schon einige der besten mitsamt einer Art Grammatik [nach Europa] gebracht worden sind. Wir werden dann sehen, wie wohlbegründet die Hoffnung des verstorbenen Herrn Müller war, eines sehr bewanderten Orientalisten, der uns einen Schlüssel zu den chinesischen Schriftzeichen versprochen hatte.[10] Hierzu wünschte ich besonders die Meinung von Euer Ehrwürden zu vernehmen. In einem vertieften Studium der Beschaffenheit [dieser Zeichen] müßten vor allem einige chinesische Bücher gedruckt werden, die über Interlinearvermais encor avec une analyse grammatique, qui rendit raison du caractere, quand il est composé d'autres primitifs, et qui expliquât sur tout quantité de petites marques ou traits, qui en doivent varier ou modifier la signification.

A l'occasion de la langue chinoise, il seroit fort à souhaitter qu'on pût avoir aussi des bonnes notices des langues de tous les peuples voisins; et au commencement quelque petit vocabulaire, avec quelque notice des lettres et aussi avec le *Pater* ou oraison dominicale, tant en caracteres qui nous sont connus, qu'en ceux du pays où est la langue; et tousjours avec une version interlineaire. La collation des langues est la chose du monde qui peut donner le plus de lumieres touchant les origines et migrations des peuples. Or sans parler des langues de la Coree, du Japon, du Siam, Ava, et du reste des Indes dont il faudroit tacher d'estre informé avec le temps; je ne parleray maintenant que des langues Tartares, ou qui sont au septentrion de la Chine, des Indes et de la Perse. Il importeroit donc fort d'avoir des petits vocabulaires, et grammaires, mais du moins et avant toute autre chose le *Pater* dans chacune de ces langues. Car quand on n'auroit que le *Pater* ecrit dans un caractere connu, et avec une version interlineaire, cela nous donneroit tousjours quelque moyen de conferer la langue avec d'autres. Outre que cela servira, *ut omnis lingua laudet Dominum*. Je souhaiterois le *Pater* dans la langue des Tartares de la Chine, et je m'imagine que V. R. nous en peut deja favoriser. Et en ce cas je l'en supplie, car j'espere de pouvoir conferer ce *Pater* avec celuy des Tartares un peu plus occidentaux, qu'on appelle communement Mogals, ou Mugals; Car on m'a mandé de Hollande que le second Ambassadeur Moscovite (qui est celuy là meme qui a conclu la paix de Nipchou aux traités où le R. P. Gerbillon a assisté) a des esclaves Mugals sionen hinaus eine grammatische Analyse böten. Diese müßte das einzelne Schriftzeichen erläutern, wenn dieses aus einfachen Elementen zusammengesetzt ist, und vor allem zahlreiche kleine Zeichen oder Striche erklären, die dazu dienen, die Bedeutung eines Schriftzeichens abzuwandeln oder zu modifizieren.

Im Zusammenhang [mit dem Studium] der chinesischen Sprache wäre auch sehr wünschenswert, wenn sich sorgfältige Beschreibungen der Sprachen aller benachbarten Völker beschaffen ließen. Zunächst könnte man mit einem kleinen Wörterverzeichnis und einer Beschreibung des verwendeten Alphabets beginnen, dazu mit dem *Vaterunser* sowohl in einem uns bekannten Schriftsystem als in den Schriftzeichen, die in dem jeweiligen Land verwendet werden, wo die Sprache gesprochen wird, und immer einer Interlinearversion. Der Sprachvergleich ist unter allen [Methoden] diejenige, die uns am meisten Aufschluß geben kann über Ursprünge und Wanderungen der Völker. Mir geht es nicht um die Sprachen von Korea, Japan, Siam, Birma und dem übrigen Indien, über die man mit der Zeit auch versuchen müßte, Informationen einzuholen; ich spreche im folgenden nur von den tatarischen, im Norden Chinas, Indiens und Persiens gesprochenen Sprachen. Wir brauchten also dringend kleine Wörterverzeichnisse und Grammatiken, zumindest aber und vor allen Dingen das *Vaterunser* in jeder dieser Sprachen. Auch wenn wir nämlich nur das *Vaterunser* hätten, in einem bekannten Schriftsystem notiert und mit einer Interlinearversion, hätten wir damit eine Möglichkeit, die betreffende Sprache mit anderen zu vergleichen. Darüber hinaus wird es dazu dienen, daß *alle Zungen sollen Gott bekennen.*[11] Ich hätte gern das *Vaterunser* in der Sprache der chinesischen Tataren [Manjuren], und vielleicht können Euer Ehrwürden uns schon damit beehren. In diesem Fall bitte ich darum, denn ich hoffe, dieses *Vaterunser* mit dem jener Tataren vergleichen zu können, die etwas weiter im Westen leben und im allgemeinen als Mogalen oder Mugalen bezeichnet werden.[12] Aus Holland ist mir nämlich mitgeteilt worden,[13] daß der zweite russische Botschafter (derselbe, der den Frieden von Nertschinsk geschlossen hat, dessen Aushandlung P. Gerbillon beigewohnt hat)[14] in seinem dans sa suite, dont on espere de me tirer un *Pater*. On m'a deja écrit que la Langue Mugalle est fort voisine de celle des Kalmucs qui sont encor plus occidentaux. Je suis donc en impatience d'apprendre, si celle des Tartares de la Chine approche aussi de celle des Mugals. On m'a appris aussi que la langue et les caracteres de Tangut sont en veneration chez les Mugals, par ce que le grand Lama est dans le Tangut. Ainsi il seroit à souhaitter qu'on pût sçavoir aussi ce que c'est que la langue de Tangut. On m'a mandé que le feu Roy de Pologne ayant demandé au R. P. Grimaldi quelques mots des Tartares Chinois, pour le[s] comparer avec ceux des Tartares de la Crimée, que le Roy sçavoit, on n'a gueres trouvé de rapport; si non que *Marah* ou quelque chose d'approchant est cheval chez les uns et les autres, à ce qu'on m'ecrivit. Or presque le même mot se trouvant encor dans la même signification en Allemand et en vieux Gaulois, qui subsiste aussi dans le pays de Galles, c'est quelque chose de considerable, que ce mot est passé d'une extremité de nostre continent à l'autre. Enfin je souhaiterois qu'on n'omit aucune occasion de s'informer à fonds des langues des peuples tant pour les raisons que j'ay dites, que pour faciliter la propagation de la foy.

Pour toucher ce qui reste encor de l'Histoire Chinoise, il faudroit sans doute apporter un grand soin à bien établir leur chronologie, pour decider la grande question de l'antiquité des temps et pour sçavoir s'il faut preferer la version des 70 au Texte Hebraique, comme il y a de l'apparence. Et en tout cela il faudroit aller avec toute la bonne foy possible, sans rien deguiser qu'on pourroit croire prejudiciable à ce qui est autorisé chez nous; car il est seur qu'on trouvera tousjours qu'une verité s'accorde avec l'autre, et que la sainte Ecriture n'en receuvra jamais aucun tort. Outre l'Histoire des dynasties chinoises, tant des successives que des contemporaines qui subsistoient

Gefolge »mogalische« Sklaven hat, denen man ein *Vaterunser* für mich zu entlocken hofft.[15] Man hat mir schon früher geschrieben,[16] das »Mogalische« wäre nahe verwandt mit der Sprache der noch weiter westlich lebenden Kalmücken.[17] Ich brenne deshalb darauf zu erfahren, ob die Sprache der chinesischen Tataren [Manjuren] auch ihrerseits jener der »Mogalen« nahesteht. Ich habe auch gehört, daß Sprache und Schrift der Tibeter bei den »Mogalen« Verehrung entgegengebracht wird, weil der Große Lama in Tibet ist.[18] Es wäre also wünschenswert, wenn wir auch erfahren könnten, was es mit der tibetischen Sprache auf sich hat. Mir ist mitgeteilt worden,[19] daß der verstorbene König von Polen[20] P. Grimaldi um einige Wörter der chinesischen Tataren [Manjuren] gebeten hatte, um sie mit ihm bekannten Wörtern des Krimtatarischen zu vergleichen; wie man mir schrieb, hätte man aber kaum Übereinstimmungen gefunden, abgesehen davon, daß *Marah* oder etwas Ähnliches bei beiden Völkern »Pferd« bedeute.[21] Fast dasselbe Wort findet sich mit derselben Bedeutung aber auch im Deutschen und im Gallischen und hat sich auch im Kymrischen erhalten. Es ist bemerkenswert, daß dieses Wort von einem Ende unseres Kontinents zum anderen gewandert ist. Kurz: Ich wünschte, daß jede Gelegenheit, sich über die Sprachen der Völker gründlich zu informieren, ergriffen wird, aus den Gründen, die ich genannt habe, ebenso wie um die Verbreitung des Glaubens zu erleichtern.

Was die Überlieferung der chinesischen Geschichte angeht, müßte man sicherlich große Sorgfalt darauf verwenden, ihre Chronologie zu sichern, um das große Problem der Frühzeit entscheiden zu können und in Erfahrung zu bringen, ob die Version der *Septuaginta* dem hebräischen Text vorzuziehen ist (wofür einiges spricht). In allen diesen Fragen müßte man mit der größtmöglichen Aufrichtigkeit vorgehen und nicht versuchen zu vertuschen, was möglicherweise der bei uns gültigen Lehrmeinung zum Nachteil gereichen könnte. Man wird nämlich mit Sicherheit immer zu der Einsicht gelangen, daß eine Wahrheit sich zur anderen fügt und die Heilige Schrift niemals darüber Schaden nehmen wird.[22] Neben der Geschichte der aufeinanderfolgenden bzw. gleichzeitigen chinesischen lors qu'elle avoit encor plusieurs Rois mediocres; il faudroit avoir soin de l'Histoire des inventions[,] des arts, des loix, des religions, et d'autres etablissemens[.] Je voudrois bien sçavoir par exemple s'il[s] n'ont eu il y a long temps quelque chose d'approchant de nostre Geometrie, et si l'egalité du quarré de l'Hypotenuse à ceux des costés du triangle rectangle leur a esté connue, et s'ils ont eu cette proposition par tradition ou commerce des autres peuples, ou par l'experience, ou enfin par demonstration, soit trouvée chez eux ou apportée d'ailleurs.

Mais je previens en cela ce qui appartient aux autres chapitres, c'est pourquoy je passe à la Morale et Politique des Chinois. Il paroist effectivement qu'ils ont des reglemens excellens pour le bon ordre des affaires civiles, et il seroit à souhaitter qu'un jour nous en puissions avoir tout le detail. Car la veritable philosophie practique *(vera, non simulata philosophia* comme disent nos Juresconsultes Romains*)*, consiste plus tost dans ces bons ordres pour l'education, et pour la conversation et Socialité des hommes, que dans les preceptes generaux sur les vertus et devoirs. Ainsi je ne doute point que nous n'y trouvassions beaucoup à apprendre, et plus peutestre, qu'il ne nous est honnorable. Les formules memes qui sont receues chez eux et comme autorisées dans les rencontres de consequence, meriteroient d'estre publiées dans leur caracteres avec nos explications.

Je crois bien que leur Mathematiques speculatives n'ont rien de comparable avec les nostres; il est seur pourtant que la longue practique de tant de siecles leur a appris une infinité de belles inventions Mecaniques et autres qui nous manquent. Car quoyque nous ayons les principes mieux qu'eux neantmoins ce sont les rencontres particulieres, qui font tirer mille belles consequences et trouver mille inventions. Je suis moy même étonné tous les jours de voir combien

Dynastien (aus den Zeiten, als es in China noch mehrere Kleinkönige gab)[23] müßte man sich der Geschichte der Erfindungen und Künste annehmen, der Geschichte des Rechts, der Religionen und anderer Institutionen. Kannten sie nicht zum Beispiel schon lange etwas, das unserer Geometrie ähnelt? Wußten sie, daß das Quadrat der Hypotenuse gleich [der Summe] der Quadrate der Seiten des rechtwinkligen Dreiecks ist?[24] Kannten sie diesen Satz [des Pythagoras] aus der Überlieferung oder aus dem Umgang mit anderen Völkern, kannten sie ihn aus der Erfahrung oder durch einen von ihnen selbst gefundenen oder von außen importierten Beweis?

Aber ich greife hiermit vor auf Gegenstände, die in andere Abschnitte gehören, und gehe deshalb über zu Moral und Politik der Chinesen. Sie scheinen in der Tat über ausgezeichnete Vorschriften zur Organisation des zivilen Lebens zu verfügen, und es wäre wünschenswert, wenn wir diese eines Tages in allen Einzelheiten kennenlernen könnten. Denn die wahre praktische Philosophie (unsere römischen Juristen sprechen von *vera, non simulata philosophia*)[25] besteht eher in solch zweckmäßigen Regelungen für Erziehung, Umgang der Menschen miteinander und geselliges Leben als in den allgemeinen Grundsätzen über Tugenden und Pflichten. Wir werden [beim Studium der chinesischen Vorschriften] daher zweifellos viel zu lernen haben, ja vielleicht mehr, als für uns ehrenvoll ist. Selbst die bei den Chinesen üblichen und bei wichtigen Begegnungen gleichsam stehenden Formeln verdienten es, in ihrer originalen Form (mit ihrem spezifischen Schriftzeichen) veröffentlicht zu werden, verbunden mit unseren Erläuterungen.

Ich glaube wohl, daß die spekulative Mathematik der Chinesen in nichts mit der unseren zu vergleichen ist; dennoch hat die lange Übung durch soviele Jahrhunderte sie mit Sicherheit unendlich viele großartige mechanische und sonstige Erfindungen machen lassen, die uns abgehen. Zwar haben wir die Grundlagen besser erfaßt als die Chinesen; es sind aber die einzelnen zufälligen Vorkommnisse, die es erlauben, Tausende wichtiger Schlüsse zu ziehen und Tausende Erfindungen zu machen. Ich staune selbst jeden Tag, wenn ich sehe, wieviel uns fehlt und wie sehr man unsere nous manque, et combien on y pourroit adjouter à nos practiques dans les matieres les plus utiles à la vie ou les plus necessaires à l'egard des nombres, figures, machines, navigation, science militaire, geographie, etc. Comme les Chinois doivent avoir beaucoup d'observations Astronomiques anciennes, il faudroit tacher de les faire publier pour les comparer tant avec les modernes, qu'avec celles d'Hipparque et Ptolemee, et autres où il y a quelque notice de celles qu'Alexandre a trouvées à Babylone. Les Chinois pourront contribuer aussi par leur cartes et notices tant de leur pays que des voisins à la perfection de la Geographie. Et je souhaiterois d'apprendre le sentiment de V. R. sur la carte de Mons. Witsen, et si Vos Reverences ont quelque carte de la plus orientale Tartarie, qui puisse servir à corriger ou suppleer la sienne. On pourra même apprendre un jour, si l'Amerique et l'Asie sont un meme continent ou non.

Je viens à la physique et je comprends maintenant sous ce nom toutes les notices experimentales des choses corporelles dont on ne peut pas encor donner la raison par les principes geometriques ou mecaniques. Aussi ne les at-on point pû obtenir par la raison et a priori, mais seulement par l'experience et tradition; et je ne doute point que les Chinois ne nous surpassent de beaucoup en ce point, puisque leur experience est plus longue et leur tradition moins interrompüe et plus soigneuse que la nostre. Mais comme ces notices physiques sont d'une grandissime etendüe, je ne voy point de meilleur moyen d'y arriver, que par la description des arts et professions de toute sorte de gens; et c'est à quoy on deuvroit songer sans tarder, l'objet estant si ample, qu'on n'y sçauroit commencer trop tost, pour en tirer du fruit. Ces peuples ont eu avant nous la boussole et la poudre à canon et la connoissance de simples excellens, dont quel-

Fertigkeiten erweitern könnte. Das gilt sowohl für Dinge, die den größten Nutzen im [täglichen] Leben stiften können, als auch für die dringendsten Notwendigkeiten bei der Beschäftigung mit Zahlen, [geometrischen] Figuren, Maschinen, Schiffahrt, Militärwesen, Geographie usw. Die Chinesen müssen über zahlreiche alte astronomische Beobachtungen verfügen, die man daher veröffentlichen müßte, um Vergleiche anstellen zu können sowohl mit neueren Beobachtungsergebnissen als denen von Hipparchos [aus Nikaia] und Ptolemaios sowie anderen, die etwas von den Aufzeichnungen überliefern, die Alexander in Babylon gefunden hat.[26] Die Chinesen werden auch mit ihren Karten und Berichten zu ihrem eigenen wie den benachbarten Ländern zur Vervollkommung der Geographie beitragen können. Ich würde auch gern erfahren, was Euer Ehrwürden über die Karte des Herrn Witsen[27] denken und ob Sie und Ihre Ordensbrüder über eine Karte der östlichen Tatarei [Manjurei] verfügen, mit deren Hilfe man jene verbessern oder ergänzen könnte. Eines Tages wird man sogar herausbringen können, ob Amerika und Asien einen einzigen Kontinent bilden oder nicht.

Ich komme nun zur Physik. Ich fasse unter dieser Bezeichnung jetzt alle auf Erfahrung gründenden Nachrichten zusammen, die sich auf körperliche Dinge beziehen und die man noch nicht durch geometrische oder mechanische Prinzipien erklären kann und daher auch nicht mit Hilfe der Vernunft und a priori, sondern nur durch Erfahrung und Überlieferung gewonnen hat. Ich zweifle nicht, daß die Chinesen uns in dieser Hinsicht bei weitem übertreffen, denn sie verfügen über eine längere Erfahrung sowie eine kontinuierlichere und sorgfältigere Überlieferung als wir. Diese physikalischen Nachrichten sind aber von einem gewaltigen Umfang; ich sehe daher keinen besseren Weg, sie zu erschließen, als die Beschreibung der Künste und Gewerbe der verschiedensten Menschen. Diese Aufgabe sollte man unverzüglich in Angriff nehmen, denn es handelt sich um einen so ausgedehnten Gegenstand, daß man nicht zu früh anfangen kann, will man daraus Nutzen ziehen. Diese Völker haben vor uns den Kompaß und das Schießpulver gekannt und ausgezeichnete Heilkräuter, von denen uns einige heute ques uns nous sont connus maintenant, mais je ne doute point qu'il n'y ait encor chez eux des choses tres considerables à apprendre sur tout pour la Medecine, qui est la plus necessaire des sciences naturelles. Car de même que la Theologie est le plus haut point de la connoisssance des choses qui regardent l'esprit, et qu'elle renferme en quelque façon la bonne morale et la bonne politique, on peut dire que la Medecine aussi est le plus haut point et comme le fruit principal des connoissances des corps, puisque c'est à la Medecine de considerer les corps par rapport au nostre. Mais toute la science physique et la Medecine même a pour dernier but la gloire de Dieu, et le bonheur supreme des hommes; car en les conservant elle leur donne le moyen de travailler à la gloire de Dieu. Pardon, mon Reverend Pere, de cette digression. C'est *noctuas Athenas*, que de vous dire ces choses. Puisque c'est là le principal objet de toutes vos veues.

Jusqu'icy j'ay dit à V. R, ce que je souhaitte qu'on nous fasse avoir avec le temps; mais il sera bon cependant de nous procurer par avance des echantillons de toutes ces choses; les *Pater* au moins des langues, quelques versions chinoises avec une analyse g[ram]matique, quelque dictionnaire tolerable, quelques preuves de leur chronologie, quelques bons ordres, inventions, observations et experiences curieuses. Et comme on a déja apporté quelque chose de tout cela, je serois ravi d'en obtenir quelque notice et j'en espere aussi pour l'avenir.

Cependant je souhaitte particulierement d'apprendre des nouvelles du R. P. Grimaldi. Il m'a fait l'honneur de me promettre des communications; et je m'imagine qu'il aura preparé quelque chose pour moy. En tout cas Vostre Reverence y pourra contribuer et suppleer, estant dans la vigueur de son aage. Je suis curieux de sçavoir comment on a trouvé dans la Chine les Machines Astronomiques de l'invention de Mons. Römer, et de l'execution de Monsieur Duret. Car il me semble que Vos Reverences en avoient transporté avec bekannt sind; ich zweifle aber nicht, daß wir von ihnen noch einige sehr wesentliche Dinge lernen können, und zwar vor allem auf dem Gebiet der Medizin, der notwendigsten der Naturwissenschaften. Denn so wie in der Theologie die Kenntnis der geistigen Dinge gipfelt und diese in mancher Hinsicht auch die gute Moral und die gute Politik umfaßt, so kann man auch sagen, daß die Medizin der Höhepunkt und sozusagen der wichtigste Ertrag der Kenntnis von den Körpern ist, denn es ist Aufgabe der Medizin, das Verhältnis der Körper zu unserem zu untersuchen. Letztes Ziel der Physik und selbst der Medizin ist aber der Ruhm Gottes und das höchste Glück der Menschen, denn indem die Medizin sie am Leben erhält, ermöglicht sie ihnen, zu Gottes Ehren zu arbeiten. Bitte verzeihen Sie diese Abschweifung, Ehrwürdiger Vater. Ihnen diese Dinge zu sagen, heißt Eulen nach Athen tragen, denn in ihnen liegt ja das eigentliche Ziel all Ihrer Pläne.

Bis hierher habe ich Euer Ehrwürden auseinandergesetzt, was wir nach meinen Wünschen im Lauf der Zeit [aus China] bekommen sollten; es wäre aber gut, wenn Sie uns bis dahin von all dem Proben beschaffen könnten: wenigstens die *Vaterunser* in den [verschiedenen] Sprachen, einige chinesische Übersetzungen mit grammatischer Analyse, ein ordentliches Wörterbuch, einige Proben von ihrer Chronologie, einige gute Vorschriften, Erfindungen und Beobachtungen sowie bemerkenswerte [physikalische] Experimente. Und da Sie von alledem schon etwas [nach Europa] gebracht haben, wäre ich entzückt, davon Nachricht zu erhalten, wie ich es mir auch für die Zukunft erhoffe.

Vor allem liegt mir aber an Nachricht von P. Grimaldi. Er hat mir die Ehre erwiesen zu versprechen, mit mir in Verbindung bleiben zu wollen,[28] und ich denke mir, daß er etwas für mich vorbereitet hat. Da Sie in Ihren besten Jahren stehen, können Euer Ehrwürden jedenfalls [zu Grimaldis Sendungen] beitragen und sie ergänzen. Ich wüßte gern, wie man in China die von Herrn Rømer erfundenen und von M. Duret[29] gebauten astronomischen Instrumente aufgenommen hat.[30] Ich meine nämlich zu wissen, daß Euer Ehrwürden und Ihre Mitbrüder diese mit nach China genommen ha-

Elles, pourveu qu'on les ait pû faire arriver bien entieres et que la rouille ne les ait point gastées. Et comme il importe sur tout, qu'on puisse regler assez le cours de la lune, pour estre un peu plus precis dans les predictions des Eclipses, et autres phenomenes, qu'on n'a esté jusqu'icy, je souhaitte d'apprendre, jusqu'à quel point la chose se trouve maintenant portée par les soins de Messieurs Cassini, Picard, de la Hire, et autres habiles gens; et si on a des tables qui pourront donner quelque confiance au moins pour un temps.

Enfin Vostre Reverence me fera beaucoup de grace, si elle me fait apprendre quelque detail tant de ce qu'on a apporté de la Chine, que de ce qu'on y a transporté, et transportera encor. Car je m'interesse extremement dans ces choses par l'envie que j'ay de les voir reussir, et je ferois gloire d'y pouvoir contribuer en quelque façon, si l'occasion s'en presentoit, ne voyant rien de plus grand à faire de nos temps; tant pour les Chinois que pour nous. Puisque nous pourrons leur donner quasi tout d'un coup et par une maniere d'infusion, nos connoissances; et à nostre tour nous pourrons apprendre d'eux aussi tout d'un coup un Monde de nouvelles notices, que sans cela nous n'aurions point obtenuës en je ne sçay combien de siecles. Et il est juste que l'utilité soit reciproque, car nous leur deviendrions inferieurs s'ils apprenoient de nous sans nous rien donner en echange. C'est ce que j'ay preché au R.P. Grimaldi. Mais tout ce qu'ils nous peuvent donner n'est pas comparable avec les lumieres de la foy qu'ils peuvent recevoir de nous.

Or comme le feu R.P. Verbiest avoit déja reconnu, ce de quoy Vos Reverences se sont apperçues aussi, sçavoir que l'introduction de la Philosophie chez les Chinois seroit d'un grandissime effect, pour preparer les Esprits de plus prés à recevoir la veritable religion; c'est pourquoy il paroist important de considerer comment il faudroit enseigner la philosophie, pour la rendre plus solide, plus convainben; ich setze dabei voraus, daß man die Instrumente heil hat ans Ziel bringen können und sie nicht vom Rost verdorben worden sind. Und weil vor allem daran gelegen ist, die Mondbahn ausreichend [genau] zu bestimmen, um künftig genauere Aussagen über Finsternisse und andere Erscheinungen als bisher machen zu können, wüßte ich gern, wie weit die Bemühungen der Herren Cassini, Picard, La Hire[31] und anderer fähiger Leute in dieser Hinsicht gediehen sind und ob man über Tabellen verfügt, auf die man sich wenigstens für eine Zeit verlassen kann.

Schließlich werden Euer Ehrwürden mir einen großen Gefallen erweisen, mich recht ausführlich darüber zu unterrichten, sowohl was aus China [nach Europa] gebracht als auch was man dorthin geschafft hat und noch schaffen wird.[32] Ich interessiere mich nämlich außerordentlich für diese Dinge aus dem Wunsch heraus, daß sie Erfolg haben mögen, und ich würde es mir zur Ehre anrechnen, bei sich bietender Gelegenheit selbst etwas dazu beitragen zu können, denn ich sehe nichts Größeres, was man heute tun könnte, für die Chinesen wie für uns. Denn wir werden ihnen sozusagen auf einen Schlag und wie durch eine Art Infusion unser Wissen vermitteln können, so wie wir unsererseits ebenfalls auf einen Schlag von ihnen eine Welt von neuen Kenntnissen erfahren können, die wir andernfalls in zig Jahrhunderten nicht erworben hätten. Dabei ist es nur gerecht, wenn der Nutzen auf beiden Seiten liegt, denn wir würden den Chinesen unterlegen werden, wenn sie [nur] von uns lernten, ohne uns dafür etwas im Austausch zu geben. Das habe ich P. Grimaldi gepredigt.[33] Aber alles, was sie uns geben können, ist nichts im Vergleich mit den Erleuchtungen des Glaubens, die sie von uns erhalten können.

Schon der verstorbene P. Verbiest hatte aber erkannt,[34] was Euer Ehrwürden und Ihre Ordensbrüder auch festgestellt haben: Die Einführung der Philosophie bei den Chinesen wäre überaus wirkungsvoll in Hinblick auf die nähere Vorbereitung der Gemüter darauf, die wahre Religion anzunehmen. Es scheint mir daher wichtig zu erwägen, wie man die Philosophie lehren sollte, um sie solider, überzeugender und für den erwähnten Zweck geeigneter quante et plus propre à cet effect. Je voy que quantité d'habiles gens croyent qu'il faut abolir la philosophie des Ecoles, et substituer une toute autre à sa place, et plusieurs veulent que ce soit la Cartesienne. Mais apres avoir tout pesé, je trouve que la philosophie des Anciens est solide, et qu'il faut se servir de celle des modernes pour l'enrichir, et non pas pour la detruire. J'ay eu bien des contestations là dessus avec des habiles Cartesiens, et je leur ay monstré par les mathematiques mêmes, qu'ils n'ont point les veritables loix de la nature, et que pour les avoir il faut considerer dans la nature non seulement la matiere mais aussi la force, et que les formes des anciens ou entelechies, ne sont autres choses que les forces. Et par ce moyen je crois de rehabiliter la philosophie des anciens ou de l'ecole dont la Theologie se sert si utilement, sans rien deroger aux decouvertes modernes ny aux explications mecaniques, puisque les mecaniques mêmes supposent la consideration de la force et il se trouvera que rien n'est plus propre que la Force, dans les phenomenes des corps[,] à donner de l'ouverture pour la consideration des causes spirituelles; et par consequent à y introduire les hommes qui sont enfoncés dans les notions materielles comme seront sans doute les Chinois. Ainsi je crois d'avoir rendu quelque service à la religion; tant en cela, qu'en ce que jespere que cela contribuera à arrester le cours d'une philosophie trop materielle qui commence à s'emparer des esprit, au lieu que je monstre, que les raisons des regles de la force viennent de quelque chose de superieur.

Mais il faut finir, de peur d'ecrire plustost un discours qu'une lettre. Mon zele pour l'avancement de la Gloire de Dieu et de la felicité des hommes, tant par la propagation de la religion Chrestienne que par l'accroissement des sciences solides, qui nous donnent moyen d'admirer d'avantage la sagesse, et la puissance de l'auteur des choses, et de mieux assister les hommes; m'ont porté à cette prolixité. Vos veues, mon Reverend Pere, estant en cela les mêmes que zu machen. Zahlreiche fähige Leute glauben, wie ich sehe, daß es die Schulphilosophie abzuschaffen und durch eine ganz andere zu ersetzen gilt: manche meinen, diese müsse die kartesianische Philosophie sein. Nach sorgfältiger Abwägung meine ich aber, daß die antike Philosophie solide ist und durch die moderne Philosophie bereichert und nicht zerstört werden sollte. Ich habe oft Streitgespräche darüber mit fähigen Kartesianern geführt, und ich habe ihnen mit Hilfe der Mathematik selbst gezeigt,[35] daß sie keinesfalls über die wirklichen Naturgesetze verfügen und daß man, um zu diesen gelangen, in der Natur nicht nur die Materie in Betracht ziehen muß, sondern auch die Kraft, daß die Formen der Alten, ihre Entelechien, aber nichts anders sind als die Kräfte. Auf diese Weise glaube ich, die antike oder Schulphilosophie, deren sich die Theologie so nutzbringend bedient, zu rehabilitieren, ohne mich deswegen in Widerspruch zu den neueren Entdeckungen und Erklärungen der Mechanik zu setzen, denn die Mechanik selbst setzt die Berücksichtigung der Kraft voraus, und es wird sich zeigen, daß bei den physikalischen Erscheinungen nichts geeigneter ist als die Kraft, um Veranlassung zur Untersuchung der geistigen Ursachen zu geben und somit in stofflichen Vorstellungen befangene Menschen (wie es zweifellos bei den Chinesen der Fall sein wird) in jene einzuführen. So glaube ich, der Religion einen Dienst erwiesen zu haben,[36] sowohl in der genannten Hinsicht als auch insofern ich hoffe, damit einen Beitrag geleistet zu haben, den Siegeslauf einer zu materialistischen Philosophie aufzuhalten, die beginnt, sich der Geister zu bemächtigen – während ich beweise, daß die Gesetze der Kraft in etwas Höherem begründet sind.

Aber ich muß aufhören, will ich nicht am Ende eine Abhandlung schreiben statt eines Briefes. Ursache meiner Weitschweifigkeit ist mein Eifer, den Ruhm Gottes und die Glückseligkeit der Menschen zu befördern, und zwar durch die Verbreitung des Christentums wie durch die Vermehrung der soliden Wissenschaften. Mit ihrer Hilfe vermögen wir, um so mehr die Weisheit und Macht des Schöpfers zu bewundern und [gleichzeitig] besser den Menschen zu helfen. Insofern, Ehrwürdiger Vater, verfolgen Sie dieselben Ziele wie ich les miennes, j'espere que vous ne la trouverés point mauvaise. Vostre temps devant estre pretieux, puisque vous vous preparez pour un grand voyage, je conçois bien que vostre loisir ne vous permettra pas de me satisfaire de vous même presentement sur tout ce que vous me voudriés ou pourriés déja faire apprendre; mais j'espere que vostre bonté et celle du R. P. Verjus y suppleeront par le moyen d'autres personnes moins distraites; le tout autant qu'on le jugera convenable. Je vous souhaitte tout le succés possible dans ces saints et beaux desseins, et sur tout une parfaite santé, estant avec grand zele

P. S. Puisqu'il se trouve quelque place vuide, j'adjoute qu'autresfois le celebre Kepler à l'occasion d'une lettre du Pere Terentius de vostre compagnie, écrite de la Chine, a fait imprimer quelques feuilles, où il propose des recherches à faire dans la Chine pour l'Astronomie, Chronologie, Geographie, etc. et fait encor d'autres reflexions. Comme je ne doute point que cette piece ne se trouve dans vos Bibliotheques à Paris, je supplie V. R. si elle ne l'a pas en main, de la faire chercher, et d'y faire reflexion tout comme si Kepler l'avoit écrite aujourdhuy. Puisqu'apresent on a le bonheur de pouvoir mieux satisfaire à ce qu'il souhaitoit, que de son temps. Je n'ay pas maintenant son ecrit icy, autrement je voudrois le parcourir, et appuyer sur les endroits qui me sembleroient le meriter d'avantage.

Je ne sçay si l'Histoire Chinoise fournit des preuves comme on dit des anciennes expeditions des Chinois[.] Il y a de l'apparence que l'isle de Zeilan a eu son nom des Seres, qui sont les Chinois, car on trouve que des anciens Geographes l'ont appellée *Seran diva* et *Diu* ou *Diva* ayant signifié une Isle en Persan, dont on a encor des preuves; *Seran diva* ne seroit autre chose que l'isle des Seres ou Chinois; il se peut que quantité de Seres y soient venues autresfois seulement comme à une échelle de commerce, mais s'il estoit vray que les und werden mir daher meine Weitschweifigkeit nicht übelnehmen. Ihre Zeit muß kostbar sein, da Sie sich auf eine große Reise vorbereiten, und ich verstehe sehr wohl, daß Sie nicht die Muße haben werden, mir jetzt selbst in allen Punkten Genüge zu tun, über die Sie mir schon Mitteilung machen wollten oder könnten. Ich hoffe aber, daß Sie und P. Verjus in Ihrer Güte Ersatz schaffen werden durch weniger in Anspruch genommene [Mitarbeiter]. Bei Ihnen wird es liegen, in welchem Umfang dies geschieht. Ich wünsche Ihnen allen erdenklichen Erfolg bei Ihren frommen, großartigen Vorhaben und insbesondere eine vollkommene Gesundheit [...]

P.S. Ich habe noch etwas Platz, und so füge ich hinzu, daß einst der berühmte Kepler anläßlich eines Briefes Ihres Ordensbruders P. Schreck aus China einige Blatt hat drucken lassen, wo er Vorschläge für Forschungen in China macht auf dem Gebiet der Astronomie, Chronologie, Geographie usw. und weitere Überlegungen anschließt.[37] Da ich nicht zweifle, daß sich diese Schrift in Ihren Pariser Bibliotheken findet, bitte ich Euer Ehrwürden, sollten Sie sie nicht zur Hand haben, danach suchen und sich [Keplers Anregungen] durch den Kopf gehen zu lassen, als wären sie heute erst niedergeschrieben worden. Gegenwärtig sind wir in der glücklichen Lage, seine Wünsche besser befriedigen zu können, als dies seinerzeit möglich war. Ich habe seine Schrift im Augenblick nicht hier, sonst würde ich sie durchgehen und die Stellen hervorheben, die es meiner Ansicht nach am meisten verdienen.

Ich weiß nicht, ob die chinesische Geschichtsschreibung chinesische Expeditionen in der Frühzeit belegt, wie man zu sagen pflegt. Es scheint, als hätte die Insel Ceylon ihren Namen von den »Seres«, das sind die Chinesen, denn bei [einigen] antiken Geographen heißt die Insel »Seran diva«, und »Diu« oder »Diva« hieß im Persischen »Insel«, wofür es noch anderweitig Belege gibt. »Seran diva« hieße also nichts anderes als »Insel der Seres (oder Chinesen)«. Es ist denkbar, daß zahlreiche »Seres« die Insel früher nur als einen Handelsstützpunkt aufgesucht haben; sollten die Chinesen einst aber wirklich Expeditionen unternommen haben, könnten

Chinois eussent fait des expeditions autres fois, ils pourroient bien avoir eu une colonie à Zeilan ou Seran ou Seilan diva.

Puisque on travaillera en France à faire traduire quantité de livres Chinois, je supplie V. R. de me faire apprendre encor par quel moyen cela se fera, si on a assez d'Europeans capables de l'entreprendre, ou si on a amené des Chinois pour cet effect.

sie gut eine Kolonie auf Ceylon oder »Seran« oder »Seilan diva«[38] besessen haben.

Man wird sich in Frankreich bemühen, große Mengen chinesischer Bücher übersetzen zu lassen; ich bitte Euer Ehrwürden daher, mich noch wissen zu lassen, wie man dabei vorgehen wird, ob es genügend qualifizierte Europäer dafür gibt oder ob man für diesen Zweck hat Chinesen kommen lassen.

19. LEIBNIZ AN JOACHIM BOUVET S.J.

[Hannover, Mitte] Januar 1698. [18. 20.]

Au R. P. Bouvet

Mon Tres Reverend Pere Janvier 1698

J'ay eu le bonheur de voir icy Monsieur des Rosieres à son retour de Pologne, et comme il me disoit qu'il avoit l'honneur de connoistre V. R^{ce}, j'en ay voulu profiter pour vous asseurer de nouveau de mon zele et de ma reconnoissance par ces mots dont il veut bien se charger et joindre cette bonté aux autres qu'il m'a voulu témoigner.

Je sçais bien que vostre temps est pretieux d'autant plus que vous devés estre occupé des preparatifs du grand voyage où vous vous allés remettre. Ainsi je ne dois point vous estre importun, c'est assez mon R. P. que vous vous souveniés de moy quand vous serés dans vostre grand Royaume; cependant si je pouvois obtenir des apresent par vostre moyen le *Pater* dans la langue des Tartares Chinois avec une version interlineaire mot pour mot, je vous en aurois une obligation singuliere. Vous jugerés aussi si je dois repondre quelque chose de vostre part à ce sçavant Medecin de Berlin, versé dans la Langue chinoise, qui souhaiteroit que sa Chronologie fut presentée au Monarque de ce Grand Empire [par] vostre faveur. Il vous en veut envoyer un exemplaire bien relié, mais en attendant je vous envoye le mien, pour le prendre avec vous si vous le trouvés à propos. Je prie Dieu de donner du succés à tous vos bons desseins, où sa gloire a tant de part.

Je suis avec un zele respectueux

19. LEIBNIZ AN JOACHIM BOUVET S.J.

[HANNOVER, MITTE] JANUAR 1698. [18.20.]

An P. Bouvet

Sehr ehrwürdiger Vater Januar 1698

Ich hatte das Glück, hier Herrn des Rosieres[1] zu begegnen, der soeben aus Polen zurückkehrte. Er sagte mir, er hätte die Ehre, Euer Ehrwürden zu kennen, und so habe ich die Gelegenheit nutzen wollen, Ihnen aufs neue meinen Diensteifer und meine Dankbarkeit zum Ausdruck zu bringen durch vorliegende Zeilen, die zu überbringen Herr des Rosieres sich freundlicherweise bereiterklärt hat, um mir damit nach anderen einen weiteren Gefallen zu erweisen.

Ich weiß wohl, daß Ihre Zeit kostbar ist, um so mehr als Sie mit den Vorbereitungen der großen Reise[2] beschäftigt sein müssen, die Sie bald antreten werden. So darf ich Ihnen keinesfalls lästig fallen; es soll genügen, Ehrwürdiger Vater, wenn Sie sich meiner erinnern, sobald Sie in Ihrem großen Reich angelangt sein werden. Ich wäre Ihnen aber ganz besonders verpflichtet, wenn ich mit Ihrer Hilfe schon jetzt das *Vaterunser* in der Sprache der chinesischen Tataren [Manjuren] erhalten könnte,[3] mit einer wörtlichen Interlinearversion. Es wird auch bei Ihnen liegen zu sagen, ob ich in Ihrem Namen etwas jenem gelehrten Berliner Arzt antworten soll, der in der chinesischen Sprache bewandert ist und wünschte, daß seine *Chronologie* dem Herrscher dieses großen Reiches durch Ihre Vermittlung überreicht würde.[4] Er will Ihnen ein schön gebundenes Exemplar schicken, vorläufig übersende ich Ihnen aber meines,[5] damit Sie es mitnehmen können, wenn Sie es passend finden. Ich bete zu Gott, er möge all Ihren großartigen Plänen, die sehr zu seinem Ruhm gereichen, Erfolg verleihen.

[...]

20. LEIBNIZ AN JOACHIM BOUVET S.J.

Hannover, 30. Januar 1698. [19.21.]

Au R.P. Bouvet Jesuite.

Mon tres Reverend Pere

Depuis que V.R. eût la bonté de me faire esperer son assistance pour apprendre des notices de la Chine, c'est maintenant la 4me fois que je prends la liberté de luy [en] écrire. Et j'espere qu'elle le prendra en bonne part, que ma 3me luy aura esté rendue par Mons. de la Rosiere avec un livre de Mons. Menzelius Medecin de Berlin. Outre la premiere qui contenoit un ample memoire de ma part, et la seconde à la quelle estoit joint un memoire et une lettre du R.P. Kochanski Polonnois. Si V.R. veut faire dire un mot à ce Pere, et à Mons. Menzelius, j'attends ses ordres. Voicy maintenant une lettre de Mons. Schrökius directeur de cette societé des Medecins d'Allemagne, qui donne tous les ans une collection d'observations. Il m'a ordonné de supplier Vostre Reverence non seulement de faire tenir la lettre à Batavia apres l'avoir fermée ou couverte (de quoy je ne sçay s'il y aura occasion), mais aussi de vouloir faire prendre pour elle même notice du memoire qui y est enfermé, et de tâcher de faire obtenir des eclaircissemens sur ce qu'on y demande. Au reste je me rapporte aux autres memoires envoyés à V.R. aux quels j'adjoute qu'il seroit à souhaitter qu'on pût obtenir des notices touchant les mines de la Chine, suivant les observations des gens qui les cultivent. Mais tout cela est pour l'issue du voyage que je prie Dieu de donner heureux à Vre R. et de vous accorder la vie et les forces necessaires pour travailler

20. LEIBNIZ AN JOACHIM BOUVET S.J.

HANNOVER, 30. JANUAR 1698. [19. 21.]

An P. Bouvet S.J.

Sehr ehrwürdiger Vater

Seit Euer Ehrwürden so gütig waren, mich auf Ihre Hilfe bei der Beschaffung von Nachrichten über China hoffen zu lassen, bin ich so frei, Ihnen nunmehr zum vierten Mal[1] in dieser Angelegenheit zu schreiben. Ich hoffe, Sie werden es gut aufnehmen, daß ich mein drittes Schreiben[2] mit einem Buch des Berliner Arztes Mentzel[3] durch Herrn de la Rosière habe überbringen lassen. Dazu kommt mein erster Brief mit einer umfangreichen Denkschrift von mir[4] und mein zweiter,[5] dem eine Denkschrift und ein Brief des P. Kochański, eines Polen, beilagen. Sollten Euer Ehrwürden diesem Pater und Herrn Mentzel etwas ausrichten lassen wollen, erwarte ich Ihre diesbezüglichen Anordnungen. Beiliegend folgt nun ein Brief von Herrn Schröck.[6] Er ist Direktor einer Gesellschaft von deutschen Ärzten, die alljährlich eine Sammlung von [naturwissenschaftlichen] Beobachtungen herausgibt. Er hat mich angewiesen, Euer Ehrwürden zu bitten, nicht nur den [beiliegenden] Brief nach Batavia zu bestellen, nachdem Sie ihn geschlossen oder kuvertiert hätten – ich weiß nicht, ob sich dafür eine Gelegenheit bietet –, sondern auch bitte für sich selbst einen Auszug aus der beigeschlossenen Denkschrift nehmen zu lassen und zu versuchen, Auskünfte über die darin enthaltenen Fragen einholen zu lassen. Ich verweise im übrigen auf die anderen [beiden] Denkschriften, die ich Euer Ehrwürden geschickt habe,[7] und füge hinzu, daß es wünschenswert wäre, wenn man Nachrichten über das chinesische Bergwerkswesen bekommen könnte, auf Grundlage der Beobachtungen ihrer Betreiber. Das alles hat aber Zeit, bis Sie Ihre Reise vollendet haben. Möge Gott sie für Euer Ehrwürden glücklich vonstatten gehen lassen und Ihnen das Leben und die notwendigen Kräfte gewähren, um zu seinem Ruhm zu à sa gloire. Je vous supplie d'en temoigner autant de ma part aux tres Reverends Peres Grimaldi (de qui j'attends quelque chose) et Gerbillon. S'il estoit possible, je souhaiterois un *Pater* en langue Tartare avant vostre depart. Je suis avec zele mon tres Reverend Pere etc.

Hanover 30 Janvier 1698

arbeiten. Bitte richten Sie meine guten Wünsche auch den sehr ehrwürdigen Vätern Grimaldi (von dem ich etwas erwarte)[8] und Gerbillon[9] aus. Wäre es möglich, hätte ich gern noch vor Ihrer Abreise ein *Vaterunser* in tatarischer [manjurischer] Sprache. Ich bin […]

Hannover, den 30. Januar 1698

21. JOACHIM BOUVET S.J. AN LEIBNIZ

La Rochelle, 28. Februar 1698. [20. 32.]

Monsieur A La Rochelle ce 28me fevrier 98

Je ne puis vous exprimer à quel point j'ai ressenti l'honneur que vous m'avez fait de m'ecrire jusqu'à 4. fois en moins de 3. mois. J'ai un deplaisir extréme de n'avoir pu répondre aux 2 premieres que je reçus en mesme temps en date du 2me de decembre ni aux questions du R^{d} P^{e} Kokanski jointes à sa letre. Dans l'impossibilité où je me trouvai alors de le faire, je priai le P^{e} Le Gobien qui est apresent aupres du P^{e} Verjus en qualité d'Ecrivain des Missions de la Chine et du reste de l'Orient, et à qui nous addresserons doresnavant tous nos memoires, de suppléer à mon defaut en attendant que j'eusse la commodité de le faire par moy mesme. Je suppose que ce Pere s'en est aquité, et qu'il vous envoira regulierement des exemplaires de tous les memoires qu'il donnera au public, ainsi qu'il me l'a promis.

Pour ce qui est de la letre dont vous avez chargé Mr de la Roziere pour moy, je n'en ai eu aucune connoissance non plus que du livre de Mr Menzelius. Je regrette extremement cete double perte. Quant à la derniere elle m'est venuë trouver jusques ici où je m'estois rendu pour m'embarquer sur un mesme vaisseau avec 8. autres Jesuites qui ont tous des talens particuliers pour travailler tres utilement à la Chine à la conversion des Infideles et à fournir aux personnes curieuses et savantes comme vous, Monsieur, toutes les connoissances qu'ils peuvent attendre de ces païs là pour la perfection des Arts et des Sciences. Pour cet effet je ne manquerai pas de leur communiquer les belles et tres obligeantes letres, dont vous avez deja bien voulu m'honorer, et dont j'espere que vous voudrez bien continuer à nous honorer dans la suite. Et comme vos vuës se trouvent heureusement tres conformes aux nostres, j'ose me flater que vous serez content du soin que nous prendrons d'eclaircir tous les points

21. JOACHIM BOUVET S.J. AN LEIBNIZ

La Rochelle, 28. Februar 1698. [20. 32.]

Monsieur La Rochelle, den 28. Februar 1698

Ich kann Ihnen nicht sagen, wie sehr ich mich geehrt fühle, daß Sie mir nicht weniger als viermal in kaum drei Monaten geschrieben haben. Ich bedauere außerordentlich, daß ich auf die beiden ersten Briefe vom 2. Dezember, die ich gleichzeitig erhielt, so wenig wie auf die seinem Brief beiliegenden Fragen des P. Kochański habe antworten können. Da es mir selbst damals unmöglich war, bat ich P. Le Gobien, für mich einzuspringen, bis ich Gelegenheit hätte, selbst zu schreiben. P. Le Gobien ist gegenwärtig P. Verjus als Sekretär der China- und der übrigen orientalischen Missionen beigeordnet, an ihn werden wir künftig alle unsere Berichte schicken. Ich gehe davon aus, daß er getan hat, worum ich ihn gebeten hatte,[1] und daß er Ihnen künftig ein Exemplar von allen Berichten schikken wird, die er veröffentlicht. Das hat er mir versprochen.

Von dem Brief, den Sie Herrn de la Rozière für mich mitgegeben haben, habe ich ebensowenig Kenntnis wie von dem Buch von Herrn Mentzel.[2] Ich bedauere diesen doppelten Verlust überaus. Ihr letzter Brief hat mich noch hier erreicht, wohin ich mich begeben hatte, um mich gemeinsam mit acht weiteren Jesuiten[3] einzuschiffen. Sie alle verfügen über besondere Begabungen, die sie befähigen, in China erfolgreich an der Bekehrung der Ungläubigen mitzuwirken sowie Interessierten und Gelehrten wie Ihnen, Monsieur, alle Kenntnisse zu verschaffen, die sie zur Vervollkommnung der Künste und Wissenschaften aus diesen Ländern erhoffen können. Zu diesem Zweck werde ich nicht verfehlen, [meinen Ordensbrüdern] die ausgezeichneten und sehr liebenswürdigen Briefe mitzuteilen, mit denen Sie mich bislang beehrt haben, wie Sie es auch künftig hoffentlich tun werden. Ihre Ansichten stimmen mit den unseren glücklicherweise weitestgehend überein, und so wage ich mir zu schmeicheln, daß Sie zufrieden sein werden mit der Sorgfalt, die wir darauf verwenden werden, alle Fragen zu klären, die Sie aus eigeque vous prendrez la peine de nous proposer soit de vostre part soit de la part de vos Amis. Et je puis vous assurer par avance qu'il n'y a aucun des Jesuites François[,] tant de ceux qui sont apresent à la Chine, que de ceux qui vont partir pour s'y rendre, ou qui pourront partir dans la suite, les quels ne se fassent honneur et plaisir d'y travailler aussi bien que nous. C'est ce dont je vous supplie d'estre bien persuadé, vous pouvez aussi en assurer bien tous ceux de vos amis qui ont quelque goust pour les choses de la Chine et entr'autres le celebre Mr Menzelius, l'illustre Mr Schrokius, et le Rd Pe Kochanski, ausquels je vous prie de trouver bon que j'offre ici mes tres humbles respects. Je me donnerois l'honneur de leur ecrire à chacun en particulier, si estant comme je suis sur le point de m'embarquer, il me restoit quelques momens de loisir.

Si nous touchons à Batavie je ne manquerai pas de me donner l'honneur d'aller voir Mr Cleyer et de lui remettre moy mesme la letre de Mr Schrokius. J'en ferai faire une copie afin que nous puissions de nostre costé vous envoyer au plus tost l'Eclaircissement qu'on souhaite sur ce qui y est marqué. Je pourrois aisément y travailler dés ici si j'avois quelque loisir.

Le Pe Grimaldi et le Pe Gerbillon se sentiront tres obligez quand ils apprendront la part que vous voulez bien leur donner dans l'honneur de vostre souvenir. Je ferai souvenir le premier de la promesse qu'il vous a faite.

Ce que vous me dites de vostre nouvelle machine Arithmetique fera bien plaisir au Pe Grimaldi et à tous les Jesuites françois: mais ils seront fort faschez d'en ignorer l'artifice peut estre encore pour plusieurs années.

Je viens de relire cete belle et ample letre que vous m'avez fait la grace de m'ecrire d'abord. J'en ai encore esté plus charmé que je n'avois esté la premiere fois. Et j'ay une joye toute particuliere de voir que tous les points que vous nous faites l'honneur de nous proposer à eclaircir sont justement ceux ausquels nous nous sommes deja proposé de nous attacher avec plus d'application, à cause des nem Interesse oder im Namen Ihrer Freunde sich die Mühe machen werden, uns zu stellen. Ich kann Ihnen im voraus versichern, daß keiner der französischen Jesuiten – mögen sie [bereits] jetzt sich in China aufhalten, im Begriff sein, dorthin aufzubrechen, oder später einmal dorthin reisen – sich nicht eine Ehre und ein Vergnügen daraus machen wird, sich darum ebenso zu bemühen wie wir. Davon bitte ich Sie, überzeugt zu sein, und Sie mögen dessen auch alle unter Ihren Freunden versichern, die Sinn für China betreffende Dinge haben, unter anderen den berühmten Herrn Mentzel, den großen Herrn Schröck und P. Kochański, denen ich mit Ihrer Erlaubnis an dieser Stelle meine untertänigste Ergebenheit ausspreche.[4] Ich würde mich beehren, jedem von ihnen besonders zu schreiben,[5] wenn mir jetzt, wo ich mich anschicke, an Bord zu gehen, etwas Muße dafür bliebe.

Wenn wir Batavia anlaufen, werde ich nicht verfehlen, mir die Ehre zu geben und Herrn Cleyer aufzusuchen, um ihm persönlich den Brief von Herrn Schröck zu überbringen.[6] Ich werde eine Kopie davon anfertigen lassen, damit wir unsererseits so bald wie möglich Ihnen die darin gewünschte Auskunft zusenden können. Hätte ich etwas Muße, könnte ich mich ohne weiteres schon hier an die Arbeit machen.

Die Patres Grimaldi und Gerbillon werden sich sehr geehrt fühlen, wenn sie erfahren, in welchem Grade sie der Ehre Ihres Angedenkens teilhaftig sind. Ich werde P. Grimaldi an das Versprechen[7] erinnern, das er Ihnen gegeben hat.

Ihre Mitteilungen über Ihre neue Rechenmaschine[8] werden P. Grimaldi und allen französischen Jesuiten große Freude bereiten, doch werden sie sehr bedauern, noch mehrere Jahre in Unkenntnis des Mechanismus' zu bleiben.

Ich habe soeben noch einmal den schönen, langen Brief gelesen, den Sie so freundlich waren, mir zuerst zu schreiben.[9] Mein Entzükken war noch größer als bei der ersten Lektüre, und ich freue mich ganz besonders zu sehen, daß alle Fragen, zu denen Sie uns die Ehre erweisen, um Auskunft zu bitten, gerade jene sind, denen wir uns bereits vorgenommen hatten, uns besonders zu widmen. Das erklärt grandes consequences qu'on en peut inferer. Ç'a esté dans cete vûë, que le P^e Visdelou, qui sans contredit est le plus habile missionaire que nous ayons à la Chine pour la connoissance de la langue et des caracteres a entrepris de faire un Dictionaire qui ne vous laissera rien à desirer sur cete matiere. La grammaire et les remarques dont il l'accompagnera rendra cet ouvrage parfait. Quelle que puisse estre la clef que Mr Mullerus a promis des caracteres chinois, je ne doute point que nous ne parvenions à en faire un jour l'analyse parfaite, et à les reduire peutestre aux caracteres Jeroglyphiques des Egyptiens; et qu'on ne démontre que les uns et les autres estoit l'ecriture usitée parmi les savans avant le déluge. Nous avons deja fait quelque diligence pour prendre les connoissances que vous souhaités des langues voisines de la Chine, et on ne tardera pas à vous en faire part le plus tost qu'on pourra. On y ajoutera des connoissances assez particulieres pour la reformation de la carte sur tout de la Tartarie orientale, où je ne desespere pas de faire moy mesme bien tost quelqu'excursion jusques vers le pretendu detroit d'Anian.

Le point au quel on pretend s'appliquer davantage comme le plus important est leur chronologie, qu'on tachera d'establir avec toute la solidité et netteté qu'il se pourra. Pour cet effet on pretend faire une bonne critique des principaux Auteurs qui ont ecrit leurs histoires et leurs chroniques selon vostre Ideé. Apres quoy on travaillera sur leur histoire naturelle et civile[,] sur leur physique, leur morale, leurs loix, leur politique, leurs Arts, leurs mathematiques et leur medecine, qui est une des matieres sur quoy je suis persuadé que la Chine peut nous fournir de[s] plus belles connoissances. J'en parle de la sorte parceque je m'y suis plus attaché qu'à aucune autre. J'avois mesme deja bien des memoires là dessus que je remporte pour n'avoir pas sich aus den wichtigen Folgerungen, die man [aus den Antworten] ziehen kann. In Hinblick darauf hat P. Visdelou, unstreitig der beste Kenner der [chinesischen] Sprache und Schriftzeichen unter unseren Missionaren in China, unternommen, ein Wörterbuch zu verfassen,[10] das bei Ihnen keine Wünsche zu diesem Gegenstand offen lassen wird. Die Grammatik und die Anmerkungen, die er dem Werk beigeben wird, werden es vollkommen machen. Was auch immer es mit dem von Herrn Müller versprochenen Schlüssel zu den chinesischen Schriftzeichen[11] auf sich haben mag – ich zweifle nicht, daß es uns eines Tages gelingen wird, die Zeichen einer erschöpfenden Analyse zu unterwerfen und sie vielleicht auf die ägyptischen Hieroglyphen zurückzuführen und nachzuweisen, daß die einen wie die anderen die Schrift darstellen, die bei den Gelehrten vor der Sintflut in Gebrauch war. Wir haben schon einige Mühe darauf verwendet, um die von Ihnen gewünschten Informationen zu den dem Chinesischen benachbarten Sprachen einzuholen, und wir werden sie Ihnen so bald wie möglich mitteilen. Wir werden ziemlich ins einzelne gehende Informationen zur Verbesserung vor allem der Karte der östlichen Tatarei [Manjurei][12] beifügen; ich hoffe nach wie vor, bald einmal selbst eine Exkursion dorthin unternehmen zu können, bis zur angeblichen Meeresenge von Anian.[13]

Die Frage, der wir als der wichtigsten uns am meisten zuwenden wollen, ist die der Chronologie der Chinesen, die wir mit der größtmöglichen Sicherheit und Klarheit herzustellen versuchen werden. Dafür planen wir eine gründliche kritische Durchsicht der wichtigsten Verfasser, die Geschichte und Chroniken der Chinesen geschrieben haben, Ihren Vorstellungen entsprechend. Anschließend werden wir ihre Natur- und Kulturgeschichte bearbeiten, ihre Physik, ihre Moral, ihr Rechtswesen, ihre Politik, ihre Künste, ihre Mathematik und ihre Medizin. Letztere ist einer der Gegenstände, von denen ich überzeugt bin, daß China uns die wichtigsten Erkenntnisse dazu liefern kann. Ich sage das, weil ich auf die Medizin mehr Mühe verwendet habe als auf irgendeine andere Wissenschaft. Ich hatte dazu sogar schon umfangreiche Aufzeichnungen zusammengetragen, die ich nun wieder [nach China] zurücktrage, weil ich eu le loisir de les digerer comme je souhaitois. J'ay seulement laissé entre les mains de M[r] l'Abbé Bignon la traduction d'un petit traité du pouls qui est à la teste de l'herbier chinois que j'ai mis à la bibliotheque du Roy: le P[e] Le Gobien a le broüillon de cete traduction avec la traduction de la preface de cet herbier, où on voit toute l'Idée et l'Economie de cet ouvrage, qui est un corps complet de l'histoire naturelle de la Chine.

Si j'avois eû un peu de loisir j'aurois donné un Œdipe chinois, ou l'Analyse des premieres caracteres de cete nation composez de petites lignes horizontales entieres et brisées, dont ils attribuent l'invention à Fo-hii, et dont je crois avoir trouvé la veritable clef. Ces caracteres, dont le P[e] Couplet a donné la table dans la preface de son *Confucius,* ont esté composez avec un merveilleux artifice et ils representent d'une maniere tres simple et tres naturelle les principes de toutes les sciences, ou pour mieux dire c'est le systeme achevé d'une metaphysique parfaite, dont les Chinois ont perdu, ce semble, la connoissance dés long temps avant Confucius. Au reste la vraye Intelligence de ce systeme ou de ces caracteres, pour quoy les Chinois ont une estime toute extraordinaire quoy qu'ils ne les entendent pas, pourra beaucoup servir non seulement pour restablir les principes de la vraie et legitime philosophie des Anciens Chinois, et à ramener peut estre toute cete nation à la connoissance du vrai Dieu; mais encore à establir la methode naturelle qu'on doit suivre dans toutes les sciences, ou plus tost à retrouver l'ancienne[,] je veux dire celle qui estoit suivie des premiers hommes, et lors que les lumieres de la raison estoient le plus epurées. En quoy vous voyez, Monsieur, que j'ai le bonheur d'entrer tout à fait dans vostre sentiment, savoir que pour disposer l'esprit des Chinois à recevoir la vraye Religion, il ne faut leur enseigner que la Philosophie des anciens, et mesme des anciens Chinois, que je ne crois differente en rien de celle qui passe nicht die Muße gefunden habe, sie so auszuwerten wie ich wünschte. Ich habe nur bei Herrn Abbé Bignon[14] die Übersetzung einer kleinen Abhandlung zur Pulslehre[15] zurückgelassen, die am Anfang des chinesischen Kräuterbuches steht, das ich der Königlichen Bibliothek übergeben habe.[16] P. Le Gobien hat das Konzept dieser Übersetzung und die Übersetzung des Vorworts dieses Kräuterbuches, aus der die ganze Konzeption und der Aufbau dieses Werks hervorgehen. Es stellt ein vollständiges Corpus der Naturgeschichte Chinas dar.

Hätte ich ein wenig Muße gehabt, hätte ich einen »chinesischen Oedipus«[17] veröffentlicht, d.h. die Analyse der ältesten chinesischen Zeichen, die aus kleinen horizontalen Strichen bestehen und durchgehend oder gebrochen sind. Ihre Erfindung schreiben die Chinesen Fuxi zu, und ich glaube, den wahren Schlüssel dazu gefunden zu haben.[18] Diese Zeichen (P. Couplet hat sie im Vorwort zu seinem *Confucius* in einer Tafel zusammengefaßt)[19] sind mit erstaunlichem Raffinement aufgebaut; sie stellen auf eine sehr einfache und sehr natürliche Weise die Prinzipien aller Wissenschaften dar, oder, besser gesagt, handelt es sich um das ausgereifte System einer vollendeten Metaphysik, deren Kenntnis die Chinesen, wie es scheint, schon lange vor Konfuzius eingebüßt haben. Sie schätzen dieses System oder diese Zeichen außerordentlich hoch, obwohl sie es nicht verstehen; sein rechtes Verständnis kann aber nicht nur bei der Wiederherstellung der Prinzipien der wahren und rechten Philosophie der alten Chinesen wichtige Dienste leisten und so vielleicht dieses ganze Volk zur Erkenntnis des wahren Gottes zurückführen. Darüber hinaus kann es zur Feststellung der in allen Wissenschaften anzuwendenden natürlichen Methode dienen oder vielmehr dazu, die ursprüngliche, soll heißen von den ersten Menschen angewandte Methode wiederzufinden, aus einer Zeit, als die Einsichten der Vernunft noch von der größten Lauterkeit waren. Sie ersehen hieraus, Monsieur, daß ich das Glück habe, vollständig mit Ihnen übereinzustimmen: Will man in den Chinesen die Bereitschaft wecken, die wahre Religion sich zu eigen zu machen, braucht man sie nur die Philosophie der Alten zu lehren, ja die Philosophie der alten Chiparmi nous pour la plus solide et qui considere la matiere et la forme, car la philosophie ancienne des Chinois ne considere dans la nature que la matiere et le mouvement, qui est le mesme que la forme, ou que ce que vous appellez la force, ou le principe de l'actio[n] des choses naturelles.

Je n'ay point trouvé ces feuilles, où vous me dites que Kepler propose des recherches à faire dans la Chine pour l'Astronomie, la chronologie et la geographie. Si vous les rencontrez, vous me ferez bien plaisir, Monsieur, de voir quels sont les points les plus importants, afin de nous le faire savoir.

Vous m'avez demandé une version Tartare du *Pater*. En voici une que je viens de faire à la haste et qui n'est pas tout à fait exacte, car j'ai oublié quelques mots de celle dont on se sert communément.

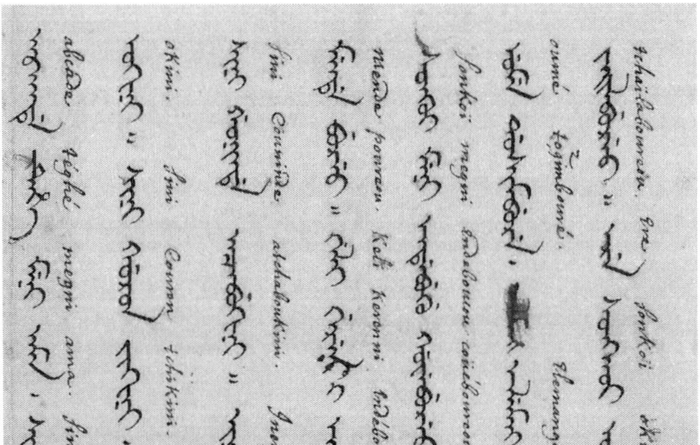

nesen. Diese unterscheidet sich nämlich meines Erachtens in keiner Weise von der, die bei uns als die solideste gilt und deren Gegenstand Materie und Form sind, denn die alte Philosophie der Chinesen betrachtet in der Natur nur die Materie und die Bewegung, die dasselbe ist wie die Form oder was Sie die Kraft nennen[20] oder das Handlungsprinzip der natürlichen Dinge.

Ich habe nicht diese Blätter gefunden, auf denen, wie Sie sagen,[21] Kepler vorschlägt, was für Forschungen in China zu Astronomie, Chronologie und Geographie zu leisten wären. Sollten sie Ihnen in die Hände fallen, täten Sie mir einen großen Gefallen festzustellen, welches die wichtigsten Fragen sind, um sie uns mitzuteilen.

Sie haben mich um eine tatarische [manjurische] Version des *Vaterunsers* gebeten. Ich habe die folgende in aller Eile niedergeschrieben.[22] Sie ist nicht ganz korrekt, denn ich habe einige Wörter der üblicherweise verwendeten Fassung vergessen.

(in) caelo (qui) habitas noster pater, tuum nomen sanctum (seu spirituale)
abka de dehe meni ama. sini gebu enduringge

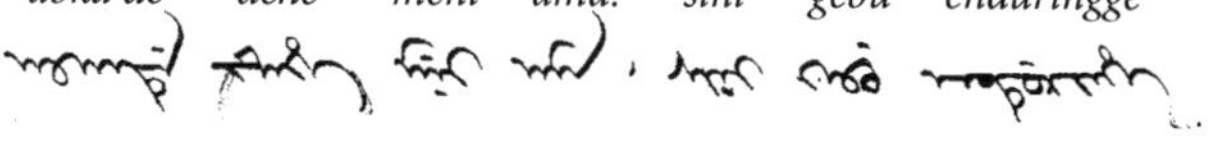

fiat. Tuum regnum adveniat (in) terrâ (ut) (in) caelo similiter
okini. sini gurun jikini. na de abka de adali

tuae voluntati conformiter fiat. Quotidianum cibum hodie
sini gônin de ačabukini inenggidari jeku enenggi

nobis dare digneris. Et caeterorum peccata nos condonamus
mende bureo: geli geren-i endebuku be meni guwebure

veluti, (ita) nostra peccata condonare digneris. Et nos (in) cupiditatem
songkoi meni endebuku guwebureo: geli membe buyende

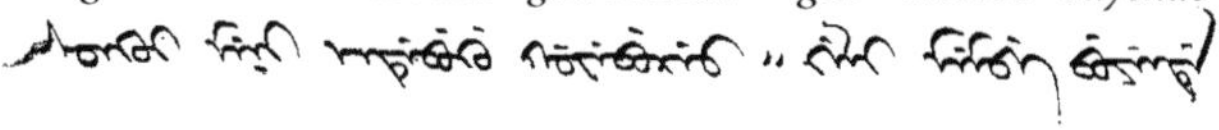

Equus.	Legatus.	Leo.	[Sanguis]	Annus.	tabac
morin.	*Eltchin.*	*arsalan*	*senghi*	*ania*	*tambagou*

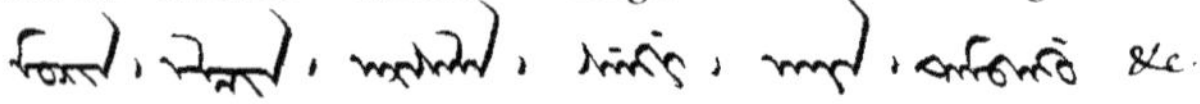

sinicè	turcicè	turcicè et	sanguis.	ἔνος.	
ma.	*Eltchi.*	persice		Sinicè	
germ.		idem.		*nien*	
marah					

Je voudrois de tout mon cœur avoir encore quelques heures de loisir pour satisfaire plus amplement vostre curiosité sur cete matiere et sur plusieur[e]s autres. Nous aurons Dieu aidant bientost cete commodité à la Chine, d'où nous pourrons vous envoyer des vocabulaires et des grammaires completes. En attendant je vous rends mille actions de graces pour tous les vœux que vous faites au ciel pour l'heureux succez de mon voyage. Si Dieu exauce les miens vous serez comblé de ses faveurs et dans cete vie et dans l'autre. Je suis avec tout le respect et la reconnoissance que meritent toutes vos honnestetez

Monsieur Vostre tres humble et tres obeissant Serviteur

en N^e Sr J. Bouvet J.

ne	inducas,	Sed ut	nos	à malo
ume	*dosimbure.*	*Elemangga*	*membe*	*eheci*

declinare facias.	Huic	conformiter	fiat.
jailabureo:	*ere*	*songkoi*	*okini:*

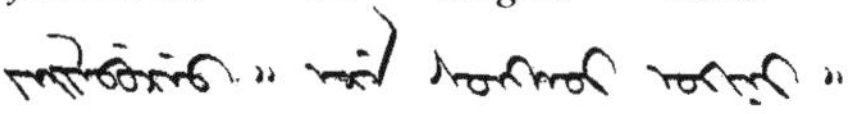

Amen.

Pferd	Gesandter	Löwe	[Blut]	Jahr	Tabak
morin	*elčin*	*arsalan*	*senggi*	*aniya*	*dambagu*

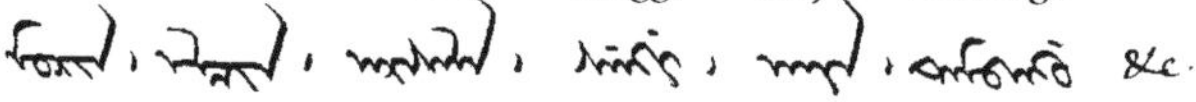

chinesisch	türkisch	türkisch u.	[latein.]	[griech.]
ma	*elci*	persisch	*sanguis*	*ἔνος*
		dasselbe		chinesisch
				nian

Ich wünschte von ganzem Herzen, noch über einige Stunden der Muße zu verfügen, um Ihre Wißbegierde zu diesen wie mehreren anderen Gegenständen ausführlicher befriedigen zu können. Mit Gottes Hilfe werden wir bald dazu in China Gelegenheit haben. Von dort können wir Ihnen Wörterbücher und vollständige Grammatiken schicken. Bis dahin danke ich Ihnen tausendmal für alle Gebete, die Sie für einen glücklichen Erfolg meiner Reise an den Himmel richten. Wenn Gott meine Gebete erhört, wird er Sie mit seinen Gunsterweisen überschütten in diesem Leben und im jenseitigen. [...]

22. CHARLES LE GOBIEN S.J. AN LEIBNIZ

Paris, 15. Mai 1698. [23.]

Monsieur à Paris le 15. de May 1698

Le R. P. Bouvet nous a mandé qu'il s'estoit donné l'honneur de vous escrire avant son depart. il partit de La Rochelle le 6. du mois de mars avec un vent tres favorable[,] il va en droiture à la Chine, et quoyqu'il soit parti trop tard d'un mois, il ne desespere pas d'y arriver encore cette année. si Dieu lui fait cette grace, son voiage sera fort heureux et nous avons lieu d'en esperer de tres grands biens pour la propagation de la Religion Chrestienne dans ce vaste Empire[,] les conjonctures sont les plus favorables du monde. c'est ce qui a porté le R. Pere Verjus, dont vous connoissez le zele, à y envoier cette année le plus grand nombre de missionnaires qu'il lui a esté possible, il s'en est presenté plus de cent, qu'il auroit volontiers envoiés s'il avoit pu fournir à une si grande depence. il en a choisi dixhuit parmi un si grand nombre, et il les a fait partir par differentes voies. il y en a neuf sur le vaisseau du Pere Bouvet, tous gens d'un merite distingué et d'une vertu consommée. il y a avec eux un peintre Italien fort habile que le P. Bouvet presentera à l'Empereur de la Chine, qui souhaite ardenment d'en avoir un.

Que ne doit on pas attendre, Monsieur, de cette recrüe d'hommes Apostoliques pour le bien de la Religion et pour la perfection des Arts et des Sciences! nous n'avons jusqu'apresent presque rien receu de nos Peres français qui sont à Pekin quoyqu'ils nous aient envoié plusieurs traitez et plusieurs observations tres curieuses, mais tout cela a esté perdu par le malheur de la guerre. Je regrette beaucoup les Relations que le R. P. Gerbillon m'envoioit de ses voiages de Tartarie, où il y avoit des choses tres curieuses, qui nous sont tout à fait inconnües. Le P. Bouvet nous a promis de nous dedom-

22. CHARLES LE GOBIEN S.J. AN LEIBNIZ

PARIS, 15. MAI 1698. [23.]

Monsieur Paris, den 15. Mai 1698

P. Bouvet hat sich, wie er uns mitgeteilt hat, die Ehre gegeben, Ihnen vor seiner Abreise zu schreiben. Er ist von La Rochelle am 6. März unter sehr günstigem Wind abgesegelt und reist direkt nach China. Zwar ist er mit einem Monat Verspätung aufgebrochen, doch ist er guter Hoffnung, noch dieses Jahr an seinem Ziel anzulangen. Wenn Gott ihm diese Gnade gewährt, wird seine Reise sehr glücklich verlaufen, und wir haben Grund, uns viel Gutes davon für die Verbreitung des Christentums in diesem riesigen Reich zu erhoffen. Die Umstände sind so günstig wie nur möglich. Das hat P. Verjus, dessen Glaubenseifer Sie kennen, dazu veranlaßt, dieses Jahr die größtmögliche Zahl an Missionaren nach China zu entsenden. Mehr als hundert Kandidaten haben sich gemeldet, und P. Verjus hätte sie gern alle entsandt, wenn er für eine so große Ausgabe hätte aufkommen können. Von einer so großen Zahl hat er achtzehn ausgewählt und auf verschiedenen Routen losgeschickt.[1] Neun davon sind auf dem Schiff des P. Bouvet,[2] alles sehr verdiente Leute und von vollendeter Integrität. In ihrer Begleitung befindet sich ein sehr tüchtiger italienischer Maler, den P. Bouvet dem chinesischen Kaiser vorstellen wird, der dringend einen Maler zu haben wünscht.

Was, Monsieur, dürfte man nicht erhoffen von diesem Zuwachs an apostolischen Männern, für den Fortschritt des Glaubens wie für die Vervollkommnung der Künste und Wissenschaften! Wir haben bisher so gut wie nichts von unseren französischen Patres in Peking erhalten, obwohl sie uns mehrere Abhandlungen und etliche sehr bemerkenswerte Beobachtungen geschickt haben. Es ist aber durch das Unglück des Krieges[3] alles verlorengegangen. Es tut mir sehr leid um die Berichte, die P. Gerbillon mir von seinen Reisen in die Tatarei [Manjurei] geschickt hatte; es waren darin sehr merkwürdige, uns gänzlich unbekannte Sachen enthalten. P. Bouvet hat versprochen, uns für diesen Verlust schadlos zu halten und uns die mager de cette perte et de nous envoier tout ce qu'il y aura de plus curieux dans les livres chinois. ce Pere charmé de vostre merite, Monsieur, et des honnestetez que vous lui avez faites, souhaite que j'entre en societé avec vous, et que je vous communique tout ce qui nous viendra de la Chine. je le ferai avec exactitude et avec joye. car il n'est personne pour peu qu'il ait de goust pour les sciences, qui ne se fasse un vrai plaisir d'avoir commerce avec le fameux Monsieur Leibniz si connu et si estimé dans toute l'Europe, à qui notre siecle a de si grandes obligations, et dont la memoire sera si chere à la Posterité. comme l'on m'a chargé, Monsieur, d'ecrire l'histoire de nos missions et de donner au public tout ce qui nous viendra de la Chine, j'espere dans la suite estre en estat de contenter votre curiosité. j'acheve d'imprimer l'histoire de l'Edit que l'Empereur de la Chine a donné en faveur de la religion chrestienne, dont le P. Bouvet vous a parlé, cette histoire est beaucoup plus ample que celle du P. Suarez que vous avez pris la peine de nous donner en latin dans votre *Novissima Sinica.* sitot que l'impression sera achevée, je vous en envoirai deux exemplaires, l'un Monsieur que je prens la liberté de vous presenter pour vous marquer mon respect et l'autre que je vous prie d'envoier à votre ami le R.P. Kokanski. je les mettrai entre les mains de M. Brosseau. Vous trouverez dans ce petit livre des choses assez curieuses sur les differentes sectes de la Chine et sur ce qui regarde leur physique et leur morale. ce sont des matieres qu'on n'a encore qu'effleurées, on les aprofondira davantage dans la suite. il y a à la fin un petit eclaircissement sur les honneurs qu'on rend à Confucius et aux morts pour detromper des gens entestez qui se font un plaisir de parler mal de ces Ceremonies sans scavoir de quoi il s'agit. quand vous aurez leu cet ouvrage, vous me ferez la grace de m'en mander vostre sentiment. si j'avois pu avoir vostre *Novissima Sinica* j'en aurois traduit en françois l'excellente preface que vous wichtigsten Merkwürdigkeiten aus den chinesischen Büchern zu schicken. P. Bouvet ist entzückt von Ihren Verdiensten, Monsieur, und den Höflichkeiten, die Sie ihm haben zuteil werden lassen. Er wünscht daher, daß ich in Kontakt mit Ihnen bleibe und Ihnen alles mitteile, was wir aus China bekommen werden. Ich werde dem pünktlich und mit Freuden nachkommen. Jeder, der auch nur den geringsten Sinn für die Wissenschaften hat, wird sich ein Vergnügen daraus machen, Umgang zu pflegen mit dem berühmten Herrn Leibniz, der in ganz Europa so wohlbekannt und so geschätzt ist, dem unser Jahrhundert so tief verpflichtet ist und dessen Erinnerung der Nachwelt so teuer sein wird. Da ich beauftragt bin, Monsieur, die Geschichte unserer Missionen zu schreiben und alles zu veröffentlichen, was wir aus China erhalten,[4] hoffe ich, künftig imstande zu sein, Ihre Wißbegierde zu befriedigen. Meine Geschichte des Edikts, das der chinesische Kaiser zugunsten des christlichen Glaubens erlassen hat[5] und von dem P. Bouvet Ihnen erzählt hat, ist fast fertig gedruckt; sie ist weit umfangreicher als die des P. Soares, die Sie sich die Mühe gemacht haben, in lateinischer Übersetzung in Ihren *Novissima Sinica* zu veröffentlichen.[6] Sowie der Druck vollendet ist, werde ich Ihnen zwei Exemplare schicken: eines, Monsieur, das ich so frei bin, Ihnen zum Zeichen meiner Hochachtung zu überreichen, und das andere, das ich Sie bitte, Ihrem Freund P. Kochański zu senden.[7] Ich werde [die beiden Exemplare] Herrn Brosseau [zur Übermittlung] übergeben.[8] Sie werden in diesem kleinen Buch recht interessante Dinge über die verschiedenen Sekten in China finden, über das Äußere der Chinesen und über ihre Sitten. Diese Gegenstände sind bisher nur gestreift worden und sollen künftig vertieft werden. Am Schluß [des Buches] steht eine kleine Erläuterung über die Ehrungen, die Konfuzius und den Toten dargebracht werden. Ich will auf diese Weise einigen starrsinnigen Leuten die Augen öffnen, die sich darin gefallen, schlecht von diesen Zeremonien zu sprechen, ohne doch zu wissen, worum es sich handelt.[9] Sobald Sie dieses Werk gelesen haben, täten Sie mir einen Gefallen, mir Ihr Urteil darüber mitzuteilen. Wenn ich an Ihre *Novissima Sinica* herangekommen wäre, hätte ich das ausgezeichavez mis à la teste de ce petit livre, on souhaitoit fort de la voir entiere sur quelques extraits que j'en avois fait imprimer cet hyver avec quelques fragmens de lettres de la Chine.

Le P. Bouvet a emporté tous vos memoires et ceux du R. P. Kokanski, aux quels il fera d'amples réponces. Le R. Pere Verjus m'a mis entre les mains les questions de M. de Spargensfeld et m'a prié d'y repondre. voici la lettre que je lui écris, je vous prie de la cacheter apres que vous aurez eu la bonté de la lire. il paroit qu'il n'a pas lû le *Confucius* du feu Pere Couplet qui fut imprimé à Paris chez Horthemels en 1687. c'est un ouvrage digne de sa curiosité. Le P. Bouvet auroit fort souhaité avoir la Chronologie Chinoise de M. Menzelius, il m'a fort prié de vous la demander. J'ai escrit au P. Visdelou qui possede parfaitement la langue chinoise et qui est tres habile dans les caracteres de nous envoier le plutot qu'il pourra une chronologie exacte et une histoire circonstanciée de ce fameux Empire. je le prie aussi de travailler à un nouvel Atlas Chinois, car quoyque celui du P. Martini soit fort beau, il y a plusieurs fautes, il y joindra ce qu'on scait de la Tartarie et des païs circonvoisins, dont il y a bien des choses à scavoir. je ne doute presque pas que l'Amerique ne tienne à la terre des Yupi et qu'elle ne fasse un mesme continent. peutestre que le Japon y tient aussi et qu'il n'est pas autant isle qu'on l'a cru, car on ne connoit gueres ce qui est au nord. j'espere que nous aurons dans peu de grands eclaircissemens sur toutes ces choses. je souhaite que ce soit auplûtost pour avoir le plaisir de vous les communiquer et pour vous marquer l'estime particuliere et le profond respect avec lequel je suis

Monsieur Vostre tres humble et tres obeissant serviteur

C. Le Gobien de la Compagnie de Jesus.

nete Vorwort, das Sie diesem kleinen Buch vorangestellt haben, ins Französische übersetzt. Es bestand der dringende Wunsch, dieses Vorwort vollständig zu lesen, nachdem ich im vergangenen Winter einige Auszüge daraus mit ein paar Bruchstücken von Briefen aus China hatte drucken lassen.[10]

P. Bouvet hat alle Denkschriften von Ihnen und von P. Kochański[11] mit [nach China] genommen und wird sie ausführlich beantworten. P. Verjus hat mir die Fragen von Herrn von Sparwenfeld[12] übergeben und mich gebeten, darauf zu antworten. Ich füge meinen Brief hier bei und bitte, ihn nach freundlicher Lektüre zu versiegeln. Offenbar hat Herr von Sparwenfeld den *Confucius* des verstorbenen P. Couplet[13] nicht gelesen. Dieses Werk ist 1687 in Paris bei Horthemels gedruckt und verdient sein Interesse. P. Bouvet hätte sehr gern die chinesische *Chronologie* von Herrn Mentzel gehabt[14] und hat mich eindringlich gebeten, Sie darum zu ersuchen. Ich habe P. Visdelou geschrieben, der das Chinesische vollkommen beherrscht und die Schriftzeichen sehr gut kennt, so bald wie möglich eine genaue Chronologie und eine detaillierte Geschichte dieses berühmten Reiches zu schicken.[15] Ich habe ihn auch gebeten, an einem neuen Atlas von China zu arbeiten,[16] denn der des P. Martini[17] ist zwar sehr schön, enthält aber etliche Fehler. Seinem Atlas wird P. Visdelou beifügen, was von der Tatarei [Manjurei] und den benachbarten Ländern bekannt ist. Hier besteht noch großer Forschungsbedarf. Ich bin fast sicher, daß Amerika mit dem Land der Yupi[18] zusammenhängt und so [Amerika und Asien] einen einzigen Kontinent bilden. Vielleicht hat auch Japan eine [Land-]verbindung damit und ist dann gar nicht eine so vollständige Insel, wie man angenommen hat, denn die nördlichen Gebiete sind kaum bekannt. Ich hoffe, daß wir schon binnen kurzem über all diese Dinge weitreichende Aufklärung erhalten werden. Möge das recht bald der Fall sein, damit ich das Vergnügen habe, Ihnen [die neuen Erkenntnisse] zu vermitteln und die besondere Wertschätzung und Hochachtung zum Ausdruck zu bringen, mit denen ich bin […]

P.S. Le R.P. Verjus m'a marqué que vous souhaitiez scavoir ce que le P. Bouvet a emporté à la Chine. il a emporté des instrumens de mathematiques de toutes les grandeurs et de toutes les sortes, des pendules, des monstres, des ouvrages de marqueterie, des lustres et un grand miroir pour l'Empereur. le Roi a eu la bonté de lui donner de son garde meuble une armure entiere pour l'Empereur de la Chine, cela consiste dans un casque, une cuirasse d'un travail exquis, un sable, des pistolets, un fusil, un mousqueton avec de grands et magnifiques livres d'Estampes et de desseins de sa bibliotheque[.] il emporte meme des modeles et des echantillons de tous les outils de la pluspart des arts pour les comparer avec ceux de la Chine.

P.S. P. Verjus hat mir mitgeteilt, Sie möchten gern wissen, was P. Bouvet mit nach China genommen hat[19]. Er hat mathematische Instrumente aller Größen und Arten mitgenommen, [ferner] Pendel- und Taschenuhren, Einlegearbeiten, Kronleuchter und einen großen Spiegel für den Kaiser. Der König [Ludwig XIV.] hatte die Güte, ihm aus seiner Gerätekammer eine komplette Rüstung für den chinesischen Kaiser zu überlassen (sie besteht aus einem Helm, einem Harnisch von erlesener Arbeit, einem Säbel, Pistolen, einer Flinte [und] einem Stutzen) und große, prachtvolle Bände mit Kupferstichen und Zeichnungen aus seiner Bibliothek. P. Bouvet führt sogar Modelle und Muster aller Werkzeuge der meisten Künste mit sich, um sie mit den chinesischen zu vergleichen.

23. CHARLES LE GOBIEN S.J. AN LEIBNIZ FÜR ADAM ADAMANDUS KOCHAŃSKI S.J.

Paris, 15. Mai 1698. [22. 24.]

Mon Reverend Pere A Paris ce 15. de may 1698.

P. C.
Le R. P. Bouvet a receu ici la lettre que V. R. lui a fait l’honneur de lui écrire. il se faisoit un plaisir de répondre aux questions que vous lui avés proposées, et il souhaitoit fort de vous remercier de toutes vos honnetetez: mais il étoit <à l’heure> ici si accablé qu’il lui a esté impossible de se satisfaire sur cela. il se promettoit d’écrire à V. R. à La Rochelle, mais je ne scai, si le temps lui aura permis de le faire. dans cette incertitude il me pria de vous remercier de toutes les marques d’amitié que vous lui avés données et il me chargea de répondre à vos questions, autant que le peu de connoissance que j’ai de la Chine me le permettroit: et c’est ce que je vay faire, mon Reverend Pere, pour vous marquer mon respect et mon attachement.

1° nos Peres ont fait des dictionnaires et des Grammaires chinoises pour faciliter aux Europeans l’etude de cette langue. il y a un dictionnaire, où sont les mots chinois tous ecrits en caracteres Europeans avec les diverses significations de chaque mot en Portugais. et un autre contient les mots portugais tous ecrits par ordre alphabetique avec la signification en chinois. il y en a un autre, qui est un ouvrage tres considerable, c’est un dictionnaire où tous les caracteres sont ecrits. on les a divisés en 3 ordres[,] le 1^{r} comprend les caracteres simples, le 2^{d} les caracteres composés, le 3e les doubles caracteres mis ensemble. ce dictionnaire est fort beau, mais nous n’en avons encore aucun exemplaire en France.

23. CHARLES LE GOBIEN S.J. AN LEIBNIZ FÜR ADAM ADAMANDUS KOCHAŃSKI S.J.

PARIS, 15. MAI 1698. [22. 24.]

Ehrwürdiger Vater Paris, den 15. Mai 1698

Pax Christi.

P. Bouvet hat den Brief, den Euer Ehrwürden ihm zu schreiben die Ehre erwiesen haben, hier [noch in Paris] empfangen. Er wollte gern auf die Fragen antworten, die Sie ihm gestellt haben, und ihm lag sehr daran, Ihnen für alle Ihre Höflichkeiten zu danken. Er befand sich hier aber in einem solchen Zustand der Ermattung, daß es ihm nicht möglich war, sich in dieser Angelegenheit genugzutun. Er hatte sich vorgenommen, Euer Ehrwürden von La Rochelle aus zu schreiben,[1] ich weiß aber nicht, ob er die Zeit dazu gefunden hat. Angesichts dieser Ungewißheit hat er mich gebeten, Ihnen für alle Zeichen der Freundschaft zu danken, die Sie ihm haben zuteil werden lassen, und er hat mich beauftragt, auf Ihre Fragen soweit zu antworten, wie es meine geringfügigen Kenntnisse von China erlaubten. Das werde ich nun im folgenden tun, Ehrwürdiger Vater, um Ihnen meine Hochachtung und meine Zuneigung zu bezeugen.

1. Unsere Patres haben chinesische Wörterbücher und Grammatiken[2] verfaßt, um den Europäern das Studium dieser Sprache zu erleichtern. Es gibt ein Wörterbuch,[3] wo alle chinesischen Wörter in europäischen [d.h. lateinischen] Buchstaben geschrieben [transliteriert] sind, mit Angabe der verschiedenen Bedeutungen jeden Wortes in portugiesischer Sprache. Ein weiteres Wörterbuch enthält die portugiesischen Wörter in alphabetischer Reihenfolge, jeweils mit der chinesischen Übersetzung.[4] Es gibt noch ein weiteres, sehr beachtliches Werk, das ist ein Wörterbuch, das alle [chinesischen] Schriftzeichen umfaßt.[5] Man hat diese in drei Klassen unterteilt: Die erste umfaßt die einfachen, die zweite die zusammengesetzten, die dritte die verdoppelten Schriftzeichen Es ist ein sehr schönes Wörterbuch, wir haben davon aber noch kein Exemplar in Frankreich.

2° Les Chinois, aiment la Poësie. elle est rymée et assez agreable. ils composent mesme des pieces de theatre, qui sont asseurément d'un autre goust que les nostres.

le style de leurs ecrits est grave et sententieux, il approche assez de celui de Tacite, ce style est fort conforme à leur genie. leur langue n'a point de mots composés semblables à ceux que vous marqués comme *grandisonus, magnanimus* etc.

3° leur Chronologie est fort belle et fort suivie. le R. P. Couplet nous en a donné une grande idée dans son *Confucius*, livre que tous les Scavans ont fort gousté. il y a bien des choses à dire sur l'Eclipse qui arriva à la mort de nostre Seigneur. je croi[s] qu'elle ne devoit pas estre fort sensible à la Chine puisqu'il y a bien de l'apparence qu'elle n'arriva en ce païs là que sur le soir ou au commencement de la nuit. si V. R. avoit le loisir de calculer precisement le temps au quel on la devoit remarquer à la Chine, elle nous feroit plaisir. si les Annales de la Chine parlent de cette Eclipse, nos Peres ne manqueront pas d'eclaircir ce Point avec un grand soin.

4° les Chinois ne divisent point leur mois par semaines[.] ils se servent des mois Lunaires, qu'ils ajustent avec le cours du soleil pour leurs années.

5° on remarque à la Chine aussi bien que dans les autres pais une grande declinaison de l'aimant. nos Peres ont marqué cela avec beaucoup d'exactitude. on verra un jour leurs observations.

6° le vernis de la porcelaine ne se fait qu'avec la matiere même de la porcelaine qu'on delaye un peu davantage. on a trouvé en France le secret de faire de la porcelaine qui est aussi fine et transparente que celle de la Chine. il n'y a qu'un seul homme qui ait ce secret. s'il avoit trouvé le degré de chaleur qu'il doit donner au four pour la

2. Die Chinesen lieben die Dichtung. Die chinesische Poesie ist gereimt und recht anmutig. Die Chinesen verfassen sogar Theaterstücke, die allerdings mit Sicherheit von anderer Art sind als unsere.

Der Stil ihrer Texte ist feierlich und neigt zum Dozieren, er ist dem des Tacitus recht ähnlich und der Geisteshaltung der Chinesen überaus angemessen. Das Chinesische kennt keine zusammengesetzten Wörter, die den von Ihnen genannten (*grandisonus, magnanimus* usw.) ähnelten.

3. Die Chronologie der Chinesen ist von ausgezeichneter Qualität und sehr folgerichtig. P. Couplet hat uns in seinem von allen Gelehrten hochgeschätzten *Confucius*[6] einen großartigen Begriff davon gegeben. Zur [Sonnen-]Finsternis, die beim Tod unseres Herrn eintrat, gibt es vielerlei zu sagen. Meines Erachtens wird sie in China nicht sehr spürbar gewesen sein, denn es spricht vieles dafür, daß sie dort erst am Abend oder bei Einbruch der Nacht eintrat. Wenn Euer Ehrwürden die Muße hätten, genau den Zeitpunkt zu berechnen, zu dem sie in China sichtbar gewesen sein müßte, täten Sie uns einen Gefallen. Sollten die chinesischen Annalen von dieser Finsternis berichten,[7] werden unsere Patres nicht verfehlen, diesen Punkt sehr sorgfältig aufzuklären.[8]

4. Die Chinesen unterteilen ihre Monate nicht in Wochen. Sie verwenden Mondmonate, die sie für ihre Jahresberechnung mit der Sonnenbahn in Einklang bringen.

5. In China wie in den anderen Ländern [des Fernen Ostens] ist eine erhebliche Abweichung der Magnetnadel zu beobachten. Unsere Patres haben das mit großer Genauigkeit festgestellt. Eines Tages werden wir ihre Beobachtungen veröffentlichen.

6. Die Porzellanglasur [wird nicht extra aufgetragen, sondern] unmittelbar mit der Porzellanerde erzeugt, die zu diesem Zweck etwas stärker verdünnt wird.[9] Man ist in Frankreich dem Geheimnis auf die Spur gekommen, so feines und durchscheinendes Porzellan herzustellen wie in China. Ein einziger Mann kennt dieses Geheimnis.[10] Hätte er [auch] den Hitzegrad gefunden, den er zum Brennen des Porzellans im Ofen erzielen muß, bliebe ihm nichts zu

cuire, il n'auroit rien à souhaiter, et la porcelaine deviendroit bien tost fort commune, mais comme il perd beaucoup de fournées par le trop grand feu qu'il donne, il la vend aussi cher que celle qui vient de la Chine. Pour les vaisseaux de cuir qui sont transparens et que les Moscovites ont apportés, nous ne scavons ce que [c'] est, et nous n'en avons point entendu parler.

7° les Chinois ont le secret de faire du verre de ris comme nous avons en ce païs le secret d'en faire de fougere. ils font aussi de tres bon vin de ris, à peu pres de la meme maniere dont nous faisons l'eau de vie.

8° on est persuadé à la Chine que l'usage du thé desseche et amaigrit.

9° on trouve à la Chine la pluspart de[s] oyseaux que nous voions en Europe, sur tout il y a beaucoup de corbeaux et de moineaux semblables aux nostres. on y trouve aussi des Epines, des chardons et autres choses semblables. je ne croi[s] pas qu'il y ait des champignons ou trouffles.

10° Ceux qui travaillent au grand œuvre ne sont pas plus avancés en ce païs là qu'on l'est en celui cy, et tout ce que ces charlatans disent de leur brevage d'immortalité sont de pures sotises, qui ne meritent pas qu'on s'y arreste.

voila, mon Reverend Pere, tout ce que je puis aujourdhui repondre aux questions que vostre Reverence a proposées au R. P. Bouvet qui ne manquera pas de vous en donner un plus ample eclaircissement, quand il sera arrivé à la Chine. il est parti de La Rochelle le 6. du mois de mars avec un vent favorable sur une fregate du Roi de 40 Canons, nommée l'Amphitrite[,] tres bonne voiliere. s'il trouve du vent favorable il arrivera à la Chine à la fin du mois d'Aoust prochain. Les marchans qui envoient ce vaisseau par droiture à la Chine se preparent à envoier un second au mois de novembre. il y avoit un R. P. Polonais Jesuite qui avoit dessein de se joindre à nos Peres françois pour aller avec eux à la Chine. s'il est encore en cette resolution, voilà une belle occasion. V. R. nous fera plaisir de lui en wünschen übrig, und Porzellan würde bald etwas ganz Alltägliches. Weil er aber viele Brände durch zu große Hitze einbüßt, verkauft er sein Porzellan so teuer wie das aus China importierte. Bei den durchscheinenden und aus Rußland importierten Gefäßen wissen wir nicht, um was es sich handelt, und wir haben davon niemals gehört.

7. Die Chinesen kennen das Geheimnis, aus Reis Glas zu machen,[11] so wie wir in Frankreich das Geheimnis der Glasherstellung aus Farnkraut kennen.[12] Die Chinesen stellen aus Reis auch sehr guten Wein her, etwa so wie wir Branntwein destillieren.

8. In China ist man überzeugt, daß Teetrinken austrocknet und abmagern läßt.

9. In China findet man die meisten Vögel, die wir aus Europa kennen; vor allem gibt es viele Raben und Sperlinge, die unseren ähnlich sehen. Es finden sich auch Dornensträucher, Disteln und dergleichen. Ich glaube nicht, daß es eßbare Pilze oder Trüffeln gibt.

10. Die in China an dem großen Werk arbeiten, sind nicht weiter fortgeschritten als ihre Genossen hierzulande, und alles, was diese Scharlatane von ihrem Unsterblichkeitstrank erzählen, sind bloße Dummheiten, mit denen es nicht lohnt, sich aufzuhalten.

Dies, Ehrwürdiger Vater, ist alles, was ich heute auf die Fragen antworten kann, die Euer Ehrwürden dem P. Bouvet gestellt haben. Dieser wird nicht verfehlen, Ihnen ausführlichere Auskunft zu erteilen, sowie er in China angekommen sein wird. Er ist am 6. März aus La Rochelle bei günstigem Wind abgesegelt. Er reist auf einer Fregatte des Königs mit 40 Kanonen an Bord, der »Amphitrite«, einem sehr guten Segler. Wenn er günstigen Wind hat, wird P. Bouvet Ende des kommenden August in China eintreffen.[13] Die Kaufleute, die dieses Schiff direkt nach China schicken, treffen Vorbereitungen für die Entsendung eines zweiten im November.[14] Ein polnischer Jesuitenpater hatte die Absicht, sich unseren französischen Patres zur Fahrt nach China anzuschließen.[15] Sollte er bei dieser Absicht bleiben, bietet sich da eine gute Gelegenheit. Euer Ehrwürden werden uns einen Gefallen tun, [dem betreffenden Pater] in dieser Saescrire, car le R. P. Verjus qui est infiniment zelé pour la conversion de la Chine m'a marqué que si quelque Pere Polonais ou Alemand vouloit aller à la Chine avec nos peres françois, il les recevroit avec le plus grand plaisir du monde. il ne peut y avoir trop de missionnaires dans un si vaste Empire, car que peuvent faire trente ou quarante missionaires parmi deux cent millions d'ames qui sont à la Chine. Si l'on avoit du Zele pour la foy, on devroit les y envoyer à centaines dans ce temps où l'Empereur temoigne ouvertement qu'on lui fera plaisir. j'acheve d'imprimer ma petite histoire sur l'Edit que l'Empereur de la Chine a donné en faveur de la Religion Chrestienne, j'en envoirai un exemplaire à M. Leibniz vostre ami affin qu'il vous le presente de ma part, vous y trouverés des choses qui vous feront plaisir. je souhaite avec passion avoir lieu de vous marquer l'Estime particuliere et le profond respect avec lequel je suis

Mon Reverend Pere De Vostre Reverence Le tres humble et tres obeissant Serviteur

C. Le Gobien de la Compagnie de Jesus.

che zu schreiben, denn P. Verjus, der von unendlichem Eifer erfüllt ist, China zu bekehren, hat mir zu erkennen gegeben, daß, sollte ein polnischer oder deutscher Pater mit unseren französischen Patres nach China gehen wollen, er diese mit dem größten Vergnügen aufnehmen würde. In einem so großen Reich kann es gar nicht zu viele Missionare geben: Was können schon dreißig oder vierzig Missionare unter den zweihundert Millionen Seelen in China ausrichten? Wäre man [wirklich] von Glaubenseifer erfüllt, müßte man sie zu Hunderten nach China schicken – in dieser Zeit, da der Kaiser offen sagt, daß man ihm [damit] einen Gefallen tun wird! Meine kleine Geschichte des Edikts, das der chinesische Kaiser zugunsten des Christentums erlassen hat, ist fast fertig gedruckt.[16] Ich werde ein Exemplar davon Ihrem Freund, Herrn Leibniz, schicken, damit er es Ihnen in meinem Namen überreicht.[17] Sie werden darin Dinge finden, die Ihnen Freude machen werden. Ich wünsche von Herzen, [auch künftig] Gelegenheit zu haben, Ihnen die besondere Wertschätzung und Hochachtung zum Ausdruck zu bringen, mit denen ich bin […]

24. LEIBNIZ AN CHARLES LE GOBIEN S.J.

HANNOVER, 10./20. JUNI 1698. [23. 29.]

Extrait de ma lettre au R. P. Gobien Jesuite Hanover 10/20 Juin 1698

Comme je tiens qu'on peut apprendre beaucoup de belles choses des Chinois en matiere d'experiences specifiques pour la Medecine et les arts non seulement sur les drogues qui sont propres aux Chinois, mais encor sur celles qui leur sont communes avec nous. C'est ce que je crois qu'on deuv[r]oit avoir principalement en vüe[,] en allant chez eux[,] apres ce qui a rapport à la religion. Car jusqu'icy nous leur apportons nos artifices et secrets et nous n'en retirons rien en echange, ce qui les pourroit faire en fin devenir superieurs à nous.

J'espere que le R. P. Kochanski fera en sorte qu'on profite de vostre offre de faire aller à la Chine avec les vostres quelque Jesuite Allemand[,] Bohemien ou Polonnois.

Je prepare une reponse au R. P. Bouvet à la sienne, qui m'a donné occasion à des nouvelles demandes et pensées.

24. LEIBNIZ AN CHARLES LE GOBIEN S.J.

HANNOVER, 10./20. JUNI 1698. [23. 29.]

Auszug aus meinem Brief an den Jesuitenpater [Le] Gobien.

Hannover, den 10./20. Juni 1698

Ich bin der Auffassung, daß wir viel Wichtiges von den Chinesen lernen können. Das betrifft ihre spezifischen Erfahrungen auf medizinischem Gebiet und [allgemein] dem der Künste. Und zwar gilt das nicht nur für die den Chinesen eigentümlichen Arzneimittel, sondern auch für diejenigen, die wir mit ihnen gemein haben. Hierauf müßte man meines Erachtens in erster Linie sein Augenmerk richten, wenn man China besucht (nach den Dingen, die sich auf die Religion beziehen). Bisher bringen wir den Chinesen nämlich unsere Kunstfertigkeiten und Geheimnisse und erhalten nichts von ihnen im Gegenzug. Das könnte dazu führen, daß sie uns eines Tages überlegen sind.

Ich hoffe, P. Kochański wird dafür sorgen, daß Ihr Angebot, mit Ihren Leuten zusammen auch den einen oder anderen deutschen, böhmischen oder polnischen Jesuiten nach China zu schicken,[1] auf fruchtbaren Boden fällt.

Ich arbeite an einer Antwort[2] auf das Schreiben,[3] das P. Bouvet mir auf meinen Brief hin[4] geschickt hatte und das mir den Anstoß zu weiteren Fragen und Überlegungen gegeben hat.

25. LEIBNIZ AN ANTOINE VERJUS S.J.

Hannover, Ende 1698 [Auszug]. [17. 26.]

Au T. R. P. Verjus. Hanover fin de l'année 1698.

Mon Tres Reverend Pere

[…] On a reimprimé mes *Novissima Sinica* et un sçavant homme de mes amis y a joint une version Latine du *pourtrait de l'Empereur de la Chine* fait par le R. P. Bouvet. J'espere que nous aurons des bonnes nouvelles du voyage heureux de ce pere. Cette Mission me paroist si importante pour le bien de la foy et du genre humain, que je m'y interesse extremement, et que je pense souvent à ce qui y pourroit servir. Mons. Menzelius[,] habile homme dans ces matieres et autres[,] travaille à retablir la clef de l'ecriture Chinoise perdüe par le caprice de feu M. André Müller, qui brusla ses papiers avant que de mourir.

C'est depuis ma jeunesse que j'ay medité une nouvelle caracteristique, qui donneroit moyen non seulement de signifier comme ceux des Chinois, mais aussi de calculer exactement sur bien des choses où jusqu'icy on ne raisonne que vaguement. J'ay reussi un peu dans mon nouveau calcul des infinitesimales, pour mieux allier la Geometrie avec la physique[,] et dans une autre Methode non encor publiée que j'appelle C a l c u l u m S i t u s. Mais je pretends d'aller bien plus avant, si Dieu me donne assez de vie, et assez de loisir ou aide pour cela, et je ne crois pas qu'il y ait rien qui puisse servir davantage à la raison humaine, qu'une caracteristique achevée. Or le R. P. Bouvet esperant à ce qu'il m'ecrit, de dechifrer certains vieux caracteres qui sont en veneration chez les Chinois et qu'il croit

25. LEIBNIZ AN ANTOINE VERJUS S.J.

Hannover, Ende 1698 [Auszug]. [17. 26.]

An den Sehr Ehrwürdigen P. Verjus Hannover, Ende 1698

Sehr ehrwürdiger Vater

[…] Meine *Novissima Sinica* sind nachgedruckt worden, und ein mir befreundeter Gelehrter hat eine lateinische Übersetzung von P. Bouvets *Portrait de l'Empereur de la Chine* dazu beigesteuert.[1] Hoffentlich werden wir gute Nachrichten von der glücklichen Reise dieses Paters erhalten. Diese Mission scheint mir von so großer Bedeutung für das Wohl des [christlichen] Glaubens und der Menschheit, daß ich den größten Anteil daran nehme und oft darüber nachdenke, was sie fördern könnte. Herr Mentzel, der in diesen und anderen Dingen über große Kenntnisse verfügt, arbeitet an der Wiederherstellung des Schlüssels zur chinesischen Schrift,[2] der durch die Launenhaftigkeit des verstorbenen Herrn Andreas Müller verlorengegangen ist. Müller hat seine Unterlagen vor seinem Tod verbrannt.[3]

Von Jugend auf habe ich über eine neue Charakteristik nachgedacht,[4] die nicht nur, wie die chinesischen Schriftzeichen, zur Bezeichnung [der Dinge] dienen, sondern auch die Möglichkeit eröffnen sollte, viele Dinge exakt zu bestimmen, die bisher nur Gegenstand unscharfer Überlegungen sind. Ich hatte in diesem Zusammenhang schon einen gewissen Erfolg mit meiner neuen Infinitesimalrechnung,[5] die eine bessere Verbindung zwischen Geometrie und Physik herstellen soll, und einer anderen, noch unveröffentlichten Methode, die ich »calculus situs«[6] nenne. Ich habe aber vor, noch deutlich darüber hinaus zu kommen, wenn Gott mir ausreichend Lebenszeit verleiht und genügend Muße oder Hilfe dabei angedeihen läßt. Ich glaube nicht, daß irgend etwas mehr der menschlichen Vernunft zu dienen vermag, als eine vollendete Charakteristik. Nun hofft P. Bouvet, wie er mir schreibt, gewisse alte, von den Chinesen verehrte Zeichen zu entziffern,[7] von denen er glaubt, daß sie mit avoir du rapport à la philosophie, qu'on pourroit leur insinuer par ce moyen pour servir à nostre Theologie; j'ay pensé, qu'on pourroit peutestre accomoder un jour ces caracteres, si on en estoit bien informé non pas seulement à representer comme font ordinairement les caracteres, mais meme à calculer et à aider l'imagination et la meditation; d'une maniere qui frapperoit d'étonnement l'esprit de ces peuples, et nous donneroit un nouveau moyen de les instruire et gagner. D'ailleurs cette veue de la Caracteristique que j'ay depuis tant de temps et dont je parlay dans un petit livre que je fis quand je n'avois pas encor 20 ans, est une des plus importantes que je sçache. Mais j'ay peur qu'elle ne perisse.

[...] Pour moy je suis avec un parfait attachement en vous souhaittant une nouvelle année tres heureuse avec une grande suite d'autres

Mon tres Reverend Pere de Vostre Reverence le tres humble etc.

Quelques Essais de philosophie que j'ay donnés de temps en temps commencent d'avoir quelque entrée. Car je pretends de pouvoir demonstrer, que la nature du corps consiste en autre chose qu'en étendue selon les Cartesiens, ou en impenetrabilité selon les Gassendistes. Cela pourra estre de grand usage pour la religion. Mons. Bayle qui faisoit autres fois les *nouvelles de la Republique des lettres* à Roterdam, et qui a donné depuis peu un grand *dictionnaire,* a fait certaines objections dans un endroit de ce dictionnaire contre quelques unes de mes pensées, mais d'une maniere fort honneste. Je luy ay fait communiquer ma reponse; et il m'a écrit luy meme là dessus, qu'il la trouvoit forte.

unserer Philosophie zusammenhängen; die könnte man auf Grund dieses Zusammenhangs den Chinesen nahebringen, um damit unserer Theologie Vorschub zu leisten. Da habe ich mir gedacht, daß man eines Tages diese Zeichen dazu einrichten könnte (sowie man über sie gut Bescheid wüßte), nicht nur [Dinge] darzustellen, wie es Zeichen gewöhnlich tun, sondern sogar damit zu rechnen, Vorstellungskraft und Denken zu unterstützen und auf diese Weise den Geist dieser Völker in Erstaunen zu versetzen und ein neues Hilfsmittel zu gewinnen, sie zu unterrichten und [für uns] einzunehmen. Dieser Begriff von der Charakteristik, den ich schon seit so langer Zeit hege und von dem ich in einem kleinen Buch[8] gehandelt habe, das ich als noch nicht Zwanzigjähriger schrieb, ist übrigens meines Wissens eine der wichtigsten [Aufgaben] überhaupt, doch ich fürchte, er wird untergehen.

[…]

Einige philosophische Essais,[9] die ich von Zeit zu Zeit veröffentlicht habe, finden neuerdings einige Beachtung. Ich behaupte nämlich, nachweisen zu können, daß die Beschaffenheit des Körpers sich nicht durch Ausdehnung (wie die Kartesianer meinen) oder Undurchdringlichkeit (so die Gassendisten) definiert. Diese Einsicht kann für den [christlichen] Glauben von großem Nutzen sein. Herr Bayle, der früher die *Nouvelles de la république des lettres* in Rotterdam herausgab[10] und neuerdings einen großen *Dictionnaire* veröffentlicht hat, hat an einer Stelle dieses *Dictionnaire* bestimmte Einwände gegen einige meiner Überlegungen erhoben, aber in sehr ziviler Form.[11] Ich habe ihm meine Antwort[12] übermitteln lassen, und er hat mir daraufhin persönlich geschrieben,[13] er fände meine Entgegnung stichhaltig.

26. LEIBNIZ AN ANTOINE VERJUS S.J.

[HANNOVER, 30. JANUAR 1699] [AUSZUG]. [25. 27.]

Mon tres Reverend Pere.

Une personne de consideration, qui est un des directeurs de la Compagnie des Indes orientales de Hollande, et qui a aussi des correspondances en Moscovie; me mande ce que suit en ces propres termes dans une lettre écrite d'Amsterdam le 22 janvier 1699.

Depuis peu il est arrivé une Caravane de Pekin à Mosco. On me mande que le Roy de la Chine est mort, et que son fils a succedé à la couronne, ce qui a cousté beaucoup de sang. Car un certain officier parmy ceux de Le-aoutong s'estant opposé et entré avec une grande armée dans la province de Pekin, s'estoit declaré Roy. Mais les anciens Tartares de la Chine appellés Mansiou les ont défait[,] ruiné et dissipé.

Je presume[,] mon Tres R. Pere[,] que vous estes déjà mieux instruit de tout; neantmoins comme il se pourroit que vous n'eussiés pas encor appris toutes les circomstances, j'ay voulu prendre la liberté de vous envoyer cet extrait, qui feroit quasi croire, que ceux qui ont fait cette entreprise ont esté d'une autre race de Tartares. J'ay veu dans la gazette de Hollande les exploits heureux des Chinois en 1696 contre le Roy d'Eluth[,] où l'Empereur avoit esté en personne avec les Peres Gerbillon, Pereira, et Thomas. J'ay peur que cette fatigue n'ait contribué à sa mort. Quoyqu'il en soit, j'espere que ce changement s'il est vray ne causera point de prejudice aux progrès de la religion. […]

Je suis avec respect

Mon tres Reverend Pere Vostre etc.

26. LEIBNIZ AN ANTOINE VERJUS S.J.

[Hannover, 30. Januar 1699] [Auszug]. [25. 27.]

Sehr ehrwürdiger Vater

Ein angesehener Mann,[1] einer der Direktoren der holländischen Ostindischen Kompanie, der auch über briefliche Verbindungen nach Rußland verfügt, teilt mir in einem Brief, datiert aus Amsterdam vom 22. Januar 1699, im Wortlaut das folgende mit:

»Vor kurzem ist eine Karawane aus Peking in Moskau eingetroffen. Man teilt mir mit, daß der König von China tot ist[2] und sein Sohn die Nachfolge angetreten hat.[3] Das hat viel Blut gekostet, denn ein Offizier aus der Le-aoutung [Liaodong][4] hat sich erhoben, ist mit einer großen Armee in die Provinz Peking eingerückt und hat sich zum König erklärt. Die alten chinesischen Tataren, die Manju, haben seine Truppen aber geschlagen, aufgerieben und zerstreut.«

Ich nehme an, Sehr ehrwürdiger Vater, daß Sie bereits besser von allem unterrichtet sind. Da es aber immerhin sein könnte, daß Sie noch nicht alle Einzelheiten erfahren haben, bin ich so frei, Ihnen diesen Auszug zu schicken. Man sollte danach fast glauben, daß diejenigen, die diese Aktion unternommen haben, einem anderen Tatarenstamm angehören. In der holländischen Zeitung[5] habe ich von dem erfolgreichen Feldzug der Chinesen gegen den König der Ölöten[6] von 1696 gelesen. Der Kaiser hat seinerzeit persönlich daran teilgenommen, in Begleitung der Patres Gerbillon, Pereira[7] und Thomas.[8] Ich fürchte, diese Anstrengung hat zu seinem Tod beigetragen. Wie auch immer, ich hoffe, daß dieser Wechsel, sollte er denn stattgefunden haben, den Fortschritten des [christlichen] Glaubens nicht nachteilig sein wird. [...]

27. ANTOINE VERJUS S.J. AN LEIBNIZ

Paris, 4. März 1699 [Auszug]. [26. 28.]

Monsieur A Paris le 4 Mars 1699.

L'embarquement qui s'est fait depuis peu et celuy qui se prepare encore dans nos Ports pour les Indes Orientales m'ont donné tant d'afaires, que j'ay esté obligé de renoncer depuis deux mois à tout autre commerce avec les personnes que j'honore le plus et avec mes meilleurs amis.

J'ose me flater que vous aurez la bonté de faire parvenir jusqu'à nous un exemplaire de vostre derniere edition de vos *novissima Sinica* et de la version du *portrait de l'Empereur de la Chine.* Quoyque la nouvelle, Monsieur, qu'on vous a mandée de Hollande de la mort de cet Empereur me donne bien de l'inquietude[,] je me rassure un peu sur ce qu'on vous marque qu'elle est venue par la voye des Moscovites[,] la nation la plus infidele, et la plus fausse qui soit au monde; et sur ce qu'on ne dit rien du temps que la Caravane qui l'a aportée partit de la Chine, ny de celuy auquel elle arriva à Touboul ou à Moscou, ny enfin de toutes les autres circonstances qui pouroient servir comme de preuves à un fait de cette consequence. Je ne voys rien d'ailleurs qui deust empescher cette nouvelle depuis six semaines de devenir plus publique qu'elle ne l'est en Hollande. Et enfin quoyque nos dernieres letres de la Chine soient anciennes de plus de 20 mois, il ne me paroist guere probable qu'un evenement de cette consequence n'eust pas penetré en un an de temps à la riviere de Bengale et en d'autres endroits d'où l'on a plusieurs letres du mois de janvier ou de fevrier de 1698. Quoy qu'il en soit, Monsieur, si Dieu avoit permis que ce sujet d'affliction nous fust arrivé, j'ay assez de confiance en sa bonté pour ne point douter qu'il ne

27. ANTOINE VERJUS S.J. AN LEIBNIZ

Paris, 4. März 1699 [Auszug]. [26. 28.]

Monsieur Paris, den 4. März 1699

Erst vor kurzem haben sich [Angehörige meines Ordens] in unseren Häfen nach Ostindien eingeschifft, eine weitere Gruppe ist noch mit den Vorbereitungen beschäftigt.[1] Ich habe damit soviel zu tun gehabt, daß ich seit zwei Monaten auf jeglichen nicht damit in Zusammenhang stehenden Umgang habe verzichten müssen, mit Leuten, die ich am höchsten ehre, ebenso wie mit meinen besten Freunden.

Ich wage mir zu schmeicheln, daß Sie die Güte haben werden, uns ein Exemplar der letzten Auflage Ihrer *Novissima Sinica* und der Übersetzung des *Portrait de l'Empereur de la Chine* zukommen zu lassen.[2] Die Nachricht vom Tod dieses Kaisers, die Sie aus Holland erhalten haben,[3] beunruhigt mich zwar sehr, Monsieur; ich schöpfe aber ein wenig Hoffnung insofern, als sie laut Ihres Gewährsmannes über Rußland gekommen ist. Die Russen sind das treuloseste und falscheste Volk der Welt. Dazu kommt, daß nichts darüber gesagt wird, wann die Karawane, welche die Nachricht überbracht hat, in China aufgebrochen ist oder wann sie in Tobolsk oder Moskau angekommen ist. Auch alle übrigen Umstände fehlen, die geeignet wären, ein so wichtiges Ereignis zu beglaubigen. Ich sehe auch keinen Grund, warum diese Nachricht in den vergangenen sechs Wochen sich in Holland nicht stärker hätte verbreiten sollen, als es der Fall ist. Und schließlich scheint es mir recht unwahrscheinlich – auch wenn die letzten Briefe, die wir aus China bekommen haben, mehr als zwanzig Monate alt sind –, daß ein Ereignis von solcher Tragweite in einem Jahr nicht bis zum Fluß von Bengalen[4] oder anderen Orten vorgedrungen sein sollte, von wo wir über mehrere Briefe von Januar oder Februar 1698 verfügen. Wie auch immer es sich damit verhalten mag, Monsieur: Wenn Gott zugelassen hätte, daß uns solch ein trauriges Ereignis zugestoßen wäre, so vertraue ich doch zu sehr in seine Güte, um daran zu zweifeln, daß er uns einen annous suscitast quelque autre protecteur de la vraye foy, et de nouveaux et meilleurs moyens de le faire connoistre et aimer dans ce grand et florissant Empire. Vous savez que le Prince designé successeur imitoit fort son amour pour la Religion Chrestienne[,] les bontez pour nos Peres et la curiosité pour les sciences d'Europe[.] De sorte que j'espere, qu'au defaut du Pere, le P. Bouvet n'auroit pas esté moins favorablement receu du fils. Vous savez que ce Pere et sa troupe Apostolique estoit arrivé au Cap de Bonne Esperance en moins de 80 jours avant la fin de May par la navigation la plus heureuse du monde. Si le mesme bonheur l'a suivi[,] il sera arrivé à la Chine avant la fin de la mousson qui dure jusqu'à la mi-Septembre et au delà. De sorte qu'il y a lieu d'esperer que nous verrons ce vaisseau de retour en France vers le mois de Septembre ou d'Octobre prochain. Si nous avons cette joye[,] j'auray aussitost l'honneur de vous en faire part, et de vous dire le plus essentiel des nouvelles de la Religion et des Sciences. Nous nous hasterons aussi de vous faire part de ce que ce mesme Pere nous mandera des decouvertes qu'il esperoit faire sur le vaisseau, par ces anciens Caracteres ou lignes chinoises, en s'y aplicant plus particulierement dans son voyage. De quoy je luy says plus de gré, c'est qu'il s'est si heureusement apliqué à enseigner le chinois aux huict autres Peres qui estoient avec luy sur le mesme vaisseau, qu'il esperoit, ainsi qu'il me le mandoit du Cap de Bonne Esperance, à juger des progrez qu'ils avoient déja faits en si peu de temps dans cette langue, qu'ils seroient en estat d'y instruire et prescher la foy en arrivant à la Chine.

On ne peut, Monsieur, avoir plus de curiosité que nous en avons mon frere et moy de tout ce qui vient de vous, ny plus honorer que nous faisons vostre grand merite, et vostre savoir immense qui fait aujourdhuy l'honneur de nostre siecle.

[...] quoyque personne ne puisse vous honorer plus que je vous honore ny estre avec plus de respect et de cordialité que je suis,

Monsieur Vostre tres humble et tres obeissant serviteur

A. Verjus J.

deren Beschützer des wahren Glaubens würde erstehen lassen und neue und bessere Mittel, ihn in diesem großen, blühenden Reich kennen und lieben zu lehren. Wie Sie wissen, eiferte der designierte Thronfolger[5] [seinem Vater] nach in der Zuneigung zum christlichen Glauben, in der Zuvorkommenheit unseren Patres gegenüber und im Interesse für die europäischen Wissenschaften. Ich hoffe daher, daß P. Bouvet in Ermangelung des Vaters nicht weniger freundlich vom Sohn empfangen worden wäre.[6] Wie Sie wissen, ist P. Bouvet mit seiner apostolischen Schar noch vor Ende Mai in weniger als achtzig Tagen am Kap der Guten Hoffnung angelangt,[7] dank der glücklichsten Überfahrt von der Welt. Wenn ihm sein Glück treu geblieben ist, wird er vor Ende des Monsuns, der bis Mitte September und darüber hinaus dauert, in China angelangt sein. Wir dürfen also hoffen, daß sein Schiff im nächsten September oder Oktober wieder in Frankreich sind wird.[8] Sollte uns dieses Glück zuteil werden, werde ich die Ehre haben, Ihnen umgehend davon Mitteilung zu machen und Ihnen die wichtigsten Neuigkeiten auf religiösem und wissenschaftlichem Gebiet mitzuteilen. Wir werden auch keine Zeit verlieren, Ihnen zu berichten, was P. Bouvet uns von seinen Entdekkungen schreiben wird, die er hoffte, unterwegs bei näherer Beschäftigung mit jenen alten chinesischen Schrift- oder Linienzeichen[9] zu machen. Wichtiger ist mir, daß er so erfolgreich unternommen hat, die acht Patres, die mit ihm auf demselben Schiff fuhren, das Chinesische zu lehren, daß er hoffte, sie würden bei der Ankunft in China imstande sein, in chinesischer Sprache zu unterrichten und das Christentum zu predigen. Die Fortschritte, die sie in so kurzer Zeit schon im Chinesischen gemacht hätten, veranlaßten ihn zu dieser Einschätzung, schrieb er mir vom Kap der guten Hoffnung.

Niemand, Monsieur, kann gespannter sein als mein Bruder[10] und ich auf alles, was von Ihnen kommt, niemand mehr als wir Ihre großen Verdienste ehren und Ihr gewaltiges Wissen, das heute den Ruhm unserer Zeit ausmacht [...], wenngleich niemand Sie mehr ehren kann als ich noch mit größerem Respekt und Herzlichkeit sein [...]

28. LEIBNIZ AN ANTOINE VERJUS S.J.

Wolfenbüttel, 20. (30.) April 1699 [Auszug]. [27. 34.]

Au Tres R. P. Verjus à Paris

Mon Tres Reverend Pere
Pour mander quelque chose de plus à Vostre Reverence sur la nouvelle venue de Moscou touchant la Chine, j'ay écrit en Hollande afin d'en apprendre des circomstances precises. Mais la reponse ne m'en a rien appris de sorte que j'entre fort dans le sentiment de V. R. que la mort pretendue du Monarque Chinois pourroit bien estre une invention des Moscovites. Car outre que la distance des lieux est favorable aux fausses nouvelles; les Moscovites sont en possession d'en forger[,] et je me souviens qu'on me manda de Pologne il y a quelques années que les lettres de Moscou parloient d'une irruption des Tartares Occidentaux dans la Chine, au nombre de plus de 800 mille hommes; ce qui estoit venu apparemment de la guerre que le Roy d'Elouth avoit fait alors avec quelque succés aux Tartares voisins et amis de la Chine.

On nous asseure que le Tzar estant à Vienne, où le P. Wolf de vostre Compagnie estoit fort assidu aupres de luy, a donné permission aux missionnaires catholiques de passer par son pays. Je ne sçay si on s'en est déja servi. Cependant on me mande que le passage de Tobol à Pekin se facilite de plus en plus, par ce qu'on a nettoyé les chemins, et qu'au lieu des chameaux on commence à se servir des chariots tirés par des chevaux. On me mande aussi, qu'un prince Calmack, nommé Bousioucti-chan[,] a defait un prince Mugal nommé Atsiaroisinchan, qui a esté obligé de se retirer vers la grande muraille, mais que le vainqueur a esté chassé à son tour par son cousin Areptachan. Et que si ces Tartares n'avoient pas des guerres continuelles entre eux, ils seroient capables d'inonder une grande partie du monde, comme Chingis-chan a fait autres fois. Bon Dieu[,] quelle moisson encor pour des ouvriers Evangeliques, si une fois le Christianisme

28. LEIBNIZ AN ANTOINE VERJUS S.J.

WOLFENBÜTTEL, 20. (30.) APRIL 1699 [AUSZUG]. [27.34.]

An den Sehr ehrwürdigen P. Verjus in Paris

Sehr ehrwürdiger Vater
Um Euer Ehrwürden Näheres zur Moskauer Nachricht über China[1] mitteilen zu können, habe ich wegen der Umstände im einzelnen nach Holland geschrieben.[2] Aus der Antwort[3] habe ich aber nichts zum Thema erfahren; ich neige daher sehr zur Ansicht von Euer Ehrwürden, daß der angebliche Tod des chinesischen Monarchen möglicherweise eine Erfindung der Russen ist. Denn abgesehen davon, daß die großen Entfernungen falsche Nachrichten begünstigen, sind die Russen gewohnt, so etwas in die Welt zu setzen. Ich erinnere mich an eine Nachricht aus Polen,[4] die ich vor einigen Jahren erhalten habe, wonach in Briefen aus Moskau von einem Einfall der westlichen Tataren nach China mit über 800.000 Mann die Rede wäre. Das bezog sich offenbar auf den Krieg, den der König der Ölöten damals nicht ohne Erfolg gegen die China benachbarten und befreundeten Tataren[5] führte.

Es wird mit Bestimmtheit behauptet,[6] der Zar hätte während seines Aufenthaltes in Wien den katholischen Missionaren erlaubt, durch sein Land zu reisen. P. Wolf von Ihrem Orden hatte sich sehr um ihn bemüht.[7] Ich weiß nicht, ob man sich dieser Erlaubnis schon bedient hat. Ich höre aber, daß die Reise von Tobolsk nach China zusehends erleichtert wird, denn man hat die Wege geräumt und anstelle der Kamele kommen von Pferden gezogene Wagen in Gebrauch.[8] Es heißt auch, daß ein kalmückischer Fürst namens Bousioucti-Khan[9] einen mongolischen Fürsten namens Atsiaroisin-Khan[10] geschlagen hat. Dieser mußte sich daraufhin zur Großen Mauer zurückziehen; der Sieger ist aber seinerseits durch seinen Vetter Arepta-Khan[11] vertrieben worden. Man sagt, daß diese Tataren ohne ihre ständigen Kriege untereinander imstande wären, einen großen Teil der Welt zu überschwemmen, so wie seinerzeit Chinggis-Khan. Großer Gott, was für eine Ernte wartete da noch estoit bien établi dans la Chine. Et quelle obligation ne vous a pas la Chrestienté, mon Tres Reverend Pere, lors que vous vous donnés tant de soin et tant de peines pour avancer ce grand ouvrage Apostolique, sous les auspices du plus grand, et du plus zelé des Rois.

Le R. P. Vota de vostre compagnie, m'a fait saluer par M. de Steinberg Envoyé de Wolfenbutel au Roy de Pologne, et m'a fait dire que le P. Grimaldi est mort à Pekin. Je ne sçay s'il l'a appris aussi par la voye de Mosco ou par la Perse. Mais comme il n'a rien dit de la pretendue mort de l'Empereur de la Chine, cela contribue encor à me faire esperer que cette nouvelle se trouvera fausse.

J'ay donné ordre qu'on delivre à M. Dezalliers Marchand libraire de Paris allé à la foire de Francfort quelques exemplaires des *novissima Sinica* pour estre rendus à V. R. vous suppliant d'en faire donner un au R. P. Gobien, qui aura receu la lettre que je luy ay écrite il y a quelque temps avec celle du R. P. Kochanski, et à qui je dois des remercimens, de ce qu'il a suivant ce qu'on me mande parlé favorablement dans son ouvrage de ma preface des *novissima Sinica.* J'espere d'apprendre des nouvelles de la Chine et autres missions par son moyen, sans que V. R. accablée de tant de soins, s'en donne la peine.

[...]

Vous sçavés mes principes, Mon T. R. P.[,] en vertu des quels je souhaitte à tous ces ouvriers Evangeliques le plus heureux succés du monde, puisque je ne doute point qu'ils ne donnent des bonnes instructions à ceux qui sont deja Chrestiens et qu'ils n'apprennent aux infideles l'essence de la veritable foy, esperant que ce qu'ils y mêlent de contesté avec nous (en quoy je juge qu'ils procedent fort sobreauf die Arbeiter des Evangeliums, sobald das Christentum erst einmal fest in China verwurzelt wäre! Und wie tief, Ehrwürdiger Vater, wäre Ihnen die Christenheit verpflichtet für die Sorgfalt und die Mühe, die Sie auf die Förderung dieses großen apostolischen Werks verwenden, unter der Schirmherrschaft des größten und glaubenseifrigsten unter den Königen.

P. Vota[12] von Ihrem Orden hat mich durch Herrn von Steinberg[13] grüßen lassen, den Wolfenbütteler Gesandten beim König von Polen. Er hat mir ausrichten lassen, P. Grimaldi wäre in Peking gestorben.[14] Ich weiß nicht, ob er das auch auf dem Weg über Moskau erfahren hat oder über Persien. Er hat aber nichts von dem angeblichen Tod des Kaisers von China[15] gesagt, und das bestärkt mich noch in meiner Hoffnung, daß die Nachricht sich als falsch herausstellen wird.

Ich habe angeordnet, daß dem Pariser Buchhändler, Herrn Dezallier,[16] der die Frankfurter Messe besucht, einige Exemplare der *Novissima Sinica* ausgehändigt werden. Dieser soll sie Euer Ehrwürden übergeben, und ich bitte Sie, eines davon P. Le Gobien weiterzureichen. Ich nehme an, daß P. Le Gobien den Brief erhalten hat,[17] den ich ihm vor einiger Zeit geschrieben habe, zusammen mit dem beiliegenden Brief von P. Kochański. Ich bin ihm zu Dank verpflichtet dafür, daß er, wie ich höre, in seinem Werk sich positiv über mein Vorwort zu den *Novissima Sinica* geäußert hat.[18] Ich hoffe, durch ihn Nachricht von China und den anderen Missionen zu erhalten, ohne daß Euer Ehren in Ihrer Überlastung mit so vielen Aufgaben sich damit befassen müssen.

[…]

Sie kennen meine Grundsätze, Ehrwürdiger Vater, die mich allen Arbeiten für das Evangelium den glücklichsten Erfolg von der Welt wünschen lassen. Denn ich zweifle nicht, daß sie jenen, die bereits Christen sind, eine gute Unterweisung zuteil werden lassen und die Ungläubigen das Wesen des wahren Glaubens lehren. Dabei hoffe ich, daß diesen Glauben nichts zerstören kann, was sie an im Verhältnis zu uns [Protestanten] strittigen [Inhalten] daruntermischen. Nach meinem Urteil gehen sie dabei sehr maßvoll und umment et fort circomspectement) ne la sçauroit detruire. Outre que la propagation des sciences et arts et sur tout des bonnes mœurs sert aussi à la gloire de Dieu, et au bien des hommes.

[...]

Je prie Dieu de vous conserver Mon Tres R. P. avec M. le Comte comme des personnes, que je tiens estre des plus utiles à l'Eglise et à l'Estat et qui ne sont pas le moindre objet de ma veneration, et je suis avec zele

Mon Tres R. P. Vostre tres humble et tres obeissant serviteur
Leibniz.

Wolfenbutel le 20 Avril 1699

sichtig vor. Dazu kommt, daß die Verbreitung der Wissenschaften und Künste und vor allem der guten Sitten auch zum Ruhm Gottes und zum Wohl der Menschen beiträgt.

[...]

Ich bete zu Gott, er möge Sie, Ehrwürdiger Vater, und den Herrn Grafen[19] erhalten, sind Sie [beide] doch Männer, die meines Erachtens der Kirche und dem Staat den größten Nutzen bringen und [zugleich] nicht der geringste Gegenstand meiner Verehrung sind. [...]

Wolfenbüttel, den 20. April 1699

29. CHARLES LE GOBIEN S.J. AN LEIBNIZ

Paris, 10. Juni 1699. [24.30.]

Monsieur à Paris le 10 Juin 1699.

C'est avec bien du chagrin que j'apprens que vous n'avés point receu le livre de *l'histoire de l'Edit de l'Empereur de la Chine en faveur de la Religion Chrestienne,* que je vous ay envoié il y a cinq ou six mois, le R. P. Verjus le mit avec ceux qu'il envoia à Munster, mais soit qu'il fust confondu avec les autres ou qu'on ne se soit pas expliqué assés clairement il n'est point parvenu jusqu'à vous. C'est pour suppléer à cette perte que je vous renvoie celuy cy avec quelques autres petits écrits qui regardent les Missions de la Chine, aux quelles vous avés la bonté de vous interesser. Je ne me fieray plus à personne et je vous envoirai moy mesme doresnavant les nouvelles qui nous viendront de ce pays là et les livres que je composerai. je vai[s] imprimer dans un mois *l'histoire des Isles Marianes* connuës autrefois sous le nom des Isles des Larrons. il y a des choses curieuses et édifiantes dans cette histoire. voici les dernieres nouvelles que nous avons receües de la Chine. la lettre est de Canton le 20. Sept. 1697.

L'Empereur est allé cette année à Nimhia. C'est une ville qui a deux lieuës de tour et 40 mille familles. elle est à 38 degrés 35 min. de latitude et à trois lieuës du Hoamho ou riviére jaune, qu'il faut passer pour y aller. Ce fut en y allant qu'on luy amena le fils du Caldan agé de 13. ans et qui paroist encore plus jeune. Son Pére l'avoit envoié aux Peuples de Cami pour les retenir dans son obéïssance en les asseurant qu'il les défendroit, mais ceuxcy aimant mieux s'assujetir eux mesmes à l'Empereur, le sont venus livrer. L'Empereur le voulut voir, et l'envoia ensuite à Pekin, où il est gardé. Si son

29. CHARLES LE GOBIEN S.J. AN LEIBNIZ

PARIS, 10. JUNI 1699. [24. 30]

Monsieur Paris, den 10. Juni 1699

Zu meinem großen Kummer höre ich,[1] daß Sie die *Histoire de l'édit de l'Empereur de la Chine en faveur de la religion chrestienne,* die ich Ihnen vor fünf oder sechs Monaten geschickt habe,[2] nicht erhalten haben. P. Verjus hat sie den Exemplaren beigelegt, die er nach Münster[3] gesandt hat; dabei ist aber entweder eine Verwechslung unterlaufen oder man hat nicht deutlich genug gesagt [, was für wen bestimmt ist] – jedenfalls hat Ihr Exemplar Sie nicht erreicht. Um diesen Verlust auszugleichen, bringe ich die *Histoire* mit dem beiliegenden Exemplar nun ein zweites Mal auf den Weg. Ich füge noch einige weitere kleine Schriften bei, welche die Chinamission betreffen, für die Sie die Güte haben, sich zu interessieren. Ich werde mich von nun an auf niemanden mehr verlassen und Ihnen persönlich schicken, was wir an Neuigkeiten aus China bekommen werden, und die Bücher, die ich schreibe. In einem Monat wird meine *Histoire des Isles Marianes* gedruckt;[4] diese waren früher als Diebesinseln bekannt. Es findet sich manch Wissenswertes und Erbauliches in dieser Geschichte. Ich lasse nun die letzten Neuigkeiten folgen, die wir aus China erhalten haben. Der Brief ist datiert aus Kanton vom 20. September 1697.[5]

Der Kaiser ist dieses Jahr nach Ningxia[6] gegangen. Diese Stadt mißt zwei Meilen im Umfang und hat eine Einwohnerschaft von 40.000 Familien. Sie liegt auf 38° 35' [nördlicher] Breite, drei Meilen vom Huang He, dem Gelben Fluß, den man auf dem Wege nach Ningxia überqueren muß. Auf dem Hinweg führte man dem Kaiser den Sohn Galdans[7] vor; er ist dreizehn Jahre alt und wirkt noch jünger. Sein Vater hatte ihn zu den Völkern der Cami[8] geschickt; er sollte ihnen versichern, daß er sie verteidigen würde, und sie so in seinem Gehorsam erhalten. Diese zogen es aber vor, sich freiwillig dem Kaiser zu unterwerfen, und haben den Sohn Galdans ausgeliefert. Der Kaiser hat ihn sehen wollen und dann nach Peking gepere meurt les armes à la main, les coutumes de l'Empire veulent qu'on le fasse mourir aussi, affin qu'il ne puisse pas un jour venger la mort de son pere. Le Caldan estoit encore à deux mois de chemin de Nimhia. plusieurs de ses gens ne laissérent pas de venir se rendre à l'Empereur avec toutes leurs familles. Luy mesme luy écrivit à la fin une lettre de soumission où il prioit l'Empereur de luy marquer distinctement de quelle maniere il seroit receu. Deux corps d'armée que l'Empereur envoioit contre luy par divers chemins et deux deputés qu'il luy envoia aussi pour le porter à se rendre l'obligerent sans doute à cette resolution. Sa Majesté laissa le fameux Sosan en sa place pour presser et pour achever cette affaire et reprit le chemin de Pekin. Peu de jours aprés on luy apporta l'heureuse nouvelle que le Caldan avoit pris du poison et qu'il estoit mort le mesme jour. Tanguillan Generalissime des Elouths mandoit qu'il venoit luy mesme se soumettre à l'Empereur et qu'il amenoit le corps du Caldan et toute sa nation avec luy. l'Empereur entra triomphant dans Pekin apres avoir heureusement terminé cette guerre, qui le rend maitre paisible de toutes les vastes contrées qui sont depuis l'Yarcan et les estats du grand Lamas jusqu'à la mer Orientale. La Nation de Coucounor s'est aussi assujetie à l'Empereur. Ces Peuples demeurent entre Sinin et le Royaume du grand Lamas.

Le R. Pere de Fontaney qui a écrit cette lettre nous marque qu'il est allé à Canton par l'ordre exprés de l'Empereur qui l'y a envoié pour aller au devant du Pere Bouvet qu'il attend avec une grande impatiance. Si le Pere Bouvet arrive heureusement à la Chine, comme nous avons lieu de l'esperer, l'Empereur sera content car il a fidelement executé les ordres dont il luy avoit fait l'honneur de le charger.

On nous marque encore dans la lettre dont je vous envoie un extrait qu'en quinze jours de Caravanes on va de Sotcheou ville de la schickt, wo man ihn in Gewahrsam hält. Wenn sein Vater im Kampf stirbt, muß der Sohn nach den Sitten des chinesischen Reiches auch sterben, damit er nicht eines Tages den Tod seines Vaters rächen kann. Galdan war noch zwei Monate Weges von Ningxia entfernt; dennoch haben sich etliche seiner Leute mitsamt ihren Familien dem Kaiser ergeben. Galdan selbst schrieb dem Kaiser schließlich einen Brief, in dem er sich unterwarf und diesen bat, er möge ihm unumwunden sagen, wie er empfangen werden würde. Zu diesem Entschluß nötigten ihn zweifelsohne zwei Armeecorps, die der Kaiser auf verschiedenen Wegen gegen ihn in Marsch gesetzt hatte, und zwei Abgesandte, die er ebenfalls zu Galdan geschickt hatte, um ihn dazu zu bringen, sich zu ergeben. Seine Majestät ließ den berühmten Sosan[9] an ihrer Stelle zurück, um diese Angelegenheit zu beschleunigen und abzuschließen, und machte sich auf den Rückweg nach Peking. Wenige Tage später brachte man ihm die glückliche Nachricht, daß Galdan Gift genommen und noch am selben Tag verstorben war. Tanguillan,[10] der Oberbefehlshaber der Ölöten, schickte einen Boten, daß er selbst auf dem Wege wäre, sich dem Kaiser zu unterwerfen, und daß er den Leichnam Galdans und dessen ganzen Stamm mit sich führte. Der Kaiser zog im Triumph in Peking ein. Mit dem glücklichen Abschluß dieses Krieges herrscht er nun in Frieden über all die riesigen Länder von Yarkand[11] und dem Gebiet des Großen Lama bis zum Ostmeer. Auch die Völkerschaft im Koko Nor-Gebiet hat sich dem Kaiser unterworfen. Diese Völker siedeln zwischen Sinin[12] und dem Königreich des Großen Lama [Tibet].

Der Verfasser dieses Briefes, P. de Fontaney, teilt uns mit, daß er auf ausdrücklichen Befehl des Kaisers nach Kanton gegangen ist, dem P. Bouvet entgegen,[13] den der Kaiser mit großer Ungeduld erwartet. Wenn P. Bouvet glücklich in China anlangt, was zu hoffen wir Anlaß haben, wird der Kaiser zufrieden sein, hat jener doch getreu die Befehle ausgeführt, mit denen zu beauftragen der Kaiser ihm die Ehre erwiesen hatte.

Wir erfahren außerdem noch aus dem Brief, von dem ich Ihnen einen Auszug sende, daß man mit der Karawane zwei Wochen von

Chine à Cami, en 20. de Cami à Tourfan. en prés de deux mois de Tourfan à Yarcan et en un mois d'Yarcan à Samarcand, il n'est pas necessaire de prendre par Yarcan qui est trop au nord.

Voila Monsieur tout ce que cette lettre contient de curieux. je joins à tout cecy une lettre que Madame Constance qui a une vertu d'ange, escrit à son confesseur qui apres avoir esté longtemps dans les fers à Siam est aujourdhuy avec le R. Pere Taschard à Chandernagor au Royaume de Bengale. si ces missionnaires ne peuvent se retablir à Siam, ils ont dessein d'ouvrir une nouvelle mission au Royaume d'Orixa qui est voisin de celuy de Bengale, le P. Taschard nous mande qu'il y a en ce Royaume là des Academies de scavans, dont on pourra peutestre tirer de bonnes lumieres. ce Païs est fort peuplé et la langue de la Cour et des Seigneurs aproche fort de la langue persienne. Je suis avec bien de l'attachement et du respect

Monsieur Vostre tres humble et tres obeïssant serviteur
C. Le Gobien de la Compagnie de Jesus.

Permettés moi de saluer ici le R. P. Kostkanki.

der chinesischen Stadt Suzhou[14] nach Hami und zwanzig Tage von Hami nach Turfan unterwegs ist. Knapp zwei Monate braucht man von Turfan nach Yarkand und einen Monat von Yarkand nach Samarkand. Dabei braucht man nicht den Weg über Yarkand zu nehmen, das zu weit nördlich liegt.

Dies, Monsieur, ist alles Wissenswerte, was dieser Brief enthält. Ich füge noch einen Brief bei, den Frau Constance, die über eine Engelstugend verfügt, an ihren Beichtvater geschrieben hat.[15] Nach langer Gefangenschaft in Siam hält sich dieser jetzt bei P. Tachard in Chandannager[16] im Königreich Bengalen auf. Sollten sie in Siam nicht wieder Fuß fassen können, wollen diese Missionare eine neue Mission im Königreich Orissa[17] eröffnen, in der Nachbarschaft des Königreiches Bengalen. P. Tachard schreibt uns, daß es dort wissenschaftliche Akademien gibt, durch die wir vielleicht zu förderlichen Erkenntnissen kommen werden. Orissa ist dicht bevölkert; die am Hof und vom Adel gesprochene Sprache steht dem Persischen sehr nahe. [...]

Erlauben Sie mir, auf diesem Weg P. Kochański zu grüßen.

30. CHARLES LE GOBIEN S.J. FÜR LEIBNIZ

Madame Constance an P. de La Breuille S.J. Beilage zu Nr. 29. [29. 31.]

Copie d'une letre de Madame Constance Ecrite au Pere de la Breüille de la Compagnie de Jesus son confesseur

Vous sçavez, mon Reverend Pere, que j'ay eu une rude persecution à souffrir de la part du Prince, et je n'en suis sortie que par une particuliére protection du ciel[.] La nuit du 14e aoust, veille de l'assomption de la Ste Vierge, le Prince envoya ordre à ma sœur de se rendre au Palais[.] nous ne doutions point que ce ne fust à un mauvais dessein, car les Payens ne portent nul respect aux filles chrestiennes[.] ma sœur fortifiée de la grace de Dieu refusa d'obeir s'excusant sur quelque infirmité[.] le Prince fust si indigné de ce refus qu'il ordonna sur le champ qu'on la fist mourir sous les coups[.] la violence des boureaux fust si cruelle que peu s'en faillut qu'elle n'expirast, elle tomba evanoüie, et si elle n'est pas morte, c'est que Dieu la reservoit pour de plus grands combats[.] le tiran persuadé que ma sœur qui n'a pas encore seize ans ne refusoit d'aller au Palais que parcequ'elle ne vouloit pas consantir à ses intentions brutales[,] jugea dans cette ocasion comme dans les autres, lors que les filles chrestiennes qu'il retient esclave[s] ne veulent pas luy obeir, il jugea dis je que je luy inspirois ces sentimens[.] c'est pourquoy le landemain il nous fist tous apeller au Pallais, on nous fist plusieurs questions ausquelles je repondis le plus honnestement qu'il me fust possible et insistant particulierement sur ce qu'il y avoit longtemps que je n'avois parlé à ma sœur, et à force de priéres et surtout d'argent et de presens qu'on fist aux mandarins qui nous interrogeoient selon la barbare coutume de ces peuples, le prince parut comptant de ma conduite, mais sa rage augmenta contre mon innocente sœur[.] il donna de

30. CHARLES LE GOBIEN S.J. FÜR LEIBNIZ

Madame Constance an P. de La Breuille S.J. Beilage zu Nr. 29. [29. 31.]

Abschrift eines Briefes der Frau Constance an ihren Beichtvater, P. de La Breuille S.J.[1]

Wie Sie wissen, Ehrwürdiger Vater, habe ich[2] eine harte Verfolgung von seiten des Fürsten[3] zu erdulden gehabt, und nur durch den besonderen Schutz des Himmels bin ich entronnen. In der Nacht des 14. August, am Vorabend von Mariae Himmelfahrt, ließ der Fürst meiner Schwester befehlen, sie solle zum Palast kommen. Wir hatten keinen Zweifel, daß er Böses im Schilde führte, denn die Heiden bringen den christlichen Mädchen keinerlei Achtung entgegen. Bestärkt durch die Gnade Gottes, weigerte sich meine Schwester zu gehorchen und schützte eine Unpäßlichkeit vor. Der Fürst war so erbost über diese Weigerung, daß er unverzüglich befahl, sie zu Tode zu prügeln. Die Henkersknechte wandten eine derartige Brutalität an, daß meine Schwester fast ihre Seele ausgehaucht hätte; sie wurde ohnmächtig und starb nur deshalb nicht, weil Gott ihr noch schwerere Kämpfe vorbehalten hatte. In der Überzeugung, daß meine noch nicht sechzehnjährige Schwester nur deshalb nicht zum Palast kommen wollte, weil sie sich nicht seinen brutalen Absichten fügen wollte, kam der Tyrann bei dieser Gelegenheit zum selben Urteil wie immer, wenn die von ihm als Sklaven angesehenen christlichen Mädchen ihm nicht gehorchen wollen: zum Urteil nämlich, daß ich meiner Schwester diese Empfindungen eingab. Deshalb ließ er uns am nächsten Tag alle zum Palast kommen. Man stellte uns etliche Fragen, die ich so aufrichtig beantwortete, wie es mir möglich war; dabei beharrte ich vor allem darauf, daß ich schon seit langem nicht mehr mit meiner Schwester gesprochen hatte. Mit Hilfe von Bitten und vor allem Geld und Geschenken für die Mandarine, die uns nach der barbarischen Sitte dieser Völker verhörten, [erreichten wir,] daß der Fürst mit meiner Handlungsweise zufrieden schien, aber seine Wut gegen meine unschuldige Schwester nahm nouveaux ordres qu'on la fist fouetter tous les jours jusqu'à ce quelle mourut. Ce martyre dura un mois et il fût si cruel que les os et les costes paroissoient à découvert, et les yeux estoient tellement enflez et hors de la teste qu'elle ne pouvoit plus voir. Les dames du Palais joignirent leurs insultes aux suplices des boureaux, et comme si la fermeté et le courage de cette innocente victime eussent fait un outrage à leur Lacheté et à leurs crimes[,] elle[s] la chargerent de soufflets et de coups de pieds pour venger disoient elles le mepris qu'elle faisoit du Prince[.] La mere du Prince quelque outrée qu'elle parut de la constance que ma sœur faisoit paroitre à resister à son filz eust pitié d'elle sur le raport qu'on luy fist de l'état deplorable où elle estoit reduite[.] elle ne pouvoit comprandre qu'une fille de se[i]ze ans pût tenir si longtemps contre tant d'outrages et de suplices. Il est vray que la fermeté de ma sœur fût extraordinaire[,] non seulement elle souffroit des tourmens avec patience et avec resignation, mais elle consoloit ma mere avec des paroles pleines de zele et de foy, l'assurant que Dieu estoit avec elle au milieu de ces violens combats[,] qu'il ne l'abandonneroit pas. Ma mere avoit le cœur si serré qu'elle ne pouvoit parler à ma sœur pour la consoler[.] ainsi pour ne luy pas faire de peine elle se retiroit dans une chambre voisine où elle entendoit cepandant avec une douleur inexplicable les cris de sa fille, et le bruit des coups qu'on dechargeoit sur elle[.] apres qu'on eust exercé durant quinze ou vingt jours ce cruel suplice nous nous attendions tous les matins à recevoir les nouvelles de sa mort pour nous rejouir de sa glorieuse victoire parceque mourant pour une si sainte cause nous ne pouvions pas douter de son bonheur.

Ma mere cependant n'epargnoit rien pour sauver sa fille, elle donnoit de l'argent aux boureaux pour la traiter plus doucement[,] elle faisoit des presens à la Princesse femme du Prince, pour qu'elle sauvast la vie à ma sœur, je fis le mesme de mon costé persuadée que le noch zu. Er befahl aufs neue, sie täglich auszupeitschen, bis sie sterben würde. Dieses Martyrium währte einen Monat und war von einer solchen Grausamkeit, daß ihre Knochen und Rippen bloßgelegt wurden, und ihre Augen waren dermaßen geschwollen und traten so hervor, daß meine Schwester nicht mehr sehen konnte. Die Damen aus dem Palast vereinigten ihre Schmähungen mit den Peinigungen der Henkersknechte; als hätten die Festigkeit und Tapferkeit dieses unschuldigen Opfers ihrer eigenen Feigheit und ihren Verbrechen Hohn gesprochen, fielen sie mit Ohrfeigen und Fußtritten über sie her, um, wie sie sagten, die Mißachtung zu rächen, die sie gegen den Fürsten übte. Bei aller offenbaren Entrüstung über die Standhaftigkeit, die meine Schwester gegen ihren Sohn an den Tag legte, wurde die Mutter des Fürsten von Mitleid mit ihr ergriffen, als sie von dem erbärmlichen Zustand hörte, in dem sie sich befand. Sie konnte nicht verstehen, daß ein sechzehnjähriges Mädchen so lange so großen Qualen und Martern standzuhalten vermochte. Tatsächlich war die Festigkeit meiner Schwester außerordentlich; nicht nur, daß sie ihre Qualen mit Geduld und Ergebenheit ertrug, sie tröstete auch meine Mutter mit Worten voller Glaubenseifer, versicherte sie, Gott wäre mit ihr inmitten dieser heftigen Kämpfe und würde sie nicht verlassen. Meiner Mutter war so eng ums Herz, daß sie mit meiner Schwester nicht sprechen konnte, um sie zu trösten; um ihr keinen Kummer zu bereiten, zog sie sich deshalb in einen benachbarten Raum zurück, wo sie aber mit unaussprechlichem Schmerz die Schreie ihrer Tochter hörte und das Geräusch der Schläge, die man auf sie niedergehen ließ. Nachdem man sie fünfzehn oder zwanzig Tage so gequält hatte, erwarteten wir jeden Morgen, von ihrem Tod zu hören, um uns an ihrem ruhmvollen Sieg zu erfreuen; denn wenn sie für eine so heilige Sache starb, konnten wir an ihrem Glück nicht zweifeln.

Meine Mutter[4] ließ indessen nichts unversucht, um ihre Tochter zu retten. Sie gab den Henkersknechten Geld, damit diese sie sanfter behandeln sollten, sie machte der Fürstin, der Frau des Fürsten, Geschenke, daß sie meiner Schwester das Leben retten sollte, und ich tat desgleichen, in der Überzeugung, daß auch ich nichts zu

Prince estant revenu une fois de sa passion pour ma sœur, je n'aurois aussi rien à craindre quoy que je m'apercoive tous les jours qu'il conserve des sentimens qui me pouroient devenir funeste[s.] pourveu que la volonté de Dieu s'accomplisse je seray contante. enfin voiant toutes nos precautions et nos peines inutile[s], nous eusmes recours à la mere du Prince qui est toutepuissante sur son esprit[.] elle ne pût rien gagner à la premiere et à la deuxiesme sollicitation, le Prince resista toujours et ne se rendit qu'aux instantes prieres que sa mere luy fist pour la troisiesme fois[.] il accorda la vie à ma sœur, et en mesme temps la comdemna à passer le reste de ses jours dans un jardin fermé de toute[s] parts, chargée de cinq pesantes chaines avec des menottes de bois aux pieds et aux mains[.] cette innocente est si accablée qu'elle ne peut se remuer, on ne sçauroit la voir sans estre penetré de douleur[.] Dieu luy donne la force et la perseverence jusqu'à la fin. Je suis fürchten hätte, sobald sich der Fürst einmal von der Leidenschaft für meine Schwester erholt hätte. Allerdings bemerke ich alle Tage, daß er weiter Gefühle hegt, die mir verhängnisvoll werden könnten. Wenn nur Gottes Wille sich erfüllt, werde ich zufrieden sein. Schließlich, als wir sahen, daß alle unsere Maßnahmen und Bemühungen fruchtlos blieben, nahmen wir unsere Zuflucht zur Mutter des Fürsten, die alles über seinen Geist vermag. Sie vermochte beim ersten und beim zweiten Bittgang nichts auszurichten, der Fürst blieb bei seinem Widerstand und fügte sich erst beim dritten Mal den dringenden Bitten seiner Mutter. Er schenkte meiner Schwester das Leben, verurteilte sie aber zugleich, den Rest ihrer Tage in einem von allen Seiten abgeschlossenen Garten zu verbringen, beladen mit fünf schweren Ketten und hölzernen Fesseln an Füßen und Händen. Dieses unschuldige Mädchen ist so erschöpft, daß es sich nicht zu rühren vermag. Man kann sie nicht sehen, ohne von Schmerz durchdrungen zu werden. Gott gebe ihr Kraft und Ausdauer bis ans Ende. […]

31. LEIBNIZ AN CHARLES LE GOBIEN S.J.

[HANNOVER, ENDE JUNI (?) 1699]. [30. 37.]

Extrait de ma lettre au R. P. Gobien Jesuite

J'ay receu enfin ce que vous avés eu la bonté de m'envoyer de vos ouvrages tres utiles dont je vous suis bien obligé. Si ce que vous m'avés envoyé la premiere fois est passé à Munster, il se peut qu'on l'ait supprimé. Car il ne se passe pas une trop bonne correspondance presentement entre cette Cour et la nostre, quoyque, à mon avis, cela ne doive point empecher les devoirs de l'honnesteté.

Je suis faché de voir par un extrait de ma preface que vous avés fait imprimer mon R. P. que vous n'aviés pas eu d'exemplaire de mes *novissima Sinica*, que par emprunte. Si je l'avois sçû, je l'aurois envoyé par la poste.

Le bruit de la mort de l'Empereur de la Chine nous estoit venu par deux voyes[,] sçavoir par la Moscovie et encor par un vaisseau Anglois venu des Indes orientales, mais je suis le plus ravi du monde, de ce que cela ne continue point.

J'espere que le R. P. Bouvet se souviendra de mes demandes. Une de mes curiosités seroit d'obtenir les situations et les langues des peuples de la Scythie ou Tartarie, pour juger par là de leur cognation. J'attends aussi plus de lumieres sur l'Analyse des caracteres chinois, et sur la critique de leur anciennes Histoires.

Je suis bien aise d'apprendre ce que vous me mandés mon R. P. des dernieres exploits des Chinois contre les Elouths. Je souhaiterois fort une maniere de carte des pays entre la Chine[,] la mer Orientale, les Moscovites[,] les Usbecs, les Indes; afin de mieux entendre les relations.

J'espere que par le moyen de cette Victoire vos peres pourront prendre par terre un chemin que le P. Grimaldi avoit tenté inutile-

31. LEIBNIZ AN CHARLES LE GOBIEN S.J.

[HANNOVER, ENDE JUNI (?) 1699]. [30. 37.]

Auszug aus meinem Brief an P. Le Gobien S.J.

Ich habe endlich erhalten, was Sie die Güte hatten, mir von Ihren sehr nützlichen Arbeiten zu schicken,[1] und bin Ihnen dafür sehr verbunden. Sollte was Sie mir das erste Mal geschickt haben, über Münster gegangen sein, hat man es möglicherweise unterschlagen. Das Verhältnis zwischen dem dortigen Hof[2] und dem unseren ist gegenwärtig nämlich nicht besonders, obwohl das meines Erachtens kein Hindernis sein sollte, den Anstand zu wahren.

Ich entnehme zu meinem Leidwesen dem Auszug, den Sie, Ehrwürdiger Vater, von meiner Einleitung haben drucken lassen,[3] daß Sie nur leihweise über ein Exemplar meiner *Novissima Sinica* verfügt haben. Wenn ich das gewußt hätte, hätte ich Ihnen ein Exemplar mit der Post geschickt.

Das Gerücht vom Tod des chinesischen Kaisers hatte uns auf zwei Wegen erreicht: über Rußland und außerdem durch ein englisches Schiff, das aus Ostindien kam.[4] Ich bin aber überaus erfreut, daß davon nichts mehr zu hören ist.

Ich hoffe, daß P. Bouvet sich meiner Fragen[5] erinnern wird. Unter anderem würde es mich interessieren zu erfahren, wo die Siedlungsgebiete der »skythischen«[6] oder tatarischen Völker liegen und welche Sprachen sie sprechen, um mir von daher ein Urteil über ihre Verwandtschaft bilden zu können. Ich erwarte auch nähere Auskunft über den Aufbau der chinesischen Schriftzeichen und zur Kritik der frühen Geschichtsschreibung der Chinesen.

Ihr Bericht, ehrwürdiger Vater, von den letzten Waffentaten der Chinesen gegen die Ölöten war mir sehr willkommen. Ich wünschte sehr, eine Art Karte zu haben von den Ländern zwischen China, dem östlichen Meer, Rußland, Usbekistan und Indien, um die Berichte besser verstehen zu können.

Ich hoffe, dieser Sieg wird Ihren Patres erlauben, zu Lande einen Weg zu nehmen, den P. Grimaldi vergeblich versucht hatte.[7] Der ment ; qui seroit d'aller à la Chine par la Perse et par les Usbecs, c'est à dire par Bochara[,] car je crois que c'estoit cette guerre des Elouths qui l'avoit empeché de passer.

Je vous remercie encor de la lettre de Mad. Constance, qui marque une vertu Heroique.

Si le R.P. Tachard trouve des Academies des Sçavans dans le Royaume d'Orixa, je ne doute point qu'il n'en tire des lumieres. Car l'Epoque sinoise [*lies:* siamoise]que Mons. de La Loubere avoit apportée marque bien qu'il y avoit autres fois des fort habiles gens dans ce pays là.

Si la langue de Cour de ces peuples d'Orixa approche de la persienne, j'en conclus que c'est une ancienne colonie[,] ou conqueste plus tost, des Usbecs.

Il y a long temps que je n'ay rien appris du R.P. Kochanski, mais vostre compliment pour luy me donne sujet de luy écrire de nouveau. Il est fort âgé, cependant j'espere qu'il sera encor en vie. Je souhaiterois de meriter vos presens par quelque service. etc.

Weg nach China würde durch Persien und Usbekistan führen, d.h. über Buchara,[8] denn dieser Krieg gegen die Ölöten war es wohl, der P. Grimaldi am Durchkommen gehindert hatte.

Ich danke Ihnen auch für den Brief von Frau Constance, der eine heldenhafte Tugend erkennen läßt.

Wenn P. Tachard Gelehrtenakademien im Königreich Orissa vorfindet,[9] wird er zweifellos mit deren Hilfe neue Erkenntnisse gewinnen. Denn die siamesische Epoche, von der Herr de La Loubère berichtet hatte,[10] zeigt deutlich, daß es in diesem Land früher einmal sehr fähige Leute gab.

Wenn die höfische Sprache dieser Völker von Orissa dem Persischen nahesteht, schließe ich daraus, daß es sich um eine ehemalige Kolonie (oder eher noch Eroberung) der Usbeken handelt.

Von P. Kochański habe ich lange nichts mehr gehört, aber Ihre Empfehlung an ihn gibt mir Anlaß, ihm aufs neue zu schreiben.[11] Er ist sehr alt; ich hoffe aber, daß er noch am Leben ist. Ich wünschte, Ihre Geschenke durch irgendwelche Gefälligkeiten mir verdienen zu können.

32. JOACHIM BOUVET S.J. AN LEIBNIZ

Peking, 19. September 1699. [21. 33.]

Monsieur A Peking ce 19me Septembre 1699

Vous savez, qu'avant de partir de France pour retourner ici, je répondis si succinctement, et si confusément, à l'ample et savante letre que vous me fites l'honneur de m'addresser; que je ne puis me croire degagé par là envers vous, de l'obligation, où vostre honnesteté m'a mis de tacher autant qu'il dependra de moy, et par le moyen de mes compagnons de satisfaire à vos justes desirs, sur la plus part des matieres que vous avez pris la peine de me proposer. Et sans que j'ai esté infiniment distrait, et occupé sans relasche à plusieurs affaires, qui ont esté les suites necessaires de mon voyage, je travaillerois actuellement à vous donner la satisfaction que vous souhaittez, sur les points qui ne demandent pas une si longue estude.

Le P^{e} De Fontaney chef de n^{e} premiere troupe, ci devant Professeur en Mathematique à n^{e} College de Paris, que l'Empereur de la Chine envoye apresent en France sur le mesme vaisseau, qui m'a ramené ici avec une recruë de dix missionaires habiles de n^{e} Comp^{ie} arrivés à la Chine avec moy au bout de sept mois d'une navigation tres douce et tres heureuse; Ce Pere dis-je, à qui j'ai fait connoistre vos grands et louables desseins, ne manquera pas en arrivant, de se donner l'honneur de vous ecrire; et de vous faire part, ou lui mesme immédiatement, ou par le moyen du P^{e} Verjus ou du P^{e} le Gobien, que j'en ai prié, des nouvelles de la Chine qu'il emporte avec lui, au moins de celles ausquelles vous pourriez vous interesser davantage. Les memoires que le P^{e} Gerbillon lui a donnez de ses differens

32. JOACHIM BOUVET S.J. AN LEIBNIZ

Peking, 19. September 1699. [21. 33.]

Monsieur — Peking, den 19. September 1699

Bevor ich Frankreich verließ, um hierher zurückzukehren, habe ich, wie Sie wissen, so knapp und so verworren auf den langen, gelehrten Brief geantwortet,[1] den Sie mir die Ehre erwiesen haben, an mich zu richten,[2] daß ich nicht glauben kann, dadurch der Verpflichtung enthoben zu sein, die Ihre Verbindlichkeit mir auferlegt hat, nämlich zu versuchen, soweit es in meinen Kräften steht und mit Hilfe meiner Genossen Ihren berechtigten Wünschen Genüge zu tun, [jedenfalls] was den größten Teil der Gegenstände betrifft, die Sie sich die Mühe gemacht haben, mir vorzutragen. Wäre ich nicht von tausend Dingen in Anspruch genommen worden und ununterbrochen mit verschiedenen Angelegenheiten beschäftigt gewesen, die sich notwendig aus meiner Reise ergaben, würde ich schon jetzt daran arbeiten, Ihnen wie gewünscht Genüge zu tun in all jenen Fragen, die keine besonders ausgedehnten Untersuchungen erfordern.

P. de Fontaney, der Anführer unserer ersten Gruppe und ehemals Professor der Mathematik an unserem Pariser Kolleg,[3] kehrt auf Befehl des Kaisers von China gegenwärtig nach Frankreich zurück, und zwar mit demselben Schiff,[4] das mich mit zehn neu rekrutierten, fähigen Missionaren unserer Gesellschaft[5] hierher zurückgebracht hat. Nach sieben Monaten einer sehr angenehm und glatt verlaufenen Reise sind wir in China eingetroffen. P. de Fontaney also habe ich mit Ihren großen, lobenswerten Plänen bekanntgemacht, und er wird bei seiner Ankunft nicht verfehlen, sich die Ehre zu geben und Ihnen zu schreiben.[6] Er wird entweder persönlich oder über P. Verjus oder P. Le Gobien [7] (den ich darum gebeten habe) Ihnen die von ihm mitgebrachten Neuigkeiten aus China mitteilen, wenigstens soweit diese von besonderem Interesse für Sie sein könnten. Die Berichte, die P. Gerbillon ihm von seinen verschiedenen Reisen in die Tatarei [Manjurei] gegeben hat,[8] werden voyages en Tartarie, serviront beaucoup à contenter vostre curiosité touchant l'histoire et la geographie de ces quartiers là; et à vous faire juger, si la carte de Mr Witzen a quelqu'exactitude dans la position des terres qu'elle represente à l'orient.

Dans le dessein que nous nous estions proposé, en travaillant à la conversion des Chinois, de tirer de cete nation tout ce qui peut servir à la perfection de nos Sciences et de nos Arts, pour le communiquer à nos savans, comme nous nous estions deja formé à peu pres le mesme plan que vous avez proposé, auquel la diversité d'occupations que nous avons euë jusqu'ici a empesché le peu que nous estions, de nous appliquer serieusement: ce qu'on a pu faire jusqu'ici est trop peu de chose. Apresent que nostre troupe s'est multipliée cete année au quadruple, par l'heureuse arrivée de tous mes compagnons, mesme des cinq qui estoient partis avant moy pour venir ici par les Vaisseaux des Indes ; et que les premiers sont apresent maistres de la langue, j'espere que doresnavant on verra quelque fruit de nos petits travaux.

J'ai prié le P^e^ Visdelou qui est celui de tous les missionaires qui possede le mieux la connoissance des livres et caracteres chinois, et qui n'est pas moins versé dans toutes nos Sciences d'Europe, de travailler d'abord à cette critique, que vous croyez si judicieusement necessaire pour juger des histoires chinoises; aussi bien qu'à l'histoire literaire. Ce pere a deja commencé depuis long temps à travailler à un nouveau dictionaire, qui ne laissera rien à desirer aux curieux et aux savans en ce genre, quand il sera achevé. C'est pour travailler plus en repos à cet ouvrage et à divers autres, qu'à l'arrivée des nouveaux compagnons que j'ai amenés, dont l'Empereur en a retenu cinq à son service; que ce Pere a demandé permission à sa Majesté de se retirer en Province, où il est allé depuis deux mois.

in erheblichem Umfang dazu beitragen, Ihre Wißbegierde zu befriedigen, die der Geschichte und der Geographie dieser Gegend gilt, und Ihnen ein Urteil darüber erlauben, ob Herrn Witsens Karte[9] hinsichtlich der auf ihr im Osten eingezeichneten Gebiete einigermaßen zuverlässig ist.

Wir hatten uns vorgenommen, im Zuge der Bekehrung der Chinesen diesem Volk alles zu entlocken, was für die Vervollkommnung unserer Wissenschaften und Künste von Nutzen sein kann, um es an unsere Gelehrten weiterzugeben. Wir hatten dafür schon ungefähr denselben Plan entwickelt, den Sie uns vorgeschlagen haben. Bei unserer geringen Zahl hat die Mannigfaltigkeit unserer Beschäftigungen uns aber bislang gehindert, uns ernsthaft damit zu befassen; das bisher Geleistete ist allzu geringfügig. Inzwischen hat sich unsere Gruppe dieses Jahr aber vervierfacht: alle meine Gefährten sind glücklich angelangt, sogar die fünf, die vor mir aufgebrochen waren, um mit den Indienfahrern hierher zu kommen.[10] Außerdem beherrschen die zuerst [Eingetroffenen] jetzt die [manjurische] Sprache. Ich hoffe daher, daß künftig unsere geringen Arbeiten einige Früchte zeitigen werden.

P. Visdelou ist unter allen unseren Missionaren der beste Kenner der chinesischen Bücher und Schriftzeichen und dabei nicht weniger bewandert in allen europäischen Wissenschaften. Ich habe ihn daher gebeten, zunächst an jener kritischen Untersuchung zu arbeiten, die Sie so treffend als für die Beurteilung der chinesischen Geschichtswerke notwendig erachten; ferner soll er sich auch der Wissenschaftsgeschichte[11] widmen. P. Visdelou hat schon vor langer Zeit die Arbeit an einem neuen Wörterbuch aufgenommen, das in seiner Art, einmal vollendet, beim interessierten Publikum und bei den Gelehrten keine Wünsche offenlassen wird.[12] Bei der Ankunft unserer neuen Gefährten, die ich hierher geführt habe und von denen der Kaiser fünf[13] für seinen Bedarf zurückbehalten hat, hat P. Visdelou Seine Majestät um Erlaubnis gebeten, sich in die Provinz zurückziehen zu dürfen, um in größerer Ruhe an diesem und verschiedenen anderen Werken zu arbeiten. Er ist vor zwei Monaten dorthin aufgebrochen.

Je ne vous promets pas qu'il trouve là une clef des caracteres chinois, au moins telle que celle de feu Mr Mullerus, dont vous me parlez, à moins que ce ne fust une clef qui fust commune aux caracteres (ieroglyphes) Egyptiens, que je crois, sur des conjectures assez probables, estre tout semblables dans leur origine.

Il y a long temps que j'ai eu dessein de faire un petit vocabulaire des langues voisines d'ici, comme j'en avois commencé un des langues de Siam, de Pegu, de Camboge, et de la langue Balie. L'Empereur fait apresent travailler à un dictionaire Mantchéou Tartare, avec le chinois, dont la traduction donnera tout à la fois la connoissance de ces deux langues. la langue Tartare mantcheou qui est apresent la langue dominante dans cet Empire a de l'affinité avec celle des Mugales ou Tartares occidentaux, pour les mots et pour les caracteres.

Pour ce qui est de la chronologie chinoise, je ne connois personne plus capable de l'establir que le P^e Visdelou, celui là dont je vous ai parlé ci dessus. Il n'est nullement capable de trahir sa conscience et d'agir en cela de mauvaise foy, pouvant travailler des apresent avec succes sur cela, s'il le veut, comme il ne sera pas difficile de le lui persuader, et peut estre ensuite sur l'Histoire des dynasties et sur celle des inventions des arts, des sciences et des loix, que je crois avec les Chinois mesme, avoir esté plus parfaites dés le commencement de leur monarchie qu'apresent: quoy que j'aye sujet de douter s'ils en sont eux mesmes les Inventeurs, plus tost que les anciens Patriarches de toutes les nations, dont il semble qu'ils tiennent tout ce qu'ils ont de bon en ce genre, sans avoir jamais perfectionné grand' chose, hors mis les loix qui sont pour les usages les plus ordinaires de la vie.

Dabei kann ich Ihnen nicht versprechen, daß er dort einen Schlüssel zu den chinesischen Schriftzeichen finden wird, jedenfalls nicht einen wie der verstorbene Herr Müller,[14] von dem Sie mir berichtet haben, es wäre denn, daß es sich um einen Schlüssel handelte, der den [chinesischen und] ägyptischen Schriftzeichen (Hieroglyphen) gemein wäre. Auf Grund von recht plausiblen Annahmen scheinen mir beide nämlich ganz ähnlicher Herkunft zu sein.[15]

Schon seit langem trage ich mich mit der Absicht, ein kleines Wörterbuch der dem Chinesischen benachbarten Sprachen zu verfassen. Ich hatte dergleichen auch für die Sprachen von Siam, Pegu,[16] Kambodscha und für das Balinesische in Angriff genommen. Der Kaiser läßt gegenwärtig an einem manjurisch-chinesischen Wörterbuch[17] arbeiten. Die Übersetzung dieses Wörterbuchs [in eine europäische Sprache] wird auf einen Schlag die Kenntnis dieser beiden Sprachen vermitteln. Das Manjurische, gegenwärtig die vorherrschende Sprache im chinesischen Reich, ist sowohl was den Wortschatz als auch was die Schriftzeichen angeht mit der Sprache der Mongolen oder westlichen Tataren verwandt.

Was die chinesische Chronologie betrifft,[18] kenne ich niemanden, der besser imstande wäre, sie aufzustellen, als den P. Visdelou, von dem ich Ihnen oben berichtet habe. Er ist ganz und gar unfähig, sein Gewissen zu verraten und hier anders als in gutem Glauben zu handeln. Er kann schon jetzt diese Arbeit mit Erfolg betreiben, wenn er will, und es wird nicht schwerfallen, ihn dazu zu bringen. Vielleicht kann er im Anschluß über die Geschichte der Dynastien arbeiten oder die der Erfindungen der Künste, Wissenschaften und Gesetze. Wie die Chinesen selbst bin ich der Meinung, daß diese schon zu Beginn ihrer Monarchie vollkommener waren als heute, auch wenn ich Grund habe zu bezweifeln, daß die Chinesen selbst die Erfinder waren. Viel eher dürften das die alten Patriarchen gewesen sein, auf die alle Nationen [zurückgehen]. Von diesen scheinen die Chinesen alles zu haben, was sie in dieser Art an Gutem besitzen.[19] Dabei haben sie niemals etwas wesentlich weiterentwikkelt, ausgenommen die Gesetze, die dem alltäglichsten Gebrauch dienen.

Si ce mesme Pere, qui seul avec l'Intelligence qu'il a des livres savans de la Chine, pourroit satisfaire pleinement vostre curiosité sur tout ce que vous souhaittez, travaille des cete année, comme il avoit dessein de faire, à traduire le Code chinois, ou le sommaire des loix, par les quelles tout cet Empire se gouverne avec une admirable uniformité depuis tant de siecles, vous aurez le plaisir de voir le plus beau corps de jurisprudence qui se puisse imaginer, et où nos plus habiles Politiques trouveront beaucoup à apprendre.

Quoy que leurs mathematiques speculatives ne soient pas à beaucoup pres ni si profondes ni si parfaites, comme vous l'avez tres bien remarqué, vous avez grande raison de dire que la longue experience qu'ils ont de l'usage des choses, leur a enseigné beaucoup de secrets et de pratiques aisées sur diverses matieres, dont le recueil, au quel nous souhaitons que chacun de nous travaille à sa commodité, pourra beaucoup enrichir, nos Arts et Sciences experimentales. Nous allons destiner quelqu'un d'entre nous pour ramasser tout ce qui se pourra des anciennes observations Astronomiques, pour fournir aux personnes savantes comme vous, le moyen d'en tirer les grands avantages que vous indiquez.

Le P^e^ De Fontaney, ainsi que je l'ai touché d'abord, emporte de quoy corriger et suppléer la carte de Mr Witsen pour ce qui regarde cete partie de la Tartarie qui s'estend dans toute la region Septentrionale par rapport à la Chine, et mesme beaucoup plus avant tant du costé d'occident que d'Orient. Si Dieu exauce les vœux que j'ai fais depuis long temps pour obtenir la liberté de faire quelques excursions dans le reste de la Tartarie orientale jusqu'à la mer qui borne le continent à l'orient où personne que je sache n'a encore porté la foy, on ne manquera pas de vous faire part des observations et memoires que je ferai Dieu aidant dans cete contrée. Et peutestre serai-je assez heureux pour vous donner quelques connoissances plus

Wenn P. Visdelou, der bei seiner Kenntnis der gelehrten chinesischen Literatur allein imstande wäre, Ihre Wißbegierde in allen Punkten zu befriedigen, wie geplant schon dieses Jahr daran arbeitet, das chinesische Gesetzbuch oder die Zusammenfassung der Gesetze zu übersetzen,[20] mit deren Hilfe dieses Reich seit so vielen Jahrhunderten in bewunderungswürdiger Gleichmäßigkeit regiert wird, werden Sie das Vergnügen haben, die schönste Rechtssammlung zu sehen, die man sich vorstellen kann. Auch unsere fähigsten Politiker werden viel daraus zu lernen haben.

Zwar ist die spekulative Mathematik der Chinesen längst nicht so tiefgründig noch so vollkommen [, wie man vielfach anzunehmen geneigt ist]. Das haben Sie sehr richtig festgestellt. Dennoch sagen Sie mit gutem Grund, daß ihre aus der Praxis geschöpfte lange Erfahrung die Chinesen zahlreiche Geheimnisse und Fertigkeiten auf den verschiedensten Gebieten gelehrt hat. Die Sammlung dieser Kenntnisse kann eines Tages unsere Künste und Erfahrungswissenschaften sehr bereichern, und wir wünschen uns, daß jeder von uns an dieser Sammlung nach Gelegenheit mitwirkt. Einer von uns soll ausersehen werden, alles zusammenzutragen, was von den alten astronomischen Beobachtungen zugänglich ist, um Gelehrten wie Ihnen die Möglichkeit zu geben, den großen Nutzen daraus zu ziehen, von dem Sie sprechen.

Wie ich bereits eingangs sagte, bringt P. de Fontaney Materialien zur Verbesserung und Ergänzung der Karte von Herrn Witsen mit. Diese beziehen sich auf den Teil der Tatarei, der sich nördlich von China und im Westen wie im Osten sogar weit darüber hinaus erstreckt. Wenn Gott meine langgehegten Wünsche erfüllt und man mir erlaubt, einige Exkursionen in die übrige östliche Tatarei [Manjurei] zu unternehmen, bis zum Meer, das im Osten das Festland begrenzt und wohin meines Wissens noch niemand den [christlichen] Glauben getragen hat, wird man nicht verfehlen, Ihnen die Beobachtungen und Berichte zukommen zu lassen, die ich mit Gottes Hilfe in dieser Gegend machen werde. Vielleicht werde ich sogar so glücklich sein, Ihnen genauere Kenntnisse vom Land Yezo[21] und distinctes de la Terra d'Iesso, et du pretendu detroit d'Anian, que vous n'attendez de moy.

Dés que les nouveaux missionaires que j'ay amenez avec moy auront etudié 2. ans solidement les caracteres chinois, auxquels ils s'appliquent apresent, un ou deux au moins seront appliquez à mettre en langue Europeane, les principaux livres de medecine des Chinois, et sur tout leur Histoire naturelle, qui est un repertoire d'une infinité de recetes et de secrets, qui pourront conduire nos Physiciens et medecins à quelques autres decouvertes plus considerables.

Quelque passion que nous ayons tous d'entrer dans vos vûës, et moy particulierement[,] il est difficile, dans l'embarras où nous sommes cete année, outre les occupations que nous avons ici au service de l'Empereur, et au ministere de l'evangile; de pourvoir à plusieurs etablissemens nouveaux en diverses provinces, et d'initier nos compagnons encore novices dans les coutumes et ceremonies chinoises, il est difficile, dis-je, que nous puissions travailler dés cete année, à vous envoyer les essays, que vous desirez sur chaque matiere, en attendant de plus grands ouvrages.

Je me suis aquité de la commission, dont vous m'aviez chargé pour le Pere Grimaldi. Je crois qu'il y repondra lui mesme.

L'Empereur de la Chine a fait grand cas des machines Astronomiques de l'invention de Mr Romer, que nous lui presentames il y a 12. ans à nostre arrivée: et pour marque de l'estime qu'il en fait, car elles ont esté tres bien conservées, il les a fait placer dans un des principaux appartemens de son palais, aux deux costez de son trosne, comme un des plus beaux ornemens de ce lieu, où je les vis encore il n'y a que trois jours.

Pour contenter le desir que vous avez de savoir ce qu'on a transporté de la Chine en France et de France à la Chine, je vous dirai pour le dernier point que nous y avons porté toute sorte d'Instrumens fins de mathematique, grands et petits, des lunetes d'approche de toutes les grandeurs, diverses sortes de microscopes, de montres, der angeblichen Meerenge von Anian[22] vermitteln zu können, als Sie von mir erwarten.

Sowie die von mir mitgebrachten neuen Missionare zwei Jahre gründlich die chinesischen Schriftzeichen, denen sie sich gegenwärtig widmen, studiert haben werden, sollen wenigstens zwei von ihnen dazu abgeordnet werden, die wichtigsten chinesischen Werke zur Medizin in eine europäische Sprache zu übertragen und vor allem ihre Naturgeschichte, eine unerschöpfliche Fundgrube von Rezepten und Geheimnissen, die unsere Naturforscher und Ärzte zu weiteren, bedeutsameren Entdeckungen werden leiten können.

Wir alle – und insbesondere ich selbst – sind leidenschaftlich bestrebt, auf Ihre Absichten einzugehen, doch befinden wir uns dieses Jahr in der Verlegenheit, neben unserer Beschäftigung im Dienst des Kaisers und der Arbeit für das Evangelium mehrere neue Niederlassungen in verschiedenen Provinzen versehen und unsere noch unerfahrenen Gefährten in die chinesischen Bräuche und Zeremonien einweihen zu müssen. Unter diesen Umständen ist es für uns schwierig, schon dieses Jahr die Essais auszuarbeiten und zu schikken, die Sie – bis zum Erscheinen ausführlicher Darstellungen – zu allen Themen wünschen.

Ihre Bestellung für P. Grimaldi habe ich besorgt. Ich glaube, er wird persönlich antworten.[23]

Die von Herrn Rømer erfundenen astronomischen Instrumente[24] fanden beim Kaiser von China viel Beachtung, als wir sie ihm vor zwölf Jahren bei unserer Ankunft vorführten. Als Zeichen seiner Wertschätzung (denn die Instrumente haben [den Transport] sehr gut überstanden) hat er sie in einem der wichtigsten Gemächer seines Palastes aufstellen lassen, zu beiden Seiten des Throns, als eine der schönsten Zierden des Raumes. Ich habe sie erst vor drei Tagen noch dort gesehen.

Sie wünschen zu erfahren, was wir von China nach Frankreich und von Frankreich nach China gebracht haben:[25] Zu dem letzten Punkt kann ich Ihnen sagen, daß wir alle Arten von feinen mathematischen Instrumenten nach China geschafft haben, große und kleine, Fernrohre aller Größen, verschiedene Arten von Mikroskoet de pendules à repetition, et pour les observations Astronomiques, à plan incliné, des Instrumens de musique, des miroirs grands et petits, des ouvrages de marqueterie, de nos plus belles estampes, toute sorte de curiosités de chymie et de physique, de verres, de tours à tourner et autres machines curieuses; de nos meilleurs remedes specifiques, de nos graines du jardin Royal des plantes, diverses sortes de pierreries et perles fausses, et autres bijouteries semblables plus curieuses pour la delicatesse du travail que pour la matiere. Et enfin un assez grand nombre de nos plus excellens livres. Pour ce qui est de celles que nous avons portées de la Chine en France, ce sont choses plus ordinaires, et moins curieuses à proportion. Si vous en exceptez plusieurs livres choisis, dont je crois qu'on vous a envoyé la liste, avec quelques peintures[,] quelques unes de leurs meilleures drogues, comme du ginseng et du Thé de la bouche de l'Empereur, quelqu'uns de leurs bijous, des pieces de brocard, de satin et autres sortes aussi bien que des porcellaines aux dragons et usages de l'Empereur, de la cire blanche approchant de l'albastre pour sa dureté et sa blancheur faite sur des arbres par des vers, quelques Instrumens de musique, de leur anchre, du papier de 11. à 12. piés de long la feuille du temps de la famille (dynastie) des Ming, des ouvrages de vernix, des essays de beaucoup de sorte[s] de drogues inconnuës en Europe, avec plusieurs sortes de leur graines; hormis toutes ces choses, le reste ne merite pas d'estre rapporté. Mais nous esperons bien dans la suite tirer des Chinois d'autres choses beaucoup plus utiles à l'Europe, pour ne leur pas devenir inferieurs, en leur communiquant si liberalement nos plus belles connoiss^{ces} pour profiter du bon avis, que vous nous donnez.

Quelqu'estime que je fasse universellement de tous les points de vostre lettre, celui qui m'a plû davantage, comme le plus conforme à mon sentiment particulier, est l'Article où vous parlez de la philosophie; et où vous marquez combien il est important, si on veut introduire celle d'Europe à la Chine, comme un moyen tres propre pour disposer les esprits à recevoir l'Evangile, qui est la veritable sapen, Taschenuhren und repetierende Pendeluhren, ferner Instrumente für astronomische Beobachtungen in der schiefen Ebene, Musikinstrumente, große und kleine Spiegel, eingelegte Arbeiten, Proben von unseren schönsten Kupferstichen, alle Arten von chemischen und physikalischen Merkwürdigkeiten, Gläsern, Drehbänken und anderen bemerkenswerten Gerätschaften; Proben der besten spezifischen Heilmittel, Sämereien aus dem königlichen Botanischen Garten, verschiedene Edelsteine, Kunstperlen und andere derartige Geschmeide, deren Interesse mehr auf der Feinheit der Arbeit als auf dem Material[wert] beruht. Schließlich noch ziemlich viele unserer schönsten Bücher. Was die Dinge betrifft, die wir aus China nach Frankreich gebracht haben, handelt es sich um gewöhnlichere und entsprechend weniger interessante Sachen. Abgesehen von mehreren ausgewählten Büchern, von denen Sie wohl die Liste bekommen haben werden,[26] und einigen Gemälden, handelte es sich etwa um folgendes: einige ihrer besten Apothekerwaren wie Ginseng und Tee, wie ihn der Kaiser trinkt, etwas von ihrem Schmuck, Stücke von Brokat, Satin und anderen [Stoffen], Porzellan mit Drachendekor und solches, wie es der Kaiser gebraucht, weißes Wachs, das in Härte und weißer Färbung dem Alabaster ähnelt und mit Hilfe von Würmern auf Bäumen gewonnen wird, einige Musikinstrumente, eine Probe von ihrer Tinte, Papier aus der Ming-Dynastie, von dem ein Bogen elf bis zwölf Fuß lang ist, Lackarbeiten, Proben vieler in Europa unbekannter Heilmittel, dazu verschiedene von ihren Sämereien. Der Rest lohnt nicht die Aufzählung. Wir hoffen aber sehr wohl, künftig den Chinesen für Europa wesentlich nützlichere Dinge abzugewinnen, um ihnen durch die freigebige Mitteilung unserer kostbarsten Kenntnisse nicht eines Tages unterlegen zu sein, ganz im Sinn des guten Rates, den Sie uns geben.

Bei aller Hochschätzung, die ich sämtlichen Teilen Ihres Briefes entgegenbringe, hat mir am besten doch der Abschnitt[27] gefallen, wo Sie auf die Philosophie zu sprechen kommen. Er stimmt am meisten mit meiner persönlichen Auffassung überein. Sie schreiben, wie wichtig es ist, daß, will man die europäische Philosophie nach China tragen, als ein Mittel, das sehr geeignet ist, die Geister zur gesse, de ne pas se servir de la Philosophie moderne, si ce n'est pour l'orner et l'enrichir; mais de l'ancienne philosophie, dont les principes bien entendus sont en eux mesmes plus solides et mesme plus conformes aux Idées de la vraie philosophie des anciens Chinois, et consequemment plus propres pour les conduire à la connoissance de la philosophie surnaturelle. Et pour cete raison principalement, j'aurois extrémement souhaité dans mon voyage d'Europe d'avoir quelques heures d'entretien avec vous sur ce sujet, si j'avois pu avoir le bonheur de vous voir. Je pourrai bien quelque jour dans la suite, lors que j'aurois un peu plus de loisir, me donner l'honne[u]r de vous ecrire plus au long sur ce sujet, si vous voulez bien me le permettre de vous consulter, comme un grand maistre en cete matiere aussi bien que dans toutes les autres.

Comme j'estois sur le point de m'embarquer, lors que je reçus v^e^ derniere letre, je ne repondis rien, ce me semble, à l'article, où vous me parliez du livre chronologique imprimé par Mr Menzelius, estant inutile d'y repondre alors. Pour ce qui est du ginseng, en attendant que j'en envoye des connoissances plus particulieres, vous pouvez dire à Mr Menzelius que cette racine croist principalement dans la Corée et dans le Leao tong. Celui de Leao tong est le plus excellent. Le meilleur est pour la bouche de l'Empereur. Il en croist aussi en quelques endroits de la Chine: mais il est inferieur mesme à celui de la Corée.

J'ecris un mot au P^e^ Kochanski v^e^ Ami, en attendant que j'aie le loisir de repondre aux questions qu'il m'a proposées. Je prens la liberté de vous addresser sa letre. J'ay envoyé à Mr Scrokius à Batavie celle que vous m'aviez addressée pour lui. Je l'ai envoyée seulement de Canton, car ayant manqué en venant le detroit de la Sonde, nous ne pumes toucher en passant à Batavie. Il ne me reste plus de papier que ce qu'il en faut pour vous renouveller mes premieres protestations, d'estime et de respect profond avec lequel je suis

Monsieur Vostre tres humble et tres obeissant Serviteur en J. C.

J. Bouvet J.

Nobilissimo atque Illustrissimo Viro Domino D. Godefrido Leibniz Serenissimo Duci de Hanover a Consiliis. In Aulam Hanover

Annahme des Evangeliums, der wahren Weisheit, zu stimmen, man sich dafür nicht der modernen Philosophie bedient, es sei denn als Schmuck und Bereicherung. Vielmehr sollte man auf die alte Philosophie zurückgreifen, deren wohlverstandene Grundsätze in sich gefestigter sind und sogar besser mit den Vorstellungen der alten Chinesen von der wahren Philosophie übereinstimmen und infolgedessen geeigneter sind, die Chinesen zur Kenntnis der übernatürlichen Philosophie zu führen. Vor allem aus diesem Grund hätte ich sehr gewünscht, während meiner Europareise mich einige Stunden mit Ihnen über diesen Gegenstand unterhalten zu können, wäre mir denn das Glück zuteil geworden, Sie zu sehen. Eines Tages, wenn ich ein wenig mehr Muße habe, möchte ich mir wohl die Ehre geben, Ihnen hierüber ausführlicher zu schreiben,[28] wenn Sie mir gütigst erlauben wollen, Sie als einen großen Meister auf diesem wie auf allen anderen Gebieten um Rat anzugehen.

Ich war gerade im Begriff, mich einzuschiffen, als ich Ihren letzten Brief erhielt. Ich habe, glaube ich, in meiner Antwort nichts zu dem Abschnitt gesagt, wo Sie mir von dem Buch zur Chronologie berichteten, das Herr Mentzel hat drucken lassen. Es hätte damals keinen Sinn gehabt, darauf einzugehen. Was das Ginseng angeht, können Sie Herrn Mentzel vorläufig ausrichten (später werde ich Ihnen nähere Nachrichten dazu senden), daß diese Wurzel vor allem in Korea und in Leao-tung[29] wächst. Letztere ist die hervorragendste Sorte. Das Beste [davon] ist für den Verzehr des Kaisers bestimmt. Ginseng wächst auch hier und da in China, aber diese Sorte ist noch minderwertiger als die koreanische.

Bis ich die Zeit finde, auf die Fragen, die er mir gestellt hat, zu antworten, schreibe ich einige Zeilen an Ihren Freund P. Kochański, die ich mir erlaube, an Sie zu adressieren.[30] Ich habe an Herrn Schröck in Batavia den Brief bestellt,[31] den Sie mir für ihn geschickt hatten. Ich habe ihn erst aus Kanton abgeschickt, denn weil wir auf der Hinfahrt die Sundastraße verfehlt hatten, konnten wir nicht unterwegs in Batavia anlegen. Mir bleibt nur noch genügend Platz, um Ihnen nochmals zu versichern, wie sehr ich Sie schätze und zutiefst verehre, womit ich bin […]

33. JOACHIM BOUVET S.J. AN ADAM ADAMANDUS KOCHAŃSKI S.J.

PEKING, 20. SEPTEMBER 1699. [32. 39.]

Mon Reverend Pere A Peking le 20e de 7bre 1699

Pax Christi

N'ayant pas eû le loisir de repondre à la letre de vostre Revce que je reçus, lors que j'estois sur le point de m'embarquer, pour retourner à la Chine; je le fais à present non afin de satisfaire aux questions curieuses, qu'elle m'a fait l'honneur de me proposer, car je n'ai pas encore le temps commode pour cela; mais seulement pour lui marquer le desir sincere que j'ai de lui faire ce plaisir, si tost que je pourrai; et de tacher de meriter par là, l'avantage d'avoir quelque commerce avec une personne que j'estime si particulierement: Et qui voudra bien aussi, je m'imagine, nous faire quelque part de ses inventions curieuses, ainsi qu'elle fait au R. Pe Grimaldi. Si le Pe Beauvollier, que nous attendons cete année à la Chine s'il n'y est peut estre deja arrivé à l'heure qu'il est, car il doit estre parti depuis trois mois de Surate pour s'y rendre; arrive ici en bonne santé, ce sera là pour Ve Rce un nouveau motif de nous faire cette amitié. Je voudrais pouvoir dire la mesme chose de son cher Compagnon de voyage[,] le pauvre Pe Avril, dont je vous annonce la mort, qui l'a surpris à la vuë de la terre promise apres la quelle il soupiroit, et se donnoit depuis dix ou douze ans tous les mouvemens possibles pour y arriver. Le vaisseau, sur le quel il s'estoit embarqué à Surate, estant sur le point de surgir à Emouy, un des ports de la Chine, ayant esté jetté par la tempeste vers la coste de l'Isle Formose, où il echoua fort peu de temps avant mon arrivée à Canton. Cete perte n'empesche pas que je ne compte encore quinze missionaires françois de nostre Compagnie arrivés à la Chine en parfaite santé, tous partis de France

33. JOACHIM BOUVET S.J. AN ADAM ADAMANDUS KOCHAŃSKI S.J.

PEKING, 20. SEPTEMBER 1699. [32. 39.]

Ehrwürdiger Vater, Peking, den 20. September 1699

Pax Christi.

Ich habe Ihren Brief in dem Augenblick erhalten, als ich mich anschickte, mich wieder nach China einzuschiffen. Ich hatte damals nicht die Muße zu antworten; ich tue es jetzt, nicht um auf die interessanten Fragen zu antworten, die Euer Ehrwürden mir die Ehre erwiesen haben, an mich zu richten, denn ich habe dafür noch nicht die rechte Gelegenheit, sondern lediglich, um Ihnen zu sagen, daß ich aufrichtig wünsche, Ihnen diesen Gefallen zu tun, sobald ich kann, und zu versuchen, auf diese Weise mir die Ehre zu verdienen, mit jemandem in Verbindung zu stehen, den ich überaus schätze. Ich denke mir, daß Sie uns auch von Ihren bemerkenswerten Erfindungen etwas mitteilen werden, so wie Sie es P. Grimaldi gegenüber tun. Wir erwarten dieses Jahr P. Beauvollier[1] in China; vielleicht ist er überhaupt in diesem Augenblick schon eingetroffen, denn er muß schon vor drei Monaten von Surat hierher aufgebrochen sein. Wenn er in guter Gesundheit eintrifft, wird das für Euer Ehrwürden ein Grund mehr sein, uns diesen Gefallen zu tun. Ich wünschte, ich könnte dasselbe von seinem lieben Reisegefährten, dem armen P. Avril,[2] sagen, dessen Tod ich Ihnen auf diesem Wege mitteile. Dieser hat ihn überrascht, als das gelobte Land schon in Sicht war, nachdem er sich verzehrt hatte und das zu erreichen er seit zehn oder zwölf Jahren alle erdenklichen Anstrengungen unternommen hatte. Das Schiff, das er in Surat bestiegen hatte, sollte binnen kurzem in Amoy[3] vor Anker gehen, einem der chinesischen Häfen, da wurde es durch den Sturm zur Küste der Insel Formosa getrieben und scheiterte dort ganz kurz vor meiner Ankunft in Kanton. Trotz dieses Verlustes zähle ich immer noch fünfzehn französische Missionare unseres Ordens, die China in vollkommener Gesundheit erreicht haben. Sie alle sind von Frankreich gekommen, teils auf demselben ou avec moy sur le mesme vaisseau, ou quelques mois auparavant, qui la plus part seront, Dieu aidant, bien tost en estat de satisfaire à toutes les nouvelles questions que V^e^ R^ce^ et ses Amis voudront leur faire, aussi bien qu'à moy, sur les choses de la Chine. Comme je les connois tous particulierement, je puis repondre à cet egard de leur disposition, aussi bien que de celle dans la quelle je suis avec autant d'Estime que de respect

Mon Reverend Pere Vostre tres humble et tres obeissant serviteur en N^e^ S^r^
J. Bouvet J.

Reverendo in Christo Patri P^ri^ Adamo Kochanski e societate Jesu, Excell^mi^ Domini Comitis Clary mathematico Teplitium.

Schiff wie ich, teils einige Monate früher.[4] In ihrer Mehrzahl werden sie mit Gottes Hilfe bald imstande sein, auf alle weiteren Fragen über China, die Euer Ehrwürden ihnen oder mir stellen werden, zufriedenstellend zu antworten. Ich kenne sie alle persönlich und kann daher in dieser Hinsicht für ihre Bereitwilligkeit bürgen ebenso wie für die Hochachtung und Ehrfurcht, mit denen ich bin [...]

34. LEIBNIZ AN ANTOINE VERJUS S.J.

Hannover, [18.] Januar 1700. [28. 35.]

Au P. Verjus de la comp. de Jesus

Mon tres Reverend Pere Hannover 1 Janvier 1700

Pour avoir occasion de vous renouveller les marques de mon Zele je me sers de l'entrée de l'année nouvelle que je vous souhaite heureuse avec une longue suite d'autres, comblées de toutes sortes de prosperités, à fin que le public et l'Eglise Chrestienne jouisse long temps d'une personne dont le merite extraordinaire[,] outre tant d'autres occupations de consequence[,] s'est monstré particulierement dans une affaire des plus importantes, qui est celle des Missions eloignées.

Quelques uns de mes amis ayant blamé l'opinion avantageuse que j'ay de vostre Mission de la Chine, qui me fait croire qu'on a fait tort à vos Neophytes de les accuser d'idolatrie; j'ay esté bien aise de voir enfin le receuil des écrits qu'on a produits à Rome, imprimé depuis peu à Cologne[,] si nous en croyons le titre[,] où je n'ay pourtant rien trouvé encor qui m'oblige de changer de sentiment. Et je suis tousjours d'opinion qu'il faut donner une bonne interpretation aux practiques et doctrines des Chinois, autant qu'il est possible; comme fit S. Paul voyant à Athenes un Autel dressé à l'honneur de la Divinité inconnüe. Autrement on nuira à une Mission qui me paroist des plus considerables, pour le bien de la Chrestienté et de tout le genre humain. C'est ce qui m'a obligé de répondre à un ami suivant l'extrait que je prends la liberté de communiquer à Vostre Reverence. Et comme j'y prends ainsi de l'interest, je souhaiterois d'apprendre quel pli l'affaire a pris à Rome.

34. LEIBNIZ AN ANTOINE VERJUS S.J.

HANNOVER, [18.] JANUAR 1700. [28. 35.]

An P. Verjus S. J.

Sehr ehrwürdiger Vater — Hannover, den 1. Januar 1700

Auf der Suche nach einer Gelegenheit, Sie aufs neue meiner Dienstbeflissenheit zu versichern, bediene ich mich des Anbruchs des neuen Jahres, für das ich Ihnen Glück wünsche. Möge diesem eine lange Reihe seinesgleichen folgen, erfüllt von allem erdenklichen Erfolg, damit die Allgemeinheit und die christliche Kirche noch lange sich eines Mannes erfreuen, dessen Verdienstlichkeit sich neben so vielen anderen bedeutenden Geschäften besonders in einer der wichtigsten Angelegenheiten offenbart hat: in der Missionierung ferner Länder.

Einige meiner Freunde[2] haben mich wegen der guten Meinung getadelt, die ich von Ihrer Chinamission habe und die mich glauben macht, daß man Ihren Neophyten Unrecht getan hat, wenn man sie der Idolatrie beschuldigt; da war ich sehr froh, endlich die Sammlung der [zu diesem Thema] in Rom verfaßten Schriften [veröffentlicht] zu sehen, die vor kurzem in Köln gedruckt worden ist (wenigstens steht das auf dem Titelblatt).[3] Ich habe auch darin aber nichts gefunden, was mich nötigte, meine Meinung zu ändern. Ich bin nach wie vor der Ansicht, daß man im Rahmen des Möglichen die Praktiken und Lehren der Chinesen zum Guten auszulegen hat, so wie der Heilige Paulus, als er in Athen einen zu Ehren der unbekannten Gottheit errichteten Altar erblickte.[4] Anderenfalls wird man einer Mission Schaden zufügen, die für das Wohl der Christenheit wie für die gesamte Menschheit mir eine der wichtigsten zu sein scheint. Das ist es, was mich genötigt hat, einem Freund[5] in Sinne des Auszuges zu antworten, den ich so frei bin, Euer Ehrwürden zukommen zu lassen.[6] Und weil ich daran so sehr Anteil nehme, wüßte ich gern, welche Wendung die Sache in Rom[7] genommen hat.

Je crois d'avoir prié le R. P. Gobien de s'informer en écrivant à la Chine si on ne peut voir le vieux testament des juifs de la Chine pour le comparer avec le texte Hebreu de l'Europe. Car suivant le P. Semedo[,] relation *de la Chine* (l. part. chap. 30.) et ce que dit Mons. Bernier sur les lettres d'un pere de vostre compagnie (*voyage* de Cachemire p. 140. de l'edition de la Haye 1672) on y pourroit trouver des lumieres. Puisqu'il paroist que depuis long temps ces juifs de la Chine n'ont eu aucune communication avec ceux d'Europe, et qu'ainsi on trouveroit peutestre chez eux des livres ou passages que les juifs de l'Europe peuvent avoir changés ou supprimés en haine des Chrestiens[,] il seroit important de faire copier au moins leur commencement de la Genese, pour voir si leur Genealogie des Patriarques s'accorde peut estre avec les 70, ou au moins avec le texte des Samaritains. J'espere cependant que le R. P. Bouvet tiendra sa parole et que j'auray quelque part à ce qui viendra de ce pays là par un effect de la bonté de Vostre Reverence, dont je seray tousjours bien obligé, et demeureray avec zele

Mon tres Reverend Pere Vostre

Ich glaube, P. Le Gobien gebeten zu haben,[8] sich brieflich in China zu erkundigen, ob nicht an das *Alte Testament* der chinesischen Juden heranzukommen ist, um es mit dem in Europa [überlieferten] hebräischen Text vergleichen zu können. Denn laut P. Semedos Bericht über China (1. Teil, Kapitel 30)[9] und demzufolge, was Monsieur Bernier über die Briefe eines Paters Ihres Ordens[10] schreibt (Reise nach Kaschmir S. 140 in der Haager Ausgabe von 1672),[11] könnte man daraus [neue] Erkenntnisse gewinnen. Offenbar haben nämlich diese chinesischen Juden seit langer Zeit keinerlei Verbindung mit den Juden Europas gehabt, und [mit Hilfe eines Vergleichs] ließen sich daher vielleicht bei ersteren Bücher oder Textpassagen ausfindig machen, die letztere aus Haß gegen die Christen möglicherweise verändert oder unterdrückt haben. Wichtig wäre, zumindest den Anfang der Genesis der chinesischen Juden abschreiben zu lassen, um festzustellen ob ihre Genealogie der Patriarchen vielleicht mit der *Septuaginta* oder wenigstens dem samaritanischen Text[12] übereinstimmt. Ich hoffe indessen, daß P. Bouvet sein Wort halten und ich durch die Güte von Euer Ehrwürden einigermaßen auf dem laufenden gehalten werde über alles, was aus diesem Land [an Neuigkeiten] kommen wird. Dafür werde ich [Ihnen] immer sehr verpflichtet sein und dienstbeflissen verbleiben […]

35. LEIBNIZ FÜR ANTOINE VERJUS S.J.

De cultu Confucii civili

BEILAGE ZU NR. 34. [34.36.]

Cum *Novissimis Sinicis* meis praefarer, eò inclinabam ut crederem Sinenses literatos dum Confutio honores habent, civili magis pompa quàm religioso cultu uti. Ex eo tempore ad manus meas venêre in contrariam partem à viris, ut arbitror, bene animatis publicata scripta, quibus tamen nondum sum persuasus.

Religiosus Cultus (si quam ejus definitionem quaeramus) is, nî fallor, est, quo ei quem honoramus tribuitur superior humanâ potestas beneficia nobis conferendi aut poenas irrogandi. Ubi non refert potestatem aliquis ex se habere censeatur, ut Numina Ethnicorum, an intercedendo apud Deum, ut sancti plerorumque Christianorum.

In Cultu quem Sinenses exhibent Confutio et aliis defunctis bene meritis, majoribusque inprimis suis; apparet adhiberi quae religiosa aliâs apud plurimos habentur. Sed constat valde aequivoca esse pleraque haec signa, usque adeò ut adoratio alicubi cultus sit politicus, et ipsum nomen divinitatis usurparint imperatores etiam Christiani. Gentem certe Sinensium scimus cerimonias ad summum produxisse, ultra alias omnes, et hyperbolicam admodum in eo genere deprehendi. Hyperbolae autem interpretationes rigidas non patiuntur.

Exempli causa dum locum in quo exponitur imago defuncti, et ubi donaria quaedam offeruntur Thronum sedémve animae vel spiritus vocant, id commode accipi potest per quandam prosopo-

35. LEIBNIZ FÜR ANTOINE VERJUS S.J.

Über die weltliche Konfuziusverehrung

BEILAGE ZU NR. 34. [34.36.]

Als ich die Einleitung zu meinen *Novissima Sinica* niederschrieb, neigte ich zu der Annahme, daß die gebildeten Chinesen bei der Konfuziusverehrung vielmehr an einer weltlichen Zeremonie teilnehmen statt an einem religiösen Kult.[1] Seither sind Druckschriften in meine Hände gelangt,[2] in denen m. E. wohlgesinnte Männer eine gegenteilige Auffassung vertreten; sie haben mich bislang aber nicht überzeugt.

Bei einem religiösen Kult (um eine Definition zu versuchen) wird, wenn ich nicht irre, demjenigen, den wir verehren, eine der menschlichen überlegene Macht zugeschrieben, uns Wohltaten angedeihen zu lassen oder Strafen aufzuerlegen. Dabei macht es keinen Unterschied, ob [der Verehrte] aus sich selbst heraus über Macht verfügen soll, wie die heidnischen Gottheiten, oder [nur vermittelt] durch Fürsprache bei Gott, wie die Heiligen der Mehrzahl unter den Christen.[3]

In der Verehrung, welche die Chinesen Konfuzius und anderen verdienten Toten, insbesondere ihren Ahnen, entgegenbringen, erscheinen Elemente, die bei den meisten anderen [Völkern] als religiös gelten. Bekanntlich ist aber die Mehrzahl dieser Merkmale überaus zweideutig.[4] Das geht so weit, daß mancherorts die Anbetung ein politischer Kult ist und selbst die christlichen Kaiser just den Titel eines Gottes für sich in Anspruch genommen haben.[5] Von den Chinesen wissen wir nun allerdings, daß sie ihre Zeremonien bis zum äußersten getrieben haben, weiter als alle anderen Völker, und in diesem Bereich einen Hang zur Übertreibung an den Tag legen. Übertreibungen aber lassen strikte Auslegungen nicht zu.

Wenn sie zum Beispiel den Ort, wo das Bild des Verstorbenen zur Schau gestellt und bestimmte Gaben dargebracht werden, den Thron oder Sitz der Seele oder des Geistes nennen,[6] kann man das ohne weiteres im Sinne einer Personifikation oder poetischen Anpoeiam aut poeticam Apostrophen, ad eum modum quo gloria immortalitatem tribuere censetur; non quasi animam revera illuc accedere ac gaudere oblatis arbitrentur.

Itaque de sententia animi eorum ex propioribus indiciis videndum est, atque illud inprimis: an ex scriptis probatis doctorum apud eos virorum evinci queat, Sinensium literatos Confutii et aliorum animas conscias censere eorum quae geruntur et quae imitatores aut cultores suos praemiis afficiant, contemtores poenis.

Equidem ex Missionariorum Jesuitis adversorum narratis id mihi colligere videor: apud Sinenses utilem credi hanc in majores et bene meritos pietatem; atque adeò colentes à cultu suo fructum aliquem expectare. Sed hoc scilicet pari ab illis jure credi potest, quo virtus omnis, ex quibus non infima gratitudo est, plurimum ad humanam felicitatem conferre à sapientibus judicatur; sive ex ipsa conditione naturae humanae, sive potiùs ex superiore potestate omnia providè gubernante; non quasi hanc vim tribuant ipsis animabus.

Sane non est difficile creditu, multos apud Sinas superstitiosum animum afferre ad tantos apparatus; eaque re Lombardum ex Societate Jesu, Navarretam ex Ordine Praedicatorum, Gallosque etiam Missionarios ex clero seculari, valde fuisse commotos: sed nisi pravas interpretationes publicè probari constet scandalúmve metuatur; participes mali non sunt qui per se innoxios ritus usurpant.

Quae autem revera doctrina sit authentica Sinensium literatorum, praesertim antiquorum, probata publicè ipsisque eorum libris classicis innixa, nescio an hactenus satis habeatur explicatum. In sprache verstehen, gerade so wie es heißt, daß Ruhm Unsterblichkeit verleihe, und nicht als ob die Chinesen meinten, daß die Seele tatsächlich diesen Ort aufsuchte und sich an den Gaben erfreute.[7]

Deshalb gilt es, die eigentliche Auffassung der Chinesen unter Beibringung geeigneter Beweismittel zu untersuchen und an erster Stelle zu fragen, ob sich aus den allgemein anerkannten Schriften der chinesischen Gelehrten erweisen läßt, daß nach Meinung der Schriftkundigen die Seelen von Konfuzius und anderen sich dessen, was vorgeht, bewußt sind und jene, die ihnen nacheifern oder sie verehren, belohnen, ihre Verächter aber bestrafen.

Aus den Erzählungen der Gegner der Jesuitenmissionare meine ich freilich entnehmen zu können, daß man bei den Chinesen diese dankbare Gesinnung gegenüber den Ahnen und verdienten [Verstorbenen] für eine nützliche Sache hält oder vielmehr die Verehrer sich von ihrem Kult einen Vorteil versprechen.[8] Das aber können sie mit dem gleichen Recht glauben, mit dem [unsere] Weisen urteilen, daß jegliche Tugend – und unter den Tugenden ist die Dankbarkeit nicht die geringste – sehr viel zur menschlichen Glückseligkeit beiträgt: sei es kraft der natürlichen Beschaffenheit des Menschen, sei es vielmehr vermöge einer höheren Macht, die mit Voraussicht über alles wacht. Das heißt aber nicht, daß sie diese Kraft den Seelen selbst zuschrieben.

Nun ist leicht zu glauben, daß viele Chinesen einer solchen Prachtentfaltung abergläubisch gegenüberstehen und daß der Jesuit Longobardi,[9] der Dominikaner Navarrete[10] und auch französische Weltgeistliche[11] unter den Missionaren sich darüber sehr empört haben; solange aber verwerfliche Deutungen [der Riten] nicht offenkundig in der Öffentlichkeit gutgeheißen werden oder zu befürchten ist, daß [die Riten] Anstoß erregen, machen sich jene nicht mitschuldig, welche die an sich unschädlichen Riten ausüben.

Ich weiß allerdings nicht, ob man bislang ausreichend dargelegt hat, welches in Wahrheit die authentische Lehre der chinesischen Schriftkundigen ist, insbesondere die Lehre der alten Zeit, die offiziell gutgeheißen wird und direkt auf der klassischen Literatur der Chinesen beruht.[12] In Europa jedenfalls wird man darüber kaum

Europa certè vix ante judicari poterit, quam ubi Sinensis literatura non minùs in usu erit, quam Rabbinica vel Arabica; ut libri eorum et Critico quidem judicio, à nostris legi possint: quod obtineri valde è re publica Christiana foret.

Interea, etiamsi res ambigua ponatur; consultum putem, quemadmodum Apostolus Aram ignoto Deo positam creditur magis ita ut debebant quam ut solebant Athenienses, accepisse; ita nunc quoque omnia dum licebit accipi in meliorem partem: neque bellum ἄσπονδον imperatori et Sapientibus Sinarum temere indici, tanquam Atheismi reis. Et Matthaei Riccii magni viri prudentiam laudo, Sanctorum Ecclesiae Patrum exemplum secuti, qui Platonem et alios Philosophos Christianè interpretabantur. Fac subinde non recte sensisse, an ideò fas nobis non erit aureas sententias retinere, purgatas à scoriis errorum? Si Confutio aliquando imponimus doctrinam non suam, constat nullam piam deceptionem magis innoxiam fore, cùm et periculum ab errantibus, et fraus à docentibus absit.

Itaque quod R. P. Bouvetus etiam mihi significavit lucem aliquam sibi affulsisse pro explicandis antiquissimis Sinensium characteribus libri Ye-King, ad verae sapientiae normam; non ita contemnendum puto, uti factum video in scripto Romano contra Jesuitas.

Neque absurdum est homines Europaeos sapientes (qualis Riccius) videre quod Sinensium eruditis nunc non sit satis notum, meliusque libros eorum veteres interpretari quam possint ipsi. Quis nescit hodie Christianorum eruditos multo meliores antiquissimorum Hebraicae gentis librorum esse interpretes quam sunt ipsi Judaei? Quàm saepe exteri Historiam et monumenta gentis melius ipein Urteil fällen können, solange nicht die chinesische Literatur ebenso geläufig ist wie die rabbinische und arabische, so daß unsere Leute die chinesischen Werke [selbst] lesen und kritisch beurteilen können – so weit zu kommen, läge sehr im Interesse der Christenheit.

Mag man die Angelegenheit auch für unentschieden erachten – ich hielte es unterdessen für angebracht, dem Beispiel des Apostels zu folgen, welcher den der unbekannten Gottheit errichteten Altar eher so aufgefaßt haben soll, wie die Athener sollten, als wie sie es [tatsächlich] zu tun pflegten,[13] und auch jetzt alles zum Guten auszulegen, solange das möglich ist, statt dem chinesischen Kaiser und seinen Weisen leichtfertig einen unversöhnlichen Krieg zu erklären, als hätten diese sich der Gottlosigkeit schuldig gemacht. Ich muß die Klugheit des großen Matteo Ricci loben, der dem Beispiel der heiligen Kirchenväter folgte, die Platon und andere Philosophen im christlichen Sinne auslegten.[14] Mögen sie auch wiederholt geirrt haben – sollten wir deshalb nicht das Recht haben, das von den Schlakken der Irrtümer gereinigte Gold ihrer Lehren zu bewahren? Wenn wir Konfuzius zuweilen eine Lehre zuschreiben, die nicht die seine ist, kann doch offenbar keine fromme Täuschung unschuldiger sein, da die Gefahr von den Irrenden ferngehalten wird und ihre Lehrer sich des Betruges enthalten.

Deshalb scheint mir auch durchaus nicht verächtlich, was P. Bouvet auch mir mitgeteilt hat: er hätte eine Erleuchtung gehabt, die es ihm ermöglichen werde, die uralten chinesischen Charaktere des Buches *Yijing* nach Maßgabe der wahren Weisheit zu deuten.[15] Wie ich sehe, hat man ihm das in einer römischen Streitschrift gegen die Jesuiten vorgeworfen.[16]

Es ist auch durchaus nicht abwegig, daß kluge Europäer wie Ricci sehen sollen, was den heutigen chinesischen Gelehrten kaum bekannt ist, und daß sie besser deren alte Schriften deuten, als diese selbst es zu tun vermögen. Wer wüßte nicht, daß die christlichen Gelehrten heute weit besser als die Juden selbst die ältesten Bücher der Hebräer auszulegen verstehen? Wie oft Fremde Geschichte und Denkmäler eines Volkes besser gekannt haben als dessen Angehösis civibus perspexere? Idem in dogmatibus multo est facilius, cum post secula plus quàm viginti non minùs remoti, nec magis fortasse subsidiis interpretationis instructi sint Sinenses, quàm nostri, participes Sinensis litteraturae, et Europaea praesertim Methodo adjuti.

Quod quaestionem attinet, an liceat Christiano Sinensi dicere *Tien* coelum pro Deo (quod in Europa saepe fit) aut Deum appellare *Xangti* supremum imperatorem, quo nomine Sinenses literati utuntur; putem accuratiore inquisitione opus esse. Pro certo quidem sumunt Jesuitarum adversarii Imperatorem Sinarum cum manu sua in Tabella *King tien* (cole coelum) scripsit, cujus generis deinde inscriptiones Jesuitae in Ecclesiis exposuere, ab ipso et Sinensibus intelligi coelum materiale. Sed quid si Jesuitae ab ipso aut aliis insignibus literatis aliam interpretationem obtineant, de vi scilicet suprema coelum ipsum regente? Iniquum ergo est, in re non satis certa condemnare Sinenses inauditos.

Interea si Christiani doctores formulas quasdam inter se concipiant Neophytisque inculcent, quibus admoneantur de periculo interpretationis falsae, et publico symbolo scriptisque profiteantur, ac velut protestentur quo animo obeant receptas in gente solemnitates, idque facientes ferantur; constabit ipsos Sinenses aut sentire meliùs quam credebantur aut certè doctrina sua publicâ nil ultra postulare, quam à nostris concedi possit. Ego cur progressui missionis hujus tantopere favendum censeam, exposui olim in praefatione; itaque rige selbst? Dergleichen kann um vieles leichter in Glaubensfragen vorkommen, sind die Chinesen doch – nach mehr als zweitausend Jahren – [der Entstehungszeit dieser Texte] nicht weniger fern und dabei vielleicht nicht besser mit Hilfsmitteln zur Deutung versehen als unsere Leute, die mit der chinesischen Literatur vertraut sind und insbesondere sich auf das methodische Rüstzeug der Europäer stützen können.

Was die Frage angeht, ob es einem chinesischen Christen gestattet ist, *tian* »Himmel« für »Gott« zu sagen, (was in Europa häufig vorkommt) oder Gott *shangdi* »höchster Herrscher« zu nennen (dieser Titel ist bei den gebildeten Chinesen gebräuchlich), bedürfte es wohl einer genaueren Untersuchung.[17] Die Gegner der Jesuiten jedenfalls halten es für gewiß, daß der Kaiser von China, als er mit eigener Hand auf eine Tafel *jingtian* »Verehre den Himmel!« schrieb,[18] darunter wie die Chinesen den physischen Himmel verstand.[19] Ähnliche Inschriften haben die Jesuiten in den Kirchen zur Schau gestellt. Was wäre denn aber, wenn diese vom Kaiser oder anderen bedeutenden Schriftkundigen eine andere Auslegung erführen, nämlich im Sinne einer höchsten Macht, die über den Himmel selbst herrscht? Es ist also unbillig, in einer ungenügend geklärten Frage die Chinesen ungehört zu verdammen.

Wenn indessen die christlichen Missionare untereinander bestimmte Glaubensformeln entwerfen und ihren Neophyten einprägen, welche diese auf die Gefahr einer falschen Deutung aufmerksam machen sollen; wenn [diese Neophyten] durch ein öffentliches Glaubensbekenntnis und durch schriftliche Darlegungen bekennen, ja gewissermaßen verkündigen, in welchem Geiste sie an die traditionellen Zeremonien ihres Volkes herantreten, und in ihrer Haltung geduldet werden: dann wird offenbar sein, daß entweder die Chinesen selbst besser gesinnt sind, als man ihnen zugetraut hatte, oder daß doch wenigstens ihre staatliche Doktrin nicht mehr fordert, als unsere [Theologen] ihnen zuzugestehen vermögen. Warum ich persönlich der Meinung bin, daß es so wichtig ist, diese Mission zu fördern, habe ich vor Jahren in der Einleitung [zu meinen *Novissima Sinica*] dargelegt; es ist daher nicht verwunderlich, wenn ich mirum non est, si aegre laturus sim, objici ei impedimenta unde minimè deberent.

dazu neige, es übelzunehmen, wenn der Mission gerade von einer Seite Hindernisse in den Weg gelegt werden, wo dies am wenigsten der Fall sein dürfte.[20]

36. ANTOINE VERJUS S.J. AN LEIBNIZ

[Paris, Ende März 1700]. [35.56.]

Monsieur

J'ay bien de la confusion de répondre si tard à la petitte lettre que vous me fistes l'honneur de m'écrire vers la fin de Janvier. J'espere que Mr Brosseau qui connoist une partie de mes embarras et de mes afaires m'en aura par avance obtenu de vous le pardon que je tacherai de mieux meriter dans la suite autant qu'il me sera possible par une plus grande exactitude.

Je vous suis tres obligé, Monsieur, du memoire sur les ceremonies Chinoises que vous avez eu la bonté de joindre à vostre letre. Comme c'est le bon sens qui y raisonne[,] vous y parlez juste, et y avez trouvé la verité dont les autres que la jalousie, le faux zele et la passion ont fait écrire, se sont fort éloignez. J'espere que vous en serez bien persuadé par tout ce que nous aurons l'honneur de vous envoyer qui s'imprime actuellement sur cette matiere, et qui desabusera seurement tout le monde des fausses preventions où l'on a tasché de le jetter par ce torrent de médisances atroces qu'il a esté enfin necessaire d'arrester. Vostre jugement exquis nous rend déja seurs de celuy du public; et quand un homme de vostre penetration et de vostre poids a senti comme vous d'abord le foible de ces prejugez recherchez avec tant d'affectation, on peut compter que les autres en reviendront dans la suite lorsque l'on s'apliquera à faire voir la supposition des faits et la fausseté des raisonnemens de ceux qui sont offensez des benedictions que Dieu donne à nos bonnes intentions, et qui prendront toûjours pour des crimes ce qu'il plaira à la bonté Divine de donner du succez à nostre zele. Je ne me donnerai donc point l'honneur, Monsieur, de vous rien dire davantage sur vostre memoire Latin; puisque vous recevrez dans peu de jours

36. ANTOINE VERJUS S.J. AN LEIBNIZ

[PARIS, ENDE MÄRZ 1700]. [35. 56]

Monsieur

Es ist mir sehr peinlich, daß ich so spät erst auf den kleinen Brief antworte, den Sie so freundlich waren, mir Ende Januar zu schreiben. Herr Brosseau[1] kennt zum Teil meine Schwierigkeiten und Obliegenheiten; ich hoffe daher, daß er mir schon im voraus Ihre Verzeihung ausgewirkt hat. Ich werde künftig im Rahmen meiner Möglichkeiten versuchen, mir Ihre Nachsicht durch mehr Pünktlichkeit besser zu verdienen.

Ich bin Ihnen, Monsieur, sehr verpflichtet für Ihre Abhandlung über die chinesischen Zeremonien, die Sie so gütig waren, Ihrem Brief beizufügen. Es spricht der gesunde Menschenverstand daraus, Sie äußern sich überaus treffend und haben die Wahrheit gefunden, von der sich die anderen weit entfernt haben, denen Mißgunst, fehlgeleiteter Eifer und Leidenschaft die Feder führen. Ich hoffe, Sie werden sich [in Ihrer Einsicht] noch bestärkt fühlen durch alle gegenwärtig in Druck befindlichen Schriften zum Thema, die wir die Ehre haben werden, Ihnen zu schicken.[2] Sicherlich werden diese jedermann von den irrigen Vorurteilen abbringen, in die man durch eine Flut von abscheulichen Verleumdungen[3] gestürzt werden sollte. Dem mußte endlich Einhalt geboten werden. Ihr glänzendes Urteil gibt uns Sicherheit, wie die Öffentlichkeit sich stellen wird; wenn ein Mann von Ihrem Scharfsinn und Ihrem Einfluß sogleich gespürt hat, wie haltlos diese so künstlich bemühten Vorurteile sind, kann man darauf rechnen, daß auch die übrigen später davon lassen werden, sowie man sich einmal daran macht darzulegen, wie hier Tatsachen erdichtet werden und Argumentationen verfälscht – all dies das Werk jener, die an Gottes Segen für unsere guten Zwecke Anstoß nehmen und immer als Verbrechen ansehen werden, was die Güte Gottes unserem Eifer zum Erfolg ausschlagen läßt. Ich werde Ihnen, Monsieur, also nichts weiter sagen über Ihre lateinische Abhandlung, denn Sie werden in wenigen Tagen schon zahlreiche verschiedene tant d'imprimez differens où vous verrez vos sentimens solidement expliquez et confirmez en bien des manieres. Faites moy toûjours la justice de me croire avec un veritable respect et avec toute l'estime et toute la reconnoissance possibles

Monsieur Vostre tres humble et tres obéissant serviteur

Verjus. J.

Drucke erhalten, wo Sie Ihre Ansichten gründlich erläutert und vielfältig bestätigt finden werden. [...]

37. CHARLES LE GOBIEN S.J. AN LEIBNIZ

Paris, 18. Februar 1700. [31. 38.]

Monsieur à Paris le 18. fev. 1700.

Il y a prés d'un mois que j'ay donné à M. Brosseau l'*histoire des Isles Marianes* pour vous l'envoier. Comme vous vous interessez au progrez de la Religion, j'espere que cette nouvelle histoire vous fera plaisir. vous y trouverez des choses curieuses et édifiantes. On ne connoit les peuples qui habitent ces Isles que depuis trente ans, que la feue Reine d'Espagne leur donna son nom en y envoiant des Missionnaires, car auparavant elles s'appelloient les Isles des Larrons, ou de las velas.

Nous avons appris l'heureuse arrivée du R. P. Bouvet à la Chine, son voyage a esté tres heureux, il n'a emploié que sept mois à aller de La Rochelle à Canton (il partit de La Rochelle en mars 1698 et arriva à Canton le 2. novembre) et il n'y en auroit emploié que cinq si les pilotes avoient bien navigé. ils manquerent le detroit de la Sonde ce qui les obligea de faire le tour de la grande Isle de Sumatra et de passer par le detroit de Malaque, ce qui leur emporta plus de sept semaines. ils relacherent à Achen[,] ville capitale d'un grand Royaume en l'isle de Sumatra. ils y trouverent un capitaine francois qui y estoit habitué. il les receut avec agre^t[,] leur fournit en peu de jours tous les vivres dont ils avoient besoin, leur donna de bonnes cartes marines et des pilotes pour les conduire. ils arriverent à la veüe de l'isle de Sancian à la mi-octobre. cette isle fameuse par la mort de S. Francois Xavier est à l'entrée du Golphe de Canton. le P. Bouvet se fit porter à terre et alla querir des galeres et des pilotes pour conduire le vaisseau francois à Canton. on le receut comme un envoié de l'Empereur de la Chine, le Viceroy luy donna ses galeres avec lesquelles il alla rejoindre son vaisseau sur lequel il y avoit dix

37. CHARLES LE GOBIEN S.J. AN LEIBNIZ

PARIS, 18. FEBRUAR 1700. [31. 38.]

Monsieur Paris, den 18. Februar 1700.

Vor bald einem Monat habe ich Herrn Brosseau die *Histoire des Isles Marianes* übergeben, damit er sie Ihnen übersendet.[1] Da Sie an den Fortschritten des Glaubens Anteil nehmen, wird Ihnen, wie ich hoffe, diese neue Darstellung Vergnügen bereiten. Sie werden darin interessante und erbauliche Dinge finden. Die Einwohner dieser Inseln sind erst seit dreißig Jahren bekannt; damals gab die verstorbene Königin von Spanien [Maria Anna] zugleich mit der Entsendung von Missionaren den Inseln ihren Namen, denn bis dahin hießen diese Diebesinseln oder »de las velas«.[2]

Wir haben erfahren, daß P. Bouvet glücklich in China angelangt ist.[3] Seine Reise ist ganz glatt verlaufen, von La Rochelle nach Kanton hat er nur sieben Monate gebraucht. Er ist in La Rochelle im März 1698 in See gestochen und in Kanton am 2. November eingetroffen. Er wäre mit fünf Monaten ausgekommen, wenn die Steuerleute ordentlich navigiert hätten. Sie verfehlten aber die Sundastraße und mußten daher um die große Insel Sumatra herumsegeln und die Straße von Malakka passieren,[4] was sie mehr als sieben Wochen kostete. Sie machten Station in Atschin,[5] der Hauptstadt eines großen Königreichs auf Sumatra. Sie begegneten dort einem französischen Kapitän,[6] der sich da niedergelassen hatte. Er nahm sie freundlich auf, besorgte ihnen in wenigen Tagen alle Lebensmittel, die sie brauchten, gab ihnen gute Seekarten und Lotsen mit. Mitte Oktober kamen sie in Sichtweite der Insel Sancian.[7] Diese Insel liegt am Eingang des Golfs von Kanton; sie ist berühmt geworden durch den Tod des heiligen Franz Xaver.[8] P. Bouvet ließ sich an Land tragen und bat um die Stellung von Ruderbooten und Lotsen, die das französische Schiff [die »Amphitrite«] nach Kanton geleiten sollten. Er wurde wie ein Gesandter des chinesischen Kaisers aufgenommen, und der Vizekönig[9] stellte ihm seine Ruderboote zur Verfügung, mit denen er zu seinem Schiff zurückkehrte, auf dem zehn Jesuiten[10]

Jesuites et un excellent peintre Italien. tous les forts qui sont sur la riviere de Canton saluerent le P. Bouvet. on donna un hostel au Capitaine du vaisseau francois et on ecrivit à l'Emp^{r} pour scavoir ses ordres. ce Prince estoit alors en Tartarie à huit cent lieues de Canton. il écrivit de sa propre main qu'il avoit bien de la joye de l'arrivée du P. Bouvet et qu'il donneroit ses ordres quand il seroit à Pekin. il y arriva au mois de decembre. il envoia à Canton trois envoiez[,] scavoir un seigneur tartare de sa maison, le P. Visdelou Jesuite francois et le Pere Suarez Jesuite portugais. ces trois envoiez porterent les ordres de l'Empereur qui estoient qu'il exemptoit de tous droits et doüanes le vaisseau francois, qu'il souhaitoit que quatre des nouveaux missionnaires vinssent à sa Cour, et qu'il permettoit aux autres d'aller dans quelque lieu de son Empire qu'il leur plairoit prescher la Religion Chrestienne. tout cela s'est executé. le P. Bouvet et quatre de ses compagnons prirent la route de Pekin avec les trois envoiez[,] et les autres se disposoient à aller s'etablir à Nankin, à Fokien et à Canton. ils seront bien tot joint par d'autres qui devoient arriver à la Chine en peu de mois. nos Francois sont tout surpris de voir la Chine, ils disent qu'ils regardoient ce qu'on leur en disoit comme une fable, mais ils avoüent qu'on ne leur en avoit pas assez dit. ils mandent qu'il y a plus d'un million d'ames dans la ville de Canton, qu'il y a plus de 1200. familles qui demeurent dans des barques sur la riviere, qu'il y a à quelques lieues de Canton un lieu nommé Fochan où il y a encore plus de monde qu'à Canton quoyque ce lieu ne passe que pour un village, ils ne peuvent revenir de leur étonnement. on a fait des honneurs extraordinaires à tous les officiers francois, les droits que l'Empereur a eu la bonté de remettre alloient à plus de 40. mille livres. ce vaisseau ne devoit partir de la Chine qu'au mois de novembre 1699. ainsi on attend son retour dans le mois de May ou de Juin. voilà un tres heureux voiage. je suis avec une estime tres particuliere et beaucoup de respect Monsieur vostre tres humble et tres obeissant serviteur

C. Le Gobien S J.

und ein ausgezeichneter italienischer Maler[11] mitgereist waren. Alle Forts entlang des Kantonflusses[12] schossen für P. Bouvet Salut. Der Kapitän[13] des französischen Schiffes wurde einquartiert, und man schrieb an den Kaiser, um seine Befehle einzuholen. Dieser Fürst hielt sich zu der Zeit in der Tatarei [Manjurei] auf, 800 Meilen von Kanton entfernt. Er schrieb mit eigener Hand, er freue sich sehr über die Ankunft des P. Bouvet und würde seine Anordnungen treffen, sowie er zurück in Peking wäre. Der Kaiser traf dort im Dezember ein und schickte drei Gesandte nach Kanton: einen seinem eigenen Haus angehörenden tatarischen [manjurischen] Herrn,[14] den französischen Jesuiten P. Visdelou[15] und den portugiesischen Jesuiten P. Soares.[16] Diese drei Gesandten überbrachten die Anordnungen des Kaisers, denenzufolge das französische Schiff von allen Gebühren und Zöllen frei sein sollte;[17] vier der neuen Missionare[18] sollten an seinen Hof kommen, den übrigen erlaubte er, das Christentum zu predigen, wo immer in seinem Reich sie das tun wollten. All dies wurde in die Tat umgesetzt. P. Bouvet und vier seiner Gefährten brachen mit den drei Gesandten nach Peking auf, und die übrigen schickten sich an, sich in Nanking, Fukien und Kanton einzurichten. Bald werden weitere Missionare zu ihnen stoßen,[19] die in wenigen Monaten in China eintreffen sollten. Unsere Franzosen sind ganz verblüfft, wo sie China mit eigenen Augen sehen; sie sagen, sie hätten für Märchen gehalten, was man ihnen davon berichtete, geben [nun] aber zu, daß die Wirklichkeit die Erzählungen noch übertrifft. Nach ihrer Mitteilung gibt es mehr als eine Million Seelen in Kanton, und mehr als 1200 Familien wohnen in Hausbooten auf dem Fluß. Einige Meilen von Kanton liege ein Ort mit Namen Foshan,[20] wo es noch mehr Menschen gebe als in Kanton, obwohl Foshan nur als Dorf angesehen werde. Sie kommen aus dem Staunen gar nicht heraus. Man hat allen französischen Offizieren außerordentliche Ehren erwiesen, die vom Kaiser in seiner Güte [uns] erlassenen Gebühren beliefen sich auf über 40.000 Pfund. Unser Schiff sollte erst im November 1699 von China wieder aufbrechen, seine Rückkehr wird daher für Mai oder Juni erwartet. Das war wirklich eine glückliche Reise. Ich bin […]

[P. S.] L'enseigne du vaisseau francois qui est à la Chine s'embarqua sur un vaisseau anglois au mois de fevrier 1699. comme ce vaisseau anglois partit trop tard de la Chine[,] il a esté obligé de s'arrester sur sa route et n'est arrivé en Angleterre qu'au commencement de fevrier. il nous a apporté un grand nombre de lettres et une carte fort exacte du Golphe de Canton et de toutes les Isles qui y sont. il y a bien de l'apparence qu'on donnera au public une relation de ce voyage avec cette carte et peutestre quelques autres. ce vaisseau doit nous apporter quantité d'excellens memoires et sur tout une carte tres exacte et un journal tres fidele des onze voyages que le R. P. Gerbillon a fait dans la Tartarie, avec l'histoire de la derniere guerre du Caldan. ce R. P. me mande que toute la Tartarie obeït à l'Empereur de la Chine jusqu'aux Yousbecks exclusivement.

A Monsieur Monsieur Leibnitz Conseiller d'Estat de M. L'Electeur de Brunswick A Hanovre

[P. S.] Der Fähnrich[21] des französischen Schiffes in China ist im Februar 1699 an Bord eines englischen Schiffes gegangen. Weil dieses zu spät aus China aufgebrochen war, mußte es unterwegs Station machen und hat England erst Anfang Februar erreicht. Er hat uns zahlreiche Briefe mitgebracht, dazu eine sehr genaue Karte des Golfs von Kanton und aller seiner Inseln.[22] Sehr wahrscheinlich werden wir einen Bericht von dieser Reise veröffentlichen,[23] dem wir diese und vielleicht einige weitere Karten beigeben werden. Das [französische] Schiff soll uns viele ausgezeichnete Berichte mitbringen, vor allem aber eine sehr genaue Karte und ein sehr zuverlässiges Journal von den elf Reisen, die P. Gerbillon in die Tatarei unternommen hat, mitsamt der Geschichte von Galdans letztem Krieg.[24] P. Gerbillon teilt mir mit, daß die ganze Tatarei bis an die Grenze von Usbekistan dem chinesischen Kaiser untertan ist.

38. CHARLES LE GOBIEN S.J. AN LEIBNIZ

Paris, 10. Mai 1700. [37. 41.]

Monsieur à Paris le 10. May 1700.

Je ne scay si vous aurez receu l'*histoire des Isles Marianes* que j'ay mise entre les mains de M. Brosseau pour vous la presenter de ma part. C'est un païs nouveau pour nous. Car quoyque Magellan eust decouvert ces Isles[,] on ne connoissoit ni le païs ni les mœurs des habitans avant que nos missionnaires y eussent presché Jesus Christ. le R. P. Le Comte Confesseur de Madame la Duchesse de Bourgogne vient d'escrire une lettre sur les ceremonies de la Chine qu'il a dediée à M. le Duc du Maine. je croy que vous en serez aussi content que tout le monde paroist l'estre ici. Ce Pere en peut parler plus seurement et plus scavamment que les autres, puisqu'il a demeuré sept à huit ans à la Chine, et qu'il y a veu luy mesme ce qui se pratique en ce païs-là. J'ay prié M. Brosseau de vous envoier cette lettre avec une autre petite lettre latine *ad Virum Nobilem* du R. P. Dez Provincial de cette Province, qui a aussi escrit sur cette matiére. Vous verrez, Monsieur, par ces deux petits ouvrages, si nos adversaires ont raison de nous attaquer comme ils font et de nous accuser de l'Idolatrie la plus grossiere avec des termes outrageans et indignes non seulement de Chrestiens mais d'honnestes gens. vous n'avez[,] Monsieur, qu'à jetter les yeux sur l'*Apologie des Dominicains Missionnaires de la Chine* que le P. Alexandre Jacobin a composée avec l'approbation de son General. Ce livre est un ramas de calomnies et de faussetez, qui imposent aux ignorans et aux personnes peu instruites de ces sortes d'affaires. on ne doit pas croire cet auteur sur sa parole, puisqu'il avance les mensonges les plus grossiers avec la mesme hardiesse, que si c'estoient autant de veritez incontestables. C'est aujourdhuy le style de ceux qui écrivent contre les Jésuites.

38. CHARLES LE GOBIEN S.J. AN LEIBNIZ

Paris, 10. Mai 1700. [37. 41.]

Monsieur Paris, den 10. Mai 1700.

Ich weiß nicht, ob Sie inzwischen die *Histoire des Isles Marianes* erhalten haben.[1] Ich hatte sie Herrn Brosseau übergeben, um sie Ihnen in meinem Namen zu überreichen. Für uns ist das eine »terra incognita«. Zwar hatte Magalhães diese Inseln entdeckt, aber wir kannten weder das Land noch die Sitten seiner Bewohner, bevor unsere Missionare dort Jesus Christus verkündigt hatten. P. Le Comte, der Beichtvater der Herzogin von Burgund,[2] hat soeben einen Brief über die chinesischen Zeremonien geschrieben[3] und dem Herzog von Maine[4] gewidmet. Ich denke, Sie werden ihn ebenso zufriedenstellend finden, wie man das hier allgemein zu tun scheint. P. Le Comte vermag sich mit größerer Sicherheit und Gelehrsamkeit zu diesem Thema zu äußern als die übrigen, da er sieben bis acht Jahre in China gelebt[5] und mit eigenen Augen die dortigen Bräuche beobachtet hat. Ich habe Herrn Brosseau gebeten, Ihnen diesen und einen weiteren kleinen, lateinischen Brief *Ad Virum Nobilem* von P. Dez[6] zu schicken,[7] dem hiesigen Ordensprovinzial, der auch über diesen Gegenstand geschrieben hat. Sie werden, Monsieur, aus diesen beiden kleinen Werken ersehen, ob unsere Gegner uns zu Recht angreifen, wie sie es tun, und uns der gröbsten Idolatrie beschuldigen, und zwar in beleidigenden Ausdrücken, die nicht nur Christen, sondern anständigen Menschen übel zu Gesicht stehen. Sie brauchen, Monsieur, nur einen Blick auf die *Apologie des Dominicains Missionnaires de la Chine* zu werfen, die der Dominikanerpater Alexandre[8] mit Billigung seines Ordensgenerals[9] verfaßt hat. Dieses Buch ist eine Anhäufung von Verleumdungen und Unwahrheiten, die geeignet sind, Unwissenden und Leuten, die auf diesem Gebiet wenig bewandert sind, Eindruck zu machen. Man darf dem Verfasser nicht aufs Wort glauben, denn er bringt die gröbsten Lügen mit derselben Kühnheit vor, als handelte es sich um unanfechtbare Wahrheiten. Das ist jetzt so üblich bei denen, die gegen die Je-

Ils s'imaginent qu'à l'exemple de feu Monsieur Arnault, il n'y a qu'à parler hardiment et d'un ton affirmatif pour se faire croire, mais cette maniere d'escrire est usée et ne sert qu'à confirmer le proverbe de ce païs, il ment aussi hardiment qu'un Janseniste.

Je ne scaurois assez admirer, Monsieur, la vivacité de vostre esprit et vostre grande penetration sur ce qui regarde les ceremonies de la Chine. Vous aurez le plaisir de voir que vous avez pensé juste sur tout ce qui regarde cette matiere, quand vous aurez leu un livre que je fais imprimer dont voici le titre. *Responsio Apologetica R. P. Francisci Brancati Societatis Jesu apud Sinas per annos 34 Missionarii de Ritibus Sinensium Politicis.* ce Pere qui a esté tres habile dans les sciences et dans les caracteres chinois traite à fond cette matiere et descend dans tout le detail des ceremonies chinoises, c'est à dire de celles, qui regardent Confucius et les morts. Ceux qui aiment l'erudition chinoise trouveront dans cet ouvrage, dequoy contenter leur curiosité.

On travaille toûjours fortement à Rome à la decision de cette affaire. le grand ennemi des ceremonies chinoises[,] le Cardinal Casanate[,] vient de mourir, il estoit à la teste de cette affaire et la pressoit vivement. Nous esperons que Dieu ne permettra pas qu'on ferme la porte à la conversion de ce grand Empire, en faisant passer pour une Idolastrie des ceremonies, qui ne sont, quand on les considere de prés et sans prevention, que des marques de respect et de reconnoissance que ces peuples donnent à leurs Ancestres et au Legislateur de leur Nation. Ce qui en doit convaincre toutes les personnes raisonnables, est que les Chinois ne font rien à l'egard de Confucius et de leurs Ancestres que ce qu'on fait tous les jours en ce païs là à l'egard des Mandarins et des personnes vivantes, suivant ce Principe de Confucius qu'il a souvent repeté dans ses livres, qu'il faut honorer les morts de la mesme maniere, dont on honore les Vivants.

Nos Missionnaires de la Chine se sont informez de ce que vous souhaitez scavoir touchant l'ancien Testament; ils n'ont pu rien découvrir jusqu'apresent. peutestre seront-ils plus heureux dans la suiten schreiben. Sie meinen, man brauchte nach dem Vorbild des verstorbenen Herrn Arnauld[10] nur dreist und in bestimmtem Ton zu reden, um Glauben zu finden. Aber diese Art zu schreiben hat sich verbraucht und bestätigt nur die hierzulande geläufige Redensart: »Er lügt so unverschämt wie ein Jansenist.«

Ich kann nicht genug die Lebhaftigkeit Ihres Geistes und Ihren großen Scharfsinn bewundern, Monsieur, die Sie in Zusammenhang mit den chinesischen Zeremonien an den Tag legen.[11] Sie werden das Vergnügen haben zu sehen, daß Sie bei diesem Thema in jeder Hinsicht richtig gelegen haben, sobald Sie ein Buch gelesen haben, das ich [gerade] drucken lasse. Der Titel lautet: *Responsio Apologetica R. P. Francisci Brancati Societatis Jesu apud Sinas per annos 34 Missionarii de Ritibus Sinensium Politicis.*[12] P. Brancati, der sich in den chinesischen Wissenschaften und Schriftzeichen sehr gut auskannte, behandelt diesen Gegenstand von Grund auf und geht bis aufs letzte Detail der chinesischen Riten ein, das heißt jener Riten, die Konfuzius und die Toten betreffen. Die Liebhaber der chinesischen Wissenschaft werden in diesem Werk genug finden, womit sie ihre Wißbegierde stillen können.

In Rom ringt man immer noch um die Entscheidung dieser Angelegenheit.[13] Der Erzfeind der chinesischen Zeremonien, Kardinal Casanate,[14] ist eben verstorben; er war in dieser Auseinandersetzung führend und betrieb sie energisch. Wir hoffen, Gott wird es nicht zulassen, daß man die Bekehrung dieses großen Reiches damit blockiert, Zeremonien als Idolatrie zu deuten, die bei näherer und unvoreingenommener Betrachtung nur Ausdruck der Ehrfurcht und Dankbarkeit sind, die diese Völker ihren Ahnen und dem Gesetzgeber ihrer Nation entgegenbringen. Eines muß alle vernünftigen Leute davon überzeugen: Die Chinesen tun Konfuzius und ihren Ahnen nicht mehr, als man dort alle Tage den Mandarinen und lebenden Menschen tut. Dabei folgen sie der Lehre des Konfuzius, die dieser oft in seinen Büchern wiederholt hat: daß man die Toten geradeso ehren soll wie die Lebenden.[15]

Unsere Chinamissionare haben sich umgetan wegen Ihrer Frage zum *Alten Testament*;[16] bisher haben sie nichts entdecken können.

suite, estant en plus grand nombre que jamais par les soins infatigables du R. P. Verjus, qu'on peut regarder comme un des Apostres de cette Nation. Il a déja envoié à la Chine quarante Jesuites françois, tous gens d'une vertu éprouvée et d'une grande capacité, et s'il peut trouver quelque secours, il en envoira un nombre plus considerable, car quelque grand que soit le nombre d'ouvriers dans ce grand Empire, il sera toujours vrai de dire *Messis quidem multa, Operarii vero pauci.* Jamais la conjoncture n'a esté plus favorable pour établir le Christianisme dans ce vaste Empire. Ce que l'Empereur de la Chine vient de faire à l'arrivée du R. Pere Bouvet doit en convaincre toute l'Europe. Ce Pere est heureusement arrivé avec sa troupe Apostolique, comme vous le verrez dans une petite Relation qu'un de mes amis fait imprimer. j'aurai soin de vous l'envoier avec le livre du P. Brancati. le papier me manque et il ne me reste de place que pour vous asseurer qu'on ne peut estre avec plus d'estime et de respect que je suis, Monsieur, vostre tres humble et tres obéïssant serviteur

C. Le Gobien.

A Monsieur Monsieur Leibnitz Conseiller d'Estat de M. L'Electeur de Brunswick à Hanovre

Vielleicht haben sie künftig mehr Erfolg, werden sie doch dank der unermüdlichen Fürsorge von P. Verjus, den man als einen der Apostel Chinas ansehen kann, zahlreicher sein als je zuvor. P. Verjus hat schon 40 französische Jesuiten nach China entsandt, durchweg erprobte und sehr befähigte Männer, und wenn er Unterstützung auftreiben kann, wird er noch mehr Leute schicken. Wie groß die Zahl der Arbeiter [des Evangeliums] in diesem großen Reich nämlich auch sein mag, man wird immer mit Recht sagen: »Die Ernte ist groß, der Arbeiter aber sind wenige«.[17] Niemals waren die Aussichten besser, das Christentum in diesem riesigen Reich zu begründen. Was der Kaiser von China soeben bei der Ankunft von P. Bouvet getan hat, muß ganz Europa davon überzeugen. Dieser Pater ist mit seinem apostolischen Häuflein glücklich angekommen, wie Sie aus einem kleinen Bericht[18] ersehen werden, den ein Freund von mir [gerade] drucken läßt und den ich nicht verfehlen werde, Ihnen zusammen mit dem Buch von P. Brancati zu schicken. Mein Papier geht zu Ende, und mir bleibt nur noch Platz genug, um Ihnen zu versichern [...]

39. JOACHIM BOUVET S.J. AN CHARLES LE GOBIEN S.J. FÜR LEIBNIZ

PEKING, 8. NOVEMBER 1700. [33. 42.]

Mon Reverend Pere,

Quoique quelques-uns croyent que l'Y-king[,] le plus ancien ouvrage de la Chine, et peut-être du monde, et la vraie source d'où cette nation (au sentiment de tous les Savans) a tiré toutes ses sciences et coûtumes, ne contient qu'une doctrine corrumpue, pleine de superstitions et sans aucun fondement ou principe solide: je ne suis pas de leur sentiment, et je suis même persuadé qu'ils se trompent, et qu'ils font injure aux anciens Chinois qui paroissent avoir eu dans le commencement une Philosophie aussi pure et aussi saine, et j'ose ajouter peut-être encore plus solide et plus parfaite que n'est aujourd'hui la nôtre.

J'avoue que cette verité n'est pas aisée à persuader d'abord à ceux qui ont lu la plupart des livres que les Chinois estiment le plus, comme les King ou livres classiques avec leurs meilleurs commentaires, surtout ceux qui ont été faits par leurs plus grands hommes sur l'Y-king que je confesse être rempli de beaucoup d'erreurs et d'une espece de divination purement superstitieuse.

Mais d'un autre côté, on ne peut nier, que parmi toutes ces erreurs, on ne voye briller en cent endroits certains traits d'une lumiere si vive et si pure, que pour peu qu'on se donne la peine de les ramasser et de les comparer les uns avec les autres, on ne s'aperçoive aussitôt par le raport et la liaison reciproque qu'ils ont ensemble; et par la parfaite conformité qu'on y trouve avec ce qui nous reste de plus admirable de la sagesse des anciens, qu'ils sont sortis de la même source, et que ce sont comme ceux-là autant de précieux restes du débris de la plus ancienne et plus excellente Philosophie enseignée par les premiers Patriarches du monde à leurs descendans, et ensuite corrumpue et presqu'entierement obscurcie par la suite des tems. Ce

39. JOACHIM BOUVET S.J. AN CHARLES LE GOBIEN S.J. FÜR LEIBNIZ

PEKING, 8. NOVEMBER 1700. [33. 42.]

Ehrwürdiger Vater

Das *Yijing* ist das älteste Werk Chinas, ja vielleicht der Welt,[1] und die eigentliche Quelle, aus der dieses Volk nach Ansicht aller Gelehrten alle seine Wissenschaften und Bräuche geschöpft hat. Manche glauben zwar, daß es nur eine verfälschte Lehre enthält, voll von Aberglauben und ohne jedes Fundament oder festes Prinzip;[2] ich teile ihre Meinung nicht, ja ich bin überzeugt, daß sie irren und den alten Chinesen Unrecht tun, die in den Anfängen eine so reine und so lautere Philosophie gehabt zu haben scheinen – ja mehr noch, ich wage zu behaupten, daß diese vielleicht gefestigter war und vollkommener als unsere heutige Philosophie.

Zugegeben, von dieser Wahrheit ist zunächst nicht leicht zu überzeugen, wer die Mehrzahl der von den Chinesen am meisten geschätzten Bücher gelesen hat, wie die *Jing* oder kanonischen Bücher[3] mit ihren besten Kommentaren, vor allem jenen, die ihre größten Männer zum *Yijing* geschrieben haben.[4] Dabei gebe ich zu, daß dieses voll ist von zahlreichen Fehlern und einer durchweg abergläubischen Art Wahrsagerei.

Auf der anderen Seite kann man aber nicht in Abrede stellen, daß unter all diesen Irrtümern an hundert Stellen überraschende Gedanken von einer so funkelnden und reinen Helligkeit hervorblitzen, daß – macht man sich nur die Mühe, sie zusammenzutragen und zu vergleichen – man sogleich anhand ihres gegenseitigen Verhältnisses und ihrer Verbindung untereinander sowie der vollkommenen Übereinstimmung mit den bewundernswertesten Überresten der Weisheit der Alten gewahr wird, daß beide aus derselben Quelle hervorgegangen sind und beide [chinesische wie antike Überlieferung] die wertvollen Trümmer der ältesten und bedeutendsten Philosophie der ersten Patriarchen[5] der Welt sind. Diese gaben sie an ihre Nachkommen weiter, durch den Lauf der Zeit wurde diese [Lehre] qui s'accorde parfaitement avec le sentiment géneral et unanime de veneration et d'estime que les Savans de la Chine ont eu depuis trois ou quatre mille ans pour leurs premiers Peres, qu'ils disent avoir possedé les sciences dans un souverain dégré de perfection, comme l'Arithmétique, la Musique, l'Astronomie, ou l'Astrologie, et la Médecine ou Phisique; et qu'ils ont toujours cru pouvoir recouvrir [*lies:* recouvrer] dans le même dégré de perfection, s'il s'étoit trouvé quelqu'un parmi eux assez heureux pour developer les misteres de l'Y-king ou pour mieux dire du systeme que leur premier Legislateur Fo-hii leur a laissé dans cette figure celebre, composée de 64. caracteres, et de 384. petites lignes entieres et brisées diversement combinées entre elles, dans laquelle ils ont toujours dit et suposé que ce Prince des Philosophes avoit renfermé toutes les sciences.

C'est en partie sur ce temoignage universel de tout ce que la Chine a eu de savans hommes depuis plus de quatre mille ans, et en partie sur le raport merveilleux, que j'ai trouvé en cent endroits des livres Chinois, de leurs idées et de leurs principes aux idées et principes de nos anciens Sages sur toutes les sciences et même sur la Religion; que m'étant persuadé que c'étoit très probablement toute la même chose au moins quant à l'origine, et qu'il se pouroit peut-être bien faire que la figure du systeme de Fo-hii fût comme un simbole universel inventé par quelque genie extraordinaire de l'antiquité, comme Mercure Trismegiste, pour representer aux yeux les principes les plus abstracts de toutes les sciences, c'est-à-dire sur ces fondemens que je me suis apliqué depuis quelques années à considerer cent et cent fois cette figure ingenieuse.

Et parceque tous les commentaires, qui ont été faits depuis près de trois mille ans sur ce systeme par de très grands hommes, dont Confucius a été un des principaux, paroissent plus propres, pour en embrouiller et obscurcir davantage le veritable sens, que pour en developper le mistere, ayant laissé à part tous ces commentaires, dann verfälscht und fast gänzlich getrübt. Das stimmt vollkommen zur allgemeinen und einhelligen Verehrung und Wertschätzung, welche die Gelehrten Chinas seit drei- oder viertausend Jahren für ihre ältesten Vorväter hegen. Diese hätten, so sagen sie, die Wissenschaften in souveräner Vollkommenheit beherrscht: Arithmetik, Musik, Astronomie oder Astrologie, Medizin oder Naturkunde. Sie selbst hätten immer geglaubt, diese Kenntnisse in gleicher Vollkommenheit zurückgewinnen zu können, wenn jemand unter ihnen so glücklich gewesen wäre, Licht in die Geheimnisse des *Yijing* zu bringen oder vielmehr des Systems, das ihr erster Gesetzgeber, Fuxi, den Chinesen in dieser berühmten Figur[6] hinterlassen hat. Diese ist aus 64 Linienzeichen und 384 durchgehenden bzw. unterbrochenen, auf verschiedene Weise untereinander kombinierten Linien zusammengesetzt; [die chinesischen Gelehrten] haben immer gesagt und vermutet, daß jener Fürst der Philosophen hierin alle Wissenschaften beschlossen hatte.

Teils auf Grund des umfassenden Zeugnisses aller Gelehrten Chinas seit mehr als 4000 Jahren, teils durch die wunderbare Übereinstimmung, wie ich sie an hundert Stellen gefunden habe, der chinesischen Bücher, ihrer Vorstellungen und Prinzipien mit den Vorstellungen und Prinzipien unserer alten Weisen, und zwar im Hinblick auf sämtliche Wissenschaften, ja sogar auf die Religion, habe ich mich seit einigen Jahren der immer erneuten Betrachtung dieser genialen Figur gewidmet; ich bin nämlich zu der Überzeugung gekommen, daß es sich zumindest vom Ursprung her sehr wahrscheinlich um eine und dieselbe Sache handelt: Die figürliche Darstellung von Fuxis System könnte ein universales Symbol darstellen, das ein außerordentliches Genie des Altertums wie Mercurius Trismegistus[7] erfunden hätte, um die abstraktesten Grundlagen aller Wissenschaften vor Augen zu stellen.

Alle Kommentare, die sehr große Männer seit fast 3000 Jahren zu diesem System geschrieben haben (unter ihnen war Konfuzius einer der wichtigsten), scheinen eher geeignet, dessen wahre Bedeutung noch weiter zu verdunkeln, als das ihm innewohnende Geheimnis zu erhellen. Ich habe deshalb alle diese Kommentare beiseite et m'étant attaché uniquement à la figure, je l'ai considerée en tant de sens differens, qu'après avoir combiné et recombiné ce qui m'a paru de plus solide dans les principes des sciences Chinoises avec les principes les plus anciens de nos sciences, j'ai fait par le moyen des nombres, qui sont la base de ce systeme, l'analise de la figure de Fo-hii d'une maniere si heureuse, que je ne doute point que je n'en aye enfin decouvert tout le mistere, ou du moins une route très sure et très aisée pour y arriver, et que je suis à present persuadé, comme les meilleurs disciples que Fo-hii ait jamais eu à la Chine, que son systeme renferme effectivement toutes les autres sciences. A en juger par l'analise que j'en ai faite, ce n'est autre chose qu'une métaphisique numeraire, ou une méthode generale des sciences très parfaite, et dressée non seulement suivant les regles des trois sortes de progressions des nombres, mais encore suivant celles des figures et proportions de la Géométrie et les loix de la Statique, toutes également nécessaires pour bâtir un systeme aussi simple et aussi propre que celui-ci, pour mettre de l'ordre dans toutes les sciences, et pour rendre raison de tout ce que nous admirons dans les ouvrages du Créateur qui, selon le temoignage de la sainte Ecriture, y a observé toutes ces regles et les a tous fait *in numero, pondere et mensurâ.*

Pour faire voir en passant à ceux qui ont connoissance de la Philosophie des nombres (qui est proprement la science de ce systeme) que les choses que j'avance ne sont pas de simples conjectures, je vous dirai qu'il consiste dans une double suite de nombres, plans et solides, tellement enchainés entre eux par toutes les consonances de la Musique, et par une harmonie perpétuelle, que quadrant exactement avec les 64 caracteres et les 384 petites lignes de la figure, il[s] representent les periodes avec toute l'harmonie des mouvemens celestes, et outre cela tous les principes nécessaires pour expliquer la nature et les propriétés de toutes choses, les causes de leur generation et de leur corruption, fournissant en même tems tout ce qu'il gelassen und mich ausschließlich an die Figur gehalten; ich habe diese aus soviel verschiedenen Blickwinkeln betrachtet, die solidesten Prinzipien der chinesischen Wissenschaften mit den ältesten Grundlagen der unseren kombiniert und wieder kombiniert, bis ich vermittels der Zahlen, die diesem System zugrunde liegen, die Figur des Fuxi so erfolgreich analysiert habe, daß ich keinerlei Zweifel hege, endlich ihr Geheimnis vollständig aufgeklärt oder doch einen sehr sicheren und sehr bequemen Weg dorthin entdeckt zu haben. Wie die besten Schüler, die Fuxi jemals in China gehabt hat, bin ich jetzt der Überzeugung, daß in der Tat sein System alle übrigen Wissenschaften umfaßt. Meiner Analyse zufolge handelt es sich um nichts anderes als eine Metaphysik der Zahlen oder eine sehr vollkommene, allgemeine Methodik der Wissenschaften, errichtet nicht nur nach den Regeln der drei Arten von Zahlenprogression,[8] sondern darüber hinaus nach jenen der Figuren und Proportionen der Geometrie und den Gesetzen der Statik. Alle sind gleichermaßen notwendig, um ein so einfaches und so angemessenes System wie dieses zu konstruieren, Ordnung in alle Wissenschaften zu bringen und uns Rechenschaft zu geben von allem, was wir in den Werken des Schöpfers bewundern, der nach dem Zeugnis der *Heiligen Schrift* bei ihrer Erschaffung alle diese Regeln beobachtet und alles nach Zahl, Gewicht und Maß[9] hervorgebracht hat.

Um den Kennern der Philosophie der Zahlen (denn das ist die eigentliche Wissenschaft, die diesem System [des Fuxi] zugrundeliegt) nebenher zu zeigen, daß meine Ausführungen nicht bloße Vermutungen sind, möchte ich Ihnen folgendes sagen: Das System besteht aus einer doppelten Folge von Zahlen, Flächenzahlen und Körperzahlen,[10] die so untereinander durch alle Gleichklänge der Musik und eine ewige Harmonie verbunden sind, daß sie in genauer Übereinstimmung mit den 64 Linienzeichen und 384 Einzellinien der Figur die Perioden mit der ganzen Harmonie der Bewegungen der Himmelskörper und darüber alle Prinzipien [darstellen], die erforderlich sind, um die Natur und die Eigenschaften aller Dinge zu erklären, die Gründe ihrer Entstehung und ihres Vergehens. Zugleich liefert es alle notwendigen [Informationen] nicht nur zur Refaut non seulement pour rétablir l'ancienne Musique de la Chine perdue depuis 15. ou 20. siecles tout au moins, mais encore pour recouvrer ce que nous avons perdu de celle des Grecs dont les trois genres ou systemes, savoir la Diatonique, le Chromatique, et l'Enharmonique, peu connus de nos jours avec tous leurs modes, se trouvent dans toute leur étendue, placés et arrangés dans ce systeme d'une maniere si naturelle et si admirable, qu'il suffit de jetter la vue sur quelques figures que j'ai dressées de ces mêmes nombres, pour resoudre avec évidence, et sans aucun embarras, les problemes de la Musique, les plus difficiles qui ayent été agités depuis plus de 1500. ou deux mille ans tant à la Chine qu'en Europe parmi les Savans.

Au reste le raport singulier que ce systeme numeraire me paroît avoir dans son tout et dans ses parties avec celui de Pythagore et de Platon, assez mal entendu dès le tems de Ciceron, puisque ce grand Orateur, quelque intelligent qu'on le crut dans ce genre de Philosophie, voulant marquer l'obscurité de quelque chose, disoit *id numero Platonis obscurius*, ce raport, dis-je, me fait croire, que c'est en effet le même systeme, et que les nombres du systeme de Fo-hii sont ces nombres du systeme de Platon, où Ciceron trouvoit une si grande obscurité.

Que si outre cela ces mêmes nombres conviennent encore avec les nombres du Sabat, et des années jubilaires des Hébreux, et avec les autres nombres misterieux de leur ancienne Kabale, non de la moderne, qui est pleine de superstitions et d'erreurs, comme je trouve qu'il[s] conviennent très exactement, il me paroît comme hors de doute, que ce systeme de Fo-hii, et l'ancienne Philosophie de la Chine, prise selon les principes légitimes et solides, étant si conforme à la Philosophie du divin Platon, et à celle des anciens Hébreux, c'est-à-dire de Moise et des anciens Patriarches, qui ont reçu cette doctrine comme par revélation du Créateur, ne peut ni ne doit point passer pour une science superstitieuse et corrompue, konstruktion der alten chinesischen Musik, die seit wenigstens anderthalb- oder zweitausend Jahren verloren ist,[11] sondern auch zur Wiedergewinnung dessen, was wir von der griechischen Musik eingebüßt haben. Deren drei Geschlechter oder Systeme:[12] das diatonische, das chromatische und das enharmonische, mitsamt allen ihren Tonarten heutzutage nur wenigen bekannt, haben in ihrer ganzen Ausdehnung ihren Platz in diesem System gefunden. Es ist dies auf so natürliche und so bewundernswerte Weise geschehen, daß ein Blick auf etliche Figuren, die ich von eben diesen Zahlen gezeichnet habe, genügt, um mit voller Klarheit und ohne Komplikationen die schwierigsten musik[theoretischen] Probleme zu lösen, die seit mehr als anderthalb- oder zweitausend Jahren unter den Gelehrten Chinas wie Europas diskutiert worden sind.

Die einzigartige Übereinstimmung, die mir dieses Zahlensystem im Ganzen wie in seinen Teilen mit jenen des Pythagoras und Platons zu haben scheint (letzteres ist übrigens schon seit den Zeiten Ciceros nicht richtig verstanden worden, sagte doch dieser große Redner – bei aller Kenntnis, die man ihm auf diesem philosophischen Gebiet zuschrieb – »das ist noch dunkler als die platonische Zahl«,[13] um die Unklarheit eines Sachverhalts zu bezeichnen), bringt mich zu der Annahme, daß es sich tatsächlich um ein und dasselbe System handelt und die Zahlen von Fuxis System diejenigen des Systems Platons[14] sind, das Cicero so dunkel fand.

Wenn darüber hinaus eben diese Zahlen auch mit den Sabbatzahlen[15] übereinstimmen, mit der Jubeljahrsrechnung[16] der Juden und den anderen geheimnisvollen Zahlen ihrer alten Kabbala (nicht der neueren Kabbala, die voller Aberglauben und Irrtümer steckt)[17] – und ich habe gefunden, daß eine sehr genaue Übereinstimmung besteht –, dann scheint es mir unzweifelhaft, daß dieses System des Fuxi und die alte chinesische Philosophie (die in Hinblick auf ihre legitimen und soliden Prinzipien so sehr der Philosophie des göttlichen Platon entspricht und jener des frühen Judentums, nämlich des Mose und der Patriarchen, welche diese Lehre gleichsam durch Offenbarung des Schöpfers empfangen haben) nicht als abergläubisch und vom Verfall geprägte Wissenschaft angesehen werden mais qu'elle doit au contraire être régardée comme un instrument très propre pour reformer toutes les erreurs et superstitions, où l'ignorance de cette légitime et solide Philosophie dans laquelle les Chinois sont tombés par la suite des tems[,] les a malheureusement précipités.

Je concluds de-là que ceux des Missionaires qui pour procurer la conversion de cette nation; employent tout leur esprit et la meilleure partie de leur tems à l'étude des livres Chinois, au lieu de s'apliquer, comme a fait jusqu'ici M. Maigrot, à present Monseigneur de Conon, à faire voir par l'autorité des Philosophes du moyen âge depuis Confucius, lesquels en perdant comme ils ont fait pour la plus part les principes de la doctrine de Fo-hii, c'est-à-dire leur saine et légitime Philosophie, ont aussi presque tous perdu la connoissance distincte du vrai Dieu, et du veritable culte dont leurs premiers peres l'honoroient, au lieu, dis-je, de s'apliquer uniquement à prouver que la religion de cette nation a été de tout tems une pure superstition et un vrai athéisme, ce qui ne se peut soutenir d'un côté sans autoriser nos prétendus athées d'Europe par l'exemple d'une nation entiere, qui depuis si longtems tient pour plusieurs raisons comme le premier rang dans toute l'Asie; et du côté des Chinois, non seulement sans faire injustice à cette nation, mais encore sans mettre un obstacle presqu'invincible à sa conversion étant presqu'impossible dans cette suposition de l'obliger à abandonner toutes les pratiques et coûtumes que M. Maigrot a condamné de superstition et d'idolatrie, et même de l'entreprendre sans s'exposer à un danger évident et prochain de ruiner en un moment l'ouvrage de plus d'un siecle, comme M. Maigrot doit l'avoir reconnu depuis quelques mois lui-même par sa propre experience dans un tumulte arrivé à cette occasion, et qui a failli à devenir funeste à tout le Christianisme.

können noch dürfen. Vielmehr hat sie als ein sehr geeignetes Instrument zur Bereinigung all der Irrtümer und abergläubischen Vorstellungen zu gelten, welchen die Chinesen in den folgenden Zeiten aus Unkenntnis dieser legitimen und soliden Philosophie unglücklicherweise verfallen sind.

Für mich folgt daraus, daß diejenigen Missionare,[18] die zum Zweck der Bekehrung dieses Volkes ihren ganzen Scharfsinn und den größten Teil ihrer Zeit dem Studium der chinesischen Bücher widmen, statt wie bislang Herr Maigrot, der nunmehrige Bischof von Conon – gestützt auf die Autorität der Philosophie des Mittelalters seit Konfuzius[19] (die mit dem Verlust der Prinzipien der Lehre des Fuxi, also ihrer lauteren und legitimen Philosophie, auch fast alle die klare Erkenntnis des wahren Gottes und des echten Gottesdienstes, mit dem ihre Urväter diesen verehrten, eingebüßt hatten) – ausschließlich beweisen zu wollen, daß die Religion der Chinesen seit jeher purer Aberglaube und ein richtiger Atheismus gewesen ist

– – das kann man aber einerseits nicht behaupten, ohne unsere europäischen angeblichen Atheisten durch das Beispiel eines ganzen Volkes zu rechtfertigen, das seit so langer Zeit aus verschiedenen Gründen gewissermaßen an erster Stelle in Asien steht; andererseits, von der chinesischen Seite betrachtet, tut man diesen damit nicht nur Unrecht, sondern errichtet auf diese Weise auch noch ein fast unüberwindliches Hindernis für ihre Bekehrung, denn bei einer solchen Auffassung ist es fast unmöglich, sie zur Aufgabe all der Praktiken und Sitten zu nötigen, die Herr Maigrot als Aberglauben und Götzendienst verworfen hat, ja es auch nur zu versuchen, ohne sich der offensichtlichen und naheliegenden Gefahr auszusetzen, in einem Augenblick die Arbeit von mehr als einem Jahrhundert zugrundezurichten; Herr Maigrot dürfte das selbst erkannt haben, seitdem er vor einigen Monaten persönlich diese Erfahrung bei einem Aufruhr gemacht hat, zu dem es aus diesem Grunde kam[20] und der fast zum Verderben des gesamten Christentums [in China] geworden wäre – –

Au lieu donc, dis-je de prendre une voye si peu convenable à la fin, que le saint Siege, et la sacrée congrégation[,] Messeigneurs les Prelats et Vicaires Apostoliques, et tous les Missionaires se proposent, le moyen le plus raisonnable, le plus sûr, et le plus efficace, à ce qui me paroît, seroit que tous les Missionnaires s'étudiassent de concert à faire voir aux Chinois les erreurs et contradictions de leur Philosophie moderne en les ramenant peu à peu, comme Dieu aidant, il n'y aura rien de plus naturel et de plus aisé, aux principes solides de la vraie et légitime Philosophie de Fo-hii, leur premier maître, en quoi cette nation, toute superbe qu'elle est, faisant profession de suivre les lumieres de la droite raison, auroit d'autant moins de peine de nous écouter qu'elle reconnoitroit elle-même qu'un changement si raisonnable n'auroit rien d'humiliant pour elle, et que cela ne feroit au contraire que l'attacher davantage à la pureté de son ancienne doctrine, et à ses premiers maîtres, pour qui elle a toujours eu une si grande veneration.

Après cette demarche par la liaison si nécessaire qui se trouve entre les principes de la vraie Philosophie et ceux de la vraie Religion, on voit assez de quelle facilité il seroit de faire reconnoitre aux Philosophes Chinois les absurdités de l'athéisme, et de toutes leurs autres erreurs et superstitions, et l'oposition formelle qu'a tout cela avec cette Philosophie ancienne dont ils auroient compris la certitude, et de les porter ainsi doucement et sans aucune violence à les retrancher, comme ils feroient sans doute d'eux-mêmes assez excités par la honte, qu'ils auraient qu'on les vît adherer plus longtems contre leurs propres principes à des erreurs si grossieres.

Tous ces grands obstacles au Christianisme étant une fois éloignés de l'esprit et du cœur des Philosophes par une voye aussi douce et aussi efficace que celle-là, quoi de plus aisé après cela aux Missionaires que de leur inspirer l'estime pour les dogmes sublimes de la foi, et pour les saintes maximes de l'Evangile, qu'ils écouteraient statt also einen Weg einzuschlagen, der dem Ziel, das sich der Heilige Stuhl und die Heilige Kongregation, die Herren Prälaten und Apostolischen Vikare und alle Missionare gesetzt haben, so wenig entspricht, wäre meines Erachtens das vernünftigste, sicherste und wirksamste Mittel, daß alle Missionare sich gemeinsam bemühten, den Chinesen die Irrtümer und Widersprüche ihrer heutigen Philosophie darzulegen und sie Schritt für Schritt (wie es denn mit Gottes Hilfe nichts Natürlicheres und Einfacheres geben wird) zu den soliden Prinzipien der wahren und legitimen Philosophie ihres ersten Lehrers, Fuxi, zurückzuführen. Dieses Volk würde bei allem seinem Stolz – bekennt es sich doch dazu, den Einsichten der rechten Vernunft zu folgen – sich um so weniger schwer tun, auf uns zu hören, als es selbst erkennen würde, daß ein so sinnvoller Wandel für es selbst nichts Demütigendes haben, sondern es um so mehr der Reinheit seiner alten Lehre verbinden würde, ebenso wie seinen ersten Lehrern, die es seit jeher so sehr verehrt hat.

Nachdem in diesem ersten Schritt die so notwendige Verbindung, die zwischen den Prinzipien der wahren Philosophie und jenen der wahren Religion besteht, [für die Chinesen] hergestellt wäre, wie leicht fiele es dann offensichtlich, den chinesischen Philosophen die Absurditäten des Atheismus und aller ihrer anderen Irrtümer und abergläubischen Vorstellungen vor Augen zu führen, den klaren Widerspruch, in dem diese zur alten Philosophie stehen, die ihnen zur Gewißheit geworden wäre. Wie leicht fiele es, sie auf diese Weise sachte und ohne jede Gewaltanwendung dazu zu bringen, diese [Irrtümer] auszumerzen, wie sie es zweifellos von sich aus täten, aus Scham darüber, vor aller Augen noch ferner, entgegen ihren eigenen Prinzipien, so groben Irrmeinungen anzuhängen.

Hat man auf so sanfte und wirksame Weise einmal alle diese großen Hindernisse, die dem Christentum entgegenstehen, aus Verstand und Herzen der Philosophen entfernt – was fiele dann den Missionaren leichter, als diesen Hochachtung einzuflößen für die erhabenen Dogmen des Glaubens und die heiligen Maximen des Evangeliums, dem sie dann mit Bewunderung und schließlich mit Wohlgefallen lauschen würden als einer ganz und gar himmlischen alors avec admiration, et enfin avec plaisir comme une doctrine toute celeste, et qui mettroit le souverain dégré de perfection aux verités naturelles de leur Philosophie, et à la pureté de leur morale.

Pour passer encore plus avant, si quelques-uns de nous entreprenoient à present de rétablir les sciences de la Chine, et de les mettre dans leur ancienne perfection, à quoi je vois une grande facilité par le moyen du systeme de Fo-hii, dont je viens de donner une petite idée, je puis dire qu'un petit ouvrage de cette nature, qui plairoit infiniment à l'Empereur, et outre son aprobation lui feroit encore donner celle de tous les Savans du College Imperial, auroit bientôt cours dans tout l'Empire, et y seroit regardé comme la doctrine de l'Etat: de sorte que comme les Missionaires en y travaillant n'auraient pas manqué par un saint artifice d'y mettre tous les antécédens nécessaires pour l'établissement du Christianisme dans tout l'Empire, on pouroit esperer avec beaucoup de fondement, que cela donnerait un jour, comme le branle à la conversion génerale de cette nombreuse nation.

A Pekin le 8 de Nov. 1700.

Lehre und das den natürlichen Wahrheiten ihrer Philosophie und der Reinheit ihrer Moral den höchsten Grad der Vollendung verleihen würde.

Ja, ich will noch weiter gehen: Wenn einige von uns es jetzt unternähmen, die Wissenschaften Chinas wiederherzustellen und ihnen ihre ursprüngliche Vollendung wieder zu verleihen (und das wäre meines Erachtens jetzt leicht möglich mit Hilfe des Systems von Fuxi, das ich eben skizziert habe), dann dürfte eine kleine entsprechende [diese Wissenschaften zusammenfassende] Arbeit,[21] die dem Kaiser unendlich gefallen würde und über dessen Beifall hinaus auch jenen aller Gelehrten der kaiserlichen Akademie davontragen würde, bald im ganzen Reich kursieren und würde dann als die Staatsdoktrin angesehen. Die Missionare würden bei ihrer Ausarbeitung nicht verfehlen, durch einen frommen Kunstgriff darin alle für die Etablierung des Christentums im ganzen Reich notwendigen Voraussetzungen zu schaffen, so daß man dann guten Grund hätte zu hoffen, daß davon eines Tages gewissermaßen der Anstoß zur allgemeinen Bekehrung dieses großen Volkes ausgehen würde.

Peking, den 8. November 1700

40. LEIBNIZ AN JEAN DE FONTANEY S.J.

Braunschweig, 14. Februar 1701. [43.]

Mon Reverend Pere

Je vous dois remercier de la bonté que vous avés eue de m'apporter jusques de la Chine la lettre du R. P. Bouvet. Une longue absence m'a empeché de satisfaire plus tost à ce devoir. Maintenant je joins à ces remercimens tres humbles des marques de joye de vostre heureuse arrivée, et des souhaits ardens pour le succes de vos bons desseins, avec des offres de service, s'il y a quelque chose où je vous puisse estre utile apresent ou dans la suite. Car vostre Reverence, non obstant les diversités de parti et de nation, me doit compter pour un partisan zelé de vos Missions de la Chine, tant parceque je crois qu'elles seront d'un grand effect pour la religion chrestienne; que parce que je les considere comme un moyen d'entretenir un commerce de lumieres entre l'Europe et la Chine, avantageux des deux costés, s'il est bien menagé.

J'espere que le R. P. Bouvet vous aura communiqué quelque chose de la bonté qu'il a pour moy, car ces communications se font sans diminution, comme on prend *lumen de lumine.* Il veut meme que je me flatte qu'on m'informera de tout ce que vous aurés apporté, et qu'on me communiquera ce que j'en pourray souhaiter. Je n'abuseray pas de ces graces; et je vous supplie mon R. P. de me faire donner ces informations et listes ou notices des livres, drogues, instrumens et autres choses dont l'Europe vous est redevable suivant ce que vous jugerés à propos. Cependant comme je crains de perdre l'occasion de repondre au plustost au R. P. Bouvet, je luy écris par avance sauf à ecrire encor dans la suite quand je seray plus instruit. Je vous supplie cependant de faire tenir la lettre par la premiere oc-

40. LEIBNIZ AN JEAN DE FONTANEY S.J.

BRAUNSCHWEIG, 14. FEBRUAR 1701. [43.]

Ehrwürdiger Vater

Ich bin Ihnen Dank schuldig, daß Sie so freundlich waren, mir aus dem fernen China den Brief von P. Bouvet[4] mitzubringen. Eine längere Abwesenheit[5] [von zu Hause] hat mich gehindert, früher dieser Pflicht zu genügen. Mit meiner ergebensten Danksagung verbinde ich heute den Ausdruck meiner Freude über Ihre glückliche Ankunft und meine herzlichen Wünsche für den Erfolg Ihrer guten Absichten und erbiete mich zugleich, Ihnen zu Diensten zu sein, wenn ich Ihnen jetzt oder in Zukunft von Nutzen sein kann. Denn Euer Ehrwürden müssen mich als einen eifrigen Parteigänger Ihrer Chinamission ansehen, ungeachtet daß wir verschiedenen Nationen und Parteien[6] angehören. Ich glaube nämlich, daß diese Mission große Auswirkungen auf das Christentum haben wird; dazu kommt, daß ich sie als Mittel zum geistigen Austausch zwischen Europa und China ansehe, das beiden Teilen zum Vorteil ausschlagen kann, wenn es geschickt gehandhabt wird.

Ich hoffe, daß P. Bouvet Sie etwas von der Güte hat wissen lassen, die er mir gegenüber an den Tag legt, denn unser Austausch geht vonstatten ohne nachzulassen, wie wenn man Licht vom Lichte nimmt. Er macht mir sogar Hoffnung, daß ich von allem unterrichtet werden soll, was Sie [aus China] mitbringen, und daß man mir alles mitteilen wird, was ich etwa wünschen werde. Ich werde dieses Entgegenkommen nicht mißbrauchen und bitte Sie, Ehrwürdiger Vater, ganz in dem Maße, wie Sie es für richtig halten, mir diese Informationen und Listen oder Verzeichnisse der Bücher, Spezereien, Instrumente und anderen Dinge zukommen zu lassen. Allerdings fürchte ich, die Gelegenheit zu versäumen, P. Bouvet so bald wie möglich zu antworten; ich schreibe ihm daher im voraus und behalte mir vor, künftig noch einmal zu schreiben, wenn ich besser unterrichtet bin. Bis dahin bitte ich Sie, meinen Brief bei der ersten sich bietenden Gelegenheit zu besorgen und zu guter Letzt, casion; et en fin de m'honnorer de vos commandemens au moins par vos amis, car vostre temps est trop precieux pour l'y employer. Je suis avec zele –

P.S. Le celebre Kepler avoit fait imprimer autres fois un petit discours à l'occasion d'une lettre que le P. Terentius de vostre compagnie avoit écrite de la Chine. Je ne doute point que vous ne la trouviés à Paris dans vos Bibliotheques, que vous ferés quelque reflexion là dessus, et aurés la bonté de m'en faire part. Je ne puis juger de ce que j'ay appris, si l'Europe ou la Chine aura l'avantage de vous posseder[,] vous qui avés esté le chef de la grande et belle entreprise de la mission françoise de vostre compagnie, qui a si bien reussi[.] Je souhaite sur ce doute ce qui vous en tenter[a] d'avantage, ce que je crois devoir estre aussi le plus utile au public.

PP. SS. Comme vous avés fait vostre grand voyage, mon R.P. avec de[s] desseins religieux et philosophiques en meme temps[,] oserois j'encor vous faire des demandes sur vos observations de la declinaison de l'aimant, sur les vents et courans, ce que vous adjouterés aux memoires du R.P. Gouye. Si vous avés obtenu quelques ancien[ne]s observations Astronomiques chinoises. Ce que vous dites sur la carte de la Tartarie orientale de M. Witsen faite sur les memoires des Moscovites. Ce que vous jugés des caracteres chinois, et s'il ne se trouve point qu'ils ont des caracteres radicaux, dont les autres soyent formés[,] composés ou derivés suivant certaines regles. S'ils ont connu anciennement le Theoreme de Pythagore et d'autres theoremes semblables et s'ils en ont connu des demonstrations. Ce que vous jugés de la justesse de leur ancienne chronologie[.] S'ils ont quelques secrets ou practiques considerables en medecine. Si leur mines ont des practiques differentes des nostres, et s'ils ont des metaux et mineraux inconnus à nous. Si la goutte et la pierre y sont mich Ihrer Befehle zu würdigen, und sei es durch Vermittlung Ihrer Freunde, denn Ihre Zeit ist zu kostbar, um sie darauf zu verwenden. [...]

P. S. Der berühmte Kepler hat vorzeiten eine kleine Abhandlung aus Anlaß eines Briefes drucken lassen,[7] den P. Schreck von Ihrem Orden aus China geschrieben hatte. Ich zweifle nicht, daß Sie diese Schrift in Ihren Pariser Bibliotheken finden, einige Überlegungen dazu anstellen und mich freundlicherweise davon in Kenntnis setzen werden. Ich kann nach dem, was ich gehört habe, nicht beurteilen, ob Europa oder China den Vorzug haben wird, Sie [auf Dauer] ihr eigen zu nennen, haben Sie doch die großartige Unternehmung der französischen Mission Ihres Ordens geleitet, die sich als so erfolgreich erwiesen hat. In diesem Zweifel wünsche ich [Ihnen, daß eintreffen möge], was für Sie den größeren Reiz hat. Ich glaube, daß dies auch der Öffentlichkeit den größten Nutzen bringen wird.

P. P. S. S. Sie haben, Ehrwürdiger Vater, Ihre große Reise mit einer religiösen und zugleich einer philosophischen Zielsetzung unternommen. Darf ich Ihnen daher auch noch Fragen stellen, zu Ihren Beobachtungen über die Abweichung der Magnetnadel, zu Winden und Strömungen, zu Ihren Nachträgen zu den *Observations* des P. Gouye?[8] Sind Sie an einige alte astronomische Beobachtungen der Chinesen gekommen? Was sagen Sie zu der Karte der östlichen Tatarei [Manjurei],[9] die Herr Witsen nach russischen Berichten angefertigt hat? Wie beurteilen Sie die Schriftzeichen der Chinesen – haben sie nicht vielleicht doch »Wurzelzeichen«, aus denen die übrigen nach bestimmten Regeln gebildet, zusammengesetzt oder abgeleitet werden? Kannten sie schon in alter Zeit den Lehrsatz des Pythagoras und andere, ähnliche Lehrsätze, und kannten sie Beweise dazu? Wie urteilen Sie über die Korrektheit ihrer alten Chronologie? Haben sie Geheimnisse oder bemerkenswerte [Heil]methoden in [ihrer] Medizin? Werden ihre Bergwerke mit einer anderen Technik betrieben als unsere, haben sie uns unbekannte Metalle oder Mineralien? Sind Gicht und Steinleiden so verbreitet aussi communes qu'en Europe, si la verole y est depuis longtemps, item le scorbut. S'ils ont des Historiens d'une antiquité considerable, par exemple de deux mille ans. Si quelque prince chinois apprend des langues d'Europe. Enfin si on amene quelque Chinois qui puisse rester en Europe et servir aux traductions etc.

wie in Europa? Gibt es dort schon lange Syphilis und Skorbut? Haben sie wirklich alte Geschichtsschreiber, etwa solche, die vor 2000 Jahren [geschrieben haben]? Lernen manche chinesischen Fürsten europäische Sprachen? Bringen Sie einen Chinesen mit, der in Europa bleiben und bei den Übersetzungen helfen kann?

41. LEIBNIZ AN CHARLES LE GOBIEN S.J.

BRAUNSCHWEIG, 15. FEBRUAR 1701. [38. 46.]

Mon Reverend Pere

J'ay esté absent de chez moy pendant trois quarts de l'année passée. J'ay esté occupé à Berlin à contribuer, à la fondation d'une nouvelle Societé des Sciences, et delà je suis allé aux bains de Topliz, pour ma santé, et depuis j'ay fait un tour dans l'Empire pour faire des recherches[.] Ainsi comme j'ay esté infiniment distrait, et meme assez indisposé, mes correspondences ont esté pendues au croc, et je n'ay pas encor satisfait à mon devoir à vostre égard, dont je demande pardon à Vostre Reverence. J'estois infiniment distrait, et cela a causé ce delay. Je vous fais des remercimens tres humbles de Vostre belle relation des isles Marianes, et comme il y a une personne chez moy qui travaille à une maniere de *journal des sçavans* en Allemand j'y ay fait faire une recension de ce livre pour le rendre plus connu chez nous.

Je suis curieux d'apprendre l'estat present de la controverse que vous avés avec les Dominicains et quelques autres missionnaires. Il me semble d'avoir oui dire que le Pape d' apresent en a sursis le jugement ce qui me paroist un trait digne de la prudence d'un grand homme, tel qu'on l'a crû estre avant qu'il estoit pape. Car il me paroist estrange qu'un tribunal d'Europe juge l'accusation de quelques Europeans revenus d'un pays eloigné, dont on doute qu'ils soyent assez informés, entreprenne de condamner d'idolatrie et d'Atheisme même l'Empereur et les sages du plus grand Empire du Monde sans les entendre et sans entendre assez la langue, les coustumes et les affaires de ce pays si different du nostre. Bien des gens diront, qu'un tel jugement seroit de toute nullité[,] outre que condamner les Chi-

41. LEIBNIZ AN CHARLES LE GOBIEN S.J.

BRAUNSCHWEIG, 15. FEBRUAR 1701. [38. 46.]

Ehrwürdiger Vater

Dreiviertel des vergangenen Jahres war ich von zu Hause abwesend. Ich bin in Berlin damit befaßt gewesen, an der Gründung einer neuen Sozietät der Wissenschaften mitzuwirken;[1] von dort bin ich ins Bad nach Teplitz gefahren, um meiner Gesundheit willen, und seither habe ich für meine Forschungen eine Reise ins Reich unternommen. Weil ich auf diese Weise unendlich zerstreut und [obendrein] auch noch recht unwohl gewesen bin, sind meine Korrespondenzen ins Stocken geraten, und ich habe Ihnen gegenüber noch nicht meiner Pflicht genügt, wofür ich Euer Ehrwürden um Verzeihung bitte. Ich war unendlich zerstreut, das hat diesen Verzug verursacht. Ich danke Ihnen ergebenst für Ihr schönes Buch über die Marianen, und da ich hier jemanden habe, der an einer Art *Journal des Sçavans* in deutscher Sprache arbeitet, habe ich dafür eine Rezension dieses Buches anfertigen lassen, um es bei uns bekannter zu machen.[2]

Ich bin begierig zu hören, welches der gegenwärtige Stand Ihrer Kontroverse mit den Dominikanern und einigen anderen Missionaren ist.[3] Ich meine, ich hätte sagen hören, der neue Papst[4] hätte die Entscheidung in dieser Sache ausgesetzt – das scheint mir ein Schachzug, welcher der Klugheit des großen Mannes würdig ist, für den man [Clemens XI.] gehalten hat, noch bevor er Papst wurde. Es scheint mir nämlich seltsam, daß ein europäisches Gericht über die Klage einiger Europäer entscheiden soll, die aus einem fernen Land zurückgekehrt sind, über das sie möglicherweise unzureichend Bescheid wissen;[5] daß dieses Gericht sich anmaßt, sogar den Kaiser und die Weisen des größten Reiches der Welt wegen Idolatrie und Atheismus zu verurteilen, ohne sie anzuhören und ohne ausreichende Kenntnis von Sprache, Sitten und Staatsgeschäften dieses von dem unseren so verschiedenen Landes. So mancher wird sagen, daß ein solches Urteil null und nichtig wäre, abgesehen davon, nois d'idolatrie chez nous seroit nous condamner au bannissement chez eux. Si l'on donnoit occasion aux sçavans chinois de s'expliquer, peut estre le feroient ils d'une maniere satisfactoire, au moins qu'en sçait-on? Et cependant pourquoy leur fermer la porte, les aigrir, et les obliger quasi à s'obstiner dans le mauvais parti, si par malheur ils y estoient; au lieu de leur fournir un moyen doux et honneste d'en sorti[r] sous pretexte que deja les dogmes de leur ancestres convenoient avec ceux du Christianisme. J'ay déja allegué autresfois que S. Paul donna une interpretation avantageuse au dieu inconnu des Atheniens, sans se mettre en peine si c'estoit justement le sens des auteurs de l'inscription.

Je vous supplie mon Reverend Pere de marquer tousjours mes respects au T. R. P. Verjus dont les soins Apostoliques sont dignes d'eternelle memoire, et sont visiblement benis de Dieu; et de faire donner la cyjointe au R. P. de Fontenay; qui m'aura apporté la lettre du R. P. Bouvet; à qui je reponds aussi par une autre cyjointe, que je n'ay pas voulu mettre dans celle du P. Fontenay, ne sçachant point s'il se trouveroit à Paris. En cas qu'il y est, je vous supplie de les luy donner toutes deux et de favoriser l'adresse au P. Bouvet le plus tost, qu'il se pourra. Ce pere marque dans la sienne, qu'on me donnera une pleine information des connoissances et des choses que le R. P. Fontenay apporteroit, et qu'on me communiquera même le detail de ce que je pourrois desirer en particulier. Je vous supplie donc mon R. P. de me favoriser de l'information generale, que vous jugerés convenable[,] mais de la faire entrer un peu plus dans le détail à l'egard de ce qui est [de] la Geographie et des langues de la Tartarie et particulierement touchant la carte de Mons. Witsen tirée des memoires des Moscovites[,] car le R. P. Bouvet me marque que le R. P. Gerbillon envoye des bonnes notices sur ce sujet. J'espere aussi un Catalogue de tous les livres chinois apportés tant apredaß eine Verurteilung der Chinesen wegen Idolatrie bei uns darauf hinausliefe, uns selbst aus China zu verbannen. Wenn man den chinesischen Gelehrten Gelegenheit gäbe, ihren Standpunkt zu erläutern – vielleicht täten sie es auf zufriedenstellende Weise? Was können zumindest wir davon schon wissen? Und warum sollen wir andererseits die Chinesen aussperren, sie verärgern und sie gleichsam zwingen, sich in einer falschen Einstellung zu versteifen, wenn denn unglücklicherweise ihre Einstellung die falsche wäre, statt unter dem Vorwand, daß schon die Glaubenssätze ihrer Ahnen mit jenen des Christentums übereinstimmten, ihnen einen ebenen und ehrenhaften Ausweg zu bahnen? Ich habe schon früher angeführt,[6] daß der Heilige Paulus den unbekannten Gott der Athener positiv deutete,[7] ohne sich den Kopf darüber zu zerbrechen, ob er damit die Meinung der Urheber der Inschrift traf.

Ich bitte Sie, Ehrwürdiger Vater, P. Verjus meiner fortwährenden Hochachtung zu versichern; seine apostolische Arbeit ist ewigen Gedächtnisses würdig, über ihr waltet sichtbar Gottes Segen. Bitte geben Sie den beiliegenden Brief P. de Fontaney, der vermutlich den Brief von P. Bouvet an mich mitgebracht hat. Meine Antwort darauf liegt ebenfalls bei, denn da ich nicht weiß, ob P. de Fontaney in Paris ist,[8] wollte ich sie nicht meinem Brief für diesen beischließen. Sollte P. de Fontaney da sein, geben Sie ihm bitte beide Briefe und sagen Sie ihm, er möchte mein Schreiben für P. Bouvet diesem so bald wie möglich zukommen lassen. P. Bouvet sagt in seinem Brief, daß ich vollständig unterrichtet werden soll über die Kenntnisse und Dinge, die P. de Fontaney mitbringen würde, und daß man mir sogar Einzelheiten über Dinge, an denen mir besonders läge, übermitteln würde. Ich bitte Sie also, Ehrwürdiger Vater, mir freundlicherweise die allgemeinen Informationen zukommen zu lassen, die Sie für geeignet halten, aber ein wenig mehr ins Detail zu gehen in Fragen der Geographie und der Sprachen der Tatarei und insbesondere, was die Karte von Herrn Witsen betrifft,[9] die anhand der russischen Berichte erarbeitet worden ist. P. Bouvet teilt mir nämlich mit, daß P. Gerbillon wertvolle Nachrichten zum Thema schickt.[10] Ich mache mir auch Hoffnungen auf ein Verzeichnis aller chinesischen sent qu'un peu auparavant, item des graines, drogues, instrumens, etoffes, et autres choses naturelles et artificielles, de ce pays là, que vous avés recûs. Je serois aussi bien aise de sçavoir si on n'a amené en Europe quelque Chinois entendu dans quelque langue Européenne. Item les reflexions que le R. P. de Fontenay fait sur les memoires du R. P. Gouye, qui est de l'Academie Royale de[s] Sciences, où il est parlé des observations des missionnaires. J'attends un jour les livres que vous me faites esperer, comme les lettres des R. Peres Dez et Le Comte, le livre du P. Brancati, la relation sur le voyage du R. P. Bouvet, et si on imprime quelque chose sur celuy du R. P. de Fontenay, qui donnera beaucoup [de] lumieres pour la mathematique et la physique. Ayés la bonté de porter celuy des RR. PP. Fontaney ou Gouye, qui aura le plus de loisir à me favoriser de quelque detail. Et je vous en seray bien obligé estant etc.

Bücher, die jetzt oder in jüngerer Vergangenheit [nach Europa] gebracht worden sind, und auch der Samen, Spezereien, Instrumente, Stoffe und anderen natürlichen oder künstlichen Gegenstände aus China, die Sie erhalten haben. Ich wüßte auch gern, ob man nicht einen Chinesen mit Kenntnissen irgendeiner europäischen Sprache mit nach Europa gebracht hat. Ferner [wäre ich interessiert an] den Überlegungen des P. de Fontaney über die *Observations* von P. Gouye,[11] einem Mitglied der Académie royale des sciences, wo von den [naturwissenschaftlichen] Beobachtungen der Missionare die Rede ist. Für die fernere Zukunft erwarte ich, die Bücher zu erhalten, die Sie mir in Aussicht stellen,[12] wie die Briefe der Patres Dez und Le Comte, das Buch des P. Brancati, der Reisebericht von P. Bouvet. [Ich hätte auch gern ein Exemplar,] wenn etwas über die Reise von P. de Fontaney gedruckt werden sollte. Daraus wären zahlreiche Einsichten zu Mathematik und Physik zu entnehmen. Bitte veranlassen Sie P. de Fontaney oder P. Gouye, je nachdem wer am ehesten Muße hat, mir freundlicherweise das eine oder andere Detail mitzuteilen. Dafür werde ich ihnen sehr verbunden sein [...]

42. LEIBNIZ AN JOACHIM BOUVET S.J.

BRAUNSCHWEIG, 15. FEBRUAR 1701. [39. 44.]

Mons tres Reverend Pere   Bronsvic 15 Feb. 1701

Je Vous suis extremement obligé de la bonté que vous avés eue de garder jusque dans un autre monde le souvenir d'un homme qui vous honnore infiniment, mais qui vous est peu utile. Vostre ample et belle lettre m'a esté rendue tard, à cause d'un long voyage, dont je ne suis revenu que depuis peu. L'Electeur de Brandebourg (couronné maintenant Roy de Prusse le 18me janvier de cette annee) m'a fait faire un voyage à Berlin, pour y contribuer à fonder une nouvelle societé des Sciences, dont Sa Majesté veut que j'aye la direction quoyque de loin, car je n'y sçaurois estre tousjours present. On y fera bastir un observatoire, et prendra d'autres mesures pour faire des recherches de la nature et de l'art. Ce soin m'occupa tout le dernier esté et une partie de l'automne. Delà je suis allé aux bains de Töpliz en Boheme à cause de ma santé où je croyois trouver le R. P. Kochanski, mais il estoit mort quelques mois au paravant. Cependant j'ay envoyé depuis la lettre que V. R. a écrite pour luy, aux peres de sa Province. C'est une perte; car c'estoit asseurement un des habils hommes de vostre compagnie. De Töpliz j'ay encor fait quelque tour dans l'Allemagne superieure, et pendant ce temps là, comme je n'avois point de sejour fixe, j'avois donné ordre qu'on gardât mes lettres à Hanover. Ainsi comme on n'a pas eu d'abord reponse de moy, à Paris, on ne m'a rien encor mandé de ce que le R. P. Fontaney aura apporté. J'ecriray moy meme à ce pere, aussi bien qu'aux RR. PP. Verjus et Le Gobien là dessus; et j'espere qu'on m'en donnera part suivant la lettre de V. R. Cependant si doresnavant V. R.

42. LEIBNIZ AN JOACHIM BOUVET S.J.

BRAUNSCHWEIG, 15. FEBRUAR 1701. [39. 44.]

Sehr ehrwürdiger Vater Braunschweig, den 15. Februar 1701

Ich bin Ihnen aufs äußerste verpflichtet, daß Sie die Güte hatten, noch in einer anderen Welt die Erinnerung an einen Mann zu bewahren, der Sie zwar unendlich verehrt, Ihnen aber von geringem Nutzen ist. Wegen einer langen Reise, von der ich erst kürzlich zurückgekehrt bin, habe ich Ihren langen, schönen Brief[1] erst spät erhalten. Der Kurfürst von Brandenburg, der am 18. Januar dieses Jahres zum König von Preußen gekrönt worden ist,[2] hat mich veranlaßt, nach Berlin zu reisen, um dort bei der Gründung einer neuen Sozietät der Wissenschaften mitzuwirken, die ich nach dem Willen Seiner Majestät leiten soll, wenn auch von ferne, da ich nicht immer anwesend sein kann. Es sollen dort ein Observatorium errichtet und andere Maßnahmen ergriffen werden, für Forschungen zu Natur und Kunst.[3] Damit bin ich den ganzen vergangenen Sommer und einen Teil des Herbstes über beschäftigt gewesen. Von Berlin bin ich aus Gesundheitsgründen ins Bad nach Teplitz in Böhmen gegangen. Ich glaubte, ich würde dort P. Kochański begegnen, er war aber einige Monate zuvor gestorben.[4] Ich habe dennoch inzwischen den von Euer Ehrwürden für ihn bestimmten Brief[5] an die Patres seiner Ordensprovinz geschickt. [Sein Tod] ist ein Verlust, denn er gehörte sicherlich zu den fähigen Leuten Ihres Ordens. Von Teplitz habe ich noch eine kleine Reise nach Süddeutschland gemacht; weil ich keinen festen Aufenthaltsort hatte, hatte ich für diese Zeit angeordnet, meine Briefe in Hannover zurückzubehalten. Und weil man in Paris zunächst keine Antwort von mir bekommen hatte, habe ich auch noch keine Mitteilung darüber erhalten, was P. de Fontaney [aus China] mitgebracht hat. Diesem werde ich in dieser Angelegenheit selbst schreiben,[6] ebenso wie den Patres Verjus[7] und Le Gobien;[8] und ich hoffe, daß man mich darüber unterrichten wird, so wie Euer Ehrwürden es mir brieflich [zugesagt haben]. Wenn aber Euer Ehrwürden mir künftig etwas zukommen lassen veut m'adresser quelque chose qui me soit rendu plus particulierement, il pourroit estre enfermé dans sa lettre.

L' Europe a produit plusieurs belles decouvertes depuis peu. On a fort poussé ma nouvelle Analyse des infinitesimales. J'ay trouvé moy même une insigne promotion de cette science; et par ces moyens des problemes sont en nostre pouvoir qui passoient autres fois l'Algebre et l'Analyse; par exemple nous avons determiné les figures des vaisseaux qui resistent le moins dans un fluide, la ligne dans la quelle un corps pesant viendroit d'un point à un autre dans le temps le plus court qui soit possible et mille questions semblables; et comme la nature garde partout le caractere de l'infinité de son auteur, il n'y a que cette science de l'infini, qui donne veritablement le passage de la mathematique à la physique. J'avois trouvé aussi que la chainette[,] c'est à dire la ligne dans la quelle une chaine se courberoit d'elle même si elle avoit des anneaux tres petits, donne les logarithmes sans aucun calcul et sans les tables.

Dans la Chymie un habile Allemand de mes amis, a trouvé une liqueur merveilleuse[;] il l'appelle avec raison spiritum igneum, car cet esprit estant melé avec quelques huilles il s'allume en un instant et se consume en charbon. Mais l'inventeur n'en a pas encor publié le secret.

J'ay souvent conseillé qu'on essayât sur mer combien le Barometre pourroit servir pour prevoir les tempestes, puisque M. Guerike avoit observé que les grands orages le faisoient baisser. Enfin on l'a essayé dans un grand voyage, et on me mande, qu'on peut s'appercevoir de l'orage futur environ 12 heures auparavant, ce qui suffit le plus souvent pour se garantir, soit en se mettant à l'abri, ou au moins en s'eloignant des bancs et des rochers, et en faisant tous les preparatifs dans le vaisseau pour n'estre point surpris, de sorte que cela pourra sauver dans la suite une infinité de vaisseaux.

möchten, das für mich persönlich bestimmt ist, könnten Sie es Ihrem Brief beischließen.

Europa hat in der jüngsten Vergangenheit einige schöne Entdekkungen hervorgebracht. Meine neue Infinitesimalrechnung ist wesentlich vorangetrieben worden.[9] Ich habe selbst diese Wissenschaft einen bedeutenden Schritt vorangebracht; auf diese Weise sind Probleme lösbar geworden, die über die Möglichkeiten der bisherigen Algebra und Analysis hinausgingen. Wir haben zum Beispiel die Schiffsformen bestimmt, die im Strom den geringsten Widerstand verursachen;[10] die Kurve, in der ein schwerer Körper in der kürzestmöglichen Zeit von einem Punkt zu einem anderen kommt,[11] und tausend ähnliche Probleme. Da die Natur überall von der Unendlichkeit ihres Urhebers geprägt bleibt, eröffnet nur diese Wissenschaft vom Unendlichen wirklich den Übergang von der Mathematik zur Physik. Ich hatte auch festgestellt, daß die Kettenlinie, d. h. die Kurve, in der eine aus sehr kleinen Gliedern bestehende Kette sich von selbst krümmen würde, die Logarithmen liefert, ohne irgendwelche Berechnung und ohne Tafeln.[12]

In der Chemie hat ein fähiger Deutscher aus meinem Freundeskreis eine wunderbare Flüssigkeit erfunden;[13] er nennt sie zu Recht *spiritus igneus* (»Feuergeist«), denn wenn man diesen Spiritus mit einigen Ölen vermischt, entzündet er sich augenblicklich und verbrennt zu Kohle. Der Erfinder hat aber das Geheimnis dieses Vorgangs noch nicht veröffentlicht.[14]

Ich habe oft empfohlen, durch Experimente auf See festzustellen, inwieweit das Barometer dazu dienen kann, Unwetter vorherzusehen,[15] da Herr von Guericke beobachtet hatte, daß die schweren Stürme es fallen ließen.[16] Endlich hat man [jetzt] den Versuch auf einer großen Seereise gemacht, und man teilt mir mit, daß man einen aufziehenden Sturm etwa zwölf Stunden im voraus feststellen kann,[17] was meistens ausreicht, um sich in Sicherheit zu bringen: sei es, daß man in Deckung geht, sei es, daß man sich wenigstens von Sandbänken und Felsen entfernt und auf dem Schiff alle Vorbereitungen trifft, um nicht [vom Sturm] überrascht zu werden. Auf diese Weise können in Zukunft unendlich viele Schiffe gerettet werden.

Je suis bien faché de la guerre allumée entre le Tzar de Moscovie et le Roy de Suede, parce que j'ay peur que cela fera tort au dessein que j'avois de profiter des caravanes qui vont de Moscou à la Chine par le moyen de la cour de Brandebourg qui est assez bien avec le Tzar. Car M. Golowin qui a esté autres fois Ambassadeur de Moscovie pour le traité de limites avec la Chine passant par ce pais cy avec le Tzar, dont il est maintenant un des principaux Ministres[,] nous fit esperer qu'il favoriseroit ces desseins; mais l'armée du Tzar ayant esté entierement defaite devant Narva par la faute des Moscovites qui jetterent les armes sans obeir aux officiers estrangers; on dit que ce Prince est animé contre les estrangers, comme s'ils l'avoient mal servi. On croit pourtant qu'il se desabusera. Si la paix se fait le commerce entre l'Europe et la Chine pourra devenir plus frequent encor de ce costé là.

Je ne sçay si j'ay touché autres fois en écrivant à vostre Reverence, le nouveau calcul numerique que j'ay inventé non pas pour la practique vulgaire mais pour la theorie de la science, car il ouvre un grand champs à des nouveaux theoremes; et sur tout ce calcul donne une representation admirable de la Creation. C'est que suivant cette methode tous les nombres s'ecrivent par le melange de l'unité et du Zero, à peu pres comme toute[s] les creatures viennent uniquement de Dieu et du rien. Il n'y a rien dans les mathematiques qui me paroisse plus beau pour l'usage de la religion; et pour en confirmer un article des plus considerables que les philosophes non Chrestiens ont coustume de rejetter tout d'une voix[;] aussi ne dit on pas en vain que les essences sont comme les nombres et toutes les imperfections des choses ne consistent que dans les negations; d'où vient que S. Augustin disoit tres bien, que le mal vient du rien. Voicy ce que c'est que ce calcul: comme on a coustume ordinairement de se servir de la progression par dix, et comme quelques uns

Ich bin sehr ärgerlich über den Krieg,[18] der zwischen dem russischen Zaren [Peter I.] und dem König von Schweden [Karl XII.] entbrannt ist, denn ich fürchte, daß dadurch mein Plan beeinträchtigt wird, mir mit Hilfe des brandenburgischen Hofes, der recht gut mit dem Zaren steht, die Karawanen zunutze zu machen, die von Moskau nach China ziehen. Herr Golovin[19] – seinerzeit russischer Gesandter [d.h. Bevollmächtigter] bei der Aushandlung des Grenzvertrags mit China – ist nämlich mit dem Zaren, zu dessen wichtigsten Ministern er jetzt zählt, durch Braunschweig-Lüneburg gereist, und hat uns Hoffnung gemacht, daß er diese Pläne fördern würde. Nachdem nun aber die Armee des Zaren vernichtend vor Narwa geschlagen worden ist [20] (und schuld waren die Russen, die die Waffen gestreckt haben, statt auf ihre ausländischen Offiziere zu hören), heißt es, der Zar grollte den Ausländern, als hätten sie ihm schlecht gedient. Man glaubt aber, daß er sich besinnen wird. Sobald Frieden herrscht, kann der Handel zwischen Europa und China nach dieser Seite (über Rußland) noch intensiver werden.

Ich weiß nicht, ob ich früher schon einmal in einem Brief an Euer Ehrwürden auf den Zahlenkalkül zu sprechen gekommen bin,[21] den ich nicht etwa für den alltäglichen Bedarf erfunden habe, sondern für die wissenschaftliche Theorie, denn er eröffnet ein weites Feld für neue Lehrsätze, und vor allem liefert er eine bewundernswerte Darstellung der Schöpfung. Nach dieser Methode werden nämlich alle Zahlen durch die Vermischung von Eins und Null geschrieben, ungefähr so wie alle Geschöpfe ausschließlich von Gott und vom Nichts herkommen. Nichts in der Mathematik scheint mir besser für die Zwecke der Religion geeignet und dafür, einen der wichtigsten Artikel [der christlichen Glaubenslehre] zu bestätigen, den die nichtchristlichen Philosophen einstimmig zu verwerfen pflegen. Man sagt demnach nicht umsonst, daß die Wesenheiten wie die Zahlen sind[22] und alle Unvollkommenheiten der Dinge in nichts anderem als den Negationen bestehen. Daher sagte Augustinus sehr richtig, daß das Böse aus dem Nichts kommt.[23] Dieser Kalkül ist folgendermaßen beschaffen: So wie man sich üblicherweise der Zehnerprogression bedient und wie einige[24] andere Progressionen en ont employé d'autres, je voulois considerer ce que seroit la plus simple progression possible, qui est la progression binaire ou la progression geometrique double; et j'ay vû d'abord comme la denaire n'employe que dix characteres, sçavoir depuis o jusqu'à 9, que la binaire n'en employeroit que deux, sçavoir o et 1. Et comme dans la progression denaire 10 signifie dix, et 100 signifie cent, et 1000 mille, et 10000 dix mille, et 100000 cent mille, et 1000000 un million, et ainsi de suite, j'ay jugé que dans la binaire 10 seroit deux, et 100 seroit quatre, et 1000 seroit 8, et 10000 seize, et 100000 trente deux, et 1000000 soixante et quatre, etc. C'est ce que le calcul monstre aussi luy même quand on n'employe que deux caracteres o et 1, car 1 + 1 estant 10, et 3 est 10 + 1 = 11 et 4 est 11 + 1 = 100. Car 1 + 1 est 10, c'est à dire o sous la colomne reste 1 pour la suivante colomne, marqué par un point. Et dans la suivante encor 1 + 1 est o[,] restant 1 encor pour la colomne encor suivante[,] ce qui donne 100, comme il paroist à la marge sous le signe ℵ, où j'ay marqué ces reservations par des points. De même 5 sera 100 + 1 = 101[,] et 6 sera 101 + 1 = 110 [,] et 7 sera 110+1 ou bien 111 [,] et 8 sera 111 + 1 c'est à dire 1000 et ainsi de suite. Mais pour representer la suite de ces nombres jusqu'à 32[,] en voicy la Table sous ב, où les places vacantes au dessus des colonnes sont [remplies] par des petits o, pour mieux marquer les periodes, dont je parleray tantost.

ℵ	
1	1
.1	
10	2
1	
11	3
..1	
100	4
1	
101	5
.1	
110	6
1	
111	7
...1	
1000	8

Dans cette Table se decouvre à la premiere vûe une harmonie merveilleuse, c'est qu'il y a des periodes reglées dans chaque colonne [:] dans la premiere 01, car il y a 010101 etc., tousjours o et 1 alternativement, dans la seconde colonne il y a 0011 [,] qui revient tousjours, dans la 3me 0000 1111 [,]dans la quatrieme 0000000011111111, et ainsi de suite dans les autres, de sorte qu'on peut continuer la table sans aucun calcul en continuant seulement d'ecrire. Cet ordre dans la constitution originaire des nombres suivant cette expression donne des ouvertures d'une nouvelle science à la quelle personne a encor songé jusqu'icy, car comme l'analyse de tous les nombres angewandt haben, wollte ich die einfachste mögliche Progression ins Auge fassen: die binäre oder geometrische Progression mit 2. Zunächst habe ich gesehen, daß so wie das Zehnersystem nur zehn [Zahl-]Zeichen verwendet, nämlich die Zeichen von 0 bis 9, das binäre System nur zwei verwenden würde, nämlich 0 und 1. Und da bei der Zehnerprogression 10 »zehn« bedeutet und 100 »hundert« und 1000 »tausend« und 10.000 »zehntausend« und 100.000 »hunderttausend« und 1.000.000 »eine Million« usw., habe ich befunden, daß im binären System 10 »zwei«, 100 »vier«, 1.000 »acht«, 10.000 »sechzehn«, 100.000 »zweiunddreißig«, 1.000.000 »vierundsechzig« usw. bedeuten.[25] Das zeigt auch der Kalkül selbst, wenn man nur die beiden [Zahl-]zeichen 0 und 1 verwendet, denn 1 + 1 ist 10, und 3 ist 10 + 1 = 11 und 4 ist 11 + 1 = 100. Denn 1 + 1 ist 10, d.h. 0 in der [ersten (rechten)] Spalte, bleibt 1 für die folgende, durch einen Punkt markierte Spalte. Und auch in der [über-]nächsten [Rechnung] ist 1 + 1 gleich 0, und es bleibt wiederum 1 auch für die wiederum folgende Spalte, was 100 ergibt, wie am Rand unter der Bezeichnung א zu sehen ist, wo ich diese Positionen mit Punkten bezeichnet habe. Desgleichen wird 5 gleich 100 + 1 = 101 sein, 6 gleich 101 + 1 = 110, 7 gleich 110 + 1 oder 111, 8 gleich 111 + 1 d.h. 1000 usw. Aber für die Darstellung der Folge dieser Zahlen bis 32 habe ich hier die Tabelle ב [angelegt], wo die leeren Stellen über [vielmehr: in] den Spalten durch kleine Nullen aufgefüllt werden zur besseren Kennzeichnung der Perioden, auf die ich gleich kommen werde.

[Bereits] auf den ersten Blick entdeckt man in dieser Tafel eine wunderbare Harmonie, insofern es in jeder Spalte regelmäßige Perioden gibt: in der ersten 01, denn es steht 010101 usw., immer 0 und 1 abwechselnd; in der zweiten Spalte steht 0011, das immer wiederkehrt; in der dritten 00001111, in der vierten 0000000011111111 und entsprechend in den folgenden. Man kann auf diese Weise die Tabelle ohne alles Rechnen fortführen, indem man einfach weiterschreibt. Diese Ordnung in der ursprünglichen Konstitution der Zahlen, wie sie in dieser Darstellungsweise sichtbar wird, eröffnet den Blick auf eine neue Wissenschaft, an die bisher noch niemand gedacht hat, denn da die Darstellung aller Zahlen durch 0 und 1

ב	
00000	0
00001	1
00010	2
00011	3
00100	4
00101	5
00110	6
00111	7
01000	8
01001	9
01010	10
01011	11
01100	12
01101	13
01110	14
01111	15
10000	16
10001	17
10010	18
10011	19
10100	20
10101	21
10110	22
10111	23
11000	24
11001	25
11010	26
11011	27
11100	28
11101	29
11110	30
11111	31

en 0 et 1 est la plus parfaite et la plus poussée à bout, il ne faut pas s'étonner, qu'on penetre plus avant par son moyen. Or je trouve que tous les nombres ternaires, quinaires, septenaires, etc., c'est à dire divisibles par 3, par 5[,] par 7 etc. ont des semblables periodes qui reviennent tousjours à l'infini, par exemple pour les ternaires dans la premiere colonne la periode est 01, dans la seconde 0110, dans la 3me est 00101101, dans la 4me 000111001110001 et ainsi dans les colonnes suivantes comme je le puis determiner, on voit tout cela dans la Table ב [.] Il en est de même dans les quinaires, septenaires, novenaires etc., ou dans les multiples en general, où il se trouve tousjours qu'une moitié de la periode est contraire à l'autre[,] c'est à dire 0 contre 1 et vice versa. Mais qui plus est[:] ces periodes se trouvent aussi dans les quarrés, cubes, et autres puissances. Par exemple pour les quarrés la periode de la premiere colonne est 01, la seconde n'a que des 0, la troisieme a pour periode 0010, la 4me a 00010100, la 5me 0000110101011000. Pour les cubes la periode de la premiere colonne est 01, de la seconde 0001, de la 3me 00000101; et ainsi des autres, de sorte que par ce moyen extraordinaire de periodes les Tables des puissances des plus hauts degrés se peuvent ecrire presque sans calcul. Ainsi outre la contemplation ils y trouveront même de grands usages pour certaines practiques considerables[.] En un mot il est caché là dedans une Arithmetique toute nouvelle merveilleusement feconde en theoremes[,] puisque en toute sorte de series l'expression même des nombres va par regles. Elle ne doit point servir à la verité aux calculs ordinaires[,] mais elle mene à la resolution des difficultés où d'autres voyes connues ne sçauroient aller, mais ce qu'il seroit trop prolixe de monstrer icy, et il suffit maintenant qu'avant que je la quitte[,] je fasse encor une remarque curieuse, qu'on voit d'un coup d'œil dans cette expression, sçavoir pourquoy tous les nombres se peuvent former par la seule combinaison des nombres de la progression Geometrique double ou binaire, ce que les Arithmetidie vollkommenste und gründlichste ist, nimmt es nicht wunder, daß man mit ihrer Hilfe weiter kommt. Dabei finde ich nun, daß alle Dreier-, Fünfer-, Siebener- usw. -Zahlen, d.h. alle durch 3, 5, 7 usw. teilbaren Zahlen ähnliche Perioden aufweisen, die immer bis ins Unendliche gehen. So ist zum Beispiel für die Dreierzahlen die Periode in der ersten Spalte 01, in der zweiten 0110, in der dritten 00101101, in der vierten 0001110011100011 und entsprechend in den folgenden Spalten, wie ich es bestimmen kann. Das ist alles aus der Tafel ב zu ersehen. Ebenso verhält es sich bei den Fünfer-, Siebener- und Neunerzahlen usw. oder bei den Vielfachen ganz allgemein, wo sich immer findet, daß eine Hälfte der Periode der anderen entgegengesetzt ist, d.h. 0 steht statt 1 und umgekehrt. Aber mehr noch, diese Perioden finden sich auch in den Quadrat- und Kubikzahlen und in den übrigen Potenzen. So ist für die Quadratzahlen die Periode der ersten Spalte 01, die zweite weist nur Nullen auf, die Periode der dritten ist 0010, die der vierten 00010100, die der fünften 0000110101011000. Bei den Kubikzahlen ist die Periode der ersten Spalte 01, die der zweiten 0001, die der dritten 00000101, und entsprechend verhält es sich mit den übrigen, so daß durch dieses ungewöhnliche Hilfsmittel der Perioden die Tafeln selbst der höchsten Potenzen, fast ohne zu rechnen, sich notieren lassen. Über die [bloße] Betrachtung hinaus wird man darin für gewisse wichtige Anwendungen großen Nutzen finden. Kurz, es ist darin eine ganz neue Arithmetik verborgen, von einem wunderbaren Reichtum an Lehrsätzen, denn bei jeder Art von Reihen folgt sogar die Darstellung der Zahlen [bestimmten] Regeln. Dabei soll diese allerdings nicht etwa dem gewöhnlichen Rechnen dienen; vielmehr führt sie zur Beseitigung von Schwierigkeiten, wo andere bekannte Wege nicht gangbar sind. Das hier zu zeigen würde aber zu weit führen, und für den Augenblick genügt es, daß ich, bevor ich den Gegenstand verlasse, noch eine bemerkenswerte Feststellung notiere, die man bei dieser Darstellung der Zahlen auf den ersten Blick macht: [die Erklärung] nämlich, warum alle Zahlen sich durch die bloße Kombination der Zahlen der binären geometrischen Progression ausdrücken lassen – das hatten die Arithmetiker bereits als einen

000000	0
000011	3
000110	6
001001	9
001100	12
001111	15
010010	18
010101	21
011000	24
011011	27
011110	30
100001	33
100100	36
100111	39
101010	42
101101	45
110000	48

Quarrés

00000	0
00001	1
00100	4
01001	9
10000	16
11001	25
100100	36
110001	49
1000000	64
1010001	81
1100100	100
1111001	121
10010000	144
10101001	169

ciens avoient deja remarqué comme un privilege de cette progression. Par exemple 23 est 16 + 4 + 2 + 1, c'est à dire 10000 + 100 + 10 + 1 ou tout à la fois 1011[1][,] et 113 est 64 + 32 + 16 + 1, c'est à dire 1000000 + 100000 + 10000 + 1 ou 1110001, et ainsi des autres; et c'est pour cela que les essayeurs de monnoye, se servent de petits poids en progression double[,] car ainsi peu de poids suffisent pour beaucoup de nombres ou pesanteurs. Par exemple pour former tous les nombres depuis 1 jusqu'à 63, on n'a besoin que de six nombres ou poids, sçavoir 1, 2, 4, 8, 16, 32. Et depuis 1 jusqu'à 31 on n'en demande que cinq, sçavoir 1, 2, 4, 8, 16, comme la table le monstre, qui fait voir en meme temps la combinaison des poids pour former la pesanteur suivant chaque nombre. Si on se fut avisé dans le monde de faire aussi les monnoyes en progression Geometrique double[,] on auroit pû faire le plus de valeurs avec le moins de pieces. Et si au lieu de la progression denaire on eût employé la sedenaire, il y auroit eu une conciliation entre la theorie et la practique plus qu'il n'y en a apresent, et on y auroit trouvé des utilités que la denaire ne sçauroit donner, ce que je dis simplement pour le remarquer, et non pas que je pretende reformer l'usage public.

Mais mon principal but a esté, Mon Reverend Pere, de Vous fournir une nouvelle confirmation de la Religion Chrestienne à l'egard du sublime article de la Creation par un fondement, qui sera à mon avis d'un grand poids chez les philosophes de la Chine et peutestre chez l'Empereur même[,] qui aime et entend la science des nombres. A dire simplement que tous les nombres se forment par les combinaisons de l'unité avec du rien, et que le rien suffit pour les diversifier, cela paroist aussi croyable que de dire que Dieu a fait toutes choses de rien, sans se servir d'aucune matiere primitive; et qu'il n'y a que ces deux premiers principes[,] Dieu et le Rien: Dieu des perfections, et le Rien des imperfections ou vuides d'essence. Et si vous

Vorzug dieser Progression festgestellt. 23 zum Beispiel = 16 + 4 + 2 + 1, d.h. 10.000 + 100 + 10 + 1 oder insgesamt 10111; und 113 = 64 + 32 + 16 + 1, d.h. 1.000.000 + 100.000 + 10.000 + 1 oder 1110001, und entsprechend für die anderen [Zahlen]. Aus diesem Grund bedienen sich auch die Münzprüfer kleiner Gewichte in Zweierprogression, denn so genügen wenige Gewichte für viele Zahlen oder Gewicht[sbestimmungen]. Um beispielsweise alle Zahlen von 1 bis 63 zu bilden, braucht man nur sechs Zahlen oder Gewichte, nämlich 1, 2, 4, 8, 16, 32. Und von 1 bis 31 sind nur fünf erforderlich, nämlich 1, 2, 4, 8, 16, wie aus der Tafel zu ersehen ist, die zugleich zeigt, wie die Gewichte zu kombinieren sind, um die Gewichtsbestimmung jeder [beliebigen] Größe zu ermöglichen. Wenn man überall darauf verfallen wäre, auch die Münzen in geometrischer Zweierprogression zu prägen, hätte man die größte Zahl von Werten mit der geringsten Zahl von Münzen erzielen können. Und wenn man anstelle der Zehnerprogression die Sechzehnerprogression verwendet hätte, würde man Theorie und Praxis besser in Übereinstimmung gebracht haben, als das gegenwärtig der Fall ist, und Nutzanwendungen gefunden haben, die die Zehnerprogression[26] nicht bieten kann. Ich sage das nur, um es einmal festzustellen, ich habe nicht den Ehrgeiz, die gängige Praxis zu reformieren.

Mein Hauptziel, Ehrwürdiger Vater, ist aber gewesen, Ihnen eine neue Bestätigung für das Christentum im Hinblick auf den erhabenen Glaubensartikel der Schöpfung zu liefern, und zwar auf einer Grundlage, die meiner Meinung nach von großem Gewicht sein wird bei den Philosophen Chinas und vielleicht auch beim Kaiser selbst, einem Liebhaber und Kenner der Wissenschaft von den Zahlen. Die bloße Aussage, daß alle Zahlen gebildet werden durch die Verbindung der Einheit mit dem Nichts und daß das Nichts ausreicht zur Diversifizierung der Zahlen, ist nicht weniger glaubhaft als die Aussage, daß Gott alles aus dem Nichts geschaffen hat, ohne sich irgendeiner ursprünglichen Materie zu bedienen, und daß es nur diese beiden Urprinzipien gibt, Gott und das Nichts: Gott [als Prinzip] der Vollkommenheiten, das Nichts [als Prinzip] der Unvollkommenheiten oder des Wesensleeren. Und wenn Sie [den Chi-

11000100	196
11100001	225
100000000	256

Cubes

000	0
001	1
1000	8
11011	27
1000000	64
1111101	125
11011000	216
101010111	343
1000000000	512
1011011001	729
1111101000	1000
10100110011	1331

supprimés l'origine de l'invention de ce calcul (qui vient de l'analogie de la progression binaire avec la denaire) la chose paroistra d'autant plus admirable. Peutestre que ce grand Monarque ne sera pas faché d'apprendre qu'un Européen de vostre connoissance, qui s'interesse infiniment en ce qui regarde la Chine et son commerce de lumieres avec l'Europe, a fait cette découverte et vous l'a envoyée exprés pour la consacrer à sa M^{té}. Je ne doute point que vous ne fassiés valoir la chose suivant son importance, à fin qu'elle porte coup à l'avantage de nostre religion; et peut estre pourroit elle porter ce prince en consideration de cela à vous donner des ordres de me faire communiquer en mon particulier des belles connoissances Chinoises, avec quelques echantillons de ce pays[,] entre autres à l'égard de la composition du papier, extraordinaire pour sa grandeur et finesse[,] item à l'egard de quelques experiences extraordinaires de physique ou specifiques eprouvés de medecine[.] Vous jugés bien que je n'en profiteray point pour moy et que le public en tireroit tout l'usage[,] mais comme je suis directeur d'une nouvelle societé des sciences suivant ce que je vous ay marqué[,] je ne seray point faché de luy estre utile en luy presentant quelque chose de peu commun; d'autant que cela serviroit à animer d'avantage le prince qui l'a fondée; ce qui tourneroit au profit des sciences. Ce prince que les Moscovites traitoient deja de Tzar ou Roy avant son couronnement comme aussi les Turcs et Tartares[,] le Roy de Perse et tous les autres princes hors de l'Europe a cela de remarquable pour la Chine que de son pays seul vient le Carabé ou succinum dont les Chinois font tant de cas. Et ce sera une circomstance singuliere pour moy d'estre directeur de la societé des sciences de ce Prince, ce qu'on pourroit faire valoir chez nesen gegenüber] seinen Ursprung (aus der Analogie der binären mit der Zehnerprogression) beiseitelassen, wird dieser Kalkül um so wunderbarer erscheinen. Vielleicht wird es jenem großen Monarchen nicht unlieb sein zu erfahren, daß diese Entdeckung von einem Europäer aus Ihrem Bekanntenkreis stammt, der unendlich interessiert ist an allem, was China betrifft und dessen geistigen Austausch mit Europa, und daß dieser Ihnen seine Entdeckung ausdrücklich zu dem Zwecke geschickt hat, um sie Seiner Majestät zu weihen. Ich bin sicher, daß Sie den Kalkül zur Geltung bringen werden, wie es seiner Bedeutung entspricht und damit er seine Wirksamkeit zugunsten unserer Religion entfaltet; und vielleicht könnte er in Anbetracht dessen [Leibniz' Rolle bei Entwicklung und Übermittlung des Kalküls] diesen Fürsten dazu bringen, Sie anzuweisen, mir persönlich interessante chinesische Kenntnisse mitzuteilen, dazu einige Proben [von Hervorbringungen] Chinas, unter anderem etwa im Hinblick auf die Papierherstellung (das chinesische Papier zeichnet sich durch die Größe [der Bogen] und seine Feinheit aus), ferner auf ungewöhnliche naturwissenschaftliche Experimente oder erprobte medizinische Spezifika. Sie können sich denken, daß ich daraus keinen Vorteil für mich selbst ziehen würde und daß die Öffentlichkeit allen Nutzen daraus haben würde. Da ich aber der Leiter einer neuen wissenschaftlichen Gesellschaft bin, wie ich Ihnen mitgeteilt habe, ist mir sehr wohl daran gelegen, mich dieser durch die Vorstellung von etwas Ungewöhnlichem nützlich zu erweisen. Das gilt um so mehr, als auf diese Weise der Fürst, der diese Gesellschaft begründet hat, zu weiteren Schritten angeregt werden könnte, was wiederum zum Vorteil der Wissenschaften ausschlagen würde. Der Fürst, von dem ich spreche [König Friedrich I. in Preußen] und dem die Russen bereits vor seiner Krönung [am 18. Januar 1701] den Titel eines Zaren oder Königs gaben, ebenso wie die Türken und Tataren, der König von Persien und alle anderen außereuropäischen Fürsten, hat für China insofern Bedeutung, als allein aus seinem Land der von den Chinesen so hochgeschätzte Bernstein kommt. Für mich wird es ein ganz besonderer Umstand sein, daß ich Leiter der wissenschaftlichen Gesellschaft dieses Fürsten bin, und das könnte man vous, s'il faut donner quelque exterieur et apparence à cette invention Numerique pour la presenter à l'Empereur et pour la faire gouter d'avantage. Vous sçaurés mieux ce qu'il faut pour cela, que je ne le sçaurois dire.

Je viens à la philosophie telle qu'il faudroit [l']etablir et cultiver egalement pour la verité et pour la religion. Je suis bien aise, mon Rev. Pere, que vous y entrés autant que moy. Vous ne sçauriés croire, combien j'ay avancé là dedans[,] j'ay des demonstrations en Metaphysique dont on n'a point encor vu de semblables; sur tout à l'egard de la cause, de l'effect et de l'estime de l'action. Les plus habiles gens (jusqu'au pere Malebranche même tout Cartesien qu'il est) conviennent bien maintenant que la même quantité de mouvement ne se conserve point comme Des Cartes l'avoit crû, mais ils se sont jettés dans une autre extremité, car n'entendant pas encor bien la veritable estime de la force, ils croyent presque tous à present, comme on voit dans les livres publiés depuis peu par le P. Malebranche, M. de la Hire, et autres, que la force absolue ne se conserve point, et qu'il y en a tantost plus tantost moins dans le monde parce que je ne leur ay point encor dechifré mon estime par laquelle j'ay demonstré que l'effect est tousjours equivalent à la cause, et que non seulement la même force absolue se conserve soit dans l'univers ou dans des corps qu'on suppose n'avoir commerce qu'entre eux; mais que meme prenant un certain temps, par exemple un quart d'heure, il y a autant d'action dans un quart d'heure, que dans un autre quart d'heure, soit dans l'univers, ou dans un systeme de corps non communicans au dehors. Ce qui fait voir que Des Cartes avoit vû quelque chose de la verité per nebulam mais qu'il avoit pris un qui pro quo s'imaginant que sa quantité de mouvement (qui se fait multipliant la grandeur par la vitesse et qui est momentanée) est la quantité de l'action, et donnera l'estime de ce qui se conserve. Un des plus celebres professeurs de Hollande nommé Mons. Volder, qui estoit un grand hyperaspiste de la philosophie de Des Cartes, jusqu'à avoir ecrit fortement bei Ihnen hervorheben, falls es dieser Zahlenkalkül-Erfindung ein gewisses Ansehen zu verleihen gilt, um sie dem Kaiser vorführen und ihn zusätzlich Geschmack daran finden zu lassen. Sie werden besser wissen als ich, was zu diesem Zweck erforderlich ist.

Ich komme nun zur Philosophie, so wie man sie einrichten und betreiben müßte – gleichermaßen um der Wahrheit wie um des Christentums willen. Ich freue mich, Ehrwürdiger Vater, daß Sie hierin ebenso wie ich denken. Sie können sich nicht vorstellen, wie weit ich hierin schon gekommen bin; in der Metaphysik verfüge ich über Beweise, derengleichen man noch nicht gesehen hat, vor allem in Hinblick auf Ursache, Wirkung und Schätzung der Kraft.[27] Die fähigsten Leute, ja sogar P. Malebranche, so sehr er auch Kartesianer ist, räumen jetzt ein, daß die jeweils gleiche Bewegungsmenge eben nicht erhalten bleibt, wie Descartes geglaubt hatte,[28] doch sind sie nun ins andere Extrem verfallen: da sie noch nicht wirklich in der Lage sind, die Kräfte richtig abzuschätzen, glauben sie jetzt fast alle, wie den kürzlich von P. Malebranche, Herrn de La Hire und anderen veröffentlichten Büchern zu entnehmen ist,[29] daß die absolute Kraft nicht erhalten bleibt und es bald mehr bald weniger davon auf der Welt gibt. Der Grund dafür ist, daß ich ihnen noch nicht meine Einschätzung entschlüsselt habe, auf Grund deren ich nachgewiesen habe, daß Ursache und Wirkung immer äquivalent sind und daß nicht nur dieselbe absolute Kraft erhalten bleibt, sei es im Universum, sei es in Körpern, von denen man annimmt, daß sie nur untereinander in Verbindung stehen, sondern daß darüber hinaus es innerhalb einer bestimmten Zeitspanne, zum Beispiel einer Viertelstunde, die gleiche Kraft gibt wie in einer anderen Viertelstunde, sei es im Universum, sei es in einem System von Körpern ohne Verbindung zur Außenwelt. Das zeigt, daß Descartes nebelhaft etwas von der Wahrheit gesehen hatte, daß er aber einer Verwechslung erlegen war in der Vorstellung, daß seine Bewegungsmenge (die sich aus der Multiplikation von Größe und Geschwindigkeit ergibt und momentan ist) gleich der Menge der Kraft ist und die Schätzung dessen erlaubt, was erhalten bleibt. Einer der berühmtesten holländischen Professoren, Herr de Volder, ein großer Verfechcontre la censure de M. l'Eveque d'Avranches, s'est rendu entierement, apres avoir connu le fonds de mes raisons par plusieurs lettres que nous avons echangées. Encor un philosophe Anglois tres celebre par des ouvrages considerables, a commencé à abandonner ses propres dogmes, et sa philosophie trop corpusculaire ayant reconnu, qu'il faut qu'il y ait quelque chose dans la substance corporelle, qui soit different de la grandeur et de l'impenetrabilité. Aussi ay je demonstré, que s'il n'y avoit que cela, il y auroit de tout autres loix et phenomenes à moins que Dieu n'y suppleât par miracle. Ce qui n'est point raisonnable du tout, et seroit peu digne de l'auteur des choses. Si j'avois des personnes qui m'aidassent, je donnerois une metaphysique et des elemens de physique veritablement demonstrés à la rigueur par le moyen de peu d'axiomes. Mais accablé par mille occupations d'affaires, de cour, de correspondances, de voyages, sans parler de l'Histoire de la maison de Bronsvic, tirée des archives, et de ce que j'ay fait sur le droit des gens, en publiant des pieces non imprimées touchant les traités et negotiations des princes, je seray obligé de laisser perdre bien des choses plus importantes à mon avis, que ce qui ne regarde que certains temps et certains hommes.

Je me souviens de vous avoir parlé d'un dessein de caracteristique tout à fait extraordinaire, ce seroit un moyen de peindre non pas la parole mais les pensees comme fait l'Algebre dans les mathematiques; En mettant les discours dans ces caracteres, on calculeroit et demonstreroit en raisonnant, je croy qu'on pourroit trouver une maniere de combiner cela avec les vieux caracteres des Chinois qui ont deja esté l'object de vostre meditation[,] ce qui serviroit merveilleusement pour leur faire gouster cette invention, et cette ter der Descartesschen Philosophie (das ging so weit, daß er sich in einer heftigen Streitschrift gegen die *Censura* des Herrn Bischofs von Avranches[30] wandte[31]), hat bedingungslos die Waffen gestreckt, nachdem er durch mehrere unter uns gewechselte Briefe den Kern meiner Argumentation kennengelernt hatte. Auch ein durch bedeutende Werke sehr berühmter englischer Philosoph[32] hat begonnen, seine eigenen Glaubenssätze und seine zu stark an der Korpuskulartheorie orientierte Philosophie aufzugeben, nachdem er erkannt hatte, daß es etwas in der Substanz der Körper geben muß, das von Größe und Undurchdringlichkeit verschieden ist.[33] Ich habe daher nachgewiesen,[34] daß, gäbe es sonst nichts, [Natur-]Gesetze und [Natur-]Erscheinungen ganz anders beschaffen wären, sofern nicht etwa Gott durch Wunder eingriffe. Das ist [allerdings] in keiner Weise vernunftgemäß und wäre des Schöpfers wenig würdig. Wenn ich Leute zur Hilfe hätte, würde ich eine Metaphysik und Grundlagen der Physik veröffentlichen, die mit Hilfe weniger Axiome in aller Strenge wirklich nachgewiesen würden. Aber tausend Beschäftigungen übermannen mich: Dienst- und Hofgeschäfte, Korrespondenzen, Reisen, ganz zu schweigen von der Geschichte des Hauses Braunschweig[-Lüneburg],[35] die auf Archivmaterialien basiert, und meinen Arbeiten zum Völkerrecht, in denen ich ungedruckte Stücke zu Verträgen und Verhandlungen der Fürsten veröffentlicht habe.[36] So werde ich viele Dinge verloren geben müssen, die meines Erachtens wichtiger sind als Materialien, die nur bestimmte Zeiten und bestimmte Menschen betreffen.

Ich erinnere mich, Ihnen von einem ganz außerordentlichen Plan erzählt zu haben, eine [ars] characteristica [zu entwickeln].[37] Damit gäbe es ein Mittel, nicht das Wort, sondern die Gedanken abzubilden, so wie es mit der Algebra in der Mathematik geschieht. Indem man die Gedankengänge durch die Zeichen ausdrückte, würde man rechnen und beweisen, indem man argumentiert, und ich glaube, es ließen sich Mittel und Weg finden, dies mit den alten Schriftzeichen der Chinesen in Verbindung zu bringen, über die Sie schon nachgedacht haben.[38] Das wäre ein großartiges Mittel, die Chinesen an dieser Erfindung Geschmack finden zu lassen und an dieser geheimmaniere d'ecriture mysterieuse qui seroit peut estre le plus grand moyen qu'on puisse inventer pour establir la verité de la religion par des voyes de la raison. Il eust esté à souhaiter, comme vous le marqués dans vostre lettre, que nous en eussions pû parler de vive voix, lorsque V.R. estoit en Europe, mais y ayant peu d'apparence pour cela maintenant; nous pourrions neantmoins faire quelque chose de considerable peut estre, si vous m'informiés à fonds de ce qu'on sçait ou pense de ces vieux caracteres chinois; et plus encor, si sur vos representations envoyées en France on chargeoit quelcun à m'aider dans ce grand dessein d'une caracteristique qui changeroit leur raisonnement en calcul; et serviroit meme à determiner le degré de verisimilitude dans les illations qui ne sont que vraisemb[l]ables.

Pour revenir à vostre lettre et à quelques paralipomenes, je vous supplie mon Rev. Pere de me procurer un jour le *pater* ou l'oraison dominicale avec quelques echantillons de mots fort usités dans des differentes langues des Indes, et sur tout des Tartares, Calmucs, ou Mugals, Elud, et autres qui tirent vers la Perse[,] vers la Moscovie, et vers la mer orientale. Et s'il y a dans la Chine même des langues differentes de celle qui est commune dans l'Empire, j'en souhaiterois la meme chose. Il seroit bon d'avoir des versions interlineaires mot pour mot de chaque *pater*, avec les caracteres des peuples. Ce que je souhaiterois aussi, particulierement à l'egard du Tangut, où reside le grand Lama, car on dit que les Tartares Mugals se servent fort de la langue et des caracteres de Tangut.

Comme cette grande conjonction des planetes, observée par un vieux Empereur Chinois et rapportee je crois par Martinius, a donné matiere à beaucoup de reflexions sur la chronologie, je vous supplie mon R. Pere de penser, avec le R. P. Grimaldi, si on ne pourroit trouver encor quelques autres observations choisies; pour nous servir en Europe à l'egard de l'Astronomie et dans la Chronologie[.] Je vous nisvollen Art Schrift, die vielleicht das beste erdenkliche Mittel wäre, um die Wahrheit des Christentums mit Hilfe der Vernunft zu erweisen. Es wäre, wie Sie in Ihrem Brief schreiben,[39] wünschenswert gewesen, daß wir darüber persönlich hätten sprechen können, als Euer Ehrwürden sich in Europa aufhielten; aber gegenwärtig sieht es nicht danach aus [als würden wir dazu noch Gelegenheit haben], und so könnten wir vielleicht dennoch etwas Bedeutendes leisten, wenn Sie mich von Grund auf darüber unterrichteten, was man über diese alten chinesischen Schriftzeichen weiß oder denkt. Mehr noch wäre zu erreichen, wenn auf Ihre Vorstellungen hin man jemanden in Frankreich damit beauftragen würde, mir bei diesem großen Vorhaben zur Hand zu gehen, eine Charakteristik [zu entwickeln], die ihre Argumentation in eine Rechenoperation verwandeln und zugleich dazu dienen würde, den Wahrscheinlichkeitsgrad in jenen Schlüssen[40] zu bestimmen, die lediglich wahrscheinlich sind.

Um auf Ihren Brief[41] und einige Paralipomena zurückzukommen, bitte ich Sie, Ehrwürdiger Vater, mir eines Tages das *Vaterunser* und einige Proben von sehr geläufigen Wörtern in verschiedenen indischen Idiomen und vor allem den Sprachen der Tataren, Kalmücken oder Mongolen, Ölöten[42] und anderer Völker, die in Richtung Persiens, Rußlands und des Pazifiks siedeln, zu beschaffen. Und falls es in China selbst Sprachen gibt, die sich von der Gemeinsprache des Reiches unterscheiden, hätte ich denselben Wunsch. Es wäre gut, wortwörtliche Interlinearversionen jedes *Vaterunser*-Textes zu haben, mitsamt den Schriftzeichen der [jeweiligen] Völker.[43] Das hätte ich insbesondere gern auch für Tibet, wo der große Lama residiert, denn es heißt, daß die Tataren des Mongal sich vielfach der Sprache und Schriftzeichen der Tibeter bedienen.[44]

Die große Planetenkonjunktion, die ein alter chinesischer Kaiser beobachtet hat und von der, glaube ich, Martini berichtet,[45] hat zu zahlreichen Überlegungen über die Chronologie Anlaß gegeben. Ich bitte Sie daher, Ehrwürdiger Vater, mit P. Grimaldi zu überlegen, ob nicht noch weitere auserlesene [astronomische] Beobachtungen [in China] zu finden wären, die uns in Europa zu astronomischen und chronologischen Zwecken dienen könnten. Ich bitte Sie auch, supplie aussi de luy temoigner que je luy rends tres humbles graces de son souvenir, que j'ay esté extremement rejoui des nouvelles de sa santé, et que je me flatte tousjours de voir encor quelque chose de sa part. Ces observations seroient principalement de son departement, puisqu'il est president du Tribunal des Mathematiques.

J'ay souhaité aussi de sçavoir si ce que les Chinois ont eu anciennement de Geometrie, a esté accompagné de quelques demonstrations, et particulierement s'ils ont sçû il y a long temps l'egalité du quarré de l'hypotenuse aux deux quarrés des costés, ou quelque autre telle proposition de la Geometrie non populaire. Trouvet-on que l'art de distiller et autres operations chymiques sont anciennes dans la Chine[?]

Je m'imagine aussi que Vostre Reverence aura trouvé à Paris un petit discours du celebre Kepler dont je luy avois parlé[,] fait autres fois sur une lettre du P. Terentius de vostre compagnie, envoyée de la Chine, et qu'on aura fait reflexion là dessus. En tout cas j'en parleray encor au R. P. de Fontenay.

Que jugés vous, mon R.P. de la conjecture de Golius celebre orientaliste, qui croyoit que la langue chinoise estoit faite par artifice aussi bien que les caracteres? Ne peut on pas obtenir bientost par le R.P. Visdelou l'analyse grammatique des caracteres de quelque petit livre chinois, pour servir d'echantillon; item un essay de la grammaire pour ainsi dire des caracteres[?] Mais comme ces choses sont encor à faire, je souhaiterois de pouvoir obtenir cependant des choses déja faites, sçavoir un dictionnaire des characteres chinois expliqués dans quelque langue d'Europe, et un dictionnaire que le R.P. Grimaldi m'a dit qu'il y a dans la Chine, où les figures des choses sont adjoutées aux caracteres. Et meme s'il y a quelques autres livres chinois instructifs, où les figures aident à l'explication. Je rendrois

[P. Grimaldi] meinen sehr ergebenen Dank dafür auszurichten, daß er sich meiner erinnert hat, daß ich mich sehr gefreut habe zu hören, daß er wohlauf ist, und daß ich nach wie vor mir Hoffnungen mache, noch einmal Mitteilungen von ihm zu erhalten. Diese [astronomischen] Beobachtungen fielen hauptsächlich in sein Fach, ist er doch Präsident des Astronomischen Amtes.

Ich hätte auch gern gewußt, ob zu den Geometriekenntnissen, über welche die Chinesen in alter Zeit verfügten, auch einige Beweise gehörten, und insbesondere, ob sie schon vor langer Zeit wußten, daß das Quadrat der Hypotenuse gleich [der Summe] der beiden Quadrate der Seiten [Katheten] ist, oder ob sie irgendeinen anderen solchen Satz aus der nicht volkstümlichen Geometrie kannten. Hat man festgestellt, daß die Kunst zu destillieren und andere chemische Tätigkeiten in China seit alters bekannt sind?

Ich denke mir auch, daß Euer Ehrwürden in Paris einen kleinen Aufsatz des berühmten Kepler gefunden haben werden, von dem ich [P. Grimaldi] einst berichtet hatte.[46] Kepler bezieht sich darin auf einen Brief des P. Schreck von Ihrem Orden aus China. Ich nehme an, daß [Ihre Leute] sich darüber Gedanken gemacht haben. Jedenfalls werde ich auch P. de Fontaney noch darauf ansprechen.

Was meinen Sie, Ehrwürdiger Vater, von der Hypothese des berühmten Orientalisten Golius, wonach die chinesische Sprache ebenso wie die Schriftzeichen künstlich wären?[47] Könnte man nicht bald mit Hilfe von P. Visdelou die grammatische Analyse der Schriftzeichen irgendeines kleinen chinesischen Buches bekommen, die als Probe dienen könnte, und desgleichen einen Abriß der »Grammatik« der Zeichen? Aber diese Dinge sind erst noch zu erarbeiten; deshalb hätte ich gern bis dahin etwas, was schon vorliegt, nämlich ein Wörterbuch der chinesischen Schriftzeichen mit Definitionen in irgendeiner europäischen Sprache und ein Wörterbuch, das es laut P. Grimaldi in China gibt, mit Abbildungen der betreffenden Dinge neben den Schriftzeichen.[48] Und [ich hätte] sogar gern, falls es das gibt, einige andere lehrreiche chinesische Bücher, wo Abbildungen die [schriftlichen] Erläuterungen unterstützen. Ich würde mit Vergnügen und prompt für die Kosten dieser Bücher aufvolontiers et punctuellement la depense de ces livres, et tacherois de meriter cette grace d'ailleurs autant qu'il me seroit possible.

Vous vous souviendrés mon R. P. que le P. Kochanski avoit proposé quelques questions curieuses; aussi bien que M. Schrökius d'Augsbourg, dont vous avés eu la bonté d'adresser la lettre pour Batavia, je vous supplie donc d'y penser ou faire penser à vostre loisir et de me favoriser par des reponses que je recevray comme legataire de ce bon pere.

Pour conclusion je vous souhaite bon siecle et bon an, pour beaucoup d'années du siecle que nous venons de commencer, et par avance pour l'annee 1702 en particulier d'autant que ce souhait apparemment ne parviendra jusqu'à vous que vers l'autre année, et priant Dieu de nous donner souvent sujet de le remercier des graces qu'il vous departira et à son Eglise, dans l'importante mission où vous estes occupé, je suis avec zele

Mon Reverend Pere vostre etc.

P. S. pour le R. P. Bouvet
Je fais conscience de laisser beaucoup de vuide dans un papier qui doit aller si loin. Je vous supplie mon R. P. de revoir mes lettres passées, quand vous me ferés l'honneur de penser à ce qui est dans la présente. Je ne suis que trop convaincu des grande[s] difficultés qui vous doivent environner et les RR. PP. vos compagnons Apostoliques à l'entrée de ce nouveau monde. Car jusqu'icy le sejour que vous y avés fait ne peut estre consideré que comme un novitiat. Ainsi je serois peu raisonnable, si je ne comprenois, qu'on ne vous doit point demander d'abord des notices, que peut estre d'autres que vous ou que ceux qui vous ressemblent, n'y attrapperoient jamais, quand ils y auroient vieilli. Ainsi tous ces echantillons que je souhaite ne doivent estre entendus qu'à proportion du temps que des plus importantes ou plus necessaires occupations vous laissent. Cependant comme vostre trouppe s'augmente si considerablement[,] comme vous avés sans doute quantité de gens du pays [à] la main, et sur tout

kommen und versuchen, soviel mir möglich wäre, diesen Gefallen anderweitig mir zu verdienen.

Sie werden sich erinnern, Ehrwürdiger Vater, daß P. Kochański einige bemerkenswerte Fragen gestellt hatte,[49] ebenso wie Herr Schröck[50] aus Augsburg, dessen Brief nach Batavia Sie so freundlich waren zu besorgen. Ich bitte Sie also, nach Gelegenheit selbst [an Kochańskis Brief] zu denken oder andere damit zu beauftragen und mir gütigst Antworten zukommen zu lassen, die ich gleichsam als Testamentsvollstrecker des guten Pater entgegennehmen werde.

Zum Schluß wünsche ich Ihnen ein glückliches [neues] Jahrhundert und ein glückliches Jahr, für viele Jahre des Jahrhunderts, das wir soeben angetreten haben und speziell und im voraus für das Jahr 1702, da dieser Glückwunsch Sie erst im Laufe des kommenden Jahres erreichen dürfte. [Ich verbinde meine Wünsche mit dem] Gebet, Gott möge uns oft Anlaß geben, ihm für die Gnade zu danken, die er Ihnen und seiner Kirche wird zuteil werden lassen in der wichtigen Mission, in der Sie begriffen sind. [...]

P. S. für P. Bouvet

Ich mache mir ein Gewissen daraus, viel Raum ungenutzt zu lassen auf einem Blatt, das so weit reisen soll. Ich bitte Sie, Ehrwürdiger Vater, meine vorangegangenen Briefe noch einmal durchzusehen, wenn Sie mir die Ehre erweisen, sich mit dem vorliegenden zu beschäftigen. Ich bin nur zu sehr überzeugt davon, daß Sie und die ehrwürdigen Patres, Ihre apostolischen Gefährten, von großen Schwierigkeiten umgeben sind auf der Schwelle zu dieser neuen Welt. Ihr bisheriger Aufenthalt kann ja nur als Noviziat gelten. So wäre ich recht unvernünftig, wollte ich nicht verstehen, daß man Ihnen nicht gleich zu Anfang Nachrichten abverlangen darf, die andere als Sie und Ihresgleichen niemals erlangen würden, selbst wenn sie in China alt geworden wären. So ist mein Wunsch nach den Proben, die ich von Ihnen verlange, nur mit der Einschränkung zu verstehen, daß Ihnen wichtigere oder notwendigere Beschäftigungen dafür die Zeit lassen. Da indessen Ihre Mannschaft so stark an Zahl zunimmt und Sie ohne Zweifel viele Leute aus dem Land zur Hilfe l'Empereur qui en vaut cent millions[,] vous pourrés trouver moyen de vous faire soulager en bien des choses, et à vous faire preparer des materiaux. Ce grand prince ne refusera pas cette reconnoissance à l'Europe qui luy est si liberale en communications des plus importantes. Si le dictionnaire des langues Chinoise et Tartare est achevé par ordre de l'Empereur, je souhaiterois fort d'en pouvoir obtenir aussi un exemplaire par vostre faveur. Si on avoit adjouté les caracteres chinois ce seroit tant mieux. Pleût à Dieu qu'on y adjoutat quelque langue d'Europe ou plustost qu'on en fit un expres pour cela, où en même temps tous les mots Chinois et Tartares fussent enoncés tant en leur caracteres que dans les nostres. Peut estre que vos conseils [y] porteront un jour l'Empereur[.] Vostre pourtrait de ce prince ne pourroit il pas estre étendu en forme de petites annales de son regne[?] On m'avoit dit que quelqu'un des princes ses enfans apprenoit quelque langue d'Europe[,] mais j'en doute parce que vous n'en parlés point. M. Menzelius est mort[.] Rien ne s'est trouvé de la clef de M. Mullerus. Cependant il semble que les caracteres chinois doivent au moins avoir quelque liaison. N'y a t-il pas comme des caracteres radicaux dont tous les autres soyent formés par certaines regles grammatiques de derivation et composition[?] Ces radicaux pourroient avoir esté comme des hieroglyphes. Je souhaite fort, vostre sentiment preallable là dessus, comme aussi celuy du R.P. Visdelou. Je souhaitte que nous apprenions par vostre moyen ce qu'on doit juger du detroit d'Anian, mais non pas que vous vous exposiés pour cela. Comme je suis curieux de ce qui regarde les minieres et la chymie, ne trouvet-on pas en Chine des metaux et mineraux inconnus en Europe, et des practiques singulieres là dessus[?] Pour finir enfin tout de bon, n'y auroit[-il] pas moyen d'envoyer bon nombre de Chinois en Europe pour servir aux traductions?

haben (und vor allem den Kaiser [selbst], der [allein] 100 Millionen aufwiegt), werden Sie Mittel und Wege finden, sich in vielen Dingen entlasten und Materialien vorbereiten zu lassen. Dieser große Fürst wird diese Erkenntlichkeit einem Europa, das sich ihm in Mitteilungen von der höchsten Bedeutung so freigebig zeigt, nicht abschlagen. Sowie das chinesisch-tatarische [manjurische] Wörterbuch, das auf Befehl des Kaisers [erarbeitet wird],[51] vollendet ist, würde ich sehr gern mit Ihrer Hilfe auch ein Exemplar bekommen können. Umso besser, wenn man auch die chinesischen Schriftzeichen beifügte. Gebe Gott, daß man [auch Definitionen in] einer europäischen Sprache dazusetzte oder besser ein besonderes Wörterbuch dafür herstellte, wo gleichzeitig alle chinesischen und tatarischen [manjurischen] Wörter sowohl in ihren als in unseren Schriftzeichen dargestellt würden. Vielleicht wird Ihr Rat den Kaiser eines Tages dazu zu bringen. Ließe sich Ihr Portrait dieses Fürsten nicht zu knappen Annalen seiner Herrschaft erweitern? Ich hatte gehört,[52] daß einer der Prinzen, seiner Kinder, eine europäische Sprache erlernte, aber ich zweifle daran, weil Sie nichts davon verlauten lassen. Herr Mentzel ist tot.[53] Von dem Schlüssel von Herrn Müller [zu den chinesischen Schriftzeichen] hat sich nichts gefunden. Dennoch hat es den Anschein, als müßten die chinesischen Schriftzeichen untereinander wenigstens in irgendeiner Art Verbindung stehen. Gibt es nicht so etwas wie Radikal-Zeichen, aus denen alle übrigen nach bestimmten grammatischen Regeln der Ableitung und Zusammensetzung gebildet wären? Diese Radikale könnten ursprünglich eine Art Hieroglyphen gewesen sein. Ich würde sehr gern Ihr und des P. Visdelou vorläufiges Urteil dazu hören. Ich wünschte, wir könnten mit Ihrer Hilfe erfahren, was von der Meerenge von Anian[54] zu halten ist, aber bitte bringen Sie sich nicht dafür in Gefahr. Da meine Wißbegierde den Fragen des Bergbaus und der Chemie gilt: Sind in China etwa Metalle und Mineralien zu finden, die man in Europa nicht kennt, und besondere Formen von deren Bearbeitung? Um endgültig zu schließen: Gäbe es nicht eine Möglichkeit, eine große Zahl von Chinesen nach Europa zu schicken, um bei den Übersetzungen zu helfen?

43. JEAN DE FONTANEY S.J. AN LEIBNIZ

KANTON, 15. SEPTEMBER 1701. [40. 49a.]

Monsieur à Canton ala Chine le 15 Sept. 1701

La lettre que vous m'avez fait l'honneur de m'ecrire de Bronsvic le 14 fevrier de cette année est venue assez tost pour me trouver encore en France. Je l'ay receüe au Port-Loüis où j'estois avec 9 Missionnaires prests à partir pour la Chine, comme nous avons fait le 7e mars. Je n'aurois pas manqué de vous remercier dés lors, si les ambarras du depart me l'eussent permis. Ce me fut une grande joye, de pouvoir en quittant l'Europe, vous compter parmi les personnes, que j'y laissois, et qui ont quelque bonté pour moy; honneur au quel je suis d'autant plus sensible, qu'il y a longtemps que vostre nom si celebre parmi tous les scavants, et les plus honnestes gens, m'est parfaitement connu.

Mon sejour en France a esté le plus court que j'ay pu. Comme je n'avois quitté ma Mission, que pour obeir à l'Emp. de la Chine, dés que j'ay vu mes affaires finies, je n'ay songé qu'à m'en retourner. Je croy que Dieu me veut ici, et que je m'y rendray plus digne de ses graces en travaillant avec mes freres à la conversion des ames. Quelques uns de mes amis ont esté faschez de cet empressement. Vous pensiez vous mesme que je ne partirois pas si viste. Mais la charité de J.C. se fait sentir quelquesfois dans des cœurs aussi lasches et aussi tiedes que le mien: et enfin si on ne s'etonne pas de nous voir quitter nostre patrie pour Dieu, il ne faut pas s'etonner aussi de nous voir couper tout, et nous hater de le quitter par le mesme motif.

Nous travaillerons tellement au salut des ames, que nous n'oublierons pas les sciences, quand l'occasion de faire quelques remarques

43. JEAN DE FONTANEY S.J. AN LEIBNIZ

Kanton, 15. September 1701. [40. 49a.]

Monsieur — Kanton in China, den 15. September 1701

Der Brief, den Sie mir die Ehre erwiesen haben, mir aus Braunschweig am 14. Februar dieses Jahres zu schreiben, hat mich noch in Frankreich erreicht. Ich habe ihn in Port-Louis erhalten, wo ich im Begriff war, mit neun Missionaren nach China aufzubrechen, wie wir es am 7. März auch getan haben. Ich hätte nicht versäumt, Ihnen sofort für Ihren Brief zu danken, wenn ich über den Problemen der Abfahrt dazu gekommen wäre. Es war mir eine große Freude, beim Verlassen Europas Sie unter die Persönlichkeiten zählen zu dürfen, die ich dort zurückließ und die mir etwas Wohlwollen entgegenbringen. Für diese Ehre bin ich um so empfänglicher, als ich Ihren unter allen Gelehrten und den vornehmsten Leuten so berühmten Namen seit langem sehr gut kenne.

Ich habe meinen Aufenthalt in Frankreich so kurz wie möglich gehalten. Ich hatte mich von meiner Mission nur entfernt, um dem Kaiser von China zu gehorchen; sowie ich meine Angelegenheiten geregelt hatte, war daher mein einziger Gedanke, [nach China] zurückzukehren. Ich glaube, daß Gott will, daß ich hier bin, und daß ich mich seiner Gnade würdiger erweisen werde, wenn ich mit meinen Brüdern an der Bekehrung der Seelen arbeite. Einige Freunde von mir hat diese Eile verärgert. Auch Sie haben ja gedacht, daß ich nicht so bald [wieder] aufbrechen würde. Aber für die Liebe zu Jesus Christus sind zuweilen auch so kraftlose und laue Herzen wie meines empfänglich, und wenn man sich nicht darüber wundert, daß wir für Gott unser Vaterland verlassen, braucht man sich schließlich auch nicht zu wundern, wenn wir alle Brücken hinter uns abbrechen und eilen, [auch] alles [übrige] aus demselben Beweggrund aufzugeben.

Unsere Arbeit für das Heil der Seelen wird so beschaffen sein, daß wir darüber die Wissenschaft nicht vergessen werden, sobald sich die Gelegenheit zu einigen Beobachtungen bietet. Allmählich se presentera. Nous commençons à estre assez de monde pour y fournir, et c'est l'intention du Roy, qui nous a donné des instruments et tout ce que nous pouvions desirer à cet effect.

Pandant mon absence l'Emp^{eur} a fait une demarche qui peut avoir de grandes suites pour la Religion. Il a declaré que par ce mot Ciel si usité dans les livres chinois, et si disputé parmi les Missionnaires, les scavants et les anciens Chinois entendoient un estre souverain, et intelligent, Gouverneur du ciel et de la terre, et nullement le ciel materiel: De sorte que ce sera desormais une doctrine receüe dans toute la Chine, et que personne n'osera nier, que les anciens et leurs ancestres ont connu un Dieu Maitre du ciel et de la terre, qu'ils l'ont invoqué etc. Il a declaré encore que tous les honneurs qu'on rend à Confusius et aux ancestres, se rendent uniquem^{t} par reconnoissance, que la pensée des scavants et des anciens Chinois n'est pas, qu'on leur demande rien, ni qu'on attende rien d'eux. Depuis que l'Emp^{eur} a parlé plusieurs grands Seig^{rs} et scavants hommes ont declaré la mesme chose. Ces sortes de nouvelles ne manqueront pas de s'imprimer à Paris, et vous les scaurez incontinent par cette voye, sans qu'il soit besoin que j'en parle d'avantage. Fasse le ciel que la lumiere de l'Evangile eclaire ces Peuples: Ils ecoutent beaucoup la raison: ce que l'Emp^{eur} vient de faire, nous servira bien pour leur conversion.

J'ay laissé au P. Le Gobien à Paris divers memoires sur la Tartarie, qui respondent à tout ce que vous desirez d'en scavoir. J'auray s'il plait à Dieu d'autres occasions de vous en parler, et de vous assurer de l'attachement et de l'estime singuliere avec la quelle je seray toute ma vie

Monsieur Vostre tres humble et tres obeissant serviteur
J. De Fontaney de la Comp^{e} de Jesus

M^{r} le Comte de Leibniz à Bronsvic

A Monsieur Monsieur Le Comte de Leibniz à Brunswick

A Monsieur Monsieur Leibniz Ministre D'estat ala Cour de Hannovre à Hannover sind wir genügend Leute für diesen Zweck, und [wissenschaftliche Beobachtungen] liegen auch in der Absicht des Königs, der uns mit Instrumenten und allem, was wir zu diesem Zweck wünschen konnten, ausgestattet hat.

Während meiner Abwesenheit hat der Kaiser einen für die [christliche] Religion möglicherweise folgenreichen Schritt getan.[1] Er hat erklärt, daß das Wort »Himmel«, das in den chinesischen Büchern so gebräuchlich und unter den Missionaren so umstritten ist, im Verständnis der Gelehrten und der alten Chinesen ein höchstes, intelligentes Wesen, Herrscher über Himmel und Erde, bezeichne und nicht etwa den physikalischen Himmel. Dies wird also von nun an eine in ganz China gültige Lehre sein, und niemand wird es wagen zu leugnen, daß die alten [Chinesen] und ihre Ahnen einen Gott gekannt haben, der Herr ist über Himmel und Erde, daß sie ihn angerufen haben usw. [Der Kaiser] hat ferner erklärt, daß die Ehrungen, die man Konfuzius und den Ahnen entgegenbringt, ihnen ausschließlich aus Dankbarkeit dargebracht werden. Die Auffassung der Gelehrten und der alten Chinesen wäre nicht, daß man sie um irgend etwas bittet oder irgend etwas von ihnen erwartet. Seit der Erklärung des Kaisers haben mehrere große Herren und Gelehrte dasselbe gesagt. Solche Nachrichten werden auf jeden Fall in Paris gedruckt, und Sie werden sie unverzüglich auf diesem Wege erfahren, ohne daß ich weiter darauf eingehen müßte. Der Himmel gebe, daß das Licht des Evangeliums diese Völker erleuchte. Sie sind Vernunftgründen sehr zugänglich; was der Kaiser soeben getan hat, wird uns gute Dienste bei ihrer Bekehrung leisten.

Ich habe in Paris bei P. Le Gobien etliche Abhandlungen über die Tatarei zurückgelassen, die Antworten auf alle Ihre diesbezüglichen Fragen enthalten. So Gott will, werde ich später noch Gelegenheit finden, mit Ihnen darüber zu sprechen und Sie der Zuneigung und besonderen Hochschätzung zu versichern, mit denen ich mein Leben lang sein werde […]

44. JOACHIM BOUVET S.J. AN LEIBNIZ

PEKING, 4. NOVEMBER 1701. [42. 45.]

Monsieur A Peking ce 4e de novembre 1701

Vous ne vous attendez pas sans doute de recevoir si tost réponse à la trop obligeante letre que vous m'avez fait l'honneur de m'ecrire le 15e de fevrier de la presente année. La diligence qu'a fait le vaisseau qui me l'a apportée, jointe à celle de la personne à qui on l'a remise en arrivant, pour me la faire tenir, a esté telle, que j'ai encore le loisir qu'il faut pour vous en marquer ma tres humble reconnoissance par le mesme vaisseau. J'ai esté sensiblement touché d'apprendre l'incommodité qui vous a obligé de faire le voyage de Bohëme. Je ne l'ai pas esté peu aussi de la mort du Pe Kochanski que vous avez pris la peine de m'annoncer. Mais ç[']a esté en mesme temps pour moy une joye toute particuliere d'apprendre que Sa Majesté Seremissime le Roy de Prusse a erigé une nouvelle Societé des Sciences, dont il vous a donné la direction. Le zèle que vous faites paroistre depuis long temps pour tout ce qui regarde la Chine, et en particulier pour le Progrez de l'Evangile, merite assurément que la Chine prenne elle seule autant de part à cette nouvelle que toute l'Europe, qui sans doute y en prend beaucoup. L'unique peine que j'ai en cela, est de voir, que les grand[s] talens, que le ciel vous a donnés pour les affaires les plus importantes, comme pour les Sciences les plus profondes, vous attirent des occupations qui priveront la republique des Sciences, d'une bonne partie des grands avantages, qu'elle peut attendre de vos doctes meditations.

Ce que vous touchez en deux mots des nouvelles decouvertes, faites par vous et par d'autres, sur les principes de vostre nouvelle Analyse des infinitesimales, a fort piqué ma curiosité. Si le capitaine qui commande le vaisseau sur lequel le Pe De Fontaney est retourné du Port Louis à Canton en cinq mois et quelques jours de naviga-

44. JOACHIM BOUVET S.J. AN LEIBNIZ

Peking, 4. November 1701. [42. 45.]

Monsieur Peking, den 4. November 1701

Sie sind zweifellos nicht darauf gefaßt, so bald schon Antwort auf den nur zu liebenswürdigen Brief zu erhalten,[1] den Sie mir die Ehre erwiesen haben, mir am 15. Februar dieses Jahres zu schreiben. Die Schnelligkeit des Schiffes,[2] das ihn mir gebracht hat, im Verein mit der Promptheit desjenigen,[3] der ihn bei der Ankunft [des Schiffes] übernommen hat, um ihn mir zu bringen, waren derart, daß mir noch die erforderliche Muße bleibt, Ihnen mit demselben Schiff[4] meinen ganz ergebenen Dank abzustatten. Es ist mir sehr nahegegangen, von dem Unwohlsein zu hören, das Sie zu der Reise nach Böhmen gezwungen hat. Nicht wenig hat mich auch der Tod P. Kochańskis berührt, den Sie sich die Mühe gemacht haben, mir mitzuteilen. Es war aber zugleich eine ganz besondere Freude für mich zu erfahren, daß Seine Durchlauchtigste Majestät der König von Preußen eine neue Gesellschaft der Wissenschaften errichtet und Ihnen deren Leitung übertragen hat. Der Eifer, den Sie seit langem für alles an den Tag legen, was China und insbesondere die [dortigen] Fortschritte des Evangeliums betrifft, verdient es sicherlich, daß China allein soviel Anteil an dieser Nachricht nimmt wie ganz Europa, das dies zweifellos in hohem Grade tut. Der einzige Kummer, den ich dabei empfinde, ist die Aussicht, daß die hohen Gaben, die Ihnen der Himmel für die wichtigsten Geschäfte wie für die tiefsten Wissenschaften verliehen hat, Ihnen Arbeiten aufladen, welche die Gelehrtenrepublik eines guten Teils des großen Gewinns berauben werden, den sie von Ihren gelehrten Betrachtungen erwarten darf.

Ihre knappen Andeutungen zu den neuen Entdeckungen, die Sie und andere in Hinblick auf die Prinzipien Ihrer neuen Infinitesimalrechnung gemacht haben, haben meine Wißbegierde nicht wenig gereizt. Wenn der Kapitän,[5] der das Schiff befehligt, auf dem P. de Fontaney von Port Louis nach Kanton in fünf Monaten und tion, avoit suivi le conseil si sage que vous avez donné à d'autres d'observer le barometre pour prevoir les tempestes; il auroit eu le plaisir d'en profiter, et n'auroit pas perdu tous ses mats, qu'un typhon imprevû lui enleva, en mettant le vaisseau à deux doigts de sa perte, quelques jours avant de surgir au port.

Nous avons donné avis à l'Empereur de la Chine de la nouvelle que vous avez pris la peine de me mander de la defaite entiere de l'Armée du Tzar par celle du Roy de Suede. L'Empereur a esté etonné que la Suede avec des forces si inegales ait remporté un si grand avantage sur les Moscovites. Mais dans le fond cela ne paroist pas lui avoir donné aucun ennui. Je souhaite que les soupçons du Tzar ne ruinent point des projets que vous faites en faveur de la Chine par la voye de la Moscovie.

Quoy que vous ne m'eussiez point parlé dans vos lettres precedentes, de vostre nouveau Calcul numerique, Monsieur, ce que j'en avois oui dire en general à quelqu'un de mes Amis, qui en avoit oui parler, m'avoit causé un grand desir, d'en apprendre quelque chose de vous mesme. Mais ce que vous avez eû la bonté de m'en mander dans vostre derniere lettre a surpassé mon attente, et a excité dans moy une vraye passion d'en pouvoir apprendre de vous mesme toute l'economie, non seulement pour le saint usage, que vous apprennez à en faire en faveur de la Religion, qui est le principal motif qui la doit faire estimer sur tout à des gens de ma profession: mais encore à cause du merveilleux rapport que je trouve qu'ont vos principes avec ceux sur quoi je me figure qu'estoit fondée la science des nombres des anciens Chinois, et les autres sciences dont ils ont perdu la connoissance, et entr'autres la physique, ou la science qui enseigne les principes et les causes de la generation et de la corruption de toutes choses en quoy les anciens sages de la Chine trouvoient toute la mesme analogie que dans les nombres, dont toute la science estoit fondée sur un systeme, qui n'est en rien different de vostre taeinigen Tagen zurückgereist ist, Ihren so klugen Rat an andere beherzigt hätte, das Barometer zu beobachten, um Stürme vorauszusehen zu können, hätte er das Vergnügen gehabt, davon zu profitieren, und nicht alle seine Masten eingebüßt, die ihm ein unerwarteter Taifun genommen hat. So wäre das Schiff fast verlorengegangen, nur wenige Tage vor seiner Ankunft im Hafen.[6]

Wir haben dem Kaiser von China die Nachricht mitgeteilt, die Sie sich die Mühe gemacht haben, mir zukommen zu lassen, und wonach das Heer des Zaren vom schwedischen König vernichtend geschlagen worden ist.[7] Der Kaiser war erstaunt, daß Schweden mit soviel geringeren Kräften einen so großen Sieg über die Russen davongetragen hat. Letztlich scheint die Neuigkeit ihm aber keinerlei Verdruß bereitet zu haben. Möge nur der Argwohn des Zaren nicht Ihre Pläne zunichte machen, auf dem Weg über Rußland etwas Förderliches für China zu unternehmen.

Zwar hatten Sie mir in keinem Ihrer früheren Briefe von Ihrem neuen Zahlenkalkül berichtet, Monsieur; was ich aber einen meiner Freunde,[8] der seinerseits davon gehört hatte, im allgemeinen davon habe erzählen hören, hat in mir den dringenden Wunsch geweckt, von Ihnen selbst etwas darüber zu erfahren. Was Sie so gütig waren, mir in Ihrem letzten Brief davon mitzuteilen, hat meine Erwartungen übertroffen und in mir eine wahre Leidenschaft entfacht, von Ihnen selbst die ganze Einrichtung des Kalküls zu erfahren: nicht nur in Hinblick auf die fromme Verwendung,[9] die Sie zugunsten des Christentums davon machen lehren und die besonders für Leute meines Standes der hauptsächliche Grund ist, den Kalkül zu schätzen, sondern auch wegen der wunderbaren Beziehung, in der, wie ich finde, Ihre Prinzipien mit jenen stehen, auf denen meiner Vorstellung nach die Wissenschaft von den Zahlen der alten Chinesen ebenso beruhte wie die übrigen Wissenschaften, deren Kenntnis ihnen verlorengegangen ist. Dazu gehörten unter anderem die Naturkunde, d.h. die Lehre von den Prinzipien und Ursachen der Entstehung und des Vergehens aller Dinge.[10] Die alten chinesischen Weisen fanden darin ganz dieselbe Analogie wie in den Zahlen, deren ganze Wissenschaft auf einem System beruhte, das sich ble numeraire que vous etablissez pour fondement de vostre Calcul Numerique, d'où vous passez comme les Chinois de la generation des nombres à la production des choses, en gardant la mesme analogie dans l'explication de l'une et de l'autre.

Au reste je ne parle ici que de la Table numeraire à la quelle vous joignez la progression geometrique double, que les Chinois ont choisie comme la plus simple de toutes, et celle qui contient la plus parfaite harmonie. Et pour vous faire voir, Monsieur, que cete Table est sans y rien changer la mesme chose que le systeme des coüa, ou petites lignes du prince des Philosophes de la Chine, je veux dire de Fo-hii, je vous demande trois choses que vous m'accorderez assurément sans peine.

1° Je vous prie de pousser vostre Table numeraire (qui dans vostre letre n'est continuée que jusqu'au 5e degré de la progression geometrique double, c'est à dire jusqu'au nombre 32) de pousser dis-je ve table jusqu'au 6e degré de cete mesme progression, c'est à dire jusqu'au nombre 64 ou plus tost jusqu'au nombre 63 seulement, puisque 63 avec le zero qui est à la teste de la progression fait 64. Ve Table par l'augmentation de ce degré de la progression double, estant allongée d'une moitié, je vous prirai

2° de supposer que tous les zero qui sont comme les images du neant, ou des imperfections, sont changés en autant d' | brisés comme vous voyez dans cete parentheze (¦) et que toute vostre table est composée seulement de petites lignes entieres et brisées, comme celle de Fo-hii. Apres cete supposition je vous prie

3° de couper vostre table en deux moitiez dont chacune contiendra 32 rangs chacun de 6 petites lignes entieres ou brisées: et de les dresser proche l'une de l'autre comme deux colonnes, de maniere, que les deux extremitez, qui se touchoient avant la section, soient dans une situation opposée. Cela fait courber l'une vers l'autre en demi cercle ces deux colonnes numeraires, en telle sorte que les deux extremités superieures s'unissent ensemble, aussi bien que les deux extremitez inferieures, puis comparez cete figure avec la figure cirin nichts von der Zahlentafel unterscheidet, die Sie zur Begründung Ihres Zahlenkalküls aufstellen.[11] Von hier ausgehend kommen Sie von der Erzeugung der Zahlen zur Hervorbringung der Dinge, wie die Chinesen, und bleiben bei derselben Analogie, wenn Sie diese wie jene erklären.

Ich spreche hier übrigens nur von der Zahlentafel, der Sie die geometrische Progression[12] hinzufügen, welche die Chinesen als die einfachste von allen gewählt haben und als diejenige, welche die vollkommenste Harmonie in sich trägt. Um Ihnen zeigen zu können, Monsieur, daß diese Tafel ohne jede Veränderung identisch ist mit dem System der »gua«[13] oder kleinen Striche des Fürsten unter den chinesischen Philosophen, nämlich Fuxi,[14] bitte ich Sie um dreierlei, das Sie mir zweifellos ohne weiteres zugestehen werden:

1. Ich bitte Sie, Ihre Zahlentafel, die in Ihrem Brief nur bis zur fünften Potenz der geometrischen Progression reicht, das heißt bis zur Zahl 32, bis zur sechsten Potenz ebendieser Progression fortzuführen, das heißt bis zur Zahl 64 oder vielmehr nur bis zur Zahl 63, weil 63 mit der Null an der Spitze der Progression [2^0] 64 ergibt. Sowie also Ihre Tafel durch Hinzufügung dieser [sechsten] Potenz der geometrischen Progression um die Hälfte erweitert ist, bitte ich Sie

2. anzunehmen, daß alle Nullen, die gleichsam Bilder des Nichts oder der Unvollkommenheiten sind, in gebrochene | verwandelt werden, wie Sie in der folgenden Klammer sehen (¦), und Ihre ganze Tafel nur aus kleinen, durchgehenden oder gebrochenen Strichen besteht, wie die des Fuxi. Dieses angenommen, bitte ich Sie,

3. Ihre Tafel in zwei Hälften zu teilen, deren jede 32 Reihen aus 6 kleinen, durchgehenden | oder gebrochenen Strichen[15] enthält und sie nebeneinander wie zwei Kolumnen zu setzen, so daß jene beiden äußeren Enden, die sich vor der Teilung berührten, sich nun in der entgegengesetzten Lage befinden. Dadurch neigen sich diese beiden Zahlenkolumnen einander entgegen und bilden einen Halbkreis, so daß die beiden oberen ebenso wie die beiden unteren Enden sich miteinander vereinigen. Vergleichen Sie dann die so entstandene Figur mit der kreisförmigen chinesischen Figur, die ich Ihnen schicke,

culaire chinoise que je vous envoye, et voyez si vous y remarquerez quelque difference; et si vous n'y decouvrirez pas toute cete merveilleuse harmonie qui se trouve dans vostre table.

Cete figure est une des deux figures de Fo-hii qui par l'art admirable d'une s[c]ience consommée (à la quelle vous semblez prendre le droit chemin pour faire remonter les hommes, qui l'ont perduë depuis plus de 30 ou 40 siecles) avoit sçu renfermer comme sous deux symboles generaux et magiques, les principes de toutes les s[c]iences et de la vraie sagesse. Et ce grand philosophe dont la physionomie n'a rien de chinois, quoy que cete nation le reconnoisse pour l'Auteur des sciences et le fondateur de la monarchie, avoit basti ce systeme de sa figure circulaire ce semble pour calculer et connoistre exactement toutes les periodes et mouvemens des corps celestes, et donner des connoissances claires de tous les changemens qui par leur moyen arrivent continuellement et successivement dans la nature.

La 2de figure que vous voyez renfermée dans la l^re^ et qui est une espece de quarré magique, est la mesme que la premiere pour les membres qui la composent; mais tres differente sans doute pour la situation de ses parties et pour les usages, ausquels Fo hii qui en est l'Auteur les a fait servir; et qui ne sont et n'ont esté connus de personne, non plus que ceux de la premiere figure, peut estre depuis le commencement de cete ancienne monarchie, les divers commentaires qu'on en a fait en differens temps, mesme avant Confucius, n'ayant servi qu'à en rendre l'Intelligence plus obscure.

Que si vostre Table numeraire est absolument la mesme que celle que Fo hii a employée pour former son systeme (qui passe chez tous les savans pour un systeme de nombres) comme vous le reconnoistrez vous mesme, des que vous aurez comparé l'une avec l'autre; vous reconnoistrez peutestre aussi en mesme temps, Monsieur, que la science à la quelle vous trouvez avec raison que l'ordre naturel et und sehen Sie zu, ob Sie irgendeinen Unterschied zwischen beiden feststellen können und ob Sie nicht darin jene wunderbare Harmonie [wieder-]entdecken, die sich in Ihrer [Zahlen-]Tafel findet.

Diese ist eine von den beiden Figuren[16] von Fuxi, der vermöge der bewunderungswürdigen Kunst einer vollendeten Wissenschaft (auf die Sie geradenwegs zuzusteuern scheinen, um die Menschen, die sie vor mehr als drei- oder viertausend Jahren eingebüßt haben, wieder in die Höhe zu bringen) es verstanden hatte, gleichsam in zwei allgemeinen magischen Symbolen die Prinzipien aller Wissenschaften und der wahren Weisheit zu beschließen. Und dieser große Philosoph[17] (dessen Züge nichts Chinesisches haben, obwohl dieses Volk ihn als Urheber der Wissenschaften und Begründer der Monarchie anerkennt) hatte dieses System seiner Kreisfigur anscheinend entworfen, um alle Perioden und Bewegungen der Himmelskörper zu berechnen und genau kennenzulernen und [auf diese Weise] klare Kenntnisse von allen Veränderungen zu beschaffen, die durch deren Einfluß fortlaufend und ununterbrochen in der Natur vorkommen.

Die zweite Figur,[18] die, wie Sie sehen, von der ersten umschlossen wird und eine Art magisches Quadrat darstellt, ist mit der ersten identisch, was die Teile betrifft, aus denen sie zusammengesetzt ist, aber zweifellos sehr verschieden in Hinblick auf die Position ihrer Teile und die Zwecke, denen ihr Urheber Fuxi sie dienen läßt und die, ebenso wie jene der ersten Figur, jedermann unbekannt sind und waren, vielleicht schon seit den Anfängen dieser alten Monarchie. Die verschiedenen Kommentare,[19] die man darüber zu verschiedenen Zeiten, sogar schon vor Konfuzius, verfaßt hat, haben das Verständnis [lies: den Sinn] der Figuren nur noch dunkler gemacht.

Wenn nun Ihre Zahlentafel absolut identisch ist mit derjenigen, die Fuxi zur Ausbildung seines Systems verwendet hat (das bei allen Gelehrten als Zahlensystem gilt), wie Sie selbst erkennen werden, sowie Sie das eine mit dem anderen verglichen haben, werden Sie vielleicht zugleich auch erkennen, Monsieur, daß jene Wissenschaft, auf die, wie Sie zu Recht meinen, die natürliche und harmonische Ordnung der Zahlen dieser nach den Potenzen der geomeharmonique des nombres de cete Table continuée selon les degrez de la progression geometrique double, donne de grandes ouvertures, ne doit pas passer pour une nouvelle science au moins à la Chine, puisque le systeme des petites lignes qu'on attribuë au fondateur de la plus ancienne monarchie du monde semble n'estre autre chose que cete science dont l'invention ne doit pas laisser de vous attirer en Europe la mesme gloire parmi les savans, que si jamais personne au monde n'y avoit pensé.

Pour moy, qui en meditant assez long temps sur le systeme des petites lignes, qui passe ici depuis tres long temps pour un enigme inexplicable, ai cru entrevoir l'economie, la beauté et l'etenduë de cete science, comme vous aurez pu apprendre par une lettre que j'ecrivis l'an passé en France sur ce sujet et que je priai le P^e^ Le Gobien qu'on vous communiquast; je vous avouerai que la conformité de vostre invention avec cet ancien systeme, qui est la chose que j'estime le plus au monde en fait de science, a beaucoup relevé dans mon esprit la haute estime que j'avois deja pour vostre personne; et me fait esperer qu'en ouvrant ces nouvelles routes à nos savans, on pourra un jour recouvrer la connoissance du vrai systeme de la nature et de toutes les autres sciences, telle à peu pres que l'ont eûë autres fois les premiers Patriarches du monde soit qu'ils l'eussent obtenuë comme par un don gratuit du ciel; soit qu'ils l'eussent aquise avec le temps par la force de leur genie et par l'assiduité et la longueur de leur travail.

Estant dans les principes où vous estes, Monsieur, je ne suis nullement etonné du dessein de characteristique que vous proposez, pour peindre les pensées de maniere que les mesmes caracteres servissent tout à la fois à calculer et à demontrer en raisonnant etc.: car ce genre d'ecriture me paroist renfermer la veritable idée des jeroglyphes anciens et de la cabale des Hebreux, aussi bien que des characteres de Fo hii, le quel est regardé à la Chine comme le 1er auteur des lettres ou jeroglyphes de cete nation pour la formation des quels on dit communément qu'il employa les 64 combinaisons trischen Progression fortgeschriebenen Tafel weite Ausblicke eröffnet, zumindest in China nicht als eine neue Wissenschaft gelten darf. Das System der kleinen Striche, das man dem Begründer der ältesten Monarchie der Welt zuschreibt, scheint nämlich nichts anderes zu sein als eben diese Wissenschaft, deren Erfindung Ihnen nichtsdestoweniger unter den Gelehrten Europas denselben Ruhm eintragen sollte, als wäre [vor Ihnen] niemand auf der Welt darauf gekommen.[20]

Ich habe für meinen Teil ziemlich lange über das System der kleinen Striche, das hierzulande seit sehr langer Zeit als unauflösliches Rätsel gilt, nachgedacht und glaube, auf Beschaffenheit, Schönheit und Reichweite dieser Wissenschaft einen Blick erhascht zu haben, wie Sie vielleicht aus einem Brief[21] erfahren haben, den ich zu diesem Thema im vergangenen Jahr nach Frankreich geschrieben habe und den ich P. Le Gobien gebeten habe, Ihnen mitzuteilen. Ich will Ihnen gestehen, daß die Übereinstimmung Ihrer Erfindung mit diesem alten System, die ich in wissenschaftlicher Hinsicht mehr als alles auf der Welt schätze, meine zuvor schon hohe Meinung von Ihrer Person [noch] sehr gesteigert hat und mich hoffen läßt, daß dank der Eröffnung dieser neuen Wege für unsere Wissenschaftler es eines Tages möglich sein wird, die Kenntnis des wahren Systems der Natur und aller anderen Wissenschaften wiederzuerlangen, etwa so, wie sie einst die ersten Patriarchen[22] der Welt hatten – mögen sie sie nun als ein Geschenk des Himmels empfangen oder mit der Zeit kraft ihres Genies und durch hartnäckige, lange Arbeit erworben haben.

Angesichts der von Ihnen verfolgten Prinzipien bin ich keineswegs erstaunt, Monsieur, über Ihr Vorhaben, eine Charakteristik zu entwerfen,[23] um die Gedanken auf eine Weise abzubilden, daß die Zeichen selbst zugleich zum Rechnen taugen und durch Argumentieren zu Beweisen zu gelangen usw. In dieser Art Schrift scheint mir nämlich der tiefere Sinn der alten Hieroglyphen und der hebräischen Kabbala ebenso wie der Zeichen des Fuxi beschlossen zu sein. Fuxi gilt in China als erster Schöpfer der Schriftzeichen oder Hieroglyphen[24] dieses Volkes. Zu deren Bildung, so heißt es gewöhnlich, hat er die 64 Verbindungen von durchgehenden und gebrochenen des lignes entieres et brisées de son systeme, les quelles sont comme autant d'expressions differentes de nombres. Mais comme les Chinois ne connoissent nullement la valeur des nombres cachez sous ces expressions ou symboles algebraïques, et consequemment qu'ils ignorent entierement les rapports que leurs characteres avoient avec ces premiers symboles, ils se sont tellement alterez et corrompus par l'usage vulgaire, auquel ils sont employez depuis si long temps, qu'il en reste tres peu qui se soient conservez assez entiers, pour pouvoir estre referez à leur vraie et premiere origine; de sorte qu'il me semble que le plus court moyen de restablir cete ancienne characteristique dont l'idée me paroist assez semblable à la vostre, seroit premierement de restablir le systeme de Fo-hii et d'employer la progression geometrique double comme lui pour donner une metaphysique naturelle, et pour rediger dans un ordre tres simple et tres naturel toutes les idées à leurs genres et à leurs especes rangées par degrés plus ou moins universels comme dans un arbre genealogique, dont toutes les divisions et subdivisions des branches depuis le tronc jusques aux derniers rameaux, seroient faites en suivant cete progression double. En sorte

1° que le point (.) qui est le signe le plus simple qu'on puisse imaginer pour representer l'unité, soit le signe characteristique du l^er^ Principe et de l'Estre transcendant et serve à representer le plus simple, le plus parfait, et le plus fecond de tous les estres.

2° les deux genres qui procédent immediatement du 1er principe, savoir le parfait et l'imparfait [a], soient representez par les signes du nombre binaire et du nombre ternaire (…) (…) ou par deux petites lignes; l'une entiere — et signe du nombre parfait et impair trois; et

[a] *Randbemerkung von Bouvet:* (J'entens ici par Imparfait, non l'Imparfait absolu, mais l'Imparfait respectif, comme le repos par rapport au mouvement, le froid par rapport au chaud etc.)

Strichen seines Systems verwendet, die sozusagen ebensoviele verschiedene Bezeichnungen von Zahlen sind. Den Chinesen ist aber der Zahlwert, der unter diesen algebraischen Ausdrücken oder Symbolen verborgen liegt, gänzlich unbekannt, und infolgedessen sind sie in vollständiger Unkenntnis der Bezüge ihrer Schriftzeichen zu diesen Ursymbolen. Die Schriftzeichen sind daher durch den Einfluß des alltäglichen Gebrauchs, dem sie seit so langer Zeit unterworfen sind, derart entstellt und verderbt worden, daß nur sehr wenige unter ihnen genügend von ihrer ursprünglichen Form bewahrt haben, um mit ihrer wahren und frühesten Herkunft in Verbindung gebracht werden zu können. Der kürzeste Weg, diese alte Charakteristik, deren Grundidee jener der Ihren recht ähnlich zu sein scheint, wäre also meines Erachtens, erstens das System des Fuxi wiederherzustellen und wie er die geometrische Progression darauf zu verwenden, eine natürliche Metaphysik zu erarbeiten und in einer sehr einfachen und sehr natürlichen Anordnung alle Ideen auf ihre Gattungen und ihre Arten zurückzuführen, die ihrerseits nach mehr oder minder universalen Rangstufen wie in einem Stammbaum geordnet wären. Alle Teilungen und Unterteilungen der Äste dieses Stammbaums, vom Stamm bis zu den letzten Zweigen, wären nach dieser geometrischen Progression angelegt. Demnach wäre

1. der Punkt (.) das einfachste Zeichen, das zur Darstellung der Einheit denkbar ist, das charakteristische Zeichen des 1. Prinzips[25] und des transzendenten Seins und diente zur Darstellung des einfachsten, vollkommensten und fruchtbarsten aller Wesen.

2. Die beiden Gattungen, die unmittelbar aus dem 1. Prinzip hervorgehen, nämlich das Vollkommene und das Unvollkommene[a], würden durch die Zeichen der Zwei- und der Dreizahl (..) (...) oder durch zwei kleine Striche dargestellt: der eine durchgehend — und Zeichen für die vollkommene und ungerade Zahl drei und damit

[a] *Randbemerkung von Bouvet:* Ich verstehe hier unter dem Unvollkommenen nicht das absolute, sondern das relative Unvollkommene, wie die Ruhe im Verhältnis zur Bewegung, die Kälte im Verhältnis zur Wärme usw.

consequemment tres propre pour representer le genre universel des choses ou des idées parfaites: et l'autre brisée, -- et signe du nombre pair et imparfait et propre à representer le genre des choses, ou des idées imparfaites.

3° Puisque suivant la progression geometrique double, le 2^{ond} degré de generation est quatre, 1 produisant 2: et 2 produisant 4: les deux genres du 1er degré, savoir le genre parfait, et le genre imparfait doivent produire quatre genres subalternes, deux subordonnez à chacun des deux genres superieurs, savoir le genre plus parfait et moins parfait, avec le genre plus imparfait et moins imparfait, qu'on peut representer simplement et naturellement par de doubles lignes en cete maniere ═ =═ ═= ==, ou bien par ces caracteres de vostre table 11. 10. 01. 00, qui reviennent au mesme.

4° Dans la progression geom[etrique] double, le 3e degré de generation estant 8 double de 4 le 3e degré de generation des genres des choses ou des idées en doit contenir 8 savoir deux subordonnez à chacun des 4 genres superieurs, et differenciez entre eux par les idées simples de plus et de moins; par exemple pour rendre la chose sensible dans le sujet des couleurs, dont la lumiere et l'ombre sont comme les deux genres ou principes universels, le genre lumineux dans un degré plus intense, produira le genre blanc; et dans un degré moins intense le genre de couleur jaune: et l'ombre au contraire, dans un degré plus intense produira le noir; et dans un degré moins intense, le bleu, qui sont comme les 4 couleurs elementaires. De ces 4 couleurs qui sont comme 4 genres par la seule difference du plus et du moins, il en naist huit autres, qu'on peut distinguer par des noms, qui marquent leurs genres et leurs differences comme plus et moins blanc, plus et moins jaune, plus et moins bleu, et plus et moins noir.

sehr geeignet, um die universale Gattung der vollkommenen Dinge oder Ideen darzustellen; der andere gebrochen -- und Zeichen der geraden und unvollkommenen Zahl und geeignet, die Gattung der unvollkommenen Dinge oder Ideen darzustellen.

3. Da laut der geometrischen Progression der 2. Grad der Erzeugung vier ist, indem 1, 2 und 2, 4 hervorbringt, müssen die beiden Gattungen des 1. Grades, nämlich die vollkommene und die unvollkommene Gattung, vier Untergattungen hervorbringen, wobei jeweils zwei von diesen je einer der übergeordneten Gattungen untergeordnet sind, nämlich die vollkommene und die weniger vollkommene [der vollkommenen Gattung einerseits] und die unvollkommene und die weniger unvollkommene [der unvollkommenen Gattung anderseits], die man auf einfache und natürliche Weise durch Doppelstriche folgendermaßen darstellen kann: ═ ═‌═ =‌═ == oder durch die Zeichen aus Ihrer Tafel (was auf dasselbe hinausläuft): 11.10.01.00.

4. Da in der geometrischen Progression der 3. Grad der Erzeugung 8 ist, das Doppelte von 4, muß der 3. Grad der Erzeugung der Gattungen von Dingen oder Ideen deren 8 enthalten, das heißt je zwei, die jeder der oberen Gattungen untergeordnet und untereinander durch die einfachen Ideen von Mehr und Weniger differenziert werden. Um den Sachverhalt am Beispiel der Farben anschaulich zu machen, bei denen das Licht und der Schatten sozusagen die Rolle der beiden universalen Gattungen oder Prinzipien spielen: Die leuchtende Gattung wird in einem intensiveren Grad die weiße Gattung hervorbringen, in einem weniger intensiven Grad die gelbe Gattung; der Schatten hingegen bringt in einem intensiveren Grad Schwarz hervor, in einem weniger intensiven Blau. Das sind sozusagen die vier Elementarfarben. Aus diesen vier Farben, die durch die bloße Differenzierung des Mehr und des Weniger gleichsam vier Gattungen sind, gehen acht weitere hervor, die man durch Bezeichnungen unterscheiden kann, die ihre [jeweiligen] Gattungen und Unterschiede beschreiben: mehr und weniger weiß, mehr und weniger gelb, mehr und weniger blau und mehr und weniger schwarz. Und die Ideen dieser acht Gattungen oder Arten von Farben lassen

Et l'idée de ces huit genres, ou sortes de couleurs, peuvent estre tres bien representées, et d'une maniere egalement simple et naturelle, par les 8 combinaisons de 3 lignes, pour marquer le 3e degré de generation en cete maniere

☰☱	☲☳	☴☵	☶☷
blanc	jaune	bleu	noir

Ce sont là les 8 caracteres de la figure fondamentale du systeme de Fo-hii, appellée *pa coüa tou* (figure des huit coüa) que tous les savans ont toujours regardée comme le fondement de toutes les sciences, sans que personne en ait encore pu comprendre le veritable sens, que je crois neanmoins se reduire à peu pres à ce que je viens de dire à ce sujet.

5° De ce 3e degré si on monte au 4e: parce que 8 produit 16 dans la progression double suivant cete analogie[,] les 8 genres representez par les 8 caracteres trilineaires de la figure de Fo-hii en produisent 16 autres, savoir chacun deux, qui gardant entr'eux la mesme analogie que leurs generateurs, ne différent que du plus et du moins, et on les peut representer tres naturellement par 16 caracteres, composez chacun de 4 lignes brisées et entieres et combinées suivant la mesme analogie.

6° De ce 4e degré de generation, on passe de la mesme maniere au 5e qui contient 32 genres specifiques, ou especes generiques, representables par 32 caracteres composez chacun des deux mesmes sortes de lignes diversement combinées ensemble au nombre de cinq, pour marquer le 5e degré de generation. Enfin de ce 5e degré on monte au 6e qui contient 64 espéces de choses, ou d'idées, que Fo hii a voulu sans doute representer par les 64 caracteres sextilineaires de sa figure, touts symboles naturels des idées qu'ils representent, les quels joints ensemble dans cet ordre admirable qu'il les a a[r]rangés dans sa double figure quarrée et circulaire, fournissent sich sehr gut und auf gleichermaßen einfache und natürliche Weise darstellen durch die acht Kombinationen von drei Strichen, um den 3. Grad der Erzeugung in folgender Weise zu kennzeichnen:

☰☱	☲☳	☴☵	☶☷
weiß	gelb	blau	schwarz

Es handelt sich hierbei um die acht Zeichen [Liniensymbole] der Grundfigur des Systems des Fuxi, die als *bagua tu* (»Figur der acht gua«) bezeichnet wird und seit jeher von allen Gelehrten als Grundlage aller Wissenschaften angesehen worden ist. Noch niemand hat ihren eigentlichen Sinn ergründen können, doch dürfte dieser in etwa auf das hinauslaufen, was ich zu dem Thema eben ausgeführt habe.

5. Wenn man von diesem 3. Grad zum 4. Grad aufsteigt – denn 8 ergibt in der geometrischen Progression 16 –, dann bringen dieser Analogie zufolge die acht durch die acht aus drei Strichen bestehenden Zeichen dargestellten Gattungen der Figur des Fuxi 16 weitere hervor, nämlich jede zwei, die, unter Beibehaltung derselben Analogie wie jener ihrer Erzeuger, nur durch das Mehr und das Weniger voneinander abweichen. Man kann sie auf sehr natürliche Weise durch 16 Zeichen darstellen, die jedes aus 4 gebrochenen und durchgehenden Strichen zusammengesetzt und nach derselben Analogie kombiniert sind.

6. Von diesem 4. Grad der Erzeugung geht man auf dieselbe Weise zum 5. Grad über, der 32 spezifische Gattungen oder generische Arten umfaßt, die durch 32 Zeichen dargestellt werden können, und ihrerseits jeweils zusammengesetzt sind aus den beiden genannten Arten von Strichen, die – an Zahl fünf – miteinander kombiniert werden, um den 5. Grad der Erzeugung darzustellen. Von diesem 5. Grad steigt man schließlich zum 6. auf, der 64 Arten von Dingen oder Ideen umfaßt, die Fuxi zweifellos durch die 64 aus sechs Strichen zusammengesetzten Liniensymbole seiner Figur hat darstellen wollen – allesamt natürliche Symbole der von ihnen dargestellten Ideen –, die – zusammengefügt in der bewunderungswürdigen Ordnung seiner doppelten Figur aus Quadrat und Kreis – eine sehr vollkommene Methode liefern, um die Prinzipien aller Ar-

une methode tres parfaite pour traiter à fonds et expliquer tres clairement et sans embarras ni difficulté, et par les mesmes termes et analogies les principes de toute sorte de sciences.

Il y a ici une reflexion à faire, savoir que pour passer du 3e degré de generation au 6e, le plus court seroit de multiplier par huit, chacun des huit termes du 3e degré. Par cete multiplication, on auroit le mesme nombre de 64 et on se delivreroit par là de deux degrés de genres subalternes, dont la multitude ne peut causer que de la difficulté et de l'embarras dans une science, comme ce genre de metaphysique, qui doit estre egalement simple et universelle. Outre cela cete multiplication donneroit heureusement les differences des 8 degrés qu'Aristote donne à ses qualités. Ainsi pour appliquer ceci au mesme sujet, que nous avons pris ci dessus pour exemple, je veux dire aux couleurs, on distinguera par ce moyen avec une netteté admirable 64 couleurs differentes sous huit genres principaux dont chaque genre en contient 8 differentes[.] En quoy il y a ceci d'admirable, que ces huit genres de couleurs estant rangées selon l'ordre, que nous les avons rapportées ci devant, et distingués chacune en ses huit degrés, qui forment huit nuances differentes, ces huit nuances unies ensemble, ne feront qu'une seule[b] nuance universelle de 64 sortes de couleurs chacunes differentes de leurs voisines seulement d'un degré. Ce que j'ai dit des couleurs, se peut et doit dire de la mesme maniere de tous les autres sujets[c] ausquels on voudra appli-

[b] *Randbemerkung von Bouvet:* Pour voir cete nuance entiere des couleurs representée[s] par l'harmonie des caracteres de la figure circulaire, il faut en assembler les deux pieces de sorte que l'une se voye par le revers.

[c] *Randbemerkung von Bouvet:* Avec deux seuls principes, ou deux sortes de matiere l'une ignée et mobile de sa nature; et l'autre terrestre et sans aucune action de sa nature, toutes deux produites par le createur, en suivant les regles et l'analogie de ce systeme: on explique sans embarras

ten von Wissenschaften von Grund auf durchzunehmen und sehr klar, ohne Mühe und Schwierigkeiten und mit Hilfe derselben Begriffe und Analogien zu erklären.

Hier ist eine Überlegung einzuschalten. Um nämlich vom 3. Grad der Erzeugung zum 6. Grad zu kommen, wäre der kürzeste Weg, jeden der acht Begriffe des 3. Grades mit acht zu multiplizieren.[26] Durch diese Multiplikation käme man ebenfalls zur Zahl 64 und würde sich so zweier Grade von Untergattungen entledigen, deren Vielzahl nur Schwierigkeiten und Mühe bereiten kann in einer Wissenschaft wie dieser Art Metaphysik, die gleichermaßen einfach und universal sein soll. Darüber hinaus ergäben sich aus dieser Multiplikation auf glückliche Weise die Unterschiede gegenüber den acht Graden, die Aristoteles bei seinen Qualitäten unterscheidet.[27] Um so die [vorstehenden Überlegungen] auf denselben Gegenstand anzuwenden, den wir oben als Beispiel gewählt haben, nämlich auf die Farben, wird man auf diese Weise mit bewunderungswürdiger Klarheit 64 verschiedene Farben unterscheiden. Bewunderungswürdig ist daran das folgende: Wenn diese acht Gattungen von Farben in der Reihenfolge angeordnet werden, in der wir sie oben mitgeteilt haben, und bei jeder davon ihre acht Grade unterschieden werden, die acht verschiedene Nuancen bilden, werden diese acht Nuancen zusammengenommen eine einzige universale Nuance ergeben[b] im Verhältnis zu 64 Arten von Farben, wobei jede [dieser Nuancen] von ihren Nachbarinnen nur um einen Grad verschieden ist. Was ich von den Farben gesagt habe, kann und muß ebenso von allen anderen Gegenständen gesagt werden[c], auf die man diese neue oder viel-

[b] *Randbemerkung von Bouvet:* Um diese Farbnuance insgesamt in der Harmonie der Zeichen der kreisförmigen Figur wiederzufinden, muß man ihre beiden Teile so zusammenlegen, daß der eine kehrseitig (?) betrachtet wird.

[c] *Randbemerkung von Bouvet:* Mit Hilfe von nur zwei Prinzipien oder zwei Arten von Materie – die eine feurigen Ursprungs und von Natur veränderlich; die andere irdischen Ursprungs und von Natur ganz unbeweglich, beide Hervorbringungen des Schöpfers nach den Regeln und der Analogie dieses Systems – läßt sich mühelos die Her-

quer cete nouvelle, ou plustost cete ancienne metaphysique, qui peut estre a quelque rapport à celle, Monsieur, dont vous faites esperer au[x] savans de donner des demonstrations, et qui pour cete raison merite peut estre que vous daigniez y faire quelqu' attention.

Suivant ce systeme lors qu'on dira de quelque sujet, qu'il est album ut quatuor, nigrum ut octo, calidum ut duo, frigidum ut sex, siccum ut quinque, humidum ut septem, sive in 7mo gradu etc., on aura une idée aussi nette et aussi exacte de ce que l'on dit, [que] quand on dit qu'un degré est la 360e partie d'un cercle; ou qu'un signe celeste est la 12e partie du zodiaque etc. Et il est tres vraisemblable, qu' Aristote, et les autres grands philosophes qui ont parlé comme lui, ont eu ces mesmes idées, lors qu'ils ont parlé de la sorte: et que si la posterité a trouvé de l'obscurité dans leurs expressions, ce n'est que faute d'avoir compris leurs pensées, et bien conçu leur veritable systeme, qui quand on l'aura bien examiné se trouvera peut estre rouller tout entier sur les mesmes principes, que celui de Fohii, qui à mon avis tant pour son antiquité, que pour la netteté, la simplicité, la solidité et l'universalité, merite avec beaucoup de raison d'estre regardé comme le prince de tous les Philosophes, ce que je crois pouvoir avancer sans pretendre par là donner à la Chine pour la science, la superiorité par dessus toutes les autres nations du monde. (A Dieu ne plaise que je commette une injure si atroce contre l'Europe ma chere Patrie, qui en fait de hautes sciences est aussi superieure à la Chine, que la Chine est distante de l'Europe!) Car quoy que cete nation regarde ce grand homme comme son 1er mais-

la production de toutes les especes de choses qu'il y a dans l'univers etc. – *E* ändert unter Verwendung von Bouvets Textnote c zu Beginn des folgenden Absatzes: Ainsi avec deux seuls principes, ou deux sortes de matiere; en suivant les regles et l'analogie de ce systeme, on explique la multiplication de toutes les especes des êtres purement corporels. De plus suivant le même systeme […]

mehr alte Metaphysik anwenden will, die möglicherweise in einer gewissen Beziehung zu jener steht, die Sie, Monsieur, den Gelehrten in Aussicht stellen zu erläutern. Deshalb verdient jene [Metaphysik] vielleicht, daß Sie sie einiger Aufmerksamkeit würdigen.

Wenn man von irgendeinem Gegenstand sagt, daß er »weiß wie vier«, »schwarz wie acht«, »warm wie zwei«, »kalt wie sechs«, »trokken wie fünf«, »feucht wie sieben« oder »im siebenten Grad« usw. ist, erhält man nach diesem System eine ebenso klare und ebenso genaue Vorstellung von dem, was man sagt, wie wenn man sagt, daß ein Grad der 360. Teil eines Kreises ist oder daß ein Tierkreiszeichen der 12. Teil des Zodiakus ist usw. Und es ist sehr wahrscheinlich, daß Aristoteles und die anderen großen Philosophen, die sich wie er geäußert haben, eben diese Vorstellungen gehabt haben, als sie sich so äußerten, und daß wenn die Nachwelt ihre Ausdrucksweise dunkel fand, sie lediglich nicht ihrem Denken folgen konnte oder ihr wahres System nicht recht verstanden hatte, von dem sich bei näherer Prüfung vielleicht herausstellen wird, daß es gänzlich nach denselben Prinzipien funktioniert wie dasjenige des Fuxi. Sein Alter ebenso wie seine Klarheit, seine Einfachheit, seine Solidität und seine Universalität berechtigen meines Erachtens ganz entschieden dazu, Fuxi als den Fürsten aller Philosophen zu betrachten. Ich glaube, das vorbringen zu dürfen, ohne damit China in den Wissenschaften die Überlegenheit über alle anderen Völker der Welt zuerkennen zu wollen. (Gott behüte, daß ich Europa einen so gräßlichen Schimpf antue, meinem lieben Vaterland, das in den höheren Wissenschaften China um soviel überlegen ist, wie China von Europa entfernt liegt!) Denn wenn auch die Chinesen diesen großen Mann als ihren ersten Herrscher und als den Begründer ihrer Monarchie

vorbringung aller Arten von Dingen erklären, die es im Universum gibt. – *E* ändert unter Verwendung von Bouvets Textnote c zu Beginn des folgenden Absatzes: Mit Hilfe von nur zwei Prinzipien oder zwei Arten von Materie erklärt man so gemäß den Regeln und der Analogie dieses Systems die Vermehrung aller Arten der rein körperlichen Wesen. Darüber hinaus, nach demselben System […]

tre et comme le fondateur de sa monarchie, il y a de fortes raisons suivies par de tres habiles docteurs (je parle du plus grand nombre) qui font voir que Fo hii ne mist jamais le pied dans la Chine. Et au contraire la plus part des choses que l'on rapporte tant du temps où il a vescu, que de celles qu'il a faites sont telles qu'il est aisé de juger, par la conformité presqu'entiere que tout cela a avec ce que nos anciens Auteurs, et ceux du levant ont rapporté de Zoroastre, de Mercure Trismegiste, ou mesme d'Enoch, que Fo hii n'a esté autre que quelqu'un de ces grands personnages, ce que les deux jeroglyphes de son nom mesme, donnent quelque lieu de conjecturer. Car le l^er^ jeroglyphe Fo est composé de deux autres caracteres, savoir gin (homo) et Kiuen (canis), comme qui diroit homo-canis, sive canina sagacitate in venandis et perquirendis rerum omnium causis et principiis, aussi bien que Mercure Trismegiste, que les auteurs des jeroglyphes emblematiques ont representé avec une teste de chien sur un corps humain. Le 2^ond^ caractere *hi* signifie victimes, terme qui donne à connoistre que Fo hii a esté Sacrificateur, ou grand prestre et que c'est lui qui a reglé l'ordre des sacrifices et du Culte Religieux. Outre le nom ordinaire, on lui donne encore dans les livres le Titre de Taï-hao qui signifie tres grand, et trois fois grand, ou Trismegiste.

Revenons à son systeme, sur le quel je dois encore faire remarquer

1° que les 8 genres du 3me ordre de generation, chacun avec ses huit especes, sont representez dans la figure quarrée dans autant de lignes horizontales contenant 8 caracteres sextilineaires; les quels caracteres dans la supposition de la generation des 64 especes, faite par la multiplication octavaire de chacun des 8 genres du 3me degré de generation, doivent estre considerez comme produits immediatement par la combinaison de chacun des 8 caracteres trilineaires, ou simples, tant avec lui mesme qu'avec chacun des sept autres, de telle maniere que le caractere simple combiné fasse la moitié inferieure, ansehen, zeigen doch starke Gründe, daß Fuxi China niemals betreten hat. Diese Auffassung teilen sehr fähige Gelehrte,[28] ja deren Mehrzahl. Ja, der größte Teil der Sachen, die man von seinen Lebzeiten wie von seinen Taten berichtet, ist derart, daß man aus der fast völligen Übereinstimmung all dessen mit den Berichten unserer alten Schriftsteller und jener des Orients über Zarathustra,[29] Hermes Trismegistos[30] oder sogar Henoch[31] leicht schließen kann, daß Fuxi niemand anders als eine dieser großen Persönlichkeiten gewesen ist. Sogar die beiden Hieroglyphen [Schriftzeichen] seines Namens geben einigen Anlaß zu dieser Hypothese. Denn die 1. Hieroglyphe *Fu* ist aus zwei anderen Zeichen zusammengesetzt: *ren* (»Mensch«) und *quan* (»Hund«)[32], was soviel bedeutet wie »Mensch-Hund« oder »von der scharfen Witterung eines Hundes beim Jagen auf und Erkunden von den Gründen und Prinzipien aller Dinge«. Ebenso verhält es sich mit Hermes Trimegistos, den die Urheber der emblematischen Hieroglyphen mit einem Hundekopf auf einem menschlichen Körper dargestellt haben. Das 2. Zeichen, *xi*, bedeutet »Opfer«,[33] was zu erkennen gibt, daß Fuxi Opferer war oder Hohepriester und daß er es war, der die Opferrituale und den religiösen Kultus geordnet hat. Abgesehen von seinem gewöhnlichen Namen wird ihm in den Büchern noch der Titel *Tai-hao*[34] beigelegt, was »sehr groß« und »dreimal groß« oder »Trismegistos« heißt.

Kehren wir zu seinem System zurück. Hierzu muß ich noch auf folgendes hinweisen:

1. Die 8 Gattungen der 3. Ordnung der Erzeugung, jeweils mit ihren acht Arten, sind in der quadratischen Figur in ebensoviel horizontalen Zeilen dargestellt, die jeweils 8 aus sechs Strichen zusammengesetzte Zeichen enthalten. Nimmt man an, daß die 64 Arten erzeugt werden durch die Multiplikation jeder der 8 Gattungen des 3. Grades der Erzeugung mit acht, müssen diese [acht aus sechs Strichen zusammengesetzten] Zeichen angesehen werden als das unmittelbare Ergebnis der Kombination eines jeden der 8 aus drei Strichen zusammengesetzten oder einfachen Zeichen sowohl mit sich selbst wie mit jedem der sieben anderen, so daß das einfache kombinierte Zeichen die untere Hälfte und das einfache durch die

et le caractere simple ajouté par la combinaison, fasse la moitié superieure du caractere double, comme on voit dans la figure quarrée.

Je dois faire remarquer en 2[ond] lieu que dans ce systeme, qui a esté fabriqué il y a plus de 4600 ans, si on en croit la Chronologie Chinoise, et qui consequemment est le monument le plus ancien qui soit sur la terre, ayant esté fait par un homme infiniment eclairé, et qui ne pouvoit ignorer l'age du monde, et l'ordre que le createur a tenu dans la creation, lui qui pretendoit sur tout enseigner à la posterité par ce systeme les causes et les principes veritables de la production de l'Univers et de toutes les parties qui le composent: je dois faire remarquer dis-je que ce Philosophe a dû pour faire recevoir sa doctrine, avoir egard à l'ordre de la creation, dont la connoissance devoit estre encore tres distincte et universelle de son temps, au quel les enfants de Noe estoient encore vivans, ou estoient morts depuis peu de temps.

Aussi est ce pour cela, ce semble, et pour representer comme au naturel la suite des productions de toutes les creatures des six jours rapportez par Moyse, que ce philosophe qui doit avoir vescu avant lui, a establi six degrés de generation dans son systeme; c'est aussi sans doute pour conserver la memoire du septiéme jour que Dieu sanctifia par son repos apres l'ouvrage des six jours, et qu'il obligea l'homme d'observer religieusement pour conserver la memoire des bienfaits infinis de son Auteur; que Fo hii a consacré le septiéme nombre dans le systeme de sa figure circulaire, dont toutes les revolutions finissent et commencent dans le septieme, mystère que les Chinois n'ont jamais entendu, et que nous esperons un jour developer avec l'aide particuliere du Ciel.

Je dois faire remarquer en 3e lieu, pour faire voir la conformité de vostre belle demonstration de l'existence d'un Dieu Createur de toutes choses, tirée des nombres, avec celle que renferme le systeme de Fo hii, que, puisque son systeme roulle sur la progression geometrique double 1. 2. 4. 8. 16. 32. 64. continuée jusqu'au 7me terme, dont 1 ou plus tost (.) est le principe ou 1e l[er] terme et comme le generateur de tous les autres: 2 le premier degré de generation: 4 le 2[e]

Kombination hinzugefügte Zeichen die obere Hälfte des Doppelzeichens ergibt, wie aus der quadratischen Figur zu ersehen ist.

2. Dieses – folgt man der chinesischen Chronologie – vor mehr als 4600 Jahren erdachte System ist demnach das älteste Denkmal auf der Erde; es ist das Werk eines unendlich erleuchteten Mannes, der sich nicht im unklaren sein konnte über das Alter der Welt und die vom Schöpfer in seiner Schöpfung eingehaltene Ordnung, wollte er doch vor allem die Nachwelt durch dieses System die Gründe und wahren Prinzipien kennen lehren, die der Hervorbringung des Alls und seiner sämtlichen Teile zugrunde liegen. Wollte er seine Lehre zur Geltung bringen, mußte dieser Philosoph also die Ordnung der Schöpfung beachten, deren Kenntnis zu seiner Zeit, da die Söhne Noahs noch am Leben oder erst kurze Zeit verstorben waren, noch sehr genau und allgemein verbreitet sein mußte.

Wohl aus diesem Grund und um auf gleichsam natürliche Weise die Reihenfolge der Erzeugung aller Geschöpfe der sechs Tage, von denen Mose berichtet, darzustellen, hat dieser Philosoph [Fuxi], der vor diesem [Mose] gelebt haben muß, in seinem System sechs Grade der Erzeugung eingeführt. Zweifellos war es auch die Erhaltung der Erinnerung an den siebenten Tag – den Gott durch seine Ruhe nach der Arbeit der [vorangegangen] sechs Tage heiligte und den gewissenhaft einzuhalten er den Menschen nötigte, um die Erinnerung an die unendlichen Wohltaten seines Schöpfers zu bewahren –, der Fuxi die siebente Zahl im System seiner kreisförmigen Figur gewidmet hat. Alle Umläufe dieser Figur enden und beginnen in der siebenten Zahl. Die Chinesen haben dieses Geheimnis niemals verstanden, das wir eines Tages mit der besonderen Hilfe des Himmels darzustellen hoffen.[35]

3. Um zu zeigen, daß Ihre aus den Zahlen entwickelte schöne Beweisführung von der Existenz eines Gottes, der Schöpfer aller Dinge ist, übereinstimmt mit jener, die das System des Fuxi enthält, muß ich darauf hinweisen, daß – weil dessen System nach der geometrischen Progression funktioniert : 1, 2, 4, 8, 16, 32, 64 und weiter bis zum siebenten Glied, von dem 1 oder vielmehr (.) das Prinzip oder das 1. Glied und sozusagen der Erzeuger aller übrigen ist: 2 [als] er-

degré: 8 le 3e degré etc., et puisqu'il donne dans ce systeme les six derniers termes de cete progression, pour les symboles ou Images des six degrez de generation de toutes les choses naturelles, il s'ensuit que comme le 2[ond] terme, ou premier degré de generation 2 qui est l'exposant des characteristiques du ciel et de la terre; il s[']ensuit, dis-je, que comme 2 est le premier degré de generation et qu'il a 1 pour principe de sa generation; de mesme le Ciel et la Terre doivent estre selon Fo hii le premier degré des productions naturelles, et avoir un principe unique de leur production, representé par 1, 1er des sept termes de la progression double 1. 2. 4. 8. 16. 32. 64. Verité qui d'ailleurs est clairement etablie dans les livres classiques de la Chine, puisqu'on lit dans le Livre des Rites ce passage[:] *Taï-y fen ël guei tien-ti*. C'est à dire l'unité tres grande ou trois fois grande, ou pour mieux dire encore, l'unité Trine (car les 2 jeroglyphes Taï-y renferment tous ces trois sens) est le principe du Ciel et de la Terre.

Mais pour faire voir que ce Taï-y, ou cete grande unité, dont parle le livre des Rites est une unité réelle, intelligente, toute puissante, et la mesme chose que Xam Ti, souverain Seigneur du Ciel et de la Terre, il suffit de dire qu'on lit dans le *Ché-Ki* qui est un livre ancien d'Annales, fort estimé et ecrit avant la naissance de J[esus] C[hrist], qu'anciennement on sacrifioit et offroit des victimes du Ier ordre au Taï-y, c'est à dire Uni maximo, dans le Kiao, lieu destiné aux sacrifices de Xamti. A quoy je puis ajouter qu'il est rapporté dans un rituel à peu pres aussi ancien, qu'autres fois on sacrifioit de la mesme maniere à Y-San, id est Uni Trino. Ce qui fait voir, Monsieur, que les anciens Chinois ont eû connoissance, non seulement de Dieu comme Createur et comme Principe de toutes les choses naturelles, mais encore du mystere adorable de la tres Sainte Trinité. Si j'ajoutois qu'on trouve cent endroits dans leurs anciens livres qui peuvent faire juger prudemment qu'ils ont eû connoissance du peché et du chatiment des mauvais Anges, de la longue vie des premiers hommes, de la corruption de la nature humaine par ster Grad der Erzeugung, 4 [als] zweiter Grad, 8 [als] dritter Grad usw., und weil Fuxi in diesem System die sechs letzten Glieder dieser Progression als Symbole oder Bilder der sechs Grade der Erzeugung aller natürlichen Dinge darstellt – daraus folgt, daß – da das 2. Glied oder der erste Grad der Erzeugung 2 ist, der Exponent der Charakteristiken von Himmel und Erde, und 2 der erste Grad der Erzeugung ist und 1 zum Prinzip seiner Erzeugung hat – desgleichen der Himmel und die Erde laut Fuxi der erste Grad der natürlichen Hervorbringungen sein und ein einziges Prinzip ihrer Hervorbringung haben müssen, das durch 1 dargestellt wird, das erste der sieben Glieder der geometrischen Progression 1. 2. 4. 8. 16. 32. 64. Diese Wahrheit ist übrigens in den klassischen Büchern Chinas in aller Klarheit dargelegt, da man im Buch der Riten[36] die folgende Passage liest: *tai yi fen er gui tian di,*[37] das heißt »Die sehr große Einheit« (oder »dreimal große« oder besser noch »die Drei-Einheit«, denn die zwei Hieroglyphen *tai yi* umfassen alle diese drei Bedeutungen) »ist das Prinzip des Himmels und der Erde«.

Aber um zu zeigen, daß dieses *taiyi*[38] oder »große Einheit«, von der das Buch der Riten spricht, eine reale, intelligente, allmächtige Einheit ist und dasselbe wie *shangti,*[39] der oberste Herr des Himmels und der Erde, genügt es zu sagen, daß man im *Shiji,*[40] einem alten, sehr geschätzten Annalenbuch aus der Zeit vor der Geburt Christi, liest, daß man in alter Zeit Opfer der 1. Ordnung dem *taiyi,* »dem Einen Höchsten«, im *jiao*[41] darbrachte, einem Ort, der für die Opfer für *shangti* bestimmt ist. Dem kann ich hinzufügen, daß in einem etwa ebenso alten Ritual berichtet wird, daß man einst auf dieselbe Weise dem *yisan,*[42] dem »Drei-Einen«, zu opfern pflegte. Das läßt erkennen, Monsieur, daß die alten Chinesen nicht nur Gott als Schöpfer und als Prinzip aller natürlichen Dinge kannten, sondern auch das anbetungswürdige Mysterium der sehr Heiligen Dreieinigkeit. Wollte ich hinzufügen, daß man in ihren alten Büchern hundert Stellen findet, die auch bei umsichtiger Betrachtungsweise den Schluß erlauben, daß sie von Sünde und Bestrafung der bösen Engel ebenso Kenntnis hatten wie von der Langlebigkeit der ersten Menschen, der Verderbnis der menschlichen Natur infolge der le peché, du deluge, de l'Incarnation future du Verbe Divin et des principales circonstances du mystere de n[e] redemption, les quelles se trouvent marquées par des traits si clairs et si circonstanciez, qu'ils me paroissent comparables ou mesme preferables aux oracles des Sybilles; il faudroit me resoudre à voir ces propositions contredites mesme par la plus part de ceux là mesme des missionaires, qui reconnoissent avec moy comme une chose hors de doute que les Chinois ont eu autres fois une connoissance bien parfaite de la Divinité: Mais cela ne m'osteroit pas l'esperance de voir peut estre un jour au moins la plus grande partie de mon sentiment, qui assurement est tres bien fondé, comme je me flate de pouvoir démontrer.

Si vous voulez estre bien tost persuadé de cete verité[d], aussi bien que nous, Monsieur, qui le sommes depuis long temps, sur de tres solides raisons, quoy qu'on ait publié contre, ces dernieres années par toute l'Europe, prennez la peine de parcourir une petite Relation latine que nous venons de faire imprimer ici à Peking, et dont je vous envoye un exemplaire. En lisant l'Article de la tradition ancienne et tout ce qui regarde les temples et les Sacrifices, aussi bien que les Sentences et proverbes, si vous trouvez quelqu'endroit sur lequel vous desiriez quelqu'eclaircissement, ayez la bonté, Monsieur, de me le marquer, comme c'est moy qui ai travaillé ce morceau, peut-estre qu'il ne me sera pas difficile de vous donner satisfaction sur cela. En attendant si je puis envoyer cete année en France la traduction d'un autre petit ouvrage chinois que j'ai dressé pour les nouveaux missionaires, et pour les Chinois qui se piquent d'entendre leurs livres classiques, vous pourrez y trouver de quoy contenter

[d] *Randbemerkung von Bouvet:* (Je veux dire que les Chinois ont eu connoissance de la divinité)

Sünde, der Sintflut, der künftigen Fleischwerdung des Wortes Gottes und den wichtigsten Umständen des Mysteriums unserer Erlösung, wobei alle diese Dinge so klar und so ausführlich bezeichnet sind, daß [diese Angaben] mir den sibyllinischen Orakeln[43] vergleichbar scheinen, wenn sie diesen nicht sogar vorzuziehen sind – ich müßte mich in diesem Fall dazu entschließen [ein]zusehen, daß diesen Behauptungen die Mehrzahl selbst jener Missionare widersprechen würde, die mit mir als außer Zweifel stehend anerkennen, daß die Chinesen einst über eine sehr vollkommene Kenntnis der Gottheit verfügten. Das benähme mir aber nicht die Hoffnung, eines Tages vielleicht wenigstens den größten Teil meiner Auffassung, die mit Sicherheit sehr wohl begründet ist, wie ich hoffe beweisen zu können, [nachgewiesen] zu sehen.

Wenn Sie bald von dieser Wahrheit überzeugt sein wollen,[d] ebenso wie wir, Monsieur, die das schon seit langem sind, [und zwar] aus sehr handfesten Gründen, was immer man dagegen in den letzten Jahren in ganz Europa veröffentlicht haben mag, dann machen Sie sich doch die Mühe, einen kleinen Bericht durchzulesen, den wir soeben hier in Peking haben drucken lassen und von dem ich Ihnen ein Exemplar[44] mitschicke. Wenn Sie bei der Lektüre des Abschnitts über die alte Überlieferung und alles, was die Tempel und die Opfer angeht, ebenso wie die Lehrsprüche und Sprichwörter, irgendeine Stelle finden, zu der Sie [nähere] Aufklärung wünschen, dann seien Sie so freundlich, Monsieur, und teilen Sie es mir mit, denn diese Passage habe ich bearbeitet, und es wird mir vielleicht nicht schwer fallen, Sie in dieser Hinsicht zufriedenzustellen. In der Zwischenzeit werden Sie Ihrer diesbezüglichen Wißbegierde anhand der Übersetzung eines anderen kleinen chinesischen Werkes[45] vollauf Genüge tun können, wenn ich sie dieses Jahr nach Frankreich schicken kann. Ich habe sie für die Novizen unter den Missionaren und für jene Chinesen aufgesetzt, die Wert darauf legen, ihre klassische Literatur zu verstehen. Es handelt sich um eine

d *Randbemerkung von Bouvet:* Damit meine ich, daß die Chinesen von der Gottheit Kenntnis hatten.

pleinement vostre curiosité sur cete matiere, cet ouvrage estant un recueil complet de tous les plus beaux sentimens qui se trouvent dans les livres classiques de la Chine touchant la divinité rangés en forme de catechisme propre à instruire et à faire voir sans aucune dispute ni raisonnement, que les anciens Chinois n'ont esté gueres inferieurs en cete matiere à ceux qui ont eu les connoissances les plus eclairees de la Divinité.

Je ne finirois point sur ce sujet si je suivois mon inclination, mais je m'apperçois, qu'une si longue lettre ecrite avec tant de precipitation, si peu d'ordre et tant de ratures, doit beaucoup vous ennuyer. Il faut neanmoins encore avant de finir que je reponde à quelques autres points de vostre letre en vous promettant de faire mon possible pour vous procurer les versions du *Pater* dans toutes les langues que je pourrai etc.

Le P[e] Grimaldi, qui est devenu fort infirme, a esté fort touché de l'honneur de vostre souvenir. Je l'ai prié de v[e] part de vous chercher quelques observations d'Astronomie anciennes et choisies etc. que vous souhaitez. Nous ferons aussi de nostre costé ce que nous pourrons pour vous donner cete satisfaction. Les Chinois ont eû autresfois (je doute neanmoins si cela doit s'entendre d'autre que de Fo-hii, dont le Systeme me paroist fondé sur une parfaite connoissance de la science des nombres et de la geometrie) ont eû, disje, connoissance des nombres et de la geometrie et en particulier de ce qui regarde les proprietés admirables des costés et de l'hypotenuse des triangles rectangles. J'ai dit je doute, car je n'ai pas examiné si ce que l'on trouve apresent dans leurs livres sur cete matiere, et qu'ils s'attribuent est veritablement d'eux, ou ne leur est point venu des Arabes.

La conjecture de Golius dont vous me parlez touchant les caracteres et la langue des Chinois, me paroist veritable, croyant aussi bien que lui non seulement qu'il y a de l'artifice dans leur construction, mais encore que ç[']a esté l'effet d'une Science et d'une Sagesse consommée des premiers Patriarches du monde, que j'en crois les vollständige Sammlung der schönsten Äußerungen über die Gottheit in den klassischen Büchern Chinas, angeordnet in Form eines Katechismus, der geeignet ist, ohne jeden Streit oder Auseinandersetzung darüber zu belehren und zu zeigen, daß die alten Chinesen in dieser Sache kaum jenen nachstanden, welche über die erleuchtetsten Kenntnisse der Gottheit verfügten.

Ginge es nach meiner Neigung, würde ich [hier] noch keinesfalls von diesem Thema abbrechen; ich sehe aber, daß ein so langer, in solcher Hast, so ungeordnet und mit so vielen Streichungen geschriebener Brief Ihnen äußerst lästig fallen muß. Indessen muß ich, bevor ich schließe, noch auf einige andere Punkte Ihres Briefes antworten, und ich verspreche Ihnen, mein Möglichstes zu tun, um Ihnen Versionen des *Vaterunser* in allen Sprachen in meiner Reichweite zu beschaffen.

P. Grimaldi ist sehr kränklich geworden. Er war sehr gerührt von der Ehre, daß Sie sich seiner erinnern. Ich habe ihn in Ihrem Namen gebeten, für Sie einige alte, ausgewählte astronomische Beobachtungen ausfindig zu machen, die Sie wünschen. Wir werden auch unsererseits tun, was wir können, um Sie in dieser Hinsicht zufriedenzustellen. Die Chinesen (ich bezweifle allerdings, ob das auf andere als Fuxi zu beziehen ist, dessen System mir auf einer vollkommenen Kenntnis der Wissenschaft von den Zahlen und der Geometrie gegründet scheint) waren einst bekannt mit den Zahlen, der Geometrie und insbesondere mit den bewundernswerten Eigenschaften der Seiten [Katheten] und der Hypotenuse der rechteckigen Dreiecke. Ich sagte: ich bezweifle, denn ich habe nicht nachgeprüft, ob das, was man zu diesem Gegenstand gegenwärtig in ihren Büchern findet und wofür sie die Urheberschaft in Anspruch nehmen, wirklich von ihnen [selbst] stammt oder nicht vielmehr von den Arabern übernommen ist.

Golius' Hypothese zu Schriftzeichen und Sprache der Chinesen, von der Sie mir schreiben,[46] scheint mir treffend. Wie er glaube ich nicht nur, daß in ihrem Aufbau etwas Künstliches liegt, sondern, mehr noch, daß dies Ergebnis einer vollendeten Wissenschaft und Weisheit der ältesten Patriarchen der Welt ist. Diese nämlich und auteurs et non pas les Chinois, dont les Jeroglyphes tout alterez qu'ils sont me paroissent estre les mesmes que ceux des Egyptiens; et leurs mots, qui ont souffert une alteration bien plus considerable ayant encore beaucoup de rapport et pour le son et pour le sens aux autres langues, et surtout aux plus simples et aux plus anciennes, comme sont la langue sainte et les autres langues orientales. Si j'ai du loisir je pourrai un jour faire plusieurs remarques curieuses sur ce sujet, qui me paroist avoir de quoy fournir beaucoup de matiere.

Les occupations des Jesuites françois depuis que nous sommes entrez dans cete mission, ont esté sujetes à tant de distractions, et traversées par tant de difficultez, que nous n'avons pu encore joindre aux travaux ordinaires de la mission, qui comme vous savez doit estre nostre principal employ, le plan regulier que nous avions dressé pour travailler à eclaircir les choses de la Chine et à donner connoissance des sciences de cete Nation à l'Europe. Mais à present que le Ciel nous met en estat de pouvoir commencer à y travailler serieusement, par le repos que nous allons gouster avec l'aide de Dieu au milieu de nos travaux et par le nombre de nos compagnons qui va se multipliant considerablement chaque année, aussi bien que le nombre de nos establissemens, nous esperons doresnavant pouvoir envoyer chaque année en Europe des connoissances, qui feront un vrai plaisir aux Savans et en particulier à ceux qui s'interessent et qui contribuent comme vous d'une maniere si extraordinaire à la perfection des Arts et des Sciences.

Nous supposons aussi de nostre costé, et esperons du grand zele que vous montrez, Monsieur, pour la propagation de la foy dans ce grand Empire, que vous voudrez bien nous communiquer vos propres decouvertes, et celles de cete nouvelle et illustre Academie, qui commence de travailler à vostre Exemple et sous vos auspices. Ce nicht die Chinesen sind meiner Meinung nach die Urheber [der chinesischen Sprache und Schrift], und die chinesischen Hieroglyphen [Schriftzeichen] scheinen mir bei all ihrer Entstellung dieselben zu sein wie die der Ägypter.[47] [Dasselbe gilt für] die chinesischen Wörter, die eine noch viel weiterreichende Entstellung erfahren haben, aber in lautlicher wie bedeutungsmäßiger Hinsicht noch viele Übereinstimmungen mit den anderen Sprachen aufweisen, besonders den einfachsten und ältesten wie der heiligen Sprache [dem Hebräischen] und den anderen orientalischen Sprachen. Wenn ich die Muße dazu finde, könnte ich eines Tages eine Reihe von interessanten Beobachtungen zu diesem meines Erachtens sehr ergiebigen Gegenstand anstellen.[48]

Seit wir diese Mission in Angriff genommen haben, hat die Arbeit der französischen Jesuiten so viel an Ablenkungen erfahren und ist von so viel Schwierigkeiten durchkreuzt worden, daß wir über die reguläre Missionsarbeit hinaus, die, wie Sie wissen, unsere hauptsächliche Aufgabe sein muß, noch nicht den regulären Arbeitsplan in Angriff nehmen konnten, welcher der Erforschung der chinesischen Verhältnisse dienen und Europa mit den Wissenschaften dieses Volkes bekanntmachen soll. Nachdem uns der Himmel jetzt aber in die Lage versetzt hat, ernsthaft daran zu arbeiten – dazu trägt die Ruhe, die wir [von nun an] mit Gottes Hilfe inmitten unserer Arbeiten genießen werden, ebenso bei wie die Zahl unserer Ordensbrüder, die sich jedes Jahr um ein Erhebliches vervielfacht, und die Zahl unserer Niederlassungen –, hoffen wir, künftig jedes Jahr Erkenntnisse nach Europa schicken zu können, die den Gelehrten ein wahres Vergnügen bereiten werden, und insbesondere denjenigen, die wie Sie so außerordentlich Anteil nehmen an der Vervollkommnung der Künste und Wissenschaften und ihrerseits dazu beitragen.

Auch unsererseits gehen wir davon aus und erhoffen uns von dem großen Eifer, den Sie, Monsieur, für die Verbreitung des [christlichen] Glaubens in diesem großen Reich an den Tag legen, daß Sie uns freundlicherweise Ihre eigenen Entdeckungen ebenso zukommen lassen werden wie jene der neuen, ruhmvollen Akademie, die nach Ihrem Vorbild und unter Ihrer Schutzherrschaft ihre Arbeit seront de nouvelles Armes dont les Miss[res] se serviront ici pour detruire peu à peu l'Empire du démon et y establir solidement celui de J[esus] C[hrist].

Je souhaiterois avoir quelque dictionaire traduit en quelque langue d'Europe pour vous l'envoyer; mais j'en ai point. Le P[e] Visdelou est en estat d'en commencer un, qui ne laissera rien à desirer sur ce sujet, si ce n'est peutestre l'analyse des caracteres que vous souhaitez. Pour moy j'avois une inclination particuliere pour travailler à cete analyse: mais je crois que je ne dois pas pour cela me distraire de quelques autres etudes, qui me paroissent plus importantes pour le bien de la Religion et mesme par rapport à nos Sciences. La Traduction du dictionaire Chinois en Tartare que l'Emp[r] fait faire par des gens tres habiles, n'est pas encore achevée. Si tost qu'elle le sera quelqu'un de nous en fera une traduction latine ou francoise pour donner tout à la fois à l'Europe la connoiss[ce] de trois langues etrangeres. Car la langue Chinoise et ses caracteres sont comme 2 langues differentes, dont l'une parle à l'oreille et l'autre aux yeux.

En attendant je ferai chercher le livre dont vous me parlez, je veux dire celui où les figures des choses sont jointes aux mots, avec un autre où sont les figures des vases anciens des sacrifices, et autres choses semblables avec leurs inscriptions en anciens jeroglyphes. Cet ouvrage est ici du mesme goust que nos livres de medailles anciennes, l'explication des inscriptions y est ajoutée en jeroglyphes ou caracteres modernes. S'ils se peuvent trouver à temps je vous les envoirai cete année, avec quelqu'echantillon du papier que vous souhaitez; et ensuite le secret de faire ce grand papier si je puis l'obtenir.

Pour vostre belle decouverte des nombres, avec la demonstration que vous en tirez pour etablir le dogme de la creation, il faut attenaufnimmt. Die Missionare werden sich hier dieser neuen Waffen bedienen, um nach und nach das Reich des Bösen zu zerstören und [an seiner Stelle] das Reich Jesu Christi auf fester Grundlage zu errichten.

Ich wünschte, ich hätte ein [chinesisches] Wörterbuch mit Übersetzungen in einer europäischen Sprache, das ich Ihnen schicken könnte. Ich habe aber nichts dergleichen. P. Visdelou ist befähigt, ein solches Wörterbuch in Angriff zu nehmen, das in dieser Hinsicht keine Wünsche offen lassen wird, außer vielleicht die von Ihnen gewünschte Analyse der Schriftzeichen. Ich war selbst sehr geneigt, an einer solchen Analyse zu arbeiten; ich meine aber, mich dadurch nicht von einigen anderen Studien ablenken lassen zu sollen, die meines Erachtens wichtiger sind für das Gedeihen der [christlichen] Religion und sogar in Hinblick auf unsere Wissenschaften. Die Übersetzung des chinesischen Wörterbuchs ins Tatarische [Manjurische], an welcher der Kaiser sehr tüchtige Leute arbeiten läßt, ist noch nicht vollendet.[49] Sobald das der Fall ist, wird einer von uns eine lateinische oder französische Übersetzung anfertigen, um auf einen Schlag Europa die Kenntnis von drei fremden Sprachen zu vermitteln. Das Chinesische und seine Schriftzeichen sind nämlich so gut wie zwei verschiedene Sprachen, deren eine zu den Ohren, die andere zu den Augen spricht.

Inzwischen werde ich nach dem Buch suchen lassen, von dem Sie mir schreiben, wo nämlich die Abbildungen der Dinge den Wörtern beigegeben sind,[50] ferner noch ein anderes, wo die alten Opfergefäße und anderes dergleichen mit ihren Inschriften in alten Hieroglyphen abgebildet sind. Dieses Werk ist das hiesige Pendant unserer Bücher mit antiken Medaillen, die Erklärung der Inschriften ist in Hieroglyphen oder modernen Zeichen beigefügt. Wenn ich diese Bücher rechtzeitig auftreiben kann, werde ich sie Ihnen dieses Jahr samt der von Ihnen gewünschten Papierprobe schicken, und dann auch das Geheimnis der Herstellung dieses großformatigen Papiers, wenn ich es erlangen kann.

Man wird eine günstige Gelegenheit abwarten müssen, um dem Kaiser von Ihrer wunderbaren Zahlenentdeckung und dem Bedre quelqu'occasion favorable pour en parler à l'Emp^{r}, qui depuis quelques années ayant achevé de se satisfaire sur ce qu'il desiroit savoir de la Theorie de nos Sciences, ne nous donne plus la mesme facilité qu'auparavant, de l'entretenir de ces sortes de choses. D'ailleurs lors qu'on lui parle de quelque chose, comme il faut estre prest sur toutes les questions qu'il peut faire à ce sujet; et que vous ne m'avez encore fait la grace de me communiquer tout ce qui seroit à desirer sur cela, je serai peutestre obligé d'attendre quelque nouvelle connoissance à cet egard.

Depuis que je suis retourné d'Europe, l'Empereur ne m'a point donné d'autre occupation pour son service, que celle de travailler avec deux de mes compagnons, que je lui ai amenez, et avec le P. Thomas, à une Carte Topographique de 20 piés en quarré, que nous lui fimes l'hyver dernier d'un Canton de cette province de 15 lieues d'etenduë, depuis cete ville vers le midi. Mais cete occupation ne m'a donné lieu de faire aucune decouverte que je juge meriter de vous estre ecrite, si ce n'est qu'en faissant la carte du haï çù maison de plaisance, où l'Empereur va tous les ans prendre pendant quelques jours le divertissement de la chasse, nous vimes parmi les bestes fauves qu'il y a de plusieurs especes et en tres grand nombre, une sorte de mulets et mules sauvages, qui ne different en rien des domestiques, si non que cete espece multiplie en Tartarie, où on les prend, comme les autres animaux. Peut estre que ce qui rend steriles les domestiques, c'est cete education contrainte et gesnée, de mesme que les elefants que nous avons vus à Siam, où ceux qui ont l'Intendance des elefants du Roy, aussi bien que leurs palefreniers, nous ont tous assurez, que les elefans devenoient steriles dez qu'ils estoient apprivoisez et qu'on les elevoit dans l'ecurie, au lieu que lors qu'on leur laissoit la liberté d'aller dans les bois, où le Roy de Siam en a plusieurs haras, ils multiplient aussi bien que les sauvages, avec les quels les elefans femelles des haras du Roy se meslent.

weis für den Glaubenssatz der Schöpfung, den Sie daraus ableiten, zu berichten. Nachdem er seit einigen Jahren seinem Interesse für die Theorie unserer Wissenschaften Genüge getan hat, gibt er uns nicht mehr im gleichen Umfang wie früher Gelegenheit, mit ihm über solche Dinge zu reden. Im übrigen muß man auf alle Fragen gefaßt sein, die er möglicherweise stellen wird, wenn man ihm von etwas berichtet, und Sie haben mich bislang noch nicht der Mitteilung all dessen gewürdigt, was man zu diesem Thema wissen sollte. So werde ich vielleicht genötigt sein, neue Erkenntnisse dazu abzuwarten.[51]

Seit ich aus Europa zurück bin, hat mich der Kaiser in seinen Diensten mit nur einer Aufgabe beschäftigt, nämlich gemeinsam mit zwei Ordensbrüdern,[52] die ich ihm vorgestellt habe, und P. Thomas an einer 20 Quadratfuß großen topographischen Karte zu arbeiten. Die im vergangenen Winter angefertigte Karte zeigt einen Distrikt dieser Provinz [gemeint ist Beizhili, Henan] von 15 Meilen Ausdehnung von dieser Stadt [Peking] nach Süden. Diese Arbeit hat mir aber zu keiner Entdeckung Anlaß gegeben, die ich für wert hielte, Ihnen mitzuteilen, vielleicht mit folgender Ausnahme: Bei der Anfertigung der Karte des *Haizi*,[53] eines Palast[garten]s, wo der Kaiser jedes Jahr sich für ein paar Tage auf der Jagd vergnügt, haben wir unter den wilden Tieren, von denen es dort mehrere Arten und zwar in sehr großer Zahl gibt, eine Art wilde Maultiere und Maulesel gesehen, die sich nur insofern von den zahmen Tieren unterscheiden, als diese Art sich in der Tatarei [Manjurei], wo man sie wie die anderen Tiere einfängt, fortpflanzt. Vielleicht ist es die Aufzucht unter Zwang und Beschränkung, was die zahmen Tiere unfruchtbar macht. So verhält es sich mit den Elefanten, die wir in Siam gesehen haben. Die Aufseher über die Elefanten des Königs dort ebenso wie ihre Stallknechte haben uns alle versichert, daß die Elefanten alle unfruchtbar würden, sowie sie gezähmt und im Stall aufgezogen werden; ließe man ihnen dagegen die Freiheit, in die Wälder zu gehen, wo der siamesische König mehrere Gestüte hat, pflanzen sie sich ebenso wie die wilden Tiere fort, mit denen sich die weiblichen Elefanten der königlichen Gestüte paaren.

Cete année l'Empereur outre sa chasse ordinaire de Tartarie qui a esté de pres de 4 mois, en a fait une extraordinaire. C'est la chasse de l'elan ou de l'orignal. Il en a tué plus d'une vingtaine de sa propre main. C'est dans son propre païs qu'il est allé faire cete belle chasse. L'orignal, et le castor, qui se trouvent dans ces quartiers là comme dans l'Amerique Septentrionale, est une nouvelle raison de conjecturer que ces deux continents ont quelque communication entr'eux.

Je garde les questions de Mr Scrokius et celles du P[e] Cochanski, pour y repondre moy mesme ou quelques uns de mes compagnons. Ceux qui ont dit que le Prince heritier de l'Empire apprenoit ou avoit appris quelque langue d'Europe ont esté mal instruits. L'Emp[r] a bien eu quelques fois la curiosité de nous faire ecrire devant lui les lettres de nostre Alphabet, et de nous faire lire de nos livres, aussi bien que les princes ses enfants, mais jamais avec dessein de les apprendre. Il est vrai que Sa Majesté et quelques uns de ses Enfants à son exemple ayant trouvé les caracteres de nos chyfres plus simples et plus commodes que les leur pour le Calcul, s'y sont tellement accoutumés qu'ils se servent de nos Tables de Sinus etc. et de logarithmes, comme nous mesme. J'en avois fait relier proprement plusieurs exemplaires en France pour cete raison, dont ils se servent à present.

Vous avez tres grande raison, Monsieur, de croire que les caracteres chinois doivent avoir de la liaison, car ils en ont en effet, et une tres grande qui seroit d'un merveilleux usage pour apprendre à les connoistre et à les retenir sans crainte de les oublier, si on connoissoit bien cete liaison et les vrayes raisons de leur construction, qui ne tient rien du caprice ni du hazard. Si on connoissoit cete liaison et si les dictionaires estoient faits selon une methode fondée sur cete liaison[,] ce seroit un plaisir charmant que l'etude de ces caracteres, qui faute de cela est l'etude la plus epineuse et rebutante qui soit au monde. Dans tous les dictionaires il y a à la teste une liste des carac-

Dieses Jahr hat der Kaiser über seine übliche Jagd in der Tatarei [Manjurei], die fast vier Monate gedauert hat, hinaus eine Jagd außer der Reihe veranstaltet: die Jagd auf das Elen.[54] Er hat davon mehr als rund zwanzig Tiere eigenhändig getötet. Dieser großartigen Jagd ist er in seinem eigenen Land nachgegangen. Das Elen und der Biber kommen in dieser Gegend ebenso wie in Nordamerika vor – ein weiterer Grund zur Annahme, daß irgendeine Verbindung zwischen diesen Kontinenten besteht.

Ich behalte die Fragen von Herrn Schröck[55] und die von P. Kochański zurück, um entweder selbst oder durch einige meiner Gefährten darauf zu antworten. Diese Leute, die behauptet haben, der Kronprinz des Reiches lernte eine europäische Sprache oder hätte das getan,[56] waren schlecht unterrichtet. Der Kaiser hat ebenso wie seine Söhne, die Prinzen, sich zwar interessehalber zuweilen von uns in seiner Gegenwart die Buchstaben unseres Alphabets aufschreiben oder aus unseren Büchern vorlesen lassen, aber niemals in der Absicht, sie zu erlernen. Es ist auch richtig, daß der Kaiser und nach seinem Beispiel einige seiner Söhne unsere Zahlzeichen einfacher und bequemer fürs Rechnen gefunden haben als die eigenen und sich dermaßen daran gewöhnt haben, daß sie sich unserer Sinus- und Logarithmentafeln bedienen wie wir selbst. Ich habe seinerzeit mehrere Exemplare in Frankreich speziell zu diesem Zweck binden lassen, und diese benutzen sie jetzt.

Sie haben vollauf recht zu glauben, mein Herr, daß es einen Zusammenhang unter den chinesischen Schriftzeichen gibt, denn dieser Zusammenhang besteht in der Tat und ist sehr ausgeprägt. Wenn man ihn recht kennte und die wahren Hintergründe des Aufbaus der Zeichen, der nichts von einer Laune oder vom Zufall hat, wäre das überaus nützlich, um diese Zeichen kennen und behalten zu lernen, ohne befürchten zu müssen, sie zu vergessen. Wenn man diesen Zusammenhang kennte und wenn die Wörterbücher nach einer auf diesem Zusammenhang fußenden Methode angelegt wären – es wäre ein ausgesprochenes Vergnügen, diese Zeichen zu studieren. So aber ist es die dornigste und abstoßendste Arbeit der Welt. In allen Wörterbüchern steht eine Liste der Radikal-Zeichen teres Radicaux, dont tous les autres sont composez, et sous les quels on les a distribués comme dans autant de classes; mais parce que dans ces dictionaires on n'a eu egard qu'au nombre des traits pour l'ordre de leur arrangement, afin de pouvoir trouver plus aisement ceux que l'on cherche, on ne peut gueres tirer d'autres avantages de ces dictionaires.

Avant que de finir cete letre que je trouve deux fois trop longue, pour ce qu'elle contient, vous ne serez peut estre pas fasché de voir l'Analyse de quelques uns des Jeroglyphes qui sont employez depuis plus de 4500 ans par les Philosophes de cet orient, pour marquer le souverain estre qu'ils ont connu aussi clairement du moins, que les autres philosophes de toutes les autres nations excepté les chretiens et les Juifs. Ces jeroglyphes en seront une preuve qui peut passer pour demonstration devant des personnes capables comme vous de juger de ces sortes de choses.

Le Point, et l'unité estant les principes, de la Science de la grandeur continuë et de la grandeur discrete, ou plus tost, de l'Arithmetique et de la geometrie, qui sont les deux bases sur quoy roulle[nt] toutes les sciences chinoises; il ne faut pas s'etonner si les anciens sages pour exprimer le souverain estre qui est le principe de tous les autres et le plus simple de tous ont employé les signes du point et de l'unité; et se sont servis pour cet effet de ces deux caracteres (、) (一) qui sont les deux plus simples qui se puissent imaginer, et comme les deux premiers principes de tous les autres. C'est pour celà 1° qu'anciennement pour exprimer l'Idée de maître, de seigneur, de souverain, ils marquoient seulement un point (、) qu'ils prononçoient chu (dominus) ainsi que tous ou presque tous les dictionaires font foy. 2° Dans le livre classique *chu-Kim* le caractere de l'unité (一) est employé aussi pour marquer l'unique et souverain estre[A] oüei-yĕ.

Dans le texte du livre *li-Ki* cité ci dessus, ce mesme caractere sert comme j'ai dit à marquer la divinité. [B] (Taï-yĕ) fen el guei tien ti. c'est à dire unitas [B] ter maxima, vel[B] unus ter [B] maximus est principium Coeli et terrae, car le terme taï signivoran, aus denen die übrigen zusammengesetzt sind und unter welche man letztere in ebensoviele Klassen aufgeteilt hat. Da man in diesen Wörterbüchern aber lediglich die Zahl der Striche für ihre Anordnung berücksichtigt hat, um leichter [die Zeichen] zu finden, die man sucht, sind diesen Wörterbüchern kaum weitere Vorzüge abzugewinnen.

Bevor ich diesen Brief schließe, den ich gemessen an seinem Gehalt zweimal zu lang finde, wird es Ihnen vielleicht nicht unlieb sein, einige der Hieroglyphen [Schriftzeichen] analysiert zu finden, die seit über 4500 Jahren von den Philosophen des chinesischen Ostens verwendet wurden, um das höchste Wesen zu bezeichnen, von dem sie mindestens ebenso klare Kenntnis hatten wie die übrigen Philosophen aller anderen Nationen, ausgenommen die Christen und die Juden. Diese Hieroglyphen werden dafür Belege sein, die vor Leuten, die wie Sie derartiges zu beurteilen wissen, als Beweis gelten können.

Da der Punkt und die Einheit die Prinzipien der Wissenschaft der kontinuierlichen und der diskontinuierlichen Größe oder besser: der Arithmetik und der Geometrie sind, jener beiden Grundlagen, auf denen alle chinesischen Wissenschaften beruhen, darf es nicht wundernehmen, wenn die alten Weisen die Zeichen des Punktes und der Einheit[57] verwendet haben, um das höchste Wesen zu bezeichnen, das Prinzip aller übrigen und das einfachste von allen. Zu diesem Zweck haben sie sich dieser beiden Zeichen bedient: (、) (一), die einfachsten, die man sich vorstellen kann, und sozusagen die beiden ersten Prinzipien aller übrigen. Aus diesem Grund schrieben sie 1. ursprünglich nur einen Punkt (、) zur Bezeichnung des Begriffs »Herr, Herrscher«, was sie, wie alle oder fast alle Wörterbücher verbürgen, *zhu* (»Herr«) sprachen. 2. In dem klassischen Buch *Shujing*[58] wird das Zeichen der Einheit (一) auch verwendet, um das einzige und höchste Wesen [A] *weiyi*[59] zu bezeichnen.

Im Text des oben zitierten Buches *Liji*[60] dient dasselbe Zeichen wie gesagt zur Bezeichnung der Gottheit. [B] (*Taiyi*)[61] *fen er gui tian di*, d.h. »dreimal größte Einheit«[B] oder »der eine dreimal größte[B] und Ursprung von Himmel und Erde«, denn *tai* bedeutet »der größte«, fie maximus, yĕ unus: et ces deux termes joints ensemble renferment le nombre ternaire ou une trinité, comme les Chinois disent ordinairement avec leur dictionaire sans qu'ils entendent apresent ce qu'ils disent[.] [C]Taï yĕ han San, hoc est: Unus maximus involvit Trinitatem (personarum scilicet).

Il faut remarquer ici que le charactere [E]Taï, maximus est composé de deux autres[,] savoir de Ta[F] magnus et du point [F] (丶) dominus. Ainsi Taï-yĕ analysé signifie exactement unus magnus Dominus, titre qui ne convient qu'à Dieu seul, aussi bien que unus trinus maximus.

De là vient que pour marquer par un seul mot cete mesme Idée, ils ont joint le caractere de l'unité (一) au caractere 大 Ta magnus, et en ont fait ce caractere 天 T'iēn Coelum, qui signifie plus tost le Ciel Archetype, que le ciel materiel, pour le quel il est employé egalement. Ajoutez encore à cela le grand rapport que le mot de T'iēn a tant pour l'Idée que pour le son, au mot grec θεὸν, θεὸς, l'un et l'autre estant egalement aspiré dans la prononciation. Ce mot qu'ils ont souvent dans la bouche [G] yĕ ta guei T'iēn, c'est à dire le caractere 一, yĕ, unus, et le caractere ta magnus, forment le caractere t'iēn coelum; ou dans le sens de proverbe unum magnum est coelum, ce qui s'entend plus naturellement du Seigneur du ciel que du ciel mesme.

Le jeroglyphe [H]Ti 帝 Empereur, Xam ti, Souverain Empereur qui est le caractere le plus en usage pour exprimer le Souverain Seigneur de toutes choses, ce jeroglyphe dis-je est composé de deux caracteres[,] savoir de 立 li, qui signifie primò erigere, et de 巾 Kin vexillum sive signum, qui est la marque du commandement, ce qui donne à entendre que c'est Dieu qui a la souveraine auctorité dans le monde; que c'est lui qui commande à toutes choses, et qui peut se faire obeir au moindre signe de sa volonté.

Le jeroglyphe Ti 帝 est communement expliqué mesme par les philosophes les moins orthodoxes sur le chapitre de la connoissance et de l'existence d'un Dieu; est expliqué dis-je par ces deux autres caracteres, chu çaï 主 宰 c'est à dire Seigneur qui gouverne, (Domi-

yi »der eine«, und zusammengenommen umfassen diese beiden Begriffe die Dreizahl oder eine Dreiheit, wie die Chinesen ihrem Wörterbuch folgend gewöhnlich sagen, ohne gegenwärtig zu verstehen, was sie sagen. [C] *taï yi han san,*[62] d.h. »der eine Größte umhüllt die Dreiheit (nämlich der [göttlichen] Personen)«.

Hier ist festzuhalten, daß das Zeichen [E] *tai*[63] »der größte«, aus zwei anderen zusammengesetzt ist, nämlich [F] *da*[64] »groß« und dem Punkt (丶) »Herr«. So ergibt die Analyse von *taiyi* als genaue Bedeutung »der eine große Herr«, einen Titel, der allein Gott zukommt, ebenso wie »der eine dreifache Größte«.

So erklärt sich, daß sie, um mit Hilfe eines einzigen Wortes eben diese Vorstellung zu bezeichnen, das Zeichen der Einheit (一) verbunden haben mit dem Zeichen 大 *da* »groß« und daraus das Zeichen 天 *tian* »Himmel« gebildet haben, das eher den archetypischen als den physischen Himmel bezeichnet, für den es auch gebraucht wird.[65] Nehmen Sie noch die enge Beziehung hinzu, in der das Wort *tian* vom Begriff wie vom Lautlichen her zum griechischen Wort *θεόν, θεός* steht; sind doch beide in der Aussprache aspiriert. Dieses von den Chinesen oft verwendete Wort [G] *yi da gui tian,*[66] d.h. das Zeichen 一 *yi* »der eine« und das Zeichen *da* »groß« bilden das Zeichen *tian* »Himmel«, oder wie im Sprichwort »Das eine Große ist der Himmel«, was auf natürlichere Weise auf den Herrn des Himmels zu beziehen ist als auf den Himmel selbst.

Die ›Hieroglyphe‹ [H] 帝 *di*[67] »Kaiser« (*shangdi* »Höchster Kaiser« ist das gebräuchlichste Zeichen für den Höchsten Herrn aller Dinge) ist zusammengesetzt aus zwei Zeichen, nämlich 立 *li,* was bedeutet »zuerst errichten«, und 巾[68] *jin* »Fahne oder Feldzeichen«, das Kennzeichen des Oberbefehls, was bedeutet, daß es Gott ist, der über die höchste Machtvollkommenheit in der Welt verfügt, daß er es ist, der allen Dingen gebietet und der dem geringsten Zeichen seines Willens Gehorsam verschaffen kann.

Die ›Hieroglyphe‹ *di* 帝 wird allgemein selbst von den in Hinblick auf die Kenntnis und Existenz eines Gottes am wenigsten orthodoxen Philosophen durch die folgenden beiden Zeichen gedeutet: 主 宰 *zhu zai,* d.h. »Herr der herrscht«.[69] Von diesen beinus Gubernator) de chacun des quels nous allons faire l'Analyse. 1° Le jeroglyphe chu, dominus est composé de deux autres, savoir 王 vam (Rex) et du point (、) Seigneur. Ainsi selon cete analyse 主 chu signifie proprement Seigneur Roy. 2° Le jeroglyphe çaï 宰 est composé de 3 parties dont la 1re ou la superieure, qui est 宀 instituée pour signifier couvrir en forme de toit, et denote le ciel; la 2de qui est 十 xé, e[s]t le caractere du nombre dix chez les Chinois comme chez les Romains et les Egyptiens; et qui se prend chez les lers pour l'université des choses que le ciel renferme, aussi bien que chez Pythagore qui representoit toutes choses par son celebre quaternaire 1. 2. 3. 4. dont la somme est dix; la 2de partie de ce caractere, dis-je, qui est xé… represente, l'université de toutes les choses que le ciel renferme. Enfin la 3e partie de ce jeroglyphe[,] savoir li 立 qui est entre les deux precedentes, et qui signifie erigere, condere, marque d'une maniere tres convenable, estant jointe aux deux autres, l'Idée du createur du Ciel et de toutes choses conditor Coeli et omnium quae Ejus ambitu continentur.

[Den folgenden Text hat Bouvet gestrichen]

Il y a un autre Jeroglyphe dans le livre des odes appellé *Xi Kim*[,] un jeroglyphe composé de ce Jeroglyphe çaï 宰 et d'un autre qui est Kiun 君 c'est à dire monarque ou souverain absolu. ces deux caracteres joints ensemble font celui de Pi lequel <–> consequem[m]ent en vertu de cete composition, doit signifier le createur et souverain seigneur du ciel et de tout ce que le ciel renferme. ainsi cete sentence du *Xi Kim*, *tam tam Xam ti hia min chi Pi*, renferme un sentiment de Xam ti bien digne de Dieu. c'est à dire que le Souverain Empereur Xam ti, createur et maitre absolu de touts les peuples aussi bien que du Ciel et de tout ce que le Ciel renferme, est grand, o qu'il est puissant!

[Ende des gestrichenen Textes]

Le caractere Hoam 皇, qui dans le commencement n'estoit attribué qu'à Xam ti; et que les Empereurs se sont arrogé, depuis que cet Emden geben wir die Analyse: 1. Die ›Hieroglyphe‹ *zhu* »Herr« ist aus zwei anderen zusammengesetzt, nämlich 王 *wang* »König« und dem Punkt (丶) »Herr«. Dieser Analyse zufolge bedeutet 主 *zhu* eigentlich »Herr König«. 2. Die ›Hieroglyphe‹ *zai* 宰 ist aus 3 Bestandteilen zusammengesetzt: der erste oder obere 宀 ist gesetzt im Sinn von »›bedecken‹ in Dachform« und bezeichnet den Himmel; der zweite ist 十 *shi* und dient bei den Chinesen ebenso wie bei den Römern und den Ägyptern als Zeichen für die Zahl zehn; er wird bei ersteren gebraucht für die Gesamtheit der Dinge, die der Himmel umschließt, ebenso wie bei Pythagoras, der alle Dinge durch seine berühmte Vierzahl 1.2.3.4. darstellte,[70] deren Summe zehn ist; der 2. Bestandteil dieses Zeichens also, *shi*, stellt die Gesamtheit aller Dinge dar, die der Himmel umschließt. Der 3. Bestandteil schließlich dieser ›Hieroglyphe‹, *li*, der zwischen den beiden vorigen steht und »errichten, begründen« heißt, bezeichnet in Verbindung mit den beiden anderen auf sehr passende Weise den Begriff des Schöpfers des Himmels und aller Dinge, »*conditor Coeli et omnium quae Eius ambitu continentur*«.

[Den folgenden Text hat Bouvet gestrichen]

Es gibt noch ein anderes Zeichen im »Buch der Lieder«, genannt *Shijing*,[71] dieses Zeichen ist zusammengesetzt aus dem genannten Zeichen 宰 *zai* und einem weiteren, 君 *jun*, das »Monarch« oder »absoluter Herrscher« bedeutet. Diese beiden Zeichen zusammengenommen ergeben das Zeichen *pi*.[72] Kraft dieser Fügung muß demnach *pi* den Schöpfer und höchsten Herrn des Himmels und all dessen, was dieser in sich schließt, bezeichnen. Auf diese Weise enthält jener Satz des *Shijing*: *dangdang shangdi xiamin zhi pi*,[73] eine Auffassung von *shangdi*, die Gottes wohl würdig ist. Das heißt also: »Der Höchste Kaiser *shangdi*, Schöpfer und unumschränkter Herr aller Völker ebenso wie des Himmels und all dessen, was dieser in sich schließt, ist groß, oh wie mächtig ist er!«

[Ende des gestrichenen Textes]

Das Zeichen 皇 *huang*, das ursprünglich nur auf *shangdi*[74] bezogen wurde und das sich die Kaiser angemaßt haben (seitdem jener pereur fameux par l'incendie de tous les livres de l'Empire, usurpa ce titre superbe apres avoir subjugué tous les Roys qui partageoient alors la Chine entr'eux, ce caractere dis-je qui signifie Auguste, estant composé de ces deux autres pé 白 centum et vam 王 Rex, Reges marque tres clairement la puissance souveraine, et fait voir que les Sages de l'Antiquité chinoise, ont reconnu Xamti par ce Titre, pour le Souverain des Souverains, Rex Regum et Dominus Dominantium, où il faut remarquer, que le jeroglyphe pe centum, est un terme collectif universel. Par exemple pé sim centum cognomina se prend pour tout le peuple. pé-co centum fructus se prend generalement pour tous les fruits de la terre.

Je pourrais encore ajouter ici l'analyse et l'explication de plusieurs autres jeroglyphes propres de Xamti dont les Chinois se servent pour exprimer ses perfections infinies. Mais ce que j'en ai rapporté me paroist suffisant pour convaincre par la force des Jeroglyphes, des personnes plus difficiles que vous à persuader sur cete matiere, savoir que les anciens Chinois ont veritablement reconnu un Dieu, et adoré autre chose que le Ciel materiel. Et par consequent que tous ceux qui leur disputent cete connoissance, entendent peu la force, l'energie et le veritable sens de leurs caracteres. Pardon, Monsieur, si par la longueur et le mauvais ordre de cete letre j'ai passé les bornes du respect profond avec le quel je vous supplie de croire que je suis

Monsieur Vostre tres humble et tres obeissant serviteur

J. Bouvet J.

Comme vous avez connoissance de divers livres que je n'ai pas ici et qui pourroient m'estre utiles dans le genre d'etude auquel vous voyez que je m'applique, obligez moy de les indiquer au Pere Le Gobien qui se chargera volontiers du soin de me les faire chercher: mais par dessus toutes choses ne me refusez pas je vous supplie[,] vos propres lumieres dont je ferai plus de cas que de tous les autres secours quels qu'ils puissent estre.

durch die Verbrennung aller Bücher des Reiches berüchtigte Kaiser[75] diesen stolzen Titel usurpiert hatte, nach der Unterwerfung aller Könige, die damals China untereinander aufgeteilt hatten), bedeutet »der Erhabene«, denn es ist zusammengesetzt aus den zwei folgenden weiteren Zeichen: 百 *bo* »hundert« und 王 *wang* »König«, »Könige«. Es bezeichnet damit sehr klar die oberste Gewalt und zeigt, daß die Weisen des chinesischen Altertums *shangdi* durch diesen Titel als Souverän der Souveräne, König der Könige und Herrn der Herrscher anerkannt haben. Dabei ist festzuhalten, daß die ›Hieroglyphe‹ *bo* »hundert« ein universaler kollektiver Begriff ist. Zum Beispiel *bo xing*[76] »hundert Familiennamen« steht für das ganze Volk, *bo guo*[77] »hundert Früchte« allgemein für alle Früchte der Erde.

Ich könnte hier noch Analyse und Erklärung mehrerer weiterer speziell auf *shangdi* bezogener ›Hieroglyphen‹ anschließen, deren sich die Chinesen bedienen, um dessen unendliche Vollkommenheiten auszudrücken. Mir scheint aber was ich beigebracht habe ausreichend, um kraft der ›Hieroglyphen‹ auch Leute zu überzeugen, die schwieriger in dieser Sache zu bereden sind als Sie, davon nämlich, daß die alten Chinesen wirklich einen Gott anerkannt und etwas anderes als den physischen Himmel verehrt haben und daß infolgedessen alle jene, die ihnen diese Erkenntnis streitig machen, wenig begriffen haben von der Kraft, der Energie und dem wahren Sinn ihrer Zeichen. Ich bitte um Verzeihung, Monsieur, wenn ich durch die Länge und Ungeordnetheit dieses Briefes die Grenzen des tiefen Respekts überschritten habe, mit dem ich Sie bitte zu glauben, daß ich bin […]

Da Sie Kenntnis von verschiedenen Büchern haben, die mir hier nicht zur Hand sind und mir bei der Art von Studium nützlich sein könnten, dem ich mich, wie Sie sehen, widme, seien Sie so gut und nennen Sie diese P. Le Gobien, der es gern übernehmen wird, sie für mich aufsuchen zu lassen. Vor allem aber bitte ich Sie, mir nicht Ihre eigenen Einsichten vorzuenthalten, die ich höher schätzen werde als alle sonstigen Hilfeleistungen, worin diese auch immer bestehen mögen.

45. DARSTELLUNG DER 64 HEXAGRAMME AUS DEM *YIJING* IN DER FUXI-ORDNUNG.

BEILAGE ZU NR. 44. [44.47.]

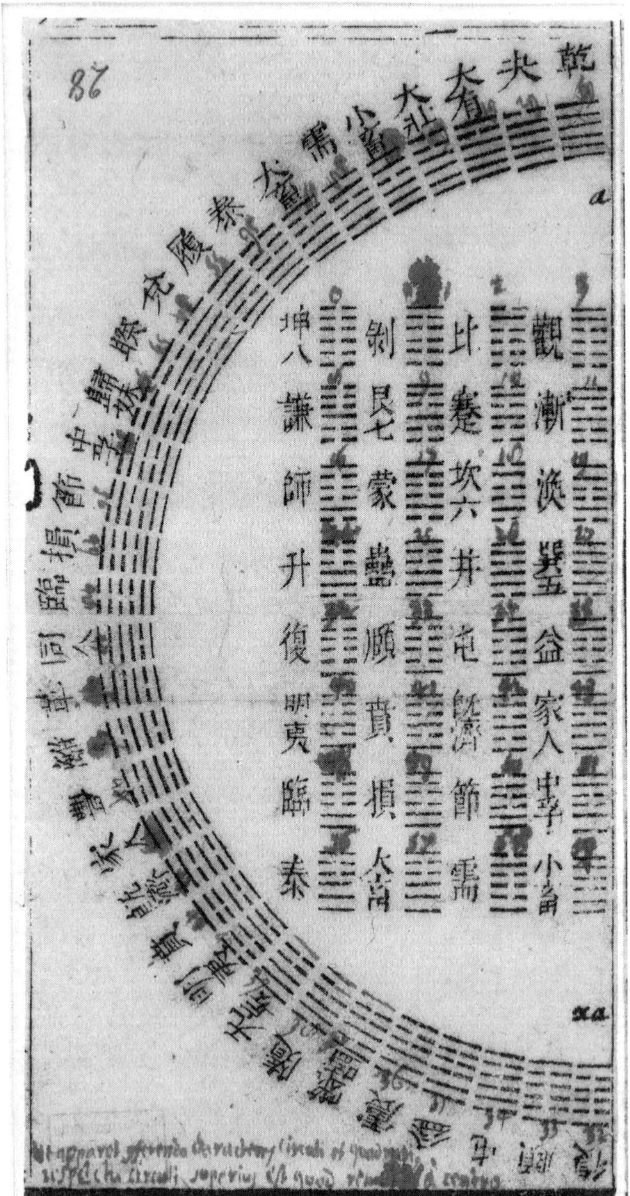

姤
大過
鼎
恒
巽
井
蠱
升
訟
困
未濟
解
渙
坎
蒙
師
遯
咸
旅
小過
漸
蹇
艮
謙
否
萃
晉
豫
觀
比
剝
坤
否 遯 訟 姤 无妄 同人 履 乾一
萃 咸 困 大過 隨 革 兌二 夬
晉 旅 未濟 鼎 噬嗑 離三 睽 大有
豫 小過 解 恒 震四 豐 歸妹 大壯

46. CHARLES LE GOBIEN S.J. AN LEIBNIZ

Paris, 10. November 1701. [41. 48.]

Monsieur,

Je viens de recevoir une grande Lettre du R. P. Bouvet laquelle il me prie de vous communiquer, c'est pourquoi je vous en envoie une copie exacte. Depuis la date de cette Lettre qui est du 8. novembre 1700. nous en avons reçu d'autres datées du 2. de décembre de la même année, lesquelles nous aprennent que les Jesuites ont consulté l'Empereur sur le vrai sens des ceremonies Chinoises, dont on fait tant de bruit en Europe depuis quelques années. Il a fallu prendre de grandes précautions pour ne donner aucun soupçon à l'Empereur de la division qui est entre les Missionnaires sur cette importante matiere, de la décision de laquelle depend la perte ou le salut de toute la Chine. Les Jesuites qui sont à la Cour de Pekin ont jugé à propos de presenter un écrit à l'Empereur dans lequel ils lui marquent que les Savans de l'Europe ont été surpris des ceremonies que les Chinois font pour honorer Confucius, leurs ancêtres etc. qu'ils sont persuadés qu'elles sont fondées sur de bonnes raisons, et qu'ils souhaiteroient fort qu'on leur en envoyât une explication claire et distincte. Les Peres expliquent ensuite ces ceremonies nettement et en peu des mots, et suplient sa Majesté de voir si l'explication qu'ils en donnent est dans le vrai sens de la nation, et en cas qu'elle n'y fût pas, qu'elle veuille bien la faire corriger, afin qu'ils n'envoyent rien que d'autentique et de sûr aux Savans de l'Europe. L'Empereur ayant fait examiner cet écrit, et l'ayant examiné lui-même, répondit, qu'il n'y avoit rien dans cet écrit qui ne fût très conforme à la grande doctrine (c'est ainsi que les Chinois apellent la doctrine de Confucius)[,] que tout ce qui y est contenu est très vrai, et qu'il n'a besoin d'aucune correction. Cette décision qui est enrégistrée dans les archives du palais et qui a force de loi, est datée du 30. novembre 1700.

46. CHARLES LE GOBIEN S.J. AN LEIBNIZ

PARIS, 10. NOVEMBER 1701. [41. 48.]

Monsieur

Soeben habe ich einen langen Brief von P. Bouvet empfangen, den er mich bittet, Ihnen mitzuteilen; ich schicke Ihnen deshalb eine getreue Abschrift. Seit dieser Brief datiert ist (vom 8. November 1700), haben wir weitere empfangen, vom 2. Dezember desselben Jahres, aus denen hervorgeht, daß die Jesuiten den Kaiser über den wahren Sinn der chinesischen Zeremonien befragt haben, von denen man in Europa seit einigen Jahren soviel Aufhebens macht.[1] Es bedurfte großer Vorsichtsmaßnahmen, um beim Kaiser keinen Verdacht von der Spaltung zu erwecken, die in dieser wichtigen Angelegenheit unter den Missionaren herrscht.[2] An der Entscheidung dieser Frage hängt Verderben oder Heil von ganz China. Die Jesuiten am Pekinger Hof haben es für ratsam erachtet, dem Kaiser eine Denkschrift zu überreichen, in der sie ihm das Staunen der europäischen Gelehrten über die von den Chinesen zu Ehren von Konfuzius, ihren Ahnen usw. veranstalteten Zeremonien zum Ausdruck bringen; sie wären überzeugt, daß diese wohl begründet sind, und wünschten sehr, eine klare und deutliche Erklärung dafür zu erhalten. Die Patres erläutern im Anschluß unumwunden und in knappen Worten diese Zeremonien und bitten Seine Majestät zu prüfen, ob ihre Erklärung dem wahren Verständnis des [chinesischen] Volkes entspricht; sollte das nicht der Fall sein, möge der Kaiser für eine Richtigstellung sorgen, damit sie den europäischen Gelehrten nur authentische und sichere Nachrichten schickten. Nachdem der Kaiser die Denkschrift hatte überprüfen lassen und selbst überprüft hatte, antwortete er, alles darin befinde sich in vollkommener Übereinstimmung mit der »Großen Lehre« [*Daxue*] (so nennen die Chinesen die Lehre des Konfuzius), der gesamte Inhalt wäre sehr wahr und es bestünde keine Notwendigkeit zu Korrekturen. Dieser Entscheid ist in die Register des Palastarchivs aufgenommen worden; er hat Gesetzeskraft und ist datiert vom 30. November 1700.[3]

Comme l'Empereur est le Législateur de la nation, et le chef de la Religion de l'Etat, à qui il apartient de décider de toutes les questions qui regardent la Religion, il n'y a plus à douter que ces ceremonies ne soient purement civiles et politiques, puisque l'Empereur le déclare lui-même par un acte si autentique.

Il paroît par cette décision que les anciens Missionaires qui avoient étudié cette matiere plus de trente ou de quarante années, l'avoient plus aprofondie que les nouveaux Missionaires, qui n'étant entrés dans cet Empire que depuis douze ou quinze ans ne savent les choses que superficiellement, d'autant plus qu'ayant toujours demeuré dans les Provinces les plus éloignées de la Cour, ils n'ont pu consulter des Savans de l'Empire, ni s'instruire à fonds de ces matieres qui sont très difficiles. J'ai cru, Monsieur, que je vous ferois plaisir de vous faire part de cette importante nouvelle, qui donne de la joye à tous ceux qui s'interessent à la propagation de l'Evangile. Vous voyez par là que vous avez pensé juste sur ces matieres, dans la belle et savante preface que vous avez mis à la tête de votre *Novissima Sinica*, et que tous les Savans ont si fort goutée. On ne doit pas en être surpris, puisque rien n'échape à vos grandes lumieres. Je suis avec bien du respect,

Monsieur, Votre très humble et très obéissant serviteur

C. Le Gobien

à Paris ce 10. Nov. 1701

Da der Kaiser der Gesetzgeber des Volkes und religiöses Oberhaupt des Staates ist und bei ihm die Entscheidung über alle die Religion betreffenden Fragen liegt, kann es keinen Zweifel mehr daran geben, daß diese Zeremonien rein ziviler und politischer Natur sind, da der Kaiser selbst das durch einen so authentischen [Rechts]akt bekräftigt.[4]

Diese Entscheidung läßt erkennen, daß die alten Missionare, die diesen Gegenstand mehr als dreißig, vierzig Jahre untersucht hatten, tiefer in die Materie eingedrungen waren als die neuen Missionare, die erst vor zwölf bis fünfzehn Jahren das chinesische Reich betreten haben und so nur über oberflächliche Kenntnisse verfügen.[5] Das gilt umso mehr, als sie immer in den vom Hof am weitesten entfernten Provinzen gelebt haben und so weder kaiserliche Gelehrte zu Rate ziehen noch sich gründlich über diese Gegenstände unterrichten konnten, die sehr große Schwierigkeiten bereiten. Ich meinte, Monsieur, Ihnen einen Gefallen zu tun mit der Mitteilung dieser wichtigen Nachricht, die allen Freude bereitet, die Anteil nehmen an der Verbreitung des Evangeliums. Sie ersehen daraus, daß Sie ganz richtig geurteilt haben über diese Dinge in dem ausgezeichneten und gelehrten Vorwort, das Sie Ihren *Novissima Sinica* vorangestellt und alle Gelehrten mit soviel Beifall aufgenommen haben. Daran ist nichts Erstaunliches, entgeht doch nichts Ihrer tiefen Einsicht […]

Paris, den 10. November 1701

47. JOACHIM BOUVET S.J. AN LEIBNIZ

Peking, 8. November 1702. [45. 49.]

Monsieur,

Vous devez avoir reçu par la voye d'Angleterre la réponse que je fis l'an passé à la savante et trop obligeante Lettre, que je reçus cette même année de votre part. Pour me procurer de tems en tems des marques aussi utiles et aussi agréables que celle-là de l'honneur de votre souvenir, je devois bien mieux profiter de deux occasions favorables que j'ai eues cette moisson; et prendre la liberté de vous écrire par quelqu'une de ces voyes-là encore plus amplement que je ne fis l'an passé. Mais le départ avancé du vaisseau, qui nous a ramené le Pere de Fontaney; et celui de ce même Pere, qui nous quite une seconde fois, pour retourner en France, où le bien de cette mission le rapelle, ne m'ont pas laissé le tems nécessaire pour me satisfaire, comme j'aurois souhaité, sur ce point.

Cela m'obligeant de me contenter d'une courte Lettre, je vous dirai seulement, Monsieur, qu'ayant continué cette année avec la même aplication l'étude des anciens livres de la Chine, j'ai eu le bonheur d'y faire de nouvelles découvertes, qui me paroissent d'autant plus importantes, qu'elles ont un raport très particulier à la Religion; et qu'elles ouvrent une route également naturelle et facile pour conduire l'esprit des Chinois, non seulement à la connoissance du Créateur et de la religion naturelle; mais encore à [*lies:* de] Jesus Christ, son fils unique, et des verités les plus difficiles du Christianisme. Si j'avois le loisir d'entrer ici dans quelque détail, vous auriez le plaisir d'aprendre par la lecture de cette Lettre, que le systeme presqu'entier de la vraie Religion se trouve renfermé dans les livres classiques des Chinois; et que les principaux misteres de l'Incarnation du Verbe, de la vie, de la mort du Sauveur, et les principales fonctions de son

47. JOACHIM BOUVET S.J. AN LEIBNIZ

PEKING, 8. NOVEMBER 1702. [45. 49.]

Monsieur

Sie müßten auf dem Weg über England die Antwort[1] erhalten haben, mit der ich im vergangenen Jahr auf den gelehrten und nur zu liebenswürdigen Brief[2] reagiert hatte, den ich in demselben Jahr von Ihnen erhalten hatte. Um mir von Zeit zu Zeit so nützliche und so angenehme Zeichen wie dieses zu verschaffen, daß Sie mir die Ehre erweisen, sich meiner zu erinnern, hätte ich zwei dem günstige Gelegenheiten besser nutzen sollen, die ich dieses Jahr hatte, und mir die Freiheit nehmen, Ihnen auf einem dieser Wege noch ausführlicher zu schreiben, als ich es im vergangenen Jahr getan habe. Aber der frühzeitige Aufbruch des Schiffes,[3] das uns P. de Fontaney zurückgebracht hat, und jener desselben Paters,[4] der uns ein zweites Mal verläßt, um nach Frankreich zurückzukehren, wohin ihn das Heil unserer Mission zurückruft, haben mir nicht die nötige Zeit gelassen, um in dieser Hinsicht zu tun, was ich gern getan hätte.

Ich bin also genötigt, mich mit einem kurzen Brief zu begnügen, und so will ich Ihnen nur mitteilen, Monsieur, daß ich dieses Jahr mit demselben Fleiß das Studium der alten chinesischen Bücher fortgesetzt und das Glück gehabt habe, dabei neue Entdeckungen zu machen, die mir um so wesentlicher scheinen, als sie in einem ganz besonderen Verhältnis zum Christentum stehen und einen ebenso natürlichen wie gangbaren Weg eröffnen, um den Geist der Chinesen zur Kenntnis nicht nur des Schöpfers und der natürlichen Religion, sondern auch Jesu Christi, seines eingeborenen Sohnes, und der am schwierigsten zu vermittelnden Wahrheiten des Christentums zu leiten. Hätte ich die Muße, hier etwas ins einzelne zu gehen, würden Sie das Vergnügen haben, aus diesem Brief zu entnehmen, daß fast das gesamte System der wahren Religion [des Christentums] in den klassischen Büchern der Chinesen beschlossen liegt und daß die wichtigsten Mysterien: die Fleischwerdung des Wortes, Leben und Tod des Heilands und die wichtigsten Verrichtungen saint ministere sont contenues comme d'une maniere prophétique dans ces précieux monumens de l'antiquité Chinoise. Vous seriez étonné aussi bien que moi, de voir que ce n'est que comme un tissu continuel d'ombres, de figures, ou de prophéties des verités de la loi nouvelle. Et j'aurois le plaisir de vous donner la juste idée qu'on doit avoir de ces admirables livres, pour lesquels les Chinois ont eu de tout tems, avec plus de raison qu'on n'a cru jusques ici, une estime beaucoup mieux fondée, qu'ils ne croyent eux-mêmes. Car depuis environ deux mille ans qu'ils ont perdu presque tout-à-fait la connoissance du vrai Dieu, en perdant la signification ïérogliphique de leurs characteres, et l'intelligence de leurs anciens livres, ils n'ont pu conserver qu'une estime superficielle pour la doctrine qui y est contenue, puisque depuis si longtems elle a cessé de faire sentir à leurs esprits la sublimité et la sainteté des verités et des maximes, qui en font la veritable économie. Et puisque j'ai commencé de vous dire ingénument ce que je pense des livres canoniques et des character[e]s Chinois, j'ajouterai ce que je crois qu'on doit suposer comme une chose très certaine, savoir que les uns et les autres sont beaucoup plus anciens que les Chinois mêmes, et que ce sont des monumens fideles de la tradition la plus ancienne que les Peres communs de toutes les nations ont laissées à leurs descendans, et que les Chinois ont conservé plus soigneusement que les autres.

Aussi depuis que j'ai lu les livres qui traitent de l'origine de cette nation; et examiné les fondemens sur quoi elle se donne une si grande antiquité, suis-je bien éloigné du sentiment de tous ceux qui ont cru jusqu'ici être obligés de les en croire sur leur temoignage. Au contraire je crois être évidemment convaincu, qu'environ les vingt premiers siecles de leur histoire sont bien differens des autres; et qu'on ne les doit regarder que comme des siecles fabuleux, ou, pour mieux dire, comme ces tems obscurs, qui ont donné occasion à l'histoire mythologique et obscure des Grecs. Ainsi je prédes geheiligten Dienstes an ihm, gleichsam auf prophetische Weise in diesen kostbaren Quellen des chinesischen Altertums enthalten sind. Sie würden staunen wie ich bei der Erkenntnis, daß [diese Literatur] nur so etwas wie ein [einziges] fortgesponnenes Gewebe aus Schatten, Figuren oder Prophezeiungen der Wahrheiten des Neuen Bundes ist. Und ich hätte das Vergnügen, Ihnen den rechten Begriff zu vermitteln von diesen bewunderungswürdigen Büchern, für welche die Chinesen seit jeher und mit mehr Recht, als man bisher geglaubt hat, eine weit besser begründete Hochachtung gehegt haben, als sie selber glauben. Denn seit ungefähr zweitausend Jahren, seit sie mit dem Verlust der hieroglyphischen Bedeutung ihrer Schriftzeichen und des Verständnisses ihrer alten Bücher fast vollständig die Kenntnis des wahren Gottes eingebüßt haben,[5] haben sie nur eine oberflächliche Schätzung für die darin enthaltene Lehre zu bewahren vermocht, denn seit so langer Zeit hat diese ihren Geistern nicht mehr die Erhabenheit und Heiligkeit der Wahrheiten und Maximen vermittelt, die sie in Wahrheit ausmachen. Und da ich begonnen habe, Ihnen unbefangen zu sagen, was ich von den kanonischen Büchern der Chinesen und ihren Schriftzeichen denke, will ich folgendes hinzufügen: Ich glaube, daß man mit großer Sicherheit anzunehmen hat, daß beide [Bücher und Schriftzeichen] weit älter sind als die Chinesen selbst und sie getreue Denkmäler der ältesten Überlieferung sind, welche die gemeinsamen Väter aller Völker ihren Nachkommen hinterlassen und die Chinesen sorgsamer bewahrt haben als die übrigen.[6]

Seit ich die Bücher über die Ursprünge des chinesischen Volkes gelesen und die Grundlagen untersucht habe, kraft deren dieses ein so hohes Alter für sich in Anspruch nimmt, bin ich daher weit entfernt von der Ansicht all jener, die bisher meinten, gezwungen zu sein, den Chinesen auf ihr diesbezügliches Zeugnis hin zu glauben. Ganz im Gegenteil, ich halte es für augenscheinlich bewiesen, daß die rund zweitausend Jahre am Anfang der chinesischen Geschichte sich stark von den übrigen unterscheiden und als der Sage angehörig zu betrachten sind oder, besser, als jene dunklen Zeiten, auf welche die mythische und dunkle Geschichte der Griechen zurückgeht.

tens que la premiere partie de leur histoire, contenant cette longue suite d'Empereurs et de Rois depuis Fo-hii le prétendu fondateur de cette monarchie, jusques à quelques siecles avant Confucius, n'est à la bien definir qu'une histoire allégorique, ou une espece de poëme historique inventé et composé par ses auteurs, quels qu'ils ayent été, pour expliquer d'une maniere agréable et savante le systeme de la Religion ancienne: de même à peu près que les Grecs, pour ne rien dire des autres peuples, dont l'origine se confond également dans la fable des siecles obscurs, ont expliqué la Religion de leur nation par ce tissu de fictions, dont leurs poëmes sont composés: avec cette difference néanmoins que ceux-ci ayant abandonné les traditions anciennes, et corrumpu également leurs mœurs et leur doctrine, se firent un systeme de Religion impie et monstrueux, et le representerent dans leurs poësies sous des images conformes au dereglement de leurs passions. Et ceux-là au contraire constamment attachés à la pureté de la doctrine, et des coutumes les plus anciennes de la Religion, semblent en avoir conservé et voulu perpétuer le veritable esprit dans toutes ces allégories et fictions misterieuses de leur histoire mythologique, dont on ne connoîtra bien tout le pur et merveilleux artifice, que quand on aura achevé de developer tous ces misteres par une exacte analise tant des principaux characteres ïéroglyphiques qui y ont été employés, que des principes d'Arithmétique, de Géométrie, d'Astronomie, d'Astrologie, de Musique, de Métaphisique, de Phisique, etc. Sur quoi roule tout le systeme de l'ancienne et veritable sagesse des livres Chinois.

Quelque nouvelles ou suspectes que puissent paroître ces sortes de recherches, sur tout aux personnes, qui n'ont pas comme vous, Monsieur, les lumieres nécessaires pour en juger sainement sur des indices aussi legers et aussi peu détaillés, que sont ceux que j'ai produits jusqu'ici: toutefois l'heureux succès que j'ai déja éprouvé dans mes premiers essais, particulierement cette derniere année ne me permet pas de douter qu'on peut venir à bout de rétablir tout cet an-

So behaupte ich, daß der erste Teil der chinesischen Geschichte, mit jener langen Reihe von Kaisern und Königen, die von Fuxi, dem angeblichen Begründer dieser Herrschaft, bis einige Jahrhunderte vor Konfuzius reicht, genau genommen nicht mehr als eine allegorische Geschichte ist oder eine Art historisches Gedicht, dessen Verfasser, wer immer sie gewesen sein mögen, es ersonnen und verfaßt haben, um auf eingängige und gelehrte Weise das System der alten Religion zu erklären – etwa so, wie die Griechen, um von den anderen Völkern zu schweigen, deren Ursprung sich gleichfalls in der Sage der dunklen Jahrhunderte verliert, die Religion ihres Volkes durch jenes Gewebe von Erfindungen erklärt haben, aus denen ihre Gedichte bestehen. Dabei gibt es allerdings einen Unterschied: Während die Griechen die alten Traditionen aufgegeben und gleichermaßen ihre Sitten und ihre Lehre verfälscht, ein gottloses und monströses religiöses System entwickelt und in ihren Dichtungen in Bildern dargestellt haben, die der Zügellosigkeit ihrer Leidenschaften entsprechen, haben die Chinesen ganz im Gegenteil fortwährend der Reinheit der Lehre und der ältesten Sitten der [wahren] Religion angehangen und so deren wahren Geist in allen diesen Allegorien und geheimnisvollen Erfindungen ihrer mythischen Geschichte bewahrt und zu erhalten gestrebt, deren reine und wunderbare Kunst man ganz erst erkennen wird, sobald man durch eine genaue Analyse vollends Licht in alle diese Geheimnisse gebracht haben wird: eine Analyse der wichtigsten hieroglyphischen Schriftzeichen, die dabei Verwendung gefunden haben, ebenso wie der Prinzipien von Arithmetik, Geometrie, Astronomie, Astrologie, Musik, Metaphysik, Physik usw. Hierauf beruht das ganze System der alten und wahren Weisheit der chinesischen Bücher.

So neuartig oder verdächtig derartige Forschungen auch erscheinen mögen, besonders Leuten, die nicht wie Sie, Monsieur, die notwendige Einsicht besitzen, um ein gesundes Urteil zu fällen auf Grund allein von so wenig gewichtigen und detaillierten Hinweisen wie denjenigen, die ich bisher vorgebracht habe – der glückliche Erfolg schon meiner ersten Versuche, besonders während des vergangenen Jahres, läßt mich dennoch nicht zweifeln, daß dieses ganze cien systeme, qui à mon sens n'est autre chose que le systeme universel de cette ancienne et divine magie, dont le débris a été comme la veritable cause de l'universel et triste naufrage, que la Religion et les sciences firent alors chez toutes les nations.

Afin de réussir dans l'exécution d'un projet si utile à l'une et aux autres, il faudroit avoir comme vous une connoissance parfaite des principaux monumens de l'antiquité, jointe à cette penétration et droiture d'esprit que le ciel vous a donnée; et qui dans les recherches continuelles que vous faites avec tant de bonheur pour la perfection des arts et des sciences, semble vous conduire sur les mêmes vestiges, qu'ont suivi ces grands hommes de la plus haute antiquité, qui ont merité d'être les maîtres de tous les autres.

Mais au defaut de cela, ce sera toujours un très grand avantage pour moi, si vous voulez bien continuer à me faire part de vos belles découvertes, sur tout de celles que vous jugerez devoir être d'un plus grand secours, pour m'aider à déchifrer les misteres de la science ïéroglyphique de la Chine. Si vous avez reçu ma derniere lettre, elle vous aura apris l'état que je fais de ce que vous m'avez touché de votre nouveau Calcul numerique, à cause du raport singulier qu'il me paroît avoir au systeme ancien des petites lignes de Fo-hii, dont j'ai parlé dans une Lettre que je crois qu'on vous a envoyée. Quand vous aurez reçu celle-ci, faites moi la grace de me mander sincerement ce que vous jugez des idées particulieres qui me sont venues sur ce systeme, et sur les caracteres et livres d'anciens [lies: livres anciens] de la Chine: et si vous trouvez quelque fondement raisonnable à ces choses, où je crois avoir des veritables évidences, et que j'espere avec l'aide de Dieu rendre quelque jour sensibles, obligez-moi d'indiquer alte System wiederhergestellt werden kann, das meines Erachtens nichts anderes ist als das universale System jener alten, göttlichen Magie, deren Zertrümmerung [durch die babylonische Sprachenverwirrung] sozusagen der eigentliche Grund war für den allgemeinen traurigen Schiffbruch, den die [wahre] Religion und die Wissenschaften damals bei allen Völkern erlitten.

Um bei der Ausführung eines für diese [die Wissenschaften] wie jene [die Religion] so nützlichen Projekts Erfolg zu haben, müßte man wie Sie über eine vollkommene Kenntnis der wichtigsten antiken Quellen verfügen, verbunden mit dem Scharfsinn und der geistigen Redlichkeit, die Ihnen der Himmel verliehen hat und die bei den fortwährenden Forschungen, die Sie so erfolgreich zur Vervollkommnung der Künste und Wissenschaften unternehmen, Sie auf dieselben Spuren zu führen scheinen, denen jene großen Männer der frühesten Zeiten gefolgt sind, die es verdienen, die Lehrer aller übrigen zu sein.

In Ermangelung [dieser Gaben] werde ich dennoch einen sehr großen persönlichen Vorteil daraus ziehen, wenn Sie mich freundlicherweise weiterhin über Ihre glänzenden Entdeckungen unterrichten wollen – insbesondere jene, die mir nach Ihrem Urteil eine größere Hilfe sein werden beim Entschlüsseln der Geheimnisse der hieroglyphischen Wissenschaft Chinas. Wenn Sie meinen letzten Brief[7] erhalten haben, werden Sie wissen, wie hoch ich schätze, was Sie mir über Ihren neuen numerischen Kalkül angedeutet haben, und zwar wegen des einzigartigen Verhältnisses, in dem er mir zum alten System der kleinen Striche des Fuxi zu stehen scheint. Ich habe davon in einem Brief[8] berichtet, von dem ich glaube, daß man ihn an Sie weitergeleitet hat. Sobald Sie den vorliegenden Brief erhalten haben, sagen Sie mir doch bitte aufrichtig, was Sie von den speziellen Gedanken halten, die mir im Zusammenhang mit diesem System und den Schriftzeichen und alten Büchern Chinas gekommen sind, und ob Sie meinen, daß es vernünftige Grundlagen für diese Dinge gibt, wo ich über richtiggehende Zeugnisse zu verfügen glaube, die ich mit Gottes Hilfe eines Tages zu handgreiflichen [Beweisen] zu entwickeln hoffe. Bitte seien Sie so freundlich und nennen Sie P. Verjus au Pere Verjus les livres que vous jugez les plus propres à me favoriser dans ces sortes de recherches. Et n'oubliez pas, s'il vous plaît, entre autres [un] certain traité de Kepler sur une Lettre du Pere Terentius, dont vous m'avez parlé, et que je n'ai encore pu avoir.

Si j'avois ici à ma disposition et à mon choix seulement quatre ou cinq de nos Missionaires, qui voulussent entrer dans les mêmes idées, et travailler de concert avec moi, je serois d'avis de commencer de faire de nouveaux commentaires sur tous les livres canoniques des Chinois, et sur la premiere partie de leur histoire, et de faire un nouveau dictionaire par l'analise de chaque charactere. Ces ouvrages étant achevés de la maniere que je conçois qu'ils peuvent l'être en peu d'années, fourniroient à mon sens tout ce qui est nécessaire pour nous donner une juste idée de la loi naturelle, et de l'économie de la Religion des premiers Patriarches, lorsqu'elle étoit la plus florissante; pour rétablir le systeme ancien et universel des sciences, et parvenir tout d'un coup à ce dégré de perfection, où toutes nos Academies de Savans, ont entrepris par une voye bien plus longue et plus laborieuse de les pousser.

Si vous jugez avec moi, Monsieur, que les livres Chinois puissent fournir aux Savans d'Europe de quoi séconder le grand dessein de la Perfection des Sciences, auquel vous avez eu jusqu'ici tant de part, inspirez au Pere Verjus et au Pere de la Chaize, qui en feront une estime très particuliere, et y auront toute sorte d'égards, les pensées qui vous viendront à ce sujet, et conseillez-leur, si vous le trouvez bon, d'apliquer environ une demi douzaine des plus habiles de nos Missionaires, qui formant une espece de petite Academie Chinoise travaillent de concert d'un côté à fournir ici à leurs confreres, les moyens les plus solides et les plus efficaces pour y dilater et affermir le Christianisme; et d'un autre pour donner aux Savans d'Europe toutes les connoissances, qu'ils peuvent souhaiter de la Chine die Bücher, die Ihres Erachtens mir bei derartigen Forschungen am ehesten nützlich sein könnten, und vergessen Sie nicht, [mir] unter anderem eine gewisse Abhandlung von Kepler über einen Brief von P. Schreck [zukommen zu lassen], von dem Sie mir geschrieben haben[9] und den ich mir noch nicht habe beschaffen können.

Wenn ich hier nur vier oder fünf unserer Missionare nach meiner Wahl zur Verfügung hätte, die bereit wären, sich auf dieselben Gedanken einzulassen und mit mir zusammenzuarbeiten, wollte ich mich daranmachen, neue Kommentare zu allen kanonischen Büchern der Chinesen und dem ersten Teil ihrer Geschichte sowie ein neues Wörterbuch auf der Basis der Analyse jeden Schriftzeichens anzufertigen. Wären diese Werke in der Form vollendet, wie ich mir vorstelle, daß sie es innerhalb weniger Jahre sein können, würden sie meines Erachtens alles bereitstellen, was nötig ist, um uns einen rechten Begriff von dem natürlichen Gesetz und der Einrichtung der Religion der ältesten Patriarchen zur Zeit ihrer höchsten Blüte zu geben, um das alte, universale System der Wissenschaften wiederherzustellen und auf einen Schlag jenen Grad der Vollkommenheit zu erreichen, bis zu dem alle unsere Gelehrtenakademien auf einem weit längeren und mühevolleren Weg unternommen haben, die Wissenschaften voranzutreiben.

Wenn Sie mit mir der Meinung sind, Monsieur, daß die chinesischen Bücher den Gelehrten Europas etwas zu liefern vermögen, um das große Vorhaben der Vervollkommnung der Wissenschaften, an dem Sie bisher [schon] so großen Anteil haben, zu fördern, teilen Sie P. Verjus[10] und P. de La Chaize[11] mit, was Ihnen zu diesem Gegenstand in den Sinn kommt. Sie werden es hoch zu schätzen wissen und in aller erdenklichen Hinsicht berücksichtigen. Raten Sie ihnen, wenn es Ihnen richtig scheint, etwa ein halbes Dutzend der fähigsten unserer Missionare darauf zu verwenden, eine Art kleine chinesische Akademie zu bilden und gemeinsam daran zu arbeiten,[12] einerseits hier ihren Mitbrüdern die solidesten und wirksamsten Mittel an die Hand zu geben, um das Christentum in China auszubreiten und zu befestigen; andererseits den Gelehrten Europas alle Kenntnisse zur Verfügung zu stellen, die sie über China zur Durchpour l'exécution de leur projet. Je ne puis mieux vous marquer que par là, Monsieur, l'envie sincere que j'ai de correspondre, et au grand zele que vous avez pour l'établissement de la foi dans cet Empire, et à la juste inclination que vous avez montré pour toutes ces sortes de connoissances. Ainsi vous devez regarder cette Lettre comme un effet de la deference et du respect profond avec lequel je suis,

Monsieur, Votre très humble et très obéïssant serviteur,

J. Bouvet J.

A Peking ce 8. Novemb. 1702.

führung ihres Projektes etwa wünschen könnten. Ich kann Ihnen nicht deutlicher als auf diese Weise den aufrichtigen Wunsch zu erkennen geben, den ich hege, Monsieur, um sowohl Ihrem großen Eifer für die Etablierung des [christlichen] Glaubens im chinesischen Reich, als auch der wohlbegründeten Neigung zu entsprechen, die Sie für alle derartigen Kenntnisse an den Tag gelegt haben. So sollen Sie den vorliegenden Brief ansehen als Ausfluß der Ehrerbietung und des tiefen Respekts, mit dem ich bin […]

Peking, den 8. November 1702

48. CHARLES LE GOBIEN S.J. AN LEIBNIZ

Paris, 13. März 1703. [46. 59.]

Nous avons receus par la voye d'Angleterre, Monsieur, une lettre que le R.P. Bouvet m'a fort recommandée affin qu'on vous la rendist fidellement. Les lumieres que vous lui avez communiquées lui font un extreme plaisir et lui inspirent une nouvelle ardeur pour creuser les sciences les plus mysterieuses de la Chine. vous trouverez dans sa lettre un essai de son travail, les scavans de ce païs à qui j'en ay fait part par ses ordres, m'en ont paru fort contens. Il est bien glorieux, monsieur, de marcher sur vos traces, et de developer à vostre imitation des sciences qui ont paru jusqu'ici impenetrables. Je ne doute point que l'Amphitrite ne nous apporte de nouveaux memoires et de nouvelles connoissances, si ce vaisseau est assez heureux pour arriver à bon port. Car s'il tombe entre les mains des armateurs, tout sera perdu. Si vous souhaitez, Monsieur, écrire au P. Bouvet et aux autres Peres qui sont à Pekin, je vous prie de me faire rendre vos lettres ici dans deux ou trois mois, peutestre trouverons-nous quelque occasion assez favorable pour les envoier en ce pays-là. Je ne scai si M. Brosseau vous a envoié un second recueil de *lettres curieuses et edifiantes* de nos missionnaires que j'ai fait imprimer depuis quelques mois. Le R.P. Verjus qui a une estime et une consideration toute particuliere pour vous m'a prié de vous asseurer de ses respects. Permettez moi de me joindre à lui pour vous marquer qu'on ne peut estre plus que je suis

Monsieur Vostre tres humble et tres obeissant serviteur
C. Le Gobien

à Paris le 13. Mars 1703

48. CHARLES LE GOBIEN S.J. AN LEIBNIZ

Paris, 13. März 1703. [46. 59.]

Wir haben auf dem Weg über England, Monsieur, einen Brief erhalten, den Ihnen zuverlässig zukommen zu lassen P. Bouvet mir dringend ans Herz gelegt hat. Die Einsichten, die Sie ihm mitgeteilt haben, bereiten ihm ein außerordentliches Vergnügen und flößen ihm eine neue Begierde ein, die geheimnisvollsten Wissenschaften Chinas zu ergründen. Sie werden in seinem Brief eine Probe[1] seiner Arbeit finden; den hiesigen Gelehrten, denen ich auf P. Bouvets Geheiß davon Mitteilung gemacht habe, schien sie nach meinem Eindruck sehr zufriedenstellend. Es ist sehr ehrenvoll, Monsieur, auf Ihren Spuren zu wandeln und nach Ihrem Vorbild Licht in Wissenschaften zu bringen, die bisher undurchdringlich schienen. Ich zweifle nicht, daß die »Amphitrite« uns neue Berichte und neue Kenntnisse bringen wird, wenn dieses Schiff glücklich seinen Hafen erreicht. Sollte es nämlich in die Hände der Kaperer fallen, ist alles verloren. Wenn Sie, Monsieur, P. Bouvet und den anderen Patres in Peking schreiben wollen, schicken Sie mir bitte Ihre Briefe in zwei bis drei Monaten hierher; vielleicht finden wir eine günstige Gelegenheit, sie nach China [weiter-]zuschicken. Ich weiß nicht, ob Herr Brosseau Ihnen eine zweite Sammlung *Lettres édifiantes et curieuses* unserer Missionare geschickt hat,[2] die ich vor einigen Monaten habe drucken lassen.[3] P. Verjus, der Sie ganz besonders schätzt und ehrt, hat mich gebeten, Sie seiner Hochachtung zu versichern. Erlauben Sie, daß ich mich ihm anschließe, um Ihnen zu erkennen zu geben, daß niemand mehr sein kann als ich es bin […]

Paris, den 13. März 1703

49. LEIBNIZ AN JOACHIM BOUVET S.J.

[Berlin, 18. Mai 1703]. [47.53.]

Mon Tres Reverend Pere

La lettre de Vostre Reverence datée Pekin le 4me Novemb. 1701. m'a esté rendue le 1 d'Avril de l'an 1703. par les soins du Tres R. P. Gobien[.] Je suis ravi d'apprendre que V. R. se porte bien, et que les affaires des Europeens vont bien à la Chine, puisque le progres de la Religion Chrestienne y est interessé. Mais je ne puis me dispenser de vous exhorter avec vos compagnons de profiter du temps favorable un peu plus qu'on n'a fait jusqu'icy, pour nous faire avoir en echange des nostres les belles connoissances des Chinois, sur tout dans les arts. Car un endroit de vostre lettre me fait juger que la bonté qu'on y a pour les estrangers s'y refroidira extremement un jour, quand on croira qu'on n'en aura plus tant besoin. C'est l'endroit où vous dites[,] mon R. P.[,] que l'Empereur *depuis quelques années, ayant achevé de se satisfaire sur ce qu'il desiroit savoir de la Theorie de nos sciences, ne donne plus la meme facilité* aux Europeens *de l'entretenir* sur ces matieres. De sorte qu'il importe extremement de travailler à l'Histoire des Arts de la Chine sans delay, tant qu'on en a le moyen; d'autant plus qu'il est plus aisé à eux d'apprendre nos sciences et connoissances qu'à nous d'apprendre les leurs, tant par ce que les nostres consistent plus dans le raisonnement, et les leurs plus dans l'experience, que par ce que les nostres sont publiques pour la plus part, mais les chinoises ne sont gueres connues que des gens de profession, et s'y continuent comme par tradition.

Je crois que vous pourriés interesser adroitement l'Empereur même dans cette recherche des arts; luy faisant connoistre que le moyen de perfectionner les arts de son pays est d'en donner des

49. LEIBNIZ AN JOACHIM BOUVET S.J.

[BERLIN, 18. MAI 1703]. [47. 53.]

Sehr ehrwürdiger Vater

Ihren Brief aus Peking vom 4. November 1701 habe ich am 1. April 1703 durch Vermittlung von P. Le Gobien empfangen. Ich bin entzückt zu hören, daß Euer Ehrwürden wohlauf sind und die Angelegenheiten der Europäer sich in China gut entwickeln, ist doch dabei der Fortschritt des Christentums betroffen. Ich kann mich aber nicht enthalten, Sie und Ihre Gefährten zu mahnen, die Gunst der Stunde etwas besser zu nutzen, als bisher geschehen ist, um im Gegenzug zu den unseren die ausgezeichneten Kenntnisse der Chinesen uns zu verschaffen, insbesondere im Bereich der Künste. Denn nach einer Stelle Ihres Briefes zu urteilen, wird die den Fremden jetzt entgegengebrachte Freundlichkeit sich eines Tages aufs äußerste abkühlen, sowie man nämlich glaubt, [auf die Europäer] künftig nicht mehr so sehr angewiesen zu sein. Ich meine die Stelle, wo Sie sagen, Ehrwürdiger Vater, daß der Kaiser »seit einigen Jahren, nachdem er seinem Interesse für die Theorie unserer Wissenschaften Genüge getan hat«, den Europäern »nicht mehr im gleichen Umfang wie früher Gelegenheit gibt, mit ihm über diese Dinge zu reden«.[1] Es ist daher überaus wichtig, ungesäumt die Arbeit an der Geschichte der Künste Chinas in Angriff zu nehmen, soweit die Mittel dazu vorhanden sind. Das gilt um so mehr, als es für die Chinesen leichter ist, sich unsere Wissenschaften und Kenntnisse anzueignen als umgekehrt, sowohl weil die unseren mehr auf Schlußfolgerungen und die ihrigen auf der Erfahrung beruhen, als auch weil unsere Wissenschaften größtenteils öffentlich sind, während die der Chinesen kaum über den Kreis der sie [praktisch] Übenden hinaus bekannt sind und wie in einer Tradition weitergegeben werden.

Meiner Meinung nach könnten Sie, wenn Sie es geschickt anstellen, den Kaiser selbst bei diesen Nachforschungen zu den Künsten einspannen, indem Sie ihm zu verstehen geben, daß es zur Vervollkommnung der Künste seines Landes gelte, sie zu beschreiben, und descriptions, et par ce moyen on pourra voir ce qui manque aux Chinois, pour le suppléer par le secours des Europeens. Item, qu'il importe d'avoir un dictionnaire parfait ou plus tost plusieurs qui composent un parfait, qui contienne tous les caracteres encor particuliers à chaque profession, et qu'il importe aux Tartares, que les Chinois ne leur cachent plus rien. Or à l'occasion des termes, quand il s'agira de les expliquer, on donnera les figures des choses naturelles et artificielles et les descriptions des practiques ou secrets. Particulierement[,] Mon T. R. P.[,] je vous supplie de m'obtenir une description aussi distincte qu'on pourra, touchant la manufacture de toute sorte de papier de la Chine, et les manieres de l'embellir. Les types dont ils se servent pour imprimer leur caracteres[,] de quoy sont ils faits? Autres fois Monsieur van Helmont le fils me disoit, qu'ils en avoient faits d'une lacque ou vernis dans le quel ils gravoient aisement ces caracteres, pendant qu'il estoit encor mol, mais que puis il s'endurcissoit comme du bois. Cela seroit commode. Je souhaiterois aussi d'apprendre s'ils n'ont pas des bons moyens de munir le cuir, ou quelque étoffe en sorte que l'air et l'eau n'y puissent point penetrer, et particulierement l'air, car je ne trouve pas encor qu'on reussisse en cela en Europe assés à mon gré, pour faire des gros sacs ou coussins qu'on puisse enfler et coucher dessus.

Quant aux affaires de l'Europe, elles sont dans une assiette à nous faire porter envie aux Chinois. La mort du Roy d'Espagne a fait naistre une guerre terrible, qui decidera du sort de l'Europe. Celle qui est entre le Tzar et le Roy de Suede dure encor; mais comme celuyci au lieu de pousser les Moscovites a tourné ses forces contre la Pologne, estant entré dans le cœur de ce Royaume, les Moscovites ont repris vigueur et harcelent fort les provinces de la Suede qui leur sont exposées, ayant meme pris Nötebourg, place de quelque consideration. Ils tachent aussi de s'elargir du costé de la mer noire man auf diese Weise feststellen könne, was den Chinesen mangelt, um dieses dann mit Hilfe der Europäer zu ergänzen. Ferner [müßte man dem Kaiser sagen], daß es wichtig ist, über ein vollständiges Wörterbuch (oder vielmehr mehrere, die zusammen ein vollständiges ausmachen) zu verfügen, das alle bisher den einzelnen Berufen vorbehaltenen Zeichen umfassen sollte, und daß den Tataren [Manjuren] daran gelegen sein müsse, daß ihnen die Chinesen nichts mehr vorenthalten. Was aber die Erklärung der einzelnen Begriffe angeht, müssen die [bezeichneten] natürlichen und künstlichen Dinge abgebildet und die Techniken oder Geheimnisse beschrieben werden. Insbesondere bitte ich Sie, Ehrwürdiger Vater, mir eine möglichst genaue Beschreibung der Herstellung und der Techniken zur Verfeinerung aller Arten von chinesischem Papier zu beschaffen. Woraus werden die Typen, mit denen sie ihre Schriftzeichen drucken, hergestellt? Früher einmal hat mir Herr van Helmont der Jüngere[2] erzählt, sie hätten Zeichen aus einem Lack hergestellt, in den sie diese eingravierten, solange er weich war, daß dieser Lack dann aber so hart würde wie Holz. Das wäre praktisch. Ich wüßte auch gern, ob sie nicht gute Verfahren kennen, um Leder oder einen Stoff so zu präparieren, daß Luft und Wasser nicht eindringen könnten, insbesondere die Luft, denn soweit ich sehe, ist man darin in Europa noch nicht so erfolgreich, wie ich es wünschte. Damit könnte man dicke Säcke oder Kissen herstellen und aufblasen, um darauf zu schlafen.

Was die europäischen Angelegenheiten betrifft: Sie sind in einer Verfassung, uns die Chinesen beneiden zu lassen. Der Tod des Königs von Spanien [Karl II., gest. am 1. November 1700] hat einen entsetzlichen Krieg ausgelöst, der über das Schicksal Europas entscheiden wird. Der Krieg zwischen dem Zaren [Peter I.] und dem König von Schweden [Karl XII.] dauert noch an. Statt nun aber die Russen in die Enge zu treiben, hat dieser seine Truppen gegen Polen gerichtet und ist in das Herz dieses Königreiches eingedrungen. [Darüber] sind die Russen wieder zu Kräften gekommen und beunruhigen stark die ihren Angriffen ausgesetzten schwedischen Provinzen, sie haben sogar Noteburg eingenommen, eine ziemlich wichtige Stadt.[3] Sie versuchen auch, mit der Errichtung einer neuen bastissant une nouvelle forteresse, et si le Sultan ne vouloit absolument conserver la paix apres une guerre où l'Empire Ottoman a tant souffert, et s'il avoit voulu donner les mains aux solicitations des Tartares de la Crimée, il auroit peutestre deja recommencé la guerre avec les Moscovites; dont le but paroist d'avoir encor quelque port sur la mer Baltique, mais il[s] y trouveront de la difficulté. Le Roy de Suede avoit paru fort eloigné jusqu'icy d'une paix avec le Roy de Pologne, qu'il auroit bien voulu faire quitter son Royaume; ayant effectivement de son costé une grande faction de Polonnois et Lithuaniens qui tendoit à cela. Mais les affaires paroissent avoir changé de face, et il semble que le Roy de Suede pourra enfin se resoudre à traiter avec le Roy et la Republique, dont il souhaiteroit la societé contre les Moscovites, à quoy cependant je ne crois pas que le Roy de Pologne donne les mains, car le Tzar l'a assisté fidelement; et une paix perpetuelle ayant esté faite entre les Polonnois et les Moscovites il y a deja quelques années[,] les Polonnois n'ont point de sujet de rompre que je sache.

Mais laissons là ces affaires du Monde, qui n'interessent gueres la Chine, et revenons aux sciences. L'Analyse des infinitesimales nous a donné moyen, à moy, et à ceux qui ont poussé mes methodes, de resoudre des difficultés, où la Geometrie n'arrivoit pas auparavant. Par exemple personne avoit determiné la figure de la chainette, que Galilei avoit crû estre la parabole. Or j'ay monstré que par le moyen d'une chainette bien subtile comme sont celles des monstres, suspendue par les deux bouts, on aura les logarithmes tous faits sans calcul aussi exactement que la grandeur, subtilité et flexibilité de la chainette le peut permettre. Je ne say aussi si je vous ay parlé de ma science de la dynamique, ou des forces, où j'ay trouvé la veritable maniere de l'estimer, tirée a priori des principes sublimes de la me-

Festung ihr Territorium zum Schwarzen Meer hin zu erweitern; wenn der Sultan nicht unter allen Umständen den Frieden wahren wollte,[4] nach einem Krieg, in dem das Ottomanische Reich so sehr gelitten hat,[5] und er den dringenden Bitten der Krimtataren hätte nachgeben wollen, hätte er den Krieg mit Rußland vielleicht schon wieder begonnen. Die Russen scheinen noch einen Hafen an der Ostsee haben zu wollen, aber das wird ihnen schwerfallen. Bisher schien der König von Schweden weit davon entfernt, Frieden mit dem König von Polen [August dem Starken] schließen zu wollen, den er [vielmehr] gern gezwungen hätte, sein Königreich aufzugeben, und wirklich hatte er eine große Partei von Polen und Litauern auf seiner Seite, die darauf abzielte. Aber jetzt scheinen die Dinge anders auszusehen, und der König von Schweden könnte sich endlich entschließen, mit dem König und der Republik zu verhandeln, mit denen er gern ein Bündnis gegen die Russen schließen würde. Dazu würde allerdings meiner Meinung nach der König von Polen nicht die Hand reichen, denn der Zar hat ihm getreulich beigestanden, und nachdem schon vor einigen Jahren ein ewiger Frieden zwischen Polen und Russen geschlossen worden ist,[6] haben die Polen, soweit ich weiß, keinerlei Grund, [mit den Russen] zu brechen.

Aber lassen wir diese Angelegenheiten der [politischen] Welt, die China kaum berühren, beiseite und kehren wir zu den Wissenschaften zurück.[7] Die Infinitesimalrechnung hat mir und denjenigen, die meine Methoden weiterentwickelt haben, die Mittel an die Hand gegeben, Schwierigkeiten zu lösen, an denen die Geometrie früher gescheitert war. So hatte niemand die Kettenlinie bestimmt, von der Galilei geglaubt hatte, es handele sich um eine Parabel.[8] Ich habe aber gezeigt, daß mit Hilfe einer ganz feinen, an beiden Enden aufgehängten Kette (wie es die Uhrketten sind) man ohne Rechnen fertige Logarithmen erhält, mit so großer Genauigkeit, wie es Größe, Feinheit und Biegsamkeit der Kette erlauben.[9] Ich weiß auch nicht, ob ich Ihnen von meiner Wissenschaft von der Dynamik oder den Kräften berichtet habe,[10] wo ich die richtige Art und Weise gefunden habe, diese zu schätzen. Dabei ist [meine Methode] a priori taphysique reelle, et puis parfaitement conforme aux experiences: où j'ay trouvé non seulement qu'il est faux que la quantité de mouvement se conserve comme croyoient les Cartesiens; mais que la force absolue (prise comme il faut) se conserve, au lieu que M. Mariotte, M. de La Hire et autres depuis peu, n'ont qu'une conservation de quelque chose de respectif. J'ay trouvé aussi qu'il y a autant d'action dans une heure que dans une autre, soit dans l'univers, soit dans des corps qu'on conçoit comme seuls communiquans entre eux. Mais la quantité de l'action motrice, est bien differente de ce que les Cartesiens appellent la quantité de mouvement. Je fais voir de plus que la force est de l'essence de la substance corporelle, et que c'est l'entelechie des anciens, quoy qu'elle ait besoin d'estre determinée par le concours des corps ou par la premiere disposition de Dieu. C'est donc par la consideration de la force que je justifie les anciens contre la philosophie trop materielle des modernes à qui j'accorde que tout se fait mecaniquement dans les corps[,] mais je leur monstre, qu'ils ne considerent pas assez que les principes memes du mecanisme viennent de quelque chose de plus haut que de ce qui n'est que materiel ou sujet à l'imagination.

Mais venons à ce qui est un des principaux sujets de vostre lettre[,] c'est le rapport de mon Arithmetique binaire avec la figure de Fohii, qu'on croit un des plus anciens Rois et philosophes connus dans le monde, et comme fondateur de l'Empire et des sciences des Chinois. Cette figure estant donc un des plus anciens monumens de science, qui se trouve[nt] aujourdhuy dans l'univers, qui passe ce semble l'antiquité de 4000 ans; et qui n'a peut estre point esté entendu depuis quelques millenaires d'années; c'est une chose bien surprenante, qu'elle convient parfaitement avec ma nouvelle maniere d'Arithmetique et qu'il a falu justement que je vous en écrivisse dans le temps qu'il faloit, c'est à dire lors que vous vous appliquiés au dechifrement de ces lignes.

von den erhabenen Prinzipien der realen Metaphysik abgeleitet und ferner [auch] in vollkommener Übereinstimmung mit [den Ergebnissen] meiner Experimente. Dabei habe ich nicht nur gefunden, daß die Kartesianer unrecht hatten mit ihrer Annahme, daß die Bewegungsmenge erhalten bleibt,[11] sondern [auch], daß die absolute Kraft (recht verstanden) erhalten bleibt, während die Herren Mariotte, de La Hire und andere seit kurzem nur die Erhaltung von etwas Entsprechendem kennen. Ich habe auch gefunden, daß es in einer Stunde soviel Wirkung gibt wie in einer anderen, ob im Universum oder in Körpern, die nach unseren Begriffen nur untereinander kommunizieren. Aber die Menge der Bewegungswirkung ist sehr verschieden von dem, was die Kartesianer Bewegungsmenge nennen. Ich zeige außerdem, daß die Kraft das Wesen der körperlichen Substanz ist und daß es sich um die Entelechie der Alten handelt, obwohl sie der Bestimmung durch das Zusammentreffen mit den Körpern oder der ursprünglichen Anordnung Gottes bedarf. Durch die Betrachtung der Kraft also rechtfertige ich die Alten gegen die zu materialistische Philosophie der Neueren, denen ich wohl zugestehe, daß in den Körpern alles auf mechanische Weise geschieht. Ich zeige ihnen aber, daß sie nicht ausreichend berücksichtigen, daß die Prinzipien selbst des Mechanismus' auf etwas Höheres zurückgehen, als was nur materiell oder der Einbildungskraft unterworfen ist.[12]

Kommen wir aber zu einem der Hauptthemen Ihres Briefes: dem Verhältnis meiner binären Arithmetik zur Figur des Fuxi, der einer der ältesten Könige und Philosophen gewesen sein soll, welche die Welt kennt, und gleichsam Begründer des Reiches und der Wissenschaften der Chinesen. Diese Figur ist also eines der ältesten wissenschaftlichen Denkmäler, die sich heute im Universum finden, und scheint über 4000 Jahre alt zu sein. Seit etlichen tausend Jahren ist sie vielleicht nicht [mehr] verstanden worden. Es ist in der Tat überraschend, daß sie vollkommen mit meiner neuen Arithmetik übereinstimmt und daß ich Ihnen just davon schreiben sollte zu der Zeit, die es sein mußte, als Sie sich nämlich der Entschlüsselung dieser Striche [in der Figur] widmeten.

Je vous avoue que moy meme, si je n'avois point etabli mes dyadiques, je regarderois peut estre long temps ce systeme des Coua ou lignes de Fohi, sans en penetrer le but. Il y a bien plus de 20 ans que j'avois en tête cette Arithmetique par 0 et 1[,] dont je voyois les merveilleuses consequences pour pousser la science des nombres à une perfection, qui passe tout ce qu'on en a; mais je reservois de me decouvrir là dessus jusqu'à ce que je fusse en estat d'en monstrer en même temps les grandes utilités; mais mille autres occupations et meditations m'ayant empeché d'y travailler, je m'en ouvris enfin là dessus (quoyque non encor dans aucun livre imprimé) afin qu'une pensée de cette consequence ne perist point. Et je suis ravi que c'est justement dans le temps où vous avés esté en estat d'en faire un usage aussi beau que celuy de dechifrer cet ancien monument de la Chine. En verité, il y paroist quelque direction de la providence. Et je ne doute point que lors qu'on portera plus loin cette arithmetique, comme on feroit bien tost, s'il y avoit quelques personnes capables et inclinées à y travailler[,] ce ne soit un nouveau moyen de reveiller l'attention de l'Empereur et des principaux de la Chine, quoyque vostre dechifrement des Coua de Fohi aye déja de quoy les étonner.

Je trouve que le quarré est la meme chose que le cercle de Fohi, et sert même à l'expliquer. Car l'ordre est un peu troublé dans le cercle. Je commence dans ce cercle par le bas du costé droit[,] c'est à dire par ䷁ et ䷗ etc., ou par 0 et 1, ou bien par 000000 et 000001. Car il faut regarder la figure comme si l'œil estoit placé dans le centre, et commencer par les lignes proche[s] du centre. C'est ce que monstrent aussi les caracteres, car ils paroissent tels qu'ils sont si on les regarde du centre, ou bien si on tourne ce cercle en sorte que cette partie du caractere qui est la plus eloignée du centre soit le plus en haut, ce qui monstre alors la convenance avec les caracteres

Ich gestehe Ihnen, daß ich selbst, hätte ich nicht meine Dyadik ausgearbeitet, vielleicht lange Zeit dieses System der *gua* oder Striche des Fuxi betrachten würde, ohne deren Zweck zu durchschauen. Weit mehr als 20 Jahre schon hatte ich diese Arithmetik durch 0 und 1 im Kopf; ich sah die [aus dieser sich ergebenden] staunenswerten Konsequenzen, die es erlauben würden, die Wissenschaft von den Zahlen zu einer Vollkommenheit zu treiben, die alles Dagewesene übertrifft. Ich behielt mir aber vor, mich darüber zu offenbaren, bis ich imstande sein würde, zugleich die bedeutenden Nutzanwendungen [der Dyadik] zu zeigen, doch tausend andere Beschäftigungen und Betrachtungen hielten mich davon ab, daran zu arbeiten, und ich teilte mich darüber schließlich mit (wenn auch noch nicht in einem gedruckten Buch), damit ein Gedanke von dieser Reichweite nicht untergehen sollte.[13] Und ich bin entzückt, daß dies gerade zu der Zeit geschehen ist, da Sie in der Lage waren, einen so großartigen Gebrauch davon zu machen, wie es die Entschlüsselung dieses alten chinesischen Denkmals ist. In der Tat, hier wird ein Einfluß der Vorsehung sichtbar. Und ich zweifle nicht, daß in dieser Arithmetik – sobald sie weiterentwickelt wird, was bald geschehen würde, wenn einige fähige und an dieser Arbeit interessierte Leute dafür zur Verfügung stünden – ein neues Mittel liegt, die Aufmerksamkeit des Kaisers und der chinesischen Elite zu erwecken, auch wenn Ihre Entschlüsselung von Fuxis *gua* diese schon in einiges Erstaunen setzen dürfte.

Soweit ich sehe, ist das Quadrat [des Fuxi] dasselbe wie sein Kreis und dient sogar zu dessen Erklärung. Die Reihenfolge in dem Kreis ist nämlich etwas gestört.[14] Ich beginne in diesem Kreis unten rechts, das heißt mit ䷁ und ䷖ usw. oder 0 und 1 oder auch 000000 und 000001. Denn man muß die Figur so betrachten, als befände sich das Auge im Zentrum, und mit den dem Zentrum nächsten Strichen beginnen. Das beweisen auch die Schriftzeichen, denn sie erscheinen ihrer Natur gemäß, wenn man sie vom Zentrum aus betrachtet, das heißt, wenn man diesen Kreis so dreht, daß jener Teil des Schriftzeichens, der am weitesten vom Zentrum entfernt ist, am weitesten oben steht. Das zeigt dann die Übereinstimdu quarré, qui paroissent ainsi les memes. De sorte qu'à l'egard du cercle il n'y a point de haut ny bas, non plus qu'à l'egard du globe de la terre, où le plus eloigné du centre est pris pour le plus haut, et peutestre même que Fohi a eu egard à cela. Mais vous avés pourtant eu raison, Mon T. R. Pere[,] d'y écrire ἄνω et κάτω par rapport au quarré inscrit dans ce cercle.

Mais pour revenir aux Coua ou figures lineaires du cercle commençant de 0 et 1, du bas du costé droit, on remonte jusqu'au plus haut du costé droit, c'est à dire jusqu'à ䷪ (la ligne la plus proche du centre passant tousjours pour la premiere), c'est à dire 011111, ou bien 31. Apres cela (au lieu de continuer dans le cercle et de passer au haut du costé gauche et en descendre) on recommence du costé gauche en bas pour y remonter; or du costé gauche en bas il y a ䷖, c'est à dire 100 000 ou 32, apparemment parce qu'ainsi 0 et 32 + 0 ou bien 1 et 32 + 1, ou 2 et 32 + 2 (qui exprimés binairement ne different qu'en ce que la figure lineaire de l'un commence par -- ou 0, et celle de l'autre par — ou 1) soyent vis à vis l'une de l'autre, en montant de bas en haut de part et d'autre[;] peut estre aussi qu'on a voulu que cela servit à embarasser un peu, et à monstrer quelque difference apparente entre le Cercle, et le Quarré. En fin montant de bas en haut du costé gauche on finit par ䷀, c'est à dire 111111 ou 63.

Quant au quarré inscrit, l'ordre y est parfaitement naturel en commençant par

䷁	䷖	䷇	䷓
000000	000001	000010	000011
0	1	2	3

etc. où il est à remarquer que l'ordre des nombres va de gauche à droite dans chaque ligne ou rang de nombres[,] et les lignes ou rangs se suivent de haut en bas; et l'un aussi bien que l'autre convient avec mung mit den Zeichen des Quadrats, die sich so als identisch [mit denen des Kreises] erweisen. In Hinblick auf den Kreis gibt es also weder oben noch unten, sowenig wie in Hinblick auf die Erdkugel, wo als Höchstes angesehen wird, was am weitesten vom Zentrum entfernt ist. Vielleicht hat Fuxi [diese Analogie] im Blick gehabt. Sie hatten dennoch recht, Ehrwürdiger Vater, auf Ihrer Zeichnung »oben« und »unten« einzutragen, [nämlich] in bezug auf das in den besagten Kreis eingefügte Quadrat.

Aber kommen wir zu den *gua* oder aus Strichen zusammengesetzten Figuren des Kreises zurück: Man beginnt unten rechts bei 0 und 1 und verfolgt den Kreis auf der rechten Seite bis zu seinem höchsten Punkt, nämlich ䷪ (der dem Zentrum nächste Strich gilt dabei immer als erster), das heißt 011111 oder 31. Anschließend folgt man nicht weiter dem Kreisbogen zur höchsten Stelle auf der linken Seite, um dann abzusteigen, sondern beginnt wieder unten, um [diesmal] auf der linken Seite aufzusteigen. Links unten steht nun ䷖, das heißt 100 000 oder 32, offenbar weil so 0 und 32 + 0 oder 1 und 32 + 1 oder 2 und 32 + 2 (die in binärer Form sich nur insofern unterscheiden, als die Strichfigur des einen mit -- oder 0 und die des anderen mit — oder 1 beginnt) einander gegenüberstehen, wenn man auf beiden Seiten [dem Kreisbogen folgend] aufsteigt. Vielleicht sollte so auch einige Verwirrung gestiftet und auf einen nur scheinbaren Unterschied zwischen Kreis und Quadrat hingewiesen werden. Wenn man nun also auf der linken Seite nach oben aufsteigt, gelangt man zuletzt zu ䷀, das heißt 111111 oder 63.

Was das in dem Kreis eingefügte Quadrat betrifft, ist die Reihenfolge [der Strichfiguren] dort vollkommen natürlich. Sie beginnt mit

䷁	䷖	䷇	䷓
000000	000001	000010	000011
0	1	2	3

usw., wobei festzuhalten ist, daß die Reihenfolge der Zahlen von links nach rechts geht in jeder Zeile oder Zahlenreihe und die Zeilen oder Reihen von oben nach unten aufeinanderfolgen. Beides befindet sich in Übereinstimmung mit der Reihenfolge, in der wir in l'ordre suivant le quel nous ecrivons en Europe; contre la coustume des Orientaux et des Chinois; il est vray cependant que dans chaque nombre il faut compter les lignes de bas en haut, à l'imitation peut estre du rapport au cercle[,] où l'on commence de bas en haut, en commençant par ce qui est plus proche du centre. Ce rapport d'un si ancien monument à l'Ecriture Européenne, me fait souvenir d'avoir lû, que dans des tres anciens monumens orientaux il semble qu'on lisoit aussi à la façon d'Europe. C'est si je ne me trompe dans l'ecriture extraordinaire qui se trouve dans les ruines de Persepolis ou de Tschelminar, où l'ecriture consiste en lignes et en triangles et pourroit bien estre anterieure à la Monarchie des Perses. On parle de cet ancien monument dans la relation de Figueroa Ambassadeur d'Espagne en Perse, et dans celle qui se trouve parmi les recueils des voyages de feu M. Thevenot et ailleurs.

Mais revenons au Calcul dyadique qui ne se sert que de Rien et de l'unité. Vous avés fort bien gousté un de ses principaux usages pour la religion, qui est, que c'est un symbole admirable de la creation, c'est à dire de l'origine de toutes choses de Dieu seul, et du neant sans aucune matiere preexistente; et que le Neant non pas absolu mais respectif[,] c'est à dire sa limitation se trouve essentiellement dans les creatures, à mesure de leur imperfection; cette limitation n'estant autre chose qu'une negation du progres ulterieur de la pure realité, ou du pur acte[,] comme lors qu'un cercle est borné par sa circomference, qui luy met son non-plus-ultra. Et je crois que les savans de la Chine, quand ils entreront bien dans cette consideration et verront sur tout l'artifice de Fohi conforme au nostre, seront assez disposés à croire que ce grand homme a voulu encor representer Dieu auteur des choses, et la creation par la quelle il les a tirées du neant. Ainsi ce pourra estre un des plus considerables articles de

Europa schreiben, im Gegensatz zur Übung der Orientalen und der Chinesen. Dabei muß man allerdings bei jeder Zahl die Striche von unten nach oben zählen, vielleicht in Nachahmung der Verhältnisse im Kreis, wo man von unten nach oben fortschreitet und jeweils mit dem beginnt, was dem Kreis am nächsten steht. Angesichts dieses Verhältnisses eines so alten Denkmals zur europäischen Schrift erinnere ich mich gelesen zu haben, daß man auf sehr alten orientalischen Denkmälern auch nach Art der Europäer gelesen zu haben scheint. Wenn ich nicht irre, handelt es sich dabei um die seltsame [In-]Schrift in den Ruinen von Persepolis oder Tschelminar,[15] wo die Schrift aus Strichen und Dreiecken besteht und sehr wohl aus der Zeit vor der persischen Monarchie stammen könnte. Von diesem alten Denkmal ist im Bericht des spanischen Botschafters in Persien Figueroa[16] die Rede, in der Beschreibung, die sich unter den *Relations de divers voyages* des verstorbenen Herrn Thévenot befindet,[17] und anderswo.

Aber kehren wir zum dyadischen Kalkül zurück, der sich lediglich des Nichts und der Einheit bedient. Sie haben viel Geschmack gefunden an einer seiner hauptsächlichen Nutzanwendungen für die [christliche] Religion, nämlich daran, daß es ein bewundederungswürdiges Symbol der Schöpfung darstellt: des Ursprungs aller Dinge aus Gott allein und dem Nichts, ohne daß zuvor irgendeine Materie existiert hätte, und daß das nicht absolute, sondern relative Nichts, das heißt seine Begrenzung, sich im wesentlichen in den Kreaturen findet nach Maßgabe ihrer [jeweiligen] Unvollkommenheit.[18] Diese Begrenzung ist nichts anderes als eine Negation des weiteren Fortschritts der reinen Realität oder des reinen Aktes, so wie ein Kreis durch seinen Umfang begrenzt ist, der ihm sein *non plus ultra* [»bis hierhin und nicht weiter«] setzt. Meines Erachtens werden die chinesischen Gelehrten, sobald sie sich in diese Überlegung hineingefunden und vor allem die Übereinstimmung von Fuxis System mit dem unseren erkannt haben, recht geneigt sein zu glauben, daß dieser große Mann auch Gott als Urheber der Dinge und die Schöpfung, durch die er die Dinge aus dem Nichts gezogen hat, darstellen wollte. So könnte dies einer der wichtigsten vostre catechisme tiré des auteurs classiques de la Chine et digne d'estre expliqué à l'Empereur même.

Pour ce qui est de l'usage de l'Expression dyadique des nombres, c'est à dire par 1 et par 0, pour la perfection de la science Numerique; j'ay des demonstrations qui nous peuvent convaincre, que c'est un moyen de porter cette science bien au delà de son premier estat; car j'ay trouvé que les quarrés, les cubes, et les autres puissances des nombres naturels, ont aussi des periodes dans leur colonnes comme les nombres naturels, ce qui donne une facilité merveilleuse à les determiner et, à en dresser des Tables en jouant et à decouvrir des rapports inconnus jusqu'icy. Je trouve meme que cela fera des grands effects pour exprimer les grandeurs geometriques incommensurables par des series des nombres entiers qui approchent à l'infini; au lieu qu'il manque à l'expression de Ludolphe de Ceulen pour le cercle (par exemple) qu'il n'y a point de regle pour la continuer. Mais n'ayant point de loisir pour pousser ces recherches en cas que je ne trouve point des gens qui ayent la capacité ou l'envie de m'assister, je laisseray à la posterité l'avantage qu'elle en pourra retirer plus grand que ne se peuvent imaginer ceux qui ne regardent que la superficie des choses.

Pour ce qui est de l'usage de la progression Geometrique double dans l'arrangement des idées, dont V. R parle aussi[,] l'experience m'a fait connoistre le grand usage des dichotomies pour la formation des notions. Il est vray qu'on peut faire les dichotomies de differentes façons, mais elles menent à un meme but, c'est à dire aux memes especes par des differens genres subalternes[,] et c'est ce qui fait que les memes termes peuvent recevoir des differentes definitions, dont pourtant l'Analyse monstre enfin la coincidence. Je croy qu'il y a peu de gens qui ayent plus travaillé à l'ordonnance des Notions et qui y ayent un plus grand apparat. Mais au milieu des occupations et distractions, je ne saurois debrouiller mon cahos sans

Artikel Ihres den chinesischen Klassikern entlehnten Katechismus' sein, würdig, dem Kaiser selbst vorgetragen zu werden.

Was nun den Nutzen des dyadischen Ausdrucks der Zahlen durch 1 und 0 zum Zweck der Vervollkommnung der Wissenschaft von den Zahlen angeht, verfüge ich über Beweise, die geeignet sind, uns davon zu überzeugen, daß mit Hilfe der Dyadik diese Wissenschaft weit über ihren ursprünglichen Stand hinaus gefördert werden kann.[19] Ich habe nämlich gefunden, daß die Quadrate, die Kuben und die anderen Potenzen der natürlichen Zahlen ebenfalls Perioden in ihren Spalten haben, wie die natürlichen Zahlen [selbst], was eine großartige Handhabe bietet, sie zu bestimmen und spielerisch Tafeln davon aufzustellen und bislang unbekannte Bezüge zu entdecken. Meines Erachtens wird das sogar erhebliche Auswirkungen haben auf den Ausdruck inkommensurabler geometrischer Größen durch Reihen von ganzen Zahlen, die sich dem Unendlichen nähern, während zum Beispiel Ludolph van Ceulens Kreisformel[20] den Nachteil hat, daß es an einer Regel für ihre Fortschreibung mangelt. Ich habe aber nicht die Muße, die Forschungen voranzutreiben, falls es mir nicht gelingt, Leute aufzutreiben, die befähigt oder willens sind, mir zur Hand zu gehen; so werde ich der Nachwelt den Nutzen überlassen, den sie [aus der Dyadik] gewinnen mag und der weit größer ist, als die Leute meinen, die immer nur die Oberfläche der Dinge im Blick haben.

Was den Nutzen der geometrischen Progression für die Anordnung der Ideen angeht, von dem Euer Ehrwürden gleichfalls sprechen, hat mich die Erfahrung gelehrt, wie nützlich die Dichotomien für die Begriffsbildung sind. Zwar kann man Dichotomien auf verschiedene Weisen erzielen, doch führen sie [alle] zum selben Ziel, das heißt über verschiedene untergeordnete Gattungen zu denselben Arten. Deshalb sind dieselben Begriffe verschiedenen Definitionen zugänglich, die aber letztlich durch die Analyse als übereinstimmend erwiesen werden. Es dürfte wenig Leute geben, die mehr [als ich] an der Systematisierung der Begriffe gearbeitet haben und über einen größeren Apparat dazu verfügten. Aber inmitten meiner Beschäftigungen und Ablenkungen ist es mir unmöglich, das Chaos estre assisté par des personnes qui ayent plus de vigueur et plus de loisir que moy. Cependant si Dieu me donne encor quelques années de vie, je feray des efforts pour mettre quelque ordre à ce travail, qui me paroist un des plus importans qu'on puisse entreprendre; puisque il donneroit un filum Ariadnes à la raison, c'est à dire une maniere palpable en forme de calcul pour se conduire, soit qu'il s'agisse de juger ou d'inventer.

Je soubçonne que Fohi a assigné les 64 nombres (soit simples, soit redoublés en 128, ou plus avant) à des termes, qu'il a conçus comme les plus radicaux, et qu'il a donné à chacun de ces termes son caractere qui designoit aussi son nombre ou rang; et que puis de ces termes et caracteres plus simples et capitaux, il a formé les autres, en adjoutant des petits traits[,] mais dans la suite des temps ces caracteres ont esté alterés tant par la nature de l'usage populaire qui change peu à peu les traits (comme il se voit en comparant l'ancienne ecriture de quelque langue avec la moderne), que par ceux qui[,] ne connoissant plus la raison ny la methode des caracteres, les accommodoient à leur caprices fondés souvent en metaphores ou quelques autres rapports plus legers. Si nous connoissions bien l'Histoire literaire Chinoise[,] que je souhaitois autres fois en vous écrivant de voir establie selon la bonne critique, pour discerner l'ancien et le moderne, nous en pourrions mieux juger. Il y a de l'apparence aussi que des differens princes ou philosophes ont fait des differentes reformations dans les caracteres, dans la veue de les rendre meilleurs, mais n'ayant pas tousjours suivi les mêmes loix de grammaire ou d'Etymologie pour ainsi dire, les origines ont esté enfin entierement obscurcies, encor plus que dans les lignes brisées de Fohi dont on avoit perdu l'intelligence que nous venons de retrouver. Je serois bien aise de savoir ce que signifient les caracteres bei mir zu entwirren, wenn mir nicht Hilfe von Leuten zuteil wird, die mehr Kraft und mehr Muße haben als ich. Wenn Gott mir aber noch einige Lebensjahre schenkt, werde ich mich bemühen, etwas Ordnung in diese Arbeit zu bringen, die mir zu den wichtigsten zu gehören scheint, die man unternehmen kann, gäbe sie doch der Vernunft einen Ariadnefaden an die Hand, das heißt eine greifbare Anleitung in Form eines Kalküls, ob es sich nun darum handelt zu urteilen oder zu erfinden.[21]

Ich vermute, daß Fuxi die 64 Zahlen (einfach oder zu 128 verdoppelt oder darüber hinaus) Begriffen zugewiesen hat, die er als die fundamentalsten ansah, und daß er jedem dieser Begriffe sein Zeichen gegeben hat, das zugleich dessen Zahl oder Rang bezeichnete. Aus diesen einfachen und vornehmsten Begriffen und Zeichen hätte er dann unter Hinzufügung von kleinen Strichen die anderen gebildet. Im Lauf der Zeit wären aber die Zeichen verfälscht worden, bedingt sowohl durch die Art, wie das Volk damit umgeht (was langsame Veränderungen der Linienführung zur Folge hat, wie aus dem Vergleich der alten und der modernen Schriftform jeder beliebigen Sprache zu ersehen ist), als auch durch den Einfluß jener, die Ursachen [der Form] und System der Zeichen nicht mehr kannten und diese daher ihren spielerischen Assoziationen anpaßten, die ihrerseits in Metaphern oder noch flüchtigeren Beziehungen begründet sind. Wenn wir die Geschichte der chinesischen Wissenschaften[22] gut kennten (ich habe Ihnen einmal geschrieben, daß ich mir wünschte, man möchte diese Geschichte nach dem Maßstab der guten [historischen] Kritik erarbeiten, so daß Altes und Neues sich unterscheiden ließen), könnten wir besser darüber urteilen. Wahrscheinlich haben auch verschiedene Fürsten oder Philosophen mehrfach die Schriftzeichen reformiert, um sie zu verbessern. Da man dabei aber nicht immer sozusagen dieselben grammatischen oder etymologischen Gesetze beachtete, sind die Ursprünge [der Zeichen] zuletzt vollends verdunkelt worden, noch mehr als in den gebrochenen Linien des Fuxi, deren [richtiges] Verständnis man verloren hatte und das wir soeben wiederentdeckt haben. Ich wüßte sehr gern, was die chinesischen Zeichen bedeuten, die in der chinois adjoutés à chaque nombre dans la figure de Fohi, et supplie V. R. de m'en envoyer l'explication, pourveu que cela ne vous donne point trop d'embarras. Apparemment ce sont des explications ou rapports modernes qu'on s'est fabriqué faute d'en connoistre le vray usage, c'est à dire le calcul par 0 et 1.

Si vous trouvés que les Chinois d'aujourdhuy n'ont point de connoissance de ce calcul, V. R. se pourra attribuer hardiment auprés de l'Empereur meme et des principaux savans de la Chine l'avantage, d'avoir dechifré la veritable intelligence de la Figure de Fohi, et de ses lignes brisées, à l'aide d'une nouvelle découverte venue d'Europe sur la maniere de calculer par 0 et par 1. Ce qui à mon avis ne doit pas paroistre de peu de consequence, et doit relever chez les Chinois l'estime des sciences Européennes et par consequent de nostre religion. Cela même les mettra dans une grande attente sur les mysteres encor cachés, qui y restent à decouvrir, et nous donnera même un champ libre pour inventer une caracteristique nouvelle, qui paroistra une suite de celle de Fohi, et qui donnera le commencement de l'analyse des idées, et de ce merveilleux calcul de la raison, dont j'ay le projet. Cette caracteristique secrete et sacrée nous donneroit aussi moyen d'insinuer aux Chinois les plus importantes verités de la philosophie et de la theologie naturelle pour faciliter le chemin à la revelée; et toute nouvelle ou differente qu'elle sera de la leur, elle sera recevable à la faveur de Fohi, et deviendra enfin comme un langage particulier de la plus haute classe des savans les plus éclairés et les plus attachés à Fohi, jusqu'à meriter des corps ou des colleges à part. Ainsi cette decouverte pourroit avoir des grandes suites pour tout l'Empire Chinois, si chez vous ou plus tost en Europe on en savoit profiter.

Car maintenant que nous avons trouvé la clef de ces lignes, et que les Chinois ne peuvent point douter que nous y avons reussi, nous

Figur des Fuxi jeder Zahl beigefügt sind,[23] und bitte Euer Ehrwürden, mir deren Erklärung zu übersenden, vorausgesetzt, daß Ihnen das nicht zuviel Mühe bereitet. Wahrscheinlich handelt es sich um moderne Erläuterungen oder Bezüge, die man sich in Ermangelung der Kenntnis ihres wahren Gebrauchs, nämlich des Rechnens mit 0 und 1, zur Erklärung der Figur zurechtgelegt hat.

Wenn Sie feststellen, daß die Chinesen von heute keinerlei Kenntnis von diesem Kalkül haben, werden Euer Ehrwürden sich beim Kaiser selbst und den wichtigsten chinesischen Gelehrten getrost selbst das Verdienst zuschreiben dürfen, das wahre Verständnis der Figur des Fuxi und seiner gebrochenen Linien entschlüsselt zu haben, mit Hilfe einer neuen Entdeckung aus Europa über die Art, mit 0 und 1 zu rechen. Das sollte meiner Meinung nach nicht wenig Eindruck machen und bei den Chinesen mit der Wertschätzung der europäischen Wissenschaft auch die unserer Religion heben. Eben dieser Umstand sollte sie in gespannte Erwartung der noch verborgenen Geheimnisse versetzen, deren Entdeckung noch aussteht, und wird uns sogar frei Bahn schaffen, eine neue Charakteristik zu ersinnen, die als Fortführung derjenigen des Fuxi erscheinen und den Anfang der Analyse der Ideen liefern wird und des von mir geplanten wunderbaren Kalküls der Vernunft. Diese geheime und geheiligte Charakteristik würde es uns auch ermöglichen, den Chinesen die wichtigsten Wahrheiten der Philosophie und der natürlichen Theologie nahezubringen, um [ihnen] den Weg zur geoffenbarten Wahrheit zu bahnen; und so neu oder von der ihren verschieden diese ausfallen mag, sie wird unter dem Schutz der Berufung auf Fuxi für die Chinesen akzeptabel und schließlich eine Art Sprache werden, vorbehalten der obersten Schicht der aufgeklärtesten und Fuxi am meisten verbundenen Gelehrten, um sich schließlich sogar die Einrichtung besonderer Körperschaften oder Kollegs zu verdienen. So könnte diese Entdeckung wichtige Konsequenzen für das ganze chinesische Reich haben, wenn man bei Ihnen oder vielmehr in Europa davon zu profitieren wüßte.

Denn nachdem wir nun den Schlüssel zu diesen Linien gefunden haben und für die Chinesen an unserem Erfolg kein Zweifel mehr serons incomparablement plus accredités chez eux[.] La caracteristique que nous pouvons bastir là dessus, et qui[,] rapportant les idées aux nombres, aura en meme temps l'avantage de les soumettre au calcul comme les nombres, ce qui est au delà de tout ce qu'on s'est promis en ces matieres; et que bien des gens non sans apparence de raison croiront impossible. Aussi faut il un tour pour cela dont il n'est pas aisé de s'aviser, mais qui porte sa demonstration avec luy. Jugés[,] mon Tres R. P.[,] si cela ne deuvroit point reveiller ceux qui s'interessent dans la perfection des fonctions de l'esprit humain, et sur tout dans le progres de la vertu et de la religion veritable; mais la guerre presente d'Europe, et peut estre l'importance et grandeur même de cette decouverte de la caracteristique generale diminue extremement mon esperance de la voir executée par l'assistance qui y seroit necessaire; parce qu'on peut douter si la providence ne la veut reserver à d'autres temps, où les hommes soyent plus propres à s'attirer les graces du ciel.

Vous voyés par là[,] mon T. R. P.[,] qu'il ne seroit pas assez de former quelques divisions et sousdivisions pour venir aux especes, lorsque cela ne donneroit point une analyse capable de faire trouver les proprietés des especes par les caracteres qu'on leur auroit attribués en vertu de ces divisions. En quoy il faut encor faire une grande difference entre les idées confuses et les distinctes. Car les caracteres des notions distinctes pourroient estre parfaits dés apresent, mais ceux des confuses ne peuvent estre que provisionnels et proportionnés à ce qu'on y a reconnu de distinct, sauf à la posterité de les perfectionner suivant les nouvelles experiences. Et cette observation est importante, tant pour ne pas promettre ce qui est au delà du pouvoir present des hommes, et se rendre suspect de vanité, que pour savoir ce qu'il y a proprement à faire.

bestehen kann, werden wir in unvergleichlich höherem Ansehen bei ihnen stehen. Die Charakteristik, die wir [auf dem System des Fuxi] errichten können, hat dadurch, daß sie die Ideen in Beziehung zu den Zahlen setzt, den zusätzlichen Vorzug, erstere ganz wie die Zahlen dem Kalkül zu unterwerfen, was weit hinausgeht über alles, was man sich in diesen Dingen erhofft hatte und was viele Leute nicht ohne den Anschein guter Gründe für unmöglich halten werden. Um dieses Ziel zu erreichen, bedarf es daher eines Kunstgriffs, auf den so leicht nicht zu kommen ist, der seinen Beweis aber in sich trägt. Urteilen Sie selbst, Ehrwürdiger Vater, ob [diese Ansicht] nicht alle aufrütteln muß, denen an der Vervollkommnung der Funktionen des menschlichen Geistes und vor allem am Fortschritt der Sittlichkeit und der wahren Religion gelegen ist. Aber der gegenwärtig in Europa herrschende Krieg, ja vielleicht die Wichtigkeit und Größe selbst dieser Entdeckung der universalen Charakteristik dämpfen aufs äußerste meine Erwartung, sie durch die dafür erforderliche Hilfe ins Werk gesetzt zu sehen. Denn man kann sich fragen, ob die Vorsehung sie nicht anderen Zeiten vorbehalten will, zu denen die Menschen eher dazu geschaffen sein mögen, die Gunstbezeugungen des Himmels auf sich zu lenken.

Sie können hieraus ersehen, Ehrwürdiger Vater, daß es nicht genügen würde, einige Abteilungen und Unterabteilungen zu bilden, um zu den Arten zu gelangen, solange daraus nicht eine Analyse resultierte, die imstande wäre, die Eigenschaften der Arten anhand jener Zeichen aufzuzeigen, die man ihnen kraft dieser Abteilungen zugewiesen hätte. Hierbei ist noch ein wesentlicher Unterschied zu machen: zwischen den undeutlichen und den deutlichen Ideen.[24] Denn die Zeichen der deutlichen Begriffe könnten von vornherein vollkommen sein, aber die der undeutlichen vermögen nur vorläufig zu sein und müssen im Verhältnis zu den Bestandteilen stehen, die man als deutlich erkannt hat. Mag die Nachwelt sie neuen Erfahrungen folgend vervollkommnen. Diese Feststellung ist von Wichtigkeit: Einerseits soll nicht versprochen werden, was heute das Vermögen der Menschen übersteigt, und der Verdacht der Eitelkeit erweckt werden; andererseits gilt es zu wissen, was eigentlich zu tun ist.

Pour ce qui est des couleurs, les experiences du prisme font voir, qu'outre le blanc et le noir, les couleurs principales sont le jaune, le bleu, le rouge[,] qui fait le pourpre avec le bleu[,] et que le vert n'est qu'une combinaison du jaune et du bleu; et que cela se determine par la courbure des rayons dans la refraction, et non pas du seul blanc et noir mêlés. Mais cela soit dit en passant, et vous n'avés allegué les couleurs que comme un exemple d'éclaircissement, où cette regle a lieu qui dit *exemplorum non requiritur veritas.* Je ne voudr[ois] pas aussi qu'on fit des sauts du 3me degré au sixième, car ou la methode n'est pas trop bien fondée, ou elle ne doit point souffrir sans prejudice ces sortes de sauts. Les huit degrés que les scholastiques donnent aux qualités (car je ne me souviens pas qu'Aristote les ait employés) sont venus de ce que s'imaginant deux des quatre elemens avoir tousjours une qualité commune, ils ont voulu mettre quatre degrés dans chacun, par exemple 4 degrés de chaleur dans le feu (comme font les chymistes), et 4 autres dans l'air.

Un certain Anglois nommé Suisset, appellé le Calculateur par excellence, qui a vecu il y a plus de 300 ans, rafina extremement sur l'intension et remission, c'est à dire sur les degrés des qualités. Mais cette maniere de calculer ne paroist point convenir à nos caracteres, les choses aussi bien que les notions ne differant pas gradu tantùm, mais en bien d'autres manieres.

Il semble cependant que le 8 Coua, ou huit figures lineaires qui passent pour fondamentales chez les Chinois, pourroient faire croire que Fohy meme a eu en veue la creation, en faisant tout venir de l'un et du Neant, et qu'il a même poussé le rapport à l'Histoire de la Genese. Car le 0 peut signifier le vuide qui precede la creation du ciel et de la terre, puis suivent les sept jours, dont chacun marque ce qui existoit et se trouvoit fait quand ce jour commençoit. Au commencement du premier jour existoit 1, c'est à dire Dieu. Au commencement du second deux, le ciel et la terre estant creés pen-

Im Bereich der Farben zeigen die Experimente mit dem Prisma,[25] daß neben Weiß und Schwarz die Hauptfarben Gelb, Blau und Rot sind (letzteres ergibt in Kombination mit Blau die Purpurfarbe) und daß Grün nur eine Kombination von Gelb und Blau ist. Dabei werden die Farben bestimmt durch die Krümmung der Lichtstrahlen bei der Brechung und nicht durch die Mischung allein von Weiß und Schwarz. Ich erwähne das aber nur im Vorübergehen, und Sie haben die Farben ja nur als Beispiel zur Verdeutlichung angeführt. Hier gilt die Regel: Wahrheit der Beispiele ist nicht erforderlich.[26] Ich billige auch nicht Sprünge von 3. zum 6. Grad, denn entweder ist die Methode nicht allzu gut begründet oder sie muß durch solche Sprünge Schaden nehmen. Die acht Grade, welche die Scholastiker den Eigenschaften zuschreiben (denn ich wüßte nicht, daß Aristoteles diese Unterscheidung verwendet)[27] rühren daher, daß sie meinten, zwei der vier Elemente hätten immer eine gemeinsame Eigenschaft, und bei jedem der Elemente vier Grade unterscheiden wollten, zum Beispiel vier Grade der Wärme im Feuer (so auch die Alchimisten) und vier weitere in der Luft.[28]

Ein Engländer namens Suisset,[29] genannt »der Rechner« schlechthin, der vor mehr als 300 Jahren lebte, hat aufs äußerste über Intensität und Abschwächung, das heißt die Grade der Eigenschaften, gegrübelt. Aber diese Art zu rechnen scheint nicht zu unseren Zeichen zu passen, da Dinge wie Begriffe sich nicht nur graduell, sondern in vielerlei anderen Hinsichten unterscheiden.

Es scheint aber, daß die acht *gua* oder linearen Figuren, die den Chinesen als grundlegend gelten, vielleicht die Annahme erlauben, daß Fuxi selbst die Schöpfung im Blick hatte, wenn er alles vom Einen und vom Nichts herkommen ließ, und daß er diese Beziehung auch auf die Geschichte der Weltwerdung ausdehnte. Denn die 0 kann die Leere bezeichnen, die der Erschaffung von Himmel und Erde vorangeht. Dann folgen die sieben Tage, deren jeder angibt, was existierte und vollendet war, als der betreffende Tag begann. Am Anfang des ersten Tages existierte 1, das heißt Gott. Am Anfang des zweiten Tages existierten der Himmel und die Erde, da sie während des ersten Tages geschaffen worden waren. Am Anfang dant le premier. Enfin au commencement du septième existoit déja le tout, c'est pourquoy le dernier est le plus parfait et le sabbat, car tout s'y trouve fait et rempli, ainsi 7 s'ecrit par 111 sans 0. Et ce n'est que dans cette maniere d'ecrire par 0 et par 1, que se voit la perfection du septenaire qui passe pour sacré, où il est encor remarquable, que son caractere a du rapport à la Trinité.

Je crois de vous avoir mandé autres fois qu'un Theologien de Berlin mort il y a quelques années, nommé Andreas Mullerus Pomeranien de nation, profond assez dans la literature orientale et dans la connoissance des langues en general, et qui a donné des belles notes sur le Cathay de Marco Polo, croyoit d'avoir trouvé quelque clef des caracteres Chinois, comme il a publié dans un petit papier imprimé. Mais on sût, qu'il demandoit une somme considerable d'argent pour la decouvrir. Je le fis connoistre au Tres R. P. Grimaldi, qui souhaita de luy parler en allant de Vienne en Pologne. Mais M. Mullerus ne vint point au rendésvous. Il avoit beaucoup de merite, mais il estoit capricieux à proportion. Feu Monseigneur l'Electeur de Brandebourg parut disposé à luy donner toute sorte de satisfaction, mais il ne fut point traitable, et se retira même de Berlin dans sa patrie. Il menaçoit de bruler ses papiers avant que de mourir, et on pretend qu'il a tenu parole. Il ne paroist point qu'il ait connu le calcul caché sous les Coua de Fohy, aussi n'estoit il pas assez Mathematicien pour s'aviser d'une telle arithmetique. Cependant je ne saurois me persuader aisement qu'un homme de ce merite, ait voulu se vanter d'un secret, sans avoir du moins quelque apparence pour luy. Ainsi je soubçonne qu'il a entreveu quelque rapport des caracteres numeraires ordinaires des Chinois à leur caracteres radicaux des choses, et peut estre aussi quelques observations sur les petites additions qui varient les caracteres radicaux pour en faire des derivés, ou peutestre même de[s] composés. Mais c'est de quoy V. R. et des siebenten Tages schließlich existierte schon das Ganze, deshalb ist der letzte der vollkommenste Tag und der Sabbat, denn alles ist dann geschaffen und erfüllt, und so notiert man 7 mit 111, ohne 0. Und nur diese Notation mit 0 und 1 gibt die Vollendung der als heilig geltenden Siebenzahl zu erkennen. Daran ist noch bemerkenswert, daß das Zeichen der Siebenzahl [111] in Beziehung zur Dreieinigkeit steht.[30]

Ich glaube, Ihnen früher einmal mitgeteilt zu haben, daß ein vor einigen Jahren verstorbener Berliner Theologe namens Andreas Müller, ein gebürtiger Pommer, ein grundgelehrter Kenner des orientalischen Schrifttums und der Sprachen im allgemeinen, Verfasser ausgezeichneter Anmerkungen zum Cathay des Marco Polo, einen Schlüssel zu den chinesischen Schriftzeichen gefunden zu haben glaubte, wie er in einer kleinen gedruckten Schrift öffentlich gemacht hat.[31] Es verlautete aber, daß er eine hohe Geldsumme für die Offenlegung dieses Schlüssels verlangte. Ich berichtete P. Grimaldi von ihm,[32] und Grimaldi wünschte, auf dem Weg von Wien nach Polen mit Herrn Müller zu sprechen. Dieser erschien aber nicht zu dem verabredeten Treffen. Herr Müller hatte viele Verdienste, aber nicht weniger Launen. Der verstorbene Kurfürst von Brandenburg[33] schien bereit, alle seine Forderungen zu erfüllen, aber Herr Müller ließ nicht mit sich reden und zog sich sogar aus Berlin in seine Heimat zurück. Er drohte, vor seinem Tode seine Papiere zu verbrennen, und angeblich hat er Wort gehalten. Es hat nicht den Anschein, als hätte er den unter den *gua* des Fuxi verborgenen Kalkül gekannt; auch war er nicht genügend Mathematiker, um auf eine solche Arithmetik zu verfallen. Dennoch mag ich nicht so ohne weiteres glauben, daß ein so verdienstvoller Mann sich hätte eines Geheimnisses rühmen wollen, ohne wenigstens den Schein [einer solchen Entdeckung] für sich zu haben. Ich habe daher den Verdacht, daß er eine Beziehung der gewöhnlichen Zahlzeichen der Chinesen zu ihren Radikalzeichen der Dinge mutmaßte, vielleicht auch einige Beobachtungen zu den kleinen Zusätzen gemacht hatte, die die Radikalzeichen zur Bildung von Ableitungen oder vielleicht sogar Zusammensetzungen variieren. Aber das können Sie und P. Visdelou le R.P. Visdelou jugeront mieux que je ne pourrois. Car il faudroit que j'eusse des bons dictionnaires des caracteres Chinois, avec une explication Europeenne, pour y penser.

V.R. me mande qu'on ne trouve point chez vous de tels dictionnaires. Mais il faut qu'on vous les cache. Car il est seur qu'il y en a et meme d'imprimés, à ce que je me souviens. Ma preuve est fondée dans le Catalogue des Manuscrits orientaux de l'incomparable Golius; qu'on vendit à l'encant en Hollande à mon grand etonnement et regret, il y a environ six ans. Car c'estoit un tresor public digne du plus grand Roy, et que l'université de Leide, aidée par Messieurs les Estats, ou par la Societé des Indes d'orient devoit se conserver. Or dans ce Catalogue je me souviens qu'il y avoit deux dictionnaires Chinois, l'un en Chinois et Espagnol, imprimé je crois dans les Philippines, et je ne me souviens pas si l'autre estoit Portugais ou Flamand. J'espere d'avoir gardé ce Catalogue, et quand je seray de retour à Hanover, je tacheray de le trouver, pour vous marquer le tout distinctement. L'un de[s] deux expliquoit asseurement les caracteres, mais je ne saurois dire si tous les deux le faisoient, ou si l'un ne s'attachoit peutestre pas seulement à la langue Chinoise. On me dit que la plus part de ces pieces ont passé en Angleterre.

Je ne say que dire des Hieroglyphes des Egyptiens, et j'ay de la peine à croire qu'ils ayent quelque convenance avec ceux des Chinois. Car il me semble que les caracteres Egyptiens sont plus populaires et vont trop à la ressemblance des choses sensibles, comme animaux et autres; et par consequent aux allegories; au lieu que les caracteres Chinois sont peutestre plus philosophiques et paroissent bastis sur des considerations plus intellectuelles, telles que donnent les nombres, l'ordre, et les relations; ainsi il n'y a que des traits debesser beurteilen, als ich es [jemals] könnte. Denn um eine solche Arbeit auch nur in Aussicht nehmen zu können, brauchte ich gute Wörterbücher der chinesischen Zeichen mit Definitionen in einer europäischen [Sprache].

Euer Ehrwürden schreiben mir, es gäbe keine solchen Wörterbücher bei Ihnen. Aber das kann doch nur heißen, daß man sie vor Ihnen verbirgt. Denn es gibt diese Wörterbücher mit Sicherheit, soweit ich mich erinnere, sogar in gedruckter Form. Mein Beweis beruht auf [den Angaben des] Katalogs der orientalischen Handschriften des unvergleichlichen Golius;[34] diese wurden zu meinen großen Erstaunen und Bedauern vor etwas sechs Jahren in Holland versteigert. Denn es handelte sich um einen der Allgemeinheit [zustehenden] Schatz, würdig des größten Königs, den die Universität Leiden mit Hilfe der Herrn Generalstaaten oder der Ostindischen Gesellschaft sich hätte bewahren müssen. In diesem Katalog also gab es nach meiner Erinnerung zwei chinesische Wörterbücher: eines in chinesischer und spanischer Sprache, gedruckt, meine ich, auf den Philippinen; bei dem anderen erinnere ich mich nicht, ob [die Definitionen] in portugiesischer oder flämischer Sprache gegeben waren.[35] Ich hoffe, diesen Katalog aufgehoben zu haben, und sowie ich wieder in Hannover bin, werde ich versuchen, ihn aufzustöbern, um Ihnen über alles genaue Angaben zu machen.[36] Einer von beiden erläuterte mit Sicherheit die Zeichen, aber ich kann nicht sagen, ob das bei beiden der Fall war oder ob einer sich vielleicht ausschließlich auf die chinesische Sprache konzentrierte. Wie ich höre, sind die meisten dieser Handschriften nach England verkauft worden.

Ich weiß nicht, was ich zu den ägyptischen Hieroglyphen sagen soll, und ich kann kaum glauben, daß sie in irgendeiner Hinsicht mit denen der Chinesen übereinstimmen. Denn mir scheint, daß die ägyptischen Schriftzeichen volkstümlicher sind und sich zu sehr an der Ähnlichkeit mit sinnlich wahrnehmbaren Dingen, wie Tieren und dergleichen, orientieren und somit allegorischer Natur sind, während die chinesischen Zeichen vielleicht stärker philosophisch ausgerichtet sind und auf geistigeren Betrachtungen aufbauen, so wie sie die Zahlen, die Reihenfolge und die Verhältnisse tachés qui ne butent à aucune ressemblance avec quelque espece de corps. Je say que plusieurs ont crû que les Chinois estoient une Colonie des Egyptiens, fondés sur la pretendue convenance des caracteres, mais il n'y a aucune apparence. On a un ancien livre sur les hieroglyphes des Egyptiens d'un Horapollo; on voit aussi dans Ammian Marcelin[,] si je ne me trompe, l'explication des caracteres d'un obelisque qui se trouve encor à Rome. Pierius Valerianus, le P. Kircher dans son *Oedipus Aegyptiacus, Obeliscus Pamphilius*, et autres ouvrages, et Laur. Pignorius in *Mensa Isiaca explicata* (qui est une ancienne piece pleine d'hieroglyphes Egyptiens, que j'ay appris se trouver apresent dans le Cabinet du Duc de Savoye) ont taché d'eclaircir ces Hieroglyphes. Je vous conseillerois d'avoir et employer ces livres[,] si je croyois qu'ils pouvoient servir en aucune façon à l'intelligence des caracteres de la Chine. Feu Mons. Thevenot Bibliothecaire du Roy a fait publier un livre des caracteres dont se servoient autres fois les Mexicains. Mais je crois qu'ils n'ont point de rapport ny aux Chinois, ny aux Egyptiens.

Apropos du Tres R. P. Grimaldi dont je viens de parler à l'occasion de la clef Chinoise de feu Mons. André Muller; je suis ravi qu'il se souvient de moy favorablement, mais faché que sa santé n'est pas des plus vigoureuses. Je supplie V. R. de luy marquer combien je l'honnore et combien je m'interesse à sa santé. J'ay encor ordre de le saluer de la part du tres R. P. Vota confesseur du Roy de Pologne, qui vient de quitter Berlin, où il a esté quelque peu de temps comme aussi à Hanover où il avoit suivi la Reine de Prusse. Il est allé maintenant retrouver le Roy son maistre pour l'assister pendant la semaine sainte. Il m'a dit que la relation du voyage que le P. Grimaldi luy avoit envoyée a esté perdue l'année passée avec d'autres papiers et bagage liefern. So gibt es nur einzelne Federstriche [bei den Ägyptern], die nicht auf eine Ähnlichkeit mit irgendeinem Körper zielen. Ich weiß, daß etliche Gelehrte geglaubt haben, die Chinesen wären [Angehörige einer] Kolonie der Ägypter,[37] wobei sie sich auf die angebliche Übereinstimmung der Schriftzeichen stützten, doch ist das wenig plausibel. Es gibt ein altes Buch über die Hieroglyphen der Ägypter von einem gewissen Horapollo;[38] wenn ich nicht irre, findet sich auch bei Ammianus Marcellinus die Erklärung der Schriftzeichen auf einem Obelisken, der noch heute in Rom steht.[39] Pierio Valeriano,[40] P. Kircher in seinem *Oedipus Aegyptiacus*, seinem *Obeliscus Pamphilius*[41] und anderen Werken und Lorenzo Pignoria in seiner *Mensa Isiaca explicata*[42] (das ist eine alte mit Hieroglyphen angefüllte Tafel, die, wie ich höre, sich gegenwärtig im Kabinett des Herzogs von Savoyen befindet)[43] haben versucht, Licht in diese Hieroglyphen zu bringen. Ich würde Ihnen empfehlen, sich diese Bücher zu beschaffen und zu gebrauchen [zu studieren], wenn ich glaubte, daß sie in irgendeiner Weise dem Verständnis der chinesischen Zeichen dienlich sein könnten. Der verstorbene Herr Thévenot, Bibliothekar des Königs, hat ein Buch mit den Schriftzeichen drucken lassen, die einst die Mexikaner verwendeten.[44] Ich glaube aber, daß sie weder zu den chinesischen noch zu den ägyptischen Zeichen in Beziehung stehen.

Was übrigens P. Grimaldi angeht, von dem ich eben im Zusammenhang mit dem chinesischen Schlüssel des verstorbenen Herrn Andreas Müller gesprochen habe: Ich bin entzückt zu hören, daß er mich in guter Erinnerung hat, doch geht es mir nahe, daß seine Gesundheit so wenig robust ist. Ich bitte Euer Ehrwürden, ihm zu sagen, wie sehr ich ihn verehre und wie sehr mir seine Gesundheit am Herzen liegt.[45] Außerdem ist mir aufgetragen, ihn von P. Vota, dem Beichtvater des Königs von Polen, zu grüßen. P. Vota hat soeben Berlin verlassen, wo er sich einige Zeit aufgehalten hat, ebenso wie in Hannover, wohin er der Königin von Preußen gefolgt war.[46] Er ist jetzt zu seinem Herrn, dem König [von Polen], zurückgekehrt, um ihm während der Karwoche zur Seite zu stehen. Er sagte mir, der Reisebericht, den P. Grimaldi ihm geschickt hatte, sei im vergangelors que l'armee du Roy de Pologne fut mise en desordre par celle du Roy de Suede, les deux Rois estant presens, par une terreur panique des Polonnois et puis des Saxons. Car il n'y a rien de si contagieux que la crainte. Il souhaiteroit fort, et moy aussi[,] d'avoir cette relation. Ainsi si le tres R. P. Grimaldi nous en favorisera, je supplie V. R de me l'envoyer aussi bien que les observations astronomiques que j'espere qu'on pourra obtenir de luy et d'autres amis.

Ce que V. R. me communique dans les deux dernieres pages de sa lettre, touchant les marques du culte d'un souverain Dieu, et des traces de la veritable religion revelée, chez les anciens Chinois, qui se trouvent dans leur caracteres, et dans leur livres classiques, me paroist considerable. J'ay tousjours eu du penchant à croire que les anciens Chinois, comme les anciens Arabes (temoin le livre de Job), et peutestre les anciens Celtes (c'est à dire Germains et Gaulois) ont esté eloignés de l'idolatrie, et plustost adorateurs du souverain principe. Cluverius dans sa *Germania antiqua,* excellent homme sans doute, est allé jusqu'à croire que les vieux Germains avoient eu quelque connoissance de la Trinité. Je ne suis point de son sentiment, cependant je ne voy pas qu'on luy ait fait le procès pour cela. Et je trouve estrange qu'on a fait tant de bruit contre vos Peres, qui ont écrit que les anciens Chinois avoient la vraye religion. Quel mal y at-il en cela? Quand il seroit faux; est ce une erreur qui fasse naistre des dangereuses consequences? point du tout.

[Den folgenden Text hat Leibniz gestrichen]

Plut à Dieu qu'il fut vray, et que les Chinois le crussent. Mettons les passions à part, cela ne peut venir que des preventions de quelques bonnes gens, qui entestés d'eux memes et de la grace particuliere qu'ils croyent aisement que Dieu leur a accordée presque comme une jeune Demoiselle du pays de Lunebourg (sage nen Jahr zusammen mit anderen Papieren und Gepäck verlorengegangen, als in Gegenwart beider Könige die Armee des Königs von Polen durch diejenige des Königs von Schweden durcheinandergebracht wurde. Ursache war eine bei den Polen und dann bei den Sachsen ausgebrochene Panik, denn nichts ist so ansteckend wie die Furcht. Er wünschte sehr, ebenso wie ich, diesen Bericht [wieder] zu bekommen. Wenn also P. Grimaldi uns diesen Gefallen tun wird, bitte ich Euer Ehrwürden, ihn mir zu schicken, dazu die astronomischen Beobachtungen, die von ihm und anderen Freunden, wie ich hoffe, zu bekommen sein werden.

Was Euer Ehrwürden mir auf den letzten beiden Seiten Ihres Briefes mitteilen über die Anzeichen für den Kult eines höchsten Gottes und Spuren der wahren geoffenbarten Religion in den Schriftzeichen und klassischen Büchern der alten Chinesen, scheint mir beachtlich. Ich habe immer dazu geneigt, zu glauben, daß die alten Chinesen ebenso wie nach dem Zeugnis des Buches Hiob die alten Araber und vielleicht die alten Kelten (das heißt Germanen und Gallier) dem Götzenkult fernstanden und vielmehr Verehrer des höchsten Prinzips waren. Clüver, zweifellos ein hervorragender Mann, ist in seiner *Germania antiqua* so weit gegangen zu glauben, daß die alten Germanen eine gewisse Kenntnis von der Dreieinigkeit hatten.[47] Ich teile seine Meinung nicht; allerdings sehe ich auch nicht, daß man deshalb den Stab über ihn gebrochen hätte, und ich finde es seltsam, daß man Ihre Patres so laut dafür tadelt, daß sie geschrieben haben, die alten Chinesen hätten die wahre Religion [gehabt]. Was ist daran Schlimmes? Wenn es falsch wäre – handelt es sich um einen Irrtum, der gefährliche Folgen zeitigte? Ganz und gar nicht.

[Den folgenden Text hat Leibniz gestrichen]

Gebe Gott, es wäre wahr und die Chinesen glaubten daran. Von [persönlichen] Leidenschaften einmal abgesehen, ist diese [Einschätzung] nur aus der Voreingenommenheit einiger braver Leute zu erklären, die in eigensinnigem Beharren auf ihrem Standpunkt und der besonderen Gnade, die Gott ihnen, wie sie nur zu gern glauben, gewährt hat (fast wie eine junge Dame aus dem Lüned'ailleurs mais qui regardoit le monde de haut en bas parce qu'elle se croyoit epouse de Jesus Christ qui luy apparaissoit) et n'ayant pas assés la charité[,] c'est à dire la bienveillance universelle[.] Ce sont les antipodes de ce Caelius Secundus Curio, qui a ecrit *de amplitudine Regni Coelestis*, et sont prests à damner jusqu'aux enfants nés [*lies:* morts] sans baptême. Ce qui marque l'estrange idee qu'ils deuvroient avoir de Dieu, s'ils consideroient assez les suites de ce qu'ils luy attribuent.

[Ende des gestrichenen Textes]

Plut à Dieu que les Chinois n'en eussent point d'autres.

Au reste je vous supplie[,] Mon tres R. P.[,] de vous souvenir des *Pater* en differentes langues; si on y pouvoit adjouter un petit catalogue d'autres mots fort usités ce seroit tant mieux. Item de vous souvenir de la Geographie de la Tartarie, avec les remarques sur la Carte de M. Witsen que vous ne manquerés pas d'avoir chez vous. Item de faire souvenir le P. Grimaldi et autres de me faire avoir des vieilles observations Chinoises; et même quelques bonnes observations modernes, sur tout si vous en avés de l'Eclipse de l'an … ce qui serviroit à bien etablir le meridien de Pekin. Je souhaiterois aussi de savoir si on ne peut apprendre quelque chose de plus particulier sur cette ancienne conjonction de toutes les planetes, par laquelle un ancien Empereur a commencé le Cycle dont les Chinois se servent dans leur Chronologie. Je repete aussi mes prieres sur la manufacture du papier de la Chine, sur la maniere d'enfermer l'air dans le cuir ou dans une autre etoffe en sorte que pressé meme bien fort, il ne sorte point par les pores. Item touchant les Hebreux qu'on raconte estre dans la Chine de temps immemorial, dont je crois vous avoir écrit, à fin de savoir s'il se peut, s'ils ont le vieux testament Hebreu entier ou seulement le Pentateuche et Josue comme les Samaritains; et quelle est leur écriture, si c'est la Samaritaine qui est la plus ancienne, ou celle dont les Juifs se servent encor aujourdhuy, qu'on burgischen, die bei aller Besonnenheit im übrigen die Welt von oben herab ansah, weil sie sich für die Braut Christi ansah, der ihr zu erscheinen pflegte)[48] und aus Mangel an Nächstenliebe, das heißt an allumfassendem Wohlwollen, zu Antipoden jenes Celio Secondo Curione, des Verfassers von *De Amplitudine Regni Coelestis,*[49] geworden und bereit sind, sogar die ungetauft gestorbenen Kinder zu verdammen. Das ist bezeichnend für die seltsame Vorstellung, die sie von Gott haben müßten, wenn sie ausreichend die Folgen dessen bedächten, was sie ihm zuschreiben. [Ende des gestrichenen Textes]

Gebe Gott, die Chinesen hätten sonst keine [Irrtümer].

Im übrigen bitte ich Sie, Ehrwürdiger Vater, an die *Vaterunser* in verschiedenen Sprachen zu denken. Wenn man diesen noch eine kleine Liste anderer, sehr gebräuchlicher Wörter beifügen könnte, wäre es umso besser. Bitte denken Sie auch an die Geographie der Tatarei [Manjurei] und die [von Ihnen erwarteten] Anmerkungen zur Karte von Herrn Witsen, die Sie sicherlich zur Hand haben. Bitte erinnern Sie auch P. Grimaldi und andere [Patres], mir alte [astronomische] Beobachtungen der Chinesen zukommen zu lassen. Auch einige neuere gute Beobachtungen [wären willkommen], vor allem wenn Sie über solche zur [Sonnen]finsternis des Jahres ... verfügen.[50] Damit ließe sich gut der Meridian von Peking bestimmen.[51] Ich wüßte auch gern, ob nichts Näheres über jene alte Konjunktion aller Planeten in Erfahrung zu bringen ist, mit der ein alter Kaiser den Zyklus beginnen läßt, dessen sich die Chinesen in ihrer Chronologie bedienen.[52] Ich wiederhole auch meine Bitten betreffend die Papierherstellung in China und die Technik, Luft in Leder oder einem anderen Material so einzuschließen, daß sie selbst unter großem Druck nicht durch die Poren entweicht. Ferner [erneuere ich meine Bitte] die Juden betreffend, die seit unvordenklichen Zeiten in China leben sollen, wovon ich glaube, Ihnen geschrieben zu haben.[53] Wenn möglich, wüßte ich gern, ob sie das vollständige hebräische *Alte Testament* besitzen oder nur, wie die Samaritaner, den *Pentateuch* und *Josua* und welches ihre Schrift ist: die samaritanische, welche die älteste ist, oder diejenige, die die Juden heute croit avoir esté apportée de Babylone. Item s'ils ont des points et accents ou non. Et si j'ay supplié de quelque autre chose, ou vostre Reverence ou le P. Grimaldi, je le repete et vous supplie d'y penser à vostre loisir avec vos amis, comme aussi aux questions de M. Schrokius ou du feu P. Kochanski. Et de ne pas mepriser même la question que je crois avoir faite sur les maladies, entre autres si la goutte et la pierre est aussi frequente à la Chine qu'en Europe, item la petite verole, et meme l'autre. Car toutes ces notices sont de consequence. Item si les Chinois n'ont pas des remedes aussi seurs contre quelques maux que le Quinquina l'est contre la fieuvre et l'Ipecacuanha contre la dysenterie. Je me souviens encor d'avoir lû dans des livres qui parlent de la Chine et si je ne [me] trompe dans l'Atlas du P. Martinius, que les Chinois ont le moyen de faire de la soye deux fois par an, dans un même endroit et des memes meuriers. Il seroit bon de savoir s'il est vray et en quoy il consiste. Enfin je prie Dieu qu'il vous conserve long temps, et qu'il vous donne tousjours des bons succés dans vos beaux desseins, estant avec zele

Mon tres Reverend Pere Vostre etc.

P. S. Je demande pardon à V.R. de m'estre aidé d'une autre main par ce que je suis assez empeché, et ne me porte pas trop bien. J'ay regardé (depuis avoir ecrit et fait copier ce qui precede) les caracteres de Fohy, dans le *Confutius* de Paris qu'on imprima sur les memoires du R. P. Couplet, où je ne trouve que les 4 et les huit coua bien rangés, les 64 sont donnés dans un ordre troublé. Mais on y a adjouté des significations, supposées apparemment[,] comme air, eau, etc. qu'on croit ou croyoit que ces figures lineaires signifient. Est ce peut estre que les caracteres à l'entour du cercle imprimé que vous m'avés envoyé signifient aussi ce qui est marqué dans le *Confucius* noch verwenden und die aus Babylon stammen soll.[54] Ferner, ob sie Punktation und Akzente haben oder nicht. Und falls ich entweder Euer Ehrwürden oder P. Grimaldi um noch etwas gebeten habe, wiederhole ich es [hiermit] und bitte Sie, gemeinsam mit Ihren Freunden bei Gelegenheit daran zu denken, ebenso wie an die Fragen von Herrn Schröck und dem verstorbenen P. Kochański. Bitte schätzen Sie auch nicht die Frage gering, die ich Ihnen zu den Krankheiten gestellt zu haben glaube: unter anderem, ob Gicht und Steinleiden in China ebenso häufig sind wie in Europa, desgleichen die Pocken und sogar die anderen Pocken [die Syphilis]. Denn all diese Nachrichten sind von Bedeutung. Ferner, ob die Chinesen nicht über ebenso zuverlässige Heilmittel für einige Krankheiten verfügen, wie es das Chinin[55] gegen das Fieber und Ipecacuanha[56] gegen die Ruhr sind. Ich erinnere mich auch, in Büchern, in denen von China die Rede ist, und, wenn ich nicht irre, im *Atlas* des P. Martini gelesen zu haben, daß die Chinesen über ein Mittel verfügen, zweimal im Jahr am selben Ort und von denselben Maulbeerbäumen Seide zu gewinnen.[57] Es wäre gut zu wissen, ob das zutrifft und worin dieses Mittel besteht. Schließlich bitte ich Gott, Sie lange am Leben zu erhalten und Ihnen allezeit guten Erfolg bei Ihren vortrefflichen Vorhaben zu gewähren [...]

P.S. Ich bitte Euer Ehrwürden um Verzeihung, daß ich eine fremde Hand [für die Niederschrift meines Briefes] zur Hilfe genommen habe. Denn ich bin einigermaßen [am Arbeiten] gehindert und befinde mich nicht sehr wohl. Seit ich das Vorstehende geschrieben habe und habe abschreiben lassen, habe ich die Zeichen des Fuxi im Pariser *Confutius* betrachtet, der auf Grundlage der Aufzeichnungen von P. Couplet gedruckt worden ist. Ich finde dort nur die 4 und die 8 *gua* in ihrer rechten Ordnung, die Anordnung der 64 ist gestört.[58] Es sind dort aber – offenbar untergeschobene – Bedeutungen wie »Luft«, »Wasser« usw. beigefügt;[59] man glaubt oder glaubte, daß diese Linienfiguren diese Bedeutung hätten. Kann es sein, daß die Zeichen rund um den gedruckten Kreis, den Sie mir geschickt haben, auch die im Pariser *Confucius* angegebenen Bedeutungen de Paris? Je vous supplie de l'examiner[,] mon T. R. P.[,] et de me le faire savoir. Car je ne doute point que vous n'ayiés à Pekin ce livre imprimé à Paris.

Je diray encor à V. R. au sujet des dictionnaires Chinois que je crois d'avoir depuis ma lettre ecrite trouvé icy dans la Bibliotheque du Roy de Prusse un des deux dictionnaires mentionnés dans le Catalogue des MS. de Golius, savoir celuy qui est en Chinois et en Espagnol. Je voy que ce dictionnaire, qui est en Manuscrit, explique proprement la langue Chinoise et non les caracteres, quoyque à chaque mot de la langue on adjoute son caractere Chinois. On m'a parlé autres fois d'un grand dictionnaire des caracteres appellé Haipin, ou Occan; qui se trouve sans doute assez dans la Chine[,] mais non pas expliqué dans quelque langue d'Europe. Cependant cet autre dictionnaire ou Vocabulaire plustost avec des figures des choses dont j'ay parlé dans ma precedente, et que V. R. me fait esperer me paroist curieux et commode.

Si Vos Reverences me font la grace de me destiner quelque chose soit de physique, soit [de] mathematique, des arts[,] des langues ou de la Geographie, je supplie V. R. ou de [me] le faire adresser ou de marquer bien clairement à vos amis à Paris, qu'ils me le communiquent: autrement j'auray de la peine à en profiter: et je n'ay rien encor pû apprendre en detail ou me faire communiquer de tout ce que le Tres R. P. Fontenay avoit apporté; et sur quoy je solicite encor. Peutestre que ces choses [ont] deja passé en d'autres mains.

Comme ce Pere m'a ecrit un mot de lettre de Canton apres son retour, et d'une maniere fort obligeante pour repondre à celle que je m'estois donné l'honneur de luy écrire, lors qu'il estoit à Paris, j'y replique par la cyjointe, que je supplie V. R. de luy faire rendre.

haben? Ich bitte Sie, Ehrwürdiger Vater, das zu überprüfen und mich [das Ergebnis] wissen zu lassen. Denn ich zweifle nicht, daß Sie in Peking über dieses in Paris gedruckte Buch verfügen.

Zu den chinesischen Wörterbüchern möchte ich noch sagen, Ehrwürdiger Vater, daß ich, seitdem ich meinen [vorstehenden] Brief geschrieben habe, in der Bibliothek des Königs von Preußen eines der beiden Wörterbücher gefunden habe, die im Katalog der Handschriften von Golius erwähnt werden, nämlich das chinesisch-spanische.[60] Ich sehe, daß dieses – handschriftliche – Wörterbuch eigentlich die chinesische Sprache erklärt und nicht die Schriftzeichen, obgleich jedem Wort der Sprache sein chinesisches Zeichen beigegeben ist. Ich habe früher einmal von einem großen Zeichenwörterbuch mit dem Titel *Haipin* oder »Ozean« gehört.[61] Zweifellos ist es in China verbreitet, aber ohne Definitionen in einer europäischen Sprache. Immerhin scheint mir dieses andere Wörterbuch oder besser Vokabular mit Abbildung der Sachen, von dem ich in meinem vorangegangen Brief gesprochen habe und auf das Euer Ehrwürden mir Hoffnung machen,[62] von Interesse und zweckmäßig.

Wenn Sie oder einer Ihrer Patres mir freundlicherweise etwas zukommen lassen wollen, mag es etwas Naturkundliches sein oder Mathematik, die Künste, die Sprachen oder die Geographie betreffen, bitte ich Euer Ehrwürden, es mir entweder direkt zuzusenden oder Ihren Freunden in Paris ganz deutlich zu machen, daß sie es an mich weiterleiten. Andernfalls werde ich kaum Nutzen daraus ziehen. Von allem, was P. de Fontaney [aus China] mitgebracht hatte, ist es mir noch nicht gelungen, etwas Näheres in Erfahrung zu bringen oder mir mitteilen zu lassen. Deswegen schreibe ich immer noch Bittbriefe. [Aber] vielleicht sind diese Sachen schon in andere Hände übergegangen.

P. de Fontaney hat mir nach seiner Rückkehr [nach China] einen kurzen und sehr liebenswürdigen Brief aus Kanton geschrieben,[63] in Antwort auf den Brief, den ich mir die Ehre gegeben hatte, ihm während seines Aufenthalts in Paris zu schreiben. Ich antworte mit dem beiliegenden Schreiben, das ich Euer Ehrwürden bitte, ihm zustellen zu lassen.

Le titre du dictionnaire Chinois-Espagnol dont je viens de parler est:

Vocabulario de letra China con la explicacion Castellana hecho con gran propriedad y abundancia de palabras por el Padre Don Francisco Diaz de la Orden de Predicadores ministro incansable en esto Reyno de China.

Apropos des mulets qui engendrent dans la Tartarie on m'a suggeré un passage de Strabon qui en dit autant des mulets de Capadoce.

Le monument des Chrestiens qui ont esté dans la Chine il y a plus de mille ans que le P. Kircher a publié subsistet-il encor? Je voudrois une relation bien appuyée des temoignages Chinois memes pris de leur registres de ce temps pour fermer la bouche à des gens qui osent dire que les Chrestiens modernes l'ont supposé. Ce qui ne me paroist pas croyable, quand j'en considere le contenu.

Autres fois, mon tres R. P.[,] vous m'avés envoyé un *pater* dans la langue des Tartares Chinois, mais il me semble que vous me disiés de l'avoir formé: ainsi si celuy qui est usité parmy les Tartares Chrestiens en est different, je vous supplie de me l'envoyer parmy les autres.

Depuis avoir écrit cecy, j'ay trouvé dans la Bibliotheque du Roy de Prusse encor un petit dictionnaire Latin avec des caracteres et mots Chinois; imprimé dans la Chine meme apparemment par les soins des RR. PP. Jesuites: mais ce petit dictionnaire ne contient que les mots plus necessaires.

Je vous supplie enfin de faire tenir la cyjointe au Tres R. P. de Fontenay qui repond à celle qu'il m'a fait l'honneur d'ecrire de Canton du 15 Sept. 1701 et que j'ay receue plusieurs mois avant la vostre. Je luy envoye un Catalogue de questions, le suppliant de penser selon sa commodité de me donner des lumieres là dessus, et je vous supplie d'y concourir avec luy, comme s'il estoit aussi pour vous; comme il l'est en effect.

Der Titel des oben erwähnten chinesisch-spanischen Wörterbuches lautet wie folgt:

Vocabulario de letra China con la explicacion Castellana hecho con gran propriedad y abundancia de palabras por el Padre Don Francisco Diaz de la Orden de Predicadores ministro incansable en esto Reyno de China.

Die fortpflanzungsfähigen Maultiere in der Tatarei [Manjurei] betreffend hat man mich auf eine Strabonstelle hingewiesen, wo das gleiche von den kappadokischen Maultieren gesagt ist.[64] Existiert noch das Denkmal der Christen, die vor mehr als tausend Jahren in China gelebt haben und das P. Kircher publiziert hat?[65] Ich hätte gern einen Bericht darüber, sorgfältig untermauert mit Zeugnissen der Chinesen selbst, die den Chroniken jener Zeit entnommen sein sollten, um Leuten das Maul zu stopfen, die es wagen zu behaupten, es handele sich um eine Fälschung der modernen Christen. In Anbetracht des Inhalts [der Inschrift] scheint mir das unglaubhaft.

Vor längerer Zeit haben Sie, Ehrwürdiger Vater, mir ein *Vaterunser* in der Sprache der chinesischen Tataren [Manjuren] geschickt, aber ich meine, Sie sagten mir, Sie hätten es [selbst] formuliert.[66] Wenn also der unter den christlichen Tataren [Manjuren] gebräuchliche Text davon abweicht, bitte ich Sie, ihn mir zusammen mit den übrigen [erbetenen *Vaterunser*-Versionen] zu schicken.

Seit ich das Vorstehende geschrieben habe, bin ich in der Bibliothek des Königs von Preußen noch auf ein kleines lateinisches Wörterbuch mit chinesischen Zeichen und Wörtern gestoßen. Es ist in China selbst gedruckt, offenbar auf Veranlassung der Patres von der Gesellschaft Jesu, enthält aber nur die notwendigsten Wörter.[67]

Schließlich bitte ich Sie, den beiliegenden Brief P. de Fontaney zustellen zu lassen. Es ist meine Antwort auf den Brief, den er mir die Ehre erwiesen hat, aus Kanton am 15. September 1701 zu schreiben und den ich mehrere Monate vor Ihrem erhalten habe. Ich schicke ihm eine Fragenliste und bitte ihn, mich nach Gelegenheit darüber zu belehren, und ich bitte Sie, dabei mitzuwirken, als wären die Fragen auch an Sie gerichtet, was auch wirklich der Fall ist.

49a. LEIBNIZ AN JEAN DE FONTANEY S.J.

[Berlin, 18. Mai 1703]. [43.51.]

Extrait de Ma lettre au R. P. Fontaney

Mon Tres Reverend Pere
J'ay receu l'honneur de vostre lettre de Canton du 15 sept. 1701. et je vous remercie fort de vostre souvenir dont je me flatte de ressentir les effects lors que vous aurés de l'occasion et du loisir pour me donner des lumières. Je supplie vostre Reverence de penser avec le Tres R. P. Bouvet et autres amis aux questions cyjointes; outre celles que j'ay envoyées à ce pere tant apresent qu'autresfois. Je l'ay felicité de ce qu'il a dechifré l'Enigme des lignes de Fohy, à l'aide de mon arithmetique binaire. Cette decouverte paroistra de consequence aux Chinois. J'ay peur que la faveur des Europeens et la consideration qu'on a pour eux ne dure pas lors qu'on aura tiré de nous nos sciences: ainsi je souhaitte qu'on travaille pendant qu'on en a le moyen à profiter aussi pour l'Europe de celles de la Chine, plus qu'on n'a fait jusqu'icy. Et qu'on tache d'engager l'Empereur à faire faire les descriptions de tous les arts, tant pour donner moyen de les perfectionner qu'à fin que les Chinois n'ayent rien de caché pour les Tartares, ce sera aussi le moyen de perfectionner le dictionnaire que l'Empereur fait faire[,] car on y pourroit faire entrer les termes des arts[.] Bien des gens n'ont pas esté contents de moy tant parmy les Protestans qu'en France, de ce que j'ay pris le parti de vos missions. Le pape a fait sagement de suspendre son jugement au sujet de la religion des Chinois anciens et modernes, il ne faut point condamner des gens non entendus. Cependant quelle que puisse estre l'opinion de quelques uns entre eux, c'est beaucoup, que l'Empereur se declare pour la verité. Quelcun m'a dit que depuis la defaite du Roy d'Eluth,

49a. LEIBNIZ AN JEAN DE FONTANEY S.J.

[Berlin, 18. Mai 1703]. [43. 51.]

Auszug meines Briefes an P. de Fontaney

Sehr ehrwürdiger Vater
Ich habe Ihr geehrtes Schreiben aus Kanton vom 15. September 1701 erhalten. Ich danke Ihnen sehr, daß Sie sich meiner erinnern, und ich hoffe, ich werde die Auswirkungen [Ihrer Geneigtheit] genießen, sobald Sie Zeit und Muße haben werden, mich zu belehren. Ich bitte Euer Ehrwürden, gemeinsam mit P. Bouvet und anderen Freunden über die beigefügten Fragen ebenso nachzudenken wie über jene, die ich P. Bouvet diesmal ebenso wie schon früher geschickt habe. Ich habe ihn dazu beglückwünscht, daß er mit Hilfe meiner binären Arithmetik das Rätsel der Linien[figuren] des Fuxi gelöst hat.[1] Diese Entdeckung wird den Chinesen bedeutend scheinen. Ich befürchte [nur], daß die den Europäern entgegengebrachte Gunst und die Achtung, die man für sie hat, nicht andauern werden, sobald man uns unsere Wissenschaften entlockt hat. Deshalb wünschte ich, daß man, solange noch die Möglichkeit dazu besteht, sich mehr als bisher darum bemühte, auch für Europa von den chinesischen Wissenschaften zu profitieren. Man sollte auch versuchen, den Kaiser dazu zu veranlassen, Beschreibungen aller Künste anfertigen zu lassen, sowohl um auf diese Weise ihre Vervollkommnung zu ermöglichen, als auch um zu erreichen, daß die Chinesen keine Geheimnisse vor den Tataren [Manjuren] haben. Auf diese Weise wäre auch die Vervollkommnung des Wörterbuchs anzustreben, das der Kaiser erarbeiten läßt,[2] denn man könnte das Fachvokabular der Künste darin aufnehmen. Unter den Protestanten hat es ebenso wie in Frankreich vielen Leuten mißfallen, daß ich für die Mission Ihres Ordens Partei ergriffen habe. Der Papst hat gut daran getan, sein Urteil über die Religion der alten und der neueren Chinesen auszusetzen; es geht nicht an, Leute ungehört zu verurteilen. Wie immer aber auch einige Chinesen darüber denken mögen – es ist viel, daß der Kaiser sich für die Wahrheit ausspricht.[3] Ich habe gehört, daß

on peut aller maintenant dans la Chine tant de la Perse par les Usbecs, que du pays du Mogol. Mais si on estoit seur d'aller aussi bien que vous par mer[,] ce chemin seroit preferable à tout autre.

es seit der Niederlage des Königs [Stammesfürsten] der Ölöten jetzt möglich ist, sowohl von Persien durch [das Land der] Usbeken als auch vom Land des Moguls[4] nach China zu reisen. Aber wenn man sicher wäre, so gut wie Sie auf dem Seeweg zurechtzukommen, wäre dieser allen anderen vorzuziehen.

50. PIERRE JARTOUX S.J. AN LEIBNIZ

Peking, 10. Oktober 1703. [55.]

Mr de Leibnis. à Peking le 10e d'Octob. 1703.

Monsieur

Charmé de la beauté de vôtre calcul si simple et si fecond, je veux m'aquiter à votre egard de ce que tous les Geometres vous doivent pour leur avoir ouvert une si belle voye. Je parle du calcul Differentiel que M^r le Mis de l'Hopital nous a donné, car pour l'Integral je ne puis pas encore sçavoir si vous l'avez publié. L'Essay qu'en a donné Mr Carré fait encore plus desirer ce que vous en avez promis; aussi je l'attends avec une impatience que je ne puis assez exprimer. Vous ne scauriez croire combien les nouvelles decouvertes qu'on fait en Europe peuvent contribuer ici à l'établissement de la Religion pour laquelle vous paroissez vous interesser beaucoup, surtout quand elles vont à perfectionner la Physique et les mecaniques dont les Chinois sont le plus capables. Je souhaite fort que M^r le M^quis de L'Hopital s'aquitte de sa promesse sur ce point, car les occupations qui nous accablent à la Chine et surtout à la Cour où je suis, nous empechent de tirer des nouvelles decouvertes touts les avantages qu'elles contiennent, à moins que tout ne soit deja bien digeré quand il vient à nous.

Le R. P. Bouvet m'a fait voir une de vos lettres, où j'ay trouvé avec un plaisir indicible que vous aviez enfin levé le scrupule que j'ay toujours eu sur l'egale quantité de mouvement de Des Cartes. Je vous avouë que ce n'est pas une petite peine pour moy de sçavoir que le fondement de ce scrupule n'est plus, et d'ignorer encore comment il est levé. Cependant ce que j'ay le plus desiré dans cette lettre par rapport à la fin pour laquelle je suis ici, c'est la figure du vais-

50. PIERRE JARTOUX S.J. AN LEIBNIZ

PEKING, 10. OKTOBER 1703. [55.]

An Herrn Leibniz Peking, den 10. Oktober 1703

Monsieur

Von der Schönheit Ihres so einfachen und [dabei] so ergiebigen Kalküls entzückt, möchte ich Ihnen den Dank abstatten, den Ihnen alle Geometer dafür schuldig sind, daß Sie ihnen einen so vortrefflichen Weg eröffnet haben. Ich meine die Differentialrechnung, die der Herr Marquis de l'Hospital uns zugänglich gemacht hat,[1] denn was die Integralrechnung angeht, kann ich noch nicht wissen, ob Sie sie veröffentlicht haben.[2] Die von Herrn Carré vorgelegte Probe[3] läßt einen noch dringender wünschen, was Sie hierzu in Aussicht gestellt haben; ich erwarte es deshalb mit soviel Ungeduld, wie ich Ihnen kaum sagen kann. Sie vermögen sich nicht vorzustellen, wie sehr die neuen Entdeckungen, die in Europa gemacht werden, dazu beitragen können, die [christliche] Religion, an der Sie großen Anteil zu nehmen scheinen, hierzulande zu verankern, insbesondere soweit sie auf die Vervollkommnung von Physik und Mechanik gerichtet sind, für welche die Chinesen am meisten Begabung haben. Ich wünschte sehr, daß der Herr Marquis de l'Hospital sein diesbezügliches Versprechen erfüllt, denn die Arbeiten, mit denen wir in China und vor allem am Hof, wo ich mich aufhalte, überhäuft sind, hindern uns, den neuen Entdeckungen alle Vorzüge abzugewinnen, die in ihnen stecken, wenn nicht schon alles gut durchdacht ist, wenn es uns erreicht.

P. Bouvet hat mir einen Ihrer Briefe gezeigt,[4] wo ich mit unsagbarem Vergnügen gefunden habe, daß Sie endlich meine alten Bedenken wegen der von Descartes [postulierten] gleichbleibenden Bewegungsmenge[5] behoben hätten. Ich gestehe Ihnen, daß es mir recht sauer ankommt zu wissen, daß die Begründung dieses Bedenkens nicht länger besteht, und dabei immer noch im unklaren zu sein, wie es behoben worden ist. Was ich aber am meisten in diesem Brief vermißt habe in Hinblick auf den Zweck meines Hierseins, seau qui resiste le moins dans le fluide, et la chainette qui donne les logarithmes sans calcul, parceque ces choses sont extremement du goût de l'Emp^r de la Chine. Ne pourriez vous point M^r dans la nouvelle Academie dont Sa Mj^é Prussienne vous a donné la direction, trouver quelque sujet assez zelé pour nous marquer en detail ces choses et y joindre pour le bien de la Religion tout ce qu'on aura decouvert de curieux soit chez vous soit dans le reste de l'Europe. Je tacherois de rendre à vous et à cette Illustre Academie l'échange en curiositez chinoises, c'est à dire que je n'oublierois rien pour satisfaire aux questions que vous ou elle voudriez bien prendre la peine de me faire sur les choses chinoises qu'on desireroit sçavoir chez vous. Quoique je ne sois à la Chine que depuis un an et demi que le P. de Fontaney m'amena agé de 32. ans, et quoique depuis mon arrivée l'Emp^r m'ait toujours occupé presque jour et nuit à la Theorie et à la pratique de l'horlogerie dont ce prince est extremement curieux, cependant je pourrois dans la suite contribuer de quelque chose à la perfection des sciences et des ar[t]s, ne fust ce qu'en donnant une connoissance exacte de ce qu'il y a de particulier à la Chine, et cela soit par moy meme soit par mes confreres les Missionnaires dispersez dans ce vaste Empire avec lesquels j'entretiens commerce. L'Echange des lettres entre Berlin et Peking pourroit ainsy continuer tant que vos M^rs le voudroient à l'avantage de la Religion, et peutetre à la satisfaction des uns et des autres. Comme je ne sçay pas ce que vous pouvez desirer de moy, et que d'ailleurs je me suis determiné trop tard à prendre la liberté de vous écrire, neantmoins afin que cette lettre ne s'en aille pas vuide, souffrez que j'y joigne l'observation de quelques taches assez curieuses que je decouvris par hazard dans le soleil à mon arrivée à Canton. Je n'avois qu'une lunette de 12. pieds que j'avois porté heureusement avec moy en descendant du vaisseau, ist die Form des Schiffes, das der Strömung am wenigsten Widerstand entgegensetzt, und die Kettenlinie, welche die Logarithmen ohne Rechnen liefert, denn diese Dinge sind überaus nach dem Geschmack des Kaisers von China. Könnten Sie nicht in der neuen Akademie, deren Leitung Ihnen von Seiner Majestät von Preußen übertragen worden ist,[6] eine eifrige Person finden, die uns diese Dinge im Detail darstellen und zum Besten der [christlichen] Religion alles hinzufügen könnte, was es bei Ihnen wie im übrigen Europa an bemerkenswerten Erfindungen gegeben hat? Ich würde versuchen, mich bei Ihnen und der erwähnten illustren Akademie durch [die Mitteilung von] chinesischen Merkwürdigkeiten zu revanchieren, das heißt, ich würde nichts unterlassen, um allen Fragen, die Sie oder die Akademie mir über China zu stellen sich die Mühe machen würden, Genüge zu tun. Zwar bin ich erst seit anderthalb Jahren in China (damals brachte mich P. de Fontaney als Zweiunddreißigjährigen hierher), und seit meiner Ankunft hat mich der Kaiser fast Tag und Nacht mit Theorie und Praxis der Uhrmacherkunst befaßt, an der dieser Fürst außerordentliches Interesse nimmt. Dennoch könnte ich in Zukunft einen Beitrag zur Vervollkommnung der Wissenschaften und Künste leisten, und wäre es nur durch die Vermittlung genauer Kenntnisse der Besonderheiten Chinas, sei es persönlich, sei es mit Hilfe meiner Ordensbrüder, der Missionare, die in diesem riesigen Reich verstreut leben und mit denen ich in Kontakt stehe. Der Briefwechsel zwischen Berlin und Peking könnte auf diese Weise so lange fortgesetzt werden, wie Ihre Herren [von der Akademie] es wünschten, zum Nutzen der [christlichen] Religion und vielleicht zur beiderseitigen Zufriedenheit. Zwar weiß ich nicht, was Sie möglicherweise von mir wünschen, und ich habe mich im übrigen zu spät entschlossen, mir die Freiheit zu nehmen, Ihnen zu schreiben; um dennoch meinen Brief nicht ohne Beigabe abgehen zu lassen, gestatten Sie, daß ich meine Beobachtungen zu einigen recht bemerkenswerten Flecken beifüge,[7] die ich zufällig in der Sonne bei meiner Ankunft in Kanton entdeckt habe. Ich hatte nur ein Fernrohr von 12 Fuß [Länge] bei mir, das ich glücklicherweise mitgenommen hatte, als ich an Land ging. Ich hatte daher ce qui fit que n'ayant ni pendule ni quart de cercle je ne pûs donner à mes observations toute l'exactitude et toute la precision qu'il falloit: les voici telles que je les ay pû faire à l'œil pour ainsy dire; excusez les fautes que vous y trouverez. Je suis avec respect

Mr votre tres humble et tres obeïssant serviteur en N. S.
Jartoux Jesuite

weder Pendeluhr noch Quadranten, so daß ich meine Beobachtungen nicht mit der ganzen Genauigkeit und Präzision durchführen konnte, die erforderlich wären. Ich schicke sie Ihnen so, wie ich sie sozusagen nach Augenmaß habe machen können. Bitte entschuldigen Sie die Fehler, die Sie darin finden werden. […]

51. JEAN DE FONTANEY S.J. AN LEIBNIZ

PARIS, 13. JUNI 1704. [49a. 52.]

Monsieur à Paris le 13 juin 1704

Je viens de recevoir la lettre que vous m'avez fait l'honneur de m'ecrire le 18 may. Il est vray que je deviens un grand coureur.

Je partis de France le 7e mars 1701 pour retourner à la Chine. J'y arrivay au mois d'aoust: vous aurez sans doute apris les avantures de nostre vaisseau, qui pensa se perdre quatre fois à la vüe du port. C'est à Dieu seul que nous attribuames sa conservation et la nostre. Ces malheurs furent cause que je ne pus arriver à Pekin qu'au commencement de 1702. L'Empr qui est tousjours un grand Prince, attentif au gouvernement de son estat, et bien intentionné pour nous, me receut avec bonté. J'y trouvay une fort belle Eglise, que les Peres françois avoient bati dans leur maison du Palais en mon absence. L'Empr luy mesme y avoit contribué de ses liberalitez. Mr Gerardini Peintre Italien, que le Pe Bouvet a emmené en cette cour là, estoit occupé à la peindre. Peu de mois apres les affaires de nostre mission demandant qu'on envoyast quelqu'un en Europe je fus choisi de tous pour y venir. Vous pouvez croire, Monsieur, que j'y eus mes difficultez; mais à quoy ne resoud-on pas, quand il s'agit d'ouvrir, ou de faciliter les chemins pour la conversion d'un si grand Empire? Apres avoir attendu 4 mois durant le consentemt de l'Empr je l'eus enfin le 4e novembre, et je partis le 6e de grand matin. Je vins trouver à Nimpo des vaisseaux anglois, qui devoient retourner en Angleterre en droiture. Nous ne mismes à la voile que le 1er de mars 1703. Comme il a fallu attendre des escortes en divers lieux, pour s'assurer en ces temps de guerre contre les armateurs ennemis, je n'arrivay à Londres que le 24 dec. de la mesme année.

51. JEAN DE FONTANEY S.J. AN LEIBNIZ

PARIS, 13. JUNI 1704. [49a. 52.]

Monsieur — Paris, den 13. Juni 1704

Soeben habe ich den Brief erhalten, den Sie mir die Ehre erwiesen haben, mir am 18. Mai zu schreiben. Es ist wohl wahr, daß ich zu einem großen Herumtreiber werde.

Am 7. März 1701 bin ich aus Frankreich aufgebrochen, um nach China zurückzukehren.[1] Im August bin ich dort angelangt. Zweifellos haben Sie von den Abenteuern unseres Schiffes gehört, das in Sichtweite des Hafens viermal beinahe untergegangen wäre. Gott allein haben wir seine und unsere Rettung zugeschrieben. Wegen dieser Unglücksfälle konnte ich erst Anfang 1702 nach Peking kommen. Der Kaiser, immer noch ein großer Fürst, auf die Regierung seines Staates bedacht und uns wohlgesonnen, empfing mich freundlich. Ich fand eine sehr schöne Kirche[2] vor, welche die französischen Patres während meiner Abwesenheit bei ihrem Ordenshaus im Palast[bezirk] gebaut hatten. Der Kaiser selbst hatte eine Spende beigesteuert. Herr Gherardini,[3] ein italienischer Maler, den P. Bouvet an den Pekinger Hof gebracht hat, war damit beschäftigt, die Kirche auszumalen. Wenige Monate darauf erforderten es die Angelegenheiten unserer Mission, daß jemand nach Europa geschickt würde. Unter allen wurde ich dazu ausgewählt.[4] Sie können mir glauben, mein Herr, daß ich damit meine Schwierigkeiten hatte; aber wozu entschließt man sich nicht alles, wenn es darum geht, den Weg zur Bekehrung eines so großen Reiches zu eröffnen oder [doch] zu bahnen. Nachdem ich vier Monate auf die Zustimmung des Kaisers gewartet hatte, erhielt ich sie endlich am 4. November und brach am frühen Morgen des 6. auf. In Ningbo fand ich englische Schiffe vor, die auf direktem Weg nach England zurückkehren sollten. Erst am 1. März 1703 gingen wir unter Segel. Da wir an verschiedenen Orten auf Geleitschiffe zu warten hatten, um uns in den gegenwärtigen Kriegszeiten gegen feindliche Kaper zu sichern, bin ich erst am 24. Dezember desselben Jahres [1703] in London eingetroffen.

Je ne vous diray jamais assez, Monsieur, combien d'honnestetez j'ay receu de M[rs] les Anglois en mon voyage. Nous taschons de leur faire plaisir à la Chine, mais ils m'en firent assurément beaucoup en cette occasion. La Compagnie des Indes, Mrs de la Societé Royale, et plusieurs Mylords du l[er] rang me temoignerent encore plus de bontez à Londres. Nous y avons souvent parlé de vous: J'ay vu de vos lettres entre leurs mains. J'en partis au commencement d'avril, et arrivay en cette ville le 20e du mesme mois, avec si peu d'incommodité nonobstant toutes mes courses, que je me suis trouvé plus jeune, et plus fort, que tous ceux de mon âge que je laissay ici il y a prés de 20 ans quand je partis la 1ere fois pour la Chine. *Non in solo pane vivit homo.*

Apres ce petit recit de mes avantures, que j'ose bien[,] Monsieur, faire à une personne qui nous honnore comme vous de sa bienveillance, je repondray, s'il vous plait, aux principaux points de vostre lettre.

J'estime beaucoup vostre nouvelle arithmetique des binaires, mais vous faites beaucoup d'honneur aux Chinois de les croire capables d'avoir eu les mesmes vües que vous. Vous allez tousjours au solide, et eux à mon avis y vont peu, sur tout en matiere de speculation et de sciences. Je parle de ceux d'aujourd'huy. Car les anciens, qui ont sceu donner de si belles regles du gouvernement, auront peutestre entendu quelque chose de mieux par ces caracteres dont vous parlez, et dont on a perdu le secret depuis eux. Le P. Bouvet entre non seulement dans vos sentiments, mais il rencherit mesme par dessus. J'ay eu l'honneur de vous envoyer une de ses lettres en arrivant ici.

Je ne connois que deux langues differentes dans le voysinage de la Chine, du costé du nord: celle des Tartares Orientaux, qui sont aujourd'huy la Nation dominante, et celle des Occidentaux, appellez communément Mongous. Le P. Verbiest a donné une grammaire de

Ich kann Ihnen niemals genug sagen, mein Herr, wieviele Freundlichkeiten mir auf meiner Reise von den Herren Engländern zuteilgeworden sind. Wir versuchen, den Engländern in China gefällig zu sein, aber sie haben mir [ihrerseits] bei dieser Gelegenheit mit Sicherheit viel zu Gefallen getan. Die Ostindische Kompanie, die Herren von der Royal Society und etliche Lords des höchsten Ranges haben mir in London noch mehr Freundlichkeiten erwiesen. Wir haben dort oft von Ihnen gesprochen, und ich habe Briefe von Ihnen in ihren Händen gesehen. Von London brach ich Anfang April auf und bin hier in Paris am 20. desselben Monats eingetroffen und in so guter Verfassung trotz aller meiner Fahrten, daß ich mich jünger und kräftiger fand als alle meine Altersgenossen, die ich vor fast 20 Jahren hier zurückließ, als ich zum ersten Mal nach China aufbrach. Der Mensch lebt nicht vom Brot allein.[5]

Nach diesem kurzen Bericht von meinen Abenteuern, den ich keine Bedenken trage, Monsieur, einem Mann abzustatten, der uns wie Sie seines Wohlwollens würdigt, will ich, wenn es Ihnen recht ist, auf die hauptsächlichen Punkte Ihres Briefes antworten.

Ich schätze Ihre neue binäre Arithmetik hoch; Sie tun den Chinesen aber reichlich Ehre an, wenn Sie sie für fähig halten, dieselben Einsichten gehabt zu haben wie Sie. Sie zielen immer auf das Solide, während die Chinesen das meines Erachtens kaum tun, vor allem soweit es Spekulation und die Wissenschaften angeht. Dabei meine ich die Chinesen von heute. Denn die alten, die es verstanden haben, so vorzügliche Regeln für die Regierung [ihres Staates] aufzustellen, mögen etwas Höheres verstanden haben unter den Zeichen, von denen Sie sprechen und deren Geheimnis seither verlorengegangen ist. P. Bouvet teilt nicht nur Ihre Ansichten, er überbietet sie sogar. Ich hatte die Ehre, Ihnen bei meiner Ankunft hier einen seiner Briefe[6] zu schicken.

Ich kenne nur zwei verschiedene Sprachen in der Nachbarschaft Chinas, in nördlicher Richtung: die der östlichen Tataren [Manjuren], heute das dominierende Volk [in China], und die der westlichen Tataren, gemeinhin Mongolen genannt. P. Verbiest hat eine Grammatik der erstgenannten verfaßt, die hier gedruckt worden ist la 1ere qu'on a imprimée ici, et que vous aurez sans doute vüe. Nous n'avons rien de la 2de parceque nos Missionnaires n'ont aucun rapport avec les Tartares Occidentaux, qui s'etendent fort loin, jusqu'au Tibet et à la mer Caspienne, et parlent par tout la mesme langue. Dans mon dernier voyage je laissay ici des morceaux de cartes de la Tartarie, et les relations de 7 ou 8 voyages, que le P. Gerbillon y a faits à la suite de l'Emp[r] afin qu'on les mist en ordre, et qu'on les imprimast. Cela n'a pas esté executé par je ne scay quelle raison. Pour peu que je trouve de loisir, je l'executeray surement. Nous avons parmi nous à la Chine le P. Visdelou, c'est le seul capable de vous contenter sur l'histoire chinoise, j'ajoute qu'il en est tres capable. Mr Slone veut avoir commerce de lettres avec luy, et commencera cette année: j'ay laissé des lettres à Londres pour lier entierem[t] ce commerce. Ce que la Gazette de Hollande a dit de cette nouvelle persecution de la Chine, me paroit entierem[t] faux. Personne n'est parti de la Chine depuis moy, et un jour avant que de mettre à la voile, je receus encore des lettres de Pekin, où tout alloit à l'ordinaire. Comme les guerres presentes m'ostent beaucoup de moyens de secourir nos Missions, je me vois contraint de demeurer ici beaucoup de temps. J'y seray tousjours à vos ordres prest de montrer en toutes occasions avec combien de veritable estime et de respect je suis

Monsieur Vostre tres humble et tres obeissant serviteur en NS
J. De Fontaney de la comp[e] de Jesus

und die Sie zweifellos in der Hand gehabt haben.[7] Für die letztere haben wir nichts, weil unsere Missionare keinerlei Verbindung zu den westlichen Tataren [Mongolen] haben, deren Siedlungsgebiet sich sehr weit, bis nach Tibet und zum Kaspischen Meer erstreckt. Überall sprechen sie dieselbe Sprache. Auf meiner letzten [Europa-] Reise habe ich Teilkartierungen von der Tatarei [Manjurei] und die Berichte von sieben oder acht Reisen, die P. Gerbillon im Gefolge des Kaisers dorthin unternommen hat, hiergelassen, damit sie redigiert und gedruckt würden.[8] Aus ich weiß nicht welchem Grund ist das nicht geschehen. Sofern ich nur irgend die Muße dazu aufbringe, werde ich das bestimmt noch tun. Wir haben bei uns in China P. Visdelou;[9] er ist der einzige, der Ihnen die chinesische Geschichte betreffend Genüge tun kann, und zwar sehr gut tun kann, wie ich hinzufügen möchte. Herr Sloane[10] möchte mit ihm korrespondieren und wird dieses Jahr damit beginnen; ich habe Briefe in London gelassen, um diese Verbindung vollends zustandezubringen. Was die holländische Zeitung[11] über diese neue [Christen?-]verfolgung in China gemeldet hat, scheint mir vollkommen unzutreffend. Niemand [von unserem Orden] hat nach mir China verlassen, und noch einen Tag, bevor wir unter Segel gegangen sind, habe ich Briefe aus Peking empfangen, wo alles seinen gewöhnlichen Gang ging. Da die gegenwärtigen Kriege mir viele Mittel nehmen, unsere Mission zu unterstützen, sehe ich mich gezwungen, lange Zeit hierzubleiben. Ich werde Ihnen immer zur Verfügung stehen, bereit, bei jeder Gelegenheit zu zeigen, mit wieviel wahrer Hochachtung und Respekt ich bin [...]

52. LEIBNIZ AN JEAN DE FONTANEY S.J.

[Hannover, 28. Juli 1704]. [51. 54.]

Mon Reverend Pere

Vostre heureux voyage est de bon augure pour la Mission, dont vous avés soin, et qui me paroist la plus importante de toutes. Je vous souhaite de tout mon cœur, un bon succes tant en France qu'au retour.

N'y at-il point d'apparence que le Monarque de la Chine puisse estre porté luy même à la fondation de quelques colleges ou Academies qui servent à cultiver les sciences et doctrines à la façon d'Europe, dont des Tartares, Chinois et Europeens pourroient estre? L'Exemple du Roy y pourroit contribuer.

M. Sloane est de mes amis, je seray bien aise de son commerce avec le R. P. Visdelou.

Il est seur que l'auteur des caracteres lineaires attribués à Fohi doit avoir medité profondement en les inventant, et qu'ils repondent parfaitement à mon arithmetique binaire. Plût à Dieu qu'on pût si bien deviner les raisons de leur caracteres ordinaires; mais qui apparemment ont esté plus alterés.

J'ay lû, qu'il y a des differentes langues particulieres dans diverses provinces de la Chine même; et que la Corée aussi a une langue particuliere, il seroit bon d'en avoir des *Pater* et autres échantillons.

Vous nous obligerés[,] mon R. P.[,] en publiant au plus tost les cartes des voyages du R. P. Gerbillon dans la Tartarie voisine de la Chine. Pour avoir plus tost fait je vous recommanderois M. de l'Isle Geographe à Paris, qui paroist intelligent et diligent. M. Worsley Anglois, qui a fait un voyage expres en Arabie, pour suivre Moise à

52. LEIBNIZ AN JEAN DE FONTANEY S.J.

[HANNOVER, 28. JULI 1704]. [51. 54.]

Ehrwürdiger Vater

Ihre glückliche Reise ist ein gutes Vorzeichen für die Mission, die Sie betreuen und die mir unter allen die wichtigste scheint. Ich wünsche Ihnen von ganzem Herzen guten Erfolg in Frankreich wie bei Ihrer Rückkehr [nach China].

Wäre es nicht möglicherweise denkbar, daß der Kaiser von China selbst sich veranlaßt sehen könnte, einige Kollegien oder Akademien zu begründen, die dazu dienen könnten, die Wissenschaften und die Gelehrsamkeit nach europäischer Art zu pflegen, und deren Mitglieder Tataren [Manjuren], Chinesen und Europäer sein könnten?[1] Das Beispiel des [französischen] Königs könnte [ein solches Unternehmen] fördern.

Herr Sloane gehört zu meinem Freundeskreis, ich würde mich sehr freuen, wenn er mit P. Visdelou korrespondiert.

Es steht fest, daß der Urheber der Fuxi zugeschriebenen Linienfiguren tief nachgedacht haben muß, als er sie ersann, und daß sie meiner binären Arithmetik vollkommen entsprechen. Gebe Gott, daß man ebensogut erraten könnte, was den üblichen Schriftzeichen [der Chinesen] zugrundeliegt. Diese sind aber offenbar stärker entstellt worden.

Ich habe gelesen, daß es in verschiedenen Provinzen Chinas selbst unterschiedliche eigene Sprachen gibt und daß auch Korea über eine besondere Sprache verfügt.[2] Es wäre schön, wenn man jeweils das *Vaterunser* und andere Proben davon bekommen könnte.

Sie werden uns einen großen Gefallen tun, Ehrwürdiger Vater, wenn Sie so bald wie möglich die Karten von den Reisen des P. Gerbillon in die China benachbarten [Teile der] Tatarei [Manjurei] veröffentlichen. Damit Sie diese Arbeit schneller bewältigen können, möchte ich Ihnen den Geographen Herrn Delisle[3] in Paris empfehlen, einen, wie mir scheint, intelligenten und sorgfältigen Mann. Herr Worsley,[4] ein Engländer, der eigens eine Reise nach Arabien la piste, m'a dit en repassant par icy d'avoir envoyé à M. de l'Isle sa carte, qu'il a faite luy meme de la pointe de la Mer rouge fort differente de ce qu'on en a.

Je suis bien aise que la gazette de Hollande a menti en parlant d'une persecution dans la Chine.

Vous[,] mon R. P.[,] et le R. P. Bouvet aviés apporté encor d'autres bonnes notices et en aurés encor apporté dernierement. J'ay solicité vos amis de m'en faire quelque part selon vostre intention et celle de ce pere, mais point de nouvelles, quoyque le R. P. Verjus ait aussi paru fort disposé à m'en faire favoriser[,] je ne say à quoy il a tenu. Vostre presence me pourra peut estre procurer quelque chose de plus.

J'espere qu'on ira bride en main à Rome, quand il s'agit de condamner les doctrines des anciens Chinois, et certaines practiques des modernes. Car il faut entendre les gens avant que de les condamner. Il y a long temps que je n'ay point entendu parler du R. P. Le Comte, et ne say point où il est.

Le P. Bouvet m'a mandé autresfois que le Monarque chinois fait faire une espece de dictionnaire fort ample qui explique les Caracteres chinois en Tartare. Il faudroit faire travailler en même temps parmy les missionnaires à le faire traduire en quelque langue d'Europe et faire imprimer le tout à Paris. Car la Tartare est plus aisée à expliquer. Ce seroit comme une clef pour les missions, sur tout si on y joignoit les pronontiations des mots chinois et Tartares en lettres Latines.

Le R. P. Bouvet souhaite le discours de Kepler dont je luy avois parlé[,] fait à l'occasion d'une lettre que le P. Terentius avoit ecrite en Europe; on le trouvera sans doute à Paris, et comme il est court, il seroit aisé de le faire copier.

unternommen hat, um den Spuren Moses zu folgen, sagte mir, als er auf der Rückreise hier durchkam, er hätte Herrn Delisle die Karte geschickt, die er selbst von der Spitze [der Sinai-Halbinsel] im Roten Meer angefertigt hat und die sich stark unterscheidet von den bisherigen [Karten].

Ich freue mich sehr, daß der Bericht der holländischen Zeitung über eine [Christen-] Verfolgung in China erlogen ist.[5]

Sie, Ehrwürdiger Vater, hatten ebenso wie P. Bouvet noch weitere interessante Nachrichten [aus China] mitgebracht und werden auch kürzlich noch welche mitgebracht haben. Ich habe Ihre Freunde [von der Gesellschaft Jesu] gebeten, mir davon Mitteilung zu machen, wie es Ihrem und P. Bouvets Willen entspricht, aber ich bekomme keinerlei Nachrichten, obwohl auch P. Verjus sehr bereit schien, mich damit versorgen zu lassen. Ich weiß nicht, woran es gelegen hat. Ihre Gegenwart [in Paris] wird mir vielleicht etwas mehr verschaffen.

Ich hoffe, man wird in Rom sehr behutsam verfahren, wenn es darum geht, die Lehren der alten und bestimmte Bräuche der heutigen Chinesen zu verurteilen. Denn bevor man die Leute verurteilt, muß man sie anhören. Ich habe schon lange nichts mehr von P. Le Comte gehört und weiß nicht, wo er sich aufhält.[6]

P. Bouvet hat mir früher einmal mitgeteilt, daß der chinesische Kaiser eine Art Wörterbuch[7] erarbeiten läßt, das sehr umfangreich ist und die chinesischen Schriftzeichen in tatarischer [manjurischer] Sprache erklärt. Die Missionare müßten sich gleichzeitig darum bemühen, daß es in eine europäische Sprache übersetzt und das Ganze in Paris gedruckt wird. Denn das Tatarische [Manjurische] ist leichter zu erklären [als das Chinesische]. Man hätte damit gleichsam einen Schlüssel zur [China-]Mission, vor allem, wenn man die Aussprache der chinesischen und tatarischen [manjurischen] Wörter in lateinischen Buchstaben beifügte.

P. Bouvet möchte die anläßlich eines von P. Schreck nach Europa geschriebenen Briefes verfaßte Abhandlung von Kepler[8] haben. Sie wird zweifellos in Paris zu finden sein, und da sie kurz ist, könnte man sie ohne weiteres abschreiben lassen.

53. LEIBNIZ AN JOACHIM BOUVET S.J.

HANNOVER, 28. JULI 1704. [49. 57.]

Mon tres Reverend Pere

J'ay receu avec joye de vos nouvelles et l'honneur de vostre lettre datée de Peking du 8 9bre 1702. Et j'espere que vous aurés aussi receu cependant ma reponse à vostre precedente qui estoit plus longue où vous parliés fort savamment des hieroglyphes, et particulierement des caracteres lineaires de Fohy, qui s'accordent si bien avec mon arithmetique binaire. Je vous diray maintenant que je vois de plus en plus qu'on approchera mieux par là de la perfection de la Science des Nombres, que par toute autre voye; parceque toutes les expressions y vont par ordre, et que tout est fondé en periodes de deux notes combinées o et l, ce qui donne de merveilleux abregés; mais outre les Mathematiques, je voy que ces mêmes caracteres peuvent avoir des usages considerables en philosophie.

Je medite depuis quelque temps certains Elemens philosophiques à la façon de ceux d'Euclide, qu'on pourroit appeller Elementa aeternae veritatis[.] J'y demonstre avec rigueur toutes les propositions que j'y fais entrer, et cela par une maniere de calcul specieuse universelle, ne supposant qu'un petit nombre d'axiomes. Mais ce qui m'arreste le plus ce sont les definitions qu'il faut fabriquer tout de nouveau, et d'une maniere propre aux raisonnemens precis, ce qui manque ordinairement en philosophie[.] C'est pourquoy je ne saurois aller viste. J'espere de demonstrer ainsi mon systeme des monades, ou des substances simples qui constituent tout, et sans dependre les unes des autres s'accordent en vertu de l'harmonie que l'auteur commun a preétablie dans leur natures. Il en a esté parlé autres fois dans le *journal des savans*, et je crois de vous

53. LEIBNIZ AN JOACHIM BOUVET S.J.

HANNOVER, 28. JULI 1704. [49. 57.]

Sehr ehrwürdiger Vater

Ich habe mich gefreut, von Ihnen zu hören und Ihren aus Peking vom 8. November 1702 datierten Brief[1] zu empfangen. Ich hoffe, daß Sie inzwischen auch meine Antwort[2] auf Ihren vorangegangenen Brief[3] erhalten haben, ein längeres Schreiben, wo Sie sich mit großer Gelehrsamkeit über die Hieroglyphen äußerten und vor allem über die aus Linien zusammengesetzten Zeichen des Fuxi, die so gut mit meiner binären Arithmetik übereinstimmen. Ich möchte Ihnen jetzt sagen, daß ich immer klarer sehe, daß man sich so der Vollendung der Wissenschaft von den Zahlen besser annähern wird als auf jedem anderen Weg. Denn alle Zahlendarstellungen folgen einer Ordnung, und alles beruht auf Perioden aus zwei kombinierten Zeichen, 0 und 1, womit man wunderbare Abkürzungen erzielt. Ich sehe aber, daß außer in der Mathematik diese selben Zeichen in erheblichem Umfang Anwendung auch in der Philosophie finden können.

Seit einiger Zeit trage ich mich mit einer Art philosophischer Elemente nach Art derjenigen des Euklid, die man Elemente der ewigen Wahrheit[4] nennen könnte. Ich beweise dabei zwingend alle Sätze, die ich dort einbeziehe, und zwar mit einer spezifischen universalen Art des Kalküls,[5] wobei ich nur wenige Axiome voraussetze. Was mich aber dabei am meisten hemmt, sind die Definitionen, die es ganz neu aufzustellen gilt, und zwar auf eine Weise, die für genaue Argumentationen geeignet ist. Daran fehlt es im allgemeinen in der Philosophie. Deshalb komme ich nur langsam voran. Ich hoffe, so mein System der Monaden oder einfachen Substanzen zu beweisen, die alles begründen und die, ohne voneinander abhängig zu sein, sich zueinander fügen kraft der Harmonie, die ihr gemeinsamer Schöpfer in ihren Naturen im voraus festgelegt hat. Es ist davon früher im *Journal des savans* die Rede gewesen,[6] und ich glaube, Ihnen davon geschrieben zu haben.[7] Dieses System bringt eine sehr en avoir écrit. Ce systeme donne une philosophie fort riche, et une Theologie naturelle telle qu'on peut desirer.

Je souhaitte fort qu'on approfondisse bien les caracteres des Chinois, et qu'on nous instruise de quantité d'autres belles choses qui sont chez eux. Je vous supplie mon Rev. Per[e] de me favoriser de quelque chose qu'on en peut avoir, en attendant mieux, et d'en prier aussi le R.P. Visdelou et de luy faire mes recommendations. Je ne doute point qu'il n'y ait des bonnes observations chez eux en physique, en medecine et en mecaniques qui nous serviroient, sans parler de l'Histoire, de la Geographie et des langues; leur anciennes observations Astronomiques nous accommoderoient aussi. On dit qu'il y a des langues particulieres dans les differentes provinces de la Chine, et dans la Corée, il seroit bon d'en avoir des *Pater* et quelques mots.

Vostre sentiment sur l'ancienne Histoire Chinoise est tres considerable. Peut estre qu'il en est comme de la Mythologie des Grecs, où il y a quelque verité dans le fonds, mais les fables y sont mêlées. Vous jugerés, mon R.P.[,] si leur Histoire est tirée de plus d'un livre original ou si les uns sont copie des autres. On parle d'un Empereur qui a brulé tous les livres. Leur Histoire pourroit estre l'invention de ceux qui les ont restitués comme ils ont pû.

Je n'ay pas le discours de Kepler imprimé au sujet d'une lettre du P. Terentius. On doit l'avoir à Paris. J'en écriray au R.P. Fontenay, à fin qu'il la fasse copier pour vous.

J'ecriray moy meme au R.P. Verjus pour tacher de le porter à quelque resolution en faveur des recherches dans la Chine. Le mal est reichhaltige Philosophie hervor und eine natürliche Theologie, wie man sie sich nur wünschen kann.

Ich wünschte sehr, daß man [die Kenntnis] der chinesischen Schriftzeichen nachhaltig vertiefte und uns über zahlreiche interessante Dinge unterrichtete, die es bei den Chinesen gibt. Ich bitte Sie, Ehrwürdiger Vater, mir freundlicherweise zukommen zu lassen, was davon erreichbar ist, bis Sie über mehr verfügen, und auch P. Visdelou[8] darum zu bitten und ihm meine Empfehlungen auszurichten. Ich zweifle nicht, daß es bei den Chinesen wichtige Beobachtungen auf dem Gebiet von Physik, Medizin und Mechanik gibt, die uns nützlich sein könnten, von der Geschichte, der Geographie und den Sprachen zu schweigen. Ihre alten astronomischen Beobachtungen kämen uns auch zupaß. Es heißt, es gäbe eigene Sprachen in den verschiedenen Provinzen Chinas und in Korea. Es wäre eine gute Sache, die [jeweiligen] *Vaterunser*-Versionen und einige Wörter zu bekommen.

Ihre Auffassung von der alten chinesischen Geschichte ist sehr bedenkenswert. Vielleicht verhält es sich damit wie mit der griechischen Mythologie, der eine nicht näher bestimmbare Wahrheit zugrundeliegt, aber Fabelhaftes beigemischt ist.[9] Bei Ihnen liegt es, Ehrwürdiger Vater, darüber zu urteilen, ob die Geschichte der Chinesen aus mehr als nur einem originalen Buch abgeleitet ist oder ob die einen [Geschichtsbücher] Abschriften der anderen [ob die historischen Quellen voneinander abhängig] sind. Es ist von einem Kaiser die Rede, der alle Bücher verbrannt hat.[10] Die Geschichte der Chinesen könnte [demnach] von denjenigen erfunden worden sein, welche die verbrannten Bücher im Rahmen ihrer Möglichkeiten rekonstruiert haben.

Ich besitze nicht den Druck von Keplers Abhandlung über einen Brief von P. Schreck. Er müßte in Paris vorhanden sein. Ich werde deswegen P. de Fontaney schreiben,[11] damit er den Text für Sie kopieren läßt.

Ich werde selbst P. Verjus schreiben[12] und versuchen, ihn dazu zu bewegen, einen Entschluß zugunsten der Forschungen in China zu fassen. Schuld an der Misere ist der große Krieg, der Europa que la grande guerre qui partage l'Europe, s'oppose à tous les bons desseins. Le R.P. Fontenay me mande que M. Sloane Secretaire de la Societé royale d'Angleterre (dont j'ay aussi l'honneur d'estre, depuis plus de 30 ans) écrit au R.P. Visdelou, j'espere de profiter aussi de ce commerce, dont vous ne manquerés pas[,] Mon R.P.[,] d'estre informé. Et si le R.P. Visdelou le permet à M. Sloane j'en pourray avoir part.

N'y at-il pas des fondations dans la Chine comme chez nous pour les Academies, Universités et Colleges de doctrine, et ne pourroit-on point porter l'Empereur à en faire pour cultiver les sciences[?] Un Prince si puissant, qui regne en repos n'y at-il pas une infinité de moyens d'y fournir[?] C'est à quoy il faudroit tacher de le porter par le moyen de son oncle[,] du Prince Sosan, et d'autres qui sont curieux, et vous favorisent. On y pourroit faire entrer Tartares, Chinois et Européens. J'espere que le grand dictionnaire Chinois-Tartare sera achevé. Il faudroit faire travailler au plus tost à y joindre une de nos langues et l'envoyer en Europe. Ce seroit déja quelque commencement.

Je vous ay parlé[,] mon R.P.[,] dans ma derniere d'un dictionnaire Chinois et Portugais qui est à Berlin[,] parce que vous marquiés de n'en point avoir vû, mais il n'est pas assez ample. Le R.P. Grimaldi m'a parlé d'un ouvrage où les caracteres chinois sont accompagnés des peintures des choses.

Je vous souhaitte des progres et assistances dignes de vostre merite et de vostre zele, et je suis parfaitement

Mon Tres R.P. Vostre tres humble et tres obeissant serviteur
Leibniz

Hanover 28 Juillet 1704

entzweit und sich allen sinnvollen Vorhaben in den Weg stellt. P. de Fontaney schreibt mir,[13] daß Herr Sloane, Sekretär der englischen Royal Society (der ich selbst seit mehr als 30 Jahren die Ehre habe anzugehören),[14] mit P. Visdelou in Briefwechsel steht. Ich hoffe, selbst auch aus dieser Verbindung Nutzen zu ziehen, über die Sie, Ehrwürdiger Vater, sicherlich auf dem laufenden sein werden. Und wenn P. Visdelou es Herrn Sloane erlaubt, werde ich daran teilhaben können.

Gibt es in China nicht wie bei uns Stiftungen zugunsten von Akademien, Universitäten und gelehrten Schulen, und könnte man nicht den Kaiser dazu bringen, solche Institute zur Pflege der Wissenschaften zu gründen?[15] Hat ein so mächtiger Fürst, der unangefochten herrscht, nicht unendliche Mittel, um solche Einrichtungen zu finanzieren? Dazu müßte man versuchen, ihn zu bewegen, durch Vermittlung seines Onkels, des Fürsten Sosan,[16] und anderer Persönlichkeiten, die [wissenschaftlich] interessiert und Ihrem Orden geneigt sind. Man könnte dafür Tataren [Manjuren], Chinesen und Europäer als Mitglieder gewinnen. Ich hoffe, daß das große chinesisch-tatarische [manjurische] Wörterbuch[17] [inzwischen] vollendet sein wird. Man müßte so bald wie möglich ergänzend [die Übersetzung in] eine unserer [europäischen] Sprachen in Angriff nehmen lassen und [das Ergebnis] nach Europa schicken. Das wäre doch schon ein Anfang.

Ich habe Ihnen, Ehrwürdiger Vater, in meinem letzten Brief von einem chinesisch-portugiesischen Wörterbuch[18] in Berlin berichtet, weil Sie mir geschrieben hatten, Sie kennten nichts derartiges, aber dieses Wörterbuch ist nicht umfangreich genug. P. Grimaldi hat mir von einem Werk berichtet, wo den chinesischen Schriftzeichen Abbildungen der [bezeichneten] Dinge beigegeben sind.

Ich wünsche Ihnen Fortschritte und Hilfestellung, die Ihres Verdienstes und Ihres Engagements würdig sind, und verbleibe [...]

Hannover, den 28. Juli 1704

54. LEIBNIZ AN JEAN DE FONTANEY S.J.

Hannover, 15. August 1705. [52. 60.]

Au R. P. Fontaney jesuite Missionnaire à la Chine

Mon Reverend Pere Hanover ce 15 d'Aoust 1705

Je ne say où cette lettre pourra trouver vostre Reverence. Je suis rejoui d'apprendre que vos courses ne font point de tort à vostre santé, et je souhaite que cette constitution robuste vous dure long temps. Ces courses donneront moyen à vous et au R. P. Gerbillon de contribuer à la connoissance de la Geographie. Je n'ay rien appris de toutes les notices Geographiques que vous ou le R. P. Bouvet avés apportées en Europe. Je ne say si c'est par reserve ou par negligence qu'on les supprime.

Je souhaite de savoir si les Chinois ont quelque connoissance des mers au dela du Japon et de Jezzo, et si la coste de la mer Orientale au delà de l'embouchure du fleuve Amur est un peu connue. Item si l'on connoist les embouchures de quelques autres fleuves considerables au delà du fleuve Amur.

Mais sur tout je voudrois avoir des lumieres sur les langues des peuples, comme s'il y a plusieurs Langues differentes dans les diverses provinces de la Chine; si ces langues ont du rapport entre elles, ou avec la langue Mandarine ou universelle de la Chine ou si elles en ont avec les langues voisines des Tartares, Japonois[,] Tonquinois[;] particulierement quelle est la langue de la Corrée et si elle a quelque rapport particulier au japponnois. S'il n'y a point quelque langue plus orientale dans la Tartarie que celle de[s] Tartares qui ont conquis la Chine. Si la langue des Mongols ou Moalles n'a point un rapport considerable avec celles des Tartares orientaux maistres de la Chine. Si les Mongals et les Calmucs ont des langues bien approchantes. Si la Langue de Barantola est la même avec celle

54. LEIBNIZ AN JEAN DE FONTANEY S.J.

HANNOVER, 15. AUGUST 1705. [52. 60.]

An P. Fontaney S.J., Missionar in China

Ehrwürdiger Vater Hannover, den 15. August 1705

Ich weiß nicht, wo dieser Brief Euer Ehrwürden möglicherweise erreichen wird. Ich freue mich zu hören, daß Ihre Reisen Ihrer Gesundheit nicht abträglich sind, und wünsche, daß Ihre kräftige Konstitution Ihnen lange Zeit erhalten bleiben möge. Diese Reisen werden es Ihnen und P. Gerbillon ermöglichen, zu [unseren] geographischen Kenntnissen beizutragen. ich habe von allen geographischen Nachrichten, die Sie oder P. Bouvet nach Europa gebracht haben, nichts zu sehen bekommen. Ich weiß nicht, ob man sie aus Zurückhaltung oder aus Nachlässigkeit unterdrückt.

Ich wüßte gern, ob die Chinesen einige Kenntnis haben von den Meeren jenseits von Japan und Jezzo[1] und ob die Küste des östlichen Meeres jenseits [östlich] der Mündung des Amur [schon] ein wenig bekannt ist. Ferner, ob man die Mündungen einiger anderer bedeutender Flüsse jenseits des Amur kennt.

Vor allem aber hätte ich gern Informationen über die Sprachen der Völker, etwa ob es mehrere unterschiedliche Sprachen in den verschiedenen Provinzen Chinas gibt; ob diese Sprachen untereinander oder der Mandarin-[2] oder allgemeinen Sprache Chinas ähnlich sind oder ob sie Übereinstimmungen mit benachbarten Sprachen der Tataren [Manjuren], Japaner und Tongkinesen aufweisen. Besonders [würde mich interessieren], welche Sprache man in Korea spricht und ob sie dem Japanischen besonders ähnlich ist.[3] Ob es nicht irgendeine noch weiter östlich gesprochene Sprache in der Tatarei gibt als die der Tataren [Manjuren], die China erobert haben. Ob nicht die Sprache der Mongolen oder »Mo[g]alen« große Ähnlichkeit aufweist mit jener der östlichen Tataren [Manjuren], der Herren von China. Ob »Mongalen« und Kalmücken sehr ähnliche Sprachen sprechen.[4] Ob die Sprache von Barantola dieselbe ist wie des Monguls; et si les caracteres de ceux de Barantola conviennent avec les Caracteres des Tartares orientaux. Il seroit bon de pouvoir avoir des Essais de ces langues, et particulierement l'oraison Dominicale traduite dans ces langues avec le decalogue et le Credo et la liste de quelques mots.

Depuis que l'Empereur a subjugué le Royaume d'Eluth, qui est (je crois) une province de la Tartarie occidentale[,] ne trouvet-on pas que le Commerce entre les Usbecs et la Chine est devenu plus aisé[?] Car il me semble d'avoir oui dire que c'estoit ce Roy d'Eluth qui rendoit le passage dangereux, et que pour cette raison le R. P. Grimaldi n'avoit pas pû penetrer dans la Chine par les Usbecks, comme il avoit eu dessein de faire.

Quoyque vous n'ayiés à faire qu'aux Tartares orientaux, je ne doute pourtant point qu'on ne trouve quelques fois des Tartares occidentaux et autres à Pekin, et qu'il ne vienne de temps en temps des Ambassadeurs et des marchands des peuples voisins à la Chine[,] et alors on pourroit obtenir des essais de leur langues.

Quoyque vous ayiés raison, mon R. P.[,] de ne pas avoir grande opinion de la solidité de[s] Chinois d'apresent, neanmoins les caracteres de Fohy marquent, à mon avis, que leur ancestres estoient plus profonds. Leur caracteres ordinaires aussi marquent ce semble une grande penetration dans ceux qui les ont inventés. Mais sur tout leur mecaniques et leur manufactures meriteroient une bonne description: et je souhaiterois que tant d'habiles gens qu'on envoye d'Europe à la Chine fussent employés non seulement à leur porter nos sciences et arts, mais aussi à nous en rapporter des descriptions des leurs, car ils seroient propres à en faire la comparaison et à juger de ce qui nous manque. Et je vous supplie[,] mon R. P.[,] de penser et faire penser à une chose si necessaire; autrement les Chinois se moqueront un jour de nous quand ils n'auront plus besoin de nous.

die der Mongolen und ob die Schriftzeichen der Leute von Barantola übereinstimmen mit denen der östlichen Tataren [Manjuren].[5] Es wäre auch eine gute Sache, wenn man Proben dieser Sprachen bekommen könnte, insbesondere das in diese Sprachen übersetzte *Vaterunser* mit den *Zehn Geboten*, dem *Glaubensbekenntnis* und einem kleinen Wörterverzeichnis.

Scheint, seit der Kaiser das Königreich der Ölöten unterworfen hat (ich glaube, es handelt sich um eine Provinz der westlichen Tatarei [Mongolei]), der Verkehr zwischen Usbeken und China weniger problematisch geworden zu sein? Ich meine nämlich gehört zu haben, daß der König [Stammesfürst] der Ölöten es war, der den Durchgang vom einen ins andere Land gefährdete, und daß aus diesem Grund P. Grimaldi nicht auf dem Weg über Usbekistan nach China hatte vordringen können, wie es seine Absicht gewesen war.[6]

Auch wenn Sie nur mit den östlichen Tataren [Manjuren] zu tun haben, zweifle ich indessen nicht, daß man gelegentlich in Peking auf westliche Tataren [Mongolen] und Angehörige anderer Völker trifft und von Zeit zu Zeit Gesandte und Kaufleute der China benachbarten Völker dorthin kommen. Bei solchen Gelegenheiten könnte man Proben ihrer Sprache bekommen.

Zwar haben Sie, Ehrwürdiger Vater, zu Recht keine hohe Meinung von der Solidität der heutigen Chinesen; dennoch, meine ich, zeigen die Zeichen des Fuxi, daß ihre Vorfahren weniger oberflächlich waren. Auch ihre üblichen Schriftzeichen, scheint es, deuten auf großen Scharfsinn bei denen, die sie erfunden haben. Vor allem ihre Mechanik und ihre Gewerbe wären aber eine sorgfältige Beschreibung wert, und ich wünschte, die vielen fähigen Leute, die man aus Europa nach China schickt, würden nicht nur dazu verwendet, ihnen unsere Wissenschaften und Künste zu vermitteln, sondern auch im Gegenzug uns Beschreibungen der ihren zu bringen, denn sie wären dazu geeignet, beide zu vergleichen und zu beurteilen, was uns fehlt. Ich bitte Sie, Ehrwüdiger Vater, eine so notwendige Einsicht selbst zu bedenken und den übrigen nahezubringen, sonst werden wir eines Tages, wenn sie uns nicht mehr brauchen, zum Gespött der Chinesen.

Cette decouverte aussi de l'Arithmetique binaire dans les caracteres de Fohy faisant voir le merite de leur anciens philosophes confirmera l'opinion de ceux qui croyent qu'ils avoient encor une bonne morale et bonne Theologie naturelle à peu près comme Job et autres qui ont vecu avant la loy de Moyse ou sans en avoir connoissance. Je suis avec zele

Mon Reverend Pere Vostre tres humble et tres obeissant serviteur

Leibniz

Auch diese Entdeckung der binären Arithmetik in den Zeichen des Fuxi[7] verweist auf die Verdienste der alten Philosophen Chinas und wird so die Meinung jener bestätigen, die glauben, daß sie auch über eine gute Moral und eine gute natürliche Theologie verfügten, etwa wie Hiob[8] und andere, die vor der Gesetzgebung Moses lebten oder von dieser nichts wußten. [...]

55. LEIBNIZ AN PIERRE JARTOUX S.J.

HANNOVER, 17. AUGUST 1705. [50.]

Mon tres Reverend Pere

Je suis ravi de l'honneur de vostre connoissance dont je me promets bien de l'avantage, et à nostre Societé des Sciences où l'on sera bien aise de profiter de l'honneur de vostre commerce. On vous remercie de vos observations des taches du soleil; leur circuit seroit à peu pres de 12 jours, cependant il y a d'autres qui croyent que le soleil même n'acheve sa periode qu'en 24 ou 25 jours. On a recommencé d'observer les taches du soleil à Berlin dès le 31 decemb. de l'an 1700. Ce que vous dites[,] mon R. P.[,] sur les Facules est fort raisonnable. Si vous pouviés nous faire avoir des observations où les temps fussent bien marqués avec un pendule ou autrement, elles seroient d'autant plus utiles.

Puisque vous vous plaisés aux Machines[,] mon R. P., ne pourriés [vous] pas nous faire part de quelques inventions mecaniques des Chinois differentes des nostres[?] Leur Moulins à vent horizontaux qu'on nous a appris en Europe sont assez curieux. Il seroit bon d'estre exactement informé de leur voitures et de leur navigation en mer, ou dans les rivieres, et de quantitité de leur mestiers. Particulierement je desirerois une exacte connoissance de leur manufacture du papier, item s'il y a quelque chose de particulier dans leur maniere de cultiver les meuriers et d'en faire de la soye, comme le P. Martinius semble le vouloir faire croire.

On a observé une Comete à Berlin en 1702. Elle fut vue la premiere fois le 21 d'Avril à 2 heures du matin[.] Elle estoit sans queue, plus grande qu'une estoile de la premiere grandeur. Entre la teste du Cygne et la fleche à 3 heures et demie elle estoit environ au 27 degré du Capricorne[,] eloignée de l'equateur à 22 degrés vers le Nord. On ne put le [lies: la] voir la nuit suivante. Mais la nuit entre le 22 et le 23 on trouva que la Comete estoit fort allée en arriere se trou-

55. LEIBNIZ AN PIERRE JARTOUX S.J.

HANNOVER, 17. AUGUST 1705. [50.]

Sehr ehrwürdiger Vater

Ich bin entzückt von der Ehre, Ihre Bekanntschaft zu machen. Ich verspreche mir selbst davon großen Nutzen, und ebenso unserer Sozietät der Wissenschaften, wo man sich sehr freuen wird, aus der Ehre des Kontakts mit Ihnen Gewinn zu ziehen. Man dankt für Ihre Beobachtungen der Sonnenflecken.[1] Deren Umlauf würde demnach zwölf Tage dauern. Andere meinen hingegen, daß die Sonne selbst eine Umdrehung in nicht weniger als 24 oder 25 Tagen vollendet. Man hat die Beobachtung der Sonnenflecken in Berlin schon am 31. Dezember 1700 wiederaufgenommen. Was Sie, Ehrwürdiger Vater, über die Sonnenfackeln [Protuberanzen] sagen, ist sehr verständig. Wenn Sie uns [Aufzeichnungen über] Beobachtungen zukommen lassen könnten, wo die Zeiten mit Hilfe einer Pendeluhr oder anders genau verzeichnet wären, wären sie um so nützlicher.

Da Sie an Maschinen Gefallen finden, Ehrwürdiger Vater, könnten Sie uns nicht einige mechanische Erfindungen der Chinesen mitteilen, die sich von unseren unterscheiden? Ihre Horizontalwindmühlen, die man uns in Europa kennen gelehrt hat,[2] sind recht interessant. Nützlich wären genaue Informationen über ihre Wagen, ihre Meeres- oder Flußschiffahrt und zahlreiche ihrer Handwerke. Insbesondere hätte ich gern genaue Kenntnis von ihrer Papierherstellung, ferner [wüßte ich gern], ob sie eine besondere Methode der Kultivierung von Maulbeerbäumen und der Herstellung von Seide daraus haben, wie P. Martini es nahezulegen scheint.[3]

1702 ist in Berlin ein Komet beobachtet worden.[4] Er wurde zum erstenmal am 21. April um 2 Uhr morgens gesichtet. Er hatte keinen Schweif und war größer als ein Stern der ersten Ordnung. Um 03.30 Uhr war er zwischen dem Kopf des Schwans und dem Pfeil, ungefähr beim 27. Grad des Steinbocks, etwa 22° nördlich vom Äquator. In der folgenden Nacht war er nicht sichtbar, aber in der Nacht vom 22. auf den 23. April stellte sich heraus, daß der Komet vant au 23 degré du Sagittaire environ 13 degrés de l'Equateur vers le Nord. Le 23 d'Avril au soir, on vit sa grandeur et son cours diminuer beaucoup. Elle estoit sous α du Serpentaire (selon Bayerus) à droite[,] depuis on ne la put voir que vers le 25 à 10 heures du soir environ[,] vers 2 1/2 apres minuit, la teste d'Hercule, κ du Serpentaire, et la Comete estoient dans une Ligne droite[.] Le 28 au soir à 9 heures 45 min. on vit la Comete par un telescope de 2 pieds, eloignée du δ du Serpentaire de 3 degrés 11 min. à 12, elle estoit eloigné[e] du σ du Serpent à 3 d. 5 min. Le 1. de May à minuit on ne la put voir qu'avec un Telescope de deux pieds monstrant à la renverse, proche de μ du Serpent à droite. Le 4me de May on la trouva à gauche de μ du Serpent plus bas. Son cours estoit à peu pres le grand cercle qui se peut marquer ainsi: Elevés le pole arctique à 65 degrés, et faites que o degré du Scorpion se leve[,] alors l'horizon oriental marquera le cours de la Comete.

Je vous envoye vos desiderata,

(1) la construction de la chainette, par les logarithmes; et vice versa (la chainette estant construite physiquement par une chaine bien deliée), la maniere de s'en servir pour trouver les Logarithmes.

(2) J'y adjoute la figure d'un vaisseau dont on juge que la figure fendra mieux l'eau. Vous la trouverés à la marge de la premiere page de la description de la chaînette.

(3) Voicy comment j'ay levé le scrupule sur l'estime de la force. Il n'est point vray que la meme quantité du mouvement se conserve[,] mais il est vray que la même quantité de la force absolue se conserve. Soyent deux corps A et B, leur vistesses avant le choc soyent c et v, et apres le choc (c) et (v). Il n'est point vray que toujours Ac + Bv est egal à A(c) + B(v). Car il ne faut point estimer la force par la quantité de mouvement[,] mais par un effect violent et reel, qu'elle peut produire par exemple par la hauteur à la quelle cette force peut elever le mobile pesant dans le quel elle se trouve. Ainsi supposé que

weit nach hinten gegangen war und sich beim 23. Grad des Schützen befand, etwa 13° nördlich vom Äquator. Am Abend des 23. April wurde beobachtet, daß seine Größe und sein Lauf stark abnahmen. Er stand bei α im Sternbild des Schlangenträgers rechts (nach Bayer),[5] danach war er nur noch um den 25. April um 10 Uhr abends zu sehen. Gegen 02.30 Uhr morgens lagen der Kopf des Herkules, κ des Schlangenträgers und der Komet auf einer geraden Linie. Am 28. [April] um 09.45 Uhr abends wurde der Komet durch ein Teleskop von 2 Fuß [Länge] gesichtet, in einer Entfernung von 3° 11–12' von δ des Schlangenträgers und von 3° 5' von σ der Schlange. Am 1. Mai um Mitternacht war der Komet nur durch ein Umkehrteleskop von 2 Fuß [Länge] sichtbar, nahe bei μ der Schlange auf der rechten Seite. Am 4. Mai wurde er links von μ der Schlange weiter unten gesichtet. Seine Bahn folgte in etwa dem großen Kreis, der sich folgendermaßen beschreiben läßt: Man hebe den arktischen Pol auf 65° und setze die Rektaszension des Skorpions auf 0°, dann bezeichnet der östliche Horizont die Bahn des Kometen.

Ich schicke Ihnen, was Sie gewünscht hatten:[6]

1. Die Konstruktion der Kettenlinie durch die Logarithmen und umgekehrt (wobei die Kettenlinie physisch aus einer recht feinen Kette besteht) die Art und Weise, wie mit deren Hilfe die Logarithmen zu ermitteln sind.

2. Ich füge die Form des Schiffes bei, von dem man annimmt, daß es am besten das Wasser zerteilt. Sie finden sie am Rand von der ersten Seite der Beschreibung der Kettenlinie.

3. Folgendermaßen habe ich das Bedenken über die Schätzung der Kraft behoben.[7] Es trifft nicht zu, daß dieselbe Bewegungsmenge erhalten bleibt, wohl aber trifft es zu, daß dieselbe Menge der absoluten Kraft erhalten bleibt. Man nehme zwei Körper A und B, ihre Geschwindigkeiten seien vor dem Stoß c und v und (c) und (v) danach. Es trifft nicht zu, daß $Ac + Bv$ immer $= A(c) + B(v)$. Denn die Kraft darf nicht nach der Bewegungsmenge bemessen werden, sondern nach einem starken und wirklichen Effekt, der zum Beispiel durch die Höhe zu beschreiben ist, zu der diese Kraft den beweglichen schweren Körper erheben kann, in dem sie sich befindet.

les hauteurs où les corps A et B puissent monter par la force de leur mouvement, avant le choc soyent e et h; et apres le choc (e) et (h), je dis qu'il faut qu'il y ait Ae + Bh = A(e) + B(h). Et cela se trouve aussi tres veritable dans l'experience, pourveu que les corps A et B soyent bien durs, afin de ne point amortir une partie notable de la force du choc par leur mollesse. J'ay demonstré ma regle par un principe incontestable, qui est l'absurdité du mouvement perpetuel mecanique; ou par l'egalité de l'effect et de la cause. Car si l'effect pouvoit estre plus grand que sa cause, nous aurions le mouvement perpetuel mecanique. Monsieur Des Cartes a eu l'intention bonne en voulant conserver la force[,] mais il a fait un qui pro quo, en prenant la quantité de mouvement pour la force.

J'attends par vostre moyen des lumieres sur les connoissances Chinoises, et c'est à quoy on est obligé de penser, autrement les Chinois gagneront seuls en apprenant les nostres ; et ils ne seront peut estre pas tousjours aussi portés qu'ils le sont à present à favoriser les Europeens, quand ils auront appris ce qu'ils en demandent. C'est pourquoy il faut tacher de profiter des inclinations genereuses et bien faisantes de l'Empereur d'apresent.

J'ay appris que l'Empereur fait travailler à un grand dictionnaire Tartaro-Chinois pour donner aux Tartares une connoissance plus aisée des caracteres chinois et de leur doctrine. Il me semble que c'est une belle occasion pour l'engager à faire quelque chose qui nous importeroit aussi et serviroit au but que nous devons avoir en partie pour nous dedommager de la peine que nous prenons de leur porter nos sciences; en retirant d'autres lumieres en echange. Car en portant l'Empereur à faire faire un dictionnaire complet qui contienne non seulement une simple traduction, mais encor une explication,

Wenn man also annimmt, daß die Höhen, auf welche die Körper A und B durch die Kraft ihrer Bewegung aufsteigen können, vor dem Stoß e und h und danach (e) und (h) sind, so sage ich, daß gelten muß: $Ae + Bh = A(e) + B(h)$. Und die Erfahrung bestätigt das vollauf, vorausgesetzt, daß die Körper A und B ausreichend hart sind, damit sie nicht einen wesentlichen Teil der Kraft des Stoßes durch ihre Weichheit verbrauchen. Ich habe meine Regel durch ein unbestreitbares Prinzip erwiesen: die Absurdität des mechanischen Perpetuum mobile oder die Gleichheit von Wirkung und Ursache. Denn wenn die Wirkung größer sein könnte als ihre Ursache, hätten wir das mechanische Perpetuum mobile. Herr Descartes zielte in die rechte Richtung, wenn er die Kraft erhalten wollte, aber ihm ist eine Verwechslung unterlaufen, indem er die Bewegungsmenge für die Kraft nahm.[8]

Ich erwarte durch Ihre Vermittlung Aufschluß über die Kenntnisse der Chinesen, darauf gilt es, bedacht zu sein; andernfalls werden nur die Chinesen gewinnen, indem sie sich unsere Kenntnisse aneignen, und sie werden vielleicht nicht immer so geneigt sein wie jetzt, den Europäern entgegenzukommen, sobald sie nämlich wissen, was sie von ihnen wollen. Deshalb gilt es zu versuchen, aus den großzügigen und wohltätigen Neigungen des gegenwärtigen Kaisers Nutzen zu ziehen.

Ich habe gehört, daß der Kaiser an einem großen tatarisch [manjurisch]-chinesischen Wörterbuch[9] arbeiten läßt, um den Tataren [Manjuren] einen leichteren Zugang zu den Schriftzeichen und dem Wissen der Chinesen zu schaffen. Mir scheint das eine ausgezeichnete Gelegenheit zu sein, um ihn zu veranlassen, etwas zu tun, das auch für uns wichtig wäre und dem Ziel dienen würde, das wir teilweise verfolgen müssen: uns für die Mühe, den Chinesen unsere Wissenschaften zu vermitteln, schadlos zu halten, indem wir im Gegenzug andere Informationen von ihnen gewinnen. Man wird nämlich Gelegenheit haben, eine Sammlung der wertvollsten chinesischen Kenntnisse anlegen zu lassen, wenn man den Kaiser dazu bringt, ein vollständiges Wörterbuch in Auftrag zu geben, das nicht nur eine einfache Übersetzung enthielte, sondern darüber hinaus aidée par des figures instructives, et à faire expliquer non seulement les caracteres usuels, mais encor les caracteres techniques, appropriés aux gens de chaque profession; on aura occasion de faire faire un recueil des meilleures connoissances chinoises. Et comme personne pourra mieux servir l'Empereur dans ces descriptions que nos Européens instruits dans les matieres[,] parce qu'il[s] seront les plus propres à faire des comparaison[s], et à donner des figures exactes; il sera ravi de les y employer, et par ce moyen ils entreront par son ordre même dans une recherche si utile à luy et à nous. Je vous supplie[,] Mon R. P.[,] de peser cette pensée avec le R. P. Bouvet et les autres qui pourront contribuer à l'insinuer. J'en ay écrit aussi à ce Pere. J'ay écrit au R. P. Fontaney pour obtenir des connoissances Geographiques des pays de la mer orientale où le fleuve Amur entre dans la mer, et de la coste au-delà[,] et entre autres s'il y a d'autres fleuves qui y entrent peutestre dans la mer, et pour avoir le Credo, le Decalogue, et l'oraison Dominicale, avec un petit dictionnaire des differentes Langues qui se trouvent ou dans les diverses provinces de la Chine ou dans les autres pays, dont des habitans viennent à la Chine. Et je vous supplie[,] mon R. P.[,] de favoriser aussi ce dessein. Et vous souhaitant toute sorte de satisfaction dans vos bons desseins, qui servent à la Gloire de Dieu, et au bien des hommes; je suis avec zele

Mon Reverend Pere vostre tres humble et tres obeissant serviteur Leibniz

Hanover 17 d'Aoust 1705.

Au R. P. Jartout de la Compagnie de Jesus Missionnaire à la Chine eine von lehrreichen Abbildungen gestützte Erläuterung [des Sachverhalts]; dabei müßten nicht nur die gebräuchlichen Zeichen erklärt werden, sondern auch die technischen, [dem Gebrauch] der Vertreter jeden Gewerbes angepaßten Zeichen. Und da niemand bei diesen Beschreibungen dem Kaiser besser zur Hand gehen kann als unsere Europäer, die sich in den jeweiligen Fächern auskennen – sind sie doch am besten geeignet, Vergleiche anzustellen und exakte Zeichnungen anzufertigen –, wird er entzückt sein, sie zu diesen Arbeiten anzustellen. Auf diese Weise werden [unsere Leute] auf den Befehl des Kaisers selbst Forschungen aufnehmen, die für ihn und für uns so nützlich sind. Ich bitte Sie, Ehrwürdiger Vater, diesen Gedanken mit P. Bouvet und den anderen zu beraten, die dazu beitragen können, ihn [dem Kaiser] schmackhaft zu machen. Ich habe P. Bouvet ebenfalls in dieser Angelegenheit geschrieben.[10] Ich habe P. de Fontaney geschrieben,[11] um geographische Informationen von den Ländern am östlichen Meer zu erhalten, wo der Amur ins Meer mündet, und von der Küste jenseits [östlich] davon, und [habe] unter anderem [gefragt], ob es weitere Flüsse gibt, die vielleicht dort ins Meer münden. [Außerdem habe ich gebeten] um das *Glaubensbekenntnis,* die *Zehn Gebote* und das *Vaterunser* samt einem kleinen Wörterbuch in den unterschiedlichen Sprachen, die in den verschiedenen Provinzen Chinas oder den sonstigen Ländern gesprochen werden, deren Bewohner nach China kommen. Und ich bitte Sie, Ehrwürdiger Vater, selbst ebenfalls dieses Vorhaben zu fördern. Ich wünsche Ihnen allen erdenklichen Erfolg bei Ihren ausgezeichneten Vorhaben, die dem Ruhme Gottes und dem Wohl der Menschen dienen. […]

Hannover, den 17. August 1705.

An P. Jartoux S. J., Missionar in China

56. LEIBNIZ AN ANTOINE VERJUS S.J.

HANNOVER, 18. AUGUST 1705. [36. 61.]

Au R. P. Verjus à Paris

Mon tres Reverend Pere Hanover 18 Aoust 1705

Comme vous avés le soin des Missions estrangeres, et que vous avés eu la bonté de favoriser ma correspondance avec vos peres Missionnaires, j'en ay profité de temps en temps, et je souhaite que l'Europe puisse profiter un peu d'avantage, de l'occasion qu'ils ont de faire des decouvertes dans la Chine. Car j'apprehende que lors que les Chinois auront appris nos sciences, ils ne chassent un jour les Européens. De sorte qu'il me semble, qu'il ne faut point perdre les occasions de se dedommager en faisant un echange de leur connoissances avec les nostres. Car quoyque je voye la plus part de nos missionnaires assez portés à parler avec mepris des connoissances de[s] Chinois, neantmoins, leur langue et caracteres, leur manieres de vivre, leur artifices et manufactures, leur jeux mêmes, différent presqu' autant des nostres, que si c'estoient des gens d'un autre globe; il est impossible que même une nue, mais exacte description de ce qui se practique parmy eux, ne nous donne des lumieres tres considerables, et bien plus utiles à mon avis, que la connoissance des rites et des meubles des Grecs et des Romains où tant de savans s'attachent. Il est vray que le principal employ des missionnaires est de travailler à la propagation de la Religion: mais c'est en cela que la recherche de la langue, des hieroglyphes, de la critique des anciens livres et de l'ancienne Histoire de la Chine et même des sciences chinoises et de leur origine, se trouvera tres importante, en confirmant l'Histoire de la Sainte Ecriture, en rendant nostre Theologie plus recevable aux Chinois, et en les faisant rentrer dans l'esprit de leur ancestres, que

56. LEIBNIZ AN ANTOINE VERJUS S.J.

HANNOVER, 18. AUGUST 1705. [36. 61.]

An P. Verjus in Paris

Sehr ehrwürdiger Vater Hannover, den 18. August 1705

Da Sie mit der Auslandsmission betraut sind und so freundlich waren, meine Korrespondenz mit Ihren in der Mission tätigen Patres zu fördern, habe ich mir das von Zeit zu Zeit zunutze gemacht und wünschte, daß Europa ein wenig mehr von der Gelegenheit profitieren könnte, die Ihre Patres haben, in China Entdeckungen zu machen. Denn ich befürchte, daß die Chinesen, sobald sie sich unsere Wissenschaften angeeignet haben, eines Tages die Europäer vertreiben werden.[1] Man darf meines Erachtens deshalb nicht die Gelegenheit verschenken, sich durch den Austausch ihrer und unserer Kenntnisse schadlos zu halten. Zwar sehe ich, daß die Mehrzahl unserer Missionare recht geneigt ist, die Kenntnisse der Chinesen verächtlich zu machen.[2] Nichtsdestotrotz sind ihre Sprache und ihre Schriftzeichen, ihre Lebensweisen, ihre Fertigkeiten und Gewerbe, ja sogar ihre Spiele[3] fast so verschieden von den unseren, als handelte es sich um Leute von einem anderen Stern. Selbst eine anspruchslose, aber genaue Beschreibung ihrer Bräuche vermittelt uns notwendig sehr beachtliche Einsichten, die meiner Meinung nach weit nützlicher sind als die Kenntnis der Riten und Gerätschaften von Griechen und Römern, die sich so zahlreiche Gelehrte angelegen sein lassen. Wohl ist der Hauptzweck der Missionare die Arbeit für die Ausbreitung der [christlichen] Religion; aber gerade in Hinblick darauf werden sich die Forschungen zur Sprache und den Hieroglyphen, die kritische Sichtung der alten Bücher und der alten Geschichte Chinas und sogar die Untersuchungen zu den chinesischen Wissenschaften und ihrem Ursprung als sehr wichtig erweisen. Sie bestätigen die Geschichte der Heiligen Schrift, sie machen die Chinesen empfänglicher für unsere Theologie und leiten sie zurück zur geistigen Verfassung ihrer Ahnen, die derjenigen der alten je crois plus approchant de celuy des anciens Hebreux et autres non encor corrompus par l'idolatrie, comme l'exemple de Job nous fait connoistre, quoyque quelques docteurs de Sorbonne puissent dire à l'encontre. Et comme il s'est trouvé que ma nouvelle Arithmetique Binaire (qui au lieu de la progression decadique, se sert de la dyadique, et n'a point d'autres notes que 0 et 1, et par consequent monstre d'abord beaucoup d'ordre des periodes, et une liaison merveilleuse en toute sorte de suites des nombres) est parfaitement exprimée par les anciens caracteres de Fohy dont les Chinois dés le temps de Confutius avoient deja perdu la signification; il me semble que cette decouverte[,] petite à la verité, mais surprenante, doit contribuer à nous eveiller, tant en Europe, qu'à la Chine, parce qu'elle pourra faire une grande impression sur l'Empereur de la Chine, et sur des personnes intelligentes de ce pays, pour reveiller leur curiosité par rapport à la recherche des origines et de la Theologie et philosophie des anciens Chinois, que ce rapport des caracteres de Fohy monstre de n'avoir pas tousjours esté des gens aussi superficiels, qu'on pourroit bien avoir crû. Je croy qu'à Rome meme la connoissance de cette decouverte pourra faire un bon effect, pour donner une meilleure opinion de l'antiquité reculée de ces peuples eloignés. Et aupres des Chinois mêmes elle peut servir à leur rendre plus recevable un des grands articles, et non pas des plus aisés de nostre religion, et de nostre Metaphysique, qui porte que Dieu et rien font l'origine de toutes choses, que Dieu a tout creé de rien, et le fait encor, la conservation n'estant qu'une Creation continuelle. Car cette origine des choses de Dieu et de rien, reçoit un grand éclaircissement de l'analogie qu'elle a avec l'origine de tous les nombres de l'unité et du zero, puisque tous les nombres se peuvent et même se doivent exprimer le plus scientifiquement, par les deux notes 1 et 0[,] et par consequent par un rapport unique et continuel à ces deux premiers Elemens des nombres.

Ainsi la recherche des antiquités, langues, caracteres, Histoire, philosophie et Sciences de la Chine, devant estre si utile pour la

Hebräer und anderer, noch nicht vom Götzendienst korrumpierter Völker nähergestanden haben dürfte [als jener der modernen Chinesen], wie uns das Beispiel des Hiob zeigt,[4] ganz gleich, was einige Gelehrte der Sorbonne dagegen sagen mögen.[5] Da sich herausgestellt hat, daß meine neue binäre Arithmetik, die anstelle der Zehnerprogression die dyadische verwendet, keine anderen Ziffern als 0 und 1 kennt und infolgedessen auf den ersten Blick viel Regelhaftigkeit der Perioden und einen wunderbaren Zusammenhang in Zahlenfolgen aller Art erkennen läßt, vollkommen in den alten Zeichen des Fuxi ausgedrückt ist,[6] deren Sinn die Chinesen schon zur Zeit des Konfuzius nicht mehr kannten, meine ich, daß diese zwar geringfügige, aber überraschende Entdeckung uns in Europa wie in China aufwecken helfen muß. Denn sie kann auf den Kaiser von China und intelligente Persönlichkeiten des Landes großen Eindruck machen und dazu beitragen, ihr Interesse an der Suche nach den Ursprüngen und der Theologie und Philosophie der alten Chinesen zu wekken, die, wie dieses Zeugnis der Zeichen des Fuxi zeigt, nicht immer so oberflächliche Leute waren, wie man angenommen haben mag. Ich glaube, daß die Kenntnis dieser Entdeckung sogar in Rom gute Wirkung erzielen und eine bessere Meinung von der fernen Vergangenheit dieser entlegenen Völker vermitteln könnte.[7] Und die Chinesen selbst kann sie empfänglicher machen für einen der großen Glaubensartikel unserer Religion und Metaphysik, der nicht eben zu den am leichtesten zu fassenden gehört: Gott und das Nichts sind der Ursprung aller Dinge, Gott hat alles aus dem Nichts erschaffen und tut es noch, da die Erhaltung [des Bestehenden] nichts anderes ist als eine fortwährende Schöpfung. Denn auf den Ursprung der Dinge aus Gott und dem Nichts fällt ein helles Licht von seiner Analogie her mit dem Ursprung aller Zahlen aus der Einheit und Null, da alle Zahlen auf die wissenschaftlichste Weise durch die beiden Ziffern 1 und 0 und infolgedessen durch einen einzigartigen und fortdauernden Rückbezug auf diese beiden ursprünglichen Elemente der Zahlen ausgedrückt werden können, ja müssen.[8]

Die Forschung zu Altertümern, Sprachen, Schriftzeichen, Geschichte, Philosophie und Wissenschaften Chinas muß demnach propagation de la religion, et d'ailleurs les Europeens estant si interessés à retirer quelque chose d'utile de la Chine en echange de leur sciences qu'ils y portent: il paroist important et raisonnable, qu'une partie des Missionnaires soit appliquée principalement à ces recherches qui ne sont pas moins comprises que les autres dans les fonctions Apostoliques. Et comme on a envoyé de l'Europe dans la Chine quantité de gens habiles dans toutes sortes de professions; ces personnes seroient propres à faire la comparaison de ce qui se practique à la Chine avec ce qui se practique icy. Et il y auroit même moyen à mon avis, d'y interesser l'Empereur luy même et de le porter à y contribuer parce qu'estant Tartare et d'une Nation differente de la chinoise, il sera ravi qu'on fasse des recueils et des descriptions de toutes les connoissances chinoises pour en faire part aux Tartares; comme en effect il fait déja travailler à un grand dictionnaire Tartaro-Chinois, qui n'y sera pas un petit acheminement[,] car à l'occasion d'un dictionnaire complet, et de l'explication de tous les caracteres chinois en Tartare on pourra entrer dans le detail de toutes les connoissances des Chinois; sur tout si l'Empereur fait expliquer non seulement les caracteres usuels, mais encor les caracteres Techniques appropriés à toutes sortes de professions, et les fait eclaircir par des figures, à quoy nos Européens luy pourront estre très utiles. De sorte qu'il ne s'agit que d'insinuer les choses de bonne maniere.

Au reste comme j'ay parlé au R. P. Bouvet d'une lettre ou dissertation que le celebre Kepler avoit écrite autresfois à l'occasion d'une Relation du P. Terentius venue de la Chine dont Kepler prenoit occasion de dire ce qu'il desiroit qu'on observât à la Chine par rapport à l'Astronomie; le R. P. Bouvet m'a demandé cet écrit de Kepler. Mais je ne [le] trouve point dans ce pais cy[,] et m'imaginant qu'on le trouvera plustost à Paris, je vous supplie[,] mon Tres Reveals überaus nützlich für die Ausbreitung der [christlichen] Religion angesehen werden, so wie übrigens für die Europäer sehr daran gelegen ist, im Austausch für ihre dorthin getragenen Wissenschaften ihrerseits von China zu profitieren. Es erscheint daher wichtig und sinnvoll, daß ein Teil der Missionare sich in erster Linie diesen Forschungen widmet, die nicht weniger als die anderen [Arbeiten] zum Geschäft eines Apostels gehören.[9] Und da man aus Europa zahlreiche in allen Berufssparten bewanderte Leute nach China entsandt hat, wären diese geeignet, die Praxis [der jeweiligen Gewerbe] in China mit derjenigen hierzulande zu vergleichen. Meiner Ansicht nach wäre es sogar möglich, den Kaiser selbst [für diese Arbeiten] zu interessieren und ihn dazu zu bewegen, selbst einen Beitrag zu leisten. Er ist ja selbst Tatare [Manjure] und nichtchinesischer Abstammung, er wird daher entzückt sein, wenn Sammlungen und Beschreibungen des gesamten chinesischen Wissens angelegt werden, um die Tataren [Manjuren] an diesen Kenntnissen teilhaben zu lassen – so wie er ja bereits an einem großen tatarisch [manjurisch]-chinesischen Wörterbuch arbeiten läßt,[10] das einen großen Schritt in diese Richtung bedeuten wird. Denn anhand eines vollständigen Wörterbuchs und der Erklärung aller chinesischen Schriftzeichen in tatarischer Sprache wird man das gesamte Wissen der Chinesen im einzelnen erfassen können, insbesondere wenn der Kaiser nicht nur die allgemein gebräuchlichen Zeichen erklären läßt, sondern auch die technischen, [dem Gebrauch] jedes Gewerbes angepaßten Zeichen, und diese durch Zeichnungen illustrieren läßt, wobei unsere Europäer ihm sehr nützlich sein können. Es handelt sich also nur darum, diese Dinge in angemessener Weise [dem Kaiser] schmackhaft zu machen.

Ich hatte im übrigen P. Bouvet von einem Brief oder einer Abhandlung erzählt,[11] die der berühmte Kepler einst anläßlich eines Berichtes von P. Schreck aus China geschrieben hatte und worin er sagte, was er für astronomische Beobachtungen in China angestellt zu sehen wünschte; daraufhin bat mich P. Bouvet um diese Schrift von Kepler. Ich kann hierzulande aber kein Exemplar auftreiben,[12] und da ich mir vorstelle, daß man in Paris eher eines finden wird, rend Pere, de donner ordre, qu'on le fasse copier pour l'envoyer à ce pere[,] et qu'on luy envoye encor d'autres livres qui peuvent servir à expliquer des hieroglyphes où il s'applique utilement dans la veue de rendre service à la religion. Mais je vous recommande sur tout (si j'ose prendre cette liberté) de mettre ordre aux recherches et recueils des connoissances chinoises dans la physique, dans les mecaniques et dans l'histoire[,] dans la Geographie qui nous donneroient des lumieres, ce but nous devant estre principalement en vue apres la propagation de la foy.

bitte ich Sie, Ehrwürdiger Vater, zu veranlassen, daß davon eine Abschrift genommen und P. Bouvet zugeschickt wird, zugleich mit weiteren Büchern, die zur Erklärung der Hieroglyphen dienen könnten. Deren Deutung läßt sich P. Bouvet nützlicherweise angelegen sein, um so der [christlichen] Religion einen Dienst zu erweisen. Vor allem aber lege ich Ihnen ans Herz, wenn ich mir diese Freiheit nehmen darf, Erforschung und Sammlung des chinesischen Wissens im Bereich von Naturkunde, Mechanik, Geschichte und Geographie zu organisieren, das uns [neue] Einsichten verschaffen könnte. Und dieses Ziel müssen wir nächst der Ausbreitung des Glaubens vor allem im Blick haben.

57. LEIBNIZ AN JOACHIM BOUVET S.J.

HANNOVER, 18. AUGUST 1705. [53. 64.]

Au R. P. Bouvet Missionnaire à la Chine

Mon Reverend Pere Hanover 8 Aoust 1705

Depuis quelque temps j'attends de vos nouvelles[.] Je ne say si vous avés fait encor des progrés dans les caracteres et dans la philosophie Chinoise. Je croy que l'Empereur ne seroit point faché d'apprendre l'Arithmetique binaire et son accord avec les anciens caracteres de Fohy, et qu'il reconnoistroit que c'est là leur veritable dechifrement, et prendroit plaisir de considerer l'Analogie importante entre l'origine de tous les nombres de 1 et de 0 et entre l'origine de toutes choses de Dieu et du rien. Je serois donc bien aise de savoir, mon R. P.[,] si vous ne luy en avés point fait donner quelque ouverture.

Il seroit encor bon de porter l'Empereur à faire faire des observations sur les maladies, et faire donner Historiam anni Medicam par les differentes provinces du Royaume.

Je me souviens de vous avoir fait plusieurs questions, et entre autres sur les maladies regnantes dans la Chine, entre autres si le Scorbut et quelques maladies nouvelles de l'Europe y sont frequentes. Vous aurés la bonté de faire reponse à ces questions, quand vostre loisir le permettra[.]

On pousse peu à peu en Europe l'Arithmetique binaire apres l'entrée que j'y ay donnée; et j'espere qu'elle donnera un grand avancement à la science des Nombres, et même à celle de la Geometrie qui en depend.

Je crois vous avoir marqué d'avoir demonstré, que suivant les expressions binaires chaque colonne de la serie des Quarrés est periodique; et de meme de la serie des Cubes, et de toutes les autres puissances dont les racines vont en progression Arithmetique.

57. LEIBNIZ AN JOACHIM BOUVET S.J.

HANNOVER, 18. AUGUST 1705. [53. 64.]

An P. Bouvet, Missionar in China

Ehrwürdiger Vater | Hannover, den 18. August 1705

Seit einiger Zeit schon erwarte ich von Ihnen zu hören. Ich weiß nicht, ob Sie weitere Fortschritte gemacht haben beim Studium der chinesischen Schriftzeichen und Philosophie. Ich glaube, es wäre dem Kaiser nur recht, die binäre Arithmetik kennenzulernen und von ihrer Übereinstimmung mit den alten Zeichen des Fuxi zu hören. Er würde wohl anerkennen, daß damit deren zutreffende Entschlüsselung gefunden ist, und Gefallen daran finden, die wichtige Analogie zwischen der Herleitung aller Zahlen von 0 und 1 und dem Ursprung aller Dinge aus Gott und dem Nichts zu erwägen. Ich würde mich also sehr freuen zu erfahren, Ehrwürdiger Vater, ob Sie ihm nicht etwas darüber eröffnet haben.[1]

Es wäre auch eine gute Sache, den Kaiser dazu zu veranlassen, Beobachtungen über die Krankheiten anstellen und ein medizinisches Jahrbuch in den verschiedenen Provinzen des Reiches herausgeben zu lassen.

Ich erinnere mich, Ihnen mehrere Fragen gestellt zu haben, unter anderem über die in China am weitesten verbreiteten Krankheiten, und darunter, ob der Skorbut und einige in Europa neue Krankheiten in China häufig vorkommen.[2] Wenn Sie Muße dazu haben, werden Sie so freundlich sein, auf diese Fragen zu antworten.

Nachdem ich sie eingeführt habe, wird die binäre Arithmetik in Europa langsam vorangetrieben;[3] ich hoffe, sie wird der Wissenschaft von den Zahlen und sogar der davon abhängigen Geometrie einen wesentlichen Aufschwung bringen.

Ich glaube, Ihnen von meinem Nachweis Mitteilung gemacht zu haben, daß in der binären Darstellung jede Spalte der Reihe der Quadratzahlen periodisch ist; dasselbe gilt für die Reihen der Kubikzahlen und aller anderen Potenzen, deren Wurzeln der arithmetischen Progression folgen.[4]

J'ecris aussi au R. P. Visdelou et je luy envoye la copie des caracteres du costé convexe d'un miroir concave d'acier trouvé en Siberie, pour qu'on considere s'ils ont quelque rapport aux caracteres Chinois anciens ou modernes, ou à ceux des Tartares.

J'espere que vous aurés receu ma lettre où je vous parle de quelques dictionnaires Chinois et Portugais ou Espagnols qui se trouvent à Berlin, et qui apparemment se doivent trouver dans la Chine aussi, ou bien dans les Philippines et autres pays voisins. Il semble que les Portugais cachent ces notices aux Jesuites François.

J'espere aussi que les R. P. Grimaldi et Gerbillon seront encor en vie. J'ay eu l'honneur de voir le premier à Rome, et j'ay eu l'avantage d'envoyer aux RR. PP. de La Chaise et Verjus les copies des lettres du second, que les Moscovites avoient supprimés, et qu'un ami m'avoit fait tenir, qui les avoit eu à Moscou même.

Je seray tousjours ravi d'apprendre des notices et informations de chez vous et je suis avec zele

Mon R. P. Vostre tres humble et tres obeissant serviteur

Leibniz

P. S. Le Pape paroist assez favorable à vos missionnaires. Je crois qu'il a eu raison de suspendre les poursuites des Theologiens de France.

Quoyque le R. P. Fontenay m'ait envoyé une lettre de vostre part du 8 9bre 1702, j'attends reponse à une autre que je vous av[oi]s ecrite depuis.

Il sera tres utile de trouver dans les livres classiques des Chinois quelque chose qui ait du rapport à Nostre religion[,] comme il y a un passage de Platon, qui semble faire esperer un Messie au genre humain. Mais il sera sur tout necessaire d'expliquer ces livres en sorte qu'ils ne choquent point au moins la Theologie naturelle, et qu'ils la confirment plustost.

Ce seroit une chose tres importante que l'origine et l'analyse de leur caracteres, quand même il n'y auroit rien d'hieroglyphique ny

Ich schreibe auch P. Visdelou und sende ihm die Abschrift der Schriftzeichen der konvexen Seite eines konkaven Stahlspiegels,[5] der in Sibirien gefunden worden ist, damit untersucht wird, ob diese Zeichen in irgendeiner Beziehung zu den alten oder neueren chinesischen oder den tatarischen [manjurischen] Schriftzeichen stehen.

Ich hoffe, Sie haben meinen Brief erhalten, in dem ich Ihnen von einigen chinesischen und portugiesischen oder spanischen Wörterbüchern berichte, die sich in Berlin befinden und die es offenbar auch in China oder auf den Philippinen und in anderen benachbarten Länder geben muß.[6] Es scheint, daß die Portugiesen diese Informationen den französischen Jesuiten vorenthalten.

Ich hoffe auch, daß die Patres Grimaldi und Gerbillon noch am Leben sind. Ich hatte die Ehre, ersterem in Rom zu begegnen, und ich hatte den Vorzug, den Patres de la Chaize und Verjus die Abschriften der Briefe des letzteren zu schicken.[7] Die Russen hatten diese Briefe abgefangen, und ich hatte sie von einem Freund bekommen, der sie [seinerseits] direkt in Moskau erhalten hatte.

Ich werde immer entzückt sein, Nachrichten und Informationen von Ihnen aus China zu erhalten, und bin [...]

P. S. Der Papst scheint Ihren Missionaren recht wohlgesonnen zu sein. Ich glaube, er hatte recht, die Verfolgung der französischen Theologen einzustellen.[8]

P. de Fontaney hat mir einen Brief von Ihnen vom 8. November 1702 geschickt; ich warte aber auf die Antwort auf einen weiteren Brief, den ich Ihnen seither geschrieben hatte.[9]

Es wird sehr nützlich sein, in den klassischen Büchern der Chinesen etwas zu finden, das einen Bezug zu unserer [christlichen] Religion aufweist, so wie es eine Platonstelle gibt, die der Menschheit einen Messias in Aussicht zu stellen scheint.[10] Vor allem wird es aber erforderlich sein, diese Bücher so auszulegen, daß sie mit der natürlichen Theologie zumindest nicht in Widerspruch stehen, je diese vielmehr bestätigen.

An [der Erforschung] des Ursprungs und der Analyse der chinesischen Schriftzeichen wäre sehr viel gelegen, selbst wenn sich de sacré caché là dessous; car ils doivent au moins avoir un rapport considerable avec la vraye philosophie. C'est dommage qu'Andreas Mullerus est mort, qui se vantoit d'en avoir la clef. Et comme on ne peut point nier qu'il ait esté un tres habile homme dans la connoissance des langues et des pays eloignés, il y a de l'apparence que ce n'estoit pas une vanterie toute pure, et qu'il en avoit decouvert quelque chose. Il faudra commencer par les caracteres plus simples, et puis les chercher dans d'autres d'une composition encor mediocre, où ils soyent des ingrediens. S'il y a une clef à esperer, il faut qu'elle paroisse par ce moyen.

J'ay ecrit au R. P. Verjus, pour luy faire connoistre l'importance de l'Analyse des caracteres Chinois, même par rapport à la religion, et pour l'exhorter à contribuer qu'on vous assiste dans cette recherche des caracteres et des origines chinoises par rapport à leur langues[,] caracteres, sciences, et ancienne Histoire. J'adjoute que l'Empereur estant luy même originaire d'une autre nation sera ravi qu'on fasse une exacte description en Tartare de toutes les connoissances chinoises, à quoy le grand Dictionnaire Tartaro-Chinois serviroit d'un grand acheminement, s'il faisoit expliquer non seulement les caracteres usuels, mais encor les Techniques, approprié[e]s à chaque profession, et faisoit expliquer toutes choses par des figures, à quoy nos Europeens luy seroient d'un grand secours. Ainsi par cette insinuation on engageroit l'Empereur dans nostre dessein.

J'ay aussi ecrit au R. P. Verjus de vous procurer la dissertation de Kepler à l'egard de la lettre du P. Terentius. Car je ne la trouve point dans ces pays cy; j'en ay écrit aussi au R. P. Gobien. J'ay representé aussi au R. P. Verjus qu'il faudroit appliquer quelques missionnaires tout exprés aux recherches. Car ils n'avanceroient pas moins la reunter diesen nichts nach Art der Hieroglyphen und nichts Heiliges verbergen sollte; denn es muß zumindest einen wesentlichen Zusammenhang zwischen ihnen und der wahren Philosophie geben. Es ist schade, daß Andreas Müller, der sich rühmte, den Schlüssel dazu zu besitzen, tot ist. Es ist nicht zu leugnen, daß er ein sehr guter Kenner entlegener Sprachen und Länder war; so spricht die Wahrscheinlichkeit dafür, daß diese Behauptung keine bloße Prahlerei war und er wirklich etwas [über den Ursprung der chinesischen Zeichen] entdeckt hatte. Man wird mit den einfachsten Zeichen anfangen müssen, um dann zu versuchen, diese als Bestandteile in anderen wiederzufinden, deren Zusammensetzung noch unvollkommen ist.[11] Wenn es Hoffnung auf einen Schlüssel gibt, muß dieser auf solche Weise zutagetreten.

Ich habe P. Verjus geschrieben,[12] um ihn mit der Wichtigkeit der Analyse der chinesischen Schriftzeichen – auch in bezug auf die Religion – bekanntzumachen und ihn zu ermahnen, einen Beitrag dazu zu leisten, daß Sie Hilfe bekommen bei diesen Forschungen zu den Schriftzeichen und Ursprüngen von Sprachen, Zeichen, Wissenschaften und alter Geschichte der Chinesen. Ich füge hinzu, daß der Kaiser, da selbst nichtchinesischer Herkunft, entzückt sein wird, wenn man eine genaue Darstellung des gesamten chinesischen Wissens in tatarischer [manjurischer] Sprache erarbeitet, und daß das große tatarisch [manjurisch]-chinesische Wörterbuch ein großer Schritt in dieser Richtung sein würde, wenn er nicht nur die allgemein gebräuchlichen Zeichen erklären ließe, sondern auch die technischen, [dem Gebrauch] jedes Gewerbes angepaßten Zeichen, und alles durch Zeichnungen veranschaulichen ließe, wobei unsere Europäer ihm eine große Hilfe sein könnten. Indem man das dem Kaiser schmackhaft machte, würde man ihn in den Dienst unserer Vorhaben stellen.

Ich habe auch P. Verjus geschrieben, er möge Ihnen die Abhandlung von Kepler über den Brief des P. Schreck besorgen. Ich kann sie hierzulande nämlich nicht auftreiben; ich habe deshalb auch P. Le Gobien geschrieben.[13] Ferner habe ich P. Verjus vorgestellt, daß man einige Missionare ganz ausdrücklich für die Forschung verwenden ligion par ce moyen. Pour ce qui est des Hieroglyphes des Egyptiens et autres peuples, j'ay du panchant à croire qu'ils n'ont gueres de connexion avec ceux des Chinois. Quand on ne pourroit point porter ceux qui dirigent la [lies : les] missionnaires à appliquer quelques missionnaires aux recherches; je crois qu'on y pourroit engager l'Empereur de la maniere que je viens de dire, en luy proposant le dessein d'un dictionnaire complet enrichi de figures et de descriptions, où la nation Tartare seroit fort interessée et où le concours des Europeens seroit necessaire. Ce dictionnaire seroit la clef de tout. Les PP. Grimaldi et Gerbillon si connus et si estimés du Monarque et des Grands des Tartares le pourroient insinuer adroitement.

Ce qui entre autres me fait douter s'il faut aller si viste à rejetter l'ancienne Histoire Chinoise, est ce qu'on a trouvé de leur observations Astronomiques et particulierement d'une ancienne conjonction de toutes les planetes qui se trouve assez juste avec quelque correction. Vous aurés seu ce que M. Cassini a remarqué là dessus.

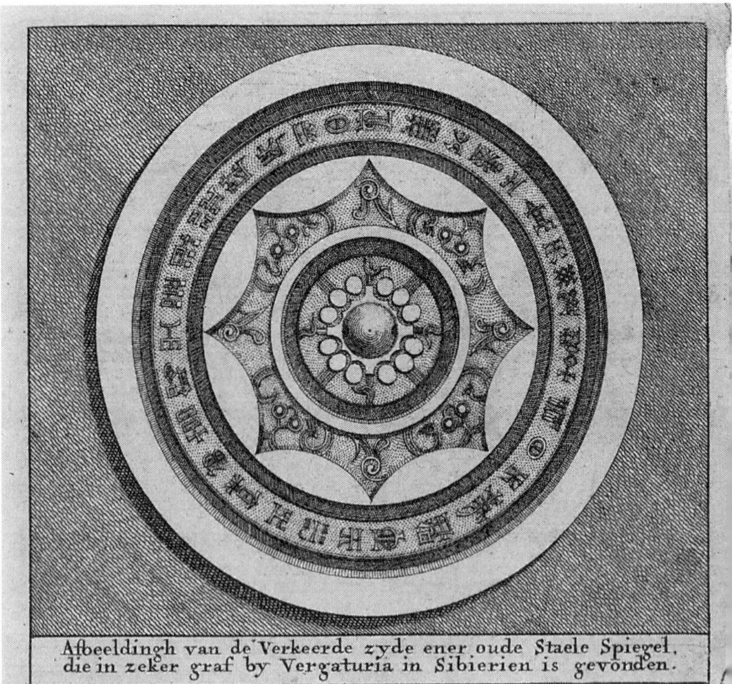

Afbeeldingh van de Verkeerde zyde ener oude Staele Spiegel, die in zeker graf by Vergaturia in Sibierien is gevonden.

müßte, denn sie würden auf diese Weise nicht weniger zur Förderung der [christlichen] Religion beitragen. Was die Hieroglyphen der Ägypter und anderer Völker angeht, neige ich zu der Annahme, daß sie mit denen der Chinesen kaum in Zusammenhang stehen. Sollte es nicht gelingen, diejenigen welche die Missionare anleiten, davon zu überzeugen, einige davon für die Forschung zu verwenden, könnte man doch, meine ich, den Kaiser in der erwähnten Weise dazu bringen, indem man ihm den Plan eines vollständigen, um Illustrationen und Beschreibungen bereicherten Wörterbuches vorschlüge, an dem das Volk der Tataren [Manjuren] großes Interesse hätte und wo die Mitwirkung der Europäer erforderlich wäre. Dieses Wörterbuch wäre der Schlüssel zu allem. Die Patres Grimaldi und Gerbillon sind so bekannt und stehen in so hohem Ansehen beim Kaiser und den Großen der Tatarei [Manjurei], daß sie das geschickt einfädeln könnten.

Was mich unter anderem daran zweifeln läßt, daß es richtig ist, die alte chinesische Geschichte so ohne weiteres zu verwerfen, sind ihre aufgefundenen astronomischen Beobachtungen und insbesondere jene einer weit zurückliegenden Konjunktion aller Planeten, die, etwas berichtigt, sich als ziemlich zutreffend herausgestellt hat. Sie werden erfahren haben, was Herr Cassini dazu angemerkt hat.[14]

58. LEIBNIZ AN CLAUDE DE VISDELOU S.J.

Hannover, 20. August 1705. [70.]

Au R. P. Visdelou Missionaire à la Chine

Mon Reverend Pere Hanover 20 Aoust 1705

Le R. P. Bouvet et autres m'ont tousjours asseuré que vous estiés le plus avancé dans la connoissance des caracteres Chinois. Et le R. P. Fontaney m'a même mandé qu'il avoit engagé le secretaire de la Societé Royale d'Angleterre à vous écrire. Je prends maintenant la meme liberté pour profiter de vos lumières.

Vous aurés sû sans doute par le R. P. Grimaldi et autres qu'un Savant de Pomeranie nommé Andreas Müllerus, nous avoit fait esperer autresfois une clef des caracteres chinois. Je doute qu'il l'ait déja eue, mais comme l'on sait d'ailleurs qu'il avoit un savoir solide par rapport à la connoissance des langues et des pays eloignés, il y a de l'apparence qu'il avoit entrevû quelque chose. Et comme d'ailleurs il faut bien que ces caracteres ayent leur raisons[,] il semble qu'on peut esperer quelque Analyse des caracteres chinois,en commençant par les plus simples, et passant à ceux dont ils sont les ingrediens, et où ils font les plus simples combinaisons. Il y a de l'apparence que la peine de cette recherche seroit recompensée non seulement par quelque facilité qu'elle apporteroit à apprendre ces caracteres, mais aussi par la connoissance qu'elle nous donneroit de l'esprit des anciens Chinois inventeurs de ces caracteres dont les meditations paroistront moins à mépriser, depuis qu'on voit que les caracteres de Fohy expriment si exactement l'Arithmetique binaire que j'ay inventée et qui promet beaucoup pour l'avancement de la science des nombres et de la Geometrie, et qui donne une belle Analogie pour

58. LEIBNIZ AN CLAUDE DE VISDELOU S.J.

Hannover, 20. August 1705. [70.]

An P. Visdelou, Missionar in China

Ehrwürdiger Vater Hannover, den 20. August 1705

P. Bouvet und andere [Angehörige Ihres Ordens] haben mir wiederholt versichert,[1] daß Sie von allen in der Kenntnis der chinesischen Schriftzeichen am weitesten fortgeschritten sind, und P. de Fontaney hat mir sogar mitgeteilt, daß er den Sekretär der englischen Royal Society dazu veranlaßt hätte, Ihnen zu schreiben.[2] Ich nehme mir hiermit dieselbe Freiheit, um aus Ihren Einsichten Nutzen zu ziehen.

Sie werden zweifellos unter anderem durch P. Grimaldi davon gehört haben, daß ein pommerscher Gelehrter namens Andreas Müller uns einst einen Schlüssel zu den chinesischen Schriftzeichen in Aussicht gestellt hatte.[3] Ich bezweifle, daß er über diesen Schlüssel bereits verfügte; da aber aus anderem Zusammenhang bekannt ist, daß Müller über eine solide Kenntnis der fernen Sprachen und Länder verfügte, ist anzunehmen, daß er etwas erahnt hatte. Und da es im übrigen Beweggründe [für die Gestalt] dieser Schriftzeichen geben muß, darf man wohl hoffen, zu einer Analyse der chinesischen Zeichen zu gelangen, indem man mit den einfachsten anfängt und dann zu jenen übergeht, deren Bestandteile sie sind und in denen sie die einfachsten Kombinationen eingehen. Manches spricht dafür, daß die Mühe dieser Forschungen nicht nur durch eine gewisse Erleichterung des Erlernens dieser Zeichen vergolten würde, sondern auch durch die Kenntnis, die sie uns von der geistigen Verfassung der alten Chinesen vermitteln würde, der Erfinder dieser Zeichen; deren Betrachtungen werden um so weniger verächtlich erscheinen, seit man erkannt hat, daß die Zeichen des Fuxi so genau die binäre Arithmetik zum Ausdruck bringen, die ich erfunden habe, die viel für die Förderung der Wissenschaft von den Zahlen und der Geometrie verspricht und eine ausgezeichnete Analogie bietet, um den éclaircir l'origine de toutes choses de Dieu et de Rien, en la comparant avec l'expression de tous les nombres par 1 et 0.

Comme j'ay receu la representation de quelques caracteres inconnus trouvés en Siberie sur un miroir d'acier, et qu'il semble que ces caracteres doivent venir des Chinois ou de Tartares, j'en ay voulu envoyer le dessein cyjoint, vous suppliant[,] mon R. P.[,] d'examiner ces caracteres, et de les faire examiner par des habiles gens parmy les Chinois et les Tartares, pour apprendre s'ils y trouvent quelque rapport à leur caracteres anciens et modernes. Il y a aussi des caracteres dans le pays de Barantola. Je ne say s'ils sont differens de ceux de vos Tartares. Mais pour vous donner occasion[,] mon R. P.[,] de nous fournir plus de lumieres sur ce sujet, et plus de connoissance des anciens caracteres des Tartares aussi bien que de la Geographie de la Tartarie, je vous marqueray ce que j'ay trouvé dans la relation d'un Moine de l'ordre de S. François, que S. Louis avoit envoyé au chan des Mogalles ou Tartares occidentaux qui estoient alors les maistres de toute la Scythie et se rendirent un peu apres maistres de la Chine. Le moine apres avoir passé l'Ethel, c'est à dire le Volga, vint apres 12 journées à la riviere de Jagay ou Jayk qui se rend dans la mer Caspienne, ayant quitté le Volga le 14 de Septembre, il continua son chemin à cheval d'occident en orient jusqu'au 31 d'octobre. Chaque journee estant à peu prés de la distance de Paris à Orleans. Il appelle ce pays la terre des Cangles, et dit qu'il s'y trouvoit fort peu de bois. Le 31 d'octobre le guide le fit tourner un peu vers le midy, et le 8me Nov. il[s] vinrent à une ville nommé[e] Kenkat habitée par des Mahometans. Il y avoit une grande riviere dans ce pays, qui n'alloit pas jusqu'à la mer, mais se perdoit dans des marais[.] Il y avoit aussi là des vignes. Apres cela ils tournerent encor vers l'orient, entrerent dans les montagnes de Caracathay et passerent un grand fleuve, puis ils trouverent une ville nommé[e] Equius où estoient des Mahumetans qui parloient Persan quoyqu'ils fussent loin de la

Ursprung aller Dinge aus Gott und dem Nichts durch den Vergleich mit der Bildung aller Zahlen durch 1 und 0 zu erklären.

Ich habe die Abbildung einiger unbekannter Schriftzeichen erhalten, die man in Sibirien auf einem stählernen Spiegel gefunden hat;[4] diese Zeichen dürften auf die Chinesen oder Tataren zurückgehen. Ich möchte Ihnen daher die beiliegende Zeichnung schikken, Ehrwürdiger Vater, und Sie bitten, diese Zeichen selbst zu untersuchen und durch fähige Leute unter den Chinesen und Tataren [Manjuren] untersuchen zu lassen, um in Erfahrung zu bringen, ob diese irgendeinen Zusammenhang mit ihren Zeichen aus alter und neuerer Zeit erkennen können. Auch in Tibet werden Zeichen verwendet. Ich weiß nicht, ob sie sich von denen Ihrer Tataren [Manjuren] unterscheiden. Um Ihnen aber Gelegenheit zu geben, Ehrwürdiger Vater, uns weitere Einsichten zu diesem Thema zu vermitteln und vertiefte Kenntnisse von den alten Zeichen der Tataren ebenso wie von der Geographie der Tatarei, will ich Ihnen aufschreiben, was ich im Bericht eines Franziskanermönches[5] gefunden habe, den der Heilige Ludwig zum Khan der Mongolen oder westlichen Tataren geschickt hatte.[6] Diese waren damals Herren von ganz »Skythien« und eroberten wenig später China.[7] Nachdem er den Ethel, d.h. die Wolga, überquert hatte, kam der Mönch nach zwölf Tagesreisen zum Jagay- oder Jayk-Fluß,[8] der ins Kaspische Meer mündet. Er hatte die Wolga am 14. September hinter sich gelassen und setzte seine Reise zu Pferde in West-Ost-Richtung fort bis zum 31. Oktober. Dabei entsprach jede Tagesreise etwa der Entfernung von Paris nach Orléans. Er nennt dieses Gebiet das Land der Ganglen,[9] das sehr arm an Wald wäre. Am 31. Oktober ließ ihn sein Führer ein wenig nach Süden schwenken, und am 8. November kamen sie zu einer Stadt namens Kenkat,[10] die von Mohammedanern bewohnt wurde. In diesem Land gab es einen großen Fluß,[11] der aber nicht bis zum Meer floß, sondern sich in Sümpfen verlor. Es gab dort auch Weinberge. Dann wendeten sie sich wieder nach Osten, drangen in die Gebirge von Caracathay[12] ein und überquerten einen großen Fluß.[13] Dann erreichten sie eine Stadt namens Equius,[14] wo Mohammedaner lebten, die Persisch sprachen, obwohl sie weit entfernt waren von Per-

Perse. Puis ayant passé ces montagnes ils vinrent dans une plaine qui avoit des hautes montagnes à droite, et un grand lac de 15 journées de tour à la gauche. C'est peutestre le lac Kithay. Il y avoit une grande ville nommée Keilac. Ce pays là estoit appellé Organum en la cour du grand Cham, et avoit un langage et des lettres à part, mais estoit tout occupé par les Cantomans. Les Jugures touchoient à ce pays d'Organum. Et il semble que l'auteur veut dire que les caracteres des Jugures et du pays d'Organum sont les memes. II adjoute que les lettres du Cham à S. Louis estoient écrites en langue Moalle (ou des Monguls)[,] mais en caracteres des Jugures, qui vont de haut en bas, et les lignes de gauche à droit. L'auteur adjoute que des Jugures vient la source et l'origine du langage Turc et Coman. Peutestre qu'il veut dire que la langue Turque y estoit dans sa pureté et splendeur, et que c'estoit là le siege des savans et lettrés. Qu'il y avoit là aussi la ville de Caracarum, qui n'estoit pas loin de l'endroit où le grand Cham, appellé Mangu-chan petit fils de Chingis-Kan, campoit alors. Apres les Jugures vers l'orient estoit le Tangut, et plus avant et à costé le Tibet, et ensuite les Langues et Solangues[,] gens basanés, et encor au delà les Mucs; et au delà des Mucs le grand Catay, c'est à dire la Chine. Que les Nestoriens avoient 15 villes dans le Catay, et un Eveque dans une ville appellée Segin, mais que plus avant c'estoient des vrais idolatres. Le 30 Novembre l'auteur partit de Cailac, ils approcherent du grand lac, qui est joint par une riviere à un autre grand lac, où ils passerent le 6 de decemb. Apres cela ils passerent par le pays des Naymans sujets auparavant du Prete Jan ou prince Nestorien. Enfin le 26 de decemb. ils arriverent à la cour du Grand Cham. L'auteur n'alloit pas plus loin. Cependant il rapporte, sien. Nachdem sie diese Gebirge überwunden hatten, kamen sie in eine Ebene[15] mit hohen Bergen zur rechten und einem großen See mit einem Umfang von 15 Tagesreisen zur linken Hand. Vielleicht handelt es sich bei letzterem um den Kithay-See.[16] Dort [am See] gab es eine große Stadt namens Keilac.[17] Dieses Land hieß am Hof des Groß-Khans Organum und hatte eine eigene Sprache und eigene Schriftzeichen.[18] Es war aber ganz von den Cantomanen[19] besetzt. An dieses Land Organum stieß [das Land der] Juguren,[20] und der Autor scheint sagen zu wollen, daß die Schriftzeichen der Juguren und jene [der Bewohner] des Landes Organum dieselben sind.[21] Er fügt hinzu, daß die Briefe des Khans an den Heiligen Ludwig[22] in mogolischer (oder mongolischer) Sprache, aber mit der Schrift der Juguren geschrieben waren. Diese schreiben von oben nach unten, und die Zeilen werden von links nach rechts gelesen.[23] Der Autor fügt hinzu, daß Quelle und Ursprung der türkischen und der kumanischen Sprache bei den Juguren liegt.[24] Vielleicht meint er damit, daß die türkische Sprache dort in aller Reinheit und in ihrem vollen Glanz [gesprochen] wurde und daß dort die Gelehrten und Gebildeten saßen. Dort hätte auch die Stadt Caracarum[25] gelegen, nicht weit vom damaligen Lager des Großkhans Mangu Khan,[26] Enkels des Chinggis Khan. Hinter den Juguren in östlicher Richtung war das Land der Tanguten[27] und noch weiter östlich daneben Tibet. Es folgten die dunkelhäutigen Langen und Solangen[28] und noch jenseits davon die Mücken,[29] und wiederum jenseits [östlich] der Mükken das große Catay, das heißt China.[30] Die Nestorianer[31] hatten 15 Städte in Catay und einen Bischof in einer Stadt namens Segin,[32] aber jenseits davon hätten wahre Götzenanbeter gelebt. Am 30. November brach der Autor von Kailac [s.o., Anm. 17] auf; sie näherten sich dem großen See,[33] der durch einen Fluß mit einem anderen großen See[34] verbunden ist, an dem sie am 6. Dezember vorüberkamen.[35] Dann durchquerten sie das Land der Naiman,[36] ehemals Untertanen des Priesters Johannes,[37] [d.h.] eines nestorianischen Fürsten. Am 26. Dezember schließlich erreichten sie den Hof des Großkhans.[38] Der Autor ist nicht darüber hinaus gereist. Er berichtet aber, daß es von dort zum Land der Mancherule,[39] das ist das que de là au pays de Mancherule qui est le vray pays de Moal[,] il y avoit dix journées droit à l'orient, où il y avoit aussi les Su-moal, ou Moals d'eau. Et de Mancherule au Catay 10 journées[;] que la ville de Caracarum n'estoit pas loin de la Cour du Grand Cham, que vers le Nord il y avoit des pauvres peuples nommés Kerkis et Orengay. Il dit aussi que ceux de Tibeth écrivent comme nous de gauche à droit, que ceux de Tangut ecrivent de droit à gauche comme les Arabes et de bas en haut multiplient leur lignes[.] Dans la lettre du Cham au Roy S. Louis on parle de Moalles, Naymans, Mekrits, et Mustlemans, comme des peuples de ce pays. Peutestre que les Mancherules sont vos Tartares Mantcheoo. Enfin il est parlé dans l'auteur de cette relation des Tautae et Mausae (quelques uns lisent Tantae et Mansae) comme habitans des Isles de l'ocean oriental où les Tartares passoient quand la mer estoit glacée. Cet Auteur dit aussi, que les prestres des Jugures disant leurs chapelets, prononçoient ces paroles: *ou mam hactavi*, qui vouloit dire: Seigneur tu le connois. Il seroit bon de sçavoir si ces mots, item su eau, s'entendent encor chez les Tartares ou leur voisins. Item cara noir, item caten dame, Baccha ornement de teste, mot qui est aussi Turc. Je remarque aussi que le Grand Cham Cobila de la race de Chingis Chan, qui conquit le Catay un peu apres 1260 fit son sejour d'Esté à Cambalu (qui sera Pekin) et celuy d'hyver à Sandoy qu'il faudroit chercher plus avant dans la Chine.

J'espere que toutes ces choses vous donneront occasion[,] mon Reverend Pere[,] et à vos amis de nous faire obtenir quelques éclaircissemens touchant les peuples, les langues et les caracteres. Je souhaiterois aussi qu'on pensat à la critique des antiquités chinoises pour juger combien on s'y doit fier suivant ce que j'en ay ecrit autres fois au R.P. Bouvet, où je me rapporte. Et je vous supplie de nous faire part de vos pensées là dessus. Et je suis avec zele eigentliche Land der Mongolen, zehn Tagesreisen geradewegs nach Osten seien, wo auch die *Su-moal* oder Wasser-Mongolen[40] lebten. Von Mancherule nach Catay wären es zehn Tagesreisen; die Stadt Karakorum wäre nicht weit vom Hofe des Großkhans; in nördlicher Richtung lebten [zwei] arme Völker: die Kerkis[41] und Orengaye.[42] Er sagt auch, die Tibeter schrieben wie wir von links nach rechts, [während] die Tanguten wie die Araber von rechts nach links schrieben und [auf der Seite] die Zeilen von unten nach oben. Im Brief des Khans an den [französischen] König, den Heiligen Ludwig, werden die Moallen,[43] Naimanen,[44] Mekrit[45] und Mustlemanen[46] als Völker dieses Landes genannt. Vielleicht sind die Mancherulen Ihre Manju-Tataren.[47] Schließlich spricht der Autor dieses Berichts von den *Tautae* und *Mausae* (nach anderer Lesart *Tantae* und *Mansae*)[48] als Bewohnern der Inseln des östlichen Ozeans, wo die Tataren vorüberkamen, als das Meer zugefroren war. Der Autor sagt auch, daß die Priester der Juguren beim Beten ihres Rosenkranzes folgende Worte sprächen: *ou mam hactavi,*[49] was bedeutete: »Herr, Du kennst ihn«. Es wäre gut zu wissen, ob diese Wörter, ferner auch *su* »Wasser« noch heute bei den Tataren oder ihren Nachbarn zu hören sind. Ferner *cara* »schwarz«, *caten* »Dame«, *baccha* »Kopfputz«, [das] auch ein türkisches Wort [ist]. Ich sehe auch, daß der Großkhan Cobila,[50] aus dem Geschlecht des Chinggis Khan, der Catay [China] kurz nach 1260 eroberte, seinen Sommeraufenthalt in Cambalu nahm (das ist vermutlich Peking), während er den Winter in Sandoy[51] zubrachte, das man weiter im Inneren Chinas zu suchen hätte.

Ich hoffe, daß alle diese Dinge Ihnen, Ehrwürdiger Vater, und Ihren Freunden Gelegenheit geben werden, uns einige Informationen über diese Völker, ihre Sprachen und ihre Schriftzeichen zukommen zu lassen. Ich wünschte auch, daß man sich der kritischen Untersuchung der chinesischen Altertümer annähme, um beurteilen zu können, wieweit man ihnen trauen kann, im Sinne dessen, was ich einmal P. Bouvet darüber geschrieben habe,[52] worauf ich mich [hier] berufe. Und ich bitte Sie, uns Ihre diesbezüglichen Überlegungen mitzuteilen. Ich bin [...]

P.S. J'ay ecrit au R.P. Bouvet, et autres peres missionnaires que je croyois que le travail que l'Empereur de la Chine fait faire d'un dictionnaire Tartaro[-]Chinois donneroit une belle occasion d'avoir un éclaircissement assez complet des connoissances chinoises, si on portoit ce grand prince pour l'honneur et interest de sa propre nation, de faire rendre ce dictionnaire le plus complet qu'il seroit possible, ou bien (apres un dictionnaire des Caracteres usuels) en faire faire un qui fut technique, et qui expliquât à fonds le caractere de toutes les professions et arts, rites, points d'histoire etc. en y joignant des figures au besoin. Et comme personne y pourroit mieux servir l'Empereur que les Européens qui entendent les arts et sciences, et même le dessein, peutestre qu'il trouveroit apropos de former une assemblée pour cet effect, où non seulement des Chinois et Tartares, mais encor des Européens seroient employés, qui en effect donneroient l'ame et le bransle à toute cette grande affaire, estant seuls capables de donner des explications nettes et precises, et de les accompagner de figures instructives; cela donneroit occasion de s'instruire à fonds de toutes les choses qui meritent le plus d'estre sçeues. Et le dictionnaire estant une fois fait et imprimé en Chinois et Tartare, il ne seroit point si difficile de le met[tre] dans quelque langue d'Europe.

P. S. Ich habe P. Bouvet und anderen Patres der [China-]Mission geschrieben,[53] ich glaubte, daß die vom Kaiser von China veranlaßte Arbeit an einem tatarisch [manjurisch]-chinesischen Wörterbuch eine ausgezeichnete Gelegenheit bieten würde, einen ziemlich vollständigen Aufschluß über das chinesische Wissen zu erlangen, wenn man den großen Fürsten zu Ehren und im Interesse seines eigenen Volkes dazu bewegen würde, dieses Wörterbuch so vollständig wie möglich machen oder aber nach einem Wörterbuch der allgemein gebräuchlichen Zeichen ein weiteres, technisches anlegen zu lassen, das gründlich die Eigentümlichkeiten aller Gewerbe und Künste, Riten und historischen Umstände usw. erklärte, gegebenenfalls unter Beifügung von Illustrationen. Und da hierin niemand dem Kaiser besser zur Hand gehen könnte als die Europäer, die sich auf die Künste und Wissenschaften und sogar auf das Zeichnen verstehen, würde dieser vielleicht für gut befinden, zu diesem Zweck eine Gesellschaft zu gründen, wo nicht nur Chinesen und Tataren [Manjuren], sondern auch Europäer Verwendung finden würden. Ja, letztere würden der ganzen großen Unternehmung überhaupt erst Leben und Schwung verleihen, sind sie allein doch fähig, klare und präzise Erklärungen zu formulieren und ihnen instruktive Zeichnungen beizugeben. Damit hätte man Gelegenheit, sich gründlich über alle Dinge zu unterrichten, die es am meisten verdienen, gewußt zu werden. Und wäre das Wörterbuch erst einmal fertig und in chinesischer und tatarischer [manjurischer] Sprache gedruckt, böte seine Übersetzung in eine beliebige europäische Sprache keinerlei besondere Schwierigkeiten.

59. LEIBNIZ AN CHARLES LE GOBIEN S.J.

[Hannover, 18. August 1705]. [48. 68.]

Mon Reverend Pere

Je ne doute point que vous ne continuiés dans vostre Zele pour les Missions Chinoises. Je suis bien aise que leur affaire a pris un meilleur ply à Rome, qu'il n'en avoit pris à Paris. Car dans le fonds, il me sembloit qu'on y alloit un peu trop viste, en voulant condamner une nation, et même les ancestres d'une nation sans les entendre. Et je ne voy pas pourquoy on ne pourroit dire des Chinois ce que plusieurs Theologiens non suspects ont dit de Job et autres qui ont vecu avant la loy[.] Plut à Dieu qu'on put persuader aux Chinois mêmes que leur ancestres ont esté aussi sages que l'on juge. En effect la correspondance des anciens caracteres de Fohy avec l'Arithmetique binaire que j'ay proposée, marque un fonds de solidité dans ces anciens. Et j'espere que cette decouverte eclaircissant un grand article de la foy, qui est l'origine de toutes choses de Dieu et de rien, par l'analogie de l'expression de tous les nombres par 1 et 0, fera meme quelque impression sur l'Empereur, et sur les sages du pays. Ainsi il importeroit tant pour la propagation de la foy que pour l'interest de l'Europe (afin qu'elle profite à son tour des connoissances des Chinois, comme ils profitent des nostres), que les Sciences et connoissances chinoises soyent approfondies[,] savoir leur caracteres, leur Histoire tant civile que literaire avec une juste critique, leur Astronomie ancienne sur tout (qui sert à mieux etablir l'Histoire et les origines), leur Mecaniques aussi et leur manufactures, et la connoissance de leur simples et autres points de physique.

59. LEIBNIZ AN CHARLES LE GOBIEN S.J.

[HANNOVER, 18. AUGUST 1705]. [48. 68.]

Ehrwürdiger Vater

Ich zweifle nicht, daß Sie Ihre Chinamission weiterhin mit Eifer betreiben. Ich freue mich sehr, daß deren Angelegenheiten in Rom eine bessere Wendung genommen haben als zuvor in Paris.[1] Denn ich hatte im Grunde den Eindruck, daß man dort etwas überstürzt handelte, wenn man ein ganzes Volk, ja sogar die Vorfahren eines Volkes verurteilen wollte, ohne sie [zuvor] anzuhören. Ich verstehe auch nicht, warum man nicht von den Chinesen sagen können sollte, was etliche unverdächtige Theologen von Hiob und anderen gesagt haben,[2] die vor dem [mosaischen] Gesetz gelebt haben. Gebe Gott, daß man die Chinesen selbst davon überzeugen könnte, daß ihre Vorfahren so weise gewesen sind, wie man [in Europa] meint. Und wirklich deutet die Übereinstimmung der alten Zeichen des Fuxi mit der von mir vorgetragenen binären Arithmetik auf einen Fundus [intellektueller] Solidität bei diesen alten Chinesen. Ich hoffe auch, daß diese Entdeckung, die Licht auf einen wichtigen [christlichen] Glaubensartikel wirft: den Ursprung aller Dinge aus Gott und dem Nichts, in Analogie zur Bildung aller Zahlen mit 1 und 0, selbst auf den Kaiser und die Weisen des Landes einigen Eindruck machen wird. Deshalb wäre es sowohl für die Ausbreitung des christlichen Glaubens als auch im Interesse Europas (damit dieses seinerseits aus den Kenntnissen der Chinesen Nutzen zieht, so wie die Chinesen von unserem Wissen profitieren) von Wichtigkeit, daß die chinesischen Wissenschaften und Kenntnisse vertieft würden: [die Kunde von] ihren Schriftzeichen, ihre politische wie die Geschichte ihrer Wissenschaften,[3] verbunden mit einer angemessenen kritischen Würdigung, vor allem ihre alte Astronomie (die der besseren Herstellung der Geschichte und der Ursprünge dient), auch ihre mechanischen Künste und ihre Gewerbe, die Kenntnis ihrer Heilkräuter und andere naturkundliche Fragen.

Le grand interest que la religion et l'Europe ont dans ces recherches me fait souhaiter qu'un nombre choisi de missionnaires habiles et versés dans l'Histoire, dans les langues, dans les Mathematiques et dans la physique puissent estre employés principalement à cela, sans estre trop distrait par des soins pastoraux et par des affaires et des occupations diaconales. Il y a plusieurs années que j'ecris à vous [,] mon Reverend Pere, et au R.P. Verjus, et aux missionnaires memes pour les exhorter à penser à ce point important; mais le peu de progres qu'on a fait jusqu'icy pour nous introduire assez dans l'erudition chinoise, me fait croire, qu'il seroit necessaire qu'on y prist des mesures plus efficaces: Car j'ay peur, que si nous perdrons des occasions favorables, elles ne reviennent pas si facilement.

Il n'est pas assez d'avoir beaucoup d'Eglises dans la Chine. *Absit omen*, mais on peut perdre tout cela en un moment, si la faveur de la Cour change un jour sous quelque autre Prince qui favorisera la nation ennemie des Estrangers[.] Ainsi il faut penser à obtenir ce qu'on ne pourra plus nous oster, c'est à dire à tirer des Chinois leur plus importantes connoissances qui ne sont pas petites ny en petit nombre. Cela meme rendra les nostres plus necessaires, et les mettra en estat d'agir plus efficacement avec ces peuples.

Je vous supplie, mon Reverend Pere, de me faire part de vos pensées là-dessus, et de celles du R.P. Verjus, et de faire tenir la cyjointe que j'ecris au R.P. Bouvet, comme celles que j'ay destinees aux RR.PP. Fontaney et Jartoux et que j'ay envoyées au R.P. de La Chaise. Au reste je suis avec Zele

Die große Bedeutung dieser Forschungen für die [christliche] Religion und Europa läßt es mir wünschenswert erscheinen, daß eine ausgewählte Anzahl von fähigen und in der Geschichte, den Sprachen, der Mathematik und Naturkunde bewanderten Missionaren in erster Linie in diesem Bereich eingesetzt werden könnten, ohne daß sie zu sehr durch die Seelsorge und die Gemeinde betreffende Geschäfte und Arbeiten abgelenkt würden. Vor mehreren Jahren habe ich Ihnen, Ehrwürdiger Vater, und P. Verjus und den Missionaren selbst geschrieben,[4] um sie dazu anzuhalten, diesen wichtigen Punkt zu bedenken; aber die geringen Fortschritte, die man bislang darin gemacht hat, uns ausreichenden Zugang zur chinesischen Gelehrsamkeit zu verschaffen, läßt mich glauben, daß es notwendig wäre, hierin wirksamere Maßnahmen zu ergreifen. Wenn wir nämlich auch in Zukunft uns günstige Gelegenheiten entgehen lassen, werden diese, fürchte ich, nicht so leicht wiederkehren.

Es genügt nicht, viele Kirchen in China zu haben. Unberufen, aber all das kann in einem Augenblick verlorengehen, wenn die Gunst des Hofes unter irgendeinem anderen Fürsten eines Tages umschlagen sollte, der dann die den Ausländern feindlich gesinnte Partei [unter den Chinesen] begünstigen würde. Deshalb muß man darauf bedacht sein zu bekommen, was man uns nicht mehr wird nehmen können, also den Chinesen ihre wichtigsten Kenntnisse zu entlocken, die nicht gering sind und auch nicht gering an Zahl. Schon das allein wird unsere Leute unentbehrlicher machen und sie instand setzen, mit diesen Völkern [Chinesen und Manjuren] wirksamer zu verfahren.[5]

Ich bitte Sie, Ehrwürdiger Vater, mir mitzuteilen, wie Sie und P. Verjus hierüber denken, und meinen beiliegenden Brief an P. Bouvet ebenso zu besorgen wie die Briefe an die Patres de Fontaney und Jartoux, die ich an P. de La Chaize geschickt habe. Ich verbleibe im übrigen [...]

60. JEAN DE FONTANEY S.J. AN LEIBNIZ

Paris, 10. September 1705. [54. 62.]

Monsieur à Paris le 10 Sept. 1705

Vostre lettre du 18e d'aoust m'a trouvé ici, où je seray encore quelques années tousjours prest à recevoir vos ordres. La Chine est si éloignée de nostre Europe, et les voyes si difficiles d'y envoyer les pensions de nos Missionnaires reglément tous les ans, que je demeure ici pour tascher d'y apporter quelque remede. C'est un point absolument necessaire apresent que nous y avons beaucoup de monde. Comme nous commençons à scavoir la langue, les Missions nous occupent, et je puis encore dire, nous emportent beaucoup de temps. Il nous reste neanmoins tousjours un fonds d'inclination pour les lettres et les sciences, et je ne connois personne, Monsieur, plus capable de reveiller cette inclination que vous. Nous envoyerons vos lettres à la Chine par la 1ere commodité; j'y envoyeray mesme celle que vous me faites l'honneur de m'ecrire, afin qu'on reponde bien à ce que vous desirez de scavoir. Voici en attendant ce que je puis y repondre moy mesme.

Il n'a pas tenu à moy que le public n'ait deja eu ce qu'on scait, et ce qu'il y a [à] scavoir de ces vastes terres de Tartarie, qui vont jusqu'à la mer orientale, et jusqu'à la glaciale du costé du Nord; j'en apportay une carte en France il y a 4 ans, avec les Relations du P. Gerbillon, qui a fait onze voyages en Tartarie, et qui s'est informé particulierement de tous ces pays là. Ces memoires ont esté mis entre les mains d'une personne qui a deja beaucoup d'occupations, et qui veut avoir encore celle ci. Nous ne pressons pas cet autheur parceque nous l'honnorons et l'estimons.

Les Chinois regnants, c'est à dire les Tartares orientaux[,] connoissent toutes les mers au dessus du Japon, jusqu'au 70me degré de

60. JEAN DE FONTANEY S.J. AN LEIBNIZ

PARIS, 10. SEPTEMBER 1705. [54. 62.]

Monsieur Paris, den 10. September 1705

Ihr Brief vom 18. August hat mich hier erreicht, wo ich mich noch einige Jahre aufhalten werde, stets Ihrer Befehle gewärtig. China ist so weit von unserem Europa entfernt, und es ist so schwierig, die Gehälter unserer Missionare regelmäßig alle Jahre dorthin zu schikken, daß ich hier bleibe, um zu versuchen, dem etwas abzuhelfen. Das ist ein unumgänglicher Gesichtspunkt jetzt, wo wir viele Leute in China haben. Da wir mit der Sprache vertraut zu werden beginnen, beschäftigt uns die Mission sehr, ja ich darf wohl sagen, nimmt uns viel Zeit. Wir bewahren uns nichtsdestoweniger einen Vorrat an Neigung für die Humaniora[1] wie für die Naturwissenschaften, und ich kenne niemanden, mein Herr, der besser imstande wäre, diese Neigung zu wecken, als Sie. Wir werden Ihre Briefe mit der ersten sich bietenden Gelegenheit nach China schicken; ich werde sogar den Brief, den Sie mir die Ehre erwiesen haben, an mich zu schreiben, dorthin schicken, damit man gründlich darüber Auskunft gibt, was Sie zu wissen wünschen. Zunächst soll hier folgen, was ich selbst darauf antworten kann.

Es hat nicht an mir gelegen, daß der Öffentlichkeit noch nicht zugänglich gemacht worden ist, was man weiß – und was es überhaupt zu wissen gibt – über die riesigen Gebiete der Tatarei, die sich bis zum östlichen Meer erstrecken und im Norden bis zum Eismeer. Vor vier Jahren habe ich davon eine Karte nach Frankreich gebracht, zusammen mit den Berichten von P. Gerbillon, der elf Reisen[2] in die Tatarei [Manjurei] unternommen und speziell zu all diesen Ländern Informationen gesammelt hat. Diese Aufzeichnungen sind jemandem[3] übergeben worden, der schon viele Arbeiten zu leisten hat und auch noch diese übernehmen will. Wir drängen diesen Schriftsteller nicht, weil wir ihn ehren und schätzen.

Die Chinesen, die jetzt an der Macht sind, das heißt die östlichen Tataren [Manjuren], kennen alle Meere nördlich von Japan bis zum

Latitude Septentrionale, et ont cotoyé et vû ces mers par ordre de l'Empereur, et en ont barboüillé des cartes que nous avons vües. Je dis barboüillé, car il[s] n'y gardent pas les distances etc. C'est en les interrogeant, que nous avons sceu d'eux, comme il les falloit poser.

Les Moscovites de leur costé ont parcouru toutes les terres sur les bords de la mer glaciale et ont des habitations de ces costez là sur le Liena, qui court Nord et Sud presque dans le mesme meridien que Pekin.

Et les Tartares en montant vers le Nord le long de la mer orientale; et les Mosocovites en cotoyant la mer glaciale, et venant tousjours à l'orient, se sont tous arrestez à une langue de terre, qui avance dans la mer vers le 70e degré de latitude. Les Tartares n'ont pû la cotoyer, parceque ce sont des chaines de montagnes inaccessibles, ils les appellent Les montagnes Noss. Si l'Asie tient à l'Amerique, c'est par là. Le P. Gerbillon dans sa carte met ces montagnes 65 degrez plus à l'orient que Pekin.

Le fleuve Amour que les Tartares nomment Sagalien oula, Nigri Draconis fluvius, a selon leur estime prés de 700 lieües de longueur, il court d'occident en orient sur le 52 degré de latitude. Il est beau, large, profond, peu navigable dans son ambouchure, parcequ'il est rempli de joncs. Il y a au dessus deux autres rivieres, vers le 57, et 63 degré de latitude, qui se jettent aussi dans la mer orientale. Les Moscovites en chassant les martes zybelines sont venus jusques là, et y ont mesme fait quelques habitations.

A la Chine on ne parle qu'une mesme langue par tout; on a cependant quelques dialectes en plusieurs provinces, qui n'empeschent pas qu'on ne les entende fort bien, excepté dans la Province de Fokien proche d'Emoüy. Leur jargon en ce quartier là est un chinois si corrompu, qu'on ne l'entend point. Mais tous entendent la langue Mandarine, qui n'est pas une langue diverse et relevée, mais

70. Grad nördlicher Breite. Sie haben auf Befehl des Kaisers diese Meere besehen und ihre Küsten befahren und Karten davon zusammengekleckst, die wir zu Gesicht bekommen haben. Ich sage »zusammengekleckst«, weil sie nicht die Entfernungen berücksichtigen usw. Erst durch Befragung [der Seeleute] haben wir in Erfahrung gebracht, wie diese anzusetzen sind.

Die Russen ihrerseits haben alle Gebiete an den Ufern des Eismeeres durchstreift und besitzen Siedlungen in dieser Gegend am Ufer der Lena, die fast auf demselben Meridian wie Peking in nordsüdlicher Richtung verläuft.

Die Tataren [Manjuren] sind entlang des östlichen Meeres nach Norden vorgedrungen, die Russen sind, der Küste des Eismeeres folgend, immer weiter nach Osten gekommen; beide haben an einer Landzunge haltgemacht, die bei etwa 70° [nördlicher] Breite ins Meer ragt. Die Tataren [Manjuren] haben [hier] der Küstenlinie nicht folgen können, denn dort liegen unzugängliche Bergketten, die sie das Noss-Gebirge[4] nennen. Wenn irgendwo Asien an Amerika grenzt, dann dort. P. Gerbillon zeichnet dieses Gebirge auf seiner Karte[5] 65° östlich von Peking ein.

Der Fluß Amur, den die Tataren [Manjuren] *Sagalien oula* »Fluß des schwarzen Drachen«[6] nennen, ist nach ihrer Schätzung fast 700 Meilen lang und fließt auf 52° [nördlicher] Breite von Westen nach Osten. Es ist ein schöner, breiter und tiefer Fluß und in seiner Mündung [ins Ochotskische Meer] wenig schiffbar, denn er ist mit Binsen zugewachsen. Darüber [nördlich davon] gibt es zwei weitere Flüsse,[7] etwa beim 57. und 63. Grad [nördlicher] Breite, die ebenfalls ins östliche Meer münden. Die Russen sind auf der Zobeljagd bis dorthin gekommen und haben dort sogar einige Siedlungen gegründet.[8]

In China wird überall eine und dieselbe Sprache gesprochen. In mehreren Provinzen gibt es allerdings einige Dialekte, die dennoch sehr gut zu verstehen sind, ausgenommen in der Provinz Fujian in der Nähe von Amoy.[9] Das Kauderwelsch der Leute dort ist ein so entstelltes Chinesisch, daß man sie überhaupt nicht versteht. Alle verstehen aber die Mandarin-Sprache;[10] dabei handelt es sich nicht un chinois pur, sans dialecte particulier. Le Tunkinois et le japonois (je parle des langues) sont differents du chinois. Au Tonkin neanmoins et au Japon on connoit les caracteres chinois, mais chacun les lit en sa langue.

Dans toute la Tartarie nous ne connoissons que deux langues, Le Moan-tcheou qui est celle des Tartares Orientaux qui ont conquis la Chine, et qui s'appellent Moan-tcheoux: et le Mongou, qui est celle des Tartares occidentaux, qui commencent au dessus de Pekin du costé du Nord et vont ensuite vers l'occident et descendent jusqu'au pays du grand Lamas. Ces deux langues sont entierement differentes. M^{rs} nos Tartares orientaux estoient si grossiers, qu'ils n'avoient nuls caracteres, avant leur conqueste de la Chine; ils ont depuis ce temps là emprunté les caracteres des occidentaux qui ressemblent assez au Syriaque. Je ne scay pas positivement si ceux de Barantola où demeure le grand Lamas, ont des caracteres particuliers, mais ce qui me fait croire que non, et que le Mongou est leur langue[,] c'est que les Lamas, qui sont repandus dans toute la Tartarie occidentale, vont continuellement voir le grand Lamas à Barantola, et en viennent aussi continuellem^{t}. Les Tartares occidentaux y vont aussi en pelerinage; L'Emp^{r} de la Chine a quelques fois envoyé des gens là, qui ne scavoient que le Mongou: Des Lamas de Barantola viennent aussi à Pekin, et n'y parlent que Mongou.

Le Roy d'Elouth n'avoit qu'environ dix mil hommes: tous ont esté tuez, ou sont morts de miseres, errants de tous costez, ou se sont rendus. Ceux qui se sont rendus, l'Empereur les a separez en compagnies, leur a donné des chefs, et assigné des terres proche de la grande muraille. Le pays que l'Eluth occupoit, estoit plus au nord, et n'auroit pas empeché d'aller de Pekin à la mer Caspienne. Le chemin naturel estoit le Hami et Turfan. Le Caldan avoit à la verité pris um eine abweichende, vornehme Sprache, sondern ein reines Chinesisch ohne ausgeprägte dialektale Züge. Das Tongkinesische und Japanische (ich spreche von den Sprachen) unterscheiden sich vom Chinesischen. Dabei kennt man aber in Tongking und in Japan die chinesischen Schriftzeichen, doch liest sie jeder in seiner Sprache.

In der ganzen Tatarei[11] kennen wir nur zwei Sprachen: das Manjurische, das ist die Sprache der östlichen Tataren, die China erobert haben und sich selbst Manjuren nennen, und das Mongolische, die Sprache der westlichen Tataren, deren [Siedlungsgebiet] nördlich von Peking beginnt und sich dann nach Westen erstreckt und [nach Süden] bis zum Land des großen Lama [Tibet] herabreicht. Diese beiden Sprachen sind vollkommen voneinander verschieden. Unsere Herren östliche Tataren [Manjuren] waren dermaßen ungeschliffen, daß sie vor ihrer Eroberung Chinas überhaupt keine Schriftzeichen kannten; seither haben sie die Schrift der westlichen [Mongolen] entlehnt, die einigermaßen dem Syrischen ähnelt.[12] Ich weiß nicht mit Sicherheit, ob die Leute von Barantula,[13] wo der große Lama [Dalai Lama] wohnt, eigene Zeichen haben;[14] was mich annehmen läßt, daß dies nicht der Fall und das Mongolische die Sprache [der Tibeter] ist, ist die Tatsache, daß die in der ganzen westlichen Tatarei verbreiteten Lamas fortwährend den großen Lama in Barantula aufsuchen und auch fortwährend [Lamas] von dort kommen. Die westlichen Tataren [Mongolen] pflegen ebenfalls dorthin zu pilgern; der Kaiser von China hat einige Male Leute dorthin gesandt, die nur Mongolisch konnten. Es kommen auch Lamas aus Barantula nach Peking und sprechen dort nur Mongolisch.

Der König [Stammesfürst] der Ölöten hatte nur etwa 10.000 Mann; alle sind entweder getötet worden oder nach allen Seiten auseinandergelaufen und im Elend umgekommen oder haben sich ergeben. Diejenigen, die sich ergeben haben, hat der Kaiser in Kompanien aufgeteilt, ihnen Anführer gegeben und Land in der Nähe der Großen Mauer zugewiesen. Das ehemalige Gebiet der Ölöten[15] lag weiter im Norden und hätte nicht daran gehindert, von Peking zum Kaspischen Meer zu ziehen. Der von der Natur vorgegebene Weg führte über Hami und Turfan. Zwar hatte Galdan[16] die erstla 1ere de ces deux villes: il avoit surpris aussi le Roy d'Yarcan qu'il tenoit prisonnier depuis plusieurs années, sans que ceux d'Yarcan voulussent neanmoins s'assujetir à luy. Apresent c'est l'Emp[eur] de la Chine qui est Maitre du Hami, ou Cami. Nous avons vu à Pekin le Roy d'Yarcan qui y vint apres la defaite du Caldan. L'Emp[r] luy fit toute sorte de caresse, pour l'obliger de s'assujetir à luy. Ce Roy luy donna de belles paroles, mais quand il fut arrivé dans son pays, il s'excusa sur ce que ses sujets estoient d'un autre sentiment.

Je ne scay si ce fut sur ce fondement que l'Emp[r] nous fit appeller tous les Peres de Pekin un jour environ ce temps là, pour demander si quelqu'un de nous vouloit aller en Europe par terre; il offroit de nous faire conduire par le Hami, Turfan etc. Le P. Gerbillon et les PP. françois s'offrirent à faire tout ce que sa Majesté desireroit; j'estois present à cet entretien. Nous estions bien aise de decouvrir ce chemin, que d'autres envoyez par le P. Verjus taschoient de trouver de leur costé. Nous dimes donc à l'Emp[eur] que nous ne connoissions rien de tout ce chemin de terre depuis la Chine jusqu'en Perse, mais que s'il nous faisoit conduire jusques là, nous repondions du reste. Il fut dans cette resolution quelques jours: je croy qu'il y trouva de la difficulté depuis, et que cette difficulté venoit des Usbeks, qu'il ne connoit pas, et qui sont continuellement en guerre entre eux, de sorte qu'on ne peut pas y passer d'un estat dans un autre. Ces Usbeks ne sont pas encore venus à la Chine, que je sache. Les Tartares occidentaux du Nord, et ceux qui sont à l'occident de la Chine, comme ceux de Coucounor[,] viennent à Pekin continuellement.

Nostre dessein, Monsieur, est tousjours d'examiner les arts de la Chine, et d'en rendre conte quelque jour: Mais il a fallu auparavant genannte dieser beiden Städte erobert, so wie er auch den König [Fürsten] von Yarkand[17] überrumpelt und seit mehreren Jahren gefangen gehalten hatte; allerdings weigerten sich die Leute von Yarkand dennoch, sich ihm zu unterwerfen. Gegenwärtig ist der Kaiser von China Herr über Hami oder Cami. Wir haben den König [Fürsten] von Yarkand in Peking gesehen, als er nach der Niederlage Galdans dorthin kam. Der Kaiser umschmeichelte ihn in jeder erdenklichen Weise, um ihn dazu zu bringen, sich ihm [dem Kaiser] zu unterwerfen. Der König [Fürst] von Yarkand versprach ihm alles mögliche, aber als er nach Hause zurückgekehrt war, nahm er seine Zusagen zurück, unter dem Vorwand, seine Untertanen wären anderer Meinung.

Ich weiß nicht, ob das der Grund dafür war, daß der Kaiser eines Tages, etwa zu jener Zeit, uns, alle Patres in Peking, zu sich rufen ließ, um zu fragen, ob einer von uns auf dem Landweg nach Europa gehen wollte; er bot uns an, uns über Hami, Turfan usw. führen zu lassen. P. Gerbillon und die französischen Patres erboten sich, alles zu tun, was Seine Majestät wünschen sollte; ich war bei dieser Unterredung anwesend. Wir freuten uns sehr, diesen Weg [nach Westen] zu entdecken, den Abgesandte des P. Verjus ihrerseits zu finden strebten.[18] Wir sagten also dem Kaiser, daß wir nicht das Geringste von diesem Landweg von China bis nach Persien wüßten; wenn er uns aber bis dahin führen ließe, wollten wir für den Rest geradestehen. Der Kaiser blieb einige Tage bei diesem Entschluß [, uns auf dem Landweg reisen zu lassen]; ich glaube aber, daß ihm dann dabei Bedenken kamen, und zwar, daß die Bedenken von den Usbeken herrührten, die der Kaiser nicht kennt und die fortwährend untereinander Krieg führen, so daß man nicht von einem [ihrer] Staaten in einen anderen überwechseln kann. Soweit ich weiß, sind diese Usbeken noch nicht nach China gekommen. [Dagegen] kommen die westlichen Tataren [Mongolen] aus dem Norden und Westen Chinas, wie zum Beispiel jene aus dem Koko Nor-Gebiet, fortwährend nach Peking.

Wir haben noch immer vor, Monsieur, die Künste Chinas zu untersuchen und eines Tages unsere Ergebnisse vorzulegen. Es galt apprendre la langue; il faut s'etablir. Les Missions comme les plus pressées ont emporté les 1ers qui y sont allez. L'Empereur occupe ceux qui sont à la cour. Nous en envoyerons, s'il plait à Dieu, tant qu'on pourra vacquer à tout. Je puis vous dire, Monsieur[,] que rien n'est plus capable de les exciter dés apresent, que les lettres que vous leur faites l'honneur de leur ecrire. Je les presseray moy mesme en vostre nom, et je m'estimeray heureux de vous pouvoir marquer avec quelle estime et quelle profonde veneration je suis

Monsieur Vostre tres humble et tres obeissant serviteur

J. de Fontaney de la Comp[e] de Jesus

aber zunächst, die Sprache zu erlernen, und man muß sich [erst einmal] einrichten. Die Mission als unsere dringendste Aufgabe hat die Patres, die als erste [nach China] gekommen sind, mit sich fortgetragen. Die Patres am Hof werden vom Kaiser mit Beschlag belegt. So Gott will, werden wir so viele Missionare entsenden, daß wir allen [Aufgaben] obliegen können. Ich darf Ihnen sagen, Monsieur, daß schon jetzt nichts [unsere Missionare] mehr anzustacheln vermag als die Briefe, die Sie ihnen die Ehre erweisen, ihnen zu schreiben. Ich werde sie selbst in Ihrem Namen antreiben und werde mich glücklich schätzen, Ihnen zu erkennen geben zu dürfen, mit welcher Wertschätzung und welch tiefer Verehrung ich verbleibe […]

61. ANTOINE VERJUS S.J. AN LEIBNIZ

Paris, 12. September 1705
[Gekürzt um das P. S.]. [56. 63.]

Monsieur A Paris le 12 Sept. 1705

Je voys par la letre dont vous m'avez honoré du 16 aoust dernier que vous n'aviez pas encore receu une ample dépesche du R. P. Bouvet, dont le R. P. Le Gobien avoit chargé Mr Brosseau qui la mit dans un paquet ou balot qu'il envoyoit à Hannover, et qui a demeuré long temps en chemin.

Je ne puis assez vous remercier, Monsieur, de tous vos avis, et de toutes vos sages exhortations pour exciter la curiosité et l'aplication de nos Peres les plus capables de contribuer à la perfection des sciences. Ils sont presentement tous si apliqués à l'œuvre de Dieu, je veux dire à la publication de l'Evangile, et à faire nos establissemens qui y sont necessaires, qu'il y a quelque sujet d'aprehender que la Curiosité des Sciences n'en soufre du moins pour quelque temps. Je vous promets cependant de ne rien oublier pour les exciter à bien remplir ce second devoir de leur mission, qui leur a esté recommandé autant qu'il pouroit compatir avec la predication de l'evangile. J'envoiray pour cela par la premiere ocasion qui n'est pas eloignée au R. P. de Gerbillon Superieur General de nos missions Francoises à la Chine cette mesme grande letre dont vous m'avez honoré, afin qu'il fasse connoistre vos desirs à tous ceux qui se trouveront les plus capables et les plus en estat de contribuer à vostre satisfaction. J'espere qu'en attendant leurs reponses celles du P. de Fontenay et du P. Le Gobien que je joindrai à cellecy, pouront vous donner quelques eclaircissemens, sur quelques uns des points dont vous desirez d'estre informé, en attendant que nous recevions de plus amples instruc-

61. ANTOINE VERJUS S.J. AN LEIBNIZ

PARIS, 12. SEPTEMBER 1705
[GEKÜRZT UM DAS P.S.]. [56. 63.]

Monsieur Paris, den 12. September 1705

Ich ersehe aus Ihrem Brief vom 16. August d. J.,[1] den Sie mir die Ehre erwiesen haben, mir zu schreiben, daß Sie zu diesem Zeitpunkt noch nicht ein umfangreiches Schreiben[2] von P. Bouvet erhalten hatten, das P. Le Gobien Herrn Brosseau anvertraut hatte, der es seinerseits einem Paket oder Ballen beifügte, den er nach Hannover sandte und der lange unterwegs gewesen ist.

Ich kann Ihnen, Monsieur, nicht genug danken für all Ihre Ratschläge und Ihre klugen Mahnungen, die Wißbegierde und Hingabe derjenigen unserer Patres erregen sollen, die am besten befähigt sind, zur Vervollkommnung der Wissenschaften beizutragen. Sie alle widmen sich gegenwärtig so eifrig dem Werk Gottes, soll heißen der Verkündigung des Evangeliums, und der Errichtung unserer dazu notwendigen Niederlassungen, daß einiger Anlaß zu der Befürchtung besteht, daß die wissenschaftliche Wißbegierde wenigstens eine Zeitlang darunter zu leiden haben möchte. Ich verspreche Ihnen aber, nichts unterlassen zu wollen, um [unsere Patres] dazu anzuhalten, diese zweite Aufgabe ihrer Missionsarbeit gut zu erfüllen. Sie ist ihnen ans Herz gelegt worden, soweit sie sich mit der Predigt des Evangeliums vertragen würde. Ich werde deshalb mit der ersten, nicht mehr fernen Gelegenheit P. Gerbillon, dem Generaloberen unserer französischen Mission in China, den langen Brief[3] schicken, mit dem Sie mich geehrt haben, damit er Ihre Wünsche allen Patres mitteilt, die sich als am besten befähigt und am ehesten imstande erweisen werden, zu Ihrer Genugtuung einen Beitrag zu leisten. Ich hoffe, daß bis zum Eintreffen von deren Antworten diejenigen der Patres de Fontaney und Le Gobien, die ich dem vorliegenden Brief beifügen werde, Ihnen zu einigen der Punkte, über die Sie unterrichtet zu werden wünschen, einigen Aufschluß geben können, bis wir umfangreichere Belehrung aus China erhalten. Wir tions de la Chine. Nous faisons chercher avec soin la dissertation de Kepler afin d'en faire l'usage que vous me marquez.

Le R. Pere de La Chaise[,] Monsieur, vous rend mille graces de vostre souvenir obligeant, et me charge de vous bien assurer de ses tres humbles services. Nous faisons tous sans cesse des vœux et des prieres pour obtenir de Dieu qu'il acheve et acomplisse en vous l'ouvrage de sa grace, dont Mr de Pellisson nous donnoit autrefois de si bonnes esperances. Que je donnerois de bon cœur pour cela ce qui me reste de vie et par le zele que le Seigneur m'a donné pour Nostre Ste Religion, et par le respect et l'atachement tres particulier avec lequel je suis et serai jusqu'au dernier soûpir

Monsieur Vostre tres humble et tres obéissant serviteur

A. Verjus. J.

lassen gründlich nach der Abhandlung von Kepler[4] suchen, um von ihr den von Ihnen angegebenen Gebrauch zu machen.

P. de la Chaize dankt Ihnen tausendmal dafür, daß Sie, Monsieur, sich so freundlich seiner erinnern, und hat mich beauftragt, Sie seiner alleruntertänigsten Ergebenheit zu versichern. Wir alle beten unablässig zu Gott, daß er in Ihnen das Werk seiner Gnade vollenden möge, wozu Herr Pellisson uns einst so gute Hoffnung gegeben hat.[5] Aus vollem Herzen gäbe ich dafür, was mir an Leben bleibt – ich täte es kraft der Begeisterung, die mir der Herr für unsere Heilige Religion gegeben hat und kraft der Ehrfurcht und der ganz besonderen Verbundenheit, mit denen ich bin und bis zum meinem letzten Atemzug sein werde [...]

62. LEIBNIZ AN JEAN DE FONTANEY S.J.

[HANNOVER, 19. FEBRUAR 1706].[60.]

Au Pere de Fontaney à Paris

Mon Tres Reverend Pere Fevrier 1706

Je vous suis bien obligé de l'honneur de vostre reponse[,] particulierement sur la Geographie, où vous me donnés des lumieres. Je suis bien aise particulierement que vous m'aprenés que les Tartares chinois connoissent la mer Orientale jusqu'au 70me degré, au lieu que l'on nous vouloit faire croire chez M. Vallemont[,] Elemens de Geographie T. 1 p. 178 que la Tartarie n'alloit pas si loin vers le Nord, et s'appuyoit mal apropos sur le temoignage de vos peres.

Cette langue de terre qui est vers le 70me degré sera apparemment ce que les Hollandois appellent Ys Caep, cap de glace. Puisque les Tartares les appellent les Montagnes Noss, il y a de l'apparence qu'ils ont appris cela des Russes, ou Moscovites, chez qui Noss, signifie promontoire et a du rapport à *nasus*, né, puisqu'il avance ainsi dans la mer.

Il seroit bon de savoir precisement les termes du Traité entre les Moscovites et les Chinois, car on m'a voulu asseurer que les Moscovites pretendent d'avoir la liberté de chasser les Martes Sibelines dans tous les pays au dela du Fleuve Amur, et jusqu'à la mer d'orient.

Il seroit à souhaiter aussi[,] mon R. P., que vous poussassiés la personne qui s'est chargée de publier vos notices Geographiques, à s'en aquitter sans faire languir le public; et sans attendre que d'autres peutestre le previennent.

Il seroit fort à souhaiter qu'on vint [lies: fit] venir quelques habiles Chinois en Europe, car sans cela, nous ne serons pas bien instruit de leur langue et autres notices. Il me semble que l'Empereur ne feroit

62. LEIBNIZ AN JEAN DE FONTANEY S.J.

[HANNOVER, 19. FEBRUAR 1706]. [60.]

An P. de Fontaney in Paris

Sehr ehrwürdiger Vater Februar 1706

Ich bin Ihnen sehr verbunden für die Ehre Ihrer Antwort vor allem zu geographischen Fragen, über die Sie mir Aufschluß geben. Insbesondere freue ich mich, von Ihnen zu erfahren, daß die chinesischen Tataren [Manjuren] das östliche Meer bis zum 70. Grad [nördlicher Breite] kennen, wohingegen man uns in dem Buch von Herrn Vallemont *Elemens de geographie,*[1] Teil 1, S. 178, glauben machen wollte, daß sich die Tatarei nicht so weit nach Norden erstreckte, und sich dabei unangebrachterweise auf das Zeugnis Ihrer Patres berief.

Bei dieser Landzunge um den 70. Grad [nördlicher Breite] dürfte es sich um das von den Holländern sogenannte *Ijs Caep* »Eiskap« handeln. Da die Tataren [die dortigen Berge] Noss-Gebirge nennen, dürften sie diese Bezeichnung von den Russen kennen, bei denen *noss* »Vorgebirge« bedeutet und mit *nasus* »Nase« verwandt ist, weil es so ins Meer vorspringt.[2]

Es wäre eine gute Sache, den Wortlaut des Vertrages zwischen Russen und Chinesen genau zu kennen, denn man hat mir versichert, daß die Russen behaupten, es stünde ihnen frei, in allen Ländern jenseits des Amur und bis zum östlichen Meer auf die Zobeljagd zu gehen.[3]

Es wäre auch wünschenswert, Ehrwürdiger Vater, daß Sie denjenigen, der es übernommen hat, Ihre geographischen Nachrichten zu veröffentlichen,[4] antrieben, sich seiner Aufgabe zu entledigen, ohne die Öffentlichkeit hinzuhalten und zu warten, daß ihm am Ende andere zuvorkommen.

Es wäre auch sehr zu wünschen, daß man einige fähige Chinesen nach Europa kommen ließe; denn andernfalls werden wir über ihre Sprache und andere Gegenstände nicht ausreichend unterrichtet werden. Mir scheint, daß der Kaiser in dieser Sache keine Schwiepoint difficulté là dessus. Outre qu'il y en a beaucoup dans les pays voisins et meme à Batavia.

Le R.P. Bouvet m'a envoyé quelques livres imprimés à la Chine arrivés en Europe, il y a un an et d'avantage, mais qui ne m'ont esté rendus icy que depuis peu. Mais par je ne say quel accident la lettre de ce pere qui les accompagnoit apparemment ne m'a point esté rendue, de sorte, que je ne say ce que c'est, et c'est pour moy un Tresor enfermé. Oserois je vous supplier[,] Mon Tres R.P. [,] de vous informer ce qui en est et de me procurer l'explication des Titres et du contenu de ces livres.

Je crois que le Prelat que le Pape envoye à la Chine aura besoin de bien du temps pour s'instruire du fonds des choses, et pour en juger avec connoissance de cause.

Au reste je suis avec zele Mon tres Reverend Pere etc.

rigkeiten machen würde, abgesehen davon, daß es in den Nachbarländern und selbst in Batavia viele [Chinesen] gibt.

P. Bouvet hat mir einige in China gedruckte Bücher geschickt,[5] die vor einem Jahr und mehr in Europa eingetroffen, mir aber erst vor kurzem übergeben worden sind. Durch irgendeinen Zufall habe ich aber nicht P. Bouvets Brief bekommen, der ihnen beigelegen haben dürfte, so daß ich nicht weiß, worum es sich handelt. Für mich ist [die Sendung] ein verschlossener Schatz. Dürfte ich Sie bitten, Ehrwürdiger Vater, Erkundigungen hierzu einzuziehen und mir die Erklärung der Titel und des Inhalts dieser Bücher zu beschaffen?

Ich glaube, daß der vom Papst nach China entsandte Prälat viel Zeit brauchen wird, um sich über den Kern der Dinge zu unterrichten und ein von Sachkenntnis geprägtes Urteil darüber abzugeben.[6] [...].

63. LEIBNIZ AN ANTOINE VERJUS S.J.

[HANNOVER, JUNI (?) 1706]. [61.]

Mon tres Reverend Pere

Je n'ose point vous importuner souvent, mais ayant appris de Mons. Brosseau qu'il avoit informé V. R. des Manuscrits chinois qui me sont venus sans que je sache en quoy ils consistent; et que vous aviés la bonté de vouloir faire écrire pour en avoir quelque information; j'ay crû qu'il estoit de mon devoir de vous en remercier, et de vous adresser en meme temps la lettre cyjointe pour le R. P. Bouvet, qui me les a envoyés apparemment.

[Die folgenden Zeilen sind gestrichen]

Pour ce qui est de la Religion dont vous aviés dit quelque chose, mon Tres R. P.[,] dans une reponse dont vous m'aviés honnoré[,] vous savés mieux que personne combien il est difficile de vuider certaines questions, et combien il est dur, d'imposer là dessus sous peine d'anatheme des decisions nouvelles.

[Ende der Streichung]

Je ne puis dissimuler à V. R. que je souhaite avec ardeur, qu'on mette ordre à profiter mieux que par le passé de l'occasion qu'on a d'apprendre les connoissances des Chinois et de les transporter en Europe en echange des nostres que les Missionnaires leur portent. Car il est fort apparent que les Europeens en seront chassés un jour, et qu'on regrettera l'occasion perdue[.]

Le fameux Kepler ayant écrit un jour quelque discours à l'occasion d'une lettre que P. Terentius de Vostre Compagnie avoit écrit de la Chine, sur des matieres qui ont du rapport à l'Astronomie, je l'avois indiqué au P. Bouvet, qui m'a prié de vous faire souvenir de le luy procurer, et de faire aussi aupres de vous [les] memes instances que j'ay fait à luy, pour faire penser d'avantage à l'acquisition des

63. LEIBNIZ AN ANTOINE VERJUS S.J.

[HANNOVER, JUNI (?) 1706.] [61.]

Sehr ehrwürdiger Vater

Ich wage es nicht, Sie oft zu behelligen; nachdem ich aber von Herrn Brosseau erfahren habe, daß er Euer Ehrwürden über die chinesischen Manuskripte unterrichtet hat, die ich erhalten habe, ohne etwas über ihren Inhalt zu wissen, und daß Sie so freundlich sind, wegen Informationen dazu [nach China] schreiben lassen zu wollen,[1] habe ich es für meine Pflicht erachtet, Ihnen dafür zu danken und Ihnen zugleich den beiliegenden Brief für P. Bouvet zuzusenden, der mir [die genannten Manuskripte][2] offenbar geschickt hat.

[Die folgenden Zeilen sind gestrichen]

Was die Religion betrifft, zu der Sie, Ehrwürdiger Vater, etwas in einer Antwort gesagt hatten, mit der Sie mich beehrt hatten, wissen Sie besser als sonst irgend jemand, wie schwierig es ist, gewisse [Streit-] Fragen zu schlichten, und wie schwer es ist, bei Strafe der Exkommunikation hierin neue Entscheidungen durchzusetzen.[3]

[Ende der Streichung]

Ich kann Euer Ehrwürden nicht verhehlen, wie ich darauf brenne, daß man es einrichtet, [künftig] besser als in der Vergangenheit die vorhandene Gelegenheit zu nutzen, die Kenntnisse der Chinesen zu erwerben und nach Europa zu bringen, im Austausch für die unseren, die die Missionare den Chinesen bringen. Denn es liegt auf der Hand, daß man die Europäer eines Tages aus China verjagen wird und wir die versäumte Gelegenheit zu beklagen haben werden.[4]

Der berühmte Kepler hat einmal eine Abhandlung aus Anlaß eines Briefes verfaßt, den P. Schreck von Ihrer Gesellschaft aus China über Dinge geschrieben hatte, die mit der Astronomie zu tun haben. Ich hatte P. Bouvet darauf hingewiesen,[5] der mich gebeten hat,[6] Sie daran zu erinnern, ihm [diese Schrift] zu beschaffen, und auch Ihnen dieselben Vorstellungen zu machen, die ich ihm gemacht hatte, nämlich daß Sie dafür sorgen, daß auf den Erwerb der connoissances Chinoises[.] Il faudroit pour cet effect y envoyer des jeunes gens choisis et mener en Europe quelques Chinois bien instruits. Et il seroit à souhaiter que parmy vos missionnaires ily en eut une dixaine de fort habiles, qui s' appliquassent expres à ces connoissances. C'est dommage que les observations Geographiques de vos peres chinois ne paroissent point[.] En les envoyant [ils] avoient voulu qu'on m'en fit quelque part, mais il n'y a pas eu moyen de l'obtenir. J'avois souhaitté des lumieres sur les nations et les langues de la haute Tartarie et entre autres sur ce qu'on sait de la mer orientale au delà du fleuve Amur.

Je pense à donner au public des Essais de mes demonstrations philosophiques. J'y procederay d'une façon tout à fait mathematique et par une maniere de calcul; et je croy d'y avoir demonstré, mon systeme des Monades et de l'Harmonie preestablie, avec quelques autres verités importantes pour porter les hommes à la pieté et à la vertu. Le mal est, que d'autres occupations indispensables m'en detournent, et qu'il seroit difficile de trouver quelqu'un dont l'assistance me pourroit soulager. Mais il est temps de finir. Je suis avec respect

Mon tres Rev. Pere

Kenntnisse der Chinesen größeres Gewicht gelegt wird. Zu diesem Zweck müßte man ausgewählte junge Leute [nach China] schicken und [umgekehrt] einige wohlunterrichtete Chinesen nach Europa bringen. Wünschenswert wäre auch, daß etwa zehn besonders befähigte Leute unter Ihren Missionaren sich gezielt [dem Erwerb] dieser Kenntnisse widmeten. Es ist bedauerlich, daß die geographischen Beobachtungen Ihrer Patres in China nicht veröffentlicht werden. Sie hatten sie mit der Absicht geschickt, daß man mich daran teilhaben lassen solle; es ist mir aber nicht gelungen, das geltend zu machen. Ich hatte Aufschluß über die Stämme und Sprachen der oberen Tatarei gewünscht und unter anderem, was man über [die Küste des] östlichen Meeres jenseits des Amur weiß.

Ich trage mich mit der Veröffentlichung der Proben meiner philosophischen Demonstrationen. Ich werde dabei auf ganz und gar mathematische Weise und mit einer Art Kalkül vorgehen; ich glaube, darin mein System der Monaden und der prästabilierten Harmonie bewiesen zu haben,[7] zusammen mit einigen anderen Wahrheiten, die wichtig sind, um die Menschen zur Frömmigkeit und zur Tugend zu veranlassen. Nur lenken mich leider andere, unumgängliche Arbeiten davon ab, und es wäre schwierig, jemanden zu finden, dessen Beistand mich entlasten könnte. Doch es ist Zeit zu schließen. Ich bin […]

64. LEIBNIZ AN JOACHIM BOUVET S.J.

[Hannover, Juni (?) 1706]. [57. 69.]

Mon tres Reverend Pere

Il y a bien du temps, que je n'ay pas eu de vos nouvelles. J'ay receu seize Manuscrits Chinois, et je ne saurois douter, qu'ils viennent de Vous, mais je n'ay point receu de lettre qui en parle, ainsi je ne say point ce que c'est, et c'est pour moy un Tresor caché. Cependant je ne dois point differer d'avantage de vous en faire mes tres humbles remercimens, et de vous supplier de me donner des lumieres là dessus, et de m'en expliquer le sujet ou les titres, en marquant si cela se peut commodement, les premiers caracteres d'un chacun, à fin que je puisse rapporter vos explications aux Manuscrits mêmes. Ny le R. P. Gobien, ny le R. P. Fontenay, ne m'ont point pû donner des lumieres là dessus, quoyque je leur en aye demandé.

On a decouvert depuis peu en Arabe un traité d'Apollonius *de Sectione Rationis,* cité et expliqué par Pappus. Mons. Halley Anglois connu par ses voyages et ses observations dans l'Isle de Ste Heleine et ailleurs vient de le donner au public en Latin, et m'en a envoyé un exemplaire, qui m'est venu avec un Envoyé Extraordinaire d'Angleterre arrivé icy depuis peu. Ce n'est que la resolution dans tous ses cas de ce probleme plan: ex puncto dato A ducere rectam, quae à duabus rectis ab una parte infinitis BC…, DE… abscindat inde ab initio partes BF, DG quae sint in ratione data.

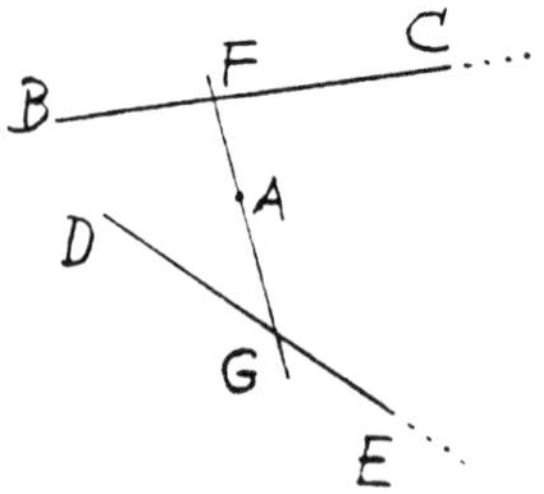

64. LEIBNIZ AN JOACHIM BOUVET S.J.

[HANNOVER, JUNI (?) 1706]. [57. 69.]

Sehr ehrwürdiger Vater

Ich habe schon lange nichts mehr von Ihnen gehört. Ich habe sechzehn chinesische Manuskripte erhalten, und es kann keinen Zweifel für mich geben, daß sie von Ihnen kommen, aber ich habe keinen Brief erhalten, der sich darauf bezieht; deshalb weiß ich nicht, worum es sich handelt, und [die Handschriften] sind für mich ein verborgener Schatz.[1] Nichtsdestoweniger darf ich nicht länger säumen, Ihnen dafür meinen ergebensten Dank auszusprechen und Sie zu bitten, mich darüber aufzuklären und mir den Inhalt oder die Titel zu erläutern, mit der Angabe, wenn das ohne großen Aufwand zu machen ist, der ersten Zeichen eines jeden, damit ich Ihre Erläuterungen auf die Handschriften selbst beziehen kann. Weder P. Le Gobien noch P. de Fontaney haben mir darüber Aufschluß geben können, obwohl ich sie darum gebeten habe.[2]

Kürzlich hat man eine Abhandlung des Apollonios *de sectione rationis,* die Pappos zitiert und erklärt hat,[3] in arabischer [Übersetzung] entdeckt. Herr Halley, ein durch seine Reisen und seine Beobachtungen auf der Insel St. Helena und anderswo bekannter Engländer,[4] hat den Text soeben in lateinischer [Übersetzung] veröffentlicht und mir ein Exemplar davon zugeschickt, das ich durch Vermittlung eines kürzlich hier eingetroffenen außerordentlichen Gesandten Englands[5] erhalten habe. Es handelt sich lediglich um die Lösung des folgenden ebenen Problems in allen seinen Fällen: Man ziehe eine Gerade durch einen gegebenen Punkt A, die von zwei anderen, auf einer Seite unbegrenzten Geraden BC und DE die beiden Anfangsteile BF bzw. DG abschneidet, deren [Längen] in einem gegebenen Verhältnis stehen.[6]

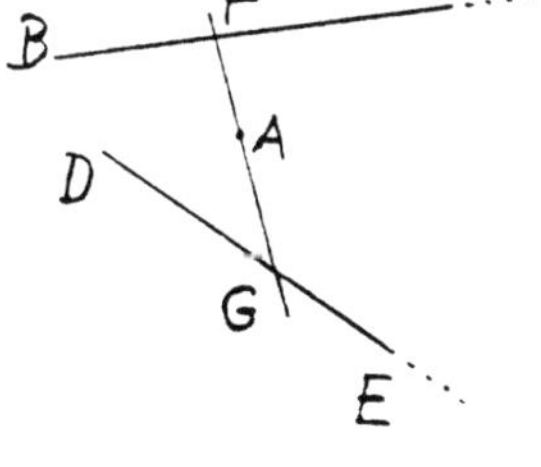

Il est vray que ce probleme est plan, et n'est pas difficile à resoudre par nostre Analyse; Mais le procedé d'Apollonius nous donne un Echantillon de l'Analyse des Anciens, qui n'est pas à mepriser.

Le feu Pape Innocent XII. ayant appris, que les savans Astronomes n'estoient point contents en tout de l'Execution du Calendrier Gregorien donnée par le P. Clavius; avoit formé une congregation pour y remedier, où les Cardinaux Pamphilio et Noris devoient presider, et on devoit consulter des Theologiens, Historiens et Astronomes savans. Le Pape d'à present a continué ce dessein, et j'ay echangé quelques lettres avec Monsignor Bianchini nommé Secretaire de cette congregation. Mais la chose va un peu lentement à cause de la guerre, qui dechire l' Europe presentement, et a meme brouillé le Pape avec l'Empereur et quelques autres puissances. Je crois aussi, que la mort du Cardinal Noris y a apporté quelque retardement.

J'ay fort applaudi à la resolution du Pape de suspendre un peu la decision des Controverses Chinoises: car il m'a paru ridicule de vouloir condamner une grande nation, et même leur ancestres sans les entendre et sans les connoistre. C'est pourquoy je crois, qu'il a bien fait d'y envoyer une personne sage, quoyque je m'imagine, que cette personne aura besoin de beaucoup de temps pour se bien instruire; et je doute qu'on puisse bien juger des anciens Chinois et de leur doctrine avant que d'estre mieux instruit de leur literature, ce qui est une affaire de plusieurs années. Vous, mon R. P.[,] avés pris le bon chemin pour cela, et Vous devriés estre assisté d'une dixaine d'autres, afin qu'on fut en estat d'entrer dans le detail de toute sorte de connoissances Chinoises, sur tout de celles, qui ont du rapport à la Physique et à la Mathematique. J'ay ecrit fortement là dessus au Tres Reverend Pere Verjus; mais cette guerre malheureuse l'empechera apparemment de faire ce qu'il voudroit. Je luy ay écrit aussi de faire chercher les Reflexions de Kepler sur la lettre du P. Teren-

Zwar ist dies ein ebenes Problem und nicht schwierig, mit Hilfe unserer Analyse zu lösen; doch liefert das Verfahren des Apollonios uns eine nicht zu verachtende Probe der Analyse der Alten.

Als der verstorbene Papst Innozenz XII.[7] erfahren hatte, daß die gelehrten Astronomen die von P. Clavius[8] erarbeitete Umsetzung des gregorianischen Kalenders durchaus nicht in allen Punkten billigten, hatte er eine Kongregation eingesetzt, die Abhilfe schaffen und der die Kardinäle Pamfili und Noris vorsitzen sollten. Auch sollten Theologen, Historiker und gelehrte Astronomen zu Rate gezogen werden. Der gegenwärtige Papst hat dieses Vorhaben weiter vorangetrieben, und ich habe einige Briefe mit Monsignore Bianchini gewechselt,[9] der zum Sekretär dieser Kongregation ernannt worden ist. Aber wegen des Krieges, der jetzt Europa zerreißt und sogar den Papst mit dem Kaiser und einigen anderen Mächten entzweit hat,[10] geht [die Reform] nur schleppend voran. Ich glaube auch, daß sie der Tod des Kardinals Noris[11] verzögert hat.

Ich habe nachdrücklich den Entschluß des Papstes gelobt, die Entscheidung in den chinesischen Streitfragen ein wenig aufzuschieben,[12] denn ich fand es lächerlich, ein großes Volk und sogar dessen Vorfahren verurteilen zu wollen, ohne sie zu hören und ohne sie [überhaupt] zu kennen. Ich denke deshalb, daß der Papst gut daran getan hat, eine kluge Persönlichkeit [nach China] zu entsenden,[13] auch wenn ich mir denke, daß diese Persönlichkeit viel Zeit brauchen wird, um sich kundig zu machen; und ich bezweifle, daß man ein angemessenes Urteil über die alten Chinesen und ihre Lehre fällen kann, ehe man besser über ihre Literatur unterrichtet ist, was eine Angelegenheit von mehreren Jahren ist. Sie, Ehrwürdiger Vater, haben darin den rechten Weg gewählt, und es müßten Ihnen etwa zehn weitere Patres zur Seite stehen, damit man bis ins Detail aller Arten von Kenntnissen der Chinesen gehen könnte, insbesondere soweit sie sich auf Naturkunde und Mathematik beziehen. Ich habe nachdrücklich hierüber an P. Verjus geschrieben, doch dürfte ihn dieser unglückselige Krieg daran hindern zu tun, was er gern möchte. Ich habe ihm auch geschrieben, er möchte nach Keplers Betrachtungen zu dem Brief von P. Schreck suchen lassen;[14] ich tius, que je crois avoir vûes dans ma jeunesse, mais que je ne saurois retrouver.

Ma Machine Arithmetique, où les produits des multiplications peuvent aller jusqu'à seize chifres, c'est à dire où l'on peut multiplier huit chiffres par huit, est achevée. L'Esprit n'y a rien du tout à faire, et un enfant y peut multiplier et diviser les plus grands nombres, sans avoir appris autre chose que de connoistre les chifres. Cela n'a rien du tout de commun avec la Rhabdologie. Si cette machine estoit dans la Chine, je crois, qu'elle disputeroit le prix à celle du Mouvement des Planetes, que vos Peres y ont portée. Je m'imagine, que je vous en ay parlé autres fois.

Mons. Newton avoit promis il y a longtemps son ouvrage optique sur les couleurs. Et à force de le presser j'avais fait, qu'il l'avoit publié il y a un an ou environ. C'est un ouvrage des plus excellens de nostre temps, et qui renverse entierement les idées, que Des Cartes nous a données sur la nature des rayons de lumiere. Il les renverse, dis je, par les experiences et faits incontestables; et il fait voir, que tout rayon non coloré est composé de rayons colorés originaires, et est divisé et resolu en ses ingrediens par la refraction; mais que ces ingrediens une fois separés les uns des autres ne sont plus partageables (au moins sensiblement) en d'autres. Les uns sont plus refrangibles que les autres, et les rouges sont les moins refrangibles. Il faut avouer cependant, qu'il n'entreprend point de donner les raisons de ces choses, qu'il faut laisser à la posterité.

Je vous avois supplié un jour[,] mon R. P.[,] de me mander quelques particularités sur la medicine et les maladies de la Chine, et entre autres si on connoist le Scorbut et la Verole, et depuis quand. Je ne me souviens pas que vous m'ayés repondu dans les lettres, que j'ay receues de vous.

On m'avoit prié aussi de vous demander quelques nouvelles des Juifs ou Hebreux qu'on dit estre dans la Chine de temps immemomeine, sie in meiner Jugend gesehen zu haben, kann sie aber nicht wiederfinden.

Meine Rechenmaschine,[15] deren Produkte der Multiplikation bis zu sechzehn Stellen gehen können, das heißt, wo man achtstellige mit achtstelligen Zahlen multiplizieren kann, ist vollendet. Für den Geist bleibt hier nichts zu tun, und [sogar] ein Kind kann die größten Zahlen miteinander multiplizieren und durch einander dividieren, ohne mehr als die Kenntnis der bloßen Zahlen erworben zu haben. Das hat nichts mit der Rhabdologie[16] gemein. Wäre diese Rechenmaschine in China, würde sie, meine ich, dem Planetarium, das Ihre Patres dorthin gebracht haben,[17] den Preis streitig machen. Ich bilde mir ein, daß ich Ihnen schon früher davon erzählt habe.[18]

Herr Newton hatte schon seit langem sein optisches Werk über die Farben in Aussicht gestellt,[19] und durch mein Drängen habe ich bewirkt, daß er es vor etwa einem Jahr veröffentlicht hat. Es ist eines der hervorragendsten Werke unserer Zeit und stößt vollständig die Vorstellungen um, die Descartes uns über die Beschaffenheit der Lichtstrahlen vermittelt hat.[20] Und zwar stößt er sie um mit Hilfe von Experimenten und unbestreitbaren Tatsachen; dabei zeigt er, daß jeder nicht farbige Lichtstrahl aus originär farbigen Lichtstrahlen zusammengesetzt ist und durch die Brechung in seine Bestandteile aufgeteilt und aufgelöst wird, daß diese Bestandteile aber, einmal voneinander getrennt, sich nicht in weitere aufteilen lassen (zumindest nicht spürbar). Die einen Lichtstrahlen werden mehr gebrochen als die anderen, und die roten werden es am wenigsten. Man muß allerdings zugeben, daß Newton es nicht unternimmt, die Ursachen dieser Erscheinungen anzugeben. Das muß der Nachwelt überlassen bleiben.

Ich hatte Sie einmal gebeten, Ehrwürdiger Vater, mir Einzelheiten über die Medizin und die Krankheiten Chinas mitzuteilen, unter anderem, ob man dort den Skorbut und die Pocken kennt und seit wann.[21] Soweit ich mich erinnere, haben Sie mir in den Briefen, die ich von Ihnen empfangen habe, nicht darauf geantwortet.

Man hatte mich auch gebeten, Sie um einige Nachricht von den Juden oder Hebräern zu bitten,[22] von denen es heißt, sie lebten seit rial. On souhaiteroit fort d'apprendre quelque chose de leur livres sacrés, sentimens et practiques.

Il seroit à souhaiter, qu'on pût obtenir une description exacte et entiere de toute la Manufacture du papier, telle qu'elle est dans la Chine, avec ce qui regarde aussi l'impression. Les sciences y sont particulierement interessées. La description de cette Manufacture seroit une [lies: un] echantillon de ce qu'on devroit attendre de ce pays là.

Les Chinois n'ont ils pas des jeux particuliers et curieux, qui meriteroient d'estre décrits? J'ay vû dans la Bibliotheque de Berlin quelques figures Chinoises: dans l'une il y a une maniere de dammier, mais de plusieurs centaines de places, et deux joueurs, qui y mettent des pieces, l'un des blanches, l'autre des noires. Ce jeu paroist profond et ingenieux. Comme je remarquois dans la figure, qu'il n'y avoit jamais une blanche immediatement entre deux noires, ny une noire immediatement entre deux blanches, cela me fit souvenir de l'ancien jeu appellé Ludus Latrunculorum (que le vulgaire confond mal à propos avec le jeu des échecs) où la loy du jeu estoit, que la piece estoit perdue, quand elle se trouvoit entre deux ennemies. Cette loy estoit bien raisonnable. *Cum vitreus gemino miles ab hoste perit.* Ainsi il se pourroit que ce jeu Chinois eût du rapport à cet ancien jeu des Romains. C'est pour quoy je vous supplie[,] mon Reverend Pere[,] de vous en informer.

Le P. Martinius dit aussi dans son Atlas Sinicus, que les Chinois ont le moyen d'avoir deux fois par an des vers à soye et des feuilles des meuriers. Je ne say si cela est vray.

Depuis quelque temps il nous viennent des porcellaines veritables ou transparentes, où il y a de l'or emaillé dessus. Autres fois on n'en voyoit point. Quelques uns croyent, que les Hollandois ont le moyen de mettre ces couleurs là dessus, quand ils ont acheté ces porcelaines des Chinois. Mais j'en doute; car il me semble, que les couleurs y ont esté mises au feu. On avoit fait des veritables porcelaines à S. Clou, mais on ne leur donnoit que deux couleurs, la blanche et la bleue, au unvordenklichen Zeiten in China. Man wünschte sehr, etwas von ihren heiligen Büchern, ihren Vorstellungen und Riten zu erfahren.

Wünschenswert wäre auch eine genaue und vollständige Beschreibung der gesamten Papierherstellung, wie sie in China üblich ist, mitsamt allem, was auch den Druck angeht. Das ist für die Wissenschaften von besonderem Interesse. Diese Beschreibung wäre eine Probe dessen, was man von diesem Land erwarten müßte.

Haben die Chinesen nicht besondere und interessante Spiele, die eine Beschreibung verdienten? Ich habe in der Berliner Bibliothek einige chinesische Abbildungen gesehen; auf einer ist eine Art Spielbrett dargestellt, aber mit mehreren hundert Feldern, und zwei Spielern, die Figuren darauf setzen, der eine weiße, der andere schwarze. Dieses Spiel scheint mir von Tiefgang und Erfindungsreichtum zu zeugen.[23] Ich bemerkte auf der Abbildung, daß es niemals ein weißes Feld unmittelbar zwischen zwei schwarzen und niemals ein schwarzes Feld unmittelbar zwischen zwei weißen gab; das erinnerte mich an das alte Spiel *ludus latrunculorum*[24] (vielfach unangebrachterweise mit dem Schachspiel verwechselt). Dort lautete die Spielregel, daß ein Spielstein, der zwischen zwei gegnerischen Spielsteinen stand, verloren war. Das war eine sehr vernünftige Regel, da der gläserne Soldat vom zweifachen Feind besiegt wird.[25] Es könnte daher sein, daß dieses chinesische Spiel in Bezug zu jenem alten Spiel der Römer steht. Ich bitte Sie daher, Ehrwürdiger Vater, sich deswegen zu erkundigen.

P. Martini sagt auch in seinem *Atlas Sinicus*, die Chinesen verstünden es, zweimal im Jahr Seidenwürmer und Maulbeerbaumblätter zu ernten.[26] Ich weiß nicht, ob das zutrifft.

Seit einiger Zeit erhalten wir aus China echtes oder transparentes Porzellan mit einem Überzug aus emailliertem Gold.[27] Früher kannte man nichts dergleichen. Manche meinen, die Holländer verfügten über eine Technik, diese Farben aufzutragen, nachdem sie dieses Porzellan der Chinesen gekauft hätten. Das bezweifle ich allerdings, denn mir scheint, daß die Farben gebrannt worden sind.[28] In Saint-Cloud hatte man echtes Porzellan hergestellt, aber für die Bemalung nur zwei Farben verwendet (zumindest soweit ich solche moins autant que j'en ay vû; on n'avoit pas aussi pû encor apprendre assez le regime du feu, car souvent le tout se cassoit. Et comme les Hollandois apportent les manufactures Chinoises à assez bon marché; je crois que cela a fait cesser cette Manufacture de S. Clou.

Enfin[,] mon Reverend Pere, comme Vous ne pouvés point manquer d'apprendre de temps en temps quelque chose de Curieux dans un pays, où il y a une infinité de choses, qui nous sont entierement nouvelles, comme on le reconnoist par les figures, qu'on en voit, vous pourrés m'en donner part quelques fois. Je tacheray de vous rendre la pareille, et vous souhaitant beaucoup de satisfaction et surtout la santé, je suis avec Zele

Mon Tres Reverend Pere Vostre tres humble et tres obeissant serviteur

Leibniz

au R. P. Bouvet

Stücke gesehen habe): weiß und blau. Man hatte auch noch nicht ausreichend in Erfahrung gebracht, wie der Brand zu handhaben ist, denn oft zersprang alles. Und da die Holländer die chinesische Ware recht günstig importieren, wird das wohl dieser Manufaktur von Saint-Cloud ein Ende bereitet haben.[29]

Schließlich, Ehrwürdiger Vater, können Sie nicht umhin, von Zeit zu Zeit etwas Bemerkenswertes zu erfahren in einem Land, wo es unendliche viele Dinge gibt, die uns gänzlich neu sind, wie aus den Abbildungen zu entnehmen ist, die einem davon zu Gesicht kommen. Sie werden mir deshalb gelegentlich davon Mitteilung machen können. Ich werde versuchen, Ihnen Gleiches mit Gleichem zu vergelten, und mit den besten Wünschen für viel Erfolg und vor allem Gesundheit verbleibe ich [...]

An P. Bouvet

65. LOUIS BOURGUET AN DANIEL ERNST JABLONSKI UND LEIBNIZ ZUR WEITERLEITUNG AN JOACHIM BOUVET S.J.

Neufchatel, 6. März 1707. [66.]

Tres Reverend Pere

La vaste erudition, le profond savoir et les characteres d'un merite extraordinaire, qui paroissent dans la lettre que vous écrivites à Mr Leibnitz du quatrieme Novembre 1701. et dont j'ai lu l'extrait dans le Journal des RR. PP. de Vôtre Societé imprimé à Trevoux en 1704. m'ont engagé à me donner l'honeur de vous écrire; esperant que votre bonté vous obligera à ne trouver pas mauvaix qu'un inconnu ose, du fond de la Suisse s'adresser à Vôtre Reverence, pour vous témoigner son tres humble respect et l'estime toute particuliere qu'il fait de vôtre personne.

En effet on ne peut considerer avec quelque attention vos heureuses découvertes dans les sciences les plus sublimes, et le tour également agreable et solide, que vous leur donnés en les expliquant: qu'on ne conçoive en même tems des sentimens de veneration pour vous et une haute idée de votre penetration. C'est aussi ce qui vous a aquis avec justice l'admiration de tous les savans de l'Europe, et une des premieres places dans la Rep. des lettres, qui conservera avec soin votre mémoire jusqu'aux derniers siecles, sur tout apres que suivant vos promesses vous lui aurez fait part des plus riches depouilles de l'Orient.

Il n'est rien de plus beau, ni de mieux pensé, que ce que vous dites du systême de Fohi et des lignes qui le composent. L'Europe et la Chine vous auront une égale obligation, de leur avoir découvert ce Mystere qui étoit demeuré caché et inconnu jusqu'à présent. C'est aussi avec beaucoup de raison que vous le comparés à la Cabale et

65. LOUIS BOURGUET AN DANIEL ERNST JABLONSKI UND LEIBNIZ ZUR WEITERLEITUNG AN JOACHIM BOUVET S.J.

NEUFCHATEL, 6. MÄRZ 1707. [66.]

Sehr ehrwürdiger Vater

Ihr Brief an Herrn Leibniz vom 4. November 1701, von dem ich den Auszug gelesen habe, der im von den Patres Ihres Ordens herausgegebenen Journal de Trévoux von 1704 abgedruckt ist, zeugt von Ihrer umfassenden Gelehrsamkeit, Ihrem tiefen Wissen und Ihren außerordentlichen Verdiensten. Diese Vorzüge haben mich angeregt, mir die Ehre zu geben und Ihnen zu schreiben. Dabei hoffe ich, daß Sie es in Ihrer Güte nicht unschicklich finden werden, daß ein Unbekannter es wagt, sich aus der tiefsten Schweiz an Euer Ehrwürden zu wenden, um Ihnen seinen ergebensten Respekt und seine ganz außerordentliche Hochachtung Ihrer Person zum Ausdruck zu bringen.

Es ist in der Tat kaum möglich, mit einiger Aufmerksamkeit Ihre glücklichen Entdeckungen in den erhabensten Wissenschaften und die gleichermaßen ansprechende und solide Form zu betrachten, die Sie jenen bei ihrer Erläuterung verleihen, ohne dabei Empfindungen der Verehrung für Sie und zugleich einen hohen Begriff Ihres Scharfsinns zu entwickeln. Eben dies hat Ihnen zu Recht die Bewunderung aller Gelehrten Europas und einen der vordersten Plätze in der Gelehrtenrepublik erworben. Diese wird mit Sorgfalt Ihr Gedächtnis bis ans Ende der Zeit bewahren – besonders sobald Sie Ihre Versprechen eingelöst und ihr die reichste Ausbeute des Orients mitgeteilt haben werden.

Es gibt nichts Schöneres oder klüger Gedachtes, als was Sie von dem System des Fuxi sagen und den Linien, aus denen es zusammengesetzt ist. Europa und China werden Ihnen gleichermaßen verpflichtet sein, ihnen dieses Geheimnis aufgedeckt zu haben, das bis in unsere Gegenwart verborgen und unbekannt geblieben war. Mit gutem Grund auch vergleichen Sie es mit der Kabbala und den aux Hieroglyphes des anciens, étant au reste tres certain qu'on ne pût l'expliquer autrement que vous.

Cependant vous me permettrez s'il vous plait de vous dire les doutes que j'ai formés sur ce sujet et j'ose me flater que vous deignerez bien communiquer vos écla[i]rcissemens après la tres humble priere que je vous en fais, vous en conjurant par l'amour que vous témoignez pour ces sciences et par l'importence de la matiere.

J'avoüe que ce systême à l'explication du quel V. R. a travaillé avec tant de succez peut être tres utile pour nous exprimer les differences des êtres purement corporels (suivant votre remarque) et leur origine de l'unité: que meme on peut l'appliquer pris dans un bon sens, à la demonstration de l'existence de Dieu Createur de toutes choses. Je ne saurois pourtant me persuader que c'ait été là l'idée de l'inventeur de cette caracteristique. Et ce systéme ne seroit-il pas le même que celui des anciens Philosophes? qui etant imbus de cette Maxime, que de rien il ne se fait rien, et qui ne connoissant pas assés distinctement la difference qu'il y a entre une substance materielle et immaterielle; ont parlé de l'eternité du Monde et de son emanation du premier principe; ou de cette ame du Monde dont les nôtres et celles des animaux font partie; ou d'un enchainement necessaire dans toutes choses et d'un destin inevitable.

Peut-être ne differe-t-il point de l'extraction et de l'extention de l'Achar des Brahmens, qui employent aussi pour expliquer leur Philosophie l'exemple des nombres qui ne sont qu'une repetition de l'unité. C'est apparemment avec ce principe que convienent au fond les trois sectes qui regnent à la Chine, celle de Lilaokun, celle de Foe et celle qu'on nomme Ju Shiar au rapport du P. Le Comte. On peut y rapporter la Cabale des Souphys de Perse et partie de celle des Juifs, d'où je crois que Spinosa avoit tiré tout ce qu'il debite de cet Etre infini, qui s'est necessairement modifié dans antiken Hieroglyphen, wobei es freilich feststeht, daß es dafür keine andere Erklärung geben kann als die Ihre.

Indessen bitte ich Sie, mir zu gestatten, Ihnen die Zweifel mitzuteilen, die mir in dieser Sache gekommen sind; ich wage, mir zu schmeicheln, daß Sie auf meine sehr ergebene Bitte hin geruhen werden, mir Ihre Erkenntnisse zukommen zu lassen – ich beschwöre Sie im Namen der Liebe, die Sie für diese Wissenschaften an den Tag legen, und der Bedeutsamkeit des Gegenstandes.

Ich räume ein, daß dieses System [des Fuxi], an dessen Erklärung Euer Ehrwürden mit soviel Erfolg gearbeitet haben, von sehr großem Nutzen sein kann, um, wie Sie sagen,[1] die Unterschiede unter den rein körperlichen Wesen und ihren Ursprung aus der Einheit zum Ausdruck zu bringen, ja daß man es, recht verstanden, sogar dazu verwenden kann, die Existenz Gottes, des Schöpfers aller Dinge, zu beweisen. Ich kann mich aber nicht davon überzeugen, daß darin die Absicht des Erfinders dieser Charakteristik gelegen hätte. Sollte dieses System nicht dasselbe sein wie jenes der antiken Philosophen, die – durchdrungen von der Maxime, wonach aus nichts nichts kommt, und in Ermangelung einer genügend klaren Erkenntnis vom Unterschied zwischen einer materiellen und einer immateriellen Substanz – von der Ewigkeit der Welt und ihrer Emanation aus dem ersten Prinzip gesprochen haben oder jener Weltseele, von der unsere Seelen und die der Tiere Bestandteile sind, oder von einer zwingenden Verkettung in allen Dingen und einem unausweichlichen Schicksal?[2]

Vielleicht gibt es da gar keinen Unterschied zwischen dem System des Fuxi und der Ableitung und der Ausdehnung des Achar der Brahmanen,[3] die, ebenfalls zur Erklärung ihrer Philosophie, sich des Beispiels der Zahlen bedienen, die nur eine Wiederholung der Einheit sind. Diesem Prinzip entsprechen offenbar letztlich die drei in China herrschenden Sekten: die des Li lao-kun, die des Fo-chin und die laut P. Le Comte als Ju-chia bezeichnete.[4] Man kann damit auch die Kabbala der persischen Sufis[5] und einen Teil der Kabbala der Juden[6] in Verbindung bringen; aus letzterer hatte, glaube ich, Spinoza alles entnommen, was er über dieses unendliche Wesen von toutes les choses possibles. On ne manqueroit pas meme des raisons pour croire que les Saducéens étoient dans ce sentiment, n'y ayant pas beaucoup d'apparence, qu'il se fut formé une secte aussi impie qu'étoit la leur, sur la simple sentence de Zadoc: qu'il faloit servir Dieu, sans en attendre de recompence. Enfin les anciens Egyptiens pourroient bien avoir eu les memes idées, plusieurs de leurs Hieroglyphes semblent l'insinuer et en particulier le globe aîlé avec le serpent qui le traverse ne signifie pas mal cette ame du monde dont j'ai parlé. J'adjouterai seulement que le mal-heureux Vanini avoit fondé sur ces Maximes son Theatrum Providentiae, qui lui coûta la vie.

Vous voyez bien T. R. P. où je crois que tend ce systême ainsi expliqué; c'est de confondre grossierement le Createur avec les Creatures et de produire une demonstration d'un Atheisme rafiné, sur le rapport naturel qu'ont les nombres a[ve]c l'unité. Et si cela est certain, il sera vrai de dire, que les Philosophes de l'Antiquité ont eté dans de très mauvaix principes, et que ceux des Indes, de la Chine et du Japon le sont encore aujourd'hui. Il[s] ne pouvoient neanmoins rien penser, qui leur parut plus raisonnable, destituez de la Revelation, qui nous represente Dieu comme un Etre infiniment élévé au dessus de toutes les creatures, souverainement libre et independant et si puissant, qu'il peut par un seul acte de sa volonté donner l'être à ce qui n'étoit pas, sans qu'il lui faille employer sa propre substence pour la modifier en ce qui doit exister. Cela satisfait nôtre raison; quoique nous ne puissions point nous former de juste idée de cette puissance productrice de l'Etre suprême. Et quoi qu'il semble qu'on devroit excepter ceux qui ont eu quelque connoissance de la Parole de Dieu; il n'est pourtant que trop vrai qu'il y a eu dans le Judaisme et dans le Christianisme des Esprits prophanes et impies, qui se sont plus fiés à ce que leur dictoit leur vaine fantaisie, qu'à ce qu'enseignoit l'Ecriture divinement inspirée.

sich gibt, das sich notwendig in jeder möglichen Hinsicht verändert hat.[7] Es fehlte nicht einmal an Gründen für die Annahme, daß die Sadduzäer so dachten, denn es spricht nicht eben viel dafür, daß eine so gottlose Sekte wie die ihre allein auf dem Ausspruch des Zadok begründet worden ist, wonach es Gott zu dienen gilt, ohne dafür einen Lohn zu erwarten.[8] Schließlich könnten auch die alten Ägypter dieselben Vorstellungen gehabt haben; mehrere ihrer Hieroglyphen scheinen das nahezulegen, insbesondere die geflügelte Kugel mit der Schlange, die sie durchquert, bringt nicht übel diese Weltseele zum Ausdruck, von der ich gesprochen habe. Hinzugefügt sei nur noch, daß der unglückliche Vanini auf diesen Grundsätzen sein *Theatrum Providentiae* errichtet hatte, das ihm das Leben kostete.[9]

Sie sehen wohl, Ehrwürdiger Vater, wohin meiner Meinung nach dieses System tendiert, wenn man es so erklärt; es läuft hinaus auf eine gröbliche Verwechslung von Schöpfer und Schöpfung und führt unter Berufung auf die natürliche Beziehung der Zahlen zur Einheit den Beweis eines verfeinerten Atheismus.[10] Und wenn dies richtig ist, wird man [auch] zu Recht sagen, daß die antiken Philosophen auf sehr üblen Prinzipien aufbauten und daß diejenigen von Indien, China und Japan das noch heute tun. Sie vermochten dennoch nichts zu denken, was ihnen vernunftgemäßer erschienen wäre, ermangelten sie doch der Offenbarung, die uns Gott als ein Wesen zeigt, das unendlich über alle Kreaturen erhaben ist, von uneingeschränkter Freiheit, unabhängig und so mächtig, daß es durch einen einzigen Akt seines Willens dem, was nicht war, das Sein zu verleihen vermag, ohne darauf angewiesen zu sein, die eigene Substanz zu verwenden und sie zu dem zu modifizieren, was [seinem Willen nach] existieren soll. Das tut unserer Vernunft Genüge, auch wenn wir uns keine genaue Vorstellung von der Schöpfungsmacht des höchsten Wesens machen können. Und wenn man auch vielleicht jene ausnehmen sollte, die eine gewisse Kenntnis vom Wort Gottes hatten, ist es doch nur zu wahr, daß es im Judentum und im Christentum ruch- und gottlose Geister gegeben hat, die mehr auf die Einflüsterungen ihrer nichtigen Vorstellungen vertrauten als auf die Lehren der von Gott eingegebenen Schrift.

Je crois aussi que les Caractéres de Fohi, et les monogrammes de[s] Chinois expriment la même chose, mais avec cette difference; c'est que les premiers sont fondés sur la valeur des nombres, et les derniers sur la diversité des lignes et de leurs combinaisons. Les raisons qui me le persuadent sont: ce que dit le P. Semedo, que quoique les Chinois ayent une infinité de lettres; ils ne se servent neanmoins, pour les composer, que de neuf traits de plume; et l'analogie qu'efectivement j'ai remarqué dans leurs caractéres, et sur tout ce que vous dites dans vôtre savante lettre à Mr Leibnitz. J'avois même composé quelques combinaisons, pour connoitre plus facilement ce grand nombre de monogrammes. Et j'avois remarqué que les neuf premieres lignes servant de principe, elles produisoient une gradation de figures tirées du meme nombre, et si analogiques, qu'il est facile de les retenir; de maniere que j'ai appris dans peu de tems la composition des caracteres Chinois. Il me manque seulement de savoir, quelle signification ils donnent aux figures simples, et s[']ils gardent la même analogie dans les composées. Ce que vous dites me fait douter qu'on puisse les reduire toutes à leur vraie origine, et parce que les Chinois ignorent sur quel systeme est fondée leur caracteristique, et que voulant exprimer les paroles des autres langues, ils se servent des sons de la leur qui en approchent le plus et les decrivent avec leurs caracteres sans avoir égard à ce que cela signifie dans la langue dont ils l'ont pris. Cependant je viens d'apprendre de Mr Jablonski de Berlin celebre par la belle Edition de la Bible en Ebreu qu'il a donnée depuis quelque tems au public, que feu le Docteur Mentzel avoit composé un livre intitulé: *Clavis Sinica, ad Chinensium scripturam et pronunciationem Mandarinicam, centum et viginti quatuor Tabulis accurate scriptis* re*praesentata, qua aperitur* nodus [*lies:* modus]*evolvendi eorum Lexica vasta merè characteristica, praesertim* Où goèr [*lies:* çù goèi]*dicta, fabre facta a Christ. Menzelio D.* etc. Cet ouvrage seroit bien digne de voir le jour. J'avois envie d'al-

Ich glaube auch, daß die Zeichen [Hexagramme] des Fuxi und die Monogramme [Schriftzeichen] der Chinesen ein und dasselbe ausdrücken, doch mit folgendem Unterschied: erstere gründen auf dem Wert der Zahlen, letztere auf der Vielfalt der Linien und ihrer Kombinationen. Zu dieser Überzeugung bringen mich die Aussage des P. Semedo, wonach die Chinesen, obwohl sie unendlich viele Schriftzeichen haben, dennoch zu deren Zusammensetzung lediglich neun Federstriche verwenden,[11] die Analogie, die ich in der Tat in ihren Zeichen festgestellt habe, und vor allem, was Sie in Ihrem gelehrten Brief an Herrn Leibniz schreiben.[12] Ich hatte sogar einige Kombinationen zusammengestellt, um leichter diese große Zahl von Monogrammen zu unterscheiden, und ich hatte festgestellt, daß, legt man die neun ersten Linien zugrunde, sie eine Abstufung von aus derselben Zahl abgeleiteten Figuren hervorbringen, die so stark analog aufgebaut sind, daß sie sich leicht behalten lassen. Auf diese Weise habe ich in kurzer Zeit die Zusammensetzung der chinesischen Zeichen erlernt. Ich weiß nur noch nicht, welche Bedeutung sie den einfachen Figuren verleihen und ob bei ihnen auch in den Zusammensetzungen dieselbe Analogie wirksam bleibt. Was Sie schreiben, läßt mich an der Möglichkeit zweifeln, daß man sie alle auf ihren wahren Ursprung zurückführen kann. Dazu kommt, daß die Chinesen nicht wissen, auf welchem System ihre Charakteristik basiert und sie zum Ausdruck von Wörtern fremder Sprachen sich der Laute ihrer eigenen bedienen, die [der Aussprache der fremden Wörter] am nächsten kommen, und diese mit ihren Zeichen notieren, ohne Rücksicht auf deren Bedeutung in der Sprache, aus der sie es entlehnt haben. Ich habe aber eben von Herrn Jablonski aus Berlin, der durch seine vor einiger Zeit veröffentlichte schöne Ausgabe der hebräischen Bibel berühmt geworden ist,[13] erfahren, daß der verstorbene Dr. Mentzel ein Buch mit dem folgenden Titel verfaßt hatte: *Clavis Sinica, ad Chinensium scripturam et pronunciationem Mandarinicam, centum et viginti quatuor Tabulis accurate scriptis* repraesentata, *qua aperitur modus evolvendi eorum Lexica vasta merè characteristica, praesertim çù goèi dicta, fabre facta a Christ. Menzelio D.* etc.[14] Dieses Werk wäre es wohl ler plus avant et de connoitre l'analyse de ces caracteres et la belle convenence qu'ils ont entr'eux fondée sur leur systême Philosophique et Cabalistique; mais cela vous est reservé, ou à quelqu'un des R. PP. qui sont avec vous.

Il y a environ deux ans, que je fis connoissence à Verone avec un Medecin Juif fort versé dans l'etude de la Cabale; et qui pretendoit donner la demonstration de toutes les Sciences les plus abstraites, par le moyen des nombres et des lignes. Il ne me voulut jamais montrer ses essais; j'apperçûs seulement sur son rapport qu'il fondait tout son systême sur la progression Geometrique et sur les nombres quarrez; je vis même entre les mains d'un jeune Juif quelques Tables numeriques, qu'il faisoit décrire. Les autres Juifs le regardoient comme un fou, et de son coté il les meprisoit beaucoup, les traittant d'ignorens qui ne s'occupoient qu'à des vaines disputes de la Gemara, qu'il avoit aussi fort étudiée. Il blamoit le traducteur du Zohar ou la Cabala denudata comme n'ayant rien compris dans ces mystéres, et promettoit de mettre au jour un ouvrage qui excelleroit en cette matiere, mais ne l'ayant pas fait, je crois que la misere ne le lui a pas permis. J'ai eté bien aise de vous dire cette particularité, parce qu'elle confirme vos sentimens sur les lignes de Fohi et sur la caracteristique de Mr Leibnitz. Je remarque que la Magie attribuë beaucoup de vertu aux nombres et aux lignes tirez de la Cabale, comme cela se voit dans Agrippa; et même la Geomancie qui en est une partie, n'a pas d'autre fondement.

Comme vous témoignez le louable dessein que vous avez d'instruire l'Europe vôtre patrie de ce qui lui est encore inconnu; et que vous voulez par ce moyen contribuer efficacement aux progrez des sciences et de la belle litterature; Je prens la liberté de vous envoyer le plan d'une Histoire de l'origine des lettres et si vous le jugez utile, je vous prie instemment T. R. P. de me faire la grace de repondre s'il vous plait, aux demandes suivantes, qui regarwert, veröffentlicht zu werden. Ich hätte Lust, noch weiter zu gehen und die Analyse dieser Zeichen und ihre schöne, auf dem philosophischen und kabbalistischen System der Chinesen beruhende Übereinstimmung kennenzulernen; doch das bleibt Ihnen oder einem der Patres in Ihrer Begleitung vorbehalten.

Vor ungefähr zwei Jahren machte ich in Verona die Bekanntschaft eines jüdischen Arztes, der im Studium der Kabbala sehr bewandert war und alle, selbst die abstraktesten Wissenschaften mit Hilfe von Zahlen und Linien darzustellen gedachte. Er wollte mir niemals seine Versuche zeigen; ich entnahm nur dem, was er erzählte, daß er sein gesamtes System auf die geometrische Progression und die Quadratzahlen gründete; in den Händen eines jungen Juden sah ich sogar einige Zahlentafeln, die er abschreiben ließ. Die anderen Juden hielten ihn für einen Narren, und er verachtete seinerseits seine Glaubensgenossen und bezeichnete sie als Ignoranten, die sich nur mit unnützen Disputen über die Gemara[15] beschäftigten, die er auch selbst intensiv studiert hatte. Er warf dem Übersetzer des *Sohar* oder *Kabbala denudata*[16] vor, er hätte von diesen Mysterien nichts begriffen, und versprach, selbst ein hervorragendes Werk zu diesem Gegenstand zu veröffentlichen. Wenn er es nicht getan hat, dann hat, glaube ich, seine [persönliche] Armut es ihm nicht gestattet. Ich bin sehr froh, Ihnen diese Einzelheit mitteilen zu können, denn sie bestätigt Ihre Ansichten über die Linien des Fuxi und die Charakteristik von Herrn Leibniz. Wie ich sehe, schreibt die Magie den der Kabbala entnommenen Zahlen und Linien große Kräfte zu, wie bei Agrippa von Nettesheim zu sehen ist,[17] und selbst die Geomantie, ein Teil [der Magie], beruht auf nichts anderem.

Sie bekunden Ihren lobenswerten Vorsatz, Ihr Vaterland Europa in den Dingen zu belehren, die ihm bislang unbekannt sind, und auf diese Weise wirksam zum Fortschritt der Wissenschaften und der schönen Literatur beizutragen. Ich nehme mir daher die Freiheit, Ihnen den Entwurf einer Geschichte vom Ursprung der Buchstaben zu übersenden.[18] Wenn Sie mein Vorhaben für nützlich halten, bitte ich Euer Ehrwürden inständig, mir den Gefallen zu tun und auf die folgenden Fragen zu antworten. Sie betreffen die chinesische dent la litterature des Chinois, celle des Tartares, et quelques particularitez touchant certains Juifs qu'on dit être à la Chine.

Je souhaiterois donc de savoir à l'egard des Chinois

1° Si anciennement ils se servoient de Hieroglyphes[;] j'entens par là les figures naturelles des choses, et non pas ces seize differentes sortes de caracteres qui sont dans la Chine Illustrée du P. Kircher[;]

2° Si supposé qu'ils s'en soient servis, comme dit le P. Le Comte, si (dis je) il en reste quelques monumens sur les pierres et sur le marbre, ou dans les livres. Je croirois que celui dont vous faites mention, et qui represente la figure des choses avec le monogramme qui sert à l'exprimer; pourroit etre regardé ou comme une marque certaine de cet ancien usage; ou comme une espece d'Elementaire qui leur enseigne ce que signifient leurs caracteres[;]

3° S'il y a des livres composez de lignes et de dragons et des autres caracteres du P. Kircher, qu'on attribuë à Fohi[,] à Xin nùm, à Xan Hoam[,] à Yao et à d'autres[;]

4° Si ces caractéres ont été employez generalement pour toute sorte de sujets et de livres; ou si ç'a été seulement pour quelques matieres conformement au but de leurs inventeurs[;]

5° Si les monogrammes d'aujourdhui ont toujours servi pour l'usage du commun[;]

6° S'il est vrai que les Chinois ayent reçû des Brahmens certains caracteres sacrés, qu'on voit sur l'Idole Pusa dans la Chine illustrée, et s[']ils sont composez d'un Alphabet[;]

7° Combien loin s'étent la connoissance et l'usage des caracteres Chinois chez les Nations voisines[;]

8° Si les Chinois se sont servis pour écrire, de pierres, des Metaux, d'écorce d'arbre et de peaux de Bêtes, avant qu'ils eussent l'usage du papier; combien de tems a duré chacune de ces manieres, et à qui ils en attribuent l'invention[;]

und die tatarische [manjurische] Literatur und einige Einzelheiten über gewisse Juden, die in China leben sollen.

Ich wüßte also gern die Chinesen betreffend:

1. Haben sie ursprünglich Hieroglyphen verwendet? Darunter verstehe ich natürliche Abbildungen der Dinge, nicht jene sechzehn verschiedenen Arten von Zeichen, die sich in P. Kirchers *China illustrata* finden.[19]

2. Sollte das der Fall sein, wie der P. Le Comte sagt:[20] Haben sich davon einige Denkmäler auf Stein, Marmor oder in Büchern erhalten? Ich möchte meinen, daß das von Ihnen erwähnte Buch, das die Abbildung der Dinge zusammen mit dem Monogramm, das zu ihrer Bezeichnung dient, darstellt,[21] entweder als ein sicheres Anzeichen eines solchen alten Brauchs angesehen werden kann oder aber als eine Art Elementarbuch, das [die Chinesen] die Bedeutung ihrer Zeichen lehrt.

3. Gibt es Bücher, [deren Texte] aus Linien, Drachen und anderen Zeichen des P. Kircher zusammengesetzt sind und die Fuxi, Shennong, Shanghuang [Huangdi], Yao und anderen zugeschrieben werden?

4. Wurden diese Zeichen allgemein für alle Arten von Themen und Büchern verwendet oder – entsprechend der Absicht ihrer Erfinder – nur für einige [bestimmte] Gegenstände?

5. Sind die heutigen Monogramme immer im allgemeinen Gebrauch gewesen?

6. Ist es wahr, daß die Chinesen bestimmte heilige Schriftzeichen von den Brahmanen empfangen haben, wie man sie auf dem Idol von Pusa [Buddha] in der *China illustrata* sieht?[22] Liegt ihnen ein Alphabet zugrunde?

7. Wie weit reichen Kenntnis und Gebrauch der chinesischen Zeichen bei den benachbarten Völkern?

8. Haben die Chinesen Stein, Metall, Baumrinde und Tierhäute als Schreibmaterial verwendet, bevor sie sich des Papiers bedienten? Wie lange waren alle diese Techniken jeweils in Gebrauch, und wem schreiben [die Chinesen] die [jeweilige] Erfindung zu?

9° Depuis quand ils ont du papier, de combien de sorte[s] ils en font, et qui ils en croyent l'inventeur[;]

10° Si l'imprimerie est fort ancienne chez eux, quelles sont les diverses manieres dont ils impriment; et qui est l'Auteur de ce bel Art.

Il y auroit encore plusieurs choses à vous demander, comme de la forme et de la Relieure des livres, des signes des separations et des jonctions, des virgules, ou des points, tant aux Manuscrits qu'aux imprimez; les marques de l'Antiquité des livres, celles des citations et d'autres semblables. Mais je me renfermerai dans une seule qui les comprent toutes. C'est, s'il est vrai, ce que dit le P. Le Comte; qu'il faille de tems en tems renouveller les bibliotheques, parce que les vers rongent les livres, et qu'elles ne sont anciennes, que parce que ce sont des copies fidelles des Anciens originaux. Cette remarque me paroit fort extraordinaire, et si elle est veritable, il sera facile en visitant les bibliotheques de l'Europe, de s'eclaircir sur les questions que j'aurois pû faire à Votre Reverence.

Quant aux Tartares, je voudrois savoir à peu près tout ce que je viens de vous demander touchant les Chinois, et en particulier

1° Si l'usage de l'écriture est fort ancien parmi eux, et qui ils en croyent l'inventeur[;]

2° Si leurs caractéres sont de[s] combinaisons de lettres (comme vous l'insinuez tacitement en parlant du Dictionaire que l'Empereur fait traduire) ou si au contraire ce sont de[s] Monogrammes à la Chinoise, comme le veut feu M. Hyde dans son livre de la Religion des anciens Perses, où il en donne un essai avec cette description: *Hi non habent Alphabetum, sed more Chinensium et Japanensium, pro singulis vocibus distinctos habent Characteres, deorsum legendo: non autem (ut Chinenses) a dextra columna incipiunt, sed a sinistra suo more Tartarico*[;]

3° S'il y a d'autres nations qui se servent des mêmes caracteres.

9. Seit wann haben die Chinesen Papier? Wieviel verschiedene Sorten stellen sie davon her, und wen halten sie für den Erfinder?

10. Ist der [Buch-]druck in China schon sehr alt? Welche verschiedenen Techniken verwenden sie beim Drucken, und wer ist der Erfinder dieser schönen Kunst?

Es gäbe noch etliche Dinge, die ich Sie fragen möchte, etwa zu Form und Einband der Bücher, Trenn- und Bindezeichen, Kommata oder Punkten in Handschriften wie Drucken, Anzeichen des Alters der Bücher, Kennzeichnung von Zitaten und anderen dergleichen Dingen. Ich werde mich aber auf eine einzige Frage, die alle [anderen] einschließt, beschränken: Ist es wahr, was P. Le Comte sagt,[23] daß die Bibliotheken von Zeit zu Zeit erneuert werden müssen, weil die Würmer die Bücher zerfressen, und die Bibliotheken nur insofern alt sind, als sie aus getreuen Abschriften der alten Originale bestehen? Dieser Hinweis scheint mir ganz erstaunlich, und wenn er zutreffend ist, wird es leicht sein, sich durch den Besuch der europäischen Bibliotheken Klarheit über die Fragen zu verschaffen, die ich Euer Ehrwürden hätte stellen können.[24]

Was die Tataren [Manjuren] angeht, wüßte ich gern in etwa all das, was ich Sie soeben die Chinesen betreffend gefragt habe, und insbesondere:

1. Ist der Gebrauch der Schrift sehr alt bei ihnen? Wen halten sie für deren Erfinder?

2. Sind ihre Schriftzeichen aus Buchstaben zusammengesetzt (wie Sie es beim Bericht über das Wörterbuch, das der Kaiser übersetzen läßt, suggerieren)[25] oder handelt es sich im Gegenteil um Monogramme wie bei den Chinesen, wie es der verstorbene Herr Hyde in seinem Buch über die Religion der alten Perser behauptet, wo er eine Probe davon gibt mit der folgenden Beschreibung: »Diese habe kein Alphabet, sondern nach Art der Chinesen und Japaner für die einzelnen Wörter unterschiedliche Zeichen, wobei von oben nach unten gelesen wird. Sie beginnen aber nicht wie die Chinesen mit der rechten Spalte, sondern nach ihrer, den Tataren [Manjuren] eigentümlichen Art mit der linken«.[26]

3. Gibt es andere Völker, welche dieselben Zeichen verwenden?

Duret dans son Histoire de l'origine des langues (qui n'est pas fort exact) et un Auteur Allemand plus moderne, donnent un Alphabet de quarant sept lettres, qu'ils disent être du Japon et qui ressemblent fort aux caracteres Tartares[;]

4° S'ils ont beaucoup de livres en leur langues et particulierement des Histoires ou des Annales.

Pour ce qui regarde les Juifs je trouve dans le P. Semedi deux sortes de gens qui portent ce nom: Les premiers sont (dit-il) venus à la Chine depuis environ six cens ans, et pour les derniers il ne sait pas quand ils y sont entrez. Je prie donc tres-humblement vôtre Reverence, de me dire s'il vous plait,

1° Si ces premiers qui sont sans doute, les Juifs ordinaires, si dis je ils étudient la Mischna, la Gemara et la Cabala[;]

2° S'ils ont de Bibles entieres en Ebreu, outre le Rouleau de la loy dans leurs Synagogues[;]

3° Si leurs Livres de l'Ecriture sont conformes pour les lettres et pour les points voyelles, à ceux des autres Juifs de l'Europe; ou bien s'ils sont generalement sans points et sans les autres marques de la Masore[;]

4° S'ils se servent de divers caracteres, comme du quarré, du rabbinique, ou de quelqu'autre[;]

5° S'ils ont des commentaires sur la Bible et une Liturgie semblable aus Machasor des autres Juifs[;]

6° S'ils ont quelque traduction du Pentateuque, ou de quelqu'autre livre en Chinois, écrit en lettres Ebraiques; comme c'est leur coûtume presque partout où ils sont dispersez; faisant cela pour l'instruction des femmes et des enfants, parce qu'ils parlent ordinairement la langue du pais où ils habitent[;]

7° Si leurs Livres et en particulier leurs Rouleaux, sont de parchemin, ou de quelqu'autre matiere.

8° Et enfin s'ils sont Karraites, Rabbanistes, ou de quelque differente secte et s'il y en a en Tartarie.

Duret in seiner nicht sehr sorgfältigen Geschichte des Ursprungs der Sprachen und ein neuerer deutscher Autor drucken ein Alphabet aus 47 Buchstaben,[27] die nach ihrer Aussage aus Japan stammen sollen und den tatarischen [manjurischen] Zeichen stark ähneln.

4. Haben sie viele Bücher in ihren Sprachen und insbesondere historische Darstellungen oder Annalen?

Was die Juden betrifft, finde ich bei P. Semedo zwei verschiedene Arten von Leuten, die so genannt werden: Erstere sind, sagt er, vor etwa 600 Jahren nach China gekommen; bei der zweiten Gruppe weiß er nicht, wann sie eingewandert sind.[28] Ich bitte Euer Ehrwürden also ganz ergeben, mir bitte folgende Fragen zu beantworten:

1. Studieren die Angehörigen der ersten Gruppe (zweifellos handelt es sich hier um die gewöhnlichen Juden) Mischna, Gemara und Kabbala?

2. Haben sie vollständige hebräische Bibeln außer der *Tora*-Rolle in ihren Synagogen?

3. Entsprechen ihre Exemplare der Schrift in Hinblick auf die Buchstaben und die Vokalpunktation denen der europäischen Juden oder sind sie ganz allgemein frei von den Punkten und anderen [diakritischen] Zeichen des masoretischen Textes?

4. Verwenden sie verschiedene Buchstaben[formen] wie Quadratschrift, rabbinische Schrift[29] oder andere?

5. Haben sie Bibelkommentare und eine Liturgie, die dem Machasor[30] der übrigen Juden ähnelt?

6. Haben sie eine Übersetzung des Pentateuch oder irgendeines anderen [biblischen] Buches ins Chinesische, geschrieben in hebräischen Buchstaben? Diese Sitte findet sich fast überall bei den in der Diaspora lebenden Juden; sie tun das für die Unterweisung der Frauen und Kinder, weil sie im allgemeinen die Sprache des Landes, in dem sie wohnen, sprechen.

7. Bestehen ihre Bücher und insbesondere ihre Rollen aus Pergament oder aus irgendeinem anderen Material?

8. Schließlich: Sind sie Karäer oder Rabbaniten[31] oder gehören sie einer davon verschiedenen Sekte an? Gibt es Juden in der Tatarei?

Quant aux autres qui habitent principalement dans la Province de Honan, et que je crois être des restes des dix Tribus; Il seroit bon de savoir plusieurs des choses dont je viens de faire mention à l'egard des premiers. La connoissance en particulier de leurs livres de la Bible, de leur Pentateuque, de leurs sentimens sur la Loy de Moyse, sur la venuë du Messie; de leur entrée dans la Chine et de leur Histoire; de même que ce qui touche les autres Juifs dont j'ai parlé; seroit d'une si grande utilité, que je prie Dieu, d'inspirer à quelqu'un de vos RR. PP. homme savant et sincere, de s'instruire de toutes ces choses et de plusieurs autres, que pour n'etre pas si long je passe sous silence; et d'en faire part à l'Europe, qui en tireroit un grand profit. Mais il faudroit que cela se fit sans avoir égard aux differens sentimens que suivent les Européens en matiere de Science ou de Religion, et dire les choses commes elles sont.

Je vois en V. R. tout ce qu'il faudroit pour executer heureusement ce dessein. Il ne vous manque ni la candeur, ni la science, ni les autres secours necessaires: mais tant d'autres occupations, plus importantes sans doute, vous en empécheront. Vous meriteriés pourtant beaucoup du public, si vous engagiez quelqu'un de ces excellens Ouvriers qui sont avec vous, de s'occuper à cela. Il vous est à present si facile, puisque l'Empereur permet aux Chretiens de vivre en paix et même d'annoncer l'Evangile à ses propres sujets tant Tartares que Chinois. Cependant vous me ferés un senssible plaisir, de m'apprendre ce qui concerne et ces Juifs et les autres; sur tout par rapport à leur litterature, et je tacherai d'être aussi reconnoissant qu'il me sera possible à tous vos bien fais.

Quoique j'aye craint que ma lettre ne vous ennuyât à cause de sa longueur et du peu qui y est contenu, je n[']ay pas neanmoins pû me dispenser de vous dire quelque chose de mes sentimens sur les matieres du plan que je me suis fait depuis environ deux ans. Et ce qui

Was die übrigen [die zweite Gruppe der Juden in China] angeht, die hauptsächlich in der Provinz Henan wohnen und die ich für Reste der Zehn Stämme[32] halte, wäre es wünschenswert, etliches von dem zu wissen, was ich soeben in Hinblick auf die erste Gruppe erwähnt habe. Insbesondere die Kenntnis ihres Bibel- und ihres Pentateuchtextes, ihrer Meinungen zum Gesetz des Mose und über das Kommen des Messias, ihrer Einwanderung nach China und ihrer Geschichte ebenso wie jener der anderen Juden, von denen ich gesprochen habe, wäre von so großem Nutzen, daß ich zu Gott bete, er möchte einem Ihrer Patres, einem gelehrten und aufrichtigen Mann, eingeben, über all diese Dinge und etliche andere, die ich der Kürze halber mit Stillschweigen übergehe, sich zu unterrichten und Europa davon Mitteilung zu machen, das großen Vorteil daraus ziehen würde. Doch müßte das ohne Rücksicht auf die verschiedenen Auffassungen der Europäer in wissenschaftlichen und religiösen Fragen geschehen; [er müßte] die Dinge sagen, wie sie sind.

Ich sehe in Euer Ehrwürden alle erforderlichen Eigenschaften, deren es zur erfolgreichen Ausführung dieses Vorhabens bedürfte. Es mangelt Ihnen weder an Aufrichtigkeit noch an Gelehrsamkeit noch an sonst notwendigen Hilfsmitteln, doch werden so viele andere – zweifellos wichtigere – Geschäfte Sie daran hindern. Sie würden sich indessen sehr um die Öffentlichkeit verdient machen, wenn Sie einen dieser ausgezeichneten Arbeiter [im Weinberg] aus Ihrer Umgebung dazu bewegen würden, sich dieser Aufgabe anzunehmen.[33] Es wird Ihnen gegenwärtig so leicht gemacht, da der Kaiser den Christen erlaubt, in Frieden zu leben und sogar das Evangelium seinen eigenen Untertanen, Tataren [Manjuren] wie Chinesen, zu verkündigen.[34] Jedenfalls werden Sie mir eine große Freude machen, mich über diese Juden und die anderen zu belehren, vor allem in Hinblick auf ihre Literatur, und ich werde versuchen, Ihnen alle Ihre Wohltaten so sehr zu danken, wie es mir möglich ist.

Zwar habe ich befürchtet, mein Brief könnte Sie seiner Länge und seines spärlichen Gehalts wegen langweilen; ich habe dennoch nicht darauf verzichten mögen, Ihnen etwas von meinen Gedanken über den Plan mitzuteilen, an dem ich seit zwei Jahren arbeite. Und was m'y a entierement determiné, c'est que j'espere que si je me trompe, comme cela peut fort bien arriver; vous aurez la bonté et la generosité de me redresser[,] puisque je serai ravi de profiter des bons avis, dont il est impossible qu'un aussi savant homme que vous ne puisse faire part. Souffrez donc s'il vous plait T. R. P. que je vous dise ce que je pense de ces faits qui sont controversez entre les Savans.

Je crois qu'apres le deluge (car je doute s'il avoit été auparavant necessaire) les hommes pour soulager leur mêmoire se servirent dabord, de pierres, de cloux et de neuds de cordes. Cela ne suffisant pas pour le but qu'ils se proposoient, ils commencerent à peindre les choses mêmes qu'ils vouloient exprimer, et comme ce moyen avoit aussi ses difficultez, les Caldeens et en particulier les Egyptiens reduisirent peu à peu cette invention à un tel degré de perfection, qu'il en resulta la science des Hieroglyphes, qui n'est autre chose, qu'une Caracteristique prise de la convenence des affections des êtres.

Les Chinois de leur côté ne se contentant pas de ces manieres trop grossieres, dont leurs annales font aussi mention; ils inventerent une caracteristique simplement numerique, qui s'exprimoit par des lignes enti[e]res et rompuës. Celle cy n'etant pas assés generale; ils en composerent une seconde fondée sur neuf diverses lignes qui produisent une infinité de combinaisons et qui renferment aussi la valeur des nombres, quoique d'une maniere un peu differente de la premiere.

C'est ainsi que s'expliquoient les peuples: les uns comme j'ai dit cultivoient leurs belles connoissances; les autres ne s'occupant que du metier de la Guerre se contentoient de ces premieres inventions les plus simples, en y ajoûtant l'usage des Cantiques pour celebrer la mêmoire des actions de leurs Heros. Leur indifference pour les mich vollends zu ihrer Mitteilung bestimmt hat, ist meine Hoffnung, daß Sie, sollte ich mich irren (was sehr leicht geschehen kann), die Güte und die Großmut haben werden, mich zurechtzuweisen, denn ich werde entzückt sein, von den guten Ratschlägen zu profitieren, die ein so gelehrter Mann wie Sie unter keinen Umständen nicht wird erteilen können. Lassen Sie es sich also bitte gefallen, Ehrwürdiger Vater, daß ich Ihnen meine Gedanken über diese unter den Gelehrten umstrittenen Dinge mitteile.

Ich glaube, daß nach der Sintflut (ich frage mich nämlich, ob es davor notwendig gewesen wäre) die Menschen zur Entlastung des Gedächtnisses zunächst Steine verwendeten, Nägel und Knotenschnüre. Da dies für ihre Zwecke nicht ausreichte, begannen sie, die Dinge selbst, die sie bezeichnen wollten, zu malen, und weil auch dieses Auskunftsmittel seine Schwierigkeiten hatte, entwickelten die Chaldäer und insbesondere die Ägypter nach und nach diese Erfindung zu einem solchen Grad der Vollkommenheit, daß daraus die Wissenschaft der Hieroglyphen entstand, die nichts anderes ist als eine aus der Übereinstimmung der Affekte der [menschlichen] Wesen geschöpfte Charakteristik.

Die Chinesen ihrerseits begnügten sich nicht mit dieser allzu rohen Vorgehensweise, die ihre Annalen auch kennen; sie erfanden eine schlicht numerische Charakteristik, die sich mit Hilfe von durchgehenden und gebrochenen Linien darstellte. Da diese nicht genügend umfassend war, entwickelten sie eine zweite Charakteristik, die auf neun verschiedenen Linien basiert, welche unendlich viele Kombinationen hervorbringen und auch die Zahlen ausdrükken, wenngleich auf eine von jener der ersten Charakteristik etwas abweichende Art.

Auf diese Weise artikulierten sich die Völker. Die einen pflegten, wie gesagt, die schönen Wissenschaften; die anderen gingen ausschließlich dem Kriegshandwerk nach und begnügten sich daher mit den erwähnten frühesten und einfachsten Erfindungen, denen sie noch den Brauch der [epischen] Gesänge hinzufügten, um das Gedächtnis der Taten ihrer Helden zu feiern. Ihre Gleichgültigkeit gegenüber den Wissenschaften im Verein mit der Eifersucht von

Sciences avec la jalousie des Chinois et des Egyptiens, qui ne communiquoient pas facilement ce qu'ils savoient aux étrangers; peut avoir contribué à l'ignorance où ils ont été jusqu'au tems qu'on se servit de l'écriture proprement dite. Les Americains en sont une preuve certaine; car quoique les Hurons et les Iroquois avec les autres nations septentrionales de ce continent ayent une espece de Hieroglyphes naturels, à peine pêlent ils les arbres pour y peindre avec du charbon broyé les victoires qu'il[s] remportent sur leurs ennemis; sans se soussier de chercher d'autres moyens pour conserver la memoire de ces faits, plus long tems et plus seurement que cela ne se peut sur ces arbres, où pourtant le curieux Baron de la Hontan dit, que ces marques durent quelque fois jusques à douze ans, sans qu'elles soient effacées par les injures du tems. Et les Mexicains n'ont composé des Annales et des Livres de figures que lors qu'ils ont été soumis à des Rois. Les Peruviens quoique civilisés ne se servoient le plus ordinairement que des neuds de corde dont j'ai parlé.

Je crois que les caracteres de la Chimie[,] de l'Astrologie et de la Magie, viennent originairement de ces premieres caracteristiques et je voudrois bien savoir, si les Chinois qui étudient ces Sciences secretes, ont des caracteres particuliers pour en cacher les mysteres comme font ceux des autres païs de l'Europe et de l'Asie[;] les nottes de l'Arithmetique ressemblent fort à ces monogrammes des choses, je souhaiterois aussi de savoir si les Tartares en ont d'autres que celles des Chinois.

Voilà les caracteres également obscurs et équivo[qu]es dont on se servit jusqu'à Moyse auquel Dieu par des raisons de sa sagesse et de sa bonté (car je crois qu'il avoit pour but l'instruction de son Eglise) enseigna le moyen le plus facile et le plus parfait de s'exprimer, en lui donnant la loy écrite de son propre doit, comme parle l'Ecriture. Et ce moyen consistoit à se servir des signes des arti-

Chinesen und Ägyptern, die nicht ohne weiteres ihre Kenntnisse an Fremde weitergaben, mag zur Unwissenheit beigetragen haben, in der sie bis zu der Zeit verharrten, als man begann, sich der Schrift im eigentlichen Sinn zu bedienen. Die Indianer sind dafür ein deutlicher Beweis. Zwar besitzen die Huronen und die Irokesen wie die übrigen Stämme des nordamerikanischen Kontinents eine Art natürliche Hieroglyphen,[35] doch schälen sie gerade einmal die Rinde von den Bäumen, um auf diesen mit zerstampfter Kohle die Siege darzustellen, die sie über ihre Feinde davongetragen haben, ohne einen Gedanken darauf zu verschwenden, wie sie die Erinnerung an diese Taten für eine längere Zeit und mit größerer Sicherheit bewahren könnten, als das auf diesen Bäumen möglich ist. Allerdings schreibt der wunderliche Baron de La Hontan, daß diese Zeichnungen zuweilen bis zu zwölf Jahre erhalten bleiben, ohne von den Unbilden der Witterung ausgelöscht zu werden. Die Mexikaner haben Annalen und Bücher mit Zeichnungen erst hervorgebracht, seit sie Königen unterworfen sind.[36] Die Peruaner, wenngleich ein Kulturvolk, bedienten sich in aller Regel nur der oben erwähnten Knotenschnüre.[37]

Ich glaube, daß die chemischen, astrologischen und magischen Zeichen ihren Ursprung in diesen ersten Charakteristiken haben, und ich wüßte gern, ob die Chinesen, die sich diesen geheimen Wissenschaften widmen, besondere Zeichen haben, um die Geheimnisse ihrer Disziplinen verborgen zu halten, so wie es in den anderen Ländern Europas und Asiens üblich ist. Die Zeichen der Arithmetik ähneln stark diesen Monogrammen für bestimmte Dinge. Ich wüßte auch gern, ob die Tataren [Manjuren] andere derartige Zeichen verwenden als die Chinesen.

Das waren also die gleichermaßen dunklen und zweideutigen Zeichen, deren man sich bis Mose bediente, den Gott in seiner Weisheit und Güte (denn seine Absicht war, wie ich glaube, die Unterrichtung seiner Kirche) das einfachste und vollkommenste Mittel, sich auszudrücken, lehrte, indem er ihm das mit seinem eigenen Finger geschriebene Gesetz gab, wie die Schrift sagt.[38] Und dieses Mittel bestand in der Verwendung von Zeichen, die für die Articulations de la voix, qui étant combinez produisent tous les mots imaginables de toutes les langues avec les idées que les hommes y attachent. C'est de là que sont venus tant d'Alphabets dont on s'est servi et dont on se sert encore à présent. Ces lettres ont souffert des changemens bien considerables, soit par la bizarrerie des hommes, soit par la necessité où ils se sont trouvez d'ajoûter d'autres lettres pour mieux exprimer les mots de leur langue; ou bien par vaine gloire, à fin qu'on ne connut point de qui ils avoient receu l'usage des lettres.

Cela même a produit deux differentes combinaisons des lettres. La premiére qui est litteraire se fait de deux maniéres; l'une en mettant chaque lettre l'une apres l'autre, comme font les Europeens et partie des peuples d'Asie; l'autre est quand chaque lettre fait une sillabe qu'on arrenge aussi de même et c'est ainsi qu'en usent les Ethiopiens, les Malabares et les Siamois. La seconde est monogrammatique et se fait aussi de deux manieres; l'une en combinant et entrelassant toutes les lettres d'un mot, soit qu'elles soient simples ou syllabiques en sorte qu'elles ne composent qu'un monogramme. Les Arabes s'en servent quelque fois et surtout pour leur Bismillah; Les caracteres des Tartares de la Chine, ceux des Japonois et ceux de l'idole Pusa sont apparemment ainsi composez. L'autre est lors qu'on prend les premiéres lettres d'un mot, ou d'une syllabe et qu'on en fait un monogramme qui exprime une ou plusieurs paroles à la fois; et c'est de cette façon que sont composees les nottes des anciens Romains dont on attribuë l'invention à un Affranchi de Ciceron. Les Princes et les Empereurs ont formé de cette maniere leurs noms, qui se voyent dans les diplomatiques et sur des Medailles comme ceux des Rois Gots, dont Mr Ducange a recueilli un grand nombre dans ses Glossaires.

kulationen der Stimme [die Laute] stehen und die kombiniert alle erdenklichen Wörter aller Sprachen ergeben, mitsamt den Vorstellungen, welche die Menschen mit diesen Wörtern verknüpfen. Daher rührt die gewaltige Zahl von Alphabeten, deren man sich bedient hat und deren man sich noch in der Gegenwart bedient. Diese Buchstaben [der ursprünglichen Alphabete] sind einem ganz erheblichen Wandel unterworfen, sei es durch die Grillenhaftigkeit der Menschen, sei es aus der Notwendigkeit heraus, weitere Buchstaben hinzuzufügen, um die Wörter ihrer [jeweiligen] Sprache besser notieren zu können, sei es schließlich aus bloßer Ruhmsucht, damit nicht mehr erkennbar sein sollte, von wem sie den Gebrauch der Buchstaben entlehnt hatten.

Hieraus nun haben sich zwei verschiedene Weisen, die Buchstaben miteinander zu verbinden, entwickelt. Die erste ist buchstäblich und wird auf zweifache Art praktiziert. Bei der einen werden die einzelnen Buchstaben hintereinander aufgereiht, wie es die Europäer und ein Teil der Völker Asiens zu tun pflegen; bei der anderen bildet jeder Buchstabe eine Silbe, die man auf dieselbe Art anordnet; so halten es die Äthiopier, die Malabarer und die Siamesen. Die zweite ist monogrammatisch und wird ebenfalls auf zweifache Art gehandhabt: Bei der einen werden alle Buchstaben eines Wortes, mögen sie einfach [für einen Laut stehen] oder syllabisch sein, miteinander verbunden und ineinander verflochten, so daß sie ein einziges Monogramm bilden. Die Araber bedienen sich manchmal [dieser Schreibweise], vor allem für ihr Bismillah,[39] und die Zeichen der chinesischen Tataren [Manjuren], der Japaner und des Idols von Pusa[40] sind offenbar so zusammengesetzt. Im Fall der anderen nimmt man die ersten Buchstaben eines Wortes oder einer Silbe und macht daraus ein Monogramm, das ein oder mehrere Wörter auf einmal zum Ausdruck bringt; so sind die Noten der alten Römer aufgebaut, deren Erfindung man einem Freigelassenen Ciceros zuschreibt.[41] Die Fürsten und Kaiser haben auf diese Weise ihre Namen gestaltet, wie sie in den Urkunden zu sehen sind und auf Münzen wie denen der gotischen Könige, deren Herr Du Cange eine große Zahl in seinen Glossaren gesammelt hat.[42] Sie finden auch in

Ils servent aussi dans la Magie, outre les neuf caracteres pris des quatre lignes paralleles divisées en Angles droits qui ont aussi lieu dans la Steganographie. Ce sont là des Monogrammes des mots, au lieu que ceux de la Chine le sont seulement des choses.

Je crois que les lettres Ebraique[s] et les Samaritaines étoient au commancement les mêmes, et que les Phéniciens y on[t] fait les changemens que nous y remarquons[;] il est vrai que les Juifs se sont servis de ces deux sortes de caracteres: mais on remarque que toutes les Medailles Samaritaines sont du tems des Maccabées, excepté certains Sicles que quelques uns croient plus anciens. J'ai vû sur cela une belle dissertation manuscrite, dont l'Auteur est Mr Ott Professeur de la Langue Sainte à Zurich, et fils de celui qui avoit écrit contre Baronius.

A l'egard des points voyelles je crois qu'après la captivité, on commença à se servir du seul point rond, qui fixoit la prononciation de certaines lettres, et qui changeoit de valeur selon qu'il étoit placé au commencement, au milieu ou à la fin des mots, et selon qu'on le marquoit au dessus, ou au dessous des lettres. On le joignoit à l'Aleph et au Vau, qui faisoient la fonction des quatre voyelles A, E, O et U. Le Iod faisoit l'I et en son absence le point servoit aussi pour la même lettre. Au reste l'orthographe des Ebreux, étoit avant la captivité à peu près la même que celle qu'on trouve dans les Livres des Gaures et des Mandaites, l'usage leur apprenoit quand les voyelles chang[e]oient; on voit encore dans la Bible des restes de cette ortographe, et cela me meneroit trop loin, si je voulois vous en produire des exemples. Je reviens aux points, qui étoient si je ne me trompe, ceux qu'on nomme aujourd'hui le Chirrek ou peut être Zere. Car il ne seroit pas hors de vraisemblence qu'on les eût changez de nom, et il seroit trop long de vous en dire la raison; le Cholem est le second et le Schurek le troisieme. C'est ainsi qu'un même point avoit divers noms suivant la situation qu'il prenoit. Le nombre s'en augmenta long tems après, et lors que les Juifs demeuder Magie Verwendung, abgesehen von den neun Zeichen, die aus vier parallelen, in rechte Winkel geteilten Linien abgeleitet sind, die auch in der Steganographie[43] vorkommen. Hier handelt es sich um [aus Buchstaben zusammengesetzte] Wortmonogramme, während die chinesischen Monogramme unmittelbar für Sachen stehen.

Ich glaube, daß die hebräischen und samaritanischen Buchstaben ursprünglich dieselben waren und die Veränderungen, die wir hier feststellen, auf die Phönizier zurückgehen. Zwar bedienten sich die Juden beider Arten von Buchstaben, aber man sieht, daß alle samaritanischen Münzen aus der Zeit der Makkabäer stammen, bestimmte Säckel[44] ausgenommen, die manche für älter halten. Ich habe eine interessante handschriftliche Abhandlung zum Thema gesehen von Herrn Ott,[45] Hebräischprofessor in Zürich und Sohn jenes Ott, der gegen Baronius geschrieben hatte.[46]

Was die Vokalisierungspunkte betrifft, glaube ich, daß man nach der [babylonischen] Gefangenschaft begann,[47] sich des einfachen runden Punktes zu bedienen, der die Aussprache bestimmter Buchstaben festlegte und jeweils eine verschiedene Bedeutung hatte, je nachdem er am Anfang, in der Mitte oder am Ende der Wörter und ob er ober- oder unterhalb der Buchstaben gesetzt wurde. Man verband ihn mit Aleph und Wau, die für die vier Vokale A, E, O und U standen. Das Jod stand für I, und wo es fehlte, diente der Punkt dazu, auch diesen Buchstaben zu bezeichnen.[48] Im übrigen war die Orthographie der Hebräer vor der Gefangenschaft in etwa jene, die man in den Büchern der Gauren[49] und Mandäer[50] findet, der Gebrauch lehrte sie, wann der Vokal wechselte. Reste dieser Orthographie findet man noch in der *Bibel,* aber es würde mich zu weit führen, wenn ich Ihnen dafür Beispiele anführen wollte. Ich komme auf die Punkte zurück, bei denen es sich, wenn ich nicht irre, um die heute Chîrĕq oder vielleicht Sērê genannten handelt. Es ist nämlich nicht ganz unwahrscheinlich, daß man ihre Namen vertauscht hat, aber es wäre zu langwierig, Ihnen den Grund dafür auseinander zusetzen. Chōlĕm ist der zweite und Šûrĕq der dritte [Name].[51] So hatte ein und derselbe Punkt verschiedene Namen je nach seinem Kontext. Die Zahl [der Punkte] erhöhte sich erst viel später, als die rant dans les païs éloignez de la Judée furent obligez de marquer les voyelles longues et breves afin de mieux conserver la prononciation de la langue Ebraique. Ce ne fut neanmoins qu'apres la venue de Nôtre Seigneur, que ces points voyelles furent reduits au nombre où nous les voyons.

On voit une preuve de ce que je dis dans les Manuscrits Cuphiques de l'Alcoran, où le Phatah, le Dsamma et le Kesra, ne sont marquez que par un simple point rouge différemment disposé. La même chose se voit dans l'Alphabet des habitans des Philippines s'il en faut croire la Relation inserée dans les Recueils de Mr Thevenot, qui ne leur donne que douze consones, trois voyelles et les points, et dit qu'ils écrivoient de haut en bas; mais qu'ils ont appris des Espagnols à ecrire de gauche à droit. Le Docteur Gemelli Napolitain, que vous avez peut être vû à Peskin parle aussi de ces peuples dans son *Giro del Mondo,* et voici ce qu'il en dit: *Presero la favella, e caratteri gli abitatori antichi di queste Isole, da Malay [lies: Malaij] della terra ferma di Malaia … In iscrittura si servono di tre vocali, benche ne proferiscano cinque differenti, et hanno tredici consonanti. Nello scrivere cominciano della parte inferiore, e vanno verso la superiore; ponendo la prima linea a sinistra e continuando verso la destra … Nell' Isole Filippine pero gl'Indiani si sono affato dimenticati del loro scrivere, servendosi dello Spagnuolo.* Ces deux Auteurs se contredisent. Il seroit à souhaiter qu'on nous instruisit plus amplement sur ce qui concerne les sciences de ces peuples.

Pour l'imprimerie je suis encore incertain sur le tems auquel elle a été inventée en Europe et qui en est le veritable Auteur. Et quoiqu'il y ait apparence que les Chinois l'eussent avant nous, je ne crois pas qu'il faille sans de fortes raisons priver les Europeens de la gloire de l'avoir inventée au moins parmi eux. Les hommes se rencontrent quelque fois dans certaines dispositions, où ils pensent et agissent tous à peu près de même, sans se l'être communiqué.

Juden in Ländern fern von Judäa wohnten und gezwungen waren, die langen und kurzen Vokale zu bezeichnen, um so die Aussprache des Hebräischen besser zu bewahren.[52] Dennoch hat die Zahl der Punkte erst nach der Herabkunft unseres Herrn den gegenwärtigen Stand erreicht.

Einen Beweis für das, was ich sage, findet man in den kufischen Manuskripten des *Korans,* wo [die drei Vokalzeichen] Fatha, Damma und Kesre nur durch einen einfachen roten, je nachdem verschieden gesetzten Punkt bezeichnet werden. Dasselbe Phänomen ist im Alphabet der Einwohner der Philippinen zu beobachten, wenn man dem Bericht aus den Sammlungen von Herrn Thévenot Glauben schenken darf. Dieser Bericht besagt, [die Philippinos] hätten nur 12 Konsonanten, 3 Vokale und die Punkte, sie schrieben von oben nach unten, hätten aber von den Spaniern gelernt, von links nach rechts zu schreiben.[53] Dr. Gemelli aus Neapel, den Sie vielleicht in Peking kennengelernt haben, spricht in seinem *Giro del mondo* auch von diesen Völkern. Er sagt: »Sprache und Schriftzeichen haben die Ureinwohner dieser Inseln von Malaien vom malaiischen Festland übernommen … In der Schrift verwenden sie drei Vokal[zeichen], obwohl sie fünf verschiedene Vokale sprechen, und haben 13 Konsonanten. Beim Schreiben beginnen sie unten und gehen dann nach oben, wobei sie die erste Zeile links setzen und dann nach rechts fortfahren … Auf den Philippinen haben die Indianer aber gänzlich ihre Schrift[sprache] vergessen und bedienen sich des Spanischen.«[54] Diese beiden Autoren widersprechen sich [also]. Es wäre zu wünschen, daß man uns ausführlicher über die Wissenschaften von diesen Völkern unterrichtete.

Was die Buchdruckerkunst angeht, bin ich mir noch nicht im klaren über den Zeitpunkt ihrer Erfindung in Europa und wer ihr wahrer Urheber ist. Und wenn auch manches dafür spricht, daß die Chinesen [diese Kunst] vor uns besessen haben, glaube ich nicht, daß wir den Europäern ohne starke Gründe den Ruhm nehmen müssen, daß zumindest einer aus ihrer Mitte sie erfunden hat.[55] Zuweilen begegnen sich die Menschen in bestimmten Veranlagungen, wo sie alle ungefähr gleich denken und handeln, ohne sich darüber ver-

C'est ma propre experience qui m'a appris à ne juger qu'avec circonspection de ces sortes de choses, et que je ne me porte pas facilement à taxer de plagiaires ceux qui ont dit, ou pensé des choses que d'autres avoient dites, et pensées avant eux. Ainsi et les Chinois chez eux et les Europeens en Europe, peuvent avoir inventé ce bel Art, chacun pour l'utilité de leur patrie.

Il seroit trop long et ce seroit grandement abuser de vôtre patience; que de vous dire sur quelles raisons j'appuye mes sentimens: Mais comme il est absolument necessaire d'avoir des pieces justificatives de tout ce que renferme le plan en question; je prie bien humblement Vôtre Reverence de me faire s'il vous plait la faveur de m'envoyer ce qui est marqué dans la petite liste cy enclose. Et si vous mandez quelque chose en France, vous pourriez avoir la bonté de l'y joindre, ou bien par la voye de Batavia et de Hollande, le tout selon vostre commodité. Et je payerai la valeur et les fraix avec remerciement, à celle de vos maisons Religieuses de Paris ou de Venize que vous trouverés à propos. Je demande cependant tres humblement pardon à V. R. de tant de peine; que si vous me jugiez capable de quelque chose pour vôtre service en ce païs icy ou en Italie où je vai[s] souvent à cause du negoce; je me ferois le plus grand plaisir du Monde, d'effectuer les ordres qu'il vous plairoit de me donner, puisque je les regarderois comme une marque certaine, de la bienveuillence dont vous ne dedeigneriez pas de m'honorer. Et après avoir prié Dieu pour vôtre conservation, je vous assurerai Tres Reverend Pere que je suis tres sincerement et avec un profond respect

De Votre Reverence Le tres humble et tres-obeissant serviteur

Louis Bourguet, marchand.

Envoyée de Neufchatel en Suisse le 6. de Mars 1707.

P. S. Avant que d'avoir pû envoyer cette lettre, un ami m'ayant prêté le second volume des Recueils de Mr Thevenot[,] j'y ai trouvé dans la *description geographique de la Chine* du P. Martini, la confirständigt zu haben. Meine eigene Erfahrung hat mich gelehrt, über dergleichen Dinge nur mit Umsicht zu urteilen, und ich lasse mich nicht leicht dazu hinreißen, diejenigen des Plagiats zu zeihen, die etwas gesagt oder gedacht haben, was andere vor ihnen gesagt oder gedacht hatten. So mögen die Chinesen in ihrem Land und die Europäer in Europa diese großartige Kunst erfunden haben, ein jeder zum Nutzen seines Vaterlandes.

Es würde zu lange dauern und hieße gröblich Ihre Geduld mißbrauchen, wollte ich Ihnen auseinandersetzen, auf welchen Gründen meine Ansichten beruhen. Da es aber unumgänglich ist, Belege für alles zu haben, was mein Entwurf umfaßt, bitte ich Euer Ehrwürden ergebenst, bitte doch so freundlich zu sein und mir alles zu schicken, was in der hier beiliegenden kleinen Liste notiert ist. Und wenn Sie nach Frankreich schreiben, könnten Sie die Güte haben, [Ihrem Brief die gewünschten Materialien] beizufügen, die Sie anderenfalls aber auch über Batavia und Holland [schicken könnten], je nachdem, wie es für Sie bequemer ist. Ich werde demjenigen Ihrer Ordenshäuser in Paris oder Venedig, das Sie für geeignet erachten werden, den Wert [der Materialien] und die entstandenen Kosten mit Dank bezahlen. Ich bitte dabei Euer Ehrwürden ergebenst um Verzeihung, daß ich Ihnen soviel Mühe mache. Sollten Sie mich für fähig erachten, etwas für Sie zu tun, hierzulande oder in Italien, wohin ich geschäftehalber oft reise, würde es mir das größte Vergnügen der Welt bereiten, die Befehle, die es Ihnen gefallen würde, mir zu erteilen, auszuführen, denn ich würde sie als ein untrügliches Zeichen des Wohlwollens ansehen, dessen mich zu würdigen Sie nicht verschmähen würden. Und nachdem ich zu Gott um Ihre Erhaltung gebeten habe, werde ich Ihnen versichern, Ehrwürdiger Vater, daß ich bin […]

Abgesandt aus Neuchâtel in der Schweiz am 6. März 1707.

P.S. Bevor ich diesen Brief abschicken konnte, habe ich im von einem Freund entliehenen zweiten Band des *Recueil* von Herrn Thévenot in der *Description geographique de la Chine* von P. Marmation de ma conjecture sur les Caracteres des Tartares Orientaux. Ce pere dit positivement: que *leurs lettres (quoique differentes pour la figure) ont le même son et prononciation que les nôtres[,] scavoir A. B. C. qu'ils se ventent d'avoir plus de soixante lettres au lieu de vingt quatre; à cause qu'ils font une lettre d'une voyelle et d'une consonne jointes ensemble, et les proferent ba, be etc.* qu'ils ecrivent aussi de haut en bas et de la droite, à la gauche, comme les Chinois[,] les Ebreux et les Arabes. Eclaircissez moi s'il vous plait Tres Reverend Pere sur la difference de cette description d'avec celle de Mr Hyde.

J'ai aussi examiné avec plus d'attention les caracteres sacrés de l'Idole Pusa, et confronté avec ceux de l'Alphabet Sanskret du P. Roth. Je les crois les mêmes et qu'ils contienent, non une simple combinaison d'une voyelle avec une consone comme cet Alphabet: mais de plusieurs lettres jointes ensemble, en sorte que ce sont des vrais monogrammes. Toutes fois je souhaiterois d'avoir quelque chose de plus precis là dessus et j'espere que de vôtre part je pourrai recevoir tous les eclaircissemens qui me sont necessaires. Et l'étude que vous faites des caracteres de Fohi me persuade que vous ne negligez pas entierement les autres, et particulierement ceux en question, qu'on estime fort mysterieux et sur tout parmi les Chinois qui s'en servent preferablement aux leurs dans les choses qui regardent leurs Dieux, comme le témoigne le P. Kircher. Il seroit bon de savoir, si ces caractéres expriment des Mots Chinois ou du Sanscret; et s'ils sont disposez de droit à gauche et de haut en bas à la Chinoise; car je remarque que ces caracteres sont formés de maniére, qu'ils [pourroient] être disposez de droit à gauche [ou] de gauche à droit, de haut en bas ou de bas en haut; sans qu'ils soi[e]nt contraints dans leur figure et qu'ils perdent rien de leur beauté.

Que si V. R. n'avoit pas le tems de repondre à toutes mes demandes, à cause des choses de plus grande importence, qui vous tini die Bestätigung meiner Hypothese über die Schriftzeichen der östlichen Tataren [Manjuren] gefunden. Der Pater sagt klar und deutlich, daß »ihre Buchstaben (auch wenn sie der Form nach verschieden sind) denselben Lautwert und dieselbe Aussprache haben wie unsere, nämlich A, B, C; [die Manjuren] rühmten sich, mehr als sechzig Buchstaben zu haben anstelle von vierundzwanzig, da sie aus der Verbindung eines Vokals und eines Konsonanten einen Buchstaben machten und ba, be usw. aussprächen«; sie schrieben auch von oben nach unten und von rechts nach links wie die Chinesen, die Juden und die Araber.[56] Bitte klären Sie mich auf, Ehrwürdiger Vater, über den Unterschied zwischen dieser Beschreibung und der von Herrn Hyde [s. Anm. 26].

Ich habe auch mit größerer Aufmerksamkeit die heiligen Zeichen des Idols von Pusa untersucht und sie mit denen des Sanskrit-Alphabets von P. Roth[57] verglichen. Ich glaube, beide sind identisch und enthalten nicht eine bloße Kombination eines Vokals mit einem Konsonanten wie jenes [manjurische] Alphabet, sondern [Kombinationen] von mehreren, miteinander verknüpften Buchstaben, so daß es sich um richtige Monogramme handelt. Indessen wünschte ich, etwas Genaueres hierüber zu haben, und ich hoffe, von Ihnen alle Aufschlüsse erhalten zu können, die ich brauche. Ihr Studium der Zeichen des Fuxi läßt mich glauben, daß Sie nicht gänzlich die übrigen [Zeichen] vernachlässigen, und insbesondere jene, um die es hier geht und die für sehr geheimnisvoll gelten, vor allem bei den Chinesen, die diese ihren eigenen Zeichen in allem vorziehen, was ihre Götter betrifft, wie P. Kircher bezeugt [s. o.]. Es wäre gut zu wissen, ob diese Zeichen chinesische oder Sanskrit-Wörter ausdrükken und ob sie nach chinesischer Art von rechts nach links und von oben nach unten angeordnet sind. Wie ich sehe, sind diese Zeichen nämlich so gebildet, daß sie von rechts nach links oder von links nach rechts, von oben nach unten oder von unten nach oben angeordnet sein könnten, ohne in ihrer Form gezwungen zu wirken oder irgend etwas von ihrer Schönheit einzubüßen.

Sollten Euer Ehrwürden wegen wichtigerer Dinge, die Sie fortwährend beschäftigen, nicht Zeit haben, auf alle meine Fragen zu occupent continuellement; je prens la liberté avec votre permission, de prier bien-humblement le R. P. Visdelou, que j'assure de mon tres humble respect, ou quelqu'autre de vos Illustres Collegues de vouloir bien avoir la bonté d'y repondre s'il lui plait. Et je vous prie d'être persuadé, que je ne manquerai pas de vous en marquer de même qu'à ces T. R. P. ma juste reconnoissance du mieux qu'il me sera possible, s[']il plait au Seigneur. Cependant je prie Dieu qu'il vous donne aux uns et aux autres une longue vie et une parfaite santé pour la propagation de l'Evangile et pour l'avantage de la Rep. des Lettres.

Memoire de quelques pieces curieuses, que le Tres Reverend Pere Bouvet est bien-humblement prié d'envoyer s'il lui plait, par la voye de France ou de Hollande, à son tres-humble Serviteur Louis Bourguet.

1. Un exemplaire du Livre qui contient la figure des choses, avec les caracteres qui les expriment.

2. Un exemplaire du Livre qui contient la figure des vases et des instrumens antiques, avec les caracteres anciens expliquez par les nouveaux et qu'on regarde à la Chine, comme les livres de Medailles parmi nous, et un Livre des signes de Fohi, ou de ces autres caracteres du P. Kircher.

3. Ta-çu-Hoci ou le dictionaire de caracteres ordinaires de la Chine.

4. Siao-ul-lun Parvulorum filiorum sermones qui est une Chronologie abregée.

5. Le Catechisme du Cardinal Bellarmin en Chinois.

6. L'Histoire de Notre Seigneur[,] de même avec les figures.

7. Quelque livre Chinois de la Chiromance, Geomance et des autres parties de la Magie et des Talismans avec leur caracteres particulier[s] s'il y en a.

9. Un Traitté de l'Astrologie judiciaire, avec un Calendrier des Horoscopes des jours fortunez et infortunez selon la doctrine des Chinois.

antworten, bin ich mit Ihrer Erlaubnis so frei, ganz ergeben P. Visdelou, den ich hochachtungsvoll grüßen lasse, oder einen anderen Ihrer hervorragenden Kollegen zu bitten, die Güte zu haben, doch bitte darauf zu antworten. Ich bitte Sie zu glauben, daß ich nicht verfehlen werde, Ihnen ebenso wie diesen ehrwürdigen Patres dafür, so Gott will, meinen schuldigen Dank auszusprechen, so sehr es nur in meiner Macht liegen wird. Unterdessen bete ich zu Gott, er möge Ihnen, den einen wie den anderen, ein langes Leben und eine vollkommene Gesundheit verleihen, zur Ausbreitung des Evangeliums und zum Nutzen der gelehrten Welt.

Verzeichnis einiger interessanter Stücke,[58] die P. Bouvet ergebenst gebeten wird, bitte auf dem Weg über Frankreich oder Holland seinem ergebensten Diener Louis Bourguet zuzusenden.

1. Ein Exemplar des Buches, das die Abbildungen der Dinge mit den Zeichen, die sie zum Ausdruck bringen, enthält.[59]

2. Ein Exemplar des Buches, das die Abbildungen der alten Gefäße und Instrumente enthält, mitsamt den alten Zeichen[60] und ihrer Erklärung [Übersetzung] in neuen Zeichen, und das in China eine der unserer Münzwerke entsprechende Geltung hat; und ein Buch mit den Zeichen des Fuxi oder jenen anderen Zeichen des P. Kircher.

3. Ta-çu-Hoci[61] oder das Wörterbuch mit den gebräuchlichen Schriftzeichen Chinas.

4. Siao-ul-lun[62] »Gespräche der kleinen Kinder«, eine kurzgefaßte Chronologie.

5. Der Katechismus des Kardinals Bellarmini in chinesischer Sprache.[63]

6. Die Geschichte unseres Herrn, desgleichen mit den Abbildungen.

7. Ein chinesisches Buch zu Chiromantie, Geomantie und den anderen Teilen der Magie sowie den Talismanen mit ihren besonderen Zeichen, wenn es dergleichen gibt.

9. Ein Traktat über Astrologie im Rechtswesen mit einem Horoskop der Glücks- und Unglückstage nach der chinesischen Lehre.

10. Un Livre Chinois de l'Art d'ecrire et de former leur caracteres.

11. Quelque Livre d'Histoire Manuscrit qui fut ancien s[']il se pouvoit.

12. Quelque Catechisme ou autre Traité de la Rel. Chret. traduit en Tartare par quelqu'un de Vos RR. PP. et une Grammaire et un Dictionaire s'ils en ont composé.

13. Un Livre d'Histoire en Tartare, et de gros caracteres s'il est possible.

14. L'Alphabet de toutes les sortes de lettres Tartares, avec le nom et leur valeur expliquez en latin ou en françois, et suivant la prononciation des Langues d'Europe[,] en particulier des Francois, et s'il ne se peut selon celle de l'Ebreu ou de l'Arabe.

15. Des coppies figurées de la premiere et derniere page des Livres de toutes les sortes de caracteres qui sont en usage à la Chine, soit de MSS. ou d'imprimez, et une explication en Latin ou en François de ce qui y est contenu et de quels livres on les a tirées, à peu près comme a fait Don Mabillon dans son livre *de Re diplomatica.*

16. Je souhaiterois aussi d'avoir, s'il se pouvoit, quelque livre Ebreu des Iuifs de Pekin et principalement de leur Chamischa Chumsche Thorah, ou petit Pentateuque dont ils se servent dans leur maisons pour les femmes et pour les enfans et une copie figurée de chaque sorte de leurs caracteres prise aussi du commencement et de la fin de leur livres.

17. Quelqu'un de leur livres en Chinois sur tout du Pentateuque écrit en lettres Ebraiques s'ils en ont, et tout au moins quelque feuillet, ou originaux ou copies.

18. Et plus que tout le reste s'il étoit possible, quelque livre Ebreu, de ces autres Juifs, qui sont des restes des dix Tribus, ou du moins

10. Ein chinesisches Buch über die Kunst zu schreiben und die chinesischen Zeichen zu bilden.

11. Irgendein handschriftliches Geschichtsbuch, das, wenn möglich, alt sein sollte.

12. Irgendein Katechismus oder sonstiger Traktat über das Christentum, übersetzt ins Tatarische [Manjurische] durch einen Ihrer Patres, sowie eine Grammatik und ein Wörterbuch, wenn sie dergleichen verfaßt haben.

13. Ein Geschichtsbuch in tatarischer [manjurischer] Sprache, möglichst mit großen Schriftzeichen.

14. Das Alphabet aller Arten von tatarischen [manjurischen] Buchstaben, jeweils mit ihrem Namen und ihrem Lautwert auf lateinisch oder französisch und der Aussprache der europäischen Sprachen entsprechend, insbesondere des Französischen oder, wenn das nicht möglich ist, nach der Aussprache des Hebräischen oder Arabischen.

15. Faksimilia von der ersten und der letzten Seite der Bücher [, die] in allen Arten von Zeichen, die in China gebräuchlich sind, [geschrieben sind], im Manuskript oder im Druck; dazu eine lateinische oder französische Erläuterung zum Inhalt und welchen Büchern die Proben entnommen sind, ungefähr so, wie es Dom Mabillon in seinem Buch *De re diplomatica* gemacht hat.[64]

16. Wenn möglich, hätte ich auch gern irgendein hebräisches Buch der Pekinger Juden und insbesondere [ein Exemplar] ihrer *Chamischa Chumsche Tora*[65] oder kleinen *Pentateuchs,* der im Haus für Frauen und Kinder Verwendung findet, und ein Faksimile von jedem ihrer Schriftzeichen, ebenfalls Anfang und Ende ihrer Bücher entnommen.

17. Eines ihrer [biblischen] Bücher in chinesischer Sprache, besonders aus dem *Pentateuch,* und in hebräischen Buchstaben geschrieben, wenn sie so etwas haben, und zumindest irgendein Blatt [davon], in Original oder Kopie.

18. Und, wichtiger als alles übrige, wenn möglich irgendein hebräisches Buch jener anderen Juden, die zu den Überlebenden der Zehn Stämme gehören, oder wenigstens Kopien ihrer verschiede-

des coppies de leur divers caracteres s'il fut impossible d'avoir un Livre de cette Nation.

19. Comme je ne doute pas que vos RR. PP. n'ayent une belle Bibliotheque à Pekin, où peut être il y a quelque livre écrit en caracteres des Tartares de Boutam et du Royaume de Tibet; où les zelés Missionaires vont annoncer l'Evangile; je serois bien aise d'en avoir un Alphabet. Leur Lettres ressamblent fort à celles des Gaures ou anciens Perses, et celles des Armeniens, quoyqu'ils écrivent de droit à gauche comme les premiers.

20. Je suis confus de tant de peine que je donne à Vôtre Reverence; Cependant s'il est aussi facile d'avoir un exemplaire de l'Haipien ou Grand dictionaire de tous les caracteres Chinois; comme il l'est d'avoir le Calepin parmi nous, je vous prie tres-humblement d'avoir la bonté s'il vous plait d'y en joindre un ou à sa place celui du R. P. Visdelou supposé qu'il ait vû le jour.

Un de ces livres où sont les figures des dieux de la Chine[,] leur Histoire et la maniere de les servir et particulierement si les caracteres sacrés des Brahmens y estoient joints comme sur l'idole Pusa. Je souhaiterois aussi un plus grand nombre de ces caracteres, et de savoir ce qu'en croyent les Chinois, et comment ils les expliquent.

nen Schriftzeichen, falls es unmöglich sein sollte, ein Buch dieses Volkes zu bekommen.

19. Ich zweifle nicht, daß Ihre Patres über eine reichhaltige Bibliothek in Peking verfügen, wo es vielleicht ein Buch geben wird, das in den Zeichen der Tataren von Butan und des Königreichs Tibet geschrieben ist, wohin die eifrigen Missionare gehen, um das Evangelium zu verkünden. Ich würde mich sehr freuen, davon ein Alphabet zu bekommen. Ihre Buchstaben ähneln sehr jenen der Gauren oder alten Perser und jenen der Armenier, obwohl sie von rechts nach links schreiben wie die Erstgenannten.

20. Ich bin bestürzt, daß ich Euer Ehrwürden soviel Mühe bereite. Sollte es aber ebenso einfach sein, ein Exemplar des Haibian[66] oder großen Wörterbuchs aller chinesischen Zeichen zu bekommen, wie es leicht ist, hierzulande den Calepin[67] zu erwerben, bitte ich Sie ergebenst, bitte so freundlich zu sein, ein Exemplar [der Sendung für mich] beizufügen oder an seiner Stelle das Wörterbuch von P. Visdelou, vorausgesetzt, daß es erschienen ist.

Eines jener Bücher, welche die Abbildungen der Götter Chinas enthalten, deren Geschichte und wie sie verehrt werden und besonders [wäre mir ein solches Buch wichtig], wenn die heiligen Zeichen der Brahmanen beigefügt wären, wie auf dem Idol von Pusa. Ich hätte auch gern eine größere Zahl dieser Zeichen und möchte wissen, was die Chinesen darüber glauben und wie sie diese erklären.

66. LEIBNIZ' ANMERKUNGEN ZU NR. 65

[Hannover, 1. Hälfte Dezember 1707(?)]. [65.]

Domini Bourguet literas tum ad Maximè Reverendum Jablonskium, tum ad R. P. Bouvetum apud Tsinas Missionarium non sine admiratione legi; valdeque opto ut operi suo de Historia critica Scripturae sive literarum alacriter incumbat. Literas ad R. P. Bouvetum Parisios misi, et R. P. Gobieno[,] Missionum curam gerenti[,] commendavi.

Quoties licet, sententias autorum praesertim veterum in meliorem partem accipiendas censeo. Itaque nolim Fohianorum characterum autori imputari errorem confundentium Deum cum Creatura, tanquam res essent partes Divinitatis. Ego ipse à sententia illa pessima alienissimus, quam certis demonstrationibus profligatam puto, tamen ubi Arithmeticam meam Binariam excogitavi, antequam Fohianorum characterum in mentem veniret, pulcherrimam in ea latere judicavi imaginem creationis, seu originis rerum ex nihilo per potentiam summae Unitatis, seu Dei. Et considerandum est, Numerorum expressiones in Binario Calculo oriri ex unitate et nihilo non per conflationem, velut cum dicimus 1 + 1 esse 2, et 1 + 1 + 1 esse 3 et ita porro (quo modo utique, comparando cum Deo unitatem, et creaturas cum numeris, Deus materia creaturarum fieret)[,] sed per influxum quendam ut sic dicam perfectionum majorem minoremve, prout determinatur situs unitatis respectivus, qui non nisi umbra est unitatis absolutae, omnes situs transcendentis adeoque infinitum potestate complexae. Nam major est perfectio in binario quam ejus dimidio, seu in 10 (id est 2), quàm in 1[,] et major est in 11 (id

66. LEIBNIZ' ANMERKUNGEN ZU NR. 65

[HANNOVER, 1. HÄLFTE DEZEMBER 1707 (?)]. [65.]

Ich habe Herrn Bourguets Brief, der gleichermaßen an Hochwürden Jablonski und P. Bouvet von der Chinamission gerichtet ist, nicht ohne Bewunderung gelesen, und ich wünsche mir sehr, daß er sich seinem Werk, einer kritischen Geschichte der Schrift oder der Buchstaben, mit allem Eifer widmet. Ich habe den Brief für P. Bouvet nach Paris geschickt und dem Missionsprokurator P. Le Gobien anempfohlen.

Nach meinem Urteil sollte man, wann immer es angeht, die Aussagen der (insbesondere alten) Autoren zum Besseren auslegen. Deshalb scheint es mir nicht angebracht, dem Urheber der Zeichen des Fuxi den Irrtum jener zur Last zu legen, die Gott und Schöpfung miteinander verwechseln, als ob Dinge Teile der Gottheit wären. Ich selbst bin von dieser höchst verderblichen Auffassung weit entfernt, von der ich meine, daß sie durch unzweifelhafte Beweise aus dem Weg geräumt worden ist. Als ich aber meine binäre Arithmetik erdachte,[1] noch bevor ich etwas von den Zeichen des Fuxi wußte, schien mir in dieser ein wunderschönes Bild der Schöpfung verborgen zu sein, nämlich des Ursprungs der Dinge aus dem Nichts vermittelst der Macht der höchsten Einheit oder Gottes. Dabei ist zu bedenken, daß die Darstellung der Zahlen in der binären Arithmetik nicht durch Verschmelzung aus Einheit und Nichts hervorgeht, wie wenn wir sagen $1+1=2$ und $1+1+1=3$ usw. (zumal auf diese Weise, setzt man die Einheit mit Gott gleich und die Geschöpfe mit den Zahlen, Gott zum Grundstoff der Geschöpfe würde), sondern durch ein stärkeres oder schwächeres Einfließen von, wenn ich so sagen darf, Vollkommenheiten, je nachdem wie der jeweilige Ort der Einheit bestimmt ist, der nur ein Schatten der absoluten Einheit ist, die alle Orte transzendiert oder vielmehr das Unendliche kraft ihrer Macht in sich schließt. Denn die Vollendung ist im Zweifachen größer als in dessen Hälfte, ist in 10 (d.h. 2) größer als in 1, in 11 (d.h. 3) est 3) quàm in 10 (seu 2), aut in 1, et major in 100 (seu in 4) quam in 11 aut 10, aut 1. Et licet errassent aliqui veteres, et Deum in materiam rerum, vel saltem in materiam animarum transformassent, decebit tamen retineri dicta eorum insignia, quae commodam explicationem ferunt, ut illud de Divina in nobis particula aurae, quae comparari potest cum Mosaico spiraculo vitae. Verissimum est Spinosam Cabala Hebraeorum esse abusum, et quidam qui ad Judaeos defecit, et se Mosem Germanum vocavit, pravas ejus sententias prosecutus est, ut ex refutatione hominis Germanica a D[no] Wachtero qui eum noverat scripta patet. Sed fortasse Hebraei ipsi et alii veteres praesertim Orientales, cum de rebus philosophicis notiones parum distinctas habuerint, commodum itidem sensum admittunt; Spinosa verò ex combinatione Cabalae et Cartesianismi, in extremitates corruptorum monstrosum suum dogma formavit, neque intellexit naturam substantiae verae seu Monadis quam aliquando in diario Parisino fusius cum meo systemate Harmoniae Praestabilitae exposui, quod Animae corporisque commercium intelligibili ratione explicat; simulque ostendit, omnem substantiam veram, id est simplicem (nam compositum non substantia est sed aggregatum substantiarum), summam habere spontaneitatem, et ex suis omnia legibus (accedente ordinario Dei concursu) derivare et universi quandam expressionem esse perpetuam; solos autem spiritus, id est intelligentes substantias non universi tantum esse imagines, sed et Dei, qui est substantia non unum tantum, quod revera existit, universum, sed et omnia alia universa possibilia mente potestateque complectens[,] neque necessitate res, sed delectu producens. Hoc systema quod necessariis veritatibus nititur, qui bene intellexerit, facilè illas impias aut inanes doctrinas contemnet, quae Deum creaturae confundunt.

größer als in 10 (d.h. 2) oder 1, in 100 (d.h. 4) größer als in 11 oder 10 oder 1. Mögen auch einige unter den Alten geirrt haben und Gott zum Grundstoff der Dinge oder zumindest der Seelen gemacht haben, ziemt es sich doch, an ihren bedeutenden Aussagen festzuhalten, die eine angemessene Auslegung zulassen, wie jenes Wort von den Teilchen des göttlichen Hauches in uns,[2] der dem mosaischen Lebenshauch[3] vergleichbar ist. Es ist nur zu wahr, daß Spinoza die Kabbala der Hebräer mißbraucht hat, und einer, der zu den Juden übergelaufen ist und sich Moses Germanus nannte,[4] hat Spinozas verwerfliche Meinungen weiterverfolgt, wie aus der deutschsprachigen Widerlegung dieses Menschen durch Herrn Wachter, der ihn persönlich kannte, hervorgeht.[5] Aber vielleicht sind selbst die Hebräer und andere alte Schriftsteller, besonders des Orients, bei ihren unscharfen Begriffen im Bereich der Philosophie gleichfalls einer angemessenen Auslegung zugänglich; Spinoza dagegen hat aus Kabbala und Kartesianismus, beide bis zum äußersten entstellt, seine widernatürliche Lehre gebildet[6] und nicht verstanden, welches die Beschaffenheit der wahren Substanz oder Monade ist, die ich einmal ausführlich im Pariser *Journal* zusammen mit meinem System der prästabilierten Harmonie dargelegt habe.[7] Dieses System erklärt das Verhältnis von Seele und Leib auf rationale, der Vernunft zugängliche Weise und zeigt zugleich, daß jede wahre Substanz – und das heißt jede einfache Substanz, denn etwas Zusammengesetztes ist keine Substanz, sondern ein Aggregat von Substanzen – die größte Spontaneität hat, alles aus ihren eigenen Gesetzen ableitet (unterstützt wie gewöhnlich durch Gottes Beistand) und ein immerwährender Ausdruck des Universums ist. Nur die Geister aber, das heißt intelligente Substanzen, sind Abbilder nicht nur des Universums, sondern auch Gottes. Gott wiederum ist eine Substanz, die nicht nur das eine, wirklich existierende Universum, sondern auch alle anderen möglichen Universen mit Geist und Macht umfaßt und nicht aus Notwendigkeit, sondern aus [freier] Wahl die Dinge hervorbringt. Wer dieses von notwendigen Wahrheiten getragene System recht verstanden hat, wird sich nicht schwertun, jene gottlosen oder hohlen Lehren geringzuschätzen, die Gott und Schöp-

Haec ideo notanda duxi, quia Dn. Bourguetum de hoc errore cavendo maximè solicitum esse video.

Caeterum praeter generalem hunc Arithmeticae Binariae, et Fohianorum characterum usum, non puto magni aliquid ad rerum naturas explicandas aut exprimendas hinc duci posse, aut ea spe in his symbolis tempus teri debere. Analysis notionum in Alphabetum (ut appello) cogitationum humanarum longè aliis artificiis nititur et magis ex quadam Algebrae similitudine illustrari debet. Daret verò etiam simul linguae aut scripturae universalis rationem omni Chinensi praestantiorem, quae non tantum facillimè disci et retineri posset, sed etiam contineret calculi genus, ita ut ratiocinari in hac lingua aut scriptura calculare esset; erroresque ratiocinantis non nisi errores calculi [forent], quo neque Chinenses neque Wilkinsius aliique characteris universalis fabri aspirarunt. Neque ego tamen desperarem perveniri posse ad hoc *novum organum* quod quasi mentis Telescopium foret, si anni sociique suppeterent. Interim non sperno virorum eruditorum in receptis gentium aut aliorum hominum characteribus indagandis diligentiam; quemadmodum etiam incunabula artium vix nascentium, progressusque quanquam lentos nosse, prodest. Idem sentio de laudabili studio eorum qui veritatis scintillas in veterum scriptis quaerunt, non Latinorum tantum et Graecorum, sed etiam Orientalium; itaque vellem Brachmanum et Persarum veteres libri apud nos extarent.

Dn. D. Menzelii p.m. laborem in Bibliotheca Regia Berolinensi fung miteinander vermengen.[8] Dies meinte ich deshalb festhalten zu sollen, weil, wie ich sehe, Herrn Bourguet sehr daran gelegen ist, daß man sich vor diesem Irrtum hütet.

Ich glaube im übrigen nicht, daß – abgesehen von dieser allgemeinen Brauchbarkeit der binären Arithmetik und der Zeichen des Fuxi – irgendein wesentlicher Nutzen zur Erklärung oder zum Ausdruck des Wesens der Dinge daraus zu ziehen ist oder daß man in der Hoffnung darauf mit diesen Symbolen Zeit verlieren sollte. Die Zurückführung der Begriffe auf ein, wie ich es nenne, Alphabet der menschlichen Gedanken[9] bedient sich ganz anderer Kunstgriffe und sollte eher in einer gewissen Analogie zur Algebra erläutert werden. [Die sich dabei ergebenden Charaktere] wären aber auch zugleich grundlegend für eine universelle Sprache oder Schrift und jeglichen chinesischen Zeichen überlegen; sie wären nicht nur sehr leicht zu lernen und zu behalten, sondern würden auch eine Art Kalkül ermöglichen, so daß in dieser Sprache oder Schrift zu schlußfolgern rechnen hieße und Fehler desjenigen, der Schlüsse zieht, lediglich Rechenfehler wären. Dazu haben weder die Chinesen noch Wilkins oder andere, die universelle Charaktere entworfen haben, sich verstiegen.[10] Aber auch ich möchte nicht die Hoffnung aufgeben, daß man jenes *novum organum*[11] erlangen könnte, das gleichsam ein Fernrohr des Geistes wäre, stünden mir die dazu erforderlichen Jahre und Mitarbeiter zur Verfügung. Dabei respektiere ich durchaus die Sorgfalt, die Gelehrte auf die Erforschung der überkommenen Schriftzeichen der Völker oder anderer [nicht einem bestimmten Kulturkreis zuzuordnender] Menschen verwenden; so ist es ja auch von Nutzen, die ersten Anfänge von noch im Entstehen begriffenen Künsten und deren wenngleich langsame Fortschritte zu kennen. Ebenso stehe ich zu den lobenswerten Bemühungen derer, die nach Wahrheitsfunken in den Schriften der Alten spüren, und zwar nicht nur der Römer und Griechen, sondern auch der Orientalen. Deshalb wünschte ich, daß die alten Bücher der Brahmanen und Perser bei uns verfügbar wären.

Die Arbeit des seligen Herrn Dr. Mentzel habe ich in der königlichen Bibliothek zu Berlin gesehen. Wenn ich nicht irre, folgte er vidi. Secutus est ni fallor librum quendam Sinensem characteres ordine exhibentem, adjutusque Lexico Patris Diaz, ibidem extante; sed non multum ad clavi progressum apparet, excitatus fuit laboribus excellentis viri Andreae Mulleri olim Berolinensis Praepositi, cujus insignem eruditionem nec spernendum judicium scripta testantur. Is primus Clavem Sinicam scheda edita promisit. Nec dubito quin aliquid praestare potuisset, sed labores morte viri interciderunt, et ajunt combussisse manuscripta. Spero Dn. Crosium, unum ex Bibliothecariis Regiis in hac re operae pretium facturum, nam et fertur in haec studia et praeclarum habet doctrinae apparatum, itaque suaserim ut Dominus Bourguetus commercium ejus expetat.

De Cabala Hebraeorum multum olim locutus sum cum domino Knorrio p.m. Consiliario intimo principis Sulzbacensis, autore *Cabalae denudatae,* viro magnae et multiplicis doctrinae, egregiique in publicum animi. Ei Cabala Hebraeorum videbatur Metaphysicae cujusdam sublimioris genus, nec spernenda in eam rem referebat: et quamvis fortasse Hebraeorum doctrina eousque non penetrasset, non ideò minus interpretationem extensionemve commodam laudarem. Ex ejus schola prodierat Moses ille Germanus, sed ad pejora defecerat.

Quae R.P. Comes dicit de renovandis subinde Bibliothecis, quod libros tineae et blattae comedant, an de Sinensibus dicenda sint nescio ; in Europa certè habemus multos libros sex, septem, octo et plurium seculorum, et indubitata diplomata in membrana scripta regum Francorum et Longobardorum, quibus aetas non nocuit, quicdarin dem Vorbild eines chinesischen Buches, das die Schriftzeichen der Reihe nach vorstellt, und bediente sich der Hilfe des Lexikons von P. Diaz, das ebendort vorhanden ist.[12] Allerdings ist kein wesentlicher Fortschritt zu einem Schlüssel [zu den chinesischen Schriftzeichen] erkennbar.[13] Die Anregung dazu kommt von den Arbeiten des bedeutenden ehemaligen Berliner Propstes Andreas Müller, dessen Schriften Zeugnis ablegen von seiner großen Gelehrsamkeit und seinem beachtlichen Urteilsvermögen. Dieser hat als erster in einer gedruckten Broschüre[14] einen Schlüssel zu den chinesischen Zeichen versprochen. Ich zweifle nicht, daß Müller etwas hätte leisten können, doch gingen seine Arbeiten durch seinen Tod zugrunde, und es heißt, er hätte seine Manuskripte verbrannt. Ich hoffe, daß Herr de Lacroze,[15] einer der Bibliothekare des [preußischen] Königs, auf diesem Gebiet etwas Lohnenswertes leisten wird, denn er hat nicht nur Neigung zu derlei Studien, er verfügt auch über einen ansehnlichen gelehrten Apparat. Deshalb würde ich Herrn Bourguet empfehlen, sich um eine Verbindung zu Herrn de Lacroze zu bemühen.

Über die jüdische Kabbala habe ich seinerzeit viel mit dem seligen Herrn Knorr gesprochen, dem weiland Geheimen Rat des Fürsten von Sulzbach und Verfasser der *Cabbala denudata,* einem Mann von großer und vielfältiger Gelehrsamkeit und außerordentlichem Gemeinsinn.[16] Ihm schien die jüdische Kabbala eine Form höherer Metaphysik zu sein, und er brachte dafür beachtliche Argumente bei. Zwar ist die jüdische Lehre so weit vielleicht nicht vorgedrungen; dennoch möchte ich die Interpretation oder Ausweitung [in diesem Sinn] als ansprechend loben. Aus seiner Schule war jener Moses Germanus hervorgegangen, doch ist dieser später in schimpflicher Weise abtrünnig geworden.

Was P. Le Comte über die immer wieder zu erneuernden Bibliotheken sagt, weil die Bücher von Motten und Schaben verzehrt würden:[17] ich weiß nicht, ob das auf China anzuwenden ist. In Europa jedenfalls haben wir viele Bücher, die sechs, sieben, acht oder mehr Jahrhunderte alt sind, und unzweifelhaft echte Pergamenturkunden der fränkischen und langobardischen Könige, denen die Zeit nicht quid opponat Germonius. Ego ipse nuper originale diploma Caroli Magni vidi, datum anno ejus imperii secundo[,] id est anno Domini 802. Plurima etiam extant Manuscripta indubitatae vetustatis. Charta quidem nostra ad membranarum durabilitatem non accedit; sed ut nunc libri imprimuntur et compinguntur, diu durare posse non est dubitandum. Et fortasse magis magisque librorum durabilitati consuletur.

Diu est quod R. P. Bouvetum interrogavi de Judaeis Sinensibus, sed occupatus nondum satisfacere potuit, spero tamen quaestiones tam singulares et diductas curiositatem etiam ipsius excitaturas.

Nescio cur Dn. Burghettus judicet ante diluvium scriptura opus non fuisse. Nescio etiam an satis astrui possit, Mosi communicatam ab ipso Deo rationem exprimendi sonos per literas Alphabeti. Extant antiquae literae in ruinis Persepolitanis, quae non hieroglyphicae esse, sed Alphabetum aliquod constituere videntur. Eae singularis sunt simplicitatis, et nihil habent commune cum Mosaicis seu Phoeniciis, ex quibus fateor pleraque alia Alphabeta fluxere[.] Hiobum Mosi coaetaneum credunt, is si librum scripsit, putandum est adeò novam tunc scribendi artem non fuisse. Habebant et Chaldaei perantiqua monumenta quae Babylone invenit Alexander; et Abrahamus ex Chaldaea in Palestinam vênit, itaque nescio an tuto dici possit, nullum fuisse Alphabetum ante Mosem[,] praesertim cum Tabulae scriptae, ut à Populo legerentur, sectionem scripturae non adeò novam fuisse ostendunt. Ut alias multas rationes taceam.

Operae pretium esse putem ut Dn. Burghettus Tabulam Alphabetorum aeri incisam adhibeat, examinet, illustret, quam edidit sumgeschadet hat, was auch immer Germon dagegen einwenden mag.[18] Ich selbst habe vor kurzem eine Originalurkunde Karls des Großen aus dem zweiten Jahr seiner Kaiserherrschaft, also dem Jahr des Herrn 802, gesehen.[19] Auch sehr zahlreiche Manuskripte unzweifelhaft hohen Alters sind erhalten. Unser Papier allerdings kann sich an Dauerhaftigkeit mit dem Pergament nicht messen, doch ist nicht zu bezweifeln, daß die Bücher, die jetzt gedruckt und gebunden werden, lange halten können. Und vielleicht wird man [künftig] mehr und mehr auf die Dauerhaftigkeit der Bücher achten.

Vor langer Zeit habe ich P. Bouvet nach den chinesischen Juden befragt;[20] er ist aber so beschäftigt, daß er mir noch nicht hat Genüge tun können. Ich hoffe aber, daß so ausgefallene Fragen aus so verschiedenen Gebieten [wie die in Bourguets Brief] auch sein Interesse wecken werden.

Ich weiß nicht, warum Herr Bourguet der Ansicht ist, vor der Sintflut hätte für die Schrift kein Bedarf bestanden. Ich frage mich auch, ob man mit hinreichender Sicherheit hinzufügen kann, Gott selbst hätte Mose die Art und Weise vermittelt, Laute durch die Buchstaben des Alphabets auszudrücken. In den Ruinen von Persepolis sind alte, wohl nicht-hieroglyphische Buchstaben erhalten, die sich vielmehr zu einem Alphabet zu fügen scheinen.[21] Sie sind von ungewöhnlicher Einfachheit und haben nichts mit den mosaischen oder phönizischen Buchstaben gemein, auf die doch die meisten anderen Alphabete zurückgehen. Hiob, heißt es, wäre ein Zeitgenosse des Mose gewesen;[22] wenn dieser das Buch [Hiob] geschrieben hat, dürfte damals die Kunst des Schreibens so neu nicht mehr gewesen sein. Auch die Chaldäer hatten uralte Denkmäler, die Alexander in Babylon vorgefunden hat, und Abraham ist aus Chaldäa nach Palästina gekommen. Deshalb frage ich mich, ob man mit Zuversicht behaupten kann, vor Mose hätte es kein Alphabet gegeben, zumal die Tafeln [der Zehn Gebote], die beschrieben worden waren, damit das Volk sie lesen sollte, zeigen, daß das Einschneiden von Schrift so neu nicht gewesen ist. Zahlreiche weitere Gründe lasse ich beiseite.

Meines Erachtens wäre es lohnend, wenn Herr Bourguet die in Kupfer gestochene Tafel der Alphabete heranzöge, untersuchte und mus in his studiis vir Eduardus Bernardus et commentario illustrare constituerat, si vita superfuisset. Omnia gentium Alphabeta ex Phoenicio non male derivat quod à Chaldaico fortasse non distabat. Veterum Gothorum Moesiae et hodiernorum Russorum literae manifestè corruptae sunt ex Graecis. At Anglo-Saxonicae et in Scandinavia Runicae ex Latinis.

Quod attinet [ad] tempus inventionis et inventorem artis impressoriae distinguendum censeo: Si enim Ars typographica qua libros in Europa imprimimus intelligatur, quod fit solutas literas colligendo, fatendum est inventionem Europaeis deberi, nec de tempore aut loco magnopere dubitari posse. Nam Gutenbergius, Fustius et Schefferus socii rem Moguntiae perfecere et primos libros circa annum 1450 edidere. Sed si de literis materiae durae insculptis, atque inde expressis sermo sit, incertum est quis primus in Europa hac arte libros procuderit. Welfebyti in Bibliotheca Augusta extat liber partim figuris partim sermone constans ex tabulis sculptis expressus, circa illud fere tempus quo Typographia Moguntiae prodiit; is dedicatus est uxori Ducis Bavariae natae Principi Brunsvicensi, nec apparet autorem vel editorem de hoc imprimendi modo tanquam de re nova et rara loqui: cum contra Moguntini de sua arte tanquam re nova et mirifica loquantur, eamque aliquandiu secretam habuerint. Et certè ea difficilis inventu fuit. Sed illa ex Tabulis ligno insculptis expressio, nihil habet magnopere difficile et ingeniosum; et antiqua talis artificii exempla in sigillis et monetis olim extabant. Hanc ergo impressionem dudum habuere et Sinenses; nostram nec erläuterte, die der auf diesem Gebiet hochverdiente Edward Bernard herausgegeben und zu erklären sich vorgenommen hatte,[23] wenn ihm denn ein längeres Leben vergönnt gewesen wäre. Alle Alphabete der Völker leitet er mit gutem Grund aus dem phönizischen ab, das dem chaldäischen vielleicht nicht fernstand. Die Buchstaben der alten Goten in Moesien und die der heutigen Russen sind offensichtlich aus den griechischen entstellt. Das angelsächsische Alphabet und die skandinavischen Runen dagegen gehen auf das lateinische Alphabet zurück.

Was den Zeitpunkt der Erfindung der Buchdruckerkunst angeht und ihren Urheber, muß man meines Erachtens einen Unterschied machen: Wenn nämlich die typographische Kunst gemeint ist, mit der wir in Europa Bücher drucken, was durch das Zusammenstellen von losen Lettern geschieht, dann ist einzuräumen, daß die Erfindung den Europäern zu verdanken ist, und weder über Zeit noch Ort kann es große Zweifel geben. Denn Gutenberg, Fust und Schöffer haben gemeinschaftlich die Erfindung in Mainz vollendet und um 1450 die ersten Bücher herausgebracht. Handelt es sich hingegen um in hartes Material gemeißelte Buchstaben und damit gedruckte Texte, ist zweifelhaft, wer zuerst in Europa mit dieser Technik Bücher hergestellt hat. In der Bibliotheca Augusta zu Wolfenbüttel hat sich ein Buch erhalten, das teils aus Abbildungen, teils aus Text besteht und ungefähr um dieselbe Zeit, als in Mainz die Typographie ans Licht trat, mit Hilfe von geschnitzten Tafeln gedruckt worden ist. Es ist der Gemahlin des Herzogs von Bayern, der Tochter eines braunschweigischen Fürsten, gewidmet, und der Autor oder Herausgeber erweckt nicht den Eindruck, als spräche er bei dieser Drucktechnik von etwas Neuem oder Ausgefallenem.[24] Die Mainzer hingegen sprechen von ihrer Kunst als etwas Neuem und Wunderbarem und haben sie auch eine Zeitlang geheimgehalten. Und in der Tat handelte es sich um etwas schwer zu erfindendes. Dagegen hat der Druck mit geschnitzten Tafeln nichts besonders Schwieriges oder Geniales, und schon seit alters gab es in Siegeln und Münzen Beispiele für eine solche Technik. Diese Art des Druckens kannten also seit langem auch die Chinesen;[25] unsere Drucktechnik gibt es habent, nec facilè, ob Alphabeti defectum[,] habere possunt. Mea quaedam de origine Typographiae observata Menstruis quibusdam Relationibus Germanicis Hanoverae ante annos aliquot editis sunt inserta[.]

De Psalmanassare nil addo, quem fabularum architectum esse constat: Ebraeum opinor gente, cùm et Hebraica nomina in remotissimam regionem transtulerit.

Sedecim libros Sinenses missu R. P. Bouveti accepi, sed cum Epistola ejus perierit, prorsus nescio quid sibi velint[,] et licet per Epistolas plus semel ab eo de hac re quaesiverim, nondum tamen responsum tuli. Horum librorum nonnulli pleni sunt figuris vasorum, sed dubitari potest an non figurae sint mera ornamenta libri, sanè characteres veteres per novos ibi explicari non animadverto.

bei ihnen hingegen nicht und kann es auch so leicht nicht geben, da es ihnen an einem Alphabet fehlt. Einige Überlegungen von mir zum Ursprung der Typographie finden sich in vor einigen Jahren in deutscher Sprache zu Hannover herausgegebenen monatlichen Berichten.[26]

Zu Psalmanazar sei hier nichts weiter gesagt. Er ist als Urheber von Fabeleien bekannt und war, wie ich meine, jüdischer Abstammung,[27] da er auch hebräische Namen in die entferntesten Gegenden übertragen hat.

P. Bouvet hat mir sechzehn chinesische Bücher geschickt, da aber sein Begleitbrief verlorengegangen ist, habe ich nicht die geringste Vorstellung davon, worum es sich handelt.[28] Zwar habe ich ihn mehr als einmal brieflich deshalb befragt, bisher aber keine Antwort erhalten. Einige dieser Bücher sind voller Abbildungen von Gefäßen, aber man kann sich fragen, ob es sich bei diesen Abbildungen nicht um bloßen Buchschmuck handelt, und jedenfalls sehe ich nicht, daß dort alte Schriftzeichen durch neue erklärt würden.

67. LEIBNIZ' EXZERPTE ÜBER DIE JUDEN IN CHINA

[Hannover, Oktober 1699.]

Bernier *voyage de Cachemire* pag. 140. etc. edition de la Haye 1672 12°

Mons. Thevenot avoit demandé *s'il est vray que dans le Royaume de Kachemire il y ait des Juifs habitués de long temps; s'ils ont la Ste ecriture, et si leur vieil testament est entierement semblable au nostre*[.]

Reponse

Qu'il n'y a point de Juifs, mais beaucoup d'habitans qui semblent Juifs à leur port et à leur air[,] que *le nom de Mousa* ou Moyse y *est fort en usage*, qu'ils pretendent estre mort[s] à Kachemire, et qu'il y a un edifice qu'ils disent avoir *esté basti par Salomon*. Ainsi des Juifs *par la suite du temps pourroient avoir perdu la pureté de leur loy.*

Mais quant aux veritables Juifs c'est à *la Chine qu'il s'en pourroit peutestre trouver. Car j'ay depuis peu vû entre les mains de nostre R. P. Jesuite de Dehli des lettres d'un Jesuite Allemand écrites de Pekin, qui marquoient qu'il y en avoit vû qui avoient conservé le judaisme et le vieil Testament, qui ne sçavoient rien de la mort de Jesus Christ, et qu'ils avoient même voulu faire le jesuite leur Kakan, pourveu qu'il s'abstint de manger du porc.*

Semedo relation de la Chine premiere partie chap. 30

Les Juifs sont plus frequens dans la province de Honan, et sur tout dans la ville capitale nommée Caifumsu … *ils se vantent même d'avoir une ancienne Bible écrite en Hebreu. Le P. Jules Alenes religieux de nostre compagnie apres avoir demeuré quelque temps avec eux, ne pût jamais obtenir qu'on tirât les rideaux, ny qu'on luy mon-*

67. LEIBNIZ' EXZERPTE ÜBER DIE JUDEN IN CHINA

[HANNOVER, OKTOBER 1699.]

Bernier, *Voyage de Cachemire,* S. 140 ff. der Haager Ausgabe von 1672 in 12°.

Herr Thévenot hatte gefragt,[4] ob es zuträfe, daß im Königreich Kaschmir schon seit langem Juden ansässig wären; ob sie im Besitz der Heiligen Schrift sind und ob ihr *Altes Testament* vollkommen mit dem unseren übereinstimmt.

Anwort:[5]

Es gibt überhaupt keine Juden, aber viele Einwohner, die ihrem Benehmen und ihrem Aussehen nach Juden zu sein scheinen. Bei ihnen ist der Name Mousa oder Moyse sehr gebräuchlich. Sie behaupten, dieser [Mose] wäre in Kaschmir gestorben. Es gibt dort ein Gebäude, das nach ihrer Aussage Salomo gebaut hat. Es könnten demnach Juden im Lauf der Zeit die Reinheit ihres Gesetzes eingebüßt haben.

Richtige Juden könnten sich aber vielleicht in China finden. Ich habe nämlich vor kurzem in den Händen unseres Jesuitenpaters in Delhi Briefe eines deutschen Jesuiten aus Peking[6] gesehen. Dieser schrieb, er hätte dort [in China] Juden gesehen, die Judentum und *Altes Testament* bewahrt hätten, die nichts vom Tod Jesu Christi wüßten, und daß sie ihn [den Jesuiten] sogar zu ihrem Gemeindevorsteher hätten machen wollen, vorausgesetzt, daß er sich des Schweinefleischs enthielte.[7]

Semedo, Bericht aus China, 1. Teil, Kapitel 30.[8]

Juden kommen relativ häufig in der Provinz Henan vor, vor allem in deren Hauptstadt Kaifeng … Sie rühmen sich sogar, eine alte hebräisch geschriebene Bibel zu besitzen. P. Giulio Aleni, Angehöriger unseres Ordens,[9] hat einige Zeit bei ihnen gelebt, vermochte sie aber niemals dazu zu bewegen, die Vorhänge wegzuziehen und *strât la Bible. Tout ce qu'il pût voir, ce fut leur Synagogue. Le P. Mathieu Ricci a asseuré qu'au rapport des Juifs de Pequim, leur Bible est semblable à la nostre. Ils n'ont aucune connoissance de la naissance du fils de Dieu d'où l'on conjecture que leur entrée en la Chine a esté devant sa venüe au monde ou qu'ils en ont perdu la memoire. Ce seroit une chose bien souhaitable de voir leur Bible, que peutestre ils n'ont point depravée comme ont fait les autres Juifs pour obscurcir la gloire de nostre redemteur.*

ihm die Bibel zu zeigen. Alles, was er zu sehen bekam, war ihre Synagoge. P. Matteo Ricci versicherte, nach Aussage der Pekinger Juden ähnelte ihre Bibel der unseren. Sie haben keinerlei Kenntnis von der Geburt von Gottes Sohn.[10] Man schließt daraus, daß sie vor Christi Geburt nach China gekommen sind oder daß sie die Erinnerung daran verloren haben. Es wäre sehr wünschenswert, ihre Bibel zu sehen. Vielleicht haben sie diese nicht entstellt, wie es die übrigen Juden getan haben, um den Ruhm unseres Erlösers zu verdunkeln.

68. LEIBNIZ AN CHARLES LE GOBIEN S.J.

[Hannover, 13. Dezember 1707]. [59.]

Mon tres Reverend Pere

Il y a quelque temps que je reçus 16 volumes Chinois qui me venoient apparemment de la liberalité du R. P. Bouvet: mais la lettre où il disoit apparemment de quoy ils traitoient a esté perdue[.] J'ay écrit depuis, pour en avoir des nouvelles, mais inutilement[.] Je ne say si ce R. P. Missionnaire revenu de la Chine par l'Angleterre, à qui j'en écrivis aussi, est resté en Europe, ou s'il est retourné à la Chine: enfin je suis privé depuis assez long temps du commerce de vos Reverends Peres de la Chine dont j'attribue la cause aux desordres de la guerre[.] Cependant pour ne rien omettre de mon costé j'ecris encor au Reverend Pere Bouvet et supplie vostre Reverence, de luy faire tenir la cyjointe; d'autant plus qu'encor d'autres personnes de mes amis, qui ont veu dans les memoires de Trevous la lettre qu'il m'a écrit, m'ont prié de luy faire tenir leur questions, dont les unes roulent sur les Juifs qu'on suppose sur quelques relations estre depuis long temps dans la Chine; et les autres sur les caracteres Chinois.

Il n'y a pas long temps que j'ay vû dans ce pays cy le R. P. Cima de l'ordre de S. Augustin, Italien de nation revenu de la Chine dans un vaisseau danois, et retournant; dont la connoissance des choses naturelles de ces pays eloignés ne paroist point à mepriser[.] Car il fait profession de Medecine, et nous dit d'avoir tasté le pouls assez souvent au Monarque Chinois. Il en parle comme d'un Prince fort eclairé, mais il n'en espere pas la conversion.

Quoyqu'il en soit je supplie Vostre Reverence de ne pas laisser manquer entierement des communications Chinoises, puisque vous savés mon zele pour cette mission.

68. LEIBNIZ AN CHARLES LE GOBIEN S.J.

[HANNOVER, 13. DEZEMBER 1707]. [59.]

Sehr ehrwürdiger Vater

Vor einiger Zeit habe ich sechzehn Bände in chinesischer Sprache erhalten, die ich offenbar der Freigebigkeit von P. Bouvet zu verdanken habe; aber der Brief, in dem er erklärt haben dürfte, worum es in diesen Schriften ging, ist verlorengegangen. Ich habe seither um Nachrichten darüber geschrieben, aber vergeblich.[1] Ich weiß nicht, ob jener über England aus China zurückgekehrte Pater der [China-] Mission, an den ich auch geschrieben habe,[2] in Europa geblieben oder nach China zurückgekehrt ist; schließlich ist auch mein Briefkontakt mit Ihren Patres in China schon ziemlich lange abgerissen, was ich den Wirren des Krieges zuschreibe.[3] Um aber meinerseits nichts zu unterlassen, schreibe ich noch einmal P. Bouvet und bitte Euer Ehrwürden, diesem den beiliegenden Brief zukommen zu lassen. Daran liegt mir um so mehr, als noch andere Personen aus meinem Freundeskreis, die in den Mémoires de Trévoux den Brief gelesen haben, den P. Bouvet mir geschrieben hatte,[4] mich gebeten haben, ihm ihre Fragen zu übermitteln.[5] Diese betreffen einerseits die Juden, von denen man nach einigen Berichten[6] annimmt, daß sie seit langem in China leben, und andererseits die chinesischen Schriftzeichen.

Erst kürzlich bin ich hier P. Cima vom Augustinerorden begegnet,[7] einem gebürtigen Italiener, der auf einem dänischen Schiff aus China zurückgekehrt war und sich eben zur Rückreise [nach Italien] anschickte. Seine Kenntnisse über die Naturalien dieser fernen Länder scheinen mir sehr beachtlich, denn P. Cima ist von Beruf Arzt und sagt, er hätte dem chinesischen Kaiser ziemlich oft den Puls gefühlt. Er hält diesen für einen sehr aufgeklärten Fürsten, hat aber keine Hoffnung auf seine Bekehrung [zum Christentum].

Jedenfalls bitte ich Euer Ehrwürden, es nicht gänzlich an Mitteilungen über China fehlen zu lassen, denn Sie kennen doch meine Anteilnahme für diese Mission.

Je repete tousjours

et repetens iterumque iterumque monebo

qu'il est à souhaiter, que nos missionnaires qui portent les sciences Europeennes à la Chine, travaillent à nous rapporter en echange les connoissances Chinoises, autrement[,] si nous en perdons maintenant la belle occasion, nous ne la retrouverons peutestre plus, et j'ay tousjours craint, qu'un jour nos missionnaires et tous les autres etrangers n'en soyent chassés, quand on n'y croira plus avoir besoin de nous. Depuis la mort du tres R. P. Verjus que je regrette beaucoup, je souhaitte de savoir qui est maintenant compagnon du R^me^ Pere de La Chaise, et s'il a soin aussi des Missions eloignées.

Je suis avec zele

Ich wiederhole immer wieder und »mahne Sie immer und immer aufs neue«:[8] Unsere Missionare sollten sich bemühen, im Austausch für die europäischen Wissenschaften, die sie nach China tragen, uns das chinesische Wissen zurückzubringen. Wenn wir die schöne Gelegenheit, die wir jetzt dazu haben, uns entgehen lassen, wird uns sonst eine solche Möglichkeit vielleicht nicht mehr geboten werden. Ich habe immer befürchtet, daß eines Tages unsere Missionare und alle anderen Fremden aus China vertrieben werden, sobald man uns für künftig entbehrlich hält. Seit dem von mir sehr beklagten Tod von P. Verjus möchte ich wissen, wer jetzt P. de la Chaize zur Seite steht und ob der Betreffende sich auch um die fern[östlichen] Missionen kümmert.[9]

[…]

69. LEIBNIZ AN JOACHIM BOUVET S.J.

HANNOVER, 13. DEZEMBER 1707. [64.]

Mon tres Reverend Pere.

Il y a du temps, que j'ay recus 16 livres Chinois, et je ne doute point, que ce ne soit un present, que vous m'avés envoyé, dont je vous en suis obligé infiniment. Mais comme Vostre lettre, qui disoit apparemment ce que c'est que ces livres, s'est perdue, c'est un tresor caché pour moy. Je Vous en ay ecrit, il y a long temps, mais je ne say si la lettre Vous a esté rendue dans ce temps de guerre et de desordre. Ainsi je Vous repete la prière, de me faire savoir ce que ces livres contiennent. Je vous envoye maintenant les Questions sur les Juifs de la Chine, qui viennent de M. Jablonski tres savant en Hebreu, qui nous a donné, il y a quelques années[,] une fort bonne edition de la Bible Hebraique. Il suppose sur des relations imprimées, qu'il y a des Juifs habitués dans la Chine depuis fort longtemps. En ce cas il est important d'approfondir leur doctrine et leur rites. Je Vous envoye aussi la lettre d'un Marchand savant, nommé M. Bourguet, qui s'applique à la recherche des Hieroglyphes. Il a vû dans les Memoires de Trevoux celle, que Vous m'avés écrite sur les caracteres de Fohi. Je Vous supplie de tacher de leur donner quelque contentement.

Pour moy cependant je Vous supplie, mon Reverend Pere, de nous faire avoir le grand Dictionnaire Tartaro-Chinois, que l'Empereur de la Chine fait faire. Il seroit à souhaiter, et je crois qu'il seroit practicable, que ce Monarque chargeât Vos Peres de concourir à la composition de ce Dictionnaire, et cela Vous donneroit un beau moyen d'y faire entrer les termes et caracteres techniques, et approfondir et expliquer en même temps les choses. Et Vous y pourriés joindre les figures de[s] choses et une traduction Europeenne. Ce

69. LEIBNIZ AN JOACHIM BOUVET S.J.

Hannover, 13. Dezember 1707. [64.]

Sehr ehrwürdiger Vater

Vor einiger Zeit habe ich sechzehn chinesische Bücher erhalten, und ich zweifle nicht, daß es sich dabei um ein Geschenk handelt, das Sie mir geschickt haben und für das ich Ihnen unendlich verbunden bin. Da aber Ihr Brief, in dem Sie mir erklärt haben müssen, worum es sich bei diesen Büchern handelt, verlorengegangen ist, ist Ihr Geschenk für mich ein verborgener Schatz. Ich habe Ihnen deshalb schon vor langer Zeit geschrieben, aber ich weiß nicht, ob der Brief in dieser Zeit des Krieges und der Wirren Sie erreicht hat.[1] Ich wiederhole daher meine Bitte, mich wissen zu lassen, was diese Bücher enthalten. Ich schicke Ihnen anbei die Fragen über die Juden Chinas von Herrn Jablonski, der im Hebräischen sehr bewandert ist und uns vor einigen Jahren eine ausgezeichnete Ausgabe der hebräischen Bibel geschenkt hat. Auf Grund von gedruckten Berichten nimmt er an, daß Juden schon seit sehr langer Zeit in China ansässig sind.[2] In diesem Fall ist es wichtig, [die Kenntnis] ihrer Lehre und ihrer Riten zu vertiefen. Ich schicke Ihnen auch den Brief eines gelehrten Kaufmanns namens Bourguet, der sich der Hieroglyphenforschung widmet. Er hat in den Mémoires de Trévoux den Brief gelesen, den Sie mir über die Zeichen des Fuxi geschrieben hatten.[3] Ich bitte Sie zu versuchen, [den genannten Herren] einigermaßen Genüge zu tun.

Ich persönlich aber bitte Sie, Ehrwürdiger Vater, uns das große tatarisch [manjurisch]-chinesische Wörterbuch zu beschaffen, das der chinesische Kaiser erarbeiten läßt.[4] Es wäre zu wünschen und, wie ich meine, auch durchführbar, daß der Kaiser Ihre Patres beauftragte, bei der Redaktion dieses Wörterbuchs mitzuwirken. Damit hätten Sie eine schöne Gelegenheit, die technischen Begriffe und Zeichen einzuarbeiten und zugleich die [zugrunde liegenden] Sachverhalte zu vertiefen und zu erklären. Sie könnten [außerdem] Zeichnungen der betreffenden Gegenstände und die Übersetzung seroit le chemin le plus abregé pour les connoissances de la Chine. En même temps Vous auriés occasion de Vous attirer des Chinois habiles sur toute sorte de matieres, puisqu'il faudroit recourir aux gens de profession pour la connoissance des termes: et plut à Dieu, qu'on en fit passer quelques uns en Europe. Je l'ecris au T. R. P. Gobien, et je Vous l'ecris aussi encor une fois, mon T. R. P.

et repetens iterumque iterumque monebo,

qu'il faut profiter de la conjoncture favorable pour rapporter en Europe les connoissances Chinoises en echange des Europeennes, que Vous portés à la Chine: autrement il n'est que trop à craindre, que les Chinois, quand ils croiront n'avoir plus besoin de nous, chasseront tous les Europeens, et alors on regrettera l'occasion perdue.

J'ay vû icy le R P. Cima Augustin Italien, qui a repassé en Europe sur un vaisseau Danois, et s'en retourne maintenant en Italie. Il dit que l'Empereur de la Chine est fort éclairé, mais il n'espere point sa conversion. Il dit aussi de luy avoir souvent tâté le pouls en qualité de Medecin. J'espere, que le Commissaire, que le Pape a envoyé à la Chine, et qu'il a declaré Cardinal depuis, contribuera beaucoup à retablir la paix parmy les Missionnaires, à fin qu'on se puisse mieux appliquer au solide; et je crois qu'apres la propagation de la vraye foi chez les Chinois le plus solide est la transplantation des connoissances, et même des choses des Chinois chez nous; en nous apportant leur livres, simples, graines, animaux, machines, modelles, et même nous amenant quelques uns de leur savans. Pensés y[,] mon tres Reverend Pere[,] avec le[s] RR. PP. Gerbillon, Visdelou et autres, et faites y penser. J'en fais autant en Europe. Je regrette fort la mort du R[me] Pere Verjus, qui avoit des belles et bonnes intentions. Je crois qu'un mot adroit aupres de l'Empereur Chinois le fera concourir au in eine europäische Sprache hinzufügen. Das wäre der kürzeste Weg [zum Erwerb] des chinesischen Wissens. Zugleich hätten Sie Gelegenheit, auf allen denkbaren Gebieten befähigte Chinesen heranzuziehen, denn für die [Kenntnis der technischen] Begriffe müßte man auf die Leute vom Fach zurückgreifen – gebe Gott, daß man einige davon mit nach Europa brächte. Ich schreibe das P. Le Gobien, und ich schreibe es auch Ihnen noch einmal, Ehrwürdiger Vater, »und mahne Sie immer und immer aufs neue«, daß man die günstigen Umstände nutzen muß, das chinesische Wissen im Austausch für das europäische, das Sie nach China tragen, nach Europa zu bringen. Andernfalls ist nur zu sehr zu befürchten, daß die Chinesen, sobald sie uns entbehren zu können glauben, alle Europäer [aus ihrem Land] jagen werden. Dann wird man bedauern, die Gelegenheit [als sie sich bot] ungenutzt gelassen zu haben.

Ich bin hier P. Cima,[5] einem italienischen Augustiner, begegnet. Er ist auf einem dänischen Schiff [aus China] nach Europa zurückgekehrt und geht jetzt wieder nach Italien. Er sagt, der Kaiser von China wäre ein sehr aufgeklärter Mann, er hat aber keine Hoffnung auf seine Bekehrung [zum Christentum]. Er hätte ihm in seiner Eigenschaft als Arzt auch oft den Puls gefühlt. Ich hoffe, daß der Bevollmächtigte, den der Papst nach China entsandt und seither zum Kardinal erhoben hat,[6] viel dazu beitragen wird, unter den Missionaren den Friede wiederherzustellen, damit man sich besser wesentlichen Dingen widmen kann. Wenn erst einmal der wahre Glaube unter den Chinesen Verbreitung gefunden hat, ist meines Erachtens am meisten daran gelegen, das Wissen und sogar die Dinge [die Sachkultur] der Chinesen zu uns zu verpflanzen, indem man ihre Bücher, Heilkräuter, Sämereien, Tiere, Maschinen, Modelle und sogar einige ihrer Gelehrten zu uns [nach Europa] bringt. Seien Sie, Ehrwürdiger Vater, mit den Patres Gerbillon, Visdelou und anderen dessen eingedenk, und legen Sie es anderen ans Herz. Ich tue desgleichen in Europa. Ich bedauere sehr den Tod von P. Verjus, der ausgezeichnete und gute Absichten verfolgte. Ich glaube, daß ein geschickt beim chinesischen Kaiser angebrachtes Wort ihn dazu bewegen wird, in der oben angegebenen Weise zum

Dictionnaire de la manière que je viens de dire, en vous y faisant entrer ce qui seroit la clef de leur Tresors. Je suis curieux d'apprendre, si Vous avés fait depuis quelque progres dans le dechifrement des caracteres Chinois. Quand cela ne seroit point, il ne faut point s'en rebuter: le temps y aidera. J'ay poussé un peu mon Arithmetique Binaire, qui donne des ouvertures, où pas une des autres ne sauroit aller, pour des decouvertes importantes dans les Mathematiques et pour l'expression des grandeurs incommensurables et transcendantes. Mais pour y faire assez de progrés, il faudroit plus de temps, que je n'en ay. Je ne me soucie pas beaucoup de l'usage Metaphysique des Caracteres de Fohi et d'autres semblables, parce que j'ay une toute autre idée de la vraye caracteristique, qui serviroit egalement à exprimer les pensees et à les diriger, et seroit comme une Logique vive. Le R. P. Cima m'a dit, que Vostre Empereur a quelque connoissance même de l'Algebre. Mais je crois, qu'il n'en aura pas encor de la science de l'infini et du calcul des infinitesimales, qui est le mien[,] des differences et des sommes, et qu'il feroit quelque chose au besoin en faveur de cette decouverte, et je souhaiterois, qu'il monstrât sa reconnoissance à l'Europe pour tout ce qu'elle luy a envoyé par le moyen de ce Dictionnaire fait comme cy dessus. Je Vous souhaitte toute sorte de satisfaction aussi bien qu'à vos compagnons de zele et de merite, à qui je me recommande tous, estant parfaitement

mon tres Reverend pere vostre tres humble et tres obeissant serviteur

Leibniz

Hanover ce 13 X$^{b.}$ 1707

[tatarisch (manjurisch)-chinesischen] Wörterbuch dadurch beizutragen, daß er Sie daran mitarbeiten läßt. Das wäre der Schlüssel zu den Schätzen [des chinesischen Wissens]. Ich bin begierig zu hören, ob Sie seither Fortschritte in der Entzifferung der chinesischen Zeichen gemacht haben. Sollte das nicht der Fall sein, darf man sich nicht entmutigen lassen: Die Zeit wird dabei weiterhelfen. Ich habe meine binäre Arithmetik ein wenig weiterentwickelt. Wie keine andere Arithmetik eröffnet sie Aussichten auf wichtige mathematische Entdeckungen und die Darstellung inkommensurabler und transzendenter Größen. Aber um genügend Fortschritte zu machen, müßte man mehr Zeit haben, als mir zur Verfügung steht. Mir liegt nicht viel am metaphysischen Gebrauch der Zeichen des Fuxi und anderer dergleichen,[7] denn ich habe eine ganz andere Vorstellung von der wahren Charakteristik, die gleichermaßen dazu dienen würde, die Gedanken auszudrücken und sie zu leiten, und so etwas wie eine lebendige Logik wäre. P. Cima sagte mir, Ihr Kaiser hätte sogar in der Algebra einige Kenntnisse. Ich glaube aber, daß er von der Wissenschaft des Unendlichen noch nichts weiß, ebensowenig von der Rechnung mit infinitesimalen Größen, die ich entdeckt habe, und jener mit Differenzen und Summen, und daß er nötigenfalls etwas für diese Entdeckung tun würde. Ich wünschte, er gäbe seine Dankbarkeit Europa gegenüber für alles, was es ihm geschickt hat, dadurch zu erkennen, daß er dieses [tatarisch (manjurisch)-chinesische] Wörterbuch so herstellen ließe wie oben angegeben. Ich wünsche Ihnen wie Ihren engagierten und verdienten Mitarbeitern allen erdenklichen Erfolg und empfehle mich allen

[...]

Hannover, den 13. Dezember 1707

70. CLAUDE DE VISDELOU S.J. AN LEIBNIZ

Pondicherry, 9. Februar 1714. [58.]

Ponticherii V Id. febr. (9 febr.) 1714

Leibnizio viro doctissimo Claudius Episcopus (qui a signé ici[)]

Tuas 13 Kal. Sept. 1705 hîc accepi 1713. Doctus ille Pomeranus in literis Sinicis dissecandis plurimum laboris ponet at quanto operae precio ipse viderit. Literas compositas Sinae interdum non feliciter enodant ut simplicium (quae licet multiplici penicilli ductu exaratae in alias literas resolvi non possunt) analyses quae in vocabulariis sunt, plerumque merae divinationes et inania commenta.

De speculo apud Siberos invento [:] literae procul dubio Sinicae sunt ex sigillarium genere. nonnullas agnosco. non paucae aut depravatae aut mihi incognitae. Sic Tunkinenses plurimas ad suum usum accommodant [.] speculum illud in Sinis fusum fuit.

Populos quos nominat orator S[ti] Ludovici Franciscanus in Sinico-Tartaricis Historiis non reperio[.] Regnum Jugur (fortè Yughur seu Eyghur[)] [de quo hîc multa] de urbe Kàrakàrum Orator[.] de ea P. Matthaeus Ricci in suâ Cosmographiâ[.] ce P. la met à 15 degrez à l'oüest de Pekin [.] J'en mets 20.

De urbe Xamtu quam Orator dicit Xandu.

De Geographiâ Tartariae quod rogas, quantùm ex historiis Sinicis eruere licet, opus affectum nondum perfectum habeo.

70. CLAUDE DE VISDELOU S.J. AN LEIBNIZ

Pondicherry, 9. Februar 1714. [58.]

Pondicherry,
am 5. Tag vor den Iden des Februar (9. Februar) 1714

Bischof Claudius[1] (der an dieser Stelle unterschrieben hat) an den hochgelehrten Leibniz.

Ihren Brief vom 13. Tag vor den Kalenden des Septembers 1705 [20. August] habe ich hier 1713 erhalten. Jener gelehrte Pommer[2] wird auf die Zerlegung der chinesischen Zeichen sehr viel Arbeit verwenden; er mag nachher sehen, ob es den Aufwand wert war. Die Chinesen erklären zuweilen die Zusammensetzung der kompositen Zeichen auf wenig glückliche Weise; desgleichen sind die in den Wörterbüchern zu findenden Analysen der einfachen Zeichen (die sich nicht in andere Zeichen auflösen lassen, auch wenn sie mit vielfältigen Pinselstrichen geschrieben werden) meist bloße Raterei und leere Hirngespinste.

Zu dem in Sibirien gefundenen Spiegel:[3] Die Zeichen sind zweifelsohne chinesisch, von der Art, wie man sie in Reliefs [?] verwendet. Einige erkenne ich, nicht wenige sind entstellt oder mir unbekannt. Auf diese Weise passen die Tongkinesen die meisten [Zeichen] ihren Bedürfnissen an. Dieser Spiegel ist in China gegossen worden.

Die Völker, die der Gesandte des Heiligen Ludwig vom Franziskanerorden nennt, kenne ich aus der chinesisch-tatarischen Geschichte nicht. Das Reich Jugur (vielleicht Yughur oder Eyghur)[4] [dazu hier ausführlich]. Der Gesandte [Wilhelm von Rubruk] über die Stadt Karakorum. Dazu P. Matteo Ricci in seiner Kosmographie,[5] der die Stadt bei 15° [nördlicher Breite] westlich von Peking ansiedelt. Ich meine, es sind 20°.

Über die Stadt Xamtu, die der Botschafter Xandu nennt.[6]

Zu Ihren Fragen die Geographie der Tatarei betreffend: Darüber, was sich dazu in den chinesischen Geschichtsbüchern ausfindig machen läßt, habe ich ein Werk in Angriff genommen, das aber noch nicht vollendet ist.[7]

Super Sinarum antiquitate multa observavi longamque super eo argumento diatribam paro quam Historiae Sinicae Epitomae a me in Latinum idioma versae atque ultrà Christum Natum perductae, si in lucem prodierit, praefigam. Interim de Sinarum antiquitate sic universim pronunciare possum. majorem quidem ab iis antiquitatem quam ab ipsis Aegyptiis, Chaldaeisque pari fastu, errore non dissimili venditari. Verùm haec Sinis gloria debetur quod a cordatioribus gentis Philosophis tota illa vetustas inter commenta fabulasque rejiciatur. Coeterum frustrà laborant qui ex antiquis Sinarum observationibus lucis aliquid atque opis ad rem astronomicam promovendam eruere contendunt, operamque sanè preciosissimam in eo perdidere Viri summi Cassinus et Hevelius maximamque illam septem planetarum conjunctionem cujus in rationibus sudavit illorum calculus planè incertum vel potiùs ex retroactis malèque putatis calculis confictam esse demonstrabo.

Vam Kanis (hic est quem Presbyterum Joannem vocat orator [)] regnum anno Christi 1203 a Chim Kis Kan eversum est. Hhubilai scribunt Mongoles et Hhublai pronunciant[,] Occidentalibus Kublai[,] auctori et aliis Kobilla. Quae hîc delibo cum aliis innumeris in Sinico-Mongolicâ Historiâ quam excerpsi, excerptam verti, clarè dilucidèque explicata reperientur.

Si sumtuum copia mihi suffecisset, in Europam me contulissem ut lucubrationes hasce meas Typis per me ipse mandarem; hoc enim per alium, ob nominum peregrinorum multitudinem rerumque a moribus nostris abhorrentium genus, procurari non potest. Deus etc.

Über das Altertum der Chinesen habe ich zahlreiche Beobachtungen gemacht und bereite zu diesem Gegenstand eine umfangreiche Untersuchung vor, die ich meiner lateinischen Übersetzung des Abrisses der chinesischen Geschichte, den ich über Christi Geburt hinaus fortgeführt habe, voranstellen werde, wenn sie im Druck erscheint.[8] Indessen kann ich doch über das Alter der Chinesen insoweit ein allgemeines Urteil abgeben, als sie ein noch höheres Altertum zu Markt tragen als selbst die Ägypter und Babylonier, wobei sie einen ebensolchen Dünkel an den Tag legen, aber einem ganz ähnlichen Irrtum [wie diese] erliegen. Immerhin gebührt den Chinesen der Ruhm, daß die beherzteren unter ihren Weisen dieses ganze [angebliche] Altertum ins Reich der Hirngespinste und Fabeln verweisen. Vergeblich mühen sich übrigens auch jene, die den alten [astronomischen] Beobachtungen der Chinesen einiges Licht und Hilfe zur Beförderung der Astronomie abzugewinnen trachten. Der große Cassini und der große Hevelius haben ihre in der Tat höchst kostbare Arbeit umsonst hierauf verwendet. Ich werde nachweisen, daß jene gewaltige Konjunktion der sieben Planeten, an deren Berechnung diese Männer sich abgemüht haben,[9] ganz ungewiß oder vielmehr auf Grund von aus der Retrospektive und schlecht durchgeführten Rechnungen erfunden worden ist.

Die Herrschaft des Vam Kan (das ist derjenige, den der Gesandte [Wilhelm von Rubruk] »Priester Johannes« nennt) wurde im Jahre Christi 1203 von Chinggis-Khan gestürzt.[10] Die Mongolen schreiben *Hhubilai* und sprechen *Hhublai*, im Westen heißt er *Kublai*, der Autor [Wilhelm von Rubruk] und andere nennen ihn *Kobilla*. Was ich hier andeute, wird sich zusammen mit unzähligen anderen [Einzelheiten] klar und deutlich erläutert in der chinesisch-mongolischen Geschichte finden, die ich ausgezogen und [danach] den Auszug [ins Lateinische] übersetzt habe.[11]

Hätte ich für die Kosten aufkommen können, hätte ich mich persönlich nach Europa begeben, um diese meine Arbeiten selbst drucken zu lassen; wegen der großen Zahl fremder Namen und in Hinblick auf die dem bei uns Gebräuchlichen widerstreitenden Sachverhalte kann man das nämlich nicht durch einen anderen besorgen lassen. […]

IHS
Le Reverend Pere Antoine Verjus
Instituteur et 1.er Directeur des Missions Françoises
de la Compagnie de Jesus à la Chine, et aux Indes
Orientales, mort à Paris le 16. may 1706. agé de 75. ans.

ANMERKUNGEN

1. LEIBNIZ' UNTERREDUNG MIT GRIMALDI (S. 2–5)

ÜBERLIEFERUNG: *L* Aufzeichnung: LBr. 330 Bl. 45. 8°. 2 S. (Druckvorlage). – Gedr.: *A* III, 4 N. 211.

A Abschrift von *L*: LBr. 330 Bl. 46-47. 1 Bog. 2°. 2 ½ S. von D. E. Barings Hand, mit Korrekturen und Ergänzungen von J. D. Grubers Hand.

Die Aufzeichnung des in Rom geführten Gespräches dokumentiert den Beginn des Kontaktes mit Grimaldi, der auch die folgende Korrespondenz mit den Jesuitenpatres in China einleitet. Vermutlich fand die Unterredung vor der Abfertigung von Nr. 2 statt. Zu den mehrmaligen Gesprächen zwischen Leibniz und Grimaldi s. *A* I, 5, S. 558, 591; I, 7, S. 357, 398, 487 f., 554, 628, 634, und I, 8, S. 229.

Der italienische Jesuit Claudio Filippo Grimaldi (1638–1712) war nach rund 20-jährigem Aufenthalt in China als Prokurator der Jesuitenmission nach Europa zurückgekehrt, wo Leibniz ihm im Frühjahr 1689 in Rom begegnete. 1666 hatte sich Grimaldi erstmals in Lissabon nach China eingeschifft und bei seiner Ankunft in Kanton (1669) den chinesischen Behörden dadurch ein Schnippchen geschlagen, daß er die Lücke ausfüllte, die die Flucht des Dominikaners Domingo Fernandez Navarrete (vgl. Nr. 35, Anm. 10) bei den damals nach Kanton ausgewiesenen und dort gefangengehaltenen Missionaren hinterlassen hatte. Ab 1671 wieder in Freiheit, wurde er auf Veranlassung Ferdinand Verbiests S. J. (1623–1688) als Leiter der Kalenderabteilung an das Astronomische Amt nach Peking berufen. Der von Grimaldis Kenntnissen in der Mathematik und Optik beeindruckte Kangxi-Kaiser betraute ihn 1686 mit einer Botschaft an Peter I. und Aufträgen in Europa, für deren Erledigung sich Grimaldi in Rom und Frankreich sowie einige Zeit in Deutschland aufhielt. Während seiner Abwesenheit war er im April 1688 in Peking in der Nachfolge Verbiests zum Direktor des Astronomischen Amtes ernannt worden.[1] Erst im August 1694 sollte er wieder in Peking eintreffen. Zuvor hatte er vergeblich versucht, den Landweg nach China über Rußland zu nehmen, wo ihm die Durchreise verweigert worden war. Vgl. Pfister, S. 372–377, und Claudia von Collani: *Claudio Filippo Grimaldi S. J. Zur Ankunft des päpstlichen Legaten Charles Maillard de Tournon in China,* in: *Monumenta Serica,* 42, 1994, S. 329–359, hier S. 331–332.

[1] So Leibniz im folgenden Text. Nachweisbar ist nur, daß im Jahre 1688 der Manjure Antai Direktor des Astronomischen Amtes war und Grimaldi von 1696–1711 Leiter der Kalenderabteilung (freundliche Mitteilung von Martin Gimm nach noch unveröffentlichten Quellen).

[2] Der belgische Jesuit Ferdinand Verbiest (1626–1688) war im Mai 1660 als Astronom und Gehilfe seines deutschen Ordensbruders Johann Adam Schall von Bell (1591–1666) nach Peking gerufen worden. Nach kurzer Gefangenschaft in Kanton während der Christenverfolgungen 1664/65 wurde er 1669 nach Peking zurückgerufen und zum Leiter des Astronomischen Amtes ernannt. Dort diente er dem jungen Kangxi-Kaiser (1654–1722) auch als Lehrer in den mathematischen Wissenschaften. Verbiest starb am 28. Januar 1688 in Peking. Vgl. Dehergne: *Répertoire,* Nr. 883, S. 288–290, Witek: *Verbiest*, 1994, sowie Jerome Heyndrickx: *Ferdinand Verbiest. Un jésuite et Kangxi*, in: *Kangxi*, 2004, S. 85-91.

[3] Man rechnete auch zu dieser Zeit noch mit dem Abakus (*suanpan*). Vgl. auch Nr. 7 mit Anm. 15.

[4] Darüber von Leibniz' Hand: »vocant <Toao> unus ductus«. »Toao« ist wahrscheinlich »tou« und bedeutet »Kopf«, d. h. Radikal- oder Wurzelzeichen. Bei den 200 Elementen handelt es sich um die 214 Radikale des Kangxi-Wörterbuches (*Kangxi zidian*) von 1716. Mit der Zusammenstellung dieses Lexikons hatte der Kaiser 1710 Zhang Yushu (1642–1711) beauftragt. Es enthält mehr als 49.000 Schriftzeichen und umfaßt die besten Teile aller Wörterbücher, die seit dem *Shuowen jiezi* (100 n. Chr.) erschienen waren; vgl. Fang Chao-Ying, Art. *Chang Yü-shu*, in: Hummel: *Eminent Chinese*, Vol. 1, 1943, S. 66, und *Kangxi*, 2004, S. 266, Kat. Nr. 122.

[5] Für diese Vermutung bezieht sich Leibniz stets auf den Orientalisten Jacob Golius (1596–1667), der auch ein Kapitel zu Martino Martinis *Novus Atlas Sinensis,* 1655, beisteuerte, vgl. dort Golius: *De Regno Catayo Additamentum,* S. VII.

[6] Die Solonen sind ein tungusischer Volksstamm in Nordost-Asien.

[7] Manjurisch und Mongolisch sind die linguae francae der nördlich an China angrenzenden Regionen.

[8] Die irrtümliche Bezeichnung »westliche Tataren« für »Mangiò« (d.i. die italienische Wiedergabe für chinesisch »Manzhou«) bei Grimaldi entspricht in Wirklichkeit den Mongolen; die Bezeichnung »östliche Tataren« für »Mongo« hingegen den Manjuren, deren Sprache Grimaldi erlernt hatte; vgl. auch am Ende unseres Textes. Die Herkunft des Wortes »tatar« ist vermutlich zurückzuführen auf chinesisch »dádá«, ein schallnachahmendes Wort für die (den Chinesen unverständliche) Redeweise fremder Völker, das (soweit bisher bekannt) erstmals in der alttürkischen Orchoninschrift von 731/32 vorkommt, wo es ein mittelalterliches turksprachiges Volk in Zentralasien bezeichnet. Die seit dem Mittelalter in abendländischen Quellen übliche Namensform »Tartaren« dürfte primär auf der gelehrten Assoziation mit dem griechischen Tartaros beruhen, einer Unterwelt, der die mongolischen oder Turkvölker entstiegen wären, um die Christen für ihre Sünden zu bestrafen. Vgl. Hansgerd Göckenjan, Art. *Tataren,* in: *Lexikon des Mittelalters,* 8, München 1997, Sp. 487 f. Wir verwenden die historisch korrekte Namensform.

[9] Chinggis-Khan (1167–1227) führte 1204 eine Schrift auf der Grundlage des Uighurischen bei den Mongolen ein.

[10] Der französische König Ludwig IX. der Heilige (1226–1270) nahm 1253 die Verbindung zum Hof des Mongolen-Khans durch die Entsendung von Wilhelm von Rubruk auf. Vgl. Nr. 58, Anm. 5 u. 6.

[11] Tatsächlich die uighurische Schrift.

[12] Das Mongolische und Manjurische werden in Zeilen (von links nach rechts) von oben nach unten geschrieben.

[13] Gemeint ist: Ursprünglich verliefen die Zeilen waagerecht, später bei den Mongolen aber senkrecht.

[14] Diese Angabe beruht auf einem Mißverständnis.

[15] Leibniz denkt wohl an die Silbenzahl im Chinesischen, das unter Berücksichtigung der vier Sprachtoneme eine Zahl von ca. 1400 Sprachsilben aufweist.

2. LEIBNIZ AN GRIMALDI (S. 6–9)

ÜBERLIEFERUNG: *L* Konzept: LBr. 330 Bl. 1–2. 1 Bog. 8°. 1⅓ S. (Druckvorlage). – Auf Bl. 2 *L* von Nr. 3. – Gedr.: 1. Nesselrath/Reinbothe, 1979, S. 86–87 (dt. Übersetzung S. 83–84); 2. André Robinet: *Iter Italicum*, 1988, S. 124; 3. *A* III, 4 N. 212.

A Abschrift von *L*: LBr. 330 Bl. 3–4. 1 Bog. 2°. 1¼ S. von D. E. Barings Hand. – Auf Bl. 4 befindet sich der Anfang von *A* von Nr. 3.

Nr. 3 war Beilage zu unserem Stück; Grimaldi hat mündlich geantwortet (vgl. Nr. 4).

[1] Gemeint ist die *commentatiuncula* von Johannes Kepler zu dem Brief *Epistolium ex regno Sinarum missum*, 1630, den Johann Schreck (J. Terrentius) S. J. 1623 in Hangzhou an die Mathematiker in Ingolstadt geschrieben hatte. Näheres dazu im vorletzten Absatz von Nr. 7 sowie in Kepler: *Gesammelte Werke*, Bd 11, 2, München 1993, S. 468–472 (Nachbericht). Zu Schreck vgl. Hartmut Walravens: *China illustrata. Das europäische Chinaverständnis im Spiegel des 16. bis 18. Jahrhunderts*, Weinheim 1987, Nr. 184, S. 245; Bernhard H. Willeke, Art. *Terrenz (Schreck)*, in: Goodrich: *Ming Biography*, 2, 1976, Sp. 1282–1284, u. Isaia Iannaccone: »*Johann Schreck (Terrentius): Scienziato, linceo, gesuita e missionario nell'imperio dei Ming*«, in: *Asia Orientale*, 5/6, 1987, S. 49–85.

3. LEIBNIZ' FRAGEN FÜR GRIMALDI (S. 10–15)

ÜBERLIEFERUNG: *L* Konzept: LBr. 330 Bl. 1–2. 1 Bog. 8°. 2 S. (Druckvorlage). – Auf Bl. 1 *L* von Nr. 2. – Gedr.: 1. Nesselrath/Reinbothe, 1979, S. 87–89 (dt. Übersetzung S. 84–86); 2. *A* III, 4 N. 213.

A Abschrift von *L*: LBr. 330 Bl. 3–5. 1 Bog. 1 Bl. 2°. 2⅔ S. von D. E. Barings Hand mit Korrekturen und Überschrift »Quaestiones« von J. D. Grubers Hand. – Auf Bl. 3 *A* von Nr. 2.

Leibniz' Fragen für Grimaldi waren Beilage zu Nr. 2. Grimaldis mündlich erfolgte Antworten hat Leibniz in Nr. 4 aufgezeichnet.

[1] Vgl. Ricci/Trigault: *De Christiana Expeditione*, 1615, S. 351.

[2] Von einem grünen Feuer berichtet Gabriel de Magalhaens in seiner *Nouvelle relation de la Chine,* 1690, S. 128.

[3] Vgl. dazu auch Athanasius Kircher: *China illustrata,* 1667, S. 178–179, und Christian Mentzel: *De Radice Chinensium Gin-Sen,* in: *Miscellanea curiosa,* Decuria II, Annus V, 1686, S. 78–79. Am ausführlichsten und genauesten berichtet über die Ginseng-Pflanze wohl Pierre Jartoux in seinem Brief aus Peking vom 12. April 1711, in: *Lettres édifiantes et curieuses,* X. Recueil, 1713, S. 159–185.

[4] Leibniz' Frage ist nicht unproblematisch. Michal Boyms *Flora Sinensis* war bereits 1656 in Wien erschienen; möglicherweise wußte Leibniz nichts davon. Doch auch bei Melchisedech Thevenot: *Relations,* P. 2, 1672, war ein Teil davon auf französisch veröffentlicht, und in Kirchers *China illustrata,* 1667, Pars IV, cap. IV (*De exoticis Sinae plantis*) wird Boym zwar nur einmal erwähnt (S. 185), aber die Pflanzen- und Tierbilder stammen aus seinem Werk. (Vgl. dazu Hartmut Walravens: *Eine Anmerkung zu Michael Boyms Flora Sinensis (1656) – einer wichtigen naturhistorischen Quelle,* in: *China Mission Studies (1500–1800) Bulletin,* 1, 1979, S. 16–20). Denkbar ist andererseits, daß Leibniz die Patres Michal Boym und Johann Schreck verwechselte. Der letztgenannte plante nämlich die Ausarbeitung einer Enzyklopädie asiatischer Pflanzen, von der bereits zwei Foliobände unter dem Titel *Plinius Indicus* existierten, wie Kircher, *a.a.O.*, Pars II, cap. IX, S. 110 f., berichtet. Dazu auch Pfister, S. 157, Nr. 11.

[5] Lat. *lignum durum* »Eisenholz«. Es handelt sich um verschiedene Hölzer, die meist aus heißen Ländern stammen, schwerer als Wasser sind und nur mit besten Werkzeugen bearbeitet werden können. Die meisten Eisenhölzer liefern die Familien der Laurazeen, Myrtazeen, Oleazeen, Rubiazeen und Sapotazeen (s. auch Nr. 4, § 5, und A. Cleyer: *Eyserholz,* in: *Miscellanea curiosa,* Decuria II, Annus VII, 1688, S. 132). Die chinesische Bezeichnung ist *tieli mu,* wörtlich »Eisenbirnenholz«; botanisch handelt es sich evtl. um eine Metrosidoros-Art. Bei J.-B.-G.-A. Grosier: *Description générale de la Chine,* 1787, T. 1, S. 493, heißt es über den »Tié-ly-mou, ou arbre de fer«: »[...] son bois [...] ressemble au fer par sa couleur, sa dureté, et par sa pesanteur qui ne lui permet pas de flotter sur l'eau. C'est de ce bois que sont faites les ancres des vaisseaux de guerre Chinois«.

[6] Vgl. Nr. 4, § 6.

[7] Dies berichtet Martini: *Novus Atlas Sinensis,* 1655, S. 4.

[8] Vgl. auch Nr. 16 § 12.

[9] Vgl. auch Nr. 16 § 15.

[10] In der chinesischen Heilpraxis handelt es sich um ein Pflanzengemisch, das zur Moxibustion (d.h. Ätzung der Haut durch Abbrennen einer Moxa) verwendet wurde und als Mittel gegen Podagra und chronischen Rheumatismus galt. In Europa wurde Moxa durch den holländischen (bei der Ostindischen Kompanie in Batavia angestellten) Prediger Hermann Buschoof (2. Hälfte 17. Jh.) bekannt gemacht und konnte so später aus einheimischen Pflanzen gewonnen werden (vgl. auch A. Cleyer: *De Moxa,* in: *Miscellanea curiosa,* Decuria II, Annus IV, 1685, S. 1, und *A* III, 2 N. 35 Erl.).

[11] Vgl. Euklid: *Elementa* 1, 47, und Diogenes Laertios: *De vitis, dogmatibus et apophthegmatibus clarorum philosophorum,* 8, 12–13. Zur Frage nach den geometrischen Kenntnissen bei den alten Chinesen vgl. Schreck: *Epistolium ex regno Sinarum,* Bl. B 1 r° und Bl. D 1 r°, und Nr. 7.

[12] Vgl. Schreck, *a.a.O.,* und Nr. 7.

[13] Gemeint ist Hokkaidō, die nördlichste der vier großen japanischen Inseln; die zeitgenössischen Karten geben keine oder nur widersprüchliche Auskunft darüber, ob es sich um eine Insel handelt. Vgl. Tooley / Bricker: *Landmarks,* 1968, S. 129 f.

[14] Leibniz' Aufzeichnung *Moulin à vent de la Chine* (LH XXXVIII Bl. 366) enthält die Skizze einer Horizontalwindmühle (s. auch Nr. 55, Anm. 2) und einen Verweis auf Joan Nieuhof: *Die Gesantschaft der Ost-Indischen Geselschaft,* 1669, S. 121–122: »Alhie befinden sich auch viele Windmühlen gar klüglich auff besondere Manier angeleget: welche mit Matten=Segeln, auff einer Spelle, umbgetrieben werden, das Wasser mit mahlen hinweg zu leiten.«

[15] Vgl. auch Nr. 16 § 10.

[16] Leibniz spielt hier auf die Projekt gebliebene *Clavis Sinica* von Andreas Müller an (vgl. Nr. 6 mit Anm. 4).

[17] Vgl. dazu Martini: *Novus Atlas Sinensis,* 1655, S. 5.

4. LEIBNIZ' UNTERREDUNG MIT GRIMALDI (S. 16–25)

ÜBERLIEFERUNG: *L* Aufzeichnung: LBr. 330 Bl. 40–41. 1 Bog. 4°. 3 ½ S. (Druckvorlage). – Gedr.: *A* III, 4, N. 214.

A Abschrift: LBr. 330 Bl. 42–44. 1 Bog. 1 Bl. 2°. 4 ⅔ S. von D. E. Barings Hand, mit Ergänzungen und Korrekturen von J. D. Grubers Hand.

Das vorliegende Stück enthält Grimaldis Antworten auf Nr. 3; daraus ergibt sich der Terminus post quem. Da Leibniz sich auf der Rückreise aus Italien vom 10. Mai bis zum 22. November 1689 in Rom aufhielt (s. André Robinet: *Iter italicum,* 1988, S. 12) und Grimaldi nur kurze Zeit vor ihm abreiste (vgl. *A* I, 5, S. 591), ist es allerdings möglich, daß das Gespräch nicht unmittelbar nach der Abfassung von Nr. 3 stattfand. Leibniz setzt die Korrespondenz mit Nr. 6 fort.

[1] Vgl. dazu Sun Xi: *Schall und die »Feuerwaffen«* [chines.], in: Malek: *Western Learning,* 1998, S. 691–700, hier S. 699 f.

[2] Er erreichte seinen Höhepunkt im Sieg der fremdstämmigen Manju-Dynastie (1644–1912) über die einheimische Ming-Dynastie (1368–1644).

[3] Italienische Silbermünze (so benannt nach ihrem Gepräge, den Wappenschilden) von unterschiedlichem Wert in den einzelnen italienischen Staaten.

[4] Leibniz berichtet darüber in einem Brief an Melchisedech Thévenot vom 24. August (3. September) 1691 (*A* I, 7 N. 173, S. 357). Er hatte von diesem Geschenk Grimaldis an den Großherzog Cosimo III. bei seinem Aufenthalt in Florenz vom 22. November bis 22. Dezember 1689 erfahren (vgl. auch Robinet: *Iter italicum,* 1988, S. 193 ff.).

[5] Vgl. Leibniz' Brief an Thévenot (wie Anm. 4). Zu Leibniz' Bemühungen, die Pflanze zu besorgen, vgl. *A* III, 4, Register s. v. *lilium Sylvestre.*

[6] Ob dies noch den Tatsachen entspricht, konnte nicht ermittelt werden.

[7] Vgl. Nr. 3 mit Anm. 5; die Bezeichnung »Angelin« konnte nicht ermittelt werden.

[8] Vermutlich ist »Tutenag« gemeint, eine weißliche Legierung aus Kupfer, Zink und Nickel; s. auch Nr. 3, § 6.

[9] Vgl. Nr. 3, § 7. Leibniz' Aufzeichnung beruht möglicherweise auf einem Mißverständnis; der letzte Satz ist jedenfalls unverständlich.

[10] Es handelt sich um das Öl des Tongyou (*Tum-ieu*)-Baumes. Auf deutsch heißt das bekannte Produkt des Holzöl- oder Tungölbaumes (*Aleurites fordii Helmsl.*) »China-Holzöl«.

[11] Vgl. Martini: *Novus Atlas Sinensis,* 1655, S. 6[a], und Nr. 16, § 15.

[12] Vgl. dazu die Beiträge zu *Johann Adam Schall von Bell – Astrology, Astronomy, and Calendar,* in: Malek: *Western Learning,* 1998, chap. III.

[13] Vgl. *Mt* 7, 3–5; *Lk* 6, 41–42.

[14] Gemeint sind die Beobachtungen der Jupitermonde. Diese Aufgabe der königlichen Mathematiker Ludwigs XIV. stellte sich im Rahmen eines Vermessungsprogramms, mit dessen Hilfe die Landkarten, vornehmlich Frankreichs, berichtigt werden sollten. Dazu waren Beobachtungen von vielen Orten der Erde aus notwendig. Nach einer von Giovanni Domenico Cassini ausgearbeiteten Methode dienten diese der Bestimmung der Längenkreise. Vgl. Ders.: *La methode de déterminer les longitudes des lieux de la terre par les observations des satellites de Jupiter,* in: O b s e r v a t i o n s *Physiques,* 1688, S. 232–278, und Landry-Deron: *Mathématiciens,* 2001, S. 423–463; zur Angabe der Differenz der Meridiane zwischen Peking und Paris mit Hilfe dieser Methode s. auch Gaubil: *Correspondance,* 1970, S. 625–630.

[15] Vgl. Nr. 2, Anm. 1, und Nr. 7.

[16] Wahrscheinlich handelt es sich um eines der zahlreichen Elementarbücher mit Holzschnittillustrationen zum Erlernen der Schriftzeichen für Kinder.

[17] Grimaldi hatte den Kaiser zweimal, 1683 und 1685, auf dessen Reisen in die Manjurei begleitet.

[18] Vgl. dazu Nr. 1, Anm. 8.

[19] Gemeint sind vermutlich »Banner«, chines. *qi*.

[20] Vermutlich ist »Kia-Sack« eine Fehlschreibung. »Führer« heißt auf mongolisch *yaǰarci* (manjurisch: *gajarci*). Wahrscheinlich handelt es sich um das russische Wort *knjaz'* »Fürst«, von dem das Diminutiv *knjazjok* zu *kiasock* verschliffen wurde.

[21] *Ula* ist das mongolische (und manjurische Lehn-) Wort für »Fluß«.

[22] Zu Spatar, d.i. Nicolaij Gavrilovič Spatarij (gest. 1714 [?]), vgl. Emile Picot: *Notice biographique et bibliographique sur Nicolas Spa-*

tar Milescu, in: *Mélanges orientaux,* Paris 1883, S. 432–492, und *A* I, 16 N. 265, S. 419 Erl.

[23] Der zweite Kaiser der Qing-Dynastie, Xuanye (1654–1722), regierte unter dem Regierungstitel Kangxi in den Jahren 1662 bis 1722 (vgl. Fang Chao-Ying, Art. *Hsüan-yeh,* in: Hummel: *Eminent Chinese,* Vol. 1, 1943, S. 327 ff., u. Jean-Paul Desroches: *Chronique de l'empereur au fil des jours,* in: *Kangxi,* 2004, S. 43-55). Zur Einschätzung, der Kaiser könne zum Christentum bekehrt werden, vgl. auch Leibniz' Briefe an den Landgrafen Ernst von Hessen-Rheinfels vom Ende Juni und vom 14. Juli 1690 (*A* I, 5 N. 342, S. 591, bzw. N. 360, S. 617).

[24] Vgl. *a.a.O.*, 1667, S. 13, 53 f., 71, 99 f.

[25] Vgl. dazu auch *A* I, 7 N. 203, S. 398–399. Am 5. März 1685 waren sechs (s. Nr. 15 Einleitung) von Ludwig XIV. und ihren Oberen ausgewählte Jesuiten auf dem französischen Schiff »Oiseau« in den Fernen Osten gereist. Sie segelten im Gefolge einer französischen Gesandtschaft nach Siam, von wo aus fünf von ihnen nach China weiterreisten. (Einer von ihnen, der Jesuit Guy Tachard (1648–1712), kehrte 1686 von Siam aus mit geheimen Aufträgen nach Paris zurück. Vgl. François-Timoléon Choisy: *Journal du voyage de Siam,* 1995, S. 16–19.) Erst beim zweiten Versuch gelang es diesen, in Ningbo an Land zu gehen, doch nur der Intervention Ferdinand Verbiests beim Kaiser verdankten sie ihre Weiterreise nach Peking (s. auch die Einführung, IV, 3), wo sie kurz nach dem Tod des Paters am 7. Februar eintrafen. Ludwig XIV. hatte allerdings kein Recht, Missionare nach China zu entsenden; dieses stand nach dem zwischen dem Papst und Portugal geschlossenen Vertrag von Tordesillas von 1494 nur Portugal zu, das auf die Einhaltung dieses Rechts (*padroado*) pochte. Jeder in den fernen Osten reisende Missionar benötigte einen portugiesischen Paß, mußte von Lissabon aus an Bord eines portugiesischen Schiffes reisen und in Macao an Land gehen. Die fünf königlichen Mathematiker entsprachen in keinem Punkt diesen Bestimmungen und besaßen überdies weder die Erlaubnis ihres Generals noch die der *Sacra Congregatio de Propaganda Fide*. Diese schon anfänglich bezeugte Mißachtung des portugiesischen Padroado durch die französische Jesuitenmission belastete in der Folge nicht wenig die politischen Beziehungen zwischen Frankreich und Portugal. Vgl. die Einführung, II, 2–4, u. Landry-Deron: *Mathématiciens,* 2001, S. 444.

[26] Vgl. dazu Christian Wolff: *Mathematisches Lexicon,* 1716, Art. *Cochlea Archimedis, die Wasser-Schraube,* Sp. 387 f.

5. LEIBNIZ AN LAUREATI (S. 26–27)

ÜBERLIEFERUNG: *L* Konzept: LBr. 531 Bl. 1. 4°. 1 ½ S. (Druckvorlage). – Gedr.: *A* I, 5 N. 263.

Dieser Brief blieb in der Korrespondenz der einzige. Manche Fragen, die Leibniz in Rom für Cl. F. Grimaldi aufgeschrieben und mit ihm diskutiert hatte (s. Nr. 3 u. Nr. 6), scheint Laureati jedoch in seiner *Lettre au Baron de Zea* vom 26. Juli 1714 zu beantworten (vgl. *Lettres édifiantes et curieuses*, XXIX. Recueil, 1773, S. 25–101).

Der italienische Jesuit Giovanni Laureati (1666–1727) war noch nicht Priester, als er sich im April 1690 in Lissabon nach China einschiffte; seine am Römischen Kolleg begonnenen Studien beendete er erst in Goa. Ab 1697 begann er, in verschiedenen Provinzen zu missionieren. 1702 hielt er sich auf den Philippinen auf, von wo er zurückgekehrt war, als im Jahr 1705 der Legat Clemens' XI., Charles Thomas Maillard de Tournon (1668–1710), in China eintraf, den er dann begleitete. Laureati residierte in Fuzhou (Prov. Jiangxi) und Xiamen (Prov. Fujian), bis er nach Peking gerufen und zum Visitator von China und Japan (1718–1721) ernannt wurde. Hier erleichterte er später die Mission des zweiten päpstlichen Legaten, Carlo Ambrogio Mezzabarba (1658–1741), in einem Maße, daß der Kangxi-Kaiser ihn in Ketten legen und einsperren ließ. 1725 des Landes verwiesen, zog er sich nach Macao zurück, wo er auch starb.

6. LEIBNIZ AN GRIMALDI (S. 28–33)

ÜBERLIEFERUNG: *L* Konzept: LBr. 330 Bl. 6–7. 1 Bog. 8°. 4 S. (Druckvorlage). – Gedr. (teilw.): *A* I, 6 N. 302; dt. Übersetzung: Nesselrath / Reinbothe, 1979, S. 89–90.

Unser Brief ergänzt Fragen zu Nr. 3. Die (nicht gefundene) Abfertigung war Beilage zu einem Brief von Leibniz an Daniel Papebroch S.J. vom 31. Mai (10. Juni) 1691 (vgl. *A* I, 6 N. 307).

[1] Gemeint ist wohl zum einen Daniel Papebroch S.J. in Antwerpen; vgl. dessen Briefe an Leibniz vom 7. August 1690 (*A* I, 5 N. 282) und vom 21. Juni 1691 (*A* I, 6 N. 307). Der Briefpartner in Rom war vermutlich Jean Bertet S.J. (gest. 1692), den Leibniz dort kennengelernt hatte. Dieser war allerdings im September 1690 mit Emmanuel Théodose de la Tour d'Auvergne, Cardinal de Bouillon (1643–1715), nach Paris gegangen. Vgl. Alessandro Melanis Brief an Leibniz vom 28. Oktober 1690 (*A* I, 6 N. 128, S. 273).

[2] In einem Brief an Landgraf Ernst von Hessen-Rheinfels, Ende Juni 1690, schreibt Leibniz: »j'ay appris à Inspruck que les Moscovites refusent le passage, et on apprehende qu'il [Grimaldi] sera obligé de retourner sur ses pieds et d'aller encore luy même par la voye de Portugal […]« (*A* I, 5 N. 342, S. 591).

[3] Vgl. dazu Catherine Jami: *Mathematical Knowledge in the Chongzhen Lishu*, in: Malek: *Western Learning*, 2, 1998, S. 661–674.

[4] So war auch der von Leibniz vermittelte Kontakt zwischen Andreas Müller und Cl. F. Grimaldi fruchtlos geblieben; vgl. auch Nr. 10 und Nr. 49 mit Anm. 31 u. 33 sowie *Novissima Sinica*, 1699, [Vorrede], Bl. 4 v° (Nesselrath/Reinbothe, 1979, § 18). – Andreas Müller (1630–1694) war lutherischer Theologe und Dompropst an der Nikolaikirche in Berlin. Als Orientalist, der für die chinesische Büchersammlung des Großen Kurfürsten verantwortlich war, gehörte er zugleich zu den Protosinologen seiner Zeit. (Vgl. David E. Mungello: *Curious Land*, 1985, chap. VII.) Leibniz' Aufmerksamkeit erweckte er durch die Ankündigung der Erfindung einer *Clavis Sinica*. Vermutlich nicht nur wegen der hohen Druckkosten, für die Müller einen Mäzen suchte, blieb es bei dieser Ankündigung (die in der Gelehrtenwelt auf höchstes Interesse, wenn auch zugleich auf Skepsis gestoßen war); doch mochte Müller sein Wissen nicht vorab preisgeben. (Vgl. Lothar Noack, Art. *Andreas Müller*, in: Noack/Splett: *Bio-Bibliographien*, Bd [1], 1997, S. 272–293, und Eva Kraft: *Frühe chinesische Studien in Berlin*, 1976, S. 92–128). Leibniz glaubte augenscheinlich an einen wahren Kern dieses Projekts und bedauerte zeitlebens den Verlust der – angeblich von Müller kurz vor seinem Tode verbrannten – Manu-

skripte. Was sich Leibniz selbst an Anregungen von der nicht-alphabetischen chinesischen Schrift für sein eigenes Projekt, die Entwicklung einer *ars characteristica*, versprach, geht besonders aus seinen 14 Fragen hervor, die er am 24. Juni (4. Juli) 1679 an Andreas Müller abgesandt hatte (s. *A* I, 2, S. 491–492). Vgl. dazu Widmaier: *Chinesische Schrift*, 1983, Kap. 4.

[5] Keine andere Zeitrechnung stellte die Weltchronik des *Alten Testaments* damals mehr in Frage als die chinesische, an deren Genauigkeit auf Grund der lückenlosen Folge ihrer 60 Jahres-Zyklen auch die Patres der Gesellschaft Jesu keinen Zweifel hegten. (Vgl. Einführung, IV, 7, sowie Martino Martini: *Sinicae historiae decas prima*, 1658, S. 9 f., und Philippe Couplet: *Tabula Chronologica Monarchiae Sinicae*, 1686, S. 36.) Damaliger chinesischer Überlieferung zufolge hatte Fuxi als erster Herrscher im Jahre 2952 v. Chr. die Regierung angetreten (s. Couplet, *a.a.O.*, S. iij). Nach der Erzählung in *Gen* 9, 18–19, stammten alle Menschen der nachsintflutlichen Zeit, auch die Chinesen, von den drei Söhnen Noahs, Sem, Ham und Jafet, ab. Aus der Chronologie nach den Berechnungen anhand der *Vulgata* ergab sich ein Zeitraum zwischen der Schöpfung und der Sintflut von genau 1656 Jahren und zwischen Schöpfung und Christi Geburt ein Zeitraum von ca 4000 Jahren. Als Datum der Sintflut ergab sich aus der Differenz beider Zahlen das Jahr 2344 v. Chr. Demnach mußte nicht nur Fuxi vor der Sintflut gelebt, auch seine Nachkommen mußten dieses Ereignis überdauert haben; es existierten also zwei Abstammungsreihen der Menschheit! Die Chronologie nach den auf der *Septuaginta* basierenden Berechnungen setzte dagegen zwischen Schöpfung und Sintflut die Zeitspanne von 2256 Jahren an und für den Zeitraum zwischen Schöpfung und Christi Geburt 5500 Jahre. Die sich hier ergebende Differenz für das Jahr der Sintflut, 3240 v. Chr., war mit der chinesischen Chronologie vereinbar. Schon Adam Schall von Bell S. J. hatte deshalb von Rom die Erlaubnis erhalten, bei seinen Berechnungen der Chronologie der *Septuaginta* zu folgen. Vgl. David E. Mungello: *A Study of the Prefaces to Ph. Couplet's ›Tabula Chronologica Monarchiae Sinicae‹ (1686)*, in: Heyndrickx: *Philippe Couplet*, 1990, S. 183–199, und John Witek: *Chinese Chronology. A Source of Sino-European Widening Horizons in the Eighteenth Century*, in: *Actes*, 1983, S. 223–252.

[6] J.C.H. Lebram: *Ein Streit um die hebräische Bibel und die Septuaginta*, in: Scheurleer / Meyjes: *Leiden*, 1975, S. 21–63, und Edwin J. van Kley: *Europe's »Discovery« of China and the Writing of World History*, in: *American Historical Review*, 76, 2, 1971, S. 358–385.

[7] Im Zeitalter der legendären »Fünf Herrscher« Chinas (*Wu di zhi*) regierten neun Herrscher, von denen fünf berühmt und mit dem Jahr des Regierungsantritts für die Epoche namengebend wurden: Fuxi (2953 v. Chr.), Shennong (2838 v. Chr.), Huangdi (2698 v. Chr.), Yao (2357 v. Chr.) und Shun (2255 v. Chr.). Vgl. Samuel Couling: *The Encyclopaedia Sinica*, Shanghai 1917, S. 185, sowie Michael Dillon: *A Cultural and Historical Dictionary*, Richmond 1998, S. 105 bzw. S. 269, Art. *Five Emperors Wu di* und *Sage Emperors San huang wu di*.

[8] Von Nicolaas Witsens *Nieuwe Lantkaarte* waren 1687 nur wenige Exemplare gestochen worden, die überdies nicht im Handel erschienen. Durch Vermittlung des hannoverschen Residenten in Den Haag Heinrich Hüneken gelangte jedoch 1694 ein Exemplar dieser Karte nach Hannover (Hannover *Niedersächs. Landesbibl.* Ktr. 118). Vgl. Kurt Müller: *Gottfried Wilhelm Leibniz und Nicolaas Witsen*, in: *Sitzungsberichte der Deutschen Akademie der Wissenschaften zu Berlin. Klasse für Philosophie, Geschichte, Staats-, Rechts- und Wirtschaftswissenschaften*, 1955, 1, S. 5–45, hier S. 20.

[9] Vgl. die Übersendung des *Vaterunsers* in manjurischer Schrift in Nr. 21.

[10] Vgl. die *Relatio de libro Sinico-Latino R.P. Verbiesti*, in: *Novissima Sinica*, 1699, S. 153.

[11] Vgl. Nr. 5.

[12] Vgl. dazu Leibniz' detaillierte Beschreibung der Kettenlinie in Nr. 13, S. 91f., u. Galileo Galilei: *Discorsi e dimostrazioni matematiche*, 1638, S. 146 (in deutscher Übersetzung: G. Galilei: *Unterredungen und mathematische Demonstrationen*, Darmstadt 1942, S. 123).

[13] Vgl. Ludolf von Mackensen: *Die ersten dekadischen und dualen Rechenmaschinen*, in: Heinekamp / Stein: *Leibniz*, 1990, S. 52–61, hier S. 56f.

7. Leibniz an Grimaldi (S. 34–47)

Überlieferung: *L* Konzept: LBr. 330 Bl. 39. 2°. 2 S. (Druckvorlage). – Gedr.: *A* I, 7 N. 348; dt. Übersetzung: *Leibniz-Faksimiles*, hrsg. v. d. Stiftung Volkswagenwerk, Hildesheim 1971, S. 38–42; danach Nesselrath/Reinbothe, 1979, S. 94–98.

A Abschrift von *L*: Göttingen *Staats- und Universitätsbibliothek* cod. ms. philos. 138 m Heft 4 Bl. 30–34. 2°. 8 ½ S.

Der Brief wird durch Nr. 8 beantwortet. Leibniz machte von unserem Stück zwei (nicht gefundene) Abfertigungen und legte eine davon seinem Brief an Adam Adamandus Kochański vom 21. März 1692 (*A* I, 7 N. 347) bei, dessen Datum wir übernehmen; die andere fügte er seinem Brief an Paul Pellisson-Fontanier vom 28. März 1692 (*A* I, 7 N. 145) bei, der sie an Antoine Verjus weiterschickte. So sollte unser Stück auf dem Landweg über Rußland oder auf dem Seeweg durch Vermittlung der französischen Missionare sein Ziel in jedem Fall erreichen. Vgl. zu Absendeort und -datum unseres Briefes *A* I, 7 N. 348 Erläuterung.

[1] Vgl. Leibniz' Brief an Adam Adamandus Kochański vom Dezember 1691 (*A* I, 7 N. 267, S. 487).

[2] Vgl. die beiden Briefe von Daniel Papebroch S. J. an Leibniz vom Dezember 1690 und vom 21. Juni 1691 (*A* I, 6 N. 168 und N. 307).

[3] Grimaldis Begleitung auf der Rückreise bestand zunächst aus 12 weiteren Jesuiten, mit denen er 1691 in Istanbul eintraf. Zwei von ihnen blieben dort, die übrigen reisten über Erzurum nach Isfahan weiter. Hier beschloß Grimaldi – weil der Landweg zuviel Zeit kosten würde, wie vorauszusehen war –, mit den Patres Moritz Schuch (1650–1692), Claude de Bèze (1656–1694) und Louis Archambaud (1662–1694) nach Hormoz (Hormus) und weiter nach Goa zu reisen, um von dort aus per Schiff nach China zu segeln. Da P. Schuch noch in Persien starb und die beiden anderen durch die portugiesischen Behörden an der Weiterreise gehindert wurden, hätte Grimaldi allein nach Peking zurückkehren müssen. (Vgl. auch Nr. 8 mit Anm. 1 und J. S. Sebes: *Jesuit Attempts to Establish an Overland Route to China*, in: *A Journal of Mongolian Studies*, 5, 1, 1979, S. 51–67, hier S. 64 f.). Tatsächlich warteten aber in Goa eine Reihe von Ordensbrüdern auf ihre

Ausreise nach China. Nachdem er acht von ihnen ausgewählt hatte (darunter Kilian Stumpf) und alle am 11. Juli 1694 in Kanton gelandet waren, setzte Grimaldi, nur von seinem Landsmann Antonio Faglia (1663–1706) begleitet, seine Reise nach Peking fort. Vgl. Sebald Reil: *Kilian Stumpf 1655–1720. Ein Würzburger Jesuit am Kaiserhof zu Peking*, Münster 1978, S. 49–51 mit Anm. 44.

4 Leibniz wird diese Aufforderung immer aufs neue wiederholen. Vermutlich denkt er an Shen Fuzong, getauft / konfirmiert auf den Namen Michal Alphonse (ca 1658–1692), der Philippe Couplet S.J. auf seiner Europareise (1683–1692) begleitet und den berühmten Orientalisten Thomas Hyde (1636–1703) in Oxford besucht hatte. Wie der *Mercure Galant*, September 1684, S. 211–224, berichtete, waren die beiden Patres am 15. September am Hof Ludwigs XIV. erschienen und hatten großes Aufsehen erregt. Vgl. Theodore N. Foss: *The European Sojourn of Philippe Couplet and Michael Fuzong (1683–1693)*, in: Heyndrickx: *Philippe Couplet*, 1990, S. 121–142. Zu weiteren Chinesen in Europa vgl. Nicolas Standaert: *Chinese Christians going abroad*, in: Ders.: *Handbook*, 2001, S. 449–455.

5 Die 1622 von Gregor XV. eingerichtete *Sacra Congregatio de Propaganda Fide* ist mit der Sorge des Hl. Stuhles für die orientalischen Christen verknüpft. Sie ist nicht zu verwechseln mit der 1542 von Paul III. geschaffenen, später sogenannten *Sacra Congregatio Sancti_Officii*, der höchsten Behörde in Glaubenssachen, die damit auch der *Propaganda* in dieser Hinsicht übergeordnet ist. Vgl. *LThK*, ³6, 1997, Sp. 250.

6 Der Jesuitenpater François de La Chaize (1624–1709) war seit 1675 der Beichtvater Ludwigs XIV. Ihn hatte der König mit der Organisation der Jesuitenmission im Fernen Osten beauftragt, die mit den Patres, die im Gefolge der französischen Gesandtschaft 1685 als »Königliche Mathematiker« nach Siam reisten, ihren Anfang genommen hatte. Leibniz hatte La Chaize während seines Pariser Aufenthaltes (1672–1676) flüchtig kennengelernt. Vgl. Leibniz' Brief an La Chaize vom Mai 1680 (?), in: *A* II, 1 N. 227, S. 511 f., und Nr. 12 mit Anm. 1.

7 Der Chinamissionar Philippe Couplet S.J. (1623–1693) hatte während seines Europaaufenthalts (1683–1692) in Paris 1687 das gemeinschaftliche Übersetzungswerk der Jesuiten *Confucius Sinarum Philosophus* veröffentlicht; beigedruckt war seine *Tabula Chronologica Monarchiae Sinicae* (1686). Vgl. Leibniz' Brief an Landgraf Ernst

von Hessen-Rheinfels vom 9./19. Dezember 1687, in: *A* I, 5 N. 9, hier S. 26.

[8] Vgl. Nr. 6, Anm. 5.

[9] Vgl. z. B. [Eusèbe Renaudot:] *Anciennes Relations*, 1718: *Eclaircissements sur les Sciences des Chinois*, S. 340–397, hier S. 350–360. Aus heutiger Perspektive müßten auch die Figuristen dazu gezählt werden, da sie die Historiographie des chinesischen Altertums für legendär und trügerisch erklärten und deshalb die Überlieferung der chinesischen Geschichte erst ab dem 5. Jh. v. Chr. für glaubwürdig hielten. Vgl. Nr. 39 und Nr. 44; dazu Collani: *Bouvet*, 1985, S. 124–128, und Witek: *Jean-François Foucquet un controversiste Jésuite en Chine et Europe*, in: *Actes*, 1976, S. 114–135, hier S. 122f.

[10] Gedacht ist an die Darstellung der gesamten schriftlichen, insbesondere gelehrten Überlieferung im Sinne der zeitgenössischen, kaum übersetzbaren »Litterärgeschichte«. Dazu heißt es bei Leibniz: »[...] l'Histoire literaire, qui nous apprend les progrés de nos connoissances, et ce que nous devons aux etudes des autres, aussi bien que le moyen de trouver chez les auteurs les notices dont on a besoin dans les rencontres pour profiter des travaux d'autruy.« (*Memoire pour des Personnes éclairées et de bonne intention*, 1692, in: Klopp: *Werke*, 10, 1877, S. 7–21, hier S. 13, § 16).

[11] Nach traditioneller chinesischer Überlieferung sollen auf Anordnung des Kaisers Qin Shihuangdi (246–210 v. Chr.) im Jahre 213 v. Chr. alle Bücher außer dem *Yijing* und den Medizin und Recht betreffenden Texten verbrannt worden sein.

[12] Wahrscheinlich ist das *Haibian* gemeint; vgl. dazu Nr. 16 mit Anm. 16.

[13] Simon de La Loubère (1642–1729) war von Ludwig XIV. 1687/1688 als außerordentlicher Gesandter nach Siam geschickt worden. S. zu dieser zweiten französischen Gesandtschaftsexpedition Nr. 30 mit Anm. 1. Als Beilage zu seinem Brief vom 1. Juni 1691 (*A* I, 6 Nr. 293) übersandte La Loubère Leibniz seinen zweibändigen Bericht *Du Royaume de Siam*, 1691.

[14] Giovanni Domenico Cassini: *Regles de l'Astronomie Siamoise*, in: La Loubère (wie Anm. 13), T. 2, S. 142–188.

[15] Vgl. *ebd.*, S. 128–130 (»de l'Instrument à conter Chinois«), wo dieser chinesische Abakus, *suanpan*, beschrieben wird.

[16] Unter der »Asiatischen« oder auch »Großen Tatarei«, die von der »Europäischen«, »Kleinen« oder »Krimschen Tatarei« unterschieden wurde, verstand man damals alle unter chinesischer Oberhoheit stehenden nördlichen und nordwestlichen Außengebiete; deren Einteilung bei den einzelnen Geographen war allerdings sehr unterschiedlich. Vgl. Zedler: *Universal-Lexicon*, Bd 42, 1744, Art. *Tartarey (Grosse)*, Sp. 34: »Gegen Morgen grenzet dieses Land mit dem orientalischen Meere; gegen Mittag stößet es auf China, Indien, Persien und an das Kaspische Meer. Nach der Seite gegen Abend grenzt es mit dem europäischen Teile des russischen Reiches, wo die Flüße Don und Oby fließen; und gegen Mitternacht an das Tartarische Eiß-Meer.«

[17] Hieronymus Megiser: *Specimen Quinquaginta diversarum linguarum et dialectorum, videlicet Oratio Dominica*, 1603.

[18] Der italienische Jesuit Carlo Maurizio Vota (1629–1715) war päpstlicher Gesandter und Beichtvater bei den Königen von Polen, zunächst bei dem hier gemeinten Johann III. Sobieski (reg. 1674–1696), später bei August dem Starken, Kurfürsten von Sachsen und König von Polen.

[19] Vgl. Kochańskis Brief an Leibniz vom 1. Juli 1697 (*A* II, 1 N. 69, S. 135): »[...] Epistola mea Theoretica, quam olim P. Casp. Schottus *Cursui* Suo *Mathematico* attexuerat«, und Schott, *a. a. O.*, 1661, S. 621–657: »Analecta mathematica, sive Theoreses mechanicae novae«.

[20] Der aus München stammende Jesuit Albert Kurz (Curtius) (ca. 1600–1671), Astronom und Liederdichter, war Lehrer der Mathematik und Ethik in Dillingen, dann Rektor in Neuburg (Donau), in Eichstätt und Luzern. In seinem Brief an Johannes Kepler vom 3. September 1627 übersandte Kurz eine Abschrift des Schreibens von Johann Schreck, das in demselben Jahr erst in Europa eingetroffen war. Vgl. Kepler: *Gesammelte Werke*, Bd 18, München 1959, Nr. 1055, S. 309.

[21] Schreck: *Epistolium*, 1630; vgl. Nr. 2 mit Anm. 1.

[22] Die Hedschra, Übersiedlung Mohammeds von Mekka nach Medina am 15. Juli 622, legt den Beginn der islamischen Zeitrechnung fest.

[23] Die persische Zeitrechnung beginnt am 16. Juni 632 und ist nach dem letzten Sassanidenkönig Jezdegard III. (gest. 652) benannt. Zur Jahresrechnung des Islam vgl. J. J. Scaliger: *Canonum isagogicorum liber tertius*, in: *Thesaurus temporum*, 1606, S. 306 f.

[24] Tycho Brahe (1546–1601) hatte zur Berechnung des Laufs der Sonne und der Planeten Aufzeichnungen hinterlassen. Deren Bearbeitung durch Johannes Kepler, den Hofastronomen Kaiser Rudolfs II., erschien als *Tabulae Rudolphinae* 1627 in Ulm.

[25] Vgl. Nr. 6 mit Anm. 7.

[26] Jafet und Sem sind nach *Gen* 5, 32, Söhne Noahs; die Söhne Jafets werden in *Gen* 10, 2, die Söhne Sems in *Gen* 10, 21–22, genannt.

[27] Zu den seit dem späten Mittelalter kursierenden Theorien über die Herkunft der »Tataren« vgl. Arno Borst: *Der Turmbau von Babel. Geschichte der Meinungen über Ursprung und Vielfalt der Sprachen und Völker*, Bd 2, Teil 2, Stuttgart 1959, S. 765–767. Die Herleitung von den Söhnen des Jafet Magog etc. erklärt sich wohl aus der Kombination von *Ez* 38 mit der Völkertafel *Gen* 10, 2, wonach die endzeitlichen Kriegsscharen von Gog und Magog mit der mongolischen Bedrohung identifiziert wurden.

[28] Vgl. Eusebios: *Τῶν Χρονικῶν κανόνων παντοδαπῆς ἱστορίας Εὐσηβίου τοῦ Παμφίλου τὰ σωζόμενα*, in: J. J. Scaliger: *Thesaurus temporum*, 1606, S. 5, sowie ebd., *Canonum isagogicorum liber tertius*, S. 248, die *Definitiones* zu Sarus.

[29] Der vorletzte (d.i. der 47.) Satz des ersten Buches der *Elementa* Euklids ist der pythagoreische Lehrsatz. Diogenes Laertios überliefert, Pythagoras habe eine Hekatombe geopfert, als er diesen Satz gefunden hatte (*De Vitis*, 8, 12); s. auch Nr. 3, Anm. 11.

[30] Bei Schreck: *Epistolium*, 1630, Bl. [C 5] r°, heißt es vielmehr: »Stellam posteriorem Ursae Minoris [den Polarstern] vocant Regem, quia olim erat prope polum, quam reliquae omnes venerantur.«

[31] Der Originaltext des Pytheas-Fragments ist abgedruckt in: *Pytheas von Massilia*, coll. H. J. Mette, Berlin 1952, S. 17.

[32] Vgl. Schreck: *Epistolium*, Bl. [C 5] v°.

[33] Das heutige Hangzhou in der Provinz Zhejiang, wo sich Schreck einige Zeit aufhielt, bevor er 1629 nach Peking gerufen wurde.

[34] Zu dem byzantinischen Arzt Georgios Chrysokokkes (14. Jh.) und seiner Schrift vgl. U. Lampsides: *Georges Chrysococcis, le médecin, et son œuvre*, in: *Byzantinische Zeitschrift*, 38, 1938, S. 312–322.

[35] Vgl. Marco Polo, *Il Milione*, a cura di Ruggero M. Ruggieri, Firenze 1986: *Di Quinsai*, cap. 148. S. dazu die Edition von Andreas Müller: *Marci Pauli Veneti de regionibus orientalibus libri III*, 1671,

cap. LXIV, S. 119–123, die Leibniz wahrscheinlich zur Hand hatte. Marco Polos »Quinsai« ist in der Tat das heutige Hangzhou (in der Provinz Zhejiang).

[36] Vgl. J. Kepler: *Harmonices mundi libri* V, 1619.

[37] G.W. Leibniz: *Tentamen de motuum coelestium causis*, in: *Acta erud.*, Februar 1689, S. 82–96.

[38] Leibniz ließ mehrere Rechenmaschinen herstellen. Die vierte Version wurde von einem französischen Mechaniker namens Olivier gebaut und war wohl 1694 fertig, während schon an einer verbesserten fünften Maschine gearbeitet wurde. Die ältere Maschine besaß acht Stellen im Schaltwerk und zwölf im Resultatwerk; auf diese bezieht sich höchstwahrscheinlich die Beschreibung und Darstellung von Leibniz: *Brevis descriptio Machinae Arithmeticae, cum Figura*, in: *Miscellanea Berolinensia*, 1710, S. 317–319, mit Fig. 73. Vgl. auch Leibniz' Brief an Kochański vom 26. März 1696 (*A* I, 12 N. 335, S. 519 f.). Erhalten geblieben ist die (bis 1880 in der Modellkammer der Universität Göttingen aufbewahrte) fünfte Rechenmaschine, die sich heute in der Niedersächsischen Landesbibliothek Hannover befindet. Vgl. Wilberg: *Die Leibniz'sche Rechenmaschine*, 1977, S. 93 u. 122.

8. GRIMALDI AN LEIBNIZ (S. 48–51)

ÜBERLIEFERUNG: *K* Abfertigung: LBr. 330 Bl. 11–12. 1 Bog. 4°. 1 ¼ S. Aufschrift. Siegelrest. Postverm.: »commendat^{r} R^{do} P. Secretario Aegidio Estrix à P. Claudio Phil. Grimaldi«. Bibl.verm. (Druckvorlage). – Gedr.: *A* I, 9 N. 421.

A Abschrift von *K*: LBr. 330 Bl. 13–14. 1 Bog. 2°. 1 ½ S. von D.E. Barings Hand, mit Korrekturen von J.D. Grubers Hand.

E Erstdruck (nach *K*): Leibniz: *Novissima Sinica*, 1697, S. 156 f.; 2. Aufl., 1699, S. 156 f.

[1] Zur Rückreise Grimaldis s. auch Leibniz' Brief an den Landgrafen Ernst von Hessen-Rheinfels von Ende Juni 1690 (*A* I, 5 N. 342, S. 591). Grimaldi hatte mit Hilfe von Empfehlungsschreiben des Kaisers und des Königs von Polen versucht, den Landweg nach China von Rom

aus über Bologna, München (Februar 1690), dann Wien (Oktober 1690) und Krakau und weiter über Rußland zu nehmen. Doch als der Zar ihm die Passage verweigerte, mußte er über Venedig und Genua (Januar 1691) nach Marseille (März 1691) zurückkehren, von wo aus er sich nach Syrien und Persien einschiffte (Februar 1692). Auf dem Seeweg ereichte er im Mai 1693 Goa und von hier aus per Schiff ein Jahr später China. Vgl. Dehergne: *Répertoire*, S. 120, dazu auch Nr. 7 mit Anm. 3.

2 Johann III. Sobieski (reg. 1674–1696).

9. VERJUS AN LEIBNIZ (S. 52–59)

ÜBERLIEFERUNG: *k* Abfertigung: LBr. 954 Bl. 2–5. 2 Bog. 4°. 7 S. von Schreiberhand mit eigenhändigen Schlußkurialien und Unterschrift. Bibl.verm. (Druckvorlage). – Gedr.: 1. (teilw.) Bodemann: *Briefwechsel*, 1889, S. 355; 2. *A* I, 11 N. 249.

l^1 Abschrift von *k* (ohne Schlußkurialien): LBr. 954 Bl. 6–7. 1 Bog. 2°. 3 S. von H. Chr. Domeiers Hand. Korrekturen und Überschrift »Lettre du R. P. Verjus« von Leibniz' Hand. Es fehlt der Text S. 58 Z. 13–17: »On ne peut, Monsieur [...] qui l'occupe presentement.«

l^2 Auszug aus *k*: LBr. 954 Bl. 8–9. 1 Bog. 4°. 3 ¾ S. von H. Chr. Domeiers Hand. Korrekturen und Überschrift »Extrait d'une lettre du pere Verjus frere du Comte de Crecy cydevant Plenipotentiaire de France à Ratisbonne« von Leibniz' Hand. Es fehlt der Text S. 58 Z. 8: »Le pere Tachard« bis zum Ende.

l^3 Abschrift von *k* oder l^1 (ohne Schlußkurialien): LBr. 954 Bl. 10–11. 1 Bog. 2°. 4 S. von C. J. Dannenbergs Hand. Korrekturen und Überschrift »Extrait d'une lettre du R. P. Verjus« von Leibniz' Hand. Textauslassung wie bei l^1.

Hiermit beginnt die Korrespondenz zwischen Leibniz und Verjus; der Brief wird beantwortet durch Nr. 10.

Der Jesuit Antoine Verjus (1632–1706) lehrte zunächst die Humaniora[1] in der Bretagne, war dann in politischem Auftrag als Adjunktus seines Bruders, des Comte de Crécy, in Deutschland tätig, später wegen seiner ungewöhnlichen Begabung im Briefschreiben (vgl.

die Würdigung von Ch. Le Gobien in: *Lettres édifiantes et curieuses*, VIII. Recueil, 1708, S. 70 f.) Sekretär des P. François de la Chaize, des Beichtvaters Ludwigs XIV., ehe er Missionsprokurator der Levanten- (1678–1702) und der Chinamission (1705 bis zu seinem Tod) wurde. Leibniz hatte Verjus ein Exemplar seines *Codex juris gentium diplomaticus* überreichen lassen (vgl. *A* I, 10 N. 298), wofür dieser sich zunächst bedankt, um dann auf die Mission zu sprechen zu kommen.

[1] Im gelehrten Unterricht des 16.–18. Jahrhunderts hatten die Humaniora die Funktion des mittelalterlichen Triviums, d.h. sie bildeten die wissenschaftliche Propädeutik für die höheren Fakultäten, orientiert an den alten Sprachen und ihrer Überlieferung. Vgl. die Definition bei Zedler: *Universal-Lexicon,* Bd 13, 1735, Art. *Humaniora,* Sp. 1155: »Humaniora oder Humanitatis Studia, werden die freyen Künste geheissen, welche uns zu Erlernung höherer Facultäten geschickt machen. Man verstehet aber gemeiniglich unter diesen Humanioribus die Philosophie, Historie, Antiquitäten, Poesie, Oratorie, Grammatic und Sprachen, gleich als ob sie den Menschen von denen übrigen Thieren unterscheideten.«

[2] Es handelt sich um Joachim Bouvet S. J. (s. Nr. 15) und Jean-François Gerbillon S. J. (1654–1707). Gerbillon gehörte zu den fünf königlichen Mathematikern Ludwigs XIV., die im Februar 1688 in Peking eingetroffen waren. Er blieb in der Hauptstadt und erwarb sich beim Abschluß des Vertrages von Nertschinsk (s. Anm. 5) als Dolmetscher und Vermittler zwischen China und Rußland große Verdienste, denen nicht zuletzt das 1692 erlassene Toleranzedikt des Kaisers Rechnung trug. Gerbillon begleitete den Kaiser auf acht Reisen in die Manjurei. Seit November 1699 war er Oberer der französischen Jesuiten in Peking. Leibniz führte keine direkte Korrespondenz mit diesem Pater, obwohl er es vielleicht sogar versucht hat. Vgl. dazu Brosseaus Brief an Leibniz vom 21. Februar 1701, in dem es heißt: »J'iray voir demain le R^{d} P^{re} Verjus pour luy communiquer ce que vous m'avez écrit touchant les Peres Le Gobien, Bouvet, Gerbillon et de Fontenay.« (LBr. 119 Bl. 312–313); der Brief an Gerbillon wurde aber nicht gefunden. In LBr. 105 (Bouvet), Bl. 67–88. 2°. 42 ¼ S., findet sich allerdings eine fragmentarische italienische Übersetzung von Gerbillons Reisebeschreibung unter dem Titel *Descriptione della Gran Tar-*

taria. Vgl. dazu Nr. 32 mit Anm. 8. Gerbillons Beschreibung seiner acht Reisen wurde postum gedruckt bei Du Halde: *Description*, T. 4, 1736, S. 103–528.

[3] Vgl. die Berichte von diesen beiden ersten Reisen (1688 und 1689) bei Du Halde: *a.a.O.*, S. 103–301.

[4] Hier sind an erster Stelle die mit dem Kangxi-Kaiser verwandten Unterzeichner des Vertrages, Songoto (gest. 1703) und Tong Guogang zu nennen. Vgl. Fang Chao-Ying, Art. *Songgotu* (sic) und *T'ung Kuo-kang*, in: Hummel: *Eminent Chinese*, Vol. 2, 1944, S. 663–666, hier S. 665 bzw. S. 794f.

[5] Der Vertrag von Nertschinsk. Dieses erste zwischen China und einer europäischen Macht abgeschlossene Abkommen betraf die Grenzregelung zwischen China und Rußland und wurde am 7. September 1689 unterzeichnet. Vgl. Joseph Sebes: *The Jesuits and the Sino-Russian Treaty of Nerchinsk (1689)*, Rom, 1961, und Walter Fuchs: *Der russisch-chinesische Vertrag*, 1940, S. 546–593. Vgl. auch Leibniz: *Novissima Sinica*, 1699, S. 171–175.

[6] Diese waren Fjodor Alekseevič Golovin (1650 ? –1706; über ihn vgl. H. W. Ludolfs Brief an Leibniz vom 18. Oktober 1697, in: *A* I, 14 N. 357, S. 612–614), Ivan Ostafievič Vlassov und Semjon Kornickoj.

[7] Bei dem von Ludwig XIV. seit 1680 unterstützten Versuch, einen Landweg nach China durch russisches Territorium zu finden, waren die Jesuitenpatres Louis Barnabé (1649–1708) und Philippe Avril (1654–1698) im Jahre 1687 erstmals an der Weigerung Moskaus gescheitert, ihnen ohne ein Empfehlungsschreiben des französischen Königs die Durchreise zu gestatten. Auch Avrils zweite Reise zusammen mit Antoine de Beauvollier S. J. (1657–1708), diesmal mit einem Empfehlungsbrief Ludwigs XIV., scheiterte 1689 erneut am Widerspruch Moskaus. Vgl. John Witek: *Eliminating Misunderstandings: Antoine de Beauvollier (1657–1708) and His ›Eclaircissements sur les controverses de la Chine‹*, in: Mungello: *Rites Controversy*, 1994, S. 185–210, hier 186f.

[8] Verjus hatte über Brosseau erfahren, was Leibniz letzterem in einem Brief vom 18. März 1695 (vgl. *A* I, 11 N. 224) mitgeteilt hatte. Es handelte sich um eine Nachricht, die Johann Reyer (auch Reiher), zeitweiliger Gesandter des Kurfürsten Friedrich III. in Moskau, an den brandenburgischen Staatssekretär J. J. J. Chuno übermittelt hatte. In

Reyers Brief vom 8. (18.) Februar 1695 heißt es, ein Brief an La Chaize sei in Moskau »intercipiret« und ihm [Reyer] »von vornehmer Hand communiciret« worden. (s. *A* I, 11 N. 220 mit Erl.). Vgl. auch Nr. 11 mit Anm. 3.

[9] *Lk* 2, 34.

[10] Zu den Hintergründen vgl. die Nrn 10, 11 u. 12.

[11] Vgl. Louis-Daniel Le Comte: *Nouveaux Mémoires sur l'Etat present de la Chine*, 1696. Le Comte sollte nicht nach China zurückkehren, sondern wurde Beichtvater der Herzogin von Burgund. Dieses Amt verlor er jedoch, als im Zuge des Ritenstreits die *Mémoires* am 18. Oktober 1700 von der Theologischen Fakultät der Sorbonne verurteilt wurden. Von einer anschließend unternommenen Reise nach Rom kehrte er ohne Erfolg wieder nach Frankreich zurück. Er starb 1728 in Bordeaux. Vgl. Pfister, S. 440–443, und Jacques Davy: *La condamnation en Sorbonne des ›Nouveaux Mémoires sur la Chine‹ du P. Le Comte*, in: *Recherches de science religieuse*, 37, 1950, S. 366–397.

[12] Als sich der italienische Jesuit Francesco Maria Spinola (1654–1694, gest. vor der Küste von Macao) im März 1692 in Lissabon nach China einschiffte, führte er wichtige Briefe mit sich: einen Brief des Papstes an den Kangxi-Kaiser und solche an die Apostolischen Vikare. Überdies hatte ihn der portugiesische König Pedro II. als Koadjutor der Bischöfe von Nanking und Peking vorgeschlagen. Von seinen höchstwahrscheinlich 16 Reisegefährten starben, außer ihm selbst und dem Ordensbruder Couplet (s.u.), noch sieben weitere auf der Reise: der Belgier Nicolas Dufour S. J. (1662–April 1692), der Schweizer Jean Baptiste Charand S. J. (1659–April 1692), der Deutsche Christof Brack S. J. (1652–1692), der aus dem Burgund stammende Pierre-François Dande [Daudy] S. J. (1665–1692), der Portugiese Fr. Bernardo Osório S. J. (1673–8. Mai 1693), der Italiener Alessandro Ceaglio (gest. am 3. Juni 1693 in Goa) und der aus Dijon gebürtige Marcel Leblanc S. J. (1653–1693, gest. auf dem Seeweg von Mozambique nach Goa). Vgl. Pfister, S. 309, Anm. 2 u. 3; Dehergne: *Répertoire*, unter den betreffenden Namen, und Edward Malatesta: *The Last Voyage of Philippe Couplet*, in: Heyndrickx: *Philippe Couplet*, 1990, S. 163–181, hier S. 170 u. 180.

[13] Gemeint ist wohl Marcel Leblanc S. J. (1653–1693), der zu den 15 Mathematikern gehörte, die Ludwig XIV. im März 1687 auf Bitten

des Königs Phra Naraï nach Siam geschickt hatte. Nach dem Tod des Königs war er auf dem Rückweg nach Frankreich am Kap der Guten Hoffnung von den Holländern gefangengenommen und bis März 1690 in Middelburg eingesperrt worden, bevor er sich dann wieder nach China einschiffte. Jean-Simon Bayard S. J. (1662–1725) zählte zu den Überlebenden der Reise; vgl. Malatesta (wie Anm. 12), S. 170. Der dritte Franzose ist aus den bei Malatesta aufgeführten Verzeichnissen, S. 170 u. 180, nicht zu ermitteln.

14 Der aus Mecheln (Belgien) stammende Jesuit Philippe Couplet (1623–1693), der im März 1656 erstmals von Lissabon aus nach China aufgebrochen war, war im Oktober 1683 als gewählter Prokurator zu einer Werbereise nach Europa zurückgekehrt. Sein Vorgesetzter Ferdinand Verbiest hatte ihn mit der Erledigung verschiedener Aufgaben betraut. Zur Unterstützung der Chinamission sollte er finanzkräftigen katholischen Höfen seine Aufwartung machen; insbesondere Ludwig XIV. sollte gewonnen werden, sich finanziell, politisch und personell für eine französische Jesuitenmission in China zu engagieren. Eine wichtige Aufgabe war die Veröffentlichung von Büchern über China, vor allem die Übersetzung ausgewählter Werke der chinesischen Philosophie unter dem Titel *Confucius Sinarum Philosophus* (vgl. Nr. 7, Anm. 7). In Rom aber sollte die Missionspolitik der Jesuiten wirksam vertreten und ebenso die Bitte vorgebracht werden, die Messe in China in der Landessprache zelebrieren zu dürfen. Außer im letzten Fall war Couplets Europaaufenthalt, auf dem er von dem jungen Chinesen Michael Shen Fuzong begleitet wurde, ein großer Erfolg. Couplets Audienzen bei Ludwig XIV. waren ausschlaggebend für dessen Entschluß, französische Jesuiten als königliche Mathematiker nach China zu entsenden. Näheres zu dem fast neun Jahre dauernden Europaaufenthalt Couplets und seines Begleiters s. bei Theodore N. Foss: *The European Sojourn of Philippe Couplet*, in: Heyndrickx, *Philippe Couplet*, 1990, S. 121–142. Nachdem die beiden die Rückreise nach China auf getrennten Schiffen angetreten hatten, starb zuerst Shen Fuzong am 2. September 1692 auf See vor der Küste Mozambiques, dann Couplet am 16. Mai 1693 auf dem Seeweg von Mozambique nach Goa. Vgl. Malatesta: (wie Anm. 12), S. 179, und Dehergne: *Répertoire*, S. 67.

[15] Es handelt sich um die bekannte Pharmakopöe *Bencao gangmu* von Li Shizhen (1518–1593), die dessen Sohn 1596 veröffentlichte. Vgl. dazu Elisabeth Rochat de la Vallée: *La transmission de l'herbier chinois en Europe au XVIIIe siècle*, in: Actes, 1983, S. 177–193, und den *Extrait* und die *Preface* bei Du Halde: *Description*, T. 3, 1736, S. 538–566.

[16] Eine Fortsetzung der von P. Gouye 1692 besorgten *Observations Physiques* ist nicht erschienen. Ein Exemplar der letzteren für Leibniz mit einer Widmung von Verjus (Hannover *Niedersächs. Landesbibl.* Sign.: N-A 1513) war Beilage eines Briefes von Verjus an Brosseau, vgl. *A* I, 11 N. 249, S. 356 Erl.

[17] Diese Behauptung entspricht nicht den Tatsachen.

[18] Vgl. Anm. 2. Möglicherweise sind die *Elements de Philosophie* von J. F. Gerbillon gemeint (der Verbleib des ungedruckt gebliebenen Manuskripts ist nicht bekannt, vgl. Pfister, S. 449, § 3). Vorlage war die *Philosophia vetus et nova*, 1684, von Jean Baptiste Du Hamel (1624–1704), zuerst Professor der Mathematik, dann als Oratorianer auch Lehrer an Ordenskollegien und 1666–1697 Sekretär der Pariser Académie des sciences. Er war insbesondere bestrebt, die Lehre Descartes' an den Universitäten einzuführen. Vgl. auch Bouvet: *Portrait historique de l'empereur de la Chine, 1697* (S. 72 f.).

[19] Der französische Jesuit Guy Tachard (1648–1712) begleitete 1685 die Gesandtschaft mit den fünf für China bestimmten königlichen Mathematikern nach Siam. Als Dolmetscher der Gesandten des Königs Phra Naraï reiste er im Juni 1686 nach Paris, um im März 1687 mit 15 Jesuiten nach Siam zurückzukehren. Im Januar 1688 mit dem Titel eines Botschafters nach Paris zurückgekehrt, reiste er wohl Anfang 1689 erneut nach Siam, wo er in die Wirren der im Mai 1688 ausgebrochenen Revolution geriet und nach Pondicherry ausweichen mußte. Hier wurde er nach Einnahme der Stadt durch die Holländer gefangengenommen und anschließend nach Europa zurückgebracht. Seine vierte Reise trat Tachard unserer Stelle zufolge im Frühjahr 1695 an; entsprechend ist der bislang ausführlichste Artikel zu Tachard in: *Hommes et destins* (*Publications de l'Académie des sciences d'outremer*), 6, Paris 1988, S. 394–397, zu korrigieren. Vgl. auch Nr. 31 mit Anm. 9; Sommervogel, VII, Sp. 1802, u. Dehergne: *Répertoire*, S. 263.

[20] Zum P. Avril vgl. Anm. 7. Von Surate kommend, wird er im August 1698 vor Taiwan bei einem Schiffbruch ertrinken.

[21] Gabriel Daniel S.J. (1649–1728) war französischer Hofhistoriograph und Verfasser einer Widerlegung des kartesianischen Systems (*Voyage du monde de Descartes*, Paris 1690).

[22] Zur Beschreibung Koreas vgl. Martini: *Description de la Chine*, in: Thevenot: *Relations*, P. 3, 1666, S. 214–216, und Du Halde: *Description*, T. 4, 1736, S. 538–560.

10. LEIBNIZ AN VERJUS (S. 60–67)

ÜBERLIEFERUNG: *L* Konzept: LBr. 954 Bl. 12–13. 1 Bog. 4°. 4 S. – Gedr.: 1. (teilw.) Feller: *Otium*, 1718, S. 6–7; 2. (nach Feller) Dutens: *Opera*, 1768, 6, 2, S. 227, und *ebd.* 2, 1, S. 263; 3. (teilw.) Bodemann: *Briefwechsel*, 1889, S. 355–357; 4. *A* I, 11 N. 289.

Dieser Brief wurde begonnen, bevor Leibniz Verjus' Brief (Nr. 9) erhalten hatte, auf den er dann im P.S. noch eingeht. Die nicht gefundene Abfertigung wurde Verjus wahrscheinlich, ebenso wie die anderen Briefe dieser Korrespondenz aus dem Jahre 1695, über Christophe Brosseau zugeleitet. Unser Stück wird beantwortet durch Nr. 14. Zum Absendeort vgl. *A* I, 11 N. 289 Erl.

[1] Leibniz deutet hier an, daß er auf unterschiedlichen Auffassungen in der Konfession und Lehre nicht beharren möchte. In einem Brief an Annibale Marchetti aus dem Jahre 1702 heißt es sogar: »Sed non eo minus vestris apud Sinas progressibus faveo: nam praestat inquinatam de Christo doctrinam illic introduci quam nullam.« (LBr. 603 Bl. 6–7).

[2] Offensichtlich hatte Leibniz vor der Abreise Grimaldis diesem noch eine Denkschrift mit auf den Weg gegeben. Er schreibt am 4. Februar 1692 an Simon de La Loubère, Grimaldi habe ihm versprochen, sich eines »mémoire« zu erinnern, das er ihm gegeben habe (*A* I, 7 N. 554). Vgl. dazu auch Robinet: *Iter italicum*, 1988, S. 129 f.

[3] Grimaldi antwortete mit Nr. 8 auf Leibniz' Brief Nr. 7; Leibniz erhielt dieses Schreiben im November 1695; vgl. seinen Brief vom 15. (25.) November 1695 an D. Papebroch (*A* I, 12 N. 124).

[4] Vgl. *A* I, 11 N. 244.

[5] Vgl. *ebd.* N. 224.

[6] Vgl. *ebd.* N. 220 und die Erläuterung.

[7] Leibniz hatte dies wohl durch die Beilagen des Briefes an ihn von J.J.J. Chuno vom 12. (22.) März 1695 erfahren; vgl. *A* I, 11 N. 235.

[8] Vgl. Nr. 9 Anm. 16.

[9] Vgl. J.J.J. Chunos Brief an Leibniz vom 2./12. März 1695 (*A* I, 11 N. 220), dem ein Brief J. Reyers (zu diesem Nr. 11 mit Anm. 1) beigefügt war, worin ein »Extract auß eines Französischen Jesuitens Schreiben« in Aussicht gestellt wird (LBr. 776 Bl. 2 r°). Zu den angekündigten Briefen vgl. Nr. 11 mit Anm. 3.

[10] Vgl. hierzu auch das Muster des Fragenkatalogs, den Leibniz als Beilage eines Briefes an Bodo von Oberg vom Januar 1695 nach Wien geschickt hatte (*A* I, 11 N. 125).

[11] Vgl. A.A. Kochańskis Brief an Leibniz vom 28. Mai 1694 (*A* I, 10 N. 270, S. 405) und *Novissima Sinica,* 1699 [Vorrede] (Nesselrath / Reinbothe, § 20). S. dazu die Antwort Bouvets in Nr. 44, S. 367.

[12] Es handelte sich um Yinreng (1674–1725), den zweitältesten Sohn und Kronprinzen des Kangxi-Kaisers, der aber später in Ungnade fiel. Vgl. Silas H. L. Wu: *Passage to Power. K'ang-hsi and His Heir Apparent, 1661–1722*, Cambridge / Mass. 1979, S. 112–121, 154 f. u. 192.

[13] Andreas Müller war am 26. Oktober (5. November) 1694 gestorben; s. auch Nr. 6, Anm. 4.

[14] Vgl. auch Nr. 4, Anm. 14. Mit Ausnahme von Louis-D. Le Comte waren die fünf für China bestimmten königlichen Mathematiker vor ihrer Abreise nach Siam am 20. Dezember 1684 zu korrespondierenden Mitgliedern der *Académie des sciences* ernannt worden. Zu diesen gehörten die Patres Jean de Fontaney (als Leiter), Joachim Bouvet, Jean-François Gerbillon und Claude de Visdelou. Als wissenschaftliche Mitarbeiter in China waren sie dem Direktor des Observatoriums in Paris, Giovanni Domenico Cassini, unterstellt, dem sie auf dem Gebiet der Geodäsie und Astronomie zuarbeiten sollten. Vgl. Landry-Deron: *Mathématiciens*, 2001, S. 423–463, hier S. 423 f.

[15] Ab 1578 erschienen *Lettere del Giapone* annähernd regelmäßig, ab 1590 als *Lettera Annale (Annua) del Giapone* ; zuletzt wurden *Lettere Annue del Giapone* 1632 veröffentlicht. Vgl. Streit: *Bibliotheca Missionum*, 4, 1928, S. 242, 245, 423–506; 5, 1929, S. 363–533.

[16] *Observations Physiques*, 1692 (vgl. Nr. 9, Anm. 16). Es ist möglich, daß Charles Le Gobien S.J. die Anregung von Leibniz aufnahm,

als er 1702 die *Lettres de quelques missionnaires de la compagnie de Jesus. Ecrites de la Chine et des Indes-Orientales* herausgab, denen unter verschiedenen Herausgebern bis 1776 noch 33 weitere Sammlungen unter dem Titel *Lettres édifiantes et curieuses écrites des missions étrangerères, par quelques missionaires de la comp. de Jesus* folgten.

17 Vgl. Nr. 13 mit Anm. 46.

18 Pierre Joseph d'Orléans: *Histoire des revolutions d'Angleterre*, 1695.

19 Vgl. A. A. Kochański Brief an Leibniz vom 28. Mai 1694 (*A* I, 10 N. 270). Es handelt sich um die kriegerischen Auseinandersetzungen zwischen den Chinesen und den Mongolen, von denen jene den Ostmongolenstamm der Khalkha (Qalqa) für sich gewonnen hatten. Versuche, ein neues mongolisches Großreich zu schaffen, gingen von den Westmongolen aus, zu denen die Ölöten (Dsungaren) unter ihrem Fürsten Galdan gehörten. Vgl. auch Nr. 28, Anm. 5, u. Herbert Franke und Rolf Trauzettel: *Das chinesische Kaiserreich*, Frankfurt am Main 1968, S. 289 ff. (*Fischer Weltgeschichte*, Bd 19).

20 Vgl. Nr. 7, Anm. 38.

21 Diese Anspielung bezieht sich weniger auf Leibniz' Naturphilosophie als auf sein umfassendes Wissenschaftsprogramm, dessen Zentrum die Konstruktion einer künstlichen Sprache, einer *ars characteristica universalis* bilden sollte; vgl. Nr. 13 mit Anm. 7.

22 Vgl. dazu Leibniz' Pläne zu einer allgemeinen Wissenschaft und Sprache in: *A* VI, 4, Teil A, besonders N. 66, S. 260–270, und N. 67, S. 270–273.

11. LEIBNIZ AN VERJUS (S. 68–71)

ÜBERLIEFERUNG: *L* Konzept: LBr. 954 Bl. 16–17. 1 Bog. 8°. 3 S. (Druckvorlage). – Gedr.: 1. (teilw.) Feller: *Otium*, 1718, S. 6; 2. (nach Feller) Dutens: *Opera*, 1768, 6, 2, S. 227; 3. (teilw.) Bodemann: *Briefwechsel*, 1889, S. 357; 4. *A* I, 11 N. 334.

Das von Leibniz angegebene Datum »(27 May) 6 Juillet« ist korrigiert. Die nicht gefundene Abfertigung wurde an Christophe Brosseau zur Weiterleitung an Verjus übersandt; vgl. Brosseaus Brief an Leibniz vom 27. Juni 1695 (*A* I, 11 N. 353). Unser Stück wird beantwortet durch

Nr. 14. Beilage war die Abschrift eines Briefes von Jean-François Gerbillon an Verjus (s.u. Anm. 3) und eine Fassung des Fragenkatalogs zur vergleichenden Sprachbetrachtung; vgl. dazu Leibniz' Fassung für Bodo von Oberg vom Januar 1695 in: *A* I, 11 N. 125.

[1] Gemeint ist der im Dienst des Brandenburger Hofes stehende Johann Reyer (1641–1718; brandenburgischer Geschäftsträger und Gesandter in Moskau 1688/89), der Leibniz auch mit Material zur Sprachforschung aus Rußland versorgte; vgl. *A* I, 11 N. 220 mit Erläuterung.

[2] Die Reise ging nach Wolfenbüttel.

[3] Es handelt sich um die Kopie des Briefes von J. F. Gerbillon an Verjus (Abschrift von Schreiberhand, LBr. 306 Bl. 10–13): »L'Extrait d'une lettre escritte du Camp vis à vis de Nischou dans la Tartarie orientale occupée par les Moscovittes au 51 degrez. 50 minutes de Latitude Boreale et environs dans le même Meridien que Phekim à 300. Lieues du dit Phekim le 22. d'Aoust 1689« (Bl. 10 r°). Die Kopie des Briefes von Gerbillon an La Chaize (Abschrift von Schreiberhand, LBr. 306 Bl. 1–9), trägt auf Bl. 9 die Randbemerkung von Chunos Hand: »Du camp proche Nipchou dans la Grande Tartarie sur les Terres du Grand Duc de Moscovie le 2. Septembre A. 1689.« – Ein Exzerpt aus den Briefen an Verjus und La Chaize (auf den 2. und 3. September 1689 datiert) befindet sich im LBr. 306 Bl. 20 und als Druck in Leibniz' *Novissima Sinica*, 1699, S. 171–175. Der Brief an Verjus erschien erstmals gedruckt im *Magazin für neue Historie und Geographie*, 14, 1780, S. 385–408; der Brief an La Chaize *ebd.*, 16, 1782, S. 537–546. Vgl. auch zu beiden Briefen Yves de Thomaz de Bossierre: *Jean-François Gerbillon S.J. (1654–1707). Un des cinq mathématiciens envoyés en Chine par Louis XIV*, Leuven 1994, S. 38–40, und Widmaier, Rez., in: *Sino-Western Cultural Relations Journal*, XIX 1997, S. 59–63.

[4] Diese These wird Leibniz 1710 noch ausführlicher vertreten in seiner *Brevis designatio meditationum de originibus gentium, ductis potissimum ex indicio linguarum* (in: *Miscellanea Berolinensia*, 1710, S. 1–16; wieder abgedr. bei Babin/van den Heuvel: *Schriften zur Geschichte*, 2004, S. 354-389): »Porro et trajecto mari rubro Aethiopiae Orientalis meliora Arabum insedisse colonias ex ipsa Abyssini sermonis consideratione manifestum est […]« (Babin/van den Heuvel,

S. 362f.). *A* I, 11, S. 125, verweist zur Stelle auf Abraham Hinckelmanns Einleitung zu *Al-Coranus s. lex islamitica Muhammedis*, 1694 (vgl. *Koran*, SV); Hinckelmann, *a.a.O.* Bl. m [1], begnügt sich allerdings damit, Syrisch, Arabisch, Samaritanisch, Äthiopisch etc. als Dialekte der Ursprache (vor der Sprachverwirrung, *Gen* 11, 1–9) und somit als Schwestersprachen zu bezeichnen. Er kommt als Quelle für Leibniz' Anschauung nicht in Betracht.

[5] In der Tradition der griechischen Geographie ist der Name »Skythien / Skythen« eine undifferenzierte Bezeichnung für alle Völker des (heute russischen) Nordost-Europa und Nordasiens. (Vgl. jetzt die zusammenfassende Darstellung bei Hermann Parzinger: *Die Skythen*, München 2004, S. 7–24). In der römischen Kaiserzeit wurde unter »Scythia« das ganze nördliche Asien begriffen, das sich von der Wolga im Westen bis zu den »Serern« im Osten und im Süden bis nach Indien erstreckte. Der Imaus (Himalaja) schied es in zwei Teile. Diesseits des Himalaja stieß es »gegen Mitternacht an die hyperboreische Scythen, gegen Morgen an das Scythien jenseit des Berges Imaus, gegen Mittag an das Persische Reich, und gegen Abend an das Asiatische Sarmatien [...]. Scythien jenseit des Berges Imaus [...] lag mehr gegen Osten zu, hatte die Hyperboreische Scythen gegen Mitternacht, das Land Serica gegen Morgen, Scythien diesseit des Berges Imaus gegen Abend, Indien aber gegen Mittag« (Zedler: *Universal-Lexicon*, Bd 36, 1743, Art. *Scythien (Asiatisches)*, Sp. 795f.).

[6] Aimé Chézaud S. J. (1604–1664) hatte im Jahre 1652 in Julfa bei Isfahan eine Residenz der Jesuiten eingerichtet, die seither Durchgangsstation der Missionare auf ihrer Reise nach bzw. von China wurde. Weitere Niederlassungen waren in Bitlis, Erzerum und Eriwan. (Vgl. dazu Joseph S. Sebes: *Jesuit Attempts to Establish an Overland Route to China*, in: *A Journal of Mongolian Studies*, 5, 1, 1979, S. 51–67, hier S. 54ff.). Nach dem Tod des Schahs Abbas II. (reg. 1645–1668) kam es zu Christenverfolgungen. Erst J. Taddeus Krusinski S. J. (1675–1756) konnte sich ab 1707 in Isfahan wieder mit Erfolg behaupten. (Vgl. Koch: *Jesuiten-Lexikon*, 1934, 2, Sp. 1400f.).

12. LEIBNIZ AN VERJUS (S. 72–73)

ÜBERLIEFERUNG: *L* Konzept: LBr. 954 Bl. 40. 4°. 1⅓ S. Bibl.verm. (Druckvorlage). – Gedr.: *A* I, 11 N. 483.

Unser Stück ergänzt Nr. 11. Die nicht gefundene Abfertigung ging offensichtlich zusammen mit einem (ebenfalls nicht gefundenen) Begleitbrief an Brosseau (vgl. *A* I, 11 N. 510 mit Erläuterung) sowie einem Brief an Cl. Nicaise vom 24. September (4. Oktober 1695). Dessen Datum übernehmen wir für unseren Brief. Beilage zu diesem war eine Abschrift des Berichts von Gerbillon an La Chaize vom 2. September 1689 (Abschrift von Schreiberhand, LBr. 306 Bl. 1–9). Vgl. den Dank der beiden Patres (Antoine Verjus und François de La Chaize) in Brosseaus Brief an Leibniz vom 17. Oktober 1695 (*A* I, 11 N. 510, S. 747).

[1] S. auch Nr. 7 mit Anm. 6. Leibniz war dem Beichtvater Ludwigs XIV. durch den Maréchal Nicolas de Villeroy empfohlen worden; vgl. seinen Brief an den Rintelner Professor Friedrich W. Bierling vom 24. Oktober 1709 (Babin/ van den Heuvel: *Schriften zur Geschichte*, 2004, S. 120f.): »[…] Parisiis tunc egi, quo tempore et novi virum [La Chaize] Villaregio commendante.«

13. LEIBNIZ AN GRIMALDI (S. 74–103)

ÜBERLIEFERUNG: *L*[1] Konzept: LBr. 330 Bl. 15–18. 2 Bog. 2°. 6¼ S. Ohne 1. PS. und Geheimschriftschlüssel. – Teildruck: G. Gerber: *Leibniz und seine Korrespondenz*, in: Wilhelm Totok u. Carl Haase (Hrsg.): *Leibniz. Sein Leben – Sein Wirken – Seine Welt*, Hannover 1966, S. 160.

L[2] Teilkonzept (Geheimschriftschlüssel): Ebd. Bl. 19. 8°. 1 S. Überschrift: »Clavis« von C.J. Dannenbergs Hand. (Druckvorlage).

l[1] Abschrift von *L*[1]: Ebd. Bl. 21–26. 20. 27. 4 Bog. 4°. 13 S. Korrekturen u. Ergänzungen von Leibniz' Hand. 1. PS und Geheimschriftschlüssel eigh. von Leibniz. (Druckvorlage). – Gedr.: *A* I, 13, N. 321.

l[2] Abschrift von *L*[1]: Ebd. Bl. 28–34. 3 Bog. 1 Bl. 2°. 10 ½ S. (von C.J. Dannebergs Hand, mit Korrekturen von Leibnz' Hand)

E Teildruck: Feller: *Otium*, 1718, S. 18–24; danach Dutens: *Opera*, 1768, 5, S. 75–78.

Die (nicht gefundene) Abfertigung unseres Briefes, die erst als Beischluß zu einem nicht gefundenen Leibnizbrief an Conrad Barthold Behrens von Januar/Anfang Februar 1697, etwa sechs Wochen nach dem im Text angegebenen Datum, über das Hildesheimer Jesuitenkolleg weitergeleitet wurde, antwortet auf Nr. 8. Ob sie den Adressaten erreichte, bleibt fraglich. Beilage war der Brief eines Unbekannten (vgl. das P. S.).

[1] Vgl. den Brief Brosseaus an Leibniz vom 19. Dezember 1695 (*A* I, 12 N. 161).

[2] Vgl. Seneca: *De ira*, 3, 19, 2.

[3] Vgl. Leibniz' Erinnerung an die in Rom mit Grimaldi und anderen über den Kangxi-Kaiser geführten Gespräche in seiner (von André Robinet hrsg.) Schrift *Phoranomus seu de potentia et legibus naturae*, in: *Physis*, Firenze, 28, 1991, S. 429–541; 797–885, hier S. 450 f.

[4] Vgl. z. B. Ferdinand Verbiest: *Astronomia Europaea*, 1687, cap. XII, S. 54 f.

[5] Auf wen oder welchen Bericht sich Leibniz bezieht, ist nicht erkennbar. Gemeint ist hier aber wohl der damals designierte Thronfolger Yinreng; vgl. Fang Chao-ying, Art. *Yin-jeng*, in: Hummel: *Eminent Chinese*, Vol. 2, 1944, S. 924 f., u. N. 27, Anm. 5 u. 6.

[6] Vgl. Aurelius Augustinus: *De vera Religione*, 29, 52. Augustinus sieht in der Welt der Erscheinungen die Schönheit der göttlichen Kunst verwirklicht. Für deren Erkenntnis ist es jedoch notwendig, von der Schönheit zeitlicher Erscheinungen zur wahrhaften (ewigen) Schönheit aufzusteigen.

[7] Alle drei Punkte sind vor dem Hintergrund einer noch zu erarbeitenden Enzyklopädie der Wissenschaften zu sehen (vgl. *A* VI, 4, Teil A, N. 30 u. N. 31). Durch eine (Kunst der) Analyse wären dann die einfachsten Begriffselemente der zusammengesetzten enzyklopädischen Sachbegriffe zu erschließen, und aus diesen Grundbausteinen mittels einer (Kunst der) Synthese könnte schließlich neues Wissen (d. h. widerspruchsfreie komplexe Begriffe) erzeugt oder erfunden (*ars inveniendi*) und beurteilt (*ars iudicandi*) werden. Unter zeichentheoretischem Aspekt sollte dieser Plan graphischen Ausdruck und praktische

Anwendbarkeit in Gestalt einer universalen Zeichenkunst (*ars characteristica universalis*) erhalten. S. auch Nr. 17 mit Anm. 15.

[8] Von wem Leibniz sein Wissen hatte, ist nicht erkennbar; vgl. aber Bouvets *Portrait historique de l'empereur de la Chine*, 1697 (1699, S. 10 ff.), von dem Leibniz im selben Jahr ein Exemplar als Geschenk erhielt (s. Nr. 14).

[9] Vgl. zur Entwicklung der Rechenmaschine Nr. 7 mit Anm. 38.

[10] Zu Leibniz' Überzeugung, daß die arithmetischen Grundoperationen (als »erste Kulturtechnik«) durch die viel einfacheren Bedienungsvorschriften für eine Rechenmaschine (als »zweite Kulturtechnik«) ersetzbar wären, vgl. auch Nr. 64.

[11] Zur Erfindung der Rechenstäbe s. John Napier (Neper): *Rabdologia*, 1617, und Nr. 64.

[12] Im folgenden entwickelt Leibniz seine Dyadik (d. h. das auf den Zahlen 0 und 1 basierende binäre Zahlensystem), s. auch Nr. 42.

[13] Vgl. Leibniz' Brief und die Medaillenentwürfe für die Beilage an Herzog Rudolf August vom 2. (12.) Januar 1697 (*A* I, 13 N. 75 und N. 76).

[14] Vgl. die Siegelabdrücke *A* I, 13 N. 79 als Beilage zu N. 78

[15] Zur Ausarbeitung eines Vierersystems s. E. Weigel: *Tetractys*, 1673, S. 7–24.

[16] Wie im dekadischen Zahlensystem jede mehrstellige Zahl als Summe ihrer Faktoren dargestellt werden kann – z. B. 10, 100, 1000 als $10 = 1 \cdot 10^1 + 0 \cdot 10^0$; $100 = 1 \cdot 10^2 + 0 \cdot 10^1 + 0 \cdot 10^0$; $1000 = 1 \cdot 10^3 + 0 \cdot 10^2 + 0 \cdot 10^1 + 0 \cdot 10^0$ –, so auch im binären Zahlensystem dieselben Ziffern – z. B. als $10 = 1 \cdot 2^1 + 0 \cdot 2^0$; $100 = 1 \cdot 2^2 + 0 \cdot 2^1 + 0 \cdot 2^0$; $1000 = 1 \cdot 2^3 + 0 \cdot 2^2 + 0 \cdot 2^1 + 0 \cdot 2^0$.

[17] Zu dieser »aristotelischen« Schul-Sentenz, die Leibniz schon als *Corollarium III* in seiner *Disputatio Metaphysica de principio individui*, 1663, anführte (*A* VI, 1 N. 1, S. 9–19, hier S. 19), vgl. auch Zacher: *Dyadik*, 1973, S. 43–48.

[18] Zu den Erwartungen, die Leibniz mit dem binären Zahlensystem verband, vgl. Leibniz' seinerzeit ungedruckt gebliebenen *Essay d'une nouvelle science des nombres* für die Pariser Académie des Sciences vom 26. Febr. 1701, in: Zacher: *Dyadik*, 1973, S. 250–261.

[19] Im folgenden ist von Leibniz' Infinitesimalkalkül die Rede. Vgl. dazu Heinz-Jürgen Hess: *Erfindung der Infinitesimalrechnung*, in: Heinekamp / Stein: *Leibniz*, 1990, S. 24–31.

[20] Gemeint sind Jacob und Johann Bernoulli sowie Guillaume-François-Antoine de L'Hospital.

[21] Leibniz: *Nova methodus pro maximis et minimis*, in: *Acta erud.*, Oktober 1684, S. 467–473. S. dazu auch Leibniz' Brief an Franz Menegatti S. J. von Anfang Juni 1695, in: *A* I, 11 N. 329, S. 485.

[22] Leibniz denkt wohl an ein Problem, das Descartes in einem Brief vom 20. Februar 1639 erfolglos zu lösen versucht hatte (vgl. Descartes: *Lettres*, T. 3, 1667, S. 409–416).

[23] Galilei hielt die Kettenlinie für eine Parabel; vgl. Galilei, *Discorsi e dimostrazioni matematiche*, 1638, S. 146 u. 485.

[24] S. die Aufforderung von Jakob Bernoulli: *Analysis problematis antehac propositi et alterius cujusdam Problematis Propositio*, in: *Acta erud.*, Mai 1690, S. 217–219.

[25] Leibniz: *Ad ea, quae vir clarissimus J. B. publicavit Responsio*, in: *Acta erud.*, Juli 1690, S. 358–360; Ders.: *De Linea in quam flexile se pondere proprio curvat, ejusque usu insigni ad inveniendas quotcunque medias proportionales et Logarithmos*, *ebd.*, Juni 1691, S. 277–281, und Ders.: *De la chainette*, in: *Journal des Sçavans*, 31. März 1692, S. 218–226.

[26] Vgl. die Lösungen von Johann Bernoulli: *Solutio problematis funicularii*, in: *Acta erud.*, Juni 1691, S. 274–276, Christiaan Huygens: *Solutio ejusdem problematis*, *ebd.*, S. 281 f., und Jakob Bernoulli: *Specimen alterum calculi differentialis una cum Additamento quodam ad Problema Funicularium*, *ebd.*, S. 282–290.

[27] Vgl. etwa Jakob Bernoulli: *Curvatura Veli*, in: *Acta erud.*, Mai 1692, S. 202–207, und Ders.: *Additamentum ad solutionem Curvae Causticae*, *ebd.*, März 1692, S. 110–116.

[28] Leibniz: *Generalia de natura linearum*, [...] *et eorum usibus nonnullis*, in: *Acta erud.*, September 1692, S. 440–446, und Ders.: *Constructio propria problematis de Curva Isochrona Paracentria*, *ebd.*, August 1694, S. 364–375.

[29] Chr. Huygens: *De problemate Bernoulliano*, in: *Acta erud.*, Oktober 1693, S. 475 f., und Huygens Briefe an Leibniz vom 1. September 1691 und 17. September 1693 (in: *A* III, 5 N. 36 bzw. N. 185).

[30] G.-F.-A. de L'Hospital: *Analyse des infiniment petits*, 1696.

[31] Leibniz: *Specimen dynamicum*, in: *Acta erud.*, April 1695, S. 145–157.

[32] Leibniz: *Brevis demonstratio erroris memorabilis Cartesii*, in: *Acta erud.*, März 1686, S. 161–163, und Ders.: *De legibus naturae et vera aestimatione virium*, *ebd.*, September 1691, S. 439–447.

[33] Gedacht ist wohl an Isaac Newton: *Philosophiae naturalis principia mathematica*, 1687, Lib. III (*De mundi systemate*).

[34] Das Werk *Κοσμοθεωρός sive de terris coelestibus earumque ornatu conjecturae,* wurde von Constantijn Huygens 1698 veröffentlicht.

[35] Christiaan Huygens lieferte in einem Brief an Jean Baptiste Colbert vom 27. August 1682 eine »Description de la Machine Planetaire Automate« (s. Huygens: *Œuvres*, T. 8, N. 2273, S. 376–378). Im Verkaufskatalog des Buchhändlers Pierre Gosse Junior in Den Haag wurde im Jahr 1754 aus Huygens Nachlaß eine große (Schlag-)Uhr angeboten (s. Huygens: *Œuvres*, T. 15, S. 21), zu der es in einem Entwurf zum Katalog heißt: »l'Horologe cogneu soubs le nom d'AUTOMATE PLANETAIRE, qui outre le cours de toutes les Planetes, marque exactement quelle a esté ou sera dans le Ciel, pendant trois cent Ans, la situation, et la position, de ces corps celestes.« (*ebd.*, S. 22).

[36] Ole Rømer hatte zwei Maschinen konstruiert: eine »pour le calcul des éclipses« und eine »pour la théorie des planètes«. Vgl. die Beschreibung und Abbildung dieser »Machines rares et surprenantes«, in: *Journal des Sçavans*, 19. Januar 1682, S. 35–37. Im Vergleich zur letzteren listet Christiaan Huygens in 17 Punkten die »Avantages de ma machine par dessus celle de Mr. Rømer« auf (Huygens: *Œuvres*, T. 8, Nr. 2273, S. 377 f.); vgl. auch *A* III, 3 N. 356, S. 626 f. mit Erläuterungen.

[37] Joachim Bouvet berichtet in seiner *Histoire de l'Empereur*, 1699, S. 92 f., daß die Patres dem Kaiser bei ihrer Ankunft 1687 zwei Maschinen als Geschenk mitbrachten, »où l'on voit les Eclipses du Soleil et de la Lune, avec les differens aspects des Planétes, pour plusieurs siécles et pour tous les jours de chaque année«. In Bouvets *Voiage de Siam* (1685), S. 16, heißt es explizit, daß es sich dabei um »les deux machines de Romer« handelte. Vgl. auch Nr. 18, Anm. 30.

[38] Leibniz: *Tentamen de motuum coelestium causis*, in: *Acta erud.*, Februar 1689, S. 82–96.

[39] Eine Arithmetische Progression wird die Ähnlichkeit zweier Differenzen bezüglich ihres Unterschieds genannt. Weil z. B. zwischen 2

und 5 der Unterschied drei ist und zwischen 7 und 10 ebenfalls, bilden die Differenzen 5–2 und 10–7 eine Arithmetische Proportion. Vgl. Wolff: *Mathematisches Lexicon*, 1716, Sp. 1106 f. Bei der Harmonischen Progression handelt es sich um vier geordnete Größen im Verhältnis 1 : 2 = 3 : 4; vgl. ausführlich *ebd.*, Sp. 1108.

40 Die 1685 von Abraham Thevart in Saint-Gobin gegründete Spiegelmanufaktur, die 1692 den Titel *Manufacture royale des grandes glaces* erhalten hatte, wandte ab 1693 verbesserte Fabrikationsmethoden an.

41 Der französische Mathematiker und Physiker Denis Papin (1647–1710), seit 1687 Prof. der Mathematik in Marburg, hatte für den Landgrafen Karl von Hessen-Kassel ein Unterseeboot konstruiert. Zu dieser Erfindung s. Papin: *Fasciculus dissertationum de novis quibusdam Machinis atque aliis argumentis philosophicis*, 1695, S. 126–137, und seinen Brief an Christiaan Huygens vom 16. (26.) August 1691 (Huygens: *Œuvres*, T. 10, N. 2691, S. 119–124).

42 Vgl. zum Knochenfund von Burgtonna *A* I, 13 N. 131, und die weiteren Briefe zu diesem Thema aus der Korrespondenz mit W. E. Tentzel im selben Band sowie *neu entdeckt. Thüringen – Land der Residenzen*, Mainz 2004, Katalog, Bd 2, S. 204 f.

43 Am 20. September 1697 kamen in Rijswijk die Friedensschlüsse zwischen Frankreich einerseits und England, den Generalstaaten und Spanien andererseits zustande; am 30. Oktober folgte der Friede mit Kaiser Leopold I. und dem Deutschen Reich.

44 Die Leopoldinische Akademie der Naturforscher war 1652 in Wien unter dem Namen *Academia Naturae Curiosorum* gegründet worden. Zu Ehren von Kaiser Leopold I. und Karl VI. wurde sie 1687 *Sacri Romani Imperii Academia Caesareo Leopoldina Naturae Curiosorum* benannt.

45 Leibniz war seit 1673 Mitglied der im Jahre 1662 in London gegründeten Royal Society.

46 Die 1666 von Colbert gegründete Académie Royale des Sciences in Paris; Leibniz wurde offiziell am 13. März 1700 zu ihrem Mitglied ernannt.

47 Die offizielle Gründung der Berliner Sozietät der Wissenschaften wurde auf den Geburtstag Friedrichs III. am 11. Juli 1700 gelegt. Vgl. dazu auch Nr. 42.

[48] Um wen es sich handelt, wurde nicht ermittelt. Daß Leibniz aber auch anderen die Gelegenheit bot, über ihn Fragen an die Jesuitenmissionare in China zu richten, zeigt das verworfene Konzept eines Briefes an Johann Bernoulli, der in anderer Fassung am 28. Dezember 1696 (7. Januar 1697) abgefertigt wurde; darin heißt es: »Mittendae jam sunt literae ad Sinas, ut R. P. Grimaldo respondeam.[…] Ex itinere ad me Goa scripsit. Si quid rerum mathematicarum aut physicarum illinc quaeri velis, indica quaeso.« (Gerhardt: *Mathematische Schriften*, 3, 1855, S. 348).

[49] Vgl. dazu Nr. 9 und Nr. 10. Die Abschriften der Briefe Gerbillons an Verjus bzw. an La Chaize hatte Leibniz mit Nr. 11 und Nr. 12 übersandt.

[50] Nertschinsk.

14. VERJUS AN LEIBNIZ (S. 104–105)

ÜBERLIEFERUNG: *K* Abfertigung: LBr. 954 Bl. 18–19. 1 Bog. 4°. 1 ½ S. – Gedr.: *A* I, 14 N. 359.

Unser Brief war Beilage zu einem Brief Christophe Brosseaus an Leibniz vom 25. Okt. 1697 (*A* I, 14 N. 372); er wird beantwortet durch Nr. 17.

[1] Zum erwähnten Brief Bouvets an Leibniz s. Nr. 15; bei dem »petit livre« handelt es sich um Joachim Bouvets *Portrait historique de l'empereur de la Chine*, 1697, das Verjus gesondert schickte, so daß Leibniz in Nr. 18 zu erkennen gibt, er warte noch darauf. Ein Neudruck erschien unter dem Titel *Histoire de l'empereur de la Chine*, 1699.

[2] Aus China kommend, war Bouvet im März 1697 in Frankreich eingetroffen und reiste ein Jahr später wieder nach China zurück.

[3] Vgl. Bouvet: *Histoire de l'empereur*, 1699, S. 84–100, besonders S. 85 u. 99 f. Gerbillon, der zusammen mit Bouvet den Kangxi-Kaiser in den westlichen Wissenschaften, wie Geometrie, Astronomie und Philosophie, unterwiesen hatte, verfaßte in diesem Zusammenhang in den Jahren 1689/90 vier Schriften (s. dazu Pfister, S. 449, Nrn 1–4, und Gatty: *Voyage de Siam*, 1963, S. XC). Zur politischen Bedeutung

westlicher Wissenschaften unter der Regierung des Kangxi-Kaisers vgl. Catherine Jami: *Les sciences sous le règne de Kangxi*, in: *Kangxi*, 2004, S. 75–82.

15. BOUVET AN LEIBNIZ (S. 106–109)

Überlieferung: *K* Abfertigung: LBr. 105 Bl. 1–2. 1 Bog. 4°. 1 S. Bibl.verm. – Gedr.: *A* I, 14 N. 358.

K ist der erste Brief der Korrespondenz zwischen Bouvet und Leibniz; er wird beantwortet durch Nr. 18 und war Beilage zu Nr. 14.

Joachim Bouvet, 1656 in Le Mans geboren, gestorben 1730 in Peking, hatte seine Grundausbildung in den Humaniora (vgl. Nr. 9, Anm. 1), in der Philosophie und Theologie am Jesuitenkolleg in La Flèche erhalten. Missionar in China zu werden, war bereits sein erklärtes Ziel, als er 1673 in den Jesuitenorden eintrat. Während seiner vielseitigen wissenschaftlichen Ausbildung (u.a. an dem für Astronomie berühmten Collège de Clermont in Paris) widmete er sich vor allem mathematisch-naturwissenschaftlichen und sprachlichen Studien. Sein besonderes Interesse galt zugleich der Erforschung der ägyptischen Hieroglyphenschrift, der Kabbala sowie der platonisch-pythagoräischen Philosophie. Als Philippe Couplet (1622–1693), Prokurator der Jesuitenmission in China, am 15. September 1684 nach Paris zurückkehrte und bei Ludwig XIV. um Unterstützung der Mission nachsuchte, traf er auf geneigte Ohren – eröffnete doch die Entsendung junger, mathematisch-naturwissenschaftlich ausgebildeter Missionare, zu deren Aufgaben insbesondere der Austausch von wissenschaftlichen Erkenntnissen zwischen Peking und Paris gehören sollte, dem französischen König eine willkommene Gelegenheit, Einfluß im Fernen Osten zu gewinnen. Bouvet gehörte zu den fünf für die Chinamission ausgewählten königlichen Mathematikern und zu den vier von der Académie des Sciences ernannten korrespondierenden Mitgliedern (vgl. Nr. 10 mit Anm. 14), die in Brest am 3. März 1685 im Gefolge der ersten französischen Gesandtschaft nach Siam die »Oiseau« bestiegen, um später von Siam aus China zu erreichen (vgl. Bouvet: *Voiage de Siam*, 1685). Nachdem die Patres am 7. Februar 1688 in Peking eingetroffen waren, wurde Bouvet für den Dienst am kaiserlichen Hof bestimmt (vgl. Collani: *Bouvet,* 1985, S. 9–18). Hier begann Bouvet in den folgenden Jahrzehnten sein Missionskonzept, den sogenannten Figurismus, auszuarbeiten, indem er sich intensiv mit den kanonischen Büchern Chinas, vor allem dem *Yijing* (»Buch der Wandlungen«) beschäftigte (vgl. Dies.: *Die Figuristen in der Chinamission,* 1981, S. 15ff.). Auch die Briefe an Leibniz stehen im Dienst dieser Sache und vermitteln Einblick in ein System, das vor allem Wasser auf die Mühlen der Gegner im Ritenstreit leiten sollte.

[1] Als Gesandter des Kangxi-Kaisers hatte Bouvet nach rund fünfjährigem Dienst am Hof Peking am 8. Juli 1693 verlassen. Nachdem er am 10. Januar 1694 in Macao an Bord eines englischen Schiffes in See gestochen war, erreichte er am 1. Mai Paris und begab sich an den Hof Ludwigs XIV. (Vgl. Collani: *Bouvet,* 1985, S. 23f.).

[2] Der französische Orientalist Louis Picques (gest. 1699) war von 1688 bis 1695 Bibliothekar am Collège Mazarin gewesen. Er nannte sich selbst »Docteur de la Maison et Société de Sorbonne«. Seine Bibliothek mit zahlreichen kostbaren Drucken und Handschriften vermachte er den Jakobinern in der Rue Saint Honoré. Vgl. Alfred Franklin: *Les anciennes bibliotèques de Paris,* Paris 1873, T. 3, S. 116. – Leibniz unterhielt keinen unmittelbaren brieflichen Kontakt mit ihm; vgl. auch Nr. 22 mit Anm. 10 und F. Pinssons Brief an Leibniz vom 27. Februar 1699, in: *A* I, 16 N. 356, S. 588f.

[3] Zu den in die Person des Kangxi-Kaisers gesetzten Erwartungen hinsichtlich einer Bekehrung ganz Chinas zum Christentum vgl. Bouvet: *Histoire de l'empereur,* 1699, S. 113, und Leibniz' Vorwort zu den *Novissima Sinica,* 1697 (Nesselrath/Reinbothe, 1979, §§ 7–9).

[4] Es handelt sich um Joachim Bouvets *Portrait historique de l'empereur de la Chine,* 1697. Leibniz druckte eine lateinische Übersetzung dieses Werkes als Anhang in der 2. Aufl. seiner *Novissima Sinica,* 1699; s. auch Nr. 25 Anm. 1. Das Buch ist nicht, wie der Kontext nahelegen könnte, Beilage zu unserem Brief gewesen. Vgl. dazu Isabelle Landry-Deron: *Portraits croisés. Kangxi et Louis XIV,* in: *Kangxi,* 2004, S. 59-63.

[5] Gemeint ist das am 23. März 1692 vom Kangxi-Kaiser unterzeichnete Toleranzedikt für die Verbreitung der christlichen Reli-

gion in China. Darüber berichtet Charles Le Gobiens *Histoire de l'edit de l'empereur de la Chine*, 1698 (vgl. dazu Nr. 22 und die folgende Anm.).

[6] Leibniz hatte das (lateinische?) Manuskript des portugiesischen Chinamissionars José Soares S. J. (1656–1736) über das Toleranzedikt von dem Jesuitenpater Johannes Clerff aus Münster erhalten (vgl. *A* I, 13 N. 404). U.d.T. *Libertas Evangelium Christi annunciandi et propagandi In Imperio Sinarum, Solenniter declarata Anno Domini 1692. die 22. Mensis Martii et Pro Europaeorum notitia descripta* bildet es das erste Stück in den *Novissima Sinica*. Vgl. die deutsche Übersetzung des entscheidenden Passus in diesem Edikt bei Nesselrath / Reinbothe, 1979, S. 74.

[7] Dazu hat Bouvet wohl keine Zeit gefunden.

16. KOCHÁNSKI FÜR BOUVET (S. 110–125)

ÜBERLIEFERUNG: *l* Abschrift der Abfertigung: LBr. 487 Bl. 71–72. 2°. 4 S. von Schreiberhand mit etlichen Korrekturen von Leibniz' Hand. (Druckvorlage). – Gedr.: *A* I, 14 N. 450.

A Abschrift nach *l*: Göttingen *Staats- und Universitätsbibliothek* cod.ms.philos. 138 m Heft 4 Bl. 49–53. 2°. 9 ½ S. von D.E. Barings Hand; Überschrift und Korrekturen von J.D. Grubers Hand.

Die *Quaestiones* waren Beilage zu einem Brief Kochańskis an Leibniz vom 4. Dezember 1697 (*A* I, 14 N. 449). Diese Beilage für Bouvet schickte Leibniz mit einem Begleitbrief Kochańskis und einem (nicht gefundenden) eigenen Brief vom 12. Dezember 1697 an Bouvet (vgl. Nr. 20 mit Anm. 1), der den Empfang unseres Stückes in Nr. 21 bestätigt. Die Fragen werden teilweise durch Nr. 23 von Le Gobien beantwortet, der Kochański anstelle von Bouvet schrieb.

[1] Das Nebeneinander der etwa gleichwertigen »situs« und »collocatio« im lateinischen Text ist wohl als Flüchtigkeit anzusehen, »collocatio« wäre zu streichen.

[2] Giandomenico Gabiani: *Incrementa Sinicae Ecclesiae*, 1673, Pars II, Cap. XX, S. 151f.

[3] Dionysius Exiguus, im 6. Jh. Abt in Rom, führte in seinem *Cyclus Pascalis* Christi Geburt als Epoche an. Er hatte dieses Ereignis jedoch um vier Jahre zu spät angesetzt.

[4] Zu dieser vieldiskutierten angeblichen Sonnenfinsternis beim Tode Christi in China s. auch die Antwort Antoine Gaubils S. J. an Louis Bertrand Castel S. J. vom 19. Oktober 1736, in: Gaubil: *Correspondance*, 1970, S. 447–453. Der Letztgenannte, der sich für seine Meinung vor allem auf Bouvet stützte, hatte erklärt, »[si] nous trouvons une éclipse naturelle observée à la Chine, nous pouvons peutêtre absolument la chicaner et prétendre que c'est notre éclipse surnaturelle à cause des ressemblances (convenances)« (*ebd.* S. 449). Gaubil antwortete: »Il n'y a aucune ressemblance entre l'éclipse chinoise du mois de may, et les ténèbres de la Passion, et le texte de cette éclipse ne sauroit donner occasion à chicaner. Le calcul démontre que le 10 may fut en Chine le jour *Kouey hay*, et dans les divers Systèmes sur l'année de la Passion, le jour ne peut pas s'appliquer à celui de la Passion«. (ebd.). Vgl. auch Nr. 23, Anm. 8.

[5] Falls »fulgur triangularis« eine Sternansammlung bezeichnen sollte, dürfte die aus dem Sternbild des »Großen Hundes« gemeint sein, das im Januar über dem Horizont erscheint und bis März sichtbar bleibt.

[6] Tierkreiszeichen des Widders.

[7] Zum Stand der damaligen Diskussion vgl. *De la Variation de l'aiman*, in: *Observations Physiques*, 1692, S. 80–89 (die Überlegungen von Ph. De La Hire: S. 85–87, und G. D. Cassini: S. 87–89).

[8] Vgl. Paolo Casati: *Mechanicorum libri VIII*, 1684, S. 249–250.

[9] Vgl. Nr. 3 § 24.

[10] Vgl. Nr. 3 § 9.

[11] Vgl. Nr. 3 § 13 und Nr. 4 § 13.

[12] Vgl. dazu unten § 25 mit Anm. 18.

[13] Vgl. *Gen* 3, 18.

[14] Vgl. Vergilius: *Aeneis*, 6, 205 f.

[15] Diese Stelle wurde nicht ermittelt.

[16] Vgl. auch Nr. 49 mit Anm. 61 und Nr. 65 mit Anm. 66. Das *Haibian* war ein populäres Wörterbuch gegen Ende der Ming-Dynastie (1368–1644), von dem offenbar nur wenige Exemplare nach Europa gelangten. Eine Kopie dieses Werkes (von ca. 1623) befindet sich in

Rom *Biblioteca Vaticana* Borgia Cinese 282–283; s. Paul Pelliot: *Inventaire sommaire des manuscrits et imprimés chinois de la Bibliothèque Vaticane*, hrsg. v. Takata Tokio, Kyôto 1995, S. 17, Nr. 255: »réédition de 1608«, u. Mungello: *Curious Land*, 1985, S. 217. Dazu heißt es bei Semedo in der französischen Version: »Parlant en general le nombre de ces lettres monte jusqu'à soixante mille, toutes rangées par ordre dans leur vocabulaire, qu'ils nomment *Haipien*, et qu'ils pourroient plus à propos nommer la grand mer des lettres« (*Histoire universelle de la Chine*, 1667, S. 51). In der europäischen ›Fachliteratur‹ wird das *Haibian* wohl am frühesten erwähnt bei Etienne Fourmont: *Meditationes Sinicae*, Paris 1737, S. 124. Vgl. zu diesem Wörterbuch auch Hiob Ludolfs Briefe an Leibniz vom 12. (22.) März und 9. (19.) April 1698 (*A* I, 15 N. 276 u. N. 324).

[17] S. auch Hiob Ludolfs Brief an Leibniz vom 14. April 1700 (*A* I, 18 N. 330)

[18] Richtig auf russisch: *čay*; zu Herkunft und Vermittlung vgl. Max Vasmer: *Russisches etymologisches Wörterbuch*, Bd 3, Heidelberg 1958, S. 299 s.v.

[19] A. A. Kochański war 1692 in Warschau mit Claudio Filippo Grimaldi zusammengetroffen; vgl. *A* I, 8, S. 267.

[20] Ein arabischer Alchimist des 12. Jahrhunderts.

[21] Vgl. Le Pere Pacifique de l'Escalle: *Relation du voyage de Perse*, 1645, S. 393: »Il avoit connu la Nature en perfection par une lumiere d'enhaut, et que par celle connoissance il avoit trouvé une medecine generale par l'or potable, avec laquelle il s'estoit conservé sain jusques à l'aage de cent quarante cinq ans, auquel aage il fut martyrisé.«

17. LEIBNIZ AN VERJUS (S. 126–135)

ÜBERLIEFERUNG: *L* Konzept: LBr. 954 Bl. 20–21. 1 Bog. 2°. 3 ⅓ S. – Gedr.: 1. (teilw.) Bodemann: *Briefwechsel*, 1889, S. 357–359; 2. (teilw.) Baruzi: *Leibniz*, 1909, S. 153–154; 3. (teilw.) Merkel: *China-Mission*, 1920, S. 139, Anm. 3; 4. Frémont: *Leibniz*, 1987, S. 147–151; 5. *A* I, 14 N. 472.

Die nicht gefundene Abfertigung antwortet auf Nr. 14. Zusammen mit unserem Stück wurde Nr. 18 übersandt; zur Begründung der Annahme, daß die Datierung nach altem Stil erfolgte, vgl. dort die Erläuterung.

[1] S. dazu Le Gobien im P.S. von Nr. 22. Bouvet hatte neben den 300 aus China nach Frankreich transportierten Büchern (s. Nr. 15) auch 42 chinesische Bücher als Geschenk des Kangxi-Kaisers an Ludwig XIV. mitgebracht; so jedenfalls die Notiz von Mathieu Villenave (1762–1846) auf Bl. 4 v° des Autographs von Bouvets *Voiage de Siam*, in: Gatty: *Voyage de Siam*, 1963, S. [2]. Zu den Gegenständen, die die fünf königlichen Mathematiker auf ihrer ersten Reise (1685) mit nach China nahmen, vgl. *ebd.*, S. 15 f., sowie Nr. 32. Die Angaben über die Anzahl der von Bouvet aus China mitgebrachten Bücher gehen jedoch auseinander. Bei Martin Lister: *A Journey to Paris in the year 1698*, 1699, S. 109, ist die Rede von »44 Packs of small Books of a long Quarto fashion, put up in loose Covers of a Purple Sattin glued on Pastboards; of Natural History, of Dictionaries relating to the Exposition of their Characters etc.« Vgl. auch Seguy: *L'Orient*, 1977, S. 201, wo als Geschenk für Ludwig XIV. »quarante-neuf volumes chinois« angegeben werden. Auf Grund der Tatsache, daß es sich bei keinem der von Bouvet mitgebrachten Bücher um Druckerzeugnisse aus der kaiserlichen Druckerei in Peking handelte und daß alle Bücher ihren kostbaren Einband zur selben Zeit in derselben Werkstatt erhalten hätten, hält Monique Cohen es allerdings für möglich, daß Bouvet in Kanton, von wo aus er auf einem englischen Schiff die Reise nach Europa antrat, »bought the books and had them bound there«. Bouvet wollte mit den angeblichen Geschenken Ludwig XIV. beeindrucken, sollte dieser doch nach dem Wunsch des Kangxi-Kaisers noch eine größere Anzahl weiterer Jesuitenpatres nach Peking entsenden. Vgl. M. Cohen: *A Point of History: The Chinese Books Presented in the National Library in Paris by Joachim Bouvet in 1697*, in: *Chinese Culture*, 31, 4, 1990, S. 39–48, hier S. 44 f., u. Martin Gimm: *Hans Conon von der Gabelentz und die Übersetzung des chinesischen Romans*, Wiesbaden 2005, S. 87 f., Anm. 215.

[2] Bouvet reiste am 6. März 1698 mit einer Gruppe von 8 neuangeworbenen Missionaren nach China zurück; s. Nr. 21 mit Anm. 3.

[3] S. dazu Anm. 15.

[4] Vgl. etwa die Übersicht zu Leibniz' Kontroverse mit François Catelan bei Emile Ravier: *Bibliographie des Œuvres de Leibniz,* Paris 1937, S. 52f. Nr. 94 mit [94], und mit Nicolas Malebranche, *ebd.*, S. 55, Nr. 99 mit [99], sowie seinen Brief an Paul Pellisson-Fontanier vom Juli 1691 (*A* I, 6 N. 99, S. 224–228).

[5] Vgl. Nr. 18.

[6] Vgl. Leibniz' *Specimen dynamicum*, in: *Acta erud.*, April 1695, S. 145–157.

[7] Vgl. Leibniz' Brief an Claude Nicaise vom 15. Februar 1697, in dem er zwei Vorwürfe gegen Descartes erhebt: Dieser habe die Philosophen von der Suche nach den Zweckursachen abgebracht (vgl. *Principia philosophiae*, I, 28) und damit von der Betrachtung der göttlichen Weisheit in der Natur; und er habe zu verstehen gegeben, daß die Materie nacheinander alle möglichen Formen annehme (vgl. *ebd.*, IV, 204), woraus jedoch folge, daß es weder eine göttliche Wahl noch Voraussicht gebe. Vgl. Gerhardt: *Philosophische Schriften*, 2, 1879, S. 562–565, hier 562f.

[8] Pierre-Daniel Huet (1630–1721), seit 1692 Bischof von Avranches; s. auch Nr. 42 mit Anm. 30f.

[9] Silvain Regis [anon.]: *Reflexions sur une letre de Monsieur Leibnits écrite à Monsieur l'Abé Nicaise,* in: *Journal des Sçavans,* 17. Juni 1697, S. 440–445.

[10] Zu Leibniz' Polemik gegen Spinoza vgl. auch Nr. 66, S. 579f.

[11] Leibniz: *Reponse aux reflexions touchant les consequences de quelques endroits de la Filosofie de Descartes*, in: *Journal des Sçavans*, 19. und 26. August 1697, S. 614–620; 621–625.

[12] Silvain Regis [anon.]: *Reflexions pour servir de replique à une réponse inserée dans le 32. et dans le 33. Journal de l'anée présente*, in: *Journal des Sçavans*, 18. November 1697, S. 706–711.

[13] Der folgende Absatz fand sich zunächst in etwas knapperer Form im Konzept des Briefes an Bouvet (Nr. 18).

[14] Leibniz: *Dissertatio de Arte Combinatoria*, 1666 (*A* VI, 1 N. 8).

[15] Leibniz wird diese Klage über den Mangel an Zeit und an Mitarbeitern immer wiederholen, wenn er seine verschiedenartigen Pläne zu einer *scientia generalis* zur Sprache bringt, deren Zentrum eine *ars characteristica universalis* bilden sollte. Die voneinander abhängigen Teile dieses Projekts setzten zu einer wissenschaftlich begründeten

Begriffsfindung eine allgemeine Enzyklopädie aller Wissenschaften voraus (vgl. Nr. 13, Anm. 7); Ziel war die Errichtung einer universallogischen Zeichenschrift, deren Alphabet die Anzahl einfachster Begriffe – das Alphabet der menschlichen Gedanken (s. Nr. 66, S. 581) – umfassen sollte und für deren Wort- und Satzbildung ein logisch-mathematischer Kalkül erforderlich war. Nicht die geringste Schwierigkeit in diesem Plan bildete das Erfordernis, den einfachen Begriffen und ihren Zusammensetzungen graphischen Ausdruck zu verleihen (vgl. dazu Widmaier: *Chinesische Schrift*, 1983, 1. Kap.). Vgl. Leibniz' zahlreiche Versuche zu diesem Projekt in *A* VI, 4, Teil A; Couturat: *Opuscules*, 1903, und Ders.: *La logique*, 1901, chap. IV.

[16] Leibniz denkt an John Wilkins: *An essay towards a real character and a philosophical language*, 1668, und George Dalgarno: *Ars signorum vulgo character universalis et lingua philosophica*, 1661; vgl. auch seine *Dissertatio de Arte Combinatoria* (*A* VI, 1 N. 8, S. 168 u. 169) und *A* VI, 4, Teil A N. 11, Überlieferung.

[17] Der vorstehende Absatz wurde von Leibniz selbst in [ ] gesetzt; er sollte vermutlich nicht in die Abfertigung übernommen werden.

[18] Vgl. Nr. 7 mit Anm. 4.

18. LEIBNIZ AN BOUVET (S. 136–157)

ÜBERLIEFERUNG: *L* Konzept: LBr. 105 Bl. 4–7. 2 Bog. 2°. 7 ⅔ S. Mit zahlreichen Korrekturen und Ergänzungen. – Gedr.: 1. (auszugsweise und in falscher Reihenfolge) Feller: *Otium*, 1718, S. 113–115; 2. (nach Feller) Dutens: *Opera*, 1768, 2, 1, S. 262–263; 3. (teilw.) Baruzi: *Leibniz*, 1909, S. 161–164; 4. (teilw.) Merkel: *China-Mission*, 1920, S. 135, Anm. 1, S. 136, Anm. 2, S. 139, Anm. 2; 5. Frémont: *Leibniz*, 1987, S. 168–178; 6. *A* I, 14 N. 470.

Die (nicht gefundene) Abfertigung, die als Beilage zu Nr. 17 übersandt wurde, antwortet auf Nr. 15 und wird durch Nr. 21 beantwortet. Beilage war eine (nicht gefundene) »umfangreiche Denkschrift« von Leibniz, auf die er sich in Nr. 20 bezieht. Bouvet erwähnt in Nr. 21, daß er gleichzeitig zwei Briefe vom 2. Dezember erhalten habe, von denen einer als Beilage einen Fragenkatalog von Adamus Adamandus Kochański (Nr. 16) enthielt. Daraus ist zu schließen, daß beide Leibnizbriefe nach altem Stil datiert waren: Offenbar hatte Leibniz unser Stück gerade abgeschlossen, als Kochańskis Brief vom 4. Dezember 1697 mit den zugehörigen Beilagen eintraf, die Leibniz dann umgehend mit seinem zweiten (nicht gefundenen) Brief an Bouvet weiterleitete.

[1] Leibniz bezieht sich auf das 1. Stück seiner *Novissima Sinica*, den Bericht von José Soares (wie Nr. 15, Anm. 6).

[2] Neben Leibniz' ausführlichem Vorwort und dem Bericht von Soares über das Toleranzedikt des chinesischen Kaisers enthalten die *Novissima Sinica* noch folgende Stücke (1. Auflage, 1697): 2. *Relatio de libro Sinico-Latino R. P. Verbiesti.* 3. *Epistola R. P. Claudii Philippi Grimaldi, Societatis Jesu ad Godefridum Guilielmum Leibnitium, Serenissimi Electoris Brunsvigo-Luneburgici Consiliarium Intimum Regiminis et Justitiae.* [vgl. Nr. 8]. 4. *Ex literis P. Antonii Thomae Pecquini datis 12. Nov. 1695.* 5. *Brevis descriptio itineris Sinensis à Legatione Moscovitica anno 1693. 94. et 95. confecti, communicante Dno. Brandio Lubecensi qui fuit in comitatu Dni. Isbrandi à Moscis ad Sinas Ablegati.* 6. *Appendix Excerptorum ex literis à R. P. Johanne Francisco Gerbillonio 2. et 3. Septemb. 1689. ex urbe Nipchou Tartariae Orientalis ditionis Moschicae prope Sinensis Imperii fines, datis ad RR. PP. Franciscum de la Chaise Regis Christianissimi Confessarium, et Antonium Verjusium missionum Orientalium directorem.*

[3] Vgl. dazu Widmaier: *Leibniz' verborgene Botschaft in den »Novissima Sinica«*, in: Li / Poser: *Das Neueste über China*, 2000, S. 29–56, hier S. 29.

[4] Joachim Bouvets *Portrait historique de l'empereur de la Chine*, 1697, vgl. Nr. 15; Leibniz veröffentlichte das Werk in lateinischer Übersetzung in der 2. Auflage seiner *Novissima Sinica* (1699).

[5] Vgl. Nr. 15 mit Anm. 5.

[6] Vgl. Nr. 14.

[7] D.h. es müßte sich im Sinne der »Litterärgeschichte« um eine Darstellung der gesamten schriftlichen, insbesondere gelehrten Überlieferung handeln; vgl. auch Nr. 7 mit Anm. 10.

[8] S. dazu J. Golius: *Catalogus*, 1696, S. 39 f.: *Libri Chinenses*, Nr. 1, 4, 5 u. 6.

[9] Vgl. Nr. 4 mit Anm. 16.

[10] Tatsächlich hatte Andreas Müller auf Drängen des Großen Kurfürsten 1674 in Berlin bereits eine *Propositio de Clave sua Sinica* veröffentlicht, d.h. eine vier Seiten lange Schrift, in der er seinen Schlüssel zur leichten Erlernung des Chinesischen anpreist, aber zur Bestreitung der Druckkosten zugleich einen Geldgeber unter den Fürsten sucht (s. auch Nr. 66). Den Briefwechsel mit Athanasius Kircher, A. A. Kochański und anderen zu diesem Thema hatte er 1676 unter dem Titel *De Invento Sinico epistolae* veröffentlicht.

[11] Vgl. *Röm* 14, 11.

[12] Gemeint sind die Mongolen; vgl. Nr. 1, Anm. 8. Bei Thevenot heißt es zu den verschiedenen Bezeichnungen der Mongolen: »Monguls, Mogols, Mongals ou Mugals, c'est un mesme nom appliqué en general à tous ces peuples qui sont depuis la Moscovie jusqu'aux Terres d'Jesso. Les Tartares qui sont maistres de la Chine, se nomment eux mesmes Moncheu [...]« (*Relations*, P. 3, 1666: *Ambassade des Hollandois,* Bl. ã iij v°).

[13] Vgl. H. W. Ludolfs Brief an Leibniz vom 18. Oktober 1697 (*A* I, 14 N. 357, S. 612 f.).

[14] Fjodor Alekseevič Golovin war der russische Gesandte bei den Vorverhandlungen und beim Abschluß des Vertrages (vgl. Nr. 9 mit Anm. 5). Auf Grund dieses Erfolges wurde er Ratgeber und Begleiter Peters I. bei dessen zahlreichen Auslandsreisen.

[15] Von H.W. Ludolf stammt auch das Blatt, auf dem in tangutischer (tibetischer) und mongolischer Schrift der Anfang des *Vaterunsers* in mongolischer Sprache mit lateinischer Transliteration und lateinischer Übersetzung (»Pater noster, qui es in coelis«) wiedergegeben ist (s. wie Anm. 13, S. 613). Darunter: »Mugalensis quidam Tartarus, Secundi Legati Russici, Feodor Alexewitsch Golovini servus, in sua lingua hoc initium orationis Dominicae scripsit, non tantum scriptura Mugalensi, sed et literis de Tangut. Habetur enim lingua Tangutensis inter Mugalenses in eadem veneratione, ac lingua Arabica inter Mahumedanos [Randbemerkung von Leibniz: »Quia Lamae Mugalensium Dalailamam in regione Tangutensi habitantem, tanquam summum suum Pontificem et caput in sacris venerantur«]: Tartarus hic Mugalensis fuerat sacerdos inter suae gentis homines. Procedere non poteram cum ipso in versione orationis Dominicae, quoniam

nesciebat quid sit ? sanctificetur.« [»Ein tatarischer Mongole, Diener des zweiten russsischen Gesandten, Fjodor Alekseevič Golovin, hat in seiner Sprache diesen Anfang des *Vaterunsers* aufgeschrieben, nicht nur in mongolischer, sondern auch in tangutischer Schrift. Die tangutische Sprache wird nämlich unter den Mongolen ebenso verehrt wie die arabische Sprache unter den Mohammedanern. Dieser mongolische Tatare war unter den Leuten seines Stammes Priester gewesen. Ich konnte mit ihm in der Übersetzung des *Vaterunsers* nicht fortfahren, weil er nicht wußte, was »sanctificetur« (»geheiligt werde«) bedeutet.«] (Hannover *Niedersächs. Landesbibl.* Noviss. 56: IV, 5).

16 Vgl. Witsens Brief an Leibniz vom 16. Okt. 1697 (*A* I, 14 N. 344).

17 Das Kalmückische, d.h. die Sprache der Ölöten, gehört zu den mongolischen Sprachen; vgl. zur Schrift auch Nr. 58 mit Anm. 23.

18 Vgl. H.W. Ludolfs Brief an Leibniz vom 18. Okt. 1697 (*A* I, 14 N. 357; vgl. den Text unten Nr. 42, Anm. 44). Unter dem alten Namen Tangut sind hier die Tibeter zu verstehen, die eine eigene, auf dem Indischen beruhende Schrift entwickelt haben. Vgl. auch Baddeley: *Russia, Mongolia, China*, 1919, Vol. 1, S. III.

19 Vgl. Kochańskis Brief an Leibniz vom 8./18. Jan. 1692 (*A* I, 7 N. 295).

20 Johann III. Sobieski (reg. 1674–1696).

21 Vgl. auch Leibniz' Brief an Kochański vom 11. (21.) März 1692 (*A* I, 7 N. 347, S. 612f.), wo das Wortbeispiel *Marah* (»Pferd«) im Hinblick auf seine germanische, gallische und angelsächsische Verwandtschaft betrachtet wird; dazu ebenfalls Leibniz' Brief an Hiob Ludolf vom 18. (28.) April 1692 (*A* I, 8 N. 127, bes. S. 229) und an Edward Bernard vom 7./17. März 1693 (*A* I, 9 N. 198). Ausführlich wird Leibniz hierauf noch einmal 1710 in seiner *Brevis designatio meditationum de originibus gentium*, S. 3 (vgl. Nr. 11, Anm. 4) zurückkommen.

22 S. dazu Nr. 6, Anm. 5; vgl. zum Problem der Frühzeit und zur Frage der ›wahren‹ Textgrundlage Martini: *Sinicae historiae decas prima*, 1658, S. 3, sowie Mungello: *Curious Land*, 1985, S. 127f. – Die Sentenzen »verum vero non dissonat« oder »omnia vera vero consonant« (u.ä.) waren seit dem Mittelalter gebräuchlich. Vgl. Jacqueline Hamesse: *Les Auctoritates Aristotelis. Un florilège mediéval. Étude historique et édition critique*, Louvain – Paris 1974, S. 233, Nr. 15 (*Philoso-*

phes medievaux, 7). Dazu Aristoteles: *'Ηθικὴ Νικομαχεῖα*, A 8, 1098 b 11f., u. Thomas von Aquin: *Quaestiones de veritate*, qu. 1, art. 4, in c; *Comm. in 1 Peri hermeneias*, Lect. 3, 7.

[23] In der Zeit der Streitenden Reiche oder Kampf-Staaten (453–221 v. Chr.); s. Otto Franke: *Geschichte des chinesischen Reiches*, Bd 1, Berlin/Leipzig 1930, S. 178–199.

[24] S. auch Nr. 7 mit Anm. 29.

[25] Vgl. *Corpus iuris civilis*. Digesta, 1, 1 (Ulpianus).

[26] Nicht ermittelt.

[27] Nicolaas Witsens *Nieuwe Lantkaarte* war 1687 in Amsterdam erschienen; s. auch Nr. 6, Anm. 8.

[28] Vgl. Nr. 8.

[29] Isaac Thuret (17. Jh.) war königlicher Uhrmacher zu Paris.

[30] S. dazu Nr. 13 mit Anm. 35. Über die Aufnahme der Geschenke in China berichtet Bouvet: « Il [der Kaiser] a fait placer ces deux Machines aux deux côtez de son trône dans le principal de ses Appartemens, où je les vis encore un jour avant mon départ, marque évidente de l'estime qu'il en fait.« (*Histoire de l'Empereur*, 1699, S. 93). S. auch *Histoire de l'Académie Royale des Sciences*, 1, 1733, S. 317.

[31] Durch einen Brief von Edme Mariotte vom 23. März 1684 (*A* III, 4 N. 52, S. 112) hatte Leibniz erfahren, daß die Ergebnisse der zur Verbesserung der Erd- und Himmelsvermessung von Giovanni Domenico Cassini, Jean Picard (1620–1682) und Philippe de La Hire (1640–1719) unternommenen Forschungsreisen veröffentlicht werden sollten. Tatsächlich erschien der *Recueil d' observations faites en plusieurs voyages* erst 1693. Nach dem Tod Picards setzten Cassini und La Hire 1683 und 1684 die Messungen fort. Nachdem sie die Arbeit 1700 wieder aufgenommen und 1718 abgeschlossen hatten, veröffentlichte Cassini 1719 die Ergebnisse in *De la grandeur de la terre et de sa figure* .

[32] Vgl. dazu Nr. 32, S. 235f.

[33] Vgl. Nr. 6 und Nr. 7.

[34] S. auch Nr. 1 mit Anm. 2. Leibniz veröffentlichte als 2. Stück der *Novissima Sinica* (vgl. Anm. 2) einen Auszug aus Verbiests *Astronomia Europaea sub Imperatore Tartaro- Sincico Cám Hý appellato*, 1687. Dort heißt es: »Nunc [F. Verbiest] se Dialecticam et Philosophiam prae manibus habere ait, sub pallio Sinico introducendam ad Reli-

gionis Christianae evidentiam clarius demonstrandam.« (*Novissima Sinica*, 1699, S. 152).

[35] Vgl. Leibniz: *Brevis demonstratio erroris memorabilis Cartesii*, in: *Acta erud.*, März 1686, S. 161–163, und Ders.: *De legibus naturae et vera aestimatione virium motricium contra Cartesianos*, *ebd.*, September 1691, S. 439–447.

[36] Hier folgte im Konzept zunächst ein Abschnitt, den Leibniz dann wieder strich und in etwas erweiterter Form in den Brief an Verjus einfügte; vgl. Nr. 17, Anm. 13.

[37] Vgl. Nr. 2 mit Anm. 1 und Nr. 7.

[38] *Ceylon* geht zurück auf das singalesische *Sinhaladwipa* »Land der Singalesen«.

19. LEIBNIZ AN BOUVET (S. 158–159)

Überlieferung: *L* Konzept: LBr. 105 Bl. 8. 4°. 1 S. – Gedr.: *A* I, 15 N. 145.

Die Datierung unseres Briefes stützt sich auf den darin erwähnten Besuch von Des Rosieres in Hannover, der etwa Mitte Januar stattfand; vgl. Albrecht Philipp von dem Bussches Brief an Leibniz vom 2./12. Januar 1698 (*A* I, 15 N. 7 u. Erl.) und Ezechiel Spanheims Brief an Leibniz vom 17./27. Januar 1698 (*A* I, 15 N. 170). Wie Leibniz' nicht gefundener zweiter Brief (vgl. die Erläuterung zu Nr. 18) antwortet unser Stück, Leibniz' dritter Brief (vgl. Nr. 20), auf Nr. 15. Zusammen mit seiner Beilage, der *Chronologie* von Christian Mentzel (s. Anm. 4), erreichte er jedoch den Adressaten nicht (vgl. Nr. 21).

[1] Weitere Angaben zur Identität des französischen Agenten Des Rosieres (auch de la Rosière, vgl. Nr. 20) konnten nicht ermittelt werden.

[2] Bouvet schiffte sich am 6. März 1698 in La Rochelle auf der »Amphitrite« nach China ein (vgl. Nr. 22).

[3] Bouvet erfüllte diesen Wunsch in Nr. 21.

[4] Christian Mentzel (1622–1701), Leibarzt des Großen Kurfürsten, war als Nachfolger von Andreas Müller ab 1685 Bibliothekar und

Betreuer der orientalischen Sammlung in Berlin. Er hatte von dem Kurfürstlichen Rat und Sekretär Chuno ein Exemplar der *Novissima Sinica* erhalten, in denen Leibniz Mentzel im Vorwort ehrenvoll erwähnt. Auch hatte er von Leibniz' Wunsch erfahren, ein sachkundiges Urteil insbesondere darüber zu erhalten, welche Bücher zur Erlernung der chinesischen Schrift und Sprache aus China nach Europa zu besorgen wären. Joachim Bouvet, von dem Leibniz in dieser Sache Hilfe erwartete, wurde von Mentzel zugleich als idealer Überbringer seines Geschenks an den Kangxi-Kaiser betrachtet, eines Exemplars der *Kurtzen Chinesischen Chronologie*, 1696. Hierbei handelt es sich um »eine gelegentlich aus Martini[s *Sinicae Historiae decas prima*, 1658] angereicherte, meist aber leicht verkürzte deutsche Version der von Couplet lateinisch edierten *Tabula chronologica monarchiae Sinicae*« (s. Kraft: *Frühe chinesische Studien in Berlin*, 1976, S. 115). Zu Mentzels Brief an Leibniz vom 22. November (2. Dezember) 1697 (*A* I, 14 N. 445), der von E. Spanheim nach Hannover gebracht worden war und Leibniz' Vermittlung betreffend Bouvet erbat, gehörte noch ein Blatt mit zwei Fragen für Bouvet (vgl. *A* I, 14 N. 474, S. 843). Mentzel wollte 1. von den Patres in China wissen: »An JESSO sit insula retro Japoniam? et an intermediae quaedam Insulae? item an retro Japoniam in magno oceano plura insularum regna?, et quomodo vocentur[?]« Er fragte 2.: »Ubinam terrarum crescat decantata radix GIN-SEN dicta, quae magnis Viribus in Medicina praestare dicitur [?]« (LBr. 541 (Le Gobien) Bl. 31 r°. Abschrift von Schreiberhand).

[5] Vgl. dazu Nr. 21, wo Bouvet sein Bedauern über den Verlust von Mentzels *Chronologie* ausdrückt.

20. LEIBNIZ AN BOUVET (S. 160–163)

Überlieferung: *L* Konzept: LBr. 119 (Brosseau) Bl. 272. 8°. 1 S. – Auf Bl. 272 r° Konzept von Leibniz' Brief an Brosseau vom 30. Januar 1698 (A I, 15 N. 176). – Gedr.: *A* I, 15 N. 175.

Unser Stück war Beilage zu einem Brief von Leibniz an Christophe Brosseau vom selben Datum (*A* I, 15 N. 174). Es antwortet auf Nr. 15, wird beantwortet durch Nr. 21 und ausführlicher durch Nr. 32. Beilage war ein Brief von Lucas Schröck vom 6. (16.) Januar 1698 für Andreas Cleyer in Batavia (LBr. 838 Bl. 2–3. 2°. 3 S.), den wir aus sachlichen Erwägungen hier nicht veröffentlichen. Zu Schröcks Begleitbrief an Leibniz vom selben Datum s. u. Anm. 6.

[1] Wie aus Nr. 21 hervorgeht, ging von den in unserem Stück genannten Leibniz-Briefen nur der dritte (Nr. 19 mit der *Chronologie* von Christian Mentzel) verloren. Leibniz' zweiter Brief, dem mit Nr. 16 die *Quaestiones* von Kochański beilagen, wurde dagegen nicht gefunden (vgl. die Erläuterung zu Nr. 18).

[2] S. Anm. 1 und die Erläuterung zu Nr. 19.

[3] Vgl. Nr. 19 mit Anm. 4. Über das erwähnte Buch, Mentzels *Chronologie* von 1696, berichtet dessen Sohn Johann Christian in einem Brief an Leibniz vom 25. Okt. (4. Nov.) 1698, daß sein Vater schon vor einem halben Jahr zwecks Weiterbeförderung nach China ein Exemplar des Werkes an den Königlichen Bibliothekar N. Clément nach Paris abgesandt habe (*A* I, 16 N. 155).

[4] Leibniz' Denkschrift als Beilage zu Nr. 18 wurde nicht gefunden; vgl. dort die Erläuterung.

[5] S. Anm. 1.

[6] Lucas Schröck (1646–1730) war seit 1693 Präsident der Academia Leopoldina. Die *Miscellanea curiosa medico-physica Academiae Naturae Curiosorum sive Ephemerides*, Publikationsorgan der Akademie, erschienen ab 1670. In seinem Brief an Leibniz vom 6. (16.) Januar 1698 schreibt Schröck: »Mitto autem literas ad D. Cleyerum apertas, ut quid ab Eo, vel praelaudato Dn. Patre [Joachim Bouvet], circa remedia ista desiderem, perlegere possis.« (LBr. 838 Bl. 1 r°; s. auch Leibniz' Antwortkonzept auf demselben Blatt). Er wünscht Auskünfte über bestimmte Arzneimittel und besonders den Moschus des Bisamtieres zu erhalten. Im letzten Fall handelt es sich um 12 Fragen, darunter folgende (LBr. 838 Bl. 2v°):

»(2) an recens et in vivo animali sit liquidus, vel, prout ad nos adfertur, crassus et sanguinem coagulatum referens?

(3) qualem usum ipsi animali succum hunc praestare, sit credibile [?]

(4) an in femellis tantum reperiatur? [...]«.

Der aus Kassel stammende Andreas Cleyer (1634–1697/98), der sich selbst als U[triusque] M[edicinae] L[icentiatus] bezeichnete, war 1662 mit dem Ziel Batavia (heute Jakarta) von Holland aus in See gestochen. Fünf Jahre später war er als Verwalter des Arzneimitteldepots für die Niederländische Ostindische Kompanie (VOC) tätig. Der Kontakt mit Christian Mentzel bestand seit 1678. Dieser verdankte ihm die Übersendung des chinesischen Lexikons *Tzu hui* (*Zihui*) und des *Vocabulario de letra China con la explicacion castellana* von Francisco Diaz (vgl. Nr. 49, S. 435; Mentzels Brief an Leibniz vom 22. November (2. Dezember) 1697, in: *A* I, 14 N. 445, S. 781f., und Kraft: *Frühe chinesische Studien in Berlin*, 1976, S. 115f. u. S. 123). Mit den Namen beider sind auch zwei Veröffentlichungen zur chinesischen Medizin verbunden, durch die Cleyer im Hinblick auf Michal Boym S. J. (1612–1659) zu Unrecht in den Verdacht des Plagiats geriet (Näheres dazu bei Kraft, *a.a.O.*, S. 121f.). Mentzel ist es erstens zu verdanken, daß 1682 in Frankfurt das *Specimen medicinae Sinicae, sive Opuscula medica ad mentem Sinensium, Continens I. De Pulsibus Libros quattuor è Sinico translatos* [...], edidit A. Cleyer, erschien, das als Übersetzung nach Wang Shuhe von Michal Boym (s. auch Nr. 21, Anm. 15) den ersten westlichen Bericht über chinesische Medizin, speziell Akupunktur und Pulslehre darstellt (vgl. John Landwehr: *VOC. A Bibliography of Publications Relating to the Dutch East India Company 1602–1800*, Utrecht 1991, S. 832). Zweitens erschien 1686 in Nürnberg unter dem Namen Michal Boyms eine vervollständigte und von Philippe Couplet korrigierte Fassung des Werkes mit dem Titel *Clavis Medica ad Chinarum Doctrinam de pulsibus*, dessen Druck ebenfalls Mentzel durchgesetzt hatte. Zu Boym vgl. auch Nr. 3 mit Anm. 4 und Edward Malatesta: *The Tragedy of Michael Boym*, in: *Actes*, 1995, S. 353–370.

[7] Gemeint sind seine eigene und die Denkschrift Kochańskis (Nr. 16)

[8] Leibniz erwartete eine Antwort auf seinen Brief an Grimaldi Nr. 13.

[9] Zu Jean-François Gerbillon vgl. Nr. 9 mit Anm. 2.

21. Bouvet an Leibniz (S. 164–175)

Überlieferung: *L* Abfertigung: LBr. 105 Bl. 9–12. 2 Bog. 4°. 8 S. – Gedr.: *A* I, 15 N. 238.

E Teildruck (das manjurische *Vaterunser*): J. Chamberlayne: *Oratio Dominica*, 1715, S. 13.

Unser Stück antwortet auf Nr. 18, einen zweiten (nicht gefundenen) Leibniz-Brief (vgl. Nr. 18, Erl.) sowie auf Nr. 20 und wird beantwortet durch Nr. 42. Den Schluß unseres Stückes bilden eine Transliteration des manjurischen *Vaterunsers* mit lateinischer Interlinearversion (Bl. 11 v°), eine Wiedergabe desselben Textes in manjurischer Schrift mit der interlinear zugeordneten, von Bl. 11 v° bereits bekannten Transliteration (Bl. 12 r°) und sechs etymologisch-vergleichende Wortbeispiele aus dem Chinesischen, Türkischen, Persischen, Griechischen und Lateinischen quer zum Schluß des Brieftextes (Bl. 12 v°).

[1] Vgl. Nr. 23.

[2] Christian Mentzels *Chronologie*, 1696.

[3] Dazu gehörten die Jesuitenpatres Charles Dolzé (1663–1701), Louis de Pernon (1664–1702), Jean-Charles-Etienne Froissard de Broissia (1660–1704), Jean-Baptiste Régis (1663–1738), Philibert Geneix (1667–1699), Joseph Henri-Marie de Prémare (1666–1736), Dominique Parrenin (1665–1741), der Bildhauer Frater Charles de Belleville (1657–1730), sowie der Maler Giovanni Gherardini (1657–1730), der über diese Reise eine *Relation du voyage fait à la Chine*, 1700, verfaßte. Vgl. Streit: *Bibliotheca Missionum*, 7, S. 4 Nr. 2016, und Madrolle: *Voyages*, 1901, S. 4–5; zu Gherardini vgl. *Dizionario biografico degli Italiani*, 53, 1999, S. 596 f.

[4] Leibniz bestellte Bouvets Grüße an Christian Mentzel in seinem Brief vom 15. (25.) Okt. 1698 (*A* I, 16 N. 131), an Lucas Schröck am 7. (17.) Mai 1698 (LBr. 838 Bl. 1) und am selben Tag an A. A. Kochański (*A* I, 15 N. 368)

[5] Vgl. Nr. 33.

[6] S. dazu Nr. 20, Anm. 6.

[7] Vgl. Nr. 8.

[8] Außer an Grimaldi berichtete Leibniz vermutlich darüber in dem (nicht gefundenen) zweiten Brief an Bouvet; vgl. auch Nr. 7 mit Anm. 38.

[9] Nr. 18.

[10] Ein Wörterbuch von Claude de Visdelou ist nicht nachweisbar; vgl. Pfister, S. 454–457; Streit: *Bibliotheca Missionum*, 7, Nr. 2387, S. 105–107, und Neumann: *Werke*, 1850, S. 225–242. Allerdings erschien postum 1779 in Maestricht von Visdelou und A. Galand ein Supplementband zu Herbelots *Bibliothèque orientale*, 1697. Vgl. auch unten Nr. 32 mit Anm. 12.

[11] Zu Andreas Müller und seiner versprochenen *Clavis Sinica* s. Nr. 6, Anm. 4, u. Nr. 18, Anm. 10.

[12] In der Diskussion standen Martinis *Novus Atlas Sinensis*, 1655, und Witsens *Nieuwe Lantkaarte*, 1687.

[13] Sagenhafte, angeblich eisfreie Passage zwischen Asien und Amerika; s. auch Baddeley: *Russia, Mongolia, China*, 1919, vol. 2, S. 20 u. 211. Zum damaligen Forschungsstand über diese Meeresenge heißt es bei G. D. Cassini: »Il reste entre l'Asie et l'Amerique une partie inconnuë opposée à l'Europe dans la mesme Zone, dont les Peres Jesuites qui ont esté envoyez en qualité de Mathematiciens du Roy en Orient par terre et par mer, pourront un jour nous en donner des nouvelles.« (*Reflexions sur la longitude de la coste orientale de la Chine*, in: *Observations Physiques*, 1692, S. 53). Tatsächlich hatte schon im Jahr 1648 der Kosake Simon Ivanovič Deznev es gewagt, aus der Kolyma in den Polarozean zu fahren, die Tschuktschen-Halbinsel zu umschiffen, und war durch die Meerenge, die Amerika von Sibirien trennt, nach Kamtschatka gelangt. Man hielt aber diesen Beweis der Trennung beider Erdteile lange für eine Fabel; erst der Däne Vitus Bering und der Russe Aleksej Čirikov durchsegelten 1728 aus dem Kamtschatka-Fluß kommend die Meeresstraße. Vgl. Juri Semjonow: *Sibirien*, 1954, S. 102–106.

[14] Der Oratorianer Jean Paul Bignon (1662–1743) hatte 1691–1693 die Leitung der königlichen Akademien übernommen und daraufhin seine Kongregation verlassen. Seit 1699 führte er ebenfalls die Aufsicht über den französischen Buchhandel und war damit auch Chef der Zensur. Zwei Jahre später (zunächst bis 1714) wurde er Direktor des *Journal des sçavans*. Vgl. zu Bignon die ausführliche Würdigung bei Simone Balayé: *La Bibliothèque Nationale des origines à 1800*, Genève 1988, S. 149–159.

[15] Es dürfte sich hierbei um die bereits von A. Cleyer herausgegebene Pulslehre handeln, deren Autor Wang Shuhe (265–316 n. Chr.) ist. Sein vier Bücher umfassendes medizinisches Werk, das in den ersten beiden Büchern von der Pulsdiagnostik handelt, wurde von Michal Boym übersetzt (s. Nr. 20 mit Anm. 6). Vgl. Pfister, S. 275, und *Biographie universelle*, 5, 1812, S. 437, sowie den Bericht *Secret du pouls* (1. u. 2. Teil) bei Du Halde: *Description*, 3, 1736, S. 467–541.

[16] Vgl. Nr. 9 mit Anm. 15.

[17] Anspielung auf Kirchers *Oedipus Aegyptiacus*, 1652–1654, der die chinesische Schrift auf die ägyptischen Hieroglyphen zurückführt und sich seinerseits auf den Rätsellöser Oedipus des griechischen Mythos bezieht. Gemeint sind im folgenden die Hexagramme des *Yijing*.

[18] Zu diesem Hinweis auf den Figurismus Bouvets s. ausführlicher die Nrn 39 u. 44.

[19] Vgl. Couplet: *Confucius Sinarum philosophus,* 1687, S. XLII. Bei der Darstellung Couplets handelt es sich um die sogenannte »Wen-Ordnung« (auch: »Wenwang-System«); vgl. Nr. 44, Anm. 18.

[20] Vgl. Nr. 18.

[21] Vgl. ebd. das P. S.

[22] Bouvet gibt zunächst das manjurische *Vaterunser* in lateinischer Transliteration und setzt darüber eine wörtliche Übersetzung ins Lateinische (S. 172). In einem zweiten Schritt notiert er (S. 173) das *Vaterunser* in der manjurischen (»tartarischen«) (Buchstaben-) Schrift, die in Spalten von links oben nach rechts unten zu lesen ist, und fügt jeweils rechts seine lateinische Transliteration hinzu. Bouvets manjurischer Text gibt das lateinische Original etwas ungenau wieder und weist in der Schreibung einige Fehler auf, die auf eine noch ungenügende Beherrschung der Sprache schließen lassen. Auf S. 173 wurde Bouvets Transliteration der modernen Umschrift angepaßt.

22. LE GOBIEN AN LEIBNIZ (S. 176–183)

ÜBERLIEFERUNG: *K* Abfertigung: LBr. 541 Bl. 7–8. 1 Bog. 4°. 4 S. Bibl.verm. – Gedr.: *A* I, 15 N. 366.

Der diese Korrespondenz einleitende Brief wird beantwortet durch Nr. 24. Beilagen waren vermutlich Nr. 23 und ein Brief an den schwedischen Slavisten und Orientalisten Johan Gabriel Sparwenfeld (s. Anm. 12).

Der Jesuit Charles Le Gobien (1653–1708) war Professor für die Humaniora und für Philosophie in Tours und Alençon, bevor er zunächst als Sekretär des P. Antoine Verjus nach Paris gerufen und ab 1706 als dessen Nachfolger Missionsprokurator der Chinamission wurde. Er war der erste Herausgeber der bekannten *Lettres édifiantes et curieuses écrites des missions étrangères*, Paris 1702–1708 (s. Anm. 4). Die Verdienste Le Gobiens würdigte sein Nachfolger als Herausgeber, Jean Baptiste Du Halde S. J., *ebd.*, IX. Recueil, Paris 1711, S. VII ff.

[1] S. dazu Nr. 32, Anm. 5.

[2] Vgl. Nr. 21, Anm. 3.

[3] Gemeint ist zweifellos der Krieg des Kangxi-Kaisers gegen Galdan, den Stammesführer der Westmongolen (1688–1696), der erst nach dem Tod des letzteren 1697 (s. Nr. 29) beendet werden konnte. Vgl. die Beschreibung des Sieges über Galdan von Jean-François Gerbillon bei Du Halde: *Description*, 4, 1734: *Cinquième Voyage du Pere Gerbillon en Tartarie*, S. 386–447.

[4] Le Gobien hatte bereits 1697 *die Lettre sur les progrez de la religion à la Chine à Monsieur l'Abbé de **** veröffentlicht; 1698 erschien zusammen mit der *Histoire de l'edit de l'empereur de la Chine* sein *Eclaircissement sur les honneurs que les Chinois rendent à Confucius et aux Morts* und 1700 die *Histoire des Isles Marianes.* 1702 gab er die *Lettres de quelques missionnaires de la compagnie de Jesus, ecrites de la Chine et des Indes-Orientales* heraus. Dieser ersten Sammlung folgten unter seiner Regie sieben weitere Bände unter dem Titel *Lettres édifiantes et curieuses*, 1702–1708.

[5] Der Druck dieses Werkes wurde am 31. Mai 1698 abgeschlossen (vgl. dazu auch Nr. 15 mit Anm. 5). *Die Histoire de l'edit de l'empereur de la Chine* und das Anm. 4 genannte *Eclaircissement* erschienen auch

als 3. Teil der 3. Aufl. von Louis-D. Le Comtes *Nouveaux mémoires sur l'etat présent de la Chine*, 1698.

[6] Vgl. Nr. 15 mit Anm. 6 und Leibniz: *Novissima Sinica*, 1699, S. 1–149.

[7] Das Geschenk traf nicht bei Leibniz ein; vgl. Nr. 29.

[8] Vgl. Brosseaus Brief an Leibniz vom 14. Juli 1698 (*A* I, 15 N. 446).

[9] Gemeint sind die Gegner der Jesuiten im chinesischen Ritenstreit: Jansenisten, Dominikaner und Franziskaner sowie die Missionare des Pariser Missionsinstituts der *Missions Étrangères* (MEP).

[10] Louis Picques (s. auch Nr. 15 mit Anm. 2) hatte den Jesuiten in Paris die *Novissima Sinica* von 1697 nur für kurze Zeit überlassen; vgl. seinen Brief an G. Groddeck vom 6. Dezember 1697 (Berlin *Staatsbibl. Preußischer Kulturbesitz* Nachlaß Groddeck 93 Bl. 12). Dennoch stellte Le Gobien einen Auszug des Vorworts her, der den Anfang (S. 2–11) seiner kleinen Briefsammlung *Lettre sur les progrez de la religion*, 1697 (s. Anm. 4) bildet. Hierzu heißt es in der einleitenden Anrede (S. 1 f.): »Je suis bien fâché, Monsieur, de ne pouvoir satisfaire vôtre curiosité, sur ce qui se passe à la Chine, touchant les progrez de la Religion Chrétienne. On en dit des choses surprenantes. Le petit Livre qu'a fait imprimer cette année le celebre Monsieur Leibnits, cet illustre sçavant d'Allemagne, qui fait tant d'honneur à son pays, vous en eût parfaitement instruit : mais la personne, à qui on l'a envoié d'Allemagne, n'a pas voulu s'en désaisir. Comme il ne me l'a confié que pour quelques heures, je n'ay eu le temps que de faire à la hâte un petit extrait de la belle Préface, que Monsieur Leibnits a mise à la tête de son Livre.«.

[11] Vgl. Nr. 16, die Erl. zu Nr. 18 u. Nr. 20.

[12] Es handelt sich um die Fragen des königl. schwedischen Bibliothekars und Orientalisten G. P. Lillieblad, die J. G. Sparwenfeld seinem Brief an Leibniz vom 8. (18.) Januar 1698 für Bouvet beigelegt hatte (vgl. *A* I, 15 N. 150 Erl.). Der Fragebogen Lillieblads (LBr. 541 Bl. 32–33. Abschrift von Schreiberhand) wurde von Leibniz an Bouvet adressiert und nach Paris geschickt, erreichte diesen aber nicht mehr vor seiner Abreise nach China. Verjus, der den Brief in Empfang nahm, reichte ihn zur Beantwortung der Fragen an Le Gobien weiter (s. Nr. 22, S. 181). Vgl. zu Le Gobiens Brief an Sparwenfeld vom 15. Mai 1698 die Abfertigung und eine Abschrift von Schreiberhand mit Korrekturen von Leibniz in: LBr. 541 Bl. 1–4 u. Bl. 5–6.

[13] Vgl. Nr. 9, Anm. 14.

[14] Vgl. Christian Mentzels Brief an Leibniz vom 22. November (2. Dezember) 1697, in dem er seine *Chronologie* avisiert (*A* I, 14 N. 445), u. Nr. 19. Weder das von Leibniz noch das von Mentzel abgesandte Exemplar erreichte Bouvet.

[15] Vgl. zur »Geschichte« Nr. 70 mit Anm. 8; die »Chronologie« Chinas blieb Manuskript, vgl. Pfister, S. 456, und Neumann: *Werke*, 1850, S. 227 f. bzw. S. 234; Streit: *Bibliotheca Missionum*, 7, S. 106, § 10.

[16] Von einem Manuskript gebliebenen »chinesischen Atlas« berichten weder Pfister noch Neumann noch Streit.

[17] Martini: *Novus atlas Sinensis*, 1655.

[18] Das nach dem Volksstamm Yupi genannte Gebiet nördlich von Korea; vgl. die Karte von Guillaume Delisle: *L'Asie. Dressée sur les Observations de l'Academie Royale*, 1700 (zu Delisle vgl. Nr. 52 mit Anm. 3).

[19] Vgl. Nr. 17, Nr. 18 u. Nr. 32.

23. LE GOBIEN FÜR KOCHÁNSKI (S. 184–191)

ÜBERLIEFERUNG: *A*[1] Abschrift der Abfertigung: LBr. 541 Bl. 9–10. 1 Bog. 2°. 3 ¼ S. von Schreiberhand. Von Leibniz' Hand Korrekturen und am Rand notierte Zahlen, die auf Kochańskis Numerierung der Fragen in Nr. 16 hinweisen. (Druckvorlage). – Gedr.: *A* I, 15 N. 367.

A[2] Abschrift von *A*[1]: Göttingen *Staats- u. Universitätsbibliothek* cod. ms. philos. 138 m Heft 4 Bl. 57–58. 4°. 4 ½ S. von J. D. Grubers Hand (mit Korrektur der sinnentstellenden Fehler der Vorlage).

Unser Stück, mit dem Le Gobien für Bouvet auf Kochańskis Fragen in Nr. 16 antwortet, erreichte Leibniz als Beilage zu Nr. 22. Diese leitete er weiter mit seinem Brief vom 19. (29). Mai 1698 an Kochański (*A* I, 15 N. 390), der in seinem Brief an Le Gobien vom 11. Juni 1698 (*A* I, 15 N. 411) darauf antwortet.

[1] Bouvet anwortete mit Nr. 33 erst von Peking aus.

[2] Der *Dizionario portoghese-cinese*, der in dem Zeitraum 1583–1588 von Matteo Ricci und Michele Ruggieri zusammengestellt wurde und

sich heute in Rom *Archivum Romanum Societatis Jesu* Jap. Sin. I 198 befindet, wurde von John W. Witek: *Dicionário Português-Chinês*, San Francisco 2001, ediert; vgl. auch Dehergne: *Répertoire*, S. 236. Von der Handschrift der *Grammatica Sinica* Martino Martinis (jetzt gedruckt: *Opera Omnia*, II, 1998, S. 349–516) besaß damals in Deutschland vermutlich nur Christian Mentzel eine Kopie; vgl. Kraft: *Frühe chinesische Studien in Berlin*, 1976, S. 115f.

[3] Vgl. zu demselben Wörterbuch Anm. 4.

[4] Es handelt sich wahrscheinlich um das zwei Teile umfassende Wörterbuch *Zikao* (»Zeichenuntersuchung«) des portugiesischen Jesuiten Alvaro Semedo (1586–1658); vgl. Albert Chan: Art. *Semedo*, in: Goodrich: *Ming Biography*, 2, 1976, Sp. 1158 (*Tzu-k'ao*), und Pfister, S. 146.

[5] Um welches Wörterbuch es sich hier handelt, ist unklar.

[6] Couplet: *Confucius Sinarum philosophus*, 1687, und [beigedruckt] ders.: *Tabula chronologica Monarchiae Sinicae*, 1686.

[7] So jedenfalls nach Couplet: *Tabula chronologica*, S. 38f., und Martini: *Sinicae historiae decas prima*, 1658, S. 43f.

[8] Zur Vermutung, daß die Sonnenfinsternis beim Tode Christi auch in China zu sehen gewesen wäre, vgl. auch Nr. 16 mit Anm. 2 u. 4. Nach Christfried Kirch (1694–1740) teilten sich damals die Ansichten zu diesem Problem in der Frage, ob es sich bei der Sonnenfinsternis beim Tode Christi um eine übernatürliche (und deshalb mit astronomischen Berechnungen nicht verifizierbare) oder um eine natürliche Eklipse gehandelt habe. Er selbst schlug vor, diese Sonnenfinsternis mit mathematischen Mitteln nachzurechnen (vgl. *De Eclipsi Solis, quae à Sinensibus, anno 7 Quangvuti notata est*, in: *Miscellanea Berolinensia*, Continuatio, I, 1723, S. 133–139, hier S. 133f. Dazu auch Claudia von Collani: *Theologie und Astronomie in China*, in: Malek: *Western Learning*, 1, 1998, S. 388–401.

[9] Da das Geheimnis der Porzellanherstellung in China streng gehütet wurde, waren die Patres hier offensichtlich falsch informiert worden.

[10] Es handelt sich wahrscheinlich um Pierre Chicaneau sen. (tätig vor 1678), der eine Porzellanfabrik in Saint-Cloud bei Paris betrieb, die später von seiner Witwe und seinen Kindern, darunter sein Sohn Pierre (tätig um 1702), weitergeführt wurde. Vgl. auch Nr. 64, Anm. 29.

[11] Davon berichtet Martino Martini: »Il y a desia long-temps qu'ils sçavent faire du verre fort transparent de ris, toutefois il n'est pas de la bonté du nostre, mais il en approche beaucoup, et ne luy ressemble pas mal pour les autres qualitez du verre.« Vgl. *Description geographique de l'empire de la Chine*, 1666, S. 7.

[12] Über aus Farnkraut gewonnenes Glas wurde nichts ermittelt.

[13] Vgl. Bouvets Bericht in Nr. 32

[14] Dieser Plan zerschlug sich. Bei den Kaufleuten handelte es sich um einen Kreis von Kapitalanlegern um den reichen Kaufmann Jourdan de Groussy, der eine Glasmanufaktur in Paris besaß. Joachim Bouvet, der ihn während seines Frankreichaufenthalts kennengelernt hatte, konnte ihn 1698 davon überzeugen, daß eine Handelsexpedition in den Fernen Osten hohe Gewinne einbringen würde. Nach der Rückkehr der »Amphitrite« am 3. August 1700 ließ Jourdan mit zwölf weiteren Anlegern Ende Dezember 1700 (neben der seit 1664 bestehenden *Compagnie des Indes Orientales*) eine neue Gesellschaft, die *Compagnie de la Chine* (1698–1712), registrieren, die jedoch bald darauf hochverschuldet war. Vgl. Madrolle: *Voyages*, 1901, S. XXXI–LV, hier S. XL f.

[15] Der betreffende Jesuit wurde nicht identifiziert.

[16] Le Gobiens *Histoire de l'edit*, 1698, erschien kurz darauf.

[17] Vgl. Nr. 22 mit Anm. 8.

24. LEIBNIZ AN LE GOBIEN (S. 192–193)

Überlieferung: *L* Auszug: LBr. 541 Bl. 11. 8°. 1 S. auf Bl. 11 r°. – Quer auf Bl. 11 v° ein nicht zuzuordnender Briefanfang: »Monsieur ... Deßen angenehmes«. – Gedr.: *A* I, 15 N. 425.

Die nicht gefundene Abfertigung antwortet auf Nr. 22 und wird vermutlich beantwortet durch Nr. 29. Beilage war Kochańskis Brief an Le Gobien vom 11. Juni 1698 (vgl. Nr. 23 Erl.).

[1] Vgl. Nr. 23.

[2] Diese Antwort wurde nicht gefunden. Leibniz' nächster erhaltener Brief an Bouvet ist Nr. 42.

[3] Nr. 21, worin sich Bouvet für Leibniz' Briefe bedankt, besonders aber für Nr. 18.

[4] Tatsächlich hatte Leibniz viermal geschrieben, s. die Erl. zu Nr. 18.

25. LEIBNIZ AN VERJUS (S. 194–197)

ÜBERLIEFERUNG: *L* Konzept: LBr. 954 Bl. 22–23. 1 Bog. 8°. 3 ½ S. – Gedr.: 1. (teilw.) Frémont: *Leibniz*, 1987, S. 152–153; 2. *A* I, 16 N. 242.

Unser Brief wird durch Nr. 27 beantwortet.

[1] Der Übersetzer des Werkes, das der 2. Aufl. der *Novissima Sinica*, 1699, als 7. Stück beigefügt worden war, ist der Helmstedter Professor der Rhetorik Caspar Cörber (1658–1700); vgl. Leibniz' Brief an Antonio Magliabechi vom 12. (22.) April 1699 (*A* I, 16 N. 447, S. 732).

[2] In den *Miscellanea curiosa* war Mentzels *Sylloge minutiarum Lexici Latino-Sinico-Caracteristici* im Inhaltsverzeichnis der *Appendix ad annum tertium decuriae II. Ephemeridum medico-physicarum naturae curiosorum in Germania*, Norimbergae Anno 1685, S. 424, bereits angekündigt; das Stück fehlt jedoch im Text und erschien dann im selben Jahr gesondert im Druck; vgl. dazu Rolf Winau: *Sylloge Minutiarum Lexici Latino-Sinico-Characteristici. Christian Mentzels kleines lateinisch-chinesisches Lexikon*, in: *Beiträge zur Geschichte der Naturwissenschaften und der Medizin. Festschrift für Georg Uschmann*, Halle 1975, S. 463–472 (*Acta Historica Leopoldina*, 9). Manuskript blieb seine 1698 fertiggestellte *Clavis Sinica* (s. Nr. 65 mit Anm. 14) und Torso sein *Chinensium Lexici Characteristici, inscripti* [...] *çu guey* [*Zihui*] [...], *volumen primum*, 1698 (s. Nr. 66 mit Anm. 12). Ein Faksimile des vollständigen Titels sowie der ersten Seite ist abgedruckt bei Walter Artelt: *Christian Mentzel, Leibarzt des Großen Kurfürsten, Botaniker und Sinologe* (*Illustrierte Monographien zur Geschichte der Medizin*, 1), Leipzig 1940, Abb. XXI, XXII.

[3] Vgl. zu Andreas Müller Nr. 6, Anm. 4; ferner *A* I, 11 N. 250, und Kraft: *Frühe chinesische Studien in Berlin*, 1976, S. 97–107, bes. S. 106.

[4] Vgl. Nr. 17, Anm. 15.

[5] S. u.a. die Abhandlung *Nova methodus pro maximis et minimis*, in: *Acta erud.*, Oktober 1684, S. 467–473, und Leibniz' *Responsio ad nonnullas difficultates, ebd.*, Juli 1695, S. 310–316.

[6] S. z.B. Leibniz' Überlegungen zum »Calculus situs« in seinen Aufzeichnungen *Analysis Geometrica Propria eique connexus calculus situs*, in: Gerhardt: *Mathematische Schriften*, 5, 1858, S. 172–178 u. 178–183, *A* III, 2 N. 347, und *De Calculo Situum*, in: Couturat: *Opuscules*, 1903, S. 548–556.

[7] Vgl. Nr. 21.

[8] Leibniz: *Dissertatio de Arte Combinatoria*, 1666.

[9] Leibniz denkt wohl besonders an das *Système nouveau de la nature et de la communication des substances*, in: *Journal des Sçavans*, 27. Juni u. 4. Juli 1695, S. 444–454 bzw. S. 455–462, sowie die [*Remarques sur l'Harmonie de l'Ame et du Corps*], in: *Histoire des ouvrages des sçavans*, Februar 1696, S. 274–276.

[10] Pierre Bayle (1647–1706) hatte von 1684 bis 1687 die monatlich erscheinende Zeitschrift *Nouvelles de la République des Lettres* herausgegeben. Sein Nachfolger, Henri Basnage de Beauval, führte die Zeitschrift unter dem Titel *Histoire des ouvrages des sçavans* bis 1709 weiter.

[11] Vgl. den Artikel *Rorarius* in: Pierre Bayle: *Dictionaire historique et critique*, 1702, 3, S. 2610, Anm. (L) zu Ende des einleitenden Abschnitts. Bayle glaubte insbesondere nicht, »qu'il soit moins facile à Monsieur Leibniz qu'aux Cartesiens ou aux autres philosophes de se garantir de l'objection du mechanisme fatal, le renversement de la liberté humaine«. Statt »moins facile« dürfte »plus facile« zu lesen sein, wie es auch Gottsched in seiner deutschen Übersetzung aufgefaßt hat (»daß es dem Herrn von Leibnitz leichter, als den Cartesianern und anderen Philosophen wäre […]«; vgl. *a.a.O.*, Theil 4, 1744, S. 89[b]).

[12] Vgl. die *Lettre de M. Leibnits à l'Auteur, contenant un Eclaircissement des difficultés que Monsieur Bayle a trouvées dans le systême nouveau de l'union de l'ame et du corps*, in: *Histoire des ouvrages des sçavans*, Juli 1698, S. 329–342.

[13] Dieser Brief wurde nicht gefunden, vgl. dazu H. Basnage de Beauvals Brief an Leibniz vom 12. September 1698, in: Gerhardt: *Philosophische Schriften*, 3, 1887, S. 139 f.

26. LEIBNIZ AN VERJUS (S. 198–199)

ÜBERLIEFERUNG: *L* Konzept: LBr. 954 Bl. 24–25. 1 Bog. 8°. 3 S. – Gedr.: *A* I, 16, N. 316.

Die (nicht gefundene) Abfertigung war Beischluß zu einem Brief an den Abbé Le Thorel in Paris vom 30. Januar 1699, dessen Datum wir übernehmen (s. *A* I, 16 N. 315 u. 343). Unser Brief wird beantwortet durch Nr. 27.

[1] Es handelt sich (wie am Rande von Leibniz' Hand vermerkt) um »Mr. Witsen«. Nicolaas Witsen (1641–1717) war 1664/65 Mitglied einer Gesandtschaft nach Moskau gewesen. Seit 1670 gehörte er zu den Ratsmitgliedern in Amsterdam; zwischen 1682 und 1705 war er mehrfach Bürgermeister der Stadt und Mitglied der Versammlung der General-Staaten in Den Haag. Seit 1693 war er Direktor der Ost-Indischen Kompanie. Die Vorlage für das von Leibniz angeführte Zitat ist Witsens Brief an Leibniz vom 22. Januar 1699 (*A* I, 16 N. 299, S. 483).

[2] Dies erwies sich als Gerücht. Der Kangxi-Kaiser starb in Peking erst am 20. Dezember 1722.

[3] Kronprinz war damals Yinreng (1674–1725).

[4] Liaodong ist die spätere Provinz Liaoning im südlichsten Teil der Manjurei.

[5] *Mercure historique et politique*, La Haye, T. 26, 1699, S. 151–153.

[6] Galdan (1632/44?–1697), Stammesfürst der Ölöten; vgl. zu den Ereignissen des Krieges René Grousset: *L'empire des steppes*, 1939 (nach der engl. Ausgabe 1994, S. 526–531), u. Fang Chao-Ying, Art. *Galdan*, in: Hummel: *Eminent Chinese*, Vol. 1, 1943, S. 265–268; Nr. 28 mit Anm. 5 u. 9 und den Brief Fontaneys, dessen Inhalt Le Gobien in Nr. 29 wiedergibt.

[7] Der portugiesische Jesuit Tomé Pereira (1645–1708) war Musiker und wurde insbesondere seiner Kunst wegen 1672 nach Peking gerufen. Er gehörte zu den Begleitern der chinesischen Gesandtschaft bei den Grenzverhandlungen in Nertschinsk (1689) und war 1691–1695 Vize-Visitator und Vize-Provinzial von China; vgl. in der Einführung, IV, 3, S. LXII und Dehergne: *Répertoire*, Nr. 627, S. 200.

[8] Der belgische Jesuit Antoine Thomas (1644–1709) war Mathematiker, Astronom und Kartograph. Während der Abwesenheit Grimal-

dis 1688–1694 war er Direktor des Astronomischen Amtes in Peking; vgl. Dehergne: *Répertoire*, S. 270f.

27. VERJUS AN LEIBNIZ (S. 200–203)

ÜBERLIEFERUNG: *K* Abfertigung: LBr. 954 Bl. 28–29. 1 Bog. 4°. 3 S. Bibl.verm. – Gedr.: *A* I, 16 N. 368.
Der Brief antwortet auf Nr. 26 und wird beantwortet durch Nr. 28.

[1] Zu den Reisenden gehörten u.a. die Jesuitenpatres Domingos de Britto (1674–1742), Girolamo Franchi (1667–1718), Pierre Frapperie (1664–1703) und Jean-Alexis de Gollet (1664–1741). Vgl. Dehergne: *Répertoire*, Nrn 116, 333, 337 u. 368.

[2] Vgl. auch Nr. 22, Anm. 10, und Nr. 28.

[3] Leibniz hatte dieses Gerücht von Nicolaas Witsen erfahren; vgl. Nr. 26 mit Anm. 1.

[4] Gemeint sein dürfte der Ganges.

[5] Es handelt sich um Yinreng (s. Nr. 26 mit Anm. 3), nicht Yinzhen (1678–1735), den vierten Sohn des Kangxi-Kaisers, der als Yongzheng-Kaiser (1722–1735) dessen Nachfolger werden sollte.

[6] Joachim Bouvet stach mit der »Amphitrite« von La Rochelle am 6. März 1698 in See und traf im Oktober 1698 in Macao ein. Der Kangxi-Kaiser befand sich zu dieser Zeit auf einer Inspektionsreise im Süden Chinas, wo er Bouvet empfing. Nach der Rückkehr nach Peking wurde Bouvet dem damaligen Kronprinzen Yinreng, dem zweitgeborenen Sohn des Kaisers, als Erzieher zugeteilt (vgl. Collani: *Bouvet,* 1985, S. 24f.).

[7] Vgl. Nr. 21 mit Anm. 3 u. Froger: *Relation 1700*, 1926, S. 10ff.

[8] Die Rückreise der »Amphitrite« verzögerte sich um ein Jahr; sie begann in China erst am 26. Januar 1700 und endete am 3. August im Hafen von Port Louis; vgl. auch Nr. 23 mit Anm. 14 und Madrolle: *Voyages*, 1901, S. 51–54. Die Verzögerung war durch ein besonderes Abkommen zwischen Bouvet und einem der kaufmännischen Direktoren der »Amphitrite« entstanden. Der Pater, der als Abgesandter des Kangxi-Kaisers aus Europa nach China zurückkehrte und aufgrund

seiner Sprachkenntnisse die Zollverhandlungen mit den chinesischen Hafenbehörden führte, gab die »Amphitrite« nicht als Handelsschiff, sondern als Schiff Ludwigs XIV. aus, das ihn selbst mit Geschenken für den Kaiser zurückbrächte. Diese Angabe hätte die »Amphitrite« von allen Abgaben befreit, wären die chinesischen Behörden nicht mißtrauisch geworden. So verpaßten die Kaufleute nicht nur die Gelegenheit zum Handel, sondern auch die rechtzeitige Rückkehr mit dem Monsun des Jahres 1699. Vgl. Froger (wie Anm. 7), S. IX f.

9 Die 64 Hexagramme des *Yijing*.

10 Louis Verjus Comte de Crécy (1629–1709), Diplomat, Staatsrat und Mitglied der Académie française. 1671–1673 und von Mai bis November 1675 war Verjus als französischer Gesandter in Hannover.

28. LEIBNIZ AN VERJUS (S. 204–209)

ÜBERLIEFERUNG: *L* Konzept: LBr. 954 Bl. 26–27. 1 Bog. 4°. 4 S. – Gedr.: 1. (teilw.) Merkel: *China-Mission,* 1920, S. 61 f. u. Anm. 2; 2. Frémont: *Leibniz,* 1987, S. 154–156; 3. *A* I, 16 N. 468.

Die (nicht gefundene) Abfertigung antwortet auf Nr. 27 und wird beantwortet durch Nr. 36.

1 Vgl. Nr. 26.

2 S. dazu Leibniz' Brief an Nicolaas Witsen vom 14. (24.) März 1699 (*A* I, 16 N. 399, S. 654).

3 Vgl. Witsens Brief an Leibniz vom 9. April 1699 (*A* I, 16 N. 428).

4 Vgl. Kochańskis Brief an Leibniz vom 28. Mai 1694 (*A* I, 10 N. 270); s. Nr. 10 mit Anm. 19.

5 Es handelt sich um den ostmongolischen Stamm der Khalkha (Qalqa). Dieser hatte sich gegen die Eroberungszüge der westmongolischen Ölöten unter den Schutz des Kangxi-Kaisers begeben, nachdem Galdan (vgl. Nr. 26) 1688 in Khalkha eingefallen war. Ohne auf Widerstand zu stoßen, war Galdan 1690 bis in die Innere Mongolei vorgedrungen, wo er bei Ulan-butung eine schwere Niederlage erlitt, jedoch fliehen konnte; vgl. Nr. 29 und Fang Chao-Ying, Art. *Galdan,* in: Hummel: *Eminent Chinese,* Vol. 1, 1943, S. 267.

[6] Nicolaas Witsen in seinem Brief an Leibniz vom 9. April 1699 (wie Anm. 3, S. 700) glaubte, es sei wahr, daß »Sa Majesté Czarienne« einem freien Durchzug für die Jesuiten nach China zugestimmt habe. Peter I. (1672–1725) war ab Mai 1697 im Gefolge einer russischen Gesandtschaft (deren Leiter der Genfer François Lefort war) inkognito durch ganz Europa gereist. 1698 ging er, von England kommend, an den Wiener Hof, wo ihm P. Wolff (s. Anm. 7) begegnete. Die Nachricht vom Strelitzenaufstand in Rußland erzwang dann die unmittelbare Rückreise des Zaren.

[7] Friedrich Ladislaus von Lüdinghausen, genannt Wolff, S. J. (1643–1708) lehrte zunächst die Humaniora, Philosophie und Theologie und war dann Rektor des Kollegs in Breslau, später Beichtvater Augusts II. von Polen. Bekannt wurde der Pater als Friedensstifter und Vermittler in problematischen Situationen; vgl. Koch: *Jesuiten-Lexikon*, 1934, 2, Sp. 1127 f. – Zu einem Vertrag zwischen dem Kaiser und Peter I. kam es jedoch erst am 20. (31.) Oktober 1706 unter Joseph I. Dieser lag zwar im Streit mit dem Papst, war aber nicht weniger als sein Vater, Leopold I., an guten Beziehungen zu Moskau interessiert. So erlangten die Jesuiten einen Brief von Joseph I., in dem dieser dem Zaren wärmstens deren Dienste, Lehrer und Schulen empfahl und die Bitte wiederholte, den Landweg nach China durch Sibirien zu öffnen. Dies und der Plan des Zaren, eine Gesandtschaft nach Rom auf den Weg zu bringen, ermöglichten schließlich den Abschluß des Vertrages, den der Jesuit Élie Broggio (1668–?) und, stellvertretend für den Zaren, Aleksandr Danilovič Menčikov (1673/74–1729) unterzeichneten. Vgl. Paul Pierling: *La Russie et le Saint-Siège. Études diplomatiques*, Vol. 4, Paris 1907, S. 198–200, hier S. 200.

[8] Über die Verbesserung der Passage von Tobolsk nach Peking und über die Kämpfe zwischen den verschiedenen Mongolen-Fürsten hatte Leibniz von Witsen erfahren; vgl. dessen Brief vom 9. April 1699 (wie Anm. 3).

[9] Der »prince Calmack« ist zweifellos identisch mit Galdan (s. Anm. 5); dieser besaß den Titel des Bushktu Khan der Dsungaren, eines Stammes der Ölöten, die auch als Kalmücken bekannt sind; vgl. Fang Chao-Ying, Art. *Galdan*, in: Hummel: *Eminent Chinese*, Vol. 1, 1943, S. 265.

[10] Atsiaroisin-chan ist identisch mit dem Khalkha-Mongolen Ochiroi Sam Khan; vgl. Baddeley: *Russia, Mongolia, China*, 1919, Vol. 2, S. 191, und Zedler: *Universal-Lexicon*, Bd 21, 1739, Art. *Mongal*, Sp. 1141, wo er auch »Aßiroi Sain Chan« bzw. »Oziroi Sain Chan« genannt wird.

[11] Es handelt sich vielmehr um Galdans Neffen, den Fürsten Tsewang Araptan (1643–1727), der selbst Khan der Dsungaren werden wollte (s. Fang Chao-Ying, Art. *Tsewang*, in: Hummel: *Eminent Chinese*, Vol. 2, 1944, S. 757–759). Dieser setzte die Versuche der Westmongolen fort, ein Großreich zu schaffen. Kurzfristig wurde Lhasa erobert (1717/18), doch schon 1720 von den Truppen des Kangxi-Kaisers wieder befreit. Nach dem Tod Tsewang Araptans wurde durch vorläufigen Beschluß das Altai-Gebirge als Grenze zwischen dem chinesischen und dem dsungarischen Machtbereich bestimmt. Vgl. Veit (wie Anm. 5), S. 439.

[12] Vgl. Nr. 7, Anm. 18.

[13] Der Wolfenbütteler Oberhofmarschall Friedrich von Steinberg (1651–1716) unterzeichnete am 4. April 1699 den Vertrag über eine Defensivallianz zwischen Braunschweig-Wolfenbüttel und August dem Starken.

[14] Claudio Filippo Grimaldi starb erst 1712 in Peking.

[15] Zu diesem Gerücht s. Nr. 26.

[16] Antoine Dezallier (ca. 1643–1716). Über ihn schreibt Le Thorel in einem Brief an Leibniz vom 20. Februar 1699: »C'est que Mr Dezalier fameux libraire de Paris va tous les ans à la foire qui se tient peu devant ou aprez pâque à Francfort où il porte quantité de livres, comme je ne doute point que vos libraires d'Hannover n'aillent aussy à cet foire[.]« (*A* I, 16 N. 343, S. 565).

[17] Vgl. Nr. 24 mit Erl.

[18] Vgl. Nr. 22 mit Anm. 10.

[19] Vgl. Nr. 27, Anm. 10.

29. LE GOBIEN AN LEIBNIZ (S. 210–215)

ÜBERLIEFERUNG: *K* Abfertigung: LBr. 541 Bl. 12–13. 1 Bog. 4°. 3 S. – Gedr.: *A* I, 17 N. 161.

Der Brief antwortet auf Nr. 24 und wird beantwortet durch Nr. 31. Beilage waren Le Gobien: *Histoire de l'édit de l'Empereur de la Chine*, 1698, ein (nicht gefundener) Auszug des Briefes von J. de Fontaney vom 20. September 1697, einige nicht identifizierte Druckschriften (vgl. aber Nr. 31, Anm. 3) sowie Nr. 30.

[1] Vermutlich hatte Le Gobien die Information von Christophe Brosseau erhalten, der Leibniz' Korrespondenz mit den Jesuiten vermittelte.

[2] Vgl. Nr. 22 u. Nr. 31 mit Anm. 1.

[3] Bischof von Münster war Friedrich Christian von Plettenberg (1688–1706); dieser gehörte zu den entschiedensten Gegnern der Verleihung der Kurwürde an Hannover. Leibniz' Gewährsmann dort war der Jesuitenpater Johannes Clerff (1639–1700), der ihm auch den Bericht von J. Soares übermittelt hatte (vgl. Nr. 15 mit Anm. 6). Ihm dankt Leibniz im Vorwort der *Novissima Sinica* von 1697. In seinem Brief an Leibniz vom 25. Juni 1697 schrieb Clerff allerdings: »Optassem autem in praeclara, quae praemittitur reliquis, praefatione nullam mei factam fuisse mentionem, sunt causae hujus mei voti: ideoque rogo ut si forte nova fiat impressio, id omittatur.« (*A* I, 14 N. 162). Leibniz berücksichtigte die Bitte Clerffs in der 2. Auflage.

[4] Le Gobien: *Histoire des isles Marianes nouvellement converties à la religion chrestienne*, 1700. Die 1520 von F. Magalhães entdeckte Inselgruppe wurde wegen der räuberischen Lebensweise ihrer Einwohner auch Diebesinseln (*Insulae latronum*) genannt. Das Buch geht auf die Berichte verschiedener auf den Inseln missionierender Patres zurück. Vgl. dazu den Brief des aus Mähren stammenden August Strobach S. J. (geb. um 1647; als Märtyrer gest. am 24. August 1684) an den Provinzial von Böhmen Emanuel de Boye (1639–1700) vom 21. März 1683 mit einer Landkarte als Beilage und den Auszug seines Berichts in: Stöcklein: *Welt-Bott*, 1726, S. 6ª–12ª; zu Strobach vgl. Carl Platzweg: *Lebensbilder deutscher Jesuiten in auswärtigen Missionen*, Paderborn 1882, S. 111–116.

[5] Der Verfasser ist Jean de Fontaney, s. u. in unserem Text.

[6] Ehemals eine chinesische Stadt und Provinz gleichen Namens, heute autonomes Gebiet; vgl. Weiers: *Mongolen*, 1986, S. 601.

[7] Der Sohn Galdans hieß Septen Bailsur (ca 1682–?), vgl. Fang Chao-ying, Art. *Galdan*, in: Hummel: *Eminent Chinese*, Vol. 1, 1943, S. 265–268, hier S. 267, und Du Halde: *Description*, T. 4, 1736, S. 386–482, hier S. 457; zu Galdan vgl. auch Nr. 26 u. 28.

[8] Gemeint sind wohl die Bewohner der Stadt Hami, einer Oasenstadt der autonomen Region Xinjiang im Osten des Tarim-Beckens (vgl. Veit, wie Anm. 6, S. 583, und die Karte in *KGWA*, S. 24 H 4).

[9] In den Berichten der Jesuiten wird der manjurische Beamte Songoto, der zum einfachen Gelben Banner gehörte, *Sosan* genannt. Dieser Name geht auf den Namen seines Vaters *Soni* zurück, dessen dritter Sohn (*san*) er war. Sosan war der Großonkel des Prinzen Yinreng (Nr. 13, Anm. 5). Vgl. zu Songoto auch Nr. 9 mit Anm. 4 u. Fang Chao-Ying, Art. *Songotu*, in: Hummel: *Eminent Chinese*, Vol. 2, 1944, S. 663–666, hier S. 664.

[10] Hierbei handelt es sich wohl um Galdans Neffen Dantsila (gest. 1708), s. Veit: *Qalqa 1691 bis 1911*, in: Weiers: *Mongolen*, 1986, S. 442, und Fang Chao-ying, Art. *Galdan* (wie Anm. 7), S. 268. – Die Version vom Selbstmord Galdans wird in der Forschung stark bezweifelt. (Vgl. Walter Fuchs: *Galdanica. Miszellen zum Kriege Kanghsi's gegen Galdan*, in: *Monumenta Serica*, 9, 1944, S. 174–198, hier S. 189 ff.; Wolfgang Romanovsky: *Die Kriege des Qing-Kaisers Kangxi gegen den Oiratenfürsten Galdan. Eine Darstellung der Ereignisse und ihrer Ursachen*, Wien 1998, S. 22, u. Text 43, Anm. 4, S. 253 f.). Er soll »an den Folgen einer Gehirnblutung« gestorben sein. Vgl. Veronika Veit: *Anspruch und Realität: Das Verhältnis der mongolischen Völkerschaften zu China während der Dynastien Ming und Qing (1368–1911)*, in: *Dschingis Khan*, 2005, S. 382–389, hier S. 387. Den Sohn Galdans (s. Anm. 7) ließ der Kangxi-Kaiser am Leben; später verheiratete er ihn sogar mit einer Manjurin aus der kaiserlichen Familie (vgl. Romanovsky, *a.a.O.*, S. 246).

[11] Yarkand (heute Shache), Stadt in der Provinz Xinjiang; vgl. die Karte in *KGWA*, S. 24 B 6.

[12] Xining, Hauptstadt der Provinz Qinghai; vgl. die Karte in *KGWA*, S. 22 D 7.

[13] Vgl. Nr. 32.

[14] Jiuquan, Stadt in der Provinz Gansu, am westlichen Ende der »Großen Mauer« gelegen und wichtiger Ausgangspunkt der Karawanenstraßen; vgl. die Karte in *KGWA*, S. 22 D 7.

[15] Vgl. zu Marie Guimard und Ch. de La Breuille S. J. Nr. 30.

[16] Chandannager in der Provinz West-Bengalen, nördlich von Kalkutta; vgl. die Karte in *KGWA*, S. 29 L 6. Zu dem Jesuitenpater Guy Tachard s. auch Nr. 9 mit Anm. 19 und Nr. 31 mit Anm. 9.

[17] Provinz an der Nordostküste Indiens. Vgl. dazu aus Pondicherry die *Lettre du P. Petit S. J. au P. de Trevou* vom 12. Februar 1702, in: *Lettres edifiantes et curieuses*, III. Recueil, 1712, S. 216–224, in der die Rede ist von einer »nouvelle Mission de *Carnate,* que nos Peres François viennent d'établir sur le modele de celles des Jésuites Portugais« (*ebd.* S. 222).

30. LE GOBIEN FÜR LEIBNIZ (S. 216–221)

ÜBERLIEFERUNG: *k* Abschrift: LBr. 541 Bl. 14–16. 4°. 4 ½ S.

[1] Der Jesuitenpater Charles de La Breuille (1653–1724) gehörte zu jenen 15 französischen Missionaren, die 1687 auf Verlangen des Königs von Siam Somdet Phra Naraï (reg. 1657–1688) [Somdet P'ra Narain oder Narayna, so Peter Truhart: *Regents of Nations*, Part II, München 1985, S. 1776] mit wissenschaftlichen Aufgaben im Gefolge der zweiten französischen Gesandtschaft nach Siam segelten. (Vgl. zu La Breuille Cornelius Buckley: *A Recently Discovered Letter of Guy Tachard*, in: *Indian Church History Review*, 22, 1988, S. 23–49). Das Unternehmen hatte ausgesprochen militärpolitischen Charakter. Der siamesische König hatte die Regierung seines Landes dem Griechen Konstantin Phaulkon, genannt »Monsieur Constance«, anvertraut, und dieser hatte in geheimer Diplomatie den Jesuiten Guy Tachard (s. auch Nr. 4, Anm. 25) damit beauftragt, Ludwig XIV. um die Entsendung eines militärischen Expeditionskorps zu bitten. Im Gegenzug sicherte ihm der Grieche außerordentliche militär- und handelspolitische Konzessionen zu. Tatsächlich landete ein französisches Expeditionskorps im

Oktober 1687 mit 600 Soldaten und etlichen Offizieren in Siam. Das Unternehmen endete jedoch 1688 mit einer nationalen, fremdenfeindlichen Revolution einheimischer Fürsten. Vgl. Van der Cruysse: *Louis XIV*, 1991, S. 456–470; Madrolle: *Voyages*, 1901, S. XXVIII f., und Orléans: *Monsieur Constance*, 1692, S. 1–129. Konstantin Phaulkon starb 41-jährig im Juni 1688 durch einen Säbelhieb von hinten, den ihm Soyatan (s. Anm. 3) zufügte, nachdem Phaulkon diesen zuvor gebeten hatte, seine Frau und seinen Sohn zu verschonen, da sie unschuldig seien (vgl. Orléans, *a. a. O.*, S. 84–86). Wenig später starb Phra Naraï, und die meisten Franzosen wurden aus dem Lande gejagt. Unter den Zurückgebliebenen war Ch. de La Breuille neben Louis Laneau MEP (1637-1696), Titularbischof von Metellopolis (vgl. Launey: *Mémorial*, 1916, P. 2, S. 357), der einzige Geistliche, der als Beichtvater der Witwe Konstantin Phaulkons in ihrer Nähe bleiben wollte. Wie die anderen wurde er gefangen genommen und bekam die Wut der Siamesen zu spüren (vgl. Orléans, S. 184, 191).

[2] Maria Guyomar de Pinhard (auch Marie Guimard), geb. 1666 in Ayutthaya, der damaligen Hauptstadt Siams, war portugiesisch-japanischer Abstammung und, als Nachfahrin des ersten von Franz Xaver getauften Japaners, eine Katholikin. Seitdem sie im Jahre 1682 Konstantin Phaulkon unter der Bedingung geheiratet hatte, daß er zum katholischen Glauben übertreten würde, wurde sie »Madame Constance« genannt (vgl. Van der Cruysse, wie Anm. 1, S. 25 f., und Orléans, wie Anm. 1, S. 17). Der Brief ist offensichtlich nach den Ereignissen der Revolution geschrieben, von denen P. J. d'Orléans (S. 119–151) berichtet. Danach hatte Madame Constance bereits durch denselben Fürsten Soyatan (s. Anm. 3) unmittelbar nach dem Tod ihres Mannes ein ganz ähnliches Schicksal erlitten wie das in ihrem Brief geschilderte ihrer Schwester. Vgl. auch Reiko Hada: *Madame Marie Guimard Under the Adyudhya Dynasty of the Seventeenth Century*, in: *Journal of the Siam Society*, 80/1, 1992, S. 71–73.

[3] Es handelt sich um den Sohn des Phra Naraï oder vielmehr, wie die Europäer am Hof glaubten, des Okphra Petratcha (vgl. van der Cruysse, wie Anm. 1, S. 107); nach Truhart, wie Anm. 1, ebd., P'ra P'et Raja (Ramesuen, Veda Raja). Petratcha war ein Milchbruder des Königs und die Seele der Revolution; er wurde König von Siam (reg. 1688–1703). Sein Sohn Okluang Sorasak (Van der Cruysse) oder So-

yatan (Orléans), der spätere »Tigerkönig« P'ra P'ut'a Chao Syaq »Sisarak« (reg. 1703–1709) (so Truhart) wollte sich zunächst für seinen Serail der Witwe Phaulkons bemächtigen. Madame Constance gelang schließlich die Flucht zur französischen Garnison in Bangkok, die dort zum Schutz des Fort stationiert war und bei der sie sich in Sicherheit glaubte. Der französische Gouverneur schickte sie jedoch aus handelspolitischen Erwägungen nach Siam zurück (Van der Cruysse, S. 468f., Orléans, S. 141), wo sie, seither von Sorasak verschont, fortan Küchendienste zu leisten hatte (*ebd.*, S. 150f.), während die französischen Truppen gezwungen wurden, sich nach Pondicherry zurückzuziehen. Vgl. zur Geschichte Ayutthayas im 17. und 18. Jahrhundert John Villiers: *Südostasien vor der Kolonialzeit*, Frankfurt/M. 1965, S. 199–202.

[4] Wie P. J. d'Orléans berichtet (wie Anm. 1, S. 178f.), übertrug Soyatan später seine Wut auf die Mutter und die jüngeren Geschwister der Madame Constance. Zur Mutter der Marie Guymard s. auch Van der Cruysse (wie Anm. 1), S. 252.

31. LEIBNIZ AN LE GOBIEN (S. 222–225)

ÜBERLIEFERUNG: *L* Auszug: LBr. 541 Bl. 17. 4°. 1½ S. – Gedr.: *A* I, 17 N. 186.

Die (nicht gefundene) Abfertigung antwortet auf Nr. 29 und wird durch Nr. 37 beantwortet.

[1] Vgl. Nr. 29; gemeint ist hauptsächlich Le Gobiens *Histoire de l'édit de l'empereur de la Chine*, 1698.

[2] Vgl. Nr. 29, Anm. 3.

[3] Le Gobiens *Lettre sur les progrez de la religion à la Chine*, 1697, gehörte vermutlich zu den Beilagen zu Nr. 29, vgl. die Erl. u. Nr. 22 mit Anm. 10.

[4] Das Gerücht aus russischer Quelle hatte Leibniz über einen Brief von Nicolaas Witsen erreicht; vgl. Nr. 26. Um welches Schiff es sich bei dem »vaisseau Anglois« handelt, wurde nicht ermittelt. Hosea Ballou Morse: *The Chronicles of the East India Company trading to China*

1635–1834, Oxford 1926, Vol. 1, S. 86–98, berichtet, daß im Jahr 1697 von London aus drei Schiffe – die »Nassau«, die »Trumball« und die »Fleet« – nach Amoy (Xiamen) gesandt wurden; allerdings schreibt er nichts über den Zeitpunkt der Rückkehr dieser Schiffe. Andererseits zeigt die Aussendung der »Macclesfield« im März 1699, daß wegen der beständigen Schwierigkeiten mit den chinesischen Handelspartnern und Hafenbeamten bis zur Rückkehr nach Portsmouth mehr als zwei Jahre (1. Juli 1701) vergingen.

[5] Vgl. insbesondere Nr. 18

[6] Vgl. Nr. 11, Anm. 5.

[7] Zur Rückreise Grimaldis vgl. Nr. 8 mit Anm. 1.

[8] Hauptstadt des vormals gleichnamigen Khanats, das von den seit 1500 hier herrschenden türkischen Usbeken auch Usbekistan genannt wurde.

[9] Vgl. auch Nr. 9 mit Anm. 19. Insgesamt unternahm Guy Tachard wohl sechs Reisen in den Fernen Osten, von denen er über die ersten beiden selbst berichtet, s. SV. Zuletzt missionierte er in Bengalen, wo er 1712 in Chandannager starb. Offensichtlich gelang es ihm weder, in Siam Fuß zu fassen, noch Anschluß an (angeblich in Orissa existierende) Akademien zu finden oder solche zu gründen; vgl. Sommervogel, VII, Sp. 1802, und Van der Cruysse: *Louis XIV*, 1991, S. 442–485.

[10] Simon de La Loubère hatte 1691 seinen Bericht *Du royaume de Siam*, veröffentlicht und diesen mit seinem Brief vom 1. Juni 1691 (*A* I, 6 N. 293) Leibniz zugesandt; vgl. dort T. 2, S. 142–187.

[11] P. Kochański starb am 19. Mai 1700; ein Brief von Leibniz aus der fraglichen Zeit wurde nicht gefunden. S. dazu Nr. 42, S. 301.

32. Bouvet an Leibniz (S. 226–239)

Überlieferung: *K* Abfertigung: LBr. 105 Bl. 13–14. 1 Bog. 2°. 4 S. Bl. 15 Umschlag. Postvermerk: »8 gg«. Bl. 16 Umschlag mit Aufschrift von Leibniz' Hand: »Lettre que le P. Bouvet m'a écrite de la Chine.« (Druckvorlage). – Gedr.: *A* I, 17 N. 296.

A Abschrift von *K*: LBr. 105 Bl. 17–20. 2 Bog. 4°. 8 S. von Schreiberhand mit Korrekturen von Leibniz' Hand.

Der Brief antwortet nach Nr. 21 nochmals auf Nr. 18 und wird beantwortet durch Nr. 42. Beilage war Nr. 33.

[1] Vgl. Nr. 21.

[2] Vgl. Nr. 18.

[3] Vgl. die Erl. zu Nr. 40.

[4] Der »Amphitrite«; zum kurzen Frankreichaufenthalt Fontaneys vgl. Nr. 43.

[5] Vgl. dazu Nr. 21, Anm. 3. Am Kap der Guten Hoffnung hatte sich die Gruppe noch um die beiden Jesuitenpatres Jean Domenge (1666–1735) und Gabriel-Ignace Baborier (1663–1727) vergrößert. Die beiden waren von Frankreich aus im Geschwader des Kapitäns Des Augiers gereist, zusammen mit den Jesuiten Jean-François Foucquet (1665–1741), Pierre Frapperie (1664–1703) und François-Xavier Dentrecolles (1664–1741), die auf diesen Schiffen die Reise nach China fortsetzten. Vgl. Madrolle: *Voyages*, 1901, S. 5, u. Pfister, S. 434, Anm. 1.

[6] Es war allerdings Leibniz, der die Korrespondenz mit Jean de Fontaney eröffnete; vgl. Nr. 40.

[7] Vgl. Nr. 37.

[8] S. dazu das P.S. von Nr. 37 und Nr. 51, S. 451. In LBr. 105 Bl. 67–88 findet sich eine fragmentarische italienische Übersetzung von Gerbillons Reisen mit der Überschrift *Descrittione della gran Tartaria*. Bei Du Halde: *Description*, T. 4, 1736, S. 39–70, entspricht unter dem Titel *Observations historiques sur la Grande Tartarie tirées des mémoires du P. Gerbillon* der Text unserer Handschrift den Seiten 39 bis 65 Z. 9 »tout ce que je vais rapporter, je l'ai apris de plusieurs Moscovites [...] «. Der französische Titel ist insofern irreführend als er suggeriert, der Herausgeber hätte selbst eine Zusammenfassung der Reisen Gerbillons hergestellt. In einem Brief an J.G. Eckhart vom 6. Januar 1702 (Druck in *A* I, 20) erwähnt Leibniz die von Fontaney nach Paris mitgebrachten Abhandlungen Gerbillons.

[9] Vgl. Nr. 6 mit Anm. 8.

[10] Außer den in Anm. 5 genannten Jesuiten, die an Bord des Schiffes des Kapitäns Des Augiers blieben, waren das wohl die später noch

in Indien dazugekommenen Jesuiten Jean-François [de] Pélisson (1657–1713) und Bernard Rodes (Rhodes) (1646–1715). Vgl. Dehergne: *Répertoire*, Nrn 245, 614, 696.

11 Vgl. Nr. 7, Anm. 10.

12 Von einem chinesischen Wörterbuch ist nichts bekannt; vgl. oben Nr. 21 mit Anm. 10.

13 Das waren die Jesuitenpatres Jean-Baptiste Régis, Dominique Parrenin, Louis de Pernon, Charles de Belleville und der Maler Giovanni Gherardini; vgl. zu diesen Nr. 21, Anm. 3, und Dehergne: *Répertoire*, Nrn. 672, 611, 630, 96.

14 Vgl. zu Andreas Müller Nr. 6, Anm. 4.

15 Bouvet, der Begründer des »Figurismus« in China, dachte an eine Art »christlichen Schlüssel«, mit dessen Hilfe er sowohl die chinesischen Schriftzeichen und ägyptischen Hieroglyphen als auch die überlieferte Geschichte Chinas und Ägyptens auf die Geschichte des *Alten Testaments* und die Glaubenswahrheiten des *Neuen Testaments* zurückführen wollte. S. dazu in der Einführung, V, 2–3, sowie Nr. 39 u. Nr. 44.

16 Südlichste Provinz des heutigen Staates Birma.

17 Hier ist wahrscheinlich das *Qingwen jian – Manju gisun-i buleku bithe* (etwa: »Spiegel der Manju-Sprache«) gemeint, das im Jahre 1708 gedruckt wurde. Leibniz wird im folgenden höchstes Interesse an diesem Wörterbuch bekunden, da er sich von ihm Aufschluß für seine zahlreichen Fragen versprach. Dieser »Spiegel« bildete in den folgenden Jahren das Muster aller mehrsprachigen Wörterbücher (bis zu fünf Sprachen) wie auch des »Miroir des Lettres en mandchoue et mongole« (*Yuzhi manwen wenjian*), vgl. *Kangxi*, 2004, S. 267, Kat. Nr. 126.

18 S. dazu auch Nr. 6, Anm. 5.

19 Bouvet führt die Personen und Ereignisse der alten Geschichte Chinas, Ägyptens und überhaupt aller Völker auf einen gemeinsamen Ursprung zurück: die Patriarchen des *Alten Testaments* und die Ereignisse, von denen es berichtet. Nach seiner figuristischen Exegese der schriftlichen Überlieferung vom Altertum Chinas, Ägyptens und Persiens waren Fuxi, Hermes Trismegistos und Zoroaster nur verschiedene Erscheinungsformen (›figures‹) einer einzigen Persönlich-

keit: des von Gott inspirierten Stammvaters der Menschheit nach der Sintflut, Noah (vgl. Nr. 44).

[20] Bouvet bezieht sich hier entweder auf das *Shujing* (»Buch des Urkunden«), das auch Staatsurkunden, Vorschriften und Reden enthält, oder aber auf das *Liji* (»Buch der Riten«), in dem die Riten aus der Zeit vor der Qin-Dynastie (221–207 v. Chr.) dargestellt und erläutert werden. Vgl. dazu das Verzeichnis von Visdelous handschriftlichem Nachlaß bei Neumann: *Werke*, 1850, S. 232f.

[21] Hokkaidō; s. Nr. 3 mit Anm. 13.

[22] Vgl. Nr. 21 mit Anm. 13.

[23] Das war nicht der Fall; jedenfalls erreichte Leibniz nach Nr. 8 kein weiterer Brief Grimaldis.

[24] Der dänische Astronom und Mathematiker Ole Rømer (1644–1710) konstruierte während seiner Tätigkeit in Paris eine Maschine zur Darstellung von Planetenbewegungen und Sonnenfinsternissen (vgl. *Journal des Sçavans*, 17. Februar 1681, S. 52; unter dem Titel *Nouveautez de la quinzaine, tant pour les Arts que pour les Sciences* wird hier kurz über die »Machine que M. Roëmer a faite pour les Eclipses [...]« berichtet). Leibniz hatte bereits vermutet, daß die Jesuiten ein Exemplar der »Himmelsmaschine« nach China mitgenommen hätten (vgl. Nr. 13 mit Anm. 36–37 und Nr. 18, Anm. 30).

[25] Vgl. dazu Nr. 7, Nr. 18 und Nr. 22.

[26] Eine solche Liste wurde nicht gefunden. Vgl. zu den den aus China mitgebrachten Büchern auch Nr. 17 mit Anm. 1.

[27] Vgl. Nr. 18, S. 151f.

[28] Er sollte dieses Versprechen einlösen mit einem Brief an Jean-Paul Bignon (s. Nr. 21 mit Anm. 14) vom 15. September 1704 (Paris *Bibl. Nationale* Ms. fr. 17 240, ff. 17–36; gedr. in: Collani: *Akademie*, 1989, S. 32–85), von dem Leibniz eine Abschrift erhalten sollte. Eine solche ist in Leibniz' Nachlaß in Hannover allerdings nicht vorhanden.

[29] Liaoning; s. Nr. 26 mit Anm. 4.

[30] Vgl. Nr. 33.

[31] Vgl. Nr. 20 mit Anm. 6.

33. BOUVET AN KOCHÁNSKI (S. 240–243)

ÜBERLIEFERUNG: *A* Abschrift: LBr. 728 (Pinsson) Bl. 38. 4°. 1 S. von Schreiberhand, mit Korrekturen von Leibniz' Hand.

Unser Brief nimmt Bezug auf Nr. 16 und war Beilage zu Nr. 32.

1 Der französische Jesuit Antoine de Beauvollier (1657–1708) war im Jahre 1688 von der französischen Regierung und seinen Oberen in Paris zusammen mit seinem Ordensbruder Philippe Avril nach Zentralasien ausgesandt worden, um den Landweg nach China zu erkunden und um die persische und chinesische Mission mit den Zentren Buchara (vgl. Nr. 31, Anm. 8) und Samarkand zu verbinden. In Moskau wurde ihnen 1689 die Durchreise verweigert, so daß beide zuerst nach Polen zurückkehrten und anschließend nach Istanbul weiterreisten. Während sich Avril aus gesundheitlichen Gründen nach Frankreich zurückbegab, wandte sich Beauvollier nach dem damals armenischen Erzurum (heute Türkei) und von dort aus nach Surat (Nordwestküste Indiens). Im Juli 1699 hielt er sich in Madras auf, wo er ein englisches Schiff nach Kanton nahm, das ihn im November ans Ziel brachte. 1705 wurde er in Kanton zum Prokurator der französischen Mission ernannt. Wegen der unglücklich verlaufenden Chinamission des päpstlichen Legaten Ch. Th. Maillard de Tournon entsandte ihn der Kangxi-Kaiser zusammen mit seinem portugiesischen Ordensbruder António de Barros am 4. Januar 1707 auf getrennten Schiffen nach Rom, um die anstehenden Fragen im Ritenstreit zu klären. Beide Patres ertranken durch Schiffbruch 1708 vor der Küste Portugals. Vgl. Witek: *Eliminating Misunderstandings: Antoine de Beauvollier*, in: Mungello: *Rites Controversy*, 1994, S. 186–188.

2 Auch der Jesuit Philippe Avril (1654–1698) gehörte zu jenen Patres, die von 1685 bis 1690 zwei Mal vergeblich versucht hatten, den Landweg nach China über Rußland zu nehmen (vgl. Nr. 9, Anm. 7). Nachdem er 1690 nach Frankreich zurückgekehrt war und sich von den Strapazen der Reise erholt hatte, versuchte er den Landweg nach China ein drittes Mal über Indien. 1698 entschloß er sich in Surat jedoch (wie schon Grimaldi, s. Nr. 7, Anm. 3) per Schiff nach China weiterzureisen. Er starb bei einem Schiffbruch vor der Küste Taiwans. Vgl. Witek (wie Anm. 1), S. 187.

[3] Xiamen.

[4] Am 20. Februar 1698 waren von Port Louis sechs Schiffe ausgelaufen: »La Zélande, le Castricum, l'Indien, le Bon, l'Aurore et le Maurepas«, die unter dem Kommando des Chevalier Des Augiers in den Fernen Osten segelten, wo sie am Kap der Guten Hoffnung die »Amphitrite« treffen sollten. Vgl. Madrolle: *Voyages*, 1901, S. XXX.

34. LEIBNIZ AN VERJUS (S. 244–247)

ÜBERLIEFERUNG: *L* Konzept: LBr. 954 Bl. 30–31. 1 Bog. 4°. 2 S. – Auf Bl. 31 Konzept von Leibniz' Brief an J.-P. Bignon vom 1./11. Januar 1700 (*A* I, 18 N. 155). – Gedr.: 1. (teilw.) Merkel: *China-Mission*, 1920, S. 84, Anm. 2; S. 102, Anm. 3; 2. Frémont: *Leibniz*, 1987, S. 157–158; 3. *A* I, 18 N. 168.

Die nicht gefundene Abfertigung wird durch Nr. 36 beantwortet. Beilage war Nr. 35. Das Datum der Abfertigung unseres Stückes ergibt sich aus einem Brief Brosseaus an Leibniz von Ende Februar 1700.[1]

[1] Dort heißt es: »Le Reverend Pere Verjus à qui j'ai presenté, Monsieur, la lettre que vous lui avés écrite le 18 du mois passé, vous remercie de la pièce qui regarde les missions de la Chine dont vous l'avés accompagnée. Il [l'] a fort gouté, comme je vous l'ai deja marqué dans ma precedente, et le R. P. de la Chaise de même.« (*A* I, 18 N. 240)

[2] Nicht identifiziert.

[3] Es handelt sich um das Sammelwerk *Historia Cultus Sinensium*, 1700; vgl. dazu Nr. 35 mit Anm. 2.

[4] Vgl. *Apg* 17, 23.

[5] Nicht identifiziert. Dieser Freund ist möglicherweise fingiert.

[6] Vgl. die Beilage unseres Briefes Nr. 35.

[7] Die Entscheidung im Ritenstreit, vgl. Nr. 35 mit Anm. 1.

[8] Vgl. Le Gobiens Brief Nr. 38, der als Antwort auf eine entsprechende Bitte von Leibniz in einem nicht gefundenen Leibnizbrief hinweist. Beilage zu diesem Brief waren die in Nr. 67 wiedergegebenen Exzerpte aus Semedos *Histoire universelle de la Chine*, 1667, und

Berniers *Suite des Memoires sur l'Empire du Grand Mogol*, 1672. Zum Hintergrund und den näheren Einzelheiten vgl. die Erläuterung mit den Anmerkungen zu Nr. 67.

[9] Vgl. das SV und Leibniz' Auszug in Nr. 67.

[10] Gemeint ist höchstwahrscheinlich Johann Adam Schall von Bell S. J. (1591–1666); vgl. Nr. 67, Anm. 6.

[11] Vgl. Leibniz' Auszug in Nr. 67.

[12] Vgl. zur samaritanischen Schrift und den Samaritanern Nr. 65 mit Anm. 29 u. 32. Das Problem, welche der überlieferten Texte größere Authentizität besitzen, die hebräischen oder samaritanischen, hatte seit dem Erscheinen des *Samaritanischen Pentateuch* (als 6. Teil der Pariser Polyglottenbibel, vgl. *Biblia*, SV) neues Gewicht erhalten. Auf Grund der Verschiedenheit der Schriftzeichen behaupteten manche, daß die Schriftzeichen der Samaritaner die ältesten und die gewöhnlichen hebräischen Schriftzeichen, die aus Babylon mitgebracht worden wären, eher Chaldäisch seien. Vgl. Leibniz' Brief an den Landgrafen Ernst von Hessen-Rheinfels vom 19. (29.) Dezember 1687, in: *A* I, 5 Nr. 9, S. 25f.

35. LEIBNIZ FÜR VERJUS (S. 248–257)

ÜBERLIEFERUNG: *L* Konzept: LBr. 954 (Verjus) Bl. 32–33. 1 Bog. 4°. 4 S. – Gedr.: 1. (teilw.) Merkel: *China-Mission*, 1920, S. 97; S. 99, Anm. 2 u. 3; S. 100, Anm. 3 u. 4; S. 101 mit Anm. 2 u. 3; S. 102 mit Anm. 2; 2. Klutstein-Rojtman u. R. J. Zwi Werblowsky, in: *Studia Leibnitiana* XVI, 1, 1984, S. 98–101 (Text mit sehr fehlerhafter französischer Übersetzung); 3. Frémont: *Leibniz*, 1987, S. 163–167 (in französischer Übersetzung).

l Abschrift von *L*: LBr. 274 (Fontaney) Bl. 6–7. 4°. 4 S. von Schreiberhand mit Korrekturen von Leibniz' Hand. (Druckvorlage).

[1] Vgl. *Novissima Sinica*, 1699, Bl. [7] r°; Nesselrath/Reinbothe, 1979, S. 19, § 11. Leibniz reagiert hier erstmals explizit auf die Hauptfragen im Ritenstreit, nämlich 1. welche Bezeichnung für Gott auf chinesisch die angemessenste, ferner 2. und 3. welches die wahre Natur des Konfuzius- und des Ahnenkults in China sei. Matteo Ricci hatte den

in den kanonischen Büchern Chinas vorkommenden Namen *tian* (»Himmel«), *shangdi* (»höchster Herrscher«) und *tianzhu* (»Himmelsherr«) die Bedeutung einer adäquaten natürlichen Gotteserkenntnis beigemessen und die Riten gegenüber Konfuzius und den Ahnen als rein weltliche Zeremonien interpretiert. Kritik an dieser Auffassung äußerte schon sein unmittelbarer Nachfolger Niccolò Longobardi S.J. (1565–1655), als er 1623 in seiner Abhandlung (s. dazu Anm. 9 u. 10) die chinesischen Gottesnamen verwarf und die Riten als Götzendienst verurteilte. Mit dem Eintreffen anderer Orden in China nach 1630 verschärfte sich der Konflikt und wurde schließlich in Rom vorgetragen. Dort fiel 1645 zunächst eine Entscheidung im Ritenstreit gegen Ricci, 1656 wieder für ihn, 1669 wurde dann eine solche Entscheidung letztlich dem Urteilsvermögen der Missionare überlassen. Erst nachdem der Apostolische Vikar Charles Maigrot 1693 für seine Provinz Fujian ein Ritenverbot erlassen hatte und sein Mandat 1697 in Rom eingetroffen war, erlangte der alte Streit schnell jene Stärke, die Rom zu einer endgültigen Entscheidung in den strittigen Fragen zwingen sollte. Vgl. unsere Einführung, II–III, u. Noll: *100 Roman Documents*, 1992, S. VI–IX und Docs. 1–5; George Minamiki: *The Chinese Rites Controversy*, Chicago 1985, chap. 1–2; Francis A. Rouleau, Art. *The Chinese Rites Controversy*, in: *New Catholic Encyclopedia*, Vol. 3, 1967, S. 611a–612b, u. Joseph Brucker, Art. *Chinois (Rites)*, in: *Dictionnaire de Théologie Catholique*, T. 2, 2, 1905, Sp. 2364–2373.

2 Leibniz bezieht sich auf das Sammelwerk *Historia cultus Sinensium*, das (möglicherweise vordatiert) 1700 in Köln erschienen war und von dem noch im selben Jahr eine *Continuatio* folgte (s. auch Anm. 16). Durch Nicolas Charmot MEP (1655–1714) zusammengestellt und von Rom aus besorgt, enthielt es neben dem 1693 von Charles Maigrot erlassenen Dekret gegen die Riten fast alle in diesem Zusammenhang wichtigen Aktenstücke; zur genauen Inhaltsangabe s. Streit: *Bibliotheca Missionum*, 7, Nr. 2075, S. 23f. Leibniz mag allerdings auch an die *Apologie des Dominicains*, 1699, des Dominikaners Noël Alexandre gedacht haben (mit eigener Seitenzählung beigedruckt sind die *Documenta Controversiam Missionariorum Apostolicorum Imperii Sinici spectantia*) und nicht zuletzt an den 6. Teil der *Morale pratique des Jesuites*, 1692, den der bekannte Jansenist, sein einstiger Briefpartner Antoine Arnauld (1612–1694), ano-

nym unter dem Titel *Histoire des differens entre les Missionaires* herausgegeben hatte.

[3] S. zu diesem Vergleich auch Le Comte: *Des Ceremonies de la Chine*, 1700, wo es S. 82 f. heißt: »Certainement si pour juger de la creance Catholique, on s'arrêtoit à ce qui se passe tous les jours dans nos Eglises, il faudroit croire avec les heretiques, que le culte des images est non-seulement une superstition, mais encore une veritable idolatrie. Ce n'est pas de l'ignorance populaire que dépend la pureté de nôtre foy; il faut pour la connoître aller puiser dans la source des saintes Ecritures, consulter la tradition, et s'en tenir aux sentimens des plus sages. De même aussi si nous voulons pénétrer dans les mysteres de la politique Chinoise, et démêler le vray sens de leurs Ceremonies, il est necessaire de s'instruire non seulement par la lecture des livres les plus anciens, les plus approuvez, les plus suivis dans la pratique, mais encore par le commerce et par le témoignage des plus honnêtes gens.«

[4] Dieser von Leibniz angesprochene semiotische Aspekt der Riten sollte im 18. Jahrhundert zu einem starken Interesse an den sinnlichen Erscheinungsformen der Religionen führen, nämlich zu einer Religionsästhetik, in der nicht mehr die Religion die Kunst, sondern umgekehrt »die Ästhetik die Religion von ihrem Standpunkt aus beschreibt und kritisiert«. Vgl. Daniel Krochmalik: *Zeichen der Kunst, Zeichen der Moral, Zeichen der Religion. Zur Religionsästhetik und -semiotik der Aufklärung*, in: *Zeichen-Kunst*, hrsg. v. Werner Stegmaier, Frankfurt am Main 1999, S. 68–111, hier S. 69, 80 f., 82 f.

[5] Gemeint sind offenbar die in augusteischer Tradition kultisch verehrten (ost-)römischen Kaiser. Leibniz' Einschätzung wird von der modernen Forschung bestätigt; vgl. Kurt Latte: *Römische Religionsgeschichte*, München 1960, § 122, S. 326: »Der Kaiserkult blieb, was er von jeher gewesen war, die Anerkennung des römischen Weltreichs in seiner gegenwärtigen Form, eine konventionelle Geste, durch die man seine Zugehörigkeit zum Staat unterstrich. Ihre religiöse Bedeutungslosigkeit zeigt sich am deutlichsten darin, daß sie kaum geändert vom byzantinischen Hofzeremoniell übernommen werden konnte.« Mit annähernd denselben Worten könnte man Leibniz' (von den Jesuitenmissionaren übernommenen) Begriff vom Stellenwert der chinesischen Riten charakterisieren.

[6] Vgl. *Historia cultus Sinensis* (wie Anm. 2), S. 1–7 u. S. 110ff.; Alexandre (wie Anm. 2), S. 29.

[7] S. erneut den Vergleich mit europäischen Zeremonien bei Le Comte (wie Anm. 3), S. 85f.: »En Europe même, certains Religieux ont dans leur chœur une place vuide, uniquement destinée au General de l'Ordre. Ceux qui passent devant luy, font toûjours la reverence, on luy offre même de l'encens durant l'Office; cependant le General n'est pas alors parmi ces Peres, et l'on ne croit pas que son esprit s'y trouve [...].«

[8] Vgl. Alexandre (wie Anm. 2), S. 24–33. Möglicherweise bezieht sich Leibniz hier auch auf das *Mémorial* des Ritengegners Antoine de Sainte Marie O.F.M. (1602–1669) – seinerzeit wenig gebräuchlich war sein spanischer Geburtsname: Antonio Caballero a Santa Maria –, das dieser im Jahre 1638 im Namen der Mönche seiner Provinz Sankt Georg auf den Philippinen geschrieben hatte; vgl. die Angabe des vollständigen Titels in: *Morale pratique des Jesuites* (wie Anm. 2), S. IXf., und chap. VI, S. 106–109. Zu Santa Maria s. auch Anm. 9 u. 10; Collani: *Antonio Caballero a Santa Maria*, in: *China Heute*, XXI, 2002, Nr. 6 (124), S. 85f., u. Mungello: *Leibniz and Confucianism*, 1977, S. 29–32.

[9] Der aus Sizilien stammende Jesuitenmissionar Niccolò Longobardi (s. Anm. 1) war von 1610 bis 1622 Oberer der Chinamission. Ebenso wie seine Ordensbrüder Sabatino de Ursis (1575–1620), João Rodrigues (1561–1633) und andere gehörte er zu den ersten, die den Ansichten Riccis kritisch gegenüberstanden. Während Ricci in den kanonischen Büchern eine »natürliche Theologie« der Chinesen entdeckt hatte, war Longobardi durch die moderne chinesische Kommentarliteratur (»commentaires, qui sont d'une aussi grande autorité que le Texte«, so jedenfalls die *Morale pratique des Jesuites* (wie Anm. 2), chap. III, S. 45) vom Atheismus der Literatenklasse (»tant anciens que modernes«) und ihrer doppelten Lehre überzeugt worden: einer geheimen, an die sie glaubten, und einer öffentlich praktizierten, an die sie nicht glaubten (vgl. *ebd.*, S. 47f., u. Alexandre, wie Anm. 2, S. 14–15 u. S. 98f.). Auch erkannte er in dem Hauptprinzip des Song-Konfuzianismus' »omnia sunt unum« den Immanenzcharakter und das Fehlen eines transzendenten Geistbegriffs dieser Philosophie. – Leibniz kannte zu dieser Zeit die Abhandlung Longobardis wohl nur auszugsweise aus dem 6. Teil der *Morale pratique des Jesuites*, 1692, wo

Arnauld sie im *Inventaire*, S. VII, unter dem Titel *Traité du P. Nicolas Longobardi Jésuite, sur ce que les Chinois de la Secte des Lettrez croient de ce qu'ils appellent le roi d'enhaut, les Esprits, et nôtre ame*, aufführt und in chap. III bespricht. Arnaulds Quelle war die 5. Abhandlung in den von Domingo Fernandez Navarrete herausgegebenen *Tratados* (s. dazu Anm. 10). Diese *Tratados* hat Leibniz höchstwahrscheinlich nicht zu Gesicht bekommen, las aber im Jahr 1701 im *Journal des Sçavans*, 11. April 1701, S. 263–268, u. 2. Mai 1701, S. 313–329, die Rezensionen der beiden Abhandlungen von Longobardi bzw. Santa Maria; s. dazu auch Anm. 8 u. 10 sowie Leibniz' Brief an Des Bosses vom 12. August 1709, in: Gerhardt: *Philosophische Schriften*, 2, 1879, S. 380–388. Beide Abhandlungen waren von Louis Champion de Cicé MEP (1648–1727) ins Französische übersetzt und vom Pariser Missionsseminar (MEP) unter dem Gesamttitel *Anciens Traitez de divers auteurs sur les ceremonies de la Chine*, 1701, herausgegeben worden (vgl. dazu zuletzt Wenchao Li: *G. W. L., Discours*, 2002, S. 9–13). Ein Exemplar dieses Werkes sollte Leibniz erst 1715 in Händen halten (vgl. Leibniz' Brief an Remond vom 4. November 1715, in: Gerhardt, *a.a.O.*, S. 656–660, hier S. 660), welches ihm dann als Grundlage seines unvollendet gebliebenen *Discours sur la Theologie naturelle des Chinois* diente (s. bei Li, *a.a.O.*, S. [15]–112; vgl. dort ebenfalls Longobardis *Traité sur quelques points de la religion des Chinois*, S. 113–156, und Santa Marias *Traité sur quelques points importans de la Mission de la Chine*, S. 157–223). Zur Entstehung, zum Inhalt und zur Aufnahme der Longobardischen Abhandlung unter den Missionaren vgl. die Zusammenfassung bei Streit: *Bibliotheca Missionum*, 5, Nr. 2122, S. 749–751.

[10] Der spanische Dominikaner Domingo Fernandez Navarrete (1618–1686) war im Jahre 1659 von den Philippinen aus nach China gereist. Schon 1665 – verursacht durch die antiwestlichen Intrigen des Beamten Yang Guangxian (1597–1669), insbesondere gegen Adam Schall von Bell S. J. im sogenannten Kalenderfall (vgl. Adrian Dudink: *Opponents*, in: Standaert, *Handbook*, 2001, S. 513–515, u. Fang Chao-Ying, Art. *Yang Kuang-hsien*, in: Hummel: *Eminent Chinese*, Vol. 2, 1944, S. 889–898, hier S. 891) – wurde Navarrete zusammen mit anderen Missionaren nach Peking befohlen, von wo sie anschließend nach Kanton ausgewiesen und dort gemeinsam interniert wurden. Unter den Missionaren waren 21 Jesuiten, drei Dominikaner und als

einziger Franziskaner Santa Maria, der sich eng an Navarrete angeschlossen hatte. Das in der fünfjährigen Internierungszeit von allen Missionaren ausgearbeitete Missionskonzept folgte in den wesentlichen Punkten zum Konfuzius- und Ahnenkult der päpstlichen Entscheidung von 1656. Sowohl Navarrete als auch Santa Maria verweigerten ihre Zustimmung bei der Beschlußfassung im Januar 1668. Allerdings schrieb letzterer am 9. Dezember 1668 jenen Brief an Louis de Gama S.J. (1616–1672), Jesuitenvisitator in Macao, der nach Rom gesandt und 1701 in der französischen Übersetzung von Cicé veröffentlicht wurde (vgl. Anm. 9 u. *Morale pratique des Jesuites*, chap. XXI, S. 391 f.). Doch auch die Abhandlung Longobardis befand sich damals im Besitz Santa Marias, der sie von Jean Valat S.J. (1614?–1696), laut Arnauld »tres opposé aux superstitions et aux idolatries que ses confrères permettoient à leurs Neophytes« (*a. a. O.*, S. 49 f.), erhalten hatte. Santa Maria ließ mehrere von ihm selbst beglaubigte Abschriften davon machen und verteilte sie an verschiedene Personen, darunter Navarrete (dem er auch seine übrigen Papiere überließ), die sie nach Rom befördern sollten (vgl. *ebd.* und S. 393). Während Santa Maria 1668 noch in der Gefangenschaft starb, gelang Navarrete im Dezember desselben Jahres die Flucht aus Kanton und von dort nach Europa (vgl. auch Nr. 1 mit Erl.). Dort berichtete er 1672 seinem Ordensgeneral und Papst Clemens X. von dem Mißbrauch der Riten in China und veröffentlichte 1676 in Madrid den ersten Band seiner *Tratados históricos, politicos, ethicos y religiosos de la monarchia de China*. Der zweite Band dieser Sammlung wurde noch vor dem Erscheinen von der Inquisition unterdrückt (eines der sehr seltenen Exemplare befindet sich in London *British Library*, Sign.: G. 6412–13; vgl. *The British Library General Catalogue of Printed Books to 1975*, London, New York 1981, Vol. 107, S. 326 a).

[11] Gemeint sind die Angehörigen der 1652/59 in Paris gegründeten Société des Missions Étrangères (MEP). Diese war aus Mitgliedern der Marianischen Kongregationen hervorgegangen, bei denen der französische Chinamissionar und Begründer der Tongking-Mission, Alexandre Rhodes S.J. (1593–1660), bei seinem Europabesuch (1645–1654) Missionsbegeisterung geweckt hatte. Die Gründer der Gesellschaft stellten sich später als Apostolische Vikare in Fragen des Ritenstreits gegen die Akkommodationsmethode Matteo Riccis (vgl.

in der Einführung, II, 3–4, u. Koch: *Jesuiten-Lexikon*, 2, 1934, Sp. 1381, s. v. *Pariser Missionsseminar*).

[12] Leibniz erkennt offenbar eine ›offizielle‹ Billigung des ›klassischen‹ Konfuzianismus' von chinesischer Seite in dem 1692 zugunsten der christlichen Religion erlassenen Toleranzedikt des Kangxi-Kaisers. Tatsächlich hatte Ricci seine Interpretation ausdrücklich auf die kanonischen Schriften, »les plus anciens des bibliothèques chinoises et desquels quasi tous les autres sont provenus« gestützt (Ricci / Trigault: *De christiana expeditione*, 1615, lib. 1, cap. 5; nach der Pariser Übersetzung 1978, S. 97) und den Song-Konfuzianismus der zeitgenössischen chinesischen Gelehrten verworfen, unter denen es seiner Ansicht nach zwar auch »wahre« Gelehrte gab, die »n'enseignent ni la manière de la Création du monde ni l'auteur ni le temps d'icelle«, doch erschien ihm die Meinung der meisten, »être tiré de la secte des idolâtres et avoir été introduite depuis cinq cents ans« (*ebd.*, lib. 1, cap. 10; S. 162). Daß Ricci hier an den orthodoxen Song-Konfuzianismus dachte und die *xingli*-Philosophie der Anhänger Zhu Xis (1130–1200), deren wichtigste Werke im Jahre 1415 in dem »Kompendium der Lehre über die Natur und das Prinzip« (*Xingli daquan*) erschienen und seitdem Grundbestandteil der staatlichen Beamtenprüfungen waren (s. auch Nr. 39, Anm. 19), verdeutlicht seine inhaltliche Beschreibung und die Erklärung, daß diese Gelehrten außer den oben genannten Klassikern kein anderes Buch akzeptierten, es sei denn »quelques commentaires sur ces volumes« (*ebd.*, S. 163). Ricci versichert an dieser Stelle: »Nous tâchons de réfuter ces inepties non seulement par raisons, mais encore par les témoignages de leurs anciens sages, qui ont écrit tout autre chose« (*ebd.*). Doch an diesem Punkt schieden sich die Geister im Ritenstreit. Wie sich schon Longobardi für die Interpretation der chinesischen Philosophie hauptsächlich auf die modernen Kommentare stützte, so auch im folgenden die Ritengegner vor allem aus den anderen Orden. Vgl. in der Einführung, II, 1, sowie Karin Yamaguchi: *Die Aktualität der Leibnizschen Interpretation des Neokonfuzianismus*, in: Li / Poser: *Das Neueste über China*, 2000, S. 224–238.

[13] *Apg* 17, 23.

[14] Mit dieser Verteidigung Riccis und der alten Kirchenväter zeigt Leibniz, daß er der Diskussion über die »Verunreinigung des Christentums« durch die platonische Philosophie – ein Problem, das auf

evangelischer und katholischer Seite bereits im Zeitalter der Reformation angeschnitten worden war und zu jener Zeit mit dem Werk von Jacques Souverain: *Le Platonisme devoilé*, 1700, heftig diskutiert wurde (vgl. Glawes: *Hellenisierung*, 1913, S. 115–132) – nicht nur fernstand, sondern wegen seiner großen Affinität zur platonischen Philosophie diese sogar ablehnte. Vgl. Alexis Philonenko: *Leibniz et le Platonisme*, 1990, S. 148–171.

15 Vgl. hierzu Nr. 21, wo Bouvet Leibniz gegenüber erstmalig seinen vorgeblichen Schlüssel zum *Yijing* andeutet.

16 Am Rande von *L* steht der wieder gestrichene Hinweis: »Hist. cult. p. 156«, der die betreffende Seite in der *Historia cultus Sinensium*, 1700 (vgl. Anm. 2) andeutet. Es handelt sich darin um die *Notae In Observationes à Reverendissimis Patribus Societatis Jesu, Sacrae Congregationi Sancti Officii exhibitas In Mandatum Illustrissimi ac Reverendissimi Domini Maigrot, Vicarii Apostolici Episcopi Cononensis electi,* A Nicolo Charmot, S. 1–176, wo von Charmot, der 1697 auf demselben Schiff wie Bouvet nach Europa gereist war, auf S. 156 Bouvets Kenntnisse der chinesischen Sprache und seine Deutung der chinesischen Philosophie in Zweifel gezogen werden. Der Autor der eigentlichen *Observationes* ist Jean Dez S. J.; vgl. *Bibliotheca Missionum*, 5, S. 946, Nr. 2765.

17 Vgl. *Historia cultus Sinensium*, 1700, S. 120–137, und Anm. 1.

18 Bei dieser Tafel handelt es sich um ein Geschenk des Kangxi-Kaisers an Ferdinand Verbiest und seine Ordensbrüder bei seinem Besuch am 12. Juli 1675 in ihrem Haus in Peking. Vgl. Couplet: *Confucius Sinarum Philosophus*, 1687, S. CXij. Dazu heißt es bei Dems.: *Histoire d'une Dame Chrestienne de la Chine*, 1688, S. 119 f., »que l'Empereur *Cam hi* étoit allé visiter l'Eglise, et la maison des Jesuites de *Pekim* l'an 1675. et qu'il avoit écrit de sa propre main en caracteres Chinois ces deux mots *Kim tien*, reverez le Ciel: c'est-à-dire le Seigneur du Ciel, selon l'usage et la maniere de parler des Chinois. Non seulement les Peres firent mettre ces deux mots écrits de la main de l'Empereur, dans une riche bordure, pour être élevez à l'entrée de leur Eglise; comme la marque la plus auguste de la protection que donnoit ce Prince à la publication de l'Evangile: mais ils en firent faire plusieurs copies, pour être envoyées à toutes les Eglises de la Chine; et il ne fut pas jusqu'aux Missionnaires de l'Ordre de Saint Dominique, et de l'Ordre de Saint

François, qui n'en fissent aussi des copies pour leurs Eglises. «. Dazu auch Collani: *Jing Tian – The Kangxi Emperor's Gift*, in: Witek: *Verbiest*, 1994, S. 453–470.

[19] Vgl. *Historia cultus Sinensium*, 1700, S. 138–152, und Alexandre (wie Anm. 2), S. 73–87.

[20] Gemeint sind zweifellos der Heilige Stuhl und seine Ratgeber sowie die Mitglieder der MEP.

36. VERJUS AN LEIBNIZ (S. 258–261)

ÜBERLIEFERUNG: *K* Abfertigung: LBr. 954 Bl. 38–39. 1 Bog. 4°. 2 S. (Bibl.verm.). – Gedr.: *A* I, 18 N. 298.

Der Brief antwortet auf Nr. 34 und Nr. 35. Die Datierung ergibt sich aus einem Brief von Christophe Brosseau an Leibniz vom 12. April 1700 »[...] du R^d P. Verjus dont vous devez avoir receu depuis peu la response à une que vous luy avez écrite touchant les affaires de la Chine« (Druck in *A* I, 18 N. 327).

[1] Christophe Brosseau war hannoverscher Resident in Paris und besorgte dort die verschiedensten Angelegenheiten für Leibniz (s. zu diesem Korrespondenten Madeleine Jurgens u. Johannes Orschig: *Korrespondenten von G. W. Leibniz., 7. Christophe Brosseau*, in: *Studia Leibnitiana* XVI, 1 (1984), S. 102–112).

[2] Vgl. dazu Nr. 38.

[3] Im Jahr der Verurteilung der Riten durch die Theologische Fakultät der Pariser Sorbonne, am 8. Mai und am 18. Oktober 1700, erschien sowohl vor als auch nach diesen Entscheidungen eine Flut von Schriften und Briefen zu diesem Thema. Vgl. zur Vorgeschichte der Verurteilungen und zum Verständnis dieser literarischen Produktion Streit: *Bibliotheca Missionum,* Bd 7, Nr. 2056, S. 16 f., und die Bibliographie zum Jahr 1700 mit rund 60 Titeln bei M. Conlon: *Prélude au siècle des lumières en France*, 3, Genève 1972, S. 26–107. Treibende Kraft unter den Ritengegnern waren vor allem die Mitglieder der MEP (s. Nr. 35 mit Anm. 11). Neben der Anfang des Jahres veröffentlichten *Historia cultus Sinensium* und ihrer *Continuatio* (vgl. Nr. 35

mit Anm. 2) erschienen in der 1. Jahreshälfte die *Lettre De Mrs des Missions Étrangères Au Pape* [vom 20. April 1700] der Direktoren der MEP, J.C. de Brisacier und L. Tiberge, sowie Noël Alexandres *Conformité des cérémonies chinoises avec l'idolatrie grecque et romaine* (zu den darin gedruckten Stücken vgl. Streit: *Bibliotheca Missionum*, Bd 7, Nr. 2091 bzw. Nr. 2061). Diese Autoren suchten mit ihren Veröffentlichungen die noch anstehende Entscheidung des Papstes im Ritenstreit in ihrem Sinne zu beeinflussen und zu beschleunigen.

37. LE GOBIEN AN LEIBNIZ (S. 262–267)

ÜBERLIEFERUNG: *K* Abfertigung: LBr. 541 Bl. 18–20. 1 Bog. u. 1 Bl. 8°. 5 S. Siegel. Postverm. Bibl.verm. – Gedr: *A* I, 18 N. 225.
Der Brief antwortet auf Nr. 31 und wird beantwortet durch Nr. 41.

[1] Vgl. Nr. 29 mit Anm. 4 und Nr. 41.

[2] Verkürzt aus »*de las velas latinas*« so benannt vom Entdecker der Marianen, F. Magalhães, nach den Lateinsegeln, welche die Boote der Eingeborenen führten.

[3] Vgl. Bouvets *Lettre au Reverend Pere de la Chaize* vom 30. November 1699, in: *Lettres édifiantes et curieuses,* II. Recueil, 1703, S. 119–150, und F. Froger: *Relation 1700*, 1926, S. 75–83.

[4] Augenscheinlich verpaßte die »Amphitrite« die von den Holländern gewählte Schiffsroute nach Südostasien. Diese segelten vom Kap der Guten Hoffnung aus in gerader Richtung ostwärts, indem sie Madagaskar links liegen ließen und zunächst Kurs auf den offenen Indischen Ozean hielten; weit im Süden von Sumatra segelten sie dann nach Norden, um die Sundastraße zwischen Sumatra und Java zu durchfahren. Vgl. den Plan dieser Route auf dem vorderen Spiegel von François Caron: *Beschreibung des mächtigen Königreichs Japan 1645*, eingel. und erl. von Detlev Haberland, Stuttgart 2000.

[5] Auch Aceh, Stadt und Staat an der Nordspitze Sumatras.

[6] Vielmehr handelt es sich wohl um den englischen Fernhandelskaufmann und Schiffseigner Delton, von dem es u.a. heißt: »Il nous

avoit fait mille honnétetés et tousjours table ouverte.«, vgl. Froger (wie Anm. 3), S. 25 u. hier S. 29.

[7] Die Insel Shangchuan dao.

[8] Franz Xaver S. J. (1506–1552), der große Apostel Indiens und Japans, wurde 1619 heiliggesprochen (Tag: 3. Dezember). Vgl. Pfister, S. 1–7, und Georg Schurhammer: *Franz Xaver. Sein Leben und seine Zeit*, Bd 1.2, Freiburg 1955–1963.

[9] Shi Lin, Gouverneur der Provinz Guangzhou in den Jahren 1689–1702.

[10] Dazu gehörten außer den acht Jesuitenpatres, die auf der »Amphitrite« reisten (vgl. Nr. 21, Anm. 3), die am Kap der Guten Hoffnung von dieser übernommenen Patres J. Domenge und G.-I. Baborier (vgl. dazu J. Bouvet: *Lettre* (wie Anm. 3), S. 122).

[11] Vgl. Nr. 21, Anm. 3, u. Nr. 51, Anm. 3.

[12] Der Perlfluß.

[13] Der Chevalier de la Roque; vgl. J. Bouvet (wie Anm. 3), S. 122, u. Froger: *Relation 1700,* 1926, S. 1: »Monsieur de la Roque Capitaine de Fregate legere Chevalier de l'Ordre militaire de St. Loüis.«

[14] Henkama ist der ›Vorname‹: *Heng* plus manjur. *ama* (»Vater«); manjur. *Hesihen*, chin. *Heshiheng* (getauft 1707 von P. José Soares, gest. 1708). Er war im Jahre 1706 Aufseher an der kaiserlichen Druckerei; nach chinesischen Quellen machte er in diesem Jahr eine Eingabe beim Kaiser, in der er um gnädige Behandlung des päpstlichen Gesandten de Tournon bat. Vgl. zu Henkama auch Froger (wie Anm. 3), S. 92; Bouvet (wie Anm. 3), S. 133; von Rosso: *Apostolic Legations*, 1948, S. 157, Anm. 23, und Collani: *Bouvet,* 1985, S. 60, Anm. 272, irrtümlich mit »Wang lao-yeh« oder »Wang Tao-hua« identifiziert.

[15] Vgl. Nr. 58 mit Erl.

[16] Es handelt sich um José Soares S. J. (1656–1736), vgl. Nr. 15 mit Anm. 6.

[17] Zu den Zollschwierigkeiten der »Amphitrite«, die Bouvet, um sie von allen Abgaben zu befreien, im Hafen von Kanton als Schiff der Gesandtschaft Ludwigs XIV. mit Geschenken für den Kangxi-Kaiser ausgegeben hatte, vgl. Froger (wie Anm. 3), S. IX f. und S. 81 ff.

[18] Die Jesuitenpatres Ch. de Belleville (1657–1730), D. Parrenin (1665–1741), L. de Pernon (1664–1702) und J.-B. Régis (1663–1738); s. Dehergne: *Répertoire*, Nrn 96, 611, 630, 672.

[19] Die Jesuitenpatres F.-X. Dentrecolles (1664–1741), J.-F. Foucquet (1665–1741) und P. Frapperie (1664–1703) trafen etwa ein Jahr später in China ein; s. *ebd.*, Nrn 245, 330, 337.

[20] Auch Fatsan, Hafenstadt in der Nähe Kantons.

[21] M. de Beaulieu, vgl. J. Bouvet (wie Anm. 3), S. 124.

[22] Es dürfte sich um folgende ungedruckte Karte handeln: *Plan et carte particulière de la rivière de Canton et ses environs et depuis l'isle de Sancien jusque à celle de Makao. Echelle de trois lieu[e]s ou de 9 milles pas géométriques. Levé et faict par de Lagrange 1698* (Paris *Bibl. Nationale*. Département des cartes et plans. Sign.: *Service hydrographique*, Pf. 179, div. 9, p. 1).

[23] Es erschien lediglich Bouvets *Lettre au Reverend Pere de la Chaize* (wie Anm. 3).

[24] Vgl. Nr. 60 mit Anm. 2; zum Sieg über Galdan s. Nr. 29 mit Anm. 10 und Du Halde: *Description*, T. 4, 1736, S. 416 ff.

38. LE GOBIEN AN LEIBNIZ (S. 268–273)

ÜBERLIEFERUNG: *K* Abfertigung: LBr. 541 Bl. 21–22. 1 Bog. 4°. 3 S. Aufschrift. Siegel. Auf Bl. 21 r° links oben von Johann Daniel Grubers Hand: »Gobien excuse le culte de Confucius«. – Gedr.: *A* I, 18 N. 367.

Unser Stück, Beischluß zu einem Brief von Chr. Brosseau an Leibniz vom 10. Mai 1700 (*A* I, 18 N. 366), wird zusammen mit Nr. 37 durch Nr. 41 beantwortet. Vorgesehene Beilagen waren die (veröffentlichten) Briefe von Louis-D. Le Comte S. J. bzw. Jean Dez S. J.

[1] Vgl. Nr. 41.

[2] Marie Adélaide von Savoyen (1685–1712), Gemahlin des Duc de Bourgogne, Enkels Ludwigs XIV.

[3] L.-D. Le Comte: *Lettre à Mgr le duc du Maine sur les cérémonies de la Chine*, in: Ders.: *Des ceremonies de la Chine*, 1700, S. 5–136; der übrige Teil des Bandes enthält Briefe von Befürwortern und Gegnern der chinesischen Riten.

[4] Louis-Auguste de Bourbon (1670–1736), Sohn Ludwigs XIV. und Madame de Montespans, 1673 legitimiert, war ein Freund der Gesellschaft Jesu.

[5] Le Comtes Aufenthalt in China war von relativ kurzer Dauer. Nach seiner Ankunft in Peking im Februar 1688 reiste er nach einem knapp vierjährigen Aufenthalt in China bereits Ende 1691 von Amoy (Xiamen) aus zurück nach Europa (vgl. Dehergne: *Répertoire*, Nr. 456).

[6] Jean Dez S. J. (1643–1712), Rektor der Universität Straßburg, Professor der Rhetorik und Mathematik, war fünfmal Ordensprovinzial der Gesellschaft. Im Zusammenhang des Ritenstreits und der Bücher von Le Comte und Le Gobien veröffentlichte er die Streitschrift *Ad virum nobilem de cultu Confucii*, 1700.

[7] Brosseau hatte in seinem Brief an Leibniz vom 12. April 1700 diesem die Übersendung der beiden Bücher von Le Gobien bzw. Jean Dez mitgeteilt, ohne darin allerdings auch die *Lettre* von Le Comte zu erwähnen (vgl. *A* I, 18 N. 326).

[8] Noël Alexandre: *Apologie des Dominicains, missionnaires de la Chine,* 1699 (s. auch Nr. 35, Anm. 2).

[9] Antoine Cloche O. P. (1628–1720), General seines Ordens 1686–1720.

[10] Die antijesuitischen Schriften dieses größten Gegners der Gesellschaft Jesu, des bekannten Jansenisten und Philosophen Antoine Arnauld (1612–1694), erschienen 1690–1695 unter dem Titel *La Morale pratique des Jesuites* in 6 Teilen (ab dem 4. Teil auch mit eigenem Titel); s. auch Nr. 35, Anm. 2.

[11] Vgl. Nr. 35: *De cultu Confucii civili.*

[12] Es handelt sich um die 1670 geschriebene *Réponse* Francesco Brancatis S. J. (1607–1671) an Domingo F. Navarrete O. P., die 1700 unter dem Titel *De Sinensium Ritibus Politicis Acta* erschien (s. Pfister, Nr. 79, S. 229, und Dehergne: *Répertoire*, Nr. 109).

[13] S. zur anstehenden Entscheidung im Ritenstreit Nr. 35, Anm. 1.

[14] Kardinal Girolamo Casanate, 1620–1700, war am 3. März gestorben. Er gehörte zu den drei (später vier) Kardinälen, die Innozenz XII. (1691–1700) anläßlich des Dekrets von Charles Maigrot MEP (1693) damit beauftragt hatte, die Fragen des Ritenstreits erneut zu untersuchen (während Maigrot selbst die Sache seit 1697 durch sei-

nen Vertreter Nicolas Charmot MEP in Rom anhängig machen ließ; vgl. Pastor: *Geschichte der Päpste,* 15, S. 295f., und Nr. 41, Anm. 3). – Leibniz war dem Kardinal kein Unbekannter: Während seines Aufenthalts in Rom 1689 hatte Casanate ihm eine Berufung zum Kustos der Vatikana angeboten. Da die Annahme der Stelle mit einem Konfessionswechsel verbunden gewesen wäre, lehnte Leibniz ab. S. auch Leibniz' Brief an Le Thorel vom 25. November (5. Dezember) 1698 (*A* I, 16 N. 195, S. 306) und – anläßlich des Gerüchts, er sei der Nachfolger des kaiserlichen Bibliothekars Daniel von Nessel in Wien geworden – seinen Brief an J. Fr. Pfeffinger vom 13. Februar 1701: »[...] j'ay rejetté des tentatives tout d'une autre consideration: puisqu'un celebre Cardinal qui m'avoit connu à Rome me fit écrire touchant la prefecture de la Biblioteque du Cardinal Noris. Cette charge donne rang d'Evêque, et des benefices considerables, et ce n'est pas la premiere fois qu'on en a passé au Cardinalat, cependant j'ay repondu comme il falloit.« (LBr. 725 Bl. 70). Vgl. dazu Erich Hochstetter: *Leibniz und Antonio Alberti,* in: *Kant-Studien,* 42, 1942/43, S. 35.

15 Vgl. beispielsweise Konfuzius: *Gespräche,* 1, 11, und 2, 5 (Richard Wilhelm: *Kungfutse Gespräche,* 1972, S. 40 u. S. 43).

16 Vgl. Nr. 34 mit Anm. 8.

17 *Lk* 10, 2.

18 Vgl. Nr. 37, Anm. 3; s. auch die deutsche Übersetzung des Bouvetschen Berichts in: Stöcklein: *Welt-Bott,* 1726, 2. Theil, Nr. 41, S. 22–25.

39. BOUVET FÜR LEIBNIZ (S. 274–287)

ÜBERLIEFERUNG: *E* Erstdruck nach der nicht aufgefundenen Abschrift der Abfertigung: Kortholt: *Recueil,* 1734, S. 70–77. – Danach: 1. Kortholt: *Epistolae,* 3, 1738, S. 5–14; 2. (teilw.) Johann Ludwig Uhl: *Thesaurus epistolicus Lacrozianus,* 1, Lipsiae 1742, S. 227–228; 3. Dutens: *Opera,* 1768, 4, 1, S. 146–151.

Le Gobien stellte Leibniz die Abschrift dieses Briefes zusammen mit seinem Begleitbrief (Nr. 46) zu. In unserer Druckvorlage ist »et« durch das konventionelle Zeichen »&« wiedergegeben, und die Eigennamen sind in Kapitälchen gesetzt. Wir normalisieren nach dem Vorbild von Bouvets Originalbriefen.

[1] Das hohe Alter des *Yijing* betreffend, gibt Bouvet die traditionelle chinesische Auffassung wieder. Vgl. Wilhelm: *I Ging*, 1924: Einleitung, S. III–XIII.

[2] Dazu gehörte in erster Linie Charles Maigrot MEP, der im 6. Punkt seines Dekrets (1693) speziell die Auffassung verurteilt hatte, daß es sich bei dem *Yijing* um den vollkommensten Ausdruck der chinesischen Natur- und Morallehre handele. Doch auch in den eigenen Reihen wird Bouvets Ansicht bezweifelt; so schreibt Antoine Gaubil S. J. (1689–1759) in seinem Brief an Nicolas Fréret vom 2. November 1738: »Je me suis encore mêlé de traduire le livre Y King. Rien de plus obscur et de plus ennuyeux à la vérité, mais il y a quelques endroits admirables, et qui seuls dédommagent de l'ennuy de lire le reste, mais ces endroits que je trouve admirables ne le seroient peutêtre pas à d'autres yeux, et je n'ay pas encore le temps de mettre tout cela en ordre. […] Cette étude poussée à un certain point a quelque chose d'utile et même de beau et d'agréable, mais il est bien à craindre qu'elle ne dégénère en étude de rabbin, et qu'elle ne fasse perdre un temps qu'on peut employer plus utilement à autre chose«. (Gaubil: *Correspondance*, 1970, S. 497).

[3] Zu den kanonischen Büchern Chinas zählen an erster Stelle die »Fünf kanonischen Schriften« (*Wu Jing*): *Yijing* (»Buch der Wandlungen«), *Shujing* (»Buch der Urkunden«), *Shijing* (»Buch der Lieder«), *Liji* (»Buch der Riten«), *Chunqiu* (»Frühlings- und Herbst-Annalen«) und die »Vier Bücher« (*Sishu*) der Philosophen: *Lunyu* (»Gespräche«), *Daxue* (»Große Lehre«), *Zhongyong* (»Anwendung der Mitte«) und *Mengzi* (»Menzius«); vgl. James Legge: *The Chinese Classics*, Vol. 1–5, Hongkong 1861–1872.

[4] S. dazu Nr. 44, Anm. 19.

[5] Gemeint sind die zehn Patriarchen oder Urväter von Adam bis Noah in dem Zeitraum zwischen Schöpfung und Sintflut (*Gen* 5, 3–32).

[6] Vgl. die Darstellung der sogenannten Fuxi-Ordnung in Nr. 45.

[7] Mercurius oder Hermes Trismegistos (der »Dreimal Größte«, d. h. der »Allergrößte«), der griechische Name für Thot, den ägyptischen

Mondgott, dessen heilige Tiere der Hundskopfaffe und der Ibis sind, mit dessen Kopf Hermes Trismegistos ebenfalls dargestellt wird. Er brachte den Menschen die Schrift sowie alle Wissenschaften und Künste (vgl. Platon: *Phaidros*, 274c–275a) und soll die Hauptstücke seiner Weisheit in verschiedenen Büchern, den *Hermetischen Schriften*, niedergelegt haben. Hermes Trismegestos gehört zu den »alten Theologen« (*prisci theologi*), auf die sich schon die vornikäanischen Kirchenväter berufen hatten, um die gebildeten Heiden von der Wahrheit des Evangeliums zu überzeugen, einerseits, um zu zeigen, daß auch die größten Philosophen ihre Weisheit einer einzigen Quelle verdankten, andererseits, um die Möglichkeit offenzulegen, daß man beides sein konnte: Anhänger von Plotin und von Christus (vgl. Walker: *The Ancient Theology*, 1972, S. 1ff.). Die Haupttexte dieser Tradition, die *Hermetischen* und *Orphischen Schriften*, die *Prophezeiungen der Sybillen* und die pythagoreischen *Carmina aurea* erlebten neben der Kabbala (s. Anm. 17) im synkretistischen Denken der Renaissance-Philosophie eine Blüte. Darin wurde – in einer großen geistigen Synthese unter jüdisch-christlichem Vorzeichen – die antike heidnische Philosophie (Ägyptens, Griechenlands und Persiens) entweder auf Mose oder Noah und dessen Söhne Sem, Ham, Jafet oder bereits auf Henoch oder Adam zurückgeführt. Nur selten wurden Zweifel an dem angeblich hohen Alter dieser Schriften laut. Erst Isaac Casaubon: *De rebus sacris et ecclesiasticis Exercitationes* XVI, 1614, S. 79f., datierte die Entstehung der *Hermetischen Schriften* in die christliche Zeit und eröffnete dadurch die Möglichkeit einer kritischen Haltung gegenüber den *prisci theologi*. Nichtsdestoweniger blieb der Einfluß dieser Tradition in der historisch-exegetischen Literatur der Theologie noch lange wirksam: So z.B. bei Athanasius Kircher (*China illustrata*, 1667, S. 226), der in den Chinesen Nachkommen des Noah-Sohnes Ham sieht, welcher über Ägypten und Persien nach China eingewandert sei; bei Paul Beurrier (*Speculum christianae religionis*, 1666, S. 265), der die Chinesen von Noahs Sohn Sem abstammen läßt und ihnen ein Vorwissen christlicher Wahrheiten zuschreibt; bei Pierre-Daniel Huet (*Demonstratio evangelica*, 1679, S. 60; S. 72; S. 126), der die gesamte heidnische Theologie auf Mose zurückführt, indem er u.a. Hermes Trismegistos und Zoroaster mit Mose identifiziert und überzeugt ist, daß die »Sinensis Chronologia congruit cum Mosaica«, und insbesondere bei

Joachim Bouvet und seinen Anhängern, den sogenannten Figuristen (s. Collani: *Die Figuristen*, 1981).

[8] S. zur arithmetischen, geometrischen und harmonischen Progression Christian Wolff: *Mathematisches Lexicon*, 1716, s.v. *progressio*.

[9] Vgl. *Weish* 11, 21.

[10] Vgl. Wolff: *Lexicon*, s.v. *numerus*.

[11] Zu den »Fünf kanonischen Schriften« wurde manchmal als sechste, später verlorengegangene Schrift das *Yuejing* (»Buch der Musik«) gezählt.

[12] Das Tonsystem der griechischen Musiktheorie – das chinesische folgt anderen musiktheoretischen Voraussetzungen – beruht auf dem Quartintervall, und zwar auf dem Tetrachord als fallender Viertonreihe. Die verschiedene Bauweise eines Tetrachords bestimmt drei verschiedene Tongeschlechter: das diatonische, chromatische und enharmonische. Das diatonische, aus zwei Ganztönen und einem Halbton bestehende ist das älteste, das chromatische (mit einem irrationalen Ton an 2. Stelle) das jüngere, das enharmonische (mit einem irrationalen Ton an 3. Stelle) das jüngste Tongeschlecht. Die Theorie des Tonsystems in Verbindung mit der Ethoslehre hat seit Platon einen spekulativ-konstruktiven Charakter (vgl. Karl H. Wörner: *Geschichte der Musik*, 4. Aufl., Göttingen 1975, S. 53–55).

[13] S. Cicero: *Ad Atticum* 7, 13, in Anspielung auf Platon: *Politeia*, 546: »Aenigma […] plane non intellexi. Est enim numero Platonis obscurius«.

[14] Vgl. Platon: *Timaios*, 35a–36d.

[15] Die Siebenzahl: Der Sabbat am 7. Wochentag strahlte seine Weihe auch auf die übrigen Tage aus. Entsprechend dem wöchentlichen Ruhetag für Mensch und Tier gibt es auch ein (7.) Sabbatjahr als Ruhejahr für Acker, Weinberg und Garten, ebenso ein (7.) Erlaßjahr für Verschuldete und ein Befreiungsjahr für Versklavte. Vgl. *Jüdisches Lexikon*, IV, 2, Art. *Sabbatbräuche* und *Schemita*.

[16] Nach *Lev* 25, 8ff.; 27, 17ff. galt jedes 50. Jahr als Freijahr: Israelitische Sklaven erhielten ihre Freiheit, und veräußerter Bodenbesitz sollte an den früheren Besitzer zurückgehen. Vgl. *Jüdisches Lexikon*, III, Art. *Jobeljahr*.

[17] »Kabbala« ist zunächst die allgemeine Bezeichnung für die religiöse Überlieferung des Judentums, dann die spezielle für die jüdische

Geheimlehre. Die Kabbalisten halten sie für die eigentliche, mündlich überlieferte Lehre, die bis in die Anfangszeit der Menschheit zurückreiche. So ist die Rede von den geheimnisvollen Büchern Adams, Henochs, Noahs und anderen. Der Legende nach wurde die Kabbala um 870 aus Babylon nach Europa gebracht, wo sich in der Provence im 12. Jh. eine systematische Kabbala ausbildete. Nach der Vertreibung der Juden aus Spanien entstand im 16. Jh. in Palästina ein neues Kabbalazentrum um Isaak Lurja (1534–1572). Ungefähr gleichzeitig verbreiteten sich kabbalistische Anschauungen theologischer, naturphilosophischer und okkultistischer Art im christlichen Europa. Hier hatte bereits Raimundus Lullus (ca. 1232–1316) Übereinstimmungen zwischen der Kabbala und der Dreieinigkeitslehre behauptet. Vgl. *Jüdisches Lexikon*, III, Art. *Kabbala* (hier S. 504–506; 509; 511 f.). Bouvet bezieht sich offensichtlich auf die vorlurjanische Kabbala.

18 Das zugehörige Prädikat fehlt und muß aus der folgenden anakoluthischen Konstruktion ergänzt werden. Gemeint sind die Jesuitenmissionare.

19 Für die mittelalterliche Philosophie Chinas bezieht sich Bouvet auf den Konfuzianismus der Song-Zeit (960–1274), den sogenannten Neokonfuzianismus (s. auch Nr. 35, Anm. 12). Davon Kenntnis hatten die Missionare hauptsächlich aus dem *Xingli daquan* (»Kompendium der Lehre über die Natur und das Prinzip«), das Hu Guang im Auftrag des Kaisers Yongle (1403–1424) im Jahre 1415 zusammengestellt hatte. Dieses Sammelwerk vereinigt in 70 Kapiteln die wichtigsten Werke von 120 Autoren des Song-Konfuzianismus. Vgl. zum Neokonfuzianismus Shimada Kenji: *Die neokonfuzianische Philosophie*, 1987.

20 Maigrot war im November 1696 zum zweiten Mal zum Apostolischen Vikar von Fujian erwählt und kurz zuvor zum Bischof von Conon erhoben worden. Als er von der im März 1700 erfolgten Einweihung in Jiaxing (Provinz Zhejiang) nach Fujian zurückkehrte, waren dort die Missionare und Christen über seine Haltung zu den Riten derart aufgebracht, daß sie ihm Autorität und Jurisdiktionsrecht bestritten. Nachdem Maigrot gegen mehrere Priester den Kirchenbann ausgesprochen hatte, brach am 18. April 1700 eine Art Aufruhr gegen ihn aus, was ihn zur Rücknahme dieser Maßnahme zwang. Vgl. Launay: *Mémorial*, 2e partie, 1916, S. 419 a.

21 Bouvet verweist auf eine zukünftige Arbeit. Einen Vorgeschmack davon gibt er in seinem auch für Leibniz bestimmten Brief an Jean-Paul Bignon vom 15. Sept. 1704 (vgl. Nr. 32 mit Anm. 28).

40. LEIBNIZ AN FONTANEY (S. 288–293)

ÜBERLIEFERUNG: *L* Konzept: LBr. 728 (Pinsson) Bl. 96–97. 1 Bog. 2°. ½ S. auf Bl. 96 v° und auf dem unteren Rand von Bl. 97 r°. – Auf Bl. 96 r°/v° Schluß von *L* von Nr. 42, auf Bl. 97 r° *L* von Nr. 41. – Gedr.: A I, 19 N. 204.

Beilage zu der nicht gefundenen Abfertigung war Nr. 42. Beide Briefe gingen mit dem Begleitschreiben Nr. 41 zunächst an Le Gobien. Das Datum unseres Briefes, mit dem die Korrespondenz eröffnet wird, entnehmen wir der Antwort Nr. 43.

Jean de Fontaney (1643–1710), Lehrer für Mathematik und Astronomie am Collège de Clermont (später Louis-le-Grand)[1] in Paris, war Leiter der Gruppe von fünf Jesuitenpatres, die im Gefolge der ersten siamesischen Gesandtschaft Ludwigs XIV. als »Königliche Mathematiker«, versehen mit jährlich zugesicherten Gehältern, wissenschaftlichen Apparaten und Geschenken für den Kaiser, im März 1685 nach China entsandt wurden (s. auch Nr. 15, Erläuterung). Nachdem die Gruppe im Februar 1688 in Peking eingetroffen und am Hof vorgestellt worden war, ging Fontaney zuerst nach Nanking, dann nach Shanghai und Suzhou, schließlich 1692 nach Kanton, wo er eine Niederlassung gründete. Anfang Januar oder Februar 1693 wurde er (zusammen mit Visdelou) auf Anordnung des Kaisers nach Peking berufen, wo er im Juni eintraf, als der Kangxi-Kaiser an einem heftigen Fieber erkrankt war. Fontaney, der eine kleine Menge Chinin besaß, wendete das Mittel (als angeblich in Europa bewährte, aber in China noch unbekannte Medizin) bei dem Kranken mit Erfolg an. Den Patres wurde als Dank ein Wohnhaus in der Nähe des Kaiserpalastes angeboten; hier errichteten die Jesuiten in den Jahren 1699–1703 die *Beitang* »Nordkirche« (vgl. zu den Hintergründen Witek: *Controversial Ideas*, 1982, S. 55–63). Fontaney blieb als Oberer der Jesuiten bis 1699 in Peking. Im diesem Jahr wurde er zum ersten Mal nach Europa geschickt, wo er sich nur wenige Monate aufhielt, um 1701 mit neuen Missionaren[2] zurückzukehren. Doch schon im März 1703 verließ er auf einem englischen Schiff zum zweiten Mal China.[3] Von London aus kehrte er im April 1704 endgültig nach Frankreich zurück, wo er zunächst Vizedirektor des Noviziats in Paris war, dann Rektor des Collège royal von La Flèche. Er starb am 16. Januar 1710 in La Flèche.

[1] Der Bischof von Clermont, Guillaume Duprat (1507–1560), Gönner der Gesellschaft Jesu, hatte dieser durch ein großzügiges Legat den Kauf des »Hotel de Langres« in der Pariser Rue Saint-Jacques ermöglicht. Trotz des Widerstandes der Universität wurde dort 1564 in Erinnerung an den Wohltäter das Collège de Clermont eröffnet. Nachdem Ludwig XIV., der die Gesellschaft bekanntlich außerordentlich schätzte und förderte, das Kolleg 1682 mit dem Titel »königlich« und dem königlichen Wappen ausgezeichnet hatte, wurde es in »Louis-le-Grand« umbenannt. Nach der Vertreibung des Ordens aus Frankreich im Jahre 1762 wurden 1763 die Gebäude des Kollegs der Universität zugeschlagen und die Bibliothek verkauft. Vgl. Alfred Franklin: *Les anciennes bibliothèques de Paris* (Histoire générale de Paris. Collection de documents), Paris 1870, S. 245–265.

[2] Im Unterschied zu Pfister, S. 431, und Dehergne: *Répertoire*, S. 97, die beide von acht Missionaren berichten, spricht Fontaney in Nr. 43 von neun Patres. In seinem Brief an P. de La Chaize vom 15. Januar 1704 ist jedoch ebenfalls von nur acht Missionaren die Rede, darunter Vincent de Tartre (1669–1724), Cyr Contancin (1670–1732), Louis Porquet (1671–1752) und Julien-Placide Hervieu (1671–1746); vgl. *Lettres édifiantes et curieuses*, VIII. Recueil, 1708, S. 176, 192 u. 194f.

[3] Fontaney berichtet über diese Ereignisse in seinen auf der Rückreise nach Europa niedergeschriebenen Briefen an P. de La Chaize vom 15. Februar 1703 und 15. Januar 1704, gedr. in: *Lettres édifiantes et curieuses,* VII. Recueil, 1707, S. 61–266, bzw. *ebd.*, VIII. Recueil, 1708, S. 51–243.

[4] Vgl. Nr. 32, die durch Vermittlung von Verjus an Leibniz gelangt sein dürfte.

[5] S. dazu Näheres in Nrn 41 u. 42.

[6] Gemeint sein dürfte: Bekenntnissen.

[7] Vgl. Nr. 2, Anm. 1, und Nr. 7.
[8] Vgl. Nr. 10, Anm. 16.
[9] Vgl. Nr. 6 mit Anm. 8.

41. LEIBNIZ AN LE GOBIEN (S. 294–299)

ÜBERLIEFERUNG: *L* Konzept: LBr. 728 (Pinsson) Bl. 96–97. 1 Bog. 2°. 1 S. auf Bl. 97 r°. Mit zahlreichen, teils sehr flüchtig ausgeführten Korrekturen. Vgl. im übrigen Nr. 40 die Überlieferung. – Gedr.: A I, 19 N. 205.

Der Brief antwortet auf Nr. 37 und Nr. 38 und wird beantwortet durch Nr. 46. Beilage waren Nr. 40 und Nr. 42.

[1] Vgl. Leibniz' Briefe aus Berlin vom Sommer 1700 (*A* I, 18). Dort hatte der Kurfürst von Brandenburg Friedrich III. mit dem Stiftungsdiplom vom 11. Juli 1700 die Berliner Sozietät der Wissenschaften gegründet und Leibniz zu ihrem ersten Präsidenten ernannt (Bestallungsurkunde vom 12. Juli 1700); dazu Brather: *Akademie*, 1993, S. 83–111.

[2] Es handelt sich um Johann Georg Eckhart (zunächst Leibniz' Gehilfe bei seinen historischen Arbeiten, seit 1706 Geschichtsprofessor in Helmstedt, 1717 Leibniz' Nachfolger als Bibliothekar in Hannover), der auf Anregung und unter Mitwirkung von Leibniz von Januar 1700 bis Dezember 1702 das deutschsprachige Rezensionsorgan *Monatlicher Auszug Aus allerhand neu-herausgegebenen, nützlichen und artigen Büchern* in Hannover herausgab. Die Rezension zur *Histoire des isles Marianes* erschien dort im Mai 1700, S. 205–213.

[3] Leibniz bezieht sich auf den Stand der Entwicklung des Ritenstreits in Rom und Paris. Während in Rom die Beratungen bis zu einer endgültigen Entscheidung (am 20. November 1704) noch andauerten, hatte der Streit in Paris seinen Höhepunkt erreicht. Dort waren im Mai 1700 von der theologischen Fakultät der Sorbonne bezüglich der chinesischen Riten 29 Sätze, hauptsächlich aus den Werken Le Comtes, der Zensur unterworfen und als »fausses, erronées, temeraires, scandaleuses, tendantes à favoriser la superstition, et l'idolatrie, et à rela-

cher les mœurs, à renverser la discipline de l'Eglise, pernicieuses dans la pratique etc.« verurteilt worden (vgl. die Rezension [N.Alexandre]: *Lettre 1. 2. et 3. d'un Docteur de L'Ordre St. Dominique sur les ceremonies de la Chine au R.P. Le Comte* [...], Cologne, in: *Histoire des ouvrages des sçavans*, Juni 1700, S. 266–275, hier S. 270). Am 18. Oktober 1700 verurteilte dieselbe Institution 5 Sätze aus den Werken Le Comtes (*Nouveaux Memoires sur l'état présent de la Chine*, 1696, und *Des Cérémonies de la Chine*, 1700) und Le Gobiens (*Histoire de l'Edit de l'Empereur de la Chine*, 1698), in denen insbesondere behauptet wurde, daß die Chinesen seit Noah bis einige Jahrhunderte vor Christi Geburt die wahre Gotteserkenntnis und die wahre Religion bewahrt hätten (vgl. *Journal des Sçavans*, 6. Dezember 1700, S. 767–774, hier die verurteilten 5 Sätze S. 770–772). Hauptankläger in diesem Prozeß waren neben den Dominikanern und Jansenisten vor allem Angehörige des Seminars der MEP: Louis Tiberge, Louis Champion de Cicé und Jacques-Charles de Brisacier. Vgl. dazu Jacques Davy: *La condamnation en Sorbonne*, 1950 (wie Nr. 9 Anm. 11), S. 366–397.

[4] Clemens XI. (1700–1721), vorher Giovanni Francesco Albani.

[5] Gemeint sind vor allem die Priester und Apostolischen Vikare der MEP, die grundsätzlich eine Übereinstimmung zwischen Christentum und Konfuzianismus ablehnten. S. dazu Collani: *Missions Étrangères de Paris*, in: Standaert: *Handbook*, 2001, S. 344f.

[6] Vgl. Nr. 35 mit Anm. 13.

[7] *Apg* 17, 22–23.

[8] Vgl. dazu dessen Brief Nr. 43.

[9] Vgl. dazu Nr. 6 mit Anm. 8.

[10] Vgl. Nr. 32 mit Anm. 8.

[11] Vgl. Nr. 9, Anm. 16. Thomas Gouye S.J. (1650–1725) war der Korrespondenzpartner der von Ludwig XIV. ausgewählten königlichen Mathematiker.

[12] Vgl. Nr. 38.

42. LEIBNIZ AN BOUVET (S. 300–325)

ÜBERLIEFERUNG: *L* Konzept: LBr. 728 (Pinsson) Bl. 94–97. 2°. 5 ½ S. auf Bl. 94–96, einige Zeilen übergreifend auf den Rand von Bl. 97r°. Mit zahlreichen, teils flüchtig ausgeführten Korrekturen. Vgl. im übrigen Nr. 40 die Überlieferung. – Gedr.: 1. (teilw.) Merkel: *China-Mission*, 1920, S. 87 f. u. S. 139, Anm. 2; 2. Zacher: *Dyadik*, 1973, S. 243–249; 3. A I, 19 N. 202.

Der Brief antwortet auf Nr. 32 und wird beantwortet durch Nr. 44; er war Beilage zu Nr. 41.

1 Nr. 32.

2 Friedrich III. (reg. 1688–1713), seit 1701 König Friedrich I. in Preußen.

3 S. dazu Brather: *Akademie*, 1993, S. 83–120.

4 A. A. Kochański S. J. war am 19. Mai 1700 in Teplitz gestorben.

5 Nr. 33.

6 Vgl. Nr. 40.

7 Ein Brief von Leibniz an Verjus aus dieser Zeit wurde nicht gefunden.

8 Vgl. Nr. 41.

9 Im Jahre 1684 war Leibniz' erste Veröffentlichung zur Infinitesimalrechnung, die *Nova methodus pro maximis et minimis*, im Oktoberheft der *Acta erud.*, 1684, S. 467–473, erschienen. Allerdings war inzwischen auch ein Vorbote im Prioritätsstreit mit Isaac Newton um die Infinitesimalrechnung sichtbar geworden. In seinem kleinen Buch *Lineae brevissimi descensus investigatio geometrica duplex*, 1699, bezeichnete Nicolas Fatio de Duillier Leibniz als Zweiterfinder der Infinitesimalrechnung und Plagiator Newtons. Leibniz wehrte sich mit seiner *Responsio ad Dn. Nic. Fatii Duillerii imputationes* in den *Acta erud.*, Mai 1700, S. 198–208, gegen diesen ungerechtfertigten Vorwurf (s. auch Johann Bernoulli, *ebd.*, November 1699, S. 513–516). Vgl. dazu seine Empörung in den Briefen an Otto Mencke vom 23. Juli (2. August) 1699 und besonders vom 7. (17.) November 1699 (*A* I, 17 N. 226 bzw. N. 381).

10 Diese Berechnung legte Johann Bernoulli zugrunde in *De solido rotundo minimae resistentiae*, in: *Acta erud.*, Mai 1700, S. 208–214,

und ebenfalls G.-F.-A. de L'Hospital: *Methode facile pour trouver un solide rond*, in: *Histoire de l'Académie Royale des Sciences*, [1], 1699, sec. éd. revue, Paris 1718, *Mémoires de mathematique et de physique*, S. 107–112.

[11] Gemeint ist eine absteigende Bewegung im Schwerefeld; vgl. Leibniz' Abhandlung in den *Acta erud.*: *Communicatio suae pariter, duarumque alienarum solutionum problematis curvae celerrimi descensus*, Mai 1697, S. 201–205.

[12] Vgl. Leibniz: *De Linea in quam flexibile se pondere proprio curvat*, in: *Acta erud.*, Juni 1691, S. 277–281, und Ders.: *De la Chainette: ou solution d'un problême fameux proposé par Galilei*, in: *Journal des Sçavans*, 31. März 1692, S. 218–226.

[13] Es handelt sich um die Erfindung Friedrich Hoffmanns (1660–1742), Arzt und Professor der Medizin in Halle. Vgl. dazu Leibniz' Aufzeichnungen zu einem Gespräch mit Hoffmann, wo es heißt: »H. Hoffmann hat ex nitro einen spiritum igneum gefunden« (LBr. 413 Bl. 37–38) und seinen Brief an Daniel Ernst Jablonski von Ende September 1700 (*A* I, 19, N. 97). In seinem Brief an Hoffmann vom 3. Mai 1701 (Dutens: *Opera*, 1768, 2, 2, S. 97 f.) bedankt sich Leibniz und teilt diesem gleichsam als Gegenleistung die Entdeckung des von Johann Bernoulli erfundenen *phosphorus durabilis* mit.

[14] Zur Entdeckung Hoffmanns s. Zedler: *Universal-Lexicon*, Bd 39, 1744, Art. *Spiritus antipodagricus Hofmanni*, und *ebd.*, Bd 26, 1740, Art. *Phosphorus igneus* und *Phosphorus Urinae*. Hoffmann veröffentlichte seine Entdeckung in den *Observationum physico-chimicarum selectiorum libri* 3, 1722.

[15] So z. B. Leibniz' Brief an Gilles Filleau Des Billettes vom 4. (14.) Dezember 1696 (*A* I, 13 N. 248, S. 376).

[16] Otto v. Guericke (1602–1686), Erfinder der Luftpumpe und des nach ihm benannten Barometers, korrespondierte seit 1671 mit Leibniz. Er hatte als erster die Verbindung zwischen der Veränderung des Wetters und der Veränderung der Höhe der Quecksilbersäule des Barometers entdeckt und darüber kurz berichtet in seinen *Experimenta nova (ut vocantur) Magdeburgica de vacuo spatio*, 1672, lib. 3, cap. 20 (hrsg. und ins Deutsche übersetzt von Hans Schimank, Düsseldorf 1968, S. 112). Zweifellos kannte Leibniz aber auch den Artikel *An Account of Dr. Robert Hook's Invention of the Marine Barometer*,

in: *Philosophical Transactions*, XXII, 1700–1701, Nr. 269, S. 791–794, [5. Beitrag (gestörte Seitenzählung)], da er diese Zeitschrift regelmäßig bezog.

17 Von dieser Beobachtung, die Edmond Halley auf See mit Hilfe des von Robert Hook neu erfundenen Zeigerbarometers gemacht hatte, erfuhr Leibniz durch Hans Sloanes Brief vom 15. November 1700 (vgl. LBr. 871 Bl. 12).

18 Der Nordische Krieg (1700–1721) begann mit einer konzertierten Aktion von Dänemark, Sachsen und Rußland gegen Schweden, dem sächsischen Einmarsch in Livland im Februar 1700.

19 Fjodor Alekseevič Golovin (1650?–1706) hatte 1689 im Auftrag der zaristischen Regierung mit China den Vertrag von Nertschinsk abgeschlossen. Auf der russischen Gesandtschaftsreise 1697/98 nach Westeuropa war er der 2. Gesandte des Zaren gewesen. Während dieser Zeit hatte Leibniz versucht, mit ihm Kontakt aufzunehmen (vgl. *A* I, 14 N. 438). 1700 war Golovin Leiter des Außenministeriums. Vgl. auch Nr. 18, Anm. 14.

20 Trotz zahlenmäßiger Überlegenheit waren in der Schlacht bei Narwa am 30. November 1700 die Truppen des Zaren von Karl XII. besiegt worden.

21 Es handelt sich um das binäre Zahlensystem; s. dazu Nr. 13.

22 »Essentias rerum sicut Numeros esse … luce meridiana clarius apparet«, ein Satz aus dem tradionellen Sentenzengut der Scholastik; vgl. Zacher: *Dyadik*, 1973, S. 73.

23 Möglicherweise denkt Leibniz an Aurelius Augustinus: *De civitate Dei*, 12, 7.

24 So z.B. Johann Caramuel von Lobkowitz (1606–1683) und Erhard Weigel (1625–1699); s. dazu Zacher: *Dyadik*, 1973, S. 9ff., und Renate Loosen u. Franz Vonessen: *G.W. Leibniz. Zwei Briefe über das binäre Zahlensystem und die chinesische Philosophie*, [Stuttgart] 1968, S. 11–18.

25 Analog zum Dezimalsystem: $10 = 0 \cdot 10^0 + 1 \cdot 10^1$; $100 = 0 \cdot 10^0 + 0 \cdot 10^1 + 1 \cdot 10^2$; $1000 = 0 \cdot 10^0 + 0 \cdot 10^1 + 0 \cdot 10^2 + 1 \cdot 10^3$ usw.,

ist im dyadischen System entsprechend der Zweierpotenz: $10 = 0 \cdot 2^0 + 1 \cdot 2^1$; $100 = 0 \cdot 2^0 + 0 \cdot 2^1 + 1 \cdot 2^2$; $1000 = 0 \cdot 2^0 + 0 \cdot 2^1 + 0 \cdot 2^2 + 1 \cdot 2^3$ usw. Auf die Wiedergabe der Progressionstabellen ist im deutschen Text verzichtet worden.

[26] Die »progression sedenaire« ist im Text ohne Rücksicht auf die Syntax ausgeschrieben:

1 2 3 4 5 6 7 8 9 10 11 12 13 14 15

Leibniz hatte auch diese spätestens 1679 »erfunden«. S. dazu Zacher: *Dyadik*, 1973, S. 247.

[27] Leibniz veröffentlichte zu diesem Thema u.a. *De legibus naturae et vera aestimatione virium motricium contra Cartesianos*, in: *Acta erud.*, September 1691, S. 439–447.

[28] René Descartes: *Principia philosophiae*, I, § 36 (ins Deutsche übersetzt von Arthur Buchenau, Hamburg 1922, S. 48 f.). Vgl. Leibniz' ausführliche Widerlegung in seiner *Brevis demonstratio*, 1686.

[29] Nicholas Malebranche: *Des Loix de la communication des mouvements*, 1692, S. 40; vgl. dazu auch den Brief von Malebranche an Leibniz vom 13. Dezember 1698, in: Gerhardt: *Philosophische Schriften*, 1, 1875, S. 355 f., u. Philippe de La Hire: *Traité de mécanique*, 1695, S. 382–397.

[30] Pierre-Daniel Huet (1630–1721), seit 1692 Bischof von Avranches, veröffentlichte 1689 seine *Censura philosophiae Cartesianae.*

[31] Burchard de Volder (1643–1709), Arzt und Professor der Philosophie, Physik und Mathematik in Leiden (Korrespondenzpartner von Leibniz 1698–1706, s. Gerhardt: *Philosophische Schriften*, 2, 1879, S. 141–283), veröffentlichte 1695 seine *Exercitationes Academicae quibus R. Cartesii philosophia defenditur adversus P. D. Hueti Censuram philosophiae Cartesianae.*

[32] Gemeint ist zweifellos John Locke, dessen Hauptwerk *An Essay concerning human understanding in four books*, 1690, in London erschienen war (Leibniz legte seinen *Nouveaux essais* die erweiterte und von Pierre Coste ins Französische übersetzte 4. Auflage von 1700 zugrunde). Leibniz bezieht sich hier auf das IV. Buch, 10. Kap.: *Of our Knowledge of God.*

[33] Vgl. Leibniz' Darlegungen zum Begriff der Materie und dessen Entwicklung bei Locke im Vorwort der *Nouveaux Essais* (*A* VI, 6, S. 59–68, hier S. 60 f.).

[34] Leibniz : *Specimen dynamicum*, in: *Acta erud.*, April 1695, S. 145–157, hier S. 151 f.

[35] Herzog Ernst August von Braunschweig-Lüneburg (1629–1698), seit 1692 Kurfürst von Hannover, hatte Leibniz im Jahre 1685 beauftragt, die Geschichte des Welfenhauses zu schreiben. Infolge seiner zeitraubenden quellenkritischen Forschungen gelangte Leibniz darin – sehr zum Unmut seines Dienstherrn – nur bis zum Jahr 1005. (Leibniz' *Annales Imperii Occidentis Brunsvicenses* wurden erst von Georg Heinrich Pertz, Hannover 1843–46, herausgegeben).

[36] Leibniz veröffentlichte 1693 den *Codex juris gentium diplomaticus* und ließ 1700 anstelle eines zweiten Bandes die *Mantissa codicis juris gentium diplomatici* dazu erscheinen.

[37] Vgl. Leibniz' Briefe an Verjus, Nr. 17 und Nr. 25. Aus dem Konzept des 1. Briefes an Bouvet, Nr. 18, ist ersichtlich, daß Leibniz ihm von seinem »*Calcul philosophique nouveau*« oder der »*Specieuse universelle*« Mitteilung machen wollte, sich dann jedoch anders besann, den Passus strich und stattdessen Verjus in Nr. 17 diese Gedanken mitteilte.

[38] Vgl. die Nrn. 21 u. 39.

[39] Vgl. Nr. 32.

[40] Leibniz verwendet das Wort *illation* im Sinne einer logischen Schlußfolgerung selten. Historische Wahrheiten oder feste Überzeugungen und Annahmen (wie solche »Schlüsse«) zählte Leibniz zu den Tatsachenwahrheiten. Für diese galt es, mit Hilfe einer Logik der Wahrscheinlichkeit die Grade der Wahrscheinlichkeit und Unwahrscheinlichkeit zu berechnen; vgl. Couturat: *Opuscules*, 1903, S. 224–229.

[41] Gemeint ist wohl der Brief Nr. 21, dem Bouvet das *Vaterunser* in manjurischer Schrift und Sprache beigefügt hatte.

[42] S. dazu N. Witsens *Berichte über die uralischen Völker* [*Noord en Oost Tartarey*, 1705]. Zu den Ölöten vgl. Nr. 28, Anm. 5 u. 11; s. auch die Karte von Guillaume Delisle: *L'Asie*, 1700 (vgl. das beigegebene Faksimile).

[43] Die Formulierung ist ungenau, gemeint ist wohl: die Originaltexte des *Vaterunser* in der jeweiligen Sprache mit den jeweiligen Schriftzeichen, und dazu eine erläuternde Tabelle der Schriftzeichen.

[44] Vgl. den Brief Heinrich Wilhelm Ludolfs an Leibniz vom 18. Oktober 1697. Darin berichtet er über den Zaren, der mit seiner Gesandtschaft den Winter in Amsterdam verbringen wolle, und schickt Leib-

niz Muster mit mongolischen und tangutischen Schrift- und Sprachproben (vgl. Nr. 18 mit Anm. 15). Hierzu heißt es: »Il y a trois Mugales dans sa suite, dont l'un sait lire et ecrire non seulement en Mugalois, mais aussi en Tangutois. Comme le Dalailama est en Tangut, ainsi touts les Lama des Mugales tachent d'apprendre le charactere Tangutois, qui est en veneration parmy eux, tout ainsi que la langue arabique, parmy les Mahomedans.« (*A* I, 14 N. 357, S. 613).

[45] Vgl. M. Martini: *Sinicae historiae decas prima*, 1658, S. 21 f. Es handelt sich um »Chuenhious« (Zhuanxu, 2513–2435 v. Chr.), den fünften aus der Reihe der legendären Herrscher Chinas. S. dazu auch G.D. Cassini: *Reflexions*, 1691, u. Chr. Kirch: *De Eclipsi Solis*, 1723; vgl. Nr. 57, Anm. 14, bzw. Nr. 23, Anm. 8.

[46] Vgl. Nr. 2, Anm. 1.

[47] Vgl. Nr. 1, Anm. 5.

[48] Vgl. Nr. 4, Anm. 16.

[49] Vgl. Nr. 16.

[50] Vgl. Nr. 20, Anm. 6.

[51] Vgl. Nr. 32, Anm. 17.

[52] Vgl. Nr. 10 mit Anm. 11.

[53] Christian Mentzel war am 17. Januar 1701 in Berlin gestorben.

[54] Vgl. Nr. 21, Anm. 13.

43. Fontaney an Leibniz (S. 326–329)

Überlieferung: *K* Abfertigung: LBr. 274 Bl. 1–3. 8°. 3 S. Anschrift. Eigenhändige Aufschrift auf Bl. 2v°. Bl. 3 Kuvert mit Siegel und Aufschrift. Über dem Siegel von Leibniz' Hand: »P. Fontenay Missionaire à la Chine«.

Unser Stück antwortet auf Nr. 40 und wird beantwortet durch Nr. 49 a.

[1] Fontaney bezieht sich auf die Erklärung des Kangxi-Kaisers vom 30. November 1700. (Vgl. dazu auch Nr. 46 mit Anm. 3). Tatsächlich hatte der Pater Le Comte im Jahre 1699 seine Ordensbrüder in Peking darüber informiert, daß seit dem Bekanntwerden des Ritenverbots

durch Maigrot die Ritengegner in Rom die noch ausstehende Entscheidung des Papstes immer mehr zu ihren Gunsten beeinflußten, und sie aufgefordert, dem Papst zu den umstrittenen Punkten eine beweiskräftige und vertrauenswürdige Erklärung zu liefern. (Vgl. Rosso: *Apostolic Legations*, 1948, S. 136f. mit Anm. 39). Auf diese Warnung hatten die Patres mit einer Denkschrift reagiert, in der sie dem Kaiser ihre Auffassung der Riten darlegten. Dieser billigte ihre Interpretation mit der Erklärung: »These things written herein are excellent and in harmony with the Great way. To revere Heaven, to serve ruler and parents, to reverence teachers and elders is the custom common to the whole world. There is nothing here to be emended«. (Vgl. *ebd.* S. 145). Die beiden Dokumente wurden zusammen mit weiteren Briefen und Schriftstücken unter dem Titel *Brevis relatio eorum, quae spectant ad Declarationem Sinarum Imperatoris Kam Hi circa Caeli, Cumfucii et Avorum cultum, datam anno 1700. Accedunt Primatum Doctissimorumque virorum et antiquissimae Traditionis testimonia. Opera PP. Societ. Jesu Pekini pro Evangelii propagatione laborantium* in Peking (am 29. Juli 1701) und Kanton veröffentlicht; in Europa erschien die *Relatio* gleichzeitig 1703 in Augsburg und Dillingen (vgl. Streit: *Bibliotheca Missionum*, 7, Nr. 2204).

44. BOUVET AN LEIBNIZ (S. 330–375)

ÜBERLIEFERUNG: *K* Abfertigung: LBr. 105 Bl. 21–26. 3 Bog. 2°. 12 S. (Text). Auf Bl. 29 (Kuvert) Aufschrift von unbekannter Hand: »A Monsieur Monsieur Leibnitz«. Postvermerk. Vermerk einer späteren Hand: »De Pekin 4. Nov. 1701 par le P. Bouvet«. (Druckvorlage). – Gedr. (teilw.): Zacher: *Dyadik*, 1973, S. 262–274.

A^1 Abschrift von *K*: Paris *Bibl. Nationale* ms. fr. 17240 Bl. 75-88.

A^2 Fragment eines Auszugs nach *K*: Rouen *Bibl. municipale* Ms. 039 Bl. 2 (= S. 332 Z. 14 – S. 334 Z. 32 »Quoy que … que les deux« unseres Druckes).

E Teildruck : *Mémoires pour l'histoire des Sciences et des beaux Arts* (»Mémoires de Trévoux«), Januar 1704, S. 128-165; seconde édition,

Amsterdam, Februar 1705, S. 106–125 (entspr. S. 332 *l*. 14 – S. 374 Z. 15 (»suffisant«), ohne S. 354 Z. 26 – S. 358 Z. 28 »Ce qui fait ... Arabes« mit einem Zusatz ; vgl. S. 346 f. Textnote c).

Der Brief antwortet auf Nr. 42 und wird durch Nr. 49 beantwortet. Beilage war die Tafel Nr. 45. Eine kleine lateinische Abhandlung von Bouvet wurde Leibniz offenbar nicht übermittelt (vgl. Anm. 44). Unsere Sendung erreichte Leibniz mit Nr. 48.

[1] Daß Bouvets Brief von François Noël (1651–1729) und Kaspar Castner (1665–1709) befördert wurde (so Collani: *Tianxue benyi*, 1988, S. 16) – die beiden Jesuitenpatres waren im Januar 1703 (nicht 1702, vgl. Dehergne: *Répertoire*, Nr. 584 zu Ende) im Zusammenhang mit dem Ritenstreit nach Europa entsandt worden, wo sie Ende des Jahres in Rom eintrafen –, ist auszuschließen, da Leibniz Nr. 44 am 1. April 1703 erhielt (vgl. Nr. 49).

[2] Das französische Handelsschiff »Amphitrite«; das Schiff war am 3. August 1700 von seiner 1. (Rück-)Fahrt aus China in Frankreich wieder eingetroffen und begann seine 2. (und letzte) Fahrt nach China am 7. März 1701 von Port Louis aus. An Bord waren Jean de Fontaney, der mit demselben Schiff angekommen war und nun bereits (mit Nr. 42 im Gepäck) mit neuen Missionaren wieder zurückreiste. Die Gruppe traf am 9. September 1701 in Kanton ein, wo Fontaney einige Zeit blieb, bevor er weiter nach Peking reiste. Vgl. dazu Nr. 51 u. Madrolle: *Voyages*, 1901, S. 54 und S. 83 mit Anm. 1, sowie Pfister, S. 431.

[3] Der »unmittelbare« Überbringer des Briefes wurde nicht ermittelt.

[4] Nachdem die »Amphitrite« sich ab dem 5. August 1701 in chinesischen Gewässern aufgehalten hatte, kehrte sie am 2. Dezember 1702 von Macao aus wieder nach Frankreich zurück (Ankunft in Brest am 17. August 1703). Vgl. Madrolle (wie Anm. 2), S. LXXIII f.

[5] Der Kapitän war der Chevalier Froger de la Rigaudière; vgl. *ebd.*, S. LXXIII. Allerdings berichtet Fontaney in seinem Brief an P. de la Chaize vom 15. Januar 1704 von einem »commendant« M. de la Rigaudiere und zwei »Enseignes«, M. de Beaulieu und M. le Chevalier de la Rigaudiere (*Lettres edifiantes et curieuses*, VIII. Recueil, 1708, S. 176). Allem Anschein nach ist einer der beiden »Chevaliers« – hier als »commendant« bzw. als »Enseigne« bezeichnet – identisch mit

François Froger, dem Verfasser der *Relation 1700*, 1926; vgl. dazu die Einleitung von E. A. Voretzsch, S. III–VII.

6 Vgl. Fontaneys ausführliche Schilderung der Ereignisse *a.a.O.*, S. 176–197.

7 Vgl. Nr. 42 mit Anm. 20.

8 Bouvets Gewährsmann ist hier wohl Grimaldi, vgl. Nr. 13. Die erste Darstellung seines binären Zahlensystems hatte Leibniz schon in der unveröffentlichten Schrift *De Progressione Dyadica*, 1679, gegeben (LH XXXV, 3 B, 2 Bl. 3v°–4r°). Zu den etwa 20 Jahre später entstandenen Schriften zur Dyadik gehört auch *der Essay d'une nouvelle Science des Nombres* von 1701 (s. Zacher: *Dyadik*, 1973, S. 250–260), den Leibniz zur Zeit des Briefwechsels mit Bouvet zufällig gerade abfaßte und als neu ernanntes Mitglied der Académie Royale des Sciences nach Paris sandte. In erweiterter und modifizierter Form erschien die Schrift 1705 unter dem Titel *Explication de l'Arithmétique Binaire, Qui se sert des seuls caracteres 0 et 1; avec des Remarques sur son utilité, et sur ce qu'elle donne le sens des anciennes figures Chinoises de Fohy*, in: *Histoire de l'Académie Royale des Sciences*, Année 1703, Paris 1705: *Mémoires de mathématique et de physique* , S. 85–89. Vgl. auch Nr. 49 mit Anm. 13.

9 Zu der wohl auf Gespräche mit Herzog Rudolf August von Wolfenbüttel zurückgehenden Analogie zwischen dem binären Zahlensystem und der biblischen Schöpfungslehre vgl. Leibniz' Neujahrsbrief an den Herzog vom 2. (12.) Januar 1697 und die Beilage zu den Medaillenentwürfen in *A* I, 13, N. 75 u. N. 76; s. auch Nr. 13 u. Zacher: *Dyadik*, 1973, S. 35 ff.

10 Eine Anspielung auf die Naturphilosophie des Song-Konfuzianismus (des sogenannten Neokonfuzianismus), von der die Missionare durch das Sammelwerk *Xingli daquan* (s. Nr. 39, Anm. 19) Kenntnis hatten; vgl. dazu Le Comte: *Nouveaux mémoires*, 1696, 2, S. 180 ff.

11 Im folgenden geht es um die Beschreibung der von Bouvet entdeckten Strukturanalogie zwischen den 64 Hexagrammen des *Yijing* einerseits und den Binärzahlen des dyadischen Zahlensystems von Leibniz andererseits. Bei der von Bouvet mitgeschickten *Fuxi-Ordnung* handelt es sich allerdings um eine kosmologische Anordnung der Hexagramme von Shao Yong (s. Anm. 17, 18 u. 26).

[12] Unter einer Geometrischen Progression ist eine Reihe von Zahlen zu verstehen, die nach einem Exponenten zu- oder abnehmen; so nehmen z.B. die Zahlen 1, 2, 4, 8, 16, 32, 64, usw. nach dem Exponenten 2 zu; die Zahlen 192, 96, 48, 24, 12, 6, 3, nach dem Exponenten ½ ab. Vgl. Wolff: *Mathematisches Lexicon*, 1716, s.v. *progressio*.

[13] Die drei- und sechslinigen Symbole des *Yijing* (»Buch der Wandlungen«) werden als »gua« bzw. »zhonggua« bezeichnet: »Thus on the bagua level, we have the 8 3-line trigrams, and on the zhonggua level wie have the 64 6-line hexagrams« (s. Chung-Ying Cheng: *Leibniz's Notion*, in: Li/Poser, *Das Neueste über China*, 2000, S. 146). Dabei gilt die einzelne Linie, d.h. die durchgehende oder unterbrochene Linie, als Yang- bzw. als Yin-Linie. Vgl. Joseph Needham: *Science and Civilisation in China*, 2, Cambridge 1956, S. 305; vgl. auch Nr. 48, Anm. 58.

[14] Der legendäre Herrscher Fuxi (auch Paoxi oder Taihao genannt, dessen Regierungsantritt traditionell auf das Jahr 2953/2 v. Chr. angesetzt wird; vgl. Nr. 6, Anm. 7, u. H. A. Giles: *A Chinese Biographical Dictionary*, Shanghai 1898, S. 233f.) soll die Menschen zahlreiche Kulturtechniken gelehrt haben und nach der im *Yijing* erhaltenen Tradition der Erfinder der acht Trigramme (*bagua*) sein, aus denen sich später die chinesische Philosophie und die chinesischen Schriftzeichen entwickelt hätten. Fuxi, so heißt es, soll zu den Grundzeichen des *Yijing* »durch den Plan des Gelben Flusses, welchen ein aus den Fluten auftauchendes Drachenpferd auf dem Rücken trug« angeregt worden sein. Dieser im *Yijing* und von Konfuzius erwähnte »Plan« und die von den Song-Philosophen benutzte »Skizze« dieses Plans aus den Jahren 1101–1125 stehen nach Alfred Forke in keinerlei Beziehung zueinander; vgl. *Geschichte der alten chinesischen Philosophie*, 1927, S. 21, mit Anm. 1, u. Wilhelm: *I Ging*, 1924, S. X–XII; 2. Buch, Kap. II, S. 251, § 1.

[15] Gemeint sind Hexagramme.

[16] Vgl. unten Anm. 18.

[17] Tatsächlich bezieht sich Bouvet hier auf das System von Shao Yong (1011–1077), der zu den Begründern des Song-Konfuzianismus gehört. Sein durch *Yijing*-Forschungen angeregtes Hauptwerk *Huangji jingshi shu*, das »Buch von dem erhabenen Prinzip, welches in der Welt waltet«, fand in verkürzter Form Aufnahme in dem Sammelwerk *Xingli daquan* (Bücher VII–XIII). S. dazu Nr. 39, Anm. 19; Chan: *Chinese Philosophy*, 1963, chap. 29, S. 481–494, u. Alfred Forke:

Geschichte der neueren chinesischen Philosophie, Hamburg 1938, S. 21. Bei Zhu Xi (1130–1200) heißt es zu dem auf Zahlenspekulationen beruhenden kosmologischen System Shao Yongs: »seine ganze Methode beruhe auf Rechnen. Sehr gescheite und im Rechnen erfahrene Personen könnten sein Werk verstehen«. So ist nach Shao Yong die Zahl des Himmels »5, die der Erde auch 5, zusammen 10, die Vollendung der Zahlen. Der Himmel ist 1 und seine Wandlungen sind 4. Die 1 ist körperlos, die 4 haben Körper. Davon sind 3 Betätigungen, 1 Nicht-Betätigung. Die körperlose 1 führt auf die Spontaneität, die nicht tätige auf *Tao,* die 3 Betätigungen auf Himmel, Erde, Mensch« (*Xingli daquan* [Nachtrag zu] XIII, 23 b, und XI, 1 a, zit. nach Forke, *a.a.O.*, S. 32). Zu Shao Yong vgl. zuletzt Alain Arrault: *Shao Yong (1012–1077). Poète et Cosmologue*, Paris 2002.

18 Den Ausgangspunkt dieser Figur bilden die acht Trigramme im »Buch der Wandlungen«. Aus ihrer Zuordnung zu den Himmelsrichtungen entstanden zwei verschiedene Anordnungen oder Lehren. Die ältere *Xiantian* (»Lehre vom früheren Himmel«) soll auf Fuxi zurückgehen; die jüngere *Houtian* (»Lehre vom späteren Himmel«) auf den Zhou-König Wen (um 1050 v. Chr.). Tatsächlich gibt es eine chinesische Tafel, die sogenannte Segregationstafel, deren Erzeugungsprinzip einer Dichotomie folgt. Sie wird auch als »Fuxi-Ordnung« der Hexagramme bezeichnet und existiert noch in einer anderen Gestalt, nämlich der kombinierten Kreis-Quadrat-Form (s. Nr. 45). Als Urheber dieser »Fuxi-Ordnung« oder *Xiantian*-Anordnung gilt Shao Yong; vgl. Needham: *Science and Civilisation in China*, 2, 1956, S. 276 mit Anm. c, u. S. 341; Li: *China-Mission*, 2000, S. 407 ff., u. Arrault (wie Anm. 17), S. 323–346.

19 Zu diesen vgl. Wilhelm: *I Ging*, 1973, S. 239–242. Die Hauptkommentare zum *Yijing*, die sogenannten »Zehn Flügel«, stammen zum größten Teil erst aus der Han-Zeit (206 v. Chr. – 220 n. Chr.); s. Wolfgang Bauer, Einleitung, *ebd.*, S. 7. Philologische Gründe sprechen nach James Legge dagegen, Konfuzius irgendeinen der Kommentare zuzuschreiben. Dagegen schrieb Sima Qian (145–86 v. Chr.) Konfuzius noch alle Kommentare bis auf die zwei letzten zu (vgl. Legge: *The Texts of Confucianism*, Part II, Oxford 1882, S. 2 u. S. 26–31), während Zhu Xi diesen sogar für den Verfasser aller Kommentare hielt; vgl. Forke (wie Anm. 14), S. 10.

[20] Die von Bouvet zwischen Leibniz' binärem Zahlensystem und den 64 Hexagrammen der »Fuxi-Ordnung« festgestellte Identitätsbeziehung ist rein formaler Art. Obwohl über die ursprüngliche Bedeutung dieses Systems auch gegenwärtig noch keine letzte Klarheit besteht, ist man heute der Auffassung, daß die Erfinder der Hexagramme keinen quantitativen Kalkül im Sinn hatten; es handelt sich viel eher um Permutationen und Kombinationen von Orakelstäbchen (lang/kurz) zu Divinationszwecken. Vgl. Shi Zhongliang: *Leibniz's Binary System and Shao Yong's Xiantiantu*, in: Li/Poser: *Das Neueste über China*, 2000, S. 165–169, hier 166, 168 f., u. Needham: *Science and Civilisation in China*, 2, 1956, S. 341 ff.

[21] Nr. 39; Leibniz erhielt allerdings erst nach dem Empfang des gegenwärtigen Briefes davon eine Abschrift (s. Nr. 46).

[22] Vgl. Nr. 39, Anm. 5.

[23] Vgl. außer Nr. 42 dazu Leibniz' Ausführungen in Nr. 13 mit Anm. 7 u. Nr. 17 mit Anm. 15.

[24] Vgl. oben Anm. 14.

[25] Gemeint ist der »Große Uranfang«, *taiji* (im Text: Tai-y), der als Erzeugungsprinzip der 8 Trigramme angesehen wird. Dieser Bezug geht auf einen späteren Zusatz im *Dazhuan* (»Große Abhandlung«) zurück: »Darum gibt es in den Wandlungen den großen Uranfang. Dieser erzeugt die zwei Grundkräfte. Die zwei Grundkräfte erzeugen die vier Bilder. Die vier Bilder erzeugen die acht Zeichen.« (Wilhelm: *I Ging*, 1924, 2. Buch, S. 243, § 5).

[26] Das Erzeugungsprinzip der Hexagramme ist auch nach chinesischer Tradition unsicher. Lediglich die Shao Yong zugeschriebene sogenannte »Segregationstafel« (auch *Fuxi-Ordnung* genannt) erzeugt die Hexagramme dichotomisch. In ihrer zweiten, von Bouvet präsentierten Form entspricht das Quadrat dem Ordnungsprinzip der Segregationstafel (vgl. Needham (wie Anm. 18), S. 276 f., u. Zacher: *Dyadik*, 1973, S. 84 ff.).

[27] Vgl. zur Definition der Qualität (*ποιότης*) bei Aristoteles: *Κατηγορίαι*, 8 (8^b25–11^a38), und Siegfried Blasche: Art. *Qualität*, in: *Historisches Wörterbuch der Philosophie*, 7, 1989, Sp. 1749.

[28] Bouvet denkt an seine Ordensbrüder Joseph Henri-Marie de Prémare (1666–1736), der ihn 1698 auf seiner Rückreise nach China begleitete (vgl. Dehergne: *Répertoire*, Nr. 660), Jean-François Fouc-

quet (1665–1741), der 1698 an Bord eines anderen Schiffes nach China reiste (vgl. *ebd.*, Nr. 330), und Jean-Alexis de Gollet (1664–1741), der sich ein Jahr später dorthin einschiffte (vgl. *ebd.*, Nr. 368). Zu diesen vgl. Collani: *Die Figuristen in der Chinamission*, 1981; Witek: *Controversial Ideas*, 1982, u. Knud Lundbæk: *Joseph de Prémare (1666–1736), S.J. Chinese Philology and Figurism*, Aarhus 1991 (*Acta Jutlandica*, LXVI:2).

29 Zarathustra (auch Zoroaster), iranischer Prophet, der nach altpersischer Tradition 258 Jahre vor Alexander d. Gr. lebte. Vgl. dazu auch Nr. 39 mit Anm. 7.

30 In der Identifizierung mit dem ägyptischen Thot wird Hermes Trismegistos oft als Mensch mit Ibiskopf, seltener mit Hundekopf dargestellt. Vgl. Dieter Kurth, Art. *Thot*, in: *Lexikon der Ägyptologie*, 6, Wiesbaden 1986, Sp. 511 a, H.

31 Henoch, der 7. aus der Reihe der 10 Patriarchen vor der Sintflut (s. *Gen* 5, 18–24), soll mit göttlicher Inspiration Bücher verfaßt und an seine Söhne weitergegeben haben; vgl. die im 2. Jh. v. Chr. entstandenen Pseudepigraphen *Jubiläen* und *Henoch* (dazu *Realenzyklopädie f. protest. Theologie und Kirche*, 16, 1905, S. 237–242 bzw. 257–260).

32 Das Schriftzeichen 伏 *fu* ist eine Zusammensetzung aus den Komponenten »Mensch« 人 *ren* und »Hund« 犬 *quan*.

33 Das Zeichen 羲 *xi* ist ein Kompositivzeichen; mit dem Semantem (Radikal) 牛 »Rind« hat es die Bedeutung »Opfer«, »Opfertier«.

34 *Taihao*: 太 *tai* bedeutet u. a. »erhaben«, »höchst«; 昊 *hao* hat u. a. die Bedeutung »klarer Himmel«, »großartig«.

35 Bouvet »löst« hier zwei Probleme auf einmal: sowohl das in der chinesischen Tradition durchaus unsichere Erzeugungsprinzip der Hexagramme aus den Trigrammen als auch – setzt man deren dichotomische Entstehung nach der späteren Segregationstabelle voraus – die Plausibilität des Abbruchs bei der 64. Figur; vgl. Leibniz' »Lösung« in Nr. 49, S. 419 f.

36 Das *Liji* (»Buch der Riten«), das zu den Fünf kanonischen Büchern in China gehört, hat nach traditioneller Auffassung seine heutige Form erst nach der angeblichen Bücherverbrennung im Jahre 213 v. Chr. (s. Anm. 75) im 2. vorchristlichen Jh. aus wiederentdeckten Schriften und Kompilationen älterer Zeit erhalten. Richard Wilhelm

vergleicht das *Liji* mit der *Tora* im *Alten Testament* (Wilhelm: *Li Gi*, 1930, S. X–XVII).

[37] *Taiyi fen er gui tian di* 太一分二歸天地 Der Begriff *Tai yi* taucht im *Liji* allerdings nur an dieser einen Stelle auf, die Richard Wilhelm wie folgt übersetzt: »Die Sitte wurzelt im Großen Einen [*Tai Yi*]. Dies teilt sich in Himmel und Erde […]. Die Sitte hat ihre Wurzel stets im Himmel, bewegt gelangt sie auf die Erde; geordnet zeigt sie sich bei den Arbeiten; angepaßt folgt sie den Zeiten […]« (*Li Gi*, 3. Kap.: *Li Yun* 4,1, S. 40). Daß das *Li* (»Sitte«, »Ritus«) in Analogie zur natürlichen Ordnung im Himmel wurzelt, ist dagegen eine wiederholte Grundaussage im *Yijing* (vgl. Li: *China-Mission*, 2000, S. 311, Anm. 1). Der von Bouvet zitierte Satz erscheint deshalb als aus dem Zusammenhang gerissen. Der Begriff *Taiyi* ist hier keine Gottheit. Der Satz ist auch nicht ganz vollständig wiedergegeben und müßte heißen: *Taiyi fen er er gui tian di*: 太一分二而歸天地 (vgl. Couvreur: *Mémoires*, 1913, vol. 1, 2, S. 527).

[38] Im *Yijing* ist allerdings von 太極 (*taiji*), d.h. »höchstes Prinzip«, die Rede. Das erste Schriftzeichen ist eine Zusammensetzung aus dem Zeichen für »groß« und dem Zeichen für »Punkt« als Satzzeichen in der Schrift; es bedeutet u.a. »größer als groß«. Das zweite Schriftzeichen bedeutet ursprünglich »Dachfirst«, »Anfangs- und Endpunkt«. Richard Wilhelm übersetzt »der Große Uranfang« (*I Ging*, 1924, 2. Buch, S. 243, § 5). Nach der Ansicht von chinesischen Experten stammt das *taiyi* 太一 im *Liji* allerdings aus dem *Yijing* und gewann erst im Song-Konfuzianismus seine philosophische Bedeutung (vgl. Li: *China-Mission*, 2000, S. 124 u. S. 126). Im *Shiji* (s. Anm. 40) tritt der Begriff *taiyi* als Bezeichnung der höchsten Himmelsgottheit an vielen Stellen auf; hier werden allerdings (im strengen Sinn nicht ganz alte) Opferzeremonien aus der Han-Zeit geschildert, in der vielerlei Gottheiten verehrt wurden.

[39] Die Bezeichnung *shangdi* 上帝 (»höchster Herrscher«) ist neben *tian* (»Himmel«) einer der Namen auch für den christlichen Gott, um dessen Anerkennung es im Ritenstreit ging (s. Nr. 35, Anm. 1). Vgl. zur chinesischen Bedeutung Wilhelm Grube: *Religion und Kultus der Chinesen*, Leipzig 1910, 1. Kap., hier S. 22 u. 27–31.

[40] Gemeint ist das *Shiji*, die »Historischen Aufzeichnungen« von Sima Qian (145–86 v. Chr.), die erste erhaltene Gesamtdarstellung der

chinesischen Geschichte; s. Édouard Chavannes: *Les Mémoires historiques de Se-Ma Ts'ien*, Paris 1895–1905, T. 3, S. 223 u. S. 467.

41 *jiao* 郊 (»Opferplatz, Altar«).

42 *yisan* 一三 ist eine Verschreibung oder Umstellung von 三一 (*sanyi*) und bedeutet »Drei-Eins«. *sanyi* war der Name einer Gottheit, genauer eine Gesamtbezeichnung für drei selbständige Gottheiten, die im *Shiji* oft erwähnt wird. S. dazu Chavannes (wie Anm. 40), S. 467: »Autrefois le Fils du Ciel immolait tous les trois ans une grande victime, dans le sacrifice à trois dieux [*san yi*] qui étaient l'un le Ciel, l'autre la Terre et le troisième T'ai-i.«.

43 Bouvet bezieht sich hier auf wahrsagende Jungfrauen verschiedener Völker, darunter die Delphische oder Thessalische Sibylle (auch Artemis), die den zukünftigen Messias geweissagt haben sollen. Nach der »Philosophia perennis« gehören sie wie Zoroaster, Hermes usw. zu den verborgenen »prisci theologi«. Vgl. Walker: *The Ancient Theology*, 1972, S. 20, u. Nr. 39 mit Anm. 7.

44 Es handelt sich um ein Exemplar der *Brevis relatio*; vgl. dazu auch Nr. 43 u. 46, jeweils mit Anm. 1, sowie Collani: *Tianxue benyi*, 1988, S. 15f. Der Passus »dont … exemplaire« ist von Leibniz' Hand unterstrichen, offenbar hat er es nicht erhalten. Das scheint auch seine Bemerkung auf dem Begleitbrief (Nr. 48) zu unserem Stück anzudeuten.

45 Bei dieser Schrift handelt es sich wahrscheinlich um eine frühe Form des *Tianxue benyi* Bouvets, die mit 28 kleinen Artikeln in der *Brevis relatio* identisch ist; vgl. dazu Collani (wie Anm. 44), S. 9–33, hier S. 15–16.

46 Vgl. Nr. 42, S. 321; s. zu Golius' Hypothese Nr. 1 mit Anm. 5.

47 Bouvets Annahme, daß die Chinesen von Sem, einem der drei Söhne Noahs, abstammen und ihre Schrift sich von den ägyptischen Hieroglyphen ableitet, entsprach der offiziellen Auffassung des Ordens. Von Athanasius Kircher unterschied er sich darin, daß dieser Noahs Sohn Ham als Urvater der Chinesen betrachtet; vgl. *Oedipus Aegyptiacus*, T. 3, 1654, S. 8–21, und Ders.: *China illustrata*, 1667, S. 225–237.

48 Zu den späteren Schriften und Briefen Bouvets zum Figurismus s. Janette Gatty: *Recherches de Joachim Bouvet*, in: *Actes*, 1976, S. 141–162.

49 Gemeint ist das *Qingwen jian* »Spiegel der Manju-Sprache«; vgl. Nr. 32, Anm. 17.

50 Vgl. Nr. 4 mit Anm. 16.

51 Bouvet deutet nicht nur das durch den Ritenstreit sich verändernde Klima am Hof an, sondern auch, daß ihm die Mitteilungen, die Leibniz ihm zu seiner »neuen Arithmetik« gemacht hatte (vgl. Nr. 42, S. 305–311), nicht genügen.

52 Die Jesuiten Jean-Baptiste Régis (1663–1738) und Dominique Parrenin (1665–1741); vgl. Th. N. Foss: *A Western Interpretation of China: Jesuits Cartography*, in: Ch. E. Ronan, B. B. C. Oh (Hrsg.): *East Meets West. The Jesuits in China 1582–1773*, Chicago 1988, S. 223.

53 Es handelt sich um eine von mehreren Palastgartenanlagen in Peking, den *Nanyuan* oder *Nan haizi*, d.h. »Südlicher Jagdpark«, im Südosten, außerhalb der Stadtmauer. Das große Gelände, das ursprünglich zu den Jagdgründen der Mongolen gehörte, wurde seit dem 15. Jahrhundert mit Palästen, Tempeln und einem hohen Wall versehen; heute ist nichts mehr davon vorhanden. Vgl. Juliet Bredon: *Peking. A Historical and Intimate Description of its Chief Places of Interest*, Shanghai, Hongkong 1922, S. 249.

54 Gemeint ist der Davidshirsch (elaphurus davidianus), chin. *Sibuxiang*, dessen Lebensraum dieser kaiserliche Palastgarten war; vgl. Couling: *The Encyclopaedia Sinica*, Shanghai 1917, S. 157 f., s. v. *Elaphure*, sowie Bernhard Grzimek (Hrsg.): *Tierleben. Enzyklopädie des Tierreiches*, Bd 13, Zürich 1968, S. 203–214.

55 Vgl. Nr. 20 mit Anm. 6.

56 Vgl. Nr. 10, Anm. 11.

57 Bei dem als Punkt charakterisierten Zeichen (s. Anm. 38) handelt es sich um das Klassenzeichen 丶 *zhu*. Dieses bildet in dem Kompositivzeichen 主 (*zhu*) »Herr« den sematischen Determinator. Da beide Zeichen phonetisch identisch sind, können sie ausgetauscht werden.

58 *Shujing* (»Buch der Urkunden«).

59 *Weiyi* 惟一 »einzig«, »allein«. Bouvet hat am linken Blattrand »A« wiederholt und den beiden chinesischen Wörtern die Schriftzeichen beigefügt.

60 Vgl. Anm. 36 u. 37.

[61] Am Rande »B« und Wiederholung der Wörter sowie der Schriftzeichen: 太一 *taiyi*; die im Text nachfolgenden Wörter: *fen er guei tian di* bedeuten wörtlich: »Trennen und zu Himmel und Erde werden«.

[62] Am Rande »C« und die Wiederholung des Wortes *tai*. *Taiyi han san* 太一函三 bedeutet »die höchste Einheit enthält die Dreiheit.«

[63] Am Rande »E« und Wiederholung des Zeichens 太. Vgl. zur Interpretation dieses Zeichens durch Bouvet die Kritik von René Etiemble: *L'Europe Chinoise*, Paris 1988, S. 409.

[64] Am Rande »F« und Wiederholung des Wortes *da* und des Schriftzeichens 太 sowie des Punktes (、), d.h. *zhu* »Herr«.

[65] Bouvets Etymologie entspricht der Absicht, das von einem Teil der chinesischen Schriftgelehrten materiell verstandene Prinzip des Himmels als geistigen Urgrund zu interpretieren. Vgl. aber Etiemble (wie Anm. 63), S. 409.

[66] Am Rande Wiederholung von »G«: 一大爲天 *yi da wei tian* (»eins« plus »groß« ergibt »Himmel«).

[67] Am Rande »H« 帝 *di*.

[68] Das Kompositivzeichen 帝 wurde hier von Bouvet nach der Volksetymologie zerlegt.

[69] 主 *zhu* »Herr«; 宰 *zai* »Herrscher«, »regieren«.

[70] Vgl. dazu Hippolytos von Rom: Κατὰ πασῶν αἱρέσεων ἔλεγχος, 6, 23, 5f. (ed. M. Marcovich, Berlin 1986, *Patristische Texte und Studien*, 25).

[71] Das *Shijing* (»Buch der Lieder«).

[72] Bouvet glaubt, daß das Zeichen 宰 *zai* (»Herrscher«), zusammengesetzt mit dem Zeichen 君 *jun* (»Herr«), dem Zeichen 辟 *bi* (*pi*) entspricht, das unter anderem auch die Bedeutung »Herrscher« hat. Das ist ersichtlich nicht der Fall. Es handelt sich vielmehr um drei Zeichen, die einen semantischen, aber keinen etymologischen Zusammenhang besitzen.

[73] *dangdang shangdi xiamin zhi pi* 蕩蕩上帝下民之辟 übersetzt James Legge wie folgt: »How vast is God, The ruler of men below«. (*Shijing* III, 1, 1; Legge: *The Chinese Classics*, 4, Hongkong 1871, S. 505).

[74] 皇 *huang* »erhabener Herrscher«, bezeichnet den »Gelben Kaiser« (2697–2598), einen der legendären ersten Herrscher Chinas.

75 Qin Shihuangdi (246–209 v. Chr.), der sich 221 zum Kaiser machte und im Jahre 213 angeblich die berüchtigte Bücherverbrennung anordnete; s. Chavannes: *Mémoires* (wie Anm. 40), T. 2, S. 169–177; vgl. auch Anm. 36 u. Nr. 7, Anm. 11.

76 百 *bo* 姓 *xing*, d.h. »Hunderte [sic!] von Familiennamen«, das Volk (im Gegensatz zum Adel).

77 百果 *bo guo*, die »hundert Arten von Feldfrüchten«.

45. DARSTELLUNG DER 64 HEXAGRAMME IN DER FUXI-ORDNUNG (S. 376–377)

ÜBERLIEFERUNG: Druck: LBr. 105 Bl. 27–28. 18·20 cm, aus: Ming-Enzyklopädie *Sancai tuhui*, 1609 [u.ö.], Teil *wenshi*, Kap. 1, S. 7a–7b: Im Kreis ober- und unterhalb des Quadrats »ἄνω« und »κάτω« von Bouvets Hand. Links unten mit roter Tinte von Leibniz' Hand: »Ut apparet conferendo characteres circuli et quadrati respectu circuli superius est quod remotius à centro«. Die Numerierung der Hexagramme ebenfalls von Leibniz' Hand. – Reproduziert in: 1. James Legge: *The Texts of Confucianism*, Part II: The ›Yi King‹, Oxford 1882 (hinter S. 55, Plate II); 2. Zacher: *Dyadik*, 1973, S. 264; 3. Mungello: *Curious Land*, 1985, S. 324 (u.ö.).

Vgl. zu der vorliegenden »Anordnung« die Ausführungen bei Needham: *Science and Civilisation in China*, 2, 1956, S. 276 mit Anm. c. und S. 340–345; s. auch Nr. 44 mit Anm. 18. – Bei seiner Rückkehr nach Frankreich im Frühjahr 1697 überbrachte Bouvet als Geschenk des Kangxi-Kaisers 49 in Peking gedruckte Bücher, darunter eine Bearbeitung des *Yijing* in manjurischer Übersetzung u.d.T. *Inenggidari giyangnaha i ging ni jurgan be suhe bithe* mit der »Anordnung der 64 Hexagramme des Fuxi« (Paris *Bibliothèque Nationale* ms. or. mandchou 2); vgl. dazu *Collections de Louis XIV. Dessins, albums, manuscrits.* Katalog Paris 1977, S. 226, Nr. 218 (mit Reproduktion der »Anordnung«). Vgl. auch Nr. 17, Anm. 1.

46. Le Gobien an Leibniz (S. 378–381)

Überlieferung: *E* Erstdruck nach der nicht gefundenen Abfertigung: Kortholt: *Recueil,* 1734, S. 68–70. – Danach 1. Kortholt: *Epistolae,* 3, 1738, S. 3–5; 2. Dutens: *Opera,* 1768, 4,1, S. 145–146.

Unser Brief antwortet auf Nr. 41 und wird beantwortet durch Nr. 59. Beilage war Nr. 39. In unserer Vorlage ist »et« durch das konventionelle Zeichen »&« wiedergegeben, und die Eigennamen sind in Kapitälchen gesetzt. Wir normalisieren nach dem Vorbild von Le Gobiens Originalbriefen.

[1] Es dürfte sich unter anderem um die *Epistola ad summum pontificem scripta a PP. Soc. Jesu e Sinis* vom 2. Dezember 1700 handeln; vgl. Antoine Thomas, SV, sowie Anm. 3.

[2] Nur wenige Jahre nach der Ankunft Bouvets in China hatte der Ritenstreit in Europa einen neuen Höhepunkt erreicht (vgl. dazu Nr. 41, Anm. 3). Als Bouvet 1697 von China nach Europa zurückkehrte, benutzte Nicolas Charmot MEP, der Gesandte Charles Maigrots, dasselbe Schiff, um in Rom auf eine endgültige Entscheidung hinzuarbeiten (vgl. Nr. 35 mit Anm. 16). Tatsächlich warfen in Europa und China die anderen Orden den Patres der Gesellschaft seit langem vor, daß sie in China »ne prechent que Iesus Christ glorieux et non pas Iesus Christ crucifié« und den Götzendienst zuließen, indem sie den Neophyten die Ausübung ihrer einheimischen Riten erlaubten. (Blaise Pascal: *Les Provinciales,* 1657 (zitiert nach der Ausgabe 1667, S. 52f.: 5. Brief vom 20. März 1656).

[3] S. auch Nr. 43, Anm. 1. Nachdem der Kangxi-Kaiser die Denkschrift der Jesuiten mit seiner Erklärung vom 30. November 1700 beantwortet hatte, wurden diese Schriftstücke zunächst mit einer *Epistola* der Jesuiten vom 2. Dezember 1700 an den Papst (und offenbar Kopien an Le Gobien, s. Anm. 1) am folgenden Tag »auf vier verschiedenen Wegen« nach Rom geschickt (vgl. Pastor: *Geschichte der Päpste,* 15, 1930, S. 296; zum Inhalt des Briefpakets Rosso: *Apostolic Legations,* 1948, S. 137, Anm. 39). Zu den Unterzeichnern der *Epistola* gehörten Claudio Filippo Grimaldi und zehn weitere Ordensbrüder. Zu

dem gesamten Vorgang vgl. Dehergne: *L'exposé des Jésuites de Pékin*, 1980 (wie S. XLV Anm. 82).

[4] In Rom wurde die Erklärung des Kangxi-Kaisers – die Interpretation der Termini *tian* und *shangdi* als monotheistische Begriffe sowie die Deutung des Konfuzius- und Ahnenkults als rein weltliche Riten – negativ bewertet. Die von Innozenz XII. eingesetzte Prüfungskommission hielt den Kaiser nicht für kompetent, in Fragen des Christentums zu entscheiden. Daß das Unternehmen der Jesuiten in Peking nicht ohne Risiko war und die Erklärung des Kaisers in Rom zu entscheidenden Gegenmaßnahmen führen mußte, legt Dehergne (wie Anm. 3, S. 185 ff.) dar. Tatsächlich wurde das Verbot der Riten, das von Clemens XI. am 20. November 1704 erlassene Dekret »Cum Deus Optimus«, in Europa dem Inhalt nach erst 1709 bekannt; veröffentlicht wurde es hier sogar erst in verschärfter Form in der Apostolischen Konstitution »Ex illa die« vom 19. März 1715. Vgl. den Text in: Clemens XI.: *Opera omnia, IV. Bullarium: Praeceptum*, 1729, Sp. 427–436.

[5] Gemeint sind die »neuen« Weltpriester der MEP, von denen François Pallu (getauft 1626–1684) im Jahre 1684 als Generaladministrator und 1. Apostolischer Vikar von Fukien zusammen mit Charles Maigrot in China eingetroffen war (vgl. in der Einführung, II, 4; Launay: *Mémorial*, 1916, 2e partie, S. 489 b, und Van der Cruysse: *Louis XIV*, 1991, S. 254 ff.), im Unterschied zu den »alten« Patres der Gesellschaft Jesu. Doch schon Niccolò Longobardi (1565–1655) hatte sich gegen die Akkommodationsmethode Matteo Riccis gewandt (s. Nr. 35, Anm. 9); und auch Bouvets Figurismus, der gedanklich als konsequente Weiterführung dieser Methode angesehen werden kann, wurde nur von wenigen Jesuiten akzeptiert und mitgetragen (vgl. dazu Witek: *Jean-François Foucquet* (wie S. 624 Anm. 9), und den Brief von Kilian Stumpf S. J. an den Jesuitengeneral Michelangelo Tamburini vom 6. November 1715, in: Collani: *Die Figuristen*, 1981, S. 82–92, dt. S. 93–105).

47. Bouvet an Leibniz (s. 382–393)

Überlieferung: *E* Erstdruck nach der nicht gefundenen Abfertigung: Kortholt: *Recueil*, 1734, S. 78–83. – Danach 1. Kortholt: *Epistolae*, 3, 1738, S. 15–22; 2. Dutens: *Opera*, 1768, 4,1, S. 165–168.

Der Überbringer dieses Briefes war Jean de Fontaney, der 1703 zum 2. Mal von China nach Europa reiste und das Schreiben am 20. April 1704 von Paris aus Leibniz zusandte (Briefumschlag: LBr. 105 Bl. 3. Umschlag mit Aufschrift von fremder Hand: »A Monsieur Monsieur Leibniz Conseiller D'Estat De Son Altesse Serenissime Monsieur Le Duc D'Hanover, et Directeur de l'Academie Royale des Savants de Berlin. A Berlin. P. Bouvet à la Chine«); vgl. auch Nr. 51. Unser Brief antwortet auf Nr. 42 und wird beantwortet durch Nr. 53. Dies ist der letzte Brief Bouvets, der Leibniz erreichte. Bouvets an den Abbé Bignon gerichteter und auch für Leibniz in Kopie bestimmter Brief aus Peking vom 15. Sept. 1704 wurde in Hannover nicht gefunden (s. Nr. 32 mit Anm. 28); von einem vermißten Begleitbrief Bouvets ist ebenfalls die Rede in den Nrn 61, 62, 63, 64 u. 69. Zu unserer Normalisierung der Druckvorlage vgl. Nr. 39

[1] Nr. 44.

[2] Nr. 42.

[3] Die »Amphitrite« stach in Macao am 2. Dezember 1702 in See und erreichte Brest am 28. April 1703: vgl. Madrolle: *Voyages*, 1901, S. [LXXIV], Anm. 1.

[4] Vgl. auch Nr. 51.

[5] Bouvet bezieht sich hier augenscheinlich auf die angebliche Bücherverbrennung des Kaisers Qin Shihuangdi im Jahre 213 v. Chr. (s. Nr. 44 mit Anm. 75). Durch dieses Ereignis hätten die Chinesen das wahre Verständnis ihrer kanonischen Schriften eingebüßt. Bouvet meinte deshalb, den Erkenntniswert der nachfolgenden (Kommentar-) Literatur (wie der des Song-Konfuzianismus) geringschätzen zu dürfen. Andererseits vermutete er, daß – verursacht durch die Periode der Kämpfenden Reiche (481–256 v. Chr.) – schon um die Zeit von Konfuzius die Geschichtskenntnis der Chinesen derart verdunkelt gewesen wäre, daß man die alte Geschichte Chinas als allegori-

sche Geschichtsschreibung betrachten müsse. Vgl. dazu in der Einführung V, 3.

[6] Bouvet entwickelt im folgenden seine figuristischen Grundthesen. Er äußert sich ausführlicher und zum Teil klarer in seinem Brief an Bignon vom 15. September 1704 (wie Nr. 32, Anm. 28), S. 32–85. Danach stammen die Chinesen von Noahs frommem Sohn Sem ab, der als Nachfolger seines Vaters den wahren Schatz des Wissens und der Wahrheit – die heiligen und hieroglyphischen Bücher – erbte, den Noah selbst vor der Sintflut bewahrt und von Methusalem, dem Enkel Henochs, erhalten hatte – »parmi les quels se trouverent sans doute l'yĕ kim [*Yijing*] et les autres anciens livres de la Chine« (*ebd.*, S. 47). Bouvet folgert daraus, daß Henoch in Wahrheit Hermes der Ägypter und der wahre Fuxi der Chinesen sei (*ebd.*, S. 61) und, noch darüber hinaus, »que le Fo-hi des Chinois, l'Hermes ou Mercure Trismegiste des Egyptiens et des Grecs, le Thot des Alexandrins, l'Edris ou l'Adris des Arabes, et l'Enoch des Hebreux, n'ont esté qu'un seul et mesme personnage, reveré sous differens noms par ces diverses nations et eclairé de Dieu mesme d'une façon extraordinaire de toutes les connoissances naturelles et surnaturelles, et choisi pour estre le maitre universel de toute la posterité qui le suivit, tant avant qu'apres le deluge«. (*ebd.*, S. 42 f.).

[7] Nr. 44.

[8] Nr. 39.

[9] Vgl. die 1. Erwähnung des Briefes in Nr. 2 mit Anm. 1 sowie Nr. 18 und Nr. 42.

[10] Vgl. Nr. 56.

[11] Ein dieser Bitte entsprechender Brief von Leibniz an den P. de La Chaize wurde nicht ermittelt. Höchstwahrscheinlich handelt es sich jedoch um den Brief an La Chaize, der in der Erläuterung zu Nr. 55 und Nr. 59 als nicht gefunden erwähnt wird.

[12] Zu Bouvets Plänen, in China eine »petite Academie Apostolique« zu gründen, vgl. auch dessen Brief an Bignon (wie Nr. 32, Anm. 28), S. 81 ff.

48. LE GOBIEN AN LEIBNIZ (S. 394–395)

ÜBERLIEFERUNG: *K* Abfertigung: LBr. 541 Bl. 23–24. 8°. 2 S. – Auf Bl. 24v° von Leibniz' Hand: »Le P. Bouvet dit p. 8. qu'il m'envoye une relation latine imprimée à Pekin«.
Beilage war Nr. 44 mit Nr. 45.

[1] S. dazu Nr. 44 mit Anm. 44 u. 45.

[2] Vgl. Brosseaus Brief an Leibniz vom 20. November 1702 (LBr. 119 Bl. 364–365), wo es heißt: »Voicy une Lettre du R^{d} Pere Le Gobien qui vous contentera peutestre sur ce que vous desirez d'apprendre des affaires de la Chine par celle qu'il vous a plu de m'ecrire, je l'ay communiquée au R^{d} Pere Verjus qui m'a donné un exemplaire pour vous de plusieures lettres des missions de leur Societé[.] Je vous l'envoyeray avec la relation de l'ecrit de l'edit de l'Empereur de la Chine dont le Pere Le Gobien vous fait un present.« Da Leibniz selten Konzepte seiner Briefe an Brosseau anfertigte und die Abfertigungen meistens nicht erhalten sind, wissen wir nicht, ob er den Empfang der Sammlung bestätigt oder diese gar nicht erhalten hat. Der anfangs erwähnte Brief Le Gobiens ist in Hannover nicht erhalten.

[3] Im Jahre 1702 erschien die 1. Sammlung der *Lettres édifiantes et curieuses*; 1703 wurde dieser I. Recueil erneut gedruckt, ebenso die 2. Sammlung. In der Niedersächsischen Landesbibliothek Hannover sind die beiden ersten Sammlungen der *Lettres édifiantes et curieuses* nur in späteren Drucken vorhanden.

49. LEIBNIZ AN BOUVET (S. 396–435)

ÜBERLIEFERUNG: *L* Konzept: LBr. 105 Bl. 30–35. 3 Bog. 2°. 11 ¾ S. mit zahlreichen Korrekturen. – Rechts oben auf Bl. 30r° Notizen von Leibniz' Hand: »<–> Grimaldi<–> observationes antiqu[as] observo <esse demum> paralogism[os]« (gestrichen), darunter: »Explication des Charactères peutestre dans Confucius Ms. Espagnol«. – Auf Bl. 35v° *L* von Nr. 49 a. – Gedr.: 1. (teilw.) Jean Baruzi: *Leibniz*, Paris 1909, S. 156–161; danach 2. Henri Bernard: *A l'occasion d'études récentes sur l'Iking. Comment Leibniz découvrit le livre des mutations,* in: *Bulletin de l'Université l'Aurore,* Shanghai, Sér. 3, T. 5, 1944, n° 2, S. 432–445; 3. (teilw.) Merkel: *China-Mission,* 1920, S. 92–94; 4. (teilw.) Zacher: *Dyadik,* 1973, S. 275–286.

Der undatierte Brief antwortet auf Nr. 44 und wird nicht mehr beantwortet, da Bouvet unser Stück offensichtlich nicht erhalten hat (vgl. Collani: *G. W. Leibniz and the China Mission,* in: Li / Poser, *Das Neueste über China,* 2000, S. 94 mit Anm. 37). Beilage war Nr. 49a mit einer (nicht gefundenen) Frageliste für Bouvet und Fontaney. Der Letztgenannte bezieht sich in seiner Antwort (Nr. 51) auf Leibniz' Brief vom 18. Mai 1703. Wir übernehmen dieses Datum, weil wir davon ausgehen, daß unser Brief zumindestens am selben Tag begonnen, wenn auch erst später beendet wurde (darauf weist Leibniz' zwischenzeitlicher Besuch in der Königlichen Bibliothek hin).

[1] Vgl. Nr. 44, S. 363f.

[2] Franciscus Mercurius van Helmont (1618–1699), Sohn des Arztes und Alchimisten Johann Baptist van Helmont, Alchimist und Theosoph, war befreundet mit der von Leibniz sehr geschätzten Anne Conway (1631–1679), die für die Entwicklung des Leibnizschen Monadenbegriffs eine erhebliche Bedeutung besitzt (vgl. Carolyn Merchant: *The Death of Nature,* San Francisco usw. 1983, chap. 11, hier S. 267). Leibniz kannte van Helmont persönlich, da dieser 1696 als Gast der Kurfürstin Sophie längere Zeit in Herrenhausen verbracht hatte; vgl. Leibniz' Brief an Thomas Burnett of Kemney vom 7. (17.) März 1696 (*A* I, 12 N. 309, S. 478).

[3] Ehemalige Hauptstadt von Ingermanland, die nach ihrer Besetzung durch die Russen im Nordischen Krieg Schlüsselburg genannt wurde. Kurz nach Beginn dieses Krieges (1700–1721) war der Spanische Erbfolgekrieg (1701–1714) ausgebrochen.

[4] Mustăpha II. (reg. 1695–1703); die Pforte befand sich während seiner Regierungszeit im Krieg mit den Russen, Polen, dem Reich und Venedig. Am 11. September 1697 erlitt er bei Zenta durch Prinz Eugen eine entscheidende Niederlage, die 1699 zum Frieden von Karlowitz führte.

[5] Der Türkenkrieg (1683–1697); vgl. dazu Erdmannsdörffer: *Deutsche Geschichte,* 2, 1893, S. 96–101.

[6] Ewiger Friede von Moskau vom 26. April (6. Mai) 1686.

[7] Zu den folgenden, den Fortschritt der Wissenschaften in Europa betreffenden Punkten vgl. schon Nr. 42.

[8] Vgl. Galilei: *Discorsi e Dimostrazioni matematiche*, 1638, S. 146.

[9] Vgl. Nr. 13 mit Anm. 25.

[10] Vgl. Nr. 18.

[11] Vgl. Leibniz: *Brevis demonstratio erroris memorabilis Cartesii*, in: *Acta erud.*, März 1686, S. 161–163.

[12] Vgl. dazu Leibniz: *De primae philosophiae emendatione et de notione substantiae*, in: *Acta erud.*, März 1694, S. 110–112; Ders.: *Specimen dynamicum*, *ebd.*, April 1695, S. 145–157; Ders.: *De ipsa natura*, *ebd.*, September 1698, S. 427–440.

[13] Leibniz selbst hatte große Erwartungen in den theoretischen Gehalt der Dyadik gesetzt; doch erst die von Bouvet gesehene »Identität« zwischen den binären Zahlen und den Hexagrammen der Fuxi-Figur verschaffte seiner Erfindung die notwendige »utilité« für die Veröffentlichung in der *Histoire de l'Académie Royale des Sciences*; vgl. Nr. 44, Anm. 8. P. Vota allerdings, dem Leibniz am 4. April 1703 von seiner Dyadik und Bouvets Entdeckung berichtet hatte (vgl. LBr. 968 Bl. 11–12), bewertete die ganze Angelegenheit in seiner Antwort vom 17. April 1703 sogar höher als die Entdeckung Amerikas, indem er ihm umgehend antwortete: »Vostre 0 et Vostre 1 seront des monuments eternels de vostre Esprit et la posterité n'aura pas assés d'eloges pour les celebrer, aussi bien que vos lignes couppées qui donnent tant de raisons et de lumieres au Monde litteraire non seulement de la Chine mais encore de toute l'Europe. Enfin vous estes un Illustre et nouveau Conquerant des choses inconnues. Et si Colombo et Americo Vespuce ont la gloire d'avoir faict des decouvertes des Nouvelles terres dans l'Occident vous en avés faict une plus grande d'avoir donné à l'Orient de si rares connoissances.« (*ebd.* Bl. 13).

[14] Zu den von Bouvet verursachten Leseproblemen der Hexagramme nach dem Binärprinzip vgl. Zacher: *Dyadik*, 1973, S. 112–115.

[15] Es handelt sich um die erst seit Anfang des 19. Jahrhunderts entzifferten Keilinschriften von Persepolis, in elamitischer, babylonischer und altpersischer Sprache und damit ganz verschiedenen Alphabeten. Die persische Keilschrift war erst für den Großkönig Da-

reios I. (522–486) entwickelt worden. Vgl. die Literatur bei Heidemarie Koett: *Persepolis*, Mainz 2001, S. 106.

16 Don Garcia de Silva y Figueroa (ca. 1574–1628), spanischer Diplomat und Reisender in Persien, gab auch eine Beschreibung seiner Gesandtschaft und Reise heraus. Die französische Übersetzung *L'ambassade de Don Garcias de Silva et Figueroa en Perse* erschien 1667 in Paris.

17 Vgl. Melchisedech Thévenot (1621–1692), Reisender und Sprachgelehrter, seit 1684 Bibliothekar der Königlichen Bibliothek in Paris, war wegen seiner eigenen, auserlesenen Bibliothek berühmt. Leibniz bezieht sich hier auf die *Description des Antiquitez de Persepolis, appellées maintenant Chimilnant*, traduite de l'Anglois, in: Thévenot, *Relations*, 1, 1663.

18 Die Nichtbeachtung dieser Unterscheidung sollte Louis Bourguet dazu führen, Leibniz eines »verfeinerten Atheismus« zu verdächtigen; vgl. Nr. 65, S. 543.

19 Vgl. dazu Leibniz' *Demonstratio quod columnae serierum sint periodicae* (November 1701), in: Gerhardt: *Mathematische Schriften*, 7, 1863, S. 235–238.

20 Ludolf van Ceulen (1540–1610), Professor der Mathematik und Kriegsbaukunst in Leiden, berechnete die Zahl π zuerst auf 20, dann auf 32 Dezimalstellen; vgl. *Van den circkel. Daer in gheleert werdt te vinden de naeste proportie des circkels-diameter tegen synen omloop*, 1596, bzw. *De Arithmetische en geometrische fondamenten*, 1615.

21 Vgl. auch Nr. 17 mit Anm. 15.

22 Vgl. Nr. 18 mit Anm. 7.

23 S. auch Anm. 59. Es handelt sich um die Bedeutungen der Hexagramme, deren Schriftzeichen nach traditioneller Auffassung König Wen (um 1050 v. Chr.) jedem der 64 Hexagramme beilegte; vgl. Wilhelm: *I Ging*, 1924, 1. Buch.

24 Vgl. hierzu Leibniz' *Meditationes de cognitione, veritate et ideis*, in: *Acta erud.*, November 1684, S. 537–542 (A VI, 4 Teil A N. 141).

25 Leibniz bezieht sich wohl auf Newton's Brief an Oldenburg vom 19. Februar 1671/72, *A letter of Mr. Isaac Newton, containing his New Theory about Light and Colors*, in: *Philosophical Transactions*, 19. Februar 1671/72, Nr. 80, S. 3075–3087 (= I. Newton: *The Correspondence*, 1, Cambridge 1959, S. 92–107).

[26] Leibniz notierte sich dazu: »In exemplis quae declaratoria sunt, non comprobatoria, locum habet vulgi regula quae ait: *Exemplorum non requiritur veritas*. Hac distinctione respondi R. P. Bouveto qui usus est exemplo colorum quos componit ex albo et nigro, ut octonos conficiat ad illustrandos octo Fohi characteres lineares. Respondi etsi revera colores non oriantur ex sola mistione albi et nigri, sufficere tamen exemplum ad illustrationem, et cum non alius est scopus, exemplorum non requiri veritatem. April 1703.« (Couturat: *Opuscules*, 1903, S. 327).

[27] Vgl. Aristoteles: *Κατηγορίαι* 8 b 25ff.; s. auch Nr. 44, Anm. 27.

[28] S. dazu Wolfgang Hübener: Art. *Qualität*, II, 3, in: *Historisches Wörterbuch der Philosophie*, 7, 1989, Sp. 1758–1766.

[29] Richard Swineshead, aktiv um 1340–1355, war einer der führenden Mathematiker und Logiker in Oxford. Sein wichtigstes Werk, *Liber calculationum*, um 1350, trug ihm den Titel »der Rechner« ein. Zu ihm vgl. *ODNB* 53, 2004, S. 497f.

[30] Die Beziehung zwischen den 7 Schöpfungstagen (*Gen* 1–2) und den Binärzahlen (eins bis sieben) sowie die Beziehung zwischen der christlichen Trinitätslehre und der (nun als graphisches Symbol für die »Drei« zu verstehenden) Binärzahl »sieben« werden von Leibniz als arithmetische Relation interpretiert. Die letztgenannte Verbindung der Trinitätslehre mit der Kabbalistischen Dreieinheitslehre geht unter anderem auf Raimundus Lullus, Pico della Mirandola und Johann Christian Knorr von Rosenroth zurück; vgl. Ernst Müller: Art. *Dreieinheitslehre,* in: *Jüdisches Lexikon*, II, Sp. 193f.

[31] Vgl. Nr. 18, Anm. 10; zu Andreas Müller s. Nr. 6, Anm. 4; zur Edition des *Marcus Paulus Venetus* s. Nr. 7, Anm. 35; vgl. zu Müllers »chinesischem Schlüssel« dessen *Propositio super clave suâ Sinica*, 1674, und Nr. 66.

[32] Vgl. Nr. 6, Anm. 4.

[33] Friedrich Wilhelm, der Große Kurfürst (1640–1688), dessen orientalische Sammlung Andreas Müller in Berlin betreute.

[34] Vgl. *Catalogus insignium Librorum M.SS. quos J. Golius collegit*, 1696. Hier findet sich S. 40, Nr. 4, der Eintrag: »Thesaurus rarissimus, in quo explicantur ultra 10 000 Characteres Chinensium lingua Hispan. in fol. chart. serica.« Vgl. unten Anm. 60.

[35] Es handelt sich höchstwahrscheinlich um das Wörterbuch von Alvaro Semedo; vgl. Nr. 23 mit Anm. 4.

[36] Vgl. Anm. 60.

[37] Vgl. Schreck: *Epistolium,* 1630, Bl. C 3, und Nr. 7 mit Anm. 27; Martini: *Sinicae historiae decas prima*, 1658, lib. 1, S. 10; Kircher: *Oedipus Aegyptiacus*, 3, 1654, S. 8–21; ders.: *China illustrata*, 1667, S. 225–237.

[38] Ein im 5. Jahrhundert lebender Ägypter, der eine Abhandlung über die Lesung der altägyptischen Hieroglyphen in griechischer Sprache verfaßte.

[39] Vgl. Ammianus Marcellinus: *Res gestae*, 17, 4, 19–23, mit einem griechischen Text, der wohl die Hieroglypheninschrift aus der Zeit Sethôs' I. und Ramses' II. (ca. 13. Jh. v. Chr.) auf einem Obelisken aus Heliopolis in Unterägypten wiedergibt. Dieser wurde 10 v. Chr. von Augustus nach Rom transportiert und im Circus maximus aufgerichtet (Gesamthöhe 23,70 m). In drei Stücke zerborsten, wurde er 1587 wiedergefunden und steht heute auf der Piazza del Popolo. Ammianus' Wiedergabe der Inschrift (nach Hermapion) ist unvollständig. Vgl. dazu A. Erman: *Die Obeliskenübersetzung des Hermapion*, in: *Sitzungsberichte der Preuß. Akad. der Wiss. phil.-hist. Kl.*, 1914, S. 245–273.

[40] Valeriano Bolzanio Pierio: *Hieroglyphica*, 1556.

[41] Kircher: *Obeliscus Pamphilius*, 1650, lib. 5, S. 444 ff.

[42] Lorenzo Pignoria: *Vetustissimae tabulae aeneae explicatio*, 1605, erschien 1669 in Amsterdam unter dem Titel *Mensa Isiaca*.

[43] Bei der 1556 erstmals erwähnten »Mensa Isiaca« oder »Tabula Bembi«, einer mit Silber ausgelegten Bronzetafel (Turin *Museo Egizio* Inv. 7155), handelt es sich um eine römische Schöpfung des 1. Jahrhunderts n. Chr.; die Hieroglyphen sind wie die übrige Darstellung originalen Stücken nachempfundene Phantasieprodukte. Vgl. dazu Marie-Cécile Bruwier: *Présence de l'Egypte dans les collections de la Bibliothèque universitaire Moretus Plantin*, Namur 1994, S. 49 f., 151 (mit Abbildung u. Lit.).

[44] Vgl. Thomas Gages. *Histoire de l'Empire Mexicain representée par figures. Relation du Mexique*, in: Thévenot: *Relations*, P. 4, 1672.

[45] In einem nachträglich gestrichenen Passus folgt: »quoy qu'il n'ait pas esté en estat de me favoriser comme il m'avoit fait esperer.« Vgl.

dazu Nr. 3 mit der Liste der zahlreichen Fragen, auf welche sich Leibniz von Grimaldi Antwort versprochen hatte, und Nr. 13.

46 Zu Carlo Maurizio Vota S. J. vgl. Nr. 7, Anm. 18. Zu seiner bedeutsamen Rolle bei der Erlangung der preußischen Königskrone vgl. Erdmannsdörffer: *Deutsche Geschichte*, 2, 1892, S. 130–133, und Ulrich Kühne: *Preussen und die Römische Kurie*, in: *Quellen und Forschungen aus italienischen Archiven und Bibliotheken*, 27, 1936–37, S. 216 f.

47 Vgl. Philipp Clüver: *Germaniae antiquae libri tres*, editio secunda, 1631, lib. I, cap. XXIX.

48 Rosamunde Juliane von der Asseburg, 1672 auf Schloß Asseburg bei Wolfenbüttel geboren, war eine wegen ihrer Offenbarungen bekannte religiöse Schwärmerin.

49 Celio Secondo Curione (1503–1569), italienischer Schriftsteller und Philologe. Das genannte Werk erschien 1554 unter dem Titel *De Amplitudine beati regni Dei, Dialogi sive libri duo.*

50 Vgl. zur angeblichen Sonnenfinsternis beim Tode Christi Nr. 16, Anm. 4.

51 Im Gegensatz zu den »natürlichen«, vom Äquator ausgehenden Breitengraden war die willkürliche Festlegung des ersten Längengrades ein Problem; erst 1888 wurde das englische Greenwich dafür allgemein anerkannt. Martino Martini benutzt in seinem *Novus Atlas Sinensis*, 1655, zwei Längengrade, einen bei Peking, den anderen bei den Kanarischen Inseln; vgl. das Titelkupfer und die Karte von Peking (Pecheli sive Peking).

52 Gemeint ist der legendäre Herrscher Zhuanxu (2513–2435); vgl. Couplet: *Tabula chronologica Monarchiae Sinicae*, 1686, S. 2, u. Nr. 42 mit Anm. 45.

53 Das ist nicht der Fall. Vgl. aber Nr. 34 mit Anm. 8. Leibniz' Bitte erklärt sich aus dem Problem der Europäer, die chinesische Chronologie mit der biblischen Zeitrechnung in Einklang zu bringen, was am ehesten mit der Zeitrechnung der *Septuaginta* möglich war. Die chronologischen Differenzen zwischen *Septuaginta* und *Vulgata* hatten in Europa zu intensiven historisch-kritischen und philologischen Forschungen nach der wahren Überlieferungsform des *Alten Testaments* geführt. (Vgl. dazu die Einführung, VI, 7).

54 Während die samaritanische Buchschrift die eigentliche althebräische Schrift in einer eher kursiven Variante fortsetzt, ist die

babylonische eine von mehreren Ausformungen der aramäisch-hebräischen Quadratschrift. Vgl. dazu die Schrifttafel im Anhang zu Wilhelm Gesenius; Emil Kautzsch: *Hebräische Grammatik*, 28. Aufl., Leipzig 1909.

[55] *Cortex Peruvianus*, auch *Cortex Indicus* oder *Cortex Americanus* genannt. Es handelt sich um die Rinde des in Südamerika heimischen Chinarindenbaumes, deren pharmazeutisch wirksamer Bestandteil, das Chinin, gegen Malaria und andere fiebrige Krankheiten um 1638 in Europa bekannt wurde.

[56] *Ipecacuanha* (auch: *Radix Brasiliensis*), *indianische* oder *brasilianische Ruhrwurz* gegen die Ruhr und andere Darmerkrankungen.

[57] Martini: *Novus Atlas Sinensis*, 1655, *Praefatio*, S. 4, Sp. 2; vgl. auch Ders.: *Sinicae historiae decas prima*, 1658, lib. 3, S. 93.

[58] Vgl. Couplet: *Confucius Sinarum philosophus*, 1687, S. [xlij]; dort sind die zwei »Principia rerum« *yam* (=yang) und *yn* (=yin) dargestellt, aus deren Kombination die »Vier Bilder« entstehen und daraus die »Acht Figuren« (*bagua*). Alle Linienzeichen sind mit ihrem chinesischen Namenswort (in der damals verwendeten Umschrift) und der lateinischen Bedeutung versehen. Bei den Grundzeichen der *bagua* handelt es sich um acht auf die Natur (und die Familie) bezogene Größen, Verhältnisse und Eigenschaften. Den Naturgrößen entsprechen »Himmel«, »Erde«, »Donner«, »Wasser«, »Berg«, »Wind (Holz)«, »Feuer« und »See« (s. auch Wilhelm: *I Ging*, 1973, S. 16). Die sogenannte Wen-wang-Ordnung der 64 Hexagramme ist bei Couplet, *a.a.O.*, S. xliiij, dargestellt. Die Hexagramme sind jedoch nicht mit ihrem chinesischen Namen versehen, sondern nur mit der lateinischen Bedeutung der zwei Trigramme, aus denen sie sich jeweils zusammensetzen. So wird z.B. das 3. Hexagrammm aus den beiden Trigrammen »Wasser« und »Donner« zusammengesetzt. Erst in den §§ 7 u. 8 erklärt Couplet den Namen und die Bedeutung des 15. Hexagramms »Kien dicitur« (»Bescheidenheit«, S. xlvij), weil es kürzer gefaßt sei als die übrigen (S. xlvj), allerdings ohne das entsprechende Schriftzeichen. So konnte Leibniz nicht wissen, ob die Bedeutungen der 64 Hexagramme in der »Wen-wang-Ordung« bei Couplet identisch sind mit den Schriftzeichen an der Peripherie des Kreises der von Bouvet übersandten »Anordnung der Hexagramme des Fuxi« von Shao Yong.

[59] Das ist aus den in Anm. 58 genannten Gründen nicht der Fall. Es handelt sich hier vielmehr um die ursprünglichen Namen der Hexagramme des *Yijing* (s. auch Anm. 23).

[60] Auf einem Zettel (LBr. 105 Bl. 94 r°) hatte sich Leibniz den Titel notiert (s. u. im Brieftext). Es handelt sich um das Wörterbuch des Dominikaners Francisco Diaz (1606–1646), der 1632 über die Philippinen nach China gereist war (Ankunft 1635). Dort wurde er nach seinem Wirken (u.a. in Fukien und Nanking) 1646 gesteinigt. (Zu seiner unnachgiebigen Haltung im Ritenstreit vgl. Streit: *Bibliotheca Missionum*, 5, Nrn 2151, 2171, 2186). Bekannt wurde er als Autor des *Diccionario de lengua mandarina* (Paris *Bibl. Nat.* fonds chinois 2157; vgl. *Dictionnaire d'histoire et de géographie ecclésiastiques*, 14, Paris 1960, Sp. 385) und des in Rede stehenden *Vocabolario*. S. dazu Maturin Veyssiere de La Croze: *De libris Sinensibus bibliothecae regiae Berolinensis*, in: *Miscellanea Berolinensia*, 1710, S. 84–88. Eine Abschrift des Manuskripts durch Julius Klaproth befindet sich in Rom *Bibl. Apostolica Vaticana* Borg. Cin. 412, und eine Beschreibung von Dems. im *Verzeichniss der chinesischen und mandshuischen Bücher und Handschriften der Königlichen Bibliothek zu Berlin*, Paris 1822, S. 129 f. (vgl. Eva Kraft: *Frühe chinesische Studien in Berlin*, 1976, S. 115, Anm. 79). Das aus dem Besitz der Preußischen Staatsbibliothek Berlin (Sign.: Libri sin. Ms. sin. 17) stammende Exemplar befindet sich gegenwärtig in der *Biblioteka Jagiellońska* in Krakau (vgl. Brather: *Akademie*, 1993, S. 280, Anm. 116).

[61] Leibniz erwähnt Grimaldi gegenüber ein mit Figuren versehenes Wörterbuch namens *Mare Magnum*, von dem er selbst gehört habe; (vgl. Nr. 7 mit Anm. 12 u. Nr. 16 mit Anm. 16).

[62] Vgl. Nr. 42, S. 321 f., u. Nr. 44, S. 363.

[63] Nr. 43.

[64] Eine entsprechende Strabonstelle gibt es nicht. Gemeint ist wohl C. Plinius Secundus: *Naturalis historia*, 8, 173.

[65] Vgl. auch Nr. 58, Anm. 31. Die Nestorianische Stele von Xian, die 1625 in der Nähe der alten Tang-Metropole Changan gefunden wurde, trägt einen Text in chinesischer und syrischer Schrift, der über die Geschichte der Nestorianischen Kirche in China berichtet; diese erhielt ihren Namen nach Nestorios (ca. 385–451), Patriarch von Konstantinopel. Der Inschrift zufolge wurde die Stele 781 n. Chr. errichtet. Vgl.

Kircher: *China illustrata*, 1667, wo im 1. Teil, S. 1–45, der Text der Nestorianischen Stele abgedruckt und kommentiert ist. Zweifel an der Authentizität der Stele, die Leibniz im folgenden in Frage stellt, verschwanden endgültig erst in der Mitte des 19. Jahrhunderts. Vgl. zu dieser Debatte Paul Pelliot: *L'inscription nestorienne de Si-ngan-fou* (hrsg. mit Ergänzungen von Antonino Forte), Kyoto 1996; Pénélope Riboud: *Tang*, in: Standaert: *Handbook*, 2001, S. 1–42, hier S. 15, u. Johan Van Mechelen: *Yuan*, *ebd.*, S. 63–66.

[66] Vgl. Nr. 21, S. 173.

[67] Dieses Wörterbuch ist im Bestand der Staatsbibliothek nicht mehr nachweisbar.

49a. LEIBNIZ AN FONTANEY (S. 436–439)

ÜBERLIEFERUNG: *L* Konzept: LBr. 105 (Bouvet) Bl. 34–35. 1 Bog. 2°. ⅓ S. auf Bl. 35 v°. – Auf Bl. 34–35 v° oben Schluß von Nr. 49.

Der undatierte Brief war Beilage zu Nr. 49. Er antwortet auf Nr. 43 und wird beantwortet durch Nr. 51. Das Datum entnehmen wir Fontaneys Antwort. Der mitgeschickte Fragenkatalog (vgl. Ende des Brieftextes von Nr. 49) wurde nicht gefunden.

[1] Vgl. Nr. 49.

[2] Vgl. Nr. 32 mit Anm. 17.

[3] Vgl. Nr. 43 mit Anm. 1.

[4] Das indische Mogulreich war 1526 von Babur (1483–1530), einem Urenkel Tamerlans, gegründet worden; der damalige Mogul war Aurangzeb (reg. 1658–1707). Zur Einrichtung eines Apostolischen Vikariats im Großmogulenreich (um 1658) vgl. Jann: *Die katholischen Missionen*, 1915, S. 267–324.

50. JARTOUX AN LEIBNIZ (S. 440–445)

ÜBERLIEFERUNG: *K* Abfertigung: LBr. 541 (Le Gobien) Bl. 25. 4°. 2 S. mit Unterstreichungen (wohl von Leibniz' Hand).

Beilage war das (nicht gefundene) Manuskript von Pierre Jartoux' Abhandlung *De Observatione macularum solarium*; s. dazu Nr. 55, Anm. 1. Unser Brief ist der erste dieser Korrespondenz und wird beantwortet durch Nr. 55.

Der aus Embrun stammende Jesuit Pierre Jartoux (1669–1720) war am 7. März 1701 zusammen mit acht weiteren ausgewählten Jesuiten unter der Leitung von Jean de Fontaney nach China gereist. Dort trafen sie schon im August desselben Jahres ein, erreichten jedoch Peking wegen schwerer Unwetter erst Anfang 1702 (s. Nr. 51). Nach dem Zeugnis von de Fontaney besaß Jartoux ausgezeichnete Fähigkeiten in den mathematischen und mechanischen Wissenschaften und in der Uhrmacherkunst. 1708 wurde er zusammen mit Joachim Bouvet und Jean-Baptiste Régis vom Kaiser dazu bestimmt, Karten vom chinesischen Reich herzustellen. Die unter seiner Leitung angefertigte Landkarte von China wurde dem Kangxi-Kaiser allerdings erst ein Jahr nach dem Tode Jartoux' überreicht (vgl. Pfister, Nr. 260, S. 584 ff.).

[1] Guillaume-François-Antoine de L'Hospital: *Analyse des infiniment petits,* 1696.

[2] Vgl. *ebd.*, Bl. ẽ ij r°/v°, wo L'Hospital auf eine von Leibniz angekündigte »Scientia infiniti« verweist. Diese blieb unveröffentlicht.

[3] Vgl. Louis Carré: *Méthode pour la mesure des surfaces*, 1700.

[4] Vgl. Nr. 42 mit Anm. 28 u. 29.

[5] Vgl. René Descartes: *Principia Philosophiae*, 1644, pars secunda, § 36 u. § 43.

[6] Leibniz' Bestallungsurkunde zum ersten Präsidenten der Brandenburgischen Sozietät der Wissenschaften ist datiert vom 12. Juli 1700.

[7] S. dazu die Überlieferung und Nr. 55, Anm. 1.

51. FONTANEY AN LEIBNIZ (S. 446–451)

ÜBERLIEFERUNG: *K* Abfertigung: LBr. 274 Bl. 4–5. 1 Bog. 4°. 3 ¾ S. Auf Bl. 4 r° oben Bibliotheksvermerk »Sinica«.

Unser Brief antwortet auf Nr. 49 a und wird beantwortet durch Nr. 52 und Nr. 54.

[1] Vgl. zu den Abenteuern auf der Rückreise nach China Fontaneys Brief an François de La Chaize vom 15. Januar 1704 aus London, in: *Lettres édifiantes et curieuses,* VIII. Recueil, 1708, S. 51–243, hier S. 175–207.

[2] Gemeint ist die nach den Plänen des Bildhauers Charles de Belleville errichtete *Beitang* »Nordkirche«, deren Innenausstattung Ludwig XIV. gestiftet hatte und die Ende 1703 eingeweiht worden war. Vgl. Nr. 40, Erl. Fontaney berichtet darüber an P. de La Chaize (wie Anm. 1, S. 90–94) und Pierre Jartoux in seinem Brief an Fontaney vom 20. August 1704, in: *Lettres édifiantes et curieuses,* IX. Recueil, 1711, S. 376–386. Vgl. auch L. C. Arlington and William Lewisohn: *In Search of the Old Peking,* Peking 1935, S. 135–137.

[3] Giovanni Gherardini arbeitete acht Jahre als Maler am Kaiserhof in Peking, wo er sogar den Auftrag erhielt, zwei kaiserliche Konkubinen zu porträtieren. (Vgl. Fu: *Documentary Chronicle,* 1966, P. 1, S. 113, u. P. 2, S. 484 mit Anm. 347). Seine Reise mit Joachim Bouvet beschrieb er in der *Relation du voyage fait à la Chine sur le Vaisseau l'Amphitrite en l'année 1698,* 1700.

[4] Fontaney hatte seine erste Europareise auf Wunsch des Kaisers unternommen, der das Verhältnis des Christentums zu den Traditionen Chinas geklärt zu sehen wünschte (vgl. Nr. 43). Nach dessen Erklärung im Ritenstreit (vgl. Nr. 43 mit Anm. 1 u. Nr. 46, Anm. 4) war für die Jesuiten in Peking die Beibringung einer Stellungnahme des Papstes unumgänglich geworden.

[5] *Dtn* 8, 6 u. ö.

[6] Nr. 47.

[7] Im Jahre 1695 hatte Leibniz von J. J. J. Chuno (vgl. *A* I, 11 N. 443, S. 643) einen Teil einer »Grammaire Tartare« erhalten, von dem er eine Abschrift anfertigen ließ (LH V, 6 2 Bl. 8–25). Er wußte nicht, wer der eigentliche Verfasser der Grammatik war und ob diese vielleicht

mit jener identisch war, die in Paris 1696 in nur wenigen Exemplaren als Supplement zum 4. Teil der von M. Thévenot herausgegebenen *Relations de divers voyages* postum erschienen war. Leibniz wußte zwar (vgl. *A* I, 13 N. 360, S. 612), daß Ferdinand Verbiest ein Werk dieser Art geschrieben hatte, denn das berichtet dieser selbst in seiner *Astronomia Europaea*, 1687, S. 55. Leibniz blieb aber im unklaren darüber, ob er tatsächlich eine Kopie des Vorworts mit den Paragraphen 1–88 der *Elementa linguae Tartaricae* von Verbiest in Händen hielt (was tatsächlich der Fall war) und ob diese identisch war mit jener, die Thévenot bereits herausgegeben hatte. S. dazu Pentti Aalto: *The »Elementa linguae Tartaricae« by Ferndinand Verbiest, S. J.*, in: *Tractata Altaica, Denis Sinor Sexagenario dedicata*, Wiesbaden 1976, S. 1–10.

[8] Das geschah erst postum; vgl. Nr. 9, Anm. 2.

[9] Claude de Visdelou ergriff im Ritenstreit die Partei der Jesuitengegner; s. die Erl. zu Nr. 58.

[10] Sir Hans Sloane (1660–1752) war Mediziner und Botaniker und seit 1697 Sekretär der Royal Society in London. In einem Brief an Leibniz vom 26. Januar 1704 berichtet er: »I have not yet heard of Father Visdelou from China[,] when I receive any thing curious I will be sure to communicate it to you. Father Fontaney who was here some times gave me the opportunity of his company and hopes that we might see some observations of his made in this country«. (LBr. 871 Bl. 21). Im Nachlaß Sloanes findet sich kein Hinweis auf eine Korrespondenz mit Visdelou. Vgl. Edward J. L. Scott: *Index to the Sloane Manuscripts in the British Museum*, London 1904.

[11] Fontaney bezieht sich hier möglicherweise auf einen im erhaltenen Konzept fehlenden Teil des Leibniz-Briefes Nr. 49a. Mit »Gazette de Hollande« bezeichnet Leibniz sonst den *Mercure historique et politique* (vgl. Nr. 26). In dieser Zeitschrift konnte allerdings für den in Frage kommenden Zeitraum keine entsprechende Nachricht gefunden werden.

52. LEIBNIZ AN FONTANEY (S. 452–455)

ÜBERLIEFERUNG: *L* Konzept: LBr. 105 (Bouvet) Bl. 38–39. 1 Bog. 8°. 4 S. Mit mehreren Korrekturen. – Gedr. (teilw.): Merkel: *China-Mission*, 1920, S. 83, Anm. 1.

Der Brief ist ohne Anrede und ohne Ort und Datum. Aus dem Inhalt läßt sich Jean de Fontaney als Adressat erschließen. *L* antwortet ebenso wie Nr. 54 auf Nr. 51. Daher ist es fraglich, ob dieser Brief abgefertigt wurde. Beilage sollte wahrscheinlich Nr. 53 sein. Wir übernehmen das Datum von Nr. 53.

[1] Vgl. den entsprechenden Gedanken Bouvets in Nr. 47, S. 391 f.

[2] Vgl. die *Relation de l'Empire du Iapon, comprise dans les responses que François Caron, President de la Compagnie Holandoise en ce païs, fait au Sieur Philippe Lucas Directeur General des affaires de la meme Compagnie des Indes Orientales*, in: Thévenot: *Relations*, P. 2, 1664 (die 31. Frage bezüglich der Sprache, Schreib- und Rechenkunst); Ricci/Trigault: *De christiana expeditione*, 1615, cap. 5 (Pariser Ausgabe 1978, S. 93 f.); Kircher: *China illustrata*, 1667, S. 235, und de Fontaneys Antwort in Nr. 60.

[3] Guillaume Delisle oder de L'Isle (1675–1726), Sohn des Geographen und Historikers Claude Delisle, gilt als hauptsächlicher Schöpfer der modernen Kartographie. Er gab 1700 eine Weltkarte, einen Himmels- und Erdglobus heraus, für deren Genauigkeit er berühmt wurde. Sein Verdienst liegt darin, daß er eine Reform der Kartographie einleitete, indem er als erster die neuen astronomischen Beobachtungen mit den Beobachtungen der Reisenden, den neuen Navigationsrouten und den zahlreichen neuentstandenen Karten der verschiedenen Länder koordinierte und überprüfte, ob und inwieweit das alte und das neue Wissen übereinstimmten. Vgl. Sven Hedin: *Southern Tibet*, vol. 1, 1917, S. XXVII u. S. 216–224.

[4] Möglicherweise handelt es sich um Robert Wolseley (1649–1697), einen englischen Diplomaten und Schriftsteller, dem Leibniz während eines seiner beiden Englandaufenthalte (1673 bzw. 1676) begegnet war.

[5] Vgl. Nr. 51 mit Anm. 11.

[6] Zu Le Comte s. Nr. 38, Anm. 5. Brosseau hatte in einem Brief an Leibniz vom 8. Oktober 1696 geschrieben: »Je dois je croy vous informer que sa Majesté a si fort gousté l'esprit du R. P. Le Comte qu'elle l'a choisi pour confesseur de Mad[e] la Duchesse de Bourgogne, ne voulant pas absolument qu'Il retourne dans la Chine où il seroit cependant fort necessaire pour l'avancement de la Religion à cause qu'Il sçait bien la langue du Pais, et qu'Il n'a pas moins de zele que de capacité.« (*A* I, 13 Nr. 186, S. 288). Tatsächlich war Le Comte nach seiner Verurteilung im Pariser Ritenstreit seines Amtes als Beichtvater der Herzogin enthoben worden (s. Nr. 9, Anm. 11).

[7] Vgl. Nr. 32 mit Anm. 17.

[8] Vgl. auch Nr. 53 mit Anm. 11. Daß die Abhandlung in Hannover damals wie heute vorhanden war (vgl. Nr. 2 mit Anm. 1), zeigt Leibniz' ausführliche Beschäftigung mit der Schrift in Nr. 7. Denkbar ist allerdings, daß er sie verlegt hatte oder daß er keinen Kopisten zur Hand hatte.

53. LEIBNIZ AN BOUVET (S. 456–461)

Überlieferung: L^1 Konzept: LBr. 105 Bl. 36–37. 1 Bog. 4°. 4 S. Rechts oben Vermerk von Leibniz' Hand: »ist also nicht abgangen«; links gegenüber »1704«. (Druckvorlage). – Gedr. (teilw.): Merkel: *China-Mission*, 1920, S. 94, Anm. 1, u. S. 135, Anm. 3.

L^2 Teilreinschrift von L^1: LBr. 105 Bl. 40. 4°. ½ S. (bricht gegen Ende des 1. Absatzes »[...] y vont par ordre« ab).

Unser Brief antwortet auf Nr. 47 und sollte wohl Nr. 52 beigelegt werden. Ob dieser Brief und Nr. 52 wirklich abgefertigt wurden, läßt sich nicht sicher entscheiden.

[1] Nr. 47.

[2] Nr. 49.

[3] Nr. 44.

[4] Die »Elemente der ewigen Wahrheit« sollten den 1. Teil der »Allgemeinen Wissenschaft« (*Science générale*) bilden. Vgl. dazu Couturat: *Opuscules*, 1903, S. 191 u. S. 219. Auf der zeichentheoretischen Ebene

mußten diese Grundelemente als »Elementa Characteristicae universalis« Ausdruck finden. (Vgl. *ebd.* S. 42f.).

[5] Leibniz' Überzeugung, daß wir ohne Zeichen (*characteres*) für unsere Gedanken und Begriffe nicht denken können und daß unser folgerndes Denken dem Kalkül einer universalen Logik entspricht, erweist ihn in der Geschichte der neuen symbolischen Logik als Vorläufer des modernen Logikkalküls. Vgl. dazu Couturat: *La logique*, 1901, S. XII, u. Sybille Krämer: *Berechenbare Vernunft. Kalkül und Rationalismus im 17. Jahrhundert*, Berlin, New York 1991, S. 226–241 (*Quellen und Studien zur Philosophie*, 28).

[6] Vgl. Leibniz' *Système nouveau de la nature et de la communication des substances*, 1695 (wie Nr. 25, Anm. 9).

[7] Vgl. Nr. 18.

[8] S. auch die Erl. zu Nr. 58. Spätestens seit 1705 wurde jedoch klar, daß sich Visdelou von der Position seiner Mitbrüder im Ritenstreit losgesagt hatte. So das Zeugnis Gerbillons in einem Brief an Michelangelo Tamburini vom 13. Nov. 1705 (London *British Museum*, Add. Mss., n° 16.913); vgl. Pfister, S. 451 § 14 und Nr. 172, S. 453.

[9] Vgl. zu Leibniz' Einschätzung der Mythologie als Quelle der Geschichtswissenschaft *A* I, 16 N. 409, S. 670; N. 411, S. 677; N. 432, S. 705f. In einem Brief an Johan Gabriel Sparwenfeld vom 7.(17.) April 1699 heißt es zu P. Pezrons *Antiquité de la nation et de la langue des Celtes*, 1703: »[...] si on pouvoit tirer la verité Historique des anciennes Mythologies comme ce François le promet, cela seroit fort beau; mais la chose me paroist extremement difficile à cause des licences que les poêtes ont prises, qui ont tout embrouillé tellement, qu'on ne sçauroit presque plus distinguer le vray du faux. C'est comme si la veritable Histoire estoit perdue, et qu'on la vouloit rétablir des livres des Romans.« (*A* I, 16 N. 444, S. 724f.).

[10] Vgl. Nr. 7, Anm. 11 u. N. 44 mit Anm. 36 u. 75.

[11] Vgl. Nr. 52 mit Anm. 8.

[12] Vgl. Nr. 56.

[13] Vgl. Nr. 51.

[14] Leibniz war am 19. April 1673 zum Mitglied der Royal Society in London ernannt worden.

[15] Vgl. Nr. 52.

[16] Vgl. Nr. 29, Anm. 9.

[17] S. dazu Nr. 32 mit Anm. 17.
[18] Vgl. Nr. 49 mit Anm. 35.

54. LEIBNIZ AN FONTANEY (S. 462–467)

ÜBERLIEFERUNG: *l* Abschrift: LBr. 274 Bl. 8–9. 1 Bog. 4°. 4 S. von Schreiberhand, mit Korrekturen von Leibniz. Anschrift, Absender, Datum und Schlußformel von Leibniz' Hand.

Unser Brief antwortet auf Nr. 51 und wird beantwortet durch Nr. 60. Dort wird das Datum mit dem 18. August angegeben. Der Brief war wie Nr. 55 Beilage zu einem nicht gefundenen Brief an P. de La Chaize, der seinerseits wohl Beilage zu Nr. 59 war.

[1] Hokkaidō; vgl. Bouvets Versprechungen in Nr. 32 mit Anm. 21 und die *Relation de la découverte de la Terre d'Eso, au Nord du Japon*, in: M. Thévenot: *Relations*, P. 2, 1664.

[2] Gemeint ist die künstliche, als Beamtensprache kodifizierte chinesische Schriftsprache.

[3] Vgl. Nr. 52 mit Anm. 2.

[4] Vgl. dazu Veronika Veit: *Die mongolischen Quellen*, in: Weiers: *Mongolen*, 1986, S. 3–13, hier S. 3f., u. Michael Weiers: *Zur Herausbildung und Entwicklung mongolischer Sprachen*, *ebd.*, S. 29–69, hier S. 40ff.

[5] »Barantola« (auch *Burantola*), der mongolische Name für Lhasa, erscheint wahrscheinlich zum erstenmal auf der China-Karte (*Tabula Geodoborica Itinerum a varijs in Cataium susceptorum rationem exhibens*) in Kirchers *China illustrata*, 1687; vgl. Sven Hedin: *Southern Tibet*, Vol. 1, 1917, S. 198. Als »Lassa sive Barantola« mit der Legende: *Haec Urbs Sedes est Summi Pontificis Tartarorum Occidentalium*, erscheint der Name ebenfalls auf Nicolaas Witsens Karte, 1687 (vgl. auch Hedin, *a.a.O.*, S. 203), und als *R*[oyaume] *de Barantola* auf der Karte von Delisle: *L'Asie*, 1700. Bei Grosier heißt es: »Le Thibet est connu sous différents noms. Les Chinois l'appellent Tsan, les Tartares Barantola, Bouttan, Tangut […]«. (*De la Chine, ou description générale de cet empire*. Troisième édition, 1818, T. 2, S. 59). – Die Übernahme der

tibetischen Schrift aus einem nordindischen Alphabet wird Thonmi Sambhota (2. Hälfte des 7. Jahrhunderts) zugeschrieben; ebenso ein Alphabet und eine Grammatik. Vgl. Marcel Lalou: *Manuel élémentaire de tibétain*, Paris 1950, S. 1, u. Klaus Sagaster: *Der mongolische Buddhismus: Geschichte*, in: *Dschingis Khan*, 2005, S. 342–347, hier S. 342.

[6] Vgl. Nr. 28 mit Anm. 4 und Le Gobiens Bericht vom Sieg des Kangxi-Kaisers über Galdan in Nr. 29.

[7] Vgl. Nr. 44.

[8] S. dazu Nr. 56, Anm. 4.

55. LEIBNIZ AN JARTOUX (S. 468–475)

ÜBERLIEFERUNG: *L* Konzept: LBr. 541 (Le Gobien) Bl. 26–27. 1 Bog. 2°. 3 S. Über der Anrede Bibliotheksvermerk: »Jartoux«. – Auf Bl. 27 v° *L* von Nr. 59. – Gedr. (teilw.): Merkel: *China-Mission*, 1920, S. 139, Anm. 1.

Unser Brief antwortet auf Nr. 50; eine Antwort wurde nicht ermittelt. Der Brief war wie Nr. 54 Beilage zu einem nicht gefundenen Brief an P. de La Chaize, der seinerseits Beilage zu Nr. 59 war. Beilage zu unserem Stück waren eine Beschreibung der Kettenlinie und eine Skizze der Schiffsform, die im Wasser den geringsten Widerstand hervorruft.

[1] Vgl. Pierre Jartoux: *De Observatione macularum solarium*, in: *Acta erud.*, November 1705, S. 483–487.

[2] Vgl. Nr. 3, Anm. 14. Auf einem Zettel notierte sich Leibniz: »on se sert de ces machines tant pour arrouser le pays, que pour le dessecher et delivrer de l'humidité superflue selon le besoin. Mais il n'en donne point la description.« (LH XXXVIII Bl. 366.)

[3] Vgl. Nr. 49, Anm. 57. Leibniz fragte aus aktuellem Anlaß: Die neugegründete Sozietät der Wissenschaften durfte kein Geld kosten und sollte sich selbst finanzieren. Neben den tatsächlich fließenden Einkünften aus dem Kalenderprivileg (vgl. Brather: *Akademie*, 1993, S. 233–258) erhoffte er sich Einnahmen aus der Seidenproduktion, für die zunächst Maulbeerbäume zur Aufzucht von Seidenraupen

anzupflanzen waren; vgl. *ebd.*, S. 259–268. S. dazu besonders seinen *Vorschlag zur Seidencultur (December 1702)*, dafür die *Vollmacht der Königin* und sein *Pro Memoria*, in: Adolf Harnack: *Geschichte der Königlich Preußischen Akademie der Wissenschaften*, 2, Berlin 1900, Nrn 68a bzw. 68b bzw. 70.

[4] Vgl. Gottfried Kirch: *Observationes Cometae Novi* in: *Acta erud.*, Juni 1702, S. 256–258.

[5] Johann Bayer (1572–1660), Rechtsanwalt in Augsburg und Amateur-Astronom, führte die Bezeichnung der Sterne durch Buchstaben des griechischen und römischen Alphabets ein, indem er den hellsten Sternen jedes Sternbildes die ersten Buchstaben des Alphabets zuordnete. Sein Sternkartenatlas *Uranometria, omnium asterismorum continens schemata, nova methodo delineata*, 1603, ist dafür beispielhaft.

[6] Vgl. Nr. 50.

[7] S. dazu auch Leibniz: *Brevis demonstratio*, 1686 (wie Nr. 49, Anm. 11).

[8] Vgl. Nr. 50, Anm. 5.

[9] Vgl. Nr. 32 mit Anm. 17.

[10] Vgl. Nr. 57.

[11] Vgl. Nr. 52.

56. LEIBNIZ AN VERJUS (S. 476–483)

ÜBERLIEFERUNG: *L* Konzept: LBr. 954 Bl. 34–35. 1 Bog. 4°. 4 S. – Gedr. (teilw.): 1. Jean Baruzi: *Leibniz,* Paris 1909, S. 154–155; 2. Frémont: *Leibniz*, 1987, S. 158–162.

Unser Brief, der die Korrespondenz nach einer Unterbrechung von rund 5 ½ Jahren wieder aufnimmt, wird durch Nr. 61 beantwortet.

[1] Vgl. dazu Bouvets Bemerkung in Nr. 44, S. 363 f., der Kaiser habe jetzt, nachdem er seinen Wissensdurst an den westlichen Theorien befriedigt habe, weniger Zeit für die Patres, und Leibniz' Reaktion darauf in Nr. 49, S. 397.

[2] Wen Leibniz im besonderen meint, ist nicht klar. Vgl. aber den negativen Unterton in Nr. 4 (Grimaldi), § 16, Nr. 44, wo Bouvet er-

klärt, daß Frankreich in den höheren Wissenschaften China um soviel überlegen sei wie China von Europa entfernt ist, sowie Nr. 51 zur angeblichen Vorwegnahme der binären Arithmetik durch die Chinesen. Auch Louis-D. Le Comte bemerkt, trotz aller Hochachtung gegenüber der chinesischen Kultur, daß aus dem »Überfluß der Wortzeichen entspringet [...] die Unwissenheit der Sineser«, da diese glauben, »sie verstehen genug, wann sie lesen können« (*Das heutige Sina*, 1. Teil, Frankfurt und Leipzig 1699, S. 266f.).

[3] S. auch Nr. 64 mit den Anm. 23 u. 24.

[4] Das zu den Weisheitsbüchern des *Alten Testaments* gehörende Buch *Hiob* erzählt von einem frommen, vom Glück gesegneten Mann, dessen Gläubigkeit sich auch in der Not und Versuchung bewährt, was ihm schließlich mit noch größerem Glück gesegnet wird. An Stelle der Themen des *Alten Testaments*, wie Gesetz, Bund, Erwählung, wird hier die wahre Weisheit am Beispiel des Einzelnen dargestellt: als Gottesfurcht oder auch als Humanismus des Alten Orients (vgl. *Neue Jerusalemer Bibel*, 1985, S. 713f.). Mit der Gestalt des Hiob ist *das Problem des Heils der Heiden* angesprochen (s. unter diesem Titel Claudia von Collani in: *NZM*, 45, 2, 1989, S. 17–35 u. S. 93–109), das im 17. Jh. in engem Bezug zur Chinamission stand: Hatten die alten Chinesen (als Nachkommen der Söhne Noahs) von diesen den wahren Gottesglauben erhalten? Konnten sie deshalb wie Hiob das ewige Seelenheil erlangen? Beide Fragen hatten die Jesuitenmissionare bejahend beantwortet und sich für diese Ansicht u.a. auf Augustinus berufen (vgl. Einführung, I, 2, S. XVII f.). Am 18. Oktober 1700 war eben diese Ansicht in Paris verurteilt worden. Über die Abkunft Hiobs waren Kirchenväter und Theologen allerdings unterschiedlicher Auffassung (vgl. die Zusammenfassung bei Louis Moréri: *Grand Dictionaire Historique*, T. 2, seconde édition, 1681, S. 304 b). Nach Augustinus war Hiob ein Idumäer, d.h. ein Nachkomme Esaus, des älteren Zwillingsbruders Jakobs, und gehörte damit nicht zum eigentlichen Volk Gottes, Israel. Dennoch erkannte er in Hiob ein Beispiel dafür, daß ein gottesfürchtiger Mann wie er zur himmlischen Gemeinschaft des wahren Israel gehören könne (*De civitate Dei*, 18, 47). Augustinus hatte sich zum Problem des Heils der Heiden jedoch unterschiedlich geäußert: Niemand konnte vor Gott gerechtfertigt und von seinen Sünden erlöst werden ohne den Glauben an die Inkarnation, den Erlösungstod

und die Auferstehung Christi »nec antiquos justos, ut justi essent, a peccatis potuisse mundari« (*De gratia Christi et de peccato originali*, 2, XXIV, 28; *CSEL*, 42, 1902, S. 187). Daß aber Hiob und die Chinesen keine Götzendiener gewesen sein konnten, hing entscheidend von der angenommenen Chronologie des Weltalters ab (vgl. dazu Nr. 6 mit Anm. 5). Hier vertrat Augustinus die Ansicht, daß in der Zeit nach der Sintflut bis zur Zeit Phalechs, des Sohnes Ebers, als die Erde durch Sprachverwirrung geteilt wurde, noch kein Staat als Genossenschaft der Gottlosen in Erscheinung getreten sei (*De civitate Dei*, 16, 10).

[5] Neben den Weltpriestern der MEP zählten dazu vornehmlich die Dominikaner; vgl. beispielsweise N. Alexandre: *Apologie des Dominicains*, 1699, und die Autoren der *Historia cultus Sinensis*, 1700.

[6] Zur Entdeckung der Analogie zwischen den Binärzahlen und den Hexagrammen s. Nr. 44.

[7] Tatsächlich hatte sich Leibniz selbst schon in einem für Papst Clemens XI. bestimmten Brief an den Marquis de Nomis vom 8. Mai 1704 (LBr. 687 Bl. 7–8) darum bemüht, die ›Entdeckung‹ bekanntzumachen.

[8] Vgl. auch Nr. 42.

[9] In diesem Sinne hatte sich Bouvet geäußert, vgl. Nr. 47.

[10] Vgl. Nr. 32 mit Anm. 17. In diesem Wörterbuch sieht Leibniz nach der Mitteilung Bouvets (s. Anm. 1) immer mehr den einzigen »Schlüssel« (s. Nr. 57) und die Chance für einen möglichen Wissenstransfer von China nach Europa; vgl. auch die Nrn 53, 55 und die folgenden.

[11] Vgl. die Nrn 18, 42 u. 53.

[12] S. dazu Nr. 52 mit Anm. 8.

57. LEIBNIZ AN BOUVET (S. 484–491)

ÜBERLIEFERUNG: *L* Konzept: LBr. 105 Bl. 41–42. 1 Bog. 8°. 4 S. Unser Brief war Beilage zu Nr. 59.

[1] Vgl. Nr. 44 mit Anm. 51.

[2] Vgl. Nr. 49, S. 431.

[3] Leibniz' *Explication de l'Arithmetique binaire* wurde in der Pari-

ser Akademie diskutiert und erschien 1705, ohne daß er davon definitiv Kenntnis hatte (vgl. Nr. 44, Anm. 8). Wilhelm Ernst Tentzel, der sich intensiv mit Leibniz' Dyadik beschäftigte, verfaßte nach dessen Angaben einen Aufsatz und veröffentlichte ihn unter dem Titel *Erklärung der Arithmeticae binariae, welche vor 3000 Jahren bey den Chinesern in Gebrauch gewesen und bißher bey ihnen selbst verlohren, neulich aber bey uns wieder funden worden*, in: Tentzel: *Curieuse Bibliothec oder Fortsetzung der Monatlichen Unterredungen*, Januar 1705, S. 81–112.

[4] Vgl. Nr. 42, S. 309.

[5] Vgl. Nr. 58 mit Anm. 4.

[6] Vgl. Nr. 49 mit Anm. 60, 61 u. 67.

[7] Zu den in Moskau abgefangenen Briefen Gerbillons an die Patres Verjus und La Chaize vgl. Nr. 9, Nr. 10 u. Nr. 11 mit Anm. 3.

[8] Leibniz scheint im Vertrauen auf den nach China entsandten päpstlichen Legaten de Tournon noch an einen für die Jesuiten günstigen Ausgang des Ritenstreits zu glauben. Daß der Papst die chinesischen Riten mit der Bulle *Cum Deus Optimus* vom 20. November 1704 bereits verurteilt hatte, wurde in Europa erst im Jahre 1709 bekannt.

[9] Nr. 49.

[10] Die Beschreibung des gekreuzigten Gerechten bei Platon: *Πολιτεία*, 361e–362a, wurde bereits im frühen Christentum als Vorausdeutung auf Jesus Christus verstanden. Anhänger des Platonismus' unter den Kirchenvätern sind insbesondere Clemens v. Alexandria, Origenes, Gregorios v. Nyssa und vor allem Augustinus; zum Nachweis direkter Platon-Zitate vgl. Art. *Platonisme des Pères*, in: *Dictionnaire de Théologie Catholique*, 12, 2, 1935, Sp. 2287f.

[11] Gemeint ist: deren Zusammensetzung aus anderen noch durchsichtig und deren Elemente daher noch zu identifizieren wären.

[12] Vgl. Nr. 56.

[13] Vgl. Nr. 59.

[14] Vgl. G. D. Cassini: *Reflexions sur la Chronologie Chinoise*, in: Simon de La Loubere: *Du Royaume de Siam*, 2, 1691, S. 379–400, hier besonders S. 396ff. Cassini stellt allerdings zwischen dem von ihm errechneten tatsächlichen Zeitpunkt der Konjunktion von Saturn, Jupiter, Venus, Merkur und Mond (2012 v. Chr.) und den Angaben der chinesischen Chronologie – denen zufolge diese Konjunktion

in der Regierungszeit des Kaisers »Chuen Hio« (Zhuanxu; s. Nr. 42, Anm. 45) stattgefunden hätte – eine »difference de 5 siècles« fest, so daß »l'Epoque Chinoise sera plus récente de 5 siécles que les Historiens Chinois ne la supposent« (vgl. *ebd.*, S. 396).

58. LEIBNIZ AN VISDELOU (S. 492–501)

ÜBERLIEFERUNG: *L* Konzept: LBr. 274 (Fontaney) Bl. 10–11. 1 Bog. 8°. 4 S. Mit Korrekturen und zahlreichen Ergänzungen. (Druckvorlage). – Gedr. (teilw.): Merkel: *China-Mission*, 1920, S. 85, Anm. 1.

l Bruchstück einer verworfenen Reinschrift: LBr. 541 (Le Gobien) Bl. 28. 4°. 2 S. von J. G. Eckharts Hand mit Korrekturen, Schlußkurialien, Unterschrift und P. S. von Leibniz' Hand (entspricht S. 496 Z. 27 »Grand Cham. L'auteur« bis zum Schluß unseres Textes; Druckvorlage für das P. S.).

Dieser Brief erreichte den Adressaten erst 1713 (vgl. Nr. 70); die mit Nr. 70 erfolgte Antwort erhielt Leibniz allerdings nicht. Nicht gefundene Beilage war die Kopie von Schriftzeichen auf einem aus Sibirien stammenden Spiegel (s. u. Anm. 4, Nr. 57 u. Nr. 70).

Claude de Visdelou wurde 1656 in Trébry (Bretagne) geboren. Als 17jähriger trat er in Paris in den Jesuitenorden ein, wo er nach den Humaniora Theologie und Mathematik studierte. Da er sich als großes Sprachtalent erwiesen und auch in der Mathematik qualifiziert hatte, gehörte Visdelou zu jenen von Ludwig XIV. für die Chinamission ausgewählten Mathematikern, die 1685 unter der Leitung des P. de Fontaney in den Fernen Osten aufbrachen. Nach seiner Ankunft in Peking Anfang Februar 1688 arbeitete er zunächst in Jiangzhou (Provinz Shanxi) und Nanking, kehrte dann aber 1693 mit P. de Fontaney nach Peking zurück, wo sie dem Kaiser mit einer kleinen Dosis Chinin Heilung verschafften (s. Nr. 40, Erl.). Als der damalige Thronfolger Yinreng, der sich sehr für die mathematischen Kenntnisse der Patres interessierte und selbst in der klassischen chinesischen Literatur bewandert war, Visdelous Kenntnisse in den chinesischen Klassikern prüfte, setzte ihn dieser durch die Beherrschung der Sprache und Literatur und seine genaue Interpretation der Klassiker in großes Erstaunen (vgl. Bouvet: *Histoire de l'empereur de la Chine*, 1699, S. 146–147). Doch schon zu diesem Zeitpunkt hatte sich Visdelou ein eigenes Urteil über das *Yijing* gebildet. Auf die Frage des Prinzen Yinreng, ob die konfuzianischen und christlichen Prinzipien übereinstimmten, antwortete Visdelou, daß alle chinesischen Klassiker vollkommen mit den Prinzipien des Christentums harmonierten, ausgenommen das *Yijing*, bei dem es sich um ein rein abergläubisches Buch handele (vgl. J. W. Witek: *Controversial Ideas*, 1982, S. 59–60). Unter der Manju-Dynastie genoß das *Yijing* allerdings eine besondere Wertschätzung. Trotz seiner sich abzeichnenden Ansicht wurde Visdelou noch 1701 als Verteidiger der Ordensmeinung im Ritenstreit betrachtet, da man zunächst erwog, ihn zusammen mit François Noël, José Ramón Arjó und dem Bischof von Nanking, Alessandro Ciceri, in dieser Angelegenheit nach Rom zu entsenden. 1702 wurde jedoch seine abweichende Haltung in dieser Frage erkennbar (vgl. *ebd.*, S. 114 mit Anm. 116), so daß Kaspar Castner und Noël auf den Weg geschickt wurden. Visdelou zeigte sich offen als Gegner der Jesuitenmission, als 1705 der päpstliche Legat Ch. Th. Maillard de Tournon in China eintraf (*ebd.*, S. 130 f.): Er ergriff Partei, indem er diesem alle einschlägigen Stellen in den chinesischen Klassikern preisgab, die von den Ordensbrüdern für die Konformität zwischen konfuzianischen und christlichen Prinzipien herangezogen wurden (so Gerbillons Brief an Michelangelo Tamburini vom 13. November 1705; s. Pfister, S. 451 § 14 u. S. 453). Im Jahre 1708 ernannte ihn de Tournon zum Apostolischen Vikar der Provinz Guizhou und zum Titularbischof von Claudiopolis. Ein Jahr später verließ Visdelou China, nachdem er auf Befehl des Kangxi-Kaisers nach Macao ausgewiesen worden war, und zog sich nach Pondicherry zurück, wo er zunächst bei den Kapuzinern, dann in der Klosterschaffnerei der M E P wohnte. Nach rund 22 jährigem Aufenthalt in Pondicherry, zuletzt krank und erblindet, starb er dort im Jahr 1737. – Aus dem »Index« des Archivs der MEP, S. 578–581, zum Lebenslauf Visdelous (die Zeit kurz vor seiner Abreise aus China und die Dauer seines Aufenthalts in Pondicherry betreffend) ist ersichtlich, daß Visdelou die Gesellschaft Jesu noch in China verlassen hatte (s. Paris *Archives des Missions Etrangères* V 112 p 260; V 409 p 77, 300; V 424 p 357; V 430 p 541; V 960 p 358). Zum Mißvergnügen seiner ehemaligen Ordensbrüder in Pondicherry (*ebd.* V 959 p 310; V 964 p 99) untersagte er dort die Ausübung der von de Tournon verbotenen malabarischen Riten (*ebd.*, V 236 p 305) und wurde beauftragt, die Direktiven des päpstlichen Legaten durchzusetzen (*ebd.* V 236 p 293; V 960 p. 4; V 991 p 153). Er erhielt wenigstens zeitweise von den Missions Etrangères eine Pension von 200 écus (*ebd.* V 214 p 35) und nannte deren Direktoren seine Vorgesetzten (*procureurs*) (*ebd.* V 960 p 33). Einer Anordnung der Gesellschaft Jesu, Pondicherry zu verlassen, widersetzte er sich und blieb im Lande (*ebd.* V 970 p 21, 25, 39 u. V 991 p 259, 265). – Für die Übersendung der Index-Kopien und des Briefes Visdelous an den Oberen und die Direktoren der MEP (s. Nr. 70) danken wir dem Archivar der MEP G. Moussay an dieser Stelle. Vgl. auch Dehergne: *Répertoire*, S. 294, und Pfister, S. 45–457; zu den von Visdelou hinterlassenen Schriften s. Sommervogel, VIII, Sp. 839–843, Streit: *Bibliotheca Missionum*, 7, Nr. 2387, S. 105–107, und Neumann: *Werke*, 1850, S. 225–242. – Daß Leibniz von dem Meinungsumschwung Visdelous etwas wußte, darf bezweifelt werden; daß aber Bouvet 1699 zumindestens etwas davon ahnte und als sein Freund beunruhigt war, kann man mutmaßen. Wie anders ist seine Bemerkung zu deuten (vgl. Nr. 32, S. 231), niemand sei mehr als Visdelou befähigt, eine chinesische Chronologie zu erarbeiten, keinesfalls sei dieser aber imstande, sein Gewissen zu verraten und darin gegen Treu und Glauben zu handeln? Daß jedoch P. de Fontaney über Visdelous Meinungsänderung unterrichtet war, als er Leibniz diesen Pater 1704 als den einzigen empfahl, der imstande wäre »de vous contenter sur l'histoire chinoise« und als künftigen Briefpartner Sloanes vorstellte (s. Nr. 51, S. 451), muß als so gut wie sicher gelten. (Zu Visdelous nicht leicht durchschaubarer Rolle im Ritenstreit vgl. Witek: *Claude Visdelou and the Chinese Paradox*, in: *Actes*, 1995, S. 371–385.) Leibniz mußte jedenfalls daran interessiert sein, mit diesem wegen seiner Chinakenntnisse allseits gerühmten Pater Kontakt aufzunehmen, zumal die Verbindung mit Bouvet abgerissen war (vgl. auch die Einführung, V, 1, S. LXXXVIII). Sollte Leibniz seinen Brief über Fontaney (vgl. die Überlieferung) oder England (Sloane) nach China geschickt haben? Daß Visdelou offen für den päpstlichen Legaten de Tournon Partei ergriffen hatte, erfuhr Leibniz als Leser des *Mercure Historique et Politique* spätestens im Oktober 1708 ; dort heißt es (S. 358), daß »le P. Visdelou (un des Jesuites François qui étoit depuis près de 20. ans dans le

Royaume, et que les Peres ont loué par leurs Ecrits imprimez, comme un des plus habiles d'entr'eux dans les Lettres Chinoises,) vint se déclarer ouvertement à lui [...] contre le sentiment de la Compagnie«.

[1] Vgl. Nrn 21, 32 u. 44 (Bouvet); Nr. 22 (Le Gobien) u. Nr. 51 (Fontaney).

[2] Vgl. Nr. 51 mit Anm. 10.

[3] Vgl. Leibniz' Hinweise auf Andreas Müller in Nr. 6 (an Grimaldi) und in Nr. 18 (an Bouvet) sowie die Bemerkungen Bouvets in Nr. 21 und Nr. 32.

[4] Leibniz hatte die »Abbildung« von Gisbert Cuper (1674–1716), Bürgermeister von Deventer und Altertumsforscher, erhalten. Vgl. Cupers Brief an Leibniz vom 10. April 1705 (LBr. 187 Bl. 32): »Recte miraris icunculas aureas in Siberia repertas esse, et ecce tibi ectypum lancis in eodem sepulch[r]o repertae, quam mecum communicavit illust. Witzenius.« Beilage war ein Kupferstich des Spiegels, den Cuper von N. Witsen erhalten hatte und der fast gleichzeitig in Witsen: *Noord en Oost Tartarey*, T. 2, 1705, S. 750, erschien, dort begleitet von einer Tafel mit Transkription und niederländischer Übersetzung der Inschrift.

[5] Leibniz bezieht sich auf den (ursprünglich lateinisch geschriebenen) Bericht des flämischen Franziskanermönchs Wilhelm von Rubruk (Willem van Rubroek), *Voyage de Fr. Guillaume des Rubruquis en Tartarie*, den Pierre Bergeron 1634 als 1. Teil seiner Sammlung *Relation de voyages en Tartarie* (S. 1–294) in Paris veröffentlicht hatte. Das Exemplar der Niedersächsischen Landesbibliothek Hannover enthält Notizen zum Inhalt auf dem Vorsatz sowie einige Unterstreichungen und Marginalien von Leibniz' Hand. Vgl. zu den Mss. und den Texteditionen des Berichts *Itinerarium ad Partes Orientales* die Angaben bei Johan van Mechelen: *Yuan*, in: Standaert: *Handbook*, 2001, S. 47, Anm. 15. Zur geographischen Orientierung habe ich im folgenden bevorzugt die Karte benutzt »Wilhelm von Rubruks Reise in das Innere Asiens in den Jahren 1253–1255«, in: Franz Max Schmidt: *Über Rubruks Reise von 1253–1255*, in: *Zeitschrift der Gesellschaft für Erdkunde zu Berlin*, 20, 1885, S. 161–253. Für alle Anmerkungen sowie die weiterführende Literatur sei verwiesen auf die Übersetzung und Kommentierung von Hermann Herbst: *Der Bericht des Franziskaners*

Wilhelm von Rubruk über seine Reise in das Innere Asiens in den Jahren 1253–1255, Leipzig 1925 (= Herbst); Friedrich Risch: *Wilhelm von Rubruks Reise zu den Mongolen 1253–1255*, ebd. 1934 (= Risch); Peter Jackson with David Morgan: *The Mission of Friar William of Rubruck. His journey to the court of the Great Khan Möngke 1253–1255*, London 1990 (= Jackson/Morgan), und Van Mechelen, *a.a.O.*

[6] Im Auftrag Ludwigs IX. (reg. 1226–1270) machte sich der Flame Wilhelm von Rubruk mit mehreren Begleitern im Frühjahr 1253 von Konstantinopel aus auf den Weg zu dem Mongolen-Khan Sartaq (reg. 1256–1257). Das eigentliche Ziel bestand darin, Bundesgenossen im Kampf gegen die Mohammedaner und zur Befreiung des Heiligen Landes zu finden. Der Brief des Königs, den Rubruk bei sich trug, betonte allerdings als Hauptzweck der Reise die Mission und – anknüpfend an das Gerücht, der Khan sei selbst Christ geworden – die Bitte, zu diesem Zweck im Lande verweilen zu dürfen. Der Reiseweg führte über das Schwarze Meer, durch die Krim, Südrußland und weiter ostwärts durch Zentralasien bis nach Qaraqorum, zur Residenz des Großkhans Möngke (reg. 1251–1259), der ihm zwei Audienzen gewähren sollte. Dort hielt sich Rubruk mehrere Monate auf, bevor er im August 1255 über Syrien nach Tripolis zurückkehrte. Vgl. die Mission Rubruks bei Jackson/Morgan, S. 39–47, u. das Itinerar der Reise, *ebd.* S. XI–XV, sowie Herbst, S. 175, u. Van Mechelen, S. 73f. Im Unterschied zum Bericht der wenige Jahre vorher erfolgten Gesandtschaft unter Leitung des Franziskanermönchs Giovanni da Pian del Carpine (Plano Carpini) (1245–1247) wurde Rubruks Bericht nur von wenigen gelesen; dabei sind seine geographischen und ethnographischen Entdeckungen beträchtlich. So erkannte er, obwohl er das eigentliche China nicht erreichte, die Identität von »Kitai« (Catay) und »Sera« und die Besonderheit der chinesischen Zeichenschrift (Bergeron, chap. 28, S. 114f., bzw. chap. 37, S. 178; vgl. dazu Jackson/Morgan, S. 47–51).

[7] Vgl. zu »Skythien« Nr. 11 mit Anm. 5. In der Reihe der chinesischen Dynastien beginnt die mongolische Yuan-Dynastie (1272–1368), nachdem Khubilai Khan (reg. 1260–1294) den Regierungssitz von Qaraqorum nach Khanbaliq (Peking) verlegt hatte. Vgl. Claudius Müller: *China unter mongolischer Herrschaft: die Yuan-Dynastie (1272–1368)*, in: *Dschingis Khan*, 2005, S. 294–297.

[8] Vgl. Bergeron, chap. 23, S. 89, u. Delisle: *L'Asie*, 1700; gemeint ist der ins Kaspische Meer mündende Ural-Fluß (westtürkisch: *Jaik*).

[9] Bergeron, chap. 23, S. 91f. Gemeint ist das Gebiet der Cangle (Qangli), eines türkischen Stammes nördlich des Aral-Sees. Vgl. Jackson / Morgan, S. 128f. mit Anm. 7.

[10] Bergeron, chap. 24, S. 96. Kenjek (Kenchac, Kenchak), Stadt im Talas-Tal, zwischen dem in den Aral-See einmündenden Sir-daryā (Jaxartes) und dem in den Balkasch-See fließenden Ili-Fluß; vgl. Jackson/Morgan, S. 143 mit Anm. 2.

[11] Bergeron, *ebd*. Gemeint ist der Talas-Fluß; vgl. Jackson / Morgan, S. 143, Anm. 4.

[12] Bergeron, chap. 25, S. 99. Wahrscheinlich die Hauptniederlassung der Qara-Khitai (»Schwarze Khitan«), die ungefähr zwischen dem Chu-Fluß und dem Kirgizskü-Gebirge lag. Das Reich der Qara Khitai erstreckte sich seit 1137 im Norden und Westen bis zum Aral-See, im Süden bis nach Samarkand und im Osten bis zur Dsungarei. Vgl. René Grousset: *L'empire des steppes*, 1939 (engl. Übersetzung, 1994, S. 164f.), u. Jackson/Morgan, S. 121f. mit Anm. 5 u. S. 146 mit Anm. 5.

[13] Bergeron, *ebd*. Es handelt sich wahrscheinlich um den Chu-Fluß (so Jackson/Morgan, S. 146 mit Anm. 5) oder den Ili-Fluß (so Risch, S. 146 mit Anm. 13).

[14] Bergeron, *ebd*. *Equius* ist vielleicht Quyas, nahe dem heutigen Yining (früher Kulcha). Vgl. Jackson/Morgan, S. 147 mit Anm. 1, und Risch, S. 146f. mit Anm. 14.

[15] Gemeint ist wohl die Ebene nördlich der Stadt Alma-Ata zwischen Issyk Kul und Balkasch-See.

[16] Bergeron, *ebd*.: »Peut estre le lac Kithay«, gemeint ist der Balkasch-See.

[17] *Ebd*. Gemeint ist Qayaliq in der Region Kopal, östlich des Baikal-Sees und nördlich des Ili-Flusses. Zur alten Stadt Kailac vgl. Jackson/Morgan, S. 148 mit Anm. 1, und Risch, S. 147 mit Anm. 15.

[18] Rubruks Erklärung, das Land habe diesen Namen »à cause que ceux de ce pays estoient iadis tres-bons Organistes et Musiciens« (Bergeron, chap. 25, S. 101), ist nicht haltbar. Vielmehr handelt es sich um eine Entstellung aus *Urgentsch*, der Hauptstadt von Chwarezm am Amu-Darja. Die dort in vorislamischer Zeit verwendete und von den Nestorianern angenommene sogdische Sprache und Schrift war

durch das Syrische verdrängt worden. Vgl. Jackson/Morgan, S. 148 mit Anm. 3.

19 Risch und Jackson/Morgan geben »Cantomanen« als »Turkomanen« wieder; gemeint sind Turkmenen. Vgl. *a.a.O.* S. 149 mit Anm. 19 bzw. S. 148 mit Anm. 4.

20 Die Uighuren, deren Siedlunsgebiete in Westturkistan (Provinz Xinjiang) liegen; vgl. Van Mechelen, S. 66, u. Risch, S. 150 mit Anm. 1.

21 So auch bei Jackson/Morgan, S. 154 mit Anm. 6, und Risch, S. 159 mit Anm. 11 u. 12.

22 Vgl. Bergeron, chap. 46, S. 251ff.; Risch, S. 292–295; Jackson/Morgan, S. 248–250.

23 Zur uighurisch-mongolischen Schrift, deren Entwicklung erst nach dem Jahre 1204 begann, vgl. Nr. 54 mit Anm. 5.

24 Vgl. Bergeron, chap. 27, S. 112.

25 Qaraqorum ist die alte Hauptstadt der Mongolen, die von Ögödei (reg. 1229–1241) am Orkhon-Fluß errichtet wurde. Vgl. Risch, S. 162 mit Anm. 2; Jackson/Morgan nehmen an, daß die Siedlungsgebiete der Uighuren durch die Wüste Gobi getrennt südlich von Qaraqorum lagen (vgl. S. 157 mit Anm. 2).

26 Gemeint ist Möngke Khan, vgl. Anm. 6.

27 Vgl. zu diesem Namen auch Nr. 54 mit Anm. 5. Die mit den Tibetern verwandten Tanguten gründeten im 11. Jh. im Ordos-Gebiet ein Reich namens Xiaxia (1082–1226). Unter Chinggis Khan (reg. 1206–1227) wurden sie tributpflichtig; vgl. Jackson/Morgan, S. 157 mit Anm. 4, u. Klaus Sagaster: *Der mongolische Buddhismus: Geschichte*, in: *Dschingis Khan*, 2005, S. 342.

28 Vielleicht ist mit »Solangen« der tungusische Stamm der Solonen gemeint (?); s. auch Nr. 1 mit Anm. 6. Vgl. dagegen Jackson/Morgan, S. 159 mit Anm. 3, u. Risch, S. 167 mit Anm. 14 u. 15

29 Vgl. Bergeron, chap. 28, S. 114; möglicherweise ist mit »Muc« Korea gemeint, Sanskrit *Mukuri*, tibetisch *Mug-lig*. Die Meinungen gehen hier ohne sicheres Ergebnis auseinander; vgl. z.B. Risch, S. 168f. mit Anm. 18.

30 Rubruk bezieht sich in diesem Zusammenhang auf Isidorus von Sevilla: *Etymologiarum sive originum libri XX*, 14, 3, 29. Er ist einer der ersten – nach Giovanni da Pian del Carpine: *Historia Mongalorum*, cap. 1 (ed. Beazley, 1903, S. 44) –, welche die Identität zwischen

den Seres und dem Volk von Catay feststellten. »Catay« bezieht sich hier auf das chinesische Gebiet nördlich des Yangzijiang; es geht auf den Namen Kitai zurück, ein ursprünglich in der südlichen Manjurei beheimatetes Randvolk Chinas, das eine Fremddynastie gegründet hat. Vgl. auch Jackson / Morgan, S. 161 mit Anm 1, u. Risch, S. 169 f. mit Anm 20. – Erneut bestätigt wurde diese Identität Anfang des 17. Jahrhunderts durch den portugiesischen Jesuitenmissionar Bento Goes (1563–1607). Ricci / Trigault: *De Christiana Expeditione*, 1615, lib. 5, cap. 11–13 (franz. Ausgabe 1978, S. 592–615); Martini: *Novus Atlas Sinensis*, [1655], S. 28; Golius: *De regno Catayo additamentum*; Kircher: *China illustrata*, 1667, S. 60–66, und *Ambassade des Hollandois*, Bl. ã iij v°, berichten darüber, und auch Leibniz zweifelt nicht mehr an der Bedeutung von »Catay«; vgl. seinem Brief an A. A. Kochański vom Dezember 1691 (*A* I, 7 N. 267, S. 488). Zu Goes s. auch Sven Hedin: *Southern Tibet*, Vol. 1, 1917, S. 158–162.

[31] Nach der Verurteilung des Nestorios auf dem Konzil zu Ephesos 430 verbreitete sich der Nestorianismus zuerst im Irak und Iran, dann weiter östlich bis China. Davon zeugt die 1625 in Xian gefundene Stele aus dem Jahr 781. Vgl. Nr. 49, Anm. 65, u. Jackson / Morgan, S. 163 mit Anm. 2.

[32] Möglicherweise handelt es sich um Xijing (so Jackson / Morgan, S. 163 mit Anm. 2, u. Risch, S. 174 mit Anm. 35), das ist ein anderer Name für Xian, »die westliche Hauptstadt«, eine der Hauptstädte der Tang-Dynastie.

[33] Vgl. Bergeron, chap. 29, S. 118–119. Es handelt sich um den See Ala kul; vgl. Jackson / Morgan, S. 165 mit Anm. 3, u. Risch, S. 171 mit Anm. 1.

[34] Die Meinungen gehen auseinander, ob es sich um den Ebi nor an der Dsungarischen Pforte (so Risch, S. 178 mit Anm. 3) oder um den Jalanash kul handelt; vgl. Jackson / Morgan, S. 165 mit Anm. 4.

[35] Bergeron, chap. 29, S. 120: »le 7. Decembre sur le soir«.

[36] *Ebd.*, S. 121. Der mongolisierte türkische Stamm der Naiman hatte seine Wohnsitze damals westlich des Orkhon-Flusses; vgl. Van Mechelen, S. 66. Zur weiteren Reiseroute Rubruks vgl. Herbst, S. 73 mit Anm. 125 und S. 75 mit Anm. 126.

[37] Bei Bergeron, chap. 17, S. 70, heißt es: »Ce Prestrejan donc estoit fort renommé par tout, et cependant quand ie passay par son pays,

personne ne sçavoit qu[i] il estoit, sinon quelque peu de Nestoriens«. Vgl. Auch Nr. 70 mit Anm. 10. Dieser sagenhafte Priesterkönig erscheint in europäischen Quellen als Verbündeter gegen den Islam seit Mitte des 12. Jahrhunderts. Ein wohl um 1160/70 entstandener, dem Presbyter Johannes zugeschriebener Text (Ulrich Knefelkamp: *Die Suche nach dem Reich des Priesterkönigs Johannes*, Gelsenkirchen 1986; Anhang I) bewirkte, daß man ihn im 13. Jahrhundert im Mongolenreich vermutete. Das zeigen neben anderen Reiseberichten Wilhelm von Rubruk und Marco Polo (s. A. Müller: *Marci Poli Veneti De regionibus orientalibus libri III*, 1671, S. 44); vgl. *Lexikon des Mittelalters*, 5, 1991, Sp. 530–532, u. Van Mechelen, S. 72 mit Anm. 109 u. 110.

38 Möngke Khan in Qaraqorum, vgl. Bergeron, chap. 30, S. 125ff.

39 Vgl. Bergeron, S. 125: »Onam cherule«. Es muß sich bei Leibniz um einen Schreib- oder Lesefehler handeln. Wahrscheinlich ist damit das Gebiet um die Flüsse Onon und Kerülen gemeint. Vgl. Jackson/Morgan, S. 125 mit Anm. 2, u. Herbst, S. 184, Anm. 74.

40 Vgl. Bergeron, chap. 37, S. 175: »*Sumoall* c'est à dire *Moal* des eaux: Car *su* signifie eau en Tartare«. Zum Gebiet der »Wasser«-Mongolen (türk. *su* »Wasser«) vgl. Jackson/Morgan, S. 200 mit Anm. 6.

41 Die Kirgisen (Kerkis) lebten am oberen Jenissei; vgl. Jackson/Morgan, S. 201 mit Anm. 1.

42 Bergeron, *ebd.* Mit »Orengaye« ist wahrscheinlich das Volk Uriyangqai gemeint, dessen Wohngebiet östlich des Baikal-Sees lag. Vgl. Jackson/Morgan, S. 201 mit Anm. 2, und Risch, S. 225f. mit Anm. 4.

43 Vgl. Bergeron, chap. 46, S. 251–254, hier S. 251: »soit Moalles [Mongolen], soit Naymans [Naiman], soit Merkit [Merkid], soit Mustelemans [Muselmanen]«.

44 Vgl. Anm. 36 und Jackson/Morgan, S. 122 mit Anm. 3, sowie Herbst, S. 148, Anm. 179.

45 Das mongolische Volk der Merkid wohnte im Süden des Baikal-Sees und am Unterlauf der Selenga. Vgl. Jackson/Morgan, S. 123 mit Anm. 3.

46 Es handelt sich um eine Bezeichnung für Anhänger des Islam. Vgl. Jackson/Morgan, S. 248 mit Anm. 3; Herbst, S. 148, Anm. 179, u. Baddeley: *Russia, Mongolia, China*, 1919, Vol. 2, S. 25f.

47 Die ähnlich lautende Bezeichnung für die Manjuren wurde erst zu Beginn des 17. Jahrhunderts üblich.

[48] Bergeron, chap. 37, S. 178. Wahrscheinlich sind die Lesungen *Tautae* und *Mansae* als die richtigeren anzusehen. Bei *Tautae* handelt es sich möglicherweise um eine Fehlschreibung für *Caulae*. Damit ist vielleicht *Cauli* gemeint, d.i. die chinesische Bezeichnung *Gaoli* für Korea. Vgl. zu *Gouli* (Korea) auch die *Kurze Beschreibung des chinesischen Reichs*, 1780, S. 409–556, hier S. 534. Unter der Bezeichnung *Mansae* hat man möglicherweise den sonst auch *Manse* genannten Bereich Südchinas, nämlich das Herrschaftsgebiet des im Jahre 1279 von Khubilai Khan unterworfenen Gebiets des Sungreiches zu verstehen. Nach dem Gebrauch der Zeit wurde dieses Gebiet chinesisch auch *Manzi* benannt. Vgl. Paul Peliot: *Notes on Marco Polo*, T. 1, Paris 1959, S. 275–278.

[49] Vgl. Bergeron, chap. 27, S. 105. William Woodville Rockhill: *The Journey of William of Rubruck to the Eastern Parts of the World, 1253–1255*, London 1900, S. 146 mit Anm. 1, gibt die Gebetsformel mit »on mani baccam« wieder und merkt an: »This is the earliest reference I know of the famous formula *om, mani padme hûm*: »Om, the jewel in the Lotus, hûm«. Möglicherweise handelt es sich hier um eine uighurische Verballhornung dieser lamaistischen Gebetsformel.

[50] Khubilai Khan wurde 1260 Nachfolger von Möngke Khan.

[51] Gemeint ist Shangdu: »obere Hauptstadt«; es war vielmehr die Sommerresidenz der Mongolen bei Kaiping außerhalb der Großen Mauer.

[52] Vgl. Nr. 18.

[53] Vgl. Nrn 53 u. 57 (Bouvet), Nr. 55 (Jartoux) u. Nr. 56 (Verjus).

59. LEIBNIZ AN LE GOBIEN (S. 502–505)

ÜBERLIEFERUNG: *L* Konzept: LBr. 541 Bl. 26–27. 1 Bog. 2°. 1 S. auf Bl. 27 v°. – Auf Bl. 26–27 r° *L* von Nr. 55.

Unser Brief antwortet auf Nr. 48. Eine Antwort wurde nicht gefunden. Beilage waren Nr. 57 und ein nicht gefundener Brief an P. de La Chaize mit den Nrn 54 u. 55. Für unser undatiertes Stück übernehmen wir den Ort und das Datum von Nr. 57.

[1] Vgl. Nr. 41, Anm. 3. Von wem Leibniz von der »besseren Wendung« in Rom gehört hatte, ist bisher nicht bekannt. Denkbar ist jedoch, daß er mit seiner Feststellung ›auf den Busch klopfen‹ wollte, um genaueres in dieser Angelegenheit zu erfahren.

[2] Vgl. Nr. 56 mit Anm. 4.

[3] Vgl. Nr. 7, Anm. 10.

[4] Vgl. Leibniz' Drängen in dieser Sache bereits in Nr. 24 (Le Gobien) u. Nr. 17 (Verjus) sowie den Nrn 2, 7 (Grimaldi) und Nr. 5 (Laureati).

[5] Leibniz denkt wohl an die schon mehrfach vorgeschlagene aktive Mitarbeit der Patres bei der Fertigstellung des sogenannten »chinesisch-tartarischen Wörterbuchs« des Kangxi-Kaisers, das er für einen »Schlüssel« in dieser Angelegenheit hält (vgl. Nr. 52).

60. FONTANEY AN LEIBNIZ (S. 506–515)

ÜBERLIEFERUNG: *K* Abfertigung: LBr. 274 Bl. 12–15. 2 Bog. 8°. 7 S. Die 9 mittleren Absätze unseres Textes (S. 506 Z. 17 – S. 512 Z. 25: »Il n'a pas tenu … continuellement.«) sind (wohl von Leibniz) in eckige Klammern eingeschlossen. Ergänzungen und Anmerkungen von Leibniz' Hand (s. Anmerkungen 8, 11, 16).

Der Brief war Beilage zu Nr. 61; er antwortet auf Nr. 54 und wird beantwortet durch Nr. 62.

[1] Vgl. Nr. 9, Anm. 1.

[2] Fontaney spricht hier wie in Nr. 37 irrtümlich von elf Reisen Gerbillons; vgl. auch Nr. 51, wo von 7 bis 8 Reisen die Rede ist. S. dazu Nr. 9, Anm. 2.

[3] Gemeint ist wohl Charles Le Gobien, der nach dem Tode von Antoine Verjus am 16. Mai 1706 dessen Nachfolger wurde.

[4] Es handelt sich um Nos hada (chin. *Nuosi hada*) im Nordteil der Tschuktschen-Halbinsel.

[5] Vgl. Nr. 37 mit Anm. 22.

[6] *Sagalien oula* (= *Sahaliyan ula*), der mongolische Name für den Fluß Amur (chin. *Heilong jiang* »Schwarzer Drachenfluß«).

[7] Es handelt sich möglicherweise um die Flüsse Amgun und Tugur oder Uda; bekannt waren damals eher die Flüsse Aldan und Lena.

[8] Anmerkung von Leibniz: »je crois que ce sont celles dont les Tartares chinois les ont delogés, et qu'ils ont quittées par le Traité«. Der 1689 abgeschlossene Vertrag von Nertschinsk sah die Schleifung der russischen Siedlung Albasin vor und Umsiedlungen der Bewohner auf beiden Seiten; vgl. Walter Fuchs: *Der russisch-chinesische Vertrag,* 1940, S. 587f., §§ 2–3.

[9] Xiamen.

[10] Vgl. Nr. 54, Anm. 2.

[11] Leibniz ergänzt zu »Tartarie«: »superieure«.

[12] Vgl. Nr. 58 mit Anm. 23.

[13] Vgl. Nr. 54 mit Anm. 5.

[14] Vgl. ebd.

[15] Die Ölöten (Elouths) siedelten im Ili-Gebiet; vgl. René Grousset: *L'empire des steppes*, 1939 (nach der engl. Ausgabe, 1994, S. 525f.).

[16] Anmerkung von Leibniz: »un Roy d'Elouth«.

[17] Gemeint ist möglicherweise der Qarataghliq Chodscha Daniyal (1720–1754), der sich erst nach dem Tode Galdans (vgl. Nr. 29) von »inneren Zwistigkeiten« befreien und das Vertrauen Tsewang Araptans (vgl. Nr. 28, Anm. 11) erwerben konnte. Dieser sollte ihn 1720 zum Alleinherrscher von Kaschgarien (Kašgar) machen. Zu Yarkand, das damals zum Fürstentum Kašgar gehörte, sowie zur islamischen Familie der Chodscha und zum Gebiet mit den Städten Kaschgar (heute Kashi) und Yarkand (heute Shache) vgl. Gavin Hambly: *Das Reich der Tschagatai*, in: *Zentralasien*, hrsg. v. Dems., Frankfurt a. M. 1966, S. 140–151, hier S. 149ff., und Karl-Heinz Golzio: *Regents in Central Asia since Mongal Empire. Chronological Tables*, Köln 1985, S. 61 (*Arbeitsmaterialien zur Religionsgeschichte*, 12).

[18] Vgl. Nr. 33 mit Anm. 1 u. 2.

61. VERJUS AN LEIBNIZ (S. 516–519)

ÜBERLIEFERUNG: *K* Abfertigung: LBr. 954 Bl. 36–37. 1 Bog. 4°. 2 ¼ S. Beilagen waren Nr. 60 und ein (nicht gefundener) Brief Le Gobiens. Der Brief antwortet auf Nr. 56 und wird beantwortet durch Nr. 63.

[1] *L* von Nr. 56 trägt das Datum vom 18. August 1705.

[2] Möglicherweise ist eine Abschrift des auch für Leibniz bestimmten Briefes von Bouvet an J.-P. Bignon vom 15. September 1704 gemeint (s. Einführung V, 2, S. XCVI. Wahrscheinlicher handelt es sich bei der »ample dépesche« jedoch um die chinesische Büchersendung Bouvets, von der im folgenden die Rede sein wird (vgl. Nr. 62) und deren Begleitbrief verlorenging. Daß Verjus das erklärende Schreiben »verloren oder verlegt« hätte, erfuhr Leibniz von Brosseau, der davon ausging, »qu'on n'a pu vous faire present de ces livres sans les accompagner d'une semblable lettre«. Vgl. Brosseaus Brief an Leibniz vom 10. Januar 1706 in LBr. 119 Bl. 424 r°.

[3] Nr. 56.

[4] Vgl. die Nrn 52 u. 56.

[5] Paul Pellisson-Fontanier (1624–1693) war 1670 von der reformierten zur katholischen Kirche übergetreten und versuchte, auch auf Leibniz in dieser Richtung einzuwirken. Er korrespondierte vom August 1690 bis zum 19. Januar 1693 mit Leibniz (vgl. die Korrespondenz in *A* I, 7 u. 8). Pellisson selbst hatte einen großen Teil des Briefwechsels bereits anonym veröffentlicht unter dem Titel *Réflexions sur les différends de la religion*, 1691. – Zu dem Bekehrungswunsch von Pellisson und Verjus äußerte sich Leibniz in einem Brief an Thomas Burnett of Kemney vom 14. Dezember 1705 folgendermaßen: »Le Père Verjus jesuite qui a la direction des missions eloignées des François, et qui est le compagnon du Père de la Chaise, vient de m'ecrire une lettre fort obligeante à l'occasion des mes correspondances Chinoises. Il me dit que s'il pouvoit il acheteroit ma conversion (comme il parle) avec ce qui luy reste de vie; et que feu M. Pellisson leur en avoit donné esperance. Mais c'est que M. Pellisson et moy, nous traitions la matière avec beaucoup de civilité et qu'on aimoit de parler des choses où nous pouvions convenir. Mais lorsqu'apres la mort de M. Pelisson l'Evêque de Meaux voulut continuer la correspondance, [il] prenoit un ton trop decisif et

vouloit pousser les choses trop loin, en avançant des doctrines que je ne pouvois point laisser passer, sans trahir ma conscience et la verité; ce qui fit que je luy repondis avec vigueur et fermeté, et pris un ton aussi haut que luy, pour luy montrer, tout grand controversiste qu'il étoit, que je connoissois trop bien ses finesses pour en estre surpris. Nos contestations pourroient faire un livre entier.« (LBr. 132 Bl. 151 v°; Gerhardt: *Philosophische Schriften*, 3, 1887, S. 303f.).

62. Leibniz an Fontaney (S. 520–523)

Überlieferung: *L* Konzept: LBr. 274 Bl. 16. 2°. 1 ½ S.

Der Brief antwortet auf Nr. 60. Eine Antwort wurde nicht ermittelt. Wir übernehmen das Datum von Leibniz' Begleitbrief an Brosseau (vgl. LBr. 119 Bl. 428 v°). S. auch unten Anm. 5.

[1] Vgl. Pierre Le Lorrain de Vallemont: *Les Eléments de l'histoire*, 1697, a.a.O.

[2] Russ. *nos* bedeutet »Nase«, »Spitze«, »Bug«. Vgl. auch Nr. 60, Anm. 4.

[3] Die Grenze zwischen Rußland und China bildeten vertragsgemäß die Flüsse Gorbiza (Kerbetschi) und Amur (Sahaliyan ula) sowie das Stanovoj-Gebirge mit den nordöstlich sich anschließenden Gebirgskämmen, so daß »alle Flüsse und Bäche, die aus diesem Gebürge gegen Mittag dem Amur zufliessen, nebst allen Ländern, die von demselben gegen Mittag gelegen, dem Chinesischen Reiche gehören, und alle Flüsse und Bäche, die auf der andern Seite dieses Gebürges sich gegen Norden erstrecken, dem Russischen Reiche verbleiben sollen«. Kein Jäger durfte diese festgelegten Grenzen überschreiten. Vgl. Fuchs: *Der russisch-chinesische Vertrag*, 1940, S. 587, § 1, u. S. 588f., § 5.

[4] Vgl. Nr. 60 mit Anm. 3.

[5] S. Nr. 61 mit Anm. 2. Im folgenden spricht Leibniz auch von Manuskripten (vgl. die Nrn 63 u. 64), dann erneut von Büchern (vgl. die Nrn 68 u. 69). In einem (nicht gefundenen) Brief an Brosseau vom 19. Februar 1706 hatte Leibniz um Aufklärung über die chinesischen Bü-

cher gebeten. Brosseau antwortete am 8. März 1706, er habe dem P. de Fontaney Leibniz' Brief (Nr. 62) übergeben »pour voir si l'on pourra tirer de luy l'eclaircissement que vous souhaitez touchant les livres chinois que l'on vous a envoyez. Je doute cependant qu'il puisse vous en donner un autre plus satisfaisant que celuy du R^{d} P. Le Gobien.« (LBr. 119 Bl. 428 v°).

[6] Der päpstliche Legat a latere, Charles Thomas Maillard de Tournon (1668–1710), den Clemens XI. noch vor dessen Abreise am 4. Juli 1702 zum Patriarchen von Antiochia und Apostolischen Visitator Ostindiens und Chinas ernannt hatte, erreichte Kanton am 8. April und Peking am 14. Dezember 1705. Vgl. Fu: *Documentary Chronicle,* 1966, 1, S. 113–116, und 2, S. 484, Anm. 347. Zum Verlauf der Mission vgl. Witek: *Controversial Ideas*, 1982, S. 129–133; Francis A. Rouleau: *Maillard de Tournon, Papal Legate at the Court of Peking* (wie S. XLV Anm. 80); Pastor: *Geschichte der Päpste*, 15, 1930, S. 298–338, u. Jann: *Die katholischen Missionen*, 1915, S. 40 ff. – Ob es überhaupt jemanden geben konnte, der die römische Entscheidung vom 20. November 1704 mit den dazu erforderlichen außerordentlichen diplomatischen Fähigkeiten in China durchsetzen konnte, ist mehr als fraglich. Jedenfalls führte Tournons Begehren, als Patriarch von Antiochia, als Apostolischer Visitator und als Oberer aller Missionare vom Kangxi-Kaiser selbst empfangen zu werden, sowie seine ausweichenden Antworten auf des Kaisers drängende Fragen nach den Gründen seiner Reise – insbesondere danach, wie Clemens XI. auf die Erklärung des Kaisers zu den Riten vom 30. November 1700 (vgl. Nr. 46) reagiert habe, – und zuletzt sein Verlangen, als Kronzeugen der Ritenfragen und Kenner der chinesischen Literatur Charles Maigrot hinzuzuziehen, innerhalb eines Jahres zu jenen verhängnisvollen Ereignissen, die das Ende der Chinamission einläuten sollten: Am 17. Dezember 1706 erließ der Kangxi-Kaiser ein Dekret, das allen Missionaren untersagte, anders als bisher (wie von Matteo Ricci eingeführt) das Evangelium zu verbreiten, und allen Anwesenden bzw. Neuankömmlingen vorschrieb, eine Aufenthaltserlaubnis für China (*biao*) einzuholen. Am 7. Februar 1707 ›antwortete‹ der Legat mit dem Dekret von Nanking, mit dem die Verbote des römischen Dekrets vom 20. November 1704 in China bekannt wurden. In Europa bekräftigte und bestätigte Clemens XI. am 25. September 1710 und am 19. März 1715 jene erste Entscheidung und

das Mandat de Tournons (s. Streit: *Bibliotheca Missionum*, 7, S. 150 mit Nr. 2609, bzw. S. 194 mit Nr. 2807). Als sich am 16. April 1717 die neun höchsten Gerichte Chinas für die Ausweisung der Missionare, das Verbot des Christentums und die Zerstörung der Kirchen entschieden, bestätigte der Kangxi-Kaiser zunächst diese Beschlüsse, ließ sie allerdings am 19. März 1718 bis zur weiteren Entscheidung aussetzen. Vgl. Rosso: *Apostolic Legations*, 1948, S. 193–197 (Doc. 17, S. 324 ff.).

63. LEIBNIZ AN VERJUS (S. 524–527)

ÜBERLIEFERUNG: *L* Konzept: LBr. 105 (Bouvet) Bl. 52. 4°. 2 S. Mit mehreren, teils nur flüchtig eingefügten Ergänzungen.

Beilage zur (nicht gefundenen) Abfertigung war ein Brief an Bouvet (Nr. 64), von dem Ort und Datum übernommen werden. Wie aus dem wieder gestrichenen Text hervorgeht, ist der nicht genannte Adressat Antoine Verjus, der allerdings bereits am 16. Mai 1706 verstorben war. Der Brief antwortet also auf Nr. 61; s. auch Anm. 1 u. 3.

[1] Leibniz hatte den hannoverschen Residenten in Paris Christophe Brosseau in einem (nicht gefundenen) Brief vom 16. April 1706 erneut gebeten, ihm Aufklärung über den Inhalt der chinesischen Manuskripte zu verschaffen. Brosseau antwortet am 7. Mai 1706 (LBr. 119 Bl. 437): »La presente est, Monsieur, une suite de ma réponse à la vostre du 16. d'avril. J'ay communiqué et laissé même au R^d Pere Verjus la copie de ce que vous avez pris la peine de m'ecrire dans cette lettre au sujet des mns. chinois que le R^d Pere Bouvet vous a icy adressez sans l'explication qui vous etoit nécessaire pour les bien comprendre. Il m'a promis de faire voir cette copie aux R^ds Peres Le Gobien et de Fontenay lesquels je croy vous avoir déja mandé ne pouvoir vous donner l'éclaircissement que vous souhaitez touchant ces mns. Je prieray ces Peres de le demander de vostre part au R^d Pere Bouvet par une lettre expresse, et de luy remontrer l'importance qu'il y a d'estre informé à fond pendant qu'on le peut, et que la faveur du Prince en fournit l'ocasion.«

[2] Vgl. Nr. 64, Anm. 1 und 2.

[3] Vgl. Nr. 61 mit Anm. 5.

[4] Leibniz sah den Grund dafür sicher nicht nur in dem nachlassenden Interesse des Kaisers (vgl. Nr. 49, S. 397), sondern auch in der für die Jesuitenmissionare entstandenen problematischen Situation durch die Haltung des Papstes und der Padroadomacht Portugal (vgl. die Einführung, II, 2).

[5] S. dazu schon das P.S. von Nr. 18 und Nr. 52, Anm. 8.

[6] Vgl. Nr. 21 und Nr. 47.

[7] Möglicherweise denkt Leibniz an seine erst 1710 veröffentlichten *Essais de Theodicée*. Die darin behandelten Probleme beschäftigten ihn jahrzehntelang und waren Gegenstand seiner Gespräche mit der preußischen Königin gewesen. Nach ihrem Tod (1705) sammelte er diese Fragmente und faßte sie zu einem Buch zusammen.

64. LEIBNIZ AN BOUVET (S. 528–537)

ÜBERLIEFERUNG: *l* Abschrift: LBr. 105 Bl. 50–51. 1 Bog. 4°. 4 S. von Schreiberhand mit Korrekturen von Leibniz' Hand. Anschrift. – Gedr. (teilw.): Merkel: *China-Mission*, 1920, S. 83, Anm. 2, u. S. 103, Anm. 1.

Der Brief ist ohne Angabe von Ort und Datum. Als terminus post quem läßt sich jedoch Ende Mai 1706 erschließen; zu diesem Zeitpunkt erhielt Leibniz Halleys soeben erschienene Apollonios-Ausgabe, die in unserem Stück erwähnt wird (vgl. Anm. 5). Unser Brief war Beilage zu Nr. 63. Er blieb allerdings bis Mitte (?) 1708 unter Le Gobiens Papieren liegen; vgl. Nr. 69, Anm. 1.

[1] Zur Herkunft der chinesischen Manuskripte vgl. Nr. 61. In einem Brief Christophe Brosseaus an Leibniz vom 23. November 1705 heißt es: »Ce que je puis vous en dire aujourdhui est qu'ils viennent du R. Pere Le Gobien, et qu'ils sont dignes de vostre curiosité.« (LBr. 119 Bl. 418 r°).

[2] S. dazu Brosseaus Brief an Leibniz vom 18. Dezember 1705 (LBr. 119 Bl. 423 v°), in dem er verspricht, durch Vermittlung von Verjus die Patres de Fontaney und Le Gobien nach dem Inhalt der chinesi-

schen Manuskripte zu fragen. Vgl. auch Nr. 62 mit Anm. 5 und Nr. 63 mit Anm. 1.

[3] Apollonios von Perge (260–190 v. Chr.), bedeutender griechischer Mathematiker, studierte und lehrte in Alexandria. Von seinen acht Büchern über Kegelschnitte sind nur die ersten vier im griechischen Original erhalten, Buch 5–7 in arabischer Übersetzung. Pappos von Alexandria, dem letzten bedeutenden griechischen Mathematiker, der unter Diocletian und Constantin I. wohl als Lehrer der Mathematik in dieser Stadt wirkte, verdankt man wichtige Auszüge aus Apollonios' verlorenen Schriften.

[4] Edmond Halley (ca. 1656–1743) hatte bereits als 20jähriger zur Erkundung der südlichen Hemisphäre eine Forschungsreise nach St. Helena unternommen und legte zwei Jahre später eine Planisphäre des südlichen Sternenhimmels vor. Im Jahre 1682 entdeckte er einen Kometen, dessen periodisches Erscheinen er vorausgesagt hatte und der später nach ihm benannt wurde. Halleys Ausgabe von Apollonios von Perge: *De sectione rationis libri duo ex Arabico Msto Latine versi*, erschien 1706 in Oxford. Vgl. *Dictionary of Scientific Biography*, Vol. 6, New York 1972, Art. *Halley*, S. 67–72.

[5] Es handelt sich um den Diplomaten Pierre de Falaiseau (1649–1726), der im Gefolge der Delegation von Lord Halifax reiste, welcher Ende Mai 1706 in Hannover eintraf, um zwei vom englischen Parlament beschlossene Akte zugunsten der hannoverschen Sukzession zu überreichen. Abraham de Moivre, der Londoner Vermittler der Apollonios-Ausgabe, schreibt in seinem Begleitbrief an Leibniz vom 10. April 1706: »Monsieur Halley se sert aussy de cette occasion pour vous envoyer la traduction d'Apollonius, *de sectione rationis*, il y doit joindre quelques propositions par lesquelles il retablit le traité du meme auteur *de lectione spatii*, et doit nous donner par forme de preface un endroit assez long de Pappus qui regarde les livres qu'Apollonius avoit fait, cecy n'est pas encore achevé d'imprimer, mais Monsieur Halley part demain pour Oxford pour en hater l'impression.« (LH XXXV, 15, 2, Bl. 16 r°). Leibniz bedankt sich für das Geschenk in seinem Brief an de Moivre vom 24. Juni 1706 (vgl. ebd. Bl. 18 r°).

[6] Zur Formulierung des allgemeinen Problems vgl. in Halley's Ausgabe *Pappi Alexandrini Praefatio ad septimum Collectionis Mathema-*

ticae, S. XXX, und Apollonios von Perge: *De sectione rationis,* Liber prior, S. 1ff., mit den verschiedenen, im folgenden dargestellten Fallunterscheidungen.

[7] Bereits unter Papst Innozenz XII. (1691–1700) hatten einige Bischöfe und Mathematiker angeregt, die dem Gregorianischen Kalender noch anhaftenden Fehler zu verbessern; Papst Clemens XI. (1700–1721) setzte eine eigene Prüfungskommission dafür ein, der die beiden Kardinäle Benedetto Pamfili (1653–1730) und Enrico Noris (1631–1704) angehörten und deren Sekretär Francesco Bianchini (s. Anm. 9) wurde.

[8] Christoph Clavius (1537/38–1612), Jesuit aus Bamberg, Mathematiker und Astronom, war an der Gregorianischen Kalenderreform beteiligt, die er gegen alle protestantischen Angriffe verteidigte (vgl. seine *Romani calendarii a Gregorio XIII restituti explicatio,* 1603). Nachdem der Julianische Kalender mit seiner Einschaltungsmethode 1600 Jahre beibehalten worden war, hatte Papst Gregor XIII. 1582 auf Beschluß des Tridentinischen Konzils eine genauere Schalttagsregelung eingeführt. Die evangelischen Stände Deutschlands nahmen den erneut verbesserten Kalender erst 1700 an, indem 11 Tage ausgelassen wurden und auf den 18. Februar gleich der 1. März folgte.

[9] S. Anm. 7. Francesco Bianchini (1662–1729) war Historiker, Archäologe und Astronom. Zu den die Kalenderverbesserung betreffenden Briefen in der Korrespondenz mit Leibniz s. Bodemann: *Briefwechsel,* 1889, Nr. 63, und J. G. H. Heinrich Feder (Hrsg.): *Commercii epistolici Leibnitiani Typis nondum vulgati Selecta specimina,* Hannoverae 1805, S. 298–302.

[10] Im Spanischen Erbfolgekrieg (1702–1714) kam es dadurch, daß der Papst sich als Oberlehnsherr von Neapel und Sizilien betrachtete und den Geistlichen in Parma und Piacenza die Zahlung der Kriegssteuer verbot, daß er die Reise des Thronprätendenten Jakob (III.) nach England unterstützte und dem Prätendenten Karl von Spanien die neapolitanische Kirchenhoheit versagte, zu beträchtlichen Spannungen mit Kaiser Joseph I. (1705–1711) und den Allianzmächten. Erst der Friedensschluß Mitte Januar 1709, in dem sich der Papst zur Anerkennung König Karls von Spanien verpflichtete, beendete die Streitigkeiten. Vgl. Max Immich: *Geschichte des europäischen Staatensystems von 1660 bis 1789,* München/Berlin 1905, S. 193–221.

[11] Enrico Noris starb am 23. Februar 1704 in Rom.

[12] S. auch Nr. 59 mit Anm. 1. Tatsächlich war der Beschluß der Inquisition zur Ritenfrage, den der Papst am 20. Nov. 1704 mit dem Dekret »Cum Deus optimus« gebilligt hatte, in Europa geheimgehalten worden. Erst nachdem der päpstliche Legat, de Tournon, den Inhalt dieses Dekrets mit dem »Dekret von Nanking« 1707 in China veröffentlicht hatte (Drucke des Textes sind nachgewiesen bei Streit: *Bibliotheca Missionum*, 7, S. 118, Nr. 2457), wurde ab 1709 auch in Europa die Wende zuungunsten der Jesuiten im Ritenstreit bekannt. Vgl. z. B. den Brief des Jesuiten B. Des Bosses an Leibniz vom 22. April 1709 (Gerhardt: *Philosophische Schriften*, 2, 1879, S. 368 f.) u. Pastor: *Geschichte der Päpste*, 15, 1930, S. 306 f.

[13] Charles Thomas Maillard de Tournon; vgl. dazu Nr. 62 mit Anm. 6.

[14] Vgl. Nr. 63 mit Anm. 5.

[15] Leibniz hatte während der Fertigstellung einer ersten Rechenmaschine (1694) schon weitere Handwerker mit einer zweiten, weiterentwickelten Version beauftragt. Wahrscheinlich erlaubte diese auch ein Rechnen mit 16 Stellen. Vgl. Wilberg: *Die Leibniz'sche Rechenmaschine*, 1977, S. 1–10, 123.

[16] Vgl. Nr. 13 mit Anm. 11.

[17] Vgl. auch Nr. 13 mit Anm. 36–37.

[18] Leibniz hatte seine Rechenmaschine wohl schon in seinem (nicht gefundenen) Brief vom 2. Dezember 1697 erwähnt; vgl. Nr. 18, Erläuterung. Die Frage, ob ein Exemplar der Rechenmaschine nach China transportiert wurde, ist so zweifellos zu verneinen.

[19] Vgl. auch Nr. 49 mit Anm. 25 und Isaac Newton: *Opticks*, 1704. Auch Newton nutzte die Gelegenheit, durch Pierre de Falaiseau (s. Anm. 5) Leibniz ein Exemplar dieses Werkes überreichen zu lassen. Im Begleitbrief von A. de Moivre heißt es dazu: »[…] j'ai reçeu de Monsieur Newton le livre qu'il vous envoye et je l'ay remis entre les mains de Monsieur de Falaiseau.« (LH XXXV, 15, 2, Bl. 16 r°).

[20] René Descartes: *Discours* […] *Plus la Dioptrique*, 1637.

[21] Vgl. die Nrn. 18, 40 (an de Fontaney), 49 u. 57.

[22] Gemeint ist Daniel Ernst Jablonski (s. Nr. 69 mit Anm. 2), der Leibniz gebeten hatte, ihm Nachrichten über die alten Juden in China zu vermitteln. Vgl. dazu Nr. 67 mit Erl. sowie Anm. 1 u. 2.

[23] Es handelt sich wohl um das in Europa unter dem japanischen Namen *Go* bekannte chinesische Brettspiel *weiqi*. Leibniz ließ sich die Angaben bei Ricci/Trigault: *De christiana expeditione apud Sinas*, 1615, lib. 1. cap. 8. (Pariser Ausgabe 1978, S. 148f.), über chinesische Würfel- und Kartenspiele abschreiben; unter dem Text notierte er: »Figura in Bibliotheca Regis Borussorum Berolini extans, ostendit cellulas in alveo esse trecentas et viginti quatuor, qui numerus est quadratus habens unumquodque latus octodecim cellularum.« (Ms XXXVII, 1810, 4, Bl. 1 v°); dazu ausführlicher Leibniz' *Annotatio de quibusdam Ludis, inprimis de Ludo quodam Sinico*, in: *Miscellanea Berolinensia*, 1710, S. 22–26, hier 25f.

[24] Das alte römische Brettspiel »Ludus Latruncolorum« gehört zu den Belagerungsspielen, dessen Figuren (wahrscheinlich zwanzig auf jeder Seite, mit einer wechselnden Anzahl verfügbarer Felder) *Latrones* oder *Latrunculi* genannt wurden. S. auch Dutens: *Opera*, 1768, 5, S. 29 u. 204, und *Der Neue Pauly*, Bd 6, Stuttgart–Weimar 1999, Artikel *Latrunculorum ludus*, Sp. 1181f.

[25] Kontaminiert aus Ovidius: *Ars amatoria*, 2, 208, der sich auf den ludus latrunculorum bezieht, und Martialis: *Epigrammata*, 14, 17.

[26] Vgl. Nr. 49, Anm. 57.

[27] In der Qing-Dynastie wurden erst ab 1683 in Jingdezhen Golddekore hergestellt. Aufgrund ihrer Beliebtheit in Europa wurden derart dekorierte Porzellane in großer Zahl exportiert. Der Jesuitenpater François-Xavier Dentrecolles berichtet in seinen Briefen vom 1. September 1712 und vom 25. Januar 1722 detailliert über die Porzellanherstellung und -bemalung in Jingdezhen. In dem Brief unter dem früheren Datum heißt es unter anderen zum Golddekor: »Enfin il y a des porcelaines où les payisages qui y sont peints, se forment du meslange de presque toutes les couleurs relevées par l'eclat de la dorure. Elles sont fort belles, si l'on y fait de la dépense: autrement la porcelaine ordinaire de cette espece n'est pas comparable à celle qui est peinte avec le seul azur.« (In: *Description of Chinese Pottery and Porcelain. Being a Translation of the T'ao Shuo*, with an Introduction, Notes and Bibliographie by Stephen Bushell, Kuala Lumpur, London, New York 1977: *Appendix*, S. 181–219, hier S. 193; der Brief vom 22. Januar 1722, S. 210–222). Vgl. auch Kurt de Raedemaeker: *Les arts du feu sous le règne de Kangxi*, in: *Kangxi*, 2004, S. 123–144, hier S. 124

28 Die Holländer konnten tatsächlich Porzellane mit Überglasurfarben bemalen und brennen. Diese holländischen Dekore auf weißen, undekorierten Porzellanen aus China sind nicht leicht zu erkennen, doch fehlt ihnen meist die elegante Pinselführung der japanischen Originale. Als Beispiel sei ein mit Bäumen und Vögeln dekorierter Teller im Kölner Museum für Ostasiatische Kunst, Inv. Nr. F 62, 1, genannt. Für die Angabe des Beispiels (ebenso in Anm. 29) danke ich Karl Ganter †.

29 Die 1693 in dem Pariser Vorort Saint-Cloud gegründete Manufaktur wurde 1766 wieder geschlossen. Noch Ende der 1730er Jahre war sie jedoch für ihre Erzeugnisse berühmt: »Nirgends [...] ist das Ost-Indische Porzellan in Europa besser nachgemachet worden als wie zu St. Clou [...] Die Gefässe sind zu St. Clou sehr dünne, durchsichtig und klingend, schön weiß mit licht und dunkelblau nett bemahlet [...].« (Zedler: *Universal-Lexicon*, Bd 28, 1741, Art. *Porzellan*, Sp. 1688). Die dort hergestellten Keramiken kann man nicht als »veritables porcellaines« bezeichnen; es handelt sich um Frittenporzellane, d. h. eine glasartige Masse (als Beispiel sei genannt ein Becher mit Einsatzring im Hetjensmuseum, Düsseldorf, Inv. Nr. 18078). Leibniz' Erklärung, daß sich die Manufaktur nicht gegen die chinesische Konkurrenz behaupten konnte, dürfte wohl zutreffen. Nichtsdestoweniger war das aus China nach Europa importierte Porzellan sehr teuer. Dazu erklärt Dentrecolles, »qu'outre le gros gain des Marchands Europeans, et celuy que font sur eux leurs Commissionnaires Chinois, il est rare qu'une fournée réüssisse entierement, que souvent elle est toute perduë, et qu'en ouvrant le fourneau on trouve les porcelaines et les quaisses réduites à une masse dure comme un rocher, [...]. D'ailleurs la porcelaine qu'on transporte en Europe, se fait presque toûjours sur des modelles nouveaux, souvent bisarres, et où il est difficile de réüssir: pour peu qu'elle ait de défaut, elle est rebutée des Europeans qui ne veulent rien que d'achevé, et dés-là elle demeure entre les mains des ouvriers, qui ne peuvent la vendre aux Chinois parce qu'elle n'est pas de leur goust.« (Bushell, wie Anm. 27, S. 202).

65. BOURGUET AN BOUVET (S. 538–575)

ÜBERLIEFERUNG: *A* Abschrift: LBr. 103 (Bourguet) Bl. 65–82. 4°. 33 ¼ S. von Schreiberhand mit Korrekturen von Leibniz' Hand (Bl. 79–82: »Plan abregé de l'Histoire Critique de l'origine des lettres«). (Druckvorlage).

E Mercure Suisse, ou Recueil de Nouvelles Historiques, Politiques, Literaires et Curieuses, Neufchatel, mars 1734, S. 42–61 (entspricht *A* vom Anfang bis zu S. 570 Z. 9f.: »pour l'avantage de la Republique des Lettres«).

Die (nicht gefundene) Abfertigung war Beilage zu Nr. 69, die Leibniz dem P. Le Gobien (Nr. 68) wiederum als Beilage zur Weiterleitung nach China schickte. Bourguets Brief, der Leibniz zu ausführlichen Anmerkungen veranlaßte (Nr. 66), wurde, falls er seinen Adressaten überhaupt erreichte, nicht beantwortet. Von dem als Beilage bestimmten »Plan abregé de l'Histoire Critique de l'origine des lettres« in zwei Teilen und jeweils vier Büchern geben wir nur das abschließende »Memoire de quelques pieces curieuses«, Bl. 80–82, wieder. Das von Bourguet unter dem Titel *Histoire Critique de l'origine des lettres* erwähnte Manuskript blieb ungedruckt. Vgl. Eugène et Emile Haag: *La France protestante*, 2e éd., T. 2, 1879, Art. *Bourguet*.

Bourguet hatte Bouvets Brief vom 4. November 1701 in den *Memoires pour l'histoire des sciences et des beaux arts* von 1704 gelesen (vgl. Nr. 44 und die Überlieferung) und sah in der dort geknüpften Verbindung zwischen den Hexagrammen und dem Schöpfungsprozeß eine bedrohliche Nähe zum Spinozismus. Dieses »Bedenken« veranlaßte ihn zu unserem Brief, den er dem Berliner Hofprediger D. E. Jablonski übergab mit der Bitte, diesen zur Kenntnisnahme und Weiterleitung nach China Leibniz vorzulegen. Vgl. dazu ausführlich Zacher: *Dyadik*, 1973, S. 193–204.

Louis Bourguet (1678–1742) war der Sohn eines reichen Kaufmanns aus Nîmes, der nach der Aufhebung des Edikts von Nantes nach Zürich emigriert war und dort eine Seidenmanufaktur begründet hatte. Der Sohn trat nicht in die Fußstapfen seines Vaters, sondern folgte vielmehr, als typischer Polyhistor jener Zeit, seinen vielfältigen Interessen, indem er Kontakt zu berühmten Gelehrten suchte und Reisen durch ganz Europa unternahm. Louis Bourguet publizierte einige naturwissenschaftlich orientierte Schriften über geologische Beobachtungen, war von 1728–1734 Hauptredakteur der *Bibliothèque italique* und erhielt zuletzt den eigens für ihn geschaffenen Lehrstuhl für Philosophie und Mathematik in Neufchatel.

[1] Vgl. Nr. 44, S. 333f.

[2] Bourguet bezieht sich hier offensichtlich auf Gemeinsamkeiten der stoischen, neuplatonischen und gnostischen Philosophie; vgl. z.B. Plotinos: *Ἐννεάδες*, V, 1, 2 u. 12; III, 8, 10, u.ö.

[3] Gemeint ist sanskr. *a-cara*, das in der Bedeutung »unbeweglich«, »unzugänglich« oft von Gott oder dem Brahman ausgesagt wird. Bourguets Quelle (Francois Bernier: *Voyages contenant la Description des Etats du Grand Mogul*, 1699, 2, S. 134ff.) spricht an dieser Stelle von einem Schöpfergott oberhalb von Brahma, Vishnu und Shiva, was ungewöhnlich ist und auf eine Hypostasierung des europäischen Monotheismus' deuten könnte. (Für die Identifizierung des Sanskritwortes danken wir Ana Agud).

[4] Vgl. L.-D. Le Comte: *Nouveaux mémoires*, 2, 1696: 2e *Lettre à Monsieur Le Cardinal de Bouillon. Li lao-kun*, auch *Li lao-kim* (*li Laojun*) ist die Bezeichnung für den Philosophen Laozi; vgl. *a.a.O.*, S. 148–152. *Fo-chin* (*Foshen*) ist der Name für Buddha; vgl. *ebd.*, S. 152–178. Bei den *Ju-chia* (*rujia*) handelt es sich um die Konfuzianer; vgl. *ebd.*, S. 179–184.

[5] Diese Richtung des islamischen Mystizismus' entwickelte auf der Grundlage des *Korans* im 7. und 8. Jahrhundert unter dem Einfluß neuplatonischer und gnostischer Gedanken eine pantheistische Mystik. Danach ist die Welt eine Emanation Gottes, der als allein existierendes Wesen überall und in allem ist. Höchstes Ziel des Menschen ist das Aufgehen in Gott. Vgl. dazu Annemarie Schimmel: *Sufismus. Eine Einführung in die islamische Mystik*, München 2000.

[6] Vgl. Nr. 39 mit Anm. 17.

[7] Vgl. Baruch de Spinoza: *Ethica*, pars 1, prop. 16, u. pars 2, prop. 3 (*Opera*, II, Heidelberg 1925, S. 60 bzw. S. 86).

[8] Über die Identität des wahren Begründers der Sadduzäer-Sekte, Zadok (»der Gerechte«), besteht Uneinigkeit. Bourguet bezieht sich hier offensichtlich nicht auf einen Nachkommen des Priesters Zadok aus der Zeit Davids, sondern auf den Schüler des jüdischen Gelehr-

ten Antigonos aus Socho (um 200 v. Chr.), dessen Grundsatz lautete: »Gleichet nicht den Knechten, die dem Herrn um des Lohnes willen dienen, sondern seid jenen gleich, die ohne Rücksicht auf Lohn Dienste leisten.« Sein Schüler faßte den 1. Teil des Satzes dahingehend auf, daß es keinen Lohn im Jenseits gebe, mithin keine Auferstehung. Seine Anhänger, die Sadduzäer, leugnen ebenfalls die Auferstehung. Vgl. *Jüdisches Lexikon*, IV, 2, Art. *Sadduzäer bzw. Zadok*, Sp. 36f. bzw. 1527f. – Die Beziehung vom Judentum zu der im folgenden erwähnten Hieroglyphe der alten Ägypter läßt sich möglicherweise über die Alchemie herstellen. Der in Alexandria wirkende oberägyptische Priester Zosimos von Panopolis (vermutlich 4. Jh. n. Chr.), ein gnostischer Christ und Verfasser eines alchemistischen Werkes, leitete den Namen Alchemie von dem Noah-Sohn Ham als erstem Alchemisten und Stammvater Ägyptens ab. Von hier aus soll sich nach Auffassung der Adepten das alchemistische Wissen über Arabien nach Europa verbreitet haben. Ein Kupferstich aus Abraham Eleazar: *Uraltes Chymisches Werck*, 1735 (einem pseudepigraphischen Werk, das um 1500 entstanden sein soll), stellt eine derartige ›Hieroglyphe‹ dar: Vor dem Hintergrund einer Landschaft mit einem Lebensbaum symbolisieren ein geflügelter Drache und eine Schlange den »Kreislauf der Dinge«, indem sie sich gegenseitig in den Schwanz beißen. Vgl. *Jüdisches Lexikon*, I, Art. *Alchimie*, Sp. 195–200, hier S. 199. – Bourguet denkt hier aber wohl an die »Flügelsonne«, ein Falkenflügelpaar, in dessen Mitte seit der 3. Dynastie (um 2635–2570 v. Chr.) die Sonnenscheibe eingefügt ist. Vgl. Dieter Wildung, Art. *Flügelsonne*, in: *Lexikon der Ägyptologie*, 2, Wiesbaden 1977, Sp. 277–279.

[9] Giulio Cesare Vanini: *Amphitheatrum aeternae Providentiae*, 1615. Vanini (1584–1619) wurde als Pantheist von der Kirche verfolgt und wegen seines Atheismus' auf dem Scheiterhaufen verbrannt.

[10] Auch Le Comte hatte im Hinblick auf die zeitgenössischen Konfuzianer von einem »Atheisme rafiné« gesprochen; vgl. *Nouveaux Mémoires*, 2, 1696, S. 181.

[11] Bei Semedo heißt es nach der französischen Übersetzung: »Ce qui est merueilleux, c'est que pour former cette grande diuersité de lettres, ils n'ont que neuf traits de plume; mais tantost ils y adioustent quelque figure, et tantost ils lient vne lettre auec l'autre: de sorte que cette connexion change entierement la forme et le sens de l'escriture.«

Nun folgt ein damals gern verwendetes Beispiel: »Ainsi cette ligne droite – vaut *un*; la mesme ligne trauersée d'vne autre perpendiculaire en façon de croix 十 se prend pour *dix*: Si vous en tirez vne autre sous le pied de la croix 土 elle signifiera *la Terre*: et si vous en tracez encore vne troisiéme sur le haut de cette mesme croix 土̂ [richtig: 王] ce sera *le Roy*: Mettez vn poinct au costé gauche de la ligne d'enhaut, 土` [richtig: 玉] vous auez vne *pierre precieuse*, en figure, mettez ce poinct là à la ligne du milieu, c'est *une perle*. Et generalement toutes les lettres, qui signifient quelque sorte de pierre precieuse, sont toujours jointes à cette derniere figure [...] «. (*Histoire universelle*, 1667, S. 51f.). Vgl. auch Kircher: *China illustrata*, 1667, pars 4, cap. 4, S. 233f.

12 Vgl. Nr. 44, S. 369–375.

13 Daniel Ernst Jablonskis Ausgabe der hebräischen Bibel erschien 1699 in Berlin. Er hatte zu diesem Zweck dort eine eigene hebräische Druckerei eingerichtet. S. auch Nr. 69 mit Anm. 2.

14 Von Mentzels *Clavis Sinica*, seiner letzten Arbeit von 1698, wurden nur das Titelblatt, eine Widmung an Kurfürst Friedrich III. von Brandenburg und ein zweiseitiges Vorwort gedruckt. Ein Exemplar dieser Teile (LBr. 641 Bl. 12–13) war Beilage zu einem Brief seines Sohnes Johann Christian Mentzel an Leibniz vom 25. Oktober (4. November) 1698 (vgl. *A* I, 16 N. 155, S. 252). In der Berliner Staatsbibliothek befindet sich der Originalentwurf der *Clavis Sinica* (Libri Sin. 19 Hs.) und eine druckfertig ausgelegte Reinschrift (*ebd.* Ms. Diez A Fol. 27); eine 2. Reinschrift befindet sich in der Bibliothèque publique et Universitaire de Genève (Ms. lat. 83); vgl. Jürgen Splett: *Christian Mentzel*, in: *Brandenburgische Gelehrte*, 2000, S. 269, u. Eva Kraft: *Frühe chinesische Studien in Berlin*, 1976, S. 115–116.

15 Die Hauptbestandteile des *Talmud* sind *Mischna* und *Gemara*. Die letztere umfaßt die erläuternden und kritischen Erörterungen über die *Mischna* der Gelehrtenschulen in Palästina und Babylonien. Vgl. *Jüdisches Lexikon*, IV, 2, Art. *Talmud*, Sp. 845ff.

16 Johann Christian Knorr von Rosenroth hatte die wichtigsten vorhandenen kabbalistischen Schriften zusammengetragen und diese unter dem Titel *Kabbala denudata* 1677–1684 herausgegeben. Der 2. Teil erschien mit dem Untertitel *Liber Sohar restitutus*.

17 Vgl. Heinrich Cornelius Agrippa von Nettesheim: *De occulta*

Philosophia libri tres, 1533, lib. 2, cap. 1–23 (ed. V. P. Compagni, 1992, S. 249–321).

[18] Vgl. oben die Erl.

[19] Vgl. Kircher: *China illustrata*, 1667, pars 6, cap. 3, S. 228–232. Vgl. zu diesen imaginären alten Formen chinesischer Schriftzeichen Knud Lundbæk: *Imaginary Ancient Chinese Characters*, in: *China Mission Studies (1550–1800) Bulletin*, 5, 1983, S. 5–23, u. Ders.: *The Traditional History of the Chinese Script*, Aarhus 1988, S. 48 u. S. 49f. Lundbæk weist nach, daß die bei Kircher abgebildeten alten chinesischen Schriftzeichen auf ein volkstümliches Werk mit dem Titel *Wanbao Quanshu* (»Zehntausend kostbare Dinge«), 1612 (u. ö.), zurückzuführen sind und daß Kircher davon ein Exemplar von Michal Boym erhalten hatte. Es handelt sich um künstliche und zugleich künstlerisch erfundene Schriftzeichen wie sie noch heute etwa für »Glück«, »langes Leben«, »Gesundheit« etc. verwendet werden. S. hierzu auch unten § 3.

[20] Vgl. Le Comte: *Nouveaux mémoires*, 1, 1696: *Lettre à Monseigneur l'archevesque Duc de Rheims*, wo es S. 382 heißt: »Au lieu d'Alphabet ils se sont servis au commencement de leur Monarchie, de Hieroglyphes. Ils ont peint au lieu d'écrire; et par les images naturelles des choses qu'ils formoient sur le papier ils tâchoient d'exprimer et de communiquer aux autres leurs idées. Ainsi pour écrire un oiseau, ils en peignoient la figure; et pour signifier une forest, ils representoient plusieurs arbres; un cercle vouloit dire le soleil, et un croissant la lune.«

[21] Vgl. Nr. 44, S. 363. Bouvet nimmt hier Bezug auf Nr. 42, S. 321, wo Leibniz mit Hinweis auf Grimaldi nach einem solchen Wörterbuch fragt.

[22] Vgl. Kircher: *China illustrata*, 1667, S. 140: *Idolum Pussae sub alia forma*. Es handelt sich um die Abbildung eines Standbildes eines Bodhisattva.

[23] Vgl. Le Comte (wie Anm. 20), S. 392.

[24] Gemeint ist wohl: Eher wird man dann in europäischen Bibliotheken alte chinesische Bücher finden als in China selbst.

[25] Vgl. Nr. 44, S. 363.

[26] Thomas Hyde: *Historia religionis veterum Persarum*, 1700, S. 521.

[27] Vgl. Claude Duret: *Thresor de l'histoire des langues de cest univers*, 1613, S. 913–915. Auf welchen neueren deutschen Autor sich Bourguet bezieht, ist nicht klar.

[28] Vgl. Semedo (wie Anm. 11), P. 1, Chap. XXX, S. 220–224.

[29] Im Unterschied zur althebräischen Schrift, deren Spuren nur noch auf wenigen Denkmälern erhalten sind, ist die Quadratschrift (auch assyrische Schrift) die in Druckschriften noch heute übliche Schriftform, die sich nach dem Babylonischen Exil allmählich vom 4. bis 2. vorchristlichen Jahrhundert zur Schreibung des Aramäischen durchsetzte. Die darin eingeführten Lesehilfen – Vokalzeichen, Versteilung, Schlußkonsonanten usw. – bewahrten die Bibeltexte in ihrer althebräischen Schriftform davor, vollkommen unverständlich zu werden. In der Folge pflegte nur das gewöhnliche Volk, die von den Juden getrennt lebenden Samaritaner, die für ›gewöhnlich‹ gehaltenen althebräischen Schriftzüge weiter, während die neue Quadratschrift priesterliches Ansehen gewann. Vgl. *Jüdisches Lexikon*, I, Art. *Quadratschrift, hebräische*, Sp. 241f., bzw. IV, 1, Art. *Alphabet, hebräisches*, Sp. 1192f.

[30] *Machsor* »Wiederholung« wurden die Gebetskompendien des religiösen Leben innerhalb eines Jahreszyklus genannt; vgl. *a.a.O.*, II, Art. *Gebetsbücher*, Sp. 908f.

[31] Die Karäer sind eine jüdische Sekte, die sich von den übrigen talmudtreuen Juden, den Rabbaniten, dadurch unterscheidet, daß sie nur das *Alte Testament* für den Glauben als verbindlich ansieht und den *Talmud* sowie andere Schriften der Tradition ablehnt; vgl. *a.a.O.*, III, Art. *Karäer*, Sp. 590.

[32] Nach dem Tode Salomos trennten sich die Zehn Stämme Israels von Gesamtisrael und bildeten politisch und religiös ein selbständiges Reich. Im Jahre 722 v. Chr. zerstörte der assyrische König Sargon II. dieses Reich und führte das Volk nach Syrien. Während die Nachkommen in den umliegenden Völkern aufgingen, mischten sich die im Stammland Verbliebenen mit den Kolonisten und wurden zum Volk der Samaritaner. Vgl. *a.a.O.*, IV, 2, Art. *Stämme, Zehn*, Sp. 625ff., und Donald Daniel Leslie: *The Survival of the Chinese Jews*, Leiden 1972, chap. 30.

[33] Bourguet konnte von dem wichtigen Brief des Chinamissionars Giampaolo Gozani S. J. an seinen Ordensbruder José Soares vom 5. November 1704 noch nichts wissen; dieser erschien erst in den *Lettres édifiantes et curieuses*, VII. Recueil, 1707, S. 1–28.

[34] Gemeint ist das vom Kangxi-Kaiser 1692 erlassene Toleranzedikt.

[35] Vgl. L. Armand de Lom d'Arce La Hontan: *Nouveaux Voyages dans l'Amérique septentrionale*, T. 2, 1703, S. 191–194; vgl. auch den 7. Brief in T. 1, S. 39–58.

[36] Worauf Bourguet sich hier bezieht, wurde nicht ermittelt.

[37] Wie Anm. 36.

[38] *Ex* 31, 18.

[39] Arab. *Bismillah* »im Namen Gottes«.

[40] Vgl. dazu Kircher: *China illustrata*, 1667, pars 3, cap. 2: »De *Cybele Sinica*, quam *Pussam* vulgò vocant«, S. 141 ff. S. bereits oben mit Anm. 22.

[41] Anspielung auf die »Tironischen Noten«, ein noch im 14. Jh. verwendetes Kurzschriftsystem, entwickelt von M. Tullius Tiro (103–4 v. Chr.).

[42] Charles Du Fresne Sieur Du Cange (1610–1688) war Historiker und Lexikograph. Bourguet bezieht sich auf dessen Abhandlung *De Imperatorum Constantinopolitanorum seu de inferioris aevi numismatibus*, beigedruckt in Ders.: *Glossarium*, T. 3, 1678.

[43] Darunter ist eine magische Schreibkunst, d. h. eine Geheimschrift, zu verstehen, für deren Entzifferung ein Schlüssel nötig ist.

[44] Altjüdische Silbermünzen von differierendem Wert.

[45] Johann Baptist Ott (1661–1732), Sohn des reformierten Theologen und Polyhistors Heinrich Ott in Zürich, war Pfarrer und Professor der hebräischen Sprache. Gemeint ist möglicherweise die allerdings schon länger im Druck vorliegende *Epistola de numis quibusdam Samaritanis ad Adrianum Relandum*, im Anhang zu Adrian Reelant: *Dissertatio de inscriptione nummorum quorundam Samaritanorum*, 1702.

[46] Johann Heinrich Ott: *Examinis perpetui in Annales Caes. Baronii Cardinalis Centuria I.* [–III.], 1676.

[47] Bourguet bezieht sich auf die babylonische Gefangenschaft der Juden, die auf einen Erlaß des persischen Königs Kyros hin 538 v. Chr. nach Jerusalem zurückkehren durften. Die masoretische Tradition der (Vokal-)Punktation, aus Syrien übernommen, reicht dagegen nur bis ins 6. Jh. n. Chr. zurück.

[48] Gemeint ist offenbar das Chîrĕq, transkribiert ī, das, allein oder in Verbindung mit Jod, für î steht.

[49] Gemeint sind die alten Perser, vgl. unten § 19.

[50] Die um 200 n. Chr. in Babylonien entstandene Sekte der Mandäer betrachtete Mose, Jesus und Mohammed als falsche, Johannes den Täufer als wahren Propheten. Dementsprechend galt ihnen die Taufe als wichtigstes Sakrament. Vgl. *Jüdisches Lexikon*, III, Art. *Mandäer*, Sp. 1359.

[51] Es handelt sich um die Namen von drei hebräischen Vokalzeichen (Punktationen). Vgl. *Jüdisches Lexikon*, IV, 2, Art. *Vokale, hebräische*, Sp. 1123 f. (in der Tabelle: 2. Chirek, 3. Schurek, 4. Zere, 5. Cholem).

[52] Die Punktation bezog sich primär nur auf die Vokalqualität; der Versuch einer Ausdeutung der masoretischen Notierung im quantitativen Sinn gehört einer späteren Zeit an.

[53] Vgl. *Relation des Isles Philippines. Faite par un Religieux*, in: Thevenot: *Relations*, P. 2, 1664, [9 S.], hier S. 5.

[54] Giovanni Francesco Gemelli: *Giro del mondo* T. 5, 1719, S. 75. Gemelli (1648–1724) hatte seine Weltreise 1693 angetreten. Als er am 6. November 1695 in Peking eintraf, befand sich Bouvet bereits (seit Oktober 1693) auf der Reise nach Europa. Gemelli nahm aber Kontakt zu Grimaldi auf, der ihn anläßlich der Kalenderpräsentation für das Jahr 1696 sogar dem Kaiser vorstellte. Am 24. Januar 1696 verließ Gemelli Peking in Richtung Kanton, reiste von dort nach den Philippinen weiter und segelte schließlich auf einem spanischen Schiff über Mexiko und Havanna nach Europa zurück (Ankunft in Neapel am 4. Dezember 1698). Vgl. P. Doria, Art. *Gemelli Careri, Giovanni Francesco*, in: *Dizionario biografico degli Italiani*, 53, 1999, Sp. 42–45, und Angela Maccarone Amuso: *Gianfrancesco Gemelli-Careri. L'Ulisse del XVII. Secolo*, Roma 2000. Vgl. aber auch Johann Lorenz Mosheims skeptisch-spöttische Bemerkung zu Gemelli in seiner Vorrede zur deutschen Ausgabe von Du Halde: *Ausführliche Beschreibung des chinesischen Reiches*, Rostock 1747, Bd 1, S. 5: Dieser habe in Peking kaum etwas gesehen, es sei ihm sogar der Zutritt zum Kaiserpalast verwehrt worden.

[55] Vgl. Nr. 66 mit Anm. 26.

[56] M. Martini: *Description géographique de l'Empire de la Chine*, in: Thevenot: *Relations*, P. 3, 1666 [214 S.], hier S. 28.

[57] Der Jesuit und Indienmissionar Heinrich Roth (1620–1668) verfaßte die erste Sanskritgrammatik in einer europäischen Sprache. Sie blieb allerdings ungedruckt; das Manuskript wurde erst 1967 in Rom *Biblioteca Nazionale Centrale Vittorio Emanuele II*, Mss. Orientali 171–172, wiederentdeckt. A. Kircher hatte Roth im Frühjahr 1664 in Rom kennengelernt und von ihm Beiträge für seine *China illustrata* erhalten, darunter das hier erwähnte »Alphabet«, die *Elementa Linguae sanscrit* (vgl. *a.a.O.*, Tafel [I]–[III] hinter S. 162). Zu Roth vgl. Richard Hauschild: *Der Missionar P. Heinrich Roth aus Dillingen und die erste europäische Sanskrit-Grammatik*, in: *Sbb. d. Sächs. Akad. d. Wissensch. zu Leipzig. Phil.-hist. Kl.*, 115, 6, Berlin 1972.

[58] Vgl. oben die Erl.

[59] Vgl. Nr. 44, S. 363.

[60] Vgl. ebd.

[61] Gemeint ist wohl das *Zihui*, s. Nr. 66, Anm. 12.

[62] *Xiaoer lun*, d.h. »Gespräche mit einem Kind«. Es handelt sich bei diesem Elementarbuch um eine Sammlung von Weisheitsfragen, die Konfuzius den Gelehrten des Reiches stellte und die ein kluges Kind besser zu beantworten wußte.

[63] Der Jesuit Roberto Francesco Bellarmino (1542–1621), Kardinal (1599) und Erzbischof von Capua (1602), veröffentlichte 1597 seinen kleinen Katechismus *Dottrina cristiana breve*, der in viele, auch orientalische Sprachen übersetzt und in den Missionen verbreitet wurde. Offenbar existierte auch eine chinesische Version, vgl. Sommervogel, I, Sp. 1193.

[64] Das Werk Jean Mabillons O.S.B. (1632–1707): *De re diplomatica libri VI*, 1681, begründete zugleich Urkundenlehre und Paläographie.

[65] Die *Chamischa Chumsche Tora*, d.h. »Fünf Fünftel der *Tora*« (volkssprachlich: *chumesch*); vgl. in: *Jüdisches Lexikon*, IV, 2, Art. *Tora*, Sp. 979.

[66] Zum *Haibian* vgl. auch Nr. 16, Anm. 16. In einem Brief vom 23. April 1704 an Leibniz berichtete der Berliner Hofbibliothekar Mathurin Veyssière de La Croze, es gebe dort den 16. und 17. Band des *Haibian*, augenscheinlich ein Geschenk des Orientalisten Hiob Ludolf an den verstorbenen Großen Kurfürsten (vgl. LBr. 517 Bl. 2). Tatsächlich

hatte diesem Andreas Müller im Jahre 1676 allerdings jene beiden seltenen Bände für Friedrich Wilhelm ›abgeluchst‹, wie Ludolf selbst in einem Brief an Peter Lambeck vom 26. Dezember 1676 ausführlich schildert. Vgl. die deutsche Übersetzung des Briefes bei Kraft: *Frühe chinesische Studien in Berlin*, 1976, S. 122f. mit Anm. 54.

[67] Der *Calepin* ist ein Wörterbuch zunächst der lateinischen Sprache (*Dictionarium*, zuerst Regii Longobardiae 1502), das später von verschiedenen Gelehrten auf zuletzt 11 Sprachen erweitert wurde und nach seinem Verfasser, Ambrogio Calepio, detto il Calepino (ca. 1435–1509/10), benannt ist.

66. LEIBNIZ' ANMERKUNGEN ZU NR. 65 (S. 576–589)

ÜBERLIEFERUNG: *L* Konzept: LBr. 105 (Bouvet) Bl. 53–54. 1 Bog. 2°. 3 ½ S. Geringer Textverlust durch beschädigte Ränder. (Druckvorlage).

l Abschrift von *L*: LBr. 103 Bl. 51–55. 2 Bog. 1 Bl. 2°. 9 ¼ S. – Gedr.: Gerhardt: *Philosophische Schriften*, 3, 1887, S. 544–548.

A Abschrift (der nicht gefundenen Abfertigung?) für Bourguet: Rouen *Bibl. municipale* O 39 Bl. 93–98. – Gedr.: Dutens: *Opera*, 1768, 6, 1, S. 202–205.

Leibniz ließ diese Anmerkungen zu Nr. 65 später Bourguet zukommen. Vgl. dazu Bourguets Brief an Leibniz vom 7. Juni 1709 (LBr. 103 Bl. 1–3; gedr: Gerhardt, *ebd.*, S. 548f., wo jedoch der entscheidende Bezug die Anmerkungen betreffend fehlt). Zur Datierung s. auch Zacher: *Dyadik*, 1973, S. 197.

[1] Vgl. zur Dyadik auch die Nrn 13, 42 u. 49; zu Leibniz' folgenden Ausführungen s. Hans-J. Zacher: *Einige philosophische Aspekte der Dyadik von Leibniz*, in: *Akten des II. Internationalen Leibniz-Kongresses Hannover 1972*, 3, Wiesbaden 1975, S. 49–60.

[2] Leibniz denkt wohl an Plotinos, nach dem die Einzelseelen untereinander und mit der Weltseele eins sind, d.h. die eine Seele als identische in vielen ist (*Ἐννεάδες*, IV, 9 (8)).

[3] Vgl. *Gen* 2,7.

[4] Johann Peter Speeth, auch Speth (um 1630/40–1701), ein Rabbiner, der von den Juden in Amsterdam Moses Germanus genannt wurde. Aus einem katholischen Elternhaus stammend, wandte er sich zunächst der evangelischen Konfession zu, wurde dann wieder katholisch und später Anhänger der Sozinianer und Mennoniten; schließlich bekannte er sich zum Judentum. Auf ihn stützte sich Knorr von Rosenroth bei der Abfassung der *Kabbala denudata*. Vgl. *Jüdisches Lexikon*, IV, 2, Art. *Spaeth, Johannes Petrus*, Sp. 538f.

[5] Johann Georg Wachter (1663–1757) war ein Gegner des Moses Germanus (s.o.) und verfaßte gegen diesen u.a. *Der Spinozismus im Judenthumb an Mose Germano befunden und widerleget*, 1699.

[6] Nach Spinoza existiert notwendig nur eine einzige, in ihren Attributen uneingeschränkte Substanz, nämlich Gott (vgl. *Ethica*, I, prop. 11; *Opera*, II, Heidelberg 1925, S. 52). Der Mensch ist nur eine Daseinsform (Modus) Gottes, die in ihm ist und ohne ihn weder ist noch begriffen werden kann (vgl. *ebd.* II, prop. 10; *a.a.O.*, S. 93). Pierre Bayle kritisierte Spinozas Gottesbegriff als Pantheismus, der einem systematischen Atheismus gleichkomme, und bezeichnete Spinozas Auffassung, nach welcher der Mensch nur eine Modifikation Gottes sei, als unmoralisch; solcherart wäre der Mensch für sein eigenes Handeln nicht verantwortlich. Vgl. Pierre Bayle: *Dictionnaire historique et critique*, T. 3, 1702, Art. *Spinoza*, [Anm.] (A), Sp. 2767–2769, bzw. [Anm.] (I), Sp. 2777f., § IV–VI.

[7] Leibniz: *Système nouveau de la nature et de la communication des substances*, in: *Journal des Sçavans*, 27. Juni und 4. Juli 1695, S. 444–454 bzw. S. 455–462, und Ders.: *Eclaircissement du nouveau Sisteme*, ebd. 2. u. 9. April 1696, S. 255–258 bzw. S. 259–263. Leibniz erklärt hier die Substanz oder Monade in Analogie zum menschlichen Bewußtsein. Statt der einen Substanz (Spinozas) ist der letzte Grund der Wirklichkeit nach Leibniz eine Hierarchie unendlich vieler geschaffener Substanzen (Monaden).

[8] Vgl. auch Leibniz: *Discours de Metaphysique*, [1686], besonders §§ IX u. XXXV, in: *A* VI, 4 Teil B, N. 306, u. Zacher (wie Anm. 1).

[9] Zu Leibniz' zahlreichen Plänen, eine *ars characteristica universalis* zu entwickeln, vgl. hier besonders *De Alphabeto cogitationum humanarum*, in: *A* VI, 4 Teil A, N. 67, S. 270–273.

[10] Vgl. Nr. 17 mit Anm. 16.

[11] Eine Anspielung auf das von Leibniz oft erwähnte Werk von Francis Bacon de Verulam: *Novum organum sive indicia de interpretatione naturae*, 1620; s. dazu die Vorstellung einer als Organon der Wissenschaften zu verstehenden Methode bei Leibniz: *De organo sive arte magna cogitandi, in: A* VI, 4 Teil A, N. 50, S. 156–160.

[12] Vgl. zu Diaz Nr. 49 mit Anm. 60. Bei der Arbeit Mentzels, die Leibniz gesehen hatte, handelt es sich um dessen unvollendet gebliebenes *Chinensium lexici characteristici, inscripti* [...] *çu guey* [Zihui], *volumen primum*, 1698 (vgl. auch Nr. 25, Anm. 2, u. Goodrich : *Ming Biography*, 2, 1976, Sp. 1061). Das letztgenannte, neun Foliobände umfassende Werk von Mei Yingzuo (fl. 1570–1615), erschienen 1691, aus dem Besitz der Berliner Staatsbibliothek Preußischer Kulturbesitz (libri sin. Ms. sin. 1–9) befindet sich zur Zeit in Krakau *Bibl. Jagiellonska*. Wie Philippe Couplet ihm geraten hatte, schnitt Mentzel die dafür benötigten chinesischen Schriftzeichen aus dem *Zihui* aus, das ihm, ebenso wie das *Zhengzi tong*, 1670, wohl Andreas Cleyer aus Batavia zugeschickt hatte (vgl. Eva Kraft: *Frühe chinesische Studien in Berlin*, 1976, S. 115 u. S. 123. Zum *Zhengzi tong* vgl. Goodrich: *a.a.O.*, Sp. 1062, u. Etienne Fourmont: *Linguae Sinarum Mandarinae Hieroglyphicae Grammatica*, 1742, S. 355–361). – Nur bei den ersten Einträgen des 1. Bandes seines Lexikons fügte Mentzel auch die Transkriptionen und Bedeutungen der Zeichen hinzu, indem er dafür zweifellos den *Vocabolario de letra China* von Francisco Diaz verwendete.

[13] Zu Mentzels *Clavis Sinica* vgl. Nr. 65 mit Anm. 14. Neben den in Anm. 12 genannten Quellen benutzte Mentzel für dieses Werk auch eine chinesische Grammatik, die er 1689 von Andreas Cleyer aus Batavia erhalten hatte (vgl. Kraft, wie Anm. 12, S. 115 f.). In einem Brief an Leibniz vom 22. November (2. Dezember) 1697 schrieb Mentzel, daß zum Chinesischlernen das chinesische Lexikon *çu Guei* (*Zuhui*) und ein chinesisch-lateinisches (oder in einer anderen europäischen Sprache verfaßtes) Wörterbuch, nach dem Alphabet geordnet, vonnöten sei, und erklärte dann: »Nos hic in Bibliotheca Electorali istis libris non indigemus, quia iis nobis prospectum satis est ex Batavia a D^no^ Cleyero.« (*A* I, 14 N. 445, S. 782).

[14] Vgl. zu Andreas Müller Nr. 6, Anm. 4. Gemeint ist Müllers vier Seiten lange *Propositio de clave sua Sincia* von 1674 (s. auch Nr. 18 mit Anm. 10). Müller verspricht darin, daß mit Hilfe seines Schlüs-

sels selbst Frauen und Kinder das Chinesische in kurzer Zeit lernen könnten. Kurze Zeit später veröffentlichte der Große Kurfürst diese Schrift unter dem Titel *Inventum Brandenburgicum Sive Andreae Mülleri Greiffenhagii Propositio Super Clave suâ Sinica*, 1674 (ein Exemplar in Berlin *Staatsbibl. Preuß. Kulturbesitz*: 3 in: Un 1761). Zur Geschichte des Schlüssels s. Kraft (wie Anm. 12), S. 101–107, und Lothar Noack: Art. *Andreas Müller* (wie Nr. 6, Anm. 4).

15 Maturin Veyssière de La Croze (1661–1739), Orientalist und Universalgelehrter, entstammte einer Kaufmannsfamilie aus Nantes, wo sein Vater als Fernhandelskaufmann tätig war. Als 14 jähriger reiste er nach Guadeloupe, wo er im Verkehr mit Engländern, Portugiesen und Spaniern bald fließend diese Sprachen sprechen lernte, nachdem er zuvor schon Latein wie seine Muttersprache gemeistert hatte. Nach seiner Rückkehr (1688) begann er ein Medizinstudium, das er zugunsten einer theologischen Laufbahn aufgab, trat dann in den Benediktinerorden ein (1682), überwarf sich jedoch bald mit seinem Vorgesetzten und flüchtete nach Basel, wo er sich immatrikulierte und zum reformierten Bekenntnis übertrat. 1697 erhielt er die Stelle eines Bibliothekars an der kurfürstlichen Bibliothek zu Berlin. Hier lernte Leibniz ihn kennen und schätzen; unter anderem versuchte er, La Croze für das Studium der chinesischen Schrift und Sprache zu begeistern. Auf Leibniz' Veranlassung hatte D. E. Jablonski den Brief Bourguets (Nr. 65) an La Croze weitergereicht (vgl. Kortholt: *Epistolae*, 1, 1734, S. 398). Doch dieser kannte den Brief bereits und fand darin »bien de la chimére et de la grossiéreté«. Zwar schien ihm Bourguet »beaucoup de conoissances« zu besitzen, aber »peu de monde, et peu de penetration«. Er glaubte überdies, einige von Bourguets Schwierigkeiten lösen zu können (vgl. den Brief vom 1. November 1707; LBr. 517 Bl. 7 v°). In seiner letzten Stellungnahme gegenüber Leibniz vom 8. Januar 1708 heißt es: »Je ne crois pas que le P. Bouvet veuille répondre à tout cela. Il auroit fallu faire un choix des questions: il y en a trop, et mêmes quelques unes dont on peut avoir la solution sans aller à Pekin« (LBr. 517 Bl. 18).

16 Vgl. Nr. 65, Anm. 16.

17 Vgl. L.-D. Le Comte: *Nouveaux mémoires*, T. 1, 1696: 7e *Lettre*, S. 392.

18 Anspielung auf das 1703 von Barthélemy Germon gegen die Mauriner entfesselte *bellum diplomaticum*. Zu dessen Geschichte vgl.

P. Bernard, Art. *Germon*, in: *Dictionnaire de théologie catholique*, T. 6, 1924, Sp. 1311 f.

[19] Anhand von Leibniz' Angaben ist die Urkunde nicht zu identifizieren.

[20] Vgl. Nr. 34 mit Anm. 8; Nr. 49, [S. 329 f.], und Nr. 64 [S. 533 f.].

[21] Vgl. Nr. 49 mit Anm. 15.

[22] Mose galt als Autor des Buches Hiob; nach heutigem Kenntnisstand stammt dieses allerdings erst aus nachexilischer Zeit (frühes 5. Jh. v. Chr.?).

[23] Edward Bernard (1638–1697), Astronom, Mathematiker und Philologe; 1689 erschien sein *Orbis eruditi literaturam à charactere Samaritico hunc in modum reduxit*, ein eher paläographisches als linguistisches Hilfsmittel, das auf einer Tafel zwölf verschiedene Alphabete sowie neunzehn Variationen davon im Überblick bietet.

[24] Gemeint ist J. Hartlieb: *Kunst der Chiromantie*, der das Buch 1448 Herzogin Anna von Braunschweig-Grubenhagen († 1474), der Gemahlin Herzog Albrechts III. von Bayern († 1460), widmete; das Exemplar in Wolfenbüttel *Herzog August Bibliothek* trägt heute die Signatur 10 Xylogr. Vgl. auch Leibniz' Hinweis in *Monatlicher Auszug*, April 1700, S. 122, Anm. t; ferner I. Hubay: *Incunabula der Staats- und Stadtbibliothek Augsburg*, Wiesbaden 1974, S. 2, und *A* I, 18 N. 52 mit Erläuterung.

[25] Vgl. jetzt dazu Denis Twitchett: *Druckkunst und Verlagswesen im mittelalterlichen China*, Wiesbaden 1994. (*Wolfenbütteler Schriften zur Geschichte des Buchwesens*, 22).

[26] Leibniz äußerte sich über die Erfindung des Buchdrucks in *Monatlicher Auszug aus allerhand neuherausgegebenen Büchern*, April 1700, S. 120–133.

[27] Der 1679 in Frankreich geborene Schriftsteller mit dem angenommenen Namen George Psalmanazar war nach sorgfältiger Erziehung im Elternhaus noch als Knabe entlaufen und führte bis zu seinem 20. Lebensjahr ein Leben als Vagabund und Betrüger: als angeblich zum Katholizismus bekehrter Hugenotte, als irischer Student der Theologie und schließlich als ein aus Formosa stammender Japaner, der von holländischen Kaufleuten zum christlichen Glauben bekehrt und nach Europa entführt worden sein wollte. Er erfand ein japanisches Alphabet, eine Grammatik und eine Religion. Schließ-

lich gab er sich als Heiden aus. Der schottische Priester William Innes lehrte ihn Englisch, taufte ihn mit großem Pomp und schickte ihn nach London, wo der Bischof Henry Compton nicht an seiner Identität zweifelte. Hier verfaßte Psalmanazar seinen phantastischen Roman *An Historical and Geographical Description of Formosa*, der 1704 in London erschien und mehrere Auflagen in verschiedenen Sprachen erlebte. Während George Psalmanazar von seinen kirchlichen Gönnern inzwischen nach Oxford geschickt wurde, wo er seine Studien vollendete, zweifelten aber schon damals etliche Gelehrte an der Authentizität dieses Werkes, und kein Geringerer als Jean de Fontaney überführte den Autor als Betrüger und seinen Bericht als reine Erfindung. (Vgl. dazu die Rezension zur *Description de l'Isle Formosa en Asie, dressée sur les Memoires du sieur George Psalmanaazzar natif de cette Isle* [...] par le sieur N.A.F.D.V.N., Amsterdam 1705, in: *Mémoires pour l'Histoire des Sciences et des beaux Arts*, April 1705, S. 587–597, hier S. 592–597.) Erst als 32jähriger erfuhr Psalmanazar eine innere Wandlung: Er wurde fromm und teilte seine Zeit zwischen Gebet und Arbeit (als einer der Hauptmitarbeiter an der *Universal History*, die 1736–1744 in monatlichen Lieferungen veröffentlicht wurde). Nachdem er 73jährig seine Lebensbekenntnisse auf Englisch verfaßt hatte (sie erschienen 1764 unter dem Titel *Memoires de *** Connu sous le nom de George Psalmanazar*), starb er 1763 in London. Vgl. zu ihm Frederic Joseph Foley, S. J.: *The Great Formosan Impostor*, Rome 1968 (*Sources and Studies for the History of the Far East*, 1), und Richard Michael Swiderski: *The False Formosan: Georg Psalmanazar and the Eighteenth Century Experiment of Identity*, San Francisco 1991. – Leibniz' Urteil über Psalmanasar stand schon längere Zeit fest. In einem Brief vom 29. Januar 1703 hatte ihm der englische Gelehrte Andrew Fountaine mitgeteilt: »The Japonese you mention in England is still here and in great repute, though many suspect both, him and the story he tells of himself: he pretends to be the son of one of the greatest men in the Island Formosa; and that at the age of nineteen yeares he made his escape with a Jesuite to Avignon, but not liking their notion of Transubstantiation, he got away into Germany where being equally averse to the Lutherans principle of Consubstantiation, he left them and went into Holland, but ther[e] alsoe not being able to agree with the Calvinists about praedestination, he came into England

and made himself a member of our Church. I have here enclosed sent you his Alphabet written all with his own hand, and the powers he has given the letters; he says his Alphabet was taught to his nation by a certain great wise man about 900 yeares agoe [...]« (LBr. 279 Bl. 12; Bl. 1 das Alphabet). Leibniz antwortete: »il y a bien de l'apparence que l'Alphabet de vostre Ami <–> japonnois est fait à plaisir, son Lambdo, Sambdo, Bagdo, Gomera, Vomera, pour marquer L, S, B, G sans parler d'autres en ont l'air. Mais sur tout l'Epsi parceque'il n'a point sçû ou consideré que c'est l'εψιλόν ou l'ε mince ce qui sans doute ne sera pas de meme dans l'isle de Formosa.« (ebd. Bl. 13 v°). Noch deutlicher reagierte La Croze, der Leibniz in einem Brief vom 1. November 1707 über sein Gespräch mit dem Chinamissionar N. A. Cima O.E.S.A. in Berlin informierte. Cima habe Formosa besucht und berichte über die Insel dasselbe wie der Holländer [gemeint ist George Candidius: *Discours ende cort verhael van't eyland Formosa*], und zwar »tout autrement que le pretendu George Psalmanasaar, qui a trouvé le secret de persuader au clergé Anglois la fourbe la plus grossière et la plus mal tissuë qu'on puisse imaginer« (LBr. 517 Bl. 7 v°).

[28] Vgl. Nr. 62, Anm. 5.

67. LEIBNIZ' EXZERPTE ÜBER DIE JUDEN IN CHINA (S. 590–593)

Überlieferung: *L* Auszug: LBr. 105 (Bouvet) Bl. 45. 8°. 2 S.

Die Exzerpte sind undatiert. Sie entstanden jedoch im Zusammenhang mit der Beantwortung des Briefes von D. E. Jablonski an Leibniz vom 19. (29.) September 1699, in dem der Berliner Prediger darum bat, ihm von den Juden in China einen unpunktierten hebräischen Kodex zu beschaffen.[1] Leibniz antwortete am 19. (29.) Oktober 1699, er habe wegen dieser Angelegenheit nach Paris geschrieben.[2] Dieser nicht gefundene Brief an Le Gobien (vgl. auch Nr. 34) traf in Paris ein (vgl. Nr. 38). Wir gehen davon aus, daß die Exzerpte (mit dem Brief an Le Gobien) im Laufe des Oktober 1699 entstanden sind. – Meine früher geäußerte Vermutung,[3] Leibniz' Exzerpte ständen in Zusammenhang mit Jablonskis *Quaestiones de Judaeis generales* (LBr. 105 Bl. 46–49;

gedr. Widmaier: *Zur Frage der Juden in China in der Korrespondenz von G. W. Leibniz*, in: Malek: *Jews in China*, 2000, S. 581–588), hat sich nachträglich als falsch erwiesen; vgl. *ebd.* S. 568–571.

Bei den Missionaren, die die Juden in China neu entdeckten und erforschten, gab es über deren Einwanderung zahlreiche Hypothesen. Danach sollten sich Juden bereits weit in vorchristlicher Zeit in China niedergelassen haben (vgl. Grossier: *De la Chine*, 3e éd. rev., T. 4, 1819, S. 484–508). Es steht jedoch weder fest, daß sie schon unter der Zhou-Dynastie (1122–221 v. Chr.) oder der Han-Dynastie (206 v. Chr. – 220 n. Chr.) in China gelebt haben, noch daß sie ihrer eigenen Überlieferung gemäß dort von alters her als die Nachkommen Hams oder der Zehn jüdischen Stämme existierten. Sicher ist wohl, daß die Juden im frühen Mittelalter auf der alten Seidenstraße über Indien nach China kamen. Im 9. Jahrhundert gab es Reiseberichten zufolge in fast allen größeren Städten Chinas Juden; später berichtet wieder Marco Polo von Juden in China, ebenso ist in Inschriften aus dem 15., 16. und 17. Jh. von ihnen die Rede. Vor dem 19. Jh. sind jedoch alle diese Gemeinden, außer der großen Gemeinde in Kaifeng, über die schon Matteo Ricci detailliert berichtete (Ricci / Trigault: *De Christiana expeditione apud Sinas,* 1615, lib. 1, cap. 11; Pariser Ausgabe 1978, S. 174–183), verschwunden. Über den damaligen Wissensstand zur Frage der Juden in China informierte Charles Le Gobien in seinem Einleitungsbrief *Aux Jesuites de France* in: *Lettres edifiantes et curieuses*, VII. Recueil, 1707, und Giampaolo Gozani S. J. in einem Brief aus Kaifeng vom 5. November 1704, *ebd.* S. 1–28. Zum heutigen Forschungsstand vgl. Donald D. Leslie: *The Survival of the Chinese Jews*, Leiden 1972, und den von Roman Malek hrsg. Sammelband: *Jews in China*, 2000.

1 Jablonski bezog sich auf die von Brinon Walton herausgegebene *Biblia Sacra polyglotta*, T. 1, 1655: *Prolegomena* III, S. 24 b, § 41, in welcher dieser »folgendes aus des Jesuiten Semedo L. 3. c. 13. (citiret)«: »Judaeorum Synagogas quasdam repertas fuisse; et penes eos fuisse librum legis Hebraicum, ante annos 600 et amplius sine punctis vocalibus descriptum: Judaeos vero istos de Christo nihil unquam audivisse (unde liquet ante ejus adventum eos illuc appulisse) imo nomen Judaeorum ignorabant, sed Israëlitas se esse dixerunt. Unde probabile est, eos reliquias quasdam fuisse X tribuum, quae abductae erant.«

Jablonski wünschte sich nun »von Hertzen (1) daß ein solcher unpunctirter alter Codex, so das pretium nicht gar zu ungeheuer, erkauft, und in Europam geschickt würde, das ausgelegte wollte mit Danck erstatten, (2) daß fleißig nachgeforscht würde, ob nicht auch einige punctirte Codices, sonderlich alte zu finden, und zu erkaufen wären etc.« (*A* I, 17 N. 308, S. 515 f.). – Die verschiedenen Versionen von Semedo: *Relação da Propagação da Fé no Reyno da China*, Madrid 1641 (vgl. SV) sind inhaltlich nicht immer identisch. So fehlt beispielsweise in der Leibniz vorliegenden italienischen (1643) und französischen (1667) Ausgabe der von B. Walton zitierte Passus über die Zehn Stämme. An der entsprechenden Stelle heißt es in der Pariser Ausgabe von 1978, S. 176, die auf der Augsburger Version Ricci/Trigault: *De Christiana Expeditione apud Sinas*, 1615 (hier S. 119), basiert: »D'où l'on peut juger que la séparation des dix tribus éparses ça et là est passée jusqu'à l'extrémité de l'Orient.«

[2] Vgl. *A* I, 17, N. 352, S. 589 f.: »Ich habe wegen der Juden, so in China seyn sollen, nach Paris geschrieben, und nicht allein einen Extract aus dem Semedo (dessen Worte nachgeschlagen) beygefüget, sondern auch einen andern aus des Berniers Relation vom Mogol, dem ein Schreiben an Herrn Thevenot beygefüget, welcher, wie es scheinet, aus dem Semedo eben das gefragt, worauf Bernier ihm Bericht erstattet, von dem was ein Jesuiter in China nach Indien geschrieben.«

[3] Vgl. Widmaier (Hrsg.): *Leibniz korrespondiert mit China*, Frankfurt am Main, 1990, S. 262.

[4] François Bernier: *Suite des Memoires* [...] *sur l'Empire du Grand Mogol*, [T. 2], 1672, *IX. Lettre* [...] *ecrite à Kachemire*, S. 140 (Amsterdamer Ausgabe, 1699, S. 314).

[5] Die »Response« folgt *a. a. O.*, S. 141–144 (Amsterdamer Ausgabe, 1699, S. 316–318).

[6] Bei dem deutschen Jesuiten in Peking handelt es sich höchstwahrscheinlich um Johann Adam Schall von Bell. Überzeugt davon ist jedenfalls Eusèbe Renaudot: *Anciennes Relations des Indes et de la Chine*, 1718, S. 326 f.

[7] Über die Juden von Kaifeng berichtet dies allerdings schon Matteo Ricci: *De christiana expeditione apud Sinas,* 1615, lib. 1, cap. 11 (Pariser Ausgabe, 1978, S. 177). Vgl. auch den Brief Giampaolo Gozanis an

José Soares vom 5. November 1704, in: *Lettres édifiantes et curieuses*, VII. Recueil, 1707, S. 1–28.

[8] Alvarez Semedo: *Relatione della Grande Monarchia della Cina*, 1643, P. I, cap. XXX, S. 193 ([franz. Übers.] *Histoire universelle de la Chine*, 1667, S. 220–224, hier S. 223).

[9] Giulio Aleni (1582–1649), ein aus Brescia stammender Jesuit, missionierte von 1613 bis zu seinem Tode überaus erfolgreich in verschiedenen Provinzen Chinas und wurde dort der »westliche Konfuzius« genannt; s. Pfister, S. 130. Vgl. zu Aleni den Sammelband von Tiziana Lippiello u. Roman Malek: *»Scholar from the West«: Giulio Aleni S. J. (1582–1649) and the dialogue between Christianity and China*, Nettetal 1997.

[10] Vgl. Ricci, *a. a. O.* (Pariser Ausgabe, 1978, S. 177).

68. Leibniz an Le Gobien (S. 594–597)

Überlieferung: *L* Konzept: LBr. 68 (Bignon) Bl. 45–46. 1 Bog. 8°. 2 S. – Auf Bl. 46 *L* von Nr. 69.

Beilage zu unserem Stück waren Nr. 65, Nr. 69 und die *Quaestiones de Judaeis generales* von Daniel Ernst Jablonski (s. die Erl. zu Nr. 67). Das Datum übernehmen wir von Nr. 69. Zur Übersendung vgl. ebd. Anm. 1. Unser Brief ist der letzte in dieser Korrespondenz. Le Gobien starb am 5. März 1708.

[1] S. auch Nr. 63, Anm. 1 und Nr. 64. Da Bouvets Geschenk in der Niedersächsischen Landesbibliothek nicht (mehr) vorhanden ist, läßt sich heute über den Verbleib und über die Frage, um was für chinesische Bücher oder Manuskripte es sich gehandelt hat, nur spekulieren. Zum vergeblichen Versuch, Bouvets Büchersendung in der Göttinger *Staats- und Universitätsbibliothek* zu finden, vgl. David E. Mungello: *Library Report. 5 Sources for China Mission Studies* […], in: *China Mission Studies (1550–1800) Bulletin*, 5, 1983, S. 37–43, hier S. 40.

[2] Gemeint ist Jean de Fontaney; vgl. Nr. 51 und seinen Brief aus London an François de la Chaize vom 15. Januar 1704, in: *Lettres édifiantes et curieuses*, VIII. Recueil, 1708, S. 51–343 [recte: 243]).

[3] Neben dem Spanischen Erbfolgekrieg besonders der Nordische Krieg.

[4] Vgl. die Überlieferung zu Nr. 44 und zu Nr. 65.

[5] Louis Bourguet (Nr. 65) und Daniel Ernst Jablonski (vgl. die Erl. zu Nr. 67).

[6] Vgl. dazu Nr. 67.

[7] Vgl. Nr. 69 mit Anm. 5.

[8] Vergilius: *Aeneis* 3, 436.

[9] Antoine Verjus war 75jährig am 16. Mai 1706 in Paris gestorben. Seine Nachfolger als Missionsprokuratoren für die Chinamission wurden Charles Le Gobien (1706–5. März 1708), der auch als Sekretär dem P. de La Chaize (1624–1709) zur Seite stand, und bis 1711 Claude Bertrand Tachereau de Linières (1658–1746). Vgl. Dehergne: *Répertoire*, S. 317.

69. LEIBNIZ AN BOUVET (S. 598–603)

ÜBERLIEFERUNG: *L* Konzept: LBr. 68 (Bignon) Bl. 45–46. 1 Bog. 8°. 2 S. – Auf Bl. 45 *L* von Nr. 68.

l Abschrift: LBr. 105 Bl. 43–44. 1 Bog. 4°. 4 S. von Schreiberhand mit Korrekturen, Schlußkurialien und Unterschrift von Leibniz' Hand. (Druckvorlage). – Gedr.: 1. (teilw.) Merkel: *China-Mission*, 1920, S. 84, Anm. 2; 2. Frémont: *Leibniz*, 1987, S. 179–181.

Der Brief war Beilage zu Nr. 68 (s. dort).

[1] Leibniz, der Nr. 68 mit Beilagen – darunter unser Stück – dem hannoverschen Agenten in Paris, D. de Martiné, zugesandt hatte (LBr. 549 [LeLong] Bl. 42), schrieb diesem in seinem Begleitbrief vom 13. Dezember 1707: »Quoyque je n'aye pas l'honneur de vous connoistre autrement que par reputation, je me donne celuy de vous écrire et de vous prier non seulement de faire rendre la lettre cy jointe, mais aussi de faire parler avec le R. P. Gobien Jesuite, qui a soin des missions Chinoises à fin qu'on sache si ce Pere peut envoyer au R. P. Bouvet missionnaire dans ce pays eloigné, et avec qui je suis en commerce ce que je luy destine. Je voudrois bien savoir aussi qui est mainte-

nant le Compagnon du R^{me} Pere de la Chaize à la place du P. Verjus defunt, qui m'honnoroit de son amitié […].« Am 27. Juli 1708 teilte ihm Martiné mit: »J'ay vu Monsieur suivant vos ordres le Pere Lignère [Cl. B. Tachereau de Linières S. J.] qui a pris la place du Pere Gobien pour les affaires de la Chine, il m'a dit qu'il avoit trouvé dans les papiers du feu Pere Gobien vostre lettre pour le Pere Bouvet [es handelt sich um Nr. 64] et qu'il la luy a envoyé[.] desqu'il en aura reponse il vous en fera part, mais il ne peut donner aucun Eclaircissement sur le catalogue de livres que vous demandé[s]«. (Ebd. Bl. 53).

2 Der reformierte Theologe Daniel Ernst Jablonski (1660–1741), preußischer Rat und Erster Hofprediger in Berlin, gehörte zu den Mitbegründern der Berliner Sozietät (später: Akademie) der Wissenschaften und war von 1710 bis 1741 Direktor der Philologisch-Orientalischen Klasse dieser Akademie. Er war Leibniz' wichtigster Gesprächspartner bei den Bemühungen um eine innerprotestantische Union. Zu seiner Ausgabe der hebräischen Bibel vgl. Nr. 64 mit Anm. 22. Bei seinen *Quaestiones de Judaeis generales* handelt es sich um verschiedene Fragen über die Zeit der Anwesenheit, die Anzahl und die Niederlassungsorte der Juden sowie deren Brauch- und Schrifttum in China (vgl. Nr. 67 mit Anm. 1 u. 2).

3 Vgl. die Nrn. 44 u. 65.

4 Vgl. auch Nr. 32 mit Anm. 17.

5 Der Augustiner Nicola Agostino Cima (1650–1722) war nach etwa siebenjährigem Aufenthalt im Fernen Osten (1698–1704/05) nach Europa zurückgekehrt. Dank der Vermittlung französischer Jesuiten und des Apostolischen Vikars von Fukien, Charles Maigrot, war er (wohl ohne ein entsprechendes Studium absolviert zu haben) u. a. eine Zeitlang als Arzt am Kaiserhof in Peking tätig gewesen. Während seiner rund zweijährigen Fußreise von Dänemark nach Venedig traf er sich mit Leibniz in Hildesheim (s. Leibniz' Brief an La Croze vom 14. Okt. 1707; Dutens: *Opera,* 1768, 5, S. 485–486), der ihn vor allem nach den Heilpflanzen Chinas und der chinesischen Schrift und Sprache ausfragte. Cima, der während seiner Fußreise durch Europa nach Italien von seinem Diener beraubt und verlassen worden war, hätte ohne Leibniz, der immer wieder großzügige und schnell helfende Gönner für diesen Pechvogel fand, wohl kaum das Ziel seiner Reise erreicht

(davon besonders Cimas Brief an Leibniz vom 2. Dez. 1707; LBr. 157 Bl. 18–19).

[6] Vgl. auch Nr. 62 mit Anm. 6. Clemens XI. hatte Charles Thomas Maillard de Tournon am 1. August 1707 zum Kardinal ernannt. Dieser empfing den Kardinalshut während seiner portugiesischen Gefangenschaft in Macao allerdings erst kurz vor seinem Tod am 9. Juni 1710. Vgl. zu den Vorgängen Pastor: *Geschichte der Päpste*, 15, 1930, S. 327f.

[7] Vermutlich bezieht sich Leibniz damit nun auch auf die chinesischen Schriftzeichen, nachdem ihm La Croze in einem Brief vom 1. November 1707 geschrieben hatte, er glaube, endlich einen Schlüssel zum Lesen der Schriftzeichen gefunden zu haben. Allerdings erklärte dieser, »d'avoir rien remarqué dans la langue chinoise qui puisse servir à l'analyse des pensées« (LBr. 517 Bl. 7–8).

70. VISDELOU AN LEIBNIZ (S. 604–607)

ÜBERLIEFERUNG: *A* Auszug: Paris *Bibliotèque Nationale* mss. français 25057, S. 746–747.

Der vorliegende Auszug wird gewöhnlich Jean Pierre Niceron (1685–1738) zugeschrieben, der das Material für seine unveröffentlicht gebliebenen *Anecdotes Orientales*, Tome II, Jesuites Fu-Z, Paris, zusammenstellte. Ich danke Herrn Prof. John W. Witek, S. J., Georgetown University Washington, dafür, daß er mich auf diesen Brief aufmerksam gemacht und mir seine Informationen zur Verfügung gestellt hat. Unser Stück antwortet auf Nr. 58, wurde jedoch offensichtlich nicht an Leibniz weitergeleitet. Tatsächlich war es Beilage eines Briefes von Visdelou an den Oberen der MEP, Jacques Charles Brisacier, und deren Direktoren, datiert aus Pondicherry vom 5. Februar 1714. Darin heißt es: »j'ecrits une lettre à Mr Leibniz fameux sçavant d'Allemagne. j'ignore entierement ses titres. s'il vit encore je vous prie d'y mettre l'adresse et de la lui envoier. s'il ne vit plus, ayés la bonté de la garder«. Des weiteren ist ersichtlich, daß Visdelou erstmals am 23. Juni 1713 Post von dieser Seite erhalten hatte, obwohl er seit 1708 mehrere Briefe an die MEP und an den Kardinal Louis Antoine de Noailles (1651–1729) geschrieben hatte. Aber diese Briefe, heißt es, »ont eu le meme sort, que celles que je vous ecrivois – c'est à dire ou que mes lettres n'ont point eté reçues, ou que les Reponses se sont perdües«. Visdelou erwähnt außerdem, er müsse sich augenblicklich »malgré moi« im malabarischen Ritenstreit engagieren und habe ein wichtiges Schreiben an die Heilige Kongregation auf zwei Wegen über Paris nach Rom geschickt. Seine Verbindung mit und Abhängigkeit von Paris und Rom in dieser Zeit ist offenkundig, wenn er schreibt: »Je ne demande point, Messieurs, que vous obteniés, ce que je n'ai demandé que par les ordres de feu Monseigneur le cardinal de Tournon de glorieuse memoire, et sur la promesse de Sa Majesté : je ne demande qu'une Reponse precise. Si je n'obtiens rien, je ne vous en serai pas moins obligé«, und wenn er sich am Schluß des Briefes die Gelegenheit wünscht »de vous marquer combien je suis sensible à tant d'honnetetés« (vgl. Paris *Archives des Missions Étrangères* V 964 p 255–257).

[1] Der päpstliche Legat de Tournon hatte Visdelou am 10. Februar 1708 zum Titularbischof von Claudiopolis ernannt; s. Dehergne: *Répertoire,* S. 294.

[2] Gemeint ist Andreas Müller.

[3] Vgl. Nr. 58 mit Anm. 4.

[4] Uighuren, vgl. Nr. 58, Anm. 20.

[5] Zu Riccis *Wan guo yu tu* vgl. Boleslaw Szczésniak: *Matteo Ricci's Maps on China,* in: *Imago Mundi,* 11, 1954, S. 127–136; zur Stadt Qaraqorum s. Nr. 58, Anm. 25.

[6] Shangdu, vgl. Nr. 58 mit Anm. 51.

[7] Möglicherweise bezieht sich Visdelou auf das Ms. *Des antiquités de la Chine et des autres parties du monde*; vgl. Streit: *Bibliotheca Missionum,* 7, S. 106, § 19.

[8] Vgl. bei Neumann: *Werke,* 1850, S. 227–228: Visdelou, *Historia Sinica latine versa,* Tom. 1–6. Gemeint ist wohl Teil 1 des 1. Bandes der *Historia Sinica.*

[9] Vgl. zu Cassini Nr. 57 mit Anm. 14. Auch Cassini bezweifelte allerdings die Echtheit der chinesischen Tafeln zur Berechnung der Fixsternkonstellation, die Martini präsentiert hatte (*Novus Atlas,* 1655, Praefatio, S. 17f.); zeigte doch ein Vergleich dieser Tafeln mit den Tafeln Tycho Brahes zum Jahr 1628 eine genaue Übereinstimmung der Messungen, was ganz unwahrscheinlich war. »Cet accord des nom-

bres de ces Tables Chinoises avec celles de Tycho, à peu prés dans la même minute, nous donne lieu de juger que ces Tables ont été calculées par les Peres Jesuites, qui depuis un siécle sont allez à la Chine, et non par les Chinois. Car quelle apparence y a-t-il, que sans être tirées des Tables de Tycho elles y fûssent si conformes ? Nos Astronomes de ce siécle ont de la peine à s'accorder dans la même minute dans le lieu des étoiles fixes: et l'on sait qu'entre le Catalogue de Tycho et celuy du Lan[d]grave de Hesse [Wilhelm IV.] faits en même temps par d'excellents Astronomes, il y a une difference de plusieurs minutes. C'est pourquoy il n'est pas vray-semblable que les observations des Chinois s'accordent presque toûjours avec les observations de Tycho dans la même minute«. (G.D. Cassini: *Reflexions sur la Chronologie Chinoise*, in: Simon de La Loubere: *Du Royaume de Siam*, 2, 1691, S. 390). – Bezüglich der Sonnenfinsternisse nahm Johann Hevelius (*Cometographia,* 1668) an, daß ein Kometenschweif die ganze Erde einhüllen könnte, ohne daß etwas anderes einträte als eine erhebliche Verdunklung des Tageslichts. Tatsächlich hielt er es nicht für ausgeschlossen, daß dies der Grund gewesen sei für die Verfinsterung der Erde beim Tode Christi. Vgl. L.C. Beziat: *La vie et les travaux de Jean Hévélius*, in: *Bullettino di bibliografia e di storia delle scienze matematiche e fisiche*, Boncompagni, 8, 1875, S. 497–558, hier S. 548f.

[10] Gemeint ist Toγril wang, Khan der Kereyid (»*Vam Kan*« entspricht *wang-Khan*, ein zweifach [chin./türk.]-königlicher Titel), von denen es heißt, sie seien christlich gewesen. Eine Quelle für die Legende des Priesters Johannes bildete die Tatsache, daß die Mitglieder der königlichen Familie christliche Namen trugen (s. auch Nr. 58 mit Anm. 37). Im Jahre 1203 wurde Toγril wang von Chinggis Khan besiegt. Vgl. Grousset: *L'empire des steppes*, 1939 (nach der englischen Übersetzung, 1994, S. 192 u. S. 200–212).

[11] Vgl. bei Neumann (wie Anm. 8), S. 228: Visdelou: *Yven seu Mumgolo-Synica Historia Tart[ar]orum, Capitibus XIII absoluta, latine versa ac Notis illustrata: ab anno Aerae Christianae 1202 ad annum 1365.*

SIGLEN

A	Abschrift
E	Erstdruck
K	Korrespondent, eigenhändig
L	Leibniz, eigenhändig
l	Leibniz, von Schreiberhand
LBr.	Hannover, Niedersächsiche Landesbibliothek, Leibniz-Briefwechsel
LH	Hannover, Niedersächsiche Landesbibliothek, Leibniz-Handschriften
PV	Personenverzeichnis
SV	Schriftenverzeichnis

VERZEICHNIS DER ABGEKÜRZT ZITIERTEN NEUEREN LITERATUR

A	*Gottfried Wilhelm Leibniz: Sämtliche Schriften und Briefe,* hrsg. von der Preußischen [später: Deutschen, zuletzt: Berlin-Brandenburgischen] Akademie der Wissenschaften und der Akademie der Wissenschaften in Göttingen. Darmstadt [später: Leipzig, zuletzt: Berlin] 1923 ff., Reihe I–IV, VI–VII
Actes, 1976	*Actes du* [Ier] *colloque international de sinologie de Chantilly* [1974]: *La mission française de Pékin aux XVIIe et XVIIIe siècles.* Paris 1976
Actes, 1980	*Actes du IIe colloque international de sinologie de Chantilly* [1977]: *Les rapports entre la Chine et l'Europe au temps des lumières.* Paris 1980
Actes, 1983	*Actes du IIIe colloque international de sinologie de Chantilly* [1980]: *Appréciation par l'Europe de la tradition chinoise à partir du XVIIe siècle.* Paris 1983
Actes, 1995	*Actes du VIe colloque international de sinologie de Chantilly* [1989]: *Images de la Chine: Le contexte occidental de la sinologie naissante.* Taipei; Paris 1995
Babin / van den Heuvel: *Schriften zur Geschichte*	Gottfried Wilhelm Leibniz: *Schriften und Briefe zur Geschichte,* bearbeitet, kommentiert und herausgegeben von Malte-Ludolf Babin und Gerd van den Heuvel. Hannover 2004
Baddeley, *Russia, Mongolia, China*	John Frederick Baddeley: *Russia, Mongolia, China. Being some Record of the Relations between them from the beginning of the XVIIth Century to the Death of the Tsar Alexei Mikhailovich A. D. 1602–1676* [...]. Vol. 1.2. London 1919

Biographie universelle	*Nouvelle Biographie universelle depuis les temps les plus reculés jusqu'à nos jours* […] publiée par MM. Firmin Didot Frères, sous la direction de M. le Dr Hoefer. T. 1–46. Paris 1852–1866
Bodemann: *Briefwechsel*	*Der Briefwechsel des Gottfried Wilhelm Leibniz in der Königlichen Öffentlichen Bibliothek zu Hannover.* Beschrieben von Eduard Bodemann. Hannover 1889
Bodemann: *Leibniz-Handschriften*	*Die Leibniz-Handschriften der Königlichen Öffentlichen Bibliothek zu Hannover.* Beschrieben von Eduard Bodemann. Hannover 1895
Brather: *Akademie*	Hans-Stephan Brather (Hrsg.): *Leibniz und seine Akademie. Ausgewählte Quellen zur Geschichte der Berliner Sozietät der Wissenschaften 1697–1716.* Berlin 1993
Chan: *Chinese Philosophy*	*A Source Book in Chinese Philosophy*. Translated and compiled by Wing-Tsit Chan. Princeton 1963
Cheng: *Leibniz's Notion*	Chung-Ying Cheng: *Leibniz's Notion of a Universal Characteristic and Symbolic Realism in the* Yijing, in: Li/ Poser: *Das Neueste über China*, 2000, S. 137–164
Collani: *Akademie*	*Eine wissenschaftliche Akademie für China. Briefe des Chinamissionars Joachim Bouvet S.J. an Gottfried Wilhelm Leibniz und Jean-Paul Bignon über die Erforschung der chinesischen Kultur, Sprache und Geschichte*, hrsg. und kommentiert von Claudia von Collani. Stuttgart 1989
Collani: *Bouvet*	Claudia von Collani: *P. Joachim Bouvet S.J. Sein Leben und sein Werk.* Nettetal 1985
Collani: *Die Figuristen*	Claudia von Collani: *Die Figuristen in der Chinamission.* Frankfurt/Main 1981
Collani: *Tianxue benyi*	Claudia von Collani: *Tianxue benyi – Joachim Bouvet's Forschungen zum Monotheismus in China*, in: *China Mission Studies (1500–1800) Bulletin*, 10, 1988, S. 9–33

Collectanea	*Collectanea S. Congregationis de Propaganda Fide seu Decreta, Instructiones, Rescripta pro Apostolicis Missionibus.* Vol. 1.2. Romae 1907
Couturat: *La logique*	Louis Couturat: *La logique de Leibniz.* Paris 1901
Couturat: *Opuscules*	Louis Couturat: *Opuscules et fragments inédits.* Paris 1903
Couvreur: *Mémoires*	*Li ki; ou Mémoires sur les Bienséances et les Cérémonies.* Texte chinois avec une double traduction en français et en latin par Séraphin Couvreur. Deuxième édition. T. 1.2. Ho Kien Fou 1913
CSEL	*Corpus scriptorum ecclesiasticorum latinorum.* Wien 1866 ff.
Dascal/ 77Yakira: *Leibniz and Adam*	Marcelo Dascal / Elhanan Yakira: *Leibniz and Adam.* Telaviv 1993
Dehergne: *Répertoire*	Joseph Dehergne S.J.: *Répertoire des Jésuites de Chine de 1552 à 1800.* Roma/ Paris 1973
Dschingis Khan	*Dschinghis Khan und seine Erben. Das Weltreich der Mongolen.* [Ausstellungskatalog]. München 2005
Dutens: *Opera*	G. G. Leibnitii [...] *Opera omnia*, nunc primum collecta, in classes distributa, praefationibus et indicibus exornata, studio Ludovici Dutens. T. 1–6. Genevae 1768
Erdmannsdörffer: *Deutsche Geschichte*	Bernhard Erdmannsdörffer: *Deutsche Geschichte vom Westfälischen Frieden bis zum Regierungsantritt Friedrich's des Großen 1648–1740.* Bd 1.2. Berlin 1892–1893
Frémont: *Leibniz*	G.W. Leibniz: *Discours sur la théologie naturelle des Chinois plus quelques écrits sur la question religieuse de Chine.* Présentés, traduits et annotés par Christiane Frémont. Paris 1987
Fu: *Documentary Chronicle*	*A Documentary Chronicle of Sino-Western Relations, 1644–1820.* Compiled, translated, and annotated by Lo-shu Fu. Part 1.2. Tucson 1966

Fuchs: *Der russisch-chinesische Vertrag*	Walter Fuchs: *Der russisch-chinesische Vertrag von Nertschinsk vom Jahre 1689*, in: *Monumenta Serica*, 4, 2, 1940, S. 546–593
Gatty: *Voyage de Siam*	*Voyage de Siam du Père Joachim Bouvet*, précédé d'une introduction avec une biographie et une bibliographie de son auteur par Janette C. Gatty. Leiden 1963
Gaubil: *Correspondance*	Le P. Antoine Gaubil S. J.: *Correspondance de Pékin 1722–1759*, publiée par Renée Simon. Préface par Paul Demieville. Appendices par le P. Joseph Dehergne, S. J. Genève 1970
Gerhardt: *Mathematische Schriften*	*Leibnizens mathematische Schriften*, hrsg. von Carl Immanuel Gerhardt. Bd 1–7. Berlin [Bd 3–7: Halle] 1849–1863
Gerhardt: *Philosophische Schriften*	*Die philosophischen Schriften von Gottfried Wilhelm Leibniz*, hrsg. von Carl Immanuel Gerhardt. Bd 1–7. Berlin 1875–1890
Glawes: *Hellenisierung*	Walter Glawes: *Die Hellenisierung des Christentums in der Geschichte der Theologie von Luther bis auf die Gegenwart*. Berlin 1913
Goodrich: *Ming Biography*	Luther Carrington Goodrich: *Dictionary of Ming Biography*. Vol. 1.2. New York 1976
Grousset: *L'empire des steppes*	René Grousset: *L'empire des steppes. Attila, Gengis-Khan. Tamerlan.* Paris 1939 [u. ö.] Engl. u. d. T. *The Empire of the Steppes. A History of Central Asia.* New Brunswick 1970. Repr. ebd. 1994
Hedin: *Southern Tibet*	Sven Hedin: *Southern Tibet. Discoveries in former times compared with my own researches in 1906–1908*. Vol. 1–9. Stockholm 1917–1922
Heinekamp / Stein: *Leibniz*	*Gottfried Wilhelm Leibniz. Das Wirken des großen Philosophen und Universalgelehrten als Mathematiker, Physiker, Techniker*. Hrsg. von Albert Heinekamp und Erwin Stein. Hannover 1990
Heyndrickx: *Philippe Couplet*	*Philippe Couplet, S. J. (1623–1693). The man who brought China to Europe.* Edited by Jerome Heyndrickx. Nettetal 1990

Hummel: *Eminent Chinese* — *Eminent Chinese of the Ch'ing Period (1644–1912).* Edited by Arthur William Hummel. Vol. 1.2. Washington 1943–1944

Huygens: *Œuvres* — Christiaan Huygens: *Œuvres complètes,* publiées par la Société Hollandaise des sciences. T. 1–[23]. La Haye 1888–1970

Jann: *Die katholischen Missionen* — Adelhelm Jann: *Die katholischen Missionen in Indien, China und Japan.* Paderborn 1915

Jüdisches Lexikon — *Jüdisches Lexikon. Ein enzyklopädisches Handbuch des jüdischen Wissens in vier Bänden,* begründet von Georg Herlitz und Bruno Kirschner. Berlin 1927–1930

Jus pontificium — *Juris Pontificii de Propaganda Fide Pars prima complectens bullas, brevia, acta s. s. a Congregationis institutione ad praesens iuxta temporis seriem disposita* [...] cura ac studio Raphaëlis de Martinis. Vol. 1–7. Romae 1888–1895

Kangxi — *Kangxi, empereur de Chine 1662–1722. La cité interdite à Versailles.* [Ausstellungskatalog]. Paris 2004

KGWA — *Knaurs Großer Weltatlas.* 10., völlig neu bearbeitete Auflage. München 1987

Klopp: *Werke* — *Die Werke von Leibniz gemäß seinem handschriftlichen Nachlasse in der Königlichen Bibliothek zu Hannover,* hrsg. von Onno Klopp. Reihe I, Bd 1–11. Hannover 1864–1884

Koch: *Jesuiten-Lexikon* — Ludwig Koch: *Jesuiten-Lexikon. Die Gesellschaft Jesu einst und jetzt.* Bd 1.2. Paderborn 1934

Kortholt: *Epistolae* — *Viri Illustris Godefridi Guil. Leibnitii Epistolae ad diversos, theologici, iuridici, medici, philosophici, mathematici, historici et philologici argumenti,* e Msc. auctoris cum annotationibus suis primum divulgavit Christian. Kortholtus. T. 1–4. Lipsiae 1734–1742

Kortholt: *Recueil* — *Recueil de diverses pieces sur la Philosophie, les Mathematiques, l'Histoire etc.* par M. de Leibniz. [...] Publiées [...] par Chretien Kortholt. Hambourg 1734

Kraft: *Frühe chinesische Studien in Berlin* — Eva Susanne Kraft: *Frühe chinesische Studien in Berlin*, in: *Medizinhistorisches Journal*, 11, 1976, S. 92–128

Landry-Deron: *Mathématiciens* — Isabelle Landry-Deron: *Les mathématiciens envoyés en Chine par Louis XIV en 1685*, in: *Archive for History of Exact Sciences*, 55, 2001, S. 423–463

Launay: *Mémorial* — Adrien Launay: *Mémorial de la Société des Missions étrangères.* Deuxième partie: 1658–1913. Paris 1916

Li / Poser: *Das Neueste über China* — Wenchao Li / Hans Poser (Hrsg.): *Das Neueste über China. G. W. Leibnizens* Novissima Sinica *von 1697.* Internationales Symposium, Berlin 4. bis 7. Oktober 1997. Stuttgart 2000

LThK — *Lexikon für Theologie und Kirche.* Begründet von Michael Buchberger. Dritte, völlig neubearbeitete Auflage hrsg. von Walter Casper. Bd 1–11. Freiburg / Basel / Rom / Wien 1993–2001

Madrolle: *Voyages* — Claude Madrolle: *Les premiers voyages français à la Chine. La compagnie de la Chine 1698–1719.* Paris 1901

Malek: *Jews in China* — *From Kaifeng … to Shanghai. Jews in China.* Edited by Roman Malek. Nettetal 2000

Malek: *Western Learning* — *Western Learning and Christianity in China. The Contribution and Impact of Johann Adam von Schall und Bell S. J. (1592–1666).* Edited by Roman Malek. Vol. 1.2. Nettetal 1998

Merkel: *China-Mission* — Franz Rudolf Merkel: *G. W. von Leibniz und die China-Mission. Eine Untersuchung über die Anfänge der protestantischen Missionsbewegung.* Leipzig 1920

Mungello: *Curious Land* — David E. Mungello: *Curious Land. Jesuit Accomodation and the Origins of Sinology.* Stuttgart 1985

Mungello: *Leibniz and Confucianism* — David E. Mungello: *Leibniz and Confucianism. The Search for Accord.* Honolulu 1977

Mungello: *Rites Controversy* — David E. Mungello (Hrsg.): *The Chinese Rites Controversy. Its History and Meaning.* Nettetal 1994

Nesselrath / Reinbothe	Georg [!] Wilhelm Leibniz: *Das Neueste von China (1697). Novissima Sinica.* Mit ergänzenden Dokumenten herausgegeben, übersetzt, erläutert von Heinz Günther Nesselrath und Hermann Reinbothe. Köln 1979
Neue Jerusalemer Bibel	*Neue Jerusalemer Bibel.* Einheitsübersetzung mit dem Kommentar der Jerusalemer Bibel. Neu bearbeitete und erweiterte Ausgabe. Freiburg/Br. [u.a.] 1985
Neumann: *Werke*	Karl Friedrich Neumann: *Claude Visdelou und das Verzeichniss seiner Werke*, in: *Zeitschrift der Deutschen Morgenländischen Gesellschaft*, 4, 1850, S. 225–242
Noack / Splett: *Bio-Bibliographien*	Lothar Noack/ Jürgen Splett: *Bio-Bibliographien. Brandenburgische Gelehrte der frühen Neuzeit.* [Bd 1:] *Berlin-Cölln 1640–1688.* Berlin 1997
Noll: *100 Roman Documents*	*100 Roman Documents concerning the Chinese Rites Controversy (1645–1941).* Edited with Introductions and Summaries by Ray R. Noll. San Francisco 1992
NZM	*Neue Zeitschrift für Missionswissenschaft.* 1, 1945–60, 2004
ODNB	*Oxford Dictionary of National Biography.* Vol. 1–61. Oxford 2004
Pastor: *Geschichte der Päpste*	Ludwig Frhr von Pastor: *Geschichte der Päpste seit dem Ausgang des Mittelalters.* Bd 1–16. Freiburg/Br. – Bd 14, 1930. – Bd 15, 1930
Pfister	Louis Pfister: *Notices biographiques et bibliographiques sur les Jesuites de l'ancienne mission de Chine 1552–1773.* T. 1.2. Chang-Hai 1932–1934
Philonenko: *Leibniz et le platonisme*	Alexis Philonenko: *Leibniz et le platonisme* , in: Ders.: *Le transcendental et la pensée moderne. Etudes d'histoire de la philosophie,* Paris 1990, S. 148–171
Pinot: *La Chine*	Virgile Pinot: *La Chine et la formation de l'esprit philosophique en France (1640–1740).* Paris 1932

Robinet: *Iter italicum* André Robinet: *G. W. Leibniz. Iter italicum (Mars 1689–Mars 1690). La dynamique de la République des lettres*. Firenze 1988

Rosso: *Apostolic Legations* Antonio Sisto Rosso: *Apostolic Legations to China of the eighteenth century*. South Pasadena 1948

Scheurleer / Meyjes: *Leiden* *Leiden University in the Seventeenth Century. An Exchange of Learning*, edited by Theodoor Hermann Scheurleer and Guillaume Henri Marie Meyjes. Leiden 1975

Séguy: *L'Orient* Marie-Rose Séguy: *L'Orient attrait de l'exotisme*, in: *Collections de Louis XIV. Dessins, albums, manuscrits*, Paris 1977, S. 197–230

Semjonow: *Sibirien* Juri Semjonow: *Sibirien. Eroberung und Erschließung der wirtschaftlichen Schatzkammer des Ostens*. Berlin 1954

Sommervogel *Bibliothèque de la Compagnie de Jésus*. Première Partie: *Bibliographie*, par les Pères Augustin et Aloys de Backer. – Seconde Partie: *Histoire*, par le Père Auguste Carayon. Nouvelle édition par Carlos Sommervogel S. J. T. 1–10 [Première Partie] Bruxelles / Paris 1890–1909; T. 11 [Seconde Partie] Paris 1932; T. 12 [Supplément] Toulouse 1911

Standaert: *Handbook* *Handbook of Christianity in China. Volume One: 635–1800*. Edited by Nicolas Standaert. Leiden [u. a.] 2001. (*Handbook of Oriental Studies*, 15, 1)

Streit: *Bibliotheca Missionum* *Bibliotheca Missionum*. Begonnen von Robert Streit, fortgeführt und ergänzt von Johannes Dindinger. Bd 1 ff. Rom [u. a.] 1916 ff. – Bd 4: *Asiatische Missionsliteratur 1245–1599*. 1928. – Bd 5: *dass. 1600–1699*. 1929. – Bd 7: *Chinesische Missionsliteratur 1700–1799*. 1931

Thomas: *Histoire* A. Thomas: *Histoire de la mission de Pékin*. T. 1.2. Paris 1923–1925

Tooley / Bricker: *Landmarks* *Landmarks of Mapmaking. An Illustrated Survey of Maps and Mapmakers*. Maps chosen and displayed by Ronald Vere Tooley, text written by Charles Brikker. Amsterdam 1968

Van der Cruysse: *Louis XIV*	Dirk van der Cruysse: *Louis XIV et le Siam*. Paris 1991
Walker: *The Ancient Theology*	Daniel Pickering Walker: *The Ancient Theology. Studies in Christian Platonism from the Fifteenth to the Eighteenth century*. Ithaca, NY, 1972
Weiers: *Mongolen*	Michael Weiers: *Die Mongolen. Beiträge zu ihrer Geschichte und Kultur*. Darmstadt 1986
Widmaier: *Chinesische Schrift*	Rita Widmaier: *Die Rolle der chinesischen Schrift in Leibniz' Zeichentheorie*. Wiesbaden 1983
Wilberg: *Die Leibniz'sche Rechenmaschine*	Ernst-Eberhard Wilberg: *Die Leibniz'sche Rechenmaschine und die Julius-Universität Helmstedt*. Braunschweig 1977
Wilhelm: *I Ging*	s. *Yijing*, SV
Wilhelm: *Li Gi*	s. *Liji*, SV
Witek: *Controversial Ideas*	John W. Witek: *Controversial Ideas in China and in Europe. A Biography of Jean-François Foucquet, S. J. (1665–1741)*. Roma 1982
Witek: *Verbiest*	*Ferdinand Verbiest (1623–1688). Jesuit Missionary, Scientist, Engineer and Diplomat*. Edited by John W. Witek. Nettetal 1994
Zacher: *Dyadik*	Hans J. Zacher: *Die Hauptschriften zur Dyadik von G. W. Leibniz. Ein Beitrag zur Geschichte des binären Zahlensystems*. Frankfurt / Main 1973
Zedler: *Universal-Lexicon*	Johann Heinrich Zedler (Hrsg.): *Großes vollständiges Universal-Lexicon aller Wissenschaften und Künste, welche bißhero durch menschlichen Verstand und Witz erfunden und verbessert worden*. Bd 1–64. Halle u. Leipzig 1732–1750. Suppl. Bd 1–4. Ebd. 1751–1754

SCHRIFTENVERZEICHNIS

Acta eruditorum. Hrsg. von Otto Mencke, 1707ff. von Johann Burchard Mencke. Lipsiae 1682ff. → Bernoulli, Jac., Bernoulli, Joh., Leibniz

Acta Sanctorum quotquot toto orbe coluntur, vel à Catholicis Scriptoribus celebrantur, quae [...] collegit, digessit, notis illustravit Johannes Bollandus [...]. Januarius T. 1ff. Antverpiae 1643ff. LXXXVI

Agrippa von Nettesheim, Heinrich Cornelius: *De Occulta Philosophia Libri Tres*. [Köln] 1533 [ed. Vittoria Perrone Compagni, Leiden etc. 1992]. 547, 780

Aiman. – De la variation de l'aiman, in: *Observations Physiques*, 1692, S. 80–90. 649

Alexandre, Noël: *Apologie des Dominicains Missionnaires de la Chine ou Réponse au Livre du Pere Le Tellier Jesuite, intitulé Défense des Nouveaux Chrétiens; et à l'éclaircissement du P. Le Gobien de la même compagnie, Sur les honneurs que les Chinois rendent à Confucius et aux Morts*. Cologne 1699. 269, 689, 691, 696, 700, 752

– [anon.]: *Conformité des Ceremonies Chinoises avec l'Idolatrie Grecque et Romaine. Pour servir de confirmation à l'Apologie des Dominicains Missionnaires de la Chine*. Cologne 1700. 697

– [anon.]: *Lettre* [– *VII. Lettre*] *d'un Docteur de l'Ordre de S. Dominique sur les Cérémonies de la Chine, au R. P. Le Comte, de la Compagnie de Jésus, Confesseur de Madame la Duchesse de Bourgogne*. A Cologne 1700. [Rezension: *Histoire des ouvrages des savans*, Juni 1700, S. 266–275]. LXXXVIII, CXXIII, 708f.

Ambassade des Hollandois à la Chine, ou Voyage des Ambassadeurs de la Compagnie Hollandoise des Indes Orientales vers le Grand Chan de Tartarie, maintenant Empereur de la Chine, in: Thevenot: *Relations*, P. 3, 1666. 655, 761

Ammianus Marcellinus: *Res gestae*. 425, 737

Apollonios von Perge: *De sectione rationis libri duo*. Ex Arabico Msto Latine versi. [...] Opera et studio Edmundi Halley. Oxonii 1706. 529f., 770f.

Aristoteles: Ἠθικη *Νικομαχεῖα*. 656

– *Κατηγορίαι*. 721, 736

Arnauld, Antoine [anon.]: *Histoire des Differens entre les Missionaires Jesuites d'une part et ceux des Ordres de St. Dominique et de St. François de l'autre. Touchant les cultes que les Chinois rendent à leur Maître Confucius,à leurs Ancestres et à l'Idole Chin-Hoan.* [Paris] 1692 (→ *Morale pratique des Jesuites*, T.6). 689–691

Audientz. – Sr. Heiligk. Babst Innocentii XI. Audientz/ so dem P. Tachard, Jesuiten, und andern Gesandten des Königs in Siam den 23. Dezembr. 1688 verstattet worden. Prag 1689. XXXVII

Augustinus, Aurelius: *De gratia Christi et de peccato originali libri duo* [ed. Karl F. Urba / Joseph Zycha, *CSEL* 42, 1902]. 752

– *De vera religione* [ed. William M. Green, *CSEL* 77, 1961]. 640

– *De civitate Dei.* LXV

Auszug. – Monatlicher Auszug / aus allerhand neu-herausgegebenen / nützlichen und artigen Büchern. [Hrsg. von Johann Georg Eckhart unter Aufsicht von Leibniz]. [1–3]. Hanover 1700–1702. 295, 589, 708. – April 1700 → Leibniz: Rezension; – Mai 1700 → Eckhart: Rezension.

Bacon, Francis: *Instauratio Magna.* Londini 1620. [Darin:] *Secunda* [*pars*]: *Novum organum sive Indicia de Interpretatione Naturae.* 787

– *The Tvvoo Bookes* [...] *of the proficience and aduancement of Learning, divine and humane.* P. 1. 2. London 1605. LXXIV

Basnage de Beauval, Henri: *Histoire des ouvrages des savans.* T. 1–24. Rotterdam 1687–1709. 671. –Februar 1696 → Leibniz: [Remarques]; – Juni 1700 → Alexandre: *Lettre.*

Bayer, Johann: *Uranometria, omnium asterismorum continens schemata, nova methodo delineata, aereis laminis expressa.* Augustae Vindelicorum 1603 [vielmehr 1624?]. 471, 750

Bayle, Pierre: *Dictionaire historique et critique.* T. 1.2. Rotterdam 1697. – Seconde édition. T. 1–3. Ebd. 1702. Cinquieme edition, revue, corrigée, et augmentée. T. 1–4. Amsterdam etc. 1740. [Deutsche Übersetzung von Johann Christoph Gottsched u. d. T.:] *Historisches und Critisches Wörterbuch.* Th. 1–4. Leipzig 1741–1744. 197, 671, 786

Bellarmino, Roberto: *Dottrina christiana breve.* Roma 1597. 571, 784

Bencao gangmu. 1596. [Verf.: Li Shizhen]. 57, 171, 633

Bergeron, Pierre [Hrsg.]: *Relation des voyages en Tartarie de Fr. Guillaume de Rubruquis, Fr. Jean du Pian Carpin, Fr. Ascelin, et autres Religieux de S. François et S. Dominique, qui y furent envoyez par le Pape Innocent IV. et le Roy S. Louys.* [...] Le tout recueilly par Pierre Bergeron, Parisien. Paris 1634 [Marg.; NLB: Leibn. Marg. 86]. 757. → Pian del Carpine; Wilhelm von Rubruk.

Bernard, Edward: *Orbis eruditi literaturam à charactere Samaritico hunc in modum* [...] *deduxit* [...]. Oxoniae 1689. 789

Bernier, François de: *Histoire de la derniere Revolution des Estats du Grand Mogol.* Edition nouvelle. T. 1–4. [La Haye] 1671–[T. 4] 1672. [Sondertitel von T. 3:] *Suite des memoires du Sieur Bernier sur l'Empire du Grand Mogol.* 591, 688, 793

– *Voyages* [...] *Contenant la Description des Etats du Grand Mogol, de l'Hindoustan, du Royaume de Kachemire, etc. Où il est traitté des Richesses, des Forces, de la Justice et des causes principales de la decadence des Etats de l'Asie, et de plusieurs évenemens considerables.* [...] Le tout enrichi de Cartes et de Figures. T. 1.2. Amsterdam 1699. 247, 777

Bernoulli, Jacob: *Additamentum ad solutionem Curvae Causticae fratris Jo. Bernoulli, una cum Meditatione de Natura Evolutarum, et variis osculationum generibus,* in: *Acta eruditorum,* März 1692, S. 110–116. 642

– *Analysis problematis antehac propositi, de inventione lineae descensus a corpore gravi percurrendae uniformiter, sic ut temporibus aequalibus aequales altitudines emetiatur: et alterius cujusdam Problematis Propositio,* in: *Acta eruditorum,* Mai 1690, S. 217–219. 642

– *Curvatura veli* [...], in: *Acta eruditorum,* Mai 1692, S. 202–207. 642

– *Specimen alterum calculi differentialis* [...] *una cum Additamento quodam ad Problema Funicularium, aliisque,* in: *Acta eruditorum,* Juni 1691, S. 282–290. 642

Bernoulli, Johann: *Excerpta ex literis* [...] *Groningae 7 Augusti 1699 datis,* in: *Acta eruditorum,* November 1699, S. 513–516. 710

– *De solido rotundo minimae resistentiae, addenda iis quae de eadem materia habentur in actis an. super. Mens. Novemb.,* in: *Acta eruditorum,* Mai 1700, S. 208–214. 710

– *Solutio problematis funicularii,* in: *Acta eruditorum,* Juni 1691, S. 274–276. 642

Beschreibung.–Kurze Beschreibung der Städte, Einwohner usw. des Chinesischen Reichs, wie auch aller Reiche, Königreiche und Fürstenthümer welche den Chinesen bekannt sind; aus der unter der Regierung des jetzigen Chans Kjan' Lun zu Pekin in Chinesischer Sprache gedruckten Chinesischen Reichs-Geographie ausgezogen von dem Herrn Secretair Leontiew [gedr.: *Magazin für die neue Historie und Geographie,* Theil 14, Halle 1780, S. 409–556]. 763

Beurrier, Paul: *Speculum Christianae Religionis in Triplici Lege Naturali, Mosaica et Evangelica.* T. 1.2. Parisiis 1666. XCIIf., 703

Biblia [Einzelstellennachweis:] Pentateuch: 429; *Gen* 1–2: 736; 3, 18: 649; 5, 3–32: 702; 5, 18–24: 722; 9, 18–19: 620; 10, 2: 626; 10, 21f.: 626; 11, 1–9: 638; *Ex* 31, 18: 559, 782; *Lev* 25, 8ff.: 704; 27, 17ff.: 704; *Dtn* 8, 6: 743; *Jos*: 429; *Hiob*: 427, 585, 751, 789; *Weish* 11, 21: 279, 704; *Ez* 38: 626; *Mt* 7, 3–5: 616; *Lk* 2, 34: 631; 6, 41–42: 616; 10, 2: 701; *Apg* 17, 23f.: LXXII, 245, 297, 694, 709; *Röm* 5, 12–14: LXXVII; 14, 11: 655; [Apokryphen:] *Henoch*: 722; *Jubiläen*: 722

Biblia 1. Hebraica, 2. Samaritana, 3. Chaldaica, 4. Graeca, 5. Syriaca, 6. Latina, 7. Arabica, quibus textus originales totius Scripturae Sacrae [...] exhibentur. T. 1–9. Lutetiae Parisiorum 1629–1645. 688

Biblia Sacra Polyglotta, complectentia textus originales, Hebraicum, cum Pentateucho Samaritano, Chaldaicum, Graecum; versionumque antiquarum [...] *quicquid comparari poterat* [...]. Edidit Brianus Waltonus. Vol. 1–6. London 1655–1657. 792f.

Biblia Hebraica cum Notis Hebraicis et Lemmatibus Latinis ex recensione Danielis Ernesti Jablonski. Berolini 1699. 545, 599, 779, 796

Bolzianio → Dalle Fosse

Bossuet, Jacques Bénigne: *Discours sur l'histoire universelle à Monseigneur le Dauphin: Pour expliquer la suite de la Religion et les changemens des Empires.* [...]. Paris 1681. LXXV

Bouvet, Joachim: *Lettre* [...] *au Reverend Pere de la Chaize* [datiert Peking, 30. *November* 1699], in: *Lettres edifiantes et curieuses*, II Recueil, 1703, S. 119–150. 273, 697–699

– *Portrait historique de l'empereur de la Chine, présenté au Roy.* Paris 1697. – [Neudruck u. d. T.:] *Histoire de l'empereur de la Chine.* La Haye 1699. – [lat. Übersetzung von Caspar Cörber u. d. T.:] *Icon Regia Monarchae Sinarum nunc regnantis* [beigedr. in:] Leibniz, *Novissima Sinica*, 1699. 105, 195, 201, 325, 633, 641, 643, 645, 647, 654, 657, 670, 755

– *Voiage de Siam* (1685), in: Gatty: *Voyage de Siam*, 1963, S. 7–154. XXXVII, 643, 645f., 651

– [Brief an Jean-Paul Bignon u. a., datiert Peking, 15. September 1704; Paris *Bibl. Nationale* ms. fr. 17240 ff. 17–36], ed. Collani: *Akademie*, 1989, S. 32–85. XCVI, 685, 706, 730f.

Boym, Michal Piotr: *Clavis Medica ad Chinarum Doctrinam de pulsibus.* [...] Hujus operis ultra viginti annos jam sepulti fragmenta, hinc indè dispersa, colligit [*sic*] et in gratiam Medicae Facultatis in lucem Europaeam produxit Cl. Dn. Andreas Cleyerus [...] A quo nunc demum mittitur Totius Operis [von Wang Shuhe, 265–316 n. Chr.] Exemplar, è China recens allatum, et à mendis purgatum, Procuratore R. P. Philippo Copletio [...], in: *Miscellanea curiosa*, Appendix ad Annum IV. Decuriae II., 1686, S. 1–144. 661

– *Flora Sinensis, Fructus Floresque humillime porrigens, Serenissimo* [...] *Leopoldo Ignatio, Hungariae Regi Florentissimo* [...]. Viennae 1656. – [französische Teilübers. u. d. T.] *Flora Sinensis. Ou Traité des fleurs, des fruits, des plantes, et des animaux particuliers à la Chine*, in: Thevenot: *Relations*, P. 2, 1664. 11, 19, 613

Brancati, Francesco: *De Sinensium ritibus politicis acta, seu R. P. Francisci Brancati, Societatis Jesu, apud Sinas per annos 34. Missionarii, responsio apologetica ad R. P. Dominicum Navarrette Ordinis Praedicatorum.* Parisiis 1700. 271f., 299, 700

Brisacier, Jean Claude de; Thiberge, Louis: *Lettre de Messieurs des missions étrangères au pape sur les idôlatries et les superstitions chinoises.* Bruxelles 1700. 697

Calepino, Ambrogio: *Dictionarium.* Regii Longobardiae 1502. – *Dictionarium undecim linguarum* [...]. Basileae 1590 [u. ö.]. 575, 785

Candid(i)us, Georg: *Discours ende cort verhael van 't eylant Formosa* [ed. *Archief voor de geschiedenis der Oude Hollandsche Zending*, 3, 1886, S. 1–35]. 791

Caron, François: *Relation de l'Empire du Japon.* Comprise dans les responses que François Caron President de la Compagnie Holandoise en ces païs, fit au sieur Philippe Lucas [...]. Reveuë et augmentée par l'Autheur [...], in: Thevenot: *Relations*, P. 2, 1664. 745

Carré, Louis: *Méthode pour la mesure des surfaces, la dimension des solides, leurs centres de pesanteur, de percussion et d'oscillation par l'application du calcul intégral.* Paris 1700. 742

Casati, Paolo: *Mechanicorum libri octo, in quibus uno eodemque principio Vectis vires Physicè explicantur et Geometricè demonstrantur, atque Machinarum omnis generis componendarum methodus proponitur.* Lugduni 1684. 115, 649

Casaubon, Isaac: *De rebus sacris et ecclesiasticis exercitationes XVI.* Londini 1614. 703

Cassini, Giovanni Domenico: *De la grandeur de la terre et de sa figure*, in: *Histoire de l'Académie Royale des sciences*, Année 1718, 1719: *Memoires de mathématique et de physique*, S. 245–256. 657

– *La methode de déterminer les longitudes des lieux de la Terre par les observations des Satellites de Jupiter, verifiée et expliquée*, in: *Observations Physiques*, 1688, S. 232–278. 616
– [Hrsg.] *Recueil d'observations faites en plusieurs voyages par ordre de Sa Majesté, pour perfectionner l'astronomie et la géographie*. Paris 1693. 657
– *Reflexions sur la Chronologie Chinoise*, in: S. de La Loubère: *Du royaume de Siam*, T. 2, 1691, S. 379–400. 491, 715, 753, 799
– *Reflexions* […] *sur la longitude de la coste orientale de la Chine*, in: *Observations Physiques*, 1692, S. 50–53. 663
– *Regles de l'Astronomie Siamoise, pour calculer les mouvemens du Soleil et de la Lune, traduites du Siamois, et depuis examinées et expliquées par M. Cassini* […], in: S. de La Loubère: *Du Royaume de Siam*, T. 2, 1691, S. 141–187. 624
Ceulen, Ludolf van: *Van den Circkel daer in gheleert werdt te vinden de naeste Proportie des Circkelsdiameter tegen synen Omloop*. Delft 1596. 735
– *De Arithmetische en geometrische fondamenten* […]. Leyden 1615. 735
Chamberlayne, John → *Oratio Dominica*
Choisy, François Timoléon: *Journal du voyage de Siam* [ed. Dirk van der Cruysse, Paris 1995]. XXXVII, 617
Chrysokokkes, Georgios: Κανόνια τοῦ μήκους καὶ τοῦ πλάτους τῶν ἐπισήμων […] πόλεων. 47
Chunqiu (»Frühlings- und Herbstannalen«). 702
Cicero, Marcus Tullius: *Epistulae ad Atticum*. 704
– *De natura deorum*. XCI
– *De oratore*. CXII
Clavius, Christophorus: *Romani Calendarii a Gregorio XIII. P. M. restituti Explicatio* […]. Accessit confutatio eorum, qui calendarium aliter instaurandum esse contenderunt. Romae 1603. 772
Clemens XI.: *Opera omnia in quibus continentur I. eius orationes consistoriales. II. homiliae. III. epistolae et brevia selectiora. IV. Bullarium*. Secundum exempla Romana fideliter repetita […]. Francofurti 1729. XL, XLVIII, L, 729
Cleyer, Andreas: *De Moxa*, in: *Miscellanea curiosa*, Decuria II, Annus IV, 1685, S. 1f. 614
– *De plantis Japanensibus Isnoacky, Germ. Eyserholz/ et Tzumacky*, in: *Miscellanea curiosa*, Decuria II, Annus VII, 1688, S. 132f. 613

– *Specimen medicinae Sinicae, sive Opuscula Medica ad Mentem Sinensium: continens I. De Pulsibus Libros quatuor* [von Wang Shuhe, 265–316 n. Chr.] *e Sinico translatos. II. Tractatus de Pulsibus ab erudito Europaeo collectos. III. Fragmentum Operis Medici ibidem ab erudito Europaeo conscripti. IV. Excerpta ex Literis eruditi Europaei in China. V. Schemata ad meliorem praecedentium Intelligentiam. VI. De indiciis morborum* [...]. Francofurti 1682. 661, 664

Clüver, Philipp: *Germaniae antiquae libri tres.* P. 1–6. Lugduni Batavorum 1616. – Editio secunda, aucta et recognita. Ebd. 1631. [Marg.; NLB: Leibn. Marg. 216]. 427, 738

Bullarum Collectio quibus Serenissimis Lusitaniae, Algarbiorumque Regibus terrarum omnium, atque insularum ultra mare transcurrentium, sive jam acquisitae sint, sive in posterum acquirentur, jus patronatus a Summis Pontificibus liberaliter conceditur. Ulyssipone 1707. XXX

Confucius Sinarum Philosophus, sive Scientia Sinensis Latine exposita. Studio et opera Prosperi Intorcetta, Christiani Herdtrich, Francisci Rougemont, Philippi Couplet, Patrum Societatis Jesu. [...] Parisiis 1687. CXIIf., 171, 181, 187, 431f., 623, 632, 664, 668, 695, 739. → Couplet: *Tabula*

Corpus iuris civilis → Justinianus I.

Coulau, Pierre [anon.]: *Judicium unius e Societate Sorbonnica doctoris de propositionibus quibusdam circa antiquam Sinarum religionem ad Sacram Facultatem Parisiensem delatis.* [Paris 1701]. XL

– *Declaratio* [*in censura propositionum quarundam circa Sinarum religionem*], *data sacrae Facultati theologiae Parisiensi et in comitiis lecta die prima septembris 1701, ejusque decreto typis mandata* [...]. (Paris 1701). XLI

Couplet, Philippe: *Confucius* → *Confucius*

– *Histoire d'une dame chrétienne de la Chine, où par occasion les usages de ces peuples,l'établissement de la religion, les manieres des missionnaires, et les exercices de pieté des nouveaux chrétiens sont expliqués.* Paris 1688. 695

– *Tabula Chronologica Monarchiae Sinicae juxta cyclos annorum LX. Ab anno ante Christum 2952. ad annum post Christum 1683.* Parisiis 1686. [Beigedr. in:] *Confucius Sinarum Philosophus*, 1687. 620, 623, 659, 668, 738f.

Curione, Celio Secondo: *De Amplitudine beati regni Dei, dialogi sive libri duo.* [Poschiavo] 1554. 429, 738

Dalgarno, George: *Ars signorum, vulgo character universalis et lingua philosophica.* London 1661 [Marg.; NLB: Leibn. Marg. 4]. 653
Dalle Fosse, Giovanni Pietro (Bolzanio Pierio, Valeriano): *Hieroglyphica sive De sacris Aegiptiorum, aliarumque gentium literis, commentarii.* Basileae 1556. 425, 737
Daniel, Gabriel: *Voiage du monde de Descartes.* Paris 1690 [u. ö.]. 634
Daxue (»Die Große Lehre«). 702
Dazhuan (»Die große Abhandlung«). 721
Delisle, Guillaume: *L'Asie Dressée sur les Observations de l'Academie Royale des Sciences et quelques autres, et sur les memoires les plus recens.* A Paris 1700, u. a. in: *Atlas Minor sive Geographia Compendiosa qua Orbis Terrarum per paucas attamen novissimas tabulas ostenditur.* Quaterieme[!] partie. Amstelaedami [1707]. 667, 714, 748, 759
Descartes, René: *Discours de la methode pour bien conduire sa raison, et chercher la verité dans les sciences. Plus La Dioptrique. Les Meteores. Et La Geometrie. Qui sont des essais de cete Methode.* Leyde 1637. 773
– *Lettres.* T. 1–3. Paris 1657–1667. 642
– *Principia philosophiae.* Amstelodami 1644 [u. ö.] [ed. Adam / Tannery, 2. Aufl., T. 8, 1, 1973]. 131, 652, 713, 742
Description des Antiquitez de Persepolis, appellées maintenant Chimilnar, traduite de l'Anglois, in: Thevenot: *Relations,* P. 1, 1663. 409, 735
Des Vignoles, Alphonse: *Chronologie de l'histoire sainte et des histoires etrangeres qui la concernent depuis la sortie d'Egypte jusqu'à la captivité de Babylone.* T. [1].2. Berlin 1738. LXXV
Dez, Jean [anon.]: *Ad virum nobilem de cultu Confucii philosophi et progenitorum apud Sinas.* Dilingae [weitere Drucke mit Erscheinungsort Leodii, Leodii et Venetiis, Antverpiae] 1700. 269, 299, 700
Diaz, Francisco: *Diccionario de lengua mandarina* [Ms.; Paris *Bibl. Nationale* ms. fonds chinois 2157]. 740
– *Vocabolario de letra China con la explicacion castellana, hecho con gran propriedad y abundancia de palabras por el Padre F. Francisco Diaz de la Orden de Predicadores, Ministro incasable en esto Reyno de China* [Ms.; Berlin *Staatsbibl. Preußischer Kulturbesitz* Libri Sin. Ms. Sin. 13 (zur Zeit in Krakau *Bibl. Jagiellońska*); Rom *Biblioteca Apostolica Vaticana* Borg. Cin. 412]. 423, 433 f., 487, 583, 661, 740, 787
Diogenes Laertios: *De vitis, dogmatibus et apophthegmatibus clarorum philosophorum.* 614, 626

Documenta controversiam missionariorum apostolicorum imperii Sinici de cultu praesertim Confucii Philosophi et Progenitorum Defunctorum spectantia, ac Apologiam Dominicanorum Missionis Sinicae Ministrorum adversus Libros RR. Patrum Le Tellier et Le Gobien Societatis Jesu confirmantia. [Beigedr. in:] N. Alexandre, *Apologie des Dominicains Missionnaires de la Chine,* 1699. 689

Du Cange, Charles Dufresne, sieur: *Glossarium ad scriptores mediae et infimae latinitatis.* T. 1–3. Lutetiae Parisiorum 1678. – Francofurti ad Moenum 1681 [u.ö.]. 782

– *De Imperatorum Constantinopolitanorum seu de inferioris aevi, vel imperii, uti vocant, Numismatibus, dissertatio.* [Beigedr. in:] Ders.: *Glossarium ad scriptores mediae et infimae latinitatis,* T. 3, 1678 [u. ö.]. 782

Du Halde, Jean Baptiste [Hrsg.]: *Description géographique, historique, chronologique, politique, et physique de l'Empire de la Chine et de la Tartarie chinoise* [...] [von F. Gerbillon]. T. 1–4. Paris 1735. – [Neudruck] Avec un Avertissement préliminaire, où l'on rend compte des principales améliorations qui ont été faites dans cette Nouvelle Edition. La Haye 1736. – [dt. u. d. T.:] *Ausführliche Beschreibung des Chinesischen Reichs und der grossen Tartarey.* Mit einer Vorrede Sr. Hochwürden, Herrn Abt [Johann Lorenz] Mosheims, darin die neuesten Chinesischen Kirchengeschichte [*sic*] erzählet werden. Theil 1–4. Rostock 1747. 177, 227, 267, 297, 451, 507, 630, 633f., 664f., 678, 683, 699, 783

Du Hamel, Jean Baptiste [anon.]: *Philosophia vetus et nova ad usum scholae accomodata, in regia Burgundia novissimo hoc biennio pertractata.* Parisiis 1678. – Editio tertia multò emendatior. Ebd. 1684 [u. ö.]. 633

Du Pin, Louis Ellies: *Defense de la censure de la Faculté de Theologie de Paris, du 18 Octobre 1700. Contre les Propositions des Livres intitulez: Nouveaux Mémoires sur l'état présent de la Chine. Histoire de l'Edit de l'Empereur de la Chine. Lettre des Ceremonies de la Chine.* Paris 1701. XL

– *L'Histoire profane depuis son commencement jusqu'à présent.* T. 1–6. Paris 1714–1716. – Anvers 1717. CXII

Duret, Claude: *Thresor de l'histoire des langues de cest univers. Contenant les Origines, Beautés, Perfections, Decadences, Mutations, Changemens, Conversions, et Ruines des langues.* Cologny 1613. 553, 781

Eckhart, Johann Georg [anon.]: [Rezension von:] Le Gobien: *Histoire des Isles Marianes,* 1700, in: *Monatlicher Auszug,* Mai 1700, S. 205–213. 295, 708

Eleazar, Abraham: *Uraltes Chymisches Werck*, Welches ehedessen von dem Authore theils in Lateinischer und Arabischer, theils auch in Chaldaeischer und Syrischer Sprache geschrieben, Nachmals von einem Anonymo in unsere Deutsche Mutter-Sprache übersetzet / Nun aber nebst zugehörigen Kupffern [...] in II Theilen zum öffentlichen Druck befördert worden durch Julium Gervasium Schwartzburgicum. Erfurt 1735. 778

Euklid (Eukleides): *Elementa*. 45, 457, 614, 626

Eusebios von Kaisareia: Τῶν Χρονικῶν κανόνων παντοδαπῆς ἱστορίας Εὐσηβίου τοῦ Παμφίλου τὰ σωζόμενα, in: J. J. Scaliger: *Thesaurus temporum*, 1606 [getr. Paginierung]. 626

Fatio de Duillier, Nicolas: *Lineae brevissimi descensus investigatio geometrica duplex*. Londini 1699. 710

Feller, Joachim Friedrich [Hrsg.]: *Otium Hanoveranum sive Miscellanea, ex ore et schedis* [...] *Godofr. Guilielmi Leibnitii* [...] *quondam notata et descripta*. Lipsiae 1718. 634, 636, 640, 653

Fontaney, Jean de: *Lettre* [...] *au Reverend Pere de la Chaize* [datiert Zhoushan (Dao), 15. Februar 1703], in: *Lettres edifiantes et curieuses*, VII Recueil, 1707, S. 61–366 [*recte*: 266]. 707

– *Lettre* [...] *au Reverend Pere de la Chaize* [datiert London, 15. Januar 1704], in: *ebd.*, VIII Recueil, 1708, S. 51–343 [*recte*: 243]. 707, 717, 743, 794

– → Psalmanazar: *Description* [Rezension]

Fourmont, Etienne: *Linguae Sinarum mandarinicae hieroglyphicae grammatica duplex, Latinè, et cum characteribus Sinensium. Item Sinicorum Regiae Bibliothecae librorum Catalogus, denuò, cum notis amplioribus et charactere Sinico, editus*. Lutetiae Parisiorum 1742. 787

– *Meditationes Sinicae, in quibus I consideratur linguae philosophicae atque universalis natura qualis esse, aut debeat, aut possit; II lingua Sinarum mandarinica, tum in hieroglyphis, tum in monosyllabis suis, ea mente inventa ac talis esse ostenditur; III datur eorundem hieroglyphorum ac monosyllaborum, atque inde characterum linguae Sinicae omnium* [...] *lectio et intellectio* [...]*; IV idque omne, progressu a libris mere Europaeis (de Sina tamen) ad libros mere Sinicos facto* [...]. Lutetiae Parisiorum 1737. 650

Froger, François: *Relation du premier voyage des François à la Chine fait en 1698, 1699 et 1700 sur le vaisseau »L'Amphitrite«* (1700) [ed. Ernst Arthur Voretzsch, Leipzig 1926]. 673 f., 697 f., 718

Gabiani, Giovanni Domenico: *Incrementa Sinicae Ecclesiae, a Tartaris oppugnatae, accuratâ et contestatâ narratione exhibita* [...] *e Sinarum Imperio Anno Salutis M.DC.LXVII.* Viennae 1673. 113, 648

Gages, Thomas: *Histoire de l'Empire Mexicain representée par figures. Relation du Mexique, ou de la Nouvelle Espagne*, in: Thevenot: *Relations*, P. 4, 1672. 425, 737

Galilei, Galileo: *Discorsi e dimostrazioni matematiche, intorno à due nuove scienze attenenti alla mecanica e i movimenti locali.* Leida 1638. 621, 642, 734

Gemelli, Giovanni Francesco: *Giro del mondo.* T. 1–6. Napoli 1699–1700. – Venezia 1700. 565, 783

Gerbillon, Jean François: *Description* [...] *de la Tartarie chinoise* → Du Halde; [ital. Übersetzung (anon.; fragmentarisch)] *Descrittione della Gran Tartaria* [Ms.; LBr. 105 Bl. 65–88]. 629f., *683*

– *Lettre* [...] *au Rev. Pere François de la Chaise, de la Compagnie de Jesus, confesseur du Roi Tres Chrétien, de 1689* [datiert *Du camp proche Nipchou*, 2. September 1689] [gedr.: *Magazin für die neue Historie und Geographie*, Theil 16, Halle 1782, S. 537–546]. LXIf., 637

– *Schreiben des P. Gerbillon, eines Französischen Jesuiten, vom 22 August 1689* [an A. Verjus][gedr.: *Magazin für die neue Historie und Geographie*, Theil 14, Halle 1780, S. 385–408]. LVIII–LX, 637

Gherardini, Giovanni: *Relation du Voyage fait à la Chine, sur le Vaisseau l'Amphitrite, en l'année 1698.* Paris 1700. 662, 743

Golius, Jacob: *De regno Catayo additamentum.* [Beigedr. in:] Martini: *Novus Atlas Sinensis*, 1655. 610, 761

– *Catalogus Insignium in omni facultate, linguisque, Arabica, Persica, Turcica, Chinensi etc. Librorum M.SS. quos* [...] *D. Jacobus Golius* [...] *collegit. Quorum auctio habebitur in Aedibus Joannis Du Vivie, Bibliopolae Ad diem XVI. Octobris St. Novi hora nona.* Lugduni Batavorum 1696. 423, 433, 654, 736

Gozani, Giampaolo: *Lettre* [...] *au Pere Joseph Suarez* [datiert Kaifeng, 5. November 1704], in: *Lettres edifiantes et curieuses*, VII Recueil, 1707, S. 1–28. LXXIV, LXXXIV, 781f., 792–794

Grosier, Jean-Baptiste Gabriel Alexandre [Hrsg.]: *Histoire générale de la Chine, ou Annales de cet Empire* [...]. T. 1–13. Paris 1777–1785. – Nouvelle édition [u. d. T.] *Description générale de la Chine.* T. 1.2. Ebd. 1787. – 3e édition revue et considérablement augmentée [u. d. T.] *De la Chine, ou Description Générale de cet Empire* [...]. T. 1–7. Paris 1818–1820. 613, 748

Guericke, Otto von : *Experimenta Nova (ut vocantur) Magdeburgica de Vacuo Spatio*, primùm à R. P. Gaspare Schotto [...] / Nunc verò ab ipso Auctore Perfectiùs edita, variisque aliis experimentis aucta. Amstelodami 1672. 711

Haibian. 41, 121, 433, 575, 624, *649f.*, 740, 784

Hartlieb, Johann: *Kunst der Chiromantie.* Augsburg [um 1475]. [Blockbuch: Wolfenbüttel *Herzog August Bibliothek* 10 Xylogr.]. 587, 789

Herbelot de Molainville, Barthélemy d': *Bibliotheque Orientale, ou Dictionaire Universel contenant generalement Tout ce qui regarde la connoissance des Peuples de l'Orient* [...]. Paris 1697. 663. → Visdelou; Galand

Hevelius, Johannes: *Cometographia Totam Naturam Cometarum; Utpote Sedem, Parallaxes, Distantias, Ortum et Interitum, Capitum Caudarumque diversas facies, affectionesque nec non Motum eorum* [...] *exhibens.* Gedani 1668. 799

Hippolytos von Rom: Κατὰ πασῶν αἱρέσεων ἔλεγχος. 726

Histoire de l'Academie Royale des Sciences. T. 1–11. Paris 1729–1733 [u.ö.]. 657, 734

Histoire des ouvrages des savans → Basnage de Beauval, Henri

Historia cultus Sinensium, seu Varia Scripta de Cultibus Sinarum, inter Vicarios Apostolicos Gallos aliosque Missionarios, et Patres Societatis Jesu controversis, oblata Innocentio XII. Pontifici Maximo et Sacrae Congregationi Eminentissimorum Cardinalium dirimendae huic Causae praepositorum: Adjuncta Appendice Scriptorum Patrum Societatis Jesu de eadem Controversia. [Hrsg. von Giovanni Jacopo Fatinelli.]. Coloniae 1700. – *Continuatio Historiae Cultus Sinensium* [...]. Ebd. 1700. 245, 253, 687, 689, 691, 695–697, 752

History. – An universal history, from the earliest account of time to the present, compiled from original authors and illustrated with maps, cuts, notes, chronological and other tables. Vol. 1–7. London 1736–1744. 790

Hoffmann, Friedrich: *Observationum physico-chymicarum selectiorum libri III.* Halae 1722. 711

Hook, Robert: *An Account of Dr. Robert Hook's Invention of the Marine Barometer, with its Description and Uses*, in: *Philosophical Transactions*, Vol. XXII, 1700–1701, Nr. 269, S. 791–794 [V. Beitrag; gestörte Seitenzählung]. 711

Horapollon: Ἱερογλυφικά. 425, 737

Horn, Georg: *Arca Noae, sive, Historia imperiorum et regnorum à condito orbe ad nostra tempora*. Lugd. Batav. et Roterod. 1666. XCIIIf., CVIII

Huet, Pierre Daniel: *Censura Philosophiae Cartesianae*. Lutetiae Parisiorum 1689. 317, 713

– *Demonstratio evangelica ad Serenissimum Delphinum*. Parisiis 1679 [Marg.; NLB: Leibn. Marg. 207]. – Editio altera emendatior. Amstelodami 1680. 703

Huygens, Christiaan: Κοσμοθεωρός, *sive de Terris Coelestibus, earumque ornatu, conjecturae*. Hagae-Comitum 1698. 95, 643

– *De problemate – ano in Actis Lipsiensibus hujus anni pag. 235 proposito*, in: *Acta eruditorum*, Oktober 1693, S. 475f. 642

– *Solutio ejusdem* [funicularis] *Problematis*, in: *Acta eruditorum*, Juni 1691, S. 281f. 642

Hyde, Thomas: *Historia Religionis Veterum Persarum, eorumque Magorum. Ubi* […] *Zoroastris vita, ejusque et aliorum vaticinia de Messiah è Persarum aliorumque Monumentis eruuntur* […]. Dantur veterum Persarum scripturae et linguae (ut hae jam primò Europae producantur et Literato Orbi postliminio reddantur) Specimina. Oxonii 1700. 551, 569, 780

Inenggidari → *Yijing*

Isidorus von Sevilla: *Etymologiarum sive originum libri XX*. 760

Jablonski, Daniel Ernst: *Quaestiones de Judaeis generales* (1707) [ed. Rita Widmaier in: Malek: *Jews in China*, 2000, S. 581–588]. 792, 794, 796

Jartoux, Pierre: *Lettre* […] *au Pere de Fontaney* [datiert Peking, 20. August 1704], in: *Lettres edifiantes et curieuses*, IX Recueil, 1711, S. 376–417. 743

– *Lettre* […] *au P. Procureur Général des Missions des Indes et de la Chine* [datiert Peking, 12. April 1711], in: *Lettres edifiantes et curieuses*, X Recueil, 1713, S. 159–185. 613

– *Observationes macularum solarium a R. P. Jartoux Soc. Jes. Pekino missae ad G. G. L.*, in: *Acta eruditorum*, November 1705, S. 483–487. 742, 749

Journal des sçavans, Le, hrsg. u.a. von Louis Cousin (1687–1701) u. Jean-Paul Bignon (1701–1714). Paris 1665–1792 [Ndr. Amsterdam 1679 ff., mit abweichender Seitenzählung; danach wird zitiert]. 643, 692, 709. – 17. Februar 1681 (*Nouveautez de la quinzaine*). 685; → Leibniz; → *Machines rares;* → Regis

Justinianus I.: *Corpus iuris civilis.* Digesta. 657

Kangxi zidian (»Kangxi Wörterbuch«). 1716. 610

Kepler, Johannes: *Harmonices Mundi Libri V.* [...] Appendix habet comparationem hujus Operis cum Harmonices Cl. Ptolemaei libro III. cumque Roberti de Fluctibus [...] operi de Macrocosmo et Microcosmo insertis. Lincii Austriae 1619. 627

– *Tabulae Rudolphinae, quibus Astronomicae Scientiae, Temporum longinquitate collapsae Restauratio continetur.* [Ulm] 1627. 45, 626

– → Schreck

Kirch, Christfried: *Brevis Disquisitio, de Eclipsi Solis, quae à Sinensibus, anno 7. Quangvuti notata est*, in: *Miscellanea Berolinensia.* Continuatio I, Berolini 1723, S. 133–139. 668, 715

Kirch, Gottfried: *Observationes Cometae Novi, habitae Berolini a[.] d. 21 April. 1702*, in: *Acta eruditorum*, Juni 1702, S. 256–258. 750

Kircher, Athanasius: *China Monumentis quà Sacris quà Profanis, nec non variis Naturae et Artis Spectaculis, aliarumque rerum memorabilium argumentis illustrata.* Amstelodami 1667. 435, 549, 569f., 613, 703, 724, 737, 740, 745, 748, 761, 779, 782, 784

– *Obeliscus Pamphilius, hoc est, Interpretatio Nova et hucusque intentata Obelisci Hieroglyphici Quem non ita pridem ex Veteri Hippodromo Antonini Caracallae Caesaris, in Agonale Forum transtulit* [...] *Innocentius X. Pont. Max.* Romae 1650. 425, 737

– *Oedipus Aegyptiacus. Hoc est Universalis Hieroglyphicae Veterum Doctrinae temporum iniuria abolitae instauratio.* T. 1. 2, 1.2. 3. Romae 1652–1654 (1655). 425, 664, 724, 737

– *Magneticum Naturae Regnum sive Disceptatio Physiologica de triplici in Natura rerum Magnete, iuxta triplicem eiusdem Naturae gradum digesto*[:] *inanimato, animato, sensitivo.* Romae 1667. 25

Knorr von Rosenroth, Christian: *Kabbala Denudata seu Doctrina Hebraeorum Transcendentalis et Metaphysica atque Theologica.* P. 1.2. [P. 2 u.d.T.: *Liber Sohar restitutus*]. Sulzbaci; Francofurti 1677–1684. 547, 583, 779, 786

Konfuzius: *Gespräche → Lunyu*

Koran. 565, 777. – *Al-Coranus s. Lex Islamitica Muhammedis, Filii Abdallae Pseudoprophetae.* Ad optimorum Codicum fidem edita ex Museo Abrahami Hinckelmanni, D. Hamburgi 1694. 638

La Croze, Maturin Veissière de: *Abrégé chronologique de l'histoire universelle* [...]. Revû, continué et enrichi de quelques notes par M. [Jean

Henri Samuel] Formey. Gotha 1755. – Septième édition. Amsterdam 1787. LXXXIIf.

– *De libris Sinensibus Bibliothecae Regiae Berolinensis: ubi praecipue de insigni Lexico Sinico-Hispanico R. P. Francisci Diaz* [...], in: *Miscellanea Berolinensia ad incrementum scientiarum, ex scriptis Societati Regiae Scientiarum exhibitis edita* [...], Berolini 1710, S. 84–88. 740

La Hire, Philippe de: *Traité de mécanique* [...]. Paris 1695. 713

La Hontan, Louis-Armand de Lom d'Arce, baron de: *Nouveaux voyages de Mr. Le Baron de Lahontan, dans l'Amerique septentrionale, qui contiennent une rélation des différens Peuples qui y habitent* [...]. T. 1. La Haye 1703. – T. 2 u. d. T.: *Memoires de l'Amerique septentrionale, ou la suite des voyages de Mr. Le Baron de Lahontan* [...]. La Haye 1703. 782

La Loubère, Simon de: *Du Royaume de Siam.* Par Monsieur de La Loubère Envoyé extraordinaire du Roy auprés du Roy de Siam en 1687. et 1688. T. 1.2. Paris 1691. LVII, 225, 624, 682. → G. D. Cassini: *Reflexions sur la Chronologie Chinoise*; Ders.: *Regles de l'Astronomie Siamoise*

La Peyrère, Isaac de [anon.]: *Praeadamitae, sive Exercitatio super versibus duodecimo, decimotertio, et decimoquarto capitis quinti Epistolae D. Pauli ad Romanos. Quibus inducuntur Primi Homines ante Adamum conditi.* o. O. 1655. – [Beigedr.:] Ders.: *Systema Theologicum, ex Prae-Adamitarum Hypothesi.* Pars prima. o. O. 1655. LXXVI–LXXX

– *Du Rappel des Juifs.* o. O. 1643. LXXVI

Laureati, Giovanni: *Extrait d'une lettre du Révérend Père Laureati, à M. le Baron de Zea, écrite de Fokien le 26 Juillet 1714, et traduite de l'Italien par l'Editeur de ce Recueil*, in: *Lettres édifiantes et curieuses*, XXIX Recueil, 1773, S. 25–101. 618

Le Comte, Louis-Daniel: *Des cérémonies de la Chine.* Liège 1700 [=*Lettre à Monseigneur le Duc du Maine; Sur les Cérémonies de la Chine*]. 269, 299, 690f., 699, 709

– *Nouveaux mémoires sur l'état présent de la Chine.* T. 1.2. Paris 1696. – Troisième édition. T. 1.2. Ebd. 1697 [ergänzt um:] T. 3 [= Titelauflage von Le Gobien: *Histoire de l'Edit*]. Ebd. 1698. [deutsche Übers. u. d. T.] *Das heutige Sina.* T. 1–3. Franckfurt u. Leipzig; Nürnberg 1699. 541, 549f., 631, *665f.*, 709, 718, 751, 777f., 788

Le Gobien, Charles: *Aux Jesuites de France*, in: *Lettres edifiantes et curieuses*, VII Recueil, 1707 [einleitend, ohne Paginierung]. 792

– *Aux Jesuites François Missionnaires à la Chine et aux Indes,* in: *Lettres edifiantes et curieuses,* VIII Recueil, 1708, S. 3–132. 628f.
– *Histoire de l'Edit de l'Empereur de la Chine, en faveur de la Religion Chrestienne: Avec un eclaircissement sur les honneurs que les Chinois rendent à Confucius et aux Morts.* Paris 1698 [auch als T. 3 von Le Comte: *Nouveaux memoires*]. – [deutsche Übers. in:] *Das heutige Sina* [Le Comte, *Nouveaux mémoires,* deutsch] T. 3, 1700. LXIII, 107, 137, 179, 191, 211, 648, 665, 677, 681, 709, 732
– *Histoire des Isles Marianes, nouvellement converties à la Religion Chrestienne; et de la mort glorieuse des premiers Missionnaires qui y ont prêché la Foy.* Paris 1700. 211, 263, 269, 295, 665, 677. – Rezension → Eckhart
– [anon.]: *Lettre sur les progrez de la religion à la Chine à Monsieur l'Abbé de ***.* Paris 1697. 181, 207, 223, 665f., 681

Leibniz [anon.]: *Ad ea, quae vir clarissimus J*[acob] *B*[ernoulli] *mense Majo nupero in his Actis publicavit Responsio,* in: *Acta eruditorum,* Juli 1690, S. 358–360. 642
– *De Alphabeto cogitationum humanarum* (1679–1681?) [ed. *A* VI, 4, Teil A, N. 67, S. 270–273]. 786
– [*Analysis geometrica propria eique connexus calculus situs*] [ed. Gerhardt: *Mathematische Schriften,* 5, 1858, S. 172–178]. 671
– *Annales Imperii Occidentis Brunsvicenses* [ed. Georg Heinrich Pertz, T. 1–3, Hannoverae 1843–1846]. 714
– *Annotatio de quibusdam Ludis; inprimis de Ludo quodam Sinico* [...], in: *Miscellanea Berolinensia ad incrementum scientiarum, ex scriptis Societati Regiae Scientiarum exhibitis edita* [...], Berolini 1710, S. 22–26. 774
– *Annotatiunculae subitaneae ad librum de Christianismo Mysteriis carente.* Conscriptae 8 Augusti 1701 [LH I 6, 19 Bl. 1–4; gedr. in: *Collection of several pieces of John Toland,* London 1726, Vol. 2, Appendix, S. 60–76]. CXVIII
– *De Calculo Situum* [ed. Couturat: *Opuscules,* 1903, S. 548–556]. 671
– *De la Chainette: ou solution d'un problême fameux proposé par Galilei, pour servir d'essai d'une nouvelle analise des infinis, avec son usage pour les logarithmes, et une application à l'avancement de la Navigation,* in: *Journal des sçavans,* 31. März 1692, S. 218–226. 642, 711
– *Codex juris gentium diplomaticus, In quo Tabulae Authenticae Actorum publicorum, Tractatuum, aliarumque rerum majoris momenti per Euro-

pam gestarum, pleraeque ineditae vel selectae, ipso verborum tenore expressae ac temporum serie digestae, continentur; A fine Seculi undecimi ad nostra usque tempora aliquot Tomis comprehensus: Quem ex manuscriptis praesertim Bibliothecae Augustae Guelfebytanae Codicibus, et Monumentis Regiorum aliorumque Archivorum, ac propriis denique Collectaneis edidit G.G.L. Hannoverae 1693. LVI, 317, 629, 714

- *Communicatio suae pariter, duarumque alienarum* [...] *solutionum problematis curvae celerrimi descensus a Dn. Jo. Bernoullio Geometris publice propositi*, in: *Acta eruditorum*, Mai 1697, S. 201–205. 711
- *Constructio propria problematis de Curva Isochrona Paracentrica. Ubi et generaliora quaedam de natura et calculo differentiali osculorum* [...], in: *Acta eruditorum*, August 1694, S. 364–375. 642
- *Contemplatio de Historia literaria statuque praesenti eruditionis* (1682?) [ed. *A* VI, 4 Teil A, N. 1142, S. 451–490]. LXVI, CXIVf., CXVII, CXIX
- *Brevis demonstratio erroris memorabilis Cartesii* [...] *circa legem naturae, secundum quam volunt a Deo eandem semper quantitatem motus conservari; qua et in re mechanica abutuntur*, in: *Acta eruditorum*, März 1686, S. 161–163. LXV, 643, 658, 713, 734, 750
- *Demonstratio, quod columnae serierum exhibentium potestates ab arithmeticis aut numeros ex his conflatos, sint periodicae* (November 1701) [gedr.: Gerhardt, *Mathematische Schriften*, Bd 7, 1863, S. 235–238]. 735
- [anon.]: *Brevis descriptio Machinae Arithmeticae, cum Figura*, in: *Miscellanea Berolinensia ad incrementum scientiarum, ex scriptis Societati Regiae Scientiarum exhibitis edita* [...], Berolini 1710, S. 317–319. 627
- *Brevis designatio meditationum de Originibus Gentium, ductis potissimum ex indicio linguarum*, in: *Miscellanea Berolinensia ad incrementum scientiarum, ex scriptis Societati Regiae Scientiarum exhibitis edita* [...], Berolini 1710, S. 1–16 [ed. Babin/van den Heuvel: *Schriften zur Geschichte*, 2004, S. 354–389]. 637, 656
- *Discours de metaphysique* (1686) [ed. *A* VI, 4, Teil B, N. 306, S. 1529–1588]. LXVI, 786
- *Discours sur la theologie naturelle des Chinois* [Ms.; ed. Wenchao Li u. Hans Poser, Frankfurt / Main 2002]. C, CV, CXXIV, 692
- [Resp.] *Disputatio Metaphysica de Principio Individui.* [Praes.:] Jacob Thomasius. Lipsiae (1663) [ed. *A* VI, 1 N. 1, S. 9–19]. 641
- *Dissertatio de arte combinatoria.* Lipsiae 1666. [Raubdruck u. d. T.] *Ars combinatoria.* Francofurti 1690 [*A* VI, 1 N. 8, S. 163–230]. 131, 197, 652f., 671

– *Mantissa Codicis juris gentium diplomatici* […]. P. 1.2. Hanoverae 1700. 714
– *Meditationes de Cognitione, Veritate, et Ideis*, in: *Acta eruditorum*, November 1684, S. 537–542 [ed. *A* VI, 4 Teil A, N. 141, S. 585–592]. LXIX, 735
– *Memoire pour des Personnes éclairées et de bonne intention* (1692) [Ms.; ed. Klopp: *Werke*, 10, 1877, S. 7–21]. 624
– *De modo distinguendi phaenomena realia ab imaginariis* (1685/86) [ed. *A* VI, 4 Teil B, N. 299, S. 1498–1504]. LXVI
– [*Monadologie*] [ed. Gerhardt: *Philosophische Schriften*, 6, 1885, S. 607–623]. LXVIII
– *Moulin à vent de la Chine* [Ms.; LH XXXVIII Bl. 366]. 614, 749
– *Nova methodus pro maximis et minimis* […], in: *Acta eruditorum*, Oktober 1684, S. 467–473. 642, 671, 710
– *De Ipsa Natura, sive de Vi Insita, Actionibusque Creaturarum; pro Dynamicis suis confirmandis illustrandisque*, in: *Acta eruditorum*, September 1698, S. 427–440. 734
– *De Organo sive Arte magna cogitandi* (1679?) [ed. *A* VI, 4, Teil A, N. 50, S. 156–160]. 787
– *Nouvelles Ouvertures* (1686) [ed. *A* VI, 4 Teil A, N. 160, S. 686–691]. CXVI, CXIX, CXXII
– *Phoranomus seu De Potentia et Legibus Naturae* (1689) [ed. André Robinet, *Physis* 28, Firenze 1991, S. 429–541; 797–885]. 640
– *Unicum Opticae, Catoptricae, et Dioptricae Principium*, in: *Acta eruditorum*, Juni 1682, S. 185–190. LXVII
– *De progressione dyadica* (1679) [Ms.; LH XXXV, 3 B, 2]. 718
– [anon.] *Protogaea*, in: *Acta eruditorum*, Januar 1693, S. 40–42. CXXI
– *Rationale fidei catholicae contra omnis generis sectas* (1685?) [ed. *A* VI, 4 Teil C, N. 408 f., S. 2302–2323]. LXVII
– [Remarques sur l'Harmonie de l'Ame et du Corps], in: *Histoire des ouvrages des savans*, Februar 1696, S. 274–276. 671
– *Reponse aux reflexions qui se trouvent dans le 23. Journal des Savans de cete anée* [sic] [= S. Regis: *Reflexions sur une letre*], *touchant les consequences de quelques endroits de la Filosofie de Descartes*, in: *Journal des sçavans*, 19. bzw. 26. August 1697, S. 614–620 bzw. S. 621–625. 131, 652
– *Responsio ad Dn. Nic. Fatii Duillerii imputationes.* Accessit nova Artis Analyticae promotio specimine indicata; dum Designatione per Nu-

meros assumtitios loco literarum, Algebra ex Combinatoria Arte lucem capit, in: *Acta eruditorum*, Mai 1700, S. 198–208. 710

– *Responsio ad nonnullas difficultates, a Dn. Bernardo Nieuwentijt circa methodum differentialem seu infinitesimalem motas*, in: *Acta eruditorum*, Juli 1695, S. 310–316. 671

– *Novissima Sinica Historiam nostri temporis illustratura* […]. [Hannover] 1697. – Secunda editio. Accessione partis posterioris aucta. [Ebd.] 1699. LXXIV, LXXXV, CXXV, 107, 137, 179 f., 195, 201, 207, 223, 249, 255, 381, 619, 621, 627, 630, 635, 637, 647 f., 654, 657 f., 659, 677, 688

– *Specimen dynamicum, pro admirandis Naturae legibus circa Corporum vires et mutuas actiones detegendis, et ad suas causas revocandis*, in: *Acta eruditorum*, April 1695, S. 145–157. 642, 652, 713

– *Systême nouveau de la nature et de la communication des substances, aussi bien que de l'union qu'il y a entre l'ame et le corps*, in: *Journal des sçavans*, 27. Juni bzw. 4. Juli 1695, S. 444–454 bzw. S. 455–462. 457, 579, 671, 747, 786

– *Tentamen de motuum coelestium causis*, in: *Acta eruditorum*, Februar 1689, S. 82–96. 47, 627, 643

– *Vorschlag der Seidencultur* (1702) [ed. Adolf v. Harnack: *Geschichte der Königlich Preußischen Akademie der Wissenschaften zu Berlin*, Berlin 1900, Bd 2, Nr. 68a, S. 150 f.]. 750

Le Lorrain de Vallemont, Pierre: *Les Elémens de l'histoire. Ou ce qu'il faut sçavoir de chronologie, de geographie* […] *avant que de lire l'histoire particuliere*. T. 1.2. Paris 1696. – Deuxième édition, corrigée, augmentée […]. Ebd. 1697. – Amsterdam 1697. 521, 767

Lequien, Michel: *Défense du Texte hébreu et de la version vulgate, servant de réponse au Livre intitulé: L'Antiquité des Temps, etc.* Paris 1690. CXIII

Lettres edifiantes et curieuses, ecrites des Missions Etrangeres, par quelques Missionnaires de la Compagnie de Jesus. Hrsg. von Charles Le Gobien [Recueil I–VIII] u. Jean Baptiste Du Halde [Recueil IX–XXVI] u. a. Paris 1702–1776. 636, 665. – → Bouvet, Fontaney, Gozani, Jartoux, Laureati, Le Gobien, Parrenin, Petit

L'Hospital, Guillaume-François-Antoine de [anon.]: *Analyse des infiniment petits, Pour l'intelligence des lignes courbes*. Paris 1696. 93, 642, 742

– *Methode facile pour trouver un solide rond*, in: *Histoire de l'Academie Royale des sciences*, Année 1699. Seconde édition revûë […], 1718: *Memoires de mathematique et de physique*, S. 107–112. 710 f.

Liji (»Buch der Riten«) [*Li Gi. Das Buch der Sitte*, übersetzt und eingeleitet von Richard Wilhelm, Jena 1930]. 355, 369, 685, 702, *722f.*

Lister, Martin: *A Journey to Paris in the year 1698*. London 1699 [3 Auflagen]. 651

Locke, John: *An Essay concerning Humane Understanding*. In Four Books. London 1690 [Marg.; NLB: Leibn. Marg. 38]. – The second edition, with large additions. Ebd. 1694. – The third edition. Ebd. 1695. – The fourth edition, with large additions. Ebd. 1700. – [frz.] *Essai philosophique concernant l'entendement humain* [...]. Traduit de l'Anglois [...] par Pierre Coste, sur la Quatrième Edition, revûë, corrigée, et augmentée par l'Auteur. Amsterdam 1700 [Marg.; NLB: Leibn. Marg. 39]. 713

Longobardi, Niccolò: *Respuesta Breve, Sobre Las Controversias de el Xang Ti, Tien Xin, y Ling Hoen, (esto es de el Rey de lo alto, espiritus, y alma racional, que pone el China) y otros nombres, y terminos Chinicos, para determinarse, quales de ellos se pueden usar en esta Christiandad, dirigida á los Padres de las Residencias de China, para que le vean, y imbien despues su parecer al P. Visitador de Macao*, in: D. F. Navarrete, *Tratados historicos*, [T. 1], 1676, S. 246–289. – [franz. Übers. u. d. T.] *Traité sur quelques points de la religion des Chinois*. Paris 1701. (*Anciens Traitez de divers auteurs sur les ceremonies de la Chine*): S. XXVIIf., 689f., 693

Lunyu (»Die Gespräche des Konfuzius«). 701f.

Mabillon, Jean: *De Re diplomatica libri VI* [...]. Lutetiae Parisiorum 1681. LXXXVI, 573, 784

Machines rares et surprenantes, in: *Journal des sçavans*, 19. Januar 1682, S. 35–37. 643

Magalhaens, Gabriel de: *Nouvelle Relation de la Chine, contenant la description des particularitez les plus considerables de ce grand Empire*. Composée en l'année 1668. Par le R. P. Gabriël de Magaillans [...]. Et traduite du Portugais en François, par le Sr B[uglio]. Paris 1690. 613

Malebranche, Nicholas: *Des Loix de la communication des mouvemens*. Paris 1692. 713

Manwen wenjian. 684

Martialis, Marcus Valerius: *Epigrammata*. 774

Martini, Martino: *Novus Atlas Sinensis*. (*Joannis Blaeu Theatrum Orbis Terrarum sive Novus Atlas*. Pars sexta). [Amsterdam 1655]. 181, 431, 469, 535, 614, 616, 663, 667, 738f., 761, 798. → Golius: *De regno Catayo*

– *Description géographique de l'Empire de la Chine*, in: Thevenot: *Relations*, P. 3, 1666. 567f., 634, 669, 784
– *Grammatica Sinica* [ed. Ders.: *Opera omnia*, hrsg. von Franco Demarchi u. Giuliano Bertuccioli, vol. 2, Trento 1998, S. 349–481]. 668
– *Sinicae Historiae Decas Prima Res à gentis origine ad Christum natum in extremâ Asiâ, sive Magno Sinarum Imperio gestas complexa*. Monachii 1658. LXXIV, 319, 469, 620, 656, 659, 668, 715, 737, 739

Megiser, Hieronymus: *Specimen quinquaginta diversarum atque inter se differentium linguarum, et dialectorum; videlicet Oratio Dominica, et quaedam alia ex sacris literis, totidem linguis expressa*. Francofurti ad Moenum 1603. 43, 625

Memoires pour l'Histoire des Sciences et des Beaux Arts. Recueillis par l'ordre de Son Altesse Serenissime Monseigneur Prince souverain de Dombes. [»Journal de Trévoux«]. Trévoux 1701–1767. [NLB: Aa-a 229 (Marg.)] – Januar 1704. 539, 595, 716, 776.– April 1705 → Psalmanazar: *Description*

Mengzi. 702

Mentzel, Christian: *Kurtze Chinesische Chronologia oder Zeit-Register / Aller Chinesischen Käyser / Von ihrem also Vermeinten Anfang der Welt bis hieher zu unsern Zeiten* […]. Berlin 1696. XCIV, 159, 165, 181, 239, 658f., 660, 662, 667
– *Clavis Sinica, ad Sinensium scripturam et pronunciationem mandarinicam* […] *praesentata* [Ms.; u. a. Berlin *Staatsbibl. Preußischer Kulturbesitz* Ms. Diez A fol. 27]. 545, 670, 779, 787
– *Chinensium Lexici characteristici inscripti Cu-guey, hoc est de litterarum generibus et speciebus, sub litteris radicalibus et earum compositis primò characteristicè, Sinicè et Latinè verbotenus explicati et novis Lexici Chim-çu-tum et aliis necessariis litteris plurimis aucti et correcti, volumen primum* [- *nonum*] manu factum et scriptum à Christiano Mentzelio, D. – A. D. 1698 [Ms.: u.a. Berlin *Staatsbibl. Preußischer Kulturbesitz* Libri sin. Ms. sin. 1–9 (zur Zeit Krakau *Bibl. Jagiellońska*)]. 670, 787
– *De radice Chinensium Gîn-Sēn*, in: *Miscellanea curiosa*, Decuria II, Annus V, 1686, S. 73–79. 613
– *Sylloge minutiarum Lexici Latini, Sinici, Caracteristici* [in: *Appendix ad annum tertium decuriae II. Ephemeridum medico-physicarum naturae curiosorum in Germania*, 1685, S. 424 in den *Contenta* aufgeführt, fehlt im Text]. 670

Mercure galant, Le. Hrsg. von Jean Donneau de Visé. Paris 1672–1673. 1677–1710. – September 1684. 623

Mercure historique et politique concernant l'état présent de l'Europe. [Begr. von Gatien de Courtilz de Sandras.] La Haye 1686–1782. 744. – 26, 1699. 672;– 45, 1708. 756f.

Miscellanea curiosa medico-physica Academiae Naturae Curiosorum sive Ephemeridum medico-physicarum Germanicarum curiosarum Decuriae 1[–3] *Annus* .... Lipsiae [u.a.] 1670–1706. 660. → Cleyer, Mentzel

Morale pratique des Jesuites representée en plusieurs histoires arrivées dans toutes les parties du monde. T. 1.2. [Verf.: Sébastien Joseph Du Cambout de Pontchâteau]. Cologne [i. e. Amsterdam] 1669–1683. – T. 3–8. [Verf.: Antoine Arnauld]. Ebd. 1690–1695. 700

Moréri, Louis: *Le grand dictionaire historique, ou le melange curieux de l'Histoire sacrée et profane* [...]. Lyon 1674. – Seconde édition, divisée en deux tomes, reveuë, corrigée, et augmentée de la moitié. Ebd. 1681. 751

Müller, Andreas: *De invento Sinico epistolae nonnullae amoebaeae inventoris et quorundam Soc. Jesu Patrum, aliorumque Literatorum*. [Berlin um 1676]. 655

– *Inventum Brandenburgicum sive* [...] *Propositio super Clave suâ Sinica*. [Berlin] 1674. – [Neudruck in:] Gottlieb Siegfried Bayer: *Museum Sinicum in quo Sinicae Linguae et Literaturae ratio explicatur*, T. 1, Petropoli 1730, S. 2182–187. 421, 583, 655, 787f.

Napier, John: *Rabdologia, seu Numerationis per virgulas libri duo* [...]. Edinburgi 1617. 641

Navarrete, Domingo Fernandez [Hrsg.]: *Tratados historicos, politicos, ethicos, y religiosos de la monarchia de China. Descripcion breve de aquel imperio, y exemplos raros de emperadores, y magistrados del. Con narracion difusa de varios sucessos, y cosas singulares de otros reynos, y diferentes navegaciones. Anadense los decretos pontificios, y proposiciones calificadas en Roma para la mission Chinica; y una Bula de N. M. S. P. Clemente X. en favor de los Missionarios*. T. [1].2. Madrid 1676–1679. 692f.

Newton, Isaac: *A Letter of Mr. Isaac Newton* [...] *containing his New Theory about Light and Colors* [...] *from Cambridge, Febr. 6. 1671/72* [...], in: *Philosophical Transactions*, Nr. 80, 19. Februar 1671/72, S. 3075–3087. 735

– *Opticks: or, A treatise of the reflexions, refractions, inflexions and colours of light. Also Two treatises of the species and magnitude of Curvilinear Figures.* London 1704 [Marg.; NLB: Leibn. Marg.193]. 533, 773
– *Philosophiae naturalis principia mathematica.* Londini 1687 [Marg.; Cologny *Bibliotheca Bodmeriana*]. 643
Nieuhof, Joan: *Die Gesantschaft der Ost-Indischen Geselschaft in den Vereinigten Niederländern/ an den Tartarischen Cham/ und nunmehr auch Sinischen Keiser: Verrichtet durch die Herren Peter de Gojern/ und Jacob Keisern; Darinnen begriffen die aller märkwürdigsten sachen/ welche ihnen/ auf währender reise vom 1655. jahre bis in das 1657. aufgestoßen* [...]. Amsterdam 1666. – Itzund zum zweiten mahle hier und dar verbessert/ und um ein guhtes theil vermehret heraus gegeben. Ebd. 1669. 614
Nouvelles de la Republique des Lettres. Hrg. u. a. von Pierre Bayle (1684–1687). Amsterdam 1684–1718. 197, 671
Observations Physiques et Mathematiques pour servir à l'Histoire Naturelle, et à la Perfection de l'Astronomie et de la Geographie: Envoyées de Siam à l'Academie Royale des Sciences à Paris, par les Peres Jesuites François qui vont à la Chine en qualité de Mathematiciens du Roy: Avec les reflexions de Messieurs de l'Academie, et quelques Notes du P. Goüye, de la Compagnie de Jesus. Paris 1688. → Cassini: *La methode*
– ... Envoyées des Indes et de la Chine [...]. Paris 1692. LV–LVII, 63 f., 291, 299, 633, 635. → *De la variation de l'aiman*
Oratio Dominica in diversas omnium fere gentium linguas versa et propriis cujusque linguae characteribus expressa, Una cum dissertationibus nonnullis de linguarum origine, variisque earum permutationibus. Editore Joanne Chamberlaynio. Amstelaedami 1715. 662
Orléans, Pierre Joseph d': *Histoire de Monsieur Constance, premier ministre du Roy de Siam, et de la derniere revolution de cet estat.* Paris 1690. – [2. Aufl.] Ebd. 1692. 680
– *Histoire des revolutions d'Angleterre depuis le commencement de la Monarchie.* T. 1–3. Paris 1695. 65, 636
Ott(e), Johann Baptist: *Epistola de numis quibusdam Samaritanis ad Adrianum Relandum*, in: Adrian Reelant: *Dissertatio de inscriptione numorum quorundam Samaritanorum.* Amstelodami 1702. 563, 782
Ott(e), Johann Heinrich: *Examinis perpetui in Annales Caes. Baronii Cardinalis Centuria I* [– *III*]. Tiguri 1676. 563, 782
Ovidius Naso, Publius: *Ars amatoria.* 774

Pacifique de Provins: *Relation du voyage de Perse* […] *où vous verrez les remarques particulieres de la Terre saincte, et des lieux où se sont operez plusieurs miracles* […]. Paris 1631. – Seconde edition reveuë, corrigée, et augmentée par l'Autheur. Ebd. 1645. 650

Papin, Denis: *Fasciculus Dissertationum de Novis Quibusdam Machinis atque Aliis Argumentis Philosophicis* […]. Cassellae; Marburgi Cattorum 1695. 644

Pappos von Alexandria: Συναγωγή. 529, 771

Parrenin, Dominique: *Lettre* […] *à M. Dortous de Mairau de l'Académie Françoise et Sécretaire perpétuel de l'Académie Royale des Sciences. A Péking, ce 20 Septembre 1740*, in: *Lettres edifiantes et curieuses*, XXVI Recueil, 1743, S. 1–85. C

Pascal, Blaise: *Pensées* […] *sur la Religion et sur quelques autres sujets, qui ont esté trouvées après sa mort parmy ses papiers.* Paris 1669 [u. ö.; ed. Léon Brunschvicg, T. 1–3, Paris 1904]. LXXVI, CIX–CXI, CXIII

– [Louis de Montalte, Pseud.]: *Les Provinciales, ou Les lettres écrites par Louis de Montalte, à un provincial de ses amis, et aux RR. PP. Jesuites: Sur le sujet de la Morale, et de la Politique de ces Peres.* A Cologne 1657. – Nouvelle edition, augmentée de quelques Pieces. Ebd. 1667. XIX, 728

Pellisson-Fontanier, Paul [anon.]: *Reflexions sur les differens de la religion. Quatriéme Partie. Ou Reponse aux Objections envoyées d'Allemagne, sur l'unité de l'Eglise, et sur la question, si elle peut tolérer les Sectes.* Paris 1691. – [Nachdruck u. d. T.:] *De la Tolerance des Religions. Lettres de M. de Leibniz, et reponses de M. Pellisson* […]. Paris 1692. 766

Perizonius, Jacobus: *Oratio de fide historiarum contra Pyrrhonismum Historicum.* Dicta postrid. Nonas Febr. 1702 […]. Lugduni Batavorum 1702. CIX

Petit, [?]: *Lettre* […] *au Pere de Trevou* […]. [datiert Pondicherry, 12. Februar 1702], in: *Lettres edifiantes et curieuses*, III Recueil, 1703, S. 217–224. 679

Pezron, Paul: *Antiquité de la nation, et de la langue des Celtes, Autrement appellez Gaulois.* Paris 1703. 747

– *L'antiquité des tems rétablie et défenduë. Contre les Juifs et les Nouveaux Chronologistes.* Paris 1688. LXXXIf., CXII, CXVIII

Pian del Carpine, Giovanni da: *Historia Mongalorum.* – [frz. Übers.] *Relation du voyage de Jean du Plan Carpin, Cordelier, qui fut envoyé en Tartarie par le Pape Innocent quatriesme, l'an 1246*, in: Bergeron: *Re-*

lation, 1634, S. 313–438 [ed. Charles Raymond Beazley, *The Texts and Versions of John de Plano Carpini and William de Rubruquis as printed for the first time by Hakluyt in 1598 together with some shorter pieces*, London 1903]. 760f.

Pignoria, Lorenzo: *Mensa Isiaca, qua Sacrorum apud Aegyptios ratio et simulacra subjectis tabulis aeneis simul exhibentur et explicantur* [...]. Amstelodami 1669. 425, 737

Plan et carte particulière de la rivière de Canton et ses environs et depuis l'isle de Sancien jusque à celle de Macao. Echelle de trois lieu[e]s ou de 9 milles pas géometriques. Levé et faict par de Lagrange 1698 [Paris *Bibliothèque Nationale* Departement des cartes et plans. Sign. Service hydrographique Pf. 179, div. 9, p. 1]. 267, 509, 699

Platon: Πολιτεία. 487, 704, 753

– Τίμαιος. LXXVIIIf., 704

– Φαῖδρος. 703

Plinius Secundus, Caius: *Naturalis historia*. 740

Plotinos: Ἐννεάδες. 777, 785

Polo, Marco: *Il Millione* [ed. Ruggero M. Ruggieri, Firenze 1986]– [lat.] *Marci Pauli* [...] *Veneti De regionibus orientalibus libri III*. Cum Codice Manuscripto Bibliothecae Electoralis Brandenburgicae collati, exque eo adjectis Notis plurimùm tum suppleti tum illustrati [hrsg. von Andreas Müller]. Coloniae Brandenburgicae 1671. 47, 421, 626f., 762, 792

Presbyter Johannes [zugeschr.]: [Brief an den byzantinischen Kaiser Emanuel] [ed. Friedrich Zarncke: *Der Priester Johannes*, Leipzig 1879, S. 872–944]. 762

Psalmanazar, George: *An Historical and Geographical description of Formosa* [...], *giving an account of the religion, customs, manners, etc. of the inhabitants. Together with a relation of what happen'd to the author in his travels; particularly his conferences with the Jesuits, and other* [...] *Also the history and reasons of his conversion to Christianity* [...]. London 1704 [u. ö.]. – [franz. Übers.] Amsterdam 1705 [Rezension von Jean Fontaney in: *Memoires pour l'Histoire des Sciences et des Beaux Arts*, April 1705, S. 587–597]. 790

– *Memoirs of ****, commonly known by the name of George Psalmanazar, a reputed native of Formosa, written by himself, in order to be published after his death* [...]. London 1764. 790

Pytheas von Massalia: Περὶ ὠκεανοῦ [ed. Hans-Joachim Mette, Berlin 1952]. 47, 626

Qingwen jian – Manju gisun-i buleku bithe (»Spiegel der Manju-Sprache«). Bd 1–10. [Kommissionswerk]. Palastdruck 1708 [rein manjurisches Lexikon, geordnet nach Sachgruppen]. 231, 325, 363, 437, 455, 461, 473, 481, 489, 501, 551, 599–603, *684*, 725, 752, 764

Regis, Silvain [anon.]: *Reflexions sur une letre de Monsieur Leibnits écrite à Monsieur l'Abé* [sic] *Nicaise, dans laquelle il pretend faire voir quelques principes de la Filosofie de Monsieur Descartes, renfermant des consequences contraires à la Religion et à la pieté*, in: *Journal des sçavans*, 17. Juni 1697, S. 440–445. 131, 652

– [anon.]: *Reflexions pour servir de replique à une réponse inserée dans le 32. et dans le 33. Journal de l'anée* [sic] *presente* [= Leibniz: *Reponse aux reflexions*], in: *Journal des sçavans*, 18. November 1697, S. 706–711. 131, 652

Relatio. – Brevis relatio → Thomas, Antoine

Relation de la découverte de la Terre d'Eso, au Nord du Japon. Traduite de l'Holandois, In: Thevenot: *Relations*, P. 2, 1664. 748

Relation des Isles Philipines, Faite par un Religieux qui y a demeuré 18. ans, in: Thevenot: *Relations*, P. 2, 1664. 565, 783

Renaudot, Eusèbe [anon.]: *Anciennes Relations des Indes et de la Chine, De deux Voyageurs Mahometans, qui y allerent dans le neuviéme siecle*. Traduites d'Arabe: Avec des Remarques sur les principaux endroits de ces Relations. Paris 1718. CXIII, 624, 793

Ricci, Matteo: *De Christiana Expeditione apud Sinas suscepta ab Societate Jesu*. Ex P. Matthaei Ricii ejusdem Societatis commentariis Libri V. [...] Auctore P. Nicolao Trigautio Belga ex eadem Societate. Augustae Vind. 1615 [frz. Übers. von George Bessière, Paris 1978]. 612, 694, 745, 761, 774, 792–794

– *Wan guo yu tu*. 605, 798

– ; Ruggieri, Michele: *Dizionario portoghese-cinese* (1583–1588) [ed. John W. Witek, San Francisco 2001]. 667f.

Roth, Heinrich: *Grammatica linguae Sanscretanae Brahmanum Indiae orientalis* [Ms.; Rom *Biblioteca Nazionale Centrale Vittorio Emanuele II* ms. orientali 171–172]. 569, 784

Saint-Simon, Louis de Rouvroy de: *Mémoires* (1691–1723) [ed. Yves Coirault, T. 1–8, Paris 1983–1988]. XLIV

Sancai tuhui [Ming-Enzyklopädie]. 1609 [u.ö.]. 727

Santa Maria, Antonio Caballero a: *Traité sur quelques points importans de la mission de la Chine*. Paris 1701. (*Anciens Traitez de divers auteurs sur les ceremonies de la Chine*). 692f.

Scaliger, Joseph Justus: *Thesaurus temporum. Eusebii Pamphili Caesareae Palestinae Episcopi* [...] *utriusque partis Chronicorum Canonum reliquiae Graecae, quae colligi potuerunt, antehac non editae.* Lugduni Batavorum 1606. 625f.

Schott, Caspar: *Cursus Mathematicus, sive Absoluta omnium Mathematicarum Disciplinarum Encyclopaedia.* Herbipoli 1661 [u. ö.]. 625

Schreck (Terrentius), Johannes: *R. P. Joannis Terrentii è Societate Jesu epistolium ex regno Sinarum ad mathematicos Europaeos missum: Cum commentatiuncula Joannis Keppleri Mathematici* [...]. Sagani Silesiae 1630 [ed. Volker Bialas/Helmuth Grössing, in: Johannes Kepler: *Gesammelte Werke*, Bd XI, 2, München 1993, S. 297–314]. CVIf., 7f., 23, 43–47, 155, 173, 291, 321, 391, 455, 459, 481f., 489, 519, 525f., 531f., *612*, 614, 626, 746

Semedo, Alvarez: *Relação da Propagação da Fé no Reyno da China e outros adjacentes.* Madrid 1641. – (span.) *Imperio de la China i cultura evangelica en el, por los Religios* [sic] *de la Compaña de Jesus* [...]. Publicado por Manuel de Faria i Sousa [...]. [...] en Madrid [...] Año de 1642. – (ital.) *Relatione della Grande Monarchia della Cina.* Romae 1643. – (frz.) *Histoire universelle du grand Royaume de la Chine.* Composée en Italien par P. Alvarez Semedo Portugais, de la Compagnie de Jesus. Et traduite en nostre langue par Louis Coulon P. Divisee en deux parties. Paris 1645. – *Histoire universelle de la Chine* [...]. Avec *L'Histoire de la Guerre des Tartares, contenant les revolutions arrivées en ce grand Royaume, depuis quarante ans*: Par le P. Martin Martini. Traduites nouvellement en François [von Jérôme Prost]. Lyon 1667. 247, 545, 553, 591f., 650, 687, 737, 779, 792–794

– *Zikao* (»Zeichenuntersuchung«). 185, 423, 461, 487, *668*, 737

Seneca, Lucius Annaeus: *De ira.* 640

Shiji (»Buch der Aufzeichnungen«) [Verf.: Sima Qian, 145–86 v. Chr.]. 355, 723f.

Shijing (»Buch der Lieder«). 373, 702, 726

Shujing (»Buch der Urkunden«). 369, 685, 702, 725

Shuowen jiezi (»Lexikon der Schriftzeichen«). [Verf.: Xu Shen, † um 120 n. Chr.]. 610

Silva y Figueroa, García de: *L'ambassade de D. Garcias de Silva Figueroa en Perse.* Paris 1667. 409, 735

Simon, Richard: *Histoire critique du Vieux Testament.* Nouvelle Edition, et qui est la premiere imprimée sur la Copie de Paris [1678], augmentée d'une Apologie generale, de plusieurs Remarques Critiques, et d'une Réponse par un Theologien Protestant. Rotterdam 1685. LXXVf., CXXXII

Soares, José: *Libertas Evangelium Christi annunciandi et propagandi in Imperio Sinarum, Solenniter declarata Anno Domini 1692. die 22. Mensis Martii; et Pro Europaeorum notitia descripta* […], in: Leibniz: *Novissima Sinica*, 1697, S. 1–150. 107, 137, 179, 648, 654

Souverain, Jacques [anon.]: *Le Platonisme devoilé ou Essai Touchant le Verbe Platonicien.* Divisé en deux Parties. Cologne: Pierre Marteau, 1700. 695

Spinoza, Baruch de [anon.]: *Ethica Ordine Geometrico demonstrata, et in quinque Partes distincta,* in: Ders.: *Opera posthuma,* [Amsterdam] 1677, S. 1–264 [ed. Carl Gebhardt, Spinoza: *Opera*, T. 2, Heidelberg 1925, S. 43–308]. 777, 786

– *Tractatus Theologico-Politicus* […]. Hamburgi [vielm. Amsterdam] 1670. LXXVI

Staats-Spiegel. – Monatlicher Staats-Spiegel; Worinnen der Kern aller Avisen; Ein Begriff der vornehmsten im H. Röm. Reich vorfallenden Affairen […] *repraesentirt und vorgestellt wird.* [Hrsg. von Stanislaus Reinhard Acxtelmeier.] Augspurg 1698–1709. LXXXVIII

Stöcklein, Joseph: *Allerhand So Lehr- als Geist-reiche Brief / Schrifften und Reis-Beschreibungen / Welche von denen Missionariis der Gesellschafft Jesu aus Beyden Indien / und andern über Meer gelegenen Ländern / Seit An. 1642. biß auf das Jahr 1726. in Europa angelangt seynd.* Jetzt zum erstenmal Theils aus Handschrifftlichen Urkunden / theils aus denen Französischen *Lettres Edifiantes* verteutscht und zusammen getragen von Joseph Stöcklein […]. Erster Bund oder die 8. Erste Theil. Augspurg und Grätz 1725 [Anderer Theil] –1726. 677, 701

Strabon: Γεωγραφικά. 435

Swineshead (Suiseth), Richard: *Opus aureum calculationum.* Paduae 1484 [u. ö.] – [u. d. T.] *Calculator. Subtilissimi Ricardi Suiseth Anglici Calculationes, noviter emendate atque revise.* Venetiis 1520. 419, 736

Tachard, Guy: *Voyage de Siam des Peres Jesuites, envoyez par le Roy aux Indes et à la Chine.* […]. Paris 1686. XXXVII, 682

– *Second voyage du Pere Tachard et des jésuites envoyés par le Roy au Royaume de Siam.* Paris 1689. 682

Talmud. 547, 779, 781

Tentzel, Wilhelm Ernst: *Erklärung der Arithmeticae binariae, welche vor*

3000. Jahren bey den Chinesern in Gebrauch gewesen / und bißher bey ihnen selbst verlohren / neulich aber bey uns wieder funden worden, in: Ders.: *Curieuse Bibliothec, oder Fortsetzung der Monatlichen Unterredungen*, Franckfurt und Leipzig, Januar 1705, S. 81–112. 753

Thevenot, Melchisedech [Hrsg.; anon.]: *Relations de divers voyages curieux, qui n'ont point esté publiées; ou qui ont esté traduites d'Hacluyt, de Purchas, et d'autres Voyageurs Anglois, Hollandois, Portugais, Allemands, Espagnols; et de quelques Persans, Arabes, et autres Auteurs Orientaux.* Première [–Quatrième] partie. Paris 1663–1672 [ohne durchgehende Paginierung; wir beziehen uns auf das (unvollständige) Exemplar der *Niedersächs. Landesbibliothek* Hannover; Sign.: E-A 10025]. 409, 565f., 744. → *Ambassade des Hollandois*; Boym: *Flora Sinensis*; Caron; *Description*; Gages; *Relation de la découverte de la Terre d'Eso; Relation des Isles Philipines*

Thomas von Aquin: *In Aristotelis libros Peri hermeneias et Posteriorum analyticorum commentaria.* 657

– *Quaestiones disputatae de veritate.* 657

Thomas, Antoine [anon.]: *Epistola ad Summum Pontificem scripta a PP. Soc. Jesu e Sinis, cum responsione Imperatoris Sinarum ipsis data circa Sinicos Ritus, oblata Sanctissimo D. N. Clementi XI.* o. O. Anno MDCCI. 728

– [u. a.] [anon.]: *Brevis Relatio eorum, quae spectant ad Declarationem Sinarum Imperatoris Kam Hi circa Caeli, Cumfucij, et Avorum cultum, datam anno 1700. Accedunt Primatum, Doctissimorumque virorum, et antiquissimae Traditionis testimonia.* Operâ PP. Societ. Jesu Pekini pro Evangelij propagatione laborantium. [Peking 1701]. [Teilnachdruck:] Augustae Vindelicorum et Dilingae 1703 [u. ö.]. 357, 716, 724

Traitez. – Anciens Traitez de divers auteurs sur les ceremonies de la Chine [Berlin *Staatsbibl. Preußischer Kulturbesitz*: Libri impr. c. not. ms. Oct. 497 (Marg.)] → Longobardi: *Traité*; → Santa Maria

Vanini, Giulio Cesare: *Amphitheatrum Aeternae Providentiae Divino-Magicum Christiano-Physicum, nec non Astrologo-Catholicum, Adversus veteres Philosophos, Atheos, Epicureos, Peripateticos, et Stoicos.* Lugduni 1615. 543, 778

Verbiest, Ferdinand: *Astronomia Europaea sub Imperatore Tartaro Sinico Cám Hý* [...]. Dillingae 1687. 640, 657, 744

– *Elementa linguae Tartaricae* [Abschrift in: LH V 6, 2 Bl. 8–25]. 449f., 743f.

Vergilius Maro, Publius: *Aeneis*. 121, 649, 795
Visdelou, Claude; Galand, Antoine: *Bibliothèque Orientale, ou Dictionnaire Universel, contenant tout ce qui fait connaître les Peuples de l'Orient* […]. [Maestricht] 1779 [u. ö.]. 663
Volder, Burchard de: *Exercitationes Academicae, quibus Ren. Cartesii Philosophia defenditur adversus Petri Danielis Huetii* […] *Censuram philosophiae Cartesianae*. Amstelaedami 1695. 317, 713
Vossius, Isaac: *Dissertatio de vera aetate mundi, quâ ostenditur in tempore quod à mundi creatione usque ad Abrahami Patriarchae natalem elapsum fuit, annos minimum 1440 desiderari*. Hagae Comitis 1659 [wiederholt in Ders.: *De Septuaginta Interpretibus*, 1661, S. 241–379]. LXXIXf.
– *De Septuaginta Interpretibus, eorumque tralatione et chronologia dissertationes*. Hagae Comitum 1661. LXXXf.
Wachter, Johann Georg: *Der Spinozismus im Jüdenthumb/ Oder / die von dem heütigen Jüdenthumb/ und dessen Geheimen Kabbala Vergötterte Welt/* […] *An Mose Germano sonsten Johann Peter Speeth/* […] *Befunden und widerleget*. Amsterdam 1699. 579, 786
Wanbao Quanshu (»Zehntausend kostbare Dinge«). 1612 [u. ö.]. 780
Weigel, Erhard: *Tetractyn Tetracty Pythagoreae Correspondentem, ut Primum Disceptationum suarum Specimen ulteriori Curiosorum industriae exponit Societas Pythagorea in Alma Salana*. Jenae 1673. 641
Wilhelm von Rubruk: *Itinerarium ad partes orientales*. – [Frz. Übers.] *Voyage de Fr. Guillaume de Rubruquis en Tartarie*, in: Bergeron: *Relation*, 1634, S. 1–294; [u. d. T. *The Mission of Friar William of Rubruck. His journey to the court of the Great Khan Möngke 1253–1255* übers. u. komm. von Peter Jackson u. David Morgan. London 1990]. 495–499, 607, 757–763
Wilkins, John: *An essay towards a real character and a philosophical language. An alphabetical dictionary, wherein all English words* […] *are either referred to their places in the Philosophical tables, or explained by such words as are in those Tables*. P. 1.2. London 1668. 653
Witsen, Nicolaes: *Nieuwe Lantkaarte van het Noorder en Ooster deel van Asia en Europa Strekkende van Nova Zemla tot China* […]. Amsterdam 1687 [NLB: Ktr 118]. 31, 147, 229, 233, 291, 297, 429, 621, 657, 663, 748
– *Noord en Oost Tartarye, ofte bondigh ontwerp van eenige dier landen, en volken, zo als voormaels bekent zyn geweest* […]. Deel 1.2. Amsterdam 1692. – Tweede Druk. Ebd. 1705 [dt. Teilübers. u. d. T. *Berichte über die*

uralischen Völker von Tibor Mikola. Szeged 1975 (*Studia Uralo-Altaica*, 7)]. 714, 757

Wolff, Christian: *Mathematisches Lexicon*. Leipzig 1716. 618, 644, 719

Xiaoer lun (»Gespräche mit einem Kind«). 571, 784

Xingli daquan (shu). Kompiliert von Hu Guang u. a. Bd 1–70. [Vollendet 1415.] Palastdruck 1455. – 1597. – Revidierter Palastdruck 1673. 694, 705, 718–720

Yijing (»Buch der Wandlungen«) [*I Ging. Das Buch der Wandlungen. Erstes und zweites Buch.* Aus dem Chinesischen verdeutscht und erläutert von Richard Wilhelm. Düsseldorf/ Köln 1924. Ebd. 1973]. XCV–XCVII, 253, 275f., 624, 647, 664, 674, 695, 702, 718–721, 723, 731, 735, 739f., 755. – [Bearbeitung in manjurischer Übersetzung:] *Inenggidari giyangnaha i ging ni jurgan be suhe bithe.* 727

Yuejing (»Buch der Musik«). 704

Yuzhi manwen wenjian → Manwen wenjian

Zhengzi tong. 1670. 787

Zhonhyong (»Über die Anwendung der Mitte«). 702

Zihui [Verf.: Mei Yingzuo]. 1691. XCIV, 571, 661, 670, 784, 787

Zopf, Johann Heinrich: *Grundlegung der Universal-Historie/ Darinnen das allernöthigste von der Civil- Kirchen- und Gelehrten-Historie Alten und Neuen Testamentes bis auf das Jahr Christi 1729. zum nützlichen Gebrauch der studirenden Jugend kürtzlich entworffen*. Halle im Magdeburgischen 1729. – […] *bis aufs Jahr 1755. Nebst einem Historischen Examine*. Achte und vermehrte Auflage. Ebd. 1755. LXXV, LXXXIII

PERSONENVERZEICHNIS

SACHREGISTER

Bei den verwendeten Oberbegriffen sind die gesperrten (China, Chinesen, Europa, Friedensschlüsse, Geschichte, Heilpflanzen, Krankheiten, Kriege, Lexikalisches, Peking, Philosophie, Riten, Schiffe, Schriftzeichen, Seewege, Sekten, Sprachen, Sprachzeugnisse, Sterne, Technik, Theologie, Tiere, Volk / Völker, Zeichen) besonders zu beachten.

ABBILDUNGSVERZEICHNIS